Historia Marvela spisana przez Seana Howe'a to burzliwa i bolesna wersja mojej ulubionej opowieści o bandzie dziwaków, która zmieniła świat. Fakt, że to wszystko jest prawdą, to wisienka na torcie.

JONATHAN LETHEM

NIEZWYKŁA HISTORIA
MARVEL COMICS

ANNOUNCING
MARVEL
Comics
A Big Brand New
64 Page Comic
Magazine in 4 Colors.
Introducing for the First
Time in Breath-Taking
Action These 5 Stories
• Ka-Zar the Great
(Prince of the Jungle)
In 12 Pages of Jungle Adventure
• The Human Torch
(The Marvel Flame Man)
• Masked Raider
(Rider of 2-Gun Justice)
• The Angel
(Gang-Smasher Supreme)
• The Sub-mariner
(Wonderman of the Underseas)
Also these special added features:
• Jungle Terror
A Fully Illustrated Complete Adventure Story in 4 Colors
• Burning Rubber
A Short Story of the Auto Race Track
ORDER YOUR COPY
NOW—ONLY 10c
Now
on
Sale
10c

SEAN HOWE

NIEZWYKŁA HISTORIA MARVEL COMICS

PRZEŁOŻYŁ
BARTOSZ CZARTORYSKI

KRAKÓW 2013

Tytuł oryginału:
Marvel Comics
The Untold Story

Redakcja – Sonia Miniewicz
Korekta – Kamil Misiek/Editor.net.pl, Joanna Mika-Orządała, Aneta Wieczorek/Editor.net.pl
Konsultacja merytoryczna – Radosław Pisula
Opracowanie typograficzne i skład – Joanna Pelc
Projekt okładki – Robert Sienicki

ISBN: 978-83-7924-081-4

www.wydawnictwosqn.pl

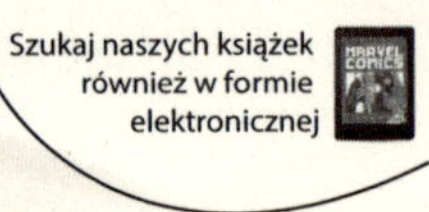

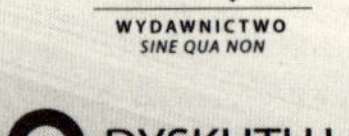

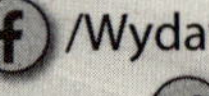

Dla wesołej Zagrody Marvela

Na początku Marvel stworzył Zagrodę i Styl.
Zagroda nie miała formy i istniała w pustce; ciemność padła na lica Rysowników.
I Duch Marvela zstąpił na oblicza Scenarzystów.
I rzekł Marvel: „Niech stanie się Fantastyczna Czwórka".
I stała się Fantastyczna Czwórka.
I ujrzał Marvel, że była dobra.

– *Stan Lee*

Pomysły nigdy nie pochodzą z jednego tylko źródła. Są przerzucane z rąk do rąk, aż wreszcie wtrąci się osoba decyzyjna i wybierze wariant, który rokuje nadzieję na sukces.

– *Jack Kirby*

Prolog

W roku 1961 Stanley Martin Lieber zbliżał się już do czterdziestki. Zmuszony był patrzeć, jak przemysł komiksowy, w którym działał przez ostatnie dwadzieścia lat, odchodził w zapomnienie. Niedawno kazano mu zwolnić swoich rysowników, więc siedział samotnie w dziale komiksowym wydawnictwa Martina Goodmana, nazwanego po prostu Magazine Management Company. Zatrudnił się tam jeszcze jako nastolatek za osiem dolarów tygodniowo. Niegdyś chciał zostać pisarzem, ale nigdy nie zabrał się za to na poważnie i nie wyglądało na to, że uda mu się przemycić swoje Wielkie Pomysły do historyjek o potworach, romansów i westernów, których cienki strumyczek nadal wypływał z podupadającego wydawnictwa. Siedział sobie cichutko w kąciku i skrobał czerstwe żarciki do książeczek z niewybrednym humorem i roznegliżowanymi paniami. Nie chcąc podpisywać się własnym nazwiskiem, korzystał z pseudonimu „Stan Lee".

Los chciał (a przynajmniej taka opowieść krąży tu i ówdzie), że na partyjce golfa spotkali się Martin Goodman i pracujący w konkurencyjnym wydawnictwie DC Comics Jack Liebowitz. Liebowitz miał wtedy zdradzić, że DC wrzuciło parę swoich najpopularniejszych postaci – Supermana, Batmana, Wonder Woman i Green Lanterna* – do jednego komiksu opowiadającego o grupie superbohaterów i tak *The Justice League of America* stała się niespodziewanym przebojem. Goodman wmaszerował do biura

* Tłumaczenie imion i pseudonimów postaci jest rzeczą problematyczną, bowiem większość z nich czytelnik zna w brzmieniu oryginalnym; niektóre zaś funkcjonują u nas przełożone na język polski, więc w książce pojawiają się nazwy zarówno angielskie, jak i rodzime, co ma ułatwić identyfikację bohatera, o którym mowa – przyp. tłum.

z poleceniem dla Lee: trzeba ukraść ten pomysł i wymyślić drużynę herosów. Ale Lee miał już dość podobnych zleceń. Poszedł do domu i oznajmił swojej żonie Joan, że zdecydował się rzucić tę robotę. Ona jednak wybiła mu to z głowy. „Po prostu zrób to po swojemu – nalegała. – Przerób swoje pomysły na komiks. Bo co ci mogą zrobić? Zwolnią cię?".

„Przez parę dni zapisałem milion kartek – wspominał później Lee – potem skreślałem to, co na nich było, i zapisywałem milion nowych stron, aż wreszcie wpadłem na pomysł czterech postaci, które tworzyłyby doskonałą drużynę... Napisałem streszczenie i zawarłem w nim opisy owych postaci oraz dość niekonwencjonalny zarys fabuły, a potem zaniosłem swoje notatki zaufanemu rysownikowi, na którego talencie mogłem polegać – niesamowitemu Jackowi Kirby'emu".

W ten sposób Stan Lee mówi o genezie Fantastycznej Czwórki, zresztą tę samą historię będzie powtarzał i powtarzał z właściwą sobie żywiołowością jeszcze przez kilkadziesiąt lat. Jack Kirby, który poznał smak sławy już w latach czterdziestych, kiedy współtworzył dla Goodmana ikoniczną postać Kapitana Ameryki, zapamiętał to wszystko nieco inaczej. „Marvel leżał i kwiczał i kiedy przyszedłem do ich biura, byli na etapie wynoszenia mebli – mówił. – Zwijali się stamtąd. Stan Lee siedział cały we łzach. Powiedziałem im, żeby się jeszcze wstrzymali, i obiecałem dać im taki komiks, że wyniki sprzedaży powędrują w górę i wydawnictwo pozostanie w grze".

Niezaprzeczalne fakty brzmią następująco: w połowie 1961 roku Lee i Kirby dostarczyli dwudziestopięciostronicową historię, opatrzyli wszystko byle jakim logiem i tysiące egzemplarzy pierwszego numeru *Fantastic Four* powędrowały na stojaki z prasą w całym kraju, wciśnięte pomiędzy nowe numery *Millie the Model* i *Kid Colt Outlaw*.

Nie była to zrzynka z Ligi Sprawiedliwości, jaką zamówił Goodman – w premierowym zeszycie bohaterowie *Fantastic Four* nawet nie nosili kostiumów; a co dziwniejsze, cały czas się sprzeczali. Nigdy wcześniej w komiksach nie zaobserwowano podobnych konfliktów charakterów. Samo to, że Thing został wymyślony jako „grubas, niezupełnie łagodny facet", któremu może w każdym momencie nieźle odwalić palma, było dalekie od uczciwej, obywatelskiej postawy Supermana czy Green Lanterna. Komiks sprzedawał się jednak jak świeże bułeczki i listy od fanów zaczęły napływać do biur Magazine Management w ilościach hurtowych; okazał się iskrą, której żar był niespodzianką nawet dla Lee.

Lee, wraz z innym etatowym gościem od komiksów o potworach, Steve'em Ditko, niedługo potem wprowadził na rynek Spider-Mana, który po zdjęciu maski stawał się Peterem Parkerem, zwyczajnym nastoletnim kujonem, zmagającym się z życiowymi wyborami. Humorzasty odludek superbohaterem? Nigdy wcześniej nikt na to nie wpadł. I tak również Spider-Man zdobył uznanie czytelników.

Magazine Management szybko spreparowało jeszcze paru nietypowych, ambiwalentnych moralnie bohaterów, wpasowujących się w pokolenie dorastające w cieniu zimnej wojny, w przededniu Lyndona Johnsona i Beatlesów. Zaledwie w ciągu paru miesięcy wydawnictwo przedstawiło światu naukowca, którego promieniowanie przemieniło w brutalną, zieloną bestię; powłóczącego nogą lekarza, w istocie będącego bogiem piorunów; handlarza bronią, który skonstruował metalowy skafander do walki z komunistami; i spłukanego chirurga egotystę, odnajdującego swoje prawdziwe powołanie w okultyzmie. To były kolosy na glinianych nogach, bohaterowie cierpiący z samotności, zżerani przez zwątpienie. Nawet ci spośród nich, którzy potrafili uwierzyć we własne możliwości, nosili w sobie przekonanie, że nie pasują do reszty świata.

Lee i jego ekipa freelancerów w średnim wieku związali się z medium wyszydzanym lub ignorowanym przez sporą część społeczeństwa i w pewien sposób sami również stanowili bandę wyrzutków. Ich praca zaczynała jednak skupiać na sobie uwagę oddanej grupy wielbicieli. Jako twórcy znajdowali się jednak poza kręgiem zainteresowania mediów, a z początku nie mieli nawet własnej nazwy, pod którą mogliby funkcjonować: dział komiksowy wydawnictwa Goodmana, niegdyś znany jako Timely Comics, publikował pod dziesiątkami różnych szyldów należących do anonimowych firm, od Atlas do Zenith, a informację o tym można było znaleźć jedynie w notce copyrightowej. Aż wreszcie, pod koniec roku 1962, Goodman i Lee uzgodnili nową nazwę dla reanimowanego działu – Marvel Comics.

Kolorowi bohaterowie Marvela – Fantastyczna Czwórka, Spider-Man, Niesamowity Hulk, Thor, Iron Man i Doctor Strange – podłożyli fundament dla samoistnego fikcyjnego konstruktu zwanego „Uniwersum Marvela", gdzie przygody tych wszystkich herosów przeplatały się nieustannie, tworząc skomplikowaną siatkę nawiązań. I tak wkrótce ten szybko rozwijający się wszechświat zaludniła również grupa wyobcowanych młodych mutantów z X-Men, których zmagania z dyskryminacją pokryły się z działaniami na rzecz praw człowieka; pojawił się też Daredevil, niewidomy prawnik o pozostałych zmysłach wyostrzonych ponad ludzkie możliwości. Dołączyła do nich Black Widow, Hawkeye, Silver Surfer i niezliczony legion pozostałych superbohaterów. Za jedyne dwadzieścia centów za zeszyt Marvel oferował przygodę w towarzystwie dysfunkcyjnych bohaterów, literackie wygibasy i zaskakujące rysunki dosłownie wszystkim – dzieciom, studentom prestiżowych uczelni i hipisom.

W roku 1965 Spider-Man i Hulk dostali się na listę magazynu „Esquire" i znaleźli się pośród dwudziestu sześciu innych idoli *college*'owych kampusów, między innymi obok Johna F. Kennedy'ego i Boba Dylana. „Marvel często bawi się pseudonaukową wyobraźnią i zabiera nas daleko w rejony fantasmagorycznych wymiarów, zahacza o problematykę związaną z czasem i kosmosem, a nawet wciąga czytelnika w na poły teologiczną dyskusję o micie stworzenia – nie mógł się nachwalić w liście do magazynu jeden ze studentów Cornell College. – Rysunki są doskonałe, niemal halucynogenne. Nawet zwyczajne historyjki o śmiertelnych bohaterach ilustrowane są z precyzją, a każdy kadr skomponowany jest z taką samą dozą wyczucia dramaturgii, jak w filmach Orsona Wellesa".

Zawsze podekscytowany i zawsze na luzie Stan Lee słowami „Face Front, True Believers!" zwracał się na ostatnich stronach komiksów do czytelników Marvela, dając im poczucie przynależności do elitarnego klubu. I choć w rzeczywistości większość historii powstawała w spokojnych i cichych domach freelancerów, Lee odmalował ponure biura wydawnictwa jako tętniące życiem „Domy Pomysłów" i to wyobrażenie nadal chodziło mu po głowie, bowiem taki obraz znał z przeszłości. Komiksowe rubryki pełne były niesamowitych ciekawostek; nafaszerowane wykrzyknikami i krzykliwymi hasłami powypisywanymi dużymi literami, „Bullpen Bulletins" Stana Lee potrafiły wykrzesać w czytającym ciekawość i entuzjazm nawet odnośnie do samego miejsca pracy jego ulubionych artystów. „Nie każdy wie, że wielu naszych radosnych rysowników jest także utalentowanymi scenarzystami! Na przykład współpraca Stana z takimi asami jak król JACK „KRÓL" KIRBY, olśniewający DON HECK i kochany DICK AYER, często ogranicza się do zarysowania jakiegoś pomysłu, a oni sami wiedzą, co z nim dalej robić, jak go rozwinąć i zaplanować całą historię. Potem nasz szef bierze od nich skończone rysunki, dodaje dialogi i nagłówki! Skomplikowane? Może i tak, ale to kolejny powód, dlaczego nikt inny nie dostarczy wam magii w stylu Marvela!". Urzeczeni czytelnicy mogli w ten sposób zajrzeć za zamknięte drzwi i wkrótce nauczyli się nazwisk nie tylko wszystkich rysowników, ale także ludzi od nakładania tuszu, literników, a nawet recepcjonistów i menedżera produkcji. A gdy Lee zainaugurował działalność oficjalnego fanklubu – The Merry Marvel Marching Society – pięćdziesiąt tysięcy chętnych wpłaciło okrągłego dolara, żeby móc stać się jego członkiem. Niczym w jednym z wydawanych przez siebie komiksów, słabowite, stojące na przegranej pozycji wydawnictwo Marvel stało się synonimem wielkiego, amerykańskiego sukcesu.

„Jakoś nam to szło – wyjawiał Stan Lee w jednym z listów, opisując metody pracy Marvela – choć nie jest to system, który polecałbym komukolwiek". I faktycznie, miał on pewne wady, szczególnie że Lee obarczał coraz większą i większą ilością pracy scenariuszowej rysowników i niektórzy poczuli, iż ich wynagrodzenie nie jest współmierne do trudnych zadań, które każe się im wykonywać. Steve Ditko, który obdarował Spider-Mana melancholijną duszą, a Doctora Strange'a halucynacyjną werwą, opuścił firmę; Spider-Man i Doctor Strange jednak już nie. Jack Kirby, niemal niepowstrzymanie produkujący taśmowo kolejne wspaniałe projekty kostiumów, inscenizujący gruchoczące kości sceny akcji i rozpisujący złożone opowieści o obcych rasach, również odszedł; ale Hulk, Fantastyczna Czwórka i X-Men zostali. Przemysł komiksowy nadal podlegał cyklicznym recesjom i Stan Lee nie osiadł na laurach. Nadal gorączkowo pracował, obiecując sobie, że już nigdy nie wróci do narożnego biureczka. Na początku lat siedemdziesiątych wraz ze swoim zastępcą Royem Thomasem – miłośnikiem Marvela, któremu udało się przejść na zawodowstwo – załatali luki kadrowe nowym pokoleniem twórców komiksowych, składającym się z dwudziestoparolatków z rozdziawionymi japami, lubujących się w wymachiwaniu swoimi starymi znaczkami z fanklubu, jakby przynależność do Merry Marvel Marching Band dawała im prawo do łamania wszelakich zasad. Tak czy inaczej, doskonale pamiętali, czym jest duch starego Marvela, i potrafili dodać nieco kontrkulturowej przekory do czterokolorowych broszurek, które trafiły na apteczne stojaki obrotowe ze znakiem „Hej, dzieciaki – komiksy!". Lee ledwie zwrócił na to uwagę. Martin Goodman sprzedał firmę i gdy tylko nowi właściciele mianowali szefem właśnie Lee, ten ruszył w pogoń za stacjami telewizyjnymi i wytwórniami filmowymi, próbując podpisać z nimi odpowiednie umowy, które zapewniłyby Marvelowi dalszy byt niezależnie od sytuacji na rynku komiksowym.

Przez następne lata Lee nie ustawał w wysiłkach i kontynuował swoją wyprawę po Hollywood, zaś lejce wydawnictwa dzierżyli redaktorzy, którzy starali się znaleźć złoty środek pomiędzy artystycznymi ambicjami i kaprysami rynku, oraz właściciele – a wśród nich zarówno przypadkowa tłuszcza z branży rozrywkowej, jak i dysponujący bilionowymi budżetami korporacyjni korsarze – którym po głowie chodziło jedynie podwyższenie minimalnego poziomu zysku za wszelką cenę. Przez cały ten czas rysownicy i scenarzyści przychodzili i odchodzili, każdy dodawał coś od siebie albo przerabiał to, co zastał. A wszystko zbijało się w ogromną kulę śnieżną zwaną Uniwersum Marvela, które stało się bodaj najbardziej zawiłym tworem narracyjnym w historii: zazębiały się w nim tysiące historii o tysiącach bohaterów. Dla całych pokoleń czytelników Marvel stał się mitologią współczesnego świata.

Tyle że twórcy owych mitów nie byli tak odlegli, jak dawno już martwy Homer czy Hezjod. Mieli swoje własne zdanie na temat postaci i historii, wszak wprzęgali w nie własne emocje i doświadczenia, włącznie z finansowymi frustracjami, z powodu których codzienne przechodzenie przez obrotowe drzwi wydawnictwa stawało się procesem bolesnym i nierzadko niezwykle trudnym. Mijały lata, przyjaciele zawodzili się na przyjaciołach, współpracownicy wbijali sobie noże w plecy, na biurkach lądowały sądowe pozwy, ludzie umierali przedwcześnie.

A uniwersum rozrastało się nieprzerwanie.

CZĘŚĆ I

Stworzenie i mity

Na długo zanim powstało Marvel Comics, był Martin Goodman. Syn rosyjskich emigrantów urodził się w Brooklynie w roku 1908 jako dziewiąte z trzynaściorga dzieci. Goodman od najmłodszych lat był zagorzałym czytelnikiem. Kolekcjonował wycinki ze starych magazynów i robił z nich kolaże, tworząc całkowicie nowe opowieści. Nie mógł sobie jednak pozwolić na bujanie w obłokach: jedna z budowlanych robót skończyła się dla jego ojca upadkiem z dachu i urazem pleców; z konieczności Isaac Goodman został więc domokrążcą. Piętnastoosobowa rodzina przeprowadzała się z domu do domu, próbując być o krok przed właścicielami wynajmowanych przez nich mieszkań. Martin został zmuszony do porzucenia szkoły w piątej klasie. Imał się różnych zajęć, lecz żadne z nich nie było w stanie zatrzymać go na dłużej. Kiedy dobiegał dwudziestki, postanowił zasmakować wolności, wsiadł w pociąg i wyruszył w podróż po kraju. Zanim nastał czas wielkiego kryzysu, Martin zdążył już zapełnić parę dzienników, w których ze szczegółami opisał swoje wrażenia z odbytej wyprawy od wybrzeża do wybrzeża i zamieścił sprawozdania z obozów dla włóczęgów.

Do domu przywołał go z powrotem zakorzeniony w dzieciństwie zew – miłość do magazynów. Znalazł w Nowym Jorku pracę jako swoisty herold sławiący pulpowe gazetki wydawane przez Eastern Publishing. Firma wkrótce padła, ale szczęście nie opuszczało Goodmana: sprzymierzył się ze swoim współpracownikiem Louisem Silberkleitem i razem założyli Newsstand Publications. Z obskurnego biura na dolnym Manhattanie wydawali westerny, kryminały i romanse za piętnaście centów od egzemplarza.

Kopiowanie *Samotnego jeźdźca* nie było może sztuką wysoką, ale Martin Goodman dokonał czegoś, czego nikt się po nim nie spodziewał – z ubogiego emigranta stał się podróżnikiem, a potem redaktorem magazynu. Drobny, cichy, o łukowatych brwiach niemal nachodzących na oprawki jego okularów w drucianej oprawie, z obowiązkową muchą pod szyją, która gryzła się z jego jasnoróżowymi koszulami. Nawet przedwcześnie posiwiał, co dopełniło jego transformację z dzieciaka z ulicy w biznesmena. Miał dwadzieścia pięć lat.

Rok 1934. Padł dystrybutor Newsstand Publications, co kosztowało Goodmana i Silberkleita parę tysięcy dolarów, które zapłacili z góry. Newsstand nie miało środków na opłacenie drukarni, więc zajęto ich mienie. Silberkleit opuścił firmę, lecz nieustępliwemu Goodmanowi udało się przekonać wierzyciela, że zwróci dług, jeśli ten zezwoli mu na druk niektórych tytułów. Przebiegłość i instynkt Goodmana szybko zapewniły wydawnictwu finansową płynność; w ciągu paru lat Newsstand przeniosło się do eleganckiego RKO Building w centrum Manhattanu. Przepis na sukces był prosty: „Gdy znajdziesz tytuł, który chwyci, wtedy dorzuć jeszcze kilka innych – powiedział w rozmowie z »Literary Digest« – a pieniądze same popłyną". Nie chodziło wcale o wyznaczanie trendów, a masową produkcję taniej literatury. „Czytelnicy – zapewniał – mają w nosie jakość". Kiedy rynek znowu przeżył załamanie, Goodman utrzymał się na powierzchni: po prostu przedrukowywał w swoich magazynach opowiadania, które pojawiły się uprzednio w innych periodykach.

Ustawił się finansowo na tyle, aby móc ulokować swoich rodziców w niewielkim domu w brooklyńskim Crown Heights. Mógł sobie również pozwolić na chwilę relaksu. Podczas rejsu na Bermudy zaczepił dwie młode kobiety grające w ping-ponga i zapytał, czy może zmierzyć się ze zwyciężczynią. I tak Jean Davis – również mieszkanka Nowego Jorku, lecz obracająca się w nieco innych kręgach towarzyskich – wpadła Goodmanowi w oko. Po powrocie do Ameryki nie mogła się jednak zdecydować, czy faktycznie chce wchodzić z Martinem w poważny związek, choć ten zalecał się do niej na wszystkie możliwe sposoby. Któregoś dnia, nadszarpując stan swojego konta, zabrał ją samolotem do Filadelfii na kolację i koncert. Udało mu się – Jean wreszcie zgodziła się zostać jego żoną. Miodowy miesiąc spędzili w Europie, skąd mieli wrócić modnym wówczas sterowcem Hindenburg*, ale nie mogli dostać foteli obok siebie, więc zdecydowali się na samolot. Szczęście nie opuszczało Martina Goodmana.

Do 1939 roku Goodman wydawał ponad dwadzieścia różnych magazynów, których nazwy brzmiały „Two Gun Western", „Sex Health" czy „Marvel Science Stories", i choć ten ostatni tytuł nie sprzedawał się zbyt dobrze, Martinowi, co znamienne, podobało się brzmienie słowa *marvel*. Przeniósł siedzibę firmy do prestiżowego McGraw-Hill Building na Czterdziestej Drugiej ulicy i załatwił stałą pracę swoim braciom. Jak ujął to jeden z redaktorów, firma Goodmana była „małym siedliskiem nepotyzmu": jeden z nich zajmował się księgowością, inny produkcją, jeszcze inny prowadził biuro, w którym fotografował aspirujące gwiazdki na potrzeby pulpowych magazynów. Nawet wujek Jean, Robbie, załapał się na jakąś fuchę. Co więcej, same nazwy firm, które zakładał Goodman i pomiędzy którymi lawirował, próbując wymigać się od podatków i stworzyć bufor bezpieczeństwa na wypadek kłopotów z prawem, często stanowiły zlepek imion członków jego rodziny: weźmy na przykład Margood Publishing Corp., Marjean Magazine Corp., a kiedy Jean urodziła dwóch synów, Chipa i Idena, powstało Chipiden.

Na dłużej przylgnęła wreszcie nazwa „Timely", zaczerpnięta od „Timely Topics Condensed", podtytułu „Popular Digest", jednego z wydawanych przez Goodmana magazynów. Teraz „Timely" nie robiło już długów,

* Hindenburg, niemiecki sterowiec pasażerski, spłonął 6 maja 1937 r. podczas cumowania na lotnisku w Lakehurst w USA – przyp. red.

ale też i nie odnotowywało spektakularnych zysków. Sprzedaż magazynów pulpowych, z powodu wzrastającej popularności słuchowisk radiowych, utrzymywała się na stałym poziomie. Martin Goodman potrzebował prawdziwego przeboju.

Tymczasem amerykański komiks zaczynał nabierać kształtów. W 1933 roku Eastern Color Printing Company uruchomiło swoje zaspane maszyny drukarskie, które teraz nocami wypluwały z siebie *Funny on Parade*, czyli przedruki komiksowych pasków z niedzielnych wydań gazet. Owe paski nanoszono jeden przy drugim na pojedynczą stronę, którą składano na pół i zszywano, a potem sprzedawano firmie Procter & Gamble – tam wykorzystywano je w celach promocyjnych. Następnego roku na okładce *Famous Funnies #1* pojawiła się cena w wysokości dziesięciu centów; ze stojaków sklepowych zniknęło ponad dwieście tysięcy egzemplarzy i wkrótce magazyn zaczął przynosić miesięczne zyski w wysokości trzydziestu tysięcy dolarów. Pozostali wydawcy załapali w lot, o co chodzi. Zbiorcze wydania popularnych niedzielnych pasków komiksowych, takich jak *Tarzan*, *Flash Gordon* czy *Popeye*, szły jak woda, ale pojawiło się też i *New Fun*, czarno-biały magazyn o wymiarach dziesięć na piętnaście cali* z całkowicie nowym materiałem. Do 1937 roku co bardziej przedsiębiorczy biznesmeni pootwierali firmy specjalizujące się w hurtowym wydawaniu komiksów przy pomocy swoistych ludzkich taśm produkcyjnych, które działały wydajnie niczym w fabrykach tekstyliów. Scenarzysta przekazywał swoje dzieło grafikom weteranom, którzy nie mogli znaleźć innej pracy, oraz młodym absolwentom akademii sztuk pięknych uzbrojonym w arkusze z brystolu o wymiarach czternaście na dwadzieścia jeden cali**. Rysownicy zajmowali się więc przeniesieniem fabuły na serię paneli – najpierw ołówkiem rysowali pierwszy plan, potem dodawali tło i tuszowali, następnie zajmowali się liternictwem i przekazywali drukarni wskazówki co do kolorów. Mało kto się w ten sposób naprawdę wzbogacił, ale w obliczu gospodarczego kryzysu było to chociaż pewne i stałe zajęcie.

* Czyli 254 na 380 mm – przyp. red.
** Około 355 na 533 mm – przyp. red.

I wtedy, w roku 1938, Jerry Siegel i Joe Schuster, dwaj dwudziestotrzylatkowie z Cleveland, sprzedali firmie National Allied Publications długą na trzynaście stron historię *Superman* za sumę stu trzydziestu dolarów. Przedstawiona w komiksie postać była mieszanką wszystkiego, co dzieciaki uwielbiały – pulpowych bohaterów, opowieści science fiction, klasycznych mitów – zamkniętą w jednym wspaniałym dziele składającym się z barw podstawowych. „Obrońca uciśnionych, umięśniony cud, który poświęcił swoje życie, by pomagać tym w potrzebie", walczył z korporacyjną chciwością i nieuczciwymi politykami, na każdym kroku podkreślając potrzebę społecznych reform, co było w dobie New Dealu* fantazją pożądaną. Superman był jednak czymś więcej niż jedynie symbolem; swoją tajną tożsamość ukrywał pod maską niezdarnego Clarka Kenta, dzięki czemu nawet najbardziej samotni czytelnicy dostali swojego outsidera, z którym mogli się utożsamiać. Superman zagościł na okładce pierwszego numeru magazynu „Action Comics" i stał się niespodziewanym hitem. Zanim wyszedł siódmy zeszyt, komiks sprzedawał się już w nakładzie pół miliona egzemplarzy. Siostrzana firma National, czyli Detective Comics – wkrótce oba wydawnictwa połączą siły i będą znane pod wspólną nazwą DC Comics – wprowadziła na rynek postać Batmana, kolejnego zamaskowanego mściciela, oraz dała Supermanowi własny tytuł. Zaś konkurencja wytoczyła działa i zalała rynek kolorowymi podróbkami. Jedna z branżowych legend mówi nawet, że wydawca komiksu o Wonder Manie, wczesnej i wręcz oczywistej imitacji Supermana, pracował w National jako księgowy i gdy zobaczył stan konta swojego szefa, postanowił założyć własną działalność.

Lloyd Jacquet, wygadany, ćmiący fajeczkę były pułkownik, ulotnił się ze swojego stanowiska szefa działu artystycznego w Centaur Comics, podążył wydeptaną przez wielu jego poprzedników ścieżką i podjął się masowej produkcji komiksów dla chcących ugrać coś na panującej modzie wydawców. Pośród rysowników, których Jacquet, odchodząc, podkradł z Centaura, znaleźli się Carl Burgos i Bill Everett. Dostali oni zadanie stworzenia paru nowych superbohaterów dla jego nowej firmy – Funnies, Inc. Obaj

* Program reform społeczno-ekonomicznych wprowadzonych przez prezydenta Roosevelta w celu przeciwdziałania skutkom wielkiego kryzysu – przyp. red.

mieli po dwadzieścia jeden lat i byli niestrudzeni. Burgos rzucił studia na National Academy of Design, niezadowolony z tempa prowadzonych zajęć; Everett palił po trzy paczki papierosów dziennie i pił od dobrych dziesięciu lat, szukając swojego miejsca w Bostonie, Phoenix, Los Angeles i Chicago. Razem siadywali w knajpie na Manhattanie zwanej Webster i dumali nad własnymi superherosami. Mieli prostą zasadę: ogień i woda. Burgos wymyślił genialnego, ale skąpego naukowca, profesora Phineasa T. Hortona, któremu udało się wyhodować syntetycznego człowieka w wielkiej tubie laboratoryjnej tylko po to, żeby wkrótce zobaczyć, jak ten płonie po wejściu w specyficzną reakcję z tlenem. Ludzka Pochodnia – czyli Human Torch – nie potrzebowała kostiumu: stwór ten miał bowiem bezkształtną twarz i niewyraźne szczegóły anatomiczne; ponadto otaczające go płomienie nadawały jego skórze czerwonawą barwę. Otaczały go zbłąkane ogniki w kształcie łez, które wyglądały niczym krople szkarłatnego potu, zaś jego głowa otulona była ognistym językiem, co sugerowało demoniczną naturę bohatera. Innymi słowy – biły od niego strach i złość. Oczywiście jego ucieczka z laboratorium była nieunikniona, zaś drogę torował sobie, wystrzeliwując z rąk ogniste kule; drżeli przed nim zarówno gliniarze, jak i kryminaliści. Prymitywna, tania i koślawa kreska Burgosa podkreślała fakt, że budynki, samochody i ludzie, z którymi zetknął się Human Torch, były jedynie nabazgranymi na szybko przeszkodami, przeznaczonymi do efektownej destrukcji. Pod koniec swojej pierwszej przygody nowy superbohater uczy się, jak kontrolować swoje moce, lecz nadal jest poszukiwanym uciekinierem.

Everett miał inny pomysł – zaczerpnięty zresztą po części z powieści przygodowych Jacka Londona, *Pieśni o starym żeglarzu* Coleridge'a i *Merkurego* Giambologny – z którego narodził się Książę Namor, czyli Sub-Mariner. Podczas ekspedycji arktycznej dochodzi do przypadkowego uszkodzenia podwodnego osiedla morskiej rasy i jej amfibiotyczny władca wysyła swoją córkę, żeby szpiegowała przebywających na powierzchni ludzi. Księżniczka wychodzi za mąż za dowódcę ekspedycji, zbiera informacje ku chwale ojczyzny i, zanim wróci do swoich, powije syna. Dziewiętnaście lat później młodzieniec imieniem Namor, o spiczastych uszach, ostrych brwiach i charakterystycznej linii włosów w kształcie litery „V", ubrany jedynie w kąpielówki, ze skrzydełkami przy stopach, staje się „nadczłowiekiem z głębin… lata w powietrzu… i ma siłę tysiąca mężczyzn". No i szuka zemsty na Amerykanach. Korzysta ze swojej mocy w przerażający sposób – morduje dwóch nurków (jednego dźga wściekle nożem, drugiemu zgniata czaszkę), a ich statek rozbija o rafę. Majacząca w oddali linia horyzontu, samotne bąbelki powietrza i przedmioty unoszące się w wodzie, które Everett kazał skąpać w tuszu, żeby oddać charakter podwodnego świata, pozwoliły mu uzyskać atmosferę dziwności, do której idealnie pasowałby akompaniament thereminu (instrumentu wykorzystywanego przy ścieżkach dźwiękowych do filmów science fiction), choć podobne detale budujące klimat opowieści były jedynie tymczasową koniecznością*. Parę stron później ponura i nieco upiorna sielankowość słonowodnych głębin ustępowała czystej akcji – Namor wyrzuca pilota z dwupłatowca i „na powrót zanurza się w oceanie, wyczekując dalszych wyzwań czekających na niego podczas krucjaty przeciwko białemu człowiekowi!". Brutalny i bezkompromisowy, za nic mający ideę asymilacji, urągliwy Sub-Mariner był swoistą antytezą imigranta bohatera, czyli Supermana. Paski z Sub-Marinerem miały trafić do „Motion Pictures Funnies Weekly", komiksu rozdawanego za darmo w kinach z nadzieją, że dzieciaki przychodzące na filmy wciągną się w historię na tyle, żeby wrócić tam za tydzień. Jednak produkcja gazetki nigdy nie ruszyła i wydrukowano jedynie parę kopii okazowych, które trafiły do właścicieli kin.

Na szczęście agent sprzedaży zatrudniony w Funnies, Inc., łysiejący Irlandczyk nazwiskiem Frank Torpey, miał odpowiednie koneksje. Jednym z jego kontaktów był Martin Goodman, z którym pracował już wcześniej w Eastern Publishing. Torpey złapał więc kilka egzemplarzy *Supermana* i *Amazing Mana* (świeżutki tytuł, który Everett wymyślił dla Centaura), wyszedł z odrapanego budynku, w którym mieściło się biuro Funnies, Inc.,

* Nawet bardziej niż w przypadku innych tytułów delikatną kreskę i ambitną kolorystykę wczesnych komiksów z Sub-Marinerem wymuszała chęć obniżenia kosztów. Tanie drukarnie rozmazywały bowiem wszystko w purpurowe smugi (wszystkie przypisy, o ile nie zaznaczono inaczej, pochodzą od autora).

i przeszedł parę przecznic, aż znalazł się przed nieskazitelnym, niebiesko--zielonym drapaczem chmur w stylu art deco, gdzie mieściła się siedziba Timely. Tak spotkał się ze swoim starym kumplem Goodmanem i przekonał go, że komiksy to łatwa kasa. Goodman zobowiązał się do opublikowania pasków z Human Torchem i Sub-Marinerem w nowym magazynie komiksowym; miał już nawet świetny pomysł na tytuł.

Za *Marvel Comics #1* w pełni odpowiadała ekipa Jacqueta. Na sześćdziesięciu czterech stronach zamieszczono wszystko, co było na czasie: wąsatego, świątobliwego Angela autorstwa Paula Gustavsona; Ka-Zara z dżungli Bena Thompsona (zrzynka z Tarzana, wskrzeszona z jednego z pulpowych magazynów Goodmana); kowboja o pseudonimie Masked Raider, za którym stał Al Anders; oraz wiele humorystycznych pasków dla wypełnienia całości. Goodman zamówił okładkę u weterana Franka R. Paula, który ilustrował niezliczone publikacje pulpowe. Timely wypuściło swój pierwszy komiks 31 sierpnia 1939 roku. Parę godzin później, na drugim końcu świata, nazistowskie Niemcy zaatakowały Polskę. Rozpoczęła się druga wojna światowa.

Sprzedaż *Marvel Comics #1* wyniosła we wrześniu tego roku osiemdziesiąt tysięcy egzemplarzy, więc Goodman wrócił do drukarni po więcej; łącznie zeszło osiemset tysięcy zeszytów – osiągnął więc wynik lepszy niż jakikolwiek tytuł DC. Przez następne lata pracownicy Timely widywali Franka Torpeya wchodzącego i wychodzącego z biura Goodmana tak szybko, jakby był jego posłańcem. Prawda wyglądała inaczej – co tydzień odbierał od Martina Goodmana dwadzieścia pięć dolarów, co stanowiło wyraz wdzięczności kolegi za wciągnięcie go w komiksowy biznes.

Goodman zawsze swobodnie podchodził do zmiany nazwy i *Marvel Comics* wraz z drugim numerem przemianowano na *Marvel Mystery Comics.* Human Torch zaczął się zachowywać tak samo jak każdy inny heros w kostiumie, bez względu na to, czy walczył z Marsjanami, czy oszalałym na punkcie broni kanciarzem. Równie dobrze mogły to być zadania dla Supermana; Human Torch poszedł w jego ślady do tego stopnia, że również przyjął drugą tożsamość. Stał się Jimem Hamondem i na co dzień pracował jako glina. Z kolei Namor nadal siał zniszczenie: porwał kobietę z wyższych sfer i zabił policjanta.

Namor poznał jednak kogoś, kogo polubił. Betty Dean była, oczywiście, piękną dziewczyną; co bardziej zaskakujące, pracowała jako policjantka i przyjaźniła się z alter ego Human Torcha, czyli Jimem Hamondem. Stała się więc pośrednikiem łączącym dwa najpopularniejsze tytuły ze stajni Timely. Moment przełomowy nastąpił w siódmym numerze *Marvel Mystery Comics*, gdzie Betty ostrzega Namora, iż Torch, wraz z policją, próbuje go odszukać. Zasiano ziarno istnej rewolucji: fikcyjne światy, w których żyją dwaj bohaterowie wymyśleni przez zupełnie różnych autorów, okazują się jednym i tym samym uniwersum.

Czy można w ogóle mówić o fikcyjnym świecie? Czy tłem przygód Torcha nie jest aby Manhattan? Czy Sub-Mariner nie zanurza się przypadkiem w rzece Hudson? Superman i Batman uśmiechali się beztrosko do czytelnika z paru okładek, stojąc ramię w ramię, lecz każdy dzieciak wiedział, że jeden działa w Metropolis, a drugi w Gotham City i nie mają prawa się spotkać. Kogo obchodziło, że zawalił się wieżowiec Acme albo że okradziono Pierwszy Bank Narodowy? Z kolei Nowy Jork z komiksów Timely to już inna sprawa; był bowiem pełen Prawdziwych Miejsc do rozwalenia. Wiosną 1940 roku na stojaki z prasą trafił ósmy i dziewiąty numer *Marvel Mystery Comics*, w których Namor siał zniszczenie w Holland Tunnel, Empire State Building, Bronx Zoo i na moście Jerzego Waszyngtona („Ha! Kolejna konstrukcja wzniesiona ludzką ręką!", wykrzykiwał pochłonięty swoim dziełem, ledwie mogąc złapać dech), aż wreszcie dopadł go Human Torch. Bitwa rozgorzała przy Statui Wolności i Radio City Music Hall. Czy to możliwe, że któregoś dnia za rogiem spotkają Angela? Albo jeszcze lepiej, pojawią się w domu czytelnika?

A może natkną się na któregoś z wielu innych bohaterów, których na świat wydało Funnies, Inc. w swoich dwóch nowych tytułach: Blue Blaze'a, Flexo – człowieka z gumy, Phantom Reportera lub Marveksa superrobota. Niestety, *Daring Mystery Comics* i *Mystic Comics* nie sprzedawały się tak dobrze jak *Marvel Mystery Comics*. Flexo – człowiek z gumy – nigdy nie zdobył nawet ułamka popularności Human Torcha.

Goodman nie miał zamiaru polegać jedynie na zespole Lloyda Jacqueta, szczególnie że jego ekipa nie była w stanie dostarczyć mu nowych przebojowych historii. Szybko zrozumiał, że może się pozbyć kłopotliwego, pożerającego część zysków pośrednika. Gdy Goodman zażądał kolejnego herosa w typie Human Torcha, jeden z freelancerów Jacqueta, Joe Simon, podołał zadaniu, tworząc postać strzelającego płomieniami bohatera imieniem Fiery Mask. Goodman zlecił mu więc kolejne zadanie, lecz tym razem bez pośrednictwa Funnies, Inc. Simon, niegdyś zatrudniony w gazecie jako rysownik, u Jacqueta zarabiał siedem dolarów za stronę; Goodman zaproponował mu dwanaście, a i tak wychodził na tym lepiej, niż płacąc pośrednikowi. Simon w lot załapał, że interes mu się opłaci, i przyjął ofertę; wkrótce łączył pracę dla Goodmana z funkcją redaktora naczelnego w Fox Publications należącym do Victora Foksa, gdzie zajmował się korektą, okładkami, przydzielaniem autorom historii i nadzorowaniem ekipy składającej się z nisko opłacanych, w większości nieposiadających zbyt wielkiego doświadczenia rysowników.

To właśnie u Foksa Simon poznał dwudziestojednoletniego Jacoba Kurtzberga, rysownika urodzonego w slumsach Lower East Side. „Matka raz wysłała mnie na wakacje – wspominał swoje dzieciństwo Kurtzberg – czyli po prostu wyrzuciła na schody przeciwpożarowe. Siedziałem tam dwa tygodnie, spałem pod gołym niebem i bawiłem się jak nigdy". Jako nastolatek Simon był członkiem Suffolk Street Gang i dobrze znał miejscowy element („Zaczajałem się za murem, czekałem, aż trzech gości przejdzie obok, wyskakiwałem, biłem po mordach i zwiewałem co sił w nogach"), ale Kurtzberg nie uciekał się do przemocy, lecz fantastyki. Zapomnienia szukał w Szekspirze i na porankach kinowych. Momentem zwrotnym w jego życiu był pewien deszczowy dzień. Zobaczył wtedy okładkę pulpowego magazynu, na której widniała ilustracja obco wyglądającego, futurystycznego obiektu latającego. Nabył egzemplarz *Wonder Stories* i nie mógł wyjść z podziwu; oczarował go widok tej dziwnej rzeczy zwanej rakietą.

Kurtzberg zaczął rysować swoje własne fabuły, z uwagą studiując paski komiksowe *Terry and the Pirates* Miltona Caniffa, *Tarzana* Hala Fostera i *Barneya Google'a* Billy'ego DeBecka. Rzucił naukę w Pratt Institute zaledwie po tygodniu (gdy jego ojciec stracił pracę w fabryce), ale odnalazł alternatywną drogę, którą mógł podążyć w kierunku swoich marzeń. Po wstąpieniu do Boys Brotherhood Republic, lokalnego klubu mającego na celu znalezienie zajęcia dla błąkającej się po ulicach młodzieży, Kurtzberg zajął się powielaniem rysunków na potrzeby wydawanego przez organizację biuletynu. Potem zapisał się do szkoły przemysłowej i uczęszczał na zajęcia z mechaniki samochodowej oraz wieczorowy kurs rysunku. Jeszcze przed dwudziestymi urodzinami zatrudniono go w wytwórni filmów animowanych braci Fleischerów, lecz taśmowa produkcja odcinków *Popeye'a* i *Betty Boop* za bardzo przypominała mu pracę w fabryce ojca. Odbijał się więc od kolejnych firm, rysując dla nich paski komiksowe, aż wreszcie w Foksie spotkał Joego Simona. Był wówczas gotów podjąć nowe wyzwanie i stworzyć coś swojego.

Kurtzberg miał talent, pracował szybko i, ponieważ to na jego barkach spoczywała odpowiedzialność za rodziców i młodszego brata, skłonny był pracować tak długo, jak trzeba. Simonowi zaimponowały umiejętności i etyka pracy kolegi freelancera i na początku 1940 roku zaczęli razem tworzyć dla Timely komiks pod tytułem *Red Raven*. Kurtzberg nie podpisał się pod ośmiostronicową historią *Merkury w XX wieku*, w której szybki niczym wiatr bóg zostaje wysłany z „wielkiego Olimpu, niebiańskiej siedziby starożytnych bogów" na Ziemię, żeby uratować ludzkość przed zakusami swojego kuzyna Plutona, działającego pod przybranym imieniem „Rudolph Hendler" i sprawującego dyktatorskie rządy w kraju zwanym „Prusslandią". Za to kolejny komiks, Comet Pierce (podróbka przygód Flasha Gordona), Kurtzberg opatrzył pseudonimem, który wkrótce stanie się jego faktycznym, oficjalnym nazwiskiem: Jack Kirby.

Niestety, fabuła komiksu z Red Ravenem, którą wymyślił Simon, była niedorzeczna: osierocony w wyniku katastrofy lotniczej chłopak jest jedynym ocalałym; wychowuje go rasa ptakoludzi zamieszkująca pozbawioną grawitacji wyspę. Otrzymuje od nich skrzydła i walczy z łysym, pazernym na złoto demonem imieniem Zeelmo. Tytuł sprzedawał się marnie i miesiąc później Goodman zastąpił *Red Ravena* innym, który miał już pokaźną bazę czytelniczą: *The Human Torch*.

Mimo tej wpadki Goodman nie zrezygnował z usług Simona i w dodatku zaoferował mu posadę szefa działu kreatywnego wydawanych przez siebie magazynów kryminalnych. Spodobała mu się możliwość publikowania komiksów bez udziału Funnies, Inc. i dawał Simonowi oraz Kirby'emu coraz więcej zleceń. Okazali się kopalnią pomysłów. Po tym jak na rynek wprowadzili Marvel Boya oraz Visiona, Simon naszkicował wariację na temat typowo amerykańskiego bohatera ze stajni MLJ Comics o pseudonimie Shield, czyli Tarcza.

„Zawaliłem nockę na szkicowaniu – wspominał Simon. – Kolczuga przypominająca koszulkę, drżące mięśnie na ramionach i klatce piersiowej, obcisłe rajtuzy, rękawice i sięgające kolan buty z wywiniętymi cholewami. Na jego piersi narysowałem gwiazdę, a od pasa w górę, aż do owej gwiazdy, pociągnąłem białe kreski, zaś sam kostium pokolorowałem na czerwono, biało i niebiesko. Potem dałem mu do ręki tarczę". Pod rysunkiem napisał „Super American". Szybko jednak wpadł na lepszy pomysł i zmienił pseudonim na „Kapitan Ameryka"*.

Podczas gdy Superman, Batman i pozostali bohaterowie walczyli z kosmitami, zamaskowanymi złoczyńcami i rabusiami banków, głośniejsi, wściekli i szorstcy bohaterowie wydawnictwa Timely zakasali rękawy i poszli bić się z tymi, którzy stanowili zagrożenie dla prawdziwego świata, wszak trwała druga wojna światowa. Sub-Mariner zajął się więc niemiecką łodzią podwodną nieopodal nowojorskiego wybrzeża; wkrótce Marvel Boy stawił czoła dyktatorowi nazwiskiem Hiller (krąży pogłoska, jakoby Goodman bał się, że Adolf ich pozwie). Następnie Sub-Mariner przyłączył się do ruchu oporu na należącej do Francji wyspie, żeby pomóc uporać się jej mieszkańcom z nazistowskim najeźdźcą. To były sporadyczne potyczki. Działania wojenne w Europie przybierały jednak na sile: padła Francja, zaś strach przed nazistowską supremacją zaczął przenikać i do amerykańskich

* Jack Kirby w roku 1966 nieco inaczej wspominał genezę postaci: „Najpierw wymyśliliśmy bohatera jako takiego, a potem zaczęliśmy dopisywać całą resztę".

serc. Kapitan Ameryka miał więc wkrótce do wykonania tylko jedną misję: przyczynić się do rychłego upadku Trzeciej Rzeszy.

Simon dostrzegł tkwiący w stworzonej przez siebie postaci potencjał i, za pośrednictwem głównego księgowego Maurice'a Coyne'a, wynegocjował z Timely dogodne warunki umowy*. „Długo na rynku to się nie utrzyma", powiedział Simonowi Goodman podczas ich pierwszego spotkania, ale prawda jest taka, że musiał zwąchać niezły interes, bo nie tylko zgodził się na dwadzieścia pięć procent prowizji dla Simona (do podziału z rysownikiem), ale także zaproponował mu etat redaktora. Goodman nadal musiał płacić Funnies, Inc. za dwie najpopularniejsze postaci – Human Torcha i Sub-Marinera – lecz dzięki pomocy Simona mógł zaoszczędzić jeszcze więcej (w końcu Goodman wykupi prawa do wspomnianych superbohaterów).

Niedługo potem Simon zaproponował Kirby'emu stałą pracę u Goodmana. Sam zajmował się przydzielaniem zleceń, wymyślał z Goodmanem nowe tytuły, projektował loga i pracował przy magazynach pulpowych. Zaś Jack całymi dniami po prostu rysował. Kiedy Simon miał zamiar oddelegować grupę freelancerów do rysowania przygód Kapitana Ameryki, Kirby powiedział mu, żeby nie zawracał tym sobie głowy. Przecież on mógł to zrobić w pojedynkę.

Goodman bał się, że Hitler może być martwy, zanim Kapitan Ameryka w ogóle trafi do sklepów. Kirby zajął się szkicami, zaś tusz nałożył stary kumpel Simona z Syracuse. Do pomocy zaprzęgnięto też Syda Shoresa, cichego absolwenta akademii sztuk pięknych, który spędził siedem lat, pracując przy produkcji whiskey; wkrótce stanie się kolejnym etatowym pracownikiem Timely Comics. Shoresa posadzono przy biurku w jednym pokoju z Kirbym (który dzielił go właśnie z Simonem), dano mu do ręki

* „Nie lubił zbytnio swoich pracodawców – twierdził potem Simon. – Był w końcu współwłaścicielem firmy Archie Comics, znanej wówczas jako MLJ, i to jego imię kryło się pod pierwszą literą tej nazwy [były szef Goodmana, Louis Silberkleit, krył się pod drugą z liter]. Moje dwudziestopięcioprocentowe honorarium było jego pomysłem".

okładkę narysowaną przez jego nowego kolegę i kazano nałożyć tusz; na obrazku widniał Kapitan Ameryka walący pięścią Adolfa Hitlera.

Kiedy *Captain America #1* był jeszcze w druku, wysoki, nastoletni kuzyn Jean Goodman przyszedł na piechotę z Bronksu do McGraw-Hill Building – który, jak potem ze zdziwieniem przyzna, wydał mu się „zrobiony w całości ze szkła" – wsiadł do windy i pojechał po raz pierwszy do biur Timely. Otworzył drzwi, wszedł do niewielkiej poczekalni i podał swoje nazwisko sekretarce: Stanley Lieber.

Kierownik działu kolportażu Robbie Solomon – dla Jean Goodman „wujaszek Robbie" – spodziewał się tej wizyty. Matka Stanleya, Celia, była jego siostrą. Wyjaśniła Robbiemu, że Stanley chce zostać pisarzem, ale nigdzie nie mógł zagrzać miejsca na dłużej – niedawno wyrzucono go z podrzędnej roboty w fabryce spodni. Solomon otworzył drzwi znajdujące się po lewej stronie okienka sekretarki i zaprosił Stanleya do środka. Za progiem skręcili w lewo i trafili do pokoiku dzielonego przez Simona, Kirby'ego i Shoresa. „To mój siostrzeniec – przedstawił go Solomon. – Znajdziecie mu jakieś zajęcie?". Simon przepytał szybko chłopaka i wyglądało na to, że ten nie ma pojęcia o przemyśle komiksowym, lecz ma zapał do roboty. I, oczywiście, był spokrewniony z szefem. Simon zatrudnił go z miejsca.

20 grudnia 1940 roku *Captain America #1* trafił na stoiska z prasą. Opisano w nim historię kościstego rekruta imieniem Steve Rogers, któremu zaaplikowano eksperymentalne serum mające zmienić go w superżołnierza. Udało się – nagły przyrost masy mięśniowej pozwolił mu na nawiązanie walki z tymi, którzy zagrażają Stanom Zjednoczonym. Był niczym Superman, lecz nie potrafił zatrzymać lecącej kuli własnym ciałem; po to miał tarczę pomalowaną – podobnie jak jego kostium – w pasy i gwiazdy. Kapitan Ameryka, pomijając to, że walczył z nazistami, nie różnił się drastycznie od bohatera wprowadzonego przez MLJ Magazines o pseudonimie Shield: kolejny wyprodukowany w laboratorium amerykański bohater walczący z sabotażystami. Jednak dynamiczne kadry i płynnie narysowane przez Kirby'ego sekwencje akcji pozwoliły rozwinąć nowemu

tytułowi skrzydła. *Captain America #1* rozszedł się niemal tak samo dobrze jak *Superman* i wynik jednego miliona sprzedanych egzemplarzy przeszedł najśmielsze oczekiwania wszystkich zainteresowanych; biuro wydawnictwa zostało zalane listami od chętnych, pragnących przystąpić do fanklubu Sentinels of Liberty. Za dziesięć centów można było otrzymać mosiężny znaczek przedstawiający uśmiechniętego Kapitana Amerykę. Simon skupił się na projektach, które pozwoliłyby Timely zbić kapitał na sukcesie komiksu, i razem z Goodmanem wymyślali kolejne tytuły – *U.S.A Comics*, *All-Winners Comics*, *Young Allies*, gdzie pojawili się Toro i Bucky, nastoletni towarzysze Human Torcha i Kapitana Ameryki – a także projektowali loga. Simon i Kirby spotykali się w malutkiej poczekalni przy wejściu do biur i tam dyskutowali nad potencjalnymi fabułami, których napisanie zlecali scenarzystom. „Gdy wracał do nas gotowy scenariusz – opowiadał Simon – rozkładaliśmy go na kawałki, zmienialiśmy dialogi i wszystko inne. A kiedy naprawdę goniły nas terminy, nanosiliśmy poprawioną historię bezpośrednio na stół kreślarski". Kapitan Ameryka w drugim numerze został wysłany do Niemiec, gdzie wraz z Buckym infiltrował obóz koncentracyjny w Czarnym Lesie. „Ta jankeska świnia ni przekredźli mein planów", mówił Hitler, zanim Bucky wymierzył mu kopniaka w żołądek.

Kirby mruczał coś pod nosem, rysując kolejne strony za chmurą papierosowego dymu, a Stanley opróżniał popielniczki, zamiatał podłogi, donosił kawę i wycierał gumką ślady ołówka na pociągniętych tuszem kartach. Czasem dawano mu do przeczytania i sprawdzenia jakiś tekst. Zdarzało mu się wprawiać swoich starszych kolegów w konsternację, gdy przerywał milczenie grą na okarynie. „Jack siedział przy swoim stole z wielkim cygarem w zębach – wspominał po latach. – Joe stawał za nim również z wielkim cygarem w zębach i pytał, czy mu wygodnie, czy aby nie potrzeba mu tuszu, czy wszystko w porządku z ołówkiem, a wówczas Jack tracił nad sobą panowanie i wrzeszczał na mnie. I tak spędzaliśmy całe dnie".

Po miesiącu czy dwóch Simon dał wreszcie Stanleyowi spokój, a raczej zawalił go robotą – potrzebował więcej tekstów, żeby przygotowywana przez niego publikacja załapała się na taryfę pocztową przypisaną magazynom. Simon zlecił mu napisanie krótkiej historyjki o Kapitanie Ameryce, której towarzyszyć będą dwa panele z ilustracjami. Stanley oddał mu dwadzieścia sześć nieporadnie napisanych akapitów zatytułowanych *Kapitan Ameryka udaremnia zemstę zdrajcy*. Nie chcąc narażać swojej przyszłej kariery pisarskiej, opatrzył tekst pseudonimem „Stan Lee".

Parę miesięcy później Stan zaczął dostawać okazjonalne zlecenia na pełne fabuły komiksowe i w lecie pracował już nad przygodami postaci, takich jak Destroyer (amerykański doktor Keen Marlow wypija serum wynalezione przez niemieckiego doktora i walczy z nazistami za linią frontu) i Jack Frost (lodowaty mściciel przybywa do Nowego Jorku z „dalekiej północy", aby wypowiedzieć wojnę zbrodni).

Kiedy Simon nie zrzucał pracy na barki Stana, siedział na głowie Funnies, Inc. – na życzenie Goodmana. „Martin poprosił mnie, żebym zatruł im życie. Płacił zatrudnionej przez siebie ekipie o wiele mniej niż im. Miałem więc odsyłać ich prace do poprawki z nadzieją, że wreszcie będą mieli dość i się poddadzą".

Tymczasem Everett i Burgos podnosili stawkę: „Human Torch walczy z Sub-Marinerem, zaś świat stoi w obliczu ZAGŁADY!", krzyczała strona tytułowa piątego numeru *Human Torch*; przy przedstawionej tam epickiej bitwie bledło poprzednie starcie herosów z ognia i wody. Towarzysząca ilustracja przedstawiała „oszalałego Sub-Marinera" jadącego ramię w ramię z Hitlerem, Mussolinim i Śmiercią we własnej osobie; Czterej Jeźdźcy czterokolorowej apokalipsy. Komiks rozpoczynał się sceną, w której Namor, wściekły za spustoszenie dokonane w jego królestwie przez działania wojenne prowadzone na powierzchni – chodziło o konflikt niemiecko-radziecki – pada ofiarą kobiecych sztuczek księżniczki uchodzącej ze swoich podwodnych włości i poprzysięga zemstę. Na zadziwiających sześćdziesięciu stronach totalnej destrukcji Namor wraz ze swoimi wojskami odebrał Wielkiej Brytanii Gibraltar, wybił włoską flotę do ostatniego statku, zalał Amerykę Północną, sprowadził lodowiec na Moskwę i tornado na Berlin. Nie odróżniał sił aliantów od oddziałów Osi. Co gorsza – przekabacił na swoją stronę Human Torcha, który do zmysłów wrócił dopiero, widząc znajome gwiazdy i pasy. „Zszokowany do głębi widokiem swojej flagi

– grzmiał narrator – Torch staje na ziemi, gasi swoje płomienie i salutuje". Punkt krytyczny nadchodzi, gdy Namor zalewa Nowy Jork „ogromną falą, tak wysoką, że przykrywa najwyższy budynek w mieście; tak szeroką, że ciągnie się od Battery do Bronksu; tak przerażającą, że przewraca znane na całym świecie budowle łatwo jak domki z kart, a potem, w swej nienasyconej wściekłości, obraca się na rzece Hudson i prze na zachód! Pożegnajcie Broadway! Zapomnijcie o Times Square! Pada Empire State Building! Wali się most Jerzego Waszyngtona!". Do finałowej potyczki pomiędzy Sub-Marinerem a Human Torchem doszło przy Statui Wolności; Namor wreszcie się opamiętuje i uzyskuje – co mało prawdopodobne – przebaczenie od Roosevelta. Gdzieś tam na strony komiksu zaplątali się także inni bohaterowie znani z *Marvel Mystery Comics*: Angel, Patriot i Ka-Zar.

Komiks ukończono w zaledwie parę dni, a pracowało przy nim kilka par rąk; fabułę wymyślano w trakcie, dialogi wpisywano bezpośrednio do dymków. „Zostaliśmy w biurze przez cały weekend – mówił Everett. – Jeśli ktoś wychodził, to tylko po jedzenie albo alkohol, i wracał z powrotem do roboty". Brakowało im miejsca, więc jeden z rysowników położył się w wannie. Spali na zmianę, przez całą noc grało radio, a sąsiedzi skarżyli się na hałas.

Sprzedano cały nakład.

Kapitan Ameryka radził sobie wyśmienicie, w dodatku obrodziło w nowe tytuły i codzienna harówka w Timely stała się mocno uciążliwa. Simon i Kirby mieli naturę kombinatorów i po cichu zaczęli współpracę freelancerską z innymi firmami, jednocześnie zatrudniając kolejnych ludzi do Timely. Taki układ sprawdzał się tylko do czasu – któregoś dnia Maurice Coyne powiedział Simonowi, że Goodman oszukuje i jego, i Kirby'ego na honorariach: praktycznie wszystkie wydatki firmy były pokrywane z zysków z komiksów o Kapitanie Ameryce. Zanim zdążyli skonfrontować się z Goodmanem, Simon i Kirby skontaktowali się z Jackiem Liebowitzem z DC Comics, który już wcześniej sygnalizował swoje zainteresowanie ich usługami. Liebowitz powiedział, że w DC mogą zarabiać pięćset dolarów tygodniowo. Kirby i Simon wynajęli więc tani pokój w pobliskim hotelu i po godzinach wymyślali tam komiksy dla konkurencji. Te chałturki wciągnęły ich aż tak bardzo, że zaczęli się wymykać do hotelu nawet w czasie popołudniowego fajrantu. Stan zaczął coś podejrzewać i nalegał na wspólne wyjścia na lunch.

„Na pewno pracujecie nad czymś innym!"

Niechętnie zdradzili mu swoją małą tajemnicę i wkrótce chodzili do hotelu we trójkę, choć, jak wspominał Simon, Stan był raczej nieproszonym gościem.

Ich nadprogramowe zajęcie wkrótce wyszło na jaw. Po paru dniach bracia Goodmanowie przyszli do Kirby'ego i Simona gotowi na konfrontację.

Kirby był przekonany, że to Stan ich wydał. „Jak tylko zobaczę tego małego sukinsyna – powiedział Simonowi – zabiję go".

Bracia Goodmanowie zdecydowali, że skorzystają z usług swojego chętnego do pracy protegowanego – przynajmniej do czasu, aż znajdą kogoś odpowiedniego na jego miejsce. I tak w wieku osiemnastu lat Stan Lee został redaktorem w dużym wydawnictwie komiksowym. Miał swój własny gabinet przylegający do pomieszczenia, gdzie pracowali rysownicy. Sami mówili na niego „Zagroda", bowiem panował tam niemiłosierny wręcz tłok.

Nadal grał na swojej okarynie i poczynał sobie coraz bardziej zuchwale. „Kazał nam czekać, aż skończy grać te swoje melodyjki – wspominał Vince Fago, jeden z nowo zatrudnionych przez Stana ludzi. – Dmuchał w to ustrojstwo nawet w biurze Martina Goodmana".

Lee swoją wesołością odbijał sobie niełatwe dzieciństwo. Jego ojciec, Jack, był modelarzem w zakładzie krawieckim, ale przez większość czasu siedział na bezrobociu i Stan widywał go zwykle pochylonego nad ogłoszeniami o pracę lub kłócącego się z Celią. Stan spał w salonie zagraconego mieszkania na Bronksie i, jak nietrudno zgadnąć, na oderwanie się od szarej rzeczywistości pozwalały mu książki i kino – klasyczny scenariusz, tyle że Stan nie lubił siedzieć w domu, był jowialny i pełen energii. Tak samo chętnie występował publicznie, jak i brał udział w konkursach pisarskich. Wiele lat później wspomni, że prawdziwą inspiracją była dla niego wizyta sprzedawcy prenumerat jednej z gazet w jego klasie w szkole średniej. I sam nauczył się tego fachu, pracując u konkurencji. Optymizm i bezpośredniość nieźle służyły Stanowi: inspirował pracowników swoją energią i stanowczością. Zapewne jego sposób bycia zostałby odebrany przez Joego Simona jako dziecięca naiwność, jednak ludzie pracujący z Lee cenili go jako swojego szefa bez względu na to, czy przychodził do pracy w czapeczce ze śmigłem, czy nie. Dyktował scenariusze przez telefon, podejmował błyskawiczne decyzje odnośnie do nowych tytułów i sam pisywał dwie, trzy historie tygodniowo. „Nieważne ile roboty spadło na niego w ostatniej chwili, jakimś cudem zawsze wyrabiał się w terminie", mówił jeden z rysowników. Goodman nadal decydował, co miało się znaleźć na okładkach – i będzie to robił jeszcze przez wiele lat – ale Stan latał na coraz dłuższej smyczy.

I wtedy Japończycy zbombardowali Pearl Harbor. Carl Burgos, Syd Shores i Bill Everett dostali powołanie do armii. Lee sam się zaciągnął. „Chciałbyś moją posadę?", zapytał Vince'a Fago w 1942 roku. Fago był rozsądnym wyborem: specjalizował się w komiksach o zabawnych zwierzakach, które szybko zdobywały popularność dzięki tytułom wypuszczanym przez Dell Comics na licencji Disneya. Lee dostał przydział w łączności i zgłosił się na służbę 9 listopada w Queens. Z początku wspinał się po słupach telefonicznych i rozplątywał kable dla radiotelegrafistów, ale wkrótce rozeszło się, że jest pisarzem. Oddelegowano go do redagowania plakatów ostrzegających przed chorobami wenerycznymi, pisania instrukcji obsługi czołgu i wymyślania kreskówek szkoleniowych dla oficerów do spraw wynagrodzeń. Został przeniesiony do Karoliny Północnej, a potem do Indiany, gdzie od czasu do czasu zdarzało mu się pisywać historie o Kapitanie Ameryce – tylko teraz podpisywał się jako Szeregowiec Stan Lee.

W roku 1942 niemiecka łódź podwodna zatopiła dwa tankowce u wybrzeża Long Island. Martin Goodman wstąpił do cywilnej obrony lotniczej i patrolował okolice Woodmere, upewniając się, że mieszkańcy zakrywali na noc okna, żeby światła nie były widoczne z oceanu. Przejeżdżając ze swoim synem Idenem przez Hewlett Bay, zatrzymywali się przy każdym punkcie z prasą, żeby się upewnić, iż tytuły wydawane przez Timely były odpowiednio eksponowane. Goodman nie tylko stał na straży swojego kraju, ale i Kapitana Ameryki.

Przez całą wojnę *Captain America* był najlepiej radzącym sobie tytułem Timely i liderem na błyskawicznie rozwijającym się rynku; w niecałe dwa lata liczba sprzedawanych miesięcznie komiksów wzrosła z piętnastu do dwudziestu pięciu milionów. W 1943 roku przemysł generował zyski rzędu trzydziestu milionów dolarów rocznie. Spory procent pochodził z eksportu komiksów do stacjonujących za oceanem żołnierzy; Kapitan Ameryka nie mógł sobie znaleźć lepszej publiczności, bowiem historie zatytułowane *Uwięzieni w nazistowskiej twierdzy*, *Blitzkrieg na Berlin* czy *Mistrzowie terroru Toja* szybko znikały z wojskowych punktów pocztowych.

Średni nakład komiksu wydawanego przez Timely w czasie wojny, jak oceniał Vince Fago, wynosił blisko pół miliona egzemplarzy. „Czasem wypuszczaliśmy pięć tytułów w tygodniu, albo nawet i więcej. Wystarczyło rzucić okiem na same te liczby, żeby się domyślić, że Goodman jest milionerem".

Goodman wprowadził się do wielkiej posiadłości w stylu kolonialnym, z pięcioma kominkami i czterema głównymi sypialniami, stojącej w cieszącym się dobrą opinią Woodmere, praktycznie drzwi w drzwi z country clubem. Kiedy zabrał ojca na zwiedzanie domu, Isaac Goodman był zdumiony. „Przy takim domu – powiedział – służyłem w Rosji".

Po wojnie, w roku 1945, Stan wrócił do odmienionego Timely. Komiksy o zabawnych zwierzakach rozwinęły się pod kuratelą Fago, zadbano też o stały napływ nowych talentów: za scenariusze do *Jap-Buster Johnson* odpowiadali przyszli pisarze Mickey Spillane i Patricia Highsmith. Goodman przeniósł biura swojego wydawnictwa na czternaste piętro Empire State Building i poprzyjmował całe zastępy nowych ludzi. Rysownicy, ludzie od nakładania tuszu, liternicy, faceci od kolorów – wszyscy równo o dziewiątej rano siadali do swoich biurek. Powstały nowe działy, tak więc ekipa od zabawnych zwierzaków rywalizowała z ekipą od superbohaterów. Do środka przez wiecznie otwarte okno – nie zamontowano tam klimatyzacji – wraz z ożywczą bryzą wpadał uliczny szum.

Nic nie było w stanie wytrącić Martina Goodmana z równowagi. Każdego popołudnia, po zatwierdzeniu okładek, rzuceniu okiem na prace nowych rysowników i przeanalizowaniu słupków sprzedaży, kładł się na postawionym w rogu jego gabinetu szezlongu, z którego rozciągał się widok na Trzydziestą Trzecią, i zamykał oczy; w końcu w jego biurze wisiał znak z napisem NIE ZAPOMNIJ O ODPOCZYNKU.

Lee zatrudnił paru adiustatorów. Każdy z nich dostał własne biuro i pracował nad przydzielonymi tytułami, które miał przystosować do nowych trendów. Sam tyrał nad scenariuszami do *Millie the Model*, *Tessie the Typist* i *Nellie the Nurse*, a także myślał nad podwojeniem liczby tytułów z superbohaterami. Podczas wojny Fago kontynuował wypracowaną przez Lee strategię chomikowania zapasowych scenariuszy. „Zawsze mieliśmy mnóstwo rzeczy w odwodzie i w razie jakby ktoś się upił albo spóźnił, mogliśmy wrzucić coś do numeru. Potem siadało nad tym dziesięciu chłopa i rysowało". Fago zgromadził scenariusze o wartości stu tysięcy dolarów, poupychane w szufladach, gotowe do użycia w każdej chwili. Stan wrzucił je wszystkie do szafy; już ich nie potrzebował, miał przecież do dyspozycji armię młodych talentów, codziennie pukali do jego drzwi, gotowi zrobić wszystko, czego będzie od nich wymagał: Johnny Romita, Gene Colan, John Buscema, Joe Maneely. Ten zastrzyk energii spowodował, że Stan własnym sumptem wydał *Secrets Behind the Comics*, pamflet, w którym ujawniał tajemnice przemysłu komiksowego. „Odpowiadał za większą ilość komiksów niż jakikolwiek inny żyjący redaktor", głosiła jego notka biograficzna.

Lee był odpowiedzialny także za wiele innych rzeczy. Wynajął pokój w hotelu Alamac i wiódł życie playboya, próbując zaimponować paniom swoim buickiem z opuszczanym dachem, naśladując Sinatrę i szpanując pięciocyfrową sumą na koncie. Po latach żałował, że ominął go czas studiów: „To, co się widzi na filmach. Mieszkanie w kampusie, ciągłe imprezy, co noc inna dziewczyna". Odbił to sobie w wojsku. „Byłem zakochany chyba ze sto razy – mówił. – Wysyłali mnie do miast w różnych miejscach w kraju i gdzie nie trafiłem, tam poznawałem jakąś pannę i sądziłem, że jest wspaniała". Teraz również nie próżnował. Freelancerzy byli zaskoczeni, widząc paradujące po jego gabinecie piękne sekretarki. „Sam zatrudniałem trzy i miały pełne ręce roboty. Dyktowałem im scenariusze w swoim biurze. Kiedy teraz o tym myślę, byłem pozerem, popisywałem się, ale cóż zrobić, w końcu miałem te dwadzieścia parę lat. Dyktowałem stronę jednej dziewczynie, a kiedy ją przepisywała, dyktowałem kolejną drugiej, a czasem zdarzało się, że i jeszcze następną trzeciej. Czułem się mocny, miałem władzę, bo potrafiłem jednorazowo zająć sobą trzy sekretarki. Lubiłem to robić szczególnie wtedy, gdy ktoś wchodził do mojego biura... i byłem z tego dumny! Miałem frajdę, mogąc popisywać się przed publicznością".

Kawalerskie życie trwało tylko do 1947 roku, kiedy to kuzyn zapoznał go z olśniewającą, znudzoną swoim zaledwie rocznym małżeństwem brytyjską modelką Joan Boocock. Lee przekonał ją, żeby pojechała do Reno i wzięła rozwód. On sam poleciał za nią do Nevady i pobrali się 5 grudnia. Nie mogli sobie jednak pozwolić na miesiąc miodowy i pociągiem wrócili do Nowego Jorku. Czekała na nich praca.

Trendy na rynku komiksowym zmieniały się z prędkością światła. Powojenna Ameryka, dotknięta obsesją na punkcie rosnącej przestępczości wśród nieletnich, nie chciała widzieć w rękach swoich młodych obywateli komiksów o tematyce kryminalnej, gdyż na ich stronach propagowano cudzołóstwo oraz pełne przemocy działania – tak oto obrońcy moralności znaleźli winnego za zaistniałą sytuację. Oczywiście nikt nie zwrócił uwagi na to, że dziewięćdziesiąt procent dzieciaków, zarówno potencjalnych chuliganów, jak i chłopców śpiewających w kościelnym chórze, czytało komiksy i za wszelakie odchylenia od normy można by równie dobrze obwinić gumę balonową albo domki na drzewach. W mniejszych miasteczkach organizowano publiczne palenie komiksów, zaś w „Time" i „Collier's" ukazywały się tendencyjne artykuły. Niektóre rady miejskie – w tym w Detroit – zaczęły przeforsowywać przepisy, które zakazałyby dystrybucji szkodliwych treści na ich terenie. Czując potrzebę przedsięwzięcia środków zapobiegawczych, grupa wydawców opracowała specjalne wytyczne dotyczące zawartości publikowanych tytułów; podobne rozwiązanie dwadzieścia lat wcześniej wybrało również Hollywood. Komiksy kryminalne, przygaszone nowymi regulacjami, zaczęły być wypierane przez westerny, potem romanse, a wreszcie – historyjki humorystyczne.

Zabrakło nazistowskiego wroga oraz wiernych czytelników wśród żołnierzy, więc superbohaterowie tracili na popularności. Lee kazał zastrzelić towarzysza Kapitana Ameryki, Bucky'ego Barnesa („Nigdy nie lubiłem tych przydupasów", powie później). Human Torch i Sub-Mariner rozpłynęli się w powietrzu, a i Kapitan Ameryka się nie uchował, bowiem w *Captain America's Weird Tales* drukowano dziwaczne horrory, w których amerykański bohater nie występował.

Lee zależało teraz na tym, aby cokolwiek się sprzedawało. Nie mógł sobie pozwolić na słodkie lenistwo – zmarła mu matka, wprowadził się do niego piętnastoletni brat Larry, a Joan była w ciąży z ich pierwszym dzieckiem. Przenieśli się z mieszkania pełnego mebli z pasiastą tapicerką, znajdującego się na czwartym piętrze w budynku bez windy, do wartego trzynaście tysięcy dolarów dwukondygnacyjnego domu na przedmieściach Long Island, niedaleko posiadłości Martina Goodmana.

Goodman potrafił być trudnym szefem. Zachowywał się po wielkopańsku – nawet braciom kazał mówić do siebie per „pan Goodman" – i do perfekcji opanował sztukę wymownego milczenia połączonego z zimnym spojrzeniem. Czasami miewał jednak gest. Gdy dowiedział się, że jeden z jego pracowników zabiera chore dziecko do szpitala dla weteranów, wręczył mu czek z niewpisaną kwotą. „Skorzystaj z niego najlepiej jak umiesz – powiedział. – Jeśli coś może zostać załatwione za pomocą pieniędzy, załatw to". Jednemu z redaktorów zaproponował pomoc w spłacie kredytu, inną pracownicę zapewnił, że jej stanowisko będzie na nią czekało, gdy wróci z urlopu macierzyńskiego. „Żałuję tylko jednego – powiedział jej czule – gdybym wiedział, że odniosę sukces, zdecydowałbym się na czwarte dziecko". Jak to jednak bywa z autokratami, jego szczodrość była kapryśna. Jeden z pracowników wspomina, że podczas lunchu Goodman zaoferował mu cygaro, a gdy odpowiedział: „Nie, dziękuję", Goodman odparł na to:

„Później? A może później już ci tego nie zaproponuję?". Cała dobroć potrafiła wyparować z niego w ciągu kilku sekund.

Kiedy Martin Goodman otworzył szafę w jednym z biur Timely, zobaczył w środku zebrane przez Vince'a Fago scenariusze warte tysiące dolarów, które schował tam Lee. Zapytał więc Stana, po co płacił za produkcję takiej ilości zbędnego materiału, i kazał mu zwolnić parę osób. Przed świętami 1949 roku w biurze rysowników zainstalowano głośnik, który nazwano „suczą skrzynką". „Co jakiś czas Stan wrzeszczał, że ten a ten ma przyjść do jego gabinetu, i wtedy wiedziało się, że ten a ten zostanie zwolniony – wspominał jeden z pracowników. – To był głos obwieszczający zagładę". Lee nie tylko zwalniał ludzi z pracy, ale musiał im tłumaczyć, że stało się tak dlatego, iż Goodman chciał wykorzystać zgromadzone przez niego materiały. Do stycznia prawie wszyscy znaleźli się na bruku.

Przebrzmiałe historie wyciągnięte z szafy nie spełniały oczekiwań ówczesnych czytelników, zainteresowanych komiksami wojennymi (popularnymi w przededniu wojny koreańskiej), horrorami (na które popyt wygenerował nagły sukces EC Comics i ich *Vault of Horror*, *Crypt of Terror* i *Haunt of Fear*) i powrót do korzystania z usług freelancerów okazał się nieuchronny. Dla Lee oraz wielu scenarzystów i rysowników fala zwolnień była brutalnym powrotem do rzeczywistości i przypomnieniem, że branża artystyczna jest zmienna jak mało która. Goodman zdecydował się na samodzielną dystrybucję swoich tytułów i opatrzył publikacje wydawane przez Timely logiem założonej przez siebie firmy Atlas – słowo to zdobiło okładki, wypisane majestatycznie na okalającym ziemski glob bannerze, co miało tryumfalny, ale ironiczny w kontekście niedawnych zwolnień wydźwięk.

Zakończyły się czasy tętniących życiem, przestronnych pomieszczeń dla rysowników, choć Lee nadal próbował budować stałą ekipę. Goodman zaś agresywnie walczył o miejsce na półkach. Podczas gdy inni wydawcy ograniczali produkcję, Timely dodało do swojej oferty jeszcze parę tytułów. Tymczasem serial animowany *The Adventures of Superman* okazał się telewizyjną sensacją. Goodman przywrócił więc do życia swoją świętą trójcę – Kapitana Amerykę, Human Torcha i Sub-Marinera – i wysłał ją do walki z komunistami w nadziei na odtworzenie wojennego dreszczyku emocji. Historia lubi się powtarzać – ci sami ludzie, dzięki którym w latach czterdziestych Timely odniosło sukces, jak Bill Everett i Carl Burgos, byli teraz, obok młodych talentów, regularnymi gośćmi w redakcji. Firma przeżywała kolejny okres rozwoju i Goodman przeniósł się na Madison Avenue, nad lokal Boyd Chemists i kawiarnię. Podłogę biura wyłożył dywanem; a do Central Parku miał zaledwie parę kroków. Jego gabinet znajdował się więc w centralnym punkcie konsumeryzmu lat pięćdziesiątych, gdzie w porze lunchu kręciły się zastępy dobrze ubranych wielbicieli martini, którzy potem znikali w nowo wybudowanych wieżowcach i poprawiali krawaty przed wejściem do wind. Obracało się tutaj połową wszystkich pieniędzy wydawanych w kraju na reklamę. Powierzchnia biurowa pod numerem 655 przy Madison zagospodarowana została głównie pod pracę nad magazynami wydawanymi przez Goodmana (a właściwie przez założoną przez niego firmę o jak zawsze pomysłowej nazwie Magazine Management, Inc.), które odeszły od swoich pulpowych korzeni i stały się pismami skupiającymi historie z życia wzięte, ploteczki filmowe, krzyżówki i, pisane pod kierownictwem Noaha Sarlata i Bruce'a Jaya Friedmana, lekko sprośne periodyki nafaszerowane opowiadaniami przygodowymi jak *Stag**, *Male*, *For Men Only* i *Men's World*. Z kolei Stan Lee miał już pod sobą sześćdziesiąt tytułów oraz, jak mówił Friedman, „morze pracowników".

W kwietniu 1954 roku, kiedy redaktorzy Goodmana jeszcze rozpakowywali swoje pudła i powoli przyzwyczajali się do Madison Avenue, powróciły kontrowersje związane z komiksami – i to ze zdwojoną siłą. Psycholog dziecięcy Frederic Wertham, od lat znany w środowisku jako przeciwnik komiksów, opublikował książkę *Seduction of the Innocent*, będącą atakiem frontalnym wymierzonym w treści publikowane w horrorach, tytułach kryminalnych, a nawet tych z superbohaterami (chodziło między innymi o graficzne przedstawianie scen przemocy domowej, sadomasochizm

* W 1953 roku przedsiębiorca z Chicago pożyczył pieniądze od rodziny i przyjaciół na otwarcie magazynu „Stag Party". Goodman sprzeciwił się nazwie i ów przedsiębiorca, Hugh Hefner, zmienił tytuł swojego periodyku na „Playboy".

i brutalne morderstwa); parę tygodni później podkomisja działająca przy senacie amerykańskim, zajmująca się przestępczością wśród nieletnich, zwróciła uwagę na problem, powołując Werthama jako biegłego. Kiedy wezwano do złożenia zeznań Monroe'a Froehlicha Juniora, dyrektora handlowego Timely, razem z Martinem Goodmanem załadował on swoje kombi komiksami i pojechał do Waszyngtonu, gotów przedstawić odpowiednie kontrprzykłady („Może opowiem państwu o historiach biblijnych?", oferował). Podkomisja nie potrzebowała większej ilości materiału dowodowego; jej członkowie mieli przed sobą odpowiednie przykłady czterokolorowej zgrozy. Podczas posiedzeń transmitowanych w telewizji przewodniczący wymachiwał egzemplarzem *Strange Tales #28*, mówiąc do widzów, że w środku znajduje się „pięć historii, w których brutalnie zostaje uśmierconych trzynaścioro ludzi".

Timely wywinęło się całkiem łatwo. Ale nie William Gaines z EC Comics, którego komiksy wojenne, kryminalne i horrory promowały postawę outsiderską i mierzyły oskarżycielskim palcem w hipokryzję konformistycznego społeczeństwa amerykańskiego. Inna sprawa, że w wydawanych przez niego tytułach można było znaleźć prawdziwie paskudne kwiatki – w jednym z komiksów paru morderców grało w baseball zwłokami swojej ofiary. „Patrzcie na te rozbite na miazgę, rozciągnięte wzdłuż linii boiska jelita – szeptał narrator. – Serce leży pod stopami pałkarza, który łapie walające się po ziemi ręce i nogi, odrzuca je na bok i czeka, aż miotacz ciśnie w jego stronę jeszcze krwawiącą głowę". Kiedy Gaines stanął przed komisją, zapytano go o okładkę *Crime SuspenStories #22*: w prawej ręce morderca trzymał zakrwawioną siekierę; w lewej ściskał blond włosy odciętej głowy, której oczy wywróciły się białkami do góry. Na drugim planie widoczne były wystające spod spódnicy ofiary nogi obute w wysokie szpilki, leżące bezwładnie na kafelkowej podłodze. „Czy nie sądzi pan, że ta ilustracja przekracza granice dobrego smaku?", pytał Gainesa senator Estes Kefauver z Tennessee. „Absolutnie nie, wszak to okładka horroru", odparł Gaines.

Jego zeznania trafiły na pierwszą stronę „The New York Times".

Przesłuchania prowadzone przez podkomisję zostały odroczone i nigdy już ich nie wznowiono, lecz krzywda została wyrządzona. Parę miesięcy później, podczas weekendu spędzanego w Catskills, Lee napomknął sprzedawcy strzelb myśliwskich, że jest redaktorem w wydawnictwie komiksowym. „Robisz komiksy? – zawołał mężczyzna i splunął na Lee. – Toć to karygodne, kwalifikuje się pan pod paragraf. Powinien pan siedzieć za to, co pan robi". Rysownik Dick Ayers ofiarował swojej córce pudło pełne podpisanych przez siebie komiksów na szkolną zbiórkę; wróciły do niego z notatką, że powinny zostać spalone.

W lecie 1954 roku piętnastu wydawców wyleciało z interesu. We wrześniu praktycznie wszyscy ci, którym udało się utrzymać na rynku, utworzyli Comics Magazine Association of America, organizację mającą na celu opracowanie wewnętrznych przepisów regulujących dopuszczalne treści; coś na modłę hollywoodzkiego kodeksu Haysa, tylko jeszcze bardziej drakońskiego. Słowa „horror" i „terror" miały zniknąć z okładek; zombie, wampiry, ghule i wilkołaki pod żadnym pozorem nie mogły znaleźć się na żadnej ze stron komiksu. Co więcej – i tutaj już nowe regulacje zahaczały o iście orwellowską fikcję – nie wolno było pod żadnym pozorem deprecjonować świętości instytucji małżeństwa ani okazywać jakiejkolwiek wyrozumiałości kryminalistom. „Dobro – mówiły przepisy – musi zwyciężać zło". Jeśli dany tytuł nie nosił na okładce znaczka z logiem Comics Code Authority, dystrybutorzy nie chcieli go nawet tknąć. EC Comics zmuszony został do zaprzestania publikacji wszystkich swoich genialnych – acz brutalnych – komiksów, zachowując tylko jeden tytuł, *Mad*, który przyjął formę magazynu.

Komiksom odjęto pazur i wyrwano kieł, przez co straciły impet; telewizja zaś święciła tryumfy, rozszalał się rock and roll. Po dwóch latach od rozpoczęcia krucjaty Werthama na rynku ostała się jedynie połowa wydawanych do tej pory tytułów. Znikały kolejne firmy. Timely Comics wprowadziło drastyczne cięcia, freelancerzy dostawali coraz mniej od zlecenia. Po latach sekretarka Goodmana wspominała, że Lee często przychodził do biura szefa, walcząc o większe stawki dla swoich ludzi.

A były one dla rysowników coraz istotniejsze, bowiem dawno już opuścił ich młodzieńczy entuzjazm i nie siedzieli w branży dla rozrywki. Doskonalenie rzemiosła, pogoń za kaprysami, łamanie zasad – wszystko to musiało ustąpić konieczności zarabiania na chleb. „Nie rozmawiało się już u nas o pracy – wspominał Jules Feiffer, jeden z rysowników. – Byliśmy zbyt starzy, zbyt znudzeni. Gadaliśmy o żonach, baseballu, dzieciach albo o tym sukinsynu, dla którego pracowaliśmy. Zwyczajna biurowa gadka, jak wszędzie. Nawet nie chodziło o potrzebę rozmowy jako taką, ale rytualne rozładowanie napięcia. Podobnie działały wygłupy: jajcarskie telefony, zgrywa z kolegi frajera, chowanie rysunków nowym. Nikt się za te żarty nie obrażał, żeby nie zostać posądzonym o bycie ponurakiem".

Mimo niskiego morale, Timely nadal wypuszczało komiksy, które trafiały na półki obok również okrojonych publikacji lidera rynku, wydawnictwa Dell (firma miała licencję na wykorzystywanie postaci stworzonych przez studio Walta Disneya i Warner Bros.) oraz DC (które powróciło do swoich superbohaterów, lecz przedstawiało ich jako czystych jak łza obywateli, na co dzień pracujących jako policjanci, naukowcy i laboranci na tle lśniącego, miejskiego krajobrazu).

W drugiej połowie 1956 roku, idąc za radą Monroe'a Froehlicha, Goodman zrezygnował z samodzielnej dystrybucji i podpisał umowę z American News Company. Jednak ANC – walczące w sądzie ze swoimi klientami i podminowane dochodzeniem prowadzonym przez departament sprawiedliwości w sprawie praktyk monopolistycznych – w kwietniu 1957 roku zamknęło swój wydział do spraw hurtowej dystrybucji czasopism; w ten sposób Goodman został na lodzie ze swoim imperium, gdyż jego magazyny i komiksy nie miały jak dotrzeć do rąk klientów. Independent News, widząc możliwość zarobku, zgodziło się na rozprowadzanie tytułów wydawanych przez Goodmana, lecz był w tym pewien haczyk: firma należała do konkurencyjnego DC i Timely miesięcznie mogło wprowadzać do sklepów jedynie osiem tytułów.

Szeregi Timely ponownie zostały zdziesiątkowane. Goodman pojechał na wakacje i na odchodne kazał Lee zwolnić personel. „To najtrudniejsza rzecz, jaką w życiu zrobiłem – mówił Lee. – Musiałem ich wylać z pracy, choć byli moimi przyjaciółmi, chodziłem do nich na kolację, znałem ich żony, dzieci. A jednak musiałem. To była najokropniejsza rzecz w moim życiu". Po każdej rozmowie z pracownikiem Lee wychodził do łazienki. Potem wracał i zwalniał następnego.

John Romita, którego zdążyły już zniechęcić stale spadające stawki za stronę, otrzymał telefon od jednej z uroczych asystentek Stana (również znajdującej się na wylocie). Powiedziała, że ma natychmiast skończyć pracę. Poprosił więc o rekompensatę za to, co zdążył już narysować; sekretarka powiedziała, że przekaże tę prośbę Stanowi, lecz Romita nigdy nie doczekał się odpowiedzi. „Jeśli kiedykolwiek zadzwoni do nas Stan Lee – polecił swojej żonie – powiedz mu, żeby poszedł do diabła".

Rysownicy spanikowali. Niektórzy pobiegli prosto do DC Comics, żeby pokazać swoje prace, ale wielu odeszło z branży. Bill Everett znalazł pracę w firmie produkującej kartki z życzeniami, Gene Colan zatrudnił się w reklamie, zaś Don Heck zaczął projektować modele samolotów. Mike Sekowsky, butny i szybki jak błyskawica rysownik, jedna z gwiazd Zagrody, zatrudnił się w spożywczaku.

Stan przeniósł się do boksu, gdzie siedział razem z Bruce'em Jayem Friedmanem; oddzielała ich jedynie cienka ścianka. „Pomyślałem, że jest bardzo dzielny, przecież był na szczycie, a teraz zostało mu małe biureczko i sekretarka – opowiadał potem Friedman. – Został zepchnięty na boczny tor i nie chciał się z tym pogodzić". Goodman miał jednak swoje powody, dla których trzymał kuzyna swojej żony na pokładzie – widział już na własne oczy wzloty i upadki przemysłu komiksowego i niech go szlag, jeśli teraz ustąpi; nikt nie wygryzie go z interesu.

Zapas scenariuszy zaczynał się kurczyć, lecz tym razem Goodman nie zezwolił na zatrudnienie nowych pracowników. Jedynie paru rysowników pozostało na liście płac Stana Lee. Jeden z nich, Joe Maneely, stał się jego absolutnym faworytem; pracował szybko i był niezwykle wszechstronny – równie dobrze i z jednakową pewnością siebie radził sobie z *Melvin the Monster*, epigonem *Dennis the Menace*, podróbką *Casper the Ghost*, jak i westernem *Two-Gun Kid*. Mimo że mieszkał w New Jersey, Maneely często wpadał na Long Island na imprezy do Lee i w 1958 roku zaczęli pracować, niezależnie od Goodmana, nad publikowanym w prasie paskiem komiksowym *Mrs. Lyons' Cubs*. Lee powie później, że gdyby wszystko potoczyło się inaczej, niewykluczone, że odszedłby z Marvela i pracował z Maneelym nad innymi projektami. Tak się jednak nie stało. Któregoś czerwcowego piątku, po wypiciu kilku drinków z paroma kolegami z wydawnictwa, Maneely – który parę dni wcześniej zgubił okulary – wpadł pomiędzy wagony pociągu miejskiego. Miał trzydzieści dwa lata. Zrozpaczony Lee stracił nie tylko przyjaciela i współpracownika, ale także jednego z najpłodniejszych rysowników.

Jeszcze w tym tygodniu nadal wstrząśnięty Lee – potrzebując pilnie nowego materiału do wydawanych przez Goodmana komiksów science fiction i fantasy – skontaktował się z dwoma rysownikami Timely, jeszcze zanim wydawnictwo straciło dystrybutora i pozwalniało ludzi. Steve Ditko, spokojny trzydziestolatek, który właśnie wyleczył się z gruźlicy, odebrał telefon w małym mieszkanku w śródmieściu wynajmowanym wspólnie z ilustratorem i rysownikiem komiksów erotycznych, Erikiem Stantonem. Usłyszał, że mają dla niego robotę, i zapytano go, czy chce wrócić.

Lee rozmawiał również z Jackiem Kirbym. Ich ścieżki rozeszły się całkowicie, po tym jak w 1941 roku Kirby opuścił Timely dla DC z Joem Simonem. Druga wojna światowa rzuciła Kirby'ego na plażę Omaha zaledwie dwa tygodnie po Dniu D – zwłoki nadal leżały tam w stertach. Potem brał udział w oblężeniu Bastogne, a nawet, jak wspominał, w wyzwoleniu niewielkiego obozu koncentracyjnego. Po wojnie Simon i Kirby spotkali się ponownie i wprowadzili do stojących naprzeciwko siebie domów na Long Island, odbijając się od drzwi kolejnych wydawców i pracując nad różnymi gatunkami, zależnie od tego, co było akurat na topie. Robili westerny, kryminały i kosmiczne przygody; w *Young Romance* praktycznie odkryli nowy gatunek komiksowy, a kiedy Marvel ożywił Kapitana Amerykę, oni wzięli się za *The Fighting American*, bezczelną kopię swojej własnej postaci*. W 1954 roku otworzyli własną firmę komiksową Mainline – był to idealny moment, aby małe wydawnictwo zostało zmiecione z rynku ogarniętego

* „Oczywiście byliśmy zgorzkniali, że to nie my posiadaliśmy prawa do Kapitana – mówił Simon. – Pomyśleliśmy więc, że pokażemy im, jak się to robi".

cenzorską czystką; wtedy nastał koniec ich piętnastoletniej współpracy. Kirby wrócił do DC i rysował dla nich *Green Arrow* oraz komiks przygodowy *Challengers of the Unknown*. Gdy Stan Lee szukał w 1958 roku nowego materiału, Kirby zaczynał właśnie pracę nad prasowym paskiem komiksowym zatytułowanym *Sky Masters*. Mimo że robota wręcz go przytłoczyła, wspomnienie spędzonego w ubóstwie dzieciństwa nie pozwalało mu odrzucać ofert i zawsze był chętny na więcej.

Sześcio- i ośmiostronicowe opowiastki, które trafiały wymiennie do publikacji takich jak *Journey into Mystery*, *Tales of Suspense* i *Tales to Astonish*, były niczym historie z telewizyjnej *Strefy mroku*, razem z ich umoralniającymi, zaskakującymi zakończeniami okraszonymi niespodziewaną woltą fabularną. Publikowali w nich wieloletni pracownicy zrzeszeni wokół Stana Lee, ale dopiero Ditko i Kirby nadali im kierunek, który zapowiadał to, co miało nadejść. Kirby rysował wielgachne, budzące respekt okropne monstra i statki kosmiczne, z kolei Ditko specjalizował się w rozedrganych postaciach ambitnych wyrzutków przygniecionych ciężarem swojej arogancji i dumy, uwięzionych przez własną psychikę. Obaj interesowali się tematem zderzenia człowieka z koszmarnymi transformacjami cielesnymi wywołanymi za pomocą metod laboratoryjnych oraz nagłym olśnieniem związanym ze zdobyciem traumatycznej wiedzy, która na zawsze odseparowywała ich od społeczeństwa.

Niedługo po premierze *Strange Worlds* i *Tales of Suspense* kariera Kirby'ego napotkała pewne trudności. Redaktor z DC, który załatwił mu zlecenie na paski *Sky Masters*, podał Kirby'ego do sądu, twierdząc, że ten nie płacił mu należnego procentu od zysków ustalonego w kontrakcie. I choć Kirby kontynuował pracę nad *Sky Masters* w trakcie procesu, nie dostał już ani jednego zlecenia z DC. Joe Simon załatwił mu pracę przy komiksach o superbohaterach z Archie Comics w 1959 roku, ale zaledwie po kilku miesiącach Simon, skuszony perspektywą stałej wypłaty, odszedł do branży reklamowej. Kirby nie poszedł w jego ślady. „Jack nigdy nie lubił reklamy – mówiła jego żona, Roz. – Jestem pewna, że rozważał to, ale wiem, że nie lubiłby swojej pracy. Sercem zawsze był za komiksem". Tym sposobem Kirby stał się zależny od Stana Lee, swojego niegdysiejszego chłopca na posyłki.

Przez całe lata czterdzieste i pięćdziesiąte, gdy Lee próbował przetrwać burze targające przemysłem, uczepiony burty okrętu sterowanego przez Martina Goodmana, Kirby mógł wołać o najwyższe stawki dzięki swojemu dorobkowi oraz reputacji twórcy gwarantowanych przebojów. Teraz, gdy katalog tytułów Stana Lee stale się kurczył, a Kirby'emu ubywało dobrych kontaktów, obaj stracili poczucie bezpieczeństwa.

Prócz paru komiksów westernowych, którym udało się utrzymać na rynku, Kirby rysował potwory rodem z porannych seansów kinowych o imionach takich jak Monstrom, Titano, Groot, Krang czy Droom. Lee zajawiał fabuły swojemu młodszemu bratu, Larry'emu Lieberowi, który spisywał je w formie scenariuszy i wysyłał Kirby'emu. Z każdą kolejną okładką popadali w coraz większą monotonię, powielając własne pomysły; gościła na nich przeważnie grupka umykających przed czymś, potykających się i upadających, rozwrzeszczanych ludzi, którzy palcami wskazywali niewyobrażalne wręcz niebezpieczeństwo. „Ostrzegali nas, ale nie wierzyliśmy w jego istnienie... MONSTROM!" „Pomocy! Ratunku! On żyje! Nadchodzi! To DROOM!"

„Bawiłbym się o wiele lepiej, rysując *Rawhide Kid* – lamentował Kirby. – Jednak rąbałem te potwory. Mieliśmy Grottu i Kurrgo, i... i było to swojego rodzaju wyzwanie, bo musieliśmy ciągle wymyślać coś nowego, a z tak durnymi postaciami nie było to łatwe". Mówił, że czuje się w Marvelu „jak rozbitek".

Nie on jeden. Stan Lee zwierzył się jednemu z rysowników: „[Martin Goodman] przechodzi obok mnie i nawet się ze mną nie wita. To tonący statek, a my jesteśmy szczurami. Musimy się stąd wydostać".

2

Redaktorzy „Men", „Male" i „Stag" nie zwracali zbytniej uwagi na kolesia zajmującego się komiksikami, siedzącego samotnie przy swoim narożnym biurku w budynku pod numerem 655 na Madison Avenue. Stan Lee nie miał już pod sobą ani jednego pracownika etatowego, jedynie co jakiś czas do biura wpadali rysownicy, chcący oddać gotowe strony, oraz Stan Goldberg, który szkicował *Millie the Model*, żeby pomóc mu z pracą. „Praktycznie we dwóch ogarnialiśmy wszystko, co wychodziło – mówił. – Przychodził też do nas Jack Kirby, ale jeśli akurat go nie zdybałem i nie wyciągnąłem na lunch, uciekał do domu". Lee nawet nie przerywał swojego mozolnego stukania w klawisze maszyny do pisania.

Martin Goodman rozegrał wiekopomną partyjkę golfa wiosną 1961 roku. Kiedy Stan Lee zakasał rękawy i raz jeszcze zasiadł do pisania historii o superbohaterach – w wieku trzydziestu ośmiu lat, po dwóch dekadach spędzonych w branży i bez perspektyw na dalszą karierę – nikt nie zwrócił na niego uwagi.

Okładka *Fantastic Four #1* nie przypominała niczego, co do tej pory widziano na rynku. Nie było żadnych kolorowych trykotów, zaś główni bohaterowie wydawali się krusi i mali; białe tło wyglądało na niedokończone. Tytuł napisano nierównymi literami, jakby wyszedł spod ręki dziecka. Całość przywodziła na myśl magazyny o potworach, które Stan i Jack robili dla Goodmana. Bezimienna kreatura wyłaniająca się spod skorupy miejskiej ulicy, ze swoją łuskowatą skórą, otwartą gębą i uniesioną prawą ręką, mogła być krewniakiem Orrgo Niepokonanego, który pojawił się w tym samym miesiącu na okładce *Strange Tales #90*. Chwiejący się na nogach przechodnie, uciekający byle gdzie, na obu okładkach wyglądali podobnie.

Niejasne były też moce, którymi dysponowali nowi bohaterowie. „Nie mogę zniknąć dostatecznie szybko!", krzyczała blondynka w różowej bluzce. „Czas, żeby Thing wziął sprawy w swoje ręce!", grzmiał pomarańczowy kloc, odwrócony plecami do czytelnika. Jeśli nie wiedziało się (a wówczas mało kto wiedział), że ten dziwaczny mężczyzna na pierwszym planie może rozciągać swoje kończyny, jakby były z gumy – dokładnie jak Plastic Man ze stajni Quality Comics – można by pomyśleć, że Jack Kirby nie potrafi porządnie narysować łokci.

Sama fabuła również sprawiała wrażenie chaotycznej, jakby wymyślano ją w biegu i sporo improwizowano. I tak, do pewnego stopnia, w istocie było: przez ostatnie lata Lee miał tak dużo pracy, że przekazywał rysownikom jedynie zarys fabuły, a nie pełny scenariusz, aby móc przerobić większą ilość materiału i nie wstrzymywać publikacji. Dlatego też to oni często decydowali o tempie rozwoju akcji i szczegółach intrygi. Kiedy szkice wracały do Lee, ten dopisywał dialogi, usuwał nieścisłości fabularne, a czasem nawet zmieniał zamysły rysownika. Po czasie system ten ewoluował, generując efektywną ilość kreatywnej energii; jednak z początku owocem redakcyjnych starań był zwyczajny bełkot.

Na pierwszej stronie *Fantastic Four #1* widnieje mężczyzna o przyprószonych siwizną skroniach, który wystrzeliwuje w niebo flarę, co ściąga uwagę większości mieszkańców dość monotonnie zaprojektowanego Central City. Troje z nich wydaje się żywo zainteresowanych tym faktem – dusza towarzystwa Sue Storm wymyka się z popołudniowej herbatki dzięki umiejętności stania się niewidzialną; bezimienna postać zrzuca płaszcz, okulary przeciwsłoneczne i fedorę, wybiega ze sklepu z ubraniami w dużych rozmiarach i okazuje się pomarańczowym monstrum, którego skóra ma fakturę zaschniętej gliny; nastoletni Johnny Storm, brat Sue, zostawia auto w warsztacie i cały w płomieniach wzbija się w powietrze. Zbierają się w mieszkaniu mężczyzny z pierwszej strony, a akcja nagle przenosi się w przeszłość…

Na następnej stronie widzimy całą czwórkę razem. Reed Richards, mężczyzna z pasmami siwizny, kłóci się z wyglądającym na twardziela wielkoludem imieniem Benjamin Grimm o kwestie dotyczące lotu w kosmos. „Ben, musimy skorzystać z tej szansy – nalega Sue Storm, narzeczona Richardsa – przecież nie chcemy, żeby pobiły nas komuchy!" Cała grupa wychodzi na platformę wyrzutni rakietowej i, „zanim strażnik zdołał ich zatrzymać", rusza w stronę gwiazd. Niestety, zostają zbombardowani promieniami kosmicznymi i robią awaryjny w tył zwrot. Rozbijają się gdzieś w szczerym polu i tam odkrywają swoje nowe, wywołane promieniowaniem możliwości. Charakterystyczna dla tej sceny jest atmosfera rodem z horroru, brak tutaj radości wynikającej z faktu nabycia nadludzkich mocy. „Sue, ty... znikasz!", mówi ktoś do panny Storm, gdy jej ciało powoli staje się niewidzialne. „Zmieniłeś się w... w... w coś!", krzyczy Sue, widząc Bena – którego ciało pokryło się twardym ochrowym pancerzem – z wściekłością rzucającego się na Reeda. I wtedy dziewczyna zauważa, że z ciałem jej ukochanego również zaczyna się coś dziać – rozciąga się niczym guma. „Reed... nie ty, nie ty! Tylko nie ty!". Ben zostaje wreszcie powstrzymany, zaś Johnny staje w płomieniach i unosi się w powietrze.

Gdy nawykną już do niewidzialności, pomarańczowej, mocnej jak kamień skóry, rozciągliwości i samozapłonu, wyklaruje się ich przyszłość. „Nie musisz silić się na przemowę, ważniaku! – woła Ben do Reeda. – Wszystko rozumiemy. Musimy korzystać z naszych mocy ku chwale ludzkości, tak?" Rodzą się Invisible Girl, Thing, Mister Fantastic i nowa wersja Human Torcha.

Akcja wraca z powrotem do człowieka od flary. Na kolejnych dwunastu stronach toczy się rozczarowująca walka z Mole Manem – odpowiedzialnym za wchłonięcie przez ziemię elektrowni atomowych – i jego armią „podziemnych gargulców" na Wyspie Potworów. Jedno z monstrów przypomina to widniejące na okładce, ale próżno w komiksie szukać miejskich ulic i przechodniów. Dynamika rysunków jest niesamowita, lecz ryczące, parskające, trójgłowe maszkary znudziły się już i Lee, i Kirby'emu. To ostatnie spojrzenie na potwory w typie Mongu, Sporra i Zzutaka; zostają na zawsze uwięzione pod ziemią, a Fantastyczna Czwórka, wraz z całym Marvel Comics, odlatuje w przyszłość.

Komiks trafił na półki 8 sierpnia 1961 roku, tego samego tygodnia, w którym Niemcy Wschodnie rozpoczęły prace nad budową Muru Berlińskiego. Tematyka związana z podróżami w kosmos nie mogła trafić na lepszy moment: od chwili narodzin pomysłu na Fantastyczną Czwórkę do dnia publikacji komiksu Sowieci zdążyli wysłać w przestrzeń kosmiczną pierwszego człowieka, Jurija Gagarina – raportów o niebezpiecznym promieniowaniu nie odnotowano. Mimo że pierwsze informacje o wysokości sprzedaży miały przyjść dopiero za parę miesięcy, sukces był oczywisty, gdyż do wydawnictwa zaczęło przychodzić od czytelników coraz więcej listów, w których, jak to zwykle bywało, nie narzekano na brakujące zszywki, ale entuzjazmowano się złożonymi charakterologicznie postaciami. „Próbujemy (a może jesteśmy zbyt próżni?) dotrzeć do nieco starszej, bardziej wymagającej grupy czytelniczej", pisał trzy tygodnie później Lee w jednym ze swoich listów. Wyglądało na to, że po raz pierwszy od lat Marvel ma w rękach coś wyjątkowego.

Lee i Kirby z każdym kolejnym numerem dokonywali poprawek, przywiązując szczególną uwagę do napięć wewnątrz dalekiej od ideału grupy i skupiając się przede wszystkim na młodzieńczych humorkach Johnny'ego Storma i napadach szału użalającego się nad sobą Bena Grimma (jego krótkotrwałe powroty do ludzkiej formy były okrutną pieszczotą ze strony scenarzysty, który w kluczowym momencie zabierał mu sprzed nosa nadzieję na normalność). Osobiste nieszczęścia poszczególnych członków drużyny równoważyła nafaszerowana gadżetami sekretna kwatera główna oraz lśniący pojazd zwany Fantasticar. I choć Czwórka pozostała bez masek, a ich tożsamość była powszechnie znana – kolejne przełamanie komiksowej konwencji – fani nalegali, żeby przywdzieli kostiumy. „Jack wymyślił niebieskie trykoty z czwórką na piersi – mówił Stan Goldberg, który odpowiadał za paletę kolorystyczną komiksów Marvela. – Pomalowałem cyfrę na ten sam kolor co kostiumy i pozostawiłem białe tło. Złoczyńcy dostali zaś ciemne zielenie, ponure brązy, fiolety lub szarości, dzięki czemu powstał interesujący kontrast". Kolorowi bohaterowie osadzeni na tle mrocznego świata wyróżniali *Fantastic Four* spośród wszystkich innych tytułów, które można było odnaleźć na półkach.

Szybko stało się jasne, że nowi herosi pozostaną z czytelnikami na dłużej – w komiksie zagościła rubryka z listami od czytelników, historie kończyły się trzymającymi w napięciu zwrotami akcji – i Marvel nie miał wyjścia, musiał myśleć perspektywicznie. Wkrótce *Fantastic Four* dano towarzysza. Goodman zdecydował o zamknięciu *Teen-Age Romance*, które ustąpiło miejsca *The Incredible Hulk*, godnej ery nuklearnej wariacji na temat doktora Jekylla i pana Hyde'a – była to druga publikacja Marvela z superbohaterem wypuszczona w latach sześćdziesiątych. Ponownie naukowe zmagania czasu zimnej wojny stały się dla historii kluczowe. Doktor Bruce Banner przygotowywał test Bomby Gamma dla amerykańskiej armii, kiedy lekkomyślny nastolatek Rick Jones w ramach zakładu wjechał swoim kabrioletem na poligon. Banner kazał wstrzymać próbę, żeby zaprowadzić Ricka w bezpieczne miejsce, ale komunistyczny szpieg kryjący się w szeregach ekipy naukowej i tak wykonał test, tym samym napromieniowując Bannera. Momentem kluczowym komiksu była traumatyczna sekwencja wybuchu, przy której metamorfoza Fantastycznej Czwórki wypadała blado: „Świat wydawał się stać w miejscu, kołysać na krawędzi nieskończoności, gdy rozległ się jego rozdzierający krzyk", obwieścił Lee, opisując rysunki Kirby'ego, na których pogrążony w katatonii Banner z otwartymi bezsilnie ustami patrzył tępo przed siebie oczyma pełnymi strachu. Mijały godziny, lecz nawet wykwalifikowani lekarze nie byli w stanie wyciągnąć go ze stanu odrętwienia; balansował na granicy niepoczytalności. Gdy zapadła noc, ciało Bannera nabrało szarej barwy i zaczęło pęcznieć. Oszalały, rozbijał terenówki, łamał karabiny, tracąc tym samym nadzieję na normalne życie – jako Hulk będzie musiał uchodzić przed niestrudzonym generałem Thunderboltem Rossem, którego uporu nauczył wojskowy dryl; dla niego Hulk był nikim więcej jak nierespektującym autorytetów rebeliantem. Wygadany Rick Jones w pierwszych numerach jest jedynym przyjacielem Bannera – zamyka go na noc w bezpiecznym miejscu niczym jakiegoś pijaka na detoksie. Na przeplatany ciągłymi utratami świadomości żywot doktora składa się więc strach, poczucie winy i nieodwzajemniona miłość do Betty, córki generała. Jakim cudem Hulk mógł więc być superbohaterem? Kogo miał ratować? I przed kim?

Kirby i Lee dorzucali kolejne cegiełki do pieczołowicie budowanego świata. W czwartym zeszycie *Fantastic Four* powrócił Namor, którego absencja trwała od 1954 roku. Sub-Mariner, nadal żywiący urazę do rodzaju ludzkiego, zapatrzony w urodziwą Sue Storm, wkroczył ponownie do świata Marvela jako czarny charakter. W następnym numerze wprowadzono postać poznaczonego bliznami po nieudanym eksperymencie naukowym Victora Von Dooma, starego kolegi Reeda Richardsa, który wybrał się w podróż do Tybetu, gdzie studiował „zakazaną sztukę czarnej magii i czarnoksięstwa", a potem przejął tron w swoim rodzinnym kraju, leżącej w Europie Wschodniej Latverii. Doctor Doom był wyniosły i pompatyczny, ale kierował się swoistym kodeksem honorowym: zawsze dotrzymywał słowa. Doom i Sub-Mariner sprzymierzyli się na krótko w numerze szóstym, co nadało marvelowskiemu krajobrazowi nowych odcieni: wiecznie skłóceni superbohaterowie kontra bajroniczny piekielnik i faustowski geniusz zła.

Na początku 1962 roku, gdy Hulk i Sub-Mariner trafili na stoiska z prasą, Lee i Kirby zdążyli już przygotować projekty trzech kolejnych herosów; każdy z nich miał się stać bohaterem obecnego już na rynku tytułu poświęconego potworom: w *Journey into Mystery* miał zadebiutować Thor, nordycki bóg piorunów. W wydaniu Marvela przyjął on postać kulejącego lekarza Dona Blake'a, który w trakcie wakacji w Skandynawii znajduje laskę – po wbiciu w ziemię staje się ona znanym z mitów i legend młotem. Pod jego wpływem Blake zamienia się w długowłosego tytana w skrzydlatym hełmie, potrafiącego narzucić swoją wolę pogodzie i w którego słownictwie nie brakowało staroangielskich naleciałości. *Tales to Astonish* stało się domem Ant-Mana, alter ego Henry'ego Pyma, kolejnego naukowca, którego do bohaterstwa popchnął strach przed komunistyczną dominacją. Pym wynalazł serum, dzięki któremu mógł się zmniejszyć do niewielkich rozmiarów, zaś wielgachny hełm, który nosił, pozwalał mu, za pomocą impulsów elektronicznych, kierować... mrówkami.

Problem pojawił się w przypadku najsłabiej sprzedającego się *Amazing Fantasy*. Kiedy Lee zwrócił się do Steve'a Ditko, żeby nałożył tusz na pierwsze sześć stron narysowanych przez Kirby'ego, ten wytknął, że pomysł na fabułę – nastoletni, osierocony chłopak za pomocą magicznego pierścienia przemienia się w dorosłego superbohatera – to przeróbka historii postaci o ksywce Fly, którą Kirby stworzył dla Harvey Comics w 1959 roku. Lee uznał, że w takim razie trzeba wprowadzić pewne zmiany. Goniły go terminy, więc naskrobał zarysy scenariuszy do historii z Thorem i Ant-Manem, dając je do rozwinięcia swojemu młodszemu bratu, Larry'emu Leiberowi, sam zaś poświęcił całą uwagę nowej postaci, która miała znaleźć się na okładce *Amazing Fantasy*. Magiczny pierścień został zastąpiony przez radioaktywnego pająka, zaś potulnemu nastolatkowi nie przybywało nagle lat. Lee zwrócił się ze swoim pomysłem do Steve'a Ditko, choć jego ponury, markotny styl na pierwszy rzut oka nie pasował do opowieści o nastoletnim herosie.

Spider-Man pojawił się w wydanym w czerwcu 1962 roku *Amazing Fantasy #15*. Komiks śmiało odchodził od znanych konwencji superbohaterskich, posuwając się jeszcze dalej niż *Fantastic Four*. Od postaci Kirby'ego bił pewien majestat, podczas gdy Ditko zaludniał swoje komiksy chuderlakami, wiecznie zezującymi malkontentami, umieszczając protagonistę, Petera Parkera, pośród złośliwych uśmieszków, wytykających go paluchów, wściekle uniesionych brwi. Już na pierwszej stronie staje się jasne, że Parker – w krawacie, kamizelce, okularach z wielkimi oprawkami i o starannie przyczesanych włosach – jest wyraźnie usunięty poza nawias przez swoich kolegów w baseballowych kurtkach; była to iście koszmarna wizja próby przetrwania w niegościnnej szkole średniej, gdzie Archie, Jughead, Betty i Veronica sprzysięgli się przeciwko czterookiemu cherlakowi. Jedynymi przyjaciółmi Parkera są jego wujek Ben i ciotka May – którzy nadal traktują go jak małe dziecko – oraz stos podręczników. Po ugryzieniu przez radioaktywnego pająka chłopak zyskuje niesamowitą siłę i zwinność, a także potrafi przylepiać się do ścian (jego „pajęczy zmysł" ujawni się nieco później). Peter weźmie potem udział w zawodach zapaśniczych, żeby zarobić trochę grosza (walczy w masce, nadal nie będąc pewnym własnej wartości i możliwości – „A co, jeśli mi się nie uda? Nie chcę być pośmiewiskiem! Muszę ukryć swoją twarz!" – lecz rozprawia się szybko ze swoim potężnym przeciwnikiem). Zyskuje rozgłos i zostaje zaproszony do programu telewizyjnego; to na jego potrzeby uszyje sobie czerwono-niebieski kostium, z przypominającymi sieć ozdobami, pajęczymi znakami na piersi i plecach oraz kapturem-kominiarką z białymi wstawkami na oczy. Nie strój czyni bohatera: po nagraniu, w korytarzu studia, obok Parkera przebiega kryminalista, zaś Peter nie raczy go zatrzymać. Dba tylko o swój własny interes. Po powrocie do domu, gdy widzi swojego wuja zamordowanego przez włamywacza, jako Spider-Man tropi i unieszkodliwia zabójcę, orientując się, że to ten sam człowiek, którego z łatwością mógł zatrzymać w budynku telewizji. Wstrząśnięty i targany poczuciem winy wreszcie akceptuje swoje przeznaczenie. „Z wielką mocą – mówi narrator – wiąże się wielka odpowiedzialność!"

Epicki melodramat został odpowiednio stonowany przez żywiołową narrację Stana Lee, fantastyczny projekt kostiumu autorstwa Steve'a Ditko i, ponownie, doskonały dobór palety kolorystycznej. Stan Goldberg na strój Spider-Mana wybrał kombinację wiśniowej czerwieni i ciemnego kobaltu (co miało stanowić umyślny kontrast dla nasyconego lazuru kostiumów Fantastycznej Czwórki). Nie miało to jednak znaczenia dla Martina Goodmana, który zdecydował o natychmiastowym zamknięciu *Amazing Fantasy*.

Jednak reakcja czytelników była entuzjastyczna i jeszcze w tym samym roku nowy bohater otrzymał własny tytuł – *The Amazing Spider-Man*. Świat komiksu wzbogacił się więc o szarą prozę życia Petera Parkera, który albo martwił się o stan zdrowia ciotki May, albo kombinował, jak zarobić parę groszy, by wystarczyło jej na rachunki. Jego twarz wyrażała zgorzknienie wiecznego wyrzutka, który nagle zdobył nieprawdopodobną moc, zaś jego oczy mówiły: „Ja wam jeszcze pokażę". Parker został fotografem freelancerem w dzienniku „Daily Bugle", gdzie zajmował się fotografowaniem swojego alter ego w akcji; mimo ciążącej na nim odpowiedzialności, do pierwszych przygód i walk z przestępcami popychała go raczej możliwość zrobienia dobrych zdjęć, a nie chęć czynienia dobra. Niestety, owe fotki staną się elementem wymierzonej w niego kampanii nienawiści prowadzonej przez wydawcę „Bugle", J. Jonaha Jamesona, który wypowiedział wojnę Spider-Manowi, w jego opinii wrogowi publicznemu numer jeden. Wypłata jest jedną z nielicznych chwil, kiedy Ditko pozwala swojemu bohaterowi na uśmiech. Bruce Banner miał chwile wytchnienia od Hulka, zaś problemy Petera Parkera i Spider-Mana zlewały się w jedno, czemu dawały wyraz neurotyczne przemyślenia chłopaka, gęsto wpisane w komiksowe dymki. Po nieporozumieniu i kłótni z policjantami, Parker biegnie do domu po opustoszałych, pogrążonych w mroku ulicach. „Nic nie wyszło tak, jak chciałem... (chlip)... Wolałbym nigdy nie otrzymać tych mocy!"

Wszystko to było sprawnie poprzetykane dynamicznymi sekwencjami obrazów wypełnionych akrobatyczną akcją. Ditko zupełnie inaczej niż Kirby wyobrażał sobie atletyczne popisy – dla niego były to serie widowiskowych uników, a nie nokautujących ciosów, co nie ujmowało im atrakcyjności. Lee dołożył od siebie czerstwe żarciki, którymi nieustannie sypie Parker, kiedy tylko nałoży na siebie kostium Spider-Mana: może i jest to nader oczywisty wyraz nerwicy naszego bohatera, ale, co ważniejsze, rozładowywały one napięcie. Mimo nastoletnich problemów, pustego portfela, chorowitej krewnej, wrogiego środowiska pracy i nieustannego zagrożenia ze strony przestępców, *The Amazing Spider-Man* okazał się świetną zabawą.

Superherosi wrócili do łask. *Strange Tales* opanował Human Torch, a tego samego dnia *Linda Carter, Student Nurse* została zastąpiona przez *The Amazing Spider-Man*, zaś okładkę ostatniego z serii komiksów o potworach, *Tales of Suspense*, ozdobiła nowa gwiazda: Iron Man. Tony Stark nie miał problemów z brakiem pewności siebie, kłopotów z czynszem ani z dziewczynami. Był playboyem z wąsem i przedsiębiorcą z kontraktami wojskowymi w ręce. Raniony i porwany przez Wong-Chu, „Tyrana z Czerwonej Partyzantki", Stark jest zmuszony do opracowania nowej broni dla komunistycznego wroga. Zamiast tego konstruuje jednak dla siebie metalowy skafander, który ma trzymać w ryzach jego słabnące serce, ale także posłużyć jako pancerz umożliwiający ucieczkę. Kirby opracował mało zgrabny projekt, który wyglądał jak kupa złomu; dopiero Don Heck dodał przyssawki, magnesy i wiertła, ale i jemu nie udało się nadać zbroi opływowego kształtu. Zrobił to Steve Ditko, który również pokolorował pancerz na czerwień i żółć, co znacznie poprawiło jego wygląd. A i sam

Tony Stark stanie się potem bardziej skomplikowaną postacią; aktualnie jego największym problemem było to, że nie mógł pokazywać się – jak na playboya przystało – z nagim torsem z powodu wbudowanej w klatkę piersiową mechanicznej płytki.

Don Heck został przypisany do *Iron Mana*; Kirby'emu po prostu doskwierał brak czasu. „Biedak! Nie dość, że miał tylko dwie ręce, to na dodatek potrafił rysować jedną! – pisał Lee do jednego z fanów. – Chciałbym, żeby rysował tak dużo, jak tylko może, ale nie daje rady, nie wyrobiłby się ze wszystkim. Zastanawiam się nawet, jak udaje mu się ciągnąć te wszystkie zlecenia, które ode mnie dostaje".

„Dobra, koniec z szanownymi redaktorami! – krzyczała rubryka z listami od czytelników w *Fantastic Four #10*. – Jack Kirby i Stan Lee (to my!) czytają każdy list osobiście. Chcemy, żebyście wiedzieli, że was kojarzymy i że wy kojarzycie nas!" Stan Lee w ten właśnie sposób przygotował grunt pod najważniejsze postaci w Uniwersum Marvela, nieobdarzone niezwykłymi mocami: wesołych członków mitycznej Zagrody. Najpierw w Empire State Building, potem, na początku urzędowania pod numerem 655 przy Madison, faktycznie można było mówić o zagrodach, lecz było to przed pięcioma laty, zanim biurko Stana zostało wciśnięte w kąt i obstawione szafkami. Niemniej Lee kreował obraz swojego biura jako swoistej utopii, gdzie weseli rysownicy przerzucają się żartami i wszyscy pracują pod jednym dachem – w jednym z numerów *Fantastic Four* nawet sam Doctor Doom odwiedził „studio Kirby'ego i Lee przy Madison Avenue", przerywając burzę mózgów i usypiając wszystkich gazem. W rzeczywistości Kirby przychodził do biura jedynie raz w tygodniu. Pracował w swoim wyłożonym polakierowaną sosną gabinecie znajdującym się w piwnicy jego domu w Long Island, gdzie na półce obok Szekspira stały służące za inspirację powieści science fiction oraz, dla towarzystwa, dziesięciocalowy czarno-biały telewizor. Zawsze pamiętał o zamknięciu drzwi, żeby dym z palonych przez niego cygar nie przeniknął do wnętrza domu. W każdym razie jego imię z pewnością nie widniało na żadnych drzwiach przy Madison Avenue. „Stan Lee różne rzeczy pisał w naszych komiksach, ale prawda jest taka, że rysownicy wchodzili i wychodzili – powiedział dziennikarzowi rysownik *Iron Mana* Don Heck. – Ja przychodziłem do biura dwa razy w tygodniu, ktoś inny też przychodził dwa razy w tygodniu, ale o innych porach... mijaliśmy się i tyle". Radosny nastrój Lee był jednak szczery; wszystko szło ku lepszemu.

„Zauważałem, że Stan jest w skowronkach, wręcz bawił się pracą – mówił Bruce Jay Friedman, który widział, jak komiksowe królestwo Lee w latach pięćdziesiątych wali się w gruzy. – Dla mnie był wtedy takim dużym dzieciakiem, nie miałem pojęcia, że na moich oczach rodzi się legenda".

Mimo wszystko Lee potrzebował pomocy. „Mam wrażenie, jakbyśmy ciągnęli od jednego kryzysu do drugiego – pisał w prywatnej korespondencji do jednego z czytelników. – Nieustannie ze wszystkim gonimy. Nie chodzi o to, czy naszych rysowników stać na więcej, czy ja potrafię pisać lepiej, ale o to, jak sobie poradzimy, mając do dyspozycji tak niewiele czasu. Liczę, że pewnego dnia nadejdzie nirwana i będziemy mieli szansę zrobić komiks bez terminu wiszącego nad nami jak katowski topór". Wkrótce do wydawnictwa dołączył Sol Brodsky, który pracował wcześniej w Atlas Comics, i został kierownikiem produkcji. „Do moich obowiązków należała rozmowa z rysownikami i scenarzystami i tłumaczenie im, co i jak ma zostać zrobione – tłumaczył Lee. – Sol odpowiadał za wszystko inne: korektę, stronę edytorską, załatwiał składacza i drukarnię... Powoli, bo powoli, ale zaczęliśmy sobie wszystko układać".

Lee zaczął się dzielić obowiązkami scenopisarskimi, często ze starymi przyjaciółmi. „Martin Goodman zaczął naciskać na Lee, żeby ten zatrudnił kogoś do paru komiksów – mówił Leon Lazarus, jeden z pracowników Timely, który został zwerbowany do pracy nad *Tales to Astonish*. – Bał się, że Stan weźmie na siebie zbyt dużo roboty i w efekcie będzie miał dość i odejdzie z firmy".

Pod koniec 1962 roku Lee oddelegował swojego młodszego brata Larry'ego z powrotem do westernów, a tytuły takie jak *Iron Man*, *Thor* i *Ant-Man* przekazał weteranom. *The Human Torch* przekazywano sobie z rąk do rąk jak gorącego ziemniaka, aż wreszcie komiks trafił do scenarzysty podpisującego się pseudonimem Joe Carter.

Jak się okazało, jego prawdziwe imię brzmiało Jerry Siegel. Pozycja współtwórcy Supermana w latach pięćdziesiątych znacznie osłabła i musiał wręcz prosić właściciela praw do wymyślonej przez siebie postaci, DC Comics, o zlecenia, żeby potem tyrać za grosze pod batem redaktora Morta Weisingera. Jedna z branżowych legend mówi, że Weisinger powiedział raz do nieskorego do kłótni Siegela, który akurat siedział w jego biurze: „Muszę iść do kibla. Nie będziesz miał nic przeciwko, jeśli wytrę sobie dupę jednym z twoich scenariuszy?". Na początku lat sześćdziesiątych Siegel zaczął przebąkiwać o wytoczeniu sprawy sądowej DC i chcąc się skryć przed gniewem wydawnictwa, zaczął szukać innej pracy. Jakim cudem on, jeden z pionierów, nie dostał jej u Stana Lee?

Niestety, nieco naiwne, staroświeckie scenariusze Siegela nie odpowiadały standardom Lee; gwoli ścisłości, mało które mu odpowiadały. Lee znowu zaczął brać pod swoje skrzydła *Iron Mana*, *Thora* i *Ant-Mana*. Pomimo że Kirby, Heck i Ditko również mieli swój udział w pisaniu dialogów i opracowywaniu narracji, ufał tylko sobie.

Chcąc wyrabiać się ze wszystkim w terminie, Lee dostał zgodę Goodmana na zatrudnienie na etat George'a Roussosa, który potrafił nałożyć tusz na dwadzieścia parę stron dziennie. Roussos, świadomy tego, że Goodman jednego dnia przyjmuje, a drugiego wyrzuca, odmówił. Lee miał więcej szczęścia w poszukiwaniu sekretarki, która miała pomóc mu uporać się z obowiązkami administracyjnymi. Biuro pośrednictwa pracy przysłało w marcu 1963 roku Florence Steinberg, niezwykle atrakcyjną i uroczą dwudziestopięciolatkę o tapirowanych włosach, z perłami na szyi i białymi rękawiczkami na dłoniach, dopiero co przybyła do Nowego Jorku prosto z Bostonu. Steinberg, która miała za sobą specjalizację z historii sztuki, była tak samo żywa i towarzyska jak Lee – w szkole średniej wybrano ją na przewodniczącą rady uczniowskiej, a potem pracowała jako wolontariuszka przy kampaniach Teda i Bobby'ego Kennedych. Usadowiła się przy biurku obok Lee, odpowiadała na listy od czytelników – których codziennie przychodziły setki – obdzwaniała freelancerów i słała komiksy do druku, a wszystko to za sześćdziesiąt pięć dolarów tygodniowo. Lee zaś siedział przy maszynie do pisania, stukał w klawisze i witał przychodzących na dyskusje w sprawie fabuł scenarzystów i rysowników.

Ich koledzy z biur Magazine Management, łącznie z Mario Puzo, przyszłym autorem *Ojca chrzestnego*, krzywo patrzyli na Lee, Steinberg i Brodsky'ego, którzy z zapałem brali się za robotę. Jednak Lee czuł, że są świadkami czegoś magicznego. Pędzili na złamanie karku, wprowadzając kolejnego bohatera – Steve Ditko samodzielnie opracował postać aroganckiego chirurga, który staje się magiem działającym w imię dobra, Doctorem Strange'em na potrzeby wypełniacza w *Strange Tales*[*] – zaś istniejący już herosi zaczęli tworzyć synergiczne więzi. Na dwóch stronach *The Amazing Spider-Man #1* pajęczak próbuje dostać się w szeregi Fantastycznej Czwórki, ale jest wielce rozczarowany faktem, że członkostwo nie niesie ze sobą stałej pensji; w tym samym miesiącu Hulk, którego komiks został właśnie skasowany[**], pojawił się w *Fantastic Four #12*. Doctor Doom starł się ze Spider-Manem; Human Torch wygłosił mowę na zebraniu w szkole średniej Petera Parkera; a gdy Doctor Strange trafił do szpitala, znalazł się pod opieką Dona Blake'a, czyli alter ego Thora. Ant-Man zaliczył gościnny występ w *Fantastic Four #16*, a towarzyszyła mu ponętna bohaterka o pseudonimie Wasp; przypis wyjaśniał wszystko: „Poznajcie Wasp, towarzyszkę Ant-Mana, która znajdzie się w niebezpieczeństwie w czterdziestym czwartym zeszycie *Tales to Astonish*!"[***]. Była to przebiegła promocja

* Stephen Strange był postacią charakterystyczną dla Steve'a Ditko, bowiem taki model charakterologiczny wypracował jeszcze w latach pięćdziesiątych: pragnący władzy drań, który dostaje za swoje, gdy podczas podróży na pokryty śniegiem Wschód poznaje starożytną wiedzę i zgłębia tajniki mistycyzmu.

** Z początku reakcje fanów na Hulka nie były zbyt entuzjastyczne: „Ten komiks po prostu śmierdzi. Na co komu pełnowymiarowe historie przypominające starocie o potworach, traktujące o postaci ewidentnie wzorowanej na Thingu", pisali Don i Maggie Thompson w *Comic Art #3*.

*** Rozpieszczona imprezowiczka Janet Van Dyne znajduje swojego ojca martwego i zwraca się o pomoc do Henry'ego Pyma (Ant-Mana). Pym, któremu dziewczyna przypomina zmarłą żonę („Wygląda zupełnie jak Maria! Gdyby tylko nie była takim dużym dzieciakiem!"), prosi ją, żeby dołączyła do niego w walce ze zbrodnią. Podaje jej dawkę zmniejszającego gazu i wszczepia pod skórę specjalne komórki: „Nie zostaną ci blizny, lecz kiedy zmniejszysz się do rozmiarów osy, wyrosną ci skrzydełka i niewielkie czułki!". Dzieciak czy nie, ta dwójka wkrótce została kochankami.

krzyżowa, ale, co ważniejsze, kamień milowy w budowie spójnego uniwersum skupiającego wszystkie tytuły wydawane przez Marvel Comics: wszyscy superbohaterowie zamieszkują ten sam świat, działania jednego mają wpływ na pozostałych, a każdy nowy komiks to kolejna nitka wchodząca w skład ogromnego gobelinu tworzącego jedną, wielką opowieść.

Zabiegi te przygotowały grunt dla Avengers, drużyny gwiazd wydawnictwa Marvel, w której skład weszli najpopularniejsi herosi (poza Spider-Manem, skazanym na rolę nadąsanego samotnego wilka). Iron Man, Ant-Man, Wasp, Thor i Hulk połączyli siły, aby pokonać wroga Thora, Lokiego; zdecydowali również, że będą się zbierać częściej – mówiąc ściślej, w wydawanym raz w miesiącu komiksie. „Ruszyli *The Avengers* – pisał Lee – i tym samym otwieramy nowy wymiar w naszej pełnej gwiazd galaktyce!" Nie były to czcze przechwałki. Zebranie wszystkich tych bohaterów w jednym komiksie zmusiło Lee do dalszej pracy nad zróżnicowaniem ich charakterów i postaw, co pozwoliło Kirby'emu na zaprezentowanie pełni swoich możliwości – nareszcie mógł popisać się umiejętnością zapanowania nad skomplikowaną choreografią, gdyż często w jednym kadrze musiał zmieścić wiele postaci.

Jakimś cudem Lee i Kirby'emu jeszcze tego samego miesiąca udało się wypuścić drugi komiks z drużyną herosów, i to składającą się z całkowicie nowych superbohaterów. *The X-Men* opowiadał o przygodach grupy nastolatków obdarzonych wyjątkowymi mocami, którzy zostali przyjęci do prywatnej szkoły prowadzonej przez profesora Charlesa Xaviera, przykutego do wózka telepaty. Pod jego okiem odważni, ale niedoświadczeni X-Men – Scott Summers, czyli introwertyczny, obdarzony laserowymi oczami Cyclops; Hank McCoy, geniusz-akrobata o małpiej anatomii, jako Beast; Bobby Drake, Iceman, sypiący żartami kpiarz, potrafiący wyczarować z niczego śnieg i lód; Jean Grey, rudowłosa Marvel Girl, obdarzona mocami telekinetycznymi; oraz Warren Worthington III, obdarowany skrzydłami Angel – korzystają ze swoich nadludzkich mocy, aby powstrzymać niecne plany złych mutantów, z posiadającym władzę nad metalami Magneto na czele. W wolnych chwilach ćwiczyli manewry bojowe, spotykali się w Coffee A-Go-Go w Greenwich Village, gdzie stacjonowali hipisi i beatnicy, albo ślinili się do wykazującej nieskończone pokłady cierpliwości Jean Grey*. Mimo ciągłych zabawnych przekomarzanek nastoletnich bohaterów, *The X-Men* stało się mroczniejszą wersją *The Avengers* – społeczeństwo, którego poprzysięgli bronić, zerkało na nich, podobnie jak i na Spider-Mana, podejrzliwym okiem, z każdym numerem coraz bardziej surowym. „Popatrzcie na tych ludzi! Aż kipią od gniewu! Tak jak ostrzegał nas Profesor X... boją się nas i nie ufają tym, którzy dysponują supermocami!", mówił Angel w *X-Men #5*, napisanym niedługo po zbombardowaniu kościoła baptystów na Szesnastej Ulicy w Birmingham w stanie Alabama przez białych rasistów. W jednym z następnych numerów, po tym jak Beast uratował życie małemu chłopcu, oszalały tłum pogonił mutanta i zerwał z niego ubranie. Czy to jedynie przypadek, że Profesor X, postulujący niestosowanie przemocy, i jego arcywróg, wyznający zasadę „po trupach do celu" Magneto, idealnie nadawali się na metafory Martina Luthera Kinga i Malcolma X? „Pamiętaj, jesteśmy homo superior – syczał Mistrz Magnetyzmu, posługując się Nietzscheańskim terminem wziętym ze starej powieści science fiction. – Narodziliśmy się, żeby rządzić... Czemu więc powinniśmy kochać homo sapiens? Nienawidzą nas i boją się naszej mocy!" Jeśli wyznający dość liberalne poglądy Lee próbował wyłożyć czytelnikom, co ma do powiedzenia na temat bigoterii, było też oczywiste, że rozumiał granice, których nie wolno przekraczać, przeciwdziałając obłudzie. Z kolei Magneto i jego protegowani założyli grupę, której nadali nazwę „Bractwo Złych Mutantów". „Po trupach do celu" – rzadko kiedy bywało dewizą superbohaterów.

Mimo subtelności przekazu, zaangażowanie X-Men w walkę o prawa obywatelskie było jednym z pierwszych kroków Marvela w kierunku krytyki pewnych pęknięć w amerykańskim społeczeństwie**. Niedługo

* Jean Grey i Scott Summers nareszcie zaczęli się umawiać. Niemożliwe jest jednak prześledzenie kolei tego związku; nigdy nie pokazano, jak się obejmują, a pocałowali się na łamach komiksu po raz pierwszy w 1975 roku w *X-Men #94*.

** I choć we wczesnych latach swojego istnienia *The X-Men* rzadko spełniał standardy wyznaczone przez inne komiksy Lee i Kirby'ego, czasem udawało się wykorzystać potencjał mutantów jako mocnej metafory. Wiosną 1965 roku, zaraz po napaści sił policji stanu Alabama na demonstrujących obrońców praw obywatelskich potem kraj został podzielony przez wieloraką interpretację terminu „patriotyzm". Dolepienie Kapitana Ameryki – postaci znanej jako „Strażnik wolności" i niemal dosłownie owiniętej we flagę Stanów Zjednoczonych – do drużyny superbohaterów, która podbijała serca dzieciaków, było na pierwszy rzut oka zabiegiem wstecznym. Kapitan wrócił więc na komiksowe łamy w czwartym numerze *The Avengers* jako chodzący anachronizm, człowiek nie z tej epoki. Młodsi bohaterowie znaleźli go w morzu, nieprzytomnego i uwięzionego w lodowym bloku, dzięki czemu zachował młodzieńczy wygląd. „Wygląda na to, że bezruch i niska temperatura – wykrzykiwał Kapitan – zapobiegły starzeniu!" Nie zapobiegły jednak ani cierpieniu z powodu poczucia winy po stracie swojego towarzysza Bucky'ego (który, jak zostało wyjaśnione, zmarł tuż przed tym, jak Kapitan Ameryka został zamrożony), ani tęsknocie za latami czterdziestymi. Sam amerykański heros pozostał taki, jaki był przedtem – honorowy i godzien podziwu, lecz często pogrążał się w melancholii i biadolił nad tym, co się stało z jego krajem.

Kapitan Ameryka nie mógł wybrać gorszego momentu na *comeback*. 22 listopada *Avengers #4* jeszcze siedział w drukarni; tego dnia Stany Zjednoczone obiegła informacja o zastrzeleniu prezydenta Kennedy'ego. „Wracaliśmy akurat z lunchu, a ludzie słuchali w swoich samochodach radia, pootwierali drzwi – wspomina Flo Steinberg. – Nie mieliśmy w biurze telewizora, więc wszyscy zebraliśmy się w największym pomieszczeniu i przycupnęliśmy wokół radia, aż wreszcie ogłosili, że zmarł… wtedy wyszliśmy, powłócząc nogami".

Został tylko, a jakże, Stan Lee. „On nadal pracował nad tymi swoimi komiksami – mówił Mario Puzo – jakby były najważniejszą rzeczą na świecie".

w Selmie, X-Men stanęli do boju z Sentinelami, armią gigantycznych robotów zaprogramowanych przez zaślepionego antropologa do unicestwienia mutantów. „Strzeżcie się fanatyków! – pisał Lee na końcu komiksu. – Zbyt często lek jest bardziej niszczycielski od choroby, z którą walczy!".

Lee, który ponownie odpowiadał za scenariusze praktycznie wszystkich komiksów wydawanych przez Marvel, otrzymał własne biuro – z osobnymi drzwiami i dywanikiem – po raz pierwszy od siedmiu lat. Brodsky i Steinberg dzielili biurko, a wkrótce dołączyła do nich Marie Severin, która w Atlasie zajmowała się nakładaniem kolorów pod okiem Stana Goldberga. Była też niesamowicie utalentowaną rysowniczką, zdolną zaszczepić nietypowe poczucie humoru w swoje prace. Z łatwością mogła zostać gwiazdą magazynu „Mad", lecz koleje losu popchnęły ją w stronę Banku Rezerw Federalnych, gdzie pracowała przy filmach. Któregoś dnia po prostu podrzuciła swoje portfolio do biura Lee. Nigdy nawet na nie nie spojrzał, po prostu przyjął ją i posłał do Brodsky'ego, żeby zaprzęgnięto ją do produkcji.

Powinien był odesłać ją do rysowania komiksów. Kirby spędzał nad rysownicą siedem dni w tygodniu i nawet przy jego nieprawdopodobnej szybkości – dziennie potrafił skończyć nawet trzy strony – było jasne, że Lee musi wreszcie znaleźć dla niego jakieś wsparcie. Tak jak w przypadku scenarzystów, pomyślał o dawnych pracownikach Atlasu. Zadzwonił do Syda Schoresa, który w latach czterdziestych rysował Kapitana Amerykę, lecz ten był zajęty ilustrowaniem magazynów. Potem zwrócił się do Johna Romity, rysownika Kapitana Ameryki z lat pięćdziesiątych, lecz DC płaciło mu więcej, niż mógłby zaproponować Marvel. Nie chodziło jedynie o to, żeby zatrudnić kogoś, kto potrafi władać ołówkiem. „Metoda Marvela" – która będzie znana pod tą nazwą dopiero później – wymagała od rysownika umiejętności przerobienia zarysowanej przez scenarzystę fabuły w klarowną historię, na którą Lee dopiero naniesie swoje dialogi. Panele miały funkcjonować niczym nieme filmy, żeby zminimalizować potrzebę ekspresji werbalnej. Od rysownika wymagało się inwencji scenariuszowej – dotyczącej rozwoju postaci, wątków pobocznych – jak robili to Kirby i Ditko.

Lee przenosił swoich rysowników od tytułu do tytułu, jakby przestawiał piony na szachownicy, aż wreszcie znalazł dla nich odpowiednie miejsce. Dick Ayers został więc przypisany do komiksów *Sgt. Fury and his Howling Commandos* oraz *Strange Tales* z Human Torchem w roli głównej; Don Heck odziedziczył *The Avengers* i historie z Giant-Manem;

Wernerowi Rothowi przypadło *The X-Men*; zaś Ditko na krótko przejął Iron Mana z jego *Tales of Suspense*. Do *Tales to Astonish* powrócił Hulk, odpowiednio przerobiony przez Steve'a Ditko – teraz Bruce Banner zamieniał się w Hulka w przypływie złości*. Lee sugerował swojej ekipie, że powinni naśladować styl Kirby'ego. Jego zaś prosił, żeby przygotowywał szkice dla nowych rysowników – w ten sposób mieli szybciej załapać, o co chodzi. „Stan chciał, żeby Jack Kirby był Jackiem Kirbym, Steve Ditko Steve'em Ditko... a wszyscy inni Jackiem Kirbym", powiedział Don Heck. I faktycznie: kiedy Heck przejął *The Avengers*, Lee nie miał oporów, żeby i przy tej okazji wychwalać swój platoniczny ideał. „Don Heck narysował to cudo z pomocą Dicka Ayera, który odpowiada za tusz – pisał w rubryce z listami – nie uwierzycie, jak bardzo przypomina wielkie dzieła Króla Kirby'ego!"

Podczas spotkań redakcyjnych Lee wielokrotnie podkreślał, że najważniejszą kwestią jest zachowanie dynamiki. Każde słowo, nalegał, powinno popychać historię do przodu. Każde działanie powinno być wymowne i dobitne: jeśli ktoś wali pięścią w blat biurka, powinno to być mocarne uderzenie, a kiedy ktoś dostaje w zęby, to ma polecieć w powietrze. Postaci mówiące mają być rysowane z otwartymi ustami. Kiedy omawiał sceny walk, wchodził na biurko albo skakał po kanapie, udawał różne głosy, a rysownicy patrzyli z niedowierzaniem na łysiejącego, tryskającego energią czterdziestodwulatka. Pomimo entuzjastycznych fikołków Stana Lee niektórzy kręcili nosem na jego dość skromne wytyczne fabularne, bowiem wymagało to od nich planowania całych scen i ustalenia tempa narracji (praca zgodnie z Metodą Marvela przypominała „wypruwanie sobie flaków", jak wspominał po latach jeden z nich). Lee wpadł więc na to, że idealnym rozwiązaniem będzie znalezienie rysowników z doświadczeniem scenopisarskim, którzy przywykli do trudnych zadań i nie potrzebowali nad sobą bata.

* Ditko został wezwany do gabinetu Lee. Dano mu do wyboru trzy postaci i mógł sobie wybrać, kogo chciałby rysować w samodzielnej serii: Hulka, Ka-Zara czy Sub-Marinera. Ditko wybrał tego pierwszego, gdyż pociągały go plenery Nowego Meksyku.

Szybko przestudiował dostępne opcje. Próba współpracy z twórcą Human Torcha, Carlem Burgosem, nad samodzielnymi przygodami nastoletniej wersji tego bohatera szybko okazała się niewypałem. Lee zatrudnił Billa Everetta, pomysłodawcę postaci Sub-Marinera, teraz już czterdziestosześcioletniego kierownika artystycznego w jednej z firm z Massachusetts, żeby zrobił coś z zastrzeżoną do tej pory przez inne wydawnictwo marką „Daredevil", którą przejął Marvel. Koncept na nowy komiks nie powalał: Matt Murdock, spędzający całe dnie nad podręcznikami syn pogrążonego w biedzie i rozpaczy boksera, ratuje niewidomego mężczyznę przed śmiercią, wypychając go sprzed ciężarówki dostawczej laboratorium atomowego Ajax – sam zostaje oślepiony przez radioaktywną ciecz z beczki, która spadła z paki. To jednak nadal Marvel – promieniowanie wyostrza jego pozostałe zmysły, co przyda mu się później, gdy przyjdzie mu pomścić śmierć ojca. Murdock kończy studia prawnicze i zostaje adwokatem – co jest dość ciężką metaforą „ślepej sprawiedliwości" – więc świetnie się orientuje w knowaniach przestępczego półświatka.

Everett nie wyrobił się jednak w terminie, nawet mimo pomocy Kirby'ego, przy tworzeniu projektu postaci. „Tyrałem po czternaście, piętnaście godzin dziennie – mówił – a potem szedłem do domu i próbowałem robić komiks. Nie dałem rady". Ukończone dwie trzecie *Daredevil #1* dostarczył spanikowanemu Solowi Brodsky'emu. Los chciał, że Steve Ditko był akurat w biurze i Brodsky zwerbował go do dokończenia komiksu przy wolnym biurku. Minie rok, zanim Everett zrobi dla Marvela kolejne zlecenie.

Za drugi numer odpowiadał Joe Orlando, który narysował wiele znakomitych komiksów science fiction i horrorów dla EC. „Problem polegał na tym – przyznawał później Orlando – że nie byłem Jackiem Kirbym. Jack, Ditko i jeszcze paru innych potrafili parę zdań Stana nadmuchać do dwudziestu stron, na które on w dwa popołudnia nanosił dialogi. Kiedy rysowałem po swojemu, Stan przychodził do mnie i mówił, że ten panel musi zostać zmieniony, tamta strona musi zostać zmieniona i tak dalej, i tak dalej. Gdy akcja nie rozwijała się po jego myśli, kazał mi wszystko przerabiać i często musiałem rysować od nowa połowę komiksu. Nie płacili mi wystarczająco dużo, żebym to znosił, więc odszedłem".

Daredevil powędrował zatem do mentora Orlanda, niezwykle utalentowanego, ale chaotycznego Wally'ego Wooda. Jego opowieści kosmiczne publikowane w „Weird Science" i parodie z magazynu „Mad" uczyniły go jedną z najjaśniej świecących gwiazd w stajni EC Comics; sam Jack Kirby wybrał go do nałożenia tuszu na jego paski z serii *Sky Masters*. Harował jak wół, tak jak i Kirby. Zresztą to nie terminy stanowiły problem – cierpiał na chroniczną migrenę, walczył z depresją, pił i spędzał całe noce w swojej pracowni, wspomagając się kofeiną i papierosami.

Niedługo przed tym, jak skontaktował się z nim Marvel, Wood na dobre zrezygnował ze współpracy z „Mad", nie posiadając się ze złości, kiedy redaktor odrzucił jedną z jego historii. Potrzebował pieniędzy, rzucił nawet picie, ale nie oznaczało to, że lubił tańczyć, jak mu zagrają. Był uparciuchem i uwielbiał prowadzić z rozmówcą psychologiczne gierki. „Stan miał w biurze popielniczki – wspominała Flo Steinberg – ale on i tak rzucał papierosy prosto na dywan, co doprowadzało Stana do szaleństwa, więc kiedy Woody przychodził, wchodziłam za nim do gabinetu i gdy już kończył palić, sprawnym ruchem wyciągałam mu z dłoni papierosa. Niekiedy działało, ale zdarzało się, że po chwili przypalał kolejnego".

Lee obwieścił przybycie nowej gwiazdy specjalnym tekstem na okładce; nawet Kirby i Ditko nie dostąpili takiego zaszczytu. „*Daredevil* osiąga zupełnie nowy poziom wspaniałości w rękach słynnego, obdarzonego fantastycznym talentem ilustratora Wally'ego Wooda!", krzyczała okładka *Daredevil #5*, narysowana zresztą przez Jacka Kirby'ego. Lee zawsze mógł na niego liczyć.

Stan już od lat robił hałas wokół wydawnictwa – zachowywał się niczym naganiacz na festynie dla beatników. Każdemu, kto z nim pracował, nadawał jakiś pseudonim i na stronach poświęconych korespondencji z fanami informował czytelników o tym, co się działo w redakcji, zaś jego wypowiedzi stanowiły niespotykaną mieszankę niewiarygodnych wręcz przechwałek i dziewiczej skromności. W wydanym w 1964 roku *Marvel Tales Annual*

#1 opublikował czarno-białe fotografie „Wesołego Marty'ego Goodmana", „Uśmiechniętego Stana Lee", „Błyskotliwego Solla Brodsky'ego", „Radosnego Jacka Kirby'ego" i szesnastu innych. Szczególnie rzucał się w oczy brak jednego zdjęcia: „Twardego Steve'a Ditko". Lee pogodnie wyjaśniał: „Niektórych naszych kolegów akurat nie było w Zagrodzie, ale postaramy się wydrukować ich facjaty przy najbliższej okazji".

Ditko dystansował się od otaczającego redakcję Marvela szumu. 27 lipca 1967 roku grupa fanów wynajęła salę konferencyjną niedaleko Union Square. Zaproszono scenarzystów, rysowników i kolekcjonerów (a także jednego sprzedawcę) starych komiksów na spotkanie. Ditko również pojawił się na tym pierwszym konwencie komiksowym w historii, ale trudno było go nazwać ambasadorem dobrego humoru. Jeden z czytelników, Ethan Roberts, nazwał spotkanie z nim „najbardziej depresyjną rozmową, jaką kiedykolwiek odbyłem z człowiekiem pracującym przy komiksach". Ditko – „wysoki, chudy, łysiejący, oschły, w okularach" – na pytanie Robertsa o karierę w branży odpowiedział, że „to trudna praca, mało płatna, a do tego niewdzięczna. Zdołował mnie". Ditko nigdy więcej nie pojawił się na konwencie. Gdy rysunki wręczone fanom pojawiły się na okładkach amatorskich fanzinów, wysyłał do redaktorów napisane w złości listy („Nie pierwszy raz zostałem bezmyślnie potraktowany przez członków fandomu") i przestał rozdawać swoje prace.

Dwa tygodnie po konwencie ukazał się *The Amazing Spider-Man #18*. Napisał go w całości Ditko, który – pokłócony z Lee w kwestii kierunku, w jakim powinna iść fabuła komiksu – przejmował całkowitą kontrolę nad tytułem. Ditko uważał, że Lee bał się podążać za swoim instynktem i pisał pod publiczkę, a także że „miał tendencję do brania do siebie narzekań zawartych w listach". Ditko opierał się naciskom Lee, żeby nieco zmiękczyć drugoplanowe postaci otaczające Spider-Mana, a także nie chciał pakować do komiksu zbyt wielu fantastycznych, mistycznych elementów, aby historie „toczyły się w wiarygodnym świecie nastolatków". Lee żądał scen walk z zamaskowanymi postaciami; Ditko upierał się przy Peterze Parkerze. Osiemnasty numer odzwierciedlał apogeum konfliktu: niewiele było w nim stron z Sandmanem zamachującym się na Spider-Mana; był to komiks o superbohaterze bez superbohatera. Na większości kadrów snuł się spłukany, beznadziejnie zakochany młokos z tysiącem problemów na głowie. Na stronach redakcyjnych w innym komiksie Marvela Lee wrzucił Steve'a Ditko prosto pod jadący autobus, mimo że sprzedaż rosła. „Jestem pewien, że wielu czytelnikom się to nie spodoba – przewidywał – więc jeśli chcesz wiedzieć, o co będzie cały ten szum, kup swój egzemplarz!"

Atmosfera stała się jeszcze bardziej napięta, gdy entuzjastyczne działania Lee w zakresie public relations osiągnęły apogeum. Został zaproszony przez Bard College do poprowadzenia wykładu; inne uczelnie szybko podłapały ten pomysł. Lee tak bardzo spodobało się zainteresowanie środowiska uniwersyteckiego jego osobą, że kiedy założył fanklub Marvela – Merry Marvel Marching Society, w skrócie M.M.M.S. – odbiorcą docelowym oferty stała się młodzież studencka, a nie dziesięciolatki. Za dolara można było wykupić członkostwo, a w pakiecie powitalnym, wraz z nalepkami i legitymacją, znalazła się przypinka „zaprojektowana tak, żeby wyglądała świetnie obok twojego znaczka Phi Beta Kappa!".

Do pakietu dołączono również płytę gramofonową. Na potrzeby *Głosów Marvela* Lee napisał scenariusz pełen dennych żartów, wykupił parę godzin w studiu w centrum miasta i zebrał personel oraz freelancerów w biurze, żeby przećwiczyli swoje kwestie. „Stan zachowywał się, jakby walczył o Oscara – mówił Kirby. – Przepisywał ten scenariusz bez końca... siedzieliśmy ściśnięci w biurze jak sardynki w puszce, a na swoją kolej trzeba była czekać w korytarzu. Tego dnia nie przepracowaliśmy nad komiksami ani sekundy, wszystko kręciło się wokół nagrania, próba trwała cały ranek. Po lunchu mieliśmy udać się prosto do studia... lecz kiedy nadeszła pora, Stan zdecydował, że nie jesteśmy jeszcze gotowi, więc nie poszliśmy jeść, tylko dalej klepaliśmy swoje kwestie. Później pojechaliśmy taksówkami do studia. Nagranie miało nam zająć godzinę, może dwie, ale siedzieliśmy tam do wieczora. Nie mam pojęcia, do ilu powtórek nas zmusił"*.

* Lee w swojej autobiografii wspominał to inaczej: „Któregoś dnia, w przypływie inspiracji, wymaszerowaliśmy całą grupą z biura do studia znajdującego się parę przecznic dalej... nagraliśmy płytę dla naszych fanów, improwizując wszystkie kwestie".

Na *Głosach Marvela* usłyszeć można było praktycznie wszystkich rozpoznawalnych twórców związanych z wydawnictwem, dukających uroczo czerstwe żarciki – zapewne trudno było im mówić to wszystko bez zażenowania. Na pięciominutowym nagraniu goszczą: Lee, Kirby, Ayers, Heck, Steinberg, Brodsky, Goldberg, Chic Stone od tuszu, liternicy Artie Simek i Sam Roden oraz nowa supergwiazda Marvela Wally Wood. Znowu zabrakło Steve'a Ditko. Lee wymyślił taką oto anegdotę:

STAN: Hej, Sol, co to za raban?

SOL: A, to tylko nieśmiały Steve Ditko. Usłyszał, że planujesz nagranie, i ma stracha! O! I już zniknął!

STAN: Znowu wyskoczył przez okno? Wiesz co, zaczynam myśleć, że to on jest Spider-Manem.

Tego samego miesiąca na pierwszej stronie *The Amazing Spider-Man* pojawiła się informacja: „Wielu czytelników zadaje pytanie, czemu to właśnie imię Stana zawsze jest pierwsze w stopce! Lee o gołębim sercu zamienił się więc ze Steveyem miejscami! I jak wam się to podoba?!!". Żart polegał na tym, że choć faktycznie nazwisko Lee wymienione było jako drugie, wypisano je dwukrotnie większą czcionką.

Ditko jednak się nie śmiał. Jako gorący zwolennik prac powieściopisarki i filozofki Ayn Rand – której doktryna obiektywizmu kładła nacisk na prawa jednostki, osobiste korzyści i chłodną, twardą logikę – nie był wzorem posłusznego pracownika. Stan Lee z kolei przyciągał poklask jak magnes, gotów był zaimponować dosłownie wszystkim, a do tego musiał działać wedle żądań Goodmana, co czyniło go wrogiem randystów niemal z definicji*. „Nie miałem pojęcia, co porabiał, gdzie mieszkał, kim byli jego przyjaciele, ani co się u niego działo", wspominał lata później Stan Lee

* „Kreator polega na własnym osądzie – pisała Rand w *Źródle*. – Pasożyt działa wedle opinii innych. Kreator myśli, pasożyt kopiuje. Kreator produkuje, pasożyt plądruje. Kreatora zajmuje podbój natury. Pasożyta – podbój ludzkości. Kreator wymaga niepodległości – ani nie służy, ani nie rządzi. Podstawą jego stosunków z innymi jest dobrowolna wymiana myśli i nieprzymuszony wybór. Pasożyt pożąda władzy, chce zniewolić ludzkość uniformizacją myśli i czynu".

pytany o Steve'a Ditko. Na początku 1965 roku przestali ze sobą rozmawiać. Ditko sam wymyślał fabuły swoich komiksów, rysował i podrzucał gotowe prace Solowi Brodsky'emu, który przekazywał je dalej, do Lee.

Fanklub M.M.M.S. okazał się natychmiastowym sukcesem; lokalne oddziały otwarto w Princeton, Oksfordzie i Cambridge. Flo Steinberg nawet w weekendy przychodziła do biura, żeby uporać się z zamówieniami. „Musieliśmy spisać każde imię i zrobić plakietki, a także powyciągać te setki jednodolarówek. Było ich tak wiele, że dla zabawy rzucaliśmy nimi w siebie!" Szał na punkcie Marvela nie ograniczał się jedynie do zamówień pocztowych – nastoletni fani zaczęli wydzwaniać do biura, żądając długich rozmów z Bajeczną Flo Steinberg, piękną młodą damą, która z takim taktem odpowiadała na ich listy i której uroczą fotografię widzieli na stronach komiksów. Zanim ktokolwiek zdążył się zorientować w sytuacji, czytelnicy kłębili się w słabo oświetlonych korytarzach przy Madison Avenue 625, chcąc poznać Stana, Jacka, Steve'a, Flo i pozostałych.

Nie było jednak czasu na takie rzeczy, Lee miał przecież na głowie cały fikcyjny wszechświat; czuwał nad tym, żeby nie stracić panowania nad pisanymi przez siebie seriami i utrzymać spójność uniwersum – gdy Hulk został porwany w *Tales to Astonish*, Reed Richards zastanawiał się nad miejscem jego pobytu w *Fantastic Four Annual*; kiedy Tony Stark zaginął w *Tales of Suspense*, próżno było go szukać także i w nowym odcinku *The Avengers*. W jednym z numerów osadzonego w czasie drugiej wojny komiksu *Sgt. Fury and His Howling Commandos*, gdzie nie pojawiali się wcześniej żadni superbohaterowie, gościnny występ zaliczył Kapitan Ameryka*. Fabularne fikołki wymusiły na Lee usunięcie Thora, Iron Mana, Giant-Mana i Wasp z szeregów Avengers – zostali oni zastąpieni przez Hawkeye'a

* Niedługo potem Kirby wymyślił uwspółcześnioną wersję superszpiega Nicka Fury'ego; jego istnienie na dwóch płaszczyznach czasowych wytłumaczono przyjęciem specjalnego serum, które dało mu wieczną młodość. Dołączył więc do Kapitana Ameryki jako kolejny weteran drugiej wojny, który znalazł sposób na powstrzymanie procesu starzenia; zabieg ten pozwolił przemycić heroizm Pokolenia Najwspanialszych do lat sześćdziesiątych. Przeżyte lata obdarzyły ich bagażem doświadczeń i przydały powagi.

(dawnego przeciwnika Iron Mana), Quicksilvera i Scarlet Witch, niegdysiejszych wrogów X-Men*. Kapitan Ameryka pozostał w Avengers, a samodzielne przygody publikowane w *Tales of Suspense* opowiadały o jego wojennej przeszłości, więc nie zachodziła potrzeba pilnowania ciągłości zdarzeń.

Lee zaczął także uzupełniać braki kadrowe – w 1965 roku do wydawnictwa wrócili weterani z Atlasu: George Tuska zajął się Kapitanem Ameryką w *Tales of Suspense* według układu Kirby'ego; Gene Colan zainaugurował przygody Sub-Marinera publikowane w *Tales to Astonish*; John Severin (starszy brat Marie) szkicował segment *Nick Fury, Agent of S.H.I.E.L.D.* na potrzeby *Strange Tales*. Jack Kirby przejął na krótko Hulka od izolowanego teraz Steve'a Ditko; postać ta przechodziła na próbę z rąk do rąk – łącznie z nadal nienawidzącym sztywnych terminów Billem Everettem – nigdzie nie zagrzewając miejsca na dłużej.

Lee nadal próbował pozyskać Johna Romitę, którego bezceremonialnie wylano z pracy w 1957 roku. Romita przez pierwsze lata następnej dekady opierał się naciskom Lee, wątpiąc w wieści, jakoby szczęście ponownie uśmiechnęło się do Marvela. Zbyt wiele widział w życiu wzlotów i upadków, żeby podjąć ryzyko, zresztą DC i tak płaciło więcej.

Aż wreszcie, w 1965 roku, Romita powiedział Lee, że odchodzi na zawsze z branży komiksowej i będzie rysował storyboardy dla agencji reklamowej BBDO. „Po ośmiu latach rysowania romansów byłem wypalony – mówił Romita. – Nie miałem zamiaru ponownie chwytać za ołówek". Lee nie przestał nalegać na spotkanie i rozmowę.

„Nie masz pojęcia, jak bardzo popularni są ci goście", powiedział mu podczas lunchu, wyciągając na stół egzemplarze *Fantastic Four* i *Amazing Spider-Man*. Romita uważał, że *Spider-Man* wyglądał koszmarnie, ale Lee tłumaczył mu, że superbohaterowie trafiają do ludzi, że to przyszłość komiksu. Romita, ociągając się, przystał na propozycję dołączenia do Marvela, ale pod warunkiem, że zajmie się jedynie nakładaniem tuszu.

* Stało się jasne, że w Uniwersum Marvela wszystko jest możliwe – skład drużyn mógł się dowolnie zmieniać, zaś przestępcy się nawracali.

Trzy tygodnie później Lee poprosił Romitę o naszkicowanie próbnej ilustracji *Daredevila*, nie wspominając, że obecny rysownik tego komiksu, Wally Wood, był na wylocie. Metoda Marvela nie odpowiadała Woodowi – przygotowanie wstępnych szkiców, jeszcze zanim Lee skończył pisać – bowiem musiał wymyślać fabułę bez żadnego wynagrodzenia i nie mógł liczyć na to, że znajdzie się w stopce jako współautor scenariusza. Lee zagrał po swojemu w dziesiątym numerze *Daredevila*, przygotowując grunt pod nadchodzące zmiany: „Wally Wood zawsze chciał spróbować swoich sił jako scenarzysta, a nie tylko rysownik, więc wielkoduszny Stan (któremu należy się w końcu odpoczynek), powiedział, że nie ma sprawy! Zgadnijcie więc, co was czeka! Czy chcecie, czy też nie, możecie być pewni, że... będzie inaczej niż do tej pory!".

Sfrustrowany Wood natychmiast ulotnił się do nowo założonego Tower Comics, obejmując tam funkcję redaktora komiksów o superherosach, a Lee do *Daredevila* przydzielił Romitę, bowiem spodobała mu się narysowana przez niego ilustracja, na której bohater przecinał powietrze w locie. Kiedy jednak Romita dostarczył gotowy komiks, Lee zarzucił mu, że jego styl nadal zbyt przypomina kreskę zarezerwowaną dla romansów, a potem oznajmił, że zleci innemu rysownikowi sporządzenie dla niego układu, żeby zobaczył, jak to się robi. I wezwał Jacka Kirby'ego.

Wood pracował już w Tower Comics, kiedy zobaczył to, co Lee powypisywał na stronach redakcyjnych *Daredevil #10*: „Wally Wspaniały niestety nie miał czasu, żeby napisać zakończenie tej historii, i nie zostawił nam żadnych wskazówek! Pełen smutku Stan przejął więc tę robotę i musiał poskładać wszystko do kupy oraz znaleźć sposób na zawiązanie całej intrygi! I myślicie, że to wy macie problemy!". Od kiedy Wood to przeczytał, nie przestawał narzekać swoim kolegom z Tower Comics na Lee; wściekłość nie opuszczała go przez całe lata.

Było w tym wszystkim jednak ziarno prawdy – Lee pisał w swoim domu w Hewlett Harbor całe dnie we wtorki, czwartki, soboty i niedziele, a pozostałe trzy dni tygodnia spędzał w biurze – i faktycznie przydałby się ktoś do pomocy. Kiedy więc Steve Skeates, fan Iron Mana kończący akurat studia w Alfred University, napisał do Marvela list w formie komiksu, Lee zadzwonił do niego osobiście i, już w trakcie rozmowy, zaproponował mu posadę zastępcy redaktora naczelnego. Gdy chłopak przyjechał po raz pierwszy do siedziby wydawnictwa, biegał od biurka do biurka, przerzucał scenariusze i próbował pomóc uporać się z bieżącymi problemami, których nastręczał proces produkcji. Lee szybko zdał sobie sprawę, że podenerwowany absolwent *college*'u nie ma pojęcia, jak się robi komiksy, i lepiej szło mu wyciąganie papierosów od Marie Severin niż poprawianie scenariuszy. Kiedy kazano mu narysować od nowa kreski prowadzące do dymków dialogowych, Skeates kreślił drżącą ręką krzywe linie.

To właśnie wtedy Lee otrzymał wiadomość od Roya Thomasa, regularnego korespondenta, którego listy często ukazywały się na stronach redakcyjnych; informował w niej, że właśnie przeniósł się do Nowego Jorku i chciałby się spotkać osobiście. Thomas miał dwadzieścia cztery lata i przez jakiś czas uczył angielskiego w szkole średniej w rodzinnym Missouri, ale żył i oddychał komiksem; pisał listy i do Marvela, i do DC, a także piastował funkcję redaktora fanzinu *Alter Ego*. Przyjechał do Nowego Jorku, żeby pracować dla Morta Weisingera z DC – tego samego, który deptał i poniżał Jerry'ego Siegela. Kiedy jednak Thomas pojawił się w jego gabinecie, Weisinger od razu uciął dziesięć procent z obiecanej pensji i poinformował, że czekają go dwa tygodnie okresu próbnego. Następnie przedstawił chłopaka swojemu poprzedniemu asystentowi, wyjaśniając, że ten został co prawda już wyrzucony z pracy, ale jeszcze zdąży przeprowadzić szybki trening. Kiedy Weisinger potrzebował Thomasa, wzywał go do swojego biura za pomocą brzęczyka, a potem klął pod nosem. Po dwóch tygodniach Thomas siedział załamany w swoim pokoju hotelowym przy Dwudziestej Trzeciej Ulicy, zastanawiając się, czy przypadkiem kariera w przemyśle komiksowym nie jest ogromnym życiowym błędem.

Lee zadzwonił do hotelu i poprosił Thomasa o wykonanie swoistego testu pisemnego – miał dopisać dialogi i uzupełnić nagłówki na stronach *Fantastic Four Annual #2*. 9 lipca, po zaledwie dwóch tygodniach od przyjazdu do miasta, Thomas siedział w biurze Stana Lee. Lee, zmęczony przedłużającym się poszukiwaniem młodych talentów i zachwycony

Thomasem, nie chciał, aby ten wymknął mu się z rąk. Podszedł do okna, wyjrzał na ciągnącą się w dole Madison Avenue i zapytał Thomasa, co może zrobić, żeby zatrzymać go w Marvelu.

Potem odesłał Thomasa do domu, żeby w weekend napisał scenariusz do całego numeru *Modelling with Mille*. Kiedy Roy w poniedziałek wrócił do wydawnictwa, wciśnięto go do jednego pokoju z Brodskym i Steinberg, a na metalowym biurku postawiono maszynę do pisania. Zatrudniono go, żeby siedział i pisał przez czterdzieści godzin w tygodniu – dostał posadę etatowego scenarzysty – ale przez większość dnia nie mógł się skoncentrować: dzwoniły telefony, freelancerzy przychodzili i wychodzili, Sol, Flo i Marie biegali tam i z powrotem; musiał więc zostawać w pracy do ósmej, dziewiątej wieczorem. Często to on wychodził ostatni i gasił światła w budynku. Lee zmienił więc warunki umowy i Thomas został sekretarzem redakcji, zaś scenariusze klepał w domu. Z początku Lee jak oszalały przepisywał jego prace, ale po stosunkowo niedługim czasie niezwykła umiejętność Thomasa do naśladowania stylu swojego szefa otworzyła mu drogę do pracy nad komiksami *Sgt. Fury* i *The X-Men*. Nareszcie, po trzech latach poszukiwań, Lee znalazł kogoś, komu mógł zaufać nie tylko w kwestii przerobienia jego fabuł na scenariusz, ale także rozpisywania własnych opowieści o superbohaterach. Lee mógł więc poświęcić więcej czasu swojemu drugiemu zajęciu – kreowaniu się na ambasadora światowego komiksu*.

Dzieła z Marvela dotarły nawet na wydział fizyki Uniwersytetu Cornella i do gazetek uczelnianych na Colgate. Lee coraz częściej otrzymywał zaproszenia od szkół wyższych. Prasa również zaczęła zauważać komiksowy fenomen: „Wall Street Journal" zamieścił informację o rosnącej sprzedaży, zaś „Village Voice" odnotował, że beatnikom podobają się te odjechane

* Nie znaczyło to, że Lee odpuścił sobie pisanie. Roy Thomas natknął się na niego w biurze w poniedziałkowy poranek po słynnym zaciemnieniu z 9 listopada 1965 roku i zobaczył, że jego szef naskrobał dziesięć stron *Thora* przy świeczkach. Lee nie był jednak w stanie zrobić przez weekend nowego numeru *Sgt. Fury* i w ten sposób tytuł ten przejął Thomas.

historyjki bez ładu i składu. „Marvel Comics zajmuje się pierwszymi komiksami w historii, w które zaangażować się może spragniona ucieczki od rzeczywistości jednostka w wieku dojrzałym – piał »Voice«. – To oni są pierwszym wydawnictwem, którego komiksy przywołują obraz, choćby metaforyczny, Prawdziwego Świata". Chwalono pisaną pewną ręką, żywą narrację Lee, a także umieszczenie akcji w Nowym Jorku. „Mamy około piętnastu superbohaterów w Marvel Group i praktycznie wszyscy zamieszkują Nowy Jork lub okolice. Środkowy Manhattan pełen jest charakterystycznych miejsc. Przy Madison Avenue stoi Baxter Building, w której swoją siedzibę ma Fantastyczna Czwórka i gdzie trzymają swoje superbohaterskie zabawki... Doctor Strange jest mistrzem okultyzmu i często podróżuje w formie ektoplazmatycznej; jego twórcy dają nam do zrozumienia, że ulokował się gdzieś w Greenwich Village, bo tamtejszym mieszkańcom nie będzie zbyt przeszkadzał widok błąkającego się ulicami ducha*. Tymczasem Michael McClure, poeta z San Francisco, w swojej kontrowersyjnej sztuce *The Beard* z 1965 roku zamieścił monolog Doctora Strange'a ze *Strange Tales #130*.

Świat sztuki również zakochał się w komiksie. Roy Lichtenstein wykorzystał jeden z paneli *X-Men* autorstwa Kirby'ego w swoim obrazie *Image Duplicator*, a przyszły współpracownik Warhola, Paul Morrissey, zrealizował dziesięciominutowy film *The Origin of Captain America*, w którym aktor odczytywał kwestie z *Tales of Suspense #63*. Nie był to jedyny komiks, który pojawił się w jego filmie, ale wszystkie, bez wyjątku, wydał Marvel. Lee skorzystał z okazji i w rogach okładek komiksów umieścił logo „Marvel Pop Art Productions". Kirby również zainspirował się sztuką współczesną: zaczął eksperymentować z techniką grisaille i fotokolażami w swoich komiksach z Fantastyczną Czwórką, co przydało majestatu scenom kosmicznym (i międzywymiarowym).

* Sally Kempton z „The Voice" naszpikowała swój artykuł psychologicznym żargonem, co podkreślało, że podjęty temat wart jest poważnej dyskusji. „Spider-Man ma problem z własną osobowością, wyraźnie zarysowano kompleks niższości oraz lęk przed kobietami – pisała. – Jest aspołeczny, ciąży na nim strach przed kastracją i edypowa wina, sam ściąga na siebie nieszczęścia". Napomknięto także o „wieżowcach o fallicznych kształtach" i uległości Petera Parkera względem cioci May.

Komiksem zainteresował się także Robert Lawrence, partner w firmie Grantray-Lawrence Animation, który przeglądał publikacje Marvela przy stoisku z prasą i powiązał je z ruchem popartowym. Skontaktował się z Martinem Goodmanem, który przyuczał swojego młodszego syna Chipa do zawodu i pokazywał mu, jak funkcjonuje rodzinny biznes. Grantray-Lawrence podpisało z Marvelem korzystną umowę na realizację serialu animowanego *The Marvel Super Heroes*, przenosząc na ekran ilustracje prosto z opublikowanych już komiksów. Studio zabezpieczyło również zyski ze sprzedaży zabawek i innych produktów na licencji telewizyjnej. „Podpisaliśmy z Goodmanami niewiarygodny kontrakt – chwalił się Lawrence – nie mieli pojęcia, co trzymają w rękach i co z tym zrobić"*.

Nic jednak nie było w stanie zaimponować chłopakom z Magazine Management, którzy nie potrafili zrozumieć, czemu nagle tyle uwagi poświęca się jakimś pierdołom dla dzieciaków. Kiedy Federico Fellini, prywatnie fan komiksów Marvela, przyleciał do Nowego Jorku promować swój film *Giulietta i duchy* i pofatygował się na Madison Avenue 625, żeby poznać Stana Lee, Mel Shestack, naczelny magazynu „Men", zorientował się, że Lee nie ma pojęcia, kim jest jego gość; potem Shestack upierał się przy wersji, jakoby słynny reżyser miał szybko stracić zainteresowanie Lee, a jego uwagę przykuły kolorowe czasopisma, same w sobie będące „żywymi komiksami".

Podobnie protekcjonalny ton był w innych redakcjach normą. „Zawsze się z nas naigrawali. Przychodzili i śmiali się z nas – wspominała Flo Steinberg. – Mario Puzo zaglądał do nas po drodze do swojego biura i mówił: »Pracujcie raźniej, małe elfiki. Święta idą!«".

Prawda jest taka, że Martin Goodman nadal najwięcej zarabiał właśnie na magazynach. „To nie komiksy robiły nam wyniki – powiedział Ivan Prashker, redaktor pracujący przy innym tytule. – Nadal sprzedawaliśmy

* Steve Krantz, który sprzedał prawa do rozpowszechniania serialu stacjom telewizyjnym (także tym zagranicznym: japońskiej, południowoamerykańskiej i australijskiej), przyznawał, że natknął się na komiksy po raz pierwszy przy stoisku z prasą. Krantz powiedział Tomowi Spurgeonowi, biografowi Stana Lee, że Goodmanom również przysługiwał procent od zysków i „Marvel zarobił mnóstwo pieniędzy na wyprodukowanych przeze mnie serialach".

więcej magazynów i chłopcy z tych redakcji uważali, że Stan Lee to zwyczajny idiota". Jesienią 1965 roku Roy Thomas zwerbował do pracy w Marvelu swojego kolegę, również pochodzącego z Missouri Dennisa O'Neila, który miał przejąć obowiązki drugiego sekretarza redakcji; kilka tygodni później jeden z redaktorów pewnego magazynu dla mężczyzn namawiał go do podania Stanowi działki LSD. „Miał przynieść kwas przypominający kształtem kostkę cukru – relacjonował O'Neil. – Moja misja miała polegać na wrzuceniu mu do kawy LSD". Jednak O'Neil, który sam siebie określał jako „liberalnego hipisowskiego buntownika" i został zrugany przez Stana Lee za noszenie w biurze koszulki z liściem marihuany na piersi, odmówił.

W *The Amazing Spider-Man* Peter Parker ukończył już szkołę średnią i zerwał z koleżanką z pracy, Betty Brant, pierwszą dziewczyną, która była dla niego miła – uświadomił sobie, że nigdy nie będzie szczęśliwa u boku człowieka, którego życie jest w ciągłym niebezpieczeństwie. Poszedł do *college*'u, gdzie poznał Gwen Stacy, Harry'ego Osborna i profesora Milesa Warrena – cała trójka odegra w dalszych przygodach Człowieka-Pająka niebagatelną rolę.

Tyle się wydarzyło, a Steve Ditko i Stan Lee nie zamienili ze sobą ani jednego słowa.

Roy Thomas bardzo szybko dowiedział się o ich skomplikowanej relacji. Któregoś dnia, gdy Ditko podrzucił mu gotowy numer i powiedział, że idzie do domu pracować nad kolejnym, Thomas zażartował: „Tak? A to w ogóle będzie następny?".

„Tylko się z nim drażniłem, ale Sol wziął mnie na bok i powiedział: »Słuchaj, musisz uważać na słowa, kiedy rozmawiasz z ludźmi takimi jak Steve, bo teraz przez całą drogę będzie siedział w metrze i zastanawiał się, co miałeś na myśli i czy przypadkiem nie wiesz o czymś, o czym on nie wie«. Wszyscy mieli się na baczności. Nie mam pojęcia, jakim cudem Stanowi udawało się unikać Steve'a, kiedy ten przychodził do biura".

I choć ze sobą nie rozmawiali, i tak potrafili się kłócić. Gdy Lee z entuzjazmem pisał w *Strange Tales*, że „Steve i Stan uznali, iż ten komiks ma szansę stać się prawdziwym przebojem", Ditko zaprotestował, odżegnując się od podobnej opinii, Lee zmienił więc nagłówek na „Stan i Baron Mordo uznali…"*. Ditko niezmiennie pozostawał wierny doktrynom Ayn Rand i pragnął, żeby jego komiksy przenikała jej filozofia, przez co również dochodziło do spięć. Ditko wykorzystał pojawiający się w pracach Rand termin „grabieżca" i nazwał tak jednego z komiksowych łotrów; ponadto krzewił ideę mówiącą, że ludzie muszą negocjować ze sobą twardo, ale fair, i brać w zamian dokładnie tyle, ile dana rzecz czy usługa jest warta – dlatego też Peter Parker wymuszał na Jonahu J. Jamesonie stosowanie się do tej zasady. Nareszcie Peter postawił się swojemu szefowi, ale też zaczął się dziwacznie zachowywać; swój związek z Betty Brant zakończył za pomocą serii biernie agresywnych zachowań, a kiedy napotkał studencką demonstrację w *Amazing Spider-Man #38*, wręcz nawrzeszczał na jej uczestników: „Znowu protestują? O co im chodzi TYM RAZEM?". Kiedy do redakcji przyszedł list z organizacji Studenci dla Demokratycznego Społeczeństwa, w którym wezwano Lee do zabrania głosu w tej sprawie, ten starał się załagodzić sytuację: „Nie sądziliśmy, że ktokolwiek weźmie naszych głupiutkich demonstrantów na poważnie!".

Pod koniec 1965 roku, kiedy reporter Nat Freedland odwiedził Stana Lee w jego biurze, żeby napisać długi na trzy tysiące słów artykuł o wydawnictwie w „New York Herald Tribune", zastał go w nadzwyczaj pogodnym humorze; rozmawiali szczerze i otwarcie. „Nie piszę już *Spider-Mana* – powiedział. – Steve Ditko, rysownik, zajmuje się fabułami i pewnie będzie to robił, póki utrzyma się sprzedaż. Odkąd Spidey stał się popularny, Ditko sądzi, że jest największym na świecie geniuszem. Kłóciliśmy się ciągle o scenariusze i powiedziałem mu, żeby w takim razie sam się tym zajął. Nie pozwala też nikomu tuszować swoich rysunków. Po prostu przynosi gotowe strony z notatkami na marginesach, a ja uzupełniam dialogi. Nigdy nie wiem, z czym do nas przyjdzie, ale to w sumie całkiem interesujące".

Lee zaimponował Freedlandowi. Dziennikarz odmalował go w artykule jako „smukłego gościa z Madison Avenue, który wygląda jak szczuplejsza wersja Reksa Harrisona", odpowiedzialnego za trzykrotne zwiększenie

* Baron Mordo był wrogiem Doctora Strange'a.

średniego nakładu komiksowego do trzydziestu milionów egzemplarzy rocznie, sprzedaż czterdziestu tysięcy kart członkowskich Merry Marvel Marching Society i zainspirowanie fanów do pisania listów do redakcji – codziennie przychodziło ich około pięciuset.

Freedland pisał o tym, jak Lee ślęczy nad korespondencją z przekrwionymi ze zmęczenia oczami i marszczy brwi, gdy gapi się na jedną ze stron *Fantastic Four #50*, zastanawiając się nad odpowiednią onomatopeją. Lee tak bardzo oczarował go swoimi żarcikami na temat własnej osoby i anegdotami o Fellinim, że w swoim tekście tylko napomknął o Martinie Goodmanie i przemilczał udział Steve'a Ditko w tworzeniu postaci Spider-Mana, którego nazwał szczytowym osiągnięciem Lee i „najbardziej niekonwencjonalną wymyśloną przez niego postacią".

Freedland umówił się z Lee, że dołączy do porannego, piątkowego spotkania z Kirbym, na którym miano przedyskutować fabułę nowego komiksu z Fantastyczną Czwórką – nie mógł wybrać lepszego dnia; obaj pracowali akurat na najwyższych obrotach, zawiązując rozpisywane od miesięcy wątki.

„Thing nareszcie pokona Silver Surfera – tłumaczył Kirby'emu Lee, zaś Freedland gorączkowo notował – ale wtedy Alicia uświadomi mu, że popełnił straszliwy błąd, a utrata kontroli nad sobą i spuszczenie komuś łomotu to coś, czego Thing zawsze bał się jak ognia". Jak zwykle wylewny Lee rozkręcał się z każdą minutą, zaś Kirby jedynie kiwał głową lub wydawał z siebie pomruki aprobaty. „Thing jest zdruzgotany. Skazuje sam siebie na wygnanie, czuje wstyd i nie potrafi spojrzeć w twarz Alicii, nie chce też wracać do przyjaciół z Fantastycznej Czwórki. Nie rozumie, że tym samym zawodzi ich po raz kolejny… potrzebują go".

Freedland pisał o Kirbym: „Mężczyzna w średnim wieku, z podkrążonymi oczami, w workowatym garniturze – możliwe, że od Roberta Halla. Mamle w ustach wielkie, zielonkawe cygaro i gdyby stanąć obok niego w metrze, można by pomyśleć, że jest to zastępca brygadzisty w fabryce gorsetów".

„Świetnie – Freedland cytował Kirby'ego, który powtarzał to słowo swoim »wysokim głosem«. – Świetnie".

Parę miesięcy później, kiedy wreszcie starcie Thinga z Silver Surferem ujrzało światło dzienne, okazało się, że Kirby wprowadził znaczące zmiany i rozwinął całą historię. Komiks mógł się kojarzyć z kodą wieńczącą monumentalną space operę. Kirby wplótł do niej nutkę egzystencjalizmu i stworzył prawdziwie epicką przygodę, nad którą pracował samodzielnie – mimo że był wiecznym freelancerem, Kirby nie tylko wymyślał fabuły na spółkę z Lee, ale miał decydujący głos w kreowaniu postaci i nadaniu historii odpowiedniego tempa. Był, w pewnym sensie, reżyserem filmów, które razem pisali, komponował każde ujęcie i decydował o płynności narracji swoimi ilustracjami. „Nieraz znika na cały tydzień – powiedział Lee podczas wywiadu. – Potem wraca z gotowym projektem. Nikt nie wie, z czym do nas przyjdzie, on ma tysiąc pomysłów na minutę... Biorę od niego szkice i na ich podstawie piszę scenariusz. Na moją prośbę dostosował się do fabularnej spójności całego uniwersum. Do moich rąk trafia niekiedy gotowy komiks, pozostaje mi tylko dopisać dialogi i nagłówki, więc z kolei on nie wie, co ja tam popiszę, jakie słowa włożę w usta jego postaciom. A ja nie wiem, co on narysuje". Postać Silver Surfera, która w momencie ukazania się w prasie artykułu Freedlanda jeszcze nie zadebiutowała na łamach komiksu, była pomysłem Kirby'ego i kompletną niespodzianką dla Lee, który zobaczył ją już na gotowych stronach komiksu.

Kiedy Kirby pojawiał się w biurze, czasem załapywał się – razem z Romitą – na oferowaną przez Lee podwózkę na Long Island. Romita siadał na tylnym siedzeniu należącego do redaktora naczelnego cadillaca i słuchał, jak Lee z Kirbym omawiają kolejne scenariusze. Zanim kabriolet wydostał się z korków na Queens Boulevard, zasypywali się całkowicie nowymi dla siebie pomysłami.

„Czułem się, jakbym oglądał Flipa i Flapa – powiedział Romita. – Zawsze siadali z przodu, dwaj giganci, i Jack mówił coś takiego: »Stanley, czy zrobimy z tego dzieciaka czarodzieja czy geniusza? Damy mu supermoce czy będzie zwyczajnym chłopakiem ze zwariowaną rodzinką?«. Stan odpowiadał wtedy: »Może zróbmy tak« albo »Zrobimy inaczej«. A potem nagle Stan zmieniał temat, Jack mówił o tym, jak wyobraża sobie dalszą akcję, i tak gadali. Jack szedł do domu i rysował to, co, jak sądził, uzgodnili ze

Stanem. A potem, gdy ten dostał jego rysunki lub zarys scenariusza, biadolił, że Jack zapomniał o wszystkim, o czym rozmawiali. I dlatego wprowadzał lekkie zmiany, bo miał wrażenie, że Jack coś pominął".

9 stycznia 1966 roku z samego rana Stan Lee otrzymał telefon od Roz Kirby – ukazał się artykuł w „The Herald Tribune". „Krzyczała na mnie, darła się jak histeryczka: »Jak mogłeś to zrobić? Jak mogłeś mu to zrobić?«", opowiadał Lee.

Kiedy gazeta wreszcie trafiła do jego rąk, zrozumiał jej złość. „Miała pełne prawo do takiego zachowania. Jakieś cztery piąte tekstu traktowało o mnie i jawiłem się jako najwspanialszy, najświetniejszy człowiek na świecie. O Jacku wspomniano tylko w paru ostatnich akapitach i mógł wydać się dupkiem". Lee zapewnił Kirbych, że nie miał z tym nic wspólnego.

Niedługo potem w stopkach redakcyjnych *Fantastic Four* oraz *Thora* pojawiła się taka oto informacja: „Komiks autorstwa Stana Lee i Jacka Kirby'ego". Napięcie wkrótce zelżało, ale Kirby zapamiętał tę zniewagę do końca życia.

Niedługo po publikacji w „Herald Tribune" Ditko podrzucił do redakcji gotowe strony i oświadczył Solowi Brodsky'emu, że jak tylko ukończy aktualnie rysowany przez siebie komiks, rezygnuje z pracy dla Marvel Comics. Brodsky od razu pobiegł do gabinetu Lee, żeby mu o wszystkim powiedzieć, ale Ditko ani myślał o zmianie swojej decyzji. Napisał nawet list do nadal oburzonego Jacka Kirby'ego, żeby przyłączył się do niego i odszedł z firmy. Kirby miał jednak na utrzymaniu żonę i czworo dzieci, więc nie mógł sobie na to pozwolić; jeszcze nie w tej chwili.

„Chłopaki z biura miały różne teorie – opowiadał później Lee, spekulując na temat powodów odejścia Steve'a Ditko. Nie chodziło bynajmniej o scenariuszowe nieporozumienia. – Liternicy mówili, że nienawidził mnie za onomatopeje. Czasem dorysowywałem poziome linie za postaciami, które miały sugerować, że są w ruchu, i tego też nie mógł znieść. Uważał, że moje dialogi są za długie, a potem, że za krótkie. Może czuł, że... sam nie wiem".

Lee musiał się też uporać z innym problemem. Artykuł w „The Herald Tribune" – opublikowany trzy dni przed premierą serialu telewizyjnego *Batman*, który na nowo rozpalił powszechne zainteresowanie superbohaterami – informował o merchandisingowych planach Marvela, w tym o nadchodzących animacjach ze studia Grantray-Lawrence. „W drodze są plastikowe modele i figurki, płyta jazzowa Spider-Mana i telewizyjna kreskówka". Wydawało się więc, że ktoś przytuli całkiem niezłą sumkę, lecz nie była to żadna z osób pracujących przy stole kreślarskim. Lata później, gdy Stan Lee poprosił Steve'a Ditko, by ten narysował dla niego ostatnią historię ze Spider-Manem, Ditko odpowiedział: „Nie, póki Goodman nie zapłaci należnych mi tantiem".

Lee z zakłopotaniem powiadomił o odejściu Ditko w marcu, podczas wykładu na Uniwersytecie Princeton. „Straciliśmy rysownika, który odpowiadał za komiksy z Doctorem Strange'em – zdążył powiedzieć, zanim rozległy się gwizdy, syki i buczenie, które całkowicie go zagłuszyły. – Czuję się z tego powodu tak samo źle jak i wy, ale to strasznie dziwny facet. Wybitnie utalentowany, lecz trochę ekscentryczny. Nie rozmawialiśmy ze sobą od roku, swoje rysunki przysyłał pocztą, a ja pisałem scenariusze, właśnie tak wolał pracować. Któregoś dnia zadzwonił i powiedział, że odchodzi. To jest dla nas próba ogniowa, bo był popularnym rysownikiem, ale myślę, że udało nam się znaleźć odpowiednich ludzi na jego miejsce, a wasze pomruki niezadowolenia zmienią się w okrzyki radości".

3

W 1966 roku Martin Goodman przeniósł biura swojej prężnie rozwijającej się komórki komiksowej z zatłoczonych pomieszczeń przy Madison 625 do budynku obok, pod numer 635. Goodman – wraz z redakcjami magazynów – został pod starym adresem. Od tej pory Stan Lee miał nieco więcej luzu, no i szef nie siedział mu na karku.

Jednak na stronach redakcyjnych nadal widniał poprzedni adres Marvela – żeby zmylić rozgorączkowanych fanów, którzy od jakiegoś czasu próbowali nawet przemknąć obok Flo Steinberg, żeby poznać swoich bohaterów. Lee przestał nawet korzystać z windy, bowiem istniało ryzyko, że zostanie tam uwięziony z jakimś walniętym czytelnikiem; codziennie więc wspinał się po schodach. Zresztą i tak na fanów nie czekały tam nie wiadomo jakie widoki – biura przy Madison Avenue nie miały wiele wspólnego z szaloną Zagrodą, o której rozpisywał się Lee i której obraz zagnieździł się w wyobraźni czytelników. Tyle że pracownicy istnieli naprawdę – do pomocy przy produkcji zostali zatrudnieni John „Góra" Verpoorten, palący fajkę i liczący sobie niemal dwa metry wzrostu absolwent akademii sztuk pięknych, kolekcjoner szesnastomilimetrowych filmów, oraz Morrie Kuramoto, Amerykanin japońskiego pochodzenia, nałogowy palacz i orędownik zdrowego jedzenia, ofiara lawiny zwolnień z 1957 roku.

I choć Marvel stale się rozrastał, a komiksy wydawnictwa stawały się coraz popularniejsze, to jednak DC Comics było na topie. Ich scenariusze imponowały konsekwencją i profesjonalizmem, a rysunki – Gila Kane'a w *Green Lantern*, Carmine'a Infantino w *The Flash* i *Batmanie*, dawnego pracownika Timely Mike'a Sekowsky'ego w *Justice League of America* i Curta Swana w *Supermanie* – były dopracowane i eleganckie. Czytelnikom Marvela charakterystyka postaci z DC wydawała się uproszczona, bohaterowie podobni do siebie, a ich przygody statyczne i nijakie. Nie była to jednak do końca prawda: zarówno Aquaman, jak i Flash ożenili się, a rozterki Supermana wywołane tęsknotą za Kryptonem nabrały prawdziwego ciężaru. Mimo to świat DC był homogeniczny, komiksy zbyt grzeczne i zachowawcze, biło z nich samozadowolenie twórców ze swojego kunsztu. Większości tytułów nie można odmówić czaru i pomysłowości, ale opowiadane w nich historie nie mogły się równać z mieszanką humoru, patosu i majestatu, którą sporządzili Lee, Kirby i Ditko.

Poubierani w garnitury redaktorzy z DC poruszali na swoich zebraniach temat Marvela i wreszcie uznali, że dzieciaki lubią ich komiksy za stosunkowo prostą kreskę i marne puenty. Skonstatowali też, że gustów się nie ocenia, i podjęli próbę zostawienia konkurenta daleko w tyle – na górze każdej okładki zamieszczono charakterystyczną szachownicę, dzięki której komiksy z DC można było łatwo wypatrzyć na półce. Nawiązując do tętniących energią „Bullpen Bulletins" Stana Lee, DC wprowadziło stronę z aktualnościami pod nazwą *Direct Currents*, która mogła być równie dobrze pisana przez księgowych. Opracowano także nowy kierunek dla słabo radzącego sobie *Batmana* – okropne historyjki o najeźdźcach z kosmosu zostały zastąpione przez równie horrendalną autoparodię, którą Susan Sontag w „New York Timesie" wskazała jako modelowy przykład „niskiego kampu"; to Marvel w krzywym zwierciadle. Pełno było w *Batmanie* żarcików w stylu Stana Lee, ale brakowało im jego serca. Spider-Man miał ciocię May, więc Batman dostał ciotkę Harriet, ale zamiast szczerych rodzinnych dramatów czytelnicy zetknęli się z protekcjonalną, prowadzoną z uporem maniaka pogonią za modą.

Marvel nadal miał więcej werwy, a baza ich fanów rosła. Byli bardziej Metsami niż Jankesami, bardziej Rolling Stonesami niż Patem Boonem (którego DC unieśmiertelniło w komiksie); byli pokoleniem Pepsi walczącym z gigantem Coca-Colą. Marvelem interesował się Fellini i redaktor „Existential Psychiatry", zaś musical *It's A Bird, It's A Plane, It's Superman!* został wystawiony na Broadwayu przez autorów *Bye Bye Birdie.*

DC miało jednak Batmana. Ściślej mówiąc – miało *Batmana,* gwiazdę telewizji ABC, nieoczekiwany hit w rankingach Nielsena, dzięki któremu sprzedaż komiksów podskoczyła znacząco. Ich *Batman* stał się z dnia na dzień tytułem, który rozchodził się w nakładach ponad miliona egzemplarzy. Nowe odcinki serialu wyświetlano – co niespotykane – dwa razy w tygodniu, zaś sklepy zostały w pośpiechu zalane badziewnymi gadżetami i innym licencjonowanym plastikowym śmieciem.

Nowa, kampowa wersja *Batmana* przykuła uwagę Hollywood; nieudolna próba naśladowania Marvela przez DC zakończyła się niespodziewanym sukcesem. Martin Goodman z pewnością żałował, że nie zaczekał jeszcze chwilę ze sprzedażą praw do swoich postaci, lecz z drugiej strony był przede wszystkim wydawcą magazynów, zaś komiksy stanowiły jedynie ułamek zysków, więc, tak czy inaczej, zarabiał. Sukces Marvela zachęcił pozostałych wydawców do pochwalenia się swoimi superherosami, a teraz *Batman*, przełożony na język ekranu, spopularyzował komiksy jeszcze bardziej i udowodnił, że sporo zostało na tym polu do osiągnięcia.

Część konkurencji zatrudniała wyrzutków z samego Marvela: prócz Tower Comics, gdzie redaktorem był rozczarowany i zawiedziony Wally Wood, w 1965 działało jeszcze Archie Comics, w ramach którego utworzono „Mighty Comics Group" kierowaną przez twórcę Supermana (i byłego scenarzystę *Strange Tales*) Jerry'ego Siegela oraz Paula Reinmana, byłego rysownika Timely, który na początku lat sześćdziesiątych nakładał w Marvelu tusz na ilustracje Kirby'ego. Mighty stało w rozkroku pomiędzy Marvelem a DC – próbowało zachęcić czytelników imitacjami dynamicznych, pełnych akcji okładek tych pierwszych, przy jednoczesnym zachowaniu żenująco żartobliwego, narkotycznego klimatu tych drugich. „Spójrzcie na ich szalone kostiumy! Niech was oczarują ich niesłychane wyczyny!", wrzeszczał napis na okładce *High Camp Superheroes*, wydanego w miękkiej oprawie zbioru historii z Mighty. „Niektórzy mówią, że ten komiks jest tak zły, że aż WSPANIAŁY". Charlton Comics wypuściło serię *Action Heroes* i tam zakotwiczył Steve Ditko, któremu udało się przeforsować przygody bohatera o ksywce Question, prawicowego mściciela wolnego od nieznośnych rozterek moralnych i relatywizmu charakterystycznego dla postaci napisanych przez Stana Lee*. Harvey Comics zatrudniło dawnego partnera Jacka Kirby'ego, Joego Simona.

Dowiadując się o nowej serii Simona, *Harvey Thriller*, Martin Goodman kazał Lee wkroczyć do akcji. „Przyszedłem któregoś dnia do biura – mówił Kirby – a Stan powiedział, że Martin chce utworzyć parę nowych tytułów. Bali się, że Al Harvey, który dysponował całkiem niezłą dystrybucją, wypchnie ich z półek". Po paru tygodniach Kirby i Lee wymyślili grupę herosów zwaną Inhumans oraz przystojnego, czarnoskórego bohatera o pseudonimie Coal Tiger. Trud spełzł na niczym, bo DC, które nadal kontrolowało dystrybucję publikacji Marvela, nie zezwoliło na wypuszczenie na rynek większej liczby tytułów. Nowi bohaterowie musieli czekać na swoją kolejkę – mieli się pojawić w *Fantastic Four* i odegrać ważną rolę w najbardziej epickiej historii, za jaką zabrał się Marvel.

Herosi Marvela zamieszkiwali każdy zakątek globu. Fantastyczna Czwórka, Spider-Man, Daredevil i Avengers działali w Nowym Jorku; X-Men stacjonowali w niedalekim Westchester County. Hulk włóczył się po południowo-wschodnich stanach; Iron Man poleciał do Irlandii, żeby walczyć z norweskim zagrożeniem, a nawet zahaczył o Wietnam. Nastąpiła fala inwazji z kosmosu i można było liczyć, że Doctor Strange rozprawi się z nimi na płaszczyźnie astralnej. Lee i Kirby musieli wykonać parę fikołków, żeby jeszcze podkręcić mitologiczny majestat Uniwersum Marvela. Kirby uwolnił swoją wewnętrzną Edith Hamilton i prócz dziejących się współcześnie przygód Thora w *Journey into Mystery* zajął się także podserią *Tales of Asgard*, gdzie opowiadał o zmaganiach nordyckich bóstw walczących o władzę. Nie tylko pokazy zdumiewających mocy stanowiły o teatralności przedstawionych w komiksie historii, ale też pewna klasyczność fabuł – wyprawy po mityczne artefakty, przygotowania do bitew – oraz

* Ditko miał teraz wolną rękę, żeby nasycić swoje komiksy randyzmem i nikt, ani Goodman, ani Lee, nie patrzył mu przez ramię. Podajmy przykład z *Mysterious Suspense #1*: „Bitwa, którą człowiek musi nieustannie staczać, jest tą najważniejszą; to bitwa o jego przekonania i myśli i nie może zrezygnować z walki bez względu na to, z kim się mocuje! Prawda nie może zostać pokonana!".

tematyka, w której podejmowano kwestie obowiązku, dziedzictwa i śmiertelności, przez co historie te wydawały się całkowicie niezwiązane z konkurencyjnymi opowieściami o waleniu kosmitów po pyskach. Aż do tego momentu w komiksie superbohaterskim nie chodziło o zdobycie szacunku ojca-króla – to pachniało Szekspirem. I tak Thor w wersji Marvela odpowiadał przed swoim posępnym tatą Odynem, a jego arcywróg Loki był jednocześnie jego przyrodnim bratem; temat rodzeństwa walczącego po przeciwnych stronach barykady będzie kontynuowany także w *The X-Men* oraz *Fantastic Four*.

Journey into Mystery wykorzystywało, jak żaden inny komiks autorstwa Kirby'ego i Lee, oczywiste wątki mitologiczne. Tymczasem *Fantastic Four* stawało się z numeru na numer coraz bardziej filozofujące i pompatyczne. W połowie lat sześćdziesiątych psychodrama w komiksach z Pierwszą Rodziną Marvela osiągnęła nowy pułap. Przez ponad pół roku Ben Grimm, czyli Thing, miotał się w ledwie powstrzymywanym gniewie, nadal nie mogąc pogodzić się ze swoim stanem. Reedowi i Sue Richardsom – Mr. Fantastic i Invisible Girl – małżeństwo nie służyło, gdyż Reeda pochłaniały badania naukowe, którym oddawał się, owładnięty wręcz obsesyjną pasją. Na dodatek Johnny Storm zakochał się beznadziejnie w Crystal, piękności o sarnich oczach. Tak się złożyło, że dziewczyna należała do Inhumans, ukrywającej się na wygnaniu w szwajcarskich Alpach, arystokratycznej, posiadającej supermoce rodziny, która przybyła do Nowego Jorku w poszukiwaniu jednego ze swoich, uciekiniera. Nigdy wcześniej amerykański komiks nie widział czegoś takiego jak Inhumans. Ich intencje były dwuznaczne, niejasne, zaś ich anatomia zahaczała o groteskę – jeden z nich miał kopyta, którymi wywoływał trzęsienia ziemi, inny macki na głowie albo skrzela i płetwy. Black Bolt, przywódca, miał głos, od którego drżało wszystko wokół, więc milczał. Lockjaw, maskotka rodziny, był ogromnym psem z wąsami i antenkami na głowie.

Z wprowadzeniem Inhumans stało się jasne, że Uniwersum Marvela jest nieskończone, praktycznie każde miejsce we wszechświecie mogła zamieszkiwać jakaś cywilizacja. Z każdym kolejnym numerem historia nabierała tempa, opowieść urosła do epickich rozmiarów, dochodziły nowe postaci; ta wielka space opera przyciągnęła nawet zapomnianych bohaterów i unormowała relacje pomiędzy nimi. Z przygodami z udziałem Inhumans przeplatał się wątek Galactusa, sześciometrowego humanoidalnego kosmity w fioletowym hełmie, żywiącego się energią całych planet. Jego przybycie obwieszcza Silver Surfer – niemy, niezawodny herold, który porusza się na latającej desce przypominającej surfingową; jest niczym anioł śmierci. Fantastyczna Czwórka, powracając z ostatniej przygody, zastaje czerwoną łunę nad stojącym w płomieniach Nowym Jorkiem. Mieszkańcy krzyczą wniebogłosy, gubiąc rzeczy osobiste i wpadając na siebie nawzajem na opustoszałych skrzyżowaniach. W popłoch wpadają nawet starzy wrogowie Czwórki, na przykład zmieniający kształty Skrulle wsiada na swój statek i opuszcza w panice naszą planetę. Odkurzono postać Watchera – kosmicznego bóstwa, którego zadaniem jest bierna obserwacja galaktyk. Rozumiejąc zagrożenie ze strony Galactusa, łamie przysięgę i oferuje bohaterom swoją pomoc w walce. Czytając, czuło się, że nadchodzi coś wielkiego, coś strasznego, coś tajemniczego – coś, czego w komiksach nie widziano nigdy wcześniej.

Kirby, któremu nie wystarczyły już latające auta i promienie gamma, wprowadził fantazyjne bronie jak Atmo-Gun, Składacz Materii czy Konwerter Pierwiastków. Watcher wysyła Human Torcha do Strefy Negatywnej, niezbadanej jeszcze krainy antymaterii, gdzie ten miał odszukać Unicestwiacz. Lee i Kirby nie kłopotali się tłumaczeniem wszystkich nowych nazw i konceptów, choć czytelnicy prawdopodobnie nie wiedzieli za dobrze, o czym mowa, a miało się wrażenie, że i sami bohaterowie nie orientowali się za bardzo w tym, co się działo. Silver Surfer, Watcher, Galactus – oni wszyscy byli więksi i silniejsi od bezradnej Fantastycznej Czwórki, którą relegowano na ławkę rezerwowych. Watcher nakazał im pokorę: „Patrzcie! Spróbujcie zgłębić niszczycielską moc, która została wyzwolona!". Dwa lata przed *2001: Odyseją kosmiczną*, zanim widzowie mogli odbyć psychodeliczną wycieczkę w głąb wyobraźni w kinach, Human Torch dotarł do kresu swojej epifanicznej podróży pośród laserowych świateł w Strefie Negatywnej. Z Unicestwiaczem w rękach, lecz dotknięty czymś na kształt kosmicznej traumy, będąc w totalnym szoku, duka: „Podróżowałem przez całe światy… tak ogromne… tak ogromne… brak mi słów! Jesteśmy tylko mrówkami… tylko mrówkami!!!”.

Fantastyczna Czwórka nerwowo wymachiwała egzotyczną bronią przed oczami Galactusa – tymczasem Silver Surfer porzucił swojego pana, który wydawał się bardziej poirytowany niż wystraszony. Zgodził się oszczędzić planetę w zamian za przekazanie w jego ręce Unicestwiacza, a przy okazji skazał swojego niedawnego posłańca na wygnanie i uwięził na Ziemi („Odbieram ci moce czasoprzestrzenne! Tym samym Silver Surfer nie będzie już wędrował przez galaktyki!”). Pożeracz planet wreszcie opuścił naszą planetę, ale bohaterowie nie świętują tryumfu; stracili bowiem niewinność. Piszący listy czytelnicy głowili się nad znaczeniem tego wszystkiego: z pewnością chodziło o metaforę konfliktu wietnamskiego, przy czym Galactus to Wietkong, Fantastyczna Czwórka – Południowy Wietnam, a Silver Surfer – Ameryka… prawda? Lee wykręcał się, odpowiadając drwiąco: „Mogę się założyć, że w następnym rzucie otrzymamy całe mnóstwo listów od równie pomysłowych fanów, którzy będą przekonani, że Galactus reprezentuje Roberta McNamarę, Silver Surfer to nie kto inny jak Wayne Morse, zaś Alicia symbolizuje Lady Bird!”.

Miał w gruncie rzeczy rację: ta historia wymykała się metaforze. Nie tylko *Fantastic Four* już dłużej nie mogło być sprowadzane do schematów Josepha Campbella czy literackiej symboliki. Nagle całe Uniwersum Marvela osiągnęło punkt krytyczny, dotarło do miejsca, z którego nie było już powrotu. Przygody Nicka Fury'ego we współczesnym S.H.I.E.L.D. publikowane na łamach *Strange Tales* łączyły się z misjami Kapitana Ameryki w *Tales of Suspense* – bohaterowie sprzymierzali się przeciwko wrogom dysponującym wysoką technologią, jak A.I.M (Advanced Idea Mechanics) oraz HYDRA*, w historiach z pogranicza paramilitarnego science fiction. Nauka rozwinęła się niepokojąco szybko i nawet gadżety, którymi dysponowali bohaterowie stojący po stronie dobra – jak Life Model Decoys (Ludzkie Przynęty) – niosły w sobie charakterystyczną dla ery

* „Odetnij nam kończynę, wyrosną dwie na jej miejsce” – tak brzmiało hasło HYDRY, co zwięźle podsumowywało przerażającą siłę partyzanckiego terroryzmu.

postatomowej wiadomość, że nie jesteśmy jeszcze gotowi zapanować nad niektórymi wynalazkami. A.I.M. – organizacja składająca się ze śliskich przemysłowców poubieranych niczym futurystyczni pszczelarze – stworzyła Super-Adaptoida oraz talizman znany jako Kosmiczny Sześcian („Broń ostateczna! Źródło niesłychanej mocy! Jedyny artefakt znany człowiekowi, potrafiący nadawać materialną formę falom mózgowym!"), który wpadł w ręce złoczyńcy o ksywce Red Skull, uwięzionego przez ostatnie dwadzieścia lat pod gruzami bunkra Führera. Pozostawało jedynie modlić się, żebyśmy mieli do dyspozycji Rakietę Orion albo Transmiter Materii.

Thor przeżywał podobny kryzys. Imię boga piorunów wreszcie pojawiło się na okładce, zastępując tym samym tytuł *Journey into Mystery*. Ironicznym komentarzem do tej sytuacji wydawał się więc wciśnięty na ostatnie strony komiksu odcinek *Tales of Asgard*, gdzie opowiedziano koszmarną wizję Ragnaroku, końca świata. Ragnarok przedstawiono w konwencji snu na jawie, proroczej wizji, której towarzyszyła wiedza, że jest to coś nieuchronnego, rzecz dokonana: „Chaos i zniszczenie otuliły królestwo; gniew graniczący z szaleństwem dotknął każdej duszy w Asgardzie... niektórzy uginają się pod tym ciężarem i przyłączają się do sił zła...". Ogień płonął jeszcze przez dwa numery; na wyludnionych kadrach walały się porzucone miecze, połamane stalowe belki i kopcące się gruzy. Wizja zniknęła, ale pozostało uporczywe przeczucie, że to jedynie chwila ciszy przed burzą, krótkotrwały spokój, bo przepowiedzianym zdarzeniom „nie jest w stanie zapobiec żadna siła we wszechświecie". Galactus, Kosmiczny Sześcian i Ragnarok pojawiły się na horyzoncie niczym zapowiedzi apokaliptycznego spisku. Zbliżał się Armagedon.

Mniej więcej w tym kluczowym dla marvelowskiej eschatologii momencie ukazał się ostatni numer *The Amazing Spider-Man* oraz finałowa historia z Doctorem Strange'em autorstwa Steve'a Ditko, choć minęło już parę miesięcy od jego odejścia z wydawnictwa. Obie publikacje miały w sobie coś z testamentu. Konflikt Doctora Strange'a z jego rywalem Dormammu, który rozciągnął się na niespotykaną do tej pory liczbę siedemnastu zeszytów, dobiegł wreszcie końca, gdy Dormammu uwięził kosmiczny byt znany jako Entity. Raz jeszcze zadrżały planety, zakrzyknęły gwiazdy, a nasz bohater mało co nie popadł w szaleństwo: „Żaden ludzki umysł nie byłby w stanie pojąć tego, co widziałem! – mówił Doctor Strange. – Moje wspomnienia nikną...". Na ostatnim kadrze Najwyższy Mag odwracał się do czytelnika tyłem i opuszczał znajdujące się w innym wymiarze pole bitwy, żeby wrócić do domu „po wygranej w swojej najważniejszej bitwie". I w taki właśnie sposób Ditko pożegnał się z Marvelem.

Carl Burgos i Joe Simon, obaj już po pięćdziesiątce, obserwowali całą sytuację z boku. Niedługo kończył się dwudziestoośmioletni okres ustalony w umowie z Marvelem, po upływie którego prawa do postaci Human Torcha i Kapitana Ameryki wracały do nich. Burgos i Simon skonsultowali się z prawnikami i przygotowywali się do przejęcia stworzonych przez siebie bohaterów, na których Marvel zbudował całe swoje imperium*. Kiedy już dopięli na ostatni guzik wszystkie papierkowe sprawy, wpadli na pomysł, jak można dopiec Goodmanowi: wprowadzą na rynek konkurencyjne tytuły.

Burgos sprzymierzył się z Myronem Fassem – który rysował dla Timely na początku lat pięćdziesiątych, a aktualnie wydawał sprośne pisemka – żeby przejąć prawa do postaci Kapitana Marvela. Ku rozgoryczeniu Goodmana, Kapitan Marvel nigdy nie był jego własnością – w latach czterdziestych i następnej dekadzie prawa do niego posiadało Fawcett Comics, zaś po podpisaniu przez wydawnictwo ugody sądowej z DC, które zarzuciło firmie plagiat postaci Supermana (Kapitan również nosił pelerynę i potrafił latać), zupełnie o nim zapomniano. Fass miał pewność, że Goodman nie pozostanie obojętny na ich planowany projekt. Burgos zaprojektował nową wersję Kapitana Marvela na wzór Human Torcha (wyglądał jak

* W roku 1966 Bill Everett, który nie pracował dla Marvela od czasu fiaska z pierwszym numerem *Daredevila*, nagle otrzymał lawinę zleceń od Martina Goodmana. Najpierw przydzielono go na stałe do Hulka (którego przygody ukazywały się na łamach *Tales to Astonish*); gdy Ditko odszedł z Marvela, Everettowi zaproponowano pracę nad Doctorem Strange'em (w *Strange Tales*) i otrzymał od Goodmana pożyczkę pieniężną, której, jak twierdził Roy Thomas, „nie musiał spłacać w zamian za odpuszczenie sobie sprawy sądowej".

android w czerwonym kostiumie), aby się upewnić, że Marvel zauważy, co jest grane, Burgos wprowadził też do komiksu czarny charakter – Doctora Dooma. Komiks wypuszczono w pierwszej połowie 1966 roku, lecz kiedy poirytowany Goodman w lipcu zaoferował za prawa do postaci sześć tysięcy dolarów, Fass odmówił.

Burgos starał się wówczas wytoczyć Marvelowi proces o prawa do Human Torcha. Któregoś letniego dnia 1966 roku jego córka Susan zobaczyła, że ojciec chce zniszczyć cały swój dorobek związany z Marvel Comics – dotychczas pieczołowicie przed nią skrywany. „Nigdy wcześniej nie widziałam jego kolekcji aż do dnia, w którym ją wyrzucił. Akurat było ciepło i wyszłam wtedy na podwórko. Zobaczyłam całą stertę komiksów leżącą na ziemi. Zabrałam ze sobą tyle, ile mogłam unieść, i zaniosłam do swojego pokoju niczym jakiś skarb. Ojciec przyszedł do mnie i zażądał zwrotu komiksów… Domyśliłam się, że pewnie przegrał sprawę". Burgos nie zdradził córce szczegółów, ale po latach poznała źródło jego gniewu. „Dorastałam, wierząc, że to mój ojciec jest autorem tego wspaniałego pomysłu – mówiła – a Stan Lee mu go po prostu podkradł".

Roszczenia Burgosa najpewniej nigdy nawet nie trafiły do sądu, zaś jego mroczny rytuał odprawiony tego letniego dnia można odczytać jako reakcję na wieść o wydaniu jednego z nowych komiksów Marvela. Na początku sierpnia Lee i Kirby w *Fantastic Four Annual #4* wprowadzili do akcji starego Human Torcha wymyślonego przez Burgosa i kazali mu walczyć ze swoją odświeżoną, nastoletnią wersją oraz pozostałymi członkami Fantastycznej Czwórki. Na okładce widniała data: październik 1966. Minęło równo dwadzieścia osiem lat od publikacji *Marvel Comics #1* – innymi słowy komiks wyszedł dokładnie w momencie, gdy prawa do postaci wygasały, zaś oryginalny Human Torch został wskrzeszony tylko po to, żeby Marvel miał możliwość ich przedłużenia; kilka stron dalej ponownie go uśmiercono. „No cóż, spójrzmy prawdzie w oczy – powiedział Thing po tym, jak stworzona przez Burgosa postać została unicestwiona – czasem się wygrywa… a czasem przegrywa!". Lee miał teraz w rękach Johnny'ego Storma, jedynego Human Torcha, który wygłosił na temat swojego protoplasty taką oto przemowę pożegnalną: „Próbował mnie zniszczyć... ale mimo to nadal nie potrafię go znienawidzić!".

Burgos próbował walczyć o swoje prawa w 1967 roku, ale zaprowadziło go to donikąd, a potem całkowicie zniknął z radarów Marvela. Na początku lat siedemdziesiątych rysownik Batton Lash odnalazł Burgosa i poprosił weterana o radę. Ten jednak nie miał już nic wspólnego z komiksami i doradził Lashowi, żeby trzymał się z daleka od tej „paskudnej branży", wspominając o swoich niepowodzeniach związanych z Human Torchem. „Gdybym wiedział, ile problemów sprawi mi Torch, że złamie mi serce – powiedział młodemu rysownikowi – nigdy bym go nie wymyślił".

Tymczasem Joe Simon miał zamiar wydrzeć Marvelowi prawa do Kapitana Ameryki, jednej z pięciu – obok Iron Mana, Thora, Sub-Marinera i Hulka – postaci, które miały się pojawić w kreskówkach z serii *Marvel Super Heroes**. Na wiosnę 1966 roku, gdy animacja dopiero została skierowana do produkcji, ruszyła cała linia gadżetów związanych z nadchodzącą premierą: książki w miękkich oprawach, longplaye, modele do sklejania, kostiumy, przypinki, znaczki, karty, gry planszowe, T-shirty i bluzy, zabawki, naklejki. „Dostaliśmy propozycję zrobienia filmu aktorskiego z każdą z naszych postaci", chełpił się Lee. Simon wypełnił pozew nie tylko przeciwko należącemu do Goodmana Magazine Management, ale także Krantz Films (dystrybutorowi rzeczonej kreskówki) oraz Weston Merchandising (firmie odpowiedzialnej za figurkę Captain Action, której akcesoria do złudzenia przypominały te wykorzystywane przez Kapitana Amerykę)**. Simon, nie tylko artysta, ale i przedsiębiorca, stanowił dla wydawnictwa poważniejsze niebezpieczeństwo niż Burgos. Miał w zanadrzu sporo materiału

* Prawa do Fantastycznej Czwórki były zabezpieczone tak czy inaczej. Z początku to Spider-Man miał być jednym z bohaterów *Marvel Super Heroes*, ale Marvel razem z Grantray-Lawrence uznali, że posłuży im on do wyższych celów. Sub-Mariner zastąpił go już po narysowaniu storyboardów.

** Sąsiadujące ze sobą ilustracje przedstawiające sierżanta Fury'ego i Kapitana Amerykę widniejące na opakowaniach zabawek zostały wykorzystane jako antyimperialistyczne symbole w filmie Jeana-Luca Godarda *Chinka* z 1967 roku.

dowodowego wspierającego jego roszczenia, łącznie z oryginalnymi szkicami Kapitana Ameryki z 1940 roku.

Podobnie jak w przypadku Human Torcha, Goodman przedsięwziął odpowiednie kroki, żeby zabezpieczyć prawa do Kapitana Ameryki. „Fantasy Masterpieces", magazyn komiksowy o podwojonej objętości, w którym ukazywały się przedruki komiksów wydanych w latach pięćdziesiątych przez Atlas, nagle zmienił profil i na jego łamach ukazywały się stare przygody Kapitana Ameryki z okresu Złotego Wieku, usunięto jedynie notkę ze stopki – „rysunki i redakcja Joe Simon i Jack Kirby".

Kirby zaprotestował, choć był w kropce. „Simon twierdzi, że stworzył Kapitana Amerykę – powiedział mu Goodman. – Walczy o prawa i wygląda na to, że nie zostałeś przez niego uwzględniony jako współautor". Goodman zaproponował mu taki układ: jeśli Kirby wesprze Marvela, firma zapłaci mu równowartość kwoty, jaką przeznaczy na ugodę z Simonem. 12 lipca 1966 roku Kirby złożył swój podpis pod następującym zeznaniem: „Zawsze myślałem, że to, co robiliśmy dla Timely, należy do Timely. Taka była wówczas powszechna praktyka. I gdy odszedłem z firmy, moje prace stały się ich własnością".

W trakcie planowania kolejnych posunięć na drodze sądowej, Simon nadal zajmował się komiksami o superbohaterach dla Harvey Comics, wydawnictwa słynącego raczej z komiksów dla młodszych dzieci, jak *Casper, the Friendly Ghost* oraz *Richie Rich*. Zawsze chętny do kłusowania na terenie Martina Goodmana, zlecał pracę rysownikom Marvela, Dickowi Ayersowi i George'owi Tusce. Zatrudnił także Wally'ego Wooda*. Miał również oko na nowe talenty: podczas konwentu komiksowego na Manhattanie zaczepił młodego rysownika o fryzurze Jamesa Deana i uśmiechu pięknym jak milion dolarów i zaprosił go na Long Island, żeby pomógł narysować parę postaci. Simon powiedział mu, że chce rywalizować z Marvelem.

* Ponoć Wally Wood nadal nie mógł przeboleć tego, jak został potraktowany przez Marvela. Opowiadał niestworzone historie – prawdopodobnie niemające wiele wspólnego z prawdą – jakoby Stan Lee siadał na szafkach na akta i rzucał w górę czeki, które musieli łapać zgromadzeni wokół freelancerzy.

Rysownik ten nazywał się Jim Steranko i był dwudziestosiedmioletnim dyrektorem artystycznym w agencji reklamy w Shillington w stanie Pensylwania. Zważywszy na jego burzliwe dzieciństwo, gdyby o piastowanym przez niego stanowisku nie świadczyła wielość wycinków z gazet, nikt by mu pewnie nie uwierzył. Pochodził z ubogiej rodziny; jego ojciec parał się nielegalnym zbieraniem węgla, stawianiem kopalń własnej roboty i niebezpieczną pracą w rozklekotanych szybach. Młody Steranko, obsesyjnie martwiący się o ojca i przerażony klaustrofobicznymi warunkami wykonywanej przez niego pracy, poświęcił się sztuce ucieczki. Już w wieku szesnastu lat dawał przedstawienia niczym Harry Houdini, popisując się przed miejscowymi policjantami, że bez trudu byłby w stanie uciec z ich aresztu. Wymykał się z kaftanów bezpieczeństwa, z łańcuchów zakładanych na nogi, kajdanek, sejfów i krypt.

Inne jego dokonania nie podobały się policji już tak bardzo. Nastoletni Steranko nakradł tyle broni, że mógłby otworzyć arsenał, i potrafił włamać się do każdego stojącego na parkingu auta. W lutym 1956 roku Steranko i jego towarzysz zostali aresztowani za serię kradzieży, których dopuścili się we wschodniej Pensylwanii, gdzie ukradli dwadzieścia pięć samochodów osobowych i dwie ciężarówki – nigdy nie dopuszczał się przestępstw w swoim rodzinnym mieście („Nigdy nic nie ukradliśmy w Reading… no może raz, góra dwa razy. Kiedyś zwinąłem tam pistolet maszynowy, ale to wszystko"). Włamali się do kilku stacji benzynowych, lecz wpadka, którą zaliczyli podczas jedynego w karierze napadu z bronią w ręku – niedoszła ofiara złapała Jima Steranko, po tym jak się zorientowała, że ten nie strzeli, i odmówiła wydania pieniędzy – pokazała wyraźnie, gdzie leży granica. W pierwszej połowie lat sześćdziesiątych Steranko grał na gitarze w kapeli rockowej (występowali na jednej scenie z chociażby Bill Haley & His Comets), zajmował się sztuczkami karcianymi (dochrapał się nawet pozycji w krajowych rankingach i opublikował na ten temat książkę) oraz połykaniem ognia, aż wreszcie związał się z przemysłem reklamowym.

Steranko źródeł inspiracji nieustannie szukał w komiksach, które wydawały mu się szczytem graficznego mistrzostwa, będącym stale poza jego zasięgiem. Został odrzucony przez Marvela w lecie roku 1965 i teraz to dla

Simona stworzył postaci o głupawych pseudonimach, jak Spyman i Magicmaster. Steranko zajął się nie tylko scenariuszami oraz projektami postaci, ale także sam rozrysowywał skomplikowane diagramy, które opisywały moce posiadane przez danego bohatera. Simon powiedział mu jednak, że nie ma odpowiednich zdolności, żeby rysować swoje historie. Cudowne dziecko włóczyło się więc po mieście, aż trafiło do budynku wydawnictwa, któremu, pod okiem Simona, miało rzucić wyzwanie.

Jego wizyta w biurach Marvela latem 1966 roku przypadła akurat na dzień, w którym Steranko sprzedał wytwórni Paramount Pictures swój pomysł na serial animowany i chodził z czołem podniesionym jeszcze wyżej niż zazwyczaj. Na swoje szczęście – potrzebował pewności siebie, żeby się przebić. Nie był umówiony na spotkanie i Flo Steinberg zadzwoniła do Sola Brodsky'ego, który z kolei wysłał do recepcji Roya Thomasa, żeby udobruchał kolejnego młodego rysownika amatora pałętającego się po biurze i wyprosił go z budynku. Tak się jednak nie stało. Thomas, oczarowany tym, co zobaczył, zaprowadził Jima Steranko do gabinetu Stana Lee. Lee był w swojej szczytowej formie, jakby właśnie zatankował wysokooktanową benzynę. Jak mówił sam Steranko, miotał się w nim „aktor, redaktor, czaruś i showman". Powiedział, że ilustracje przyniesione przez Jima są co prawda niedopracowane, ale dodał, że coś mu się w nich podoba.

„Co takiego?", zapytał Steranko.

„Czysta energia! – wykrzyknął Lee i wskazał na stosik komiksów. – Który z nich chciałbyś dla nas robić? Wybierz coś sobie!"

Steranko wyszedł stamtąd ze zleceniem na Nicka Fury'ego w ręce. Po paru miesiącach pracy na szkicach Kirby'ego, Steranko dostał wreszcie upragnione lejce i pracował nad komiksem samodzielnie – nie tylko rysował, ale też pisał scenariusze. Po raz pierwszy od czasu nieudanego *Daredevila #10* Wally'ego Wooda Lee pozwolił komuś innemu zająć się którymś z tytułów kompleksowo. Nie uszło to uwadze Jacka Kirby'ego, który nie dostawał podobnych zleceń.

Tego lata Stan Lee był myślami gdzie indziej. Zbliżała się emisja *Marvel Super Heroes* – kreskówkę miały pokazywać lokalne stacje telewizyjne w całym kraju, przez pięć dni w tygodniu. Producent programu, Robert Lawrence, umieścił Lee w luksusowym apartamencie w centrum miasta, gdzie ten po godzinach miał wprowadzać scenariuszowe poprawki: „Musimy powiedzieć widzowi, kim jest Bucky!... Shapanka to naukowiec, nie mówi slangiem!... Ostatni kadr – słaby!". Był to pierwszy kontakt Lee z show-biznesem i nie miał zamiaru odpuścić.

Kiedy kreskówka trafiła już na antenę, Lawrence towarzyszył Lee podczas jego wizyt na uczelniach. „Dzieciaki były niewiarygodne – zachwycał się Lawrence. – Spędziliśmy z nimi bodajże trzy dni w Chapel Hill. Pili piwo i rozmawiali ze Stanem do białego rana". W dorocznym, uniwersyteckim wydaniu „Esquire" na sześciu stronach, w pełnym kolorze, zamieszczono materiał o postaciach Marvela. Napisano w nim, że wydawnictwo „sprzedało pięćdziesiąt tysięcy koszulek z nadrukami oraz trzydzieści tysięcy bluz; rozmiary dla dorosłych zostały już wyprzedane co do sztuki". Studenci rozpisywali się na łamach magazynu o komiksach, udowadniając, że wgryzają się naprawdę głęboko w dzieła Stana Lee i spółki: „Marvel często testuje granice pseudonaukowej wyobraźni, zahaczając o fantasmagorie rodem z innego wymiaru, problematykę związaną z czasem i kosmosem, a nawet na poły technologicznego konceptu stworzenia. Ich komiksy są świetnie narysowane, niemal halucynacyjne". Marvel Comics zaczęło zamieszczać reklamy kremów do golenia i samochodów, czym Lee zdobył sobie szacunek redaktorów czasopism. „Dla Stana Lee – napisał Mario Puzo na pierwszej stronie swojej ostatniej powieści – z którego wyobraźnią moja nie może się równać".

Mimo że czuwał nad serialem, gościł na uniwersyteckich kampusach i pisał fabuły większości tytułów Marvela, Lee – razem z Solem Brodskym – poświęcał sporo czasu na poszukiwania rysowników i scenarzystów, a i tak miał do dyspozycji największą od lat pięćdziesiątych liczbę pracowników. Taki stan rzeczy był wynikiem rywalizacji z komiksami o superbohaterach ze stajni Tower, Harvey i Archie. Lee udało się namówić Goodmana, żeby podniósł stawki za stronę, co miało korzystnie wpłynąć na jakość prac. Roy Thomas – który zapuścił kozią bródkę, nosił rosyjski kapelusz, buty ze skóry aligatora i marynarkę nehru – co i rusz podsyłał do Lee kogoś ze swoją rekomendacją, żeby go odciążyć. Jego kolega ze szkoły średniej, Gary Friedrich, pisał westerny i komiksy wojenne, zaś poziom opowieści z sierżantem Furym wywindował na tak wysoki poziom, że przebił pod tym względem nawet Lee. Dzięki niemu *Sgt. Fury* przeistoczył się w tytuł jawnie krytykujący prowadzone przez Stany Zjednoczone działania wojenne i to w okresie, gdy Lee w swoich scenariuszach wciskał superherosom w usta takie oto słowa: „Nikt nie ma prawa sprzeciwiać się decyzjom rządu! Nawet Iron Man!".

Lee wkrótce przekazał *Iron Mana* innemu scenarzyście, również zarekomendowanemu przez Thomasa. Nazywał się Archie Goodwin i był okularnikiem zakochanym w komiksach z EC. Ukończył kurs rysunku pod koniec lat pięćdziesiątych, gdy sytuacja w branży nie była zbyt wesoła. Z początku pracował w dziale artystycznym Redbrook (gdzie odrzucił portfolio Andy'ego Warhola, instruując go przy tym, że nie powinno się korzystać z czyichś prac przy tworzeniu swoich) i redagował będące podróbką publikacji EC komiksy grozy dla słynącego z porywczości i zamiłowania do tanizny wydawcy Jima Warrena. Goodwinowi udało się spowolnić akcję *Iron Mana* i utrzymać Tony'ego Starka z dala od otwartych potyczek zimnowojennych, wprowadzając go stopniowo w świat szpiegów i nowych technologii, charakterystycznych do tej pory dla komiksów z Kapitanem Ameryką i Nickiem Furym.

Thomas miał nosa do talentów, co znacznie wspomogło pracę wydawnictwa. Lee pozostał jednak dyrektorem artystycznym i nadal spoczywał na nim ciężar odpowiedzialności za ostateczny kształt komiksów wydawanych przez Marvela. Pod koniec 1965 roku Lee poprosił Romitę o wprowadzenie Spider-Mana do dwuczęściowej historii z Daredevilem. Romita nie zdawał sobie wówczas sprawy, że był to swoisty sprawdzian, mający na celu znalezienie następcy Steve'a Ditko w roli rysownika *The Amazing Spider-Man*. Kiedy Ditko złożył wreszcie swoją nieuchronną rezygnację, nowa ekipa zabrała się raźno do pracy. Owocem ich starań była spektakularna i szokująca historia, w której ujawniono, że Green Goblin to w rzeczywistości Norman Osborn, bogaty przemysłowiec, ojciec szkolnego kolegi Petera Parkera, Harry'ego Osborna. Plotki głosiły nawet, że niezgoda Steve'a Ditko na podobną woltę fabularną była kroplą, która przepełniła czarę, i bezpośrednim powodem jego ostatniej kłótni z Lee.

Romita wolał, co prawda, działać przy *Daredevilu*, ale był w każdym calu profesjonalistą potrafiącym pracować zespołowo, który za każdym razem przychodzi do biura w wyprasowanej białej koszuli i krawacie; poza tym wiedział, że zlecenie jest tymczasowe, i nie miał nic przeciwko. „Nie mogłem uwierzyć, że facet porzucił tak popularny komiks, plasujący się pod względem sprzedaży na drugim miejscu pośród wszystkich tytułów Marvela – powiedział Thomasowi Romita parę lat później. – Nie znałem Steve'a. Założyłem, że zrobi to, co sam bym zrobił na jego miejscu, przemyśli swoją decyzję i wróci, żeby dalej rysować *Spider-Mana*. Liczyłem dni do powrotu do pracy nad *Daredevilem*". Romita starał się, żeby zmiana rysownika przebiegła bezboleśnie i naśladował styl swojego poprzednika najlepiej, jak tylko mógł, korzystając nawet z długopisu technicznego, żeby każdy najmniejszy szczegół wyglądał niczym naniesiony ręką Steve'a Ditko.

Nie udało mu się, choć z pewnością przywykła do rysowania romansów kreska miała swoje zalety – Parkerowi wyostrzyły się rysy i ułożyły włosy, a on sam nabrał trochę ciała. Mary Jane Watson, sąsiadka z naprzeciwka, którą Lee i Ditko przez półtora roku z fałszywą skromnością ukrywali w cieniu, wreszcie pokazała światu swoją twarz i okazała się prześliczną, pyskatą imprezowiczką o rudych włosach. Gwen Stacy wyładniała i rozpoczęły się konkury o uwagę Petera; dziewczyny zachowywały się jak naładowane energią wersje Betty i Veroniki z komiksów konkurencji. Nawet Flash Thompson uśmiechał się częściej. Romita przyznawał, że z początku Lee wyklinał go za nadanie postaciom radosnego uroku i porzucenie ponurego stylu, do którego przyzwyczaił czytelników Ditko. Niedługo potem sam zaczął prosić Romitę o swoiste wygładzenie komiksu – dłuższe włosy, mniej ostrych kątów, jeansy, buciory, dziewczyny w minispódniczkach kręcące się wokół Petera. Podrzucał na stół Romity egzemplarze *Women's Wear Daily*, instruując go w temacie nowych trendów w modzie. Najwyraźniej wszelakie pretensje i sugestie, jakie miał, mogły poczekać, uciszone przez znakomite wyniki sprzedaży – *Spider-Man* schodził na pniu.

Daredevil trafił do byłego pracownika Atlasu, Gene'a Colana, nerwowego kinomana o blond włosach, którego Lee namówił do rzucenia w diabły wyniszczającej go twórczo pracy przy produkcji filmów edukacyjnych. Colon znakomicie operował światłocieniem, co przydało postaci Daredevila odpowiedniej powagi, której nie potrafił jej nadać ani Wood, ani Romita. Co ważniejsze – nareszcie Matt Murdock przestał przypominać kalkę Spider-Mana. Miał co prawda problemy z utrzymaniem odpowiedniego tempa – gubiło go uwielbienie dla rozległych, zapierających dech w piersiach kadrów i musiał przez to upychać drugą połowę historii na zaledwie paru ostatnich stronach – lecz dla Lee ważniejszy był dramatyzm niż logistyczne niedoskonałości. Colanowi udało się nawet nadać emocjonalnego sznytu zbroi Iron Mana – subtelnie zmienił kąty otworów w hełmie, przez co zaczął on przypominać żywą, ludzką twarz.

Kolejnym weteranem z czasów Atlasu, który dołączył do ekipy Marvela, był John Buscema, szorstki facet po czterdziestce, noszący się trochę jak Robert Mitchum. Tak jak Colan i Romita, on również szczerze nienawidził pracy przy Madison Avenue, na którą był skazany przez ostatnie parę lat. Nie mógł jednak powstrzymać się przed wypowiadaniem na głos swojego zupełnie obojętnego stosunku do opowieści z superbohaterami. Bardziej interesowały go postaci ludzkie i otwarte plenery, a nie kolorowe kostiumy i wymyślne gadżety. Chciał rysować fantastykę, a nie „cholerne samochody i wieżowce", które były nieodłączną częścią świata Marvela. Roy Thomas, który pracował z Buscemą przy *The Avengers*, tak bardzo zachwycił się jego bogatą, wyrazistą i klarowną kreską, że dostosowywał do niej całe scenariusze, czego wynikiem były iście mitologiczne przygody Scarlet Witch, Quicksilvera, Hawkeye'a i Goliatha.

Niestety, zarówno za *Iron Mana*, jak i *The Avengers* odpowiadał dotychczas Don Heck, jeden z czołowych rysowników wczesnych tytułów superbohaterskich. Heck został stopniowo od nich odsunięty i dano mu w zamian słabo sprzedające się *X-Men*. Praca to praca, zresztą Heck nie przywiązywał się zbytnio do postaci, które rysował, i zmiana nie robiła mu wielkiej różnicy, ale wyczuł, że coś jest na rzeczy. Heck, wieloletni współpracownik Marvela, niezawodny profesjonalista i autor rysunków najpiękniejszych kobiet w Uniwersum, pokornie zwrócił się o radę do Jacka Kirby'ego*. Stawało się jasne, że Marvel Comics jest w stanie poradzić sobie bez tego czy innego artysty.

Tymczasem Jim Steranko zrobił coś, na co Heck nigdy nie mógłby sobie pozwolić (gwoli ścisłości – Kirby, Ditko, Wood ani ktokolwiek inny związany z Marvelem też): rzucił lukratywną posadkę w branży niezwiązanej z komiksem. Uważał zresztą, że póki traktuje rysowanie jak hobby, nie może liczyć na duże wynagrodzenia. Nie miał rodziny na utrzymaniu ani dzieci, dla których musiał wygospodarowywać trochę czasu. Praca i romantyczny etos artysty były dla niego wszystkim. „Nie wierzę w szczęście – mówił w wywiadzie. – Nie sądzę, że ludzi stworzono, żeby byli szczęśliwi, a jeśli decydujesz się na bycie artystą, pisarzem, automatycznie akceptujesz odpowiedzialność za swoją samotność. Lecz po pięćdziesięciu, sześćdziesięciu latach spojrzysz na swój dorobek i okaże się, że stworzyłeś coś, co przetrwa długo po tym, jak ciebie już zabraknie, i nadal będzie kształtowało umysły milionów ludzi".

Zaczął eksperymentować z formą – na początku nieśmiało, potem z coraz większym zaangażowaniem. Kierował się wytycznymi Kirby'ego odnośnie do technik kolażu, które uzupełniał pulsującymi, chybotliwymi efektami charakterystycznymi dla awangardowej sztuki optycznej. Podchodził do swoich ilustracji nie jako rysownik, ale projektant, przykładając szczególną uwagę do układu stron oraz przestrzennego planowania kadrów. Okręgi koncentryczne, zaburzona perspektywa i inne sztuczki

* Syd Shores, ongiś rysownik *Kapitana Ameryki*, w 1967 roku miał na stałe przejąć ten tytuł od Kirby'ego po krótkim okresie próbnym, podczas którego nakładał tusz na jego szkice. Jednak Lee nie był zadowolony z efektów, zaś Shores nie potrafił przystosować się do Metody Marvela i Kirby raz jeszcze został postawiony w roli mentora dla swoich kolegów.

geometryczne sprawiły, że *Nick Fury* stał się najbardziej psychodelicznym komiksem Marvela od czasu rysowanego przez Steve'a Ditko *Doctora Strange'a*. Steranko szukał inspiracji w komiksach z serii *Spirit* Willa Eisnera oraz horrorach Johnny'ego Craiga z EC Comics, zaś elementy futurystyczne pozwoliły na wprowadzenie na każdej stronie zaawansowanych technologicznie zabawek przypominających niezwykłe projekty Jacka Kirby'ego. Podczas gdy Kirby ograniczał się do maksymalnie jednostronicowych rysunków, Steranko rozciągał je na dwie, a potem na cztery, więc trzeba było kupić dwa egzemplarze komiksu i położyć je obok siebie, by zobaczyć ilustrację w pełnej krasie. Gołym okiem widać było wpływ Salvadora Dalego, Eadwearda Muybridge'a, Richarda Avedona, filmów Roberta Siodmaka i Michaela Curtiza, a także grafików reklamowych, jak Richard M. Powers czy Bob Peak. Nastał czas postmodernizmu w wydaniu wesołego Marvela.

Kombinacja nawiązań i cytatów z olśniewającą, niemalże matematyczną precyzją ilustracji zdradzała pewien emocjonalny dystans, jednak prace Steranki nigdy nie miały w sobie wartości kampowej – ale też i nie sprzedawały się zbyt dobrze. Technofile, palacze trawki i studenci akademii sztuk pięknych stanowiący rzeszę oddanych czytelników Marvela uważali, że *Nick Fury, Agent of S.H.I.E.L.D.* to szczyt sztuki wszelakiej i mimo paru gościnnych występów Kapitana Ameryki w kilku pierwszych numerach, świat wykreowany przez Jima Steranko istniał gdzieś z boku uniwersum, oderwany i odseparowany od całej reszty.

Na podobnej pozycji wylądował Jack Kirby, który czuł się „nieco samotny". Nikt nie przeczuwał tego, co miało nadejść. Pojawiał się w biurze co tydzień, witano go prawie że oklaskami, ucinał sobie pogawędki z młodszymi pracownikami Zagrody – Herbem Trimple, Stu Schwartzbergiem, Lindą Fite – którzy podziwiali go bezkrytycznie. Merry Marvel Messenger zacytował jego wypowiedź, kiedy nazywał Stana Lee „rozrabiaką", z którym „wymienia się żarcikami, pomysłami i grubymi cygarami". „Marvel zawsze traktował mnie dobrze, no i lubię ludzi, z którymi pracuję – powiedział uczestnikom nowojorskiego konwentu komiksowego w 1966 roku. – Jestem z nimi od siedmiu lat i dobrze mi u nich!" Tak naprawdę Kirby'ego coraz bardziej irytowały wojaże Lee po uniwersyteckich kampusach, kiedy on sam spędzał siedem dni w tygodniu pochylony nad rysownicą swojego gabinetu w suterenie, gdzie światło wpadało tylko przez jedno malutkie okienko – zwykł nazywać to miejsce „lochem". Kiedy zatrudniano nowych rysowników, dawano im do przejrzenia stertę komików zrobionych przez Kirby'ego, albo jeszcze lepiej – jego szkice, które mieli dokończyć. Tym samym Marvel upewniał się, że ich mistrz nie będzie niezastąpiony. Kirby zażądał procentu od zysków, które generowały jego postaci, ale Lee tylko podniósł w górę ręce i powiedział, że nie może podejmować takich decyzji. Zaś Goodman zwlekał.

„W umysłach i sercach tych z nas, którzy dojrzewali intelektualnie w psychodelicznych latach sześćdziesiątych – zachwycali się William David Sherman i Leon Lewis w swojej pracy *Landspace of Contemporary Cinema* – Pokojowy Komitet Koordynacyjny Studentów zastąpił Krajowe Stowarzyszenie Postępu Ludzi Kolorowych, *Ramparts* zastąpiło *The New Republic*, Sun Ra zastąpiło Duke'a Ellingtona, a wszystkie formy ekspresji, od komiksów Stana Lee i Jacka Kirby'ego do występu The Fugs, zostały uznane za dzieła sztuki". Lee i Kirby nadal prześcigali się w pomysłach, dostarczając zapierające dech w piersiach historie i nieustannie poszerzając Uniwersum Marvela, w którym zaczął pobrzmiewać duch czasów, wyrażający się w liberalnych hasłach i halucynacyjnej atmosferze komiksów. Na krótko przed oddaniem *Fantastic Four #52* do druku „The New York Times" opublikował artykuł o Lowndes County Freedom Organization, partii politycznej założonej w Alabamie przez Stokely'ego Carmichaela i Pokojowy Komitet Koordynacyjny Studentów. Ich logo, czarna pantera, tak rzucało się w oczy, że partię zaczęto nazywać Czarnymi Panterami. Gdy komiks trafił na półki, okazało się, że Coal Tiger – afrykański poszukiwacz przygód, którego Lee i Kirby trzymali przez długi czas w odwodzie – zyskał nowe imię*. Pomimo długiego okresu spędzonego na ławce rezerwowych,

* Niewykluczone, że był to wynik wewnętrznych nacisków. Na pierwszej wersji okładki było oczywiste, że Panther jest czarnoskóry; na tej opublikowanej okutany

Black Panther był pierwszym czarnoskórym superbohaterem przedstawionym szerokiemu gronu czytelników.

Jak wiele innych podmiotów składających się na kontrkulturę końca lat sześćdziesiątych, Marvel także przemycał do swoich dzieł pretensjonalny majestat psychodelicznego science fiction. Prywatnie Black Panther był afrykańskim księciem o imieniu T'Challa, który rządził fikcyjnym państwem Wakanda, przy czym nie miał nic wspólnego z postacią szlachetnego dzikusa z Czarnego Kontynentu. Obdarzony umysłem naukowego geniusza, potrafił zaimponować nawet Reedowi Richardsowi z Fantastycznej Czwórki. Poszły w niepamięć promienie gamma i radioaktywne pająki – komiksy Marvela kręciły się teraz wokół starożytnych cywilizacji i futurystycznych technologii. „Jako przyczynek do zrozumienia teraźniejszości, człowiek musi być zdolny do wykorzystania swojego intelektu, dotykając zarówno spraw przeszłych, jak i tych, które mają dopiero nadejść", pisał Jacques Bergier w *Poranku magów*, pseudonaukowej książce, która rozeszła się w nakładzie miliona egzemplarzy i wprowadziła popularną wówczas teorię, jakoby kosmici odwiedzili niegdyś ziemię i obdarzyli nas pozaziemską technologią. Kirby konsekwentnie rozwijał ten pomysł w swoich pracach i nie jest wykluczone, że to właśnie on był odpowiedzialny za zmianę strategii Marvela w zakresie doboru fabuł w drugiej połowie lat sześćdziesiątych. Dlatego też w jednym z komiksów Thor przybył na górę Wundagore, położoną w staroświeckim, wschodnioeuropejskim kraju, zwanym Transia, i spotkał tam High Evolutionary, grzebiącego w genach naukowca z kompleksem faustowskim, który metodami laboratoryjnymi próbował upichcić własną rasę – w przyszłości zresztą ta sztuka mu się powiedzie i będzie masowo klonował wszystko, co żywe, a nawet stworzy całą planetę na kształt Ziemi. Z kolei Fantastyczna Czwórka natknęła się

był w szczelny kostium. Zapowiedzi zamieszczone w innych komiksach nie zdradzały zbyt wiele na temat jego wyglądu czy charakteru, co dawało do myślenia, że Marvel nie ma pomysłu, jak go przedstawić. „Nie przegap spotkania z tajemniczym złoczyńcą!", krzyczały reklamy; okładki nie prezentowano. Tak czy inaczej Marvel szybko zaczął wprowadzać do swoich publikacji czarnoskóre postaci i jeszcze w tym samym miesiącu w komiksie *Modeling with Millie* z dumą przedstawiono postać brytyjskiej modelki Jill Jerold.

na kosmiczną rasę wojowników zwaną Kree – którzy, tak jak starożytni astronauci z *Poranka magów*, kontaktowali się z Inkami na terenie dzisiejszego Peru – i skonfrontowała się ze złotoskórym gigantem zwanym Him, sztucznie stworzonym w Cytadeli Nauki przez sekretną organizację Enclave. Strefa Negatywna wypuściła na świat jeszcze wiele psychodelicznych okropieństw, na czele z tęczowymi graniastosłupami, sześciokątnymi bryłami i masą czarnych kropek, którym często towarzyszyły rozmaite eksperymentalne kolaże. Nie można było oprzeć się wrażeniu, że na bohaterów Marvela za każdym rogiem czeka zupełnie nowa mitologia.

Pomimo że prometejskie koncepcje Kirby'ego rozwijały się symultanicznie w paru różnych kierunkach, w lecie 1967 roku zdecydował, że kończy z superbohaterami. „Nie oddam im już żadnego *Silver Surfera*", powtarzał znajomym. Kiedy Goodman zdecydował się wypowiedzieć wojnę Myronowi Fassowi i wypuścić komiks z Kapitanem Marvelem, rysunkami zajął się Gene Colan. Samą genezę Kapitana oparto jednak na mitologii Kree, którą opracował i doszlifował w *Fantastic Four* właśnie Kirby. Marvel czym prędzej opublikował świeżutką historię w następnym numerze „Fantasy Masterpieces", gdzie pojawiały się zazwyczaj przedruki takich tytułów jak *Captain America*, *Human Torch* i *Sub-Mariner*. Dla efektu Goodman kazał przemianować komiks na *Marvel Super Heroes* i nie dało się nie zauważyć, że chce szybko postawić na swoim – prócz tytułu na okładce widniała również adnotacja, iż w środku znajdują się przygody Kapitana Marvela, a całość wydaje Marvel Comics Group. Od tej pory *Marvel Super Heroes* służyło wydawnictwu do promowania nowych postaci, które miały okazję zabłysnąć, oraz publikowania spin-offów. Kirby nie maczał w tym projekcie palców, choć często chodziło o jego postaci, jak Doctor Doom czy Medusa. Zlecenia trafiły do Colana, George'a Tuski, Larry'ego Liebera lub pracującego w Zagrodzie Herba Trimpe'a, który wcześniej zajmował się jedynie korektą, ale powoli zaczynał brać na siebie obowiązki rysownika.

Jedynym nowym tytułem, w którego tworzeniu Kirby brał udział, był *Not Brand Echh*, gdzie Marvel, chcąc pokazać swój luz, śmiał się z własnych bohaterów. Pięć pierwszych numerów *Not Brand Echh* to wizytówka

Kirby'ego, który folgował sobie, mogąc popisać się swoim głupawym poczuciem humoru. Pod koniec 1967 roku dał sobie spokój z durnowatymi komiksami. Może nie chciało mu się już śmiać.

Nikt wówczas jeszcze o tym nie wiedział, ale dobiegała końca pewna era. Tej zimy, podczas firmowej imprezy świątecznej, Stan Lee podskoczył energicznie, chcąc uderzyć piętą o piętę, i upadł, tłukąc sobie kostkę. Ostatnie dni roku spędził w łóżku.

Popularność serialu o Batmanie znacznie spadła, a wraz z nią rozwiały się nadzieje wydawców komiksowych na zbicie kapitału na szale związanym z telewizyjnym hitem. Harvey zrezygnowało ze swojej serii thrillerów, a Archie porzuciło Might Comics. American Comics Group całkowicie zakończyło działalność, zaś najlepsi ludzie odeszli z Charlton – wraz redaktorem Dickiem Giordano – do DC. Tower Comics również nie radziło sobie najlepiej z powodu marnej dystrybucji będącej, jak twierdził Wally Wood, wynikiem krecich działań Independent News, mających na celu dokopanie hurtownikom; Wood upamiętni upadek firmy okładką fanzinu, na której widniał marvelowski Daredevil zrzucający z dachu budynku Dynamo, bohatera komiksów z Tower. Myron Fass, który w zeszłym roku dumnie odrzucił sześć tysięcy dolarów, teraz zgodził się porzucić roszczenia do postaci Kapitana Marvela za jedyne cztery i pół tysiąca. Nadal była to suma nie do pogardzenia. „I tak sprzedawał się marnie", podsumował Fass.

DC Comics również przechodziło zmiany. Latem 1967 roku prezes Jack Liebowitz rozpoczął negocjacje w sprawie fuzji z konglomeratem Kinney National, pożerającym kolejne firmy potworem, który miał na oku nie tylko *Supermana* i *Batmana*, ale także dochodowe Independent News zajmujące się dystrybucją „Playboya" i „Family Circle" – umowę domknięto dopiero rok później, gdy kadra redaktorów DC została praktycznie wymieniona. DC wydawało miesięcznie czterdzieści osiem tytułów i osiągało nakłady rzędu siedmiu milionów egzemplarzy, zaś Marvel, choć wypuszczał na rynek o dwie trzecie pozycji mniej, dobijał do sześciu milionów. DC postawiło sobie za cel wydarcie z rąk Marvela młodych i modnych czytelników. Zaczęło brakować zleceń dla starszych stażem scenarzystów i rysowników, szczególnie gdy niektórzy weterani zaczęli upominać się o udział w zyskach i ubezpieczenie zdrowotne (o ironio, jeden z nich napisał siedmiostronicową notatkę służbową, która jeszcze zaostrzyła konflikt, bowiem sugerowała, że staroświeckie komiksy z DC zostaną wkrótce wgniecione w ziemię przez Stana Lee). Carmine Infantino, rysownik, który instruował DC, jak mają ożywić swoje okładki, został kierownikiem redakcji i wymienił większość podległej mu kadry. Od tej pory większość ich komiksów pisali Denny O'Neil i Steve Skeates – obu wyrzucił niegdyś z pracy Stan Lee. Skeates przemycił do *Aquamana* parę odwołań narkotycznych i przez krótki okres współpracował ze Steve'em Ditko (który również zakotwiczył się w DC) nad serią *Hawk & Dove* – do czasu aż dzielące ich różnice polityczne stały się nie do pogodzenia.

Szczególnie cennym nabytkiem DC okazał się Neal Adams – tak starannych, niemalże fotorealistycznych rysunków jeszcze w komiksie nie było. Tak jak Jim Steranko (praktycznie jedyny prócz niego rysownik komiksowy przed czterdziestką), Adams był pewnym siebie młodym człowiekiem, który wykorzystywał w pracy doświadczenie nabyte w firmie reklamowej. Adams skupiał się na możliwie najwierniejszym oddaniu szczegółów anatomicznych i mimiki twarzy – zmarszczone brwi, rozchylone wargi podczas mówienia, gestykulacja – co stało w opozycji do rozmytych, opływowych kształtów Steranki*. Adams wyraźnie odcinał się od tradycji DC, a jego wpływ – oraz polityka Infantino – zmienił wkrótce kierunek artystyczny praktycznie wszystkich komiksów wydawnictwa. Zagorzali fani – piszący listy do redakcji, redagujący fanziny i podróżujący od konwentu do konwentu – nie posiadali się z radości.

I choć ten zgiełk nie wpłynął na wyniki sprzedaży, nie pozostał niezauważony przez Marvela, gdzie ostatnio jedną z głównych kwestii poruszanych na spotkaniach były projekty okładek. DC nadal dominowało, ale Marvel rozwijał się błyskawicznie i na rynku powoli zaczynało brakować miejsca dla nich obu, liczył się każdy najmniejszy ruch. Marvel zyskiwał

* Adams zaczepił swojego kolegę w *Strange Adventures* – na jednym z obrazków pozornie nieskładne faliste linie układały się w napis: „Hej! Oto efekt Jima Steranko!".

kosztem DC i choć ci nadal zarabiali krocie, to słupki sprzedaży nie wznosiły się już tak szybko.

Martin Goodman trzymał rękę na pulsie i zwracał uwagę na każdy nowy trend; nie raz już widział, jak pękały napompowane samozadowoleniem balony. Stacja ABC przygotowywała sobotnią premierę porannej serii kreskówek ze Spider-Manem i Fantastyczną Czwórką, więc Goodman czym prędzej wykupił reklamy trąbiące wszem i wobec o sukcesach wydawnictwa, co okrasił mnóstwem bijących po oczach wykrzykników:

RODZINA MARVELA STALE SIĘ POWIĘKSZA…

… i to DOSŁOWNIE! W 1963 roku sprzedaliśmy 22 530 000 egzemplarzy naszych komiksów; w 1964 – 34 000 000; w 1965 – zadziwiające 40 500 000! A to dopiero POCZĄTEK! I nie zatrzymamy się na 50 000 000!

Sprzedaż magazynów Goodmana: 25 milionów egzemplarzy

+

Sprzedaż tytułów Marvel Comics: 40 milionów egzemplarzy

=

65 milionów egzemplarzy na rok

KAŻDEGO DNIA SCHODZI PONAD 175 000 SZTUK NASZYCH TYTUŁÓW

Independent News – działające teraz pod kierownictwem Kinney i mające chrapkę na nowe źródła zysków – wreszcie zezwoliło Marvelowi na zwiększenie liczby wydawanych tytułów. Po latach spędzonych w kilkustronicowych gettach, ściśnięci wszyscy razem w *Tales of Suspense*, *Strange Tales* i *Tales to Astonish*, superherosi dostali swoje własne komiksy. *Captain America*, *Iron Man*, *Doctor Strange*, *Nick Fury, Agent of S.H.I.E.L.D.*, *The Incredible Hulk* oraz *Prince Namor, The Sub-Mariner* trafili na stoiska z prasą na początku 1968 roku obok *Captain Marvel* oraz nowego tytułu wojennego o niezbyt wymyślnym tytule *Captain Savage and His Leatherneck Raiders*. Ogłoszono też, że niebawem do sklepów powędrują *The Silver Surfer*, *Ka-Zar*, oraz *Dr. Doom.*

Lee zajął się scenariuszami do *Captain America* i *The Silver Surfer*. Roy Thomas i Gary Friedrich wzięli na siebie nieco więcej obowiązków jako zastępcy redaktora naczelnego. Lee nadal przez trzy dni w tygodniu kierował redakcją i miał na wszystko oko, ale coraz częściej wchodził w skórę showmana i emisariusza komiksu. Zaczął pisać utrzymane w konwencji pół żartem, pół serio wstępniaki na stronach redakcyjnych – ukazywały się pod nagłówkiem „Stan's Soapbox". Poza cyklicznym dokopywaniem hipokrytom, Lee przekazywał tam jedynie dobre wieści. „Traktowałem to miejsce jako powierzchnię reklamową i prowadziłem istną kampanię – powiedział po latach. – Chciałem nadać produktowi – którym było nie tylko Marvel Comics, ale i ja sam – wyrazistą osobowość". Lee zaczął nosić tupecik i zapuścił brodę. Pozował w swoim biurze do zdjęć, które zostały potem wydrukowane na błyszczącym papierze i podpisane przez niego słowem „Excelsior!"; sprzedawano je w dziale ogłoszeń drobnych, znajdującym się na końcu komiksów. Reklama brzmiała: „Zbierz fotki całej Zagrody i wypatruj naszych kolejnych zwariowanych ogłoszeń!".

Inne zdjęcia nigdy nie trafiły do obiegu.

Lee rozpoczął pracę nad *The Silver Surfer*. Razem z Kirbym zasiedli już kiedyś do pojedynczej historii z tym bohaterem, która miała zostać wydana jako osobny komiks, ale koniec końców upchnięto ją w *Fantastic Four Annual*. Nie mogli jednak dojść do porozumienia odnośnie do ostatecznego kształtu postaci, więc Lee zastąpił Jacka Kirby'ego – który przecież samodzielnie wymyślił Silver Surfera – Johnem Buscemą i stopniowo oddalał się od pierwotnego zamysłu, wedle którego Surfer miał być chłodnym, pełnym rezerwy przybyszem z odległej galaktyki w typie Spocka. Marząc o bezkresnej przestrzeni kosmicznej, uwięziony na naszej planecie przez Galactusa, Surfer bezskutecznie próbował przebić się przez ziemską atmosferę; był niczym Syzyf wskrzeszony jako upadły anioł. Stał się wędrowcem obdarzonym nieskończonymi pokładami empatii, zderzającym się z ludzkimi słabostkami i z miną zbitego psiaka wygłaszającym podnoszące na duchu homilie. Tak jak X-Men i Spider-Man, nie mógł znaleźć zrozumienia w społeczeństwie, lecz częściej niż oni rozwodził się nad tym ze łzami w oczach. Rysunki Buscemy były imponujące, monumentalne, niektóre kadry zajmowały ćwierć albo i nawet jedną trzecią strony; iście melancholijne tło dla wiecznie przygarbionego w pozie myśliciela Surfera.

Lee nie wiedział, że w oczekiwaniu na start serii z Silver Surferem Kirby opracował zupełnie inną historię narodzin tej postaci i nawet zaczął ją szkicować. Sfrustrowany, odłożył na bok gotowe strony i zastanawiał się nad swoim następnym posunięciem. Jack Schiff, redaktor, który był bezpośrednią przyczyną przedłużającej się absencji Kirby'ego w DC, już tam nie pracował, zaś nowego naczelnego, Carmine'a Infantino, Kirby znał od lat. Zdzwonili się więc i uzgodnili, że może faktycznie spróbują siąść razem nad jakimś projektem. Kirby liczył też na poprawę warunków swojego zatrudnienia w Marvelu, podejrzewając, iż jego ruch zmusi Goodmana do działania.

Tak czy inaczej nie miał zamiaru skończyć jako sześćdziesięciotrzyletni korektor przycupnięty cichutko przy swoim biurku w rogu jednego z biur Marvela, opluwany przez branżę, którą pomagał zbudować, czekając, aż Stan Lee, nie mogąc znieść tego żałosnego widoku, rzuci mu z litości ochłapy zleceń. Jerry Siegel nie rozmawiał o tym, co go spotkało, ale krążyły na ten temat różne plotki przekazywane szeptem za jego plecami, gdy przychodził do biura: „DC nie chce oglądać na oczy faceta, który stworzył Supermana". Kirby nie miał zamiaru czekać, aż spotka go ten sam los.

W czerwcu 1968 roku prawnika Martina Goodmana odwiedził inny prawnik – maksymalnie skupiony, mierzący metr siedemdziesiąt wzrostu, żujący cygaro Martin Ackerman, który reprezentował koncern Perfect Film & Chemical Corporation z siedzibą w Manhasset, Long Island. Ackerman był miniaturową wersją nowych potentatów, których fala zalała świat biznesu w latach sześćdziesiątych, ludzi takich jak Charlie Bluhdorn z Gulf + Western, Harold Geneen z ITT i Steve Ross z Kinney National. Ale nawet mniejszy gracz wzbudzał respekt: Perfect Film rozwijało się nadzwyczaj prężnie i już wtedy skupiało w sobie punkty fotograficzne, apteki i inne mniejsze przedsiębiorstwa. Ackerman specjalizował się w kupnie nieruchomości, które rozkładał na czynniki pierwsze, zostawiał sobie to, co było mu potrzebne, a resztę sprzedawał. „The Gallagher Report" odnotował, że firma miała większościowe udziały w kansaskiej sieci cmentarzy, przez co Ackerman dorobił się przydomka „Marty Grabarz". W kwietniu, kiedy Curtis Publishing borykało się z kłopotami finansowymi, Perfect udzieliło im pożyczki w wysokości pięciu milionów dolarów – oczywiście pod warunkiem, że Ackerman usiądzie na fotelu prezesa. „Dobry wieczór – zwrócił się do pracowników Curtis Publishing podczas pierwszego spotkania. – Nazywam się Marty Ackerman. Mam trzydzieści sześć lat i jestem cholernie bogaty". Jako prezes od razu zdecydował o przekształceniu komórki dystrybucyjnej, Curtis Circulation, i włączeniu jej w szeregi Perfect Film. Nie było lepszego sposobu na zwiększenie obrotów z dystrybucji niż wejście w posiadanie wydawnictwa, którego czasopisma można by rozprowadzać. I w tym miejscu wkracza Goodman's Magazine Management. A skoro w skład puli wchodziły dodatkowo komiksy, tym lepiej.

Martin Goodman bił się z myślami, nie wiedząc, czy powinien sprzedać firmę. „Była to dla mojego ojca naprawdę trudna decyzja – mówił jego syn, Iden. – Na pewno rozpierała go duma, że zbudował coś, co mogło mu przynieść tak duże pieniądze, i wiedział, że dzięki sprzedaży zabezpieczy finansowo kilka pokoleń Goodmanów. Żył dla golfa, pracy i swojej rodziny. Nie było mu łatwo zostawić interes, dzięki któremu wielu ludzi miało na rachunki". Kiedy Goodman wreszcie się namyślił, formalności zostały załatwione błyskawicznie. Chciał otrzymać pieniądze w gotówce. Ackerman wrócił więc z niecałymi piętnastoma milionami dolarów – mniej więcej równowartością rocznego przychodu wydawnictwa – i dorzucił do nich pakiet papierów wartościowych Perfect Film. Goodman, zgodnie z umową, miał pozostać na stanowisku wydawcy, zaś jego młodszy syn, Chip, stanął na czele komitetu redakcyjnego, a w przyszłości miał zastąpić ojca. Ackerman również postawił pewien warunek – musiał mieć pewność, że Stan Lee, twarz Marvel Comics, również pozostanie w firmie. Goodman podpisał więc pięcioletni kontrakt ze swoją redaktorską gwiazdą; w umowie zamieszczono klauzulę dotyczącą ewentualnej podwyżki. Według jednego z prawników Goodmana, Lee był rozczarowany: „Wszyscy pracownicy, łącznie ze Stanem, nie mogli zrozumieć, czemu nie otrzymają procentu od sprzedaży firmy. Martin dość szybko wyprowadził ich z błędu. Osobiście byłem w szoku, przecież to on brał na siebie całe ryzyko związane z wydawnictwem, a nie oni, więc nie mogłem pojąć, czemu domagają się swojej doli". Lee mógł jedynie rozłożyć ręce w geście bezsilności. Bo cóż mógł zrobić? Podpisał umowę w lipcu. Nazajutrz, po kolacji w domu Goodmana, Martin objął kuzyna swojej żony i powiedział: „Stan, dopilnuję, żeby tobie i Joan nigdy niczego nie brakowało".

„Zarobimy fortunę na tym wydawnictwie", przewidywał Ackerman. Kupił firmowy odrzutowiec za półtora miliona dolarów i przeniósł swoje biuro na modną Park Avenue; swój gabinet nazwał „ratuszem" i prowadził interesy, siedząc za wypolerowanym zabytkowym biurkiem. Na ścianie w *foyer* wisiał obraz olejny przedstawiający Ackermana ściskającego w ręce egzemplarz „Wall Street Journal". Za to po drugiej stronie miasta, w zatłoczonych biurach Marvela, gdzie pomazane kartki przyczepiano do pomalowanych żółtą farbą ścian, zatarła się granica pomiędzy kadrą kierowniczą a resztą pracowników. Flo Steinberg odeszła wiosną, kiedy Goodmanowie nie zgodzili się na podniesienie jej pensji. „Oni po prostu nie dawali podwyżek ludziom na określonych stanowiskach, bo uważali, że można ich w każdej chwili zastąpić", mówiła. Za to Jack Kirby zamiast kontraktu lub premii otrzymał w maju oprocentowaną na sześć procent pożyczkę od Magazine Management. Z kolei Roy Thomas przedłużył sobie urlop, żeby móc spędzić trochę więcej czasu z dziewczyną, i gdy wrócił do biura, czekała go reprymenda od Lee; na tym samym spotkaniu dowiedział się też, że został odsunięty od *Doctora Strange'a*, a na jego miejsce zatrudniono Archiego Goodwina.

Beztroski image Marvela ścierał się z brutalną rzeczywistością świata biznesu również na innych płaszczyznach. Po latach bolesnych walk o czytelników z kręgów akademickich – żeby nie powiedzieć intelektualistów – Lee zaczął z niepokojem zauważać poszerzającą się pomiędzy redakcją a fanami przepaść pokoleniową i nie była w stanie jej zamaskować ani jego modna broda, ani nowe baczki Brodsky'ego. Telefony od otumanionych narkotykami miłośników *Doctora Strange'a* okazały się jedynie przedsmakiem dziwacznych wizyt – któregoś dnia pod numer 635 przy Madison Avenue zawitało dwóch członków Kościoła Procesu Sądu Ostatecznego. Lee, jak zawsze zresztą, był bardzo gościnny, choć najpewniej czuł dyskomfort, kiedy usłyszał, że jego goście tak samo chwalą Jezusa Chrystusa, jak i Szatana – w każdym razie dobrze się krył z tym, co myślał. „Był, tak jak się spodziewaliśmy, nieco zaskoczony naszym ubiorem – wspominał Timothy Wylie z Kościoła Procesu – i jeśli dobrze pamiętam, słuchał uważnie tego, co mieliśmy do powiedzenia na temat pojednania przeciwieństw. Wydał się nam inteligentny i zabawny, zgodził się nawet, żebyśmy wykorzystali materiały Marvela w jednym z naszych magazynów, w którym publikowaliśmy komiksowe pastisze".

Do redakcji stale napływały listy, w których czytelnicy tak samo często wyrażali poparcie, jak i potępiali wojnę w Wietnamie. Rozsądnym rozwiązaniem byłoby zachowanie neutralności, ale unikanie tematów społecznych nie spotykało się z aprobatą. Stan Lee był umiarkowanym liberałem i, w pewnym sensie, pozostawał wierny swoim poglądom. Z uśmiechem na ustach mówił o tolerancji, ale nie miał zamiaru opowiadać się po mniej popularnej ze stron. „Nie sądzę, żebyśmy wysłali go do Wietnamu – powiedział Lee w wywiadzie radiowym, zapytany o dalsze losy Kapitana Ameryki. – Traktujemy te postaci z przymrużeniem oka, często śmiejemy się razem z nimi, bawią nas. Nie jestem pewien, ale wydaje mi się, że mieszanie Kapitana Ameryki i Wietnamu byłoby po prostu niewłaściwe… musielibyśmy zmienić nasze podejście i zacząć traktować go bardziej serio, a na to nie jesteśmy jeszcze gotowi"*. Kiedy próbne wydruki pierwszego numeru *Not Brand Echh* trafiły na jego biurko, zauważył, że jedna z postaci nosi proprezydencką przypinkę z grzybem atomowym i napisem „Trzymamy z LBJ!". Lee wrzasnął, żeby Thomas natychmiast przyszedł do jego

* Pytanie o Kapitana Amerykę i Wietnam zostało zadane Kirby'emu 3 marca 1967 roku podczas łączonego wywiadu z Mikiem Hodelem transmitowanego przez nowojorską stację WBAI. „To działka Stana Lee i to on powinien odpowiedzieć – wymigał się Kirby. – Redaktor zawsze ma ostatnie słowo w tych sprawach".

biura, pokazał palcem na rysunek i oskarżył go o próbę przemycenia hasła propagandowego. Thomas twierdził jednak, że przypinka była już na stronach, które Lee oglądał wcześniej; ten upierał się jednak, że nie ma takiej możliwości. „Skoro oskarżasz mnie o kłamstwo – ryknął Thomas – odchodzę!" I wybiegł z gabinetu.

Lee przywołał go do siebie raz jeszcze, zamknął drzwi i zaczął go przepraszać, wyjaśniając, że niezbyt pochlebny obraz wojny, jaki dominował w komiksach Timely w latach pięćdziesiątych – choć przecież wcale nie radykalny – przyczynił się do zakazu nałożonego na ich komiksy w bazach wojskowych, które były wówczas źródłem pewnego zysku dla firmy. Lee mówił o tym, co zdarzyło się przed dekadą, o Fredericu Werthamie i przesłuchaniach przed komisją, a także o zwolnieniach z 1957 roku, którymi musiał się zająć. Te okropne, chude lata zlały się w pamięci Stana Lee w jedno i nie chciał, żeby kiedykolwiek powróciły. Przez lata tworzył historie na tyle dwuznaczne, że z politycznymi podtekstami w komiksach Marvela identyfikowała się zarówno prawica, jak i lewica – Lee był mistrzem na płaszczyźnie porozumienia. We wstępniaku opublikowanym w konserwatywnym czasopiśmie „New Guard" wydawanym przez Młodych Amerykanów dla Wolności, chwalono postawę Marvela: „Na uwagę zasługuje fakt, że nasi herosi to w dużej mierze kapitaliści, na przykład producenci broni (mowa o Tonym Starku, czyli Iron Manie), zaś złoczyńcy to najczęściej komuniści (i nazywa się ich wprost, bez żadnego mydlenia oczu)". Roy Thomas odpowiedział „New Guard" w stylu godnym swojego mentora, bezstronnie, chwaląc artykuł, ale jednocześnie zaznaczając, że komunistyczny wróg należy do przeszłości: „Ostatnimi czasy woleliśmy polegać na nieco bardziej subtelnych i symbolicznych metodach przekazywania »głębszych treści« w naszych publikacjach, czyli pozwalamy naszym czytelnikom wyciągać własne wnioski"*.

Rok 1968 zmienił wszystko diametralnie. Na przestrzeni sześciu miesięcy doszło do załamania Ofensywy Tet, zabójstw Roberta Kennedy'ego i Martina Luthera Kinga, a przez kraj przetoczyła się fala protestów

* Autor artykułu w „New Guard", dwudziestodwuletni David Nolan, będzie jednym z założycieli Partii Libertariańskiej.

i demonstracji, na które modne komiksy Marvela musiały zareagować. Mętne judeochrześcijańskie wywody i humanitarne kazania Silver Surfera nie przynosiły pożądanego efektu. Po rozbuchanej jeszcze bardziej niż zwykle kampanii promocyjnej i imponującym, świetnie sprzedającym się pierwszym numerze o podwójnej objętości i takiej też cenie – nawet „New York Times" wspomniał o premierze – popyt stopniowo malał. Lee przechodził kryzys wiary, nie wiedział za bardzo, co dalej robić*.

Parę tygodni po tym, jak protestujący studenci Uniwersytetu Columbia wdarli się do Hamilton Hall, Lee wystąpił w *The Dick Cavett Show* i zaczął mówić o hipisach, którzy pojawili się w najnowszym numerze *Thora*: „Zamieściliśmy w komiksie scenę, w której nasz heros spotyka na ulicy hipisów. Sekwencja ta powstała parę miesięcy temu, kiedy długowłose bandy wydawały nam się poważnym problemem. Thor wygłaszał krótki wykład, oczywiście w swoim staroświeckim stylu, w którym mówił, że lepiej jest przynależeć niż trzymać się z boku, a jeśli pojawia się problem, to nie wolno go ignorować, powinno się stawić mu czoła. I gdy pisaliśmy tę stronę, wydawało nam się, że to fajne kazanie. Na szczęście dzisiaj nie jest ono potrzebne. Młodzież angażuje się w bardzo wiele działań społecznych, co jest bardzo zdrowym zachowaniem. Nie istnieje już kłopot z potrzebą aktywizacji młodzieży, z jej biernością".

Podczas sesji Q&A na jednym z konwentów zarzucono Lee, że Marvel unika podejmowania ważnych kwestii społecznych. „Uważamy – odpowiedział – że strony komiksu niekoniecznie są najlepszym miejscem, żeby roztrząsać niektóre sprawy, mogłoby to być nieco… niezgrabne. Oczywiście dopuszczam możliwość, że możemy się mylić i faktycznie powinniśmy zająć wyraźne stanowisko. Niewykluczone, że tak właśnie zrobimy".

* Panika Lee okazała się zaraźliwa. John Buscema zdecydował się porzucić styl Kirby'ego w *Silver Surfer #4* i aż napuchł z dumy, gdy przyniósł swoje rysunki do redakcji. „Ludzie zaczęli mi gratulować, ale Stan po prostu podarł moje prace! Spojrzał na pierwszą stronę, powiedział, że jest niezła, a potem zaczął drzeć co drugą kartkę na kawałeczki. »Nie, tak nie może być… ta jest niedobra…«. Wyszedłem z tego cholernego biura, nie wiedząc nawet, gdzie góra, a gdzie dół". Buscema poczłapał zrezygnowany do biura Johna Romity i zapytał: „John, jak ty, do cholery, robisz swoje komiksy?".

Niedługo potem w komiksach Marvela zaczęły się pojawiać bezpośrednie odniesienia do bieżących wydarzeń, choć sam odautorski komentarz wciąż był dość mętny. Nadal nie znaleziono więc złotego środka. „Kryzys w kampusie!", krzyczała okładka *The Amazing Spider-Man #68*. A w środku komiksu Peter Parker, student Empire State University, siłował się, niemal schizofrenicznie, z ideą obywatelskiego nieposłuszeństwa. Tak jak w Columbii, na uczelni Parkera również wybuchł konflikt dotyczący korzystania z nieruchomości należących do uniwersytetu. Z początku Peter ostrożnie opowiada się po stronie protestujących, zasłyszawszy rozmowy w kuluarach: „Szykują się chyba jakieś kłopoty! Josh mówi w imieniu wielu podenerwowanych studentów... I mają wszelkie prawo, żeby się wściekać... Żałuję, że nie mam czasu się w to zaangażować!". Parę stron później wygraża swoim kolegom, zupełnie jak za czasów Steve'a Ditko: „Każdy może namalować sobie transparent! Nie sprawia on jednak, że racja jest po waszej stronie!". Następnie, w wyniku dziwacznego zbiegu wydarzeń, Kingpin, wróg Spider-Mana, niszczy uniwersyteckie zabudowania i wrabia w to studentów, którzy na ostatnich stronach komiksu zostają zapuszkowani. „Będą mieli czas, żeby ochłonąć!", mówi Spider-Man, bujając się na pajęczynie. Rozdźwięk pomiędzy ponurą kreską Romity i nieposkromionym optymizmem iskrzącym z dialogów Lee sugerował, iż Marvel nadal nie mógł się zdecydować, jaką postawę przyjąć, a spomiędzy stron biło niezdecydowanie, wyrażające się i w scenariuszu, i w rysunkach. Lee pracował nad kolejnymi scenariuszami, a brutalne zajścia podczas Narodowej Konwencji Partii Demokratycznej w Chicago zmieniły nastroje w kraju. Ciągnąca się przez trzy zeszyty opowieść kończyła się pojednawczą scenką, w której skruszeni protestujący dowiadują się, że dziekan ESU przez cały ten czas walczył w ich imieniu z władzami uczelni. Sam zainteresowany mówił: „Studenci mają być widziani, a nie słyszani".

Żeby udowodnić szczere intencje, najprościej było po prostu wprowadzić do komiksu czarnoskórych bohaterów, najlepiej jako pozbawionych supermocy cywilów. Trzeba jednak oddać Marvelowi sprawiedliwość, bowiem nie była to dla wydawnictwa żadna nowość – już w 1963 roku Lee i Kirby dołączyli do drużyny Wyjących Komandosów sierżanta Fury'ego czarnoskórego żołnierza Gabe'a Jonesa i protestowali, gdy drukarnia nalegała, żeby jednak pomalować go na biało. Dwa miesiące po debiucie Black Panthera w 1966 roku w *The Avengers* zaczął się pojawiać naukowiec Bill Foster, zaś rok później do redakcji „Daily Bugle" w *The Amazing Spider-Man* dołączył Joe Robertson – obaj czarnoskórzy. Sam Black Panther (pseudonim ten przywoływał wiele skojarzeń, których Lee i Kirby nie byli w stanie przewidzieć) wiele zyskał w oczach czytelników, gdy przyłączył się do Avengers na początku 1968 roku. Czarnoskóra część Uniwersum Marvela zaczęła się rozrastać, choć starania Stana Lee dotyczące kreacji postaci były nieco niezdarne – sprzątacz Hobie Brown, który zszedł na drogę zła, weteran z Wietnamu i przeciwnik rozwiązań siłowych Billy Carver oraz umęczony życiem fizyk Al B. Harper razem wzięci stanowili doskonałe świadectwo bezsilności białego liberała wobec tematu mniejszości etnicznej. Nie było jednak wątpliwości, że Stan Lee faktycznie chciał zmienić oblicze swoich komiksów, a nie żerował na panującej wówczas modzie.

Oczywiście Lee nadal droczył się z czytelnikami. Kiedy w „East Village Other" ukazał się artykuł, w którym jego autor jęczał nad brakiem czarnoskórych bohaterów zarówno w komiksach DC, jak i Marvela, Lee kazał swojemu zastępcy zareagować i napisać do redakcji list, w którym bronił się przed niesprawiedliwą oceną, zasłaniając się szczątkowymi przykładami i wykrętami, ewidentnie grając na czas:

Nazwaliście Panthera modelowym Murzynem. Kiedy zauważyliśmy w naszych komiksach brak czarnoskórych bohaterów i zdecydowaliśmy się na wprowadzenie jednego, nie uważacie, że byłoby głupotą, gdybyśmy z dnia na dzień wrzucili do naszych komiksów kilkanaście postaci o takim kolorze skóry, żeby błąkały się na każdej stronie? Mamy przecież i T'Challę (Panther), Joego Robertsona z synem, Willego Lincolna, Sama Wilsona (Falcon), Gabe'a Jonesa, doktora Noaha Blacka (Centurius), a nawet superzłoczyńcę: Man-Ape'a. W skrócie – sądzimy, że to dobry początek.

Marvel stąpał po cienkim lodzie: Willie Lincoln był oślepionym weteranem z Wietnamu, zaś Centurius to czarny charakter, który przemienił się w „protoplazmatyczny szlam", próbując uczynić z siebie „nadczłowieka". Na Man-Ape'a najlepiej rzucić zasłonę milczenia. Na łamach komiksów Marvela pojawiła się także postać o pseudonimie Falcon. Lee spotkał się z Gene'em Colanem, który zaprojektował Falcona na wzór gwiazdy futbolu szkolnego, O.J. Simpsona, i szybko upchnął go na łamach *Captain America*. Trzy miesiące po publikacji wspomnianego artykułu przez „Other", pierwszy afroamerykański superbohater zadebiutował w jednym z wiodących tytułów komiksowych na rynku. Falcon zajmował się gołębnikiem stojącym na jednym z dachów w Harlemie; nie miał ani pracy, ani nadludzkich mocy. Trudno nazwać wprowadzenie tej postaci rewolucją – „taki Sidney Poitier w wymyślnym przyodziewku", jak powiedział jeden z czytelników z kręgu akademickiego – lecz zawsze to jakiś początek.

Innym sposobem na zachowanie wiarygodności było zatrudnienie popularnych w fandomie rysowników. Neal Adams usłyszał od Jima Steranko, że Marvel daje swoim współpracownikom wolną rękę, i umówił się na spotkanie ze Stanem Lee. „Możesz wybrać sobie jakikolwiek tytuł", usłyszał od niego praktycznie te same słowa, co dwa lata wcześniej Jim Steranko. Adams wybrał *X-Men*, domyślając się, że dadzą mu święty spokój i pozwolą zrobić z najgorzej sprzedającym się komiksem wydawnictwa to, co mu się żywnie podoba. Powiedziano mu, że pewnie, niech działa, ale musi skonsultować swoje plany ze scenarzystą serii, Royem Thomasem.

Lee próbował nadążyć za społecznymi i estetycznymi trendami końca lat sześćdziesiątych, zaś Thomas wytrwale podążał za wytycznymi swojego szefa, naśladując wypracowane przez niego wzorce, ale też i rozwijając je wedle uznania, wykorzystując pomysły, które akurat przyszły mu do głowy. Miał dwadzieścia parę lat i choć podzielał miłość Lee do klasycznych scenariuszy, dobrze się orientował w kulturowych przemianach i wiedział, czym interesuje się młodsze pokolenie; w swoje historie wplatał nawiązania zarówno do Ajschylosa, jak i Wonder Wart-Hoga. Zamiast tworzyć nowe postaci, Thomas pracował nad tymi, którymi dysponował, dopisując im biograficzne tło i nadając głębi. Kiedy zajmował się *The Avengers*, Lee poprosił go o wprowadzenie nowego członka drużyny. Thomas chciał wykorzystać postać jeszcze z czasów Timely – Visiona, który nie pojawiał się w komiksach od lat czterdziestych, kiedy rysował go Kirby. Lee uparł się, żeby nowy bohater był androidem, więc Thomas zaniósł Johnowi Buscemie stare rysunki i przekazał mu wskazówki odnośnie do wyglądu kostiumu, a także wytłumaczył, że Vision jest robotem. Co więcej, nowy Vision miał mieć wbudowane obwody, w których zachowane zostały „wzorce mózgowe" wymyślonego niegdyś przez Lee i Kirby'ego Wonder Mana, uśmierconego w *Avengers #9*. I w ten sposób Thomasowi udało się efektywnie wykorzystać dwie nieużywane postaci – złożone razem składały się na „nowego" członka Avengers.

Częściowo odpowiedzialne za ten artystyczny recykling było sentymentalne przywiązanie Thomasa do bohaterów, których pamiętał z dzieciństwa, a częściowo przezorność, gdyż wiedział, w jaki sposób działa branża, szczególnie po tym jak potraktowano Siegela i Schustera (a także Simona, Burgosa i Ditko). Zdawał sobie sprawę, że każda nowa postać, która wyjdzie spod jego ręki, będzie należeć do Marvela. „Pomyślałem sobie, jak bym się czuł, jeśli któregoś dnia zrobiliby film albo serial z jednym z moich bohaterów, i jak bardzo bym się wkurzał, że nie dostanę za to ani grosza". Thomas wolał więc pracować z bohaterami wymyślonymi przez Lee, lecz postanowił podejść do tematu poważniej. Na przykład członków Avengers uwikłał w dojrzałe związki, co przyniosło momentami dziwaczne efekty: Henry Pym, który nosił już kostium Ant-Mana i Giant-Mana, po tym jak w wyniku wypadku w laboratorium jego umysłem zawładnęło id, przyjął pseudonim Yellowjacket; ta podświadoma transformacja sprawiła, że mógł wreszcie porzucić wypełnione pracą dni i noce oraz ożenić się z Wasp, co wisiało w powietrzu już wystarczająco długo. Być może Thomas zamieścił w tej historii własne dylematy – skończył ją pisać podczas swojego miesiąca miodowego.

The X-Men, które wyszły spod rąk Adamsa i Thomasa, były nie tylko wymuskane, ale i poważne, podszyte mrokiem, co stało w wyraźnej opozycji do wielkich filozoficznych pytań, które zadawali Lee z Kirbym. Pojawiły się spięcia pomiędzy Cyclopsem i Marvel Girl, a także zawiązał się miłosny trójkąt, w którego skład wchodzili Havok, brat Cyclopsa, piękna zielonowłosa Polaris oraz Iceman. Praktycznie każda postać narysowana przez Adamsa wyglądała, jakby miała się rozpłakać albo dostać szału; dialogi Thomasa podkręcały atmosferę, dorośli ludzie pouczali się i wrzeszczeli na siebie.

Niekonwencjonalny układ stron i dynamiczne sekwencje walk autorstwa Adamsa – często rozciągające się na całe strony – sprawiały, że *X-Men* daleko było do ponurego melodramatu; nawet długie sceny dialogowe odpowiednio przyprawiono eleganckimi kontrastami stylistycznymi oraz pokazano w niestandardowych ujęciach. Lee wyraził wątpliwości, że czytelnicy nie będą w stanie połapać się, o co chodzi w tych rozpasanych eksperymentach, lecz Thomas zapewnił go, iż gotowy komiks będzie całkowicie klarowny i czytelny. Kiedy jednak Martin Goodman – który nadal akceptował wszystkie okładki – zobaczył rysunek Adamsa ozdabiający pierwszy narysowany przez niego numer, na którym pokonani bohaterowie przywiązani byli do loga X-Men, zażądał zmiany. Adams zorientował się, że jego wolność ma swoje granice.

Jednym z pierwszych, którzy mieli okazję widzieć reakcje czytelników na duet Adams/Thomas, był student politologii na Bard College imieniem Chris Claremont, który akurat odbywał staż w wydawnictwie. „Już pracowałem dla Marvela, gdy Neal i Roy zaczęli wspólnie robić *X-Men*. Sam miałem o ich komiksie bardzo dobre zdanie, był świetny, ale do redakcji przychodziło mnóstwo listów od rozwścieczonych fanów Dona Hecka". Na pochwały też przyszedł czas, ale i tak, podobnie jak *Nick Fury*, *X-Men* nie doczekali się uznania szerokiego grona czytelników, pozostając sensacją wyłącznie w stosunkowo wąskim kręgu jako pozycja kultowa. Serię wycofano ze sprzedaży i ledwie po roku Adams wrócił do DC.

Kiedy wygasła umowa pomiędzy Marvelem a Independent News, dystrybucją zajęła się należąca do Perfect Film & Chemical firma Curtis Circulation, która dała wydawnictwu całkowitą wolność – po raz pierwszy od 1958 roku Marvel mógł publikować dowolną liczbę tytułów. Problemem okazała się, o ironio, ograniczona chłonność rynku, który nie był przygotowany na gwałtowną ekspansję.

Martin Goodman, po rzucie okiem na utrzymujące się cały czas na tym samym pułapie wyniki sprzedaży komiksów, zaczął przebąkiwać o cięciu wydatków. Nie chciał tracić miejsca na stojakach z prasą, ale z drugiej strony nowe komiksy dały mu po kieszeni. Skasował więc *Doctora Strange'a* i nakazał przygotować przedruki starych westernów, jak *Ringo Kid*, i komiksów dla dzieci: *Happy Ghost* oraz *Peter the Little Pest*. Stan Lee zaczął przygotowywać redakcję na nadchodzącą falę zwolnień, zastanawiając się na głos w obecności Roya Thomasa, czy powinien wyrzucić swoich najlepszych rysowników – wśród nich Buscemę, który otrzymywał drugie co do wielkości wynagrodzenie w wydawnictwie (po Kirbym), oraz Johna Severina – argumentując swój tok myślenia tym, że oni na pewno spadną na cztery łapy. Jim Steranko powiedział, że nie może robić westernów, bo jego stawka za stronę jest zbyt wysoka, żeby było to opłacalne dla firmy. I choć Goodman powstrzymał się od cięcia wynagrodzeń, obniżył liczbę stron w każdym komiksie z dwudziestu do dziewiętnastu – niby niedużo, ale jednak była to znaczna różnica dla freelancera liczącego na stałą wypłatę.

Goodman zaczął wydawać polecenia. Koniec z rakietami, miotaczami promieni i robotami – klasycznymi motywami science fiction. Historie miały zamykać się w jednym zeszycie, gdyż czytelnicy zaczęli się gubić w rozciągających się na wiele numerów fabułach. „Tracimy każdego dzieciaka, który nie chwyta, o co w tym wszystkim chodzi – narzekał Goodman. – Czasem sam nie rozumiem tego, co czytam". Żadnych kosmicznych sag, żadnych wolt w finale. Przez ostatni rok czy dwa Lee pouczał swoich scenarzystów, że ich komiksy mają nieść ze sobą jedynie „ułudę zmiany" – postaci nie powinny zbyt szybko ewoluować, zaś absolutnie nic nie może stać w opozycji do tego, co zaplanowali dla nich posiadacze licencji na wykorzystanie bohaterów Marvela w innych mediach. Teraz, gdy Goodman zakazał wielowątkowych fabuł, ta iluzja stała się jeszcze trudniejsza do utrzymania; ostatnia strona każdego komiksu była jednocześnie zwieńczeniem całej „przygody" i powrotem do *status quo*. Co miesiąc całe uniwersum wracało do punktu wyjścia.

Podczas gdy Goodman powstrzymywał kreatywne zapędy swojej ekipy, Thomas nie przestał bawić się w przerabianie starych bohaterów. Z młodzieńczym zapałem i radością prezentował kolejne wariacje, a jego dorobek przemienił się dość prędko w zbiór metatekstualnych komentarzy na temat praw autorskich i własności. U starego Kapitana Marvela autorstwa Fawcetta podpatrzył sztuczkę przemiany zwyczajnego nastolatka w superherosa (Billy Batson krzyczał w tym celu: „Shazam!") i wykorzystał ją w swoim własnym komiksie o Kapitanie Marvelu (tym razem stary towarzysz Hulka, Rick Jones, żeby aktywować transformację, uderzał metalową bransoletą o bransoletę). Tego samego miesiąca w *The Avengers* przedstawił swoje własne wersje Supermana, Batmana, Green Lanterna i Flasha jako The Squadron Sinister (odpowiednio: Hyperion, Nigthawk, Doctor Spectrum i Whizzer). Czymże była własność intelektualna w obliczu starej, dobrej rozrywki?

Strategią Marvel Comics rządziły prawa rynku. Kreskówki ze Spider-Manem i Fantastyczną Czwórką, wyemitowane już w momencie, kiedy szaleństwo na punkcie *Batmana* miało się ku końcowi, cieszyły się umiarkowaną popularnością*. Chip Goodman, usiłując wycisnąć ile się da z aktywów firmy, zdezaktywował Merry Marvel Marching Society, fanklub, w którym udzielali się zagorzali czytelnicy, i sprzedał licencję na produkcję gadżetów firmowanych logiem Marvela za dziesięć tysięcy dolarów Donowi Wallace'owi, kalifornijskiemu biznesmenowi zajmującemu się handlem wysyłkowym. Wallace nazwał swoją firmę Marvelmania i choć reklamował się na ostatniej stronie okładki komiksów wydawnictwa, formalnie nie miał z nim nic wspólnego. Z urzędu pocztowego w Culver City masowo wyjeżdżały plakaty, przypinki, papeteria, naklejki i papierowe teczki; na większości z nich widniały grafiki Jacka Kirby'ego. Nie dostawał za nie pieniędzy.

* „To, co według nas czyniło Marvel Marvelem, dla nich stało się przeszkodą. Ponoć nasze historie nie nadawały się dla młodych, niedojrzałych widzów – powiedział Lee w 1968 roku. – Wycofaliśmy się i powiedziałem im: »To wasz program, więc róbcie go po swojemu«. Zaczęli pisać własne scenariusze, a ja przestałem oglądać".

Ten nadal pozostawał jednak fair wobec swojej drużyny. Kiedy Jim Steranko, chcąc pobudzić ciekawość czytelników, na końcu jednego z komiksów „uśmiercił" Kapitana Amerykę, a potem nie oddał rysunków do następnego numeru w terminie, spanikowany Stan Lee zadzwonił do Kirby'ego. Potrzebował ukończonego zeszytu zaraz po weekendzie. „Mam go ożywić?", zapytał Kirby. „Nie, zostaw jak jest!", odparł Lee. Kirby posłuchał i w poniedziałek na biurko Lee trafił *Captain America #112*, w którym zabrakło tytułowego bohatera.

Na początku 1969 roku Kirby przeniósł się z rodziną – i oczywiście ze swoją rysownicą – do Irvine w Kalifornii. Jego najmłodsza córka chorowała na astmę i do przeprowadzki zachęcił ich cieplejszy klimat. Kirby cieszył się także z odległości, która dzieliła go od pracodawcy. Odkąd Perfect Film przejął Marvela, nic się nie zmieniło – jego finansowe żądania nadal ignorowano. Starał się więc znaleźć jakieś alternatywne źródła dochodu. Gdy udawało mu się narysować prawdziwie imponującą ilustrację, kazał Roz przeznaczać ją na sprzedaż, a potem szkicował zastępczą stronę dla Marvela. Zaczął też pracować nad grafikami dla Marvelmanii, która i tak już wykorzystywała jego rysunki dostarczone przez Marvel. Według Marka Evaniera, który pracował jako asystent w Marvelmanii, Wallace płacił rysunkami Kirby'ego ludziom zatrudnionym do pomocy przy pracach biurowych. Evanier odzyskał tyle ilustracji, ile się dało, i zwrócił je autorowi.

Tymczasem Kirby zwlekał z rozpoczęciem pracy nad komiksem z Inhumans. Już przed dwoma laty zaczął rysować ich solowe przygody, ale zawsze kończyło się na tym, że redukowano je do dziesięciu stronic i pakowano pomiędzy historie z Thorem; teraz znowu powróciły dyskusje o wprowadzeniu nowego tytułu. Stan Lee zapowiadał *Inhumans* w paru kolejnych edycjach „Bullpen Bulletin", a potem tłumaczył się gęsto, że trzeba jeszcze chwilkę poczekać. Goodman wciąż zwlekał z zielonym światłem, zaś stosik rysunków na biurku Kirby'ego rósł. Od miesięcy pracował nad nowymi wersjami Kapitana Ameryki, Thora i pozostałych mieszkańców Asgardu, oraz nad zupełnie nowymi bohaterami. Pojawili się także nowi Silver Surferzy, z którymi nie miał zamiaru się rozstawać zbyt łatwo. Gdy Carmine Infantino przyjechał spotkać się z nim w kwietniu, Jack i Roz zaprosili go na kolację paschalną. Po jedzeniu Jack pokazał mu swoje rysunki i mimochodem wspomniał, że chętnie przyjdzie z nimi do DC w zamian za trzyletni kontrakt. Infantino nie miał nic przeciwko takiemu rozwiązaniu.

Trudniej było przekonać resztę DC. Choć minęło już dziesięć lat od fiaska, jakim okazali się *Sky Masters*, koledzy Jacka Schiffa nadal żywili urazę. Infantino musiał ich przekonać.

Kirby nie spoczął na laurach i nadal dopieszczał swoje nowe postaci, gotów włożyć w nie jeszcze więcej wysiłku niż w bohaterów stworzonych razem ze Stanem Lee. Swoją wizją odnośnie do przyszłości komiksów podzielił się z uczestnikami jednego z konwentów: „Jeśli myślicie o komiksach jak o komiksach, jesteście w błędzie. Powinniście myśleć o nich w kontekście narkotyków, w kontekście wojen, w kontekście dziennikarstwa, w kontekście wyników sprzedaży i w kontekście interesów. A skoro macie swoje zdanie na temat narkotyków i macie swoje zdanie na temat wojen albo orientujecie się w zakresie ekonomii, możecie wyrazić to o wiele lepiej komiksem niż prostym słowem. Nikt jednak tego nie robi. Komiks bliski jest dziennikarstwu, a zamknięto go w getcie opery mydlanej".

W Nowym Jorku Stan Lee również nie próżnował. „Nie rozumiem ludzi, którzy czytają komiksy! Sam bym tego nie robił, nawet gdybym miał na to czas i nie pracował w branży", usłyszał od niego któregoś wieczoru przy kolacji i koktajlu francuski reżyser Alain Resnais. Stan narzekał, że lwią część jego pensji pożerają podatki, a jeszcze bardziej dobija go fakt, iż nie posiada praw do swoich pomysłów: „Nic z tego, co napisałem, nie należy do mnie". Pięcioletni kontrakt, który podpisał zeszłego lata, można było łatwo zerwać, a skoro z firmy odszedł już Goodman, nie trzymała go tam dłużej lojalność względem rodziny.

„Po raz pierwszy w życiu, będąc w tym wieku, w jakim jestem, zaczynam myśleć o innych rzeczach – zwierzył się. – Chciałbym napisać sztukę albo scenariusz filmowy, znam przecież paru producentów. Myślałem nawet o poezji w stylu Roda McKuena i jemu podobnych, o wierszach filozoficznych, a jednocześnie nasączonych delikatną satyrą. Staram się zresztą robić to samo w komiksach takich jak *Silver Surfer* albo *Spider-Man*. Jestem dość znany, więc może sprzedałbym parę tomików. Problem polega na tym, że póki jestem w Marvelu, nie mam czasu na ich pisanie, a jeśli odejdę, przestanę zarabiać i nie będę miał z czego żyć! Muszę coś wykombinować".

Resnais zapytał, co w takim razie stanie się z rysownikami. Co z Jackiem Kirbym i Johnem Buscemą?

„Myślałem i o tym – przyznał Lee. – To są tak utalentowani ludzie, że jeśli udałoby się przyklepać jakiś projekt filmowy, zabrałbym ich ze sobą. Jack jest znakomitym scenografem, no i obaj są doskonali, jeśli chodzi o storyboardy". Lee pokazał Resnaisowi zawartość niedawno otrzymanej paczki z projektami Kirby'ego, narysowanymi na potrzeby sztuki *Juliusz Cezar*, którą miał wystawić Uniwersytet Kalifornijski w Santa Cruz. Kirby z Buscemą i tak wyszliby na swoje, nawet jeśli zdecydowaliby się zostać w branży, powiedział Lee. „Chciałbym jednak ich ze sobą zabrać".

Marty Ackerman – wojujący z sądami i niecierpliwymi wierzycielami – zrezygnował z funkcji prezesa Curtis. „Odchodzę – powiedział w rozmowie z »The New York Times«. – Na co mi te nerwy?". Gotów raz na zawsze porzucić obowiązki związane z kierowaniem jakąkolwiek firmą, wycofał się też z Perfect Film & Chemical – jednak zanim usunął się w cień jako konsultant, zabezpieczył dla siebie opiewający na siedemset pięćdziesiąt tysięcy dolarów kontrakt. Następnie zajął się pisaniem książki na temat niewłaściwego potraktowania go przez Curtis.

Zarząd Perfect Film na następcę Ackermana powołał trzydziestoośmioletniego Sheldona Feinberga, byłego dyrektora finansowego firmy Revlon. Feinberg, tak jak Ackerman, był aroganckim amatorem cygar. Dorastał w biedzie, ukończył wieczorowe studia prawnicze i od Charlesa Revsona, założyciela Revlonu, nauczył się, jak należy prowadzić interesy: żelazną ręką i bez wyrzutów sumienia. Postawiono mu za cel spłacenie długów Perfect Film i pierwszą rzeczą, jaką zrobił, było pozbycie się odrzutowca Ackermana, zbędnych aut wchodzących w skład floty oraz tej części personelu, która zajmowała się obsługą „ratusza". Nie mogąc pozwolić sobie na zatrudnienie doświadczonej kadry kierowniczej, Feinberg otoczył się wianuszkiem młodych, ambitnych doradców i stworzył w biurze atmosferę osaczenia. „Przy Shellym można się było odezwać jedynie wtedy, gdy cię o to poprosił – powiedział jeden z jego byłych pracowników. – Któregoś dnia, podczas mojego pierwszego tygodnia w firmie, zadzwonił i zapytał, czy mogę do niego podejść. Mój gabinet sąsiadował z jego ogromnym biurem, więc powiedziałem, że będę u niego za pięć minut, tylko coś skończę. Po trzydziestu sekundach pojawił się u mnie mój bezpośredni przełożony, dyrektor marketingu, i powiedział: »Czy cię pogięło? Nie mów mu nawet, że będziesz za sekundę. Masz przed nim stać, zanim jeszcze odłoży słuchawkę«". Inny wieloletni współpracownik Feinberga opisał go w taki sposób: „Wyznawał zasadę »nastawić dyrektorów przeciwko sobie, niech piorą się po pyskach, a wszystko się jakoś ułoży. Nie wolno też zapomnieć o poniżaniu swoich podwładnych«. Był z niego kawał drania".

Feinbergowi nie podobało się to, co odziedziczył. Mamrotał pod nosem, że to „bałaganiarskie przedsiębiorstwo", a nie firma, którą spodziewał się zastać. Kiedy „The New York Times" zapytał go, czy wiedział, w co się pakuje, biorąc tę robotę, Feinberg odmówił odpowiedzi. Zaczął wysprzedawać Perfect Film po kawałku, co nie pozostało bez echa w Marvelu. „Magazyny powoli wymierały i myśleliśmy, że komiksy będą następne. Zamartwialiśmy się wiecznie takimi rzeczami – komentował John Romita. – Zamknęli »Saturday Evening Post«, prawda? Sytuacja była paskudna, w firmie nie został nikt z wyczuciem dobrego smaku".

Kirby spróbował zawalczyć o swoją umowę w takiej właśnie napiętej atmosferze. Nie dostał od Marvelmanii ani grosza, praca ze Stanem Lee była coraz bardziej frustrująca, a na domiar złego zarówno Goodman, jak i Ackerman, zawzięcie go ignorowali – nawet gdy stanął po stronie Marvela w dyspucie z Joem Simonem na temat praw do Kapitana Ameryki. Kiedy 20 listopada podpisano wreszcie ugodę z Simonem, Kirby oczekiwał, że Marvel zapłaci mu podobną sumę (według jednego ze źródeł było to jedynie siedem i pół tysiąca dolarów), tak jak się umawiali. W grudniu 1969 roku poleciał wraz z prawnikiem do Nowego Jorku na spotkanie z Perfect Film. Kim jednak był Jack Kirby dla Sheldona Feinberga i jego młodych kierowników? Stan Lee, o nim słyszeli, a jakże. Ale skoro ten cały Kirby chciał umowę, to mu ją dadzą.

Kirby nareszcie dostał zielone światło i mógł ruszyć z serią z Inhumans; Lee nie miał czasu na pisanie dialogów, więc Kirby prócz rysowania zajmował się także wymyślaniem scenariuszy. Otrzymał również zlecenie na nowy cykl ze starym bohaterem, jeszcze z pulpowych czasów Timely – Ka-Zarem. Był jednak w tym wszystkim pewien haczyk: sprzedaż komiksów spadała, więc Goodman uznał, że nie jest to najlepszy czas na rozbudowywanie oferty – w końcu dopiero co skasował słabo radzących sobie *X-Men*, a wcześniej z półek zniknęli *Doctor Strange* i *Captain Marvel* – i ostrożności nigdy za wiele, wolał więc najpierw przetestować rynek, tak jak robiło się to na początku lat sześćdziesiątych. Skompresowane do dziesięciu stron przygody *Inhumans* i *Ka-Zara* miały trafić do nowych antologii. Inhumans znaleźli się na łamach *Amazing Adventures* razem z Black Widow, nawróconą na dobrą drogę niegdysiejszą przeciwniczką Iron Mana, zaś Ka-Zar dzielić miał *Astonishing Tales* z Doctorem Doomem przy obietnicy, że w razie zadowalających wyników sprzedaży dostaną własne komiksy.

Kirby wrócił do domu i czekał na nadejście kontraktu. Zastanawiając się, jak podzielić na pół gotowe już historie z Inhumans, odebrał telefon od Lee, który poprosił go o narysowanie jednego numeru kulejącego *Silver Surfera* – komiks ze srebrzystoskórym bohaterem miał zostać przemianowany na *The Savage Silver Surfer*, a on sam przemienić się miał w kipiącego gniewem obrońcę uciśnionych. O ironio, właśnie tak swoją postać wyobrażał sobie Kirby od samego początku, czyli od debiutu Surfera w *Fantastic Four #48*. Kirby zlecenie przyjął, chociaż czuł się, jakby posypano mu solą otwartą ranę; potraktowano go jako rezerwowego rysownika przy komiksie z bohaterem, którego sam stworzył, a nad którym odebrano mu kontrolę.

Kirby wreszcie doczekał się umowy, lecz zabrakło mu tchu, kiedy przeczytał proponowane warunki; było jasne, że nie ma mowy o żadnych targach, negocjacjach i dyskusjach. Podpisuje albo nie podpisuje. Nastrój Kirby'ego udzielił się także jego bohaterowi na ostatnich, przerażająco intensywnych stronach *Silver Surfer #18*. Surfer w trakcie prowadzonej walki wzbił się w powietrze, poleciał na wierzchołek góry, przyklęknął, a następnie, z twarzą wykrzywioną w gniewnym grymasie, zwrócił się bezpośrednio do czytelnika: „Zbyt długo się powstrzymywałem! Zbyt długo odmawiałem użycia swych mocy! – wrzeszczał. – Kierowałem się rozumem, miłością i miłosierdziem! Dla ludzi są one tylko pustymi słowami, którymi gardzą i które ignorują!"*. Kiedy Infantino ponownie zjawił się w Kalifornii, przywiózł ze sobą kontrakt. Kirby odwiedził go w hotelu i podpisał trzyletnią umowę z DC Comics.

Mimo przejściowych trudności atmosfera w Zagrodzie pozostawała niezmiennie radosna. Może nigdy nie była to biurowa utopia, w której uwijały się małe elfiki, jak sugerowały to strony redakcyjne, ale plakietka z napisem „Przepraszamy, żadnych gości" przymocowana do wiecznie otwartych drzwi wejściowych wisiała tam jedynie w celu odstraszenia co bardziej upierdliwych fanów. Według Robin Green, która zastąpiła Flo Steinberg na stanowisku sekretarki, „Zagroda stała się prawdziwym męskim gniazdem; na ścianach wisiały obrazki z nagimi modelkami, jakimiś twardzielami oraz rysunkami, których nigdy nie zobaczycie w *Spider-Manie*. Niektóre były jawnie pornograficzne i nie dało się porozmawiać z Tonym Mortellaro, nie mając przez oczyma cycka albo pośladków". Na klucz do toalet mówiono w wydawnictwie „przepustka do sracza".

Krótkometrażowy projekt studentów Uniwersytetu Nowojorskiego *We Love Herb Trimpe* nakręcony w biurach Marvela potwierdza słowa Green: Trimpe, sobowtór Alana Aldy, udekorował swoje miejsce pracy plakatem generała George'a S. Pattona (przy krawędzi kadru widać też zwisające z sufitu modele dwupłatowców); John Verpoorten i Marie Severin nie przejmują się ani trochę obecnością kamery, nadal beztrosko się przekomarzając; biurka ściśnięte są tak ciasno, że jeśli ktoś chciał wyjść z pokoju, reszta musiała przerwać pracę, żeby zrobić przejście. Lamentują nad tym, co stało się z ich czytelnikami – niegdyś tworzyli dla dzieciaków czekających na kolejny numer z wypiekami na twarzach, a teraz robią to dla

* Ironia polegała na tym, że dialogi w dalszym ciągu pisał Lee, a nie Kirby.

nastolatków z klapkami na oczach. „Słowo »fan« to za mało – mówi Trimpe. – To fanatycy".

Marie Severin, z okularami na nosie i w ciuchach, które Robin Green określała mianem „klasyczne Peck & Peck", również miała swoje zdanie zarówno na temat chłopaków z biura, jak i czytelników, których podsumowała w swoim stylu: po całym biurze porozwieszała narysowane przez siebie celne, zjadliwe, ale i niesamowicie zabawne karykatury. Mogła też zabłysnąć i w pełni zaprezentować swój talent w *Not Brand Echh*; komiks został co prawda skasowany, ale Severin i tak rysowała dalej, a jej najlepsze prace, pełne żartów i aluzji jasnych tylko dla jej kolegów, krążyły po redakcji. Za kłębami papierosowego dymu i murem dowcipnych uwag kryła się ciepła, rodzinna atmosfera Zagrody. Kuramoto w przerwach na lunch malował akwarelami. Freelancerzy regularnie wpadali do biura, podstawiali sobie krzesełka i rysowali. Barry Windsor Smith, jeden z rysowników, wspomina, że kiedyś zaszedł do Zagrody i był świadkiem spontanicznego *performance*'u w rytm lecącego właśnie z radia utworu Beatlesów *Hey Jude*: „Pod koniec kawałka, kiedy rozpoczyna się melodyjna intonacja, wszyscy, jeden po drugim, zaczęli śpiewać – Herb, John Romita, Morrie Kuramoto, Tony Mortellaro, Marie i parę innych osób. Darli się co sił w płucach".

Piątek, 6 marca 1970 roku. Duchy lat sześćdziesiątych nadal unosiły się w powietrzu. Tego ranka Beatlesi, choć nominalnie jeszcze razem, to za zamkniętymi drzwiami już osobno, wypuścili singiel *Let It Be*. Parę minut po dwunastej w Greenwich Village członkowie radykalnego ugrupowania Weathermen przypadkowo zdetonowali konstruowaną przez siebie bombę, wysadzając w powietrze swoją siedzibę. W innej części miasta, w biurach należących do Marvela, trwały prace nad komiksem *Captain America #128*, w którym gang motocyklowy zwany Satan's Angels miał ochraniać festiwal rockowy wzorowany na Altamont. Niedługo po tym, jak rysunki Jacka Kirby'ego do *Fantastic Four #102* trafiły do rąk Stana Lee, przy Madison Avenue 635 zadzwonił telefon. „Jack na drugiej linii", powiedziała sekretarka.

Parę minut później zszokowany Stan Lee zawołał do siebie Sola Brodsky'ego, a potem Roya Thomasa. Świeżutkie, przesiąknięte zapachem lubianych przez Kirby'ego cygar Roi-Tan Falcon, które palił przy swojej rysownicy, strony *Fantastic Four* leżały na jego biurku.

Król odchodził z Marvela.

Kiedy tylko wieści dotarły do Johna Romity, przyszedł do biura Lee i zapytał, czy to oznacza, że kończą z *Fantastic Four*. „Nie – powiedział Lee – ty się tym zajmiesz". „Czyś ty zwariował?", zaprotestował Romita, ale koniec końców zgodził się pociągnąć serię. „Robiłem to w sumie pod przymusem, nie czułem się odpowiednią osobą do tego zadania – wspominał po latach. – Miałem wrażenie, jakbym próbował wychowywać czyjeś dziecko". Reakcja Johna Buscemy była jeszcze ostrzejsza: „Myślałem, że zwiną interes, przecież Jack był podporą Marvela".

Ktoś znalazł w jednej z popielniczek niedopałek cygara, który Kirby zostawił podczas ostatniej wizyty w Zagrodzie. „Marie Severin umieściła go na specjalnej tabliczce pamiątkowej – opowiadał Trimpe – i opatrzyła podpisem »Ostatnie cygaro Jacka Kirby'ego wypalone w Marvelu« oraz wymyślnymi zdobieniami". Powiesiła ją na jednej ze ścian; widniał na niej napis „Kirby tu był".

CZĘŚĆ II

Następne pokolenie

4

Rok 1970 okazał się dla Stana Lee niezwykle stresujący – „szalony, stuknięty i szurnięty", jak pisał w liście do jednego z przyjaciół. Nadal nie otrząsnął się po odejściu Kirby'ego, a kiedy przeprowadzał się z Hewlett Harbor do mieszkania w centrum miasta, Sol Brodsky poinformował go, że otrzymał propozycję pokierowania nowo założonym wydawnictwem zajmującym się komiksami w czerni i bieli. Zrezygnowany Lee dał Brodsky'emu swoje błogosławieństwo, a nowym kierownikiem do spraw produkcji mianował Johna Verpoortena.

Lee nie miał szans rozstać się z przeszłością, wszystko wokół przypominało mu o początkach Fantastycznej Czwórki i Merry Marvel Marching Society. Za każdym razem, gdy szedł korytarzem do swojego biura, mijał naturalnej wielkości plakat Spider-Mana narysowany lata temu przez Steve'a Ditko, którego już od dawna nie było u jego boku. Nie było też Flo, Jacka i Sola. Stan Goldberg, który decydował o kolorach w komiksach o superbohaterach i przez dziesięć lat rysował *Millie the Model*, odszedł niedawno do DC, podobnie jak wieloletni rysownik Marvela John Severin. Z tych pięknych dni z początku lat sześćdziesiątych ostał się jedynie

Martin Goodman. Jednak choć nadal zajmował się okładkami i przyklepywał nowe tytuły, jedną nogą był już na emeryturze. Jego miejsce miał zaś zająć Chip, którego bardziej interesowały magazyny niż komiksy. Nawet tajemniczy właściciel wydawnictwa Perfect Film & Chemical zmienił nazwę na równie nieodgadnione Cadence Industries i przeniósł siedzibę do New Jersey. A sprzedaż spadała.

Nie pierwszy raz Lee obserwował, jak opuszczają go ludzie, którzy pomagali zbudować Marvela: w 1941 roku odeszli Joe Simon i Jack Kirby, w 1949 musiał wyrzucić freelancerów, zaś w 1957 zwolnić personel. Różnica polegała jednak na tym, że tym razem miał coś do powiedzenia. Przez cały rok 1970 – była to już jego czwarta dekada jako pracownika Marvel Comics – rozglądał się za lepszymi strategiami rozwoju, naciskał na wprowadzenie zmian. Razem z poetą Kennethem Kochem chciał stworzyć komiks, który „podpowie, na jakich kongresmanów głosować, co może się przyczynić do szybszego zakończenia wojny w Wietnamie"*. Potem skumał się z Carminem Infantino z zamiarem założenia Academy of Comic Book Arts, która miała na celu podniesienie prestiżu komiksów i walkę o akceptację rynku dla branży. „Będziemy mieli wystawy w najsłynniejszych galeriach na świecie – pisał – zorganizujemy wykłady dla zainteresowanych słuchaczy zarówno w Stanach, jak i za granicą, a także ustanowimy doroczną nagrodę, którą, jako specjaliści, wręczymy podczas uroczystej ceremonii najlepszym rysownikom i scenarzystom". Lee udało się zrealizować jedynie ten ostatni zamiar. Przy wsparciu Chipa Goodmana przekonywał władze Comics Code Authority, że powinny dopuścić możliwość pisania o problemie uzależnienia od narkotyków, lecz jego postulat został odrzucony. Dopiero po otrzymaniu listu z amerykańskiego Departamentu Zdrowia, Edukacji i Opieki Społecznej, w którym został poproszony o podjęcie tej tematyki w swoich komiksach, Lee udało się przekonać Martina Goodmana, żeby zignorował wytyczne CCA. I tak Marvel opublikował historię ze Spider-Manem, w której współlokator Petera Parkera, Harry Osborn,

* Projekt został ostatecznie porzucony, kiedy góra stwierdziła, że komiks jest za bardzo radykalny.

łyka pigułki jak szalony. Otrzymana reprymenda nie wydawała się już tak straszna, skoro o komiksie rozpisywały się gazety*.

Marvel wygrał bitwę. W ciągu kilku miesięcy CCA, wyczuwając, że znajduje się po niepopularnej stronie sporu, nie tylko zezwoliło na zajmowanie się problemami uzależnień w komiksach, ale też zniosło kilka obostrzeń dotyczących komiksów grozy. Marvel zareagował błyskawicznie, żeby móc jak najprędzej skorzystać z nowych możliwości: na rynek bez zbędnej zwłoki wypuszczono *Werewolf by Night* i *The Tomb of Dracula*; Lee miał w planach jeszcze jeden tytuł, *The Mark of Satan*, w którym bohaterem miał być sam diabeł, ale szybko wyperswadowano mu ten pomysł.

Lee nie pracował jednak tak ciężko tylko po to, żeby wrócić do wymyślania historyjek z potworami, szczególnie że sytuacja na rynku wciąż była niepewna. Nie miał zamiaru składać broni i iść na dno z całym statkiem ani rezygnować ze swojej kampanii poprawiania wizerunku komiksów w mediach. Plotkowano, jakoby Lee tkwił w Marvelu na przeczekanie i miał zrezygnować, kiedy tylko skończy mu się kontrakt. Podobne spekulacje nabierały rozpędu, gdy mówił publicznie o swojej frustracji. „Przemysł komiksowy jest bodaj najgorszą branżą, jaką może sobie wybrać dysponujący mnóstwem pomysłów artysta, a powodów takiego stanu rzeczy jest milion i jeszcze więcej – powiedział podczas spotkania z kolegami po fachu. – Niejeden naprawdę utalentowany człowiek pytał mnie, jak dostać pracę w branży, a jeśli naprawdę podobały mi się czyjeś rysunki, mówiłem: »Czemu w ogóle chcesz robić przy komiksach?«. Nawet jeśli już ugruntujesz

* Lee dostał od Goodmana pozwolenie na wydanie czarno-białego komiksu *Savage Tales* bez widniejącego na okładce znaczka CCA („Tylko dla dojrzałych czytelników!"). Bohaterem pierwszego zeszytu był Conan Barbarzyńca, wymyślony przez Roberta E. Howarda pulpowy heros; za licencję płacono dwieście dolarów od numeru, a udzielono jej pod warunkiem, że na łamach komiksu nie będzie golizny oraz scen dekapitacji. Poza tym w *Savage Tales* znalazło się miejsce na *Gniew Femizonek*, dystopicznej opowieści sci-fi, w której „lubieżne sadystki" przejmują władzę nad mężczyznami w dwudziestym trzecim wieku naszej ery; kolejną opowieścią był *Czarny brat*, mętna historyjka polityczna o gubernatorze jednego z afrykańskich państewek; odcinek przygód Ka-Zara oraz *Man-Thing*, gdzie pojawił się pokryty mułem bagienny stwór. Goodman zamknął serię po jednym numerze.

swoją pozycję, a może nawet odniesiesz jako taki sukces, to i tak nie będzie się on równał z tym, co mógłbyś osiągnąć na innym rynku; staniesz się mniej efektywny i nie będziesz miał takiego poczucia bezpieczeństwa i komfortu jak przeciętny pracownik stacji telewizyjnej czy radiowej albo studia filmowego. To branża, w której autor... nie posiada na własność tego, co stworzył, bo trzyma na tym łapę wydawca... Czy to nie żałosne? Po co być częścią interesu, w którym najlepsze, co można powiedzieć utalentowanemu człowiekowi, to żeby się nie martwił, bo to tylko przejściowe zajęcie i w przyszłości będzie mógł się zająć czymś naprawdę fajnym? Czemu więc od razu nie zrobić dwóch kroków w przód? Każdemu rysownikowi z niezłym pomysłem mówię – ciągnął Lee – żeby dobrze się zastanowił, zanim zdradzi go wydawcy".

Lee szukał sposobu, jak wyzwolić się nie tylko spod kurateli Goodmana, ale całego przemysłu komiksowego. Zacieśniał przyjacielskie więzi z Alainem Resnais, reżyserem głośnych filmów arthouse'owych *Hiroszima, moja miłość* i *Zeszłego roku w Marienbadzie*, który, tak jak i Fellini, był miłośnikiem komiksów Marvela, lecz w przeciwieństwie do włoskiego mistrza, chciał nie tylko uścisnąć Stanowi Lee dłoń, lecz zaprosił go do współpracy przy scenariuszu.

„*The Monster Maker* to realistyczna fantastyka o sfrustrowanym producencie filmowym, który próbuje się uporać ze swoimi problemami, walcząc z zanieczyszczeniem środowiska – opowiadał Lee o swoim nowym ekologicznym projekcie w rozmowie z »The New York Times«. – Będzie tam sporo symboliki... no i odpadków". Jeśli wziąć pod uwagę, że film miał opowiadać o mężczyźnie, który siedział po uszy w branży próbującej schlebiać masowym, śmieciowym gustom, a potem, za namową żony, podąża za swoim powołaniem, nietrudno było odczytywać *The Monster Maker* w kategoriach autobiograficznych. Być może właśnie w ten sposób Lee widział przebytą przez siebie drogę, miał się za człowieka, który zaczął od promowania tandety, a skończył jako szanowany obywatel rozprawiający się z bolączkami ludzkości. Żeby móc pracować nad *The Monster Maker*, Stan Lee po raz pierwszy w życiu wziął urlop.

Z początku trudno mu było rozstać się z flagowymi tytułami, nigdy nie ufał nikomu na tyle, żeby przekazać je w czyjeś ręce. Żadne inne rysunki nie podobały mu się tak jak te autorstwa Jacka Kirby'ego i niczyje scenariusze nie przypadły mu do gustu bardziej niż jego własne. Z drugiej strony – włożył wszystko, co miał, w *Silver Surfera*, a serię i tak w końcu skasowano, więc co za różnica? Przekazał pałeczkę tym, którzy nauczyli się naśladować jego styl i których scenariusze przypominały mu o dawnej chwale jego własnych fabuł: *The Amazing Spider-Man* przejął Roy Thomas, *Fantastic Four* przypadło Archiemu Goodwinowi, *Captain America* powędrował do Gary'ego Friedricha. Co wydało się czytelnikom Marvela najbardziej zaskakujące, *Thorem* miał się zająć nastolatek Gerry Conway.

Urodzony w Brooklynie Conway miał osiem lat, kiedy na rynku pojawił się pierwszy numer *Fantastic Four*, zaś w wieku szesnastu lat pisał scenariusze dla DC Comics; potem poznał Roya Thomasa, który przepytał go pod kątem pracy dla Marvela, ale Lee, jak zawsze zresztą, nie był zbyt zadowolony z tego, jak ktoś inny radzi sobie z postaciami, którymi opiekował się przez ostatnie lata.

„Pisze całkiem nieźle jak na siedemnastolatka", przekonywał go Thomas.

Lee, który sam po raz pierwszy wszedł do biura Marvela właśnie w tym wieku, zapytał: „Czy nie możemy po prostu znaleźć kogoś, kto pisze nieźle jak na dwudziestopięciolatka?".

Conway stworzył jedną historię z Ka-Zarem dla *Astonishing Tales*, a potem dostał zlecenie na *Daredevila* i wkrótce został jednym z wartościowych graczy Marvela; gdy Thomas przejmował komiksy, na które Lee nie miał już czasu, Conway przygarnął takie tytuły jak *Iron Man*, *Sub-Mariner* i *The Incredible Hulk*. To Conway rozruszał Daredevila, parując go z Black Widow, którą Gene Colan narysował na podobieństwo Ann-Margaret, rudowłosej syreny w obcisłym kostiumie*. „Jest pomiędzy nimi naturalna

* Nowy kostium Black Widow, zaprojektowany przez Johna Romitę, wzorowany był na stroju wymyślonej w latach czterdziestych przez Tarpe Mills bohaterki o pseudonimie Miss Fury. Timely wznowiło niegdyś paski komiksowe z jej udziałem.

chemia – mówił Conway. – Myślę, że Gene stworzył pierwszą w historii komiksu seksowną, ale i silną kobietę”.

Thor, pisany przez Conwaya i ilustrowany w podobnym do kreski Kirby'ego stylu przez Johna Buscemę i jego młodszego brata Sala, miał pod górkę tak samo jak *The Amazing Spider-Man* Thomasa i *Fantastic Four* Goodwina. Nie chodziło jedynie o długie cienie rzucane przez Lee i Kirby'ego, ale także politykę wydawnictwa, która nalegała na zachowanie *status quo*; dynamiczną akcję zastąpiono istnymi fabularyzowanymi obwieszczeniami publicznymi. Słabo sprzedający się *Captain America* został zastąpiony przez *Captain America and the Falcon*, zaś nowa afroamerykańska gwiazda zaczęła się umawiać – i prowadzić ożywione dyskusje – z piskliwą, czarnoskórą bojowniczką o imieniu Leila. Avengers opowiedzieli się po stronie feministek, Sub-Mariner walczył o środowisko, zaś Hulk, Thor i Inhumans odwiedzili getto. Gdzie się podziała zabawa*?

Od roku czy dwóch nie pojawił się na rynku ani jeden nowy komiks z superbohaterem – premierowe tytuły ograniczono do niskobudżetowych bzdur jak *Western Gunfighters*, *Lil' Kids*, *Our Love Story*, *Spoof*, *Harvey* i *Fear*. W środowisku – w fanzinach i w listach do redakcji – zaczęto przebąkiwać, że Marvel powoli stawał się swoją własną kopią, zresztą w jednym z numerów *Fantastic Four* wykorzystano wcześniej niepublikowane stare rysunki Kirby'ego. Zachęcając swoich scenarzystów i rysowników do wymyślania nowych postaci podczas jego nieobecności, Lee stworzył nowe antologie, *Marvel Feature*, *Marvel Spotlight* i *Marvel Premiere*. Jednak Defenders, pierwsza od ośmiu lat nowa supergrupa wprowadzona przez

* Marvel ujawnił już wcześniej, że studenckie protesty były wynikiem niecnych knowań Kingpina (*The Amazing Spider-Man #68*, styczeń 1969) i Modoka (*Captain America*, grudzień 1969), zaś rasistowskie działania przypisano zbirom z supermocami. Zarówno Sons of the Serpent (*Avengers #73*, luty 1970), jak i Red Skull (*Captain America #143*, listopad 1971) prowokowali do ulicznych starć, przebierając się za czarnoskórych bojowników. Firebrand, oczarowany biernością władz aktywista na rzecz pokoju, który zdecydował się przejść na stronę zła („cokolwiek człowiek wzniósł, ja zburzę!” *Iron Man #27*, lipiec 1970), nosił dumnie emblemat zaciśniętej pięści i wywoływał zamieszki w gettach. Okazało się potem, że był, a jakże, biały.

wydawnictwo, która pojawiła się w *Marvel Feature*, składała się wyłącznie z dobrze znanych czytelnikom bohaterów – Doctora Strange'a, Sub-Marinera i Hulka. Przez komiks przewinął się też niejaki Adam Warlock; była to odświeżona wersja postaci wymyślonej w 1967 roku przez Kirby'ego, unowocześniona rękoma Roya Thomasa i Gila Kane'a. Pomyślany został jako kosmiczny bojownik o pokój, a wyglądał, jakby zszedł ze sceny, na której wystawiano musical *Jesus Christ Superstar*. Zarzucając niesfornymi kudłami, poświęcił się walce z ludźmi u władzy, nie bacząc na ich polityczne przekonania. Fani zgodzili się, że najciekawszą historią roku 1971 opowiedzianą przez Marvela była *Wojna Kree-Skrull* opublikowana na łamach *Avengers*, gdzie Thomas i Neal Adams ponownie połączyli siły, inicjując tym samym powrót do wieloodcinkowych, epickich historii kosmicznych. Było to ambitne przedsięwzięcie, swoisty przegląd różnych marvelowych mitów, w którym czytelnicy zetknęli się nie tylko z dwiema skłóconymi ze sobą obcymi rasami, Strefą Negatywną, Kapitanem Marvelem oraz Inhumans, ale także dawnymi herosami jeszcze z czasów Timely, jak Angel, Blazing Skull, Fin, Patriot i oryginalny Vision. Thomas składał tym samym hołd artystom ery minionej i eksplorował najdalsze, zapomniane zakątki marvelowego wszechświata z klejem i miotłą w ręce, składając do kupy wszystko to, co porozrzucali niegdyś Lee i Kirby. Można było się zastanawiać, czy jest to nowy poziom intertekstualnej ekstazy, czy może raczej łabędzi śpiew, ostatnie tchnienie dawnej chwały – a Marvel to auto, które jedzie już tylko na oparach.

Skoro udawało im się wydawać komiksy nawet bez Lee i Kirby'ego, Martin Goodman uknuł złowieszczy plan zniszczenia DC raz na zawsze. Oba wydawnictwa na podstawie gentlemańskiej umowy uzgodniły podwyżkę cen (które w 1962 roku podskoczyły z dziesięciu do dwunastu centów za zeszyt, a w 1969 dobiły piętnastu centów) oraz zwiększenie objętości komiksów, które miały liczyć nie trzydzieści sześć, a pięćdziesiąt dwie strony – za sumę dwudziestu pięciu centów. Już po miesiącu Goodman zredukował i liczbę stron, i cenę (do dwudziestu centów), zaś sprzedawcom zaproponował wyższy procent od zysków, upewniając się tym samym, że zaklepie

Marvelowi lepsze miejsce na półce. DC, dość ociężale reagujące na podobne praktyki, próbowało przekonać do siebie czytelników grubszymi komiksami przy wyższej cenie, ale ten manewr skazany był na porażkę i zanim wrócili do dawnej ceny dwudziestu centów za zeszyt, przegrali już i bitwę, i wojnę. Po raz pierwszy w swojej historii Marvel Comics wyszło na prowadzenie jako topowe wydawnictwo komiksowe na świecie. Kiedy tylko wieści dotarły do Goodmana, zabrał swoich pracowników na kolację do knajpy, gdzie zazwyczaj po pracy przesiadywała ekipa DC, której biura znajdowały się po drugiej stronie ulicy.

Przewodzenie branży komiksowej było wątpliwym wyróżnieniem. Zarówno Marvel, jak i DC przyciągały uwagę mediów swoim stosunkiem do podejmowanych przez nich kwestii społecznych – magazyn „New York" obwieszczał na okładce, skądinąd mylnie, następującą „radykalizację superbohaterów" – lecz nie miało to zbytniego przełożenia na wyniki sprzedaży. Marvel stracił często wygodniejszą pozycję słabszego rywala. Ditko i Wally Wood od dłuższego czasu znani byli w branży jako mrukliwe gbury i wielu oburzało się na wieść, jakoby DC i Marvel nie dawali autorom żadnej swobody, ale odejście Kirby'ego – oraz dynamiczny rozwój fandomu, aż pęczniejącego od fanzinów i konwentów – dało początek ożywionym plotkom i oskarżeniom, które rozprzestrzeniały się jak ogień.

Zatrudnieni rysownicy i scenarzyści cieszyli się jednak, że mieli pracę, i mało kto mógł sobie pozwolić na zagrania takie jak Neala Adamsa, który był na tyle popularny, że pracował i dla Marvela (*The Avengers*), i dla DC (*Green Lantern*), gdyż żadne z wydawnictw nie mogło zażądać od niego kontraktu na wyłączność. Podczas nowojorskiego konwentu zdobył się na szczere wyznanie i wypowiedział się na temat strategii stosowanych przez obu jego pracodawców. Twierdził, że celem DC jest „nie tyle podwyżka cen, ale stworzenie segmentu rynku dla droższych komiksów po pięćdziesiąt centów. Za to Marvel zalewa rynek tańszymi tytułami po dwadzieścia centów sztuka i w ten sposób chce przejąć czytelników, co może faktycznie im się uda. Koniec końców to dwie duże, rywalizujące ze sobą firmy i mam nadzieję, że żadna z nich nie zwycięży".

Scenariusz autorstwa Lee i Resnais'a *Monster Maker* został sprzedany za dwadzieścia pięć tysięcy dolarów, choć nigdy go nie zrealizowano. Lee wrócił z urlopu i zastał Marvela na szczycie, a Hulka na okładce „Rolling Stone". Była sekretarka Lee, Robin Green, napisała dla magazynu artykuł o wydawnictwie i mówiła, że kiedy przyszła przeprowadzić z Lee wywiad, wydał jej się wrażliwy i kruchy. Zapytał ją, czy będzie dla niego „miła", dodając, że „świat jest wrogim miejscem". Krążyły plotki, że Lee nie czuje się dobrze w Marvelu, a nawet rozpatruje możliwość przejścia do DC po wygaśnięciu swojego kontraktu. „Stan zawsze siedzi w kącie, samotnie, ale wiecznie uśmiechnięty, mimo że czasami jest wyraźnie przybity – pisała Green. – Zapytałam go, gdzie mogę usiąść – ciągnęła, zaś Lee z każdym zdaniem wydawał się coraz bardziej nerwowy – odpowiedział mi: »Siadaj, gdzie ci wygodnie! Poczęstuj się cukierkiem! To ty jesteś moim gościem!«. Pogadaliśmy chwilę, a potem włączyłam nagranie, żebyśmy mogli posłuchać, jak wypadła nasza rozmowa, i Stan powiedział: »Wiesz co, to brzmi trochę oschle, nie polubiłbym siebie, gdybym to przeczytał, muszę się postarać mówić trochę poważniej«". Lee opowiadał więc o samotnym losie scenarzysty, obojętności jego żony oraz córki na komiksy, i poprawiał swój tupecik.

Na rynku zaczęły się pojawiać nowe dzieła Kirby'ego – *The New Gods*, *Mister Miracle* i *The Forever People*, które ukonstytuowały tak zwaną mitologię Czwartego Świata – już z logiem DC. Były to komiksy o bohaterach nowej generacji, którymi Kirby już wcześniej chciał zastąpić Thora i pozostałych „starszych bogów" w następstwie opisanego przez siebie przed pięcioma laty Ragnaroku; wówczas nie pozwolił mu na to Lee. W opinii wielu czytelników nowe komiksy Kirby'ego były przesadzone: postaci stały się jeszcze masywniejsze niż zwykle, a dialogi nienaturalne i wymuszone. Jednak w przeciwieństwie do Marvela, próbował czegoś nowego.

Ekipa Marvela czekała na premierę komiksów Kirby'ego z zapartym tchem. Uwielbiali swojego dawnego kolegę, ale po cichu, ze wstydem, życzyli mu klęski. Gdyby DC udało się wykorzystać jego talent na taką skalę, jak Marvelowi… cóż, skutki byłyby opłakane, Marvel nigdy nie wytrzymałby takiej konkurencji. Vince Colletta skserował w jednym z biur DC narysowane przez Kirby'ego stronice i przekazał je Marvelowi – porozwieszano je na ścianach, a następnie wezwano współpracujących z wydawnictwem rysowników w celu wspólnej analizy jeszcze ciepłych prac.

Kirby bez oporów porównywał nowego pracodawcę z poprzednim. „Nikt mnie tutaj nie naciska jak w Marvelu – powiedział w wywiadzie. – Tam nigdy nie doczekałem się uznania, choć większość scenariusza pisze właśnie rysownik już w trakcie sporządzania szkiców. Fantastyczna Czwórka to przecież mój pomysł, ja wymyśliłem to wszystko. Nie chcę przez to powiedzieć, że Stan nie miał z tym nic wspólnego, bo oczywiście tak nie było, wszystko razem przedyskutowywaliśmy. Potem zacząłem pracować w domu i nie przychodziłem już do biura. Rysowałem i po prostu słałem do nich. To ja musiałem wymyślać, co zrobić, żeby komiks się sprzedał. Frustrowało mnie dostarczanie pomysłów, które po prostu mi odbierano".

Nie były to najboleśniejsze ciosy, jakie wymierzył Kirby – w *Mister Miracle #6* wprowadził postać o ksywce Funky Flashman, wygadanego, rozbieganego promotora, który pod wieloma względami przypominał Stana Lee. Funky Flashman był łysy i gładko ogolony, zaś dzień zaczynał od nałożenia peruki i sztucznego zarostu; potem biegał tam i z powrotem, wywrzaskując parę przypadkowych słów i składając puste obietnice, których nie miał zamiaru dotrzymać. „Te wielkie słowa, cytaty i klisze spisane przez dziesiątki lat należą do mnie, mam je w zasięgu ręki, na zawołanie!! Nawet jeśli powiem je wspak, maluczcy i tak będą mnie słuchać! Z podziwem! Z zadumą! Z czcią!!! Swojego Funky'ego!". Za nim dreptał pokornie Houseroy, mizdrzący się do swojego szefa asystent („Mistrzu Funky! Mój wodzu!"), wręcz podejrzanie podobny do Roya Thomasa. Na końcu historii Funky Flashman beztrosko poświęca Houseroya czwórce wściekłych wojowników i sam ledwie uchodzi z życiem.

Roy Thomas odciął się Kirby'emu słowami: „To paranoik, który roi sobie, że samodzielnie wymyślił wszystkich bohaterów Marvela, a nawet pisał scenariusze". Lee nie wypowiadał się publicznie na temat Funky'ego Flashmana, ale zabolał go komiks niedawnego przyjaciela. Ze złości zgolił brodę, żeby jak najmniej kojarzono go z tą karykaturą.

W owym czasie Marvel nie mógł sobie pozwolić na problemy z *public relations*. Chip Goodman, pogodzony z klęską Marvelmanii, jesienią 1971 roku sprzedał licencję na wykorzystanie postaci superbohaterów promotorowi koncertów, niejakiemu Steve'owi Lembergowi, który planował przerobić niektóre historie komiksowe na musicale sceniczne, słuchowiska radiowe i filmy. Pierwszym krokiem promocyjnej kampanii Lemberga była transformacja Stana Lee w najprawdziwszego celebrytę. Błyskawicznie zorganizował mu imprezę w Carnegie Hall. „Wieczór kultury katastrofalnej, pełen objawionych mądrości wygłoszonych przez przyjazną, sąsiedzką ekipę z Zagrody!", krzyczał sam Spider-Man z reklamy zamieszczonej w „The New York Times", zachęcając do odwiedzenia Carnegie Hall 5 stycznia 1972 roku. Koszt całego przedsięwzięcia wyniósł dwadzieścia pięć tysięcy dolarów, więc nawet przy pełnej sali Lemberg nie miał szans odzyskać zainwestowanych pieniędzy – było to jednak zagranie przemyślane, bowiem nie chodziło tutaj o zysk z wejściówek, ale o rozgłos; nazwisko Lee miało stać się znane także poza kręgiem wielbicieli komiksów. Stan „The Man" Lee – z wąsem i w ciemnych okularach, jakby nie mógł się powstrzymać przed byciem i *funky*, i *flashy*, modnym i krzykliwym – starał się, jak tylko mógł. Jednak cała impreza była jednym wielkim bałaganem z kiepskimi improwizacjami i tanimi kostiumami wykonanymi chyba metodą chałupniczą za pomocą lycry i markerów. Zaproszeni do aktorskich występów lub numerów muzycznych goście nie mogli stanowić bardziej przypadkowej zbieraniny: Alain Resnais, aktorzy René Auberjonois, Peter Boyle i Chuck McCann; pisarz Tom Wolfe; Dennis Wilson z Beach Boys; perkusista jazzowy Chico Hamilton; i wreszcie Eddie Carmel, wpisany do *Księgi rekordów Guinnessa* jako najwyższy człowiek świata. Wiersz autorstwa Lee *God Woke* odczytały jego żona i córka. Na dwóch ekranach wyświetlano pokazy slajdów, ale obrazy gryzły się z jaskrawymi zasłonami w Carnegie Hall; rockandrollowe trio Roy Thomas, Herb Timpe i Barry Smith zagrało cover „Be-Bop-A-Lula", zaś, jeśli wierzyć relacjom, znudzona publika wydzierała kartki z komiksów, robiła z nich papierowe samolociki i rzucała w stronę sceny. Kiedy *show* dobiegło końca, Gerry Conway poszedł za kulisy pogratulować Lee i zobaczył, że jego szef jest blady jak kreda; wyglądał, jak powiedział Conway, „niczym jeleń na drodze schwytany przez blask samochodowych reflektorów".

Wkrótce potem Lee zrobił sobie wakacje. Odwiedził Martina Goodmana w jego wyłożonym turkusową wykładziną kondominium w Palm Beach na Florydzie; wyszedł tam na taras, z którego rozciągał się widok na Atlantyk, i rozmawiał z dziennikarzem na temat sprzedaży pięćdziesięciu milionów egzemplarzy komiksów rocznie w ponad stu krajach. Lee chciał jednak opowiadać głównie o postaci stworzonej przez Kirby'ego, która nie odniosła spodziewanego sukcesu. „Podczas gdy Surfer zajmował pierwsze miejsca w ankietach przeprowadzanych wśród młodzieży szkolnej i studentów, dzieciaki pozostawały obojętne. Być może komiksy z nim były zbyt statyczne albo zbyt nonsensowne. A może chodziło o to, że Surfer nie nosił żadnego kostiumu, był cały biały. I łysy. Może problem stanowił fakt, że nie miał swojej kryjówki i podwójnej tożsamości".

„Poza tym potencjalny czytelnik miał w nosie surfing – dodał kpiarsko Goodman. – I dlatego go skasowaliśmy".

„Surfer powróci – nalegał Lee. – Może wprowadzimy pewne zmiany, cały czas nad nimi myślimy. Otrzymujemy tysiące listów z pytaniami o dalsze losy Surfera i już teraz mogę zagwarantować, że jego powrót jest pewny".

Spoglądali na ocean. Redaktor nie mógł wiedzieć, że Martin Goodman za parę tygodni odejdzie na emeryturę w wieku sześćdziesięciu czterech lat.

Niedługo po tym jak jego ojciec opuścił założoną przez siebie firmę, Chip zabrał swoją żonę, Robertę, na kolację, na której gościem honorowym był prezes Cadence Industries Sheldon Feinberg. „Mąż powiedział mi, że nie możemy wyjść z imprezy, póki jego szef nie wyjdzie – wspominała Roberta. – I wtedy po raz pierwszy oboje zdaliśmy sobie sprawę, że będzie zupełnie inaczej niż za czasów Martina".

Feinberg nie był specjalistą od komiksów, ale nawet on zdawał sobie sprawę z konsekwencji, jakie niosłoby ze sobą przejście Stana Lee do DC. Niespodziewanie Lee otrzymał podwójny awans – został zarówno prezesem, jak i wydawcą w Marvel Comics. Tym samym Lee dostał wolną rękę, nie pętały go już dłużej więzy Goodmanów. Mógł publikować czarno-białe komiksy, akceptować okładki i przywrócić *Silver Surfera*.

Gdy Lee otrzymał dobre wieści, w jego biurze siedział akurat stary przyjaciel, który zapytał, kto zostanie nowym naczelnym. Lee wzruszył ramionami i powiedział: „A, któryś z chłopaków".

„Stan próbował rżnąć głupa – wspominał lata później Roy Thomas. – Nie chciał rezygnować ze stanowiska, dzięki któremu sięgnął po sławę, bo to przecież właśnie redaktor naczelny był siłą napędową Marvel Comics". Z początku Lee miał zamiar swoimi dawnymi obowiązkami obdzielić kierownika produkcji Johna Verpoortena, Franka Giacoia (asystenta dyrektora artystycznego) i Thomasa, któremu miało przypaść stanowisko „redaktora nadzorującego". Dopiero kiedy zdał sobie sprawę, że tak zamotana hierarchia i podobny podział obowiązków sprawi mu problemy z zarządzaniem i przyprawi o bóle głowy, zgodził się nowym redaktorem naczelnym mianować Thomasa.

Tymczasem Chip Goodman, który przygotowywał się do przejęcia interesu swojego ojca od czasu ukończenia szkoły w połowie lat sześćdziesiątych, zajmował się wyłącznie magazynami dla panów – Lee nie musiał się już o niego martwić.

Chip zdążył jednak odcisnąć swoje piętno na Marvelu – sprzedał praktycznie wszystkie możliwe prawa i licencje. Steve Lemberg, tak samo jak Robert Lawrence (ten od *Marvel Super Heroes*) i Don Wallace (szef Marvelmanii), był szczerze zdziwiony, jak wiele otrzymał w zamian za tak nieduże pieniądze. „Miałem większe prawa do dorobku Marvela niż sam Marvel", mówił Lemberg. Za cenę dwóch i pół tysiąca dolarów zagwarantował sobie praktycznie dożywotnią kontrolę nad wszystkimi postaciami wydawnictwa. „Chip przekazał mi prawa do komiksów Marvela. Dostałem umowę długą na dwadzieścia pięć stron, która precyzowała, co mogę robić z postaciami, a mogłem robić dosłownie wszystko: filmy, płyty, cokolwiek. Naprawdę bomba". Najpierw planowano słuchowisko radiowe o Thorze, na które miało się składać sześćdziesiąt pięć pięciominutowych odcinków, rockowe *show* muzyczne za dwa i pół miliona dolarów z udziałem superbohaterów

Marvela i film o Silver Surferze z Dennisem Wilsonem z zespołu Beach Boys w roli głównej; wszystkie te atrakcje musiały jednak zaczekać, bo Lembergowi zamarzył się rockowy album *Spider-Man: From Beyond the Grave*, na którym miał wystąpić były wokalista Archies. Dominacja Marvela nad światem musiała więc poczekać.

„Czas na początek Fazy Drugiej – obwieścił Lee w swoim kąciku w »Bullpen Bulletin«. – Żaden człowiek, żadna grupa ludzi i żadne wydawnictwo nie może osiąść na laurach. Marvel jest zresztą zbyt młody, zbyt żwawy i zbyt pełen życia, żeby przystopować i pławić się w blasku swojego sukcesu... Jeśli myślicie, że daliśmy z siebie wszystko, to jesteście w błędzie, bo najlepsze dopiero nadejdzie – zobaczycie, co dla was mamy! Trzymajcie się! Czołem! Marvel znowu pędzi naprzód!". Nie mogąc się doczekać wyjścia z cienia Martina Goodmana, Lee szybko zabrał się za nowe, wymyślne projekty. Zaczął otaczać się ludźmi, takimi jak Anthony Burgess, Kurt Vonnegut i Vaclav Havel, próbując namówić ich do udziału we wspólnych projektach przeznaczonych dla widzów dorosłych (Tom Stoppard również wyrażał zainteresowanie współpracą). Poprosił byłego redaktora magazynu „Mad" (i ojca chrzestnego komiksowego podziemia), Harveya Kurtzmana, o pokierowanie periodykiem satyrycznym „Bedlam"*. Lee zwrócił się także do legendarnego Willa Eisnera, który napisał do potencjalnych autorów, że będzie publikował finansowane przez Marvel czasopismo, „ani dziecinne, ani napakowane bluzgami i niesmaczną treścią". Lee zaprosił też do Nowego Jorku undergroundowego wydawcę Dennisa Kitchena, żeby razem skompilowali antologię, w której wzięliby udział lewicujący artyści, jak Kim Deitch, Art Spiegelman i Basil Wolverton. Kitchen postawił jednak warunek, że prawa do rysunków oraz do stworzonych przez nich postaci pozostaną własnością autorów.

Lee uznał, że musi grać zgodnie z zasadami Kitchena, jeśli Marvel miał zatrząsnąć bardziej snobistyczną klientelą. „Marvel szczyci się sporą liczbą

* „Pisać, że to magazyn Marvela – oburzał się Kurtzman w swoim liście do Lee datowanym na 22 czerwca 1972 roku – i reklamować go na równi z komiksami? Wyobraź sobie tylko, co by się stało z »Life«, »Fortune« i »Sports Illustrated«, gdyby na okładkach umieścili logo »TIME«".

czytelników z kręgów licealnych i studenckich, którzy od początku sięgali po nasze publikacje – mówiła międzynarodowa informacja marketingowa. – Jednak każdy dzień to dla nas walka z kolejnymi napakowanymi seksem filmami i sprośnymi undergroundowymi komiksami, jak i rozprzestrzenianiem się gazetek z panienkami, które próbują rywalizować z nami o ten segment rynku". Informacja miała na celu zasugerowanie sprzedawcom, że publikacje wydawnictwa powinny być dostępne także na stacjach benzynowych, w sklepach płytowych, księgarniach i „butikach młodzieżowych". Marvel stracił jednak swój pazur; nie zdawał sobie sprawy, że nawet undergroundowa scena komiksowa rozwijała się błyskawicznie.

Ze wszystkich prób pozyskania „wysublimowanego" czytelnika, jedynie projekt z Kitchenem ujrzał światło dzienne, lecz kiedy *Comix Book #1* zostało wreszcie opublikowane, na okładce zabrakło loga Marvela. Jednak finalny produkt, w którym pojawiła się częściowa nagość i starannie wyselekcjonowane bezeceństwa, wpasował się w istne wydawnicze limbo, istniejące pomiędzy szalonymi, pełnymi seksu i prochów komiksowymi ekscesami autorów antologii a niewinnymi publikacjami Marvela. Lee skasował serię po trzech numerach, zasłaniając się słabą sprzedażą, lecz Kitchen zastanawiał się, czy nie chodziło przypadkiem o ferment, jaki zasiał jego komiks. Jeden z undergroundowych rysowników, będąc w biurze Marvela, usłyszał, jak personel zastanawia się, czemu „ci hipisi" są lepiej traktowani. „Wszyscy pracownicy, zarówno z Zagrody, jak i freelancerzy, wsiedli mu na głowę – mówił Denis Kitchen – nie mogli się pogodzić z tym, że nowi mieli inne warunki niż oni".

Nakład komiksów z Marvela stale się zmniejszał, lecz sytuacja innych wydawców była podobna. Wydawnictwo utrzymało swoją pozycję, wyniszczając konkurencję liczbą wypuszczanych na rynek tytułów, nawet mimo słabnącej sprzedaży; publikacje Marvela zajmowały więcej miejsca na półkach i stojakach, przyćmiewając zeszyty DC. Stan Lee chciał ponownie wprowadzić czarno-białe magazyny komiksowe, co chodziło mu po głowie od czasu, gdy Goodman skasował *Savage Tales*. Niedawne zmiany dokonane przez CCA zezwalały na wykorzystanie postaci wampirów i wilkołaków, więc z drukarni zaczęły masowo wyjeżdżać *Dracula Lives!*, *Monsters Unleashed*, *Tales of the Zombie* i *Vampire Tales* – każdy zeszyt liczył siedemdziesiąt sześć stron i był wydawany w cyklu miesięcznym.

Obok przedruków wspólnych komiksów Lee i Kirby'ego z lat sześćdziesiątych, pojawili się nowi superbohaterzy, w większości wymyśleni przez Lee, co oznaczało koniec wieloletniej posuchy. Jednak świeże tytuły podpięto wyraźnie pod aktualnie obowiązujące trendy (i skorzystano skwapliwie z dobrodziejstwa absencji restrykcyjnych regulacji), co rzucało się w oczy bardziej niż w przypadku, powiedzmy, *Iron Mana* czy *Thora*. „Jeśli gdziekolwiek pojawia się wyrazisty trend – brzmiał jeden z punktów planu marketingowego – i jeśli gdziekolwiek pojawia się czytelnicza potrzeba, która wymaga zaspokojenia pośród »nowej generacji« odbiorców, Marvel poczyni wszelkie starania, żeby zrozumieć i wykorzystać dany trend oraz wyjść naprzeciw oczekiwaniom klientów". Potwory należące już do domeny publicznej obsadzono w rolach superzłoczyńców i antybohaterów (*Tomb of Dracula* i *Werewolf by Night*); nawet były członek X-Men, Beast, został przemodelowany i stał się futrzastym stworem. Niedługo po tym, jak Evel Knievel ogłosił, że planuje przeskoczyć kanion Snake River, Roy Thomas, Gary Friedrich i rysownik Mike Ploog wymyślili Ghost Ridera, motocyklistę ryzykanta o płonącej czaszce. Zaś komiks *Luke Cage, Hero for Hire* opowiadał o wygadanym, inspirowanym Shaftem byłym skazańcu z Harlemu, który pobierał opłatę za dobre uczynki.

Miesięcznie wychodziło około czterdziestu tytułów z logiem Marvela. „Nawet jeśli rzuciliśmy jakiś pomysł mimochodem – opowiadał Thomas – natychmiast go podłapywano i kilka miesięcy później trafiał na półki". Marvel szybko przeniosło się do większych pomieszczeń przy Madison Avenue 575. Jeden z gości opisał nowe biura jako sprawiające wrażenie niewykończonych: „Poczekalnia była chłodna, urządzona bardzo nowocześnie; meble obito pluszem w pastelowych kolorach, i nic nie wskazywało, że wydaje się tu komiksy. Dom Spider-Mana, Thora i Fantastycznej Czwórki mógł równie dobrze być siedzibą biura rachunkowego".

Korporacyjna sterylność miała swoje granice: Zagroda ponownie stała się faktem; biura były wystarczająco duże, żeby pracownicy mogli wyciągnąć nogi, strony z komiksów poprzyczepiano do ścian, a półki uginały się od zeszytów. John Romita przejął po Lee obowiązki dyrektora artystycznego. Niektórzy pracownicy etatowi oraz wielu freelancerów skupionych wokół Romity i Johna Verpoortena – Frank Giacoia, Mike Esposito, Jack Abel, Danny Crespi, Morrie Kuramoto, Vince Colletta, George Roussos – pamiętali jeszcze czasy Atlasu; jeśli zsumować lata spędzone przez nich w branży, otrzymalibyśmy przeszło dwa stulecia. Nadal wiele łączyło Marvela z dawnym przemysłem komiksowym, światem pall malli, much, kanapek z wołowiną i baseballa w radiu. Rysunki od freelancerów weteranów nadal spływały wartkim strumieniem; dzięki ekspansji Marvela mieli więcej pracy niż przez ostatnie kilkadziesiąt lat.

Jednak komiks powoli stawał się domeną młodych. Po urlopie Lee powrócił do *The Amazing Spider-Mana* i *Fantastic Four*, ale po otrzymaniu awansu trudno było mu pogodzić obowiązki scenarzysty, wydawcy i prezesa, więc odpuścił pisanie. Na dobre. W ten sposób Gerry Conway, nie mając jeszcze dwudziestu lat, przejął *Spider-Mana*, najpopularniejszy tytuł Marvela. Zaledwie po kilku miesiącach Roy Thomas przekazał mu również *Fantastic Four*.

Thomas miał zresztą pełne ręce roboty, gdyż zajmował się wyłuskiwaniem młodych talentów ze świata fanzinów i konwentów. Znał mnóstwo ludzi, którzy dorastali, wchłaniając styl Lee, a teraz byli na studiach i nie mogli się doczekać rozpoczęcia pracy w branży. Co Marvel miał do stracenia, zatrudniając ich, skoro sprzedaż i tak leciała na łeb, na szyję? W pewnym sensie, na mniejszą skalę, była to powtórka trudności, z jakimi borykało się przez parę ostatnich lat Hollywood – porażki wysokobudżetowych produkcji i sukces takich filmów, jak *Easy Rider* czy *Bonnie i Clyde*, przekonał producentów, że równie dobrze mogą dać pieniądze pełnym werwy absolwentom szkół filmowych i liczyć na cud. Zagorzali fani komiksów przyjeżdżali do wydawnictwa z całego kraju, choć były miasta, takie jak St. Louis, Indianapolis czy Detroit, gdzie działały zorganizowane komórki fandomu i starannie pielęgnowano komiksowe obsesje. Ciągnęli do Nowego Jorku na comiesięczne spotkania organizowane przez Roya Thomasa w jego mieszkaniu, zwane Pierwszymi Piątkami. Czasem bywali tam Bill

Everett, Neal Adams, Denny O'Neil i Archie Goodwin, gotowi wspomóc młodych i ambitnych radą.

Budowanie siatek kontaktów przez wydawnictwa trwało już od paru lat i zaowocowało czarno-białymi komiksami grozy Jima Warrena i kolorowymi horrorami DC Comics. Jednak do roku 1972 napływ nowych ludzi osiągnął masę krytyczną. Rysownik Jeff Jones przejął opiekę nad Pierwszymi Piątkami i rozwinął ich formułę, zaś Neal Adams i Dick Giordano założyli własne studio, Continuity, które pomagało początkującym artystom w zdobyciu potrzebnego doświadczenia. Rozpoczynające działalność Skywald Publications zaczęło zatrudniać ludzi. Marvel również otworzył swoje podwoje. Od pięciu lat, od czasu Steranko i Adamsa, praktycznie nikt nie zdołał przebić się w Domu Pomysłów, a ci, którym się udało, musieli ostro walczyć z szarą codziennością. Od przyjazdu z Anglii Barry Smith żył praktycznie na walizkach; Rich Buchler z Detroit żywił się pełnoziarnistymi krakersami i kanapkami z zapiekanym serem. Jednak już w trakcie tych paru miesięcy od awansowania Roya Thomasa na redaktora naczelnego Marvel wypuścił na rynek kolejne tytuły, pod którymi podpisało się kilkanaście debiutujących w wydawnictwie nazwisk; młodzi rysownicy starannie wykorzystali charakterystyczne cechy stylu poprzedników, łącząc je ze swoją nierzadko skomplikowaną i złożoną kreską.

Pojawili się także nowi scenarzyści, przy czym wielu z nich wywodziło się z aktualnie zatrudnionego personelu. Steve Englehart, brodaty okularnik i sumienny redaktor z Indianapolis, przejął stanowisko Gary'ego Friedricha* i zaczął pisać scenariusze *The Defenders*, a potem zajął się kiepsko radzącym sobie na rynku Kapitanem Ameryką. Gdy przejął także *The Avengers*, udało mu się przekonać Thomasa, żeby pozwolił mu napisać ośmioczęściową historię, rozgrywającą się równocześnie w dwóch komiksach; w pierwszym w historii Marvela crossoverze spotkali się Avengers i Defenders. Englehart został pełnoetatowym scenarzystą.

* Friedrich wyjechał z Nowego Jorku po tym, jak jego sąsiad został uduszony w swoim mieszkaniu przez seryjnego mordercę Rodneya Alcalę. Żona Friedricha zasugerowała, że powinni przenieść się z powrotem do Missouri.

Steve Gerber, fan Alberta Camusa, nałogowy palacz o bystrym umyśle, który znał Roya Thomasa jeszcze z Missouri, przejął z kolei wcześniejsze stanowisko Engleharta. Gerber pracował w komisie samochodowym swojego wuja w St. Louis, ale, jak twierdził, wyrzucono go ze względu na nieuleczalną uczciwość. Razem z rodziną żył z talonów żywnościowych, aż dostał pracę jako DJ. Potem zahaczył się w agencji reklamowej, gdzie, w blasku jarzeniówek, pisywał teksty wychwalające pożyczki i konta oszczędnościowe. „Musisz mi pomóc, ja tu umieram", napisał do Thomasa. Pół roku później pracował w Nowym Jorku dla Marvela za sto dwadzieścia pięć dolarów miesięcznie. Dorabiał, pisząc scenariusze *Adventure into Fear*, gdzie występował Man-Thing, odrzut z *Savage Tales*.

Marv Wolfman, urodzony nowojorczyk, to kolejny nabytek Marvela. Wolfman i jego najlepszy przyjaciel z dzieciństwa, Len Wein, byli nierozłączni, a w dodatku podobni do siebie, więc fani ochrzcili ich mianem „LenMarv". Niegdyś zawarli pakt i zobowiązali się do wspólnego zawojowania rynku komiksowego. Zaczęli już w szkole średniej i mozolnie zaliczali wszystkie przystanki na drodze od amatora do profesjonalisty: zwiedzili biura DC Comics, odbijali na ksero fanziny (w jednym z nich Wolfman opublikował debiutanckie opowiadanie Stephena Kinga), organizowali konwenty, a któregoś dnia po szkole zawędrowali nawet do domu Jacka Kirby'ego, gdzie Roz poczęstowała ich kanapkami i mlekiem; jedząc, przyglądali się artyście przy pracy. Gdy zjawili się po raz pierwszy w Marvelu, Flo Steinberg życzyła im wszystkiego dobrego, ale kazała najpierw skończyć szkołę. Po uzyskaniu dyplomu co jakiś czas trafiała im się fucha z DC; stworzyli chociażby nowego czarnoskórego superherosa, ale Carmine Infantino w ostatniej chwili wycofał się z publikacji. Zdecydowali więc, że pora przejść do ofensywy: Wein zamieszkał z Gerrym Conwayem i zajmował się w DC komiksami grozy, zaś Wolfman, który wcześniej pracował w Warren, przeszedł do Marvela, żeby pomóc wydawnictwu przy ich premierowych, czarno-białych komiksach.

Don McGregor – drobny i gadatliwy początkujący filmowiec z Rhode Island, którego wypowiedzi pojawiały się regularnie w rubrykach z listami publikowanymi w komiksach Marvela, autor scenariuszy dla

Warrena – sprzedał dom, przeprowadził się wraz z żoną i dzieckiem na Bronx, zajął się redakcją i korektą tekstów. No i czekał na swoją szansę.

Tony Isabella, zatwardziały katolik i chłopiec na posyłki w Cleveland Plain Dealer, przeniósł się do Nowego Jorku, żeby objąć posadę asystenta Sola Brodsky'ego, który wrócił do pracy w Marvelu i zajmował się adaptowaniem komiksów na rynek brytyjski. Isabella pomagał mu też z tytułami o potworach.

„Czułem się, jakbym oglądał film sprzed trzydziestu lat – wspominał Jim Salicrup, który został nieoficjalnym stażystą Marvela w 1972 roku, w wieku piętnastu lat – do tego z wielką gwiazdą w obsadzie i debiutantami na drugim planie, którzy dopiero za parę lat dorobią się sławy. Pamiętam, że gapiłem się z otwartymi ustami na Billa Everetta, który wraz ze Steve'em Gerberem pracował nad kolejnymi numerami *The Sub-Marinera*. Takie nietypowe duety wchodziły i wychodziły przez cały czas". Bill Everett podupadł na zdrowiu, upomniały się o niego lata pijaństwa. Mimo że nie pił od trzech lat, w drugiej połowie 1972 roku dopadł go atak serca. Zmarł w lutym następnego roku w wieku pięćdziesięciu pięciu lat. Niedługo po nim z powodu wylewu odszedł pięćdziesięciodziewięcioletni Syd Shores. Stan Lee miał już na karku pięćdziesiątkę. Średnia wieku rysowników pracujących przy sztandarowych komiksach o superbohaterach – *The Amazing Spider-Man*, *The Avengers*, *Captain America*, *Daredevil*, *The Fantastic Four*, *The Incredible Hulk*, *Iron Man*, *The Sub-Mariner* oraz *Thor* – wynosiła czterdzieści trzy lata. Za to średnia scenarzystów – dwadzieścia trzy lata.

Marvel Comics czekały wielkie zmiany.

5

Stan Lee pojawiał się w biurze kilka razy w tygodniu i nadal zajmował się akceptacją okładek. Kiedy nie analizował raportów finansowych, zestawień zysków i strat oraz bilansów rocznych lub nie podpisywał umów licencyjnych na postaci Marvela* i nie spędzał czasu na spotkaniach z szefem Cadence, Sheldonem Feinbergiem, przemawiał na uniwersytetach i spotykał się z producentami, usiłując przenieść Spider-Mana i Hulka na duży ekran. Prędko zmęczył się korporacyjnym żywotem i pojął, że szefowanie wydawnictwu nie jest na jego nerwy.

Mniej więcej w tym samym czasie na scenie pojawił się Albert Einstein Landau, syn Jacoba Landau, założyciela Jewish Telegraphic Agency i chrześniak Alberta Einsteina. Al Landau prowadził firmę fotograficzną i agencję prasową pod szyldem Transworld Features, która od lat dostarczała materiały do magazynów Martina Goodmana. Ostatnimi czasy często spotkał się z Chipem – byli sąsiadami na Fire Island – i gdy tylko ten poznał go z Feinbergiem, zaczął swoją kampanię pochlebstw. Landau zaprosił Feinberga do swojego domu na partyjkę tenisa, pochwalił się swoimi osiągnięciami i rzucił kilka pomysłów na usprawnienie interesu. Być może Feinberg ujrzał w tym niskim, opryskliwym i agresywnym człowieku odbicie samego siebie. I jeszcze zanim Chip otrzymał informację o rezygnacji Stana Lee, Feinberg zdążył już zatrudnić Landau. Było po sprawie, zaś pozycja Chipa spadła o kolejny szczebel.

* Rok 1973 przyniósł dwie korzystne umowy licencyjne, dzięki którym w sklepach pojawiły się takie oto produkty z logiem Marvela: płyny do kąpieli, zestawy do kolorowania, kostiumy halloweenowe, walkie-talkie, kalendarze, balony i klaksony rowerowe.

„Chip się wściekł, tak samo Martin i Jean – wspominała żona Chipa, Roberta. – Mieli Ala za kompletnego ściemniacza, który zupełnie nie orientuje się w branży, bo przez całe życie robił coś zupełnie innego. Wykorzystał Chipa, żeby ten poznał go z Shellym [Feinbergiem], i wcisnął się pomiędzy nich".

Kontrakt Chipa wkrótce wygasł i gdy pokłócił się z Landau, postawiono mu ultimatum: „Odejdziesz, czy mam cię zwolnić?", zapytał go Al.

Choć nie był już prezesem, Lee pozostał na stanowisku wydawcy Marvel Comics, a po odejściu Chipa odpowiadał również za magazyny, lecz to na Roya Thomasa spadła odpowiedzialność za przerzucenie pomostu pomiędzy kwestiami biznesowymi i redaktorskimi. Jednym z jego pierwszych zadań jako redaktora naczelnego była dalsza dywersyfikacja Uniwersum Marvela. Próba pozyskania czarnoskórych czytelników za pomocą bohaterów, takich jak Falcon czy Luke Cage, okazała się średnio udana i sprzedaż klarowała się na średnim poziomie, lecz mimo to podjęto kolejny niewprawny zabieg mający na celu przyciągnięcie do Marvela nowej grupy czytelniczej – kobiet. Na półki trafiły trzy pozycje ostentacyjnie eksploatujące tematy feministyczne*. Dla podniesienia autentyzmu całego przedsięwzięcia (choć, zależnie od poziomu cynizmu obserwatora, mógł to być jedynie chwyt reklamowy) za wszystkie trzy nowe tytuły miały odpowiadać kobiety. Niestety, wówczas w Marvelu nie zatrudniano żadnej scenarzystki, więc Thomas improwizował. Do pracy zaprzągł swoją żonę Jeanie, a także świeżo poślubioną przez Herba Trimpe'a, rysownika *Hulka*, Lindę Fite, oraz Carole, małżonkę regularnego konwentowicza Phila Seulinga. Lee obmyślił kształt nowych publikacji w ciągu zaledwie jednego dnia, a ich tytuły mówiły same za siebie: *Night Nurse*, *The Cat* i *Shanna the She-Devil*. W dobie popularności piosenki Helen Reddy *I Am Woman* oraz premierowego magazynu „Ms." historyjki o szpitalnych wolontariuszkach,

* Nowa taktyka wydawnictwa była widoczna także w istniejących tytułach. Na przykład w *Daredevil #91* grupka kobiet wyraża swój podziw dla Black Widow: „Oto kobieta, która ma własne zdanie – cieszyły się – istna Gloria Steinem w kostiumie!".

seksbombach w obcisłych kostiumach i królowych dżungli trudno było nazwać rewolucyjnymi*. Lee sugerował później, że tytuł *Night Nurse* to pozostałość po poprzednim szefie: „Martin Goodman zawsze powtarzał, że w pielęgniarkach tkwi coś niemożebnie seksownego. Nigdy do końca nie mogłem pojąć, o co mu chodziło". Od początku projekt pachniał porażką. Dla Fite, byłej sekretarki Marvela, która jako jedyna z całej trójki miała jakiekolwiek doświadczenie pisarskie, problemem był już sam tytuł. „Roy, czemu w tytule pojawia się słowo *cat*? Czy faktycznie chodzi nam o kociaki?", pytała.

Podobnie jak Luke Cage, superbohaterka o ksywce Cat została poddana eksperymentom medycznym, w wyniku których zyskała nadludzkie moce. Poza wyjątkową siłą fizyczną Greer Grant, niegdyś usłużna gospodyni domowa, została obdarzona także wyjątkową „kobiecą intuicją" (dwa lata później została wystawiona na działanie promieniowania, które przemieniło ją w pokrytą pręgowanym futrem, kocią bohaterkę imieniem Tigra; jej kostiumem było zwyczajne bikini). Niestety, Wally Wood, którego Stan Lee zatrudnił do narysowania okładki *The Cat #1*, nie zrozumiał, że komiks ma mieć wydźwięk feministyczny, i posłał do Marie Severin ilustrację przedstawiającą kompletnie nagą bohaterkę. Severin musiała więc, jak zwykle, uporać się z wybrykami kolegów i wymazała z okładki sutki oraz doskonale widoczne włosy łonowe.

Carole Seuling zostawiła *Shannę the She-Devil* po zaledwie paru miesiącach i Thomas przekazał tytuł w ręce Steve'a Gerbera, który potraktował komiks jako pretekst do podzielenia się swoimi przemyśleniami na temat sensu istnienia. Wyciągnięta na łóżku w swoim bikini w cętki leoparda,

* Marvel wkrótce wrócił do swoich dawnych sztuczek: w *My Love #25* (wrzesień 1973 roku, historia *Żaden mężczyzna nie jest moim panem* napisana przez Lee) młoda kobieta imieniem Bev fascynuje się feminizmem, ale brak jej męskiego autorytetu; po paru randkach z dobrze wychowanymi mydłkami wraca do niechluja, z którym spotykała się wcześniej. Ten rozstawia ją po kątach i mamrocze „Ja Tarzan! Ty Jane!". Na ostatniej stronie widnieją słowa „I tak właśnie miało być!", zaś ostatni nagłówek mówi: „To początek czegoś wspaniałego!". Wewnętrzna notatka firmowa z 1974 roku przypominała o rezygnacji z formatu komiksowego „w razie kolejnej próby zdobycia kobiecej grupy czytelniczej".

czytając *Obcego* Camusa, Shanna rozmyśla: „Co ja tutaj robię? Przemykam przez dżunglę niczym jakaś filmowa bogini z lat czterdziestych? Chciałam uciec od miasta... od przemocy... od plastikowego krajobrazu. Co mam więc dalej zrobić? Zbudować domek na drzewie, który mógłby rywalizować z Plazą? Zakochać się bez reszty, jak nieodpowiedzialny podlotek, w Patricku? Jestem na to zbyt cywilizowana. Powinnam rzucić to wszystko, zostawić przeszłość, spróbować czerpać z życia i jego żywiołów jak najwięcej, przetestować samą siebie, doprowadzić na skraj. Zobaczymy chociaż, czy jestem tą nadludzką »diablicą«, za jaką mnie mają!".

Night Nurse borykała się z własnymi problemami: pod koniec października, po powrocie z weekendu spędzonego w Vermont, Jean Thomas oznajmiła Royowi, że od niego odchodzi. Ich problemy małżeńskie pojawiły się już znacznie wcześniej, gdy po skończeniu studiów na Hunter College Jean szukała pracy i Lee zaproponował jej posadę sekretarki, lecz szybko wycofał swoją ofertę. „Są u nas pewni ludzie, nazwisk nie znam, którym wydawało się, że będzie ich dla mnie szpiegować w te dni, kiedy pracuję w domu, więc została wykluczona jako potencjalna sekretarka – opowiadał Thomas. – Jeanie uważała, że w takiej sytuacji powinienem odejść, ale starałem się odroczyć podobną decyzję, próbowałem ją przekonać, aż wreszcie uznała, że minął moment, w którym mogłem zachować się szarmancko. Uznała, iż oblałem test, bowiem nie wstawiłem się za nią". Zresztą on sam zawiódł się na swoich współpracownikach, którzy, jego zdaniem, wykazali się względem niego brakiem lojalności. Szkoda została wyrządzona. Uraz do Marvela Thomas pielęgnował w sobie jeszcze przez lata.

Po dziewięciu miesiącach wszystkie trzy tytuły dla kobiet poszły pod nóż. „Szkoda – lamentował Thomas. – Czarni kupowali komiksy o białych, ale biali nie kupowali komiksów o czarnych. Zaś przekonanie chłopców, żeby czytali komiksy o dziewczynach, graniczyło z niemożliwością"*. Porażka

* Trudno było jednak poręczyć za szczerość zamiarów Marvela. Stan i Romita po cichu pracowali nad komiksami dla „Playboya", w których występowały postaci takie jak Lord Peckerton i Clitanna the Hight Priestess; pierwszy numer miała otwierać ilustracja przedstawiająca władcę „imperium zmysłów", gdzie za podnóżki służą

nie oznaczała całkowitej rezygnacji z postaci kobiecych; na łamy istniejących komiksów o superbohaterach wprowadzono Thundrę, wojującą feministkę, która zagościła w *The Fantastic Four;* Mantis, wietnamska była prostytutka, pojawiła się w *The Avengers*; zaś w *Marvel Team-Up* wystąpiła złowroga Man-Killer. Żadna z nich nie była jednak materiałem na wzór dla młodych czytelniczek*.

Tak czy inaczej strategię firmy ukierunkowano na „mniejszości" i w lecie 1973 roku, po tym, jak ostatnie numery *Night Nurse* i *The Cat* po cichutku zniknęły ze stojaków z prasą, szybko zastąpiono je kolejnymi publikacjami i ze zdwojoną siłą wznowiono walkę o czarnoskórych czytelników. Luke Cage stał się częstym i prestiżowym gościem w *The Amazing Spider-Man*, zaś jego solowy komiks, jak subtelnie informował Marvel, „zostanie w dużej mierze pozbawiony języka slangowego". Afroamerykańska *bad girl* Nightshade walczyła z Kapitanem Ameryką i Falconem; Jim Wilson wrócił na łamy *The Incredible Hulk*. Na potrzeby *Tomb of Dracula* Marv Wolfman odkurzył Blade'a, czarnoskórego łowcę wampirów w ciemnych okularach i z pasem amunicji przewieszonym przez tors, którego wymyślił jeszcze w latach sześćdziesiątych**. Komiks o dwóch kumplach kowbojach *Reno Jones and Kid Cassidy: Gunhawks* po podjęciu decyzji o uśmierceniu białego rewolwerowca przemianowano na *Reno Jones, Gunhawk*. Ostatnie numery *Shanna the She-Devil* posłużyły do wprowadzenia postaci Nekry, mutantki-albinoski, córki afroamerykańskiej sprzątaczki; jej podstępny

roznegliżowane panienki. „Playboy", próbując rzucić wyzwanie publikowanym przez „Penthouse" paskom *Wicked Wanda*, domagał się więcej pikanterii, więcej S&M. Romita, przy wsparciu Lee, zaprotestował. „Był to jeden jedyny raz, kiedy Stan zrezygnował z możliwości zarobienia jakiegoś grosza", powiedział później Romita.

* W komiksach Marvela feministki pełniły identyczną rolę co czarnoskóre bojówki parę lat wcześniej – były destrukcyjną siłą, która zagrażała kolektywnym osiągnięciom społeczeństwa amerykańskiego. Wystarczy porównać słowa Cat z wydanego w 1973 roku *Marvel Team-Up #8* („Jeśli nikt jej nie zatrzyma, zniszczy wszystko, o co kobiety walczyły… te cenne drobiazgi, które zdobyłyśmy!") i Falcona z *Captain America #126* z 1970 („Są jak czarnoskóra wersja KKK! Głoszą nienawiść do białych! Mogą przekreślić nasze dokonania z ostatnich stu lat!").

** Blade urodził się w angielskim burdelu, a walki wręcz nauczył go jazzowy trębacz.

charakter był, co mało zaskakujące, powiązany z kryzysem tożsamości. Inni nowi czarnoskórzy bohaterowie zostali przepuszczeni przez filtr egzotyki: w *Supernatural Thrillers* Steve Gerber i Rich Buckler wprowadzili postać N'Kantu, żywej mumii; Len Wein i John Romita na potrzeby *Strange Tales* wymyślili haitańskiego szamana posługującego się pseudonimem Brother Voodoo; wreszcie – Don McGregor wespół z Richem Bucklerem przenieśli Black Panther do jego rodzinnej Wakandy w *Jungle Action*, gdzie w latach pięćdziesiątych przedrukowywano imperialistyczne fantazje białego człowieka.

McGregor od paru miesięcy zajmował się redakcją i korektą, czekając na swoją szansę przebicia się jako scenarzysta; jeden z tytułów szczególnie przykuł jego uwagę. „*Jungle Action* opowiadało o jasnowłosych bogach i boginiach dżungli ratujących miejscowych przed niebezpieczeństwem – mówił. – Nie mogłem uwierzyć, że Marvel publikuje coś tak jawnie rasistowskiego". Niespodziewanie poinformowano go, że profil wydawanych od dwudziestu lat szmir z Lo-Zarem, Tharnem i Jannem z dżungli zostanie zmieniony. *Jungle Action* miało się stać nowym domem Black Panthera; jego przygody w ojczyźnie miał opisać właśnie McGregor. „Ten komiks miał śladową sprzedaż i stwierdzili zapewne, że mogą przekazać go w moje ręce, tytuł padnie, a oni będą mieli czyste sumienie, bo przecież dali mi szansę".

Lecz wzgardzone *Jungle Action* okazało się doskonałym miejscem dla specyficznych wizji McGregora; z uwagi na fakt, że był to projekt o niewielkim priorytecie i niskim prestiżu, nikt nie spoglądał mu na ręce. Jego scenariusze czytano na samym końcu, więc nie było już czasu na wprowadzanie ewentualnych zmian czy poprawek. Z rysownikiem Richem Bucklerem (którego potem zastąpił artysta afroamerykański Billy Graham) McGregor bez zbędnej zwłoki rozpoczął pracę nad gęstą, trzynastoodcinkową sagą *Gniew Pantery*, w której alter ego Black Panthera, T'Challa, powraca do swojej ojczyzny i jest zmuszony zmierzyć się ze swoimi wrogo nastawionymi krajanami, którzy mają mu za złe, że dołączył do Avengers.

Zaledwie dwa lata wcześniej, w jednym z numerów *The Fantastic Four*, Marvel przechrzcił Black Panthera na Black Leoparda; wydawnictwo nie chciało, żeby ich heros był kojarzony z organizacją Czarnych Panter. „Nie potępiam i nie popieram tych, którzy przyjęli to imię", powiedział T'Challa Thingowi, starannie dobierając słowa. McGregor uwikłał jednak swojego bohatera w politykę i podjął trudne tematy związane z patriotyzmem i definicją męskości. Kostium T'Challi ze złotymi łańcuchami, w którym czasami paradował, przypominał ubiór Isaaca Hayesa z filmu *Wattstax*, lecz chodziło mu o oddanie popularnej wśród czarnoskórych Amerykanów we wczesnych latach siedemdziesiątych mody i nawiązanie do tradycyjnych afrykańskich strojów, a nie wpisanie swojego komiksu w nurt bezmyślnego *blaxploitation*. McGregor włożył sporo serca w swoich bohaterów; powagę (oraz nadzwyczajną gadatliwość), którą wniósł do komiksu, znakomicie obrazuje opis amerykańskiej dziewczyny Panthera Moniki Lynne: „Niegdyś była piosenkarką... Arethą Franklin, oczywiście na mniejszą skalę... ostatnio pracowała w opiece społecznej... aż słowa cichego, elokwentnego mężczyzny przekonały ją, że może żyć inaczej... tutaj, w tym raju w głębi dżungli"). McGregor miał pełną kontrolę nad swoim komiksem i nieźle się przy tym bawił: ostatnie strony każdego zeszytu wypełniał rysunkami chętnych do wolontariatu pracowników Zagrody, mapami, galeriami, a także tekstami; wiedział, że jeśli zostawi puste miejsce, zastanie tam przedruki starych, rasistowskich historyjek.

Jungle Action i tak nie mogło przetrwać w podobnej formie z uwagi na upór McGregora, który całkowicie zrezygnował z białych postaci, nawet na drugim planie; nie chciał też widzieć u siebie superbohaterów na gościnnych występach. „Moje zdanie brzmiało następująco – skoro mieliśmy do czynienia z odizolowanym od świata afrykańskim kraikiem, skąd by się tam wzięli biali ludzie?", pytał. Jego *Jungle Action* było jedynym amerykańskim komiksem głównego nurtu z wyłącznie czarnoskórymi bohaterami. Sprzedaż nadal utrzymywała się na niezadowalającym poziomie, a Marvel nie znajdował żadnych okoliczności łagodzących. Stanowisko McGregora przez jakiś czas pozwalało mu jednak sprawować kontrolę nad pracami redakcyjnymi; miał układ z Steve'em Gerberem, który brzmiał: „Ty nie mieszasz w moich komiksach, ja nie mieszam w twoich", podsumowywał McGregor.

Steve Gerber ofertę zaakceptował, nie lubił bowiem, gdy ktoś wprowadzał zmiany w jego pracach; nie potrafił zresztą przystosować się do obowiązującego szablonu. „No to świetnie! – mówił nastolatek w pierwszym komiksie, który napisał dla Marvela. – Idą w naszą stronę ci sami goście, którzy zaczepili nas pod sklepem z fifkami!". Podobne słowa nigdy nie przeszłyby w *Spider-Manie*. Gerber zaczynał od pisania horrorów, które uznał za „skrajne nudziarstwo", lecz praca poza kręgiem komiksów o superbohaterach dała mu szansę na pewne eksperymenty. Hasło reklamowe *Adventures into Fear* brzmiało: „Od płonącego dotyku Man-Thinga cierpią ci, którzy poznali smak strachu!". Znakomicie podsumowywało to motywację stojącą za poczynaniami nieposiadającego wyrazistej osobowości stwora, który błąkał się po bagnach otaczających miasteczko Citrusville na Florydzie, doprowadzając do agonii śmiertelnie wystraszonych nieszczęśników. Kiedy tytuł trafił do Gerbera, ten musiał rozpisać komiksowy świat praktycznie na nowo, żeby nadać mu sens. Bagna przy Citrusville nazwał „skrzyżowaniem wszechświata" i wprowadził rozbudowane, aczkolwiek nieco dziwaczne postaci drugoplanowe: nastoletnich Jennifer i Andrew Kale'ów oraz ich dziadka Joshuę, którzy należeli do czczącego Atlantydów kultu zwanego Zhered-Na; czarnoksiężnika imieniem Dakimh; brygadę wściekłych budowlańców; a także Korreka, barbarzyńcę, który wyskakiwał ze słoika z masłem orzechowym. No i był jeszcze Wundarr, tak wierna podróbka Supermana, że DC groziło Marvelowi procesem (mało brakowało i rozdrażniony Lee odsunąłby Gerbera od komiksu), a także gadający kaczor Howard, który miał się ukazać Gerberowi w trakcie swoistej wizji doznanej w jego własnym domu w Brooklynie podczas pisania kolejnego scenariusza; ponoć akurat wsłuchiwał się w latynoamerykańskie przeboje, które uwielbiał jego sąsiad zza ściany.

Niesamowite, że to wszystko osiągnął bez wspomagania się środkami odurzającymi. „Był jednym z tych kolesi, którzy mieli fioła na punkcie zachowania trzeźwości umysłu – powiedział Steve Englehart. – Dziwaczność

Gerbera brała się prosto z jego id". W wieku dwudziestu paru lat, jeszcze mieszkając w St. Louis, Gerber nie brał czynnego udziału w hipisowskim życiu, był zaledwie obserwatorem. „Myślałem zbyt analitycznie, miałem do wielu rzeczy świadomy, odpowiednio umotywowany, krytyczny stosunek i nie chciałem się całkowicie zatracać w tej ich filozofii. Wydała mi się płytka, poza tym cała ta kultura była według mnie za bardzo naznaczona przemocą". Z jego outsiderskiej perspektywy żadna ideologia – lewicowa, prawicowa czy pośrednia – nie była bezpieczna. Foolkiller, oszalały religijny mściciel z bronią strzelającą „promieniami oczyszczenia"; Holden Crane, ohydny, plujący jadem radykał; i F.A. Schist, łasy na pieniądze przemysłowiec – cała trójka została szybciutko zgnieciona rękoma Gerbera. O ile McGregor był śmiertelnie poważny, tak Gerber miał naturę urodzonego satyryka, który niemal mimochodem szydził z każdego, kto mu się nawinął. Któregoś dnia miał napisać w zastępstwie jeden z numerów *Captain America* i stworzył Vipera, zgorzkniałego, znudzonego pracą w agencji reklamowej łotra. „Przez całe lata – biadolił Viper – tyrałem jak bezimienny tryb w wielkiej maszynie, sprzedawałem produkty innych ludzi, zarabiali dzięki mnie fortunę... z zacisza swojego biura zadawałem kłam wartościom, na których zbudowano ten kraj... teraz zostawiam ten szary świat za sobą!". Po latach czytania srogich, ale szczerych wykładów na temat obywatelskich obowiązków, czytelnicy nie bardzo wiedzieli, jak mają odczytywać dość specyficzną krytykę społecznego ładu, której podjął się Gerber – czy ten facet faktycznie mówił serio?

Niedługo potem spróbował swoich sił przy *Iron Manie*, *Sub-Marinerze* i *Daredevilu*, gdzie w jednej z historii pojawiał się wydawca „Rolling Stone'a" Jahn Wenner oraz wściekły hipis Angar, który zarażał ludzi nieudanymi tripami. W *Marvel Two-in-One*, serii z udziałem Thinga i pojawiających się gościnnie superbohaterów, Gerber zademonstrował, że włada swoim własnym kawałkiem Uniwersum Marvela, gdzie Daredevil i Wundarr mogą współistnieć. Nadal jednak czuł się najlepiej, gdy mógł tworzyć bez ograniczeń narzuconych przez innych autorów.

Stało się jasne, że Gerberowi będzie szło lepiej jako freelancerowi niż scenarzyście i korektorowi na etacie – bezdech nie pozwalał mu na sen, więc ucinał sobie drzemki przy biurku – toteż McGregor zdecydował się na zatrudnienie w jego miejsce kilku nowych twarzy: najpierw Tony'ego Isabellę, potem Douga Moencha z Chicago i siedemnastoletniego Davida Anthony'ego Krafta z Georgii*. Każdy z nich był również scenarzystą i wszyscy rozumieli zasadę niewtrącania się w sprawy innych autorów.

Roy Thomas wyznawał politykę „rób, co chcesz, i zobaczymy, co się będzie działo dalej", co zaowocowało komiksami nieprzewidywalnymi, a czasem wręcz wywrotowymi. Młodzi twórcy potrafili spojrzeć na superbohaterów z perspektywy powojennego pokolenia. Jeden z byłych prawników Cadence Industries, który czasem wpadał do budynku Marvela, wspominał: „Ludzie siedzieli na schodach, palili zioło dla, jak to mówili, »inspiracji«. Panowała zupełnie inna atmosfera niż w jakiejkolwiek innej firmie, w jakiej byłem".

Freelancer Jim Starlin, wychowany w Detroit weteran wojny w Wietnamie z przetłuszczonymi włosami, który przeżył katastrofę helikoptera na Sycylii i umykał przed wybuchami w Azji Południowo-Wschodniej, rysował ponurych, brutalnych superbohaterów, co było jego sposobem na radzenie sobie ze złością. Steve Englehart, który pogrzebał swojego najlepszego przyjaciela ze szkolenia wojskowego, unurzał swoje komiksy w lewicowej polityce. Stan Lee, mistrz postawy asekuracyjnej, przez lata unikał opowiadania się po którejś ze stron, zaś Starlin, Englehart i ich koledzy chcieli głośno manifestować swoje poglądy.

Oczywiście nowym nabytkom nie pozwolono nawet zbliżyć się do tytułów, takich jak *The Amazing Spider-Man*, *Fantastic Four*, *The Incredible Hulk* czy *The Mighty Thor* – wszystkie bestsellery były zarezerwowane dla Thomasa lub cudownego dziecka, Gerry'ego Conwaya. Wymienione komiksy musiały trzymać się pewnej formuły i zostały skrojone według

* Roy Thomas w 1973 roku zaoferował jeden z etatów dziewiętnastoletniemu Gary'emu Grothowi, który zostanie potem jednym z zagorzałych krytyków Marvela i redaktorem „Comics Journal". Dlatego też sama myśl o nim jako o pracowniku Marvela może przypominać historyjkę o Fidelu Castro na testach w drużynie baseballowej w Washington Senators.

określonego wzorca, przez co, choć profesjonalnie napisane i narysowane, mogły się wydać monotonne – nie było wątpliwości, że muszą wyglądać dokładnie tak, jak chciał tego Stan. Conway boleśnie się o tym przekonał.

Szukając sposobu na potrząśnięcie światem Spider-Mana, Thomas i Conway dyskutowali nad pomysłem uśmiercenia jednej z postaci drugoplanowych. Ciotka May – podstarzała, serdeczna, sprawiająca wrażenie, jakby ciągle znajdowała się u progu śmierci – była logicznym wyborem. Kiedy jednak usłyszał o tym John Romita, zaproponował jeszcze odważniejsze rozwiązanie: niech zabiją dziewczynę Petera Parkera, uroczą Gwen Stacy. Conway uznał, że to genialne posunięcie.

„Była zupełnie zbędna, ładna buzia i nic więcej – powiedział. – Nie wnosiła do komiksu niczego wartościowego. Nie mogłem pojąć, w jaki sposób Peter Parker skończył u boku laseczki tak bezbarwnej. Peter Parker mógł się związać tylko z osobą z problemami, a ona nie miała absolutnie żadnych. Gwen Stacy była idealna! Tworząc ją, Stan dał upust swoim fantazjom. Sam ożenił się z bardzo piękną kobietą – Joan Lee jest bardzo atrakcyjną blondynką – która była dla niego chodzącym ideałem. Myślę, że Gwen stała się odbiciem jego żony w tym samym stopniu co Sue Storm. I to była jego słaba strona, istna pięta Achillesowa. Zadziwiające, że stworzył też Mary Jane Watson, prawdopodobnie najbardziej interesującą postać kobiecą w historii komiksu, i kompletnie ją zaniedbał. Zamiast uczynić ją dziewczyną Petera Parkera, zrobił z niej dziewczynę jego najlepszego przyjaciela. Nie mogłem się z tym pogodzić, wydawało mi się to głupie, niewłaściwe. Uśmiercenie Gwen było więc logicznym, o ile nie nieuniknionym wyjściem".

Thomas podzielił się z Lee swoimi planami. „Nie miał nic przeciwko, o ile można tak powiedzieć, bo nie zwracał na nas zbyt dużej uwagi – mówił Conway. – Był wówczas zajęty poszerzaniem oferty wydawnictwa, umacnianiem swojej pozycji oraz promowaniem własnej osoby. Chciał pokazać szefom firmy, że jest poważnym graczem. Kiedy przestawał pracować nad jakimś komiksem, przestawał też o nim myśleć, więc gdy dał sobie spokój ze *Spider-Manem*, stracił nim zainteresowanie i w sumie dał nam wolną rękę".

Conway, Romita i Gil Kane stworzyli historię, w której Green Goblin porywa Gwen Stacy i zrzuca ją z wierzchołka mostu imienia Jerzego Waszyngtona; jeden z nich dodał sugestywną onomatopeję w kadrze, na którym Spider-Man łapie Gwen w swoje sieci, dając tym samym do zrozumienia, że to nie upadek, a uraz kręgosłupa doznany podczas nagłego kontaktu z siecią przyczynił się do jej śmierci.

Gdy komiks trafił na półki, czytelnicy ledwie mogli złapać oddech.

„Stan przypomniał sobie o komiksie, dopiero kiedy studenci nakrzyczeli na niego podczas jednego ze spotkań na uniwerku – wspominał Conway. – Zamiast postawić się i zachować jak prawdziwy szef, Stan powiedział: »Ja nic nie wiem! Musieli to zrobić, kiedy wyjechałem z miasta! Przecież nigdy bym na to nie pozwolił!«. Prasa fanowska mnie zniszczyła i nie miałem żadnego wsparcia od Stana, który dalej twierdził, że nie widział tego scenariusza na oczy, co naprawdę sponiewierało mnie emocjonalnie. Rzucił mnie na pożarcie. Po raz pierwszy lubiana postać została zabita na łamach głównej serii. Nie mogłem nawet pokazywać się na konwentach".

„Sama myśl, że nasza trójka lub w ogóle któryś z nas spróbowałby przemycić do komiksu śmierć Gwen Stacy, była absurdalna – powiedział Roy Thomas. – Poza tym Stan nigdy nie wyjeżdżał z miasta na wystarczająco długo". Okazało się, że Lee faktycznie pragnie jedynie tego, o czym powiedział przed laty Royowi Thomasowi: nie miał zamiaru naprawiać czegoś, co nie było popsute; chciał jedynie „iluzji zmiany".

Podczas spotkania na Penn State Lee dowiedział się od studentów, że uśmiercono jeszcze jedną postać; tym razem Len Wein pozbył się któregoś z drugoplanowych bohaterów *The Incredible Hulk*. „Mówiłem im, żeby nie zabijali zbyt wielu ludzi", zapewniał Lee i obiecał, że Gwen Stacy powróci.

Nie dość, że Conway oswajał się z myślą, że nie uda mu się dokonać rewolucji, to został poproszony o przyłączenie się do kolektywnego ubijania marketingowej piany, po tym jak firma zabawkarska Azrak-Hamway zaproponowała Marvelowi umowę licencyjną na wyprodukowanie samochodu Spider-Mana. Lee zarządził prace nad projektem czegoś, co miało się nazywać Spider-Mobile.

Conway uważał, że pomysł jest poroniony. Czemu bohater, który może przemierzać miasto za pomocą swoich sieci, miałby tkwić w nowojorskich korkach? Poirytowany Conway zamieścił więc w *The Amazing Spider-Man #126* historię, w której dwóch szemranych biznesmenów prosi Spider-Mana o jazdę próbną w ich nowym aucie, żeby wspomóc sprzedaż. Obaj wyglądali nieco jak Lee i Thomas, zaś adres na wizytówce, którą otrzymał Spider-Man, brzmiał: Madison Avenue 575.

Conwaya trudno nazwać buntownikiem – gdy Jim Starlin i Steve Englehart próbowali przenieść swoje psychodeliczne wizje na papier, on sam o pomieszanie w głowie Normanowi Osbornowi (i co za tym idzie, zamordowanie Gwen Stacy), którego osobowość stopiła się w jedno ze zbrodniczym alter ego, oskarżał nieudane tripy narkotykowe jego syna Harry'ego. Conway zaczął jednak przemycać do swoich komiksów treści polityczne. Zainspirowany popularnymi powieściami Dona Pendletona z serii *Executioner*, stworzył nową postać – Punishera. Niczym Mack Bolan u Pendletona, Punisher również był weteranem wojny wietnamskiej, który mścił się na gangsterach za zamordowanie jego rodziny. Różnica polegała na tym, że bohater Bolana – krzepki, pozbawiony wdzięku i nieustannie wkurzony – to mimo wszystko bohater pozytywny, zaś Punisher jest skrajnie niebezpiecznym maniakiem. I choć czytelnik mógł wykrzesać dla niego iskrę współczucia, to nie da się ukryć, że był czarnym charakterem, zaś historie z jego udziałem opowieściami ku przestrodze.

Conway największą pogardę żywił nie dla Doctora Octopusa czy Kingpina, ale dla nowo stworzonych szwarccharakterów, którzy sprzedali swoich lewicujących rodaków, jak etiopski superłotr Moses Magnum (nagłówek mówił, że niegdyś zawarł umowę z samym Mussolinim), południowoamerykański rewolucjonista znany jako Tarantula (który wydał swoich kolegów rebeliantów dyktatorskiej władzy) i francuski złoczyńca Cyclone, zatrudniony w NATO inżynier konstruujący na boku śmiercionośne urządzenia.

Nastoletni fani Spider-Mana nie przejęli się zbytnio wyczynami Conwaya, lecz wkrótce po tym, jak Stan Lee dostał po łapach za śmierć Gwen Stacy, dwudziestodwuletni Conway wpadł na kolejny pomysł, który miał zmrozić krew w żyłach rzeszy dwunastolatków; tym razem miał go zrealizować na łamach *Fantastic Four* – plany rozwodowe Reeda i Sue Storm. Lata później pisarz Rick Moody tak opisze tę historię na łamach *Burzy lodowej*, powieści z kluczem traktującej o rozpadzie rodziny: „Sue Richards, z domu Storm, Invisible Girl, jest w separacji ze swoim mężem, Reedem Richardsem. Razem z obdarzonym tajemniczymi mocami synkiem Franklinem mieszka za miastem, z dala od ludzi. Do domu powróci dopiero wówczas, gdy Reed nauczy się rozumieć swoje zobowiązania wobec rodziny i uzna wyższość małżeńskich więzi nad obowiązkami zawodowymi"*. Małżonkom udało się jednak pokonać dzielące ich różnice.

Głosy oburzenia wywołane śmiercią Gwen Stacy zaczynały już cichnąć, kiedy Roy Thomas zobaczył Howarda – gadającego kaczora, którego Gerber i Val Mayerik wcisnęli na łamy *Adventure into Fear* – i uznał, że obecność zabawnej postaci niweluje mroczną atmosferę komiksu. „Zabierzcie go stamtąd jak najszybciej", nakazał Gerberowi. W następnym numerze niezdarny Howard spadł ze skały i został tym samym skazany na zapomnienie.

Fani zareagowali błyskawicznie. „Nasze biuro zostało zasypane listami – wspominał Gerber. – Jeden wariat z Kanady przysłał nam nawet kacze truchło z liścikiem: »Mordercy, jak śmieliście zabić tego kaczora?«. Na San Diego Comics Convention ktoś zapytał Roya, czy Howard powróci, na co wszyscy zgromadzeni w auli ludzie wstali i zaczęli klaskać. Stana ciągle pytano o to samo"**.

Tym razem czytelnicy byli po stronie scenarzysty. Marvel musiał przywrócić Howarda.

„Nie mam czasu na ten komiks – powiedział na samym początku Roy do Steve'a Engleharta – więc ty się nim zajmiesz. Oddasz na czas, sprzeda

* Syn Mr. Fantastica i Invisible Girl przyszedł na świat w 1968 roku, dwanaście miesięcy po ujawnieniu informacji o ciąży Sue. Fantastyczna Czwórka sprawiała wrażenie tworu jeszcze bardziej egzotycznego, gdy próbowano zaakcentować ciepło ich domowego ogniska.

** Podobne pytania wywoływały konsternację, bowiem Stan Lee, twarz wydawnictwa, mógł odpowiedzieć jedynie: „Jaki Howard?".

się, to będziesz go robił dalej; a jeśli zawalisz, wylecisz i w twoje miejsce zatrudnimy kogoś innego".

Mordercze tempo musiał też narzucić sobie Jim Starlin, który walcząc o swoje być albo nie być, ślęczał nad nowym numerem *Iron Mana*, przez ostatnie sześć miesięcy pisanego przez jego współlokatora Mike'a Friedricha. Zdając sobie sprawę, że może już nie mieć podobnej szansy, Englehart przekonał Friedricha, że powinni upchnąć w numerze postaci, które Starlin wymyślił podczas zajęć z psychologii w ośrodku kształcenia ustawicznego w Detroit, gdzie zapisał się po zakończeniu swojego epizodu z marynarką*. Thomas był zadowolony z efektów i do następnego numeru przydzielił Starlina i Steve'a Gerbera, lecz Lee uznał, że gotowy komiks jest koszmarny, i od razu odsunął od niego Starlina, któremu zaproponowano szybką robótkę u boku Alana Weissa przy ostatnim numerze *The Cat*. Przez dwa dni dziewczyna Starlina donosiła im wino i trawkę; w znakomitych nastrojach wypisywali na marginesach głupkowate uwagi i przemycali osobiste żarciki. Stopniowo słabnący duet w noc przed terminem oddania komiksu do redakcji musiał przyjąć w swoje szeregi jeszcze jednego kolegę, który zasugerował zupełnie niespodziewany zwrot akcji: Cat ma torbiel jajnika! Linda Fite, zamiast dopisać dialogi, poszła z przesłanymi do niej stronami prosto do Stana Lee. Ten, wściekły, nazajutrz zadzwonił do Starlina z pretensjami.

Thomas nadal uważał jednak, że Starlin ma potencjał, i zaproponował mu objęcie podupadającego komiksu *Captain Marvel*, którym do tej pory zajmował się osobiście, lecz obowiązki redaktorskie nie pozwoliły mu na dalsze pisanie scenariuszy. Fabuła jawiła się następująco: wojownik o swojsko brzmiącym imieniu Mar-Vell wyrzeka się swojej własnej rasy Kree, żeby chronić Ziemię; dotychczas działał ramię w ramię z Rickiem Jonesem, niegdyś nastoletnim towarzyszem Hulka, teraz irytującym muzykiem aspirującym do miana gwiazdy rocka. Osobowości obu bohaterów były płaskie jak kartka papieru, ale właśnie tego potrzebował Starlin. Kiedy tylko się zadomowił, zalał komiks gościnnymi występami innych bohaterów

* Pojawiły się również plany zmian politycznego profilu *Iron Mana* – dlatego też Stark Industries ogłosiło, że firma będzie się zajmować głównie ekologią, a nie uzbrojeniem.

i poprzetykał strony scenami spektakularnych bijatyk, upewniając się, że *Captain Marvel* będzie się jako tako sprzedawał. Potem zaczął poszukiwać nowych rozwiązań.

„Mieliśmy odmienne punkty widzenia, różne podejście do spraw i wszyscy chcieliśmy osiągnąć zupełnie inne rezultaty, poza tym był to niespokojny czas", mówił Al Milgrom, dowcipniś i samozwańczy członek uniwersyteckiego braterstwa, który znał Starlina jeszcze z Detroit i pracował z nim przy *Captain Marvel.* „Kiedy więc dostaliśmy do dyspozycji te wszystkie postaci, musieliśmy znaleźć pewne punkty wspólne". I tak się faktycznie stało: Starlin chciał eksplorować „drogę ku oświeceniu poprzez dyscyplinę i trening"; głęboko wierzył w ten koncept i to właśnie z tego powodu zahaczył o wojsko. Captain Marvel w rękach Starlina nie był już herosem świadomym swojej mocy i charyzmy, ale mydłkiem niezdającym sobie sprawy z potencjału, jaki w nim drzemie – sam komiks opowiadał nie o potędze i sile, ale słabościach. Po kilku numerach Captain Marvel zyskał większą świadomość, zaś proces ten mógł zostać wywiedziony po części z buddyjskiej Dhammapady, a wzmocniono go hojnie porozrzucanymi tu i ówdzie wykrzyknikami: „Ten człowiek jest zdobywcą! Pokonał próżność i dumę, zobaczył wszechświat takim, jakim jest! Dobrze wie, co musi zostać zrobione, i robi to, ale towarzyszy mu wielki smutek! Ten człowiek zna wszak prawdę i pokój!". Starlin przeniósł na karty *Captain Marvel* postaci, które miały się znaleźć w nieopublikowanym numerze *Iron Mana* – byli to: Thanos, Drax the Destroyer, Mentor, Kronos i Eros – oraz dodał jeszcze parę innych, tworząc w ten sposób wielopokoleniową space operę w rodzaju tej, która wkrótce przyniesie krocie George'owi Lucasowi, choć *Gwiezdne wojny* nigdy nie wyrwą z zawiasów drzwi percepcji.

„Byłem tak samo postrzelony jak każdy, to był czas po aferze Watergate i po Wietnamie – mówił Starlin, który interesował się wówczas motocyklami, szachami i LSD. – Starałem się w każdej ze swoich historii przerobić na własną modłę to, co miałem do dyspozycji, nadać komiksowi autorskiego sznytu. Mar-Vell był wojownikiem, który chciał zostać bogiem, o to właśnie chodziło". Na stronach *Captain Marvel* wszystko mogło się kilkakrotnie i diametralnie zmienić w obrębie jednego tylko zeszytu, nawet sam fakt istnienia czegoś nie mógł być stuprocentowo pewny i potwierdzony. „Gdy nadchodzi moment prawdy, rzeczywistość należy do przeszłości!", wrzeszczał złowrogi władca Thanos, kiedy wszystko wokół zmieniło się niczym odbicia w krzywym zwierciadle. Jego zaciekły wróg Drax odpowiedział: „Mój umysł i moja dusza są jednością... moja dusza... nieśmiertelna i nietykalna, wszystko i nic! Czego nie można zabić, nie można też uwięzić, zaś zniewolenie strachem jest podszyte!". Na następnej stronie znalazło się trzydzieści pięć kadrów powykrzywianych czaszek, twarzy, oczu, gwiazd i jaszczurów, które miały reprezentować zmieniającą się rzeczywistość. *Captain Marvel* stał się niczym innym jak psychodelicznym albumem z dialogami. A sprzedaż rosła. Starlin zaczął otrzymywać listy od fanów, a między kartkami znajdował skręty nadesłane przez wdzięcznych czytelników, którym jego komiks namieszał w głowie.

Tymczasem Englehart działał równie prężnie, choć nie bawił się w psychodelię; na potrzeby *Amazing Adventures* wyciągnął z lamusa postać Beasta, a potem zajął się komiksami *The Defenders*, *Luke Cage** i *Captain America* – pomimo trzydziestoletniej historii, ten ostatni sprzedawał się wyjątkowo słabo. „Akcja miała miejsce w Wietnamie, a tu lata facet z flagą na piersi, wszyscy byli zakłopotani", relacjonował Englehart. Pozbył się więc dotychczasowej retoryki Kapitana i wpoił mu parę liberalno-humanistycznych koncepcji. Pierwsze numery *Captain America* pisane przez Engleharta wyjaśniły tę światopoglądową zmianę w sposób następujący: skoro pod koniec drugiej wojny światowej jego bohater został uwięziony w lodowym bloku, walczący z komunistami Kapitan znany z komiksów z lat pięćdziesiątych musiał się okazać oszustem, zwariowanym patriotą, któremu pomieszało się we łbie od superserum. Zabieg ten średnio przypadł do gustu Johnowi Romicie, który współtworzył rzeczone komiksy,

* Odnośnie do komiksu *Luke Cage, Hero for Hire #8* Englehart powiedział, że rysownik George Tuska – który ignorował poboczne wątki albo odsyłał je Englehartowi z dopiskiem „nie będę tego rysował" – wrobił go w umieszczenie w jednym z dymków kwestii, że Luke Cage jest porządnym „schvartze". Englehart nie zdawał sobie sprawy, że jest to obraźliwe słowo z języka jidysz, określające czarnoskórą osobę. Niezręczne przeprosiny opublikowano trzy numery później. „Co mam wam powiedzieć? – pytał Englehart. – Jestem z Indiany".

ale czytelnicy byli zachwyceni. Zaledwie w ciągu sześciu miesięcy sprzedaż *Captain America* znacząco wzrosła, a Englehartowi powierzono *The Avengers*. Młodzi, zadufani w sobie zadymiarze byli coraz bliżej i bliżej flagowych tytułów wydawnictwa. Pnąc się w górę, Englehart poznał Franka Brunnera, długowłosego artystę z Brooklynu w skórzanej kurtce i z biblioteką pełną książek Carlosa Castanedy i H.P. Lovecrafta w miękkich oprawach. Brunner porzucił niedawno okultystyczny komiks *Doctor Strange*, gdyż nie podobały mu się scenariusze pisane przez ponadsześćdziesięcioletniego weterana Gardnera Foxa. Jego prace nazywał lekceważąco „monstrum miesiąca", gdyż Fox lubował się w nieludzkich złoczyńcach, których niezłomnie umieszczał w każdym numerze. Kiedy Fox odszedł, Roy chciał Brunnera z powrotem i kiedy zapytał go, czy ponownie dołączy do zespołu jako scenarzysta, Brunnerowi przypomniał się facet, z którym rozmawiał na imprezach o kabale, astrologii i satanizmie. Englehart skorzystał więc z okazji i przywrócił komiksowi halucynogenny klimat pamiętany z czasów Stana Lee i Steve'a Ditko.

„Spotykaliśmy się co dwa miesiące, jedliśmy obiad, o dziesiątej byliśmy już nagrzani i pracowaliśmy do trzeciej lub czwartej nad ranem – opowiadał Englehart. – On się zastanawiał, co będzie wyglądało naprawdę świetnie, ja zaś gadałem, gdzie mógłbym zabrać Strange'a w jego podróżach astralnych, a potem łączyliśmy nasze wizje w zadziwiającą całość".

Gdy nie ćpali w domowym zaciszu, imprezowali ze Starlinem, Alem Milromem i rysownikiem Alanem Weissem, wychowanym w Las Vegas psem na baby, który dzielił mieszkanie w Queens z pięcioma stewardessami. Brali razem LSD i włóczyli się po niezupełnie bezpiecznym w owym czasie Manhattanie. „Nowy Jork był dla nas niczym wielka scena – mówił Weiss. – Za dnia i w nocy próbowaliśmy dotrzeć do rejonów, których jeszcze nie zdążyliśmy poznać". Zdarzyło się też, że któregoś dnia ominęli ochronę i łazili po placu budowy World Trade Center. Pewnej lipcowej nocy pojechali do Lincoln Center na pokaz disnejowskiej *Alicji w Krainie Czarów* i wymyślili wówczas fabułę komiksu z Doctorem Strange'em, w którym pojawia się paląca fajkę wodną gąsienica. Potem poszli do urzędu celnego na Manhattanie i wspięli się na rzeźby Daniela Chestera Frencha przedstawiające cztery kontynenty – to wtedy wpadli na pomysł historii z Defenders, w której Doctor Strange przemienia każdą statuę w tysiące żywych żołnierzy, a ci stają naprzeciw hord atlantydzkich najeźdźców.

Zaś w Rutland w stanie Vermont, gdzie odbywała się doroczna, przyciągająca tłumy ludzi z branży parada halloweenowa organizowana przez fana komiksu Toma Fagana, Starlin, Weiss i Englehart usiedli pod wodospadem, otworzyli swoje umysły najszerzej, jak się dało, i przedyskutowali odwieczny temat ludzi naćpanych, czyli Boga. Po paru miesiącach ich wizje – pełne tematyki okultystycznej związanej z druidami, templariuszami, Atlantydą, Iluminatami i Aleisterem Crowleyem – zmaterializowały się w równoległych numerach *Captain Marvel* i *Doctor Strange*. Zły do szpiku kości megaloman Thanos w tym pierwszym komiksie zdobył wszechpotężny Kosmiczny Sześcian i mianował się Bogiem, lecz wyłożył się na szczególe – nikt nie chciał go czcić, jak wyjaśnili łaskawie nasi herosi, a Bóg nie może istnieć bez wyznawców. Do tego w *Doctor Strange* mag pochodzący z trzydziestego pierwszego wieku imieniem Sise-Neg odkrył, że podróżując w czasie, może absorbować energię magiczną Cagliostra, Merlina i kapłanów z Sodomy i Gomory, tym samym gromadząc taką potęgę, że obwołał się Bogiem.

„Kiedy nasz komiks się ukazał – wspominał Brunner – Stan przeczytał go i napisał do nas list, w którym mówił: »Nie możemy pisać o Bogu. Będziecie musieli umieścić na stronach redakcyjnych sprostowanie, że chodziło o boga, a nie o Boga«. Steve i ja zareagowaliśmy ostro, tłumacząc, że o to właśnie w tej historii chodzi i jeśli napiszemy to słowo małą literą, nasz zabieg straci sens. Uknuliśmy więc niezłą intrygę i napisaliśmy do wydawnictwa list od niejakiego wielebnego Billingsleya z Teksasu, w którym opisaliśmy, jak do wymyślonego przez nas duchownego przyszło dziecko z jego parafii z naszym komiksem w ręku i opowiedziało, jakie to wspaniałe dzieło, zaś kapłan mu przytaknął, pisząc: »Ej, to najlepszy komiks, jaki kiedykolwiek czytałem!«". Englehart wysłał ten list z Dallas, gdzie pojechał na święta, upewniając się, że ich przekręt będzie wiarygodny. „Dostaliśmy potem telefon od Roya, który powiedział: »Dzwonię w sprawie tego sprostowania, dajcie sobie z nim spokój, mam dla was list, który wydrukujemy w jego miejsce«. No i w ten sposób daliśmy do druku nasz własny list! Potem się dowiedzieliśmy, że to Jim Starlin wyłowił go z poczty przesyłanej do autorów *Doctor Strange*, otworzył i przeczytał jako pierwszy, a potem, sądząc, że to autentyk, pokazał go Royowi, który z kolei przekazał go dalej, do Stana".

Listy od studentów i dziwaków, do których dołączano paczuszki z marihuaną i wypisywano wyznania w rodzaju: „Lubię sobie przypalić, puścić płytę Pink Floyd i poczytać nowy numer komiksu *Doctor Strange*" nie zostały opublikowane.

Piątkowe wieczory Englehart i Starlin spędzali przed telewizorem. Obaj byli zagorzałymi fanami emitowanego przez stację ABC serialu *Kung-Fu* z Davidem Carradinem w roli mnicha z Shaolin, który zajmował się na przemian filozofowaniem inspirowanym naukami wschodnimi i kopaniem ludzi po tyłkach. Zwrócili się do Roya Thomasa z propozycją napisania adaptacji komiksowej, lecz serial produkowało studio Warner Bros. – czyli firma matka DC Comics – więc twórczy duet wymyślił własny tytuł: *Shang-Chi, Master of Kung-Fu*. „Miałem już na swoim koncie *Doctor Strange*, gdzie mogłem pisać o zachodnim mistycyzmie – mówił Englehart – zaś w *Shang-Chi* miałem okazję dotknąć tematu filozofii wschodniej, aczkolwiek mój nowy bohater oczywiście nie stronił od bijatyki". Z Alanem Weissem zdecydowali się na imię Shang-Chi – które oznaczało mniej więcej „doskonalenie ducha" – ułożone z różnych połączeń heksagramów za pomocą *I Ching*. Thomas, któremu udało się zabezpieczyć prawa do postaci Fu Manchu z pulpowej powieści Saxa Rohmera, zasugerował, żeby włączyć go do komiksu. I tak Shang-Chi został synem Fu Manchu, który poznał złowieszczy sekret swojego ojca i poprzysiągł poświęcić swoje życie walce z nim*. Mieszanka filozofii i efektownych mordobić okazała się idealnym przepisem w czasie, gdy kochano *Z podniesionym czołem* i *Passages*.

* Edypowy gniew Shang-Chi i Daimona Hellstroma z komiksu *Son of Satan* – dzieci nowych autorów Marvela – zastąpił tęsknotę sierot stworzonych ręką Stana Lee (Petera Parkera, Matta Murdocka i Johnny'ego Storma).

Fabuły przychodziły im łatwo, wymyślali je podczas całodniowych imprez i chwil odpoczynku od tripów na kwasie. „Oglądaliśmy jakiś film i wychodziliśmy na miasto około dziewiątej lub dziesiątej; nie czuliśmy zmęczenia. Najpierw łaziliśmy po śródmieściu, a potem kierowaliśmy się w stronę South Ferry. Nie jestem pewien, czy zaszlibyśmy tak daleko bez wspomagaczy. Około drugiej nad ranem doszliśmy do AT&T Long Lines, wielkiej bryły bez okien, z której wychodziły stale monitorowane kable, ciągnące się pod wodą aż do Europy. Budynek był otoczony jedynie magazynami zbudowanymi jeszcze w latach czterdziestych. Po drugiej stronie ulicy znajdował się plac budowy, jacyś goście pracowali z palnikami acetylenowymi, rzucając na mury cienie wysokości sześciu pięter". I w ten sposób narodził się projekt kwatery głównej Fu Manchu. Odwrócili się i zobaczyli stojące w mroku maszyny budowlane – wymarzoną scenerię dla finałowej walki wręcz. Komiks praktycznie sam się pisał. Jak powiedział Weiss: „Niektóre nasze pomysły zasilane były różnymi substancjami, które wspomagały naszą kreatywność. Nieźle się... nakręcaliśmy. Tak, naprawdę nieźle"*.

Gdy jednak przyszło co do czego, szło im jak po grudzie. Starlin naszkicował parę projektów Shang-Chi, któremu nadał przypadkowych azjatyckich rysów, żeby dobrać odpowiedni kostium. „Nabazgrałem byle jaką facjatę, a kiedy Stan zobaczył rysunki, powiedział: »Dokładnie tak ma to wyglądać!«". Starlin próbował wytłumaczyć, że to jedynie bazgroły, ale Lee upierał się przy swoim. Co gorsza Starlin przeczytał wreszcie materiał źródłowy pióra Saxa Rohmera i był zaskoczony wszechobecnym w książce rasizmem. „Kiedy kończyliśmy już prace nad komiksem – opowiadał Starlin – mój kolega pochodzenia azjatyckiego rzucił okiem na plansze i powiedział mi bez ogródek, że jest oburzony. To mi wystarczyło, miałem

* Nie każdemu podobało się życie na haju. Gerry Conway przyznał, że bał się o swoje zdrowie psychiczne, kiedy ćpał z Englehartem i Weissem. Jednemu z członków ich narkotykowej koterii – Conway nie zdradził jednak jego nazwiska – „kompletnie odbiło. Chodził z moją byłą dziewczyną, która opowiadała mi, że chciał się tylko ruchać i jechać na kwasie. Nigdzie jej nie zabierał. Potem, na którejś z imprez, przestudiował mój horoskop, stwierdził, że jestem jego wrogiem i na tym się skończyła nasza znajomość".

dość". Po publikacji pierwszego numeru czytelnicy narzekali w listach do redakcji na jasnożółty kolor skóry Fu Manchu, domagając się wyjaśnień i wytłumaczenia procesu nakładania barw w drukarni. Starlin zrezygnował.

Po nim odszedł też Englehart. „Miałem gotowe pięć numerów, kiedy dostałem telefon z redakcji. Dowiedziałem się, że Stan, jadąc dzisiaj windą, usłyszał rozmowę jakichś dwóch gości. Jeden z nich zapytał: »Co się dzisiaj najchętniej ogląda w kinach?«, a kolega odpowiedział mu: »Filmy kung-fu! Przecież naparzają się tam od pierwszej do ostatniej minuty!«. Stan wysiadł z windy, poszedł do biura i oświadczył, że od dzisiaj robimy naparzanki. Zadzwonili więc do mnie i oświadczyli, że nie chcą już więcej żadnego filozofowania, tylko walki kung-fu"*. Serię kontynuowano i po jego odejściu, a na okładkach zagościły teksty w rodzaju „Ciasteczko z wróżbą wieszczy ŚMIERĆ!".

Englehart skupił się więc na *Captain America* – okazało się, że komiks ten, w obliczu politycznego skandalu Watergate, oferował rozmaite możliwości – i utkał konspiracyjną fabułę z subtelnymi nawiązaniami do bieżących wydarzeń: Komitet Ponownej Elekcji Prezydenta (K.P.E.P.) stał się Komitetem Obrony Pryncypiów Ameryki (K.O.P.A.), zaś byłego szefa sztabu prezydenckiego H.R. Haldemana zastąpił niejaki Quentin Harderman. Kapitan Ameryka w swoim pościgu za Sekretnym Imperium dotarł aż do Gabinetu Owalnego, gdzie zdemaskowany przywódca narodu popełnił samobójstwo, strzelając sobie w głowę.

Englehart nie pokazał twarzy prezydenta, lecz i tak został wezwany do biura wydawnictwa, aby zapewnić swoich szefów, że nie miał na myśli Nixona. „Przysiągłem na wszystko, co możliwe, że nawet nie przeszło mi to przez myśl – powiedział. – Kiedy jednak komiks był już w druku, mówiłem ludziom zupełnie co innego".

Z kolei Starlin przechodził trudny okres. Po fiasku *Shang-Chi* zaczął oddawać swoje zlecenia w ostatniej chwili, żeby uniknąć redaktorskich

* Zapewne czując, że nie ma już nic do stracenia, w ostatnim pisanym przez siebie numerze Englehart umieścił postać wyglądającą i zachowującą się zupełnie jak grany przez Davida Carradine'a Caine.

poprawek. John Romita, któremu przypadło stanowisko dyrektora artystycznego, zaoferował mu posadę przy *Fantastic Four*, ale szybko się okazało, że młoda gwiazda nie chce już grać drużynowo. „Starlin odrzucił propozycję pracy przy *FF*. Nigdy wcześniej nie słyszałem, żeby profesjonalny rysownik komiksowy zdecydował się na podobne posunięcie, przeważnie gotowi byli błagać na kolanach o własną serię. On powiedział mi jednak, że nie chce zostać uziemiony", relacjonował Romita.

Kiedy Mike Friedrich, partner Starlina z *Iron Man*, przeniósł się do Hayward w Kalifornii i zaczął tam publikować własnym sumptem antologię komiksową, Starlin skorzystał z okazji i do niego dołączył. Pierwszy numer *Star*Reach* otworzyła siedmiostronicowa historia autorstwa Starlina o artyście, który wchodzi do „budynku śmierci", bierze kwas i wsiada do windy, gdzie pyszni się, że jest „istotą wyobraźni", a następnie pozbawia głowy zakapturzoną postać – Śmierć. Sam jednak również zostaje pozbawiony życia. Na końcu komiksu do budynku wchodzi inny artysta na kwasie – mówiąc przy tym: „Nazywam się Starlin, Jim Starlin!" – kolejna owieczka idąca na rzeź. Jeśli się dobrze przypatrzeć rysunkom, stanie się jasne, że ów tajemniczy budynek znajdował się przy Pięćdziesiątej Piątej i Madison, dokładnie tam, gdzie siedziba Marvel Comics. Kiedy tylko „Budynek śmierci" poszedł do druku, Starlin rozpętał aferę w sprawie zastępstwa w *Captain Marvel*, oświadczył, że odchodzi, i wyjechał do Kalifornii.

Brunner również dał sobie spokój, uznał bowiem tempo narzucone przez Marvela za mordercze – wydawnictwo, zadowolone z rosnącej sprzedaży *Doctor Strange*, zintensyfikowało cykl wydawniczy i komiks przemianowano na miesięcznik. „Byliśmy jak Oscar i Felix* – powiedział o swojej współpracy z Brunnerem Englehart. – Ja paliłem trawkę, brałem kwas i żarłem grzybki, ale wyrabiałem się w terminach. On również sobie nie żałował, ale przestał nadążać. Powtarzał, że nie możemy zrobić tego, nie

* Bohaterowie sztuki teatralnej, filmu i serialu pod tytułem *Dziwna para*. Na podstawie amerykańskiej licencji powstał polski serial *Faceci do wzięcia* z Pawłem Wilczakiem i Cezarym Pazurą w rolach głównych – przyp. red.

możemy zrobić tamtego, a ja odpowiadałem, że nie mamy wyjścia, przed nami siedemnaście stron i trzeba przysiąść". Brunner szybko stracił zainteresowanie, gdyż zajmował go projekt, nad którym ślęczał z Gerberem – był to powrót Kaczora Howarda.

Latem 1974 roku poszła plotka, że Martin i Chip Goodman planują powrót do komiksu – ich nadrzędnym celem była zemsta; Marvel i Al Landau, którego zdrada nie mogła zostać wybaczona, mieli dostać za swoje. Zaprojektowali okładki przypominające wzory wykorzystywane przez Marvel, kopiując nawet poprzeczne paski w ich górnej części. Nadali swojemu wydawnictwu nazwę Atlas Comics, lecz ludzie z branży szybko zaczęli wołać na nich „Zemsta, spółka z o.o.".

Goodmanowie rozpuścili wici, że Atlas płaci więcej niż Marvel i DC, pozwala autorom zatrzymać ich oryginalne plansze, a nawet prawa do postaci. Jeden z rysowników założył sklepik zaraz naprzeciwko biur Marvela i z radością odsyłał innych freelancerów do siedziby Atlasu, która znajdowała się zaraz obok. Znalazło tam zatrudnienie także paru znaczących pracowników Marvela: John Severin, Wally Wood, Gary Friedrich, Gerry Conway i Steve Ditko; nawet brat Lee, Larry Lieber, został ich redaktorem.

Zdesperowany Lee zasiadł do maszyny i napisał list skierowany do freelancerów: „Ostatnio parę mniejszych firm – tych istniejących od jakiegoś czasu na rynku, jak i dopiero co założonych – uznało, że jedynym sposobem, żeby dorównać Marvelowi, jest odciągnięcie od nas ludzi".

Potem zrobiło się jeszcze dramatyczniej.

„Jest jak w przypadku niemieckich nazistów i aliantów podczas drugiej wojny. Hitler był dyktatorem i nie musiał przed nikim odpowiadać, mógł robić to, co mu się żywnie podobało, w tym składać obietnice uzależnionym od niego ludziom, którzy nie zdawali sobie sprawy z konsekwencji. Za to Stany Zjednoczone musiały postępować rozważniej, działać wolniej, według dawno ustalonych zasad, zgodnie z poleceniami rządu i obowiązującymi prawami. Marvel, tak jak alianci, po prostu nie może kontratakować obietnicami bez pokrycia. Niektórzy nasi rywale zdają sobie sprawę z takiego stanu rzeczy i robią wszystko, co możliwe, żeby odebrać nam wszystkich, którzy tylko potrafią obsługiwać maszynę do pisania i posługiwać się ołówkiem czy pędzelkiem, machając na lewo i prawo lukratywnymi kontraktami. Z czasem okażą się one jedynie mrzonką, ale cel zostanie osiągnięty".

Lee zaznaczył, że Marvel zatrudnia największą liczbę freelancerów ze wszystkich wydawnictw komiksowych, stawki rosną nieprzerwanie od piętnastu lat, a stałym współpracownikom oferuje ubezpieczenie na życie i pokrycie kosztów hospitalizacji. Zaznaczył też, że to on jako pierwszy upierał się przy wyeksponowaniu nazwisk autorów, zaś Martin Goodman nie zgadzał się na zwracanie rysownikom oryginalnych plansz. „Marvel nigdy nie kłamał – napisał na końcu. – I nigdy nie skłamie. Zostańcie z nami, a nie pożałujecie".

Lee zagroził Archiemu Goodwinowi, który pisał scenariusze dla Marvela, że jeśli przyjmie jakieś zlecenie od Atlasu, spali za sobą mosty, zaś Roy Thomas informował freelancerów, że nie może zagwarantować im pracy, jeśli pobłądzą. Sam Thomas poszedł jednak w sierpniu na kolację z Chipem i obgadał z nim parę spraw, chcąc wyczuć sytuację. Męczył się w Marvelu, pracował ponad swoje siły – wychodził z pracy, a potem pisał w domu do dziesiątej lub jedenastej. Jeanie wróciła do niego – przynajmniej na razie – ale wszystko wydało mu się wątłe, słabe, niepewne, dobijał go stres. Musiał bronić polityki firmy, z którą się nie zgadzał, czuł się rozdarty pomiędzy obowiązkami menadżera i zwyczajnego pracownika. Romita twierdził, że starzy członkowie Zagrody nigdy nie darzyli Thomasa szacunkiem. „Jeśli przywykło się do pracy ze Stanem, trudno było przyjmować polecenia od Roya. Wielu z nas miało go za dzieciaka, który się panoszył po redakcji". Kiedy weteran Vince Colletta dowiedział się, że Roy ma zamiar odsunąć go od nakładania tuszu na rysunki *Thora*, wmaszerował do jego biura i powiedział: „Zaczynasz mieszać się w moje sprawy, jeszcze chwila i wyrzucę cię przez okno".

Thomas czuł, że niechętna jest mu także góra, a konkretnie Al Landau. Zaczęli współpracę od niemiłego akcentu – kiedy Thomas chciał lecieć na

Filipiny, żeby zobaczyć się z potencjalnymi freelancerami, Landau nie zgodził się na tę wyprawę, mówiąc, że „za bardzo przypomina ona wakacje", choć w owym czasie nad Manilą wisiało widmo wojny domowej. Innym razem Thomas wpadł na pomysł bezpośredniej sprzedaży komiksów z odpowiednią zniżką do sklepów, lecz Landau, według relacji Roya, „spojrzał na mnie jak na idiotę, powiedział, że tylko byśmy wkurzyli hurtowników, i zmienił temat". Ćwierć wieku później Thomas potrafił przypomnieć sobie tylko jedną lub dwie sytuacje, w których Landau przytaknął którejś z jego sugestii.

Nawet Stan Lee wydawał mu się coraz bardziej obcy – zachęcał Thomasa do przedstawiania Landau inicjatyw, takich jak zwrot rysownikom oryginalnych plansz, wypłata honorariów za przedruki lub bezpośrednia dystrybucja do sklepów komiksowych z pominięciem pośrednika, lecz kiedy ten kręcił nosem, Lee odpuszczał, pozostawiając Roya na lodzie. „Po objęciu stołka wydawcy – mówił Thomas – z motoru napędowego przeistoczył się w biurokratę, co wyraźnie mu odpowiadało, lecz ja nie chciałem już dłużej iść w jego ślady". Zresztą Lee sam przyznał publicznie, że drogi jego i Thomasa zaczęły się rozchodzić.

Komiksy radziły sobie jednak coraz lepiej – tak dobrych zeszytów nie widziano od czasu odejścia z firmy Kirby'ego. Thomas prowadził zresztą rozmowy z legendarnym rysownikiem, chcąc sprowadzić go do Marvela. „Roy był bardzo otwarty na nowe pomysły i pozwalał swoim ludziom na bardzo wiele – mówił Marv Wolfman. – Len nie miał zamiaru stać się etatowym pracownikiem Marvela, a zanim się obejrzał, brał zlecenia praktycznie tylko od nich... Roy wiedział, jak postępować z ludźmi". Thomas namawiał do powrotu Starlina, chcąc, żeby objął komiksy z Warlockiem, chrystusowym superbohaterem – opowiadające o nim historie były tak przegięte, że *Captain Marvel* wyglądał przy nich jak *Marmaduke.* Steve Englehart w *Captain America* nawiązywał do afery Watergate, strzelaniny pomiędzy policją a organizacją SLA (Symbionese Liberation Army) oraz porwania w Argentynie dyrektora firmy Exxon przez Rewolucyjną Armię Ludu; w *The Avengers* rozpoczął dziwaczną, epicką historię o podróżach w czasie i z drzewami obdarzonymi telepatycznymi zdolnościami.

Thomasowi nie było dane zebrać plonów. Miarka się przebrała, gdy jeden z freelancerów został przyłapany na próbie manipulacji wysokością należnego mu honorarium i kłamał na temat liczby stron, które zrobił dla DC. Kipiący ze złości Stan Lee zwołał spotkanie z prezesem rywala Carminem Infantino i wynegocjował pewien układ polegający na wymianie informacji na temat zleceń i zarobków ich wspólnych współpracowników*.

Gdy Thomas usłyszał te wieści, był wstrząśnięty – nie chciał opowiadać się po żadnej ze stron tej swoistej zmowy. Jeanie od dawna namawiała go do odejścia (a konkretnie od momentu, w którym Stan Lee wycofał swoją ofertę pracy), a raz nawet rzucił tę robotę, lecz zrobił to przez telefon i Stanowi udało mu się go ugłaskać. Powiedział sobie, że drugi raz się to nie zdarzy. Tego samego wieczoru, przed wyjściem z biura, usiadł, wziął kartkę papieru i w krótkiej notatce określił wspólny plan Lee i Infantino jako „nieetyczny, niemoralny i najpewniej nielegalny". Nie miał zamiaru go wspierać. Nazajutrz Thomas pracował w domu, zaś dwa dni później przyszedł do biura i niemal od razu Lee wezwał go do siebie. „Zapewne mam potraktować ten liścik jako twoją rezygnację", powiedział Lee, chcąc wytłumaczyć swój punkt widzenia. Thomas nie dał mu tej szansy. „Nic mnie to nie obchodzi. Chyba będzie lepiej, jeśli odejdę z Marvela".

* A przynajmniej tak brzmi wersja przedstawiona Thomasowi przez Lee. Infantino zaprzeczył później, jakoby podobna sytuacja w ogóle miała miejsce, twierdząc, że odmówił udzielenia informacji o stawkach.

Personel został wezwany na spotkanie z szefostwem – ogłoszono, że Thomas, drugi najstarszy stażem pracownik wydawnictwa, odchodzi. Informacja spotkała się z pełnym zaskoczenia milczeniem. „Roy prawie się nie odzywał, a po Stanie było wyraźnie widać, że nie jest zadowolony – wspominał Jim Salicrup, który miał wówczas siedemnaście lat i pracował w Marvelu jako posłaniec. – Nie sądzę, żeby była między nimi jakaś wielka animozja. Stan mógł nie zdawać sobie sprawy, że aż tak bardzo wkręcił się w korporacyjne tryby, i pewnie pomyślał, że Royowi odwaliło lub nie odpowiadały mu warunki. Sądzę, że Roy chciał zbudować pewien zespół, który poradziłby sobie lepiej z natłokiem pracy, lecz Lee nie potrafił zrozumieć, że nie jest to robota dla jednej osoby – potrzeba określonej liczby redaktorów, żeby ogarnąć określoną liczbę komiksów".

Lee i Thomas szczegóły omówili z dala od pozostałych pracowników. Carmine Infantino zaproponował Thomasowi pracę dla DC przy *Supermanie*, lecz Lee oczywiście nie chciał, żeby jego protegowany wpadł w łapska konkurencji, i zaoferował mu umowę, w ramach której mógł pisać w domu i sam redagować swoje prace, odpowiadając bezpośrednio przed Lee. Thomas miał zostać na stanowisku jeszcze przez parę tygodni i nadzorować zmiany, a potem, w ramach istnego prezentu pożegnalnego, przekazano mu pieczę nad *The Invaders*, nowym tytułem osadzonym w czasach drugiej wojny, w którym występowali jego ulubieni bohaterowie Złotej Ery. Miał też pozostać scenarzystą *Conan the Barbarian*, komiksowej adaptacji pulpowej prozy Roberta E. Howarda – sam zresztą namówił wydawnictwo do nabycia licencji i uczynił z tego tytułu niespodziewany hit – oraz *Savage Sword of Conan*, czarno-białego spin-offu. Lee i Thomas ustalili, że obowiązki redaktorskie rozdzielone zostaną pomiędzy Lena Weina, którego zatrudniono wcześniej jako asystenta Roya, oraz Marva Wolfmana – pierwszy z nich miał się zająć komiksami kolorowymi, a drugi czarno-białymi. Na czele redakcji stanąłby więc doskonale zsynchronizowany i nierozerwalny duet „LenMarv"* i Marvel mógłby spać spokojnie. Thomas poleciał do Waszyngtonu, żeby złożyć propozycję zainteresowanym, którzy akurat brali udział w konwencie science fiction.

Z początku Wein był sceptyczny. „Zaledwie od trzech miesięcy jestem zastępcą naczelnego, a już chcecie, żebym prowadził wydawnictwo?", zapytał. Thomas, chcąc załatwić sprawę, przekonywał go, że jest godnym i wykwalifikowanym następcą. „Roy chciał odejść za wszelką cenę – wspominał Wein. – Po roku zrozumiałem dlaczego: to była tytaniczna praca, a póki udawało nam się to ciągnąć, góra nie wierzyła, że to misja niemożliwa".

Chris Claremont, dwudziestoczteroletni były stażysta, który pisał scenariusze i po godzinach zajmował się korektą, został zastępcą Weina; stanowiska redaktorskie przypadły dziewiętnastoletnim Scottowi Edelmanowi i Rogerowi Sliferowi. Zanim jeszcze nowa ekipa ogarnęła swoje obowiązki, czekały na nią pięćdziesiąt cztery kolorowe komiksy, które trzeba było wydać. Wein nie miał wyjścia i ograniczył swoje obowiązki scenarzysty – chciał jednak nadal pracować przy *The Incredible Hulk*, więc musiał znaleźć zastępstwo dla nowej serii *X-Men*, która wreszcie, po paru miesiącach planowania, trafiła do druku.

Powrót *X-Men* zaplanowano za rządów Roya Thomasa. Prezes Marvela Al Landau nadal trzymał łapę na Transworld Features Syndicate; firma zajmowała się eksportem komiksów na rynki zagraniczne i kiedy Landau zdał sobie sprawę, że postaci pochodzenia europejskiego i azjatyckiego mają niesamowity potencjał marketingowy poza Stanami Zjednoczonymi,

* „Gdy Roy odszedł – mówił Jim Shooter – Len i Marv poszli razem do Lee i powiedzieli mu, że wszyscy tak bardzo nienawidzą Gerry'ego, że jeśli go zatrudni, to opuści go cały zespół. Z jakiegoś powodu Stan uwierzył w tę teorię i zatrudnił Lena jako redaktora naczelnego, zaś Gerry odszedł do DC. Stan uznał, że nadszedł najwyższy czas, żeby spełnić dawną obietnicę".

nakazał Thomasowi skompilować międzynarodową drużynę bohaterów. Roy od paru lat starał się wskrzesić drużynę mutantów i akurat otworzyła się dla nich furtka.

Thomas, Mike Friedrich i rysownik Dave Cockrum poszli na lunch do Autopubu – knajpy z motywami samochodowymi – znajdującego się w budynku General Motors, żeby przedyskutować kilka pomysłów. Siedząc przy stole zrobionym z podwozia, otoczeni częściami aut i rozmontowaną linią produkcyjną, cała trójka głowiła się, jak zastąpić starą gwardię X-Men nową, multietniczną grupką młodych mutantów. Cockrum, który składował notatniki pełne szkiców i projektów kostiumów, był istną jednoosobową maszyną. Poszedł do domu i przejrzał swoje zeszyty, wybrał parę postaci spośród wszystkich, które narysował przez wszystkie te lata – część z nich jeszcze w *college*'u, inne w armii, a jeszcze inne podczas pracy dla DC przy *Superboy and the Legion of Super-Heroes:* Typhoon, Black Cat, Mr. Steel, Thunderbird, Nightcrawler – lecz projekt zawieszono na parę miesięcy i kiedy wrócił na tapetę w drugiej połowie 1974 roku, Wein zdążył już zastąpić Friedricha. Typhoon i Black Cat zlali się w „Storm"; Mr. Steel został przemianowany na „Colossusa", a z demona Nightcrawlera zrobiono zmutowanego niemieckiego akrobatę o charakterystycznym ogonie.

Skład dopełnił kanadyjski mutant Wolverine, którego stworzył Roy Thomas, chcąc zawojować rynek północnego sąsiada, a postać tę rozwinęli Len Wein i John Romita. Wolverine pojawił się gościnnie w *The Incredible Hulk* i szybko zrobił na czytelnikach wrażenie jako przedstawiciel nowej generacji bohaterów – wściekłych, niestroniących od przemocy i definiowanych za pomocą swojej broni, do których należeli chociażby Punisher Conwaya i Romity czy Deathlok Richa Bucklera.

Giant Size X-Men #1 rozpoczyna się od prezentacji pięciu osób, które po kolei popisują się swoimi mocami. Kurt Wagner (Nightcrawler) ucieka przed bawarską mafią, skacząc po ścianach i wspinając się po budynkach; kanadyjski agent specjalny Wolverine pokazuje swój metalowy pazur, kłócąc się z dowódcą bazy wojskowej; w Kenii Ororo Munroe (Storm) czczona jest jako bogini władająca wiatrami i deszczem; syberyjski rolnik

Peter Rasputin (Colossus) przemienia się w potężnego człowieka ze stali, żeby uratować siostrę przed śmiercią pod kołami traktora; Apacz John Proudstar (Thunderbird) chwyta bizona w arizońskim rezerwacie. Każdego z nich – razem z dawnymi przeciwnikami lub sprzymierzeńcami X-Men, Bansheem i Sunfire'em – odwiedza Profesor X, który odwołuje się do sumienia mutantów, wygłaszając mowę traktującą o sile i odpowiedzialności. Zbiera wszystkich w swojej posiadłości w hrabstwie Westchester, gdzie wyposaża ich w kostiumy, a Cyclops protekcjonalnym tonem wyjaśnia, że X-Men – czyli Iceman, Angel, Marvel Girl, Havok i Polaris – zaginęli na Krakoa, wyspie na Południowym Pacyfiku.

Przerzucając się docinkami i groźbami, cała ósemka rusza na Krakoa, która okazuje się rozumną istotą („Krakoa... wyspa, która chodzi jak człowiek!"). Misja ratunkowa nie jest zbyt ekscytująca i kiedy X-Men zostają uwolnieni (uwięziła ich sama wyspa), to właśnie weterani wdają się w walkę i torują drogę ucieczki. Komiks wykazywał pewne podobieństwa do pierwszego numeru *Fantastic Four #1*: drużyna zostaje zebrana niczym w *Siedmiu wspaniałych*, wszyscy się przekomarzają, miejscem akcji jest tajemnicza wyspa, na którą muszą się udać, a w finale mamy ucieczkę samolotem z eksplodującą wyspą na drugim planie.

Ostatni dymek – „Co zrobimy z trzynastoma X-Men?", pyta jeden z mutantów – zapowiada nadchodzące zmiany. Starzy członkowie odejdą do lamusa, zaś nowicjusze otrzymają szansę zawojowania serc młodszych czytelników.

Niedługo po zamknięciu numeru stało się jasne, że ogrom zadań nie pozwoli Weinowi na dalszą pracę nad tym tytułem – decyzja o porzuceniu *X-Men* nie była jednak zbyt trudna. „Zlecenie jak każde inne – powiedział. – Nie różniło się dla mnie od *Brother Voodoo* czy którejkolwiek nowej serii, w którą byłem zaangażowany". Dla Chrisa Claremonta, przysłuchującego się spotkaniom w biurze Weina i podrzucającego swoje własne pomysły, była to okazja jedna na milion. Sam ochoczo zgłosił się do przejęcia komiksu. „Powiedziałem: »Nareszcie, do cholery!«. Był to jednak klasyczny przeciętniak, komiks jakich wiele, i uznałem, że napiszę pewnie z sześć numerów i na tym się skończy". Mylił się – ta decyzja zmieni jego życie.

Wein ledwo radził sobie z nieustannym lawirowaniem pomiędzy tytułami, które Lee i Landau albo kasowali, albo wprowadzali na rynek. Iron Fist, mistrz kung-fu, którego korzenie można prześledzić aż do starego komiksu Billa Everetta robionego jeszcze sprzed czasów Timely, dostał swój własny komiks, podobnie Black Goliath (co było kolejną próbą zdobycia czytelników afroamerykańskich), a także Czerwona Sonja, Scarecrow, Skull the Slayer, Bloodstone i wielu innych. „Zdarzało się tak, że po wejściu do biura – mówił jeden z redaktorów – dowiadywałeś się, że trzydzieści tytułów, nad którymi pracowałeś cały ostatni tydzień, zostaje wycofanych, nawet jeśli już skierowano je do produkcji, i żaden nie ujrzy światła dziennego, a trzydzieści nowych wylądowało na twoim biurku z adnotacją, że musisz się nimi natychmiast zająć".

Czasem wpadał też Lee, rzucał okiem na strony i mamrotał jakąś uwagę od czapy, która dezorganizowała pracę całego biura. Pod koniec urzędowania Roya Thomasa Lee spojrzał na jakiś numer *Iron Mana* i uznał, że żelazna maska jest zbyt płaska. „A może dorobimy wypustkę na nos?" – zapytał. Od dziesięciu lat hełm Iron Mana miał praktycznie niezmieniany kształt, ale to Lee był szefem. Dlatego też w następnym numerze Stark zaprojektował nowy element swojego skafandra – sporej wielkości trójkątną wypustkę w miejscu nosa. Parę miesięcy później rysunki Mike'a Esposito wylądowały na biurku Billa Mantlo, świeżo upieczonego asystenta kierownika produkcji Johna Verpoortena. „Patrzę na ten komiks i myślę: »Jezu Chryste, chyba mam omamy!« – opowiadał Mantlo. – »Przecież Iron Man nie ma nosa«. Siadłem więc przy tych rysunkach z butlą korektora i zamalowałem wszystkie te nosy. Godzinę później usłyszałem wrzaski: »Esposito, czyś ty oszalał?! Co się stało z jego nosem?«. Do mojego biura wparował Mike i zaczął się drzeć: »Do diabła, jego nos jest dokładnie tutaj! Pod tą małą, białą kropeczką!«". I Mantlo karnie zdrapał korektor z każdego kadru.

Żeby scenarzyści nie pogubili się w zalewie nowych i ciągle zmieniających się postaci, Thomas trzymał plastikowe pudełko pełne fiszek, na których zapisywał, gdzie dany bohater pojawił się ostatnio i jakimi mocami dysponował. Już niebawem okazało się jednak, że to za mało, bowiem

Marvel dysponował istnym legionem różnorakich postaci, których alfabetyczna lista mieściła się na ważącym ponad dwa kilogramy wydruku komputerowym na perforowanym papierze.

Zachowanie ciągłości coraz bardziej skomplikowanej historii przeplatającej się przez różne komiksy stanowiło nie lada wyzwanie. Jedną z charakterystycznych cech Uniwersum Marvela była siatka powiązań pomiędzy poszczególnymi tytułami – co przydarzyło się jednemu herosowi, mogło mieć wpływ na innego. Udawało się utrzymać wszystko w ryzach, póki pieczę nad ośmioma wydawanymi miesięcznie komiksami sprawował osobiście Stan Lee, lecz było to niemożliwością, gdy kadra żywiołowych dwudziestoparolatków chciała popuścić wodze wyobraźni lub kiedy potrzeba było rozwinąć poszczególne serie. Jakim cudem Spider-Man mógł być wszędzie naraz? „Problem stanowił fakt – mówił Wein – że Marvel przeobraził się w przedsiębiorstwo z ogromną liczbą tytułów. Stan nawet w najśmielszych snach nie podejrzewał, że niektóre z nich przetrwają na rynku dłużej niż parę lat". Sprawę komplikowały również nieustanne batalie o pierwszeństwo do korzystania z danej postaci. „Gerber chciał wypożyczyć Hulka do jednego z numerów *The Defenders* – wspominał Claremont – ale Englehart powiedział: »No ale on musi być u mnie w *Avengers*. A który tytuł jest priorytetowy?«".

„Obowiązywała pewna hierarchia – mówi Bill Mantlo, którego najpierw skaperowano z działu produkcji, żeby pomógł scenarzystom uporać się z terminami, a następnie zaczęto kierować do niego regularne zlecenia. – Miałem wrażenie, że kluczem do odniesienia sukcesu w Marvelu była praca dla dwóch wydawnictw jednocześnie, dzięki czemu szefostwo stawiało cię wyżej niż takich gostków jak ja, Claremont i Moench, którzy zaczęli karierę w Marvelu, zostali w Marvelu i byli Marvelowi lojalni. Tak naprawdę opłacało się odejść z Marvela do DC, a potem wrócić, bo dostawało się wyższą stawkę, na którą nie mógł liczyć żaden z długoletnich pracowników. Można było srać na dobre imię firmy, odejść i wrócić, a zastawało się mnie, Chrisa, Douga i może Tony'ego [Isabellę] przy przerzucaniu gnoju, za co nikt nam nie dziękował i nie mogliśmy liczyć na jakąkolwiek nagrodę. Ta sytuacja ciągnęła się jakiś czas. Istniała też prawidłowość, że jeśli było się redaktorem, miało się w garści takie tytuły, jak *The Incredible Hulk, The Amazing Spider-Man i The Mighty Thor.* Może *Fantastic Four*. Częstokroć wybór zależał od tego, kto był ulubionym bohaterem danego redaktora, kiedy ten miał piętnaście lat. I tak wyglądała praca w Marvelu. Redaktorem nie zostawał ten nadgorliwy, wydajny, potrafiący kierować zespołem lub posiadający niezwykły talent pisarski. Oczekiwało się od takiego delikwenta jedynie tego, że będzie potrafił opracować scenariusz do komiksu, który akurat był na topie. Resztę zespołu traktowano jak zwyczajne męty"*.

Przez lata Stan Lee, a potem Roy Thomas nauczyli się, jak efektywnie nadzorować pracę zespołu. Według Claremonta, Lee kierował się następującymi zasadami: „Jeśli ktoś zawala terminy, trzeba go upomnieć, a potem, w ostateczności, zwolnić. Jeśli komiks nie schodzi, mieszasz w fabule albo zamykasz serię i wyrzucasz scenarzystę na zbity pysk. Jeśli się sprzedaje, zamykasz mordę i usuwasz się w cień. Żadnych półśrodków, jest zbyt dużo do zrobienia".

Dla Weina i Wolfmana nie było to jednak takie łatwe. „Nie chodzi o to, że Len i Marv nie chcieli działać w ten sposób, oni po prostu bardziej się angażowali – opowiadał Thomas. – Pomyśleli dwa razy, zanim pozwolili scenarzyście niezbyt popularnego tytułu zająć się projektem, do którego nie byli do końca przekonani. Bali się, że odpowiedzialność spadnie na nich i polecą głowy". Tony Isabella zaproponował wydawnictwu nowy tytuł *The Champions* z myślą o komiksie, do którego można by upchnąć Angela i Icemana, członków X-Men odstawionych na boczny tor; miała to być opowieść drogi o dwóch przyjaciołach utrzymana w duchu *Route 66*. Isabella zniechęcił się jednak, kiedy Wein zaczął wymuszać na nim pewne drastyczne zmiany: grupa miała się składać z pięciu postaci, w tym kobiety; jednym z członków drużyny miał być bohater, który już posiadał swój własny tytuł; jeden z pasażerów musiał koniecznie dysponować nadludzką

* „To, co zrobili przed tobą inni, było bez znaczenia – powiedział Mantlo w rozmowie z »Comics Feature«. – Miałeś dostarczyć komiks i wycinałeś go z większego kawałka, olewając historię skleconą latami przez Marvela, ale nie dlatego, że ci się nie podobała; po prostu chciałeś za wszelką cenę być lepszy niż poprzedni scenarzysta albo chciałeś pokazać, że to był zwykły idiota, więc starałeś się zaprzeczyć wszystkiemu, co stworzył… Ktokolwiek obejmował komiks, zaczynał go pisać na nowo".

siłą. W efekcie *The Champions* przypominało dziwaczny twór traktujący o przygodach przypadkowej zbieraniny, w której skład wchodzili całkowicie niepasujący do siebie Angel, Iceman, Black Widow, Ghost Rider i Hercules, walczący z wydumanymi przeciwnikami jak bankruci z gangu „Jeźdźców recesji" z Los Angeles.

Tego typu wtręty naraziły Weina na złość ze strony kierownika działu produkcji Johna Verpoortena, który uważał podobne zawracanie ludziom głowy za lekkomyślne w obliczu naglących terminów dostaw. Każde opóźnienie oznaczało setki dolarów kary i nad biurkami scenarzystów nieustannie wisiał dwumetrowy cień Verpoortena. Protesty korektorów przypominały tłuczenie grochem o ścianę. „Przeczytasz sobie, jak wyjdzie", słyszeli od wielkiego Johna, który zwijał im kartki sprzed nosa.

Być może pośpiech ten wyjaśniał, dlaczego scenarzystom paru tytułów dano wolną rękę; skoro sprzedaż utrzymywała się na dobrym poziomie, to co z tego, że fabuła trochę nie trzymała się kupy, a poszczególne wątki rozjeżdżały? Po co martwić Stana lub zawracać głowę Lenowi?

Korektor mógł być najlepszym przyjacielem scenarzysty. „Gerber potrafił napisać świetną historię, zakończyć numer cliffhangerem i nie mieć pojęcia, co, do cholery, zrobić z następnym zeszytem – mówił David Anthony Kraft. – Zbliżał się termin oddania scenariusza i ludzie panikowali, widziało się tylko białka ich oczu. Zbieraliśmy się wtedy na obiedzie i przerzucaliśmy pomysłami. Sam uratowałem kilka numerów *Howard the Duck* i *Defenders*. Nierzadko udawało nam się stworzyć wcale niezłą historię; jeśli nie znało się końca własnej opowieści, czytelnikowi było trudno przewidzieć, co będzie dalej. Z drugiej strony robił się niezły bałagan i często nie dało się logicznie powiązać ze sobą wszystkich wątków. Nieraz nie wychodziło nam to na dobre". Dodawał jednak: „Lubiłem to robić, więc nie miałem z pisaniem żadnego problemu".

Brak nadzoru zachęcał do eksperymentów. Gerber, Englehart i Starlin spełniali różne swoje kaprysy i jechali po bandzie, mieszając pomysły z dawnych komiksów Marvela z wydarzeniami z pierwszych stron gazet i pop psychologią, czego owocem były dadaistyczne arcydziełka, które co miesiąc trafiały do rąk zaskoczonych nastolatków. Mówili o równouprawnieniu płci, kazali swoim bohaterom wybierać się w kontrkulturowe podróże, a czasem nawet pozwalali sobie na komentarze odnośnie do polityki samego Marvela.

Defenders Gerbera składali się z członków założycieli – Doctora Strange'a i Hulka – oraz Valkyrie, wymachującej mieczem półbogini, która wstąpiła w ciało naiwnej, dwudziestoparoletniej okultystki Barbary Norriss, i Nighthawka, prywatnie Kyle'a Richmonda, nawróconego na dobrą drogę playboya-kryminalisty posługującego się gadżetami godnymi Batmana. Superbohaterskie wyczyny interesowały jednak Gerbera najmniej. Tak jak poprzednio w *Man-Thing*, również i tutaj zaludnił komiks pełnymi wad, aczkolwiek zasługującymi na naszą sympatię szarakami, których przygniatało zbyt niskie poczucie własnej wartości. Chłodna w obyciu Valkyrie zmuszona była radzić sobie nie tylko z zalotami Kyle'a Richmonda, ale i cokolwiek głupkowatego Jacka Norrissa, męża swojej cielistej powłoki, z którym Barbara była w separacji.

Gerber popchnął *The Defenders* na skraj absurdu na początku 1975 roku, kiedy wprowadził do komiksu postaci trzech nikczemników ukrywających się pod pseudonimem Headmen. Niegodziwe trio występowało już w zapomnianym komiksie wydanym przez Atlas w latach pięćdziesiątych; w jego skład wchodzili: doktor Arthur Nagan, chirurg, który wkurzył parę goryli, wycinając organy ich pobratymcom, za co spotkała go sroga kara i jego głowa została przyszyta do małpiego ciała; Chondu the Mystic, władający czarami jogin; i doktor Jerold Morgan, którego eksperymenty z kompresją komórek doprowadziły do pomniejszenia kości w jego ciele, w wyniku czego zwisały z niego płaty pomarszczonej skóry. Zaszyci gdzieś na przedmieściach Connecticut, dumali, jak przejąć władzę nad światem... Zanim jednak ta historia narodziła się w głowie Gerbera, przez komiks przewinęła się Sons of the Serpent, organizacja w typie Ku-Klux-Klanu, której, jak się okazało, przewodził Pennyworth, finansista Kyle'a Richmonda – czujący obrzydzenie do samego siebie Afroamerykanin w średnim wieku, który finansował grupę z podkradzionych swojemu pracodawcy milionów dolarów.

Zanim odkryto wszystkie karty, co kilka numerów dochodziło do morderstwa popełnionego na zwyczajnym, przeważnie dość żałosnym obywatelu przez tajemniczego osobnika z bronią. Nie istniał żaden związek pomiędzy przypadkowymi zabójstwami i innymi wydarzeniami opisanymi w komiksie… ani niczym, co zdarzyło się w całym Uniwersum Marvela. Młodzi redaktorzy po prostu przepuszczali kolejne strony do druku.

Steve Englehart poświęcił dwadzieścia numerów *The Avengers* na długaśną historię o Mantis, wietnamskiej prostytutce, która stała się „Niebiańską Madonną"*. Ona i jej kochanek, niegdysiejszy przeciwnik Avengers o pseudonimie Swordsman, pojawili się w Avengers Mansion i złożyli podanie o członkostwo. Niestety, jej żywiołowa seksualność – charakterystyczny chwyt Mantis, „uścisk śmierci", polegał na owinięciu nogami męskiego przeciwnika – rozpraszała członków drużyny. „Mantis miała być dziwką, która przyłącza się do Avengers i dezorganizuje działania grupy, podbijając do każdego z jej członków z osobna – opowiadał Englehart. – Miała być puszczalska. Zawsze uwielbiałem seks i chciałem zobaczyć, jak będą się zachowywać dorośli superbohaterowie, którzy na co dzień walczą z superłotrami, kiedy spotkają prawdziwą kobietę. Przeważnie palili cegłę i nie potrafili wydukać ani jednego słowa. Zachowywali się jak przerośnięci nastoletni chłopcy, co mnie wkurzało, bo niby czemu mieliby tak reagować? Byli przecież dorośli!". Ostatecznie Englehart wycofał się ze swojego zamiaru, zaś historia czworokąta Scarlet Witch-Vision-Mantis-Swordsman przemieniła się w łzawy melodramat, który przybrał na sile, gdy Swordsman został zabity podczas jednej z akcji.

Tajemnicze pochodzenie Mantis i Visiona ujawniono wiele miesięcy później. Okazało się, że kobietę wychowała obca rasa posiadających telekinetyczne moce roślin krzyżowych Cotari, które sprowadziła na Ziemię

* „Nigdy nie lubiłem Mantis – powiedział David Cockrum. – I nie byłem w tej nienawiści odosobniony, reszta ekipy również jej nie znosiła. Myślę, że chodziło o ten cały szajs z »tą jedyną« i »wybraną«. Podobała mi się w niej tylko jedna rzecz – spódniczka, którą miała na sobie. Dlatego w *Giant Size Avengers* sporo skakała, bo chciałem pokazać jej tyłek… Mantis nie nosiła bielizny". Kiedy Englehart otrzymał od Cockruma gotowe strony, powiedział, że ten zignorował jego instrukcje, pociął kartki na kawałeczki i poukładał kadry w innej kolejności.

sekta pacyfistów Kree. Kiedy wreszcie Mantis przypomniała sobie o swoim dzieciństwie, drzewo Cotari, sprawujące pieczę nad grobem Swordsmana, przyjęło jego postać i zaproponowało jej, żeby nosiła jego dziecko. „Na końcu, ponieważ był to iście szalony czas – mówił Englehart – przemieniła się w Niebiańską Madonnę i wzięła sobie drzewo za męża! A żeby móc wyjść za drzewo, trzeba było znać historię wszechświata, zdajecie sobie z tego sprawę?".

Odświeżona przez Engleharta historia Visiona była nieco mniej wariacka, lecz i tak miała w sobie metatekstowy sznyt. Okazało się, że android Vision to poddane przeróbkom mechaniczne ciało należące do pierwszego Human Torcha (którego nieobecność w Uniwersum Marvela przedłużała się od czasu jego nagłego zniknięcia po batalii o prawa autorskie z Carlem Burgosem w 1966 roku). Jak zostało ujawnione w retrospekcji, złowrogi robot Ultron porwał wynalazcę Human Torcha, Phineasa Hortona, i zmusił go do ożywienia swojego dzieła. Englehart włożył w usta Hortona zgorzkniałe i pełne żalu słowa, które mógłby wypowiedzieć na temat Human Torcha sam Burgos: „Sądziłem, że to będzie moje koronne osiągnięcie, moje źródło utrzymania, lecz koledzy bali się, namawiali mnie, bym go zniszczył, a kiedy uciekł, odwrócili się ode mnie… i nigdy, już nigdy więcej nie spojrzeli mi w oczy! Nie każcie mi na niego patrzeć, nie teraz, gdy jestem już stary!". Ultron zamordował Hortona, który wypowiedział swoje ostatnie słowa, dogorywając w ramionach Visiona: „Chciałem, żeby mój pomysł, moje dzieło, cząstka mnie żyła dalej…". Życie imituje sztukę: śmierci Burgosa nie odnotowano na stronach żadnego z komiksów Marvela, Vision – jakaś jego część – żył dalej.

Następnie Englehart zabrał się za Beasta, byłego członka oryginalnego składu X-Men, który zniknął z komiksów na dłuższy czas, zanim wreszcie powrócił – właśnie za sprawą Engleharta – jako porośnięty niebieskim futrem stwór. Beast dołączył do Avengers i został pierwszym w historii Marvela ćpunem. „Drugie wcielenie Beasta było produktem mojego kalifornijskiego życia – powiedział Englehart. – Dorósł, zaczął słuchać rocka i, nie ma co owijać w bawełnę, także palić trawkę, choć nie mogliśmy oczywiście o tym napisać". Zamiast tego pokazał więc Beasta czytającego

Carlosa Castanedę i słuchającego albumów Steviego Wondera, przez co wydawał się „młodym, modnym intelektualistą".

Towarzysz Kapitana Marvela, muzyk Rick Jones, również poczuł ducha swoich czasów. W *Captain Marvel #37* jego koleżanka Dandy wręczyła mu kapsułkę, którą nieśmiało nazwała „witaminą C", i dodała: „To prezent dla ciebie, gdyby twoje »życie osobiste« wreszcie cię znudziło!". Zaś owo życie osobiste, do którego się odnosiła, to zamiana miejscami z Kapitanem Marvelem za każdym razem, kiedy uderzył noszonymi na nadgarstkach metalowymi bransoletami, zwanymi „Nega-Bands"; oznaczało to spędzanie mnóstwa czasu w Strefie Negatywnej, gdzie jeden z nich musiał pozostać, podczas gdy drugi znajdował się w naszym wymiarze. Podczas następnego pobytu w Strefie, wałęsając się bez celu, Jones łyka kapsułkę i zaczyna mieć halucynacje na temat swojego dzieciństwa na przedmieściach; równocześnie Kapitan Marvel czuje, że drży mu szczęka, pulsują skronie, a wszystko wokół zaczyna wyglądać jak na rysunkach Eschera. Gdy wreszcie pojawia się Watcher i atakuje Kapitana, naszego bohatera oblewa zimny pot. Na szczęście w następnym numerze obaj odzyskują zdrowe zmysły. Kapitan Marvel karci Ricka za jego bezmyślność. Psychodeliczne narkotyki pozwoliły im osiągnąć jeszcze wyższy poziom „kosmicznej świadomości" i wszystko kończy się pomyślnie.

Mimo wywrotowych pomysłów Gerbera i Engleharta, dopiero umiejętnie przeprowadzona przez Jima Starlina prowokacja w komiksie o Warlocku ostatecznie przetestowała granice tolerancji wydawnictwa na harce autorów odpowiedzialnych za niszowe tytuły; Roy Thomas niegdyś uczynił tę postać iście chrystusową, a teraz Starlin, świeżo upieczony nieprzyjaciel katolicyzmu, wykorzystał ją do krytyki religii zorganizowanej, a także jako gest protestu wobec krępowania twórczych umysłów.

Adam Warlock, wędrowny duch, napotyka na swojej drodze „niewierną" poszukiwaną przez oddział uzbrojonych żołnierzy; próbuje ją uratować, ale zawodzi. Korzystając ze „straszliwej mocy" tajemniczego Klejnotu Duszy, udaje mu się ją na krótką chwilę ożywić i dowiaduje się, że zabójcy należą do Uniwersalnego Kościoła Prawdy, organizacji rządzonej twardą ręką, której wpływy sięgają nawet innych galaktyk. Na jej czele stoi istota zwana Magus – jak dowiaduje się ku swojemu przerażeniu Warlock, jest to przyszłe wcielenie jego samego.

Nasz bohater kontynuuje swoją wyprawę w poszukiwaniu Magusa, spotykając niecodziennych sprzymierzeńców (Pipa, trolla o niewyparzonej gębie, i zielonoskórą zabójczynię w kabaretkach, pochodzącą z innej planety Gamorę) i jeszcze więcej nieprzyjaciół (choćby Thanosa, starego wroga Kapitana Marvela). Jednak największym zagrożeniem dla jego życia i umysłu okazuje się potężny kryształ, który nosi na czole – wampiryczny Klejnot Duszy – łapczywie wchłaniający dusze pokonanych przeciwników.

Starlin traktował komiksy z przygodami Adama Warlocka jako swój własny kącik, w którym mógł snuć rozważania na temat ceny potęgi i władzy oraz wyrażać sceptycyzm wobec sztywnego instytucjonalizmu. Starlin zajmował się nie tylko scenariuszem, ale i szkicami, tuszem oraz kolorami i był pierwszym całkowicie samodzielnym autorem Marvela od czasu *carte blanche* Jima Steranko. Nawet najmniejsza ingerencja ze strony redaktora budziła w Starlinie wewnętrznego buntownika i wkrótce na łamach komiksu zawzięcie krytykował nie tylko Kościół, ale i inne instytucje nadużywające swojego autorytetu.

„Stan zawsze miał problem z moimi komiksami – powiedział Starlin, mając na myśli *Formułę nieskończoności*, historię z Nickiem Furym, którą napisał w przerwie pomiędzy kolejnymi numerami *Warlocka*. – Fury zdefraudował pewną sumę pieniędzy, żeby móc położyć łapę na formule, która miała przedłużyć mu życie. Po przeczytaniu tego kawałka Stan strasznie się wkurzył i obiecał mi, że nigdy nie doczeka się on dodruku i nie zostanie uznany za kanoniczną dla Uniwersum historię".

Z początku Starlin przemycał subtelne aluzje i żarciki – na potrzeby jednego z numerów przerobił stale obecne na okładkach logo Comics Code na „Cosmic Code", zaś w następnym zeszycie Pip zamówił w barze drinka o nazwie „gówniany stinger". Im dalej, tym śmielej sobie poczynał; w czwartym odcinku pisanej przez Starlina sagi para klaunów próbuje zrobić Warlockowi pranie mózgu, żeby zmusić go do posłuszeństwa. „Uspokój się, o wierzący!* – mówi jeden z nich, Len Teans. – Za chwilę

* Chodzi o termin, jakim Stan Lee określał czytelników swoich komiksów;

pozbędziesz się mroku, który odróżnia cię od tych wszystkich pajaców!". Drugi, nazwiskiem Jan Hatroomi, maluje twarz Warlocka na podobieństwo maski klauna i zabiera go do okładanego ciastami „renegata". Teans mówi: „Był jednym z najlepszych, ale próbował wywieść system w pole! Zaczął myśleć, że człowiek jest ważniejszy od krzesła!". Dzieciak, który nabyłby ten komiks w lokalnej drogerii, oczywiście uznałby to wszystko za mocno dziwaczne, ale nie zauważyłby, że „Len Teans" i „Jan Hatroomi" to anagramy nazwisk Stana Lee i Johna Romity, zaś facet ociekający musem z ciast jest łudząco podobny do Roya Thomasa.

Następnie klauni prowadzą Adama Warlocka przed chyboczący się stos śmieci, do którego zapracowani klauni dorzucają kolejne taczki rupieci i odpadków; gdy śmierdząca wieża przechyla się i wali na ziemię, pośród ton szmelcu Warlock znajduje diament. „A, to! – mówi Len Teans. – Nie możemy się tego pozbyć z naszego wysypiska, kiedy tylko odwrócimy wzrok, ktoś go znowu wyrzuca!". Jim Starlin sportretował Marvel Comics jako oszalałych producentów śmieci.

Przy nazwisku Lena Weina w stopce następnego numeru *Warlocka* nie widniało słowo „redaktor", a „maruda". Nikomu nawet nie chciało się tego zmienić.

Jack Kirby nie radził sobie w Kalifornii zbyt dobrze. Po obiecującym początku jego relacje z DC uległy ochłodzeniu. Krótko po jego dołączeniu do firmy sprzedaż komiksów spadła i wydawnictwo utraciło miejsce branżowego potentata na rzecz Marvela. Zresztą sytuacja na rynku tak czy inaczej nie była wesoła. Tytuły wchodzące w skład stworzonego przez Kirby'ego mitologicznego „Czwartego Świata" – *The New Gods*, *The Forever People* i *Mister Miracle* – zostały zamknięte. Sztywne dialogi Kirby'ego spotykały się z oporem i niechęcią ze strony redaktorów, do jego wersji przygód Supermana musiano nieustannie wprowadzać różnorakie zmiany, żeby komiks szedł w parze z innymi publikacjami DC Comics, zaś pomysły na historie spoza kręgu superbohaterskiego nie spotykały się z aprobatą szefostwa. Mimo że miał w zanadrzu nowe tytuły – *Omac*, *Kamandi* i *The*

w oryginale *true believer* – przyp. tłum.

Demon – nikt nie był nimi zainteresowany. Kirby wiedział, że nadal czeka na niego biurko w Marvelu, co Stan Lee podkreślał w wywiadach. „Nigdy się nie pokłóciliśmy – powiedział jednemu z dziennikarzy. – Dogadywaliśmy się świetnie i cenię sobie jego pracę tak bardzo, że chciałbym znowu móc z nim pracować". Przez jakiś czas badano grunt, wymieniono kilka telefonów i w efekcie Stan Lee i Jack Kirby znowu zaczęli ze sobą rozmawiać.

Impreza pod nazwą The Might Marvel Convention trwała od soboty do poniedziałku, od 22 do 24 marca 1975 roku w hotelu Commodore. Pełne entuzjazmu wiadomości, którymi przez cały weekend karmiono uczestników zlotu, sugerowały, że wkrótce Marvel otrzyma szansę dotarcia do szerokiego grona nowych czytelników: ekskluzywne wydanie opracowanego do spółki z DC komiksu *Superman vs. Spider-Man* miało być pierwszym spotkaniem dwóch ikonicznych postaci i wydawnictwo finalizowało umowę na realizację aktorskiego filmu ze Spider-Manem. Z *coup de grace* czekano aż do ostatniego dnia.

Kirby cichcem przyleciał do Nowego Jorku i z rysunkami pod pachą wślizgnął się w poniedziałek przed konwentem do biura Stana Lee. Zauważyła go Marie Severin. „Przyszłam do biura i zobaczyłam Jacka – opowiadała – zaś Stan wyciągnął w moją stronę jeden z rysunków i powiedział: »Nic nie widziałaś!«. Od razu wybiegłam na korytarz i wrzasnęłam: »Kirby wrócił!«".

Trzyletni kontrakt Kirby'ego zobowiązywał go do dostarczania trzynastu stron tygodniowo przy honorarium rzędu tysiąca i stu dolarów tygodniowo – czyli pięćdziesięciu siedmiu tysięcy i dwustu rocznie lub osiemdziesięciu pięciu za stronę. Nie chciał wracać do *Fantastic Four* lub *Thora*, ani żadnego innego tytułu, który współtworzył wraz z Lee. Został za to jedynym scenarzystą, rysownikiem i redaktorem *Captain America*. Zgodził się też narysować adaptację *2001: Odysei kosmicznej* oraz stworzyć kompletnie nowy komiks wykorzystujący koncept przybyszów z kosmosu i pozostawionych przez nich na Ziemi tajemnic: *The Eternals*.

Niedzielnego popołudnia, podczas panelu o Fantastycznej Czwórce, Lee przedstawił gościa niespodziankę. Na widowni rozległy się ekstatyczne oklaski i Kirby'ego – który szedł alejką do podium – powitano owacją na stojąco. Marvel nie był jeszcze gotów ogłosić, nad jakimi komiksami Kirby będzie pracował, ale sam zainteresowany podczas sesji Q&A z publicznością złożył jednemu z czytelników obietnicę: „Cokolwiek zrobię dla Marvela, gwarantuję, że mój komiks was zelektryfikuje!".

Lee, jak zawsze gotów do wprowadzenia poprawek do tekstów Kirby'ego, szepnął: „Zelektryzuje, Jack. Zelektryzuje!".

Gerry'emu Conwayowi nie w smak był awans Weina i Wolfmana. Ba, dość powiedzieć, że był wściekły. Pracował dla Marvela dłużej niż każdy z nich, zajmował się prestiżowymi tytułami i zastępował Thomasa, kiedy nie było go w biurze, a parę miesięcy wcześniej obiecano mu, że wkrótce przyjdzie jego kolej. „Stan zwrócił się do mnie tym swoim przyjaznym, radosnym głosem: »Słuchaj, Ger, jeśli kiedykolwiek zdarzy się tak, że Roy nas opuści, będziemy chcieli, żebyś przejął jego obowiązki«". Zdawało się jednak, że o tej rozmowie w firmie szybko zapomniano. Conway poczuł się zdradzony. Skoro podstawowym kryterium, żeby piastować funkcję redaktora, była znajomość Uniwersum Marvela, Conwaya zastanawiało, dlaczego ta robota trafiła do dwóch gości z DC, którzy dołączyli do załogi zaledwie przed rokiem? Miał już dość, że nie traktowano go poważnie, a do tego zaczął podejrzewać, że Marv i Len uprawiali jakieś polityczne gierki. Doszedł do wniosku, że najwyraźniej jego osiągnięcia nie znaczyły dla Lee – i dla Marvela – absolutnie nic.

Conway otrzymał od Lee zadanie sprowadzenia na łamy *Spider-Mana* ożywionej Gwen Stacy, choćby tylko na jeden zeszyt; swoją pomoc od razu zaoferował radośnie Steve Gerber, proponując, że jedną z bohaterek nowego numeru *Tales of the Zombie* uczyni „Cmentarną Gwen". Zirytowany szefowskimi wytycznymi* Conway napisał sześcioczęściową historię, w której wskrzeszona Gwen Stacy samą swoją obecnością doprowadziła Petera Parkera (i jego nową dziewczynę, Mary Jane Watson) na skraj załamania nerwowego, a potem ujawnił, że był to jedynie klon stworzony przez

* Conway został zacytowany w ósmym numerze wewnętrznego fanzinu Marvela „Foom" w sposób następujący: „Skoro już muszę ożywić Gwen Stacy, zrobię z niej prawdziwą [usunięto wyraz uznawany powszechnie za obsceniczny]".

złoczyńcę zwanego Jackal. Okazało się, że tenże Jackal, niegdyś profesor biologii nazwiskiem Warren, był śmiertelnie wręcz zazdrosny o związek Gwen i Parkera i stworzył jej sztuczną wersję za pomocą DNA, które odratował z jakiegoś przeprowadzonego przez nią projektu naukowego. Jakby tego było mało, Warren sklonował też Petera Parkera – ten mało znaczący wówczas epizodzik miał prześladować świat Marvela jeszcze wiele lat później.

Historia kończyła się wybuchem płaczu sklonowanej Gwen – smutnej, niewinnej i naiwnej istoty posiadającej wspomnienia nieprzeżytych dni – która pożegnała się z Peterem Parkerem, miłością swojego życia, i odeszła w stronę słońca ze spakowaną walizą. Pomimo dość głupawego punktu wyjścia, Conway wraz z rysownikiem Rossem Andru stworzyli szczerze wzruszającą, skłaniającą do refleksji opowieść.

Gdy Lee zobaczył wreszcie komiks, do którego napisania zmusił Conwaya, wzruszył ramionami. „Nie za bardzo, co?", mruknął Conway.

„Będziesz musiał zrobić coś z Gerrym", ostrzegał Thomas Lee, wiedząc, że Conway uważa, że zasłużył sobie na wyjątkowe traktowanie. Teraz czuł się za to jak szeregowy gryzipiórek podlegający niewidzialnemu duetowi LenMarv, który „nie miał zamiaru rozdrabniać swojego autorytetu". Kiedy zapadła decyzja, że wymyślony przez Conwaya, coraz bardziej popularny wróg Spider-Mana o pseudonimie Punisher dostanie własny kącik na łamach jednej z czarno-białych publikacji Marvela, Gerry oczekiwał, że – zgodnie z obietnicą daną mu przez Thomasa – seria trafi do niego i będzie mógł zająć się nią samodzielnie. Lecz teraz, kiedy rządził Marv Wolfman i Conway, ponownie musiał się zadowolić jedynie funkcją scenarzysty. Rozsierdzony, zaczął przyjmować zlecenia freelancerskie od należącego do Martina i Chipa Goodmanów Atlas Comics, a potem dostał pracę jako scenarzysta i redaktor w DC Comics. Jego pierwszym zleceniem było naniesienie poprawek w ostatnich numerach *Kamandi*, które podesłał Kirby krótko przed swoim nagłym odejściem z firmy. A już wkrótce miał napisać kolejną historię z bohaterem, z którym dopiero co się pożegnał.

Owocem współpracy DC i Marvela był komiks *Superman vs. Spider-Man.* Prestiżowe wydanie specjalne miało być ośmiokrotnie droższe niż pojedynczy zeszyt, ale i o większej objętości, do tego wsparte agresywną kampanią promocyjną. Słowem – gwarantowany blockbuster. Dla Gerry'ego Conwaya i Rossa Andru oznaczało to pełne portfele, zaś dla Lena Weina pierwszy większy sprawdzian. Podczas zebrania w gabinecie Lee, Wein wyraził wątpliwości co do decyzji Ala Landau, który odsunął Andru od *The Amazing Spider-Man*, żeby ten mógł przyjąć nowe zlecenie; w końcu *Spider-Man* był numerem jeden Marvela.

„Przecież jestem naczelnym – powiedział Wein. – Czemu tego ze mną nie przedyskutowałeś?".

Landau spojrzał na niego i odparł: „Bo to nie twój zasrany interes".

Wein zamachnął się na niego, lecz Marv Wolfman, który siedział pomiędzy nimi, w porę przerwał szarpaninę i usiłował odepchnąć Weina. Stan próbował ich uspokoić, zaś Wein zdał sobie sprawę, że stres bierze górę. Im więcej czasu spędzał w biurze, tym mocniej nienawidził tej pracy. „Nie jestem zbyt dobry w prowadzeniu interesu – powiedział. – Spędzałem większość dni na dziewiątym piętrze, użerając się z księgowymi, walcząc o to, żeby ludzie dostawali większe stawki, żeby nie likwidowano jakiegoś tytułu, żeby dano nam więcej stron… a komiksy robiły się same, poza mną". Od czasu do czasu musiał się meldować w szpitalu z powodu swoich problemów z nerkami i kiedy wracał do biura, jak oszalały próbował się połapać w zalewie nowych, masowo produkowanych tytułów. „Len brał wówczas wiele leków na uspokojenie", wspominał Dave Cockrum.

9 kwietnia 1975 roku Marvel ogłosił, że Wein rezygnuje. Marv Wolfman miał przejąć obowiązki redaktora naczelnego, zaś Archie Goodwin zająć się publikacjami czarno-białymi. „Poszedłem w sumie na taki sam układ jak Roy – powiedział Wein. – Zabrałem swoje komiksy i pracowałem tylko nad tym, co sam wybrałem". Okazało się, że Wein miał na myśli komiksy *The Amazing Spider-Man* i *Thor*, które zostawił po sobie Gerry Conway, gdy nie pozwolono mu na łączenie obowiązków scenarzysty i redaktora.

„Obecnie przechodzimy daleko idące zmiany", przyznał Wolfman w wywiadzie udzielonym w 1975 roku. Postanowił sobie, że nie ulegnie presji, przez którą nerwowo nie wytrzymał Len. Mimo podobieństw łączących dwóch starych przyjaciół, Wolfman chętnie podjął się wyzwania kierowania zespołem, poza tym nie przywiązywał aż tak dużej uwagi do szczegółów – dostrzegał bowiem poważniejsze problemy, na przykład regularnie zawalane terminy („Właśnie rozmawiałem z naszym drukarzem – poinformował redakcję na jednym z zebrań John Verpoorten. – Zapytał mnie, czy przypadkiem nie splajtowaliśmy"). Z tego powodu dochodziło do kompromitujących sytuacji: czytelnik, zachęcony atrakcyjną okładką, kupował nowy numer *Avengers*, a w środku znajdował przedruki jakichś starych historii. Co innego mógł jednak zrobić redaktor? Nie miał do dyspozycji aż tak licznej kadry, żeby wyrzucić z pracy wszystkich spóźnialskich. Zakasując rękawy, Wolfman przekonał Johna Verpoortena do przemyślenia inicjatywy o nazwie *Marvel Fill-In Comics*, za którą miał odpowiadać Bill Mantlo; swoją karierę zaczął więc od pisania scenariuszy komiksów zagrożonych opóźnieniami, gdy nikt inny nie mógł się za nie zabrać. Mantlo stał się tajną bronią i miał zabezpieczać tyły, zaś rysunkami zajął się harujący jak wół Sal Buscema; w *Marvel Fill-In Comics* znajdowały się dwie lub trzy historie z bohaterami najbardziej narażonymi na opóźnienia. I kiedy nadchodził Tragicznie Traumatyczny Termin, łatwo można było wcisnąć którąś z nich, gdzie potrzeba.

Skoro pozbył się jednego problemu, Wolfman mógł odetchnąć. Dopisało mu zresztą trochę szczęścia, bowiem zagrożenie reprezentowane przez Atlas Comics należące do Martina i Chipa Goodmanów osłabło. Atlas cierpiał na niedostatek atrakcyjnych tytułów – za to miał w ofercie pełno komiksów drugoligowych – i braki organizacyjne; nawet ich najlepsze propozycje nie mogły liczyć na dobrą dystrybucję. Jeden z raportów mówił, że jedna z firm z Los Angeles zwróciła ponad dwa tysiące komiksów z zamówionych dwóch i pół, nie trudząc się nawet ich odpakowaniem. Praca dla Atlasu była jak niewielka wygrana na loterii – płacili jak za zboże, ale w pewnym momencie pieniądze po prostu przestały płynąć. Jack Abel dostarczył gotowe rysunki do swojego komiksu *Wulf*, swoje honorarium wydał na wakacje na Florydzie, a kiedy wrócił do miasta, zastał firmę zamkniętą na głucho. David Anthony Kraft, który odszedł z Marvela omamiony pięćdziesięcioprocentową podwyżką w Atlasie, wybrał się na krajoznawczą przejażdżkę swoim motocyklem, dumając nad kolejnymi numerami *Demon Hunter*. Kiedy dotarł na Zachodnie Wybrzeże, dowiedział się, że Atlas Comics zbankrutowało.

Wiosną Al Landau wysłał notatkę firmową, domagając się, żeby któryś z pracowników przejrzał komiksy wydane przez Atlas pod kątem plagiatów; był to kruchy lód, bowiem spora część ekipy Goodmanów wylądowała właśnie na garnuszku imperium Marvela. Kraft i Rich Buckler przerobili *Demon Hunter* na *Devil Slayer* i historie z jego udziałem zamieścili w *Astonishing Tales*. Howard Chaykin przyszedł do Marvela prosto z budynku Atlasu i sprzedał im swojego lekko podrasowanego *Scorpiona* jako *Dominica Fortune'a*.

Nadal nie rozwiązano jednak problemu słabych wyników sprzedaży. „Byliśmy tylko paczką dzieciaków tyrających gdzieś na tyłach Magazine Management – mówił Chris Claremont. – Nikt nie kupował komiksów, to był umierający biznes i zdawaliśmy sobie z tego sprawę. Każdy miał to gdzieś, chcieliśmy się po prostu zabawić. Podejrzewaliśmy, że za parę lat będziemy musieli szukać prawdziwej roboty".

Na terenie całego kraju supermarkety wypierały rodzinne sklepiki i niewiele z nich było zainteresowanych stojakami zawalonymi przynoszącymi niewielkie dochody, niszowymi komiksami. Co gorsza fakt, że komiksy były sprzedawane dystrybutorom z prawem zwrotu, narażał wydawców na nieuczciwe praktyki. Krążyły opowieści o magazynach, w których zrywano okładki z niesprzedanych egzemplarzy i odsyłano do wydawcy, zaś same zeszyty zostawiano. Następnie komiksy bez okładek dystrybutor sprzedawał po niższej cenie – wszystko z korzyścią dla niego.

Dlatego też w 1973 roku Phil Seuling, rozwrzeszczany nauczyciel angielskiego i organizator konwentów z Coney Island, zaproponował Marvelowi i DC sprzedaż komiksów detalistom z sześćdziesięcioprocentową zniżką zarezerwowaną dla hurtowników; w zamian Seuling zgodził się zapłacić za wszystkie zamówione zeszyty, łącznie z tymi niesprzedanymi. Zawsze mógł je po latach opchnąć kolekcjonerom. Dla wydawców było to rozwiązanie o niebo lepsze niż drukowanie dwóch lub trzech egzemplarzy na jeden sprzedany, lecz i tak nie upatrywali w tym rozwiązania zdolnego odmienić losy firmy, a przynajmniej jeszcze nie wtedy; w roku 1974 metoda dystrybucji bezpośredniej przynosiła Marvelowi rocznie jedynie trzysta tysięcy dolarów dochodu. Trzeba było jakoś obejść problem supermarketów.

Przez moment Alowi Landau udawało się utrzymać Cadence Industries w przeświadczeniu, że faktycznie coś w Marvelu zmienił. Ponieważ komiksy objęto klauzulą zwrotu, raporty o przychodach opracowywano na podstawie sprzedaży detalicznej, a nie dostarczonych do sklepów ilości. „Odwalił numer w stylu Ponziego* – wyjaśnił jeden z dyrektorów Cadence. – Do dystrybucji trafiało na przykład sto tysięcy egzemplarzy, zaś sprzedaż szacowano na poziomie pięćdziesięciu procent. Następnego miesiąca wypuszczał dwa tytuły, na rynek szło więc dwieście tysięcy sztuk przy niezmienionym szacunku, czyli mniej więcej sto pięćdziesiąt tysięcy zostawało w magazynach. Z miesiąca na miesiąc publikował coraz więcej, więc ukrywał tym samym fakt, że te jego szacunki były zawyżone, jednocześnie skazując firmę na plajtę".

Sheldon Feinberg zaczynał podejrzewać, że Landau coś kręci, i wysłał do Marvela dwóch pracowników Cadence z New Jersey; pierwszy z nich, Barry Kaplan, został szefem działu finansów, zaś niedawno zatrudniony przez Curtis Circulation konsultant nazwiskiem Jim Galton otrzymał stanowisko wiceprezesa. Przejrzeli bilans zysków i strat i nie spodobało im się to, co zobaczyli.

Kiedy Landau wrócił z urlopu, zastał Galton na fotelu w swoim gabinecie.

„Co ty tutaj robisz?", zapytał.

„Shelly ci nie powiedział?", usłyszał w odpowiedzi.

* Charles Ponzi był oszustem, który w latach dwudziestych ubiegłego wieku jako pierwszy zorganizował piramidę finansową – przyp. tłum.

Galton i Kaplan zabrali Landau na lunch do Player's Club i przy stoliku powiedzieli mu, że Galton zastąpi go na stanowisku prezesa Marvela i Magazine Management. Na oczach obu rozmówców Landau złapał się za klatkę piersiową i upadł na ziemię.

Sytuacja wyglądała następująco: jeśli Galtonowi nie uda się w ciągu roku czy dwóch odmienić sytuacji firmy, Marvel Comics przestanie istnieć. Sheldon Feinberg już od jakiegoś czasu nosił się z zamiarem zakończenia działalności komórki wydawniczej Cadence. „Do 30 czerwca, czyli momentu objęcia przeze mnie stanowiska, straty Marvela sięgnęły dwóch milionów dolarów – powiedział Galton. – Musiałem więc przede wszystkim przeorganizować firmę i zatamować krwawienie, a muszę powiedzieć, że rana była głęboka. Zajęło mi to około sześciu miesięcy. Zamknęliśmy parę magazynów i zredukowaliśmy personel. Nie istniał żaden powód, dla którego mielibyśmy zatrudniać taką masę ludzi". Niedługo po odejściu Landau Galton pożegnał także jego prawą rękę, Ivana Snydera, lecz ten opuścił firmę z nietypowym pakietem pożegnalnym: wartymi trzydzieści dziewięć tysięcy dolarów zabawkami i gadżetami Marvela, które sprzedano mu za bezcen. „Ivan usiłował zorganizować w ramach wydawnictwa dział zajmujący się sprzedażą wysyłkową – mówił Kaplan. – Mieliśmy osobne pomieszczenie, w którym składowaliśmy produkty zakupione od licencjobiorców reklamujących się w naszych komiksach". Kaplan uświadomił Galtonowi, że projekt Snydera nie ma racji bytu, ponieważ wymaga wynajęcia powierzchni magazynowej oraz co najmniej trzech zatrudnionych na etat osób, które zajmowałoby się odbiorem zamówień, pakowaniem i wysyłką, a zyski byłyby w najlepszym wypadku śladowe. Dzięki pożegnalnym ustaleniom ze Snyderem, Marvel upiekł dwie pieczenie na jednym ogniu: firma pozbyła się zawartości zawalonego gadżetami gabinetu i zabezpieczyła w miarę korzystny kontrakt, bowiem Ivan zgodził się wykupić powierzchnię reklamową po preferencyjnej cenie.

Snyder zastawił piwnicę swojego domu w Randolph w New Jersey regałami i nazwał nowo utworzoną firmę Superhero Enterprises. Po trzech latach był właścicielem sklepów w kilku miastach i rozwinął dochodową działalność wysyłkową. Nie był to jednak koniec jego przygody z Marvelem.

Tymczasem Stan Lee nadal próbował odnaleźć się w świecie kolorowych magazynów, które spadły na niego po odejściu Chipa Goodmana, i działał na nerwy tamtejszym redaktorom. Dla nich był wścibskim półgłówkiem, który wciąż wymuszał zupełnie niepotrzebne zmiany i pytał ludzi, kim są młodzi celebryci na okładkach.

Podczas imprezy promocyjnej zorganizowanej w Los Angeles przez Magazine Management z okazji premiery „Film International" (na okładce pierwszego numeru znalazła się roznegliżowana Sylvia Kristel, gwiazda filmu *Emmanuelle*, zaś w środku opublikowano recenzje paru tytułów z kategorii X) Stan i Joanie pili z przebrzmiałymi celebrytami w rodzaju Arte Johnsona i Victorii Principal oraz emerytowanymi reżyserami Kingiem Vidorem i Vincentem Minellim w Greystone Mansion. Nie było to może tak szpanerskie jak pogadanki w biurze z Fellinim i Alainem Resnais, ale to, mimo wszystko, Hollywood.

Nazwisko Lee jaśniało dumnie w stopce magazynu „Celebrity" – podróbki „People" – co umożliwiło mu pozowanie do zdjęć z bohaterami artykułów; pośród nich znaleźli się chociażby Mae West, Mickey Cohen, Robert Wagner, Lucille Ball i F. Lee Bailey, i można było odnieść wrażenie, iż ma się do czynienia z kolejnym odcinkiem *Statku miłości*, tyle że na papierze. Autorzy tekstów padali im do stóp, ich lizusostwo przyprawiało o mdłości. „Stosunek »Celebrity« [do kultury obsesyjnie zafascynowanej gwiazdami] wydaje się nieco inny niż konkurencyjnych czasopism – pisał jeden z obserwatorów – bowiem wydaje go Stan Lee z Marvel Comics i sporo miejsca poświęca w nim samemu sobie, wszak jest pierwszym autorem komiksów, który osiągnął status gwiazdorski".

Lee urzędował teraz w przestronnym biurze z pięcioma oknami wychodzącymi na Madison Avenue. Mieścił się w nim stolik kawowy z przeszklonym blatem w kształcie półksiężyca, trzy chromowane i obite skórą fotele oraz dwie pluszowe sofy. Nadal pisywał regularnie raz w miesiącu swój dział „Stan Soapbox", ale wciąż ciągnęło go do Hollywood; nie chodziło mu wcale o obracanie się w towarzystwie gwiazd, lecz o wkręcenie się do przemysłu, który, w przeciwieństwie do Marvel Comics, wcale nie stał na krawędzi upadku. „Nieważne jak dobrze radziliśmy sobie na rynku – powiedział jeden ze scenarzystów – to i tak Stana prześladowało paskudne przeczucie, że wszyscy wokół go opuszczą i znikną, i znowu będzie musiał samodzielnie zająć się wszystkimi tytułami".

Rzadko zaglądał do komiksów. Od ponad roku nie miał w rękach *Iron Mana* i kiedy zaczął przeglądać jeden z zeszytów, zauważył na jego hełmie trójkątną wypustkę na nos, która została dodana zgodnie z jego zaleceniem. To go naprawdę zdziwiło.

„Co to jest… i czemu?"

„Już tego nie chcesz?"

„Trochę dziwnie to wygląda, co nie?", odparł i otworzył kolejny komiks.

Teraz wszystko musiało zostać wpisane w większą całość: synergię, demografię, oczekiwania partnerów biznesowych. Lee zwołał przynajmniej jeszcze jedno spotkanie, żeby przestrzec scenarzystów przed wprowadzaniem pochopnych zmian w psychologicznych portretach bohaterów, bowiem mogą one narazić na szwank umowy licencyjne. Jak mówił Steve Englehart, decyzje podejmował „nie Stan Lee, szef działu kreatywnego, ale Stan Lee, jeden z biznesmenów na usługach firmy. Zaczął poświęcać coraz więcej czasu interesom kosztem samych komiksów".

I choć Stan Lee wypadł z obiegu i nie bardzo wiedział, co się dzieje w jego komiksach, nawet do niego dotarły słuchy, że fani domagają się osobnego komiksu z Kaczorem Howardem, który pojawiał się sporadycznie na ostatnich stronach okropnie zatytułowanego *Giant-Size Man-Thing*. Steve Gerber, do którego przychodziły sterty listów, spotkał się ze Stanem Lee w sprawie otwarcia nowego tytułu z Howardem. Na spotkaniu dołączyła do nich Mary Skrenes, przyjaciółka Alana Weissa z czasów studenckich, która przeprowadziła się do Nowego Jorku i dość łatwo znalazła zajęcie przy pisaniu scenariuszy. Skrenes odkryła w sobie miłość do komiksów, ale trochę zajęło jej przyzwyczajenie się do ekipy zdziecinniałych profesjonalistów, z którymi przyszło jej pracować. Gerber – poznany podczas jej pierwszej wizyty w biurach Marvela – był wyjątkiem: „Kiedy przyszłam, wszyscy stłoczyli się wokół mnie – wspominała – niektórzy chłopcy nie byli przyzwyczajeni do obecności dziewcząt, więc nie odstępowali mnie na krok i zawracali głowę, mówiąc mniej więcej coś takiego: »Ostatnio miewam problemy… boję się zasnąć… boję się obudzić«. Zobaczyłam, że w moją stronę podąża jakiś wielki łeb… należał do Steve'a Gerbera, który wziął mnie za rękę i wyprowadził z pokoju. Chłopaki nieźle się zdziwiły".

Prędko stała się muzą Gerbera – inspiracją dla postaci tańczącej w klubie go-go dziewczyny Kaczora Howarda, Beverly Switzler – i bratnią duszą. Zaczęli się spotykać, pisali razem scenariusze, a wkrótce zamieszkali ze sobą. Jej wrażliwość była tak samo wypaczona jak i jego, więc kiedy poproszono ją, żeby wymyśliła superbohaterkę o imieniu Ms. Marvel, wyszła z propozycją postaci Loretty Petty, drobnej dyslektyczki zatrudnionej jako kelnerka, która przeniosła się z osiedla przyczep kempingowych do dużego miasta. „Kiedy ktoś ją wkurzył – na przykład w pierwszym numerze okradziono jej jadłodajnię – dostawała kopa i nadludzkiej siły. Nie chcieli jednak, żeby była chudziutka i cierpiała na dysleksję, miała być posągową heroiną. Nie spodobała się Stanowi"*.

Więcej szczęścia miała u boku Gerbera. Podczas spotkania na temat *Howarda* przedstawili jeszcze jeden pomysł – na komiks traktujący o chłopcu imieniem James-Michael, „prawdziwym dwunastolatku – jak przedstawił go Gerber – istocie ludzkiej na skraju dojrzałości, zderzonej ze wszystkimi poważnymi (a przynajmniej wyglądającymi na poważne z jego perspektywy) problemami, które przynosi dorastanie". Nie miał to być kolejny dziecięcy bohater jakich pełno.

Oczywiście aż tak sucho nie było – w pierwszym numerze rodzice Jamesa-Michaela giną w przerażającym wypadku samochodowym i okazuje

* Światło dzienne ujrzała wreszcie inna wersja Ms. Marvel, stworzona przez Gerry'ego Conwaya: Carol Danvers, pracująca jako agentka ochrony w Cape Kennedy Space Center, która była świadkiem walki pomiędzy Kapitanem Marvelem a Kree; została narażona na promieniowanie podczas eksplozji jednego z urządzeń używanych przez obcą rasę, co dało jej siłę dziesięciu mężczyzn oraz „wiedzę i zwinność wojownika Kree". Zostawiła dawną pracę i objęła posadę redaktorki magazynu „Woman" wydawanego przez J. Jonaha Jamesona, szefa „Daily Bugle".

się, że byli robotami. Sam chłopak, niezwykle inteligentny, lecz chłodny, wręcz autystyczny w kontaktach z innymi, zostaje adoptowany przez miłą pielęgniarkę oraz jej zblazowaną współlokatorkę, które mieszkają w części Manhattanu zwanej Hell's Kitchen. Jamesa-Michaela nawiedzają dziwaczne sny o niemym kosmicie w pelerynie, który wystrzeliwuje promienie z dłoni i sieje zniszczenie – efekty jego działalności są widoczne nawet po tym, jak chłopiec wybudzi się ze snu. Pojawił się jednak pewien problem – jaki nadać mu pseudonim?

„Omega the Unknown!", wykrzyknął Lee i oba komiksy dołączono do cyklu wydawniczego.

Dla Chrisa Claremonta również nadeszły lepsze czasy – pierwsze numery nowych *X-Men* podbiły serca czytelników; również pisane przez niego *Iron Fist* cieszyło się popularnością. Na drugim planie jego komiksów często przewijało się mnóstwo zwyczajnych ludzi, którzy bratali się z superbohaterami, tworząc dla tych wyrzutków społeczeństwa istne rodziny zastępcze, z którymi zarówno dorastający, jak i dojrzali już odbiorcy mogli się identyfikować. No i te rysunki... Dave Cockrum zachwycał miłośników *X-Men* kolorowymi projektami kostiumów i nadawał komiksom odpowiedni połysk rodem z filmów science fiction; za to w *Iron Fist* rządził i dzielił energiczny, młody kanadyjski rysownik znakomicie operujący dynamiką kąta holenderskiego, John Byrne, który z miejsca stał się ulubieńcem czytelników – jego postaci były pełne życia, kadry wypełniał detalami zauważalnymi jedynie dla naprawdę wnikliwych czytelników, zaś układ stron zachwycał przejrzystością i płynnością. On i Claremont niemal od razu zaczęli snuć plany na przyszłość i dumali nad kolejnymi wspólnymi projektami*.

* Byrne otrzymał swoją szansę dzięki Duffy'emu Vohlandowi – ekstrawaganckiemu, grubawemu chochlikowi o rudej brodzie, który nie rozstawał się ze swoją aksamitną torbą na ramię – pracującemu w Marvelu jako asystent. David Kraft relacjonował: „Kiedy tylko pojawiało się jakieś zlecenie i ludzie zastanawiali się, kogo z naszych do niego przydzielić, Duffy darł się tym swoim donośnym głosem niczym puchacz: »Joooohnn Byyyyrne!«. I za każdym razem, jak tylko wypłynęło coś nowego, po korytarzach niosło się echem: »Joooohnn Byyyyrne!«".

Pod koniec 1975 roku Claremont zrezygnował z funkcji redaktora i – tak jak Englehart, Gerber i McGregor przed nim – poświęcił się pisaniu. Na jego miejsce Wolfman zwerbował byłego scenarzystę DC, który, mimo młodego wieku, mógł się pochwalić dziesięcioletnim doświadczeniem w branży.

Nazywał się Jim Shooter i właśnie skończył dwadzieścia cztery lata.

7

Latem 1964 roku Jim Shooter miał dwanaście lat. Spędził tydzień na oddziale dziecięcym w Szpitalu Miłosierdzia w Pittsburghu, dochodząc do siebie po drobnej operacji. Leżąc w łóżku, przebijał się przez stosy komiksów.

„Zeszyty z DC były w nieskazitelnym stanie, podczas gdy Marvele zajechałem na śmierć, wszystkie miały pozaginane rogi – wspominał Shooter. – Przeczytałem parę numerów różnych pozycji z DC, a potem kilka z Marvela i zrozumiałem, dlaczego wszyscy czytają te drugie: były, krótko mówiąc, o wiele, wiele lepsze".

Młody chłopak wpadł na pewien pomysł: „Moja rodzina nie miała pieniędzy, a ja, mając dwanaście lat, nie mogłem pracować w hucie stali. Pomyślałem, że mógłbym nauczyć się pisać jak ten tam Stan Lee i sprzedawać swoje scenariusze tym z DC, gdyż uznałem, że zdecydowanie potrzebowali mojej pomocy".

Przez rok młodziutki Shooter zapoznał się z każdym komiksem, jaki wpadł mu w ręce, starając się rozpoznać jego mocne i słabe strony, lecz, przede wszystkim, uczył się schematów: „Nie byłem głupi i zdawałem sobie sprawę z tego, że jeśli napiszę komiks w zgodzie z własnym sumieniem i zamieszczę tam wszystko to, o czym marzę, nikt go nie kupi; ludzie nie chcą czegoś, co jest diametralnie różne od tego, co lubią".

Latem 1965 roku napisał historię z Legion of Super-Heroes w ramach *Adventure Comics* i poprosił matkę o wysłanie jej do DC. Rozpoczął korespondencję z wydawnictwem i po kilku miesiącach zadzwonił do niego Mort Weisinger, ta sama „nikczemna ropucha", która zaledwie parę miesięcy wcześniej przegoniła Roya Thomasa do Marvela. Weisinger zaprosił go do siedziby DC, gdzie czternastoletni Shooter zawitał razem z matką.

Zaczął dostawać regularne zlecenia – w samą porę. „Mój ojciec jeździł starym rupieciem, któremu wreszcie wysiadł silnik – opowiadał. – Pierwszą wypłatę przeznaczyłem na naprawę samochodu, żeby tata nie musiał chodzić do pracy na piechotę".

Przez kolejne cztery lata Shooter pracował dla Weisingera nad komiksami związanymi z mitologią Supermana – *Superboy*, *Supergirl* i tak dalej – i zajmował się nie tylko scenariuszami, ale i projektami okładek. Z czasem wkradł się w łaski rysowników Gila Kane'a i Wally'ego Wooda, dostarczając im proste szkice, tym samym proponując im odpowiedni układ stron. Zaczęła się jednak szkoła średnia. Perspektywa większych pieniędzy nie wydawała mu się już taka atrakcyjna – zresztą tych było jego rodzinie wiecznie mało – i jedyne, czego chciał, to uznanie*.

Niestety – sława nie przychodziła łatwo i jej zasięg ograniczał się jedynie do okazjonalnego artykuliku w jednej z miejscowych gazet lub wzmianki w krótkim materiale zrealizowanym przez lokalną stację telewizyjną. „Przez cały okres mojej młodości ojciec powiedział do mnie raptem parę słów – mówił Shooter. – To jeden z najwspanialszych ludzi, jacy kiedykolwiek stąpali po ziemi... lecz nie potrafił nawiązać z nikim kontaktu. Skąpił też swojego zdania na jakikolwiek temat". Mort Weisinger nie tylko był oszczędny w pochwałach, ale i znęcał się niemiłosiernie nad młodym podwładnym, co czwartek w godzinach nocnych wydzwaniając do niego z Nowego Jorku przed emisją kolejnego odcinka *Batmana* z litanią pretensji: materiały nie doszły na czas; przekroczył liczbę stron; jak, do cholery, zrobić z tego okładkę?; czemu nie możesz pisać tak, jak pisałeś? O Shooterze mówił, że to „przypadek beznadziejny, wór bez dna". Jim wspominał w jednym z wywiadów: „Przez niego nabrałem patologicznej wręcz awersji do telefonów... czułem się coraz mniej i mniej potrzebny, a moja szansa na resztki normalnego dzieciństwa oddalała się z każdym dniem".

* „Wiesz, kto mnie zainspirował do szukania roboty w komiksach? – pytał Gerry Conway w *Comics Interview #13*. – Jim Shooter, bo był jedynie półtora roku ode mnie starszy, a jego nazwisko widniało obok historii z Supermanem, które wydano w połowie lat sześćdziesiątych, co oznaczało, że napisał je w wieku trzynastu lat! Pomyślałem więc: »Jezu Chryste, też mam trzynaście lat, więc może również to potrafię!«".

Poza obfitym trądzikiem nic nie wskazywało, że Shooter jest nastolatkiem – miał dorosłą pracę i mierzył prawie dwa metry, górując tym samym nad kolegami z klasy. Próbował jednak jakoś się wpasować, „mieć dobre stopnie, żeby zdobyć stypendium, zabawić się trochę, pograć w piłkę, iść potańczyć, poimprezować, tego typu rzeczy. Okazało się, że to i tak zbyt wiele, nie dawałem rady". Podczas ostatniego roku w liceum opuścił sześćdziesiąt dni lekcyjnych, co wpłynęło niekorzystnie na jego stopnie, zmęczenie zaś odbiło się na produktywności.

Tak czy inaczej udało mu się zdobyć stypendium na NYU, a w 1969 roku, na krótko przed zaplanowanym lotem do Nowego Jorku, pokłócił się z Weisingerem. Z automatu na lotnisku zadzwonił więc do swojego idola, Stana Lee. Udało mu się umówić na rozmowę o pracę, podczas której otrzymał ofertę. Niestety, jedyną dostępną posadą było wówczas stanowisko asystenta, do tego na pełny etat. Atmosfera w biurach Marvela różniła się diametralnie od klimatu panującego w siedzibie DC, gdzie chodziło się pod krawatem niczym w towarzystwie ubezpieczeniowym. Shooter miał wrażenie, że można się tam… zabawić.

Zrezygnował więc ze stypendium.

Kompletnie spłukany, zameldował się po pierwszym dniu pracy w lokalnym oddziale YMCA, a potem sypiał na podłodze u recepcjonisty Marvela, Allyna Brodsky'ego. Brał udział w konferencjach, podczas których wymyślano fabuły. Morrie Kuramoto nauczył go, jak nanosić poprawki na gotowe strony. Sol Brodsky przekazał mu próbki rysunków Kirby'ego i Gene'a Colana, żeby mógł się nauczyć nakładania tuszu. Lee poprosił go o dostarczenie paru zarysów scenariusza, ale nic z tego nie wyszło. Po czterech latach bycia cudownym dzieckiem, nagle stał się duchem, do tego biednym jak mysz kościelna. „Przez dwa tygodnie praktycznie nie jadłem, nie miałem pieniędzy, a do tego, gdy wreszcie otrzymałem swój pierwszy czek, zorientowałem się, ile odjęto mi z pensji na poczet podatków, i zobaczyłem ceny wynajmu mieszkań, wiedziałem, że nie dam rady tam przeżyć".

Shooter, pokonany i w ciężkim szoku, musiał się poddać i wrócić do Pittsburgha.

Próbował znaleźć pracę w reklamie i udało mu się wreszcie zdobyć parę zleceń jako wolny strzelec, lecz nikt nie chciał zatrudnić na dłużej absolwenta szkoły średniej. Kiedy w 1974 roku namierzyli go, w celu przeprowadzenia wywiadu, wielbiciele *Super-Heroes,* dwudziestojednoletni cudowny chłopiec komiksu, niegdyś lokalna gwiazda, która ćwiczyła swój podpis, próbując naśladować S podpatrzone na piersi Supermana, od roku kierowała jedną z restauracji sieci Kentucky Fried Chicken.

Kiedy usłyszał o tym Duffy Vihland, asystent w Marvelu, zadzwonił do Shootera i – przedstawiając się jako redaktor – namówił go, żeby przyjechał do wydawnictwa porozmawiać o jego powrocie do komiksu.

Shooterowi nowe, większe biura Marvela wydawały się jeszcze bardziej zatłoczone i zaniedbane niż w 1969 roku. „Na kablach pod sufitem w pomieszczeniu działu produkcji wisiała kartonowa podobizna Thora, którą podesłali czytelnicy. Stare komiksy, koperty, śmierci, książki i inne rupiecie walały się po podłodze. Jacyś ludzie pojedynkowali się w korytarzu na drewniane miecze". Personel opisał następująco: „To była młoda, dość dziwacznie wyglądająca ekipa, poubierana, jakby właśnie szli do parku porzucać frisbee". Vohland pokazał mu też śpiwory, w których część pracowników od czasu do czasu sypiała pod swoimi biurkami.

Skołowany i niezaznajomiony z nowymi bohaterami Marvela, Shooter poszedł do DC – Weisinger odszedł już na emeryturę – i znalazł tam zatrudnienie przy *Super-Heroes*; komiks pisał przez następny rok ze swojego domu w Pittsburghu. Jednak i tym razem jego stosunki z pracodawcą zaczynały się pogarszać i znowu zaczął rozważać porzucenie branży na dobre. W grudniu 1975 roku zadzwonił do niego znienacka Marv Wolfman i zaproponował mu etat w Marvelu.

Kiedy nazajutrz Shooter przyleciał do Nowego Jorku, Wolfmana jeszcze nie było, lecz biurka poustawiane obok gabinetu redaktora naczelnego tętniły życiem. Przy stanowisku sekretarki siedział Claremont ze swoją dziewczyną na kolanach, zaś asystenci redaktorów – Roger Stern, Roger Slifer i Scott Edelman – biegali wokół jak oparzeni. Jeden z nich wcisnął

Shooterowi dziewiętnaście stron z rysunkami do nowego numeru *Captain Marvel*, więc usiadł na wolnym krześle i zaczął notować uwagi, czekając na rozmowę z naczelnym.

Wolfman pojawił się w samo południe. „Marv przeszedł przez biuro, wszedł do swojego gabinetu i zamknął drzwi. Po chwili je otworzył, do środka wszedł Len i po minucie wybyli na lunch". Asystenci zrobili sobie przerwę na kawę.

Po lunchu Wolfman wyjawił Shooterowi, że jego praca będzie polegała na „pierwszej korekcie". Tłumaczył, że zbyt wiele fabuł trafia do rysownika bezpośrednio od scenarzysty, bez nadzoru redaktora, i niektóre błędy zauważane są dopiero po nałożeniu tuszu. „Dlatego chłopcy są tacy zalatani – powiedział Wolfman. – Zbyt wiele komiksów przechodzi przez sito i dlatego trzeba nanosić poprawki na szkice. Po prostu będziesz czytał scenariusze". Marv Wolfman nareszcie znalazł swoją tajną broń w walce z brakiem wydajności.

Owa tajna broń miała nawet kryptonim: „Trouble Shooter"*.

Ze swoich kalifornijskich pracowni Jim Starlin i Steve Englehart – dosłownie – rozwalali i tworzyli całe galaktyki. Podobnie jak Ragnarok w *Thorze* Kirby'ego i afera z Pryzmatem Cudów, w którą Steranko wplótł Nicka Fury'ego, tak samo Armagedon rozkręcony równocześnie pod koniec roku w *Warlock* i *Doctor Strange* pozostawił długotrwałe, traumatyczne efekty. Adam Warlock pokonał złą wersję samego siebie z przyszłości, Magusa, pozwalając wszechświatowi na odrodzenie z popiołów; on sam miał być nawiedzany przez wspomnienie tego „nagłego przesunięcia czasu". Doctor Strange zmierzył się ze swoim dawnym przeciwnikiem Mordo w bitwie, w której stawką były losy całego świata… i przegrał. Udało się oczywiście wrócić do *status quo*, lecz Strange cierpiał, bowiem musiał unieść straszliwe brzemię – świadomość tego, że znana jego przyjaciołom rzeczywistość jest jedynie repliką tego, co umarło.

Tak jak – w opinii niektórych czytelników – Marvel Comics. „Panowało przekonanie – mówił Gerry Conway – że funkcjonujemy według

* Gra słów – termin *troubleshooting* oznacza „usuwanie problemów" – przyp. tłum.

specyficznego cyklu i co trzy lata grono naszych czytelników zmienia się diametralnie. Chłopcy odkładają komiksy na bok, jak tylko wejdą w okres dojrzewania, więc grupą docelową stają się kolejne dziesięciolatki i próbujemy kierować nasz produkt właśnie do nich".

Skoro nie można było liczyć na nic więcej niż iluzję zmian, jedynym rozwiązaniem wydawało się zresetowanie systemu i zwrot w stronę nowego pokolenia dziesięciolatków.

Sporym wydarzeniem początku 1976 roku była premiera pierwszego numeru *Howard the Duck*. Dziwadło stworzone przez Gerbera – oraz obietnica wysublimowanego humoru i popularność rysownika Franka Brunnera – zapoczątkowało istną gorączkę złota, której poddali się dilerzy-kolekcjonerzy; stojaki z komiksami przeżyły istny szturm, bowiem wykupiono nakład; części komiksów nie zdążono nawet wyłożyć na półki. Krążyły plotki, że Marvel umyślnie nie dopuszcza komiksu do obrotu; inna mówiła o błędzie komputera, który połowę nakładu posłał do Kanady, gdzie niesprzedane egzemplarze od razu zostały zniszczone.

„Myślałem sobie: »O co chodzi z tym kaczorem? To przecież tylko kolejna postać rodem z Disneya, ludzie tego nie kupią« – powiedział w wywiadzie dla »New Yorkera« kierownik działu kolportażu Marvela, Ed Shukin. – Dlatego wydrukowaliśmy tylko dwieście siedemdziesiąt pięć tysięcy egzemplarzy. Nawet nie przeczytałem tego komiksu. I to był błąd, nie doceniłem Howarda".

Spekulanci nie zaliczyli podobnej wpadki. Po upływie kilku tygodni komiks sprzedawał się za dziesięciokrotność ceny okładkowej – o ile oczywiście znalazło się chętnego; właściciele sklepów z komiksami w całym kraju (a było ich już kilkuset) przetrzymywali co lepsze kąski na zapleczu, czekając na wzrost cen. *Howard the Duck* stał się wkrótce pierwszym tytułem Marvela omawianym w mainstreamowych mediach od czasu *Spider-Mana* i kontrowersji związanych z wytycznymi Comics Code Authority. Howard zagościł na okładce „Village Voice" („Ostatni wściekły kaczor staje w obronie Ameryki"), zaś Gerber kokietował prasę („To bardzo uczuciowa postać – powiedział »Playboyowi«. – Jeśli stanąłby obok Supermana, bez problemu można by stwierdzić, z którym z nich noc wyglądałaby ciekawiej"). Niedługo potem Marvel ogłosił, że Kaczor Howard wystartuje w wyborach prezydenckich w 1976 roku.

Już w *Man-Thing* Gerber pozwalał sobie na odważną satyrę społeczną, ale dopiero *Howard the Duck* faktycznie go rozochocił. Okazało się, że ma do zrzucenia z piersi spory ciężar i pisał o amerykańskim materializmie, taniej przemocy w filmach karate, myśleniu grupowym, Sun Myung Moonie i Kościele Zjednoczeniowym. Zamiłowanie do agitki odcisnęło też swoje piętno na *The Defenders* – obcy imieniem Nebulon próbował podbić Ziemię nie za pomocą gwiezdnych promieni śmierci, ale podszywając się pod specjalistę od samodoskonalenia w typie Wernera Erharda; podczas swoich seminariów rozdawał uczestnikom maski klaunów i namawiał do zaakceptowania tego, że są „palantami". Z kolei w innym numerze sportretował demonstrantów protestujących pod kinem, w którym wyświetlano film *Waste*, będący fikcyjnym odpowiednikiem niespodziewanego hitu z 1976 roku pod tytułem *Snuff*.

Marv Wolfman podziwiał prace Gerbera i od początku kibicował publikacji *Howard the Duck*. Mroczniejsze historie jego autorstwa – również te, o których Stan Lee mówił: „To jedne z najlepiej napisanych komiksów, o które zawsze będę zazdrosny" – uznawał jednak za „odstręczające" i „obrzydliwe", dlatego też kwestią sporną pozostawała panująca w wydawanych przez Marvel komiksach atmosfera. Wolfman odkurzył nawet postać, którą stworzył jeszcze jako nastolatek, Novę, z nadzieją stworzenia przyjaznej dzieciakom atmosfery pamiętanej jeszcze z początku lat sześćdziesiątych. Koledzy nie podzielali jednak jego zapału.

„Pracowałem wówczas z bardzo impulsywnymi ludźmi – opowiadał Wolfman. – Niełatwo było powiedzieć Steve'owi Engelhartowi lub Steve'owi Gerberowi... a właściwie dziewięćdziesięciu procentom personelu, że mają natychmiast coś zrobić, choć może ostrzejszy redaktor by się z tym uporał lepiej niż ja".

Don McGregor, już nie na etacie – co oznaczało, że nie mógł przepychać swoich komiksów bez niczyjego nadzoru – stał się gorącym orędownikiem artystycznej wolności, zaś linia frontu biegła według niego często tam, gdzie zaczynały się dyskusje o kwestiach rasowych (mimo redakcyjnych obiekcji, udało mu się zamieścić pierwszy w komiksie głównego nurtu pocałunek między ludźmi o różnych kolorach skóry) oraz... nadmiernym gadulstwie postaci. Któregoś razu Engelhart wyśmiał skrajnie poważny i rozwlekły styl McGregora w odniesieniu do jednego z numerów *The Avengers*, gdzie Black Panther rezygnuje z członkostwa w grupie, zaś jego monolog ledwie mieści się w kadrze:

„Thorze, fałszywe piękno tego surowego, aksamitnego poranka wydaje się rozświetlać nakrapiany arras utkany z pożądania i tragedii, w którym zawiera się istota życia mojego i mojego ludu w tym ukrytym przed światem, na poły sennym państewkiem dumnie przez nas zwanym Wakandą – lecz bursztynowe oko rozsądku otwiera się szerzej, gdy fiołkowe cienie ubolewania i żalu krążą po świecie poza naszymi granicami i rozlega się wrzask, wzywają mnie bowiem, gdyż obecność Panthera okazuje się nieodzowna".

„E tam", myśli sobie zniecierpliwiony Thor.

Mniej więcej w tym samym czasie sam Marv Wolfman dodał do pieca – narysował jednostronicową, zjadliwą parodię scenariuszy McGregora „Syndrom Ładu i Harmonii w Wakandzie", którą opublikowano, między innymi w magazynie „FOOM". Nie mógł zrobić nic więcej, ponieważ złożył mu kiedyś obietnicę, której żałował.

„Zanim zostałem szefem, przyjaźniliśmy się – mówił Wolfman. – Powiedziano mi niemal wprost, że mam go zwolnić, ale tego nie zrobiłem, bo obiecałem mu niegdyś, że póki będę redaktorem od czerni i bieli, nie będzie narzekał na brak pracy. Nie chciał jednak wprowadzać żadnych zmian, mimo że błagałem i prosiłem, a komiksy powoli umierały".

Jungle Action #20 autorstwa McGregora trafiło na półki w połowie grudnia; w numerze znalazł się monolog o potrzebie stawania w obronie swoich ideałów, zajmujący siedemnaście kadrów. Wygłosił go Kevin

Trublood, reporter, któremu zabroniono napisania artykułu o Ku-Klux-Klanie; nie było wątpliwości, że mówił słowami samego McGregora, wyznawał podobne poglądy i („Tak, wierzę w baśnie... w mity, o których uczyłem się w szkole") również szarpał się z redaktorami: „Tak, daję się ponieść emocjom! – krzyczał Trublood. – Bo zakwestionowano moje intencje, kiedy powiedziałem, że napiszę ten materiał, że wyjawię ich niecne sprawki... Zdałem sobie jednak sprawę ze swojego strachu. Moi przyjaciele, krewni, współpracownicy... przez nich zacząłem się bać napisania tego artykułu. Oni sami byli przerażeni"*.

McGregor – będący akurat w trakcie nieprzyjemnego rozwodu, walczący o prawa do opieki i cierpiący z powodu kłopotów zdrowotnych – odmówił kompromisów, skoro chodziło o scenariusze powstające w pocie czoła. „Wywierano na mnie presję, żebym wprowadził Avengers – mówił – ale dla mnie było istotne, żeby to czarnoskóry bohater, a nie jego biali koledzy, pospieszył z ratunkiem".

Tego Wolfman znieść już nie mógł. „Skoro mówi się scenarzyście czterdzieści razy – i to nie jeden redaktor, ale dwóch przede mną i ze trzech po mnie – że coś się nie sprzedaje, to musi on wprowadzić zmiany, a jeśli odmawia, to oznacza, że coś jest nie tak, bo nie robi się komiksów tylko dla siebie. Musisz potrafić pójść na kompromis, bo ktoś ci za to płaci". Sęk w tym, że nie chodziło tylko o McGregora; Wolfman ubolewał, że ciągłe kłótnie ze scenarzystami były w branży istną epidemią.

Nie był to koniec problemów, z którymi borykał się Marv Wolfman. Znalazł się na skraju wyczerpania fizycznego i psychicznego, a nie miał na kogo scedować nawet części swoich obowiązków. „Zatrudnieni u nas asystenci byli kompletnie zieloni, więc nie mogłem zrzucać na ich barki

* Tydzień później na okładce *Howard the Duck #2* pojawił się mężczyzna o imieniu Arthur Winslow, usychający z miłości „artysta i kolekcjoner fotosów z dawnych filmów", żyjący według przestarzałych zaleceń wyidealizowanej wersji romantycznego kodeksu rycerskiego. Po transformacji w Space Turnip, Kosmiczną Rzepę, biadoli: „Będę się trzymał z dala, gdyż ośmielam się wierzyć w moc tego, co potrafi uczynić jednostka – Lone Ranger, Green Hornet, James Bond, bohaterowie, istoty z legend!".

trudniejszych rzeczy ani kazać im redagować komiksów, a sam przecież nie mogłem ogarnąć wszystkich pięćdziesięciu trzech tytułów". Zrobił więc jedyne, co mógł w tej sytuacji uczynić: „Zacząłem nakierowywać autorów na odpowiedni kurs. Moja sekretarka zrobiła listę ludzi, do których trzeba było po prostu raz w miesiącu zadzwonić, i w ten sposób mogłem choćby krótko porozmawiać z dosłownie wszystkimi, którzy dla nas pracowali. Dodałem to do listy swoich codziennych obowiązków". Wykłócał się z kierownikiem działu produkcji Johnem Verpoortenem o terminy, z Cadence darł koty o ciągłe szukanie przez nich oszczędności i cięcia (firma chciała na przykład, żeby Marvel drukował jednokolorowe okładki), a do tego był w separacji z żoną. Publicznie snuł przypuszczenia, że ledwo zipiący przemysł komiksowy wciąż czeka na cios nokautujący, zanim coś się w tej branży zmieni. Z Lenem Weinem zaczęli nawet szukać jakiegoś wyjścia awaryjnego i myśleli o pisaniu scenariuszy filmowych. „Ta robota stała się nie do zniesienia – mówił Wolfman. – Wykańczała wszystkich po kolei".

Verpoorten zapytał Roya Thomasa, czy miałby ochotę objąć swoje stare stanowisko, skoro Landau odszedł z firmy. Małżeństwo Thomasa rozpadło się całkowicie i cały czas niezmordowanie szukał sobie jakiegoś zajęcia. Może tym razem będzie lepiej? Rozmówił się z Galtonem, ustalił swoją pensję z Solem Brodskym i odbył indywidualne spotkania z pracownikami redakcji i działu produkcji.

„Niby to ja jestem tutaj zastępcą redaktora – powiedział mu Jim Shooter – ale zrozumiem, jeśli będziesz chciał mnie wymienić na kogoś innego".

Thomas wzruszył ramionami i powiedział mu, że się nada. „A potem – relacjonował Shooter – dał mi starannie zapisaną kartkę z nazwiskami ludzi, których należało zwolnić".

Don McGregor zastanawiał się, czy był jednym z nich – powiedziano mu, że na pewno zostanie zdjęty z *Power Mana* i żeby przygotował się na rozmowę z Thomasem, który „nie znosi" jego prac. Kiedy jednak doszło do spotkania, okazało się, że jest zupełnie inaczej. Ba, zagwarantowano mu nawet jeszcze więcej zleceń, po prostu Wolfman chciał pisać *Power Mana* osobiście. „Czułem się, jakby wciągnięto mnie w jakąś polityczną intrygę – powiedział McGregor. – Nie wiedziałem, komu mogę ufać, choć znałem tych ludzi od lat. Ktoś musiał nie mówić mi prawdy".

Podczas gdy McGregor usiłował rozwiązać zagadkę, Thomas pojechał na wakacje do Los Angeles, żeby zaznać jeszcze odrobiny wolności przed powrotem do matni; wieści o jego powrocie zaczęły przeciekać do fanzinów.

Zaś Wolfman czekał na niego wytrwale.

Dramatyczne zdarzenia wykraczały dalece poza biurowe ściany. Frank Brunner, rysownik komiksu *Howard the Duck*, czuł zmęczenie, ilustrując aż nazbyt dokładnie rozpisane scenariusze Gerbera – i miał już dość odmów, kiedy prosił o podwyżkę. Odszedł więc z Marvela i poprzez niewielką firmę wysyłkową zaczął rozprowadzać plakaty z postacią kaczora gangstera podpisane „Kaczka z blizną". Postać ta przypominała nieco Howarda, ale z drugiej strony, czy Howard nie był przypadkiem podobny do Donalda? „Po prostu starałem się zagospodarować niszę niewykorzystaną przez Marvela – tłumaczył Brunner – który nie potrafił dostrzec potencjału tkwiącego w gadżetach dla fanów. I w samym kaczorze".

Plakaty sprzedawały się jak świeże bułeczki, co nie spodobało się Gerberowi. Zażądał od Brunnera udziału w zyskach.

„A za co mam ci zapłacić? – zapytał Brunner. – Rysowałeś coś dla mnie? Napisałeś? Negocjowałeś warunki umowy?". Następnie spotkał się z Mikiem Friedrichem i razem dumali nad tym, w jaki sposób Star*Reach może się wzbogacić na howardowej gorączce. Ustalili, że wypuszczą na rynek komiks z przygodami bardzo podobnej postaci o pseudonimie „Duckateer"; sama publikacja miała nosić tytuł *Quack!*

Tymczasem Mary Skrenes pojechała do sklepu komiksowego w Nowym Jorku i odebrała tyle zamówień na znaczki z napisem „Howard na prezydenta", że starczyło na pokrycie kosztów wydruku całego rzutu. I choć ani ona, ani Gerber nie byli w stanie przekonać Marvela, żeby wydawnictwo rozpoczęło szeroko zakrojoną sprzedaż gadżetów związanych z Howardem, to przynajmniej uzyskali pozwolenie na sprzedaż przypinek.

„Nie musieliśmy płacić dodatkowo za prawa do licencji – mówiła Skrenes – bo firma nie wierzyła, że to wypali"*.

Nie konsultując nic z Brunnerem, zatrudnili specjalistę od komiksów grozy, Berniego Wrightsona, żeby zaprojektował przypinkę, która kosztowała okrągłego dolara (plus dwadzieścia pięć centów opłaty pocztowej). Jim Salicrup, Mary Skernes i David Anthony Kraft w biurze firmy Mad Genius pakowali znaczki w koperty, zaś w telewizji leciała *Mary Hartman, Mary Hartman*. Zamówienia napływały szerokim strumieniem.

„Czemu znowu bierzesz tę robotę?", zapytał Gerry Conway swojego starego przyjaciela Roya Thomasa i pytanie to dzwoniło staremu/nowemu redaktorowi Marvela w uszach przez cały pobyt na Zachodnim Wybrzeżu. Podobało mu się w Kalifornii, nawet tak bardzo, że wynajął sobie mieszkanie w Toluca Lake, i wkrótce potem zadzwonił do Lee ze swoją rezygnacją. Dodał jednak, że ma rozwiązanie idealne: Conway, którego potraktowano lekceważąco w 1974 roku i który odszedł do DC, powinien zostać nowym redaktorem naczelnym.

„Gerry wpadł do biura dzień przed przejęciem stanowiska – powiedział Jim Shooter – i wszędzie można było usłyszeć płacz i zgrzytanie zębów. Zapanowała istna panika". Conwayowi nie podobało się to, co zobaczył przy Madison 575. „Garstka scenarzystów, która orała swoje poletka; każdy z nich miał po pięć, sześć tytułów i panoszyli się, jakby byli redaktorami. Trzeba było skończyć z tą dysfunkcyjną samowolką i wprowadzić parę zasad. Paru autorom napuchło ego, bo nikt ich nie pilnował. Len i Marv byli przede wszystkim twórcami, a nie szefami. Za czasów, kiedy trzon stanowiliśmy ja, Roy, Marv i Len (jako nasi główni scenarzyści) oraz Englehart i Gerber, nie było żadnych problemów. Odkąd jednak firma zaczęła się rozrastać i wydawaliśmy czterdzieści czy pięćdziesiąt tytułów, trzeba było wprowadzić pewien nadzór nad tym, co było robione, dać scenarzystom jakieś wskazówki, których nie otrzymywali. Panował tam istny chaos. Nie dotrzymywali terminów, drukarnie nakładały na nich kary i było to tak

* Zgodnie z postanowieniami umowy podpisanej przez obie strony 12 marca 1976 roku, Marvelowi należało się pięć centów od każdego sprzedanego znaczka.

nagminne, że tracili mnóstwo pieniędzy. I nikt nie ponosił za ten stan rzeczy odpowiedzialności".

Conway był gotów na zmiany i chciał zacząć od pozbycia się freelancerów, którzy zawalali terminy. Natychmiast wezwał do siebie problematycznych autorów, łącznie ze Steve'em Englehartem, Weinem i Wolfmanem, a następnie wyłożył swoją wizję pracy redakcji. Don McGregor – będący już poza ochroną Wolfmana – został odsunięty od *Jungle Action* i odebrano mu tym samym Black Panthera. Conway upierał się, że ta decyzja była uzależniona od słabej sprzedaży oraz kar nakładanych na Marvela przez wydawcę za niedotrzymywanie terminów i od niczego innego; tracili na tym komiksie pieniądze. „Może Panther radziłby sobie doskonale w mniejszym nakładzie i bez koloru – powiedział Conway – ale nie jest to coś, co chcieliśmy publikować w takiej formie, zaś Don nie miał pomysłu, jak zmienić ten komiks". Tak więc *Jungle Action* przestało istnieć, a Black Panther dostał swój własny tytuł, do którego przypisano Jacka Kirby'ego jako scenarzystę i rysownika*.

Sam Shooter dość często ścierał się ze scenarzystami, którym poprawiał teksty – wielu z nich przez ostatnie lata cieszyło się nieskrępowaną samowolką; uważał, że pięć procent wydawanych przez Marvela komiksów to prawdziwe perełki, resztę miał za śmieci. Scenariusze Gerbera, McGregora i Engleharta były według niego infantylne, brakowało im pazura. „Próbowałem przekonać się do tych rzekomo lepszych rzeczy – powiedział – ale uderzyła mnie ich bełkotliwość, trudno nawet powiedzieć, że to było napisane po angielsku".

Kazał Tony'emu Isabelli przepisać kulminacyjne rozdziały rozciągniętej na dwa lata historii zamieszczonej w komiksie *Ghost Rider*, gdzie naszego bohatera ratuje sam Jezus Chrystus i całość można było potraktować

* „Gerry chciał, żeby wszystko chodziło jak w zegarku – mówił Shooter. – Miałem jednak wrażenie, że jest szczególnie cięty na LenMarva i ich ludzi. Powiedziałem mu, że jeśli odsunie Lena od pisania i zastąpi go paroma innymi scenarzystami, którzy zaczną z dnia na dzień, stracimy go. Po prostu odejdzie. Gerry zamknął drzwi i powiedział: »Pewnie, że odejdzie. A myślisz, że czemu to robię? Ten frajer mnie wydymał i chcę się go pozbyć«".

w kategoriach religijnej propagandy. Shooter i Englehart poróżnili się odnośnie do niekonsekwencji fabularnych na końcowych stronach; scenarzysta rozesłał po biurze odbite na ksero strony, żeby udowodnić swoją rację. Conway i Shooter przeprosili Engleharta, ale niesmak pozostał.

„To był istny rynsztok, w którym mieszała się i polityka, i personalne niesnaski – mówił Conway. – Nie byłem na to wszystko gotowy, miałem ledwie dwadzieścia trzy lata i zostałem wrzucony w całe to bagno; przez ostatnie półtora roku w redakcji panował istny chaos".

12 marca Conway wystosował notkę do wiadomości personelu: „Od jakiegoś czasu istnieje problem w komunikacji pomiędzy autorami a redaktorami. Nie wszyscy rozumieją, że asystenci redaktorów są ich zastępcami, zaś ja osobiście wyznaczam im obowiązki z dnia na dzień... proszę więc traktować ich zalecenia jako moje".

I stało się. Słowo Shootera było teraz na wagę złota.

Dla wielu pracowników Conway był outsiderem, gościem z DC, który wparował z buciorami do ich redakcji i próbował zaprowadzić swoje porządki. Trzymali się więc, na swój sposób, razem i gdy odsunięto jednego z młodszych scenarzystów od jego tytułu, reprezentant działu produkcji przyszedł do Conwaya z prośbą o przemyślenie tej decyzji.

„O czym ty mówisz? – zdziwił się Conway. – Niby czemu miałbym go zostawić?".

„Bo jest członkiem naszego zakonu!".

Nie pomogło – scenarzysta został zwolniony, lecz współpraca Conwaya z działem produkcji już nigdy nie była taka sama.

Tymczasem sekretarka Conwaya – którą odziedziczył po Wolfmanie – odmówiła wykonywania innych obowiązków poza odpisywaniem na listy od fanów. Conway powiedział, że powinna się przystosować albo ją zwolni. Niedługo potem odwiedził go jeden z czołowych scenarzystów, który akurat umawiał się z jego sekretarką.

„Słuchaj – zaczął spokojnie scenarzysta – moja dziewczyna trochę się zdenerwowała, mam nadzieję, że jednak ją zatrzymasz...".

Tak też się stało.

Steve Englehart wpadł na kolejny dziwaczny pomysł na scenariusz do nowego numeru *Doctora Strange'a*: Strange i jego kochanka/uczennica Clea przenieśli się w przeszłość, żeby dowiedzieć się więcej o „okultystycznej historii Ameryki". Przygoda ta umożliwiła im spotkanie ze znanymi wolnomularzami, jak Francis Bacon, Jerzy Waszyngton i Thomas Jefferson. Clea i Benjamin Franklin przeżyli gorący romans – przyprawiając tym samym Strange'owi rogi – podczas rejsu z Anglii, w który wyruszyli, żeby świadkować spisaniu deklaracji niepodległości, co odbyło się nie bez ingerencji mrocznych sił. Po powrocie do teraźniejszości okazuje się, że zły czarownik Stygro żywi się, niczym wampir, energią amerykańskiego patriotyzmu. Englehart powiedział, że był to doskonały komiks na dwusetną rocznicę.

Udało mu się napisać tylko dwa numery. Po tym jak nie wyrobił się w terminie z kolejnym zeszytem *The Avengers*, Conway nakazał odsunąć go od serii. Englehart powoli tracił cierpliwość: „Czułem się, jakbym miał schizofrenię. Jakaś część mnie chciała mu powiedzieć po prostu »pierdol się, odchodzę«, lecz rozsądek podpytywał, czy na pewno wiem, co robię".

Englehart napisał ostatnie osiem stron zaległego komiksu w pięć minut. „Uznałem wreszcie, że i tak mam tego dość, więc nabazgrałem jakieś pierdoły. Nie był to nawet pełnoprawny komiks z Avengers, ale napisane byle jak dialogi". Gdy brakujące strony dotarły do redakcji, na ostatnim kadrze widniał dopisek: „Droga Zagrodo: wsadźcie to sobie w ucho – Steve".

Po pięciu latach w Marvelu Englehart zaczął pisać dla DC Comics, zaś pozostawione przez niego komiksy rozdzielono pomiędzy Conwaya, Wolfmana i Claremonta; każdy z nich stracił na jego odejściu.

Mniej więcej w tym samym czasie do redakcji zatelefonował niezadowolony z poprawek wprowadzonych w *Warlocku* Starlin i zażądał pewnych zmian, lecz Conway odmówił, obawiając się, że spowoduje to opóźnienie i kolejne kary finansowe nałożone przez drukarnie. A więc odszedł i Starlin.

Starlin, Englehart i Alan Weiss zadzwonili wspólnie do Stana Lee z Kalifornii, domagając się, żeby zrobił porządek z Conwayem. Nie byli jednak – jako autorzy jawnie sprzeciwiający się konformizmowi – zdziwieni, że Lee poparł swojego redaktora.

Conway miał już tego wszystkiego dosyć. „To patologiczna sytuacja, ludzie zachowywali się, jakby nadal byli w szkole średniej – powiedział. – Rysownicy kręcili nosem, redaktorzy chodzili wkurzeni. O wszystko trzeba było się szarpać. Nie wiedziałem, jak mam się uporać z tym wszystkim, nikogo nie zwalniając, nawet w pewnym momencie powiedziałem sobie, że należałoby wywalić cały zespół i zacząć od nowa".

Zamiast tego złożył rezygnację. Piastował stanowisko redaktora niecały miesiąc. „Nie przyszło mi na myśl – powiedział później Conway – że będzie to dla mnie tak koszmarne doświadczenie".

8

Archie Goodwin – zmuszony radzić sobie z zastojem na rynku oraz nagłą eksplozją młodych talentów – redaktor czarno-białych wydawnictw, został czwartym już z kolei redaktorem naczelnym od czasu rezygnacji Roya Thomasa, od której minęło dopiero dwadzieścia miesięcy. Trzydziestoośmioletni Goodwin był doświadczony, poważany i uwielbiany przez niemal wszystkich w branży. Niestety, nie chciał tej roboty – był zadowolony z nadzorowania prac nad czernią i bielą – i zaakceptował ją tylko, jak przyznał później, z obawy, że odrzucenie awansu będzie źle wyglądało w oczach szefostwa.

„Archie nigdy nie radził sobie dobrze jako szef zespołu – wspominał jeden z jego asystentów. – Nade wszystko kochał pisanie, lubił redagować, ale całą biurokrację omijał z daleka. Kto dostawał to stanowisko, myślał, że będzie mógł się zająć wybranymi komiksami, nie wiedząc, że w zakres obowiązków naczelnego wchodziło także zagospodarowywanie powierzchni reklamowej, pilnowanie terminów w drukarni i dogadywanie się z biznesmenami trzęsącymi wydawnictwem. Należało też odpowiadać na pytania dotyczące twoich ludzi, konieczna była orientacja w firmie".

Kierowanie personelem okazało się szczególnie trudnym zadaniem. Jedną z pierwszych rzeczy, którymi zajął się Goodwin, było podjęcie – wspólnie ze Stanem Lee – negocjacji z Gerrym Conwayem w sprawie warunków jego pracy jako freelancera. Conway miał pisać i redagować parę tytułów z domu i to wcale nie byle jakich: *Ms. Marvel, The Avengers, Captain Marvel* (dwa ostatnie pozostawił po sobie Steve Englehart), *Ghost Rider* (porzucony przez zirytowanego Tony'ego Isabellę), *Iron Man* (uprzednio pisany przez Goodwina), *The Defenders** oraz *Peter Parker, The Spectacular Spider-Man.*

Gerber, odsunięty od tego ostatniego tytułu specjalnie po to, żeby Conway miał wystarczającą liczbę zleceń, również się wściekł; jeden z fanzinów podał nawet, że ma on zamiar odejść i zostawić swoją sztandarową serię *Howard the Duck*. Koniec końców udało mu się jednak dojść z Marvelem do porozumienia – szczególnie że jako zadośćuczynienie pozwolono mu redagować jego komiksy – i w *Marvel Treasury Edition #12* zamieścił swoją ostatnią historię z Defenders, w której spotkali Howarda. Dla uważniejszych czytelników zamieścił też kilka podtekstów: w komiksie pojawiła się drużyna drugoligowych czarnych charakterów („jesteśmy tak wtórni, tak stereotypowi, że nawet nie potrafimy wymyślić dla siebie pseudonimów!"), których nadrzędnym celem było „pojawienie się na okładce następnego numeru miesięcznika »Celebrity«", co miało być oczywiście prztyczkiem w nos wymierzonym w ciągle uganiającego się za sławą Stana Lee.

Po odejściu Starlina, Engleharta i McGregora, Steve Gerber został jedynym renegatem w wydawnictwie; podsumował to kiedyś w wywiadzie następująco: „Marvel poczynał sobie bardzo nieuważnie i wydaje mi się, że w większości przypadków pozbyli się utalentowanych autorów na własne życzenie". Być może dlatego Stan Lee przyszedł właśnie do Gerbera, kiedy menadżer muzyków rockowych Bill Aucoin zgłosił się do niego w sprawie stworzenia komiksu o zespole Kiss.

Frontman kapeli, Gene Simmons, od małego był fanem komiksów. Z kręgu fanzinowego znał Marva Wolfmana, a swój sceniczny kostium zaprojektował na bazie stroju Black Bolta stworzonego przez Jacka Kirby'ego. Kiss – ze swoim spektakularnym *show* muzycznym, podczas którego zachwycali widzów pokazami pirotechnicznymi, pluciem krwią

* Trzeba jednak przyznać, że Conwayowi udało się przemycić trochę gerberowego szaleństwa w nieco rozmywającego markę *Petera Parkera, The Spectacular Spider-Man* – w pierwszym numerze Abe Beame, autentyczny burmistrz Nowego Jorku, szantażował J. Jonaha Jamesona, żeby ten zapłacił południowoamerykańskiemu terroryście Tarantuli okup za amerykańskich zakładników.

i ogniem – po trzech latach prób wspięli się na szczyt list przebojów. Teraz chcieli zostać też gwiazdami komiksu*.

Gerber nie znał ich utworów, ale po obejrzeniu jednego koncertu, który przesiedział w towarzystwie skonsternowanego, zatykającego sobie uszy palcami Lee, zgodził się zająć komiksową kroniką przygód zespołu. Droga okazała się wyboista. Na jednym z wczesnych spotkań Aucoin mało co nie wyszedł z siebie, kiedy zobaczył, że członkowie Kiss nie są przedstawieni jako superbohaterowie, ale zwyczajni muzycy. „Co to ma, kurwa, być? – wrzeszczał, drąc kartki na pół. – Jak robicie komiks, to róbcie komiks o superherosach, a nie jakichś tam grajkach!".

Negocjacje ciągnęły się miesiącami, a Gerber coraz bardziej trzymał stronę managementu zespołu, który naciskał na lepszy jakościowo produkt, przewyższający zwykłą sieczkę na gazetowym papierze. Żądali od Marvela druku komiksu w większym formacie i ręcznie nakładanych kolorów; Gerber naciskał z kolei, żeby użyć metalicznego tuszu na logo na okładce i wykupić reklamy w rockowych magazynach, na przykład „Rolling Stone". Zaangażował się osobiście w design postaci, typografię, wybór papieru i zdjęć. Uważał, że wydawanie komiksów wysokiej jakości było krokiem w stronę wyjścia z dołka i wydostania się z reklamowego getta – dotychczas w komiksach próbowano sprzedawać pokarmy dla rybek, rentgenowskie okulary i kolorowanki dla dzieci – i tym samym zachęcenia poważniejszych kontrahentów z Madison Avenue, co wydatnie pomogłoby publikacjom Marvela upodobnić się do szanowanych periodyków. Fani Kiss raczej nie byli zaznajomieni z komiksami, więc po wewnętrznej stronie okładki zamieszczono informację dla nowych czytelników o treści: „Witajcie w Uniwersum Marvela!". Jak wspominał dumnie Gerber, była to „pierwsza wysublimowana autoreklama, którą firma pochwaliła się przed czytelnikami".

* Nie oni jedni. Marvel już wcześniej prowadził rozmowy z menadżerem Eltona Johna na temat komiksu *Captain Fantastic*, zaś żona Davida Bowiego, Angela, nabyła prawa do postaci Black Widow i nawet zrobiła sobie sesję zdjęciową w kostiumie, z partnerującym jej aktorem Benem Carruthersem jako Daredevilem, mając nadzieję na stworzenie serialu telewizyjnego o tych postaciach. Kiss interesował się Marvelem już od marca 1976 roku.

Reklama nie była również obojętna Stanowi Lee. Pod koniec marca wystąpił w trzydziestosekundowym spocie telewizyjnym nakręconym na zlecenie producenta dwuostrzowych maszynek do golenia Personna Double II („Tutaj, w Marvelu, muszę się martwić nie tylko Spider-Manem, ale też bandą superzłoczyńców, takich jak Doctor Doom... i nie mam czasu na przejmowanie się goleniem!"). Zadowolony z rezultatu, napisał list do agenta zajmującego się licencjami Marvela, w którym oznajmiał: „Zastanawiam się, czy nie warto byłoby pomyśleć nad paroma możliwościami i spróbować przyciągnąć sponsora dysponującego wystarczająco dużym budżetem, żeby w pełni wykorzystać podobną okazję. Mógłbym wspomnieć o reklamie na naszych stronach redakcyjnych i ta wzmianka pojawiłaby się w ponad siedemdziesięciu pięciu milionach zeszytów rocznie. Nie muszę chyba dodawać, że sam również włożę odpowiedni wysiłek, żeby osobiście wypromować dany produkt... Biorąc pod uwagę ogromny wpływ, jaki Marvel wywiera na dzisiejszy tak zwany rynek młodzieżowy, grzechem byłoby nie wykorzystać tej przeogromnej przecież zalety na polach innych niż sprzedaż komiksów".

Redaktorska praca Lee ograniczała się do rzucenia kilku luźnych sugestii tuż przed oddaniem numeru do druku; siadał za biurkiem z naręczem gotowych komiksów i dyskutował z Archiem Goodwinem. Jako redaktor z dziesięcioletnim stażem Goodwin tylko się nudził, wysłuchując monotonnych narzekań Lee, który przeglądał każdy zeszyt strona po stronie i zwracał uwagę na niechlujne dymki. Któregoś dnia Goodwin nie wytrzymał: „Słuchaj, może pogadaj o tym z Jimem Shooterem, to on jest na bieżąco ze wszystkimi seriami". Shooter, wieczny zastępca, na moment nawet zrezygnował z pracy na wieść, że to Goodwin zastąpi Conwaya, ale wycofał swoją rezygnację, zanim weszła w życie.

Archie Goodwin nie był zachwycony również innymi aspektami swojej pracy. Rozmowy z dyrektorami okazywały się bezowocne. Podczas jednego ze spotkań biznesmeni zastanawiali się, jak utrzymać w Marvelu freelancerów, którzy coraz częściej migrowali do DC (nawet Conway przeszedł do konkurencji zaledwie po pół roku). Goodwin zaproponował, że powinno się im zapewnić udział w zyskach, ubezpieczenie zdrowotne i zwrot oryginalnych rysunków. Po trzygodzinnej konferencji otrzymał jedynie niezadowalające odpowiedzi.

„Czemu w ogóle mówimy o dodatkowych korzyściach dla tych ludzi i lepszych warunkach finansowych? – zapytał Goodwina jeden z kierowników. – Nie zatrudniamy ich przecież przy konkretnych tytułach, tylko dajemy zlecenie i oni mają je wykonać. Nie są wobec nas lojalni". Zdenerwowany Goodwin rozłożył bezsilnie ręce. Po serii kolejnych spotkań i dyskusji pomiędzy redakcją i Cadence zapadła decyzja, co Marvel może zaproponować swoim freelancerom – tantiemy za przedruki, które DC wprowadziło już parę miesięcy wcześniej.

Cadence nie miało zamiaru w dalszym ciągu marnować pieniędzy na freelancerów. Sheldon Feinberg w wiadomości wysłanej do udziałowców przytoczył fakt podniesienia cen okładkowych i zmniejszenia liczby zwrotów – nie zająknął się jednak ani słowem o wynikach sprzedaży – zaś Galton zdecydował o zamknięciu magazynów dla mężczyzn. Od samego początku zwracał uwagę na wysyp periodyków stworzonych na podobieństwo „Playboya" i stwierdził, że „nie jest pornografem", ale to strach przed związkami zawodowymi zawiązującymi się w magazynach był gwoździem do trumny. Zamknięto „Celebrity", a „Stag" i „Male" zostały sprzedane Chipowi Goodmanowi. Po pół wieku z Magazine Management została jedynie nazwa.

Kolejnym sygnałem alarmowym były nieudolnie prowadzone przez Marvela rozmowy z przedstawicielami Kiss. Skrenes wspominała, że Gerber któregoś wieczora wrócił do domu totalnie zdołowany typowo biznesowym podejściem do sprawy i zespołu. „Kiss wyglądali dla nich jak dzicy i szaleni superbohaterowie. Marvel miał więc zamiar zrobić swój własny komiks o gościach podobnych do członków zespołu. Padły mniej więcej takie słowa: »Mamy przecież patent na dziwadła, to ci goście podpatrzyli u nas pomysł z malowaniem twarzy i całą resztą, więc możemy zrobić komiks bez nich, bo byliśmy pierwsi«. Dla mnie nie miało to najmniejszego sensu".

Gerber, któremu było wstyd za Marvela, poinformował Kiss o tym planie; zespół zagroził wydawnictwu procesem sądowym, chyba że komiks zostanie wydany zgodnie z planem – i z Gerberem na pokładzie. Do czasu wyjaśnienia sprawy Gerber zdążył ustalić z szefami coś, o czym w Marvelu nigdy wcześniej nie słyszano; nie mógł na to liczyć ani Jack Kirby, ani nawet Stan Lee: tantiemy.

Oczywiście Gerberowi nie udało się zabezpieczyć praw do zysków ze sprzedaży gadżetów z Kaczorem Howardem ani żadnych innych profitów z tego tytułu. „Co z tego, że jestem twórcą najsłynniejszego kaczora na świecie, skoro mam pusty portfel?", zapytał podczas wywiadu udzielonego jednemu z magazynów. Dziennikarz zaznaczył, że każdy, kto zainwestował w dwadzieścia egzemplarzy pierwszego numeru *Howarda*, zarobił więcej niż czterysta dolarów, które Gerber („mieszkający w mało reprezentacyjnej części Manhattanu – Hell's Kitchen – i zajmujący byle jak umeblowane biuro w odrapanym budynku w centrum miasta") dostał za napisanie tego komiksu.

Było to coś więcej niż symboliczne zwycięstwo, lecz Gerber i tak stracił zapał. Nie mógł uwierzyć, że Marvel naprawdę chciał skopiować pomysł Kiss i zbić kapitał na popularności jednego z najsławniejszych zespołów w kraju. Co gorsza, rozczarował się bardzo Lee, swoim szefem i idolem. „Nie wiem, czy Stan o tym wszystkim wiedział, czy go zmanipulowano, ale życie Steve'a od tego momentu nie było już takie samo", powiedziała Skrenes.

Kiedy Gerber wreszcie ukończył komiks z Kiss, zespół wraz z Lee poleciał samolotem DC9 do Buffalo, gdzie, pod eskortą policji, udał się do drukarni. Lee uśmiechał się, gdy muzycy dodali do farby drukarskiej parę kropel swojej krwi, a wokół błyskały flesze aparatów. Bill Aucoin zarzekał się później, że nastąpił błąd i farbę wykorzystano przy wydruku nowego numeru magazynu „Sport Illustrated".

Równocześnie Gerber pracował nad gazetowymi paskami o Howardzie i próbował wyrobić się w wyśrubowanych terminach narzuconych mu w związku z popularnością jego komiksu; ponadto ślęczał nad wydaniem specjalnym i przygotowywał się do przeprowadzki ze swojego mieszkanka w Hell's Kitchen do Las Vegas, skąd pochodziła Skrenes. Nie potrafił udźwignąć tak dużego ciężaru obowiązków. *Howard the Duck*

#16 – napisany na chybcika, podczas podróży przez kraj – składał się z siedemnastu stron ilustracji narysowanych przez różnych autorów do paru tysięcy słów tekstu Gerbera poświęconego trudnościom z dotrzymaniem terminów. Ściślej mówiąc, były to konwersacje pomiędzy Gerberem a Howardem składające się na pesymistyczną historię o potrzebie domowego zacisza (po czym następowała zjadliwa samokrytyka tej opowieści) oraz fabułka o „wściekłych Marvelitach", którzy próbują wrzucić Gerbera i Howarda do wirującej maszyny służącej do produkcji „Zupy fasolowej Gerbera" w puszkach; na niektórych stronach można było dostrzec czuwającego nad wszystkim kierownika produkcji i stróża terminów Johna Verpoortena. Na końcu znajdował się napisany na maszynie list z komentarzem do zawartości numeru: „Nie podoba mi się twoja nieśmiałość i skromność bijąca od tego komiksu – brzmiały słowa otwierające trzeci akapit. – Zapewne nigdy nie będziesz kolejnym Tomem Robbinsem lub Thomasem Pynchonem… u ciebie inwektywa przysłania inicjatywę… Ogarnij się, Gerber!".

List podpisano „Steve Gerber".

Zanim Roy Thomas wyjechał z Nowego Jorku do Los Angeles, odwiedził go doradca marketingowy, który uprzednio próbował, z marnym skutkiem, przekonać Stana Lee, że Marvel powinien wypuścić komiksową adaptację nadchodzącego, kręconego właśnie w Tunezji filmu science fiction. Po rzuceniu okiem na szkice produkcyjne, Thomas zgodził się pogadać z Lee.

Ed Shukin, szef działu kolportażu, był do tego pomysłu nastawiony sceptycznie; w obsadzie znaleźli się praktycznie sami nieznani aktorzy, a umowa obejmowała sześć zeszytów, przy czym trzy pierwsze numery miały trafić na półki jeszcze przed premierą filmu. Sprzedaż komiksów spadała na łeb na szyję i podobne decyzje wydawały się niepotrzebnym ryzykiem, lecz niedawna zmiana w strategiach marketingowych firmy zadziałała na korzyść Thomasa: ostatnio Lee i Jim Galon wydawali się mocno zainteresowani nabywaniem licencji i nazw handlowych (stąd utworzone naprędce Spider-Woman i Ms. Marvel) oraz nawiązaniem współpracy z Hollywood. Po kilku miesiącach Marvel nabył prawa do kreskówek studia Hanna-Barbera, filmów science fiction (*Ucieczka Logana*, *2001: Odyseja kosmiczna*), postaci Godzilli, bohaterów prozy Edgara Rice'a Burroughsa (Tarzan i John Carter, wojownik z Marsa), a nawet do wizerunku autentycznego, występującego w kostiumie kaskadera z Montrealu (*The Human Fly*). Uznali więc, że mogą spróbować i z tym nowym filmem, w końcu Thomas miał rację co do Conana.

W ten sposób Thomas odniósł kolejne zwycięstwo i Marvel zaczął przygotowania nad adaptacją *Gwiezdnych wojen*.

Marvel zamknął parę serii komiksowych: *Iron Fist*, *The Inhumans*, *Black Goliath* i *Omega the Unknown*. Gerber oraz Skrenes dysponowali mnóstwem scenariuszowych szkiców do tego ostatniego tytułu, których spokojnie wystarczyłoby na następne dwa lata. Pozaziemski bohater miał doświadczyć zwyczajnych ludzkich słabostek – uzależnienia od alkoholu, hazardu i kobiet – i nareszcie miał się wyjaśnić jego tajemniczy związek z Jamesem-Michaelem Starlingiem. W ostatnim numerze, który ukazał się przed skasowaniem serii, Omega trafił do Las Vegas i obiecano, że historia będzie kontynuowana na łamach *The Defenders*. Nigdy się tak nie stało. „Powiedzieli nam, że potrzebują świeżych pomysłów – wspominała Skrenes – ale kiedy przychodziliśmy z jakimś nowym projektem, kręcili nosem i chcieli czegoś znajomego".

Jack Kirby – który dostrzegł w *Gwiezdnych wojnach* (a dokładniej Luke'u Skywalkerze, Darthcie Vaderze i samej idei Mocy) echa swojego Czwartego świata (Marka Moonridera, Darkseida i Źródła) – miał w zanadrzu parę pomysłów. Kontrakt, który podpisał z Marvelem, zobowiązywał go do samodzielnego zebrania ekipy współpracowników i dostarczenia do redakcji już gotowego produktu, bez ingerencji nowojorskiego biura. „Jak tylko Jack do nas wrócił – powiedział Gerry Conway – Stan zdecydował, że jeśli chce być swoim własnym szefem, to tak właśnie się stanie. Mieliśmy zostawić go w spokoju. I tym sposobem otrzymał swój cichy kącik".

The Eternals Kirby'ego – czyli kolejna wariacja na temat starożytnej obcej rasy, która odwiedza naszą planetę – zawdzięczała sporo poprzednim dokonaniom rysownika: ludowi Kree z *Fantastic Four* oraz pisanym dla DC Comics *New Gods*. Marvel był bardziej zainteresowany starymi pomysłami Kirby'ego i chciał, żeby w komiksie pojawiły się nawiązania do S.H.I.E.L.D., Thinga i Hulka. „Uważaliśmy, a może to Stan uważał, że ten komiks powinien łączyć się z pozostałymi – mówił Archie Goodwin o *Captain America* autorstwa Kirby'ego. – Nalegaliśmy więc, żeby Jack wykorzystał zbirów, którzy pojawiali się mniej więcej w tym samym czasie na łamach innych tytułów. Tym sposobem dzieciaki, które czytały *Avengers*, sięgną potem także po ten komiks, a dzieciaki czytające *Captain America* zainteresują się *Avengers*... Koncypowaliśmy, że wspomoże to sprzedaż. Jack nie zgadzał się jednak na podobne rozwiązanie". Kirby nie zwracał uwagi na nic, co działo się w nienapisanych przez siebie komiksach; próżno było w jego dziełach szukać nawiązań do innych publikacji. Ba, miał w nosie niemal całą historię Marvela.

Hermetyczny dystans, który Kirby usiłował zachować pomiędzy swoimi komiksami a resztą Uniwersum, powodował same problemy. Na przykład w jednym z numerów *Captain America* asystent redaktora Roger Stern musiał poprawić słowa Kirby'ego, który napisał w odniesieniu do latającego spodka: „Oto pierwszy statek kosmiczny, który zawitał na Ziemię", co nie tylko stało w jawnej sprzeczności do wielu komiksów, ale także ignorowało fakt istnienia paru istotnych bohaterów. Krążyły plotki, jakoby na stronach redakcyjnych w *Captain America*, za które odpowiadało nowojorskie biuro, umyślnie publikowano jedynie negatywne opinie czytelników; nie brakowało też głosów, że listy były fabrykowane*.

Steve Lemberg – przedsiębiorca muzyczny, który pozyskał na wyłączność prawa filmowe i telewizyjne do postaci Marvela – nigdy nie zrealizował żadnej ze swoich obietnic poza zorganizowaniem *show* w Carnegie Hall i nagraniem płyty muzycznej ze Spider-Manem jako lejtmotywem. Barry Gordy z kalifornijskiego Motown zainteresował się planami Lemberga

* „Od dziecka uwielbiałem komiksy Stana i Jacka – mówił po latach jeden z ludzi odpowiedzialnych za strony redakcyjne. – Przychodziło wówczas bardzo niewiele przychylnych listów. Przyznaję, że zdarzyło mi się nawet wymyślać pozytywne opinie, żeby zrównoważyć negatywne. Peany pochwalne przysyłały przeważnie dzieciaki młodsze od statystycznego czytelnika Marvela, więc uciekałem się do drobnych oszustw, ale nigdy nie działałem na szkodę autora".

i ustawił parę spotkań ze studiami filmowymi, lecz wszystko rozbijało się za każdym razem o jedną kwestię: budżet. „Nikt nie dysponował technologią, której potrzebowaliśmy, żeby zrobić film naszych marzeń – komentował Lemberg. – No i realizacja pochłonęłaby majątek".

Armii prawników Cadence Industries udało się wreszcie wyłuskać prawa do postaci Marvela od Lemberga. „Nadal musimy liczyć się z firmami, które mają prawo pierwokupu, ale nie pozwolimy, żeby nas ten fakt spowolnił", mówiła jedna z wewnętrznych notatek strategicznych. Marvel sprzedał prawa do filmów aktorskich o Spider-Manie i Hulku Steve'owi Krantzowi, zaś hollywoodzki producent Dan Goodman nabył w 1976 roku prawa telewizyjne do Spider-Mana. Podczas przygotowań do realizacji niskobudżetowego pilota dla stacji CBS kierowanych przez niezależnego producenta Chucka Friesa, Lee zauważył, że jego udział w projekcie jest niemile widziany. „Niby pełniłem rolę konsultanta – powiedział potem – ale tak naprawdę mało kto mnie tam słuchał".

Niedługo potem Frank Price, nowy szef telewizji Universalu, zapytał swojego syna, kim jest zielony potwór widniejący na jego bluzie, i zdecydował, że Niesamowity Hulk jest wręcz stworzony do telewizji. Za dwanaście i pół tysiąca dolarów nabył prawa do dwunastu wybranych przez siebie postaci Marvela. Tak jak Dan Goodman i Chuck Fries przed nim, Price zgłosił się do CBS, przynosząc ze sobą kartonowe podobizny paru superbohaterów – w tym Doctora Strange'a, Kapitana Ameryki, Human Torcha, Ms. Marvel i Sub-Marinera – i postawił je na krzesłach w sali konferencyjnej. CBS zgodziło się w ciągu paru miesięcy sfinansować dwugodzinne odcinki pilotażowe ośmiu seriali. *The Incredible Hulk* dołączył więc do znajdującego się w fazie produkcji *Spider-Mana*. Po raz pierwszy od dziesięciu lat Marvel miał trafić pod strzechy. Liczono też, że dzieciaki wypełzną potem z domów i kupią sobie kilka komiksów.

Koło ratunkowe rzucono Marvelowi w samą porę. Fenomenalny sukces filmowych *Gwiezdnych wojen* przełożył się na rewelacyjną sprzedaż licencjonowanych komiksów; kolejne dodruki pozwoliły firmie wydostać się z finansowego dołka. Na fali tego tryumfu sprzedano również ponad pół miliona egzemplarzy komiksu o Kiss, co było wynikiem bez precedensu, jeśli chodzi o publikacje w cenie półtora dolara od sztuki. „Przez jakiś czas – powiedział Gerber – jedną szufladę zajmowały listy od fanów Kiss, a drugą te dotyczące wszystkich innych wydawanych przez nas komiksów".

Po raz pierwszy od ładnych paru lat przychodziły też listy w sprawie *X-Men*. Okazało się, że Claremont i Cockrum zaklepali dla siebie tytuł, który doskonale wpasował się w erę blockbusterów ze względu na widowiskowe kraksy samochodowe i samolotowe oraz podróże kosmiczne odbywane w lśniących, technologicznie zaawansowanych pojazdach międzygwiezdnych, znakomicie wykorzystując rozpoczęty przez *Gwiezdne wojny* popyt na podobne rzeczy. Jednocześnie *X-Men* mogło się pochwalić również czymś odmiennym niż efekciarski spektakl: swoistą intymnością. Przez dwa lata wspólnej pracy Claremont i Cockrum ostrożnie budowali osobowości swoich postaci z drobnych elementów, na które składały się charakterystyczne powiedzonka, ksywki i nawet onomatopeje; przypominały one istny kod zrozumiały jedynie dla fanów: „Mein Gott", „fastball special"*, „bub"**, „muties"***, „Elf"**** czy dźwiękonaśladowcze „Bamf" i „Snikt!". Mimo że członkowie X-Men byli praktycznymi, trzeźwo myślącymi indywidualistami o zróżnicowanym pochodzeniu i doświadczeniach, wielu z nich czuło konsternację po zderzeniu z niektórymi aspektami kultury amerykańskiej i powoli cała drużyna budowała między sobą rodzinne więzi. Skoro Defenders Gerbera byli – jak mówił sam autor – grupą terapeutyczną, to X-Men Claremonta i Cockruma można by przyrównać do mieszkańców ośrodka resocjalizacyjnego, uczących się życia we wspólnocie bez ciągłego oglądania się za siebie.

Niemal każdy numer przynosił jakąś rewolucyjną zmianę: śmierć, czyjś wyjazd, spotkania po latach i nowe kostiumy. Największą przemianę przeszła jednak Jean Grey, czyli Marvel Girl, która za czasów Lee i Thomasa

* Zagrywka bojowa polegająca na wyrzuceniu w powietrze jednego bohatera przez drugiego – przyp. tłum.

** Inwektywa używana przez Wolverine'a – przyp. tłum.

*** Zdrobnienie od angielskiego *mutants* – przyp. tłum.

**** Jedna z ksywek Nightcrawlera – przyp. tłum.

była niezdarą, słabym ogniwem drużyny. „Nie chciałbym niczego wytykać Stanowi – powiedział Cockrum – ale w latach sześćdziesiątych, kiedy tworzył X-Men, postaci kobiece przypominały bohaterskie gospodynie domowe... przez większość czasu trzeba było się nimi opiekować i ich pilnować".

Dlatego też Claremont i Cockrum z Marvel Girl uczynili Phoenix, najpotężniejszą superbohaterkę w Uniwersum. Po domniemanej śmierci w wypadku lotniczym, Jean Grey pojawiła się w komiksie ponownie, lecz tym razem władała mocą tak wielką, że nie bardzo wiedziała, co może z nią zrobić*. Otrzymała „moc Feniksa... ułamek pierwotnej siły wszechświata, która bierze się z umysłów wszystkich żywych stworzeń i jest nieskończona". Niedługo Jean nauczy się strzelać promieniami do przeciwników oddalonych o kilkadziesiąt kilometrów i otwierać portale prowadzące do innych światów.

Claremont zaczął przemycać swoje własne zainteresowania okultyzmem i religią** – kiedy szalony imperator z innej galaktyki usiłował zniszczyć wszechświat za pomocą kryształu M'Kraan***, Phoenix zniszczyła go, biorąc udział w kabalistycznym rytuale drzewa życia. *The X-Men* zaczęło przypominać lasujące mózg poczynania Engleharta w *Doctorze Strange'u* i Starlina w *Warlocku*, a zaledwie za rok miały się pojawić na rynku oddalone tematycznie o lata świetlne nowe komiksy dla dzieciarni jak *Nova*, *Godzilla* i *Dynomutt*.

Cockrum uwielbiał pracę nad tym komiksem – szczególnie upodobał sobie zawadiackiego Nightcrawlera, którego pod paroma względami uważał za swoje alter ego – lecz odkąd zaczął zajmować się projektowaniem okładek, trudno mu było wyrabiać się z terminami rysunków do *X-Men*, choć komiks wydawano w cyklu dwumiesięcznym. Kiedy więc w Marvelu zdecydowano, że tytuł sprzedaje się na tyle dobrze, aby przemianować go

* „Moja moc uderza mi do głowy jak narkotyk – rozmyślała Phoenix w *X-Men #105*. – Nigdy nie czułam takiej... euforii! Boże w niebiosach, czymże się stałam?"

** W pierwszej połowie 1977 roku Claremont ożenił się z wiccanką Bonnie Wilford; według jednego z przyjaciół byli „całkiem aktywnymi członkami nowojorskiego półświatka czarodziejskiego".

*** Claremont, który w *college*'u spędził sporo czasu w kibucu, dość liberalnie poczynał sobie w kwestii użycia apostrofu.

na miesięcznik, stało się jasne, że Cockrum nie podoła. Na jego stołek czyhał już od dawna przyjaciel Claremonta, John Byrne: „Rozpowiedziałem w Marvelu, że jeśli Cockrum odejdzie, to wszystko rozpadnie się w drobny mak, jednocześnie zaznaczając, że jestem jedyną osobą, która będzie potrafiła to posklejać".

Jim Shooter wiedział, że Byrne i Claremont znakomicie się dogadują, i sparował ich przy okazji serii *Marvel Team-Up* (gdzie co miesiąc pojawiał się Spider-Man wraz z jednym ze swoich kolegów superbohaterów). Po zamknięciu *Iron Fist* i połączeniu tytułu z *Power Manem* (była to nowa ksywka czarnoskórego zabijaki Luke'a Cage'a), powstał kumpelski komiks pod szyldem *Power Man and Iron Fist*, który także przejęli Byrne i Claremont.

Byrne tyrał, jakby miał zainstalowany motorek. Do swojej listy zadań (na której widniały już *Marvel Team-Up* i *Power Man*) dorzucił *The Champions* i parę numerów *The Avengers* i cały czas orbitował wokół coraz bardziej poirytowanego Cockruma, który załapał, o co chodzi koledze. „Byłem pewien, że to właśnie John przejmie *X-Men*, lecz wkurzał mnie jego zniecierpliwiony oddech na moim karku – opowiadał Cockrum. – Za każdym razem, kiedy przychodził do biura, wszystkich denerwował. Zostałem przy komiksie tak długo, jak tylko mogłem, żeby ostudzić jego zapał". Nawet po przejęciu tytułu przez Byrne'a okładki nadal rysował Cockrum – z czystej złośliwości.

Po wprowadzeniu Imperialnej Gwardii Shi'ar oraz grupy Starjammers – ponoć w tym jednym zeszycie narysowanych zostało ponad pięćdziesiąt różnych postaci – w połowie 1977 roku Cockrum wreszcie opuścił serię, zmęczony i zalegający z terminami. John Byrne z radością wskoczył na jego miejsce.

Jako scenarzysta i redaktor czterech największych tytułów Marvela – *The Amazing Spider-Man*, *Incredible Hulk*, *Fantastic Four* i *Thor* – Len Wein musiał się czuć jak król całego świata, lecz dni upływały mu często na sprzeczkach z Johnem Verpoortenem, który wściekał się przy podejmowaniu nawet najdrobniejszych decyzji, jak zatrudnienie liternika. Niełatwo było mu też dogadać się z Chrisem Claremontem i Tonym Isabellą w sprawie poprowadzenia pożyczonych u niego postaci w innych tytułach. „Miałem istną obsesję na punkcie swoich komiksów – wspominał Wein. – Przypatrywałem się każdemu szczegółowi sokolim okiem i po czasie straciłem zdrowy stosunek do tego całego interesu". Umówił się też z DC, że będzie pisał dla nich *Detective Comics*. Kontrakt niby mu nie zabraniał, ale gdy dowiedzieli się o tym Archie Goodwin i Stan Lee, nakazali mu przyjąć na potrzeby konkurencyjnego tytułu jakiś pseudonim. DC niechętnie przystało na takie rozwiązanie. Po weekendzie spędzonym na rozmyślaniach Wein zdecydował, że „będzie o wiele prościej zaliczyć nowy start niż pracować dla dwóch firm, skoro nie byłbym lubiany w żadnej. Jestem na tyle wrażliwym facetem, że długo bym takiej sytuacji nie zniósł. Nazajutrz pojechałem więc do Marvela i powiedziałem Archiemu, że chcę odejść".

Stan Lee nie przyjął tego łatwo. Poprzysiągł Weinowi, że już nigdy nie dostanie od niego żadnego zlecenia.

Skoro Kiss się sprzedawał, rozumował David Anthony Kraft, to czemu nie mieliby pójść i Beatlesi? „Wszyscy byli za – opowiadał – prócz Jima Galtona, który musiał ten pomysł przyklepać, bo był to prestiżowy i drogi projekt, a on nie mógł zrozumieć, że Beatlesi to Beatlesi".

Lee wezwał Krafta na spotkanie w biurze Galtona i poinstruował go, co ma mówić. „Miałem wówczas długie włosy i nosiłem czarną, skórzaną kurtkę motocyklową – wspominał Kraft – a na kolanach jeansów miałem przetarte dziury. Mimo że zebraliśmy się we trzech, Galton odzywał się tylko do Stana, zadając mu pytania w rodzaju: »Czy przypadkiem Beatlesi to nie tacy drudzy Monkees?« i wtedy Stan kazał mi wszystko wyjaśniać. A więc mówiłem, potem Stan relacjonował to Galtonowi, a Galton odpowiadał Stanowi, co myśli o tym, co przed chwilą od niego usłyszał. Przez cały ten czas nawet na mnie nie spojrzał".

Po wszystkim Kraft zaszedł do gabinetu Lee i oświadczył, że ma zamiar przejść kompletną transformację, żeby móc trafić do takich ludzi jak Galton i spenetrować jego korporacyjną mentalność. Zadeklarował, że w poniedziałek przyjdzie do pracy w trzyczęściowym garniturze i z nową fryzurą. Z charakterystycznym dla siebie entuzjazmem Lee radośnie doradził

Kraftowi, gdzie ma zrobić zakupy: Saks, Barneys, Bloomingdale's... „Patrzcie i podziwiajcie, bo potem umawiałem się na spotkania bezpośrednio z Galtonem, już bez udziału Stana, i teraz widział mnie i słyszał. Wywołałem w firmie istną sensację. Pamiętam, jak wpadłem na Marie Severin, która nie mogła się na mnie napatrzeć i mruknęła pod nosem: »Gdyby wszyscy tak wyglądali...«".

Jim Shooter, który jako zastępca naczelnego spotykał się regularnie z Lee, żeby przejrzeć gotowe komiksy, również zaczął się ubierać jak biznesmen. Pozbył się T-shirtów z krótkimi rękawkami, które zamienił na koszule i krawaty. I choć Lee doceniał to posunięcie, jego relacje z Shooterem nie należały do łatwych, szczególnie ze względu na ciągle wynajdywane przez niego problemy.

„Po raz czwarty lub piąty – opowiadał Shooter – rozmawialiśmy o tych samych sprawach i chyba myślał, że jestem kretynem, bo zaczął do mnie mówić, sylabizując. Nie. Poz-wól. Im. Te-go. Ro-bić. Odpowiadałem mu, że tyram za dwóch i nie jestem w stanie wszystkiego ogarnąć. Próbowałem nie podkopywać pozycji Archiego, który miał problem ze zwolnieniem pewnych osób".

Lee zlecił Shooterowi wymyślenie paru fabuł do pasków ze Spider-Manem dla jednej z gazet i podczas spotkania tłumaczył mu wszystko jak uczniakowi – „Bo widzisz, codziennie ukazuje się taki pasek komiksowy...". I gdy Shooter przyniósł mu to, co wymyślił, Lee był pod wrażeniem.

„To jest naprawdę dobre".

„Dzięki".

Zapadła krępująca cisza.

„Czemu więc nasze komiksy nie są?"

„Jim Shooter rozpaczliwie chciał dostać tę robotę, tak naprawdę, naprawdę bardzo – powiedziała Jo Duffy, asystentka Goodwina. – Był prawą ręką Archiego, ale chciał być Archiem. Dla niego cała ta posada była ledwie rozmową o pracę. Nie wydaje mi się, że Archie zrezygnowałby tak szybko, gdyby nie miał pewności, że ktoś już czeka na ten stołek, a w dodatku ten ktoś stoi po jego prawicy i burczy: »Jeśli on odejdzie, weźcie mnie, proszę, proszę, weźcie mnie, mnie, mnie«. Miałam wrażenie, że zamiast zachęcać i wspierać, ludzie wręcz zniechęcali Archiego, bo każdy wiedział o ambicjach Jima".

„Podczas naszych spotkań nigdy nie wspomniałem o Archiem – opowiadał Shooter. – Stan sam zaczął zdawać sobie sprawę, że Archie nie weźmie spraw w swoje ręce i nie zacznie zwalniać ludzi; wiedział, że nie ma smykałki do kierowania ludźmi. Zaczął więc dumać, czy to aby nie ja powinienem zostać naczelnym. I wpadł na pomysł, że Archie zajmie się projektami specjalnymi, i próbował wymyślić dla niego jakieś prestiżowe stanowisko, na które mógłby go przesunąć, proponując mu dożywotni kontrakt. Nikt nie chciał się go pozbyć".

Podczas podróży powrotnej z Pittsburgha Shooter opowiadał przyjacielowi, jak można zrestrukturyzować prace redakcyjne – według niego powinien obowiązywać model od lat sprawdzający się w DC Comics, czyli do paru tytułów przypisany powinien być jeden redaktor, a wszyscy z osobna podlegaliby naczelnemu; czemu taki system miałby się nie sprawdzać w Marvelu? Należałoby też skończyć z autonomią scenarzystów-redaktorów, takich jak Roy Thomas, Marv Wolfman, Steve Gerber i Jack Kirby. Ktoś musiał wszystko nadzorować; żadnych primadonn.

Nawet siedzący w Los Angeles Roy Thomas czuł, że Goodwin nie utrzyma się długo na stanowisku. Podejrzewał też, że jego następcą zostanie Jim Shooter, któremu nie podoba się łączenie funkcji scenarzysty i redaktora. Napisał więc do Stana Lee list, wyrażając swoje obawy co do możliwości przejęcia przez Shootera stanowiska naczelnego. „Powiedziałem mu między innymi – relacjonował Thomas – że Jim pragnął władzy absolutnej, a ja nie mógłbym pracować dla kogoś, kto chciałby zatańczyć na moim grobie".

Kiedy Archie Goodwin dowiedział się o planach Lee, żeby zastąpić go Shooterem, wkurzył się nie na żarty. Lee zabrał Shootera do chińskiej restauracji i poinformował, że Goodwin złożył rezygnację. „Archie uważał, że wbiłem mu nóż w plecy – powiedział Shooter. – Mimo że obiecałem mu awans i podwyżkę, kazał mi iść w cholerę". Goodwin miał zostać scenarzystą i redaktorem trzech comiesięcznych serii.

Lee planował ogłosić awans Jima Shootera na redaktora naczelnego tydzień przed świętami Bożego Narodzenia, lecz w poniedziałek, 19 grudnia 1977 roku, recepcjonistka Marvela Mary MacPherran, w towarzystwie dozorcy budynku, weszła do dwupoziomowego mieszkania Johna Verpoortena. Znaleźli go martwego; siedział na rozkładanym fotelu w sypialni na poddaszu. Dzień wcześniej zadzwonił do pracy, prosząc o dzień wolnego z powodu złego samopoczucia. Jego kot miauczał rozpaczliwie w rogu. „John kazał mi przysiąc, że jeśli nie pojawi się na drugi dzień w pracy, przyjdę do niego do domu – zdradziła MacPherran. – Bał się, że umrze w swoim mieszkaniu". Barczysty chłop, którego obecność wprawiała w zakłopotanie nieterminowych autorów i redaktorów, skrzętnie ukrywał swoją wrażliwość – mało kto wiedział, że wakacje spędzał w Disneylandzie i zbierał rolki ze starymi filmami animowanymi. Nie miano też pojęcia, że uprawiał skomplikowany, stresujący i bezinteresowny proceder wypłacania po cichu, bez niczyjej wiedzy, zaliczek, dzięki którym ledwie wiążący koniec z końcem autorzy mogli otrzymać trochę pieniędzy jeszcze przed ukończeniem zlecenia. „To był jego mroczny sekret – mówiła MacPherran. – Myślę, że to właśnie on go wykończył". Verpoorten miał trzydzieści siedem lat.

„Pomagałem wynosić rzeczy z jego biura – opowiadał parę lat później Danny Crespi – i zabrałem ze sobą jego zapalniczkę, chciałem mieć coś, co należało do niego. Już nie palę, ale zawsze mam ją w kieszeni. Ktoś dał mi też jego spinki do mankietów z Myszką Miki. Są dla mnie zbyt duże, ale i tak je zatrzymałem. Mam też w biurze jego zdjęcie".

Dowiedziawszy się o śmierci Verpoortena, Lee zdecydował, że będzie lepiej, jeśli zaczeka jeszcze z wieściami o awansie Shootera. Jednak podczas piątkowego przyjęcia świątecznego, stojąc przy znajdującym się piętro niżej barze, Lee sam zaprzepaścił swój plan. „Stan i Joan dołączyli do nas, wracając z jakiejś innej imprezy – opowiadał Shooter – i pewnie wypili tam po lampce wina albo czegoś mocniejszego. Stan w którymś momencie wypalił: »Ej, słuchajcie! Jim będzie nowym naczelnym!«. Archie wraz z żoną chcieli zabić mnie wzrokiem. Zapadła cisza jak makiem zasiał. Żadnych braw. Tylko Danny Crespi i John Tartaglione podeszli do mnie z gratulacjami. Reszta nie odezwała się ani słowem".

Nazajutrz o siódmej rano w domu Shootera zadzwonił telefon. „Odebrałem – wspominał – i w słuchawce usłyszałem głos Marva Wolfmana. Nawet się nie przywitał. Zadał mi tylko jedno pytanie: »Co zamierzasz teraz zrobić?«".

CZĘŚĆ III

Trouble Shooter

Stan chce, żebym kierował Marvel Comics, i będzie rozczarowany, jeśli tego nie zrobię. Nie lubi, kiedy zawraca mu się głowę, i sytuacja idealna wygląda dla niego tak: ja pracuję z nim, on pracuje ze mną.

– Jim Shooter, 16 lutego 1978

Przez te wszystkie lata traktowano nas jak dzieciaki, które kusi się lizaczkiem. Oni byli rodzicami, a my niesfornymi bachorami. Nie jesteśmy gówniarzami! Jesteśmy ludźmi! Autorami! Nadszedł czas, żebyśmy się postawili i dali im to jasno do zrozumienia.

– Chris Claremont, 7 maja 1978

Komercyjny sukces komiksów o *Gwiezdnych wojnach* i zespole Kiss trafił się Marvelowi jak ślepej kurze ziarno. Nawet popularność *Howard the Duck* spadła znacząco po paru pierwszych numerach. Seriale telewizyjne wyprodukowane przez CBS ze Spider-Manem i Hulkiem wspomogły co prawda sprzedaż komiksów – zyski z *Hulka* wzrosły o trzydzieści pięć procent – ale i tak szła ona dość anemicznie. Fala zamieci, które przeszły przez północno-wschodnie Stany Zjednoczone, miała ogromny wpływ na opóźnienie terminów dostaw do punktów z prasą. Dochodził też do tego wszystkiego chaos panujący w biurach Marvela. W styczniu 1978 roku, w pierwszym miesiącu urzędowania Jima Shootera jako redaktora naczelnego, Marvel miał wysłać z magazynów czterdzieści pięć tytułów; jedynie dwadzieścia sześć zostało dostarczonych na czas, niektóre dotarły do sklepów z czteromiesięcznym opóźnieniem. Zatamować krwawienie próbował Lenny Grow, były asystent Johna Verpoortena, którego z dnia na dzień mianowano szefem działu produkcji. Johna Romitę przydusiły terminy oddania pasków ze Spider-Manem, więc Brodsky przekazał stanowisko dyrektora artystycznego Marie Severin. Shooter nie miał nawet czasu zerknąć na komiksy, które wyjeżdżały z drukarni – był zajęty reorganizacją struktury redakcyjnej.

Zatrudnił prawdziwą zbieraninę młodych i niepokornych. Dwóch redaktorów wspólnie stanęło na czele działu komiksów kolorowych: były zastępca redaktora Roger Stern, posiadający ogromną wiedzę na temat postaci Marvela, oraz Bob Hall, rysownik i protegowany Johna Buscemy, który po godzinach zajmował się pisaniem sztuk teatralnych. Magazyny trafiły pod skrzydła Ricka Marshalla, byłego redaktora z syndykatu prasowego i historyka zajmującego się paskami komiksowymi; jego asystent, Ralph Macchio, był autorem wielu listów do redakcji i ogromnym fanem Dona McGregora. Shooter zatrudnił Marka Gruenwalda jako własnego asystenta; Gruenwald miał aparycję Billa Murraya i podobne poczucie humoru, a do tego świra na punkcie komiksów porównywalnego z obsesją Roya Thomasa. Zaimponował Shooterowi publikacją *The Omniverse*, akademickiego magazynu, w którym przeprowadził imponującą analizę składniową najdrobniejszych szczegółów fikcyjnego świata superbohaterskiego. Gruenwald miał dbać o owocną współpracę Marvela ze scenarzystami-redaktorami – nie potrwała ona jednak zbyt długo.

Steve Gerber, ostatni, któremu udało się podpisać korzystny kontrakt jako scenarzyście i redaktorowi w jednej osobie, znowu zawalił terminy i tym sposobem stał się pierwszym do odstrzału – w lutym odsunięto go od gazetowych pasków z Kaczorem Howardem. Prawnik Gerbera poinformował wydawnictwo, że jest to naruszenie warunków kontraktu i rozważają złożenie wniosku o sądowe orzeczenie praw do postaci Howarda; niedługo potem Marvel zerwał umowę ze swoim niepokornym pracownikiem. Zapytany przez „Comics Journal", czy za decyzją wydawnictwa stały jego ciągłe spóźnienia, Shooter odparł: „Powiem tak... opłacało się nam wymówić mu kontrakt". Gerber utrzymywał, że on i Gene Colan nie otrzymywali swoich zaliczek na czas.

Od tej pory rządy nad *Howardem* sprawować miał Marv Wolfman – przypadł mu pasek gazetowy – na spółkę z Billem Mantlo, który miał przejąć komiks. Jeszcze w tym samym roku zlikwidowano wersję ukazującą się w prasie i Gerber publicznie twierdził, że stało się to z powodu „okropnej jakości" pracy Wolfmana. „Po moim odejściu – powiedział w rozmowie z »Village Voice« – Howarda poddano lobotomii, wyzuto z treści i przemieniono w prostacką parodię. Dobrze, że oszczędzono mi wstydu".

Zakończenie sagi *Omega the Unknown* autorstwa Gerbera i Skrenes, wielokrotnie zapowiadane na stronach redakcyjnych i równie często przekładane, zostało wreszcie napisane bez udziału pierwotnych autorów. „Dotarliśmy do momentu, w którym dalsza współpraca z Shooterem nie była możliwa – powiedziała Skrenes. – Robił nas w konia, nakładał kary i próbował nas wysiudać z interesu, tak jak w przypadku *Howarda*". Omega został zabity w następnym numerze *The Defenders*. Gerber i Skrenes przysięgli, że oryginalną konkluzję tej historii zabiorą ze sobą do grobu. „Przez całe lata słuchałam – mówiła o Shooterze Skrenes – jak to Mort Weisinger zafundował temu facetowi załamanie nerwowe... A kiedy mianują go naczelnym, on ignoruje nasze ustalenia z wydawnictwem, wedle których mogliśmy robić z naszym komiksem, co nam się żywnie podoba".

Kontrakt Jacka Kirby'ego upływał w kwietniu 1978 roku. Podczas konwentu w Wirginii Zachodniej Stan Lee ogłosił, że Kirby podpisał długoterminową umowę jedynie jako rysownik; dodał, że jego scenariusze były

„pomysłowe, ale niezdyscyplinowane", lecz Lee miał pewność, że wróci do formy, jak tylko sparują go z dobrym pisarzem*.

Kontraktu jednak nie przedłużono. Okres służby Kirby'ego dobiegał końca. Jego comeback okazał się niewypałem, zarówno dla niego, jak i dla Marvela. Żaden z jego komiksów nie sprzedawał się zgodnie z oczekiwaniami, zaś autonomia, którą dysponował, była pozorna. „Redakcja nie miała zbyt dużego mniemania o tym, nad czym pracował – opowiadał Jim Starlin. – Redaktorzy wieszali na ścianach parodystyczne rysunki wyśmiewające jego komiksy, wyrywali z nich strony i podpisywali »Najdurniejszy tytuł roku«... Niemal całe biuro było zawalone rzeczami dyskredytującymi faceta, który praktycznie założył tę firmę. To przecież on stworzył postaci, dzięki którym zarabiają na życie".

Atmosfera stała się jeszcze gorsza niż w latach sześćdziesiątych. Kirby dostawał podobno listy z inwektywami napisane na papierze firmowym oraz anonimowe telefony z biura. Kiedy Roy Thomas poprosił go o narysowanie jednego z odcinków serii *What If?*, przedstawiającej alternatywne historie z Uniwersum Marvela (a dokładniej opowieść pod tytułem *Co by było, gdyby... członkami Fantastycznej Czwórki była ekipa Zagrody?* z udziałem Lee, Kirby'ego, Thomasa i Flo Steinberg), nie zgodził się, żeby to właśnie Thomas go napisał, i wymienił jego postać na Sola Brodsky'ego. Kiedy więc gotowy komiks trafił do redaktora, ten zamienił w każdym dymku Kirby'ego imię „Stanley" na „Stan" oraz poprawił wszystkie błędy gramatyczne – prócz tych, które robi postać rysownika.

„Nawet nie dano mi szansy – powiedział później Kirby, podsumowując swoją pracę dla Marvela w latach siedemdziesiątych i zrzucając winę na zawodową zazdrość. – Jeden gość rysuje komiks, drugi wpisuje literki, a za parę miesięcy już go nie ma w firmie i ktoś inny dostaje jego szansę... to istne gniazdo węży. A w gnieździe węży nic nie przetrwa, wybiją się nawzajem. Zabiją też to, co ich stworzyło".

* Lee tak podsumował dwuletnią pracę Kirby'ego nad ich wspólną powieścią graficzną z Silver Surferem: „Lepsze niż jego ostatnie rysunki, ale wciąż daleko im do najlepszych".

Kirby również opracował plan awaryjny, który miał mu pomóc uciec od frustracji i ograniczeń przemysłu komiksowego. Podobnie jak Stan Lee, marzył o Hollywood. Kirby został poproszony przez studio Hanna-Barbera o stworzenie storyboardów do nowej kreskówki z Fantastyczną Czwórką, którą emitowało NBC – za scenariusze odpowiadali Lee i Thomas. Nadal nie miał jednak zbyt wiele do powiedzenia, bowiem postać Human Torcha została zaklepana przez Universal i czwartym członkiem drużyny musiał uczynić sympatycznego robota imieniem H.E.R.B.I.E. Płaca jednak była lepsza, a i traktowano go z szacunkiem.

Jack Kirby już nigdy nie wrócił do Marvel Comics.

Na wiosnę 1978 roku prawnicy Marvela – w obliczu nadchodzących zmian w prawie autorskim – zdecydowali, że wydawnictwo potrzebuje dowodu, że wszystkie publikacje zostały wykonane na zlecenie firmy. Uprzednio niektóre kontrakty załączano w formie pieczątki na tylnej stronie rachunku – pokwitowałeś odbiór pieniędzy, podpisałeś umowę. Teraz jednak Jim Shooter dmuchał na zimne i kazał przygotować przejrzyste, jednostronicowe kontrakty, w których znajdowała się formułka mówiąca, że „autor przekazuje wszelkie prawa do dzieła na czas nieokreślony". Freelancerzy byli przerażeni, próbowali się zorganizować.

NIE PODPISUJ
UMOWY!!
PRZEKREŚL SWOJE
ŻYCIE!!
SPOTKANIE W SPRAWIE UMÓW
NIEDZIELA, 7 MAJA, 48 ULICA 9 E.
TRZECIE PIĘTRO 16:00

Neal Adams stał się *de facto* liderem w walce o prawa autorskie – trafił nawet do gazet, bowiem domagał się od DC wypłacenia rekompensaty twórcom Supermana, Jerry'emu Siegelowi i Joemu Schusterowi, a teraz prowadził dyskusje w Comics Creators Guild. Jego żądania były radykalne:

kontrakty podpisywane z wydawnictwami komiksowymi mają obejmować jedynie prawa na Amerykę Północną, rysunki oryginalne wracają do autorów, wszystkie dysputy rozstrzyga sąd polubowny, a płace – i to okazało się ciosem nokautującym – wzrastają trzykrotnie.

Nie był to jednak zbyt korzystny czas na zawiązywanie porozumień. Steve Englehart, Frank Brunner i Steve Gerber – co nie jest niespodzianką – jako pierwsi stanęli w gotowości do dalszej walki. Inni, jak Roy Thomas i Mark Gruenwald, obawiali się, że odniesiony sukces wykoślawił Adamsowi perspektywę i nie potrafi już myśleć jak zwyczajny freelancer. Niektórzy sądzili też, że jego postulaty faworyzują rysowników, a działają na niekorzyść scenarzystów, ludzi od tuszu i pozostałych. Jeszcze inni bali się, że przemysł komiksowy znalazł się na krawędzi upadku. „Myślę, że w takiej sytuacji, kiedy branża cienko przędzie, nie jest to dobry moment na naciski", powiedział Ross Andru.

Bill Mantlo poszedł jeszcze dalej. „Nie jesteśmy dość mocni – powiedział w rozmowie z »Comics Journal«. – Potrzebujemy związku zawodowego". Nie rokowało to dobrze na przyszłość, bowiem ostatnia podobna próba podjęta w Magazine Management zakończyła się fiaskiem i Galton zgasił w firmie światło. Gene Colan tak podsumował strach tkwiący w sercach tych, którzy spędzili kawał czasu, pracując dla Marvel Comics, i przeżywali każdy wzlot i upadek swojego pracodawcy, mocując się z niestabilnym rynkiem: „Traktowano mnie całkiem nieźle, więc nie chciałem iść z nikim na noże. Taka rozróba byłaby dla mnie trochę ryzykowna".

„Jeśli zastanowimy się chwilę nad Johnem Byrne'em i uznamy go za istny fenomen, można powiedzieć, że rozpoczął się on od *X-Men*", powiedział sam John Byrne w jednym z wywiadów. Nie służyło mu to, że z dnia na dzień stał się przedmiotem dyskusji, a jego imię wykrzykiwano podczas konwentów, zaś jego postaci nie cieszyły się zbyt wielką estymą. *X-Men* Claremonta i Byrne'a to jednak niezaprzeczalnie coś wyjątkowego, perfekcyjne połączenie gniewu i egzaltacji, coś, czego Marvel nie widział od czasu *Spider-Mana* Stana Lee i Steve'a Ditko. Strona wizualna komiksu to zasługa nie tylko Byrne'a, ale i etatowego, zgranego zespołu: Terry Austin gładko obrysowywał szkice tuszem, za wysoko kontrastowe barwy odpowiadał Glynis Wein, zaś schludne litery w stylu art déco były dziełem Toma Orzechowskiego. Dzięki pracy całej trójki lektura okazała się niezwykle płynna, co wcale nie stanowiło reguły w zalewie komiksów superbohaterskich o ciemnych i niewyraźnych rysunkach. Można powiedzieć, że szata graficzna *X-Men* była powrotem do „popartowych produkcji" okresu świetności Marvela.

Claremont i Byrne nadali komiksowi odpowiednie tempo (i, co rzadkie, potrafili wyrabiać się w terminach), co pozwoliło im rozpatrzeć na łamach *X-Men* parę Ważnych Kwestii, które wyróżniały prace Starlina i Engleharta – poświęcili sporo miejsca refleksjom na temat korupcji, kruchości istnienia, mistycyzmu i totalitaryzmu. Jednocześnie każdy numer czytało się z wypiekami na twarzy, akcja pędziła jak szalona, zaś umiejętne połączenie elementów stanowiących o wyjątkowości serii zachwycało czytelnika. Żonglowano kilkoma wątkami pobocznymi naraz – było ich nawet więcej niż w *Fantastic Four* Lee i Kirby'ego – i lubowano się w konfliktach personalnych, którym powagi dodawały majestatyczne rysunki Byrne'a: jego postaci miały charakterystycznie wystające kości policzkowe, pełne usta, dołeczki, migdałowe oczy...

Była to też najbardziej telenowelowa saga, jaka opuściła kiedykolwiek Dom Pomysłów, pełna ognistych romansów, kryzysów emocjonalnych, moralizatorskich wykładów, blizn na psychice i zamartwiania się. Już pierwsza historia, nad którą pracowali razem Claremont i Byrne, sugerowała, co będzie dalej: Jean Grey i Beast zostali odseparowani od reszty drużyny i sądzą, że ich towarzysze zostali zabici. Jean leci do Szkocji, żeby znaleźć spokój, podczas gdy na drugim końcu globu Cyclops siedzi nad stawem i duma: „Jean i Hank nie żyją... Jak powiem o tym profesorowi? Złamie mu to serce. Dziwię się, że nie złamało mojego. Dziwię się...? Jestem przerażony!". Przyłącza się do niego Storm, której zwierza się: „Płakałem za Hankiem, ale... nie za Jean. Po tamtym locie nic się między nami nie zmieniło, choć zmieniło się wszystko. Nie była już tą dziewczyną, którą kochałem".

Dramat rozgrywał się nie tylko na łamach komiksu. Po tym jak redaktor Roger Stern odwiedził Byrne'a w Calgary w kanadyjskiej Albercie ze scenariuszem w dłoni, Byrne poczerwieniał ze złości. Chodziło o monolog Cyclopsa. „O mały włos nie podarłem tych kartek i nie rzuciłem nimi z balkonu – opowiadał. – Siedzieliśmy akurat u mnie i czytaliśmy, kiedy zerwałem się, zacząłem krzyczeć i wrzeszczeć. Zaniepokojeni sąsiedzi pukali, pytając, co się u mnie dzieje". Zaczął wprowadzać niebieskim długopisem poprawki na marginesach, żeby udowodnić, że się nie zgadza z wersją Claremonta, jeśli ten uparłby się, żeby ją zachować.

Byrne głośno narzekał na scenariusze Claremonta, które nazywał „popierdywaniem Chrisa", i nie można mu odmówić pewnych racji, bowiem jego kolega miał swoje obsesje – ciągła kursywa w dialogach, której celem było podkreślenie wagi wypowiadanych słów, pewne siebie postaci kobiece, więzi psychiczne między bohaterami i fakt, że wszyscy zawsze jeździli na urlop do Zjednoczonego Królestwa. Kadry przeładowane niekończącymi się ponurymi monologami oraz wypełnione dymkami. „Idealny numer *X-Men* według Chrisa – powiedział kiedyś Byrne – składałby się z dwudziestu dwóch stron łażenia po Village, mieszkaniu Scotta czy gdziekolwiek indziej, bez kostiumów, w jeansach i T-shirtach, i nieustannych rozmów przy kawce". Claremont przyznawał, że chodzi mu głównie o więzi emocjonalne pomiędzy bohaterami. „Dla mnie – rzucił w wywiadzie – te wszystkie walki to bzdura". Gdy postaci w komiksach superbohaterskich pozbawiono jakiejkolwiek osobowości, łatwiej było dać trochę luzu scenarzyście, który stawiał na interakcję*.

Przemiana Jean Grey w potężną Phoenix okazała się kością niezgody i Byrne próbował doprowadzić do usunięcia tej postaci z komiksu, chcąc na pierwszy plan wysunąć swojego faworyta, Wolverine'a. Lecz choć scenarzysta i rysownik wydawali się mieć odmienne cele, gdy ich wspólne dzieło

* Byrne nie był jedynym rysownikiem, który wypowiadał się głośno na temat pogłębiania przez Claremonta portretów psychologicznych komiksowych postaci. „Dzwonił do mnie z pomysłem na fabułę i gadał, gadał i gadał! – wspominał Jim Mooney, rysownik pracujący przy *Ms. Marvel*. – Myślałem sobie w takich chwilach: »Boże, czy on musi ciągle tak nawijać?«".

trafiło wreszcie do drukarni, okazało się hipnotyzujące; ekstrawagancka science fiction łączyła się z wyciskaczem łez. Sprzedaż rosła.

David Anthony Kraft, który wzorem Gerbera próbował wytargować dla siebie tantiemy za pracę przy komiksie z Beatlesami, wkrótce otrzymał telefon od Sola Brodsky'ego. Nawet jako wiceprezes Brodsky nie znosił być człowiekiem od czarnej roboty i posłańcem przekazującym złe wieści, których Stan Lee nie potrafił – bądź nie chciał – zanieść samemu.

„Zdecydowano, że nie dostaniesz tantiem za komiks o Beatlesach – oświadczył Kraftowi i zamknął ukradkiem drzwi gabinetu. – Zaprzeczę, że ta rozmowa w ogóle miała miejsce, ale, między nami, postąpiłbyś nierozważnie, gdybyś odpuścił".

Kraft poszedł do Lee. „Jeśli chodziłoby o postać Marvela – powiedział swojemu szefowi – utknąłbym z nią tutaj, co nie? Beatlesi nie są jednak własnością wydawnictwa, ja też nie jestem, więc zwrócę się z tym projektem do kogoś innego". Poszedł do biura, które dzielił z Shooterem, i wykonał parę telefonów – chociażby do „Rolling Stone" i do „Circus" – zanim Lee zawołał go do swojego gabinetu.

Lee wykazał się zrozumieniem, w końcu, jak powiedział, sam stworzył wiele postaci Marvela, a nie otrzymał tantiem za ich wykorzystanie. Posłał Krafta na spotkanie z Galtonem. „A może powalczysz z nim?", powiedział.

„Było piątkowe popołudnie – wspominał Kraft – Galton chciał skończyć wcześnie i iść pograć w golfa, czy jakie tam miał plany. Sęk w tym, że kontrakty, które podpisał z czołowymi autorami, mówiły, że jeśli zaoferuje komuś lepsze warunki, to ich również ulegną zmianie na lepsze. Martwił się więc, że będzie musiał płacić tantiemy wszystkim pracownikom Marvel Comics". Jeśli jednak Kraft wraz z rysownikiem George'em Perezem wykonaliby zlecenie jako niezależna firma, wówczas ich umowa nie wpłynęłaby na kontrakty reszty załogi. Kraft założył więc działalność pod nieużywaną już dłużej przez Gerbera nazwą Mad Genius Studios i, korzystając z luki prawnej, uzyskał upragnione warunki.

Marvel nie miał jednakże zamiaru objąć tym samym kontraktem *The Defenders* (Kraft, fan rock and rolla, umieszczał w komiksach mnóstwo nawiązań do zespołów Rush i Blue Öyster Cult) i kiedy przyszła pora podpisywania umowy, scenarzysta gładko zrezygnował z tego tytułu.

Nie każdy mógł sobie wówczas pozwolić na podobny akt odwagi. 22 czerwca DC Comics, które niedawno rozpoczęło ambitny, ale z góry skazany na porażkę projekt restrukturyzacji firmy, ogłosiło zwolnienia i likwidację czterdziestu procent wydawanych serii. Nazajutrz, jak wspominał Jim Shooter, u jego drzwi pojawiła się długa kolejka zrezygnowanych komiksiarzy i spędził cały dzień na podpisywaniu umów z nowymi freelancerami. Niedługo potem zatrudnił Ala Milgroma i Larry'ego Hamę; obaj byli w DC redaktorami, więc dołączyli do coraz liczniejszego grona redaktorów Marvela. Nawet sam dyrektor artystyczny DC Comics zaczął podsyłać Shooterowi zdolnych młodziaków. Do pracy w dogorywającej branży nie było zbyt wielu chętnych i decydowali się na nią jedynie ci, którzy stracili głowę dla sztuki komiksowej, spragnieni zleceń i gotowi przystać na dyktaturę swoich szefów. Shooter zaoferował serię *Spectacular Spider-Man* Frankowi Millerowi, dwudziestojednoletniemu chłopakowi z Vermontu, a rok młodszemu Billowi Sienkiewiczowi z Pensylwanii dostał się *Moon Knight*, marvelowa wariacja na temat Batmana, którą upchnięto na ostatnich stronach komiksu z Hulkiem.

Paru ambitnych prowokatorów należących do nieco starszego pokolenia scenarzystów i rysowników odstraszył panujący w branży paternalizm i/lub nieuczciwe warunki, które im proponowano – zajęli się więc czymś zupełnie innym: animacjami emitowanymi w sobotnie poranki, pisaniem powieści i scenariuszy, ilustracjami na zamówienie agencji reklamowych, litografiami na potrzeby rynku kolekcjonerskiego. Mogło się wydawać, że pamiętany jeszcze z lat pięćdziesiątych exodus może się powtórzyć. Rok czy dwa lata wcześniej, kiedy nastoletni fan podszedł do Marva Wolfmana podczas jednego z konwentów komiksowych i zapytał o radę w sprawie kariery zawodowej, otrzymał szczerą i zaskakującą odpowiedź: „Powiem ci w zaufaniu, że wszyscy, którzy u nas pracują, marzą o czymś zupełnie innym, więc... lepiej zajmij się właśnie czymś innym. Za pięć lat nie będzie już żadnych komiksów".

Ci, którzy zdecydowali się pozostać w branży, próbowali grać zgodnie z panującymi w niej zasadami, rezygnując z walki o tantiemy i usiłując w jakiś sposób utrzymać wodze swojej rozbrykanej wyobraźni. Nawet historie pisane przez samego Jima Shootera w *The Avengers*, ilustrowane przez George'a Pereza, można było odczytać jako manifestację, jak widział idealny, komercyjny komiks Marvela: pełne żarcików dialogi i niewielkie kadry rysowane w planach średnich, służące ekspozycji kolorowych kostiumów, co składało się na dynamiczne *staccato* przygodowej fantazji.

Nie była to chłodna kalkulacja z jego strony: niemal podświadomie Shooter uczynił tematem swoich komiksów motyw prześladowanego bóstwa. Przez jakiś rok w *The Avengers* ciągnęła się historia *Korvaca Sagi*, lalusia błąkającego się po Forest Hills w Queens w koszulkach polo i szortach. Okazało się, że bohater o imieniu Michael jest reinkarnacją Korvaca, pomniejszego zbira znanego z *Defenders* Steve'a Gerbera (kogoś w rodzaju techno-centuara; jego nogi zostały zastąpione komputerem typu mainframe), który przemienił się w oświeconego boga. Jego jasnowłose, podmiejskie wcielenie ustąpiło wreszcie lśniącej, purpurowo-żółtej projekcji astralnej wielkich rozmiarów.

Korvac dołączył do panteonu najpotężniejszych, a zarazem najbardziej odjechanych postaci Marvela w rodzaju wymyślonego przez Kirby'ego Watchera czy Eternity autorstwa Steve'a Ditko, którzy pojawiali się co jakiś czas na drugim planie i obserwowali poczynania bohatera. „Jego rola jest wyjątkowa – zdradzał czytelnikowi narrator w *Avengers #175*. – Będzie zdolny dokonywać subtelnych poprawek w materii rzeczywistości, a potem przejąć nad nią kontrolę i, co za tym idzie, uporządkować umęczony wszechświat, naprawiając szkody wyrządzone mu przez cywilizację".

Podejrzliwi Avengers zaatakowali Korvaca, powstrzymując go przed wskazaniem skutków ludzkiego okrucieństwa. „Miałem wyjątkowe zadanie, chciałem wszystko naprawić, a wy żylibyście pod moimi życzliwymi i sprawiedliwymi rządami – powiedział superbohaterom. – Jestem Bogiem! I miałem być waszym zbawicielem!". Tam, gdzie inni widzieli megalomanię, Jim Shooter dostrzegał nękanego bohatera, który chciał uporządkować galaktykę.

Pod koniec lat siedemdziesiątych Stan Lee zarabiał ponad sto pięćdziesiąt tysięcy dolarów jako wydawca Marvel Comics. Podpisał też lukratywną umowę z Harper & Row na autobiografię i dorabiał wykładami oraz jako konsultant w telewizji. Magazyn „People" zauważył jego pracoholizm, do którego sam zresztą się przyznawał, oraz uwielbienie dla drogich rzeczy: „Na jednym nadgarstku nosi grubą, srebrną bransoletę; na stopy wsunął eleganckie buty od Gucciego. Przenikliwe, zielonoszare oczy łypią zza okularów korekcyjnych z przyciemnianymi szkłami, ale ich modną krzykliwość tonuje tradycyjnie skrojona marynarka w jodełkę od Paula Stewarta i szare spodnie".

Jego szeroki uśmiech okalał teraz przyprószony siwizną wąs i bokobrody; coraz częściej pojawiał się na ekranie telewizora i bawił widzów swoimi wyuczonymi anegdotkami, a jego wypowiedzi, w których wieszczył swojemu ukochanemu medium długą i świetlaną przyszłość, udowadniając, że warte są uwagi i szacunku, gościły w gazetach. „Komiksy są naszą ostatnią linią obrony przeciwko telewizyjnej ekspansji. Jeszcze trochę i następne pokolenie w ogóle przestanie czytać – mówił Lee podczas jednego z wykładów. – Dzieciaki często nie czytają nic poza komiksami". Tak naprawdę marzył jedynie o tym, żeby wedrzeć się z Marvelem do Hollywood, rzucić branżę wydawniczą w diabły i przenieść swoje pomysły właśnie na ekran telewizora.

Działając we współpracy z DePatie-Freleng, wytwórnią filmów animowanych, która stworzyła kreskówki z Różową Panterą, Marvel rozpoczął produkcję sobotnich bloków programowych dla dzieci, w których pojawili się Spider-Woman i Silver Surfer, zaś studio Hanna-Barbera wypuściło film z jednym z członków Fantastycznej Czwórki, nieszczęsne *Fred and Barney Meet the Thing*. Kiedy jednak przyszło do realizacji kreskówki z obecnym składem X-Men, z którym Stan Lee nie był ani trochę zaznajomiony („Nie wiedziałem, że mamy u nas rosyjskiego superbohatera", powiedział w jednym z wywiadów), niezbędne okazało się poproszenie o pomoc Jima Shootera.

„Sol Brodsky zebrał rysunki wszystkich X-men, starych i nowych – opowiadał Shooter – usiedli na kanapie w gabinecie Stana, lecz ilustracje nie były podpisane. Mieli listę pseudonimów wraz z wypisanymi obok nich mocami, którymi dana postać dysponowała, lecz nie wiedzieli, kto jest kim. Zawołali więc mnie i Stan powiedział: »Słuchaj, znam starych X-Men, ale kim są ci goście?«".

„Powinienem był odejść ze dwadzieścia lat temu – powiedział Lee magazynowi »Circus« w 1978 roku. – Chciałbym robić filmy, jako reżyser lub scenarzysta, mieć pracę jak Norm Lear albo Freddie Silverman. Chciałbym robić to, co robię tutaj, ale na większą skalę".

Prezes CBS, który zakupił prawa do postaci Marvela, został zwolniony z pracy, zanim na antenie pojawiła się jakakolwiek kreskówka; dyrektor, który go wyrzucił, powiedział, że nie chce, by CBS stało się „stacją z bajeczkami". Mimo że serial z Hulkiem gromadził całkiem sporą widownię, pozostałym planom powoli ukręcano łeb. Po fiasku serialu *Man from Atlantis* uznano, że kreskówki z Sub-Marinerem są zbyt podobne, i zrezygnowano z ich emisji. Produkcja serialu z Human Torchem również została wstrzymana z obawy, że po obejrzeniu któregoś z odcinków dzieci mogą próbować się podpalić. Pilotażowy odcinek *Doctora Strange'a* puszczono w tym samym paśmie programowym co serial *Korzenie*, więc wyniki oglądalności były rozczarowujące; obojętni producenci zignorowali notatki Lee na temat serialu ze Spider-Manem, więc publicznie skrytykował scenariusze.

Lee i Galton obawiali się, że dni przemysłu komiksowego są policzone i szukali planu awaryjnego. Przekonali Cadence, że warto byłoby nabyć jakąś małą wytwórnię, lecz powiedziano im, że nie ma środków na taki cel. Tymczasem *Superman* ze studia Warner Bros. okazał się spektakularnym przebojem i Lee został wysłany do Kalifornii, żeby zacieśnić współpracę z DePatie-Freleng. Niemal przez resztę 1979 roku siedział w Los Angeles i fantazjował na temat zamieszkania tam na stałe. Korzystając z okazji, usiłował sprzedać treatment, który napisał do komiksu o Silver Surferze stworzonego do spółki z Kirbym. Nabył go producent Lee Kramer, zaś jedną z głównych ról miała zagrać jego dziewczyna Olivia Newton-John; budżet miał wynieść dwadzieścia pięć milionów dolarów.

Marvel wykupił całostronicowe reklamy w „Variety", chcąc sprzedać prawa do swoich postaci temu, kto da najwięcej… nie wpłynęła ani jedna oferta.

Na jednej z reklam widniała twarz Daredevila. „Daredevil jest tylko jednym z ponad setki ekscytujących superbohaterów, którymi dysponuje Marvel. Tak jak pozostali, gotów jest zagrać w waszym następnym filmie lub serialu telewizyjnym – brzmiała jej treść. – Każda z naszych postaci posiada swoją własną osobowość, własną historię i jest materiałem na prawdziwą gwiazdę". Nadal nic się nie wydarzyło.

Z powrotem w Nowym Jorku, Galton i Shooter przedyskutowali wprowadzenie na rynek magazynu komiksowego „Epic" o tematyce science fiction, który miał być odpowiedzią na europejską publikację „Heavy Metal". Czasopismo miało kontynuować trend wydawania komiksów na kolorowym papierze wysokiej jakości zapoczątkowany przez publikację z Kiss, a nawet postanowiono zaproponować autorom tantiemy. Jeśli nie uda się przerwać złej passy i zwiększyć sprzedaży komiksów za trzydzieści pięć centów, być może dadzą chociaż radę zainteresować klientów poszukujących czegoś bardziej wyrafinowanego prestiżowymi magazynami komiksowymi.

Pomysł uruchomienia linii wydawniczej dla wyspecjalizowanego czytelnika krążył po redakcji jeszcze przez jakiś czas. „Z nowym sposobem dystrybucji – trzy lata wcześniej rozważał Archie Goodwin – można się zastanowić nad nowymi formatami komiksowymi i dostosować je do potrzeb konkretnej grupy czytelniczej, zamiast produkować wszystkie tytuły z myślą o masowej sprzedaży. Udałoby się wydawać komiksy, które może wylądowałyby w księgarniach". Mimo że sprzedaż komiksów wyraźnie spadła, rozrastał się fanowski rynek kolekcjonerski – w ciągu pięciu lat zyski Marvela ze sprzedaży bezzwrotnej wzrosły dwudziestokrotnie – i szybko załapano, jak można na tym zarobić. Phil Seuling, były nauczyciel, który kupował komiksy prosto od DC i Marvela z sześćdziesięcioprocentową zniżką, dorobił się małej fortuny; zaopatrywał ponad trzysta sklepów z komiksami, które wyrastały jak grzyby po deszczu. Część sprzedawców poszła w jego ślady i zaczęła zamawiać komiksy bezpośrednio od wydawców po niższych cenach, ale nikomu nie udało się wynegocjować aż tak korzystnych warunków jak Seulingowi, dlatego w listopadzie 1978 roku jeden z dystrybutorów wniósł pozew przeciwko należącemu do niego Sea Gate Distribution, a także Marvelowi, DC i innym wydawcom, twierdząc, że dopuścili się nielegalnych praktyk monopolistycznych. Prawnicy starali się załagodzić sprawę i doprowadzić do szybkiej ugody, a tymczasem właściciel sklepu z komiksami w Denver, Chuck Rozanski, napisał do Marvela interesujący list.

Twierdził, że firma traci znakomitą okazję, nie udzielając innym sprzedawcom podobnych rabatów co Seulingowi, którego wymóg przedpłaty na konto zniechęcał właścicieli sklepów do składania dużych zamówień. Rozanski przekonywał, że ogólna sprzedaż komiksów spadła o połowę przez ostatnie dwadzieścia lat, a chaotyczna dystrybucja do punktów z prasą zniechęcała czytelników. Udowadniał, że sklepy komiksowe są właściwym partnerem dla wydawców. Następnie skopiował swój list i posłał go do kilkuset kolegów po fachu.

Rozanski trafił na doskonały moment. Zaproszono go do Nowego Jorku, gdzie przedstawiono mu Galtona, Shootera i kierownika działu kolportażu Eda Shukina, którzy omówili z nim możliwość uruchomienia linii kredytowej dla sprzedaży bezpośredniej, sprawę reklam połączonych i lepszego przepływu informacji o nowych produktach. Shukin zamieścił ogłoszenie o rekrutacji na stanowisko kierownika do spraw sprzedaży bezpośredniej, który miał się pojawiać na każdym większym konwencie i potrafiłby „udzielić pomocy praktycznej i merytorycznej chętnym do otwarcia sklepów komiksowych". Tego lata Shukin, Shooter i dyrektor do spraw operacyjnych Barry Kaplan polecieli do San Diego na Comic-Con, gdzie spotkali się z jakimiś pięćdziesięcioma sprzedawcami. Po paru miesiącach Marvel ogłosił, że ma w planach kilka „prestiżowych" tytułów na śliskim papierze i w twardej oprawie; z czasem zostaną one określone mianem „powieści graficznych".

Shooter nie tylko zwiększył liczebność kadry redaktorskiej, ale też wyssał z Zagrody ostatnie pokłady energii. „Poprzedni naczelni – powiedział

– traktowani byli jak zło konieczne, dodatek do redakcji, zaś wszystkim zarządzał John Verpoorten... Niby odpowiadał przed naczelnym, ale tak naprawdę to on tutaj rządził i dzielił".

Ten czas się jednak skończył. Shooter wyrzucił kierownika działu produkcji i odebrał Marie Severin stanowisko dyrektora artystycznego, po czym przeniósł ją do prowadzonego przez Sola Brodsky'ego działu projektów specjalnych.

Niedługo potem Dave Cockrum, zatrudniony jako etatowy twórca okładek, wysłał miażdżący list do Stana Lee, którego tekst wykorzystano w jednym z numerów *Iron Mana*, gdy Jarvis, wierny kamerdyner Avengers, złożył swoją rezygnację; pozmieniano jedynie imiona i wrzucono treść notatki prosto na strony komiksu:

> *Do: Anthony'ego Starka*
>
> *Proszę potraktować ten list jako moją rezygnację ze stanowiska ze skutkiem natychmiastowym.*
>
> *Rezygnuję, gdyż nie stanowimy już „jednej wielkiej szczęśliwej rodziny", która rozumie się bez słów i dla której uwielbiałem pracować. Przez ostatni rok czy dwa obserwowałem, jak Avengers zaczynają przypominać nie zgrany zespół czy drużynę, ale zbieraninę smutnych ludzi, kiszących się we własnym sosie wstrzymywanego gniewu, żalu i frustracji; byłem świadkiem, jak moi przyjaciele w milczeniu znoszą nieuczciwe, złośliwie i roszczeniowe traktowanie.*
>
> *Moje osobiste żale są niczym w porównaniu z tym, co przeszli inni, ale nie mam zamiaru dłużej tego znosić, wystarczy, że widziałem, jak w Avengers dokonywały się przykre zmiany, jak bohaterowie zostali wyrwani z korzeniami i stali się zaprzeczeniem tego, czym byli. Jestem święcie przekonany, że niektóre przykrości uczyniono mi z zamiarem „pokazania służbie, gdzie jest jej miejsce".*
>
> *Nie mam zamiaru czekać na to, co będzie dalej.*
>
> *Z poważaniem, Jarvis*
>
> *cc: Avengers*

Nikt nie wziąłby Marvela za jedną wielką szczęśliwą rodzinę. Shooter zastąpił Ricka Marschalla, redaktora magazynów, Lynne Graeme, która nigdy nie pracowała w branży komiksowej, i wyznaczył ją do nadzorowania prac nad *Tomb of Dracula*, gdzie wcześniej autonomią cieszył się Marv Wolf-man. „Nie mam zamiaru pracować z szympansami", zadeklarował i przeszedł do DC, gdzie jego najlepszy przyjaciel, Len Wein, został niedawno zatrudniony jako redaktor. Kłótnia pomiędzy Shooterem a Gene'em Colanem dotycząca odrzuconych stron *Howard the Duck* niemal zakończyła się odejściem tego drugiego po czternastu latach w Marvelu; sytuację złagodziła mediacja ze strony Lee. Jeden z pracowników Marvela ponoć miewał regularnie sen, w których wyrzucał Shootera z unoszącego się parę kilometrów nad ziemią samolotu.

Tymczasem przydział zleceń w Marvelu przypominał istne chybił trafił, przy czym żadna zmiana na stanowisku scenarzysty nie miała większego wpływu na kształt bezpłciowych komiksów, które zdominowały lata siedemdziesiąte. *Fantastic Four* Billa Mantlo i *The Amazing Spider-Man* Davida Micheliniego nie różniły się zbytnio od solidnych prac Wolfmana, lecz *Incredible Hulk* pisany przez Mantlo był tak samo kiepski jak za czasów Rogera Sterna, zaś każdy numer *Captain America* tworzył inny zespół, co wcale nie wpłynęło na różnorodność i atrakcyjność serii. To oczywiście nic nowego, nad komiksami zawsze pracowała liczna ekipa, która wypełniała stronę za stroną standardowymi treściami i rysunkami zgodnie ze sprawdzoną formułą – przegadane kadry przeplatano widowiskowymi scenami walk, lecz poziom opowiadanych historii jakby trochę podupadł, co było wynikiem ciągłych kłótni redakcyjnych. Mało kto dbał, żeby nadać komiksom odpowiedni sznyt.

Atmosfera i morale w Marvelu osiągnęły dno w październiku 1979 roku, na co zwrócił uwagę sam „The New York Times", cytując anonimowych pracowników, którzy narzekali na marną jakość komiksów i zarzucali firmie skupienie się na sprzedaży licencji na produkcję zabawek, kubeczków i ręczników kąpielowych. Nawet Roy Thomas, ostatni łączący rolę scenarzysty i redaktora, postanowił się wypowiedzieć: „Pośród moich znajomych panuje przekonanie, że Marvel stał się bezduszny, wręcz nieludzki".

Stan Lee, który spędzał coraz więcej czasu w Los Angeles, musiał zwołać spotkanie, żeby zapewnić swoich pracowników, że nadal głównym celem firmy jest wydawanie komiksów. „Mam wrażenie, że chciał być jak Walt Disney – powiedział o Lee jeden ze scenarzystów. – Komiksy są dla niego mało istotne".

Shooter uznał ten artykuł za „śmieciowy" i zaprzeczył, jakoby merchandising stał się dla wydawnictwa ważniejszy niż same komiksy. Sprzedaż bezpośrednia zdawała się zresztą zapowiedzią świetlanej przyszłości; w 1979 roku około siedemset pięćdziesiąt sklepów z komiksami generowało jedynie sześć procent przychodów Marvela, co dawało jakieś trzy i pół miliona dolarów, lecz trzeba pamiętać, że w roku 1974 kwota ta wynosiła zaledwie trzysta tysięcy, zaś dwa lata później półtora miliona. Sprzedaż w punktach z prasą nadal spadała – schodziło tylko dwadzieścia do czterdziestu procent przekazanych tam egzemplarzy – więc trzeba było szukać zysków gwarantowanych przez brak prawa zwrotu.

Marvel po raz pierwszy zatrudnił na pełny etat rzecznika prasowego, wszystkie operacje związane z prawami licencyjnymi przekierowano do Galtona i wpompowano jeszcze więcej energii w opracowanie korzystnych umów merchandisingowych. Teraz musieli jedynie zachęcić ludzi do kupowania ich produktów. „Stary Marvel potrzebował sprzedać jak najwięcej komiksów, żeby osiągnąć zysk – pisał John Brancatelli – zaś odświeżony, nowy Marvel potrzebuje komiksów, aby dzięki nim podnieść marketingową wartość występujących na ich stronach postaci. Sprowadza się to jednak do jednej i tej samej kwestii, która sprawia nie lada kłopot i staremu, i nowemu Marvelowi: jak sprzedać komiksy?".

Nie był to też koniec zmian personalnych. Kiedy Shooter zatrudnił na miejsce Wolfmana nikogo innego jak Danny'ego O'Neila z DC, ten zauważył, że sporo się w Marvelu zmieniło podczas jego nieobecności. „Czternaście lat temu – powiedział w wywiadzie – redakcja składała się z trzech osób: Stana Lee, Flo Steinberg i Roya Thomasa. I tyle. Codziennie miało się nieustanny kontakt z tym, co się działo w biurze. To była naprawdę mała firma. Dzisiaj jest tutaj czterech czy pięciu redaktorów, dział z magazynami, Epic, merchandising…". Roger Stern opuścił swoje stanowisko, żeby przejść na freelance, i wraz z Johnem Byrne'em zaczął pracę nad serią *Captain America*; zastąpił go Jim Salicrup*. Parę miesięcy później Shooter zatrudnił Louise „Weezie" Jones, uwielbianą redaktorkę z Warren Magazines. Stosunek liczby redaktorów do liczby scenarzystów stale wzrastał.

Korporacyjna synergia warunkowała decyzje wydawnicze. Przebojem w sklepach specjalistycznych był pierwszy numer komiksu *Rom* zainspirowanego serią zabawek firmy Parker Brothers; pośród innych tytułów, które sprzedawały się o wiele lepiej niż *Captain America*, znalazły się komiksy bazujące na licencjach firm zabawkarskich, jak *The Micronauts* czy *Shogun Warriors* od Mattel oraz, z innej beczki, adaptacje *Gwiezdnych wojen* i *Battlestar Galactica*.

Stan Lee zaczął się obawiać, że Universal zrealizuje serial telewizyjny o żeńskim odpowiedniku Hulka, czym wytwórnia automatycznie zabezpieczyłaby sobie prawa do podobnej postaci, więc postanowił szybko uprzedzić uderzenie. I tak w pierwszym numerze *Savage She-Hulk* Bruce Banner odwiedza swoją kuzynkę – o której nigdy wcześniej nikt nawet nie wspomniał – prawniczkę Jennifer Walters, w Los Angeles. Kiedy zostaje postrzelona przez gangsterów, Banner robi jej transfuzję swojej skażonej promieniami Gamma krwi, przez co kobieta, kiedy się zezłości, staje się wielka i zielona. Presto: prawa autorskie zabezpieczone. „Robili ten komiks pod presją – mówił David Anthony Kraft, który potem przejął serię. – Ponoć padły mniej więcej takie słowa: »Musimy stworzyć bohaterkę o pseudonimie She-Hulk, i to w trzydzieści sekund«. I kiedy rzucisz

* Jednym z tytułów, które Salicrup przejął po Sternie, był *X-Men*, co oznaczało, że od czasu do czasu mieli wpadać na siebie z Chrisem Claremontem i Shooter musiał wysłuchiwać narzekań od Byrne'a. Salicrup: „Nawet jeśli Chris był facetem, który częściej pojawiał się w biurze, to jednak Roger był bliskim przyjacielem Johna Byrne'a. Musiało się robić naprawdę dziwnie podczas redakcji. Jeśli wybuchła pomiędzy tymi dwoma jakaś kłótnia, to John na pewno miał przewagę, w końcu jeden z jego najlepszych kumpli był redaktorem. Kiedy więc przejąłem ten tytuł, próbowałem zachowywać się fair w stosunku do jednego i do drugiego".

okiem na pierwszy numer, który napisał Stan, nie dzieje się tam praktycznie nic. Bruce Banner przeprowadza transfuzję, jego kuzynka ryczy, ucieka i to w sumie tyle. Dorastałem, czytając komiksy Marvela, i pamiętałem, że Stan zawsze robił sobie jaja z DC, gdzie produkowano postaci, takie jak Super-Małpa, Super-Koń, Streaky Super-Kot i tak dalej, i tak dalej. Przeklinaliśmy dzień, w którym Marvel musiał stworzyć postać She-Hulk, rwaliśmy sobie włosy z głowy i wyliśmy z rozpaczy".

Ms. Marvel również zrodziła się w wyniku przemyślanej strategii marketingowej (można też potraktować ją jako pusty gest wobec feminizmu), lecz Chris Claremont rozwinął tę postać i rozbudował jej relację z rodzicami oraz kazał zmagać się z wyzwaniami zawodowymi. „Próbujemy trafić również do żeńskiej części publiczności, rozpocząć jakąś nową modę, zrobić z tego prawdziwe wydarzenie, pokazać, że kobiety w latach siedemdziesiątych doskonale radziły sobie same – wspominał Claremont. – Powiedzieliśmy rysownikowi, że nasza bohaterka ma wyglądać seksownie, lecz okazało się, że jego interpretacja tego terminu jest archaiczna, więc dostaliśmy serię kadrów portretujących kobiece krocze". Claremont lobbował, żeby do zespołu dołączył jego dawny partner z *X-Men*, Dave Cockrum, i kiedy to się wreszcie stało, zaprojektowali wspólnie kilkadziesiąt kostiumów, chcąc znaleźć ten jeden właściwy. Nikt nigdy wcześniej nie zainwestował tyle czasu i energii w stworzenie porządnej superbohaterki i, jak zauważył Cockrum, nikt tego nie docenił. „Kiedy przyniosłem wreszcie projekt, który podobał się w redakcji, Stan zapytał, czemu nie przyszedłem z tym od razu, przecież chodzi nam dokładnie o cycki i dupcie". Nie tego jednak chcieli czytelnicy. Jak tylko Claremont złapał wreszcie odpowiedni rytm, *Ms. Marvel* skasowano po dwudziestu trzech numerach i nawet nie kłopotano się rozwiązaniem wszystkich wątków.

Tymczasem planowano wznowić współpracę z Casablanca Records, wydawcą Kiss, któremu zaproponowano ambitny projekt eksperymentalny: Marvel stworzy komiks o przygodach niejakiej Disco Queen, zaś Casablanca zajmie się produkcją albumu muzycznego, na którym wystąpi właśnie owa piosenkarka. Ponadto miano wyprodukować też nowy film z Disco Queen w roli głównej*.

Syn Johna Romity, John Jr., bywał w klubach disco, więc to jemu przypadło zadanie zaprojektowania nowej postaci, którą przemianowano na Disco Dazzler. „Powiedzieli, żebym narysował dziewczynę w typie dyskotekowej tancerki, królowej parkietu – mówił Romita Jr. – więc pomyślałem o Grace Jones, posągowej kobiecie o figurze międzynarodowej modelki". Miała krótkie włosy i nosiła niebieski make-up, przypominający wzorem wymalowane na twarzach członków zespołu Kiss maski.

Specjalny komitet złożony z członków redakcji – w którego skład weszli między innymi Stan Lee, Jim Shooter i prawniczka Cadence imieniem Alice Donenfeld – zebrał się, żeby debatować nad ostatecznym kształtem postaci, firma fonograficzna też nie pozostała obojętna wobec całego procesu i przesłała do biur Marvela mnóstwo notatek. „Któregoś dnia ludzie z Casablanki uznali, że lepiej, jeśli nasza bohaterka będzie mówiła jak dziewczyna z czarnej dzielnicy", powiedział Tom DeFalco, były scenarzysta Archie Comics, którego zatrudniono do napisania pierwszego numeru *Dazzler*. Tymczasem Bo Derek wyraziła swoje zainteresowanie rolą Dazzler i Romita Jr. zmienił swoją czarnoskórą, długonogą wrotkarkę na białą dziewczynę imieniem Alison, której marzyła się kariera gwiazdy pop. Jej supermoc to umiejętność zmiany energii dźwiękowej w potężne rozbłyski świetlne, które nie tylko służyły jej za efektowną oprawę sceniczną, ale też okazały się skuteczną bronią w walce z kryminalistami.

Projekt zaczął nabierać kształtów, lecz popularność disco osłabła. Latem 1979 roku niemal sto tysięcy ludzi pojawiło się na Disco Demolition Night na stadionie Comiskey Park w Chicago**. Casablanca, nie mogąc się uporać z trudnościami finansowymi, wycofała się z komiksowego projektu

* Przez jakiś czas, przynajmniej według scenarzysty Stevena Granta, mówiło się o Donnie Summer, która miała ponoć wyruszyć w trasę jako Disco Queen i najpierw wykonywać swoje piosenki, a potem, w drugiej połowie koncertu, wcielać się w rolę komiksowej postaci. Proces sądowy pomiędzy Summer i Casablancą szybko przekreślił te plany.

** Podczas rzeczonej imprezy sportowej wysadzono w powietrze tysiące płyt winylowych z nagraniami disco – przyp. tłum.

po niezliczonych przeróbkach i poprawkach, pięciokrotnie podejmowanej decyzji o rezygnacji z serii i przekładaniu terminu wydania, bowiem Marvel wciąż szukał partnera do realizacji filmu z Dazzler. „Przysięgam, że nie uwierzyłbym w wydanie tego komiksu, gdybym nie zobaczył go na własne oczy na półkach", powiedział DeFalco. I choć musiał minąć jeszcze rok, zanim pierwszy zeszyt o Dazzler trafił do druku, ona sama pojawiała się gościnnie w *The X-Men* oraz *The Amazing Spider-Man*.

Scenarzystom Marvela jeżyły się włosy na karku na wieść o tym, co się dzieje z ich postaciami w innych mediach. Kiedy tylko na antenie pojawiła się kreskówka z Fantastyczną Czwórką, Bill Mantlo i John Byrne na łamach komiksu radośnie wysadzili stworzonego na potrzeby NBC robota H.E.R.B.I.E; niegdyś Gerry Conway i Ross Andru podobnie postąpili ze sławetnym Spider-Mobilem. Zwycięstwo kreatywności nad korporacyjnymi ustępstwami okazało się jednak pyrrusowe – w tym samym komiksie Johnny Storm w dyskotece Studio Infinity natknął się na specjalną gwiazdę numeru: Dazzler.

Nie każdy komiks Marvela służył za platformę promocyjną dla innego tytułu. Jedną z pierwszych decyzji kadrowych Shootera, które zatrzęsły redakcją, było zatrudnienie wyrzuconych z DC Boba Laytona oraz Davida Micheliniego, by zajęli się *Iron Manem*. Rozwinęli wątki z życia osobistego Tony'ego Starka i z werwą rozpisywali się o jego arogancji i wstręcie żywionym do siebie samego, które szły w parze z byciem nadużywającym alkoholu królem parkietów, szefem wielkiej firmy i międzynarodowym playboyem. Pomiędzy szklaneczkami whisky sour i amaretto ze szkocką, nowy Iron Man latał z muzyką w słuchawkach i łamał obietnice dane pięknym paniom. Nowy rysownik, John Romita Jr., miał dwadzieścia jeden lat w chwili, kiedy otrzymał zlecenie, ale posiadał już charakterystyczny nerw i talent na miarę Johna Byrne'a. Layton sam nałożył tusz, zwracając szczególną uwagę na blask metalu, szkła i lśniących, chromowanych mebli; przeglądał magazyny ze sprzętem elektronicznym, „GQ" i „Playboya", żeby w najdrobniejszych szczegółach oddać ducha konsumpcyjnego świata, tym samym wprowadzając Marvela w erę amerykańskich żigolaków.

Po latach na bocznym torze *Daredevil* znalazł również niszę dla siebie. Tytuł ten przejął weteran Frank Robbins, ale w ostatniej chwili wyjechał do Meksyku na zasłużoną emeryturę. Jo Duffy, zastępca redaktora, optował za powierzeniem komiksu Frankowi Millerowi, którego zainteresowania sięgały filmu noir i baletu, co miało zaowocować mrocznym, eleganckim kryminałem. Niedługo potem Miller podrzucał różnorakie sugestie scenarzyście Rogerowi McKenziemu, stawiając tym samym kolejne kroki ku własnej karierze pisarskiej.

Perłą w koronie Marvela stał się jednak *The Uncanny X-Men*. Podczas konwentów fani zasypywali autorów pochwałami, zaś w sklepach komiksowych wydawali krocie. Niekwestionowaną gwiazdą komiksu był żłopiący piwsko, palący cygara samotnik Wolverine, którego gburowatość momentami czyniła zeń archetypowego romantyka, dzięki czemu introwertyczni czytelnicy mogli się z nim identyfikować. Claremont i Byrne opracowali mu złożony życiorys: ich Wolverine miał tyle lat, że z powodzeniem mógł walczyć u boku Kapitana Ameryki w drugiej wojnie światowej, a jego ojcem był Sabretooth, złoczyńca, który pojawił się w jednym z numerów *Iron Fist*. Zamiast odkrywać przed czytelnikami wszystkie karty, powoli ujawniali szczegół za szczegółem, zaś zaintrygowani komiksiarze wkręcali się w tajemnice, które skrywała biografia Wolverine'a: skąd zna japoński? Czy „Logan" to jego imię, czy nazwisko*?

Od czasu *Fantastic Four* Jacka Kirby'ego i Stana Lee nie było komiksu, w którym przewijałoby się tyle związanych ze sobą postaci, pojawiałoby się tyle minimitologii. Długie miesiące Claremont i Byrne drażnili czytelników rewelacjami o wędrówkach Profesora X przez egipskie pustynie po wojnie w Korei; okazało się też, że galaktyczny pirat imieniem Corsair to zaginiony ojciec Cyclopsa. W jednym z numerów Byrne wprowadził całą drużynę obdarzonych supermocami Kanadyjczyków, tak wyrazistą

* Wolverine miał wiele wspólnego z postaciami granymi przez Clinta Eastwooda, poczynając od owianego tajemnicą Człowieka bez imienia z *Za garść dolarów*, a na hardym twardzielu Harrym Callahanie z *Brudnego Harry'ego* kończąc. Kiedy w 2011 roku reżyser James Mangold i aktor Hugh Jackman robili przymiarki do scenariusza filmu o Wolverinie, uznali, że modelową postacią będzie tytułowy bohater filmu *Wyjęty spod prawa Josey Wales*.

i zróżnicowaną, że zasługiwała na osobny tytuł. Grupa nazywała się Alpha Flight i była wynikiem podobnego eksperymentu kanadyjskiego rządu, w wyniku którego Wolverine zyskał swoje pazury... ale na dokładniejsze informacje czytelnicy musieli jeszcze poczekać.

Najbardziej zawiłą, a zarazem jedną z najlepszych historii o X-Men był powrót Jean Grey; nadal błąkając się po Szkocji, wierząc, że jej przyjaciele są martwi, Grey uległa czarowi Jasona Wyngarde'a, wąsatego dandysa rodem z epoki wiktoriańskiej, który okazał się Mastermindem, starym zbirem wymyślonym jeszcze przez Lee i Kirby'ego. Z pomocą dysponującej mocami psychicznymi Emmy Frost ów Wyngarde wgryzł się głęboko w umysł Grey i wkrótce bohaterka zaczęła fantazjować, że jest osiemnastowieczną arystokratką, która wyszła za Wyngarde'a i należała do dziwacznego, złowieszczego, tajnego stowarzyszenia Hellfire Club*.

Gdy Jean Grey na powrót przyłączyła się do X-Men, Wyngarde podążył za nią do Stanów i ponownie wkradł się w jej mroczne fantazje, zaś Frost założyła własną szkołę dla mutantów i starła się z Xavierem w walce o dwie nowe studentki. Pierwszą z nich była Kitty Pryde, która potrafiła zmienić stan skupienia swojego ciała i przenikać przez co tylko chciała (okazało się, że harda trzynastolatka żydowskiego pochodzenia, zafiksowana na punkcie matematyki, z plakatami Leifa Garretta i Myszki Miki na ścianie, była tym, czego brakowało *X-Men*, żeby podbić serca młodszych czytelników, którzy w listach do redakcji pytali, czy mogą z nią chodzić). Drugą mutantką była Dazzler i jej pojawienie się na łamach komiksu stanowiło dowód na niesamowitą umiejętność Claremonta i Byrne'a do wychodzenia obronną ręką z trudnej sytuacji, narzucono im bowiem umieszczenie nowej postaci w serii *X-Men* na zasadzie promocji krzyżowej; rozpisali więc kompletnie przegiętą scenę z udziałem hedonistycznego Hellfire Club. W jednym

* Wzorowany na prawdziwym angielskim stowarzyszeniu oddanemu tygodniowym orgietkom w katakumbach nieczynnego kościoła, Hellfire Club został wcześniej przeniesiony na ekran w 1966 roku w serialu *Rewolwer i melonik*. Emma Peel przeniknęła wówczas do organizacji w przebraniu składającym się z nabitej kolcami obroży, gorsetu i pejcza. Z tego odcinka Claremont i Byrne zaczerpnęli inspirację.

z klubów na Manhattanie zszokowany Cyclops patrzył, jak Jean zatraca się w pocałunku z Wyngardem pod lśniącymi dyskotekowymi kulami.

Grey przyjęła tytuł Black Queen w wewnętrznym kręgu Hellfire Club. Ubrana we wdzianko prosto ze sklepu dla sadomasochistów, pomogła ująć członków X-Men, zanim wreszcie czar Wyngarde'a prysł. Zdążyła już jednak poznać smak swoich skrywanych żądz, co skaziło ją na stałe; zanurzyła się w mroczną moc Phoenix. Wkrótce wywarła straszliwą zemstę na Wyngardzie: „Dopadłeś mnie, kiedy byłam bezbronna – syknęła, zanim się na niego rzuciła. – Wypełniłeś emocjonalną pustkę, która ziała we mnie. Zmusiłeś mnie, żebym ci zaufała – być może nawet pokochała – i wykorzystałeś mnie!". Następnie doprowadziła go na skraj szaleństwa, sącząc do jego umysłu chore obrazy, aż stał się warzywem. Nie była to jednak najokrutniejsza rzecz, jaką Jean Grey zrobiła na łamach komiksu Marvela.

Stan Lee nareszcie dostał zielone światło na przeprowadzkę do Kalifornii i rozpoczął poszukiwania domu w Los Angeles. Cadence płaciło za wszystko, więc Lee zadzwonił do biura Sheldona Feinberga w West Caldwell w New Jersey, żeby przekazać mu dobre wieści.

„Znalazłem dom Moego! Chcę go kupić". Jednak cena była wyższa, niż zakładał Feinberg. „Moe? Co za Moe?", zapytał. „No wiesz – odparł Lee – Moe z Three Stooges!".

Roy Thomas również mieszkał w Los Angeles, gdzie pracował nad scenariuszami kolejnych odcinków kreskówki z Plastic Manem oraz animowanego serialu *Three's Company*, lecz nie układało mu się zbyt dobrze z Marvelem. Na wiosnę chciał przedłużyć swój kontrakt na stanowisku scenarzysty-redaktora, ale czekała go niespodzianka. „Nie mogę niczego zagwarantować – napisał do niego Shooter. – Jestem w stanie pójść ci na rękę, jeśli chodzi o projekty okładek, zajawek i tak dalej, i za to będę ci płacił. Mogę też zaoferować ci miejsce w stopce jako redaktorowi albo współredaktorowi w komiksach, nad którymi pracujesz, oraz dopilnować, żeby nikt nie siedział ci na głowie – kontynuował. – Chcę jednak, żeby wszystkie twoje prace przechodziły przez biuro, skąd będą również wychodziły wszystkie zlecenia. Cała dokumentacja będzie prowadzona przez wydawnictwo i przechodziła przez ręce etatowego redaktora, na którym spocznie odpowiedzialność za wszystko, co publikujemy".

Thomas opowiadał potem, jak to zwodzono go przez parę miesięcy i nigdy wcześniej nie powiedziano mu, że przedłużenie kontraktu na tych samych warunkach nie wchodzi w grę. Lapidarna rozmowa telefoniczna, którą odbył z Shooterem, zakończona została słowami: „Nie mamy chyba sobie już nic więcej do powiedzenia". Thomas niezwłocznie skontaktował się z DC Comics i rozpoczął z nimi negocjacje. 10 kwietnia złożył swoją rezygnację u Galtona. „Byłem w stanie zaakceptować jego zwierzchnictwo jako naczelnego – napisał o Shooterze – ale nie wiedziałem, co da mi padanie do stóp tej całej hołocie bez wyobraźni, którą zatrudnił w ciągu ostatniego roku jako redaktorów". Zaniepokojony Lee (powiedział przecież Thomasowi, że Marvel kontrakt podpisze) zadzwonił do wydawnictwa, starł się z Shooterem, a potem otrzymał telefon od Galtona, który poprosił go, żeby podczas swojego przyjazdu do miasta w następnym tygodniu zrobił mu przysługę i namówił Thomasa na spotkanie*.

We wtorek 22 kwietnia Thomas, Shooter, Galton i Lee odbyli żarliwą dyskusję, w trakcie której ponownie nie dano pierwszemu z nich żadnych gwarancji, że dostanie pełną kontrolę nad pisanymi przez siebie tytułami ani że otrzyma pozwolenie na współpracę z DC. Mógł za to podpisać wysłany do niego pocztą kontrakt – wóz albo przewóz. „Było miło przez te piętnaście lat – powiedział do Lee, a potem wyszedł z biura i zwrócił się do swojej dziewczyny: – Czuję się brudny. Spierdalamy stąd". Poszli od razu do biur DC, gdzie podpisał umowę. Dziennikarzom zdradził, że najpewniej będzie tworzył dla wydawnictwa nowe postaci. I dostawał tantiemy.

„To było piętnaście wspaniałych lat", napisał w pożegnalnej nocie do czytelników, która miała zostać wydrukowana w ostatnim numerze *Conan the Barbarian*. Shooter nie wyraził jednak na to zgody. „To ostateczne pożegnanie się z iluzją – skomentował Thomas – że Marvel był czymś więcej niż zwyczajną firmą, jak każda inna".

* Lee, próbując na gwałt sprzedać swoje mieszkanie w Nowym Jorku, żeby móc się przenieść na stałe do Los Angeles, sam finalizował swój kontrakt z Marvelem, przebierając uprzednio w ofertach od innych firm.

Lee rozglądał się za nowym domem, Shooter i Thomas przekrzykiwali się przez telefon, zaś do redakcji przyszły próbne plansze *X-Men #135*. Jean Grey nazywała się teraz Dark Phoenix, zieleń jej kostiumu przeszła w szkarłat, a źrenice mocno umalowanych oczu zaszły bielą. Udała się w kosmos, głodna energii, którą mogłaby zaspokoić pragnienie tkwiącej w niej mocy. Jeden kadr w szczególności zaimponował Shooterowi: Jean Grey wchłaniająca moc słońca gdzieś w odległej galaktyce, mordująca tym samym ludność pobliskiej planety (kilka stron później, niejako przy okazji, wybiła również załogę statku księżniczki Lilandry wchodzącego w skład floty Shi'ar). I stało się: gdzieś pomiędzy reklamami ciasteczek, gum do żucia i zabawek, jedna z superbohaterek stworzonych przez Stana Lee i Jacka Kirby'ego dokonywała masowych mordów*.

Shooter poprosił redaktora *X-Men* Jima Salicrupa, żeby zorientował się, co jest w planach na kolejne zeszyty. Okazało się, że w numerze sto trzydziestym szóstym, który był już praktycznie gotowy, Dark Phoenix powróciła na Ziemię i wdała się w walkę z X-Men; stoczona bitwa przywróciła jej rozum – w samą porę, bowiem Lilandra i Shi'ar wezwali mutantów, żeby wydali Jean Grey, która musiała stanąć przed sądem za swoje zbrodnie. Już w kolejnym numerze Xavier zażądał „honorowego pojedynku" i X-Men stawili czoła Gwardii Imperialnej Shi'ar na Księżycu. Mutanci ponieśli klęskę i Jean Grey została poddana swoistej lobotomii, co na zawsze zablokowało jej dostęp do mocy Phoenix. Skruszona i pozbawiona sił, powróciła na Ziemię wraz z towarzyszami.

Numer ten miał podwójną objętość i był pierwszą tak dużą publikacją Marvela od czasu podjęcia przez wydawnictwo decyzji o skupieniu się na oddanych fanach i sprzedaży bezpośredniej. Mike Friedrich, były scenarzysta *Iron Mana* i wydawca *Star*Reach*, został zatrudniony jako łącznik pomiędzy firmą a sklepami komiksowymi, bowiem zamówienia przedpremierowe złożone w rozmaitych punktach sprzedaży przekroczyły sto tysięcy egzemplarzy. Shooter powiedział jednak Salicrupowi, że finał komiksu

* „To była wyprawa po kosmiczny orgazm – powiedział Claremont. – Wchłonięcie przez nią gwiazdy to akt miłości, ale również samouwielbienia, może nawet masturbacji".

nie jest dostatecznie mocny. „Najpierw wybiła w pień calutką planetę, a potem wykosiła załogę kosmicznego statku i za karę odebrano jej moc i pozwolono wrócić na Ziemię... to jak złapać Hitlera pod koniec drugiej wojny światowej, zabrać mu armię i odesłać na emeryturę na Long Island".

Jean Grey musiała zapłacić za swoje zbrodnie, nalegał Shooter. Musiała zginąć*.

Claremont spędził ostatnie cztery lata na planowaniu końcówki sagi o Phoenix. Komplet trzydziestu pięciu stron finałowego numeru został już narysowany, a teraz, oczywiście do spółki z Byrne'em, musiał wszystko przerobić w ciągu kilku dni. Jak mówił Shooter, był to pierwszy raz, kiedy wydał scenarzyście wyraźne polecenie zmiany fabuły komiksu.

I nie ostatni. Jak tylko odfajkował *X-Men #137*, zakasał rękawy i zaczął grzebać przy scenariuszu innego prestiżowego wydania: *Avengers #200*, w którym Carol Danvers, czyli Ms. Marvel, miała urodzić dziecko. Pierwotna wersja scenariusza przewidywała, że zostanie ona zapłodniona przez Supreme Intelligence, organiczny komputer w typie Czarnoksiężnika z Krainy Oz, który dowodził rasą Kree. Shooter odrzucił jednak ten pomysł, i to nie ze względu na jego dziwaczność, ale, co zadziwiające, za bardzo przypominał on akcję innego komiksu niedawno wydanego przez Marvela. Zwołana w ostatniej chwili burza mózgów pomiędzy Shooterem, scenarzystą Davidem Micheliniem oraz rysownikiem George'em Perezem zaowocowała decyzją, że ojcem dziecka zostanie samotny podróżnik w czasie imieniem Marcus, który wyciągnął Danvers z jej strumienia czasu i sprowadził do siebie. „Mogłem dzięki temu umieścić w tobie esencję siebie – relacjonował niczym obleśny, zboczony prześladowca – i wprowadziłem cię w stan przypominający ciążę". Danvers została przetransportowana z powrotem do swojego czasu i urodziła dziecko, które rosło w błyskawicznym tempie kilku lat dziennie, stając się wreszcie... samym Marcusem. Kiedy Avengers, węsząc zagrożenie, wysłało Marcusa z powrotem do nicości, zostali przez niego skarceni za swoją głupotę: „Mogłem żyć pomiędzy

* Claremont twierdził, że najpierw „Shooter chciał ukarać Jean, chciał, żeby cierpiała katusze. Miała iść do więzienia, gdzie byłaby torturowana, ćwiartowana, batożona, skuta łańcuchami...".

wami, służyć wam swoją wiedzą o tym, co się wydarzy, ku chwale ludzkiej rasy". Podobnie jak w przypadku historii Shootera o Korvacu, morał brzmiał: zaufaj sile. Na końcu komiksu Ms. Marvel wybiera życie u boku Marcusa; rezygnuje ze wszystkiego, żeby stać się kochanką własnego syna.

Nie bez znaczenia były polityczne implikacje tej opowieści. Fanzine „LoC" opublikował esej zatytułowany *Gwałt na Ms. Marvel* – autor skupiał się na słowach Marcusa, w których ten przyznawał, że uwodząc Danvers, wykorzystał jakieś elektroniczne ustrojstwo. Okazało się, że Chris Claremont przez ostatnie dwa lata wykłócał się z redaktorami oraz poświęcił mnóstwo wysiłku, przeobrażając Ms. Marvel w szanowaną bohaterkę świata Marvela tylko po to, aby bezsilnie i z rezygnacją patrzeć, jak zostaje naszpikowana kosmiczną tabletką gwałtu i wessana w nicość.

Równie oburzony był Perez. Kiedy numer miano już oddać do druku, Marv Wolfman skontaktował się ze sfrustrowanym rysownikiem *Avengers* i zapytał, czy przypadkiem nie jest zainteresowany narysowaniem dla niego odświeżonej wersji komiksu o nastoletniej drużynie superbohaterów *The Teen Titans*. Perez natychmiast zostawił *Avengers* i już wkrótce dwóch byłych autorów Marvela zaczęło pracę nad serią, która okaże się najpopularniejszym wydawnictwem DC Comics.

10

X-Men #137 pojawił się na półkach 17 czerwca 1980 roku. Legion oddanych czytelników, nie mogąc się doczekać, aż nowy numer trafi do punktów z prasą, przypuścił inwazję na sklepy z komiksami. Po powrocie do domu fani szybko przebili się przez kolejne strony wyglądanego od dłuższego czasu zeszytu. Po przewróceniu ostatniej kartki drżały im dłonie. Jean Grey, jaką znali, zaczęła zanikać niczym słabnący sygnał radiowy, zastąpiona przez mroczną moc Phoenix. „Boję się, Scott – żaliła się Cyclopsowi. – Ledwie się trzymam, czuję, że Phoenix zaczyna dominować, a jakaś część mnie… wita ją z ochotą". I nagle przed Cyclopsem pojawia się dymiący krater, a on sam pada na kolana ze łzami w oczach.

Fandom wpadł w ekstazę. „Tragiczna postać, która swoimi czynami sama sprowadziła na siebie nieszczęście, była jednocześnie bezbronną, niewinną ofiarą niefortunnej w skutkach serii wydarzeń. Zupełnie jakby zamknięto Lady Makbet i Desdemonę w jednym ciele", pisał Peter Samson w swojej recenzji opublikowanej na łamach „Comics Fandom". Madison 575 zostało zasypane listami od zaniepokojonych czytelników: „*X-Men* to mój ulubiony komiks, ale po tym okropnym numerze, który właśnie przeczytałem, naprawdę nie wiem, czy sięgnę po kolejny zeszyt!".

Claremont przyznał, że poprawki Shootera faktycznie były zasadne i nadały historii mocy, choć nadal uważał, że wprowadzona przez niego, najdalej idąca w skutkach zmiana – śmierć Jean Grey – była błędem. „Niestety – powiedział dyplomatycznie – ale dzisiaj każdy komiks odzwierciedla osobistą postawę moralną i poglądy filozoficzne danego scenarzysty i rysownika, które różnią się w zależności od tytułu". Część fanów nie kupiła podobnego tłumaczenia, nazwała go mordercą i słała listy z pogróżkami, lecz sklepy komiksowe i tak odebrały dwa razy więcej zamówień na ten komiks niż na jakikolwiek inny wydany w tym miesiącu. Shooter zapytał Jima Starlina, czy ten nie miałby ochoty zabić Kapitana Marvela.

Stan Lee myślami był zupełnie gdzie indziej. „Hollywood Reporter" ogłosił utworzenie Marvel Productions, które planowało „realizację dwudziestu różnych projektów, w tym sobotniego bloku z kreskówkami, odcinków specjalnych emitowanych w paśmie najwyższej oglądalności oraz pilotów seriali"*. Partnerskie studio DePatie-Freleng przestało co prawda istnieć, ale David DePatie i Lee Gunther zostali odpowiednio prezesem i wiceprezesem Marvel Productions; komórka ta przejęła projekty rozpoczęte przez starą wytwórnię. Lee, któremu wreszcie udało się zamienić swoje nowojorskie mieszkanie na luksusowe kondominium w Beverly Hills, został dyrektorem artystycznym nowej firmy, jednocześnie zachowując stanowisko wydawcy w Marvel Comic. Po raz pierwszy od czterdziestu lat miał odpowiadać za komiksy jedynie nominalnie.

Steve Gerber również przeczytał tekst w „Hollywood Reporter". Nadal pracował przy sobotnich kreskówkach dla Ruby-Spears Productions w Los Angeles, próbując jakoś przełknąć otrzymane zlecenie – miał napisać szkic serialu, w którym wystąpią Black Panther, Thor, Machine Man, Scarlet Witch, Ms. Marvel i Doctor Strange ze swoimi psimi towarzyszami. Gerberowi ulżyło, kiedy projekt się nie spodobał**, i wkrótce potem publicznie wyraził to, co myśli na temat człowieka, który niegdyś był jego bohaterem. „Stan walnie przyczynił się do wykrzesania tej iskry kreatywności, która rozbłysła przed dwudziestoma laty – napisał w liście do »Comics Journal« – ale ten sam człowiek przez kolejne dwadzieścia lat, kryjąc się pod

* Lee żartował później: „Zdążyliśmy się zorientować, że inni po prostu schrzanią naszych bohaterów, więc równie dobrze mogliśmy schrzanić ich sami". List od Jima Galtona do Davida DePatie datowany na 2 maja 1980 roku mówił, że roczny budżet komórki wynosił jedynie sto tysięcy dolarów.

** Kiedy Joe Ruby przyprowadził Gerbera na spotkanie z producentem Fredem Silvermanem, ten zaczął się podniecać nieco archaicznym patriotyzmem Kapitana Ameryki, który uczynił z niego „człowieka poza czasem". Silverman spojrzał na scenarzystę i powiedział: „Daj spokój, nie odstawiajmy tutaj Ibsena".

ochronnym parasolem Marvela, ograbił Jacka Kirby'ego, Steve'a Ditko i innych autorów z ich wkładu artystycznego".

Jeszcze w sierpniu tego samego roku Steve Gerber złożył pozew o naruszenie praw autorskich przeciwko Cadence Industries, Marvel Productions i Selluloid Productions (ta ostatnia firma odpowiadała za audycję radiową *Howard the Duck* z Jamesem Belushim). Żądał ponad miliona dolarów odszkodowania za wykorzystywanie jego autorskich pomysłów bez wiedzy i zgody zainteresowanego. Najważniejszym punktem pozwu było przytoczenie przez Gerbera faktu, że stworzył swoje postaci jeszcze przed wprowadzeniem w Marvelu nowych zasad zatrudnienia, a co za tym idzie, zanim prawo autorskie z roku 1976 weszło w życie.

Kiedy prawnicy Marvela przygotowywali odpowiednią ripostę, Gerber pracował nad kreskówką *Thundarr the Barbarian*, którą stworzył na zlecenie Ruby-Spears. Pośród obiecujących seriali, które rywalizowały o miejsce z *Thundarrem* – i poniosły sromotną porażkę – w jesiennej ramówce stacji ABC były *Spider-Man* i *Daredevil*, co uczyniło zwycięstwo Gerbera znacznie słodszym. Istniała jeszcze jedna rzecz łącząca *Thundarra* z Marvelem: w kreskówce występowały postaci stworzone przez Jacka Kirby'ego, teraz zatrudnionego w przemyśle filmowym.

Gerber świętował. Następnym krokiem w jego karierze była promocja komiksu napisanego dla Eclipse Comics, gdzie zaproponowano mu tantiemy oraz zachowanie praw autorskich; wydawnictwo wkrótce stało się *de facto* miejscem pracy dla ekspatriantów z Marvela, jak Don McGregor i Steve Englehart. Gerber wymyślił komiks *Stewart the Rat* po części jako paszkwil na Marvela i Disneya, którzy wymusili na nim wcześniej zmianę wyglądu Howarda, bowiem według nich za bardzo przypominał Kaczora Donalda. „Traktowałem to niemal jako wyczekiwaną zemstę na obu tych firmach – powiedział. – Bo skoro nie pozwolili mi narysować kaczora tak, jak tego chciałem, to stwierdziłem, że będę rysował mysz i zobaczymy, jak im się to spodoba!".

Stewart the Rat był tylko jednym z wielu ekscytujących tytułów, które trafiły tego lata na rynek. Wydawcy starali się przypodobać wiernym fanom podczas konwentów i popularni scenarzyści oraz rysownicy latali od Chicago, przez Los Angeles i Houston, do Nowego Jorku. Obecność na podobnych imprezach mile połechtała ego niektórych autorów. „Odkryłem, że mam prawdziwych fanów, i to takich, którzy na dźwięk mojego nazwiska dostają spazmów", powiedział John Byrne – lecz świat komiksu nadal uważany był przez większość za niszową subkulturę; w końcu gwiazdy tego przemysłu nie miały *groupies*. Bycie ulubieńcem fanów oznaczało „towarzystwo pryszczatych dzieciaków z pękatymi portfelami, których zawartość chętnie wymieniali na oryginalne szkice", żalił się Bill Mantlo, którego *Micronauts* doczekali się niemałego rozgłosu. Chris Claremont oceniał sytuację nieco lepiej: „Rzadko kiedy pośród fanów komiksów czy fantastyki znajdziesz piękny okaz fizycznej doskonałości – mówił – bo jeśli jest z tobą wszystko w porządku, jesteś w znakomitej kondycji psychicznej i fizycznej, to nie potrzebujesz fantazjować, wystarczy ci rzeczywistość. Ludziom, którzy chcą się zatracać w fantastyce, przeważnie czegoś brak w życiu. Często są albo trochę zbyt bystrzy, albo nie wyglądają jak Raquel Welch, Dolly Parton ani żadna inna ślicznotka z telewizji".

Ze ślicznotkami czy bez nich, podczas paneli prowadzono gorączkowe dyskusje, zaś po autografy ustawiały się kolejki. Fani ekscytowali się *The New Teen Titans*, o których mówiono „*X-Men* od DC", również dlatego, że komiks ten odkurzył nastoletnich bohaterów z lat sześćdziesiątych, sparował ich z nowymi członkami z odległych zakątków świata i atrakcją uczynił kulturowe konflikty pomiędzy bohaterami zahaczające o melodramatyzm – niezaprzeczalnie był to jednak przede wszystkim znakomicie napisany i narysowany komiks, który zagrażał monopolowi Marvela na modne postaci. Z okazji trzechsetnego numeru *Thora* Mark Gruenwald i Ralph Macchio zakończyli wątki sagi rozpoczętej przez Roya Thomasa. Pierwszy numer komiksu *Moon Knight* autorstwa Douga Moencha i Billa Sienkiewicza wyjechał z drukarni na początku sierpnia, garściami czerpiąc zarówno z postaci Shadowa, jak i wczesnych komiksów Neala Adamsa z Batmanem z pierwszej połowy lat siedemdziesiątych. Pojawiły się zapowiedzi serii komiksów o zwiększonej objętości, które miano wydawać pod wspólnym szyldem Marvel Graphic Novels: planowano serię sześćdziesięcioczterostronicowych albumów drukowanych na papierze wysokiej jakości, których cenę okładkową ustalono na pięć lub sześć dolarów; nakład miał trafić do sklepów komiksowych oraz do zwyczajnych księgarni jak B. Dalton i Waldenbooks. No i wreszcie miał wyjść tytuł zapowiedziany jako wydawnictwo przeznaczone wyłącznie do sklepów, które podpisały z Marvelem umowę o sprzedaży bezpośredniej: świat miał ujrzeć pierwszy numer *Dazzler*.

Nękany przez fanów, którzy wciąż i wciąż zadawali mu jedno tylko pytanie – „Czy Jean Grey naprawdę odeszła?" – John Byrne zamówił sobie koszulkę z napisem „NIE ŻYJE I POZOSTANIE MARTWA", w której pokazywał się na konwentach. Następny numer *X-Men*, w którym zrozpaczony Cyclops wspomina Jean, był dla czytelników romantyków tym, czym ostatnie pięć minut *Annie Hall* dla fanów Woody'ego Allena; liczba sprzedanych egzemplarzy wzrosła jeszcze bardziej. Jakby tego było mało, Byrne wraz z Rogerem Sternem znowu przywrócili świetność Kapitanowi Ameryce, ponownie każąc mu stawić czoła nazistom, a do tego rozbudowując psychologiczny portret Steve'a Rogersa, do tej pory traktowanego po macoszemu. Do głosu szybko dochodził jednak inny autor Marvela, walczący o uwagę fanów – Frank Miller. Jego ekspresjonistyczne komiksy z Daredevilem zdobyły uznanie ogromnej rzeszy czytelników i po raz pierwszy w swojej piętnastoletniej historii alter ego Matta Murdocka zdobyło prawdziwą popularność. Miller na konwentach siadał obok Byrne'a i szeptał mu złośliwie na ucho: „Jestem tuż za tobą, John".

Frank Miller przeprowadził się do Soho w 1977 roku; wysokiego chłopaka ze wsi Nowy Jork oczarował od pierwszego wejrzenia. Przyjmował każdą ofertę pracy z biura zatrudnienia i zajmował się stolarką, żeby odłożyć parę groszy na czynsz, a w wolnych chwilach błąkał się po korytarzach DC i Marvela, zawracając głowę scenarzystom i prosząc rysowników z pracowni Neala Adamsa o radę. „Neal zawsze znajdował dla mnie chwilę i był naprawdę, ale to naprawdę wyrozumiały – opowiadał Miller – choć pod koniec każdego spotkania mówił, że powinienem po prostu wrócić do Vermontu".

Udało mu się wreszcie przejąć *Daredevila*, przy którym pracował ze scenarzystą Rogerem McKenziem; jego fascynacje filmem noir i zamiłowanie do miejskiego pejzażu odbiło się na szacie graficznej komiksu. Historie z Daredevilem były bliskie opowieściom detektywistycznym i dawały Millerowi pretekst do epatowania miłością żywioną do Nowego Jorku. W odróżnieniu od pozostałych czołowych rysowników, którzy zaistnieli w branży już po Adamsie, Miller stał się orędownikiem ekspresjonizmu, który przedkładał nad realizm; czerpał inspiracje z rysunków Willa Eisnera i autorów EC, takich jak Harvey Kurtzman czy Bernie Krigstein. Jego kadry wypełniały wieże ciśnień, wieżowce ze stali i szkła, tory kolei miejskiej mknącej ponad głowami przechodniów i lokalne knajpki, które wciśnięto w prostokątne, klaustrofobiczne ramki.

Miller uważnie słuchał porad Jima Shootera dotyczących scenopisarstwa; pili drinki i dyskutowali o Matcie Murdocku, jego charakterze i dalszych planach. Kiedy redaktorem *Daredevila* został Denny O'Neil, również wziął Millera pod swoje skrzydła. „Okazał się jednym z najlepszych uczniów, jakich kiedykolwiek miałem – powiedział. – Niedzielnymi popołudniami grywaliśmy w siatkówkę, a kiedy reszta ekipy szła do Nathana na hot dogi, on zadawał mi mnóstwo pytań na temat mojej pracy. Zacząłem go traktować jak własnego syna". Dwa albo i trzy razy w tygodniu chodzili na wspólne obiady, wymyślali historie i dyskutowali o swoim rzemiośle. O'Neil zlecił Millerowi narysowanie *Amazing Spider-Man Annual* i wspólnie wymyślili scenariusz – Spider-Man, szukając Doctora Strange'a, trafia na koncert punk-rockowy w klubie C.B.G.B. Komiks ten to znakomite wprowadzenie do stylu Franka Millera: podczas gdy pozostali bohaterowie Marvela tkwili w erze disco, Miller nie przebierał w środkach, ograniczył dialogi do minimum i doprawił wszystko sporą dozą przemocy, tworząc tym samym mroczną, ciężkawą atmosferę w stylu lat pięćdziesiątych.

Tymczasem Daredevil mężniał. Jak powiedział O'Neil, „z nieudolnej podróbki Spider-Mana stał się wschodzącą gwiazdą". Miller coraz częściej ingerował w scenariusze i kiedy wreszcie doszło do poważniejszego spięcia pomiędzy nim a McKenziem odnośnie do kierunku, w którym miałaby podążyć fabuła, redaktor bez wahania opowiedział się po stronie swojego protegowanego. „Uznałem, że to nie scenariusz, a rysunki przyciągały czytelników do *Daredevila* – powiedział O'Neil – i dlatego poparłem Franka".

„Każdemu z nas podobały się rysunki Franka – mówił Jo Duffy – ale kiedy pracował z Rogerem, nie traktowaliśmy go jeszcze jako objawienia. Nikt nie mówił: »Jesteśmy uratowani, zbawca zstąpił na ziemię«, dopóki nie przeczytaliśmy tego, co napisał samodzielnie".

Miller opracował komiks z postacią imieniem Indigo. Była to dawno niewidziana koleżanka Matta z *college*'u, córka greckiego dyplomaty. Opuściła Murdocka – a wraz z nim Stany Zjednoczone – po tym jak jej ojca zamordowano; traumatyczne zdarzenie odarło ją z resztek niewinności i została dobrze opłacaną zabójczynią na zlecenie. Teraz Matt Murdock, już jako Daredevil, musiał powstrzymać kobietę, którą niegdyś kochał. Postać Indigo oparto w dużej mierze na *femme fatale* z komiksu *Spirit* Willa Eisnera, specjalizującej się w międzynarodowym szpiegostwie Sand Saref, lecz fascynacja Millera japońskimi sztukami walki – Indigo posługiwała się dwoma sai, sztyletami przypominającymi widelczyki – nadała jej niespotykanego wcześniej, olśniewającego blasku świeżości. Chcąc wykorzystać mityczny potencjał historii, zmienił imię swojej bohaterki na Elektra. *Daredevil #168* – debiut Franka Millera jako autora – okazał się przebojem. Teraz cała branża komiksowa zwróciła uwagę na młodego chłopaka z Vermontu.

Możliwość położenia łapy na własnym komiksie przemawiała także do Johna Byrne'a. Na początku sierpnia, podczas Comic-Conu w San Diego, kiedy Shooter oznajmił, że Doug Moench zostawia *Fantastic Four*, zgłosił się na scenarzystę. Kilka tygodni później, wkurzony scenariuszem Claremonta do jednego z zeszytów *X-Men*, uznał, że starczy już tego dzielenia się komiksami – miał po dziurki w nosie ciągłych walk ze swoim kolegą o ostateczne określenie osobowości Cyclopsa, kwestię noszenia maski przez Wolverine'a albo przedstawienie Magneto jako szlachetnego łotra. Którejś soboty zatelefonował do Louise Jones, redaktorki *X-Men*, i złożył swoją rezygnację. Następnie zadzwonił do Jima Shootera i powiedział, że chce nie tylko pisać, ale i rysować *The Fantastic Four*. Mógł nawet nakładać tusz i ostrzyć własne ołówki, a co tam.

Ponieważ scenariusze większości najlepszych dzieł wydanych przez Marvela powstały przy współudziale rysowników, mogło dziwić, że jeszcze nigdy w historii firmy nie pracowało dla niej dwóch całkowicie samodzielnych autorów jednocześnie. Niektórzy krytycy sugerowali, że podział obowiązków w Marvelu i DC był złowieszczą praktyką mającą na celu decentralizację kontroli artystycznej nad danym komiksem; prawda jednak jest taka, że Marvel nie posiadał się z radości, mogąc mieć u siebie i Millera, i Byrne'a, dwóch wszechstronnych artystów, istne gwiazdy komiksu, które motywowały się wzajemnie właśnie poprzez rywalizację. „Do ciągłej walki zachęcał nas Jim Shooter, bo chciał, żebyśmy robili jak najlepsze komiksy", powiedział Miller. Ambicje artystyczne nie szkodziły też sprzedaży, szczególnie tej bezpośredniej, kierowanej do fanów, z której przychód stanowił już trzydzieści procent ogólnych zysków Marvela.

Claremont i Byrne zakończyli swoją współpracę z hukiem – w ostatniej wspólnie napisanej historii, dwuczęściowych *Days of Future Past*, zapożyczyli wiele wątków ze starych odcinków *Doktora Who* i *Po tamtej stronie*, portretując tym samym Uniwersum Marvela jako dystopiczny świat, w którym mutanci są odławiani i mordowani przez gigantyczne roboty Sentinele. Czterdziestoparoletnia Kitty Pryde – lub Kate, jak sama mówi o sobie – cofa się w czasie z koszmarnego roku 2013 i wyjaśnia swoim kolegom z przeszłości, że zabójstwo senatora Roberta Kelly'ego, opowiadającego się za wprowadzeniem ustawy zwanej Aktem Rejestracji Mutantów, rozpocznie szeroko zakrojoną kampanię przeciwko nim i sprowadzi świat na prawdziwie mroczną ścieżkę. Informuje X-Men, że muszą koniecznie zapobiec planom zamordowania senatora przez Bractwo Złych Mutantów. Zapoczątkowana w komiksie podszyta strachem panika na punkcie mutantów miała się stać jednym z głównych motywów fabularnych serii i zgrabnym zajęciem stanowiska w sprawie praw obywatelskich – to, co zostało zaledwie zasygnalizowane w pierwszych numerach *X-Men*, teraz zostało odpowiednio wyeksponowane.

Dalsze losy mutantów miały już zależeć od Claremonta i Dave'a Cockruma, który wrócił do *X-Men* zaraz po odejściu Byrne'a. Marvel nie miał nic przeciwko, bo wszystko się zgadzało: dzięki Byrne'owi sklepy sprzedadzą więcej egzemplarzy *Fantastic Four*, a popyt na *X-Men* przecież nie spadnie; nikt nie porzuci lektury w takim momencie.

Sprzedaż bezpośrednia całkowicie zmieniła oblicze przemysłu komiksowego. Przedpremierowe zamówienia na *Dazzler #1* na jesieni sięgnęły dwustu pięćdziesięciu tysięcy egzemplarzy; w grudniu ta liczba dobiła do czterystu tysięcy. Komiks, który niedawno wydawał się skazany na niepowodzenie, dowożono teraz ciężarówkami; a miała jeszcze dojść do tego część nakładu skierowana do punktów z prasą*. DC szybko otworzyło wewnątrz wydawnictwa własną komórkę zajmującą się sprzedażą bezpośrednią, zaś niektórzy dystrybutorzy zaczęli nawet publikować swoje własne komiksy – skoro istniała rozbudowana sieć, dzięki której mogli efektywnie rozprowadzić niewielki nakład, zdecydowali się z takiej możliwości skorzystać.

Szefostwo Marvela zorientowało się, że jeśli firma chce przyciągnąć do siebie lub zatrzymać w wydawnictwie utalentowanych twórców, musi im zaoferować lepsze warunki. Shooter i Friedrich zaczęli spisywać kontrakty na nadchodzące powieści graficzne. Próbowali się dowiedzieć, w jaki sposób wypłacane są tantiemy w „prawdziwym" świecie, zdobywając wzory umów od wydawnictw, takich jak Simon & Schuster czy Grosset & Dunlap, zasięgając też języka u Neala Adamsa i Jima Starlina, lecz kiedy przyszło do opracowania szczegółów z armią prawników Cadence, stanęli przed swoistym impasem. Stan Lee ze swojego domu na Zachodnim Wybrzeżu zajmował się kreskówkami i odwiedzał Nowy Jork zaledwie raz w miesiącu, zaś Jim Shooter nadzorował prace nad eksperymentalnymi formami komiksowymi, potrzebna więc okazała się pomoc. Jim Galton zatrudnił na stanowisko wiceprezesa do spraw wydawniczych Michaela Hobsona, byłego agenta Williama Morrisa, który w latach siedemdziesiątych pracował dla Scholastic. Hobson – łysiejący, wąsaty okularnik przypominający ludka z pudełka gry *Monopol* – doskonale znał się na swojej pracy. „Tak naprawdę nie zatrudniali żadnego wydawcy – mówił Hobson. – Niby był

* Dla porównania, *The Savage She-Hulk #1*, komiks uważany za przebój ubiegłego roku, sprzedał się w całkowitym nakładzie dwustu pięćdziesięciu tysięcy egzemplarzy.

nim Stan, ale on nie miał w sobie zamiłowania do biznesu, dzięki Bogu. Komiksiarze zupełnie nie mieli pojęcia o prowadzeniu interesów, w przeciwieństwie do ludzi z wydawnictw książkowych". Hobson przeniósł się do pustego gabinetu pozostawionego przez Stana Lee w budynku przy Madison 575 – w przeciwieństwie do Galtona, który ufortyfikował się na jedenastym piętrze, wolał pracować w otoczeniu redaktorów – i rozpoczął długi proces, który nazwał „ujarzmianiem bestii". Minie jednak kolejny rok, zanim spisany zostanie kontrakt satysfakcjonujący obie strony. Starlin wielokrotnie zrywał rozmowy o tantiemach, ale Shooter ciągle je wznawiał, próbując go udobruchać. Nareszcie Starlin zgodził się uśmiercić Kapitana Marvela, postać, dzięki której wyrobił sobie nazwisko. Dokonał tego w pierwszym numerze serii Marvel Graphic Novels. Postawił jednak pewien warunek: będzie mógł napisać powieść graficzną o innym stworzonym przez siebie bohaterze imieniem Dreadstar.

Tymczasem Shooter nadal zajmował się reorganizacją Marvel Comics. Skupiając się na przyciągnięciu nowych czytelników, nakazał scenarzystom ograniczyć objętość zamkniętych historii do dwóch zeszytów; kiedy Jim Salicrup, redaktor *Captain America*, próbował wyegzekwować tę zasadę, Roger Stern i John Byrne odeszli w geście protestu. Zatrudnił też Toma DeFalco, byłego redaktora w Archie Comics, który pracował już nad *Dazzler*, żeby zajął się wszystkimi seriami ze Spider-Manem („Parker to nastolatek – powiedział mu Shooter – więc pisz jak w Archie, tylko o superbohaterach"). Shooter osobiście zajął się redagowaniem *Dazzler*, a nawet narysował dwa numery *Peter Parker, The Spectacular Spider-Man*, co miało posłużyć za wskazówkę odnośnie do tego, czego oczekiwał po tym tytule – czyli zestawu symetrycznie poukładanych na stronie sześciu lub dziewięciu kadrów równej wielkości, podporządkowując tym samym dynamikę absolutnej przejrzystości. Zaczął też pisać scenariusze *The Avengers* i drzeć koty z rysownikiem tego tytułu, Gene'em Colanem, który pracował dla Marvela nieprzerwanie od 1965 roku. Shooterowi nie podobał się układ stron, jaki proponował Colan, będący swoistą antytezą Jima. Rysownik odszedł więc, a jakże, do DC, gdzie wkrótce zabrał się za *Batmana*. Niesnaski pomiędzy autorami i redaktorami skrzętnie odnotowywały magazyny komiksowe, karmiąc czytelników plotkami.

John Byrne zamierzał przywrócić *Fantastic Four* atmosferę znaną z pierwszych dwudziestu numerów komiksu, napisanych jeszcze przez Lee i Kirby'ego. Tak bardzo uwierzył we własne siły, że sięgnął ponownie po łotra o ksywce Diablo – który rzadko pojawiał się na łamach komiksu, nie lubił go nawet sam współtwórca, Stan Lee – oraz majestatyczną, aczkolwiek żenująco i niezamierzenie śmieszną postać żyjącej planety Ego. Potem wprowadził też Doctora Dooma, Inhumans i Galactusa. Zamieszczał obrazki przeznaczone do wycięcia i rozbijał swoje historie na rozdziały, zupełnie jak Lee i Kirby. Reed Richards, Sue Storm, Johnny Storm i Ben Grimm na nowo, po latach, stali się rodziną. Do tego Byrne rysował ich nie jako napakowanych superbohaterów, ale ludzi o zwyczajnych sylwetkach, pozbywając się przy tym obcisłych kostiumów. Innym scenarzystom, jak Len Wein i Marv Wolfman, nie podobało się jednak, jak poczynał sobie z mitologią Fantastycznej Czwórki: na przykład bazę Inhumans przeniósł z Andów na Księżyc i planował uśmiercić Franklina Richardsa, młodziutkiego syna Reeda i Susan, co spotkało się z jawną krytyką*.

Jack Kirby również nie był zadowolony z tego, co się działo w *Fantastic Four*, lecz z zupełnie innego powodu. Na dwunastą rocznicę istnienia tytułu Marvel planował zwiększyć objętość dwieście trzydziestego szóstego numeru trzykrotnie. Shooter polecił Byrne'owi napisać prawdziwie epicką przygodę, jakby miał zasiąść nad scenariuszem do filmu. Stan Lee również wpadł na pewien pomysł: stwierdził, że przerobi narysowane przez Kirby'ego z myślą o kreskówkach studia DePatie-Freleng storyboardy do jednego z odcinków o Fantastycznej Czwórce – będącego zresztą adaptacją *FF #5* – na czternastostronicową historię poboczną.

Decyzję podjęto bez zgody samego Kirby'ego. „Zadzwonił do mnie jakiś kumpel Johna Byrne'a – wspominał – i zapytał, czy chcę zrobić z nimi numer rocznicowy. Odmówiłem, a oni wykorzystali szkice, które

* Jedyna trwała pozytywna zmiana wprowadzona przez Byrne'a to przemianowanie Invisible Girl – która od 1968 była żoną i matką – na Invisible Woman.

zrobiłem dla DePatie, i wynajęli sześciu facetów od tuszu, żeby jakoś je przerobili. O niczym nie wiedziałem, póki nie zobaczyłem tego cholerstwa na półkach"*.

Prawnik Kirby'ego jednak wiedział i ostrzegł Marvela przed wykorzystaniem nazwiska jego klienta w związku z planowaną publikacją. Kiedy wreszcie komiks ujrzał światło dzienne, na okładce umieszczono napis: „NOWIUTKI BLOCKBUSTER PROSTO OD STANA (SZEFA) LEE I JACKA (KRÓLA) KIRBY'EGO". Ilustracja przedstawiała Fantastyczną Czwórkę w otoczeniu kilkudziesięciu kolorowych bohaterów Marvela i... Stana Lee. Pomiędzy nim a Silver Surferem widniała biała plama – usunięto narysowaną przez Johna Byrne'a podobiznę Jacka Kirby'ego.

Steve Gerber, kolega Kirby'ego z Ruby-Spears, powiedział mu, że on sam ma kłopoty prawne z Marvelem. Po przedyskutowaniu rozmaitych nieczystych zagrywek stosowanych przez ich dawnego pracodawcę, Gerber zdradził Kirby'emu, że pracuje nad nowym projektem, dzięki któremu ma nadzieję sfinansować proces o Howarda. Komiks miał się nazywać *Destroyer Duck*. Nieśmiało zapytał Kirby'ego, czy ten miałby ochotę wykonać do niego rysunki... za darmo. Kirby podrapał się po brodzie, a potem uśmiechnął się lekko i powiedział: „Pewnie, czemu nie?".

* Tak naprawdę było dziesięciu gości od tuszu.

11

Kiedy Frank Miller przejął *Daredevila*, powiedział w rozmowie z dziennikarzami, że jego interpretacja tej postaci ma więcej lekkości i beztroski niż wersja Rogera McKenziego, ale gdy Elektra zaczęła pojawiać się na łamach komiksu coraz częściej, jego wizja uległa zmianie. „Obecność Elektry sprowadziła serię w niespodziewanym, ponurym kierunku – mówił później Miller. – Miałem te dwadzieścia parę lat i skoro już wprowadziłem do komiksu seksowną zabójczynię, to było oczywiste, że całość wreszcie pogrąży się w mroku". Od momentu rozpoczęcia prac nad tytułem Miller został dwukrotnie obrabowany, co nie pozostało bez wpływu na ton *Daredevila*. „Nie przestałem kochać miasta, ale kiedy ktoś przystawia ci do gardła nóż, trudno przejść nad tym do porządku dziennego. Naprawdę się wkurzyłem, a moją wściekłość wyraźnie widać w komiksie"*. Daredevil nie stronił od przemocy, stał się zawzięty. Po tym jak Miller przeczytał artykuł o kobiecie, która podczas seansów filmowych wbijała siedzącym przed nią kinomanom szpikulec do lodu w szyje, uznał, że będzie to idealny sposób działania Elektry. „Chciałem igrać z codziennymi, ludzkimi strachami – mówił – opowiadać historie, które można zasłyszeć w metrze".

Trup ścielił się więc gęsto na obskurnych ulicach Nowego Jorku, bowiem w *Daredevilu* spotykały się dwa nieodłącznie krwawe gatunki – intryga gangsterska, którą zapowiadało pojawienie się prawdziwie przerażającego mafioza Kingpina, starego wroga Spider-Mana, oraz, za sprawą Elektry, opowieści o ninja. Miller spędzał długie godziny na oglądaniu filmów walki w hałaśliwych kinach na Times Square, co porównał do wzięcia udziału

* „Po tym, jak zostałem okradziony – powiedział w rozmowie z magazynem »Amazing Heroes« – miałem ochotę zobaczyć, jak ktoś po prostu wybija kryminalistów strzałem w pierś".

w „spotkaniach ruchu odnowy religijnej". Zainteresowanie tematem ninja przelał na komiks, co jeszcze dolało oliwy do ognia powszechnej fascynacji japońskimi sztukami walki. Kino kung-fu z początku lat siedemdziesiątych zapoznało widzów z bronią nunchaku – dwoma kijkami połączonymi łańcuchem – a jeszcze przed debiutanckim występem Elektry powieść Erica Van Lustbadera *Ninja* oraz film z Chuckiem Norrisem *Ośmiokąt* okazały się niespodziewanymi przebojami. Miller, w tym samym stopniu co pozostali autorzy, był odpowiedzialny za umieszczenie shurikienów (gwiazdek do rzucania) oraz sztyletów sai na liście życzeń nastolatków w całym kraju.

Miller błyskawicznie nauczył się, jak czerpać korzyści z prowadzenia tytułu znajdującego się poza zasięgiem wydawniczego radaru, nieobciążonego rozmaitymi umowami licencyjnymi. Innymi słowy, mógł sobie pozwolić na wiele. Sprzedaż *Daredevila* wkrótce osiągnęła niemal ten sam pułap, co *The X-Men*, i nikt – nawet pacyfistycznie nastawiony redaktor Denny O'Neil – nie miał zamiaru upominać Millera. I tak Daredevil wahał się, czy nie powinien dać mordercy Bullseye'owi umrzeć na torach podziemnej kolejki, łaził od baru do baru i niczym Popeye Doyle* pomiatał nowojorskim elementem. Ba, w poszukiwaniu gwałciciela dotarł nawet do klubu dla sadomasochistów i obił kilku miłośników skórzanych wdzianek i *bondage*'u. Sprzymierzył się nawet z rzekomo zresocjalizowanym łotrem zwanym Gladiatorem, którego utrata zabójczego instynktu okazała się jedynie chwilowa. Z drugiej strony, Daredevil niezmiennie – jako „prawdopodobnie najbardziej chrześcijański z superbohaterów", jak uważał Miller – żywił współczucie dla ofiar, zaś Matt Murdock wierzył w skuteczność systemu sprawiedliwości. Postawa samozwańczego mściciela mogła się wydać dwuznaczna, więc Miller dokooptował do niego całą rzeszę prawdziwie złowrogich postaci drugoplanowych, przy których brutalne kopniaki i inne ciosy wymierzone przez Daredevila wydawały się kaszką z mleczkiem. Psychotyczny Bullseye i bogate biedactwo Elektra to niereformowalni zabójcy; Kingpin był eleganckim, łysym, ważącym przeszło dwieście kilo gangsterem w apaszce, który knuł, stojąc na najwyższym pię-

* Bohater filmu *Francuski łącznik* Williama Friedkina, grany przez Gene'a Hackmana – przyp. tłum.

trze oszklonego wieżowca. Nawet antybohater Punisher, od czasu do czasu wypuszczający się na gościnne występy do różnych komiksów, pojawiał się u Millera, żeby stworzyć wyraźny kontrast dla stosunkowo niewinnych poczynań Daredevila.

Kolega Murdocka z kancelarii prawniczej, Foggy Nelson, służył Millerowi w charakterze humorystycznego przerywnika, zaś dziewczyna Matta, Heather Glenn, była nieco szurniętą imprezowiczką. Swoistym ośrodkiem moralnym komiksu stał się Ben Urich, żłopiący kawę i odpalający jednego papierosa od drugiego reporter „Daily Bugle", który poznał prawdziwą tożsamość Daredevila, lecz zamiast zgarnąć pewną jak amen w pacierzu nagrodę Pulitzera, wolał, żeby Nowy Jork nie utracił swojego obrońcy. Urich był wątłym, ale brzuchatym mężczyzną z okularami w kanciastych oprawkach, dzięki którym wyglądał trochę jak Larry King; scena, w której pochyla się z uczuciem nad swoją rozczochraną żoną i zaczyna ją łaskotać, gotów do uprawiania miłości, jest chyba jedną z najbardziej naturalnych i ludzkich w historii komiksów Marvela.

Lecz to Elektra fascynowała czytelników. Muzą Millera – podobnie jak i Roberta Mapplethorpe'a – była Lisa Lyon, profesjonalna kulturystka; jego Elektra również posiadała atletyczne, emanujące seksem ciało, któremu nie mogli się oprzeć młodzi mężczyźni. Miller doskonale wiedział, czemu Elektra zawdzięcza swoją popularność i jak bardzo fani byliby zrozpaczeni, gdyby przydarzyło jej się coś złego.

„Powiedziałem Denny'emu, że zabiję Elektrę – wspominał Miller – a on odparł coś w rodzaju: »Nie mam pojęcia, jak zareaguje Jim, przecież ona jest popularniejsza od samego Daredevila«. Poszedłem więc do gabinetu Jima, który ślęczał akurat nad jakimiś papierami, i powiedziałem, że mam pewien pomysł, ale muszę uśmiercić Elektrę. Zatopił twarz w dłoniach i wyburczał: »No to mów, co dla mnie masz, Frank«. Opowiedziałem mu o swoich planach, a on odparł: »Świetnie, zróbmy to«".

Gdy pod koniec lipca 1981 roku rozpoczynał się Comic-Con w San Diego, Miller kończył pracę nad numerem, w którym cztery strony zajmował milczący pojedynek Elektry i Bullseye'a przy Szóstej Alei. Ich walka zakończyła się, kiedy kobieta została przeszyta własną bronią przez przeciwnika; doczołgała się do Matta i wyzionęła ducha, spoczywając w jego ramionach.

Nieświadomi, co ich czeka, radośnie beztroscy uczestnicy Comic-Conu celebrowali zwycięstwo Elektry w potyczce z ninja w ostatnim zeszycie *Daredevila*, zamartwiali się kłopotami małżeńskimi Yellowjacketa i Wasp opisanymi w *The Avengers* i dyskutowali nad powrotem Magneto w nowiutkim, podwójnym numerze *The X-Men*. Srebrzystowłosy wróg ludzkości ujawnił, że jako dziecko był więźniem w Auschwitz; jego szokujące rewelacje jeszcze wzmocniły poważny ton komiksu, i tak już pełnego tematów dotykających bigoterii i prześladowań, wskazując tym samym kierunek, w którym seria *X-Men* podąży w następnych dekadach. Dyskryminacja mutantów zostanie wpisana w kontekst rasizmu i homofobii. Epitet „mutek" stanie się powszechnie wykorzystywaną w Uniwersum Marvela obelgą, a X-Men będą zmuszeni stawić czoła hipokryzji, sami stając się z dnia na dzień coraz bardziej niepewni swojej pozycji w świecie.

X-Men nie był już tym samym komiksem od czasu publikacji „Dark Phoenix Saga" – jak na razie nic nie mogło dorównać poprzednim numerom, zaś scenarzyści i rysownicy, którzy zajmowali się niegdyś tym tytułem, nie omieszkali wypomnieć wydawnictwu, że sprzedaż wzrasta wprost proporcjonalnie do spadku artystycznej jakości publikacji i czytelnicy kupują gorszy produkt z braku laku, nie mając rozsądnej alternatywy. Steve Englehart upierał się w wywiadach, że *X-Men* nie odnieśliby sukcesu, gdyby komiks publikowano w połowie lat siedemdziesiątych. „W kraju ślepców to jednooki jest królem", szydził Roy Thomas. Poddani aktualnego monarchy wydawali się jednak wyjątkowo oddani: według Diany Schultz, szefowej niedziałającego już sklepu Comics & Comix w kalifornijskim Berkeley, „Ludzie kupowali *X-Men* setkami. Po dwieście, trzysta sztuk. Niektórzy nawet więcej, traktując to jako inwestycję". Gościnne występy Man-Thinga, Spider-Woman, Dazzler i Doctora Dooma nie tylko powiązały komiks z pozostałymi tytułami Marvela, ale też pomagały wypromować mniej popularne postaci. A może chodziło o coś innego. Dave Cockrum stworzył ziemiowodną bohaterkę Silkie, lecz ostatecznie, po fiasku negocjacji dotyczących podziału praw autorskich, wycofał ją z *X-Men*. Jak mówił, przygotował całą ekipę nowych superbohaterów, lecz nie miał zamiaru ich oddawać.

Na koniec weekendu, w drodze powrotnej z San Diego do Los Angeles, Miller i Claremont utknęli na dwie godziny w korku. Z początku rozmawiali o Wolverinie – postaci, którą Miller określił wcześniej jako nudną – ale zeszli na temat filmów samurajskich i mangi, które obaj uwielbiali. Zanim zajechali na miejsce, zaczęli planować fabułę czteroczęściowej miniserii z Wolverine'em.

Krótko po powrocie do Nowego Jorku Claremont dowiedział się, że nie tylko oni wpadli na pomysł wykorzystania postaci z *X-Men*. Tom DeFalco, zauważając rosnącą sprzedaż serii ze Spider-Manem, przedstawił Shooterowi luźny zarys komiksu opisującego przygody innej grupy X-Men, która stacjonowałaby na drugim wybrzeżu i w której skład wchodziliby oryginalni członkowie drużyny, jak Angel, Iceman i Beast. Claremont i Louise Jones uprzedzili uderzenie. „To ja chciałem zrobić taki komiks. Nie miałem zamiaru patrzeć, jak ktoś mi go podbiera – powiedział Claremont. – Uznaliśmy, że pieprzyć to, napiszemy coś własnego". Planowana publikacja miała nawiązywać do oryginalnej wizji Lee i Kirby'ego i opowiadać o szkole dla młodych mutantów. Żartobliwie nazwano ten projekt *The X-Babies*.

Claremont kontrolował więc całe uniwersum X-Men: poza planowanymi seriami z Wolverine'em i X-Babies, był odpowiedzialny także za nadchodzące powieści graficzne oraz kolejny wspólny komiks Marvela i DC, tym razem z X-Men i Teen Titans, który narysować miał mąż Louise Jones, Walter Simonson. Nie mógł nadzorować tylko jednego tytułu: Jim Shooter naciskał na Johna Byrne'a, żeby ten otworzył osobną serię o kanadyjskiej supergrupie Alpha Flight.

Na jesieni do telewizyjnej ramówki miała zostać włączona kreskówka *Spider-Man i jego niezwykli przyjaciele* i wyglądało na to, że serial ten będzie przewodził istnemu tryumfalnemu pochodowi innych ekranizacji komiksów Marvela. *Thor* dołączył do *Silver Surfera* jako jeden z projektów realizowanych przez Universal Pictures; prawa do *Ghost Ridera* i *Man-Wolfa* zostały zakupione przez Dino De Laurentiisa, zaś *Daredevil* oraz *Howard the Duck* miało zaadaptować Selluloid Productions. Prowadzono też rozmowy w sprawie filmu z Fantastyczną Czwórką, a Black Widow i ekipa X-Men mieli się stać bohaterami telewizyjnych seriali. *Miejski kowboj* zastąpił *Gorączkę sobotniej nocy* jako soundtrack pokolenia i Marvel Productions usiłowało sprzedać producentom z Hollywood piosenkarza country zwanego Denim Blue. Na musical przerabiano i *Spider-Mana*, i *Captain America*, przy czym Kapitanem miał być łysiejący, brzuchaty facet w średnim wieku natchniony „Duchem Wolności". Galton nie miał nic przeciwko zmianom. „Przecież cały czas sami się z siebie śmiejemy", przekonywał.

Nieco dalej poszedł sam współtwórca Kapitana Ameryki, Jack Kirby. Jak tylko skończył pracę nad *Destroyer Duck*, komiksem, który miał zapewnić Steve'owi Gerberowi fundusze na procesowanie się z Marvelem, udzielił wywiadu, wylewając wszystkie skrywane wobec przemysłu żale. Skrytykował zarówno Marvela, jak i DC za traktowanie swoich komiksów jako „reklam zabawek", negował niekorzystne umowy, po których podpisaniu „wszystko, co stworzył autor, należało do nich", i, dość niespodziewanie, oświadczył, że napisał wszystkie wydane na początku lat sześćdziesiątych przez Marvela komiksy.

„Powiem tak: jedyną rzeczą, której nie pisałem, były stopki redakcyjne – powiedział. – Nie nazwałbym się przecież »Jolly Jack«. No i nie zamieściłbym informacji, że dany zeszyt Lee napisał samodzielnie. Nieźle się przy nich napracowałem. Jedynym tytułem, za którego scenariusze nie odpowiadałem, był *Spider-Man*, zresztą to ja go stworzyłem. Ba, Hulka też wymyśliłem ja sam".

Dla wielu członków komiksowej społeczności było to potwierdzenie tego, co mówiło się od dawna w kuluarach, choć wypowiedziane w mocny i stanowczy sposób – Stan Lee przywłaszczył sobie wszystkie zasługi, wysysając Jacka Kirby'ego do cna. Nie grała tylko jedna rzecz... autorstwo Spider-Mana? Nawet najwytrwalsi orędownicy Kirby'ego byli zmieszani. Czyżby dusił w sobie gniew tak długo, że wybuchnął i przestał się kontrolować?

Destroyer Duck żywił się wściekłością Gerbera i Kirby'ego. Była to historia Duke'a, weterana wojennego, którego kumpel od kieliszka (jego imię nie pada w komiksie, ale jest to bez wątpienia Howard) nagle znika; pojawia się dopiero po roku na progu domu swojego przyjaciela, cały we krwi, jedną nogą w grobie. Został przeniesiony do „innego kontinuum czasowego, gdzie kaczki nie potrafią mówić, a światem rządzą naczelne o różowym kolorze skóry... byłem spłukany, głodowałem... podpisałem umowę z pewną firmą... Entertainment Concepts, Ltd! Dywizja GodCorp... to największa tamtejsza firma... powiedzieli, że uczynią mnie gwiazdą... skorzystali z tego, że dla nich byłem dziwadłem... poniżyli mnie". Duke wyrusza więc do równoległego świata i mści się na GodCorp – którego mottem jest CHWYĆ I WYCIŚNIJ DO SUCHA – za krzywdę przyjaciela. Nietrudno było dostrzec, do jakiej rzeczywistej firmy pili twórcy komiksu.

Stan Lee, zapytany o kontrowersje dotyczące praw autorskich, podkreślił, że był dokładnie w tej samej sytuacji. „Stworzyłem wiele postaci Marvela, które odniosły niemały sukces, lecz od początku wiedziałem, że są własnością wydawnictwa. Tak brzmiała nasza umowa i nie istniała inna procedura. Dla mnie gadanie w stylu: »Hej, przecież to ja wymyśliłem, to moje dzieło! Pozwę ich!« jest po prostu nieuczciwe. Mogłem odejść w każdej chwili, jeśli tylko miałem na to ochotę, zrobić komiks z własnymi postaciami i zbić na tym majątek, nikt mnie przecież nie trzymał. I każdy rysownik lub scenarzysta, który nie chciał dłużej z nami pracować, nie musiał podpisywać kontraktu. Tak to widzę". Sam przyznał, że nie ma żadnych pretensji do wydawnictwa. „Zapewne pod wieloma względami jestem typowym pracownikiem korporacji – powiedział. – Trudno mi odseparować życie osobiste od życia firmy".

John Byrne poszedł nawet o krok dalej i w niesławnym wstępniaku opublikowanym w tym samym magazynie co wywiad z Jackiem Kirbym napisał: „Przyjęło się mówić, że jestem człowiekiem firmy, i pod wieloma względami zasługuję na to miano. Rozpiera mnie duma, że mogę być trybikiem w machinie, którą jest Marvel". Posunął się nawet do krytyki Jerry'ego Siegela i Joego Shustera za wystosowanie pozwu przeciwko DC.

„Popieram całym sercem wprowadzenie rychłych zmian w funkcjonowaniu wydawnictw, ale na razie musimy żyć według takich zasad, jakie mamy". Gerber i Kirby szybko odnieśli się do jego słów na łamach swojego prześmiewczego *Destroyer Duck*, gdzie pojawiła się postać Boostera Cogburna – a może „Cog-Byrne'a"? – który potrafił wyciągnąć ze swojego ciała kręgosłup i mawiał: „Jestem człowiekiem firmy i nie płacą mi za posiadanie własnego zdania".

Marvel planował podbój Hollywood, a tymczasem DC znokautowało konkurencję warunkami umów proponowanych autorom: za każde sto tysięcy sprzedanych egzemplarzy wydawnictwo miało przekazywać cztery procent zysków do podziału między scenarzystę i rysownika. Marvel starał się dogonić rywala, oferując to samo swoim współpracownikom pod koniec 1981 roku; firma unikała jednak słowa „tantiemy" jak ognia. Prawnicy wydawnictwa ustalili między sobą, że „większość definicji tego terminu mówi, że jest to pewna suma pieniędzy wypłacana »właścicielowi« lub »autorowi« danego dzieła w zamian za możliwość jego użytkowania. Jednak derywat tego słowa może oznaczać także przywilej należny monarsze lub określać jego królewski status"*. Dlatego też w każdym oficjalnym piśmie takowe wynagrodzenie określane jest po prostu jako „honorarium".

Szampan i tak lał się strumieniami przy maszynach do pisania i stołach kreślarskich, bowiem *The X-Men* schodziło co miesiąc w nakładzie przekraczającym trzysta tysięcy egzemplarzy, parę innych tytułów regularnie przekraczało barierę dwustu, a niemal cała reszta utrzymywała się na poziomie stu tysięcy. Marvel musiał w tej sytuacji wycofać się z obietnic podwyżek danych kilku najpopularniejszym autorom, ale ci nie mieli do wydawnictwa pretensji, przecież i tak siedzieli na żyle złota.

Śmierć Elektry w *Daredevil #181* wywołała lawinę protestów oraz powszechne oburzenie czytelników. Frank Miller, bojąc się o własne życie po otrzymaniu mnóstwa listów z groźbami od rozsierdzonych fanów, zgłosił się do FBI z naręczem korespondencji. Komiks jednak, podobnie jak i numer *X-Men* ze śmiercią Phoenix, bił rekordy sprzedaży; szczęśliwie dla autora,

* Problem wynikający z mnogiego znaczenia angielskiego słowa *royalty* – przyp. tłum.

pojawił się on na półkach praktycznie w momencie wprowadzenia przez wydawnictwo nowego systemu wynagrodzeń. Dwa tygodnie później do sklepów trafiła długo wyczekiwana pierwsza powieść graficzna firmowana logiem Marvela: *The Death of Captain Marvel*; jej cena była dziesięciokrotnie wyższa od standardowego zeszytu, ale i tak momentalnie wyprzedano cały nakład i dwa dodruki, a Starlin zainkasował okrągłą sumkę i mógł sobie pozwolić na kupno nowiutkiego Camaro Z28. Marvel jednak nie zamierzał pozbywać się swojego bohatera – wydawnictwo miało w planach wprowadzenie innej postaci posługującej się tym pseudonimem. Niedługo potem zapytano Chrisa Claremonta o nadchodzącą serię z Wolverine'em. „Robimy ten komiks wspólnie z Frankiem Millerem i Josefem Rubinsteinem – odparł – i gwarantuję, że zarobimy na tym mnóstwo kasy".

Miller, Walter Simonson i Jim Starlin mieli jednak większe ambicje. Zaproponowali Jimowi Shooterowi utworzenie od podstaw kilku serii dla Marvela, na co ten wyraził zgodę. Kiedy jednak przygotowywano stosowną dokumentację i dumano nad budżetem, Miller spotkał się z Jenette Kahn, wydawcą DC, i rozpoczął negocjacje w sprawie publikacji futurystycznej serii o samurajach, którą od dawna chciał opracować – projekt otrzymał nazwę *Ronin*. Po długich rozmowach DC zaproponowało mu spory udział w zyskach, umieszczenie jego imienia na okładce powyżej tytułu oraz zachowanie praw autorskich do postaci. Zanim Shooter dowiedział się o zawartej za jego plecami umowie, było już po ptakach. Ów akt zdrady nie wynikał z pobudek osobistych, jak podkreślał sam Miller; to była decyzja czysto biznesowa. „Od mojego mentora Neala Adamsa nauczyłem się, że warto napuścić jednego wydawcę na drugiego, żeby móc domagać się lepszych warunków. Dostałem to, co chciałem od Marvela, ale potrzebowałem zacząć od nowa. Poza tym była to z mojej strony pewna deklaracja – gdzie pójdę ja, tam pójdą moi czytelnicy. A to dla mnie niezwykle ważna sprawa". Coraz więcej jego rysunków dokańczał Klaus Janson przy nakładaniu tuszu; Miller ewidentnie powoli wycofywał się z *Daredevila*, dostarczając jedynie proste szkice. Nadal jednak pisał scenariusze oraz pracował nad szatą graficzną *Wolverine'a*. Zbliżał się jednak nieuchronny koniec jego współpracy z Marvelem.

Znany ze stron *Daredevila* miejski pejzaż i charakterystyczny dla Millera twardy rytm narracji rodem z kryminału przeniknął także do innych komiksów, czasem tych najmniej spodziewanych, jak *Peter Parker, the Spectacular Spider-Man*. Nieoczekiwanie Bill Mantlo i Ed Hannigan wprowadzili ambiwalentny moralnie duet Cloak i Dagger na dwa tygodnie przed śmiercią Elektry; Peter Parker opowiedział historię dwójki nastoletnich uciekinierów – białej dziewczyny i czarnoskórego chłopaka – którzy jako jedyni uszli z życiem z przeprowadzonego przez mafię eksperymentu polegającego na testowaniu syntetycznego narkotyku na ludziach. Teraz szukali zemsty na gangsterach. Dagger potrafiła rzucać w przeciwników świetlnymi sztyletami paraliżującymi ich system nerwowy; Cloak otulał wrogów nieprzeniknioną ciemnością, mrokiem, który sprawiał, że kulili się i drżeli. Ich atak często kończył się dla kryminalistów śmiercią.

Mantlo i Hannigan, zafascynowani twórczością Millera, zaczęli swoją serię o Spider-Manie zaludniać mrocznymi sylwetkami przemykającymi przez ciemne alejki oraz gangsterami uwikłanymi w zorganizowaną działalność przestępczą. Okładki Hannigana, w jeszcze większym stopniu niż te Millera, czerpały z projektów Eisnerowskiego *Spirita*. Udało mu się nawet twórczo wykorzystać widniejący na okładce tytuł – czasem wtapiał się on w neonowe logo na Times Square albo wpisany był w dialogowy dymek; innym razem umieszczał go pod wodą lub ciął niewidzialną żyletką. Podobne innowacje wyróżniały komiks spośród dziesiątek innych i przykuwały uwagę potencjalnego czytelnika; piętnaście lat wcześniej Neal Adams zablokował podobne próby ze strony podległych mu autorów.

„Myślę, że to najlepsze postaci wymyślone w tym dziesięcioleciu", przechwalał się Mantlo na temat Cloak i Dagger. Prawda jest jednak taka, że gdyby wykluczyć z podobnego zestawienia Elektrę, faktycznie konkurencja wypadłaby blado. Marvela trudno było nazwać Domem Nowych Pomysłów. Roy Thomas mówił o tym od dawna: po co ktoś miałby wymyślać coś rewolucyjnego, skoro musiałby oddać to na własność swojemu pracodawcy?

Na comiesięcznej konferencji prasowej Marvela, niedługo po tym, kiedy na jaw wyszły wieści o podpisaniu przez Franka Millera umowy z DC,

Jim Shooter oświadczył, że zostanie utworzona specjalna komórka wydawnicza działająca pod auspicjami Marvela – Epic Comics. Publikujący w niej autorzy, prócz udziału w zyskach, mieli otrzymać prawa autorskie do stworzonych przez siebie postaci. Jim Starlin, który nie pracował nad żadną regularną serią od czasu *Warlocka*, podpisał umowę jako pierwszy. Za jego przykładem poszedł niemający nic wspólnego z Marvelem od sześciu lat – czyli od dnia, w którym zostawił *The Avengers* – Steve Englehart.

12

Pod koniec kwietnia 1982 roku, Marvel Comics przeniosło swoją siedzibę; wydawnictwo miało zajmować jeszcze większą powierzchnię biurową przy Park Avenue South 387. Po niemal trzydziestu latach firma miała przestać stanowić część świata Madison Avenue. „Stan zawsze powtarzał, że jesteśmy, do cholery, wydawcami i zostaniemy na Madison tak długo, jak on dycha – mówiła jego wieloletnia sekretarka Mary MacPherran – ale wessała go Kalifornia i miał w nosie, gdzie znajduje się nasza siedziba".

Ekspansja Marvela wymusiła zatrudnienie całej armii młodych pracowników, którym nie zależało na prestiżowej lokalizacji; wielu z nich uległo czarowi Marka Gruenwalda, awansowanego niedawno na redaktora i zdeterminowanego, żeby ożywić dawną Zagrodę, fantastyczną krainę wzajemnych żarcików, szalonych ksywek, radosnej pracy i twórczego szału. Dwudziestoparoletni chłopcy, samotni, pod krawatem, kłębiący się wokół Gruenwalda, mieli dość urozmaicone życiorysy w porównaniu ze swoimi poprzednikami, fanami komiksowych historii, którzy awansowali z czytelników na pracowników. Asystentka Ala Milgroma, Ann Nocenti, pracowała wcześniej w barze, a potem przy książeczkach dla dzieci; Mike Carlin, prawa ręka Gruenwalda, studiował rysunek, ale po zajęciach dorabiał w fabryce dywanów; Eliot Brown (zecer i operator fotostatu), z którym zaprzyjaźnił się Gruenwald, pracował przy słoniach. Pełni życia i skorzy do psot, szybko przejęli biura Marvela; na wszystkich ścianach i oknach poprzyklejali plakaty i szkice. Rozruszali nawet dział sprzedaży: Carol Kalish, dwudziestosiedmioletnia była kierowniczka sklepu z komiksami, zastąpiła Mike'a Friedricha na stanowisku łącznika pomiędzy trzema tysiącami punktów sprzedaży a największym na świecie wydawnictwem komiksowym.

Życie osobiste pracowników Marvela przeplatało się z życiem zawodowym jak nigdy wcześniej, choć przeprowadzka odcięła wydawnictwo od kontaktu z DC – ustały organizowane wspólnie mecze softballu i siatkówki. Pracownicy Marvela chodzili wspólnie na kolację i do kina oraz na drinka do Abbey Tavern przy Trzeciej Alei. Kiedy przyszło lato, a wraz z nim krótsze pracujące piątki, wsiadali do samochodów i jechali na basen do domu rodziców Ralpha Macchio położonego na przedmieściach New Jersey. Po tym jak Tom DeFalco zasugerował humorystyczny odcinek *What If?*, cały personel tak bardzo podniecił się tym pomysłem, że rozkładówkę wykorzystano do zaprezentowania czytelnikom ich wspaniałego miejsca pracy – tak jak zrobił to Stan Lee, kiedy oni wszyscy dopiero zaczynali młodzieńczą przygodę z komiksem.

Swoje autoportrety zamieścili nie tylko młodsi pracownicy, ale też kierownik produkcji Danny Crespi oraz zajmujący się listami od czytelników Morrie Kuramoto, którzy teraz uśmiechali się do czytelników ze stron komiksu. Obaj byli już niemal stałym elementem biurowej rzeczywistości, przetrwali bowiem wszystkie te burzliwe dekady bez szwanku i wszyscy traktowali ich jak postaci z ukochanego sitcomu. Kuramoto przypominał wesołego staruszka, który zostawiał po sobie ślad papierosowego popiołu i wciąż gubił przekazane mu szkice pośród setek innych kartek zalegających na jego biurku wysmarowanym zaschniętym klejem kauczukowym. Był chodzącą sprzecznością; jadł tylko upichcone w domu zdrowe żarcie i palił jak smok. „Ściskał ludziom palce tak mocno, że krew przestawała do nich dopływać – wspominała Ann Nocenti – a potem kładł rozmówcy rękę na głowę i kazał mu zjeść marchewkę". Ludzie, którzy pracowali z nim w przeszłości, znali jego tragiczną historię: po bombardowaniu Pearl Harbor został wyrzucony z amerykańskiej armii ze względu na swoje japońskie korzenie; gdy jego rodzina została internowana, przeprowadził się do Nowego Jorku i wstąpił do Ligi Studentów Sztuki. Dlatego celebrował każdą rocznicę ataku na Pearl Harbor w nietypowy sposób – zakładał skórzaną czapkę pilota i, siedząc przy swoim biurku, rzucał w przechodzących ludzi papierowymi samolocikami. Podczas przerw na lunch malował piękne rysunki akwarelami, a potem gniótł je i wyrzucał do śmieci. „Będę w swoim biurze", mawiał, udając się do męskiej toalety z egzemplarzem „Daily Racing Form" pod pachą, a za wygrane w zakładach sportowych zapraszał swoich współpracowników na sushi. Crespi, niegdyś liternik, był niskim, zaokrąglonym i radosnym człowiekiem – zatrudnione w Marvelu kobiety pocierały jego brzuszek na szczęście albo strzelały czerwonymi szelkami, z którymi się nie rozstawał – a do czytania zakładał okulary, często zapominając, że ma je na głowie. Był też niereformowalnym żartownisiem i świetnym gawędziarzem, hodującym przy swoim biurku rośliny doniczkowe. Do Marvela powrócił w 1972 roku, kiedy to zadzwonił do Morriego z pytaniem, czy znajdzie się dla niego jakaś robota. „Mam gdzieś pieniądze, po prostu chcę tam pracować".

„Byli jak Butch Cassidy i Sundance Kid – wspominał jeden z pracowników Zagrody. – Skakali sobie do oczu i wyklinali się wzajemnie. Morrie przychodził do gabinetu Danny'ego zjeść lunch i zostawiał na jego biurku straszny bałagan, a później Danny przychodził do Morriego i wypominał mu to w niewybredny sposób. Rzucali też rasistowskimi wyzwiskami, ale żaden z nich nie miał z tym problemu. Odnosiło się wrażenie, że takie kłótnie zbliżały ich do siebie". Kuramoto i Crespi przekomarzali się jak stare małżeństwo, nie mogąc dojść do porozumienia nawet w takich kwestiach jak regularne podlewanie roślinek, które trzymali na parapecie.

Sześćdziesięciosześcioletni George Roussos nadzorował kolorowanie okładek, zaś sześćdziesięciojednoletni John „Pop" Tartaglione pilnował poprawek nanoszonych na rysunki. Po biurze krzątali się starzy freelancerzy, związani z Marvelem już od kilkudziesięciu lat: Frank Giacoia, Mike Esposito, Joe Rosen, Joe Sinnott, który nakładał tusz jeszcze na prace Kirby'ego do *Fantastic Four*, oraz Vince Colletta, legendarny (i kontrowersyjny) rysownik, zajmujący się w zastępstwie tuszem, gdy ktoś nie wyrabiał się w terminie. Szybkie robótki Colletty zostały znienawidzone przez rysowników, ale zmęczeni redaktorzy traktowali je jak błogosławieństwo; on sam zaś nie narzekał na brak zleceń. Odbierając strony do tuszowania, Colletta zawsze pojawiał się starannie ostrzyżony, nienagannie ubrany, w płaszczu, z dwiema młodymi kobietami uwieszonymi u jego ramion. Czasem Crespi spotykał się z nim na ulicy; Colletta witał go z tylnego siedzenia limuzyny – w której, a jakże, siedział w towarzystwie pięknych dziewcząt – i odbierał kartki przez uchylone okno.

Jack Abel, rysujący jeszcze dla Atlas Comics w latach pięćdziesiątych i tuszujący dla Marvela przez następne dwie dekady, w 1980 roku doznał wylewu, który sparaliżował jego prawą dłoń. Jim Shooter zaproponował mu stanowisko asystenta redaktora, żeby miał czas na rehabilitację.

Nikt nie czekał na konwentach, żeby się z nimi przywitać, ani nie przeprowadzał z nimi wywiadów w fanzinach, ale nawet gdy do Marvel Comics zawitały lata osiemdziesiąte, krzykliwe T-shirty, walkmany i ray-bany, stanowili jedyne ogniwo łączące resztę zespołu z przeszłością.

Przyjacielska atmosfera zażyłości i poczucie wspólnoty, które powróciły na strony redakcyjne i do działu korespondencji z czytelnikami, dawały fanom poczucie, że lektura Marvela to coś więcej niż zwyczajne hobby; miłośnik *X-Men* miał również coś do powiedzenia na temat *Iron Mana*. Sprzedaż komiksów wzrosła w ciągu minionego roku o dwadzieścia procent, zaś sprzedaż bezpośrednia trafiła idealnie w potrzeby kolekcjonerów – dzięki czemu można było zainwestować w nieco bardziej ryzykowne posunięcia, jak wydawane w mniejszych nakładach, droższe wydania ekskluzywne – więc czemu nie uraczyć oddanych czytelników paroma żartami i drobiazgami zrozumiałymi jedynie dla nich? Do sklepów powróciły wydane na lepszym papierze przedruki uwielbianych tytułów, które sprzedały się jednak poniżej oczekiwań, jak *Giant Size X-Men #1*, *Warlock* Jima Starlina czy *Doctor Strange* Engleharta i Brunnera. *Marvel Fanfare* korzystało z nieopublikowanych nigdzie indziej komiksów; *The Official Marvel No-Prize Book* wymieniało największe wpadki w historii wydawnictwa. Mimo zamknięcia po dziesięciu latach „Crazy", magazynu będącego istną zżynką z „Mad", pojawiająca się w nim, rzucająca na lewo i prawo obelgami maskotka, doczekała się występu w *Obnoxio the Clown vs. The X-Men*. Kosmologia świata Marvela sama w sobie stała się atrakcyjnym towarem. Tak jak w latach sześćdziesiątych, okładki komiksów zaludniły się mnóstwem bohaterów, którzy latali, walczyli i tańczyli, swoimi krzykliwymi kostiumami hipnotyzując młodych i tych nieco starszych czytelników mających fioła na punkcie swojego hobby. Na okładce *What If? #34* znalazło się dwadzieścia jeden postaci, zaś *Marvel Super Hero Contest of Champions*, pierwsza miniseria wydawnictwa, powitała fanów ponad trzydziestoma bohaterami. Na ostatnich stronach publikacji znajdowała się „kompletna lista wszystkich żyjących superbohaterów", zawierająca prawdziwe personalia danego herosa, jego (lub jej) moce oraz datę pierwszego pojawienia się na łamach komiksu. Na potrzeby *Fantastic Four Roast* Fred Hembeck narysował kreskówkowe wersje ponad sześćdziesięciu popularnych postaci Marvela, pogrążonych w ożywionych rozmowach. Carol Kalish i jej asystent Peter David zaczęli składać do kupy *Marvel Age*, komiks ukazujący kulisy pracy w wydawnictwie oraz zapowiadający nadchodzące publikacje; miała to być kontynuacja założeń *FOOM* i, pod wieloma względami, powrót do 1965 roku.

Nie wszyscy byli jednak zachwyceni tym, co się działo, narzekano na brak nowych, prawdziwie ekscytujących bohaterów. „Skupili się tylko i wyłącznie na sobie, jakby redagowali fanzina: katalogowali własne osiągnięcia i dyskutowali o swojej pracy – narzekał autor jednego z listów wysłanych do zazwyczaj kąśliwego »Comics Journal«. – Ciekawe, kiedy zobaczymy magazyn w stylu *Marvel Letter Pages*, gdzie będą publikować jedynie pochwały od czytelników. Potem pójdą za ciosem i wydadzą *Might Marvel Amateur Fan Art* oraz biuletyn *'Nuff Said*". Być może ktoś z Marvela przeczytał ten list i spanikował, bowiem migiem zawieszono plany publikacji *Strange Fan Letters*, w której miały się znaleźć najbardziej kuriozalne listy od czytelników i nad którą już ruszyły prace.

Jednak to nie cynizm przyświecał działaniom Marvela, a przynajmniej nie u źródła. *The Official Handbook of the Marvel Universe* było nie tylko spełnieniem mokrego snu geeka, ale też dowodem niesamowitego oddania całego personelu. Po dwunastu numerach pełnych encyklopedycznych wpisów o setkach postaci – na wzór informacji o graczach umieszczanych na kartach baseballowych – wydrukowano dwa kolejne o „martwych i nieaktywnych" bohaterach oraz jeszcze jeden o „broni, sprzęcie i parafernaliach". *OHOTMU* było ogromnym przedsięwzięciem, które wymagało ogromnego nakładu pracy, przed jakim Marvel nie stanął nigdy wcześniej.

Za ostateczny kształt projektu odpowiadał cały zespół, ale trzonem tej samobójczej grupy byli Mark Gruenwald, czuwający nad fabularną ciągłością całego Uniwersum, jego asystent Mike Carlin, Eliot Brown, specjalizujący się w szczegółach architektonicznych, projektant – między innymi – posiadłości należącej do Avengers, oraz zatrudniony w dziale produkcji Jack Morelli. Sypiali w śpiworach, głowy kładąc na poduchach podkradzionych ze stojących w recepcji kanap; w zimowe noce rozgrzewali się przy kserokopiarkach, w tajemnicy myjąc się pod prywatnym prysznicem prezesa Marvela, Jima Galtona. Intensywność prac odbiła się korzystnie na efektywności: do każdego numeru trafiało ponad pięćdziesiąt tysięcy słów tekstu.

Gdyby nie wkład Gruenwalda, takie tempo byłoby niemożliwe. W każdej innej firmie człowiek ten jawiłby się najgorszym koszmarem działu HR; w Marvelu zaś stał się nieocenionym źródłem inspiracji. Po ciężkim dniu pracy i ogarnięciu wszystkich terminów potrafił nazajutrz nakazać swojej ekipie napisać piosenki o współpracownikach, zorganizować turniej w paddleballa* (przy czym na każdej paletce widniała karykatura właściciela) albo zaproponować zmianę wystroju biura czy rysowanie na wyścigi. Zadurzony w lokalnej prezenterce programu informacyjnego, Gruenwald zaoferował dolara za każdy plakat z Michele Marsh zerwany w przejściu podziemnym, który mogli dostarczyć mu jego pracownicy; uzbierał ich około osiemdziesięciu i wytapetował nimi całe swoje biuro, a nawet wnętrza szuflad. Kiedy już mu się znudziło, zdjął plakaty i kazał usunąć z gabinetu wszystko, co zbędne, nawet telefon schował do szafki. Jedynym nadprogramowym meblem, jaki zostawił, był nieduży stoliczek, przy którym siadała jego córeczka, kiedy odwiedzała go po szkole. Po zakończeniu prac nad *OHOTMU*, Gruenwald poświęcił się programowi komediowemu *Cheap Laffs* emitowanemu w telewizji kablowej, gdzie występował razem z Carlinem i Brownem. „Przebieraliśmy się w różne kostiumy – opowiadała Ann Nocenti, która przewinęła się przez parę odcinków. – Mark był

* Jednoosobowa gra polegająca na odbijaniu piłeczki połączonej sznurkiem z paletką – przyp. tłum.

reżyserem i mówił na przykład: »Załóż kostium wampirzycy i wyglądaj wampirzo«. To był Ed Wood na kwasie".

Oczywiście przez cały czas stroili sobie żarty; obiektem wielu z nich padał Jack Abel, który przez jakiś czas dzielił biuro z Gruenwaldem i Carlinem. Jego stoicki spokój (na zaczepki odpowiadał co najwyżej cierpliwym „ej") przyprawiał naczelnych jajcarzy o bezsilne zgrzytanie zębami i histerię. Któregoś dnia Gruenwald położył w szufladzie Abela plaster wyjętej z kanapki szynki – minęły tygodnie, nim ten się zorientował; a kiedy wreszcie jego wzrok padł na zepsutą wędlinę, powiedział spokojnie: „Ej, ktoś zostawił w moim biurku kanapkę z szynką... bez kanapki". Innym razem Abel – który miał w zwyczaju ucinać sobie drzemki – obudził się otoczony kompletnymi ciemnościami, zamknięty w istnej fortecy z kanap, biurek i innych mebli, ustawionej przez Gruenwalda i Carlina. Żartownisie usłyszeli jedynie nieco zduszony głos dochodzący z zaimprowizowanego pokoiku: „Ej, kto zgasił światło?".

„Domyślałem się – powiedział wiele lat później Carlin – że właśnie jestem świadkiem tego, co w przyszłości będziemy wspominać jako »stare dobre czasy«. To było coś, co każdy z nas miał zapamiętać do końca swojego życia".

Stan Lee, urzędując w Kalifornii, daleko od siedziby Marvela, jak zawsze walczył zacięcie o przeniesienie komiksów swojego wydawnictwa na duży ekran, zaś Jim Galton, którego gabinet znajdował się piętro wyżej nad powierzchnią biurową zajmowaną przez redakcję, nie ustawał w poszukiwaniach dobrych partnerów chętnych na licencje. Powoli zmieniała się polityka wydawnictwa, mówiąca jedynie o iluzji zmiany. „Niektórzy scenarzyści i rysownicy uważali, że nie ma sensu próbować, bo Shooter i tak nie da im zrobić nic nowatorskiego – mówił John Byrne. – Problem polegał na tym, że kiedy jeszcze mieliśmy nad sobą Marva, Roya i Lena, którzy trzymali łapę nad dosłownie wszystkim, ludzie przyzwyczaili się do przemycania dobrych historii pod płaszczykiem codziennego nudziarstwa. Sądzili więc, że z Shooterem będzie dokładnie tak samo"*.

* Byrne wycofał się z tych słów, kiedy Roy Thomas zagroził mu sądem.

Stawało się coraz bardziej oczywiste, że Jim Shooter chciał trochę namieszać: Nova – postać stworzona przez Marva Wolfmana na potrzeby fanzinu dekadę przed przekazaniem praw do niej Marvelowi – stracił swoje moce w jednym z numerów komiksu *ROM*. J.M. DeMatteis – były współpracownik magazynu „Rolling Stone" i freelancer związany z DC, który otrzymał swoją szansę w Marvelu, kiedy Roy Thomas odszedł z *Conana* – uśmiercił Nighthawka w jednym z numerów *The Defenders*. Roger Stern w *Amazing Spider-Man Annual* przedstawił czytelnikom nowego Kapitana Marvela, a raczej Kapitan Marvel: była to czarnoskóra kobieta Monica Rambeau, porucznik w Straży Portowej w Nowym Orleanie. Oczywiście *curriculum vitae* Kapitan Marvel – stróża prawa o feministycznych przekonaniach obdarzonego kosmiczną mocą – nie było znowu tak różne od tego, którym posługiwała się Ms. Marvel, Carol Danvers. Tydzień później, w *X-Men #164*, Claremont i Cockrum obdarzyli Danvers nowymi mocami i nowym pseudonimem. X-Men, po spotkaniu z nią w przestrzeni kosmicznej, zaproponowali jej, by dołączyła do drużyny; z początku Danvers nie była przekonana o słuszności takiego kroku, woląc poświęcić się eksplorowaniu wszechświata. „Powrót z wami oznaczałby porzucenie pragnień mojego serca, wszystkiego, co kocham. Ziemia była domem Carol Danvers… ale obawiam się, że nie jest miejscem dla Binary"*. Niewykluczone, że Claremont z radością wyrwał ją z rąk innych autorów i redaktorów, zaś jej nadmuchany i patetyczny monolog pożegnalny był swoistym bonusem.

Denny O'Neil, zajmujący się obecnie scenariuszami do *Iron Mana*, planował zastąpić człowieka w zbroi kimś innym. Tony Stark wpadł w cug i sypiał w rynsztoku, więc na jego miejsce miał wskoczyć czarnoskóry kolega, James „Rhodey" Rhodes.

Mark Gruenwald zaproponował serię *Spider-Woman* Ann Nocenti, która do tej pory napisała dla Marvela tylko jedną krótką historię. „Żaden

* Podobną przemowę mógł równie dobrze napisać Dave Cockrum, który zostawił w X-Men kilka świetnych postaci. Potem rozpoczął pracę nad powieścią graficzną *The Futurians*, którą planował wydać Marvel, lecz prawa miały pozostać przy autorze.

wydawany comiesięcznie komiks z kobiecą bohaterką nie miał wcześniej scenarzystki – powiedział jej. – Dasz temu tytułowi zupełnie nową perspektywę". Haczyk polegał na tym, że Nocenti musiała uśmiercić swoją bohaterkę. „Podejrzewam, że poprosił wcześniej o to samo wszystkich innych, ale odmówili, to nie jest przecież miłe zadanie. Pomyślałam jednak, że co mi szkodzi, to przecież nie człowiek, a rysunek na kartce papieru, jak dziewczyna w kostiumie pająka na kubku z napojem. Zrobiłam więc cztery numery i zwyczajnie ją zabiłam, a potem przyszły do mnie setki listów od smutnych, przerażonych dzieciaków. Nie rozumiałam wówczas tych więzi łączących czytelników z bohaterami. Tak naprawdę oni żyją, wiesz? To żywe postaci. I tak wyglądał mój komitet powitalny w Uniwersum Marvela".

Shooter tak argumentował zasadność planowanego „Wielkiego Bumu": Uniwersum Marvela stało się za bardzo skomplikowane, historie zbyt długie i zaangażowane, a należało wymyślić wreszcie coś nowego. Po latach Tom DeFalco wspominał jego słowa: „»Nadchodzące zmiany będą przez jakiś czas wisiały w powietrzu, a potem nastąpi Wielkie Bum i wystartujemy z nowymi wersjami istniejących postaci«. Zapytaliśmy go więc, po co to w ogóle robić, a on odparł: »Spora część komiksów, które robimy, woła o pomstę do nieba, trzeba coś zmienić«. Upieraliśmy się jednak, że przecież dalej będziemy pisać o tych samych bohaterach, nie możemy kompletnie wszystkiego skreślić, mieliśmy przecież za sobą dwadzieścia lat budowania całego komiksowego świata, więc nawet jeśli zaczniemy od nowa, za cztery czy pięć lat wszystko stanie się znowu tak samo pokomplikowane, więc po co w ogóle zawracać sobie głowę?".

Doug Moench widział to następująco: „Donald Blake zostanie zabity, lecz ktoś inny znajdzie jego laskę i stanie się nowym Thorem. Bóg piorunów nie będzie więc już lekarzem, a hydraulikiem czy coś takiego. Steve Rogers również umrze, a w roli Kapitana Ameryki zastąpi go bankier. Tak zrozumiałem Shootera i powiedziałem, że nie ma mowy, że nie możemy tego zrobić, jednak on nalegał. Peter Parker też miał pójść do piachu, a pająk miał ugryźć jakiegoś innego faceta i tak dalej. Nie chciałem temu przytaknąć, ale Shooter nadal upierał się przy swoim. Doszło do nieprzyjemnej sytuacji, bowiem wydzwaniali do mnie redaktorzy i ich asystenci, łącznie z Ralphem Macchio i Markiem Gruenwaldem, wszyscy drżeli przed Shooterem ze strachu. Toczyłem w biurach Marvela epickie starcia, wrzeszczałem na ludzi. Chyba tylko ja walczyłem, reszta bała się, że zostanie wyrzucona albo poniesie konsekwencje innego rodzaju. Ja miałem to gdzieś, nienawidziłem tego faceta".

Moench w sierpniu 1982 roku pracował nad trzema tytułami: *Thor*, *Moon Knight* i *Shang-Chi, Master of Kung Fu*. Z tego zestawu jedynie *Thor* był komiksem po prostu miernym – Moench narzekał później, że Gruenwald nie pozwalał mu robić go po swojemu – zaś *Moon Knight* i *Master of Kung Fu* okazały się wyjątkowymi dziełami sztuki komiksowej. Po latach funkcjonowania w środowisku jako klon Neala Adamsa, rysownik Bill Sienkiewicz wreszcie wypracował własny styl, w każdym komiksie czerpiąc inspiracje z innego źródła: tutaj czuło się Ralpha Steadmana, tam Boba Peaka, a nawet i Gustava Klimta. Redaktor Denny O'Neil próbował skierować *Moon Knighta* na teren okupowany przez *Batmana*, ale Moench i Sienkiewicz lubowali się w smakowitej psychodramie. Z kolei w *Master of Kung Fu* Moench eksplorował nowe rejony. Po latach pracy nad tym tytułem wraz ze świetnymi rysownikami, jak Paul Gulacy i Mike Zeck, udało mu się wywindować komiks na wyższy poziom i z ckliwych historyjek z mordobiciem w tle zrobić sprawną serię szpiegowską, zaś jego koledzy zachwycali czytelników starannie zaprojektowanymi stronami odwołującymi się do tradycji Steranko i Starlina. Jednak do trzech razy sztuka – wymarzonym partnerem dla Moencha okazał się Gene Day.

Znany z niekonwencjonalnego rozkładu kadrów i reżimu, jaki sobie narzucał („Pracuje osiem godzin z rzędu – mówił Joe Rubinstein – nie odchodzi przez ten czas od biurka, a jego brat donosi mu kawę i lunch. Je, a potem wraca do roboty"), Day był oddanym pracownikiem Marvela, który nie kręcił nosem na panujące w firmie warunki zatrudnienia. Razem z Moenchem dali z siebie wszystko, ślęcząc nad *Master of Kung Fu*, dzięki czemu tytuł ten wzniósł się na wyżyny.

Niestety, nie pomogło to sprzedaży. Komiks co prawda nadal na siebie zarabiał – jak praktycznie każde wydawnictwo Marvela – ale plasował się gdzieś w dolnej połowie zestawienia i Shooter uważał, że nie ma szans na poprawę. Nie był zadowolony z podejścia Daya do kwestii związanych z wizualną narracją i wciąż kazał mu coś zmieniać i poprawiać. Po kilku sprzeczkach nawet Day miał już tego dość. Nazwał całą tę sytuację „najbardziej traumatycznym doświadczeniem w jego życiu" i zrezygnował. Shooter zadzwonił do Moencha i oznajmił, że nie jest zadowolony z wyników sprzedaży i wymaga od niego „drastycznych, daleko idących zmian".

The Comics Buyer's Guide zamieściło wywiad z Moenchem, który wyjaśnił, dlaczego odszedł z Marvela po ośmiu długich latach: Jim Shooter miał mu kazać uśmiercić nie tylko alter ego Thora, Dona Blake'a, ale i wszystkich mieszkańców Asgardu. Moench uważał, że to zły pomysł, i właśnie ta kwestia zaważyła na jego rezygnacji. Ponadto Shooter przedstawił mu kilka zmian, które, jego zdaniem, należało wprowadzić w *Master of Kung Fu*. Zniknąć miało nie tylko nemezis głównego bohatera, Fu Manchu, ale i sam Shang-Chi. „Mogłem go zabić, zastąpić jakimś ninja lub zrobić z niego łotra i dopiero wtedy sprowadzić rzeczonego wojownika ninja, który pokazałby mu, gdzie jego miejsce... Jim zasugerował także, żebym wybił wszystkie postaci drugoplanowe... Latami budowałem ten świat. Kochałem tych bohaterów i powiedziałem mu, że nie mogę tego zrobić. Odparł, że skoro tak, to mogę oczywiście podążyć w innym kierunku i jakoś rozruszać komiks, ale wątpił, czy mi się to uda". Pod koniec tej rozmowy telefonicznej stało się jasne, że współpraca Moencha i Marvel Comics zmierza ku końcowi. Kiedy wieści o odejściu kolegi dotarły do Billa Sienkiewicza, on również nie zastanawiał się długo i zrezygnował z rysowania *Moon Knight*.

Marvel do kontrowersji związanych z „Wielkim Bum" odniósł się we wrześniu podczas konferencji prasowej; według Moencha, Shooter stanął przed grupą dziennikarzy i zaprzeczył doniesieniom, jakoby nakazał swoim autorom wprowadzać drastyczne zmiany, i nazwał podobne twierdzenia „rojeniami zgorzkniałego byłego pracownika". Kroplą, która przepełniła czarę, jak mówi Moench, stała się „obecność Ralpha Macchio, Marka

Gruenwalda i innych redaktorów, którzy milczeli, słuchając tych bredni, choć wcześniej wydzwaniali do mnie i błagali, żebym nie uległ Shooterowi. A potem pozwolili mu kłamać jak z nut i, co za tym idzie, nazywać mnie łgarzem".

Według pism branżowych zarówno freelancerzy, jak i redaktorzy potwierdzili, choć nieoficjalnie, że „Bum Lista" faktycznie istniała i widniały na niej słabo sprzedające się tytuły, jak *Master of Kung Fu*, *Thor* i *Defenders*; oficjalnie Marvel zaprzeczał jednak tym doniesieniom. „Nigdy nie kazałem nikomu nikogo zabijać! – protestował Shooter. – Ani Tony'ego Starka, ani Dona Blake'a, ani żadnego innego bohatera". Mark Gruenwald, poproszony o komentarz przez „Comics Feature", obiecał, że Iron Man, Thor i Kapitan Ameryka są bezpieczni. „Żaden z nich ani żadna z postaci drugoplanowych nie ma się czego obawiać. Mogę z czystym sumieniem potwierdzić, że Shooter nikomu nie kazał uśmiercać bohaterów, prosił tylko o odrobinę kreatywności, zaskoczenie czytelnika czymś niespodziewanym. Doug Moench i Jim Shooter zawsze mieli odmienne podejście".

Jeden przerzucał odpowiedzialność na drugiego. „Jim chciał, żeby coś zmienić w niektórych komiksach i na pierwszy ogień miały pójść *Kung-Fu* i *Spider-Woman* – cytowano Ralpha Macchio w »Comics Scene«. – Zaś moim zadaniem jako redaktora było dopilnowanie, że wszystkie jego zalecenia zostaną wdrożone". Shooter twierdził, że to właśnie niezadowolenie Macchio z kierunku, w jakim szły komiksy wydawane przez Marvel, sprowokowało dyskusję o zmianach; konsekwentnie wypierał się tego, jakoby nakazał Moenchowi uśmiercać jakiegokolwiek bohatera. „Fakt, mówiłem o »hurtowej rzeźni«, ale chodziło mi o to, że Doug miał wolną rękę. Próbowałem mu powiedzieć, że może zrobić to, co mu się żywnie podoba, pozbyć się nawet i wszystkich postaci, jeśli ma taki kaprys. Chciałem jedynie coś zmienić, reszta mnie nie obchodziła".

Kiedy w prasie nadal odbijano piłeczkę, Moench znalazł zatrudnienie tam, gdzie wielu przed nim – w DC Comics. „Cała sprawa zakończyła się dopiero, kiedy Stan Lee zobaczył, co się dzieje – opowiadał później. – I to on wreszcie położył kres tej farsie. Zresztą do dzisiaj wielu ludzi myśli, że sobie to wszystko ubzdurałem i jestem jakimś wariatem"*.

Chris Claremont doskonale rozumiał przejścia Moencha. „Przez osiem czy dziewięć lat pisał *Master of Kung Fu* i traktował bohaterów tego komiksu jak żywych ludzi, niemal jak swoich przyjaciół. A teraz ktoś mu mówi, żeby zrobić coś, co kompletnie zburzy jego wizję, zniszczy ten tytuł, kazano mu uśmiercić ludzi, którym Doug poświęcił swój czas, wysiłek, uczucie i troskę. Nie mógł tego zrobić. Nie mógł stać się nagle pozbawionym serca demiurgiem; on sam stanowił część tego komiksu, nie potrafił stanąć z boku".

Możliwe, że przemiana Kapitana Ameryki w bankiera faktycznie była, jak powiedział Shooter w jednym z wywiadów, „jedynie podsuniętym mimochodem przykładem" – według Toma DeFalco, pomysł ten porzucono, jeszcze zanim podłapali go redaktorzy fanzinów – ale i tak sama myśl, że ktoś może sabotować święte postaci Marvela, prowokowała kontrowersje. Potraktowano te wieści jako swoiste przypomnienie, że za kulisami nadal panowało niesamowite napięcie. Niezaprzeczalnie ktoś z ekipy Marvela kłamał, dostarczając tym samym każdemu usadowionemu wygodnie w fotelu samozwańczemu ekspertowi i każdemu miłośnikowi komiksów pożywki; mogli skanalizować swój gniew, a sytuacja ulegała nieustannemu zaognieniu.

Rankiem 22 sierpnia Gene Day zmarł na atak serca w wieku trzydziestu jeden lat, zaledwie parę miesięcy po rezygnacji z *Master of Kung Fu*. Jego śmierć mogło spowodować kilka czynników. „Gene miał naprawdę dziwaczne nawyki związane z organizacją pracy – napisał w eulogii Doug Moench. – Potrafił siedzieć przy stole kreślarskim przez bite czterdzieści dwie godziny, paść z wycieńczenia, obudzić się, pracować przez kolejne dwadzieścia osiem godzin i znowu paść. Istna pętla. Od razu po przebudzeniu sięgał po kawę i papierosa. Miał krzywe plecy od garbienia się nad

* Jim Shooter w 2011 roku opisał na swojej stronie internetowej nieco inny przebieg wydarzeń: „Mogę się tylko domyślać, że ktoś, podejrzewam Macchio, zaczął sobie mamrotać coś pod nosem o rzekomym pomyśle, na który wpadłem, no i Doug złapał przynętę; Ralph robił sobie z niego jaja, a ten uwierzył".

biurkiem. Od lat żadnych ćwiczeń fizycznych". Mimo to nadal krążyły historie, że Day pojechał do Nowego Jorku na prośbę Marvela, żeby dokończyć jakieś zlecenie na ostatnią chwilę. Pod przymusem spędził całą noc w nieogrzewanym biurze i to go zabiło. I co z tego, że podobne opowieści były przesadzone i wyssane z palca? Marvel Comics już zdążył stać się w wyobraźni wielu ludzi istnym Imperium Zła. Tom DeFalco pojawił się na konferencji prasowej i powiedział: „Gene Day zostawił *Master of Kung Fu*, gdzie premia wynosiła jakieś dwadzieścia dolarów miesięcznie, na rzecz *Star Wars*; tam dostawał dodatkowo niemal półtora tysiąca. Jeśli to jest znęcanie się nad pracownikiem, proszę bardzo, wpiszcie mnie na czarną listę Jima Shootera".

Niedługo po śmierci Daya kanadyjski fanzin „Orion" opublikował z nim wywiad, w którym zmarły jawił się jako perfekcyjny pracownik. „Sam jestem ogromnym fanem Marvela – opowiadał Day – i mój dom jest tam, gdzie ich biuro. To dzięki pieniądzom wydawnictwa mogę sobie pozwolić na wszystkie przyjemności życia". Można było interpretować te słowa dwojako i albo uczynić z niego męczennika, albo dać Marvelowi spokój.

W ciągu paru tygodni po odejściu Moencha Marvel ogłosił, że Ralph Macchio awansował na redaktora, a serie *Spider-Woman*, *Ghost Rider* i *Master of Kung Fu* zostały zamknięte; co za tym idzie, pozbyto się i bohaterów: Spider-Woman uśmiercono, zaś Johnny Blaze wreszcie wyegzorcyzmował demona. Denny O'Neil zapytał Starlina, który ubił już Warlocka i Kapitana Marvela, czy ma ochotę na więcej i nie sprzątnie Shang-Chi. Tym razem Starlin odmówił.

13

Tymczasem w Sherman Oaks w stanie Kalifornia Stan Lee przewodził Marvel Productions z przypominającego ranczo budynku przy Van Nuys Boulevard. Zwoływał spotkania przy stole ze szklanym blatem, ustawionym na słonecznym dziedzińcu zaraz przy wyjściu z jego wyłożonego ciemnymi panelami, wysokiego biura zastawionego obitymi w skórę meblami. Przyszłość rysowała się w świetlanych barwach. Nagrodzony Oscarem Stirling Silliphant ukończył pierwszy szkic scenariusza pilota serialu *Daredevil* dla telewizji ABC. Prowadzono też rozmowy z Tomem Selleckiem w sprawie jego udziału w filmie *Doctor Strange*; Carl Weathers, świeżo opromieniony sukcesem *Rocky'ego III*, miał zagrać w *Power Manie*; Irwin Allen, specjalizujący się w kinie katastroficznym producent i reżyser, miał wprowadzić do kin *Human Torcha*. Mimo że CBS Theatrical Films pracowało już nad filmem z Fantastyczną Czwórką, Roger Corman planował nakręcić film o Spider-Manie, zaś kanadyjskie studio Nelvana specjalizujące się w animacjach nabyło prawa do ekranizacji komiksu *The X-Men*, którą planowano jako aktorski pełny metraż.

Lee miał więc wiele powodów do radości, kiedy w styczniu 1983 roku pojechał do Nowego Jorku. Trafił akurat na apogeum redakcyjnego rozpasania – jego koledzy robili sobie zdjęcia w kostiumach superbohaterów na okładkę ostatniego numeru *Spider-Woman* i akurat byli w trakcie kompilowania komiksu składającego się wyłącznie z zabawnych fotografii redakcyjnych, do których chcieli dorzucić również fotkę ze Stanem. Lee, do niedawna szef szefów, nie mógł przegapić okazji, żeby znaleźć się w centrum uwagi. „Stan zgodził się nawet rozebrać do zdjęcia – opowiadała Ann Nocenti. – Sfotografowaliśmy go z komiksem w ręce zasłaniającym wiadome części ciała. Zaraz potem dostałam telefon od jego asystenta, który powiedział: »Stan oszalał. Nie możecie mu na to pozwolić. Proszę«. Nie pomogło. Stan upierał się przy swoim i nadal leżał nagi na kanapie". Podczas obróbki zdjęć dorobiono mu jednak ciało Hulka.

Jedyną rzeczą, która mogła zepsuć Lee dobry humor, było to, co Jack Kirby wygadywał na temat Marvela – i samego Stana – w nowym numerze *Spirit* Willa Eisnera. W lipcu ubiegłego roku Kirby zrobił sobie przerwę od Comic-Conu i w lobby jednego z hoteli w San Diego udzielił Eisnerowi szczerego wywiadu; bomba wybuchła właśnie teraz. O odrodzeniu Marvela po fali zwolnień w 1957 roku powiedział: „Kiedy przyszedłem po południu do biura, właśnie mieli zamykać. Stan Lee był już redaktorem i wszystko szło po prostu źle. Pamiętam, jak powiedziałem mu, żeby jeszcze się wstrzymał z gaszeniem świateł, bo mam kilka pomysłów, które chciałbym obgadać... Czułem, że muszę coś zmienić. Zacząłem budować nowe pokolenie superbohaterów".

Tym samym Kirby dorzucił do pieca; wyszło na to, że to nie on i Lee powymyślali tych wszystkich herosów, ale on sam, do tego walcząc z oporami Goodmana. „Stan Lee niczego nie pisał. To wszystko moje dzieło – pieklił się. – Stan nie pozwalał mi wpisywać kwestii w dymki. Stan nie pozwalał mi pisać dialogów. Odpowiadałem jednak za całą resztę, łącznie z kształtem fabuł". Ponownie przypisał też sobie autorstwo postaci Spider-Mana.

Relacje na linii Kirby–Marvel psuły się z dnia na dzień. Oburzony Lee upierał się, że to on wymyślił Spider-Mana, zaś projekty Kirby'ego były po prostu kiepskie. „Nie mam pojęcia, o co mu chodzi. Może Ditko wykorzystał jakiś kostium, który narysował Kirby. Nie pamiętam, wiedzą to tylko oni dwaj. Jeśli uda się komuś go dorwać, może warto zapytać Steve'a... w każdym razie nie ma takiej możliwości ani opcji, że to Jack Kirby stworzył Spider-Mana. Że też ma czelność opowiadać takie rzeczy. Zrobiliśmy wspólnie tylko jeden pasek, taki ni przypiął, ni przyłatał, oraz kilka nigdy niewykorzystanych przez nas stron"*.

* Stan Lee w 1977 roku napisał pięciostronicowy artykuł o stworzeniu Spider-Mana, nie wspominał w nim ani słowem o Kirbym, zaś nazwisko Steve'a Ditko

A jeśli chodzi o wkład Kirby'ego w stworzenie nowego pokolenia superherosów na początku lat sześćdziesiątych? „No cóż, Jack chyba postradał zmysły... Rysował te swoje historyjki o potworach, aż któregoś dnia zadzwoniłem do niego i powiedziałem: »Zróbmy Fantastyczną Czwórkę«". Lee przypisał sobie też autorstwo Hulka i Thora. „Powiedziałem, że chcę bohaterem uczynić boga. »Zróbmy coś o bogu piorunów«, dodałem. »Nikt wcześniej nie grzebał w nordyckiej mitologii...«. Jeśli więc to nie daje mi prawa mówić, że wymyśliłem tę postać, to w takim razie nic nie daje"*.

Fani nie mogli jednak przymknąć oczu na spór pomiędzy Kirbym i Marvelem, szczególnie że zawsze uczynne (a także sprytne w kwestiach marketingowych) DC odpowiednio go nagłośniło, a jeszcze zanim wszystko przedostało się do branżowych mediów, wydawnictwo zasypało Kirby'ego zleceniami. Jenette Kahn i Paul Levitz zabrali Jacka i Roz na kolację w Los Angeles i przekazali mu wieści, że Kenner – firma zajmująca się produkcją zabawek ze świata *Gwiezdnych wojen* – planowało wypuścić na rynek figurki przedstawiające bohaterów z DC. Jeśli Kirby zgodzi się zaprojektować postaci z *New Gods*, DC obiecało mu odpalić tantiemy na tej samej zasadzie, co autorom komiksów, mimo że Kirby dawno już zrzekł się wszelkich praw do swojego dzieła. Co więcej, wydawnictwo chciało wypuścić na rynek reedycję jego historii z New Gods z lat siedemdziesiątych w ekskluzywnej serii, na lepszej jakości papierze. Czy wobec tego Kirby skusi się na wznowienie swojego cyklu?

Kenner podpisał umowę na produkcję figurek Supermana, Batmana, Wonder Woman i paru innych postaci, co popchnęło spanikowanych rywali z Mattel – którzy przegrali licytację o licencję na postaci z DC – do wynegocjowania podobnych warunków z Marvelem, żeby powstrzymać Kenner

pojawiło się w nim jedynie raz. Magazyn „Quest" opublikował go w czerwcu pod tytułem *Jak wymyśliłem Spider-Mana*.

* Trudno powiedzieć, czy Stan Lee był tego świadomy, ale Thor pojawił się już w 1957 roku w wydanym przez DC komiksie *Tales of the Unexpected #16*. Historia pod tytułem *Magiczny młot* opowiadała o mężczyźnie, który odnajduje mityczną broń Thora i zostaje obdarzony mocą władania błyskawicami. Narysował ją Jack Kirby.

przed monopolizacją rynku superbohaterskiego. Zabawki z serii *He-Man i władcy wszechświata* okazały się, co prawda, ogromnym sukcesem, ale firma nie chciała poświęcać zbyt dużo czasu, energii i pieniędzy na podobny produkt. Jedyne, czego Mattel wymagał od Marvela, było wypuszczenie na rynek jakiejś specjalnej serii komiksowej, której data wydania zbiegnie się z premierą wprowadzenia na rynek figurek; ponadto przedstawiciele firmy zażądali, żeby nosiła ona nazwę *Secret Wars*, bowiem według badań rynku dzieciaki szalały właśnie na dźwięk tych dwóch słów: „sekret" i „wojna".

Jim Shooter musiał więc wymyślić od podstaw cykl i znaleźć miejsce dla bohaterów, których zabawkowe wersje miał w planach Mattel: Spider--Mana, Hulka, Fantastyczną Czwórkę, X-Men, Avengers i kilkunastu zbirów. Nieoczekiwanie ten projekt stał się dla niego prawdziwym darem, bowiem od dłuższego czasu w powietrzu wisiał pewien pomysł na scenariusz pod roboczym tytułem *Cosmic Champions*, który dałoby się zapełnić całym legionem superbohaterów; Shooter mógł wreszcie wprowadzić swoje upragnione zmiany za jednym zamachem. Zeszłego lata zapłacił pewnemu czytelnikowi z Chicago dwieście dwadzieścia dolarów za niezamówiony szkic fabularny o nowym, zaawansowanym technologicznie, czarnym kostiumie Spider-Mana i nareszcie mógł go wykorzystać.

Przez ostatnie lata Marvel chełpił się wspólnym, wielkim światem, stworzonym dla swoich postaci, doskonale zdając sobie sprawę z jego potencjału. Teraz wszyscy ci bohaterowie mogli stanąć ze sobą ramię w ramię w wielkiej bitwie. „Można powiedzieć – rozmyślał Shooter – że zrobiłem to, do czego przeznaczone było Uniwersum Marvela już w momencie jego stworzenia".

Ktoś mógłby jednak powiedzieć, że to raczej *Cosmic Champions* w pewien sposób określiło dalsze losy Marvel Comics Group, będącej częścią Cadence Industries Corporation. Od jakiegoś roku inwestor Mario Gabelli zajmował się intensywnym wykupem akcji Cadence, co spowodowało niemałe poruszenie wśród kierowników; w sierpniu 1983 roku Sheldon Feinberg i sześciu długoletnich dyrektorów Cadence – łącznie z prezesem Marvela Jimem Galtonem i wiceprezesem do spraw interesów handlowych Joem Calamarim – przekształcili firmę w spółkę prywatną Cadence

Management Inc., chcąc uniknąć przejęcia. Żeby wykupić odpowiednią liczbę krążących na giełdzie akcji, musieli jednak wziąć krótkoterminową pożyczkę, co wiązało się z nagłą potrzebą zwiększenia zysków. To właśnie wtedy zmieniono nazwę *Cosmic Champions* na *Marvel Super Heroes Secret Wars* i prace ruszyły pełną parą, czemu towarzyszyła rozbuchana kampania reklamowa na łamach pozostałych komiksów.

„*Secret Wars* było jednym z pierwszych wielkich wydarzeń komiksowych, pod którym nie podpisał się żaden prawdziwie uznany rysownik czy scenarzysta, gdzie wrzucono do jednego wora wszystkie możliwe postaci – mówiła Diana Schutz, wówczas kierowniczka sklepu Comics & Comix w Berkeley. – Czytaliśmy Marvela w latach sześćdziesiątych nie tylko dla samych bohaterów, ale i gości, którzy pisali te historie. Żaden późniejszy komiks nie miał już tego czegoś, czym szczyciły się zeszyty stworzone przez Stana i Jacka lub Stana i Steve'a. A potem nastały lata siedemdziesiąte i to autorzy stali się istotniejsi niż postaci; powstały niezależne wydawnictwa i sprzedaż bezpośrednia, którą napędzali właśnie konkretni scenarzyści lub rysownicy, a nie superbohaterowie czy wydawnictwa wpuszczające dany tytuł na rynek. I wydaje mi się, że w latach osiemdziesiątych to właśnie za pomocą *Secret Wars* Marvel próbował wrócić do dawnego *status quo* i przechylić szalę na korzyść swoich postaci".

Ekipa stojąca za *Secret Wars* – scenariuszem zajął się osobiście Jim Shooter, a za rysunki odpowiadali Mike Zeck i John Beatty – faktycznie nie była drużyną gwiazd. Zeck i Beatty zdobyli niejaką popularność dzięki *Captain America*, ale nie mieli tysięcy oddanych fanów jak John Byrne czy Frank Miller, co gwarantowałoby wysoką sprzedaż. Prawda jest taka, że Marvel cierpiał na deficyt autorów obdarzonych midasowym dotykiem, których samo nazwisko przyciągało czytelników i skłaniało do stania w kolejkach nawet po stare wydania ich komiksów. Byrne, niegdyś pracujący nad trzema (albo i więcej) tytułami naraz, ślęczał teraz wyłącznie – jako scenarzysta i rysownik – nad *Fantastic Four* i, od niedawna, *Alpha Flight*; pierwszy numer sprzedał się na pniu, dzięki czemu do jego kieszeni trafiła rekordowa suma trzydziestu tysięcy dolarów. Byrne pisał również – ale nie rysował – *The Thing*, lecz akurat za tym komiksem świat nie szalał i szybko stało się jasne, że ludzie kupują rzeczy firmowane jego nazwiskiem nie ze względu na jego talent scenopisarski. Miller stopniowo cedował coraz więcej pracy przy *Daredevilu* na Klausa Jansona, a następnie odszedł z Marvela, skupiając się wyłącznie na *Roninie* i DC. Po kilku miesiącach zrezygnował też przytłoczony całą tą sytuacją Janson.

Do Jima Starlina i Steve'a Engleharta, pracujących w pocie czoła dla Archiego Goodwina oraz Jo Duffy pod szyldem imprintu Epic, dołączył Don McGregor i – kiedy już zakończył się wreszcie proces sądowy o Howarda – Steve Gerber. Nawet Doug Moench, nadal pokłócony z Shooterem, i Paul Gulacy, który odszedł z Marvela już dawno temu, podpisali umowę z Epic. Żaden z komiksów ich autorstwa, oderwanych od Uniwersum Marvela, nie odniósł jednak sukcesu komercyjnego porównywalnego z publikacjami o superbohaterach; wszystko wskazywało na to, że Marvel przestał być stajnią dochodowych autorów.

I wtem, w połowie 1983 roku, Walter Simonson przejął znajdującego się na granicy opłacalności *Thora*. Simonson był szanowanym i lubianym weteranem, który pracował w branży od dziesięciu lat – jego żona to Louise Jones, a on sam dzielił biuro z Frankiem Millerem – lecz mimo dzikiej wyobraźni i niestandardowych układów stron, miał opinię „rysownika rysowników" i nie dochrapał się statusu gwiazdy. Mark Gruenwald udzielił mu *carte blanche*, lecz wręczył listę wytycznych (podobną do tych, które miał niegdyś otrzymać Doug Moench), z propozycjami fabularnymi, łącznie z pomysłem uśmiercenia Thora i wręczenia młota nowemu bohaterowi.

Simonson chciał, żeby w posiadanie broni Thora wszedł kosmiczny wojownik o końskiej głowie, którego imię miało brzmieć Beta Ray Bill. Na okładce *Thora #337* oczom zszokowanych fanów ukazał się straszliwy widok: Beta Ray Bill w pełnym ekwipunku Thora uderzał młotem Mjolnirem w logo komiksu, nacierając na czytelnika. Na kolejnych stronach eksplodowały gwiazdy, pędziły gigantyczne statki kosmiczne, zaś pieczołowicie narysowane nordyckie budowle wypełniały całe kadry; nikt od czasu Kirby'ego nie potrafił z takim entuzjazmem podejść do *Thora*. Nakład został wyprzedany w zaledwie parę dni; właściciele sklepów zaczęli wyrywać sobie kolejne dostawy z taką samą zaciekłością, jaką prezentowali przy okazji *Howard the Duck #1*. Simonson z miejsca stał się dla *Thora* tym, czym Frank Miller był dla *Daredevila*.

Niespodziewanie okazało się więc, że plan Shootera przewidujący drastyczne zmiany faktycznie przynosił rezultaty. Shang-Chi odszedł na emeryturę, zaś Tony'ego Starka i Dona Blake'a zastąpił, odpowiednio, nowy Iron Man i nowy Thor. Kapitan Marvel również otrzymał nowe wcielenie, zaś Ghost Ridera i Spider-Woman uśmiercono. Na łamach *Doctora Strange'a* Roger Stern przebił kołkiem marvelowego Drakulę, którego Marv Wolfman i Gene Colan dopieszczali przez parę ładnych lat. I nikt nie miał nic przeciwko.

Shooter mógł się śmiać wszystkim w twarz. Zapytał rysownika Freda Hembecka, czy nie miałby ochoty zasiąść nad kontynuacją *Fantastic Four Roast*, a kiedy ten poprosił Shootera, żeby nieco doprecyzował temat, usłyszał: „A może zrobisz coś o Wielkim Bum i kontrowersjach z nim związanych? Może wpadniesz na jakiś zabawny pomysł?". I tak Hembeck rozpoczął pracę nad *Jim Shooter Destroys the Marvel Universe*.

Jeszcze nie tak dawno, gdy Marvel na gwałt potrzebował kapitału, wszyscy w firmie stawali na głowie, żeby doprowadzić do kolejnego wydarzenia komiksowego do spółki z DC Comics. Chcieli, aby projektem zajął się George Perez, który po odejściu z Marvela zdobył sporą popularność za sprawą *The New Teen Titans*. I tak przez większą część 1983 roku oba wydawnictwa trwały w sporze na temat możliwości wypuszczenia na rynek komiksu *Justice League of America/Avengers*. Konflikt ten rozgorzał na łamach stron redakcyjnych i przeniósł się na panele dyskusyjne podczas konwentów oraz do wywiadów udzielanych branżowym magazynom. Kością niezgody była szybkość, z jaką Jim Shooter zaklepał sobie prawo do akceptacji scenariusza; w efekcie do współpracy nie doszło.

Nadszedł jednak moment, w którym Marvel mógł sobie na to pozwolić. Sprzedaż w punktach z prasą, jak za dotknięciem czarodziejskiej różdżki, przestała spadać, zaś w sklepach komiksowych wręcz rosła jak na drożdżach; udział sprzedaży bezpośredniej w zyskach wzrósł o czterdzieści sześć procent w 1982 roku i o kolejne trzydzieści dwa w ciągu następnych dwunastu miesięcy. Liczne miniserie zapewniały stały napływ pierwszych wydań kolekcjonerskich, a także służyły jako istne papierki lakmusowe w badaniach rynku, gdyż Marvel nieustannie szukał miejsca na nowe regularne cykle. Trwały prace nad kilkuodcinkowymi historiami z Hawkeye'em, Cloakiem i Dagger, Black Pantherem, Falconem i drugą drużyną Avengers – w jej skład mieli wejść członkowie, którzy nie zmieścili się do składu podstawowego (koniec końców ich siedzibę ulokowano w Los Angeles i nazwano West Coast Avengers, czyli Avengers z Zachodniego Wybrzeża). Miniserie z Machine Manem i Eternals znajdowały się na wczesnym etapie planowania; żaden z tych tytułów nie cieszył się zbyt wielką estymą, kiedy jeszcze odpowiadał za nie ich twórca Jack Kirby. Nadal istnymi kurami znoszącymi złote jaja były wszystkie spin-offy serii *X-Men*, które pojawiały się i znikały z półek: *X-Men and Micronauts*; *Illyana and Storm*; *Beauty and the Beast* (gdzie postacią pierwszoplanową stała się Dazzler, co można uznać za koronny dowód uporu Marvela, oraz mutant Beast); *Kitty Pryde & Wolverine*. Beast dołączył też do Defenders; w skład tej grupy wchodzili już zresztą dwaj inni byli członkowie X-Men, Angel i Iceman.

Carol Kalish miała wiele wspólnego z sukcesem Marvela, choć jeszcze nie skończyła trzydziestu lat. Lobbowała za rozwiązaniami korzystnymi dla sprzedawców – jak wspólne kampanie reklamowe – rozumiejąc, że dalszy rozwój wydawnictwa zależy od sytuacji sklepów komiksowych. Zajęła się dystrybucją egzemplarzy *Marketingu partyzanckiego* Jaya Levinsona do zaprzyjaźnionych kierowników, namówiła Marvela do przyjmowania zwrotów i nalegała na rozciągnięcie dystrybucji na sieci Waldenbrooks i B. Dalton.

Kochała handel w równym stopniu co komiksy, a sprzedawcy za nią szaleli. Przez wielu uważana za najbystrzejszą osobę w branży, ubierała się niczym yuppie i wypowiadała nienagannym, fachowym językiem, ale potrafiła też nadawać na tych samych falach co gorliwi wyznawcy sztuki komiksowej; w końcu była jednym z nich. „Carol przychodziła do sklepów, zabierała ludzi na obiad, pytała, co nam schodzi, a co nie, interesowała się opiniami czytelników – mówiła Diana Schutz. – Za posiłki płaciła kartą Marvela, a kiedy ktoś pytał, czy może pokryć koszty obiadu dla tylu osób, Carol zawsze odpowiadała, że każdy grosz wydany w trakcie czasu spędzonego na rozmowie ze sprzedawcami to kolejny gwóźdź do trumny jednego ze znienawidzonych przez nią komiksów, jak na przykład *Dazzler*. A to tylko jeden z wielu tytułów, którymi gardziła".

Kalish, niezwykle elokwentna i pewna siebie, zapracowała na całkowitą lojalność swojego szefa Eda Shukina i jego asystenta Petera Davida, lecz nie była tak chętnie widziana w pozostałych gabinetach Marvela. „Pałano do niej otwartą wrogością, ludzie zrobili się podejrzliwi – mówił David o trudnej współpracy redakcji i działu sprzedaży. – Redaktorzy nie bardzo wiedzieli, po co w ogóle istnieje komórka zajmująca się handlem. Bali się, że wkrótce to dział sprzedaży będzie rządził i dzielił. Nie chcieli, żeby kształt ich scenariuszom nadawały kwestie marketingowe, lecz czyste impulsy twórcze".

Shooter zaczął powtarzać to, co niegdyś usłyszał od Stana Lee, kiedy poproszono go o zażegnanie paniki związanej z plotkami, jakoby Marvel miał wybić w pień wszystkich swoich superbohaterów. „Jeśli komiks jest dobry, sprzedaż sama o siebie zadba". Nie jest to jednak filozofia, która mogłaby się spodobać marketingowcom.

Peter David – były dziennikarz, bezskutecznie próbujący przekonać Denny'ego O'Neila do swoich pomysłów na odświeżenie formuły *Moon Knighta* – znalazł się w samym centrum nagłośnionego sporu pomiędzy redakcją a marketingiem. David, do którego zadań należała między innymi dystrybucja przykładowych stron na imprezach komiksowych, dostał kopie paru kartek pochodzących z jednego z numerów *Alpha Flight*. Pojawił się pewien problem, bowiem Marvel ogłaszał wcześniej wszem i wobec, że jeden z członków drużyny zostanie uśmiercony w numerze dwunastym, zaś kopie pochodziły z numeru trzynastego i przedstawiały utrzymaną w konwencji snu scenę, w której ów bohater powstaje z martwych. Kiedy Byrne zobaczył materiał promocyjny, odnalazł stoisko Davida i nawrzeszczał na niego, a potem poprzewracał meble i odszedł, bluzgając pod nosem. Ćwierć wieku później obaj panowie na internetowym forum nadal debatowali na temat faktycznego przebiegu zdarzeń.

Prawda wyglądała jednak tak, że cele Shootera pokrywały się w dużej mierze z celami Kalish, i nic nie pokazywało tego dobitniej niż *Secret Wars* – komiks nareszcie ukazał się na rynku w styczniu 1984 roku. Mattel nie był zbyt pomocny; firma od miesięcy opóźniała wprowadzenie swoich zabawek do sklepów i nie miała zamiaru zainwestować w marketing, ale Shooter wbijał do głów czytelnikom jego felietonu w „Bullpen Bulletin" oraz *Marvel Age*, że ta seria zmieni dosłownie wszystko i po prostu trzeba ją kupić, nie ma innej opcji.

Fabuła *Secret Wars* była prosta jak drut: pozaziemska istota znana jako Beyonder przenosi kilkunastu bohaterów i superłotrów na planetę Battleworld, gdzie każe im walczyć. „Jestem spoza waszego świata! – rozlega się kosmiczny głos. – Zabij swoich wrogów, a wszystko, czego pragniesz, będzie twoje!" Ktoś mógłby się wykłócać, że *Secret Wars* to antyteza wszystkiego, co czyniło komiksy Marvela wyjątkowymi – mimo charakterystycznych dla ich publikacji sprzeczek i nieporozumień pomiędzy bohaterami, trudno mówić o jakichkolwiek moralnych dwuznacznościach poza (jakkolwiek krótkotrwałym) flirtem Mistera Fantastica z pacyfizmem*. Chris Claremont w ostatnich numerach *X-Men* starał się odmalować Magneto jako intrygującą i być może nawet dostojną postać, ocalałego z Oświęcimia nieszczęśnika, który zawarł pokój z X-Men; zaś w *Secret Wars* ponownie zredukowano go do brutalnego ideologa gotowego zabić każdego, kto stanie na drodze jego marzeniu o światowym pokoju. Pozostałe czarne charaktery również tkwiły w schematach – byli albo zwyczajnymi drabami, albo megalomanami. Z jednym wyjątkiem.

* Na łamach opublikowanej w *Fantastic Four* historii *Proces Reeda Richardsa* John Byrne powiedział dobitnie, że Galactus stanowi integralną część wszechświata, nie jest ani dobry, ani zły. Richards w dziewiątym numerze *Secret Wars* konkluduje: „Nadal nie mam pewności, czy to, co robimy, jest zgodne z wielkim planem, ale zrozumiałem, że tak bardzo chcę zobaczyć narodziny swojego dziecka! Kapitanie, pragnę tego bardziej niż czegokolwiek innego! I mam zamiar o to walczyć!".

Shootera ewidentnie fascynował Molecule Man, jedna z szeregowych postaci stworzonych przez Lee i Kirby'ego we wczesnych numerach *Fantastic Four*, alter ego niedorajdy imieniem Owen Reece. Po wypadku w elektrowni atomowej mężczyzna zdobył moc władania nad materią. Odkurzyli go Steve Gerber i Len Wein w latach siedemdziesiątych, zaś Shooter w paru numerach *Avengers* zrobił z niego mściwego nerda, wręcz wzbudzającego empatię socjopatę. „Kiedy zdobyłem swoją moc – tłumaczył Reece – chciałem wyrównać rachunki ze światem, który wyśmiewał się ze mnie przez całe moje życie… nie wiedziałem jednak, jak się do tego zabrać… aż do teraz!" Na końcu numeru Reece godzi się na wizytę u terapeuty; w *Secret Wars* poucza innych kryminalistów i głosi oświecone kazania ku jawnej niechęci zgromadzonych, którzy wiedzą jednak, że protesty na nic się nie zdadzą, bowiem Molecule Man może ich unicestwić machnięciem ręki.

Jednak jego wątek został bez wyjaśnienia porzucony na rzecz ciągłych eksplozji i górnolotnych deklaracji. To słowa Mistera Fantastica zostały zapamiętane przez czytelników na długo: „Czemu istota żyjąca z dala od nas i dysponująca tak wielką mocą jak Beyonder miałaby nas przenieść na drugi koniec wszechświata? Żeby zobaczyć jakieś durne zawody gladiatorskie? Bitwę dobra ze złem? Kim on jest – szalonym bogiem, kosmicznym idiotą? W tym wszystkim musi chodzić o coś więcej… ale jaki może widzieć w tym cel?". Lepiej nie myśleć o tym zbyt długo. Jak powie później Shooter, komiks miał „nauczyć dzieciaki, jak się bawić plastikowymi figurkami".

Secret Wars nie udało się wyjść poza dziwaczną mieszankę fabularnych klisz i trykociarstwa, zaś motywacje poszczególnych bohaterów bywały niejasne i zmienne. Żeby udobruchać Mattel, wprowadzono trzy nowe postaci kobiece, choć nie do końca oryginalne – nową Spider-Woman oraz dwie umięśnione, posągowe wojowniczki. Dynamika rysunków Mike'a Zecka znacznie ucierpiała w wyniku ciągłych poprawek, które nieustannie zgłaszał Shooter, nalegając na więcej planów ogólnych. Zalegali z terminami i przy kilku numerach z pomocą musiał przyjść Bob Layton; rola Zecka ograniczyła się do fachowej obróbki prostych layoutów Shootera, które komponowały się znakomicie z bezpośrednią i nieskomplikowaną narracją jego autorstwa. Kiedy nareszcie zakończono prace nad ostatnim numerem, umęczony Zeck otrzymał od Shootera butelkę Dom Perignon z dołączoną do niej karteczką: „Wojna się skończyła". Zeck otworzył swój prezent i wypił zawartość duszkiem.

Niektóre założenia planu Wielkiego Bumu udało się Shooterowi przemycić: po niespodziewanym finale *Secret Wars #11* na okładce ostatniego numeru umieszczono nawet napis „Po Wielkim Bum!". Jednak poza paroma kostiumami oraz nową Spider-Woman tak naprawdę w Uniwersum Marvela zaszło niewiele zmian; i być może właśnie tego chcieli czytelnicy.

Nad maksymalnym wykorzystaniem komercyjnego potencjału *Secret Wars* zaczęto dyskutować już na początku 1984 roku. Tom DeFalco i rysownik Ron Frenz przejęli *The Amazing Spider-Man* akurat w momencie, kiedy zaczął się klarować ostateczny kształt *Secret Wars*. Jednym z prezentów powitalnych był wymyślony przez Rogera Sterna numer, w którym po raz pierwszy pojawia się czarny kostium Spider-Mana. Niemal cała redakcja uznała ten pomysł za porażkę i DeFalco sam musiał się zająć scenariuszem, bowiem inni autorzy nie chcieli mieć z nim nic wspólnego, szczególnie gdy wieści przedostały się do czytelników. „Otrzymywaliśmy tony listów, w których tłumaczono nam, że to okropny pomysł – wspominał DeFalco. – W pewnym momencie przyszedł do mnie Shooter i zapytał: »Ej, w którym numerze wchodzi ten czarny kostium?«. Odparłem, że w dwieście pięćdziesiątym drugim, a on na to: »Pozbądźcie się go do dwieście pięćdziesiątego trzeciego. Sprzedaż nam spadnie. Nikomu się to nie podoba«. Odbyłem z nim długą dyskusję i przekonywałem, że powinniśmy się wstrzymać chociaż na osiem numerów, bo Spider-Man zdobywa nowy strój dopiero w *Secret Wars #8*, i dodałem, że przecież musimy zdążyć wprowadzić ten kostium, zanim się go pozbędzie, tym samym zachowując logiczną ciągłość wydarzeń w obu seriach".

DeFalco i Shooter niepotrzebnie się zamartwiali – kiedy w Mattel dowiedzieli się o nowym kostiumie Spider-Mana, byli zachwyceni. Teraz mogli wyprodukować dwie wersje zabawki. „Shooter przyszedł wtedy do mnie – dopowiada DeFalco – i rzucił mimochodem: »A tak w ogóle, to zostawiamy czarny strój«".

1 lutego – dzień po premierze *Amazing Spider-Man #252* – Eliot Brown i Tom DeFalco wylądowali w Kalifornii, gdzie mieli objechać parę sklepów z komiksami i złożyć kilka autografów. Ich komiks z miejsca stał się hitem, bijąc na głowę nawet *Thora* autorstwa Walta Simonsona. Kiedy Brown i DeFalco przyjechali do pierwszego ze sklepów, nie został tam ani jeden komiks do podpisania – wyprzedano cały nakład. Tymczasem, podczas spotkania z czytelnikami w Kanadzie, Ron Frenz był świadkiem, jak żądano pięćdziesiąt dolarów za *The Amazing Spider-Man #252*. „Szef służby przeciwpożarowej musiał zamknąć sklep, bo na spotkanie przyszło zbyt wielu ludzi – opowiadał. – Scena jak z *Zielonej pożywki*... Tłum napierał na ogromny stół, za którym siedziałem, cały czas przesuwając go do tyłu; nie miałem gdzie uciec, bałem się, że mnie zgniotą. Szał jak na Beatlesach, nikt się tego nie spodziewał".

Tydzień później DeFalco poleciał na Atlanta Comics Festival, gdzie Jim Shooter, opromieniony sławą *Secret Wars #1*, cieszył się, gdyż jego najbardziej zaufani pracownicy oraz przyjaciele – jak John Byrne, Mark Gruenwald, Mike Carlin i właśnie Tom DeFalco – stawili się tam tłumnie niczym na piknik gwiazd. Po ich powrocie do Nowego Jorku wydawało się, że wszystko zmierza ku lepszemu, nastąpił bowiem niespodziewany zwrot akcji: Bill Sarnoff z Warner Publishing, firmy, w której skład wchodziło DC Comics, zadzwonił do Shootera i powiedział mu, że, co prawda, zbijają fortunę na prawach do superbohaterów, ale komiksy sprzedają się słabo. Sarnoff zapytał go więc, czy Marvel nie byłby zainteresowany publikowaniem siedmiu tytułów DC. Marvel rozpoczął negocjacje w sprawie przejęcia *Supermana*, *Batmana*, *Wonder Woman*, *Green Lanterna*, *New Teen Titans*, *The Legion of Super-Heroes* i *Justice League of America*. Shooter wyliczył, że po dołączeniu tych serii do oferty Marvela, w ciągu pierwszych dwóch lat sprzedaż wzrosłaby o trzydzieści dziewięć milionów egzemplarzy, co dałoby zysk w postaci trzech i pół miliona dolarów przed odprowadzeniem podatku. Jeśli faktycznie podpisano by wszystkie potrzebne umowy, nie dość, że Marvelowi spadłaby z nieba niesamowita szansa na niezły zarobek, to jeszcze w dodatku wydawnictwo pozbyłoby się, jak nazwał Shooter głównego konkurenta w jednej z notatek służbowych, „irytującej przeszkadzajki".

Jednak nic z tego nie wyszło. Zaledwie tydzień później, 28 lutego, First Comics pozwało Marvela i World Color Printing – drukarnię obsługującą niemal wszystkie wydawnictwa komiksowe – zarzucając im „działania monopolistyczne i nieuczciwą konkurencję". Powód twierdził, że World Color oferuje Marvelowi preferencyjne ceny, dzięki czemu wydawnictwo może zalewać rynek swoimi produktami, tym samym pogrążając swoich raczkujących konkurentów. Marvel nie miał zamiaru obniżać nakładów swoich publikacji, ale szefowie zdecydowali, że przejęcie tytułów DC w tym momencie może zostać źle odebrane przez sąd.

Shooter był rozczarowany, ale uznał, że nie jest to dla Marvela aż tak ogromna strata, jak mogłoby się wydawać – zawsze mógł stworzyć swój własny wszechświat.

14

Pamiętając o zbliżającej się dwudziestej piątej rocznicy wydania *Fantastic Four #1* – i, co za tym idzie, narodzin całego Uniwersum Marvela – Jim Galton zwołał zebranie kadry kierowniczej w celu ustalenia szczegółów nadchodzących specjalnych wydarzeń promocyjnych. Jeden z pomysłów Shootera był skądinąd znajomy: „Zaproponowałem, żebyśmy zrobili Wielkie Bum, czyli zakończyli wszystkie serie, co do jednej, z wielkim hukiem, tym samym kładąc kres dwudziestoletniemu Uniwersum", powiedział potem w wywiadzie. Następnie zaproponował, żeby po kolei wznowić każdy tytuł i wypłacić tantiemy twórcom klasycznych postaci – takim jak Kirby czy Ditko – którzy nie otrzymywali ich ćwierć wieku temu. „I w ten sposób moglibyśmy wciągnąć ich do naszego systemu rozliczeń, bowiem na rynek trafiłyby nowe komiksy z wymyślonymi przez nich bohaterami". Szefowie nie wyrazili jednak zgody, więc Shooter wyszedł z inicjatywą stworzenia nowego, osobnego komiksowego wszechświata niepowiązanego z istniejącym Uniwersum Marvela. Dostał zielone światło i sto dwadzieścia tysięcy budżetu na rozruch paru serii w ciągu dwóch lat, akurat na rocznicę wypadającą w 1986 roku.

Mając na głowie *Secret Wars*, Jim Shooter zabrał się za kreowanie kompletnie nowego uniwersum. Nie podobał mu się kierunek, jaki nadają komiksom pozostali scenarzyści. „Shooter uważał, że niektóre postaci nie rozwijają się tak, jak powinny – mówił Tom DeFalco – czyli niezgodnie ze swoją naturą. Szukał więc okazji, żeby pokazać, jak, jego zdaniem, powinno się robić komiksy".

„Seria szła jak woda – powiedział John Byrne o *Secret Wars*. – Lepiej niż cokolwiek innego i Shooter musiał przekonać samego siebie, że działo się tak nie tylko dlatego, że upchnął tam wszystkich możliwych bohaterów, ale że sam komiks był po prostu świetny". Teraz nawet i on otrzymywał od Shootera swoje prace z oceną, czego tak nienawidził Doug Moench. „Czułem się, jakbym był z powrotem w szkole. »Trójka z minusem. Zahacz o moje biuro«. Czasem dodawał też jakąś krótką notatkę, na przykład: »Poczytaj *Secret Wars* i zobacz, jak to się robi«... Nie miałem takiego zamiaru. Na pewno nie dowiedziałbym się z tego komiksu niczego nowego. Co najwyżej mógłbym go zgnieść w kulkę".

Odgórne wytyczne nakazywały podjęcie zintegrowanych i szeroko zakrojonych działań promujących *Secret Wars* w innych publikacjach Marvela, czego dowodzi śmieszno-straszna notatka, którą ktoś powiesił w Zagrodzie:

Data: 27 kwietnia 1984
Od: Jima Shootera
Do: Redaktorów
Temat: Secret Wars

Jako że sam nie mam pod sobą działu z listami od czytelników, a trzeba nieustannie promować Secret Wars *(a przy okazji i moją osobę), docenię każdą pomoc z waszej strony; przez resztę roku w podległych wam działach wspominajcie nieustannie, jak wspaniałą robotę odwalam – jako wasz szef, a co za tym idzie jedyny autorytet w sprawach komiksowych i Bóg Uniwersum Marvela – i zaświadczajcie o mojej nieomylności. Możecie nawet wspomnieć, że jestem istotą doskonałą. Niektórzy marudzą, że bohaterowie mojej serii ~~są tak samo nudni i nieciekawi~~ nie zachowują się tak samo jak w swoich indywidualnych komiksach, więc przydałoby się, żebyście ~~wytłumaczyli tym podłym chujkom~~ uświadomili naszym kochanym czytelnikom, że to wielkie dzieło; pomimo naszych różnic artystycznych, piszę przecież o tych samych postaciach, co inni scenarzyści. ~~Tylko lepiej.~~ Wyciśnijmy z tego, ile się da, okej?*

Kiedy notatka dostała się w ręce redaktorów „Comics Journal", rzecznik Marvela potwierdził jej prawdziwość, lecz Eliot Brown niespodziewanie przyznał się do napisania tych słów i wziął na siebie całą odpowiedzialność za ten żart. Shooter odmówił komentarza. Bez względu na to, kto był autorem notatki, okazała się ona na swój sposób symptomatyczna dla nastroju panującego w Marvelu i oddawała to, co myśleli wszyscy: Shooter sądził, że nikt nie rozumie superbohaterów tak dobrze jak on. *Captain America* powoli dobijał do trzechsetnego numeru i Shooter w ostatniej chwili zaczął przepisywać dialogi. Scenarzysta, J.M. DeMatteis, był akurat w trakcie ciągnącej się od roku historii, budując efektowny finał, w którym Red Skull, odwieczny wróg Kapitana Ameryki, obecny na łamach serii od niemalże pięćdziesięciu lat, zostaje zabity. Umęczony Kapitan wyrzuca swoją tarczę do East River, odchodzi i próbuje ułożyć sobie życie jako Steve Rogers. „Chciałem rozpatrzyć sytuację – tłumaczył DeMatteis – w której Kapitan Ameryka myśli sobie: »Wiecie co? Przez czterdzieści lat biłem ludzi po mordach i burzyłem całe budynki... musi istnieć dla mnie jakaś inna droga«. Miał zostać aktywistą na rzecz pokoju na świecie, co przysporzyłoby mu mnóstwa problemów – rząd i pozostali bohaterowie Marvela zwróciliby się przeciwko niemu, a za jedynych sojuszników miałby Doctora Dooma i Sub-Marinera. Bucky z lat pięćdziesiątych powrócił jako Nomad; skołowany i zaskoczony nową sytuacją, koniec końców zamordowałby Kapitana Amerykę". Nowym Kapitanem miał zostać Black Crow, rdzenny Amerykanin, którego sam stworzył.

Plan DeMatteisa był w istocie zradykalizowaną wersją pomysłów krążących po redakcji w okresie planowania Wielkiego Bumu, kiedy to mówiono o śmierci Steve'a Rogersa i nowym Kapitanie Ameryce, który zajmuje jego miejsce. Podczas gdy DeMatteis i jego rysownik ślęczeli nad kolejnymi zeszytami, Jim Shooter przejrzał ostatnie strony trzechsetnego numeru i kiedy zobaczył Kapitana wyrzucającego tarczę do rzeki, zaprotestował, twierdząc, że taka scena nie ma racji bytu i nie wierzy, że ten bohater mógłby coś takiego zrobić. Shooter podzielił podwójny numer specjalny na pół i przepisał po swojemu. U niego Steve Rogers nie przeżywał żadnych rozterek, a Black Crow nie został Kapitanem Ameryką.

Rozgoryczony DeMatteis po trzech latach z *Captain America* rzucił tę serię w diabły.

Po publikacji *Secret Wars* redaktorzy, scenarzyści i rysownicy Marvela zaczęli się zastanawiać, czy Jim Shooter tak naprawdę wie, czego chce Jim Shooter. Oczywiście nie tylko Shooter myślał o postaciach Marvela w kategoriach swojej własności – Stan Lee przez całe lata kontrolował, co się dzieje z Silver Surferem. Jako szef redakcji Shooter miał jednak pełne prawo – ba, należało to w sumie do jego obowiązków – trzymać pieczę nad wszystkimi postaciami Marvela.

Nie znaczy to, że Shooter zamykał się na nowe możliwości; przeciwnie, często ulegał redaktorom, gotów był podejmować ryzykowne decyzje. Nowy rysownik *The New Mutants*, Bill Sienkiewicz, już wcześniej odważnie sobie poczynał, wraz z Dougiem Moenchem, w *Moon Knight*; teraz, ponad rok później, jego kreska nie przypominała niczego, co można było oglądać w komiksie superbohaterskim. Już na pierwszej narysowanej przez niego stronie widniała głowa niedźwiedzia przechodząca płynnie w krzyżówkę, która z kolei formowała... koc; miało się wrażenie, że pędzelek wypadł mu z ręki i zachlapał kartki tuszem. Żeby w pełni wykorzystać niespotykanie świeże eksperymenty formalne Sienkiewicza, Chris Claremont wraz z redaktorką Ann Nocenti starali się przekonać go do stworzenia hiperaktywnego, bionicznego, zmiennokształtnego bohatera. Namalowana przez niego okładka wydawała się wręcz abstrakcyjna, a to dopiero jedna z pierwszych, które zatrząsną estetycznymi posadami Marvela. „Pozwalałam mu rysować naprawdę szalone rzeczy – wspominała Nocenti – gdyż chodziło nam o wydostanie się ze szponów starego Marvela i wejście w epokę nowoczesności". Sienkiewicz zaczął pracować też z innymi mediami, czyli robić coś, na co decydowało się niewielu rysowników od czasu Jacka Kirby'ego: „Poszedłem do sklepu Radio Shack i kupiłem płytki drukowane oraz tranzystory, które potem ułożyłem w pewien wzór i pomalowałem. Następnie ochlapałem wszystko pastą modelarską, owinąłem taśmą i drutem i zrobiłem kolaż", powiedział.

Do redakcji zaczęły przychodzić listy pochwalne, jak i te pełne obaw. Jeden z nich, adresowany do Shootera i napisany kredką, mówił:

„POZBĄDŹ SIĘ GO, JIMMY, ZANIM WSZYSTKO ZEPSUJE". A jednak czytelnicy kupowali komiksy Sienkiewicza wręcz kompulsywnie, nie wiedząc jeszcze, czy je kochają, czy nienawidzą. Shooter dał mu więc wolną rękę.

„Taki właśnie był Jim – mówiła Nocenti. – Niby staromodny, ale jeśli się go odpowiednio przycisnęło, potrafił spojrzeć przyszłościowo".

Oczywiście akceptacja pewnych zmian nie wiązała się z porzuceniem przeszłości. Żeby zrobić miejsce dla Billa Sienkiewicza, Sal Buscema – którego niezmiennie bezpośredni styl równoważył absurdalne wyczyny Steve'a Gerbera w *Defenders* i Steve'a Engleharta w *Captain America* – został odsunięty od *New Mutants*. „I choć wiedziałam, że nie możemy zostawić przy tym komiksie staroświeckiego rysownika, jeśli chcieliśmy przyciągnąć nowych czytelników – mówiła Nocenti – był to chyba najtrudniejszy telefon, jaki wykonałam podczas swojej pracy dla Marvela. Musiałam powiedzieć Salowi bez ogródek, że odsuwam go od tego tytułu. Zapytał mnie dlaczego, więc odparłam, że potrzebujemy kogoś nowoczesnego... Naprawdę się wściekł, a potem zobaczyłam nowy numer *The Incredible Hulk*. I był kurewsko doskonały... jakby Sal chciał mi powiedzieć: »No to popatrz, co potrafię«; wytoczył naprawdę ciężką artylerię". Nie każdy miał jednak w zanadrzu *Hulka*, żeby pokazać gamę swoich możliwości.

Shooter lubił trzymać przy sobie weteranów, ludzi, którzy pracowali dla Marvela jeszcze w zamierzchłych czasach, i dawał im sporo zleceń – nie tylko Vinniemu Collettcie, ale też Donowi Perlinowi, Mike'owi Esposito i Frankowi Springerowi. Zaczęły jednak krążyć wieści, że starzy wyjadacze są już na wylocie. Kiedy Chic Stone wracał do zdrowia po zawale serca, otrzymał wiadomość od Shootera, która dawała mu do zrozumienia, że drzwi Marvela się przed nim zamknęły. „Liścik składał się z dwóch zdań – relacjonował Stone – i brzmiał mniej więcej tak: »Drogi Chicu, twoje usługi nie są już nam potrzebne. Jeśli coś się pojawi, skontaktuję się z tobą«".

Po wygaśnięciu kontraktu Jim Mooney wysłał do Shootera wiadomość z pytaniem o dalszą współpracę. „Otrzymałem bardzo krótką notatkę o treści: »Idź na emeryturę«. No, może nie była aż tak lakoniczna, ale chodziło właśnie o to", wspominał.

Don Heck, pierwszy rysownik *Iron Mana*, czuł się niedoceniany i pomiatany już od dłuższego czasu. Szczególnie dobiły go słowa Harlana Elisona i Gary'ego Grotha, którzy w wywiadzie dla „Comics Journal" nazwali go „najgorszym rysownikiem świata". Z kolei kiedy rozeszło się, że Shooter, za radą DC, zamierza zastąpić George'a Pereza właśnie Donem Heckiem przy projekcie *JLA/Avengers*, Perez zbagatelizował te wieści jako zwykły blef: „Shooter wie aż nazbyt dobrze, że Heck nie sprzeda ani jednego egzemplarza".

Jack Kirby nie czekał na nowe zlecenia od Marvela, ale nadal chętnie zająłby się tymi starymi; wypatrywał ich już od lat siedemdziesiątych, kiedy to wydawnictwo zaczęło zwracać autorom oryginalne szkice w zamian za podpis złożony pod stosownym oświadczeniem. Kirby, jak sam mówi, „ubłagał" pracodawców o zwrot swoich niedawnych rysunków, „ale kiedy poprosiłem o swoje rzeczy jeszcze z lat sześćdziesiątych, powiedziano mi, że są zbyt cenne". Marvel zaczął przekopywać się przez stosy zalegających w siedzibie firmy szkiców i wydawać autorom niektóre ze starszych prac wykonanych na mocy umów o dzieło; Kirby'emu powiedziano jednak, że w magazynie panuje straszliwy bałagan, zaś wszelka dokumentacja została zgubiona. Na domiar złego sam zainteresowany widział wielokrotnie, jak jego szkicami handluje się podczas konwentów komiksowych.

W wywiadzie dla „Comics Journal" Kirby powiedział, nie przebierając w słowach, że w Marvelu nikt nie chciał go wysłuchać: „Mają to głęboko w dupie, lecz nie zamierzam odpuścić. Dałem im z siebie wszystko, kiedy mnie potrzebowali, a w zamian dostaję kopa. Śmierdzi mi ta cała sprawa".

Kirby wiedział, że archiwalne rysunki wracają regularnie do Steve'a Ditko, Dicka Ayersa, Dona Hecka i innych. Krążyły plotki, że niektóre z jego szkiców zostały ukradzione z biura Marvela, zaś pozostałe leżą gdzieś na przerdzewiałych, chyboczących się regałach w zapyziałym magazynie. I nagle, w sierpniu 1984 roku, Kirby otrzymał listę prac, które udało się Marvelowi odzyskać – osiemdziesiąt osiem z ośmiu tysięcy dostarczonych im w latach sześćdziesiątych stron. Ponadto w kopercie znalazł czterostronicowy formularz, którego nie dano do podpisu żadnemu innemu autorowi. Zobowiązywał się w nim, że nie sprzeda nikomu swoich szkiców, nie skopiuje ich ani nie będzie wystawiał publicznie, oraz udostępni swoje prace na życzenie Marvela i nie będzie zgłaszał obiekcji, jeśli wydawnictwo zdecyduje o modyfikacji rysunków.

Kirby nie miał zamiaru podpisać dokumentu; skierował pod adresem Marvela jeszcze ostrzejsze słowa: „Nie współpracowałem z nazistami i z nimi też nie będę. Jeśli pozwolę im na takie rzeczy, to będą próbowali tego samego z innymi". Patowa sytuacja się przeciągała, aż wreszcie Marvel zaczął twierdzić, że Kirby, przez swoich prawników, groził pozwem w celu ustalenia praw do postaci, które stworzył. „Nigdy nie próbowaliśmy odzyskać praw od Marvela – powiedziała Roz Kirby podczas gorączkowej dyskusji z Jimem Shooterem zorganizowanej w ramach jednego z paneli na konwencie w 1985 roku. – To wasi ludzie wciąż wywlekają tę sprawę".

Faktycznie, prawnik rodziny Kirbych napomknął w rozmowie z Marvelem o prawach do Spider-Mana, Hulka i Fantastycznej Czwórki, po tym jak w „Variety" pojawiła się reklama nadchodzącego filmu *Captain America* produkcji studia Cannon Films, i autorstwo postaci przypisano nie Joemu Simonowi i Jackowi Kirby'emu, ale Stanowi Lee. Konflikt wszedł na wyższy, osobisty poziom. „Uratowałem Marvelowi dupsko", powiedział w wywiadzie Kirby i porównał Lee do Sammy'ego Glicka, zdradliwego głównego bohatera powieści Budda Schulberga *What Makes Sammy Run?* Zapytany, czy jeszcze kiedykolwiek wróci do pracy z Lee, odparł zdecydowanie: „Nie. Nie. Nie ma mowy. To tak, jakby ktoś zapytał mnie, czy wstąpiłbym do SS. Stan Lee jest tym, kim jest… Ma swoje marzenia i realizuje je w odpowiedni dla siebie sposób. Ja też mam swoje marzenia, ale staram się spełnić je nieco inaczej. Jesteśmy zupełnie różnymi osobami. Czuję, jakby on był moim dokładnym przeciwieństwem. Nie ma szans, żebym się dogadał z SS. Próbowałem. Mówiłem im, że chyba nie wierzą w te pierdoły, które wygadują, a oni odpowiadali, że jak najbardziej, i byli święcie przekonani o prawdziwości swoich słów. Zostali poddani indoktrynacji, zresztą Stan Lee również. I będzie żył zgodnie z tym, co mu wpojono.

Czasem wyjdzie mu to na dobre, a czasem na tym straci. Nie musi jednak wierzyć moim słowom".

I nie uwierzył. Lee był już mocno zirytowany przywłaszczaniem sobie przez Kirby'ego autorstwa postaci Thora, Hulka, Spider-Mana i całej Fantastycznej Czwórki („Ich wszystkich wymyśliłem we własnej piwnicy", mówił Kirby). „Nie mam pojęcia, po co Jack wygaduje takie rzeczy – odparowywał Lee. – Czuję się, jakbym słuchał narzekań zgorzkniałego człowieka, któremu mogę jedynie współczuć. Nie wiem, na czym polega jego problem".

Dwadzieścia lat po tym, kiedy nagranie Merry Marvel Marching Society świadczyło o rodzinnej atmosferze panującej w Zagrodzie, wszystko zdążyło się już rozpaść. Sol Brodsky zmarł w czerwcu 1984 roku; Lee posłał swoje kondolencje z Los Angeles, ale nie przyleciał na pogrzeb. Czwartkowej nocy w marcu 1985 roku, podczas powrotu z pracy do domu, Morrie Kuramoto nie przeżył ataku serca, który dopadł go w metrze. Danny Crespi – jego najbliższy przyjaciel i partner do przekomarzań – odszedł dwa miesiące później, w wieku pięćdziesięciu dziewięciu lat. Krył się ze swoją białaczką; codziennie jakby nigdy nic przychodził do pracy w Zagrodzie.

Niemal natychmiast po wysyłce ostatniego numeru *Secret Wars* do sklepów, podczas konferencji z kierownikami punktów sprzedaży Carol Kalish zwróciła się do nich takimi oto słowami: „Bądźmy szczerzy. *Secret Wars* to kupa, co nie?". Odpowiedziały jej twierdzące pomruki. „A jednak wszystko nam zeszło jak świeże bułeczki". Zebrani zaczęli wiwatować. „No cóż... przygotujcie się więc na część drugą!"

Po publikacji serii Shooter powiedział dziennikarzom, że nie ma zamiaru pisać sequela – jeśli kiedykolwiek zapadnie taka decyzja, mówił, prędzej zrobi to Tom DeFalco. Koniec końców zdecydował, że jednak zajmie się tym sam, zaś DeFalco, który redagował pierwszą serię, nie będzie pracował nad drugą. Zadanie to przypadło w udziale Bobowi Budiansky'emu. „Jeśli przejmowało się komiks po Jimie – tłumaczył Budiansky – trzeba było go z niego wysiudać. I on to rozumiał. Praca z nim to koszmar. Nie wyrabiał się w terminach, robił się bajzel. Przez te jego opóźnienia cała Zagroda musiała rzucać wszystko i zajmować się wycinaniem dymków dialogowych i przyczepianiem ich do tablicy. Burzyło to nam kolejne terminy, bo komiksy, w których trzeba było zaprowadzić pomniejsze poprawki, odkładano na bok, żeby móc pracować nad *Secret Wars*".

Sal Buscema, niestrudzony niczym koń pociągowy, narysował pierwszy numer. Kiedy Shooter go zobaczył, kazał Alowi Milgromowi zacząć wszystko od nowa. Pomimo nalegań ze strony pozostałych redaktorów Budiansky zdecydował, że nie będzie próbował odsunąć Shootera od projektu. „Uznałem, że Jim i tak będzie musiał wszystko przyklepywać, bo to w końcu jego dziecko – powiedział. – Chciałby przejrzeć gotowy komiks, a potem zażądałby wprowadzenia drastycznych zmian, a to byłoby jeszcze gorsze, niż gdyby pisał sam".

Fabuła *Secret Wars II* była w pewnym sensie przeciwieństwem pierwowzoru: Beyonder, eteryczna istota, która w poprzedniej serii przeniosła bohaterów Marvela na Battleworld, powraca na Ziemię w ludzkiej postaci i próbuje zrozumieć, co kręci mieszkańców naszej planety.

Problem polegał na tym, że Shooter, usiłując przebić rozmachem swoje poprzednie dzieło, raptownie pomnożył wszystkie wątki; akcja *Secret Wars II* rozlała się niemal na wszystkie indywidualne serie wydawane przez Marvela. Okładki przeszło trzydziestu tytułów – od *Daredevila*, przez *Doctora Strange'a* i *Micronauts*, do *Roma* – ozdobiono trójkącikiem, oznaczając je tym samym jako część crossoveru. I choć Shooter nie był ich scenarzystą, pilnował, co działo się w każdym.

Nikt nie kwestionował instynktu Shootera ani jego warsztatu, lecz wymuszanie na innych stosowania się do jego wytycznych stało się męczące: ciągle podkreślał wagę planów ogólnych, za wzór układu stron dawał komiksy Kirby'ego i nieustannie cytował wierszyk dziecięcy o małej pannie Muffett jako przykład opowieści zawierającej niezbędne dla dobrej fabuły elementy – konflikt i jego rozwiązanie.

Roger Stern, scenarzysta *Doctora Strange'a*, zadzwonił do znajomego freelancera Petera Gillisa i powiedział, że kończą mu się pomysły i chętnie odda tę fuchę. Gillis zgodził się bez wahania i wówczas Stern poinformował go, że jest w tym pewien haczyk – zacznie od wątków związanych z *Secret Wars II*. „Każdy crossover przerabialiśmy po trzy razy, bo coś nie podobało się Jimowi – opowiadał później Gillis. – I mój komiks nie był wyjątkiem".

Po tym jak Denny O'Neil został poproszony o umieszczenie Beyondera w jednym z numerów *Daredevila*, redaktor Ralph Macchio przekazał mu, że według Jima Shootera O'Neil niezbyt czuje tę postać. „Starałem się trzymać Beyondera gdzieś z boku. Tak wkurzyłem tym Jima, że odebrał mi tantiemy za ten zeszyt – żalił się O'Neil. – Shooter napisał ten numer na nowo, a nasze stosunki dość szybko uległy pogorszeniu"*.

„Ludzie narzekali na treść – przyznawał Howard Mackie, wówczas asystent Marka Gruenwalda – i Jim wciąż nalegał na zmiany. Czasem komiks był gotowy, a Shooter mówił autorowi, że czegoś tam nie zrozumiał. Pamiętam numer *Avengers* napisany przez Rogera Sterna, w którym pojawiał się Beyonder. Musiał poprawić obszerne fragmenty, bo nie skonsultował zmiany kostiumu".

„Shooter obskakiwał niemal wszystkie tytuły powiązane z główną serią – powiedział Mike Carlin. – Czytał scenariusze i mówił: »To się nie zgadza z tym, co zamierzam zrobić«; co oczywiste, nikt nie znał jego dalszych planów, więc trudno było zrobić jakikolwiek krok".

Beyonder przez większość *Secret Wars II* chodził z podniesionym kołnierzem, w kombinezonach z poduszeczkami na ramionach i z lokami na głowie, co oznaczało, że Jim Shooter pokusił się o komentarz na temat kultury amerykańskiej roku 1985. Mimo że seria była ewidentnym skokiem na kasę, momentami przejawiała zadatki na zjadliwą satyrę wymierzoną w bezmyślny konsumeryzm. Powrócił Molecule Man, lecz zamiast korzystać z oszałamiających mocy, siedział na kanapie ze swoją odzianą w trykot dziewczyną o pseudonimie Volcana; wołali na siebie „koteczku" i „skarbie",

* W *Power Man & Iron Fist #121* Jim Owsley (który w świecie komiksowym na dobre zasłynął jako Christopher Priest) przedstawił własną, unikalną wersję Beyondera: kiedy pojawił się na osiedlu zamieszkanym przez czarnoskórych, miał okulary przeciwsłoneczne z lustrzanymi szkłami, ogromne afro oraz odpowiedni kolor skóry. „Zasuń mi tu rybkę, lekko przysmażoną – mówi do kelnerki – fasoleńkę szparagową, a do tego Jasia Wędrowniczka z lodem. Czaisz?"

oglądając po kilka odcinków *Hogans's Heroes* lub *Laverne & Shirley* z rzędu. Tymczasem Beyonder wchodzi w układy z dziwkami i gangsterami oraz zalicza przejażdżkę podprowadzonym z ulicy lamborghini.

O ironio, mocno przypominał stworzoną przez Steve'a Gerbera i Mary Skrenes tytułową postać ze słabo sprzedającego się komiksu z lat siedemdziesiątych *Omega the Unknown*: potężnego naiwniaka stąpającego po omacku po nieznanym mu terenie, gdzie łatwo zostaje zdemoralizowany przez śmieciową kulturę i występek*.

Seria przedzierzgnęła się w pozornie niekończącą się opowieść bez ładu i składu, w której Beyonder unicestwiał kolejnych ludzi – żeby potem przywrócić ich do życia – i niszczył budowle. Spełnienie, którego miał zaznać na Ziemi, nieustannie wymykało mu się z rąk. Mimo obecności paru pozaziemskich i potężnych postaci z Uniwersum – Starlinowskiego In-Betweenera, Eternity Steve'a Ditko oraz Galactusa i Watchera Kirby'ego – cykl upraszczał lub udziwniał ich portrety charakterologiczne; ponadto Shooter traktował dialog niemal wyłącznie ilustracyjnie, jakby zwracał się do małych dzieci (mimo że zahaczał na przykład o temat prostytucji). Co gorsza, superbohaterowie – postaci, których Shooter tak bardzo bronił przed innymi scenarzystami – stali się grubiańscy. „A kogo to obchodzi? To nie nasz problem!", wzruszał ramionami Spider-Man, kiedy Beyonder uciekał do windy – co przypominało o jego pysze, która doprowadziła do śmierci wujka Bena. Czy Spider-Man nie nauczył się niczego o byciu bohaterem?

Jeśli chciało się znaleźć odpowiedź na to pytanie, należało przeczytać cholernie dużo komiksów, zaś w ciągu ostatnich dziesięciu lat cena jednego zeszytu podskoczyła trzykrotnie – do siedemdziesięciu pięciu centów – czyli koszt dziewięciu numerów *Secret Wars II* wraz z pozycjami towarzyszącymi wynosił ponad trzydzieści dolarów, które potencjalni kupcy musieli

* Nie było łatwo polubić Beyondera. Tak jak kosmiczny podrywacz imieniem Marcus stał się przyczyną kłopotów Ms. Marvel w *Avengers Annual #10* autorstwa Shootera, tak Beyonder również wykorzystał swoje pozaziemskie moce, żeby uwieść Dazzler w trakcie *Secret Wars II*. Presto: dywanik z niedźwiedziej skóry, dorożka, kawiarenka w Paryżu. Na szczęście Beyonder zrozumiał niegodziwość swojego czynu, zanim zapłodnił Dazzler.

uzbierać z kieszonkowego. Marvel specjalizował się w rozbijaniu świnek skarbonek – w 1985 roku praktycznie żadna seria indywidualna nie biegła samodzielnie, bez powiązania z innymi. Jeszcze w trakcie trwania *Secret Wars II* John Byrne zamienił się zleceniami z Billem Mantlo – sam zaczął pisać *Hulka*, a koledze oddał *Alpha Flight*. Zdecydowali się na crossover pomiędzy tymi dwoma tytułami, więc i tak trzeba było czytać oba. *X-Men* i *New Mutants* pisane przez Claremonta zaczęły stanowić jednolitą całość, pomimo prawdziwego wysypu kolejnych spin-offów i miniserii. Spider-Man doczekał się całego uniwersum i do *Amazing Spider-Man* i *Spectacular Spider-Man* dołączyło *Web of Spider-Man*. Nie trzeba chyba dodawać, że wszystkie uzupełniały się wzajemnie.

Sprzedaż w sklepach z komiksami zrównała się poziomem ze sprzedażą w punktach z prasą, przybywało starszych czytelników, gotowych wydać ciężko zarobione pieniądze na kolejne zeszyty, zaś ich oddanie rosło z tygodnia na tydzień. Trzeba było odpowiedzieć sobie na pytanie: wchodzisz w to czy nie?

Modelowy fan Marvel Comics kupował wszystkie crossovery oraz pierwsze wydania numerów danych serii z nadzieją, że kiedyś staną się cennymi egzemplarzami kolekcjonerskimi, i z zasady nie miał wiele wspólnego z palącym trawkę, niedogolonym młodzikiem, który podniecał się *Warlockiem* Jima Starlina, *Doctorem Strange'em* Steve'a Engleharta i *Howardem* Steve'a Gerbera. Bodaj najokrutniej Shooter potraktował w *Secret Wars II* Stewarta Cadwella, byłego scenarzystę komiksowego, który zawzięcie atakował, jak to określał, kulturę śmieciową, choć sam był jej częścią, bowiem pisał fabuły kreskówek. „Mam dość przemocy, przeciętniactwa i idiotyzmu – Reaganomika, pierońska jej mać", wykrzykiwał wściekły liberał Cadwell, który żywił się jedzeniem z McDonalda i papierosami. Kiedy Beyonder obdarzył go nadludzkimi mocami, Cadwell zaczął siać zniszczenie, burząc budynek zatrudniającej go stacji NBC. Wreszcie X-Men do spółki z Avengers uporali się z nim i mężczyzna na powrót stał się zwyczajnym głupkiem. Nieprzypadkowo Stewart Cadwell wyglądał dokładnie jak Steve Gerber.

Tak się składa, że niewiele wcześniej Gerber zostawił pracę przy kreskówkach i zajął się serią *Wonder Woman* dla DC Comics. Razem z Frankiem Millerem – ślęczącym wówczas nad miniserią z Batmanem – chcieli zrobić komiks o Supermanie, ale, niestety, projekt nie wypalił, gdyż DC nie chciało się zgodzić na proponowane przez autorów dwadzieścia procent zysków w zamian za nową Supergirl, którą mieli wspólnie stworzyć. Następnie Gerber próbował sprzedać serię wymyśloną do spółki z Valem Mayerikiem *Void Indigo* – i choć DC wyraziło zainteresowanie, Gerber i Mayerlink mieli utracić prawa do tytułu. Zwrócił się więc do Archiego Goodwina i podlegającego Marvelowi, ale przyjaznego autorom Epic Comics. Jego powrót pod skrzydła wydawnictwa trochę osłabił zjadliwą krytykę, której obiektem w paru numerach *Destroyer Duck* stał się właśnie Marvel – ale jakie miał wyjście? Epic dysponowało sporymi możliwościami promocyjnymi i chciało wydać jego komiks. Opublikowano jednak tylko dwa numery i ze względu na kontrowersje związane z brutalnością komiksu, dalszych zeszytów *Void Indigo* nie ukończono.

Niedługo po tym Marvel zaczął myśleć nad wznowieniem serii *Howard the Duck*, aby zbić kapitał na wysokobudżetowym filmie, który miał wkrótce wyprodukować George Lucas. Zgodnie z ugodą zawartą z Marvelem, Gerber otrzymał szansę powrotu na stanowisko scenarzysty. Krótko po przeczytaniu zeszytu *Secret Wars II*, w którym Shooter uczynił go obiektem drwin, w kwietniu 1985 roku Gerber dostarczył do redakcji materiał na pierwszy numer nowego *Howarda*. Była to parodia naszpikowanych wszystkimi możliwymi postaciami, ciągnących się miesiącami cross-overów, której dał tytuł *Sekretny kryzys Kaczora Howarda*. Jim Shooter zażądał jednak zmian redakcyjnych i wszystko spaliło na panewce*. Gerber został konsultantem kreatywnym przy filmie o Howardzie.

* Gerber w swoim komiksie dyskredytował wydane w drugiej połowie lat siedemdziesiątych, pisane przez Billa Mantlo numery *Howarda* jako halucynacje. Kiedy Shooter napomknął, że Mantlo może się poczuć urażony, Gerber wymyślił historię, z której wynikało, że wydarzenia przedstawione w komiksach Mantlo to tylko czarno-białe filmy zrealizowane przez kosmicznego „techno-artystę" imieniem Chirreep (swoją drogą sam Mantlo zastosował podobny wymyk w jednym z numerów *The Incredible Hulk* z 1982 roku, żeby przekreślić wcześniejsze pomysły

Tymczasem Jim Starlin, który zahaczył się przy serii *Dreadstar* dla Epic, miał problem z wyegzekwowaniem należnego mu honorarium na czas. „Sądzę, że – choć ludzie z Marvela zapewne temu zaprzeczą – wydawnictwo coraz mniej entuzjastycznie podchodzi do pomysłu przekazywania praw autorskich do postaci ich autorom i myśli, jak z tego wybrnąć", powiedział. Dowodząc, że faktycznie posiada wszelkie prawa do *Dreadstar*, przeniósł się ze swoją własnością do niezależnego First Comics.

Nieco lepiej na swoim powrocie do Marvela wyszedł Steve Englehart. Tak jak Gerber, zaczął tęsknić za stabilizacją, którą dawała praca w firmie o unormowanej sytuacji, i był gotów podjąć pracę na zlecenie, szczególnie że mógł liczyć na tantiemy. „Miałem już dość pisania komiksów do szuflady – tłumaczył. – Na dwa wiadome wydawnictwa można liczyć pod jednym względem: na pewno puszczą to, co napiszesz". Englehart od razu zajął się komiksem z Wonder Manem, Black Talonem i Grim Reaperem, czyli historią, którą zaczął pisać już niemal dziesięć lat wcześniej, jeszcze za czasów *Avengers*, zanim pokłócił się z Gerrym Conwayem. Jego opowieść zaczęła pachnieć prawdziwym melodramatem, przy którym wyczyny Claremonta w *X-Men* wypadały blado. Scenariusz rozciągnął się na podwójne – i odpowiednio wycenione – numery *West Coast Avengers* oraz *The Vision and Scarlet Witch*, tworząc jeszcze jedno wielotomowe wydarzenie komiksowe.

Frank Miller również wrócił do Marvela, mimo że, już jako uznany autor, na każdym kroku głośno krytykował niegodne zachowanie wydawnictwa w stosunku do Jacka Kirby'ego. Zmęczony Nowym Jorkiem – „jeden Bernhard Goetz* wystarczy", mówił – przeniósł się do centrum Los Angeles, zaszywając się w przestronnym, industrialnym lofcie mieszczącym się w budynku położonym naprzeciwko szemranego baru, do którego szło się

Douga Moencha, który wówczas myślami był już i tak w DC). Następnie Shooter nakazał wprowadzenie jeszcze paru poprawek i Gerber sam chciał przejąć obowiązki redaktora. Marvel odmówił i Gerber wycofał swój scenariusz.

* Bernhard Goetz w grudniu 1984 roku kilkakrotnie wystrzelił z pistoletu do czterech mężczyzn, którzy chcieli go okraść w pociągu metra; jego sprawa zainicjowała krajową debatę na temat granic samoobrony oraz dostępu do broni palnej – przyp. tłum.

chodnikiem zasłanym igłami. Poza ponurą, futurystyczną przeróbką Batmana, zaczął pracować nad dwoma mrocznymi, ambitnymi powieściami graficznymi dla Marvela: jedną na temat zmarłej Elektry, którą sam miał narysować, zaś za stronę graficzną drugiej, o Daredevilu, odpowiadał Bill Sienkiewicz*. Ich współpraca doprowadzi do powstania ośmioczęściowej serii *Elektra: Assassin* napisanej dla Epic, a namalowanej w całości przez Sienkiewicza.

To wszystko miało jednak nastąpić dopiero w przyszłości. Przeprowadzka do Kalifornii kosztowała Millera więcej, niż się spodziewał – nie miał już pieniędzy, zaś ukończenie rozpoczętych projektów było kwestią kilku miesięcy. Leżąc w wannie, bez grosza przy duszy, wpadł na pomysł: „A jeśli to wszystko spotkałoby Matta Murdocka? Jeśli straciłby wszystko, co miał?". Niedługo potem zadzwonił do niego Ralph Macchio i powiedział, że Denny O'Neil nie dogaduje się z Shooterem i odszedł z *Daredevila*. Miller opowiedział mu więc o swoim pomyśle i stało się: znowu będzie scenarzystą *Daredevila*.

Mijało już prawie dziesięć lat, odkąd Chris Claremont przejął *X-Men* – nawet Stan Lee nie pracował nad żadnym tytułem tak długo. Rysownicy przychodzili i odchodzili, a zmiany personalne nie pozostawały bez wpływu na scenariusz. Po tym jak Dave Cockrum odszedł, żeby pracować przy *The Futurians* – zachowa prawa do tych postaci, lecz nigdy nie osiągną spodziewanej popularności – jego obowiązki przejął Paul Smith, który wcześniej pracował przy animacjach. Nadał on komiksowi klarowności i lekkości, co skłoniło Claremonta do ujawnienia rozrywkowej części swojej natury**. Zaczął nawet eksperymentować z bohaterami (Storm utraciła moce, zrobiła sobie irokeza i zaczęła się stroić w skórzane wdzianka, Cyclops opuścił drużynę, a Wolverine się zaręczył i został porzucony), zaś

* Powieść graficzna *The Daredevil: Love & War* miała być jedynie dwuczęściową opowieścią w ramach regularnej serii, lecz została odrzucona.

** Cockrum próbował czegoś takiego już wcześniej: w *Bajeczce Kitty* zamieszczonej w numerze sto pięćdziesiątym trzecim przedstawił Wolverine'a jako żłopiącego piwo diabła tasmańskiego, zaś Nightcrawler przypominał kędzierzawego elfa. Cockrum wzdragał się, słysząc, że zmiana nastroju to zasługa Claremonta.

dynamiczne rysunki Smitha sprawiły, że momenty rodem z telenoweli stały się trochę bardziej znośne.

Potem Smitha zastąpił John Romita Jr. i powoli zaczął odkrywać mroczniejszą stronę *X-Men*; dyskusje i debaty pomiędzy bohaterami ciągnęły się stronami. Kitty Pryde wróciła z wyprawy do Japonii jako wojowniczka ninja. Rachel Summers – córka Scotta Summersa i Jean Grey z alternatywnego świata – przybyła jako niewolnica z kolczastą obrożą na szyi, obciążona problemami psychicznymi uciekinierka z dystopicznej przyszłości. Strach i odraza, które zewsząd bombardowały mutantów, stały się tematem głównym; odwieczni wrogowie X-Men, Bractwo Złych Mutantów, przemianowali się na Freedom Force – sankcjonowaną przez Radę Bezpieczeństwa Narodowego organizację, która wyłapywała mutantów renegatów i przekazywała ich pod dozór rządowy. Profesor X w jednym z numerów padł nawet ofiarą ataku wynikającego z czystej nienawiści; został pobity i zostawiony na śmierć przez grupę studentów. Obudził się w towarzystwie żyjących w tunelach metra Morlocków ubrany w strój rodem z sex-shopu*.

X-Men robili się bardziej posępni niż kiedykolwiek wcześniej, co stanowiło dowód, że Chris Claremont w większym stopniu niż pozostali scenarzyści mógł kontrolować to, co się działo z jego bohaterami, miał większą swobodę i mógł odmówić prośbom o skrojenie czegoś pod ośmiolatków. Za każdym razem, kiedy pojawiał się projekt nowego spin-offu o mutantach, zazdrosny o swoje dzieło Claremont brał głęboki oddech, zaglądał do terminarza i robił wszystko, żeby móc samemu pisać nową serię.

Jednak wiosną 1985 roku Chris Claremont musiał się pogodzić z pęknięciami, które pojawiły się na murach jego twierdzy. Rysownicy Bob Layton i Jackson Guice zauważyli, że pierwotni członkowie X-Men – Angel,

* Według Jima Shootera, Chris Claremont chciał ubrać Profesora „jak transwestytę". Ann Nocenti potwierdza, że „Chris miał coś z *bondage* i fetyszami. Zawsze znajdował jakąś wymówkę, żeby odziać White Queen w seksowne fatałaszki… Jedynym sposobem, żeby nie odpłynął, było stanowcze powiedzenie »nie«. Raz chciał napisać historię z Profesorem X ubranym w damskie ciuchy, co skwitowałam słowami: »Nie ma, kurwa, mowy«. Są pewne rzeczy, których nie robi się bohaterom, jeśli mają pozostać bohaterami".

Iceman i Beast – marnowali się w słabo radzącym sobie na rynku *New Defenders*, a Claremont ożenił Cyclopsa i wysłał go na Alaskę; zasugerowali więc Jimowi Shooterowi, że warto byłoby zobaczyć stary skład w akcji. Skoro Jean Grey już nie żyła, musieli dokooptować jakąś inną kobietę na jej miejsce – więc czemu nie Dazzler, skoro jej własna seria miała zostać zamknięta? Razem, jako X-Factor, piątka bohaterów miała stać się oficjalnie łowcami mutantów – czymś na wzór Pogromców duchów – by tak naprawdę pomagać złapanym przez siebie nieszczęśnikom.

Słysząc ten plan, John Byrne przypomniał sobie o pomyśle, który jeden z czytelników przedstawił dwa lata temu podczas konwentu jego staremu kumplowi Rogerowi Sternowi: sposób, w jaki można przywrócić do życia Jean Grey. Jean została Phoenix, asystując X-Men w sprowadzeniu na Ziemię kosmicznej kapsuły w okolicach Long Island. A co, jeśli kobieta, która wyłoniła się lata temu z Jamaica Bay, kobieta, którą opętał Mastermind i która dopuściła się straszliwych mordów, a wreszcie została spopielona na Księżycu, wcale nie była Jean Grey? A może moc znana jako Phoenix po prostu przyjęła jej formę, a ona sama pozostała przy życiu, w jakimś kokonie? I co by się stało, jakby ktoś wreszcie odnalazł ten kokon?

„To byłoby istne oszustwo", powiedział niegdyś w wywiadzie John Byrne, lecz najwyraźniej nagle zmienił zdanie; wraz z Rogerem Sternem zwrócili się do Shootera, przedstawili mu ten pomysł i wspólnie doprecyzowali plany odnośnie do *X-Factor*. Byrne i Stern mieli skroić kolejne numery *Fantastic Four* i *Avengers* pod powrót Jean Grey. Szykowało się kolejne wielkie wydarzenie komiksowe.

Redaktorka *X-Men* Ann Nocenti przekazała Claremontowi plany Shootera dotyczące fabuły pewnego piątkowego wieczoru, podczas posiedzenia w restauracji z rysownikiem Barrym Smithem. Poirytowany Claremont pobiegł do automatu, ale nie potrafił przypomnieć sobie numeru telefonu Shootera, zaś Nocenti nie chciała mu go podać. Uznał więc, że pojedzie do biura i skonfrontuje się ze swoim naczelnym, lecz redaktorka kazała mu usiąść, zamówić kolejnego drinka i odetchnąć. „Jeśli faktycznie pojechałbym tamtego wieczoru do Shootera – wspominał Claremont – rzuciłbym tę robotę". Shooter zmienił stworzoną przez niego koncepcję dotyczącą dalszych losów szczęśliwego związku Scotta Summersa i jego łudząco podobnej do Jean Grey żony Madelyne Pryor; w nowej wersji Summers porzuca małżonkę i swoje nowo narodzone dziecko dla Jean. Claremont ślęczał przez cały weekend nad kontrpropozycjami, które przedstawił Shooterowi w poniedziałek, lecz ten odrzucił wszystkie po kolei. Artystyczne zapędy Claremonta musiały ustąpić przed logiką marketingową, z czego zaczął zdawać sobie sprawę: „Mój komiks stawał się coraz bardziej komercyjny i nic nie mogłem na to poradzić; wszystko zaczęło się rozbijać o zyski". Ludzie z redakcji nadali nawet *X-Factor* tytuł odpowiedni do okoliczności – *Pogromcy Chrisa*.

Pod względem finansowym to wszystko miało oczywiście sens. Claremont spędził maj roku 1985 w towarzystwie Romity Juniora i Nocenti. Razem, w ramach trasy promocyjnej, objechali Francję, Anglię, Hiszpanię i Holandię, zbierając przy okazji notatki do *X-Men #200*, którego akcję mieli osadzić w Paryżu i Hadze. Podpisywali komiksy, ale przede wszystkim korzystali z dostępu do firmowego konta – jadali w dobrych restauracjach, chodzili do strip klubów i zwiedzali muzea.

A Claremont pisał jak wariat; wymyślał tak skomplikowane scenariusze, że w ramach „Bullpen Bulletin" musiano wydrukować specjalną ściągę „Jak czytać *X-Men* i *New Mutants*", która podpowiadała czytelnikom, w jakiej kolejności powinni skonsumować *New Mutants #34*, X-*Men #199*, *X-Men/Alpha-Flight Team-Up #1* i *#2*, *New Mutants Special #1*, *X-Men Annual #9*, *X-Men #200* oraz *New Mutants #35*. Komiksy trafiły na półki w zupełnie innym porządku, więc ułożenie ich w odpowiedniej chronologii stanowiło kolejną atrakcję Roku Crossoveru. Sprzedający się lepiej niż pozostałe tytuły z Uniwersum Marvela kącik Claremonta rozwijał się tak szybko, że szefowie wydawnictwa ledwie nadążali liczyć zyski; wkrótce fabuła komiksów z mutantami stała się równie skomplikowana, co *Secret Wars II*.

Po powrocie do Stanów Claremont sprawdził, jak Byrne poradził sobie z wątkiem Jean Grey w *Fantastic Four* i poprosił Shootera o możliwość wprowadzenia poprawek w dwustronicowej sekwencji retrospektywnej, narysowanej od nowa – naśladując styl Byrne'a – przez znanego z *X-Factor*

Jacksona Guice'a. Shooter miał nadzieję, że jego zgoda trochę ugłaska cennego scenarzystę, który nadal nie mógł przeboleć zmian wprowadzonych wcześniej przez naczelnego, i nawet John Byrne nie mógł nic na to poradzić.

Zagranie to rozsierdziło Byrne'a, szczególnie że wcześniej Shooter przyklepał jego scenariusz. Uznał, że skoro nie miał pełnej kontroli nad swoim komiksem i Claremont mógł wprowadzać zmiany w ostatniej chwili, może czas przemyśleć swój kontrakt z Marvelem i wykreślić z niego klauzulę o wyłączności.

Relacje Byrne'a z Shooterem uległy nagłemu pogorszeniu. John Romita wspomina: „Shooter przyszedł do mnie i zapytał: »Co myślisz o zdjęciu Johna Byrne'a z *Fantastic Four*?«. Odpowiedziałem dyplomatycznie, choć miałem ochotę krzyknąć: »Zwariowałeś?« czy coś podobnego; *Fantastic Four* sprzedawało się bardzo dobrze, więc po co mielibyśmy kogokolwiek wymieniać? I na tym się skończyło. Na Shooterze nic nie robiło wrażenia i bez względu na moje słowa robił, co chciał". Na jesieni rozeszło się, że John Byrne, najpopularniejszy rysownik w branży, odchodzi do DC, zająć się nową serią o Supermanie; planował, co prawda, pozostać przy *Fantastic Four* i *Incredible Hulk*, ale bohaterami najbardziej wyczekiwanych komiksów 1986 roku, o których mówili dosłownie wszyscy, był właśnie Superman Johna Byrne'a oraz Batman Franka Millera, czyli ikony DC po liftingu przeprowadzonym przez niegdyś lojalne Marvelowi gwiazdy.

Shooter ostro cisnął także Boba Laytona i Jacksona Guice'a, siłę napędową *X-Factor*. Narysowali aż siedem wersji okładki pierwszego numeru i każda została odrzucona przez naczelnego; udało się przepchnąć dopiero projekt spieszącego z odsieczą Walta Simonsona. Dwa tygodnie przed przekazaniem numeru do wysyłki do sklepów, we wrześniu 1985 roku, Layton i Guice zostali poproszeni o gruntowne przerobienie całego podwójnego numeru; a jeśli nie dadzą rady, to Shooter znajdzie kogoś, kto da. Nieszczęśliwym zbiegiem okoliczności w stronę Nowego Jorku zmierzał huragan Gloria, lecz mimo to obaj rysownicy zabarykadowali się w jednym z pokoi hotelowych na Manhattanie i pracowali dniem i nocą, choć całe miasto zabito deskami. Personel zdążył już się ewakuować, a na odchodne *concierge* wręczył Guice'owi rolkę samoprzylepnej taśmy i poprosił o zaklejenie nią okien w pokoju, a potem życzył im szczęścia.

Czterdzieści pięć lat wcześniej Bill Everett, Carl Burgos oraz paru innych scenarzystów i rysowników zabunkrowało się na kilka dni w mieszkaniu Everetta, rozkładając swój majdan na stołach, podłogach, a nawet w wannie, wychodząc jedynie po alkohol i jedzenie, żeby w porę dostarczyć zrywający czerep komiks, w którym miała się znaleźć bitwa pomiędzy Sub-Marinerem i Human Torchem. O ile jednak tamten sześćdziesięcioczterostronicowy potwór powstawał w atmosferze radosnej celebracji, tak praca nad *X-Factor* przypominała karę odbywaną w kozie.

Pomimo szalejącego huraganu udało im się wyrobić w terminie, lecz parę tygodni później pojawiły się kolejne problemy; Shooterowi nie sposób było dogodzić. „Zdaliśmy drugi numer – wspominał redaktor *X-Factor*, Mike Carlin – a on kazał wszystko przepisać. Miałem tego dość i powiedziałem: »Wiesz co, nie odchodzę z Marvela, ale nie mam zamiaru pracować dłużej przy tym komiksie. Sam sobie go redaguj. Tylko ty wiesz, czego tak naprawdę chcesz«. Niby zbył to machnięciem ręki, ale przekazał *X-Factor* Bobowi Harrasowi, a do mnie trafiały tylko rzeczy w rodzaju komiksów o Chucku Norrisie. Nieźle mu się naraziłem". Kilka miesięcy po odejściu Carlina, Layton również opuścił *X-Factor*, a niedługo po nim zrezygnował także i Guice.

Niesnaski stawały się zmorą Marvela. John Byrne zaskoczył Denny'ego O'Neila, redaktora *Incredible Hulk*, kiedy dostarczył mu numer składający się z dwudziestu dwóch jednostronicowych ilustracji. O'Neil odrzucił ten projekt, zaś Byrne, myśląc, że to decyzja Shootera, zadzwonił z pretensjami do Jima Galtona. „Kim, do cholery, jest John Byrne?", pytał potem Shootera poirytowany Galton.

Niedługo po tym O'Neil i Shooter poróżnili się jeszcze bardziej i O'Neil, redaktor z najdłuższym stażem, zażądał spotkania z wydawcą – Mikiem Hobsonem. „Kiedy Shooter o tym usłyszał, po prostu wyrzucił Denny'ego", relacjonował Bob Budiansky.

Byrne – jak sam o sobie mówił, „lojalny wobec firmy" – który niegdyś pracował równocześnie nad trzema tytułami, teraz zajmował się jedynie *Fantastic Four*; redaktorem serii pozostał Carlin, mimo że przypisano go do mało prestiżowych komiksów na licencji, jak *Thundercats* i *He-Man*. Carlin znalazł się w niewygodnej pozycji pomiędzy Byrne'em i Shooterem, których relacje pogorszyły się jeszcze bardziej od czasu przyjęcia przez tego pierwszego zlecenia od DC. Byrne uważał, że będzie to dla Marvela odpowiednia kara za pozwolenie Claremontowi na przepisanie fragmentu jego scenariusza. Od tej chwili Shooter, przynajmniej według Byrne'a, „nieustannie kręcił nosem na *FF*, więc rzuciłem to w cholerę, żeby oszczędzić Mike'owi Carlinowi ciągłych przytyków i czepialstwa". Tego było już za wiele dla obu stron. Odejście Byrne'a z Marvela stało się nieuniknione. Parę miesięcy później Shooter wyrzucił Mike'a Carlina. Ten zatelefonował do Denny'ego O'Neila, który pracował już dla DC, i dostał pracę jako redaktor przy *Supermanie* Byrne'a.

Jak tylko rozeszły się wieści o odejściu Byrne'a, Frank Miller ponownie odszedł z *Daredevila*, tym razem ciągnąc za sobą rysownika Davida Mazzucchellego. Kontynuowali swoją współpracę, ale już pod skrzydłami DC, przy kolejnym projekcie z Batmanem.

Ostatnie dwanaście miesięcy przyniosło Marvelowi publiczny spór pomiędzy ojcami założycielami, Stanem Lee i Jackiem Kirbym, oraz nagłą rezygnację Johna Byrne'a, Franka Millera i Jima Starlina – trzech najbardziej cenionych scenarzystów zatrudnionych w wydawnictwie – z dalszej współpracy, a do tego dwóch redaktorów wyszło z budynku, trzaskając drzwiami, i przeniosło się do konkurencji. Tak złych nastrojów w firmie jeszcze nie było.

Tymczasem Jim Shooter pracował nad nowym projektem.

Nowe Uniwersum miało wystartować w dwudziestą piątą rocznicę stworzenia marvelowego wszechświata; Shooter planował je od lat i dysponował budżetem stu pięćdziesięciu tysięcy dolarów na jego realizację. Sheldon Feinberg nosił się z zamiarem sprzedania wydawnictwa, więc szefostwo stopniowo odcinało dopływ gotówki: najpierw obcięło budżet Shootera o połowę, potem o kolejną, a wreszcie zabrano mu wszystko. Do listopada 1985 roku redaktor naczelny Marvela zdążył już pozbierać ekipę składającą się z pracowników etatowych oraz paru żółtodziobów i rozpocząć pracę nad ośmioma tytułami, które miały wejść w skład Nowego Uniwersum; wszelkie informacje na ich temat były pilnie strzeżone. „Świat za twoim oknem", brzmiało nieoficjalne motto projektu. Komiksy miały opowiadać o rzeczywistości podobnej do naszej, w której umiejętność latania byłaby czymś faktycznie niespotykanym. Shooter nazwał ją „Shooter-wersum".

Na stanowisko redaktora połowy tytułów wybrano Eliota Browna, lecz od samego początku miał on problem z przyciśnięciem scenarzystów i rysowników, którzy notorycznie nie wyrabiali się w terminach. John Romita Jr. nie był zadowolony z tego, że musiał zrezygnować z *X-Men* na rzecz pisanego przez Shootera *Star Brand*; Archie Goodwin, który i tak miał opinię ślamazary, równocześnie pracował przy Epic; nawet zazwyczaj prędki i obowiązkowy Tom DeFalco był w tyle z robotą. Jak powiedział Brown, panował tam wówczas „naprawdę niezły pierdolnik".

Nie tylko on miał trudności. „[Shooter] zaczął kompilować zespoły twórcze odpowiadające za poszczególne tytuły, lecz przypisywał ludzi do komiksów, których robić nie chcieli – opowiadał Bob Budiansky, redaktor *Psi-Force*, serii o drużynie ludzi obdarzonych paranormalnymi mocami. – Niektóre decyzje redaktorskie nie zostały nawet przedyskutowane z redaktorami. Mark Texeira narysował piękną okładkę, ale Jim krzywił się z niezadowolenia, bo sznurowadła jednej z postaci były niewidoczne. Zaznaczam, że nie chodziło o żadne tam zbliżenie na buta. Tak bardzo się nakręcił, że kazał narysować tę okładkę od nowa. Zrobiliśmy to, ale ta kwestia doskonale obrazuje, z czym przychodziło nam się siłować".

Pierwsze tytuły z Nowego Uniwersum trafiły do sprzedaży w lipcu 1986 roku, a ich średnia sprzedaż klarowała się w okolicach stu pięćdziesięciu tysięcy egzemplarzy, co było wynikiem rozczarowującym. Eliot Brown został wyrzucony z Marvela.

Stan Lee nie wiedział za bardzo, o co chodzi z tym całym Nowym Uniwersum. Ba, nie orientował się też w wydarzeniach ze starego, które przecież współtworzył. Tego lata, kiedy pojawił się na panelu dyskusyjnym z Jimem Shooterem podczas Chicago Comic-Con, zdziwił się, że dwa lata wcześniej Mary Jane Watson odkryła sekretną tożsamość Petera Parkera. Jeden z uczestników konwentu zapytał, czy Peter Parker i Mary Jane wreszcie wezmą ślub; Lee odwrócił się do Shootera i zapytał, czy wyda takie pozwolenie.

Publika szalała.

Po wszystkim Lee i Shooter podeszli do sprawy poważnie. Taki zwrot akcji faktycznie dałby komiksowi kopa. Uzgodnili, że skoordynują działania i ślub odbędzie się równocześnie w regularnej serii, jak i pasku komiksowym, którego nakład ostatnio zmalał. John Romita wyraził swoje obawy – nadal pamiętał, choć minęło już trzydzieści lat, jak szybko spadło zainteresowanie *Li'l Abner* po ślubie tytułowego bohatera z Daisy Mae. Jego uwagi zostały jednak zignorowane.

Dla całej branży 1986 był *annus mirabilis*, rokiem wyjątkowym, kiedy to reszta świata zaczęła darzyć komiks nieco większym szacunkiem. Szlak przetarł wydany wiosną *Batman: The Dark Knight Returns* Franka Millera, który doczekał się ilustrowanych omówień w „Rolling Stone" i „Spin"; wspomniano w nich także powrót Millera do *Daredevila*, ale tylko przelotnie, niemalże w negatywnym kontekście. Jak zresztą Daredevil mógł rywalizować z Batmanem w konkursie popularności? Ponadto nowy album Millera pełny był bezkompromisowej przemocy i innych nowinek, wydano go także na grubszym papierze, który krzyczał „SZTUKA". Teksty na temat Millera wskazywały inne komiksy godne uwagi, w tym *Swamp Thing* Alana Moore'a (również wydany przez DC) oraz *American Flagg* Howarda Chaykina (które, bez skutku, chciało przejąć Epic), lecz pośród nich nie znalazł się żaden ze stajni Marvela. Tego lata, kiedy komiksy z Nowego Uniwersum trafiły na półki, John Byrne rozmawiał z Jane Pauley w *Today show* na temat *Supermana*.

Marvel Comics – jednocześnie celebrujące dwudziestopięcioletnie Uniwersum i wystawione na sprzedaż – próbowało jakoś ogarnąć sytuację. Skoro Viacom i Western Publishing węszyły wokół wydawnictwa, wiceprezes Marvela Mike Hobson zdecydował się na publiczne określenie stanowiska firmy względem kontrowersji związanych z Jackiem Kirbym. Winą za wszelkie opóźnienia obarczył „serię listów, które przez ostatnie cztery lata wysyłali do wydawnictwa prawnicy pana Kirby'ego odnośnie do jego roszczeń" i zapewnił, że Kirby „żądał uznania go jako autora kilku postaci, łącznie ze Spider-Manem, Fantastyczną Czwórką oraz Hulkiem". 24 lipca w programie informacyjnym *20/20* wyemitowano materiał o Domu Pomysłów, w którym znalazły się wywiady ze Stanem Lee i Jimem Shooterem*. Reportaż chwalił Lee jako twórcę Fantastycznej Czwórki, Spider--Mana, Hulka, Silver Surfera, Thora i Doctora Strange'a, nie wspominając ani słowem o Jacku Kirbym czy Stevie Ditko.

Frank Miller nadal przy każdej okazji bronił Kirby'ego; i nie tylko on, bowiem mnóstwo innych ludzi z branży, w tym Steve Englehart, Steve Gerber, Don Heck, Doug Moench, Bill Sienkiewicz, Roy Thomas, Marv Wolfman, współtwórca postaci Supermana Jerry Siegel i przyszły autor *Simpsonów* Matt Groening, również podpisało petycję, w której domagali się bezwarunkowego przekazania szkiców. Jim Starlin na szybko zorganizował spotkanie Kirbych i Shootera podczas Comic-Conu w San Diego; szeptano, że uda im się dojść do porozumienia, ale ta nadzieja szybko się rozwiała. Mimo oburzenia znacznej części światka komiksowego, większe media nie interesowały się sprawą. „Złość trzydziestu tysięcy fanów nie miała znaczenia – komentował Tom DeFalco. – Nikt nie chce robić sobie złego PR-u, ale w sytuacji zorientowana była jedynie branża, reszta firmy nawet nie miała pojęcia, co się dzieje. Prawnicy nie przybiegali do prezesa z każdym »Robimy to, robimy tamto«; może i całe to zamieszanie miało jakieś znaczenie dla ludzi interesujących się komiksem, ale reszta w ogóle nie wiedziała, co się dzieje…".

Istniał jednak jeszcze jeden, bardziej nagłośniony problem, z którym Marvel musiał się uporać. Tego samego sierpniowego weekendu, kiedy Shooter spotkał się z Kirbymi, Universal Pictures wprowadziło na ekrany

* Jim Shooter pojawia się na ekranie w dość dziwnym momencie; najpierw widać go, jak kroczy przez Zagrodę, a następnie zatrzymuje się nad jednym z pracowników, stoi nad nim niczym kat nad dobrą duszą i pyta: „Skończysz to wreszcie czy nie?".

adaptację *Howarda*. „Jeśli film jest tak dobry jak zwiastuny, to jesteśmy w domu – powiedział w wywiadzie Steve Gerber. – Trzymam kciuki". Pomimo budżetu w wysokości trzydziestu siedmiu milionów dolarów – nie licząc ośmiu wydanych na promocję – film poległ w box office i otrzymał miażdżące noty w prasie; praktycznie każdy widz opowiadał, jak bardzo był zażenowany seansem. Pojawiły się nawet pogłoski, jakoby szefowie Universalu, Frank Price i Sidney Sheinberg, pobili się w gabinecie jednego z nich, oskarżając się wzajemnie o wyrzucenie całych czterdziestu pięciu milionów dolarów w błoto.

Stan Lee od dwudziestu lat czekał na wysokobudżetową produkcją sygnowaną logiem Marvela, która zawojuje Hollywood, i wszystko wskazywało na to, że będzie musiał poczekać jeszcze dłużej. Szanse, że adaptacje serii o Spider-Manie i Kapitanie Ameryce – do których prawa miało Cannon Films – zobaczą światło dzienne, stawały się coraz mniejsze. Pierwsza wersja scenariusza filmu o Spider-Manie okazała się, dość zaskakująco, opowieścią o facecie zmieniającym się w tarantulę, zaś fabularny zarys historii z Kapitanem Ameryką – autorstwa Michaela Winnera, reżysera *Życzenia śmierci* – został nazwany przez samego Galtona „okropieństwem". Marvel nie wiedział, że Cannon miało wówczas swoje własne problemy z Komisją Papierów Wartościowych i Giełd.

I wreszcie, w listopadzie 1986 roku, do Marvela dotarła informacja, że firma została sprzedana. „Zajmowałem wówczas niewielki gabinet z biurkiem z uszkodzoną nóżką – opowiadał Tom DeFalco – i akurat czytałem jakiś komiks, kiedy wszedł facet i zaczął krytykować dosłownie wszystko, poczynając od stanu biurka, na wystroju wnętrza kończąc, więc pomyślałem, że gość jest dekoratorem. Popatrzyłem na niego i powiedziałem: »Słuchaj, nie mam pojęcia, kim jesteś, ale naprawdę muszę doczytać ten komiks, bo niedługo idzie do druku«. A ten wyskakuje nagle ze słowami: »Cześć, jestem Bob Rehme, prezes New World!«".

Nowym właścicielem Marvela została hollywoodzka firma New World Pictures; w 1983 roku Harry Sloan i Larry Kuppin nabyli nieźle radzącą sobie firmę produkcyjno-dystrybucyjną Rogera Cormana i rozpoczęli agresywną ekspansję, przekształcając się w multimedialny koncern za pomocą systemu pożyczek i zaliczek. Udało im się przebić do telewizji (mieli swoje programy w każdej większej stacji), założyli dział syndykacji i wypuszczali do dystrybucji trzydzieści filmów pełnometrażowych rocznie. Sloan i Kuppin byli prawnikami, którzy od podszewki poznali biznes filmowy; uchodzili za twardych i bezwzględnych graczy, to oni doradzali swoim klientom aktorom, żeby, negocjując wyższą gażę w trakcie zdjęć, po prostu schodzili z planu. Do New World dokooptowali uśmiechniętego i wygadanego Roberta Rehme, byłego szefa działu marketingu i dystrybucji w Universalu. Sloan, Kuppin i Rehme napalili się na możliwości, które dawało im kupno Marvela; ten pierwszy mawiał nawet, że chciałby kierować „mini-Disneyem".

Stan Lee również był podekscytowany perspektywą współpracy z ludźmi z Hollywood i nie omieszkał podzielić się swoją radością z czytelnikami. „To młodzi, orientujący się w trendach, rozrywkowi ludzie – faceci z New World uwielbiają Marvela tak samo jak ja i ty! Dlatego nas kupili! Chcą zrobić parę świetnych filmów i seriali na bazie naszych komiksów... Nie nabijam was w butelkę, spójrzcie tylko na ich dwie ostatnie produkcje – film *Rasowy stypendysta* oraz serial telewizyjny *Sledge Hammer*. 'Nuff said?". Dla Lee liczyło się to, że Marvel będzie mógł nie tyle odsprzedać licencję, co produkować własne filmy, a on usiądzie za sterami.

Po raz kolejny miał się jednak przekonać, że los Marvela leżał w rękach ludzi, którzy nie mieli pojęcia o komiksach. Jak tylko podpisano wszystkie potrzebne do przejęcia wydawnictwa dokumenty, Rehme spotkał się w Los Angeles z wiceprezesem do spraw marketingu i oświadczył mu dumnie: „No to mamy Supermana!".

Rozmówca był autentycznie zdziwiony. Czyżby Warner sprzedało DC Comics?

„Kupiliśmy Marvela!", dodał Rehme.

„Bob, to nie tak. Kupiliśmy Spider-Mana", poprawił go wiceprezes. Rehme czym prędzej wybiegł z jego gabinetu i zaklął. „Cholera. Musimy to zatrzymać! Przecież to Cannon ma prawa do filmu ze Spider-Manem!".

Jim Shooter również tryskał optymizmem, bowiem w zmianie kadry kierowniczej upatrywał szansy na wyzwolenie się spod wpływu Galtona, z którym był stale skłócony. „Kiedy wykupiło nas New World – mówił jeden z redaktorów – Shooter od razu chciał porozmawiać z Bobem Rehme, iść na lunch z Bobem Rehme i urobić Boba Rehme". Rozważał też ograniczenie produkcji, bowiem w mnogości tytułów widział powód spowolnienia prac całej redakcji. „Pracujemy równocześnie nad pięćdziesięcioma tytułami miesięcznie – mówił John Romita. – Ślęczymy zbyt długo nad drugoligowymi komiksami i cierpią na tym nasze przewodnie serie. Każdy cykl rozrósł się na parę indywidualnych tytułów i te odbierają sobie czytelnika. Zgadzałem się z Shooterem, że trzeba przekonać ludzi z New World o konieczności zejścia do dwudziestu czterech, dwudziestu pięciu tytułów i poświęcenia im całego naszego wysiłku. Przysłali do nas dwóch swoich reprezentantów, jeden był prawnikiem, a drugi producentem. Shooter zaczął mówić: »Chcemy ograniczyć liczbę wydawanych tytułów – drepczemy w miejscu i nasze najlepsze serie leżą odłogiem«. Facet wysłuchał go bez słowa, a kiedy Shooter skończył swój wywód, powiedział: »Nie chcemy was rozczarować, ale mamy nieco inne plany. Chcemy poszerzyć naszą ofertę o jeszcze parę serii«... Jakby ktoś odessał całe powietrze z pomieszczenia. Spojrzeliśmy po sobie z Shooterem, a nasze miny mówiły wszystko; chcieliśmy palnąć sobie w łeb. Okazało się w dodatku, że oni nie chcą byle jakich nowych serii, ale całkowicie świeżych, z oryginalnymi postaciami, musieliśmy więc opracować praktycznie od podstaw dziesięć tytułów. To był początek końca Shootera i chyba najbardziej traumatyczny okres mojego życia. Przesłali nam kompletną amatorszczyznę na wzór. Loga i tytuły tych komiksów oraz projekty postaci, które od nich otrzymaliśmy, wyglądały jak wyrwane ze szkicownika jakiegoś licealisty".

Shooter robił dobrą minę do złej gry i wraz z Romitą próbowali zmierzyć się z nowym zadaniem. Jednak zarówno scenarzyści, jak i rysownicy nie chcieli pracować przy narzuconych tytułach, nienawidzili projektów postaci, które im wciśnięto. Nawet poprawki samego Romity nie spotkały się z akceptacją New World. „To był istny koszmar – opowiadał – zupełnie nie rozumieli naszej branży i nie mieli za grosz gustu".

Tak czy inaczej, kiedy Shooter miał napisać raport o stanie firmy i przedstawić go Bobowi Rehme, nie obwiniał w nim New World. Zjadliwe uwagi skierował w stronę szefostwa Marvela i nalegał, żeby postawiono go na czele nowojorskiej komórki. Zanim jednak wysłał swój list, odczytał go w obecności redaktorów. Dwóch z nich, wyczuwając, że Shooter jest o krok od popełnienia ogromnego błędu, spojrzało po sobie, podniosło się z krzeseł i krzyknęło w tej samej chwili: „Nie wysyłaj tego!". Reszta zgromadzonych również zaczęła przekonywać Shootera, żeby nie działał pochopnie. Udało się*.

Parę tygodni później Tom DeFalco udał się na Zachodnie Wybrzeże na spotkanie w sprawie filmu *Dom II: Następna historia*. „Jim powiedział, że skoro lecę na spotkanie z ludźmi z New World, to chętnie zabierze się ze mną, bo i tak miał się zobaczyć z szefostwem. Po przylocie zjedliśmy kolację, a następnego ranka pojechaliśmy do siedziby New World. Na miejscu Jim zwrócił się do mnie ze słowami: »Aha, tak na marginesie… nadałem tamten list. Mamy dzisiaj spotkanie z Bobem Rehme«. Jak tylko to powiedział, wjechaliśmy do garażu biurowca New World. Spojrzałem na niego pytającym wzrokiem, a on zaczął tłumaczyć, że ma zamiar wbić się na zebranie kadry kierowniczej i wytłumaczyć wszystko Bobowi, dając mu jednocześnie ultimatum: jeśli nie zrobi go szefem, wszyscy odejdą. »Wszyscy odejdą?«, zapytałem. »Kto od nas o tym wie?«. Odparł: »Ty i ja«. No i wysiedliśmy z auta, wjechaliśmy windą na odpowiednie piętro, a Jim mówi do recepcjonistki: »Jim Shooter i Tom DeFalco do Boba Rehme«. A ja na to: »O, nie, nie. Jim Shooter do Boba Rehme, a Tom DeFalco do działu promocji«. Rozdzieliliśmy się wtedy i nie rozmawiałem z nim ani nawet go nie widziałem aż do naszego powrotu do Nowego Jorku".

Shooter i DeFalco mieli też swoje własne problemy. DeFalco coraz częściej kwestionował zalecenia Shootera odnośnie do poprawek w szacie graficznej – zdarzało mu się bowiem żądać zmian palety kolorów – nie zdając sobie sprawy, że wszystkie ich kłótnie były doskonale słyszalne

* Shooter mówił potem w wywiadach, że szefowie podkradają pieniądze z funduszu emerytalnego i próbują pozbawić autorów tantiem, i przyznawał, że zdarzało mu się wydzierać pod gabinetem Galtona i grozić mu pozwem zbiorowym.

w Zagrodzie albo że redaktorzy zbierali się w gabinecie przylegającym do biura Shootera i podsłuchiwali przez szyby wentylacyjne. Gdy Tom DeFalco przegrywał starcie, musiał odgrywać rolę kata.

„Czułem się, jakby wisiała nad nami burzowa chmura – mówił redaktor Carl Potts. – I wiedziałem, że wreszcie uderzy piorun. Trudno było przewidzieć kiedy, ale ktoś po prostu musiał spłonąć". Skala wymaganych przez Shootera poprawek sięgnęła absurdu. „Przełomowy moment nadszedł – mówi Ann Nocenti – kiedy Shooter powiedział, że absolutnie każdy komiks musi się opierać na dylemacie typu »nie chcę, ale muszę«, czyli »Nie jestem złodziejem… nie chcę kraść… ale muszę, bo moja babcia głoduje«. Tak musiały się rozpoczynać wszystkie komiksy. Poważnie. Dosłownie jeden z kadrów miał zawierać podobne słowa wypowiadane przez bohatera. »Nie wolno kraść… ale muszę, dla mojej babci« lub »Nie mogę zabić Mephisto, ale muszę, bo ma moją duszę«. Odsyłał gotowe komiksy Zagrodzie, z dorysowanym, wciśniętym w środek strony, jak to nazywaliśmy, kadrem »nie chcę, ale muszę«".

„Jak już poskładaliśmy numer, musiał on zostać zaakceptowany przez redaktora naczelnego, żebyśmy mogli posłać go do druku – mówił Terry Kavanagh, asystent Nocenti. – I zaczynały się te jego komentarze. Krytykował, ale i chwalił. Nieraz pisał, że trzeba coś poprawić, a innym razem upominał, żeby czegoś nie robić. Niedługo potem zaczął jednak świrować, przychodził do nas i darł się, że zrobiliśmy coś nie tak, czerwieniał ze złości. »To nie tak, poprawcie«, mówił. Potem wparowywał raz jeszcze i krzyczał jeszcze głośniej: »Wszystko źle, wiedzieliście, że będzie źle, a i tak to zrobiliście!«. Aż wreszcie zaczynał szaleć: »Wiedzieliście, że robicie źle, a i tak to zrobiliście, bo chcecie mi dokopać, tak jak wszyscy inni redaktorzy«. I był naprawdę głośny, nachylał się nad Ann i wrzeszczał na nią. Podejrzewam, że napędzał jej niezłego strachu".

„Lubił powtarzać, że zebrał najlepszy możliwy zespół redaktorski – dodawał Potts. – Potem mu się odmieniło i nikt nie wiedział dlaczego. Kto przestawił zwrotnicę?".

Przed końcem 1986 roku uknuty przez Stana Lee plan wyswatania Spider-Mana przyciągnął uwagę New World. Ruszyła machina promocyjna, zaczęto mówić o wielkim ślubie, który odbędzie się następnego lata. Sal Buscema poróżnił się jednak z Shooterem, po tym jak redaktor naczelny przekazał mu dokładne wskazówki – łącznie z detalami anatomicznymi – według których miał zostać narysowany numer specjalny, i odszedł. Zlecenie zaoferowano więc jednemu z mniej znanych freelancerów. Ten nie miał wyboru i musiał je przyjąć, słyszał bowiem, że Shooter zamierzał bojkotować następną osobę, która mu odmówi.

Pod koniec marca kilku freelancerów i redaktorów zdecydowało się na wniesienie skargi. Walter Simonson, Louise Simonson i Michael Higgins pukali od drzwi do drzwi, zbierając chętnych do protestu niczym „wieśniacy z pochodniami", jak powiedział jeden z pracowników. Całą grupą udali się w kierunku gabinetu Jima Shootera.

Kiedy Tom DeFalco usłyszał dochodzący z korytarza raban, rozmawiał akurat przez telefon, negocjując warunki umowy i koszt przeprowadzki na Zachodnie Wybrzeże, gdzie chciał się udać w poszukiwaniu pracy; zmęczony kłótniami w wydawnictwie, miał zamiar na dobre porzucić komiks. Widząc, co się dzieje, próbował przemówić do zebranych.

Stanął pomiędzy biurkiem sekretarki Shootera a ścianą, blokując nogą przejście; ludzie chcieli wlać się strumieniem do gabinetu naczelnego. Walter Simonson przedarł się przez DeFalco, reszta tłoczyła się wokół biura. Zatrzymał się jednak przed zamkniętymi drzwiami. „Po chwili – wspominał DeFalco – pojawił się Mike Hobson i zapytał, co się dzieje, a tamci odpowiedzieli, że chcą pogadać z Shooterem. »Chcecie pogadać z Shooterem?«, powtórzył za nimi Mike. »To wchodzimy«. I weszli".

„Musimy z tobą porozmawiać", powiedział Simonson, otwierając drzwi.

„Jestem w trakcie spotkania z Markiem i Ralphem", odparł Shooter.

Cała ekipa i tak weszła do środka, zaś Mark Gruenwald i Ralph Macchio, którzy mieli już tego spotkania po dziurki w nosie, opadli na swoje fotele, wciskając się w nie tak mocno, że nie było widać nawet czubków ich głów. DeFalco stanął za Shooterem, gotów iść na dno wraz z kapitanem.

Asystenci tłoczyli się przy drzwiach lub zbierali przy wejściu do biura obok, nasłuchując przez otwory wentylacyjne gorączkowej dyskusji redaktorów z szefem. Hobson obserwował, jak Shooter czerwienieje ze złości i próbuje odeprzeć oskarżenia.

„Bałem się, że on nas pożre – mówił jeden z pracowników. – Pomyślałem sobie: »Boże, on przeżuje moje kości«. Muszę jednak zaznaczyć, że nigdy nie podniósł na mnie głosu".

W sobotę 4 kwietnia John Byrne wyprawił w swoim domu w Connecticut imprezę, na której pojawiło się paru pracowników i freelancerów z Marvela. W ogrodzie wypchali stary garnitur niesprzedanymi komiksami z Nowego Uniwersum, do „głowy" przypięli zdjęcie Shootera i podpalili. „Jak o tym teraz myślę – mówi jeden z uczestników imprezy – wydaje mi się to nieco makabryczne, niepoprawne, przegięte. Ale wtedy naprawdę tego potrzebowaliśmy i musieliśmy spuścić parę. Znaliśmy się na swojej pracy, wiedzieliśmy, jak robić komiksy, i staraliśmy się najbardziej, jak mogliśmy, a i tak cały czas siedziano nam na głowie. Jednak cały proces tworzenia scenariusza wyglądał tak, że podczas rozmów z innymi, zamiast zastanawiać się, jak to zrobić, myśleliśmy tylko o tym, co może wkurzyć Jima. To naprawdę dezorganizujące i w wielu przypadkach nie służyło komiksom, stawały się przez to po prostu słabsze. Naprawdę obchodziło nas jedynie wydawanie dobrych serii, najlepszych, jakie mogły wyjść spod naszej ręki. A tak wypuszczaliśmy na rynek najlepsze komiksy, jakie udało się przepchnąć przez Jima. Uznaliśmy, że dostarczanie naszym czytelnikom starannie przygotowanego produktu to nasz moralny obowiązek – braliśmy siebie trochę za bardzo na serio – i, aby było to możliwe, Jim Shooter musiał odejść".

„Między innymi dzięki niemu Marvel stał się kolosem – powiedział Tom DeFalco – ale potem uznał, że coś mu nie gra i że trzeba firmę przebudować. Cóż, kolosów nie da się przebudować w trymiga".

Właściciele New World lubili Shootera i nie mieli pojęcia, czemu nie cieszy się z tego, co mu oferowali, lecz do tej pory mieli do czynienia tylko z kapryśnymi gwiazdami i reżyserami filmowymi. Czemu nie można go ugłaskać koszem owoców albo zaproponować jakiegoś nowego, prestiżowo brzmiącego stanowiska? Kiedy jednak taśma wideo nagrana podczas palenia kukły Shootera dotarła do Kalifornii – jeszcze przed negocjacjami, które redaktor naczelny miał przeprowadzić z szefostwem w sprawie swojego kontraktu – dla ludzi z New World stało się jasne, że komendant stracił kontrolę nad swoimi żołnierzami.

15 kwietnia Bob Layton i David Michelinie przyjechali do biur Marvela spotkać się z Markiem Gruenwaldem i Shooterem w sprawie przeróbek projektu zbroi Iron Mana. Kiedy weszli do biura naczelnego z kartkami w ręce, Shooter powiedział im spokojnie, że zmiany nie mają już znaczenia; właśnie otrzymał informację o utracie stanowiska.

Gruenwald zaszedł do biura Macchio i wymownym gestem podrzynania gardła pokazał mu, czego się właśnie dowiedział. Przykładając palec do ust, dał mu do zrozumienia, żeby nikomu nie mówił. Lecz mimo to wieści rozeszły się lotem błyskawicy. Przez sieć komputerową CompuServe przesłano wiadomość do Chrisa Claremonta i Walta Simonsona o treści „Ding-dong. Wiedźma nie żyje"*.

* Piosenka z filmu *Czarnoksiężnik z krainy Oz* – przyp. tłum.

CZĘŚĆ IV

Wzloty i upadki

Jim Galton i Mike Hobson wyciągnęli Toma DeFalco na lunch i oznajmili, że widzą go na miejscu Jima Shootera jako redaktora naczelnego. „Chyba was pogięło – skomentował ich propozycję DeFalco. – Lepiej pogódźcie się z Shooterem". Nie mieli pojęcia, że DeFalco prowadził potajemne negocjacje w sprawie pracy na Zachodnim Wybrzeżu i potrzebował jeszcze tygodnia lub dwóch, żeby wszystko sfinalizować. „Jako prawa ręka Shootera zawsze zakładałem, że jeśli go zwolnią, ja polecę razem z nim – wspominał wiele lat później. – Nie przeszło mi przez myśl, że będą chcieli mnie zostawić". Informacja o jego rychłym awansie dotarła do potencjalnych pracodawców z Zachodniego Wybrzeża, którzy usłyszawszy nowe wieści, wycofali swoją ofertę, sądząc, że nie będą w stanie sprostać wymaganiom finansowym DeFalco.

Skazany na pozostanie w Marvelu DeFalco zabrał się za robienie porządku w biurze; pracownicy podzielili się na frakcje zwolenników i przeciwników Shootera. Kipiący ze złości freelancer Vince Colletta posłał do redakcji list, w którym nie przebierając w słowach, sportretował swojego było szefa jako niedocenianego męczennika. „Dał wam poważane stanowiska, władzę, a nawet kartę kredytową, z której korzystaliście wedle własnego widzimisię. Zrobił was najlepiej opłacanymi redaktorami w historii tej branży i chronił przed tymi, którzy chcieli odebrać wam wasze prawa, waszą władzę i wasze pieniądze... Dał wam dach nad głową, ubrania na grzbiet, auta, którymi jeździcie, i świecidełka dla waszych żon i dziewczyn. To wszystko zawdzięczacie dzieciakowi z Pittsburgha".

Obdarzony donośnym, tubalnym głosem rodowity nowojorczyk DeFalco mógł się wydawać mało odpowiednim kandydatem na negocjatora, był jednak powszechnie lubiany i ekipa Marvela uważała go za swojaka. Powoli wracała atmosfera dawnego luzu, ludzie znowu zaczęli z siebie żartować – na przykład biurko jednego z asystentów obciągnięto plastikową folią, wypełniono wodą i wpuszczono złote rybki. Z dziesiątego piętra stojącego przy Dwudziestej Siódmej biurowca spuszczono żyłkę z przywiązanymi do niej fałszywymi banknotami, żeby robić sobie jaja ze skuszonych widokiem pieniędzy przechodniów.

DeFalco udało się również wyciągnąć z boku Marvela cierń, który tak uwierał Shootera: rozwiązał problem szkiców Jacka Kirby'ego. Jim Galton był pewien niezachwianej pozycji wydawnictwa i wygranej w ewentualnym procesie – wszak Kirby złożył podpisy pod stosownymi umowami już w latach 1966 i 1972 – nie miał więc zamiaru się przed nikim płaszczyć bez względu na to, co mówili o nim ludzie. „Galton miał podejście w stylu: »Po co ktokolwiek zawraca sobie tym głowę? Jeśli Kirby chce nas pozwać, niech pozwie!«", mówił DeFalco. A jednak w lutym 1987 roku prawnicy Marvela przesłali Kirby'emu list – tłumaczyli w nim, że podpisując standardowy, jednostronicowy formularz zezwolenia na publikację swoich prac, nie zrzeka się tym samym innych roszczeń. Kirby złożył swój podpis w maju. Po paru tygodniach lista osiemdziesięciu ośmiu szkiców, którą przedstawiono Kirby'emu, rozrosła się do ponad dwóch tysięcy stron; i choć nadal stanowiło to ułamek tego, co narysował, przestał kręcić nosem. W końcu gwarantowało mu to spory dochód. Trwający całe lata spór nareszcie dobiegł końca.

Niedługo potem, z okazji swoich siedemdziesiątych urodzin, Jack Kirby, z którym skontaktowano się telefonicznie, zagościł na antenie nowojorskiej stacji WBAI. Zapytany o swoje ekscesy w Zagrodzie za czasów żywiołowego i radosnego „Merry Marvel Marching Society", odpowiedział beznamiętnie: „Nie nazywałbym nas radosnymi. Byliśmy profesjonalistami – wpadaliśmy na pomysł, braliśmy za niego pieniądze i szliśmy do domu. Prosty układ. Trudno cokolwiek gloryfikować i wychwalać... Obmyślałem fabułę, rysowałem kadr po kadrze... Robiłem dosłownie wszystko poza wpisywaniem dialogów do dymków". Gospodarz audycji zapytał więc o te legendarne już, orzeźwiające burze mózgów, które urządzali ze Stanem. „To nie było tak – odparł. – Nie wiem, może jak już zatrzasnąłem za sobą drzwi, żeby pojechać do domu, wtedy faktycznie zaczynały się dyskusje".

I wówczas zapowiedziano niespodziewanego gościa, który dodzwonił się do studia: Stana Lee. „Chciałem życzyć Jackowi wszystkiego najlepszego z okazji urodzin! – rozległ się znajomy głos. – Co za zbieg okoliczności! Jestem akurat w Nowym Jorku, włączam radio i słyszę, jak Jack mówi o Marvelu. Pomyślałem więc, że nie mogę przegapić takiej okazji, i chwyciłem za słuchawkę. Sto lat, Jack!".

Kirby nie stracił rezonu: „Stanley, dzięki, że dzwonisz. Mam nadzieję, że u ciebie wszystko dobrze i że tak już zostanie".

Lee zaczął wychwalać rysunki Kirby'ego: „Nikt nie potrafił tak dobrze oddać emocji i napięcia jak ty".

„No cóż, dziękuję, że pomogłeś mi wykształcić ten styl, a potem go rozwinąć – odpowiedział Kirby. – Nigdy niczego nie żałowałem, Stanley. To było dla mnie wspaniałe doświadczenie". Po pięciu latach od ich ostatniej rozmowy Kirby powiedział Lee, że go szanuje.

Przez dziesięć następnych minut wspominali dawne czasy i wymieniali uprzejmości, aż wreszcie Stan mimochodem rzucił: „Powiem tak: każde słowo, co do jednego, które widnieje w dymkach, napisałem ja". Gospodarz programu zaśmiał się niepewnie.

KIRBY: Mówię ci, że pisałem parę linijek nad każdym kadrem.

LEE: Nigdy jednak nie zostały opublikowane! Jack myśli, że to prawda, ale szczerze mówiąc…

KIRBY: Nie pozwalano mi pisać…

LEE: Czytałeś kiedyś któryś z komiksów już po wydaniu? Nie sądzę! Nie czytałeś żadnej z moich historii, bo byłeś zajęty rysowaniem kolejnych. Nie czytałeś gotowych komiksów…

KIRBY: … moich własnych dialogów, Stanley. I tak właśnie było. Zresztą w tym, co od ciebie dostawałem, interesowała mnie przede wszystkim akcja.

LEE: Wiem, ale zrozum, Jack, nikt nie żywi do ciebie większego szacunku niż ja i nie sądzę, żebyś wyjątkowo poważał dialogi. Miałem wrażenie, jakbyś myślał, że może je pisać dosłownie każdy, a najważniejszy jest rysunek. I może miałeś rację, ale ja się z tym nie zgadzam, choć, powtórzę, może miałeś rację.

KIRBY: Próbuję powiedzieć, że ważny jest człowiek. Jeśli rysujesz i piszesz, wówczas dzieło wychodzi od jednej tylko osoby; uważam, że powinieneś mieć szansę zrobić coś sam.

Poproszono ich o słowo podsumowania. Lee zaczął: „Jack odcisnął ogromne piętno na kulturze amerykańskiej, a może i światowej. Powinien być niesamowicie dumny z siebie i ze swoich osiągnięć. Życzę mu wszystkiego dobrego; jemu i jego żonie Roz, a także całej rodzinie. I mam nadzieję, że za dziesięć lat znowu trafię na audycję poświęconą jego urodzinom, tym razem osiemdziesiątym, i znowu będę mógł zadzwonić, żeby życzyć mu wszystkiego dobrego. Jack, kocham cię".

„Cóż… i ja ci tego, życzę, Stan – powiedział Kirby. – I… no… tak… Bardzo ci dziękuję, Stan".

Na moment zapadła cisza.

„Warren, jesteś tam? – zapytał gospodarza Kirby. – Teraz… teraz już wiesz, jak to naprawdę kiedyś z nami było".

Tom DeFalco namawiał Marka Gruenwalda, żeby zamiast niego przyjął stanowisko redaktora naczelnego, lecz bezskutecznie. Gruenwald zgodził się jednak zostać jego prawą ręką i we dwóch usiedli przy biurku, by wspólnie opracować pięcioletni plan ekspansji Marvela: skoro istniała już cała seria komiksów z postaciami z X-Men, czemu nie miałaby się pojawić podobna z bohaterami *Avengers*, Spider-Manem i tak dalej? Jeśli ktoś myślał, że cztery tytuły z Peterem Parkerem to już i tak za dużo, DeFalco służył gotową odpowiedzią: prawdziwy fan Spider-Mana nigdy nie będzie miał dość. Od tej pory za każdym razem, kiedy wprowadzano nową supergrupę, jej członkowie automatycznie dostawali swoje własne serie.

Do Gruenwalda należało zadbanie o to, by poszczególne tytuły gładko się przenikały. Jeszcze w latach siedemdziesiątych, zanim zaczął pracować dla Marvela, Gruenwald obsesyjnie katalogował chronologicznie wszystkie komiksy w swoich pseudoakademickich, publikowanych własnym sumptem dziennikach. Teraz, żeby nadążyć za galopującymi wydarzeniami, które miały miejsce w rozrastającym się Uniwersum Marvela, przyczepiał do ścian swojego gabinetu różnorakie listy i tabele. „Jeśli chciałeś wykorzystać w swoim scenariuszu łotra z któregoś z komiksów ze Spider-Manem, musiałeś uzgodnić to z biurem Spider-Mana – mówił DeFalco. – Tam dostawałeś rozpiskę kilku następnych numerów i słyszałeś, powiedzmy: »Nie mamy w planach nic z Electro« lub »Pojawi się u nas w wydaniu majowym i ma alergię na hamburgery. Jeśli chcesz go na kwiecień, pamiętaj o tych hamburgerach«".

DeFalco nie od razu otrzymał tytuł wiceprezesa, którym cieszył się Jim Shooter i dzięki któremu zyskałby większą siłę przebicia, nie musząc użerać się z innymi co do strategii wydawniczej. I tak wydawał się zadowolony, że mógł rozwijać ofertę; nigdy zbytnio nie przejmował się gadkami o rozwodnieniu marki. Działał na zasadzie „zróbmy to i zobaczymy, co się stanie"; zdecydował się więc przetestować zarówno granice rynku, jak i możliwości swoich podwładnych. „Sprzedawcy zawsze będą ci mówić, że za dużo wydajesz; hurtownicy, że nie ma miejsca na półkach i nie możesz drukować więcej – twierdził. – Dlatego trzeba wszystkich mocno przycisnąć, żeby zrobili to, co mają zrobić".

Żeby wspomóc komercjalne myślenie, redaktorom zaoferowano tantiemy, dzięki czemu odetchnęli z ulgą. Zaczęły się pojawiać trzyczęściowe historie przeplatające się w trzech różnych seriach o Spider-Manie, co miało być sposobem na przetestowanie chłonności rynku. Podjęto też decyzję o uruchomieniu jeszcze jednego tytułu z członkami X-Men i Chris Claremont wpadł na pomysł przeniesienia Nightcrawlera i Kitty Pryde do Anglii, gdzie wejdą w skład nowej drużyny Excalibur. Rozciągające się na parę serii i wiele numerów crossovery powracały na łamy komiksów regularnie co parę miesięcy*.

Nie znaczy to, że nie zaciskano pasa – wiosną 1987 roku wydano wyrok na słabo sprzedające się tytuły wchodzące w skład Nowego Uniwersum; zaledwie roczne dziecko Shootera zostało bezceremonialnie przecięte wpół. Jednym z czterech tytułów, któremu udało się ujść cało, był *Star Brand* – redaktor Howard Mackie zadzwonił do Johna Byrne'a i zapytał, czy nie zechciałby go przejąć. To nieprzypadkowy wybór; kilka miesięcy wcześniej, w jednym z numerów wydawanego przez DC komiksu *Legends*, Byrne narysował niezwykle podobną do Shootera postać o pseudonimie Sunspot. „Dzisiaj zacznę wykorzystywać swoją moc w celu, do jakiego została przeznaczona! – deklarował. – Przerobię ten żałosny świat wedle własnego widzimisię!". Następnie, na wypadek gdyby ktoś nie zauważył podobieństwa do Shootera, Sunspot chełpił się: „Dzierżę bowiem moc ostateczną, moc stworzenia Nowego Uniwersum!"**. Potem zaś strzelał sobie w stopę.

Star Brand był jednym z najgorzej sprzedających się komiksów wydawnictwa, lecz Byrne zgodził się na powrót do Marvela choćby po to, żeby mieć szansę odciśnięcia swojego piętna na bodaj najbardziej autobiograficznym tworze Shootera. Szybko rozpisał historię, w której łudząco

* „Nie planowaliśmy w tym roku ruszać z nowym, dużym crossoverem – opowiadała Louise Simonson – ale *Masakra mutantów* poszła tak dobrze, że Shooter zaplanował kolejny, czyli *Upadek mutantów*, a w kolejce czekało jeszcze *Inferno*. Myślę, że wielu ludzi chciało brać w tym udział".

** Scenariusz do *Legends #5* napisał inny były pracownik Marvela, Len Wein.

podobny do Shootera Ken Connell niszczy Pittsburgh – rodzinne miasto dawnego naczelnego.

Stopniowo powracali również pozostali wydaleni freelancerzy. Redaktor Mike Higgins, deadhead* i fan stymulujących komiksów Marvela z lat siedemdziesiątych, próbował ściągnąć tak wielu wrogów Shootera, ilu tylko się dało – łącznie ze Steve'em Gerberem, Dougiem Moenchem oraz Gene'em Colanem – i zaoferował im pracę nad nowym tytułem „Marvel Weekly". Do końca 1987 roku obdzwoniono wszystkich, od Marva Wolfmana i Paula Gulacy'ego po Dona McGregora i Dona Hecka; niektórzy z nich rozmawiali z Marvelem po raz pierwszy od ładnych paru lat. Pomysł na periodyk brzmiał następująco: pojawią się w nim cztery różne historie z kultowymi postaciami jak Man-Thing i Shang-Chi; poszczególne historie poukładano w taki sposób, że jeśli w numerze jedna z nich zostanie zamknięta, to pozostałe trzy zakończą się cliffhangerami – czytelnik nie będzie mógł więc przestać czytać.

Pierwszy zeszyt opublikowano jednak dopiero rok później; w tym czasie zdążono zmienić tytuł na „Marvel Comics Presents", przyjęto dwutygodniowy cykl wydawniczy, a Higgins opuścił firmę. Na okładce widniał nie Shang-Chi czy Man-Thing, ale Wolverine, którego obecność gwarantowała niezłą sprzedaż.

Podjęto też decyzję o wypuszczeniu na rynek samodzielnego tytułu z Wolverine'em. Chris Claremont został o tym poinformowany w momencie premiery *Excalibur* i od razu zgłosił swoje wątpliwości. DeFalco usłyszał od niego, że naruszona zostanie w ten sposób integralność charakteru postaci i pojawia się ryzyko rozmienienia jej na drobne – lecz naczelny nie chciał tego słuchać. Wolverine już od dawna był postacią tak popularną, że łamy *X-Men* stały się dla niego zbyt wąskie; seria miała ruszyć z Claremontem albo bez Claremonta. Ten, po dwunastu latach prowadzenia Wolverine'a za rączkę, nie mógł pozwolić, żeby w życiorysie Logana grzebał ktoś inny; zakasał więc rękawy i wziął się do roboty.

* Tym mianem określa się fanów amerykańskiego zespołu Grateful Dead – przyp. tłum.

„New World wcale nie chciało zostać częścią przemysłu komiksowego – mówił jeden z byłych pracowników – ale nie miało też zamiaru wylewać dziecka z kąpielą". Firma planowała zbić kapitał na potencjale posiadanych przez Marvela praw autorskich – w ramach promocji kreskówki o Spider-Manie zorganizowano lunch w 21 Club. Zaczęto przebąkiwać o kosztującej trzysta tysięcy dolarów platformie ze Spider-Manem na paradę z okazji Święta Dziękczynienia; poinformowano też media o zbliżającym się ślubie Petera Parkera i Mary Jane Watson, który miał się odbyć na Shea Stadium przed wejściem na boisko mistrzowskiej drużyny New York Mets*.

Na środku boiska pojawił się Stan Lee, zadowolony, że znalazł się w centrum uwagi pięćdziesięciopięciotysięcznego tłumu – wykupiono wszystkie wejściówki, zaś o imprezie mówiły *Good Morning America* oraz *Entertainment Tonight*. Lee nie posiadał się z radości, że New World korzystało z bohaterów Marvela w sposób, na jaki Cadence nigdy nie wpadło.

Po nieudanych próbach odkupienia od firmy Cannon praw do filmu ze Spider-Manem, New World zmieniło strategię i zajęło się produkcją sześćdziesięciu pięciu odcinków serialu animowanego o X-Men, żeby móc sprzedać którejś ze stacji prawa do pierwszej emisji, a potem czerpać zyski z odnawiania licencji i merchandisingu. New World wyczuło okazję, żeby podbić inne rynki niż te zdobyte niskobudżetowymi horrorami jak *Hellraiser*. „Marvel był dla nas przyczółkiem, z którego mogliśmy zaatakować młodszych odbiorców; takiej okazji nie dawał nam Clive Barker – powiedział Rusty Citron, ówczesny wiceprezes do spraw marketingu. – Nie pokażesz przecież Pinheada w telewizji śniadaniowej".

Plan przewidywał też inwazję Marvela na galerie handlowe w całym kraju, którą miano przeprowadzić we współpracy z ekipą odpowiedzialną za kolosalne centrum West Edmonton Mall w Kanadzie. Postanowiono, że sklepy firmowane logiem wydawnictwa będą przypominały punkty

* W latach osiemdziesiątych Marvel ostro wypowiadał się przeciwko rozpowszechnionej w Nowym Jorku modzie na kokainę. Zupełnym przypadkiem ślub Spider-Mana na Shea przypadł na ten sam wieczór, w którym Dwight Gooden [amerykański baseballista – przyp. tłum.] wyszedł z odwyku. Wesele odbyło się zaś w niedawno otwartym, ale już cieszącym się złą sławą klubie Tunnel, gdzie parę tygodni wcześniej kręcono adaptację *Jasnych świateł wielkiego miasta*.

niedawno otwartej sieci Disney Store: w każdym lokalu miała się znaleźć powierzchnia przeznaczona na imprezy urodzinowe, rzeczy sprzedawano by z półek na kółkach, żeby łatwo stworzyć odpowiedni „układ przestrzenny" dla danej postaci czy produktu, a stojaki z komiksami zostałyby zapełnione aktualnymi publikacjami Marvela.

Jednak ambicje firmy – która zmieniła nazwę z New World Pictures na bardziej uniwersalne New World Entertainment – zweryfikowała rzeczywistość. Filmy pełnometrażowe nie przynosiły spodziewanych zysków i większość kapitału wpakowano w produkcję telewizyjną. New World próbowało wejść na rynek rozrywki dla dzieci, ale próby przejęcia Kenner i Mattel okazały się bezowocne. Po sześciu miesiącach planowania rada firmy odrzuciła propozycję wartego milion dolarów projektu uruchomienia sieci sklepów Marvel Store.

New World nie zrezygnowało jednak z usilnych prób realizacji filmów na podstawie komiksów Marvela, choć nie orientowało się zbytnio w swoich zasobach. Lawina scenariuszy, które napisano niegdyś na potrzeby niezrealizowanych w końcu projektów – jak *Doctor Strange* Boba Gale'a czy *The X-Men* Roya Thomasa i Gerry'ego Conwaya – zalała biuro New World, lecz szefowie, nadal nieodróżniający Supermana od Spider-Mana, nie bardzo wiedzieli, na co w ogóle patrzą. „Nie żywili szacunku do komiksu, czekali na projekt, który okaże się obrazą dla całego medium", powiedział William Rabkin, były sprzedawca w sklepie komiksowym, zajmujący się opiniowaniem nadesłanych scenariuszy. Zdecydował się nawet na wysłanie śmiałego liściku do swojego szefa: „Kupiliście Alaskę, więc musicie pokopać nieco głębiej, żeby przekonać się, co jest pod powierzchnią". Po kilku dniach kierownik działu produkcji New World poprosił Rabkina o skompletowanie listy mniej prestiżowych produktów Marvela, które można prędko zaadaptować i tanio nakręcić w Ameryce Południowej*. Boaz Yakin,

* Rabkin, w ramach wynagrodzenia, mógł przedstawić szefom własny scenariusz filmu z wybranym przez siebie bohaterem. Napisał osadzony w Meksyku western z Blade'em, łowcą wampirów, drugoplanową postacią z zapomnianego komiksu *Tomb of Dracula* autorstwa Marva Wolfmana i Gene'a Colana. Projekt nie wypalił, choć w sprawie roli tytułowej spotkano się z Richardem Roundtreem.

dwudziestojednoletni absolwent NYU, zadzwonił do New World i umówił się na spotkanie w sprawie filmu o Punisherze, który miał według niego szansę stać się ulubieńcem publiczności, jeśli tylko nakręci się z nim porządne kino akcji. „Nie mieli nawet pojęcia, kim, do chuja pana, jest Punisher", wspominał Yakin. Trzeba podkreślić, iż Frank Castle był wówczas bohaterem dwóch regularnych serii. Tak czy inaczej, napisany w dziesięć dni scenariusz Yakina dostał zielone światło.

Lee nadal próbował przekonać ludzi z New World, że warto pomyśleć nad filmem z bohaterami, których współtworzył ćwierć wieku wcześniej. „Stan Lee po prostu uwielbiał Ant-Mana, a wszyscy mieli to gdzieś – mówił Rabkin. – Zawsze nawijał o tym Ant-Manie, chciał wcisnąć go w byle jaki scenariusz. Ja byłem przeciwny, bo, spójrzmy prawdzie w oczy, facet potrafił się zmniejszać, przejść przez dziurkę od klucza, rzucić okiem na tajne dokumenty leżące w szufladzie i to tyle. Nuda. Siedzimy na spotkaniu, Stan zachwala Ant-Mana i nagle wpada Bob Rehme, który rządził w New World. Bob był wulkanem energii i dosłownie wpadał do pomieszczenia, a nie wchodził. Ziuuuu, jak diabeł tasmański. No więc wpada do pokoju i mówi: »O, spotkanie! Co się dzieje?«".

„Omawiamy właśnie Ant-Mana", odpowiedział Lee.

„A co to takiego?", drążył Rehme.

„No taki koleś, który potrafi się zmniejszać".

Rehme się zamyślił. Disney planował realizację filmu *Teenie Weenies*. Jeśli New World ruszy natychmiast z Ant-Manem, nikt się nie dowie, kto był pierwszy.

„To wspaniały pomysł!", zakrzyknął i wypadł z pokoju, a *Ant-Man* trafił na tapetę. *Teenie Weenies* wpuszczono do kin jako *Kochanie, zmniejszyłem dzieciaki*.

Lee chwalił sobie co prawda współpracę z Bobem Rehme, ale stało się jasne, że jeśli chodzi o filmy, nie będzie miał wiele do powiedzenia. Nawet Jim Galton ze swoim staromodnym podejściem do spraw wydawniczych nie mógł się mierzyć z hollywoodzką agresją Sloane'a, Kuppina i Rehme. Ciężar kontaktów z ekipą rządzącą spadł na Joego „Kalmara" Calamariego, długoletniego dyrektora Cadence, zatrudnionego przez Sheldona

Feinberga zaraz po szkole prawniczej. Calamari wydawał się bardzo zainteresowany kwestią produkcji filmowej, zaś dzięki ambicji i żywiołowości stał się doskonałym kandydatem na reprezentanta Marvela.

Stan Lee, już po sześćdziesiątce, od dwudziestu lat marzył o zobaczeniu swoich bohaterów na dużym ekranie. Bez skutku. „Stan wypadł z obiegu, nie jest ani graczem, ani partnerem w interesach – powiedział jeden z szefów New World. – Nie miał prawa głosu, a zachowywał się jak pitbull. Nie chciał się odczepić".

Lee miał przetrwać dłużej niż oni wszyscy – New World popadło bowiem w tarapaty. „Patrząc na to z perspektywy – mówił po latach Mike Hobson – to wręcz szokujące, że Marvela sprzedano tak szemranej firmie jak New World". Filmy wyprodukowane przez studio radziły sobie koszmarnie w box-office, akcje leciały na łeb na szyję, a jakby nie dość było tego wszystkiego, w następstwie krachu giełdowego z 1987 roku wszystkie inwestycje firmy okazały się niewypałem. New World zwróciło się do króla obligacji śmieciowych Drexela Burnhama Lamberta o pomoc w restrukturyzacji ich rosnącego długu. Szefowie zachowywali jednak pozory, odprawiając z kwitkiem kolejnych chętnych na kupno Marvel Comics, jedynego przynoszącego zyski podmiotu wchodzącego w skład koncernu. Lato przyniosło zły omen; w lipcu, kiedy w Australii miały ruszyć zdjęcia do *Punishera*, Marvel Comics zostało wystawione na sprzedaż.

Najwyższą ofertę złożył Ronald O. Perelman, prezes Revlonu, który Compact Video – byłą dywizję Technicoloru – przerobił na firmę fasadową*. Całe Wall Street przez wiele miesięcy czekało w napięciu, która marka zostanie wchłonięta; Compact od wiosny siedział bowiem cicho, jakby przyczajony, czekając na odpowiedni moment do ataku. Sloan i Kuppin nieźle zarobili na swojej inwestycji – otrzymali za Marvela osiemdziesiąt dwa i pół miliona dolarów; sami wydali dwa lata wcześniej zaledwie czter-

* Perelman przebił wynoszącą osiemdziesiąt jeden milionów dolarów ofertę złożoną przez grupę inwestorów na czele z byłym menadżerem Allman Brothers, Steve'em Massarskym i, o dziwo, Jimem Shooterem. Niedługo później dwaj panowie założyli własne wydawnictwo komiksowe Valiant/Voyager.

dzieści sześć. Dla Wall Street to był prawdziwy szok. Ron Perelman, człowiek, który na Gillette wyłożył ponad cztery miliardy zielonych, miał teraz zamiar bawić się w... komiksy?

Jeden z magazynów w ten sposób wyłuszczył strategię Perelmana: „Znajdź niedocenianą firmę, zakup ją za pomocą swoich śmieciowych akcji, sprzedaj niepotrzebne linie produktów, żeby odbić sobie wydane środki, nastaw machinę na zysk". Tak naprawdę ten model działania nie odbiegał znacząco od tego, któremu hołdowały Perfect Film czy Cadence, jednak Compact dysponował znacząco większymi środkami. Perelman dostrzegał potencjał Marvela, uważał, że firma może się stać „mini-Disneyem własności intelektualnej" i przynieść mu spore pieniądze.

Sam Perelman jawił się jako frankensteinowy amalgamat wszystkich poprzednich właścicieli Marvela; niektóre zbiegi okoliczności były wręcz dziwaczne. Martin Goodman poznał swoją bogatą przyszłą żonę na statku; Perelman również. Martin Ackerman miał siedzibę na East Side i nazywał ją „ratuszem"; tak samo Perelman. Sheldon Feinberg był cenionym dyrektorem finansowym w Revlonie; dwadzieścia lat później Perelman zdobył sławę wrogim przejęciem właśnie firmy Revlon. Jak oni wszyscy, Perelman był niskim, żującym cygara biznesmenem żydowskiego pochodzenia. Różnica polegała jednak na tym, że Perelman został właścicielem fabryki cygar – a to tylko jedna z wielu firm wchodzących w skład jego wycenianego na trzysta milionów dolarów portfolio. Miał kieszenie tak głębokie, żeby kiedy udało mu się przejąć Marvela, kilka miesięcy później kupił też i New World.

Ponieważ był szefem Revlonu, ekipa Marvela szybko ochrzciła go „facetem od szminek". Kiedy po raz pierwszy odwiedzał biura wydawnictwa, oprowadzała go zamaskowana jasnowłosa pracowniczka w stroju Spider-Woman. Podczas swojej wycieczki Perelman zapytał jednego z redaktorów o najlepiej sprzedający się komiks. „Pokazałem mu kilka naprawdę pięknych stron z *Uncanny X-Men* Barry'ego Windsora-Smitha – wspominał ów redaktor – ale nawet na nie nie spojrzał. I już wiedziałem: ten facet nie lubi komiksów".

Stan Lee miał po spotkaniu z prawą ręką Perelmana, Billem Bevinsem, nieco lepsze zdanie o nim i jego firmie Andrews Group. Bevins był człowiekiem konkretnym, o nienagannej fryzurze i nieskazitelnym stroju; poznali się z Perelmanem podczas jednej z konferencji dla obracających obligacjami śmieciowymi spod znaku Predators' Ball, prowadzonych przez Michaela Milkena z Drexler Burnham Lambert. „Przez parę minut wymienialiśmy uprzejmości – wspominał Lee – i nagle zostałem zapytany o swoje roczne dochody. Udzieliłem odpowiedzi, a on spojrzał na mnie, zamyślił się na minutę czy dwie, a potem spokojnym głosem oznajmił, że od tej pory będę zarabiał trzy razy tyle".

Marvel radził sobie świetnie – firma rozwijała się jeszcze szybciej. Pojawiały się nowe serie, zaś w lecie zmieniono cykl wydawniczy najlepiej sprzedających się tytułów, czyli *The Uncanny X-Men* i *Amazing Spider-Man*, na dwutygodniowy. DeFalco i Gruenwald zaczęli przerzucać stare komiksy w poszukiwaniu materiału na nowe publikacje; uznali, że sprzedaż bezpośrednia umożliwia wprowadzenie jeszcze paru tytułów dla wiernej, aczkolwiek nie tak znowu dużej klienteli, bez uczucia przesytu. Powrócili więc bohaterowie z lat siedemdziesiątych, jak Guardians of the Galaxy, Ghost Rider, Deathlok i Nova, przy czym ten ostatni dołączył do ekipy New Warriors, bohaterów komiksu utworzonego na podstawie badań rynkowych, które wykazały deficyt historii z nastoletnimi herosami.

Scenarzyści, rysownicy i redaktorzy zaczęli otrzymywać czeki na coraz pokaźniejsze kwoty; wielu z nich odżyło po odejściu Shootera i zaczęło się przyzwyczajać do nowo nabytej władzy. Od czasu do czasu wykłócano się o kontrolę nad poszczególnymi postaciami: Steve Englehart został wyrzucony z *West Coast Avengers* (nie chciał bowiem dorzucić do swojego składu Iron Mana); parę miesięcy później pogoniono go również z *Fantastic Four* (odmówił włączenia na powrót do drużyny Mr. Fantastica i Invisible Woman) oraz *Silver Surfera*. Englehart powiedział, że DeFalco wprowadzał w życie „plan mający na celu ukrócenie wszelkich innowacji"; ten bronił się, zapewniając o swojej trosce wobec redaktorów.

DeFalco na własne oczy widział, co się działo z morale załogi, jeśli odbierało się redaktorom możliwość podejmowania decyzji, lecz jego sposób na organizację pracy nie opierał się jedynie na przytakiwaniu; według niego redaktorzy powinni być swoistymi opiekunami stojącymi na straży dziedzictwa Marvela i integralności Uniwersum oraz dbającymi o interes wydawnictwa.

Ponieważ Marvel nadal posiadał postaci, które każdy chciał rysować i o których każdy chciał pisać, zaś tantiemy okazały się znakomitym wabikiem, pośród znanych autorów nie brakowało chętnych do puszczenia maszyny w ruch. Po odejściu Engleharta *Fantastic Four* przejął Walter Simonson, John Byrne zajął się *West Coast Avengers*, zaś Jima Starlina przypisano do *Silver Surfera* – oni również natrafili na pewne trudności i rotacja zaczęła się na nowo. Byrne powiedział, że odejdzie z *She-Hulk*, jeśli DeFalco nie odwoła redaktora, za którym nie przepadał, ale ten powtarzał swoją mantrę: wspieram swoich pracowników. Wreszcie Byrne został zwolniony i scenarzystą *She-Hulk* został Steve Gerber. Byrne nie odszedł jednak daleko, gdyż zabrał się za *Namora* – nową serię, w której Sub-Mariner stawał się inwestorem i kapitalistą.

Niecałą dekadę wcześniej wydawało się, że tacy wydawcy jak Pacific czy Eclipse odciągną wielkie nazwiska od Marvela i DC, lecz mniejsze firmy nie radziły sobie zbyt dobrze, szczególnie w obliczu zalewu rynku komiksami w latach 1986–1987. Właściciele sklepów komiksowych, chcąc ugrać jak najwięcej na rozmnożeniu tytułów, postawili na stosunkowo bezpieczne rozwiązanie i eksponowali wiecznie bestsellerowe tytuły z Marvela i DC. Narzekania Starlina, Gerbera, a nawet Steve'a Ditko okazały się zbędne; wyglądało na to, że jedynie „Wielka Dwójka" będzie w stanie zawsze zapewnić pracę.

Marvelowski imprint Epic wydał na świat kilka interesujących projektów, ale nie udało mu się wypuścić na rynek naprawdę przełomowego tytułu, zaś jego pierwotna misja, polegająca na zapewnieniu bezpiecznej przystani scenarzystom z oryginalnym pomysłem, uległa po latach rozrzedzeniu. Po wydaniu bardziej „dorosłego" komiksu Millera i Sienkiewicza *Elektra: Assassin*, Epic zaczęło odgrywać rolę drugorzędną – komórki zajmującej się wydawaniem luksusowych edycji komiksów ze znanymi już z Marvela bohaterami. A skoro najlepiej sprzedającymi się albumami imprintu były właśnie *Elektra: Assassin* oraz *Havok & Wolverine: Meltdown,* zdecydowano o utworzeniu osobnej linii tytułów z superbohaterami. I choć Archie Goodwin, redaktor Epic, samodzielnie wymyślił nowe postaci, to Marvel miał zachować do nich prawa. Do połowy 1989 roku Goodwin odgadł, co się święci, i odszedł do DC Comics.

Dreadstar Jima Starlina, *Coyote* Steve'a Engleharta, *Void Indigo* Steve'a Gerbera i *Six from Sirius* Douga Moencha i Paula Gulacy'ego – żaden z tych tytułów nie utrzymał się w Epic, zaś buntownicy, którzy je stworzyli, musieli siedzieć cicho, w końcu mieli teraz rodziny do utrzymania. Wahał się jeszcze Frank Miller, odrzucając Marvela i DC na rzecz niezależnego, dopiero się rozwijającego Dark Horse, ale był on wyjątkiem – polegał na popularności *Batman: Powrót Mrocznego Rycerza* i samo jego nazwisko na okładce mogło sprzedać komiks; poza tym miał o dziesięć lat mniej niż jego koledzy. Ich pokolenie walczyło o zmiany funkcjonowania całego przemysłu i udało im się wskórać niemało, jednak to ktoś inny będzie musiał kontynuować ich dzieło.

16

Od paru lat Marvel Comics nie wykształcił zbyt wielu nowych, popularnych nazwisk. Najwięksi twórcy lat osiemdziesiątych – John Byrne, Frank Miller, Bill Sienkiewicz, Walter Simonson – zaczęli współpracować z wydawnictwem już w poprzedniej dekadzie. Bodaj jedynym wyjątkiem od tej reguły był samouk Art Adams, który po ukończeniu szkoły średniej zmywał naczynia w pizzerii, a po godzinach rysował i słał później swoje prace do Marvela. Po pięciu latach, kiedy wydawnictwo zdecydowało się zaprezentować jego rysunki – w wydanej w 1985 roku miniserii *Longshot* – z miejsca został ulubieńcem czytelników. Tytułowy bohater wyróżniał się na tle parady kolorowych peleryn: miał fryzurę „krótko z przodu, długo z tyłu", skórzaną kurtkę, pas z nabojami i saszetkę. Historia jego pozaziemskiego pochodzenia posłużyła Adamsowi do zaprezentowania talentu do rysowania kosmicznych stworów; zamiłowanie do pieczołowitego szafowania nie pozwalało mu jednak na przyjęcie comiesięcznego stałego zlecenia, pojawiał się więc gościnnie w różnych seriach, ale jego komiksy niezmiennie lśniły jasnym blaskiem pośród innych, sąsiadujących z nimi na stojakach.

Adams wywarł ogromny wpływ na swoich kolegów, którzy mieli już dość *X-Men* Claremonta i Byrne'a czy *Daredevila* Franka Millera i uznali szatę graficzną komiksów Marvela za sztywną i zaledwie funkcjonalną. W ostatnich dniach panowania Jima Shootera do głosu zaczęła dochodzić grupa młodych rysowników; jej celem było przyłożenie uwagi do detalu, dopracowanie każdego kosmyka włosów, każdego szczegółu ubioru, każdego zęba w ustach bohatera. Jeśli w komiksie znajdował się kadr ze zburzonym murem, wszystkie cegły musiały zostać starannie naszkicowane.

Tuszem przy miniserii Adamsa *Longshot* zajmował się wyrzucony z akademii sztuk pięknych filipiński rysownik Whilce Portacio. Portacio świetnie podkreślał detale, lecz nadal musiał się wiele nauczyć o anatomii i perspektywie, więc redaktor Carl Potts skierował go do pracy nad szkicami Adamsa, mając nadzieję, że szybko podłapie od niego parę rzeczy. Ponadto Potts przynosił mu książki, jak *Pięć tajników warsztatu filmowego,* i zlecał pracę przy *Alpha Flight*. Niedługo potem zatrudnił jako rysownika *Alpha Flight* Jima Lee, niezwykle uprzejmego, pochodzącego z Korei Południowej absolwenta Ligi Bluszczowej. Panowie od razu przypadli sobie z Portacio do gustu zarówno pod względem osobistym, jak i artystycznym. Nowy pracownik otrzymał kopię tej samej książki i Potts wdrażał go w tajniki narracji komiksowej; stał się dla niego mentorem jak Denny O'Neil dla Franka Millera dziesięć lat wcześniej. Wreszcie Lee przeprowadził się do San Diego i zamieszkał z Portacio. Ich kariera zazębiła się na dobre.

Z czasem Portacio rozpoczął agresywną autopromocję. Po nałożeniu tuszu na szkice Jima Lee do *Alpha Flight*, na ich odwrocie, przed wysłaniem kartek do Marvela, ołówkiem rysował Punishera. Jeszcze zanim ruszyła produkcja filmu o Franku Castle'u, Potts zatrudnił Portacio jako rysownika *The Punisher*. Gdy uruchomiono drugą serię z tym bohaterem, *Punisher War Journal*, zajął się nią Jim Lee.

Po upływie roku redaktor *Uncanny X-Men* Bob Harras – zawsze starający się wyłuskać świeżych, gorących rysowników – zapytał Portacio, czy nie byłby chętny popracować przy paru numerach najlepiej sprzedającego się tytułu Marvela. Kiedy odmówił, zlecenie trafiło do Jima Lee, którego notowania wśród fanów podskoczyły błyskawicznie, a on sam został głównym rysownikiem *X-Men*.

Kiedy Lee i Portacio zachwycali się swoimi rysunkami do *Alpha Flight*, Todd McFarlane, kanadyjski mięśniak o niewyparzonej gębie, robił furorę w *The Incredible Hulk*. Latem 1980 roku, gdy niepodzielnie rządziła Dark Phoenix i Elektra, przebywający na stypendium sportowym McFarlane został wypatrzony przez łowcę talentów z baseballowej drużyny Seattle Mariners. Przyszły rysownik pojechał jednak na Comic-Con i stanął jak urzeczony, patrząc na Jacka Kirby'ego, łaskawie przemawiającego do kłębiących się wokół fanów. McFarlane poprzysiągł sobie, że jeśli nie zda egzaminów, będzie pracował w komiksach. I kiedy kontuzja kostki przekreśliła jego szanse na grę w lidze, McFarlane zaczął spędzać coraz więcej czasu przy stole kreślarskim, czytać z zainteresowaniem o losach Kirby'ego i Gerbera oraz studiować wypowiedzi Neala Adamsa i Franka Millera publikowane na łamach „Comics Journal". Kolekcjonując listy odmowne, samouk McFarlane jeszcze przed ukończeniem szkoły otrzymał wreszcie swoją wielką szansę: miał narysować poboczną historię w jednym z numerów stworzonej przez Steve'a Engleharta serii *Coyote*. Pod koniec 1986, czyli rok później, otrzymał zlecenie na *Hulka*; jego redaktor chodził po biurach Marvela, pokazując wszystkim rysunki McFarlane'a i tłumacząc, że chłopak pracuje bez wytchnienia i potrzebuje nowych wyzwań. Jego cieniutka kreska i fetyszystyczne zamiłowanie do detali mówiły same za siebie. Został zatrudniony jako nowy rysownik *The Amazing Spider-Man*.

McFarlane i scenarzysta David Michelinie ponownie wprowadzili na łamy komiksu dawnych wrogów Spider-Mana – Sandmana, Prowlera, Mysterio i Lizarda – ale to nowa postać przypieczętowała sukces tej świeżej, mrocznej wersji *The Amazing Spider-Man*. Porzucony przez głównego bohatera czarny kostium okazał się żywym bytem kosmicznym; jako swojego następnego nosiciela wybrał rozczarowanego życiem dziennikarza Eddiego Brocka i razem stworzyli istotę zwaną Venomem. McFarlane obdarzył krwiożerczego stwora muskularną sylwetką i szerokim uśmiechem, który eksponował jego ostre jak brzytwa zębiska. *Spider-Man* miał więc już swoją ikonę, mogącą się zmierzyć z pazurami Wolverine'a czy arsenałem Punishera. Seria zaczęła schodzić jak woda i osiągała wyniki niespotkane od dwudziestu lat. Komiks szybko wspinał się w zestawieniach sprzedaży i wyglądało na to, że mógł nawet zagrozić okupującemu pierwsze miejsce *X-Men*.

Latem 1988 roku większość najpopularniejszych rysowników Marvela – łącznie z Artem Adamsem, Portacio, Lee, McFarlanem i pracującym przy *X-Men* Markiem Silvestrim – nie przekroczyła jeszcze trzydziestki. Kiedy redaktorzy Marvela zaczęli poluzowywać drakońskie zasady narzucone przez Shootera, nowa fala rysowników zachłysnęła się językiem teledysku, na dwa numery odchodząc od szerokich kadrów i krótkich opowiastek, a zwracając się ku frenetycznej nielinearności. Po sukcesie odniesionym przez Adamsa położono też nacisk na detale, skupiono się na nich, rysując twarze, maszyny, budowle. Przywiązanie do szczegółu zdominowało kolejne tytuły.

Rysowników charakteryzowała też niepokorność lub chociaż brak uległości, których w wydawnictwie nie widziano od czasu, kiedy Jim Starlin nie mógł się dogadać z Johnem Romitą w sprawie *The Fantastic Four*. Być może przemawiała przez nich młodość, a może nie pozostawał bez znaczenia fakt, że żaden z nich nie mieszkał w okolicy nowojorskiego biura Marvela, żaden nie przeniósł się do centrum i żaden nie spędzał całych dni w siedzibie wydawnictwa. A może wzięli sobie do serca to, co przydarzyło się Jackowi Kirby'emu i Steve'owi Ditko, i nie chcieli, żeby coś podobnego kiedykolwiek ich spotkało. McFarlane męczył swoich kolegów, namawiając, by zorganizowali się w związek zawodowy; do tego pomysłu nie wracano od 1978 roku, kiedy podobne plany wzięły w łeb. Skoro Marvel mógł lecieć w kulki z Jackiem Kirbym i Steve'em Ditko, mógł polecieć w kulki z każdym, rozumował McFarlane.

Czuł zresztą, że jest coś winien Steve'owi Ditko. Przywrócił kostiumowi Spider-Mana pajęczynę pod pachami, podkreślił czarne obwódki wokół oczu i często rysował swojego bohatera w najdziwniejszych pozach, zupełnie jak jego wielki poprzednik. Poszedł jednak o krok dalej: sieci wystrzeliwane przez Spider-Mana wyglądały teraz jak misternie spleciony sznur (lub, jak powiedział Tom DeFalco, spaghetti); białe oczy na masce powiększyły się dwukrotnie, zaś superbohater przybierał dziwaczne pozy, sprzeczne z regułami anatomii. McFarlane chciał tym samym podkreślić pajęcze atrybuty Spider-Mana, lecz redaktorzy nie byli do końca zadowoleni ze zmian. Kiedy gotowe strony trafiły do Zagrody na biurko Johna Romity, który miał poprawić nieco wygląd Petera Parkera, żeby ten ponownie przypominał samego siebie, rysownik zapytał: „I to naprawdę wszystko?". Zdziwił się, jak bardzo narysowana przez McFarlane'a postać różni się od niemalże oficjalnej wersji, którą on sam stworzył w 1966 roku. Nowy Peter

Parker przypominał kulturystę, zaś Mary Jane wyglądała jak dziewczyna z rozkładówki. Niedługo potem to właśnie interpretacja McFarlane'a stała się obowiązująca i rysownicy ze *Spectacular Spider-Man* i *Web of Spider--Man* musieli się do niej dostosować.

McFarlane nadal jednak musiał rysować pod dyktando scenarzysty i w 1989 roku, po drugim z kolei sezonie letnim, w którym *Amazing* wydawano co dwa tygodnie, miał już dość. Powiedział swojemu redaktorowi, Jimowi Salicrupowi, że nie chce już dłużej pracować przy serii, i zażądał komiksu, nad którym mógłby mieć całkowitą kontrolę. McFarlane liczył, że dostanie jeden ze słabo sprzedających się tytułów i będzie mógł poćwiczyć sztukę pisania scenariuszy, ale, ku jego zaskoczeniu, Salicrup zapytał, czy nie chce przypadkiem dostać własnej serii ze Spider-Manem. „Sam nie wpadłbym na pomysł utworzenia czwartego już tytułu z tym samym bohaterem – powiedział McFarlane – ale nie byłem na tyle głupi, żeby oponować".

To była świetna umowa: nie martwiąc się o dawne, rygorystyczne zasady, McFarlane nie musiał się nawet oglądać na to, co robią scenarzyści pozostałych serii ze Spider-Manem. Jeśli inni autorzy mieli jakiekolwiek pretensje o specjalne traktowanie popularnego rysownika, bardziej przerażało ich to, co McFarlane wygadywał w wywiadach: czytał ponoć jedynie rubrykę sportową i nie mógł sobie przypomnieć tytułu ostatniej książki, jaką miał w rękach. „Cóż… nie uważam się za scenarzystę, więc i scenariusz nie jest dla mnie aż tak ważny. Z pewnością ludziom z wydawnictwa nie spodoba się to, co teraz mówię, ale kiedy już to przeczytają, będzie i tak za późno". Zapytany o swoje nastawienie do nowego projektu, odpowiedział: „Szykuje się prawdziwe gówno"*.

Todda McFarlane'a zdawało się wyróżniać to, że tak naprawdę wcale nie potrzebował Marvel Comics. Swoje dochody zainwestował w firmę dystrybuującą kolekcjonerskie karty ze sportowcami oraz w sklep z komiksami

* McFarlane, nawiązując do wypowiedzi Byrne'a o wydostaniu się z okopów, powiedział: „Na tę chwilę cieszę się, pisząc comiesięczną serię, i zostanę jeszcze na jakiś czas w okopach. Może za parę lat mi się znudzi i wtedy wyruszę na poszukiwanie złotego pierścienia".

w Waszyngtonie; wywiadów udzielał przez telefon, przekopując się przez kartony z obrazkami hokeistów. Jego wypowiedzi były szczere, czasem ocierały się wręcz o rażące prostactwo, ale potrafił też powiedzieć coś bezpretensjonalnie świeżego – zależnie, oczywiście, od perspektywy słuchającego. „Póki rysuję Spider-Mana w odpowiedniej pozie i mam materiał na dobry, duży kadr, nie jest dla mnie ważne, co znajduje się za nim – powiedział jednemu z dziennikarzy, przywykłemu do długich i wnikliwych rozmów o sztuce komiksowej. – Jeśli oczywiście mogę, to wypełniam tło czymś, co będzie wyglądało okej – lub przynajmniej nie zepsuje rysunku. Dzieciaki i tak pomyślą, że zamieściłem tam piekielnie dużo detali, i dostrzegą coś, czego w tle nie ma".

Mając trochę wolnego przed objęciem premierowego tytułu ze Spider--Manem, McFarlane podał pomocną dłoń dwudziestojednolatkowi z Anaheim w Kalifornii, Robowi Liefeldowi, nowemu odkryciu Marvela, i nałożył tusz na kilka okładek rysowanej przez niego serii *New Mutants*. Ojciec Liefelda był pastorem w kościele baptystów, dziadek również, ale ich syn i wnuk zajmował się jedynie rysowaniem postaci z *Gwiezdnych wojen*, rowerowymi wycieczkami do sklepu z komiksami i ukrywaniem stosów *X-Men* przed matką. I choć szybko otrzymał pracę przy galeriach i okładkach w DC Comics, jego zmysł narratorski dał o sobie znać szybciej niż u McFarlane'a. Trudno też powiedzieć, że był bojaźliwy: jednemu redaktorowi podrzucił komiks narysowany bokiem. Bobowi Harrasowi podobało się takie zuchwalstwo i przydzielał Liefeldowi zastępstwa przy *X-Factor* i *Uncanny X-Men* oraz zażądał od niego odświeżenia wizerunku *New Mutants* i wymyślenia nowego bohatera, który wskoczyłby na miejsce Profesora X jako przywódca drużyny. Liefeld rysował jak szalony stronę za stroną i dostarczył Harrasowi mnóstwo projektów kostiumów i postaci z dopiskiem: „Bob, oto przyszli przyjaciele i wrogowie naszych mutantów! Jeśli ci się nie podobają, wyrzuć rysunki do kosza, ale jeśli coś wpadnie ci w oko, zadzwoń!". Jedna z postaci została podpisana jako potencjalny lider młodych bohaterów: był to tajemniczy cyborg ze świecącym „okiem cybernetycznym"; według notatek miał się nazywać Cybrid lub Cable.

Harras i scenarzystka Louise Simonson zasugerowali inne imiona, lecz Liefeld zdążył już się nauczyć od swojego nowego przyjaciela McFarlane'a, żeby nie oddawać pola. „Bob chciał nazwać go Quentin – wspominał Liefeld – więc skrzywiłem się i powiedziałem, że na wszystkich szkicach wpisałem już »Cable«, lecz w swoim scenariuszu Louise z uporem maniaka nazywała go »Commander X«. Oświadczyłem, że jeśli taka wersja zostanie opublikowana, nie chcę mieć z tym komiksem nic wspólnego. To było po prostu żenujące". Harras pozwolił Liefeldowi robić, co chce.

Numer *New Mutants*, w którym po raz pierwszy pojawił się Cable – na okładce trzymał w wielkiej łapie ogromną spluwę, zaś drużyna mutantów została pokazana w celownikach – okazał się natychmiastowym hitem i sprzedaż serii nagle poszybowała w górę. Był to jednak początek końca dla Simonson, która z dnia na dzień poczuła się niepotrzebna. Liefeld przywiązywał większą wagę do muskulatury poszczególnych postaci i imponującego arsenału, jakim dysponowały, niż tła, które raz się pojawiało, a raz znikało. Ignorował także zasadę stu osiemdziesięciu stopni. Ale czytelników przybywało. Liefeld „rysował prostokątne okna po zewnętrznej stronie budynku, a okrągłe od środka – narzekała Simonson. – Pół roku zajęło mi zrozumienie, że Roba nie interesuje scenariusz, chciał po prostu robić to, co mu się żywnie podobało, czyli rysować postaci w kostiumach w fajnych pozach, a potem sprzedać swoje prace za dużą kasę". Uważała, że wydawnictwa nie obchodzą jej żale, a Marvel nie odniósł się w żaden sposób do jej uwag. „Nagle zaczęliśmy robić komiksy nastawione na krótkoterminowy zysk, nikogo nie obchodził faktyczny rozwój postaci – powiedziała. – Po to w gruncie rzeczy kupiono Marvela – żeby doić z niego pieniądze, doić i jeszcze raz doić. Myślę, że w owym czasie ceniono tych, którzy potrafili przynieść natychmiastowy zysk, i zobaczono, że Robowi Liefeldowi idzie to doskonale".

Podczas gdy Simonson wojowała z Liefeldem i Harrasem, Marvel zaczął planować kampanię promującą pierwszy numer *Spider-Mana* Todda McFarlane'a. Chcąc dogodzić sklepom komiksowym, Carol Kalish nalegała, aby specjalną edycję zeszytu – w której na czarnym tle okładki użyto srebrnego tuszu – sprzedawano jedynie na rynku bezpośrednim; zawartość oczywiście nie różniła się w ani jednym szczególe od wersji podstawowej.

Tymczasem dział sprzedaży odnotował, że zapakowany w folię numer magazynu „Sail", do którego dołożono kalendarz, osiągnął najlepszy wynik w historii. Nie chodziło jednak o gadżet – to opakowanie sprawiało, że periodyk wyróżniał się na stojaku. Być może podobna strategia marketingowa pomogłaby także *Spider-Manowi*...

„Sprzedawcy detaliczni powariowali – mówił Kurt Busiek z działu Carol Kalish. – Skoro daliśmy komiks w worku punktom z prasą, oni też chcieli mieć komiks w worku". Wydanie *Spider-Mana #1* okazało się więc nie lada problemem.

Sam komiks to nic przełomowego – na dwudziestu dwóch stronach Spider-Man stłukł kilku oprychów i odwiedził Mary Jane, zaś Lizard krwawo rozprawił się z trzema łobuzami i niewinnym przechodniem. Narracja była przestylizowana i niemal każdy kadr napakowano onomatopejami. Jednak w czerwcu 1990 roku sprzedano – licząc łącznie edycję specjalną, standardową i opakowane w folię warianty obu – milion egzemplarzy komiksu. Pewien sklep w Los Angeles wypożyczył nawet rampę teatralną, żeby zaproszone na premierę media (oraz setki klientów) nie miały problemu z dotarciem na nocne wydarzenie. Jeszcze zanim numer trafił na półki (osiemset tysięcy zwykłych egzemplarzy, sto dwadzieścia pięć tysięcy opakowanych), Marvel miał już w rękach bestseller. Kolekcjonerzy zastanawiali się, czy mogą wyjmować komiks z woreczka, i dochodzili do wniosku, że lepiej kupić dwie sztuki, żeby móc jedną przeczytać bez poczucia winy.

Sprzedawcy wołali o więcej. „Chcieli sprzedawać dosłownie wszystko – mówił Busiek – nawet gdy chodziło o jakąś pierdółkę, na przykład woreczek". Na rynek wypuszczono dodruk ze złotym tuszem na okładce i, próbując wynagrodzić właścicielom sklepów ich zaangażowanie, Marvel wydrukował także wersję platynową – będącą odpowiednikiem platynowej płyty przyznawanej w branży muzycznej – i przekazał po jednej sztuce każdemu punktowi sprzedaży. Eksperymentowano z różnymi formatami okładek i ostatecznie zdecydowano się na druk na cięższym i grubszym papierze, który mógł przyjąć specjalną kombinację tuszów. Ten zabieg promocyjny miał kosztować osiem tysięcy dolarów, lecz Marvel zapłacił za wszystko ponad trzydzieści pięć. Z początku wyglądało to na katastrofę – nie tylko ze względu na poniesione koszty, ale także rozczarowanie sprzedawców, którzy bezskutecznie prosili o jeszcze jedną kopię kolekcjonerskiego wydania.

Marvel otworzył sobie jednak furtkę do przyszłości. Dział produkcji przez pięć miesięcy eksperymentował z edycją platynową. Opracowano w tym czasie wiele innych wersji okładki – chociażby ozdobioną tłoczeniami – i pomysły te wykorzystano w nadchodzących miesiącach, i to nie tylko przy edycjach limitowanych, ale i w przypadku zwyczajnych nakładów po kilkaset tysięcy egzemplarzy. Czy *Spider-Mana #1* sprzedało nazwisko McFarlane'a, czy raczej okładka? Szybko wypuszczono numer *The Incredible Hulk* z fluorescencyjnymi tuszami; sprzedaż wzrosła o trzysta procent i błyskawicznie zrobiono dodruk. Lśniąca, metaliczna okładka *Silver Surfera* i świecąca w ciemności okładka *Ghost Ridera* wzbudziły podobne zainteresowanie.

Moment ten wielu zapamiętało jako istne otwarcie puszki Pandory. „To było żerowanie na potrzebach rynku i podsycanie chciwości spekulantów – napisał lata później szef działu sprzedaży, który wpadł na pomysł edycji platynowej *Spider-Mana*. – Niby nie ma nic złego w stworzeniu produktu, który zaspokaja pewien popyt, ale wykorzystywanie w ten sposób swojej bazy konsumenckiej przypomina mi osobiście gwałt na randce".

Od czasu zakupu firmy przez Rona Perelmana w biurach Marvela zaczęły się pojawiać nowe twarze: pracownicy korporacji oddelegowani w celu maksymalizacji zysku przy jednoczesnym odcięciu się od procesu twórczego. Jednak prawa ręka Perelmana, Bill Bevins, nie mógł pozostać ślepy na ostatnie sukcesy działu wydawniczego i wkrótce kadra kierownicza zaczęła się przyglądać uważniej swojej inwestycji. The Andrews Group przygotowywało się do wystawienia części akcji Marvel Comics na sprzedaż. Konsultanci i wiceprezesi zaludnili korytarze wydawnictwa i w październiku 1990 roku, kiedy Jim Galton – cichy i wycofany szef Marvela od 1975 roku – przeszedł na emeryturę w wieku sześćdziesięciu pięciu lat, Perelman namaścił jego następcę.

Terry Stewart miał doświadczenie na polu fuzji i przejęć, lecz to nie jedyna rzecz, która odróżniała go od Galtona. Coś innego czyniło z niego faceta faktycznie mogącego przekonać do siebie wiecznie podejrzliwe bractwo komiksiarzy: był fanem. „Pod płaszczem biznesowej Ameryki, który mam na sobie, bije serce kolekcjonera", powiedział magazynowi „Fortune" niedługo po swojej nominacji na szefa Marvela. W reżimie Perelmana łatwo przychodziło mu odgrywanie roli rockandrollowego buntownika, noszącego czarne T-shirty pod sportowymi marynarkami.

Stewart powiedział prasie, że dopilnuje prac nad filmowymi adaptacjami komiksów i szefem Marvel Productions mianował Joego Calamariego, wieloletniego pracownika Cadence. Od czasu sprzedaży przez New World firmy Perelmanowi studio nie wykazywało praktycznie żadnej aktywności. Prezes Margaret Loesch, która nie mogła już dłużej wytrzymać z nowym szefostwem, pozwolono odejść dopiero wtedy, gdy Barry Diller z Foxa przekonał Perelmana na jednej z imprez, że im prędzej zacznie pracę w jego stacji, tym szybciej będzie mogła wepchnąć serial o X-Men na ekran. Calamari mógł więc skorzystać na współpracy z Loesch, ale jednocześnie został uwikłany w niekończącą się sprawę dotyczącą niejasnej własności praw do filmu o Spider-Manie.

Nastąpiły też inne zmiany: Barry'ego Kaplana, długoletniego dyrektora finansowego Marvela, odstawiono na boczny tor. Kaplan zdążył już zrozumieć różnice między filozofią, którą kierowała się stara gwardia, a tą wyznawaną przez Andrews Group. „Wykłócałem się z ludźmi Perelmana, bo wierzyli w absorpcyjną kalkulację. Mówiłem im, że może powinniśmy zakończyć wydawanie *Captain America*, bo seria nie przynosi zysków, a oni na to: »Pewnie! Zróbmy tak! Jeśli w to miejsce wypuścimy coś innego, to na pewno zarobimy!«. Lecz z komiksami nie jest jak ze szminką, nie da się po prostu wstawić na półki nowego koloru. Nie można ot tak wymyślić kolejnej postaci. Jeśli zamknęlibyśmy serię, zostawilibyśmy bez pracy scenarzystów, rysowników, ludzi od tuszu i gości od kolorów".

Tymczasem w dziale sprzedaży Carol Kalish musiała meldować się u nowo mianowanego kierownika przechadzającego się po biurach w koszulach z monogramem i zupełnie niezainteresowanego komiksami.

Innymi słowy: wyrachowanego zgreda pośredniczącego między nią a wyższym szczeblem. Jeżyły jej się włosy na głowie, kiedy słuchała o najnowszych strategiach sprzedaży opracowywanych przez firmę, które przedkładały agresywne i chwilowe działania nad długoterminowe kampanie. Marvel beztrosko odnotował, że trzydziestotrzyprocentowy wzrost cen okładkowych nie wpłynął znacząco na wyniki i planowano kolejną podwyżkę. Jako główny łącznik pomiędzy wydawnictwem a sprzedawcami Kalish była niezwykle ważnym graczem – w 1990 roku sklepy komiksowe generowały siedemdziesiąt trzy procent całkowitej sprzedaży Marvela – lecz po październikowych zmianach na stanowiskach kierowniczych została szybko awansowana na wiceprezesa działu rozwoju nowego produktu i nie miała już wiele do powiedzenia w swoim starym departamencie. Jej miejsce zajął Lou Bank, dwudziestopięciolatek z działu sprzedaży. „Łatwiej eksploatować firmę, mając do czynienia z naiwnym młodziakiem niż z kimś takim jak Carol – przyznał lata później Bank. – Mną było łatwiej manipulować".

Niedługo po przetasowaniach, kiedy dyrektorzy wgryzali się w słupki sprzedaży i opracowywali ofertę publiczną, Tom DeFalco przedstawił projekt budżetu na następny rok. Odpowiedź z góry brzmiała, że w 1990 roku szło świetnie, więc trzeba postarać się to przebić. DeFalco spotkał się ze swoimi redaktorami i zapytał: „Jak, do cholery, mamy to zrobić?". Potem zobaczył się z Bobem Harrasem i poinformował go, że nadszedł czas, aby poszerzyć linię tytułów z X-Men. „Moim zdaniem była to najgorsza decyzja na świecie – wspominał Harras. – Pamiętam, że pomyślałem: »Ile jeszcze komiksów możemy do tego dorzucić?«. Mieliśmy już przecież cztery serie: *Uncanny X-Men*, *Wolverine*, *New Mutants* i *X-Factor*. Wiedziałem, że jeśli dobijemy do pięciu, zarżniemy kurę znoszącą złote jajka". Tak czy inaczej, Harras i Claremont musieli rozpocząć pracę nad nowym tytułem, który miał po prostu nosić nazwę *X-Men*, i obmyślić, jak odróżnić go od *Uncanny X-Men*. Skrzyknęli więc z powrotem ekipę z lat sześćdziesiątych, obecnie występującą w *X-Factor*, dokooptowali do niej członków obecnych X-Men, a następnie podzielili wszystkich na nowo na dwie grupy. I tak w *Uncanny X-Men* pojawiła się Złota Drużyna, a w *X-Men* Drużyna Niebieska. W *X-Factor* z kolei pierwsze skrzypce od tej pory mieli grać nowi mutanci, których sukcesywnie wprowadzano na komiksowe łamy w ostatnich latach.

Jakby tego było mało, pozostawała jeszcze kwestia *New Mutants*. Louise Simonson miała już dosyć; Liefeld na jej miejscu widział Fabiana Nicieżę, który prócz pisania scenariuszy, pełnił w Marvelu funkcję menadżera reklamy. Jeszcze jako nastolatek Liefeld zdobył numer telefonu Niciezy i zadzwonił do niego, żeby pogratulować mu jednego z numerów komiksu *Psi-Force* pisanego na potrzeby Nowego Uniwersum. „Niedługo zostanę profesjonalnym rysownikiem", powiedział podczas tej rozmowy i zasugerował, że w przyszłości będą razem pracować. Ten czas nadszedł trzy lata później. „Rob ma milion pomysłów, lecz nie potrafi ich filtrować, widoczny jest brak doświadczenia, które podpowiedziałoby mu, jak najlepiej je zaprezentować – powiedział Nicieza. – Zaczął zalewać Louise pomysłami i podejrzewam, że osiągnęli punkt krytyczny, nie potrafiła już dłużej pracować z tym tytułem. On chciał, żeby chodziło o prężenie muskułów i pokazy siły, ona myślała o komiksie opowiadającym o grupie dorastających nastolatków. Trudno im było pogodzić obie te rzeczy".

Po dziesięciu latach pracy dla Marvela Louise Simonson zdecydowała się odejść. „Rob wycyckał ją z roboty", powiedział Chris Claremont, choć sama Simonson za zaistniałą sytuację miała żal głównie do Harrasa. „Często zmieniał moje fabuły i zrzucał winę na rysownika. Grzebał w dialogach, a potem mówił: »Przepraszam, uprzedziłbym cię, nawet dzwoniłem, ale nie było cię w domu« lub »Następnym razem na pewno nie zapomnę, żeby ci o wszystkim powiedzieć«. Zmieniał kwestie, ale zostawiał wszystko inne, więc postaci wygadywały jakieś pozbawione sensu bzdury. W ten sposób dał mi do zrozumienia, że lepiej będzie, jak sobie pójdę".

Po odejściu Simonson Liefeld powiadomił Nicieżę i dyrektora marketingu Svena Larsena, że chce, aby *New Mutants* zostało powtórnie wprowadzone na rynek pod innym tytułem, i we trzech zaczęli przekonywać do tego pomysłu DeFalco – trafili na odpowiedni moment, gdyż DeFalco potrzebował jeszcze jednej głośnej pozycji na 1991 rok. Kasacja komiksu z pierwszej dziesiątki najlepiej sprzedających się serii i wypuszczenie go pod nowym tytułem – takie działania pozostawały w sprzeczności z obowiązującą w Marvelu strategią marki. Niektórzy niepokoili się również, że kolejny X-produkt może wyglądać jak klasyczny skok na kasę, lecz Liefeld był nieprzejednany. Bo jak długo można mieć w tytule komiksu przymiotnik „nowi"? „Zapewniam, że będziemy sprzedawać jeszcze więcej", obiecywał i DeFalco wreszcie przystał na jego plan. *X-Force* wpisano w grafik; pierwszy numer planowano wydać dwa miesiące przed *X-Men #1*. Lato 1991 roku miało być latem X.

1988 ROK:

DZIENNIKARZ: Co zrobisz, jeśli wejdzie do ciebie do gabinetu Chris Claremont i powie, że odchodzi z *X-Men*?

BOB HARRAS: To niemal niemożliwe. Nie mogę sobie nawet tego wyobrazić. Musiałby chyba przeżywać jakieś poważne załamanie nerwowe (śmiech).

Skoro linia tytułów przechodziła spore zmiany, Harras miał okazję zająć się dręczącym go od dłuższego czasu problemem: nie podobały mu się już wymyślane przez Claremonta historie o kosmitach i magii, takie rzeczy nie pasowały do *The Uncanny X-Men*. Po powrocie Jean Grey przed pięciu laty i zniszczeniu nadziei Claremonta na szczęśliwe zakończenie dla Cyclopsa seria przeszła radykalne zmiany: Dazzler i Longshot dołączyli do X-Men; mutanci zostali uznani za martwych i spędzili trochę czasu w Australii, gdzie niemy Aborygen teleportował ich od przygody do przygody; odeszli Nightcrawler i Kitty Pryde, figlarne i serdeczne postaci. Profesor X i Magneto, opozycyjne bieguny filozoficznych postaw, zniknęli. „Czasy się zmieniły, odkąd Charles Xavier założył swoją szkołę i stworzył X-Men – mówiła w jednym z numerów Storm. – Zmieniły się też i wówczas, kiedy ja i moi towarzysze utworzyliśmy drugie pokolenie. Teraz nadeszło trzecie i musimy, przyjaciele, odpowiedzieć sobie na pytanie: czy jesteśmy zdolni kontynuować marzenie Xaviera i odpowiadać za jego szkołę? Czy może raczej powinniśmy przekazać pałeczkę?...".

Niektórzy zastanawiali się, czy przypadkiem sam Chris Claremont nie zadaje sobie takich pytań. *The Uncanny X-Men* nadal pozostawał najlepiej sprzedającym się komiksem, ale właściciele sklepów – którzy w większości również byli czytelnikami – narzekali przedstawicielom handlowym Marvela na kulejące fabuły, ciekawi, kiedy Claremont wróci na właściwe tory. Harras, nieustannie słysząc podobne podszeptywania, zdecydował się na odważny ruch.

Podczas kolacji z Robem Liefeldem, Whilce'em Portacio i Jimem Lee okazało się, że wszyscy trzej zgadzają się co do kierunku, który trzeba obrać. „Wyszło na to, że Bob skrycie kręcił nosem na wszystko, co robił Chris – wspominał Portacio – a pod połową jego narzekań mogliśmy się spokojnie z Jimem podpisać". Portacio i Lee mieli pisać scenariusze przygód X-Men – ten pierwszy do *Uncanny X-Men*, drugi do *X-Men* – i od razu je rysować, a Chris Claremont zająłby się dialogami. Po szesnastu latach, w trakcie których zdołał wywindować mało znaczące postaci, traktowane jako swoiste gadżety promocyjne, do rangi międzynarodowych gwiazd, rola Claremonta ograniczyła się do wklepywania pasujących do dymków dialogów. Przerażony, próbował zabezpieczyć sobie kontrolę nad choć jednym z dwóch tytułów, tak jak po ich kłótni przed dziesięcioma laty zrobił to Byrne z *Fantastic Four*. Nie udało się. „To była sytuacja bez wyjścia, nikt z redakcji nie chciał ze mną o tym rozmawiać – mówił Claremont. – Nie powiedziano mi nawet: »Jim zajmie się *X-Men*, a ty dostaniesz *Uncanny*«".

Claremont próbował robić dobrą minę do złej gry, ale nie mógł porządnie usiąść nawet nad dialogami z powodu notorycznie niedotrzymywanych przez rysowników terminów. „Jim był nieobowiązkowy – mówił. – Dostawałem od niego siedem stron, a tydzień lub dwa tygodnie później kolejnych czternaście. Zdarzało się, że przychodziły do mnie rysunki, na które musiałem nanieść dialogi i na drugi dzień posłać do druku. To był obłęd".

Portacio z kolei chciał mieć mocne wejście i planował uśmiercić jedną ze starszych postaci z *Uncanny*. Claremont głośno protestował przeciwko takiemu rozwiązaniu, jednocześnie starając się sensownie powiązać fabuły trzech serii. „Kłóciliśmy się wtedy dosłownie o wszystko – wspominał.

– Miałem do zrobienia cztery numery *X-Factor* i próbowałem zawiązać rozgrzebane przez Weezie wątki, więc zapytałem, czy pasują jej moje pomysły, ale miała to gdzieś. Myślałem sobie wtedy: »Niech to wszystko chuj strzeli«". Zbliżał się dzień wielkiej premiery *X-Men* i, jak powiedział Claremont, wojna z Harrasem toczyła się „za pomocą zębów i paznokci". Redaktor żądał wprowadzenia Profesora X; Claremont chciał uśmiercić Wolverine'a i opisać zwieńczenie przemiany Magneto z łotra w bohatera.

Niektórzy w Marvelu mieli wrażenie, że Claremont postawił Harrasa w trudnej sytuacji, bo zbyt długo siedział przy tytułach, które mu dano. „Chris nie był przygotowany na to, co wiązało się z pracą nad obiema seriami – powiedział Nicieza. – Oczekiwania finansowe względem tych tytułów wymuszały pisanie crossoverów oraz dostosowanie się do odgórnych wymagań, jak coś powinno zostać zrobione. Komiksy zmieniały swoje oblicze i nie były to już te same pozycje, które stworzył". Claremont i Harras komunikowali się wyłącznie za pomocą faksu, więc o ich gorączkowej wymianie zdań świadczyły zalegające w biurze sterty papierów. Claremont apelował u DeFalco i postawił ultimatum Terry'emu Stewartowi.

Po tym jak żona przypomniała Claremontowi, że spłacają kredyt hipoteczny, ten zaczął się starać o zlecenie na napisanie scenariuszy do trzech pierwszych numerów *X-Men*; będzie to zarazem jego odprawa. Zostawił swój ostatni numer *Uncanny* po jedenastu stronach. Nikt – ani Stan Lee, ani Jack Kirby – nie utrzymał się przy jednej serii tak długo jak Claremont.

Nie wystosowano oświadczenia dla prasy, a w dziale z listami nie pojawiło się ani jedno pożegnanie. Niemal z dnia na dzień Claremont pozbył się złudzeń na temat korporacyjnej lojalności. Kiedy jeden z przeprowadzających z nim wywiad dziennikarzy wyraził zdziwienie tak nagłym zakończeniem szesnastoletniej współpracy, Claremont przypomniał mu, że komiksy nie podlegają zasadom „normalnego" procesu wydawniczego, według którego pisarze zachowują prawa własności do stworzonych przez siebie serii. „Obowiązuje ciągła niezgoda pomiędzy pracownikiem a jego zwierzchnikiem. I w tym świetle staje się jasne, że pewna rzecz jest nieunikniona: korporacja instynktownie poprze zwierzchnika". Skoro Marvel przetrwał odejście Kirby'ego, czemu miałby za wszelką cenę chcieć zatrzymać Chrisa Claremonta? Nawet on nie potrafił znaleźć odpowiedzi na to pytanie.

Walter Simonson, który zajmował się scenariuszami i rysunkami w *The Fantastic Four*, kiedy jego żona została odsunięta od *New Mutants*, był następny w kolejce. Po latach opisywał postępowanie wydawnictwa jako „szorstkie, chamskie i pozbawione szacunku" i głośno wypowiadał się przeciwko takiemu traktowaniu wieloletnich współpracowników. „Panowała tam niezdrowa atmosfera – mówił – która nie sprzyjała kreatywności".

Nie tracąc rezonu, Bob Harras zadzwonił do niegdysiejszego partnera Claremonta – a jednocześnie jego długoletniego rywala – Johna Byrne'a i zapytał, czy nie miałby ochoty pisać *The X-Men*. Byrne'owi nie spieszyło się z dołączeniem do grona wydawców niezależnych, bowiem dopiero co rozpoczął pracę nad autorskim tytułem dla Dark Horse Comics – pod znajomo brzmiącym tytułem *Next Men* – nad którym sprawował pełną kontrolę. Zaskoczyła go jednak niska sprzedaż serii o Sub-Marinerze, *Namor*, ponownie wprowadzona przez niego na rynek, co oznaczało brak gwarancji przepływu gotówki. Na szali leżało coś więcej niż artystyczna wolność; coś, co przekonało go do przyjęcia zlecenia na dwie pozycje z X-Men, i to ten sam powód skłonił Claremonta do napisania trzech pierwszych numerów nowej serii. „*X-Men* spłacą mój kredyt", wygadał się dziennikarzowi.

Lecz po kilku miesiącach Byrne, tak jak i Claremont, musiał stawić czoła niemożliwemu tempu i nanosił dialogi na przychodzące w ostatniej chwili faksy z rysunkami Lee i Portacio. Kolejne strony przychodziły w ratach i za każdym razem okazywało się, że w kolejnym faksie następował niespodziewany zwrot akcji, a Byrne musiał przerabiać wszystkie kwestie w poprzedniej części komiksu.

Nie wytrzymał, kiedy Harras zadzwonił do niego i poprosił o napisanie scenariusza do nowego numeru z dnia na dzień. Byrne odmówił. „Coś trzeba z tym zrobić, to przecież obłęd", powiedział redaktorowi.

„Zajmiemy się tym", zapewnił go Harras, odwiesił słuchawkę i pobiegł do gabinetu Niciezy.

„John nie zrobi komiksu, mogę na ciebie liczyć?", zapytał.

„Na kiedy go potrzebujesz?", odparł Nicieza.

„Na jutro".

„Nie ma mowy".

Do biura wszedł akurat Scott Lobdell, ledwie wiążący koniec z końcem komik, zawsze poszukujący w wydawnictwie jakichś fuch; uśmiechnął się i podniósł w górę rękę, zgłaszając się do zadania. Harras spojrzał na niego, spuścił głowę i westchnął ciężko.

Lobdell napisał numer w ciągu jednej nocy. Dwa tygodnie później Byrne dowiedział się od kolegi, że to właśnie Lobdell został scenarzystą *X-Men*. „Dopiero kilka lat później – wspominał Byrne – zrozumiałem, że trzeba na siebie uważać, kiedy Bob mówi: »Zajmiemy się tym«".

Tymczasem Rob Liefeld rozważał dostępne opcje. Razem z Niciezą wprowadzili na łamy *New Mutants* wystrzałowe, brutalne postaci – o ksywkach Deadpool, Domino, Shatterstar i Feral – które w przyszłości dołączą do *X-Force*. Przygotowując się do premiery komiksu, napisał list do reżysera Spike'a Lee, poszukującego ludzi w levisach 501 dokonujących „niezwykłych czynów". Liefeld, ze swoją chłopięcą urodą i niewyczerpanym entuzjazmem, został wybrany spośród siedmiuset tysięcy kandydatów i miał wystąpić w ogólnokrajowej reklamie. On i jego *X-Force* w telewizji!

Liefeld rozmyślał również nad propozycją otrzymaną od wydawcy Malibu Comics, który oferował mu własny, czarno-biały i niezależny tytuł. Próbując wybadać grunt, zamieścił w „Comic Buyers Guide" reklamę nadchodzącej serii *The Executioners*. Była to ekipa „buntowniczych mutantów z przyszłości, którzy przybyli, żeby przekreślić swoją przeszłość", czyli nic nowego dla czytelników *X-Men*. Jeden z bohaterów przedstawionych na reklamie, Cross, przypominał z wyglądu Cable'a, przywódcę X-Force; pozostali przywodzili na myśl Domino i Ferala. Harras zadzwonił do Liefelda po szóstej rano, zapytał, co też on wyrabia, i dodał, że Marvel wytoczy mu sprawę, jeśli nie zrezygnuje ze swoich planów*. *The Executioners* musieli poczekać na swoją kolej.

* We wrześniu 1991 roku Marvel wysłał nakaz zaprzestania działalności do Voyager Communications, gdzie redaktorem naczelnym był Jim Shooter, z powodu nowego komiksu reklamowanego przez wydawnictwo. „*X-O Manowar* jest podejrzanie

Liefeld zdążył już połknąć bakcyla i przedyskutował pomysł na nowy komiks z przyjaciółmi; jeszcze w 1985 roku, kiedy dopiero zaczynał, stworzył inną grupę superbohaterów, Youngblood. Być może nadeszła odpowiednia pora, żeby zrealizować ten plan – i to bez udziału Marvela.

Toddowi McFarlane'owi nigdy nie podobała się sama instytucja redaktora, więc kiedy na miejsce jego ówczesnego szefa przy Spider-Manie, wyznającego politykę wolnej ręki Jima Salicrupa, wskoczył praktyczny i bezpośredni Danny Fingeroth, nie posiadał się ze złości. „Sprzedasz milion, to cię posłucham – powiedział nowemu redaktorowi. – Skoro potrafię dostarczyć wydawnictwu dwadzieścia dwie puste kartki, a dzieciaki i tak kupują milion egzemplarzy, kogo obchodzi, jak robiło się komiksy przez ostatnie pół wieku? Nie interesuje mnie, że kiedyś były w nich słowa i obrazki – skoro dzieciaki kupują milion sztuk i są zadowolone, to i ja jestem zadowolony, a wam schodzą komiksy".

McFarlane, który zawsze wdawał się w walkę ze zwierzchnikami, znowu ruszył na front; w efekcie nie otrzymał T-shirtu ze Spider-Manem rozsyłanego przez Marvel jako promocyjny gadżet, nie zapraszano go na spotkania redaktorskie, podczas których dyskutowano o planach na przyszłość, nie pozwalano mu korzystać z wybranych przez niego łotrów. On zaś nie pozostawał dłużny i pisał scenariusze o uzależnieniu od narkotyków, korupcji w policji i molestowaniu seksualnym dzieci, lecz dopiero rysunek przedstawiający miecz wbity w oko jednego z czarnych charakterów przeważył szalę i wkurzył Fingerotha oraz Toma DeFalco, którzy przekonywali McFarlane'a, że Comics Code i tak na to nie pozwoli.

McFarlane odszedł, choć nie miał nic w odwodzie. „Nie wiem, dlaczego miałbym przejąć inną comiesięczną serię, skoro mogę pracować nad projektem, który zapewnia mi artystyczną wolność, lepsze reprodukcje i promocję – powiedział tuż przed swoją rezygnacją w wywiadzie dla nowego magazynu komiksowego »Wizard«. – Zapewne po odejściu ze *Spider-Mana* przez parę lat będę robił różne projekty specjalne, a potem, jeśli

podobnym tytułem do *X-Men* – napisano w nakazie – i już sama obecność litery »X« na początku sugeruje przynależność do rodziny komiksów, której właścicielem jest Marvel".

w ogóle wrócę do rysowania regularnych serii, sam zajmę się wydawaniem. Skoro mam tyrać od rana do wieczora, wolę to robić dla siebie". Mówił o stworzeniu serii kart z hokeistami i porzuceniu branży komiksowej, lecz wpadł na ten sam pomysł, co Rob Liefeld – chciał stworzyć autorskie tytuły dla Malibu Comics. Co się wydarzy, jeśli ściągną jeszcze kilka innych znanych nazwisk? Jaką wiadomość wyślą Marvelowi i DC?

Po dwóch latach intensywnego wzrostu sprzedaż komiksów Marvela podskoczyła o przeszło trzydzieści procent, zaś dochód netto wydawnictwa pomnożono czterokrotnie. Firma wyciskała pieniądze z czego się dało, łącznie z generowanymi przez redaktorów seriami, takimi jak *Darkhawk* Toma DeFalco (według Marvela łączył „ponury realizm" *Ghost Ridera* i „miejską taktykę wojenną" *Punishera*) czy *Sleepwalker* Boba Budiansky'ego. W marcu 1991 roku wydawnictwo po raz pierwszy skorzystało z możliwości, które dawały linie telefoniczne, i wprowadziło interaktywną grę quizową pod numerem rozpoczynającym się od 1-900; dwie minuty połączenia z „Pomóż mi uratować Mary Jane" kosztowały dwa dolary siedemdziesiąt centów. Po pięciu dniach firma zarobiła dwadzieścia tysięcy. Prawdziwy przypływ gotówki miał dopiero nadejść. Osiem dni po puszczeniu w obieg informacji o odejściu Claremonta – jak powiedział reprezentant Marvela, ich autor „wziął sobie wolne" – do sprzedaży trafił pierwszy numer *X-Force* Niciezy i Liefelda. Zeszły rekordowe cztery miliony egzemplarzy. *Spider-Man* McFarlane'a został daleko w tyle. Do każdego zapakowanego w folię komiksu – o podwójnej objętości i w cenie dolar pięćdziesiąt – dokładano jedną z pięciu kolekcjonerskich kart, których nie można było nabyć nigdzie indziej, więc nawet niedzielni kolekcjonerzy zwietrzyli okazję na niezłą inwestycję i zaopatrywali się w setki egzemplarzy. Sceptycy zastanawiali się z kolei, kto kupi te wszystkie komiksy, w końcu na świecie żyło jedynie kilkaset tysięcy potencjalnych czytelników. „Seria ma ten posmak lat dziewięćdziesiątych", powiedział reporterowi Bob Harras. I może faktycznie gburowaty, twardy jak cholera, wywrzaskujący komendy niczym wiecznie wkurzony sierżant i uginający się pod ciężarem noszonego przez siebie arsenału Cable cierpiał na pewien ból istnienia, co wyglądało niejako na kontynuację trendu zapoczątkowanego w komiksach *Wolverine* i *Punisher* oraz w pierwszym filmie z Batmanem. Kalifornijski uśmiech Liefelda pojawiał się regularnie w gazetach, magazynach i wieczornych programach telewizyjnych. Mówiło się, że wysokość jego podatku należnego wyniosła w tym roku więcej niż całkowite zarobki większości jego kolegów z branży.

Marvel nie mógł wymarzyć sobie lepszego momentu – 16 lipca wydawnictwo przedstawiło swoją ofertę publiczną. Tydzień wcześniej, po wprowadzeniu do kin *Terminatora 2*, który na otwarciu zarobił pięćdziesiąt cztery miliony dolarów, James Cameron w rozmowie z „Variety" opowiedział o swoich planach nakręcenia adaptacji komiksów ze Spider-Manem, tym samym motywując Marvela do wypróbowania nowych, lepszych metod druku. Dostrzegając możliwość sporego zwrotu z inwestycji, zarówno starzy wyjadacze giełdowi, jak i zwyczajni kolekcjonerzy rzucili się na akcje, których wypuszczono ponad dwa miliony sztuk; ich wartość już pierwszego dnia wzrosła z szesnastu do osiemnastu dolarów. Po budynku nowojorskiej giełdy krążył człowiek przebrany za Spider-Mana. Jednak większość zarobionych pieniędzy nie trafiła do Marvela – została podzielona pomiędzy MacAndrews&Forbes, firmę holdingową w całości należącą do Perelmana, oraz samego Perelmana, który cieszył się dziesięciomilionowymi dywidendami.

Oczywiście, jak odnotowało nazajutrz „USA Today", „wzrost przychodu utrzyma się jedynie pod warunkiem, że Marvel wypuści choć jeden blockbuster rocznie", i wydawnictwo nie miało zamiaru z niczym ryzykować. 16 sierpnia na półkach pojawiła się pierwsza z czterech kosztujących dolara pięćdziesiąt edycji *X-Men #1* Chrisa Claremonta i Jima Lee. Każdego kolejnego tygodnia do sklepów trafiała wersja z inną okładką, co miało być jedynie wstępem do wprowadzenia na rynek piątej wersji w cenie niecałych czterech dolarów i z rozkładówką składającą się z poprzednich czterech okładek. Gdy opadł kurz, okazało się, że sprzedano osiem milionów egzemplarzy, co dało średnią siedemnastu sztuk na przeciętnego czytelnika komiksów*.

* Oczywiście wiele egzemplarzy nie trafiło do rąk fanów i leży nadal w pudłach jako inwestycja na przyszłość.

Sprzedawcy podzielili się na dwa obozy – dla niektórych podobna strategia sprzedaży oznaczała pewny zarobek; inni niepokoili się, że komiksy będą leżały w magazynach. Zresztą nie tylko ta inicjatywa Marvela okazała się problematyczna: seryjnie numerowane komiksy w paczkach, przeznaczone na rynek kolekcjonerski („Jesteś świadkiem narodzin jednej z najbardziej pożądanych kolekcji lat dziewięćdziesiątych"), sprzedawano do supermarketów Wal-Mart taniej niż na rynek bezpośredni. Ujawnione w prospekcie Marvela plany założenia własnej sieci sklepów komiksowych wywołały u właścicieli podobnych przybytków spazmy. Gdzie się podziała lojalność w stosunku do tych, którzy bez szemrania sprzedawali produkty wydawnictwa w ciężkich czasach?

We wrześniu Carol Kalish, należąca do architektów sukcesu Marvela na rynku bezpośrednim, zmarła na zatorowość serca w drodze do pracy. Miała trzydzieści sześć lat. Jej śmierć zszokowała branżę. „Właściciele sklepów komiksowych uważali ją za jedną z nich – mówił Sven Larsen, pracujący pod kierownictwem Kalish w dziale dystrybucji. – Sama okazała się zapaloną czytelniczką i wyrosła w opinii wszystkich na istną Królową Geeków". Niełatwo było zastąpić Kalish w sercach sprzedawców, z którymi współpracowała.

Różnice w podejściu zaczęły powodować rozłamy w dziale sprzedaży. Następca Kalish, Lou Bank, chciał poszerzyć ofertę i wejść w komiksy niesuperbohaterskie, zaś Sven Larsen wolał wycisnąć ile się da z istniejących tytułów. Larsen, który spędzał coraz więcej czasu, ślęcząc nad wymyślaniem nowych pomysłów na akcje okładkowe, napisał długie memorandum do Terry'ego Stewarta. Przestrzegał, że Marvel musi pracować ciężej nad wypromowaniem swojej marki, aby duże premiery wydawnictwa otrzymały lepsze wsparcie marketingowe. Do tej pory, prawił Larsen, promocja polegała głównie na wyeksponowaniu treści, a istniało przecież wiele innych sposobów; na przykład książki w miękkiej oprawie wydawano w wielu różnych formatach, czemu więc nie spróbować tego samego z komiksami? Zaproponował wydzielenie w Marvelu zajmującego się jedynie marketingiem działu, którym sam by pokierował.

Stewart wyraził zgodę i Larsen otrzymał odpowiedni budżet; część pieniędzy wykorzystał na ściągnięcie do firmy gwiazdy marketingu, Richarda T. Rogersa, który miał pełnić rolę konsultanta. Rogers zasłynął z wymyślenia czerwonych i zielonych M&M's-ów oraz wielkich paczek z cukierkami, co sprawiło, że klienci chętnie kupowali większe ilości starego produktu w nowym papierku. Teraz miał pomóc w tym Marvelowi.

Kiedy cena pojedynczej akcji wydawnictwa podskoczyła do pięćdziesięciu dolarów, Stan Lee ruszył w trasę promocyjną od wybrzeża do wybrzeża. Pojawił się w programie radiowym Larry'ego Kinga, gościł na łamach „Chicago Tribune" i występował w programach informacyjnych telewizji kablowych, gdzie bez wytchnienia opowiadał ugrzecznioną historię Marvel Comics i zachwycał się planami Jamesa Camerona. Zapytany przez „Washington Times" o obecnie wydawane przez firmę komiksy, odpowiadał: „Zarzuca się nam zbytnią komercyjność, mówiąc, że wypuszczamy zbyt wiele różnych wersji dla kolekcjonerów i tak dalej, ale istnieje pewien bufor bezpieczeństwa, bo jeśli faktycznie przekombinujemy, ludzie przestaną nas kupować. A tymczasem czytelnicy chcą jeszcze więcej i kupują hurtowe ilości". Kiedy dziennikarz poruszył delikatną kwestię, jakoby Marvel wpychał na rynek wszystko, co jest w stanie sprzedać, udało mu się zarysować pancerz beztroski, w który odział się Lee: „Nie są to odpowiednie słowa, mają w sobie dużo negatywnej emocji – odparł poirytowany, zanim znalazł właściwą odpowiedź. – Dajemy ludziom to, czego chcą".

Lee nigdy nie kwestionował publicznie wydawniczej strategii Marvela, nawet jeśli wpływały one na niego bezpośrednio. Teraz mieszkał w Los Angeles, z dala od centrum komiksowego biznesu, więc tym bardziej nie zależało mu, żeby się angażować w podobne dyskusje. Lecz osobiście miał już dość kolejnych nieudanych projektów realizowanych w Hollywood, których powodzenie nie zależało nawet od niego. Tego roku w Cannes firma New World, której właścicielem był Perelman, ogłosiła plany realizacji sequela *Punishera* oraz filmu *She-Hulk* z Brigitte Nielsen w roli tytułowej; nakręcono też dwugodzinny pilot *Power Pack* oparty na serii autorstwa Louise Simonson. Jednak New World nie radziło sobie zbyt dobrze i w październiku Perelman sprzedał Sony większą część firmy. Zdjęcia do

The Punisher 2 oraz *She-Hulk* nigdy nie ruszyły i nie pojawili się chętni do kupna serialu *Power Pack*. Lee po cichu nawiązał współpracę przy projekcie filmowym z byłym kierownikiem New World i agentem pracującym z rysownikami. Ich pierwsza inicjatywa to *Comic Book Greats*, seria rejestrowanych na wideo wywiadów przeprowadzanych przez Lee z legendami i wschodzącymi gwiazdami komiksu. Obok Willa Eisnera i Boba Kane'a przed kamerą pojawiły się gorące nazwiska Marvela, jak Jim Lee, Whilce Portacio, Todd McFarlane i Rob Liefeld. Dwaj ostatni gościli w pierwszym odcinku, lecz, ku zaskoczeniu Lee, zanim McFarlane pojawił się w studiu w Burbank ze swoją żoną i nowo narodzoną córką, zdążył wcześniej obwieścić swoje odejście ze *Spider-Mana*. Podczas rozmowy nie poruszono tego tematu ani nie skomentowano grafiki, która wisiała na ścianie za ich plecami – szkicu przedstawiającego wymyśloną przez McFarlane'a postać o imieniu Spawn.

Również Liefeld przedstawił kilka nowych projektów; ba, narysował je na oczach Stana Lee, przed kamerami. Jedna z postaci nazywała się Diehard, lecz Liefeld nie wspomniał, że miał to być członek Youngblood, drużyny superherosów, której przygody zostaną wydane już przez Malibu. Inny bohater, Cross, okazał się tworem zadziwiająco podobnym do Cable'a, zapowiadanym już wcześniej w „Comics Buyers Guide" jako członek Executioners.

Lee zapytał: „Rysowałeś go już wcześniej, czy wymyślasz to na bieżąco?".

„To światowa premiera", usłyszał.

„Poważnie? Czyli jestem świadkiem narodzin nowego superbohatera o imieniu Cross... Niech nasi prawnicy nadstawią teraz uszu: tworzymy go wspólnie, więc prawa autorskie przysługują i mnie", zażartował Lee.

Liefeld uśmiechnął się. „Niech twój prawnik skontaktuje się z moim".

Od kiedy Marvel ukręcił łeb *The Executioners*, Liefelda i McFarlane'a połączyła determinacja; obaj chcieli utrzeć Marvelowi nosa. Liefelda szczególnie niepokoiły sztuczki z różnymi wariantami okładek i tłoczenia czy pakowaniem komiksów w folię, gdyż uważał, że wszystko to odwraca uwagę od autora. O swoich wątpliwościach szeptał Jimowi Valentino, rysownikowi *Guardians of the Galaxy*, oraz Erikowi Larsenowi, następcy

Todda McFarlane'a przy *Amazing Spider-Man*, który również miał swoje powody, żeby wymierzyć Marvelowi mocnego kopniaka. Jego propozycja nowej serii z Novą nie przeszła i DeFalco dołączył tę postać do New Warriors; jakby tego było mało, Larsen nie mógł już znieść beznadziejnych jego zdaniem scenariuszy, które rysował w *Amazing*. Wysłał napisany przez siebie zjadliwy list do popularnego periodyku „Comics Buyers Guide", choć poprosił, aby nie podpisywano go jego nazwiskiem: „Jeśli coraz więcej rysowników zajmie się także pisaniem scenariuszy, nie będzie to oznaczało końca komiksu, tak jak świat się nie zawalił, kiedy Jack Kirby i Steve Ditko zajęli się ilustrowaniem własnych fabuł. Wręcz przeciwnie: przyzwoici rysownicy dostaną szansę na pracę ze scenarzystami, którzy nie są tak kiepscy i zmęczeni życiem, bo to właśnie ich wtórne i połatane prace z odzysku mają destrukcyjny wpływ na całą branżę". Było jasne, że jeśli McFarlane i Liefeld zdecydują się opuścić okręt, Larsen zrobi to razem z nimi.

McFarlane wzbudził ciekawość Liefelda, roztaczając wizję stojącego przed nimi otworem świata rozmaitych możliwości, i opracował istną strategię wojskową – zaczął wzywać do masowego buntu, chciał uderzyć w Marvela tam, gdzie zaboli najmocniej. „Nie ma sensu odchodzić jeden po drugim – przekonywał. – Neal Adams i Jack Kirby odeszli, a oni po prostu ich zastąpili. Lecz jeśli Neal, Jack, Gil Kane, John Buscema, Jim Starlin i Don Heck wspólnie rzuciliby to w diabły i założyli własną firmę, pewnie by im wypaliło".

Uznał jednak, że nadal potrzebują jeszcze jednego głośnego nazwiska, osoby, której odejście byłoby dla Marvela niespodzianką, kogoś, kto ma całkiem niezłe warunki i komfort pracy. Razem z Liefeldem zaczęli przekonywać do dezercji Jima Lee. „Marvel przeczuwał, że może stracić mnie i Roba, bo byliśmy wolnymi elektronami – mówił McFarlane. – Idiota i dupek. Najbardziej ufali Jimowi i nawet po naszym odejściu uznaliby, że wygrali tę wojnę, bo mają jego. Jim stał się kluczowym elementem".

Lee miał powody, żeby zwlekać z podjęciem decyzji. Nieźle dogadywał się z Bobem Harrasem, lubił swoją pracę przy *X-Men*, a jego żona właśnie zaszła w ciążę. Nie podobało mu się jednak, że nie otrzymywał pieniędzy z koszulek ani plakatów, na których widniały grafiki jego autorstwa, a kiedy Marvel poprosił go, żeby poleciał do Nowego Jorku na pierwszą w historii aukcję domu Sotheby's, której przedmiotem były ilustracje komiksowe – łącznie ze stronami *X-Men #1* i *X-Force #1* – ze zdziwieniem oświadczył żonie, że firma nie pokryje kosztu przelotu. „W ten sposób nie powinno się postępować z ludźmi takimi jak Jim – komentował McFarlane. – On zawsze jest w porządku w stosunku do wszystkich i chyba zdaje sobie sprawę z tego, że przez ostatnie trzy miesiące zarobił dla firmy dwadzieścia dwa miliony dolarów… A teraz wydawnictwo mówi mu, że nie ma dwustu dolarów na pokrycie kosztów biletu na samolot? Skoro zaczęli tak postępować, musieli się liczyć z konsekwencjami".

17 grudnia, dzień przed aukcją w Sotheby's, Liefeld, Lee i McFarlane – oraz żona i córeczka tego ostatniego – udali się ze swojego hotelu na drinka z reprezentantem Malibu Comics. Następnie odwiedzili biuro Marvela, gdzie McFarlane miał umówione spotkanie z Terrym Stewartem. Przejście do Malibu było już dla McFarlane'a faktem dokonanym, chciał jedynie pożegnać się w widowiskowym stylu. Dramatyzm sytuacji podkreślał płacz jego dziecka. Podczas spotkania wyszło jednak na to, że trzej rysownicy mieli nieco inne spojrzenie na sprawę i każdy chciał czegoś innego.

Na przykład jeden z nich rzucił pomysł, że autor powinien zachowywać siedemdziesiąt pięć procent praw do postaci; kiedy Terry Stewart zaoferował im pokierowanie tytułami z Epic, wszyscy trzej gruchnęli śmiechem. Zniecierpliwiony Stewart powiedział wreszcie: „Zawsze znajdzie się ktoś chętny do pługa", przynajmniej według relacji Liefelda.

Tom DeFalco, który w pewnym momencie dołączył do dyskutantów, zapamiętał całą rozmowę nieco inaczej – jako wystąpienie petentów przedstawiających swoją listę żądań, na której znalazły się wymogi lepszego zakwaterowania podczas konwentów, darmowych posiłków oraz pokrycia kosztów podróży żon i partnerek. „Terry powiedział do nich mniej więcej coś takiego: »Panowie, możemy sobie tutaj gadać i gadać, ale nawet sami nie możecie się zdecydować, czego właściwie chcecie. Może się umówicie, przedyskutujecie to wszystko i ponownie się do nas zwrócicie?«".

Po opuszczeniu biur Marvela, rysownicy skierowali się do południowej części Central Parku, gdzie zjedli obiad z ludźmi z Malibu Comics. McFarlane oświadczył, że skończyli z Marvelem i mogą omówić warunki współpracy.

Następnego dnia McFarlane, Lee i Liefeld udali się na aukcję na Upper East Side. Lee usiadł obok rysownika *Wolverine'a*, Marca Silvestriego – którego odsunięto od przejętego właśnie przez Lee *Uncanny X-Men* – i razem obserwowali, jak oryginalne rysunki Liefelda do *X-Force #1* zostają sprzedane za trzydzieści dziewięć tysięcy dolarów. Następnie strony z rysunkami Lee do *X-Men #1* poszły za czterdzieści tysięcy*. Zanim wieczór dobiegł końca, Jim Lee namówił Silvestriego na odejście z Marvela.

Nie od razu wydano stosowne oświadczenie i w wywiadach Liefeld składał cyniczne deklaracje, sugerując, że nadal będzie odpowiadał za *X-Force*, podczas gdy w rzeczywistości pracował już dla Malibu. Lee i Silvestri zgodzili się zostać przy *X-Men* i *Wolverine* chociażby na kilka przyszłych numerów, lecz szybko zdali sobie sprawę, że ich relacje z Marvelem są mocno chwiejne.

„Wkurzyliśmy się na nich – powiedział Fabian Nicieza, regularnie otrzymujący od Liefelda wskazówki co do układu stron w ostatniej chwili. – Wściekli się nawet ci z nas, którzy rozumieli ich powody, choć Rob myślał, że jestem na niego zły, ponieważ planował odejść. Nie o to chodziło, on chciał zjeść ciastko i mieć ciastko, więc na jego nieterminowości cierpiałem ja, bo on akurat zajmował się *Youngblood* czy jakimś innym cholerstwem".

„Jim i kilku innych chłopaków myślało, że uda im się pracować dla obu firm – mówił McFarlane – i nie chcieli palić za sobą mostów. A Rob i ja? Nie tyle je spaliliśmy, co jeszcze podlewaliśmy płomień benzyną. I wiesz co? Uznaliśmy, że damy radę zbudować nowe".

* Dla porównania – rysunki Steve'a Ditko z numeru *Amazing Spider-Man*, w którym po raz pierwszy pojawiła się Gwen Stacy, wylicytowano za sumę dwudziestu tysięcy dolarów.

17

Magazyn „Barron's" jako pierwszy opublikował materiał na temat planowanej dezercji kilku czołowych rysowników Marvela; długi na dwie strony artykuł przestrzegał inwestorów przed pakowaniem swoich pieniędzy w wydawnictwo, gdyż, jak przewidywał, pompowana tak długo bańka musi wreszcie pęknąć. Reporter Douglas Kass zauważył, że większość zysku wydawnictwa z pierwszej oferty publicznej poszła do kieszeni Perelmana, a nie na spłatę długów firmy, i podkreślił, że „styczniowa podwyżka cen akcji i triki stosowane przez Marvela mają na celu przełamanie oporu konsumentów", wbijając tym samym nóż, a potem przekręcając ostrze: „Bezczelny dzieciak skłonny podejmować ryzykowne decyzje artystyczne dorósł, spasł się i spokorniał. Marvel, nastawiony na przemoc i stereotypowe postaci, kieruje swoje komiksy do czytelników, którzy coraz częściej sięgają po serie wydawane przez pojawiającą się jak grzyby po deszczu konkurencję". Bodaj najbardziej niepokojąca była sugestia, że wydawane przez Marvel edycje kolekcjonerskie stanowiły podstawę piramidy finansowej. „Odwiedziłem kilka sklepów z komiksami – pisał Kass – i w każdym widziałem stosy pudeł wypełnionych niesprzedanymi egzemplarzami szeroko reklamowanych numerów *X-Men* i *X-Force*, które weszły na rynek zaledwie pół roku wcześniej".

17 stycznia 1992 roku, w dniu, w którym ukazał się artykuł, cena akcji Marvela spadła do jedenastu dolarów za akcję. „The Los Angeles Times", CNN i „USA Today" trąbiły o Liefeldzie, Lee i McFarlanie oraz pozostałych artystach renegatach, przeciwstawiających się światu wielkich interesów. Terry Stewart, prezes Marvela, w odpowiedzi wystosował oświadczenie, twierdząc, że „artysta nadal jest podporządkowany postaciom komiksowym", co raczej nie stało w sprzeczności z obowiązującym

wizerunkiem Marvela jako korporacyjnego watażki. Dwa dni później Malibu Graphics i ośmiu uciekinierów z Marvela założyli swój własny imprint – Image Comics. I choć Malibu miało być wydawcą, każdy rysownik zachowywał prawa do postaci i sprawował redaktorską kontrolę nad swoim dziełem. Informacja prasowa podkreślała, że Lee, Liefeld i McFarlane w dużej mierze odpowiadali za bijące rekordy popularności komiksy Marvela, i odmalowywała portret Image jako azylu dla osób chcących zachować należne im artystyczne i ekonomiczne prawa. Zanim Image opublikował swój dziewiczy tytuł, *Youngblood*, zamówienia przedpremierowe prawie dobiły do miliona. Todd McFarlane zaprojektował T-shirty promujące drugą nadchodzącą serię sygnowaną logiem Image, *Spawn*, której bohaterem miała być postać sprytnie zapowiedziana już podczas wywiadu autora ze Stanem Lee w ramach *Comic Book Greats*. Jakimś cudem udało im się zachować wizerunek gracza stojącego na straconej pozycji i zostać najgorętszym towarem na rynku. Po raz pierwszy w historii media porównywały Marvela do Goliata, a nie Dawida.

Chris Claremont – odcięty od swoich ukochanych X-Men, pokłócony z Marvelem – usłyszał, że Jim Lee i Whilce Portacio odeszli z wydawnictwa, i z pełną tęsknoty ironią skonstatował, że pewnie przetrwałby w Marvelu dłużej, jeśli wytrzymałby na zaproponowanych mu warunkach jeszcze kilka miesięcy. Bob Harras wręczył rysownikom klucze do niebios, które ci wrzucili w morskie fale. „Nazwałbym to efektem ubocznym »uważaj, czego sobie życzysz« – powiedział Claremont. – Bob powinien planować z wyprzedzeniem, a może to ja powinienem planować z wyprzedzeniem, albo… ktoś inny powinien to zrobić". Claremont dostrzegł jednak swoją szansę – posłał do Image propozycję serii *The Huntsman* i Whilce Portacio zgodził się ją narysować – a jego nazwisko zaczęło się pojawiać w komunikatach prasowych wypuszczanych przez wydawnictwo.

Niedawny exodus pozostawił na Marvelu blizny. Zostawieni na lodzie Fabian Nicieza i Scott Lobdell spotkali się z Harrasem, żeby wspólnie obmyślić coroczny letni crossover X-serii. „Moim zdaniem – powiedział Nicieza – czekali tak długo, jak tylko mogli, żeby dokonać sabotażu tych tytułów. Im dłużej dawali do zrozumienia, że zostaną i będą rysować dla nas komiksy, tym mniej czasu mieliśmy, żeby znaleźć nowych rysowników i scenarzystów. Bez żadnego powodu wypięli się na ludzi, z którymi pracowali przez lata, którzy pomogli im osiągnąć to, co osiągnęli. Do dziś myślę, że w ich postępowaniu pojawiło się sporo złej woli i hipokryzji".

Mimo to głośne debaty na temat długoterminowych szkód, wyrządzonych Marvelowi przez ostatnie wydarzenia, były w wydawnictwie niemile widziane. „Żaden niezależny komiksiarz nigdy nie sprzedał tylu egzemplarzy, żeby nam zaszkodzić – przekonywał DeFalco na zebraniach. – To się nie wydarzy!", krzyczał, kiedy ktoś ośmielił się zaprotestować.

DeFalco i jego redaktorzy, żyjący pod presją, żeby przebić astronomiczne wyniki sprzedaży z 1991 roku, skupili się na nadchodzących głośnych premierach: kampania „Wielkie spluwy" promowała nowe tytuły, jak *Silver Sable*, *Nomad* i *Punisher: War Zone*; w każdym z nich bohaterem była postać uzbrojona w, dosłownie, wielkie spluwy. Odkąd *Ghost Rider* okazał się przełomowym hitem, posłużył za trampolinę dla innych tytułów utrzymanych w estetyce grozy, wydawanych pod wspólnym szyldem „Synowie nocy". Porzucony niegdyś projekt Stana Lee i Johna Byrne'a traktujący o postaciach Marvela w roku 2099 został przerobiony na całkowicie nową serię komiksów, w których prym wiodły futurystyczne wersje Spider-Mana, Punishera i Doctora Dooma, co zapewniło pretekst do wypuszczenia na rynek mnóstwa nowych produktów kolekcjonerskich.

Zaprojektowano też wiele specjalnych okładek, za które odpowiadali Sven Larsen i konsultant Richard Rogers. „Kiedy dowiedziałem się, że Sven rozkręca dział marketingu, nie miałem nawet bladego pojęcia, cóż to takiego – mówił szef działu sprzedaży Lou Bank. – Co on, do cholery, ma zamiar robić? Przecież to my umieszczamy reklamy i składamy katalogi. Okazało się, że razem z Rogerem miał się zajmować okładkami".

Przy każdej okładce specjalnej zwoływano spotkanie w celu ustalenia ceny. Nie chodziło jedynie o pokrycie dodatkowych kosztów produkcji, ale też określenie odpowiedniej marży. Narzut dystrybutora i sprzedawcy oraz doliczenie dziesięciu centów za foliowe opakowanie podnosiły w sumie cenę okładkową o pełnego dolara. Nie stanowiło to jednakże problemu dla Marvela – podwyżka od początku była częścią planu, obietnicą złożoną akcjonariuszom.

Ciągłe zwiększanie nakładów (i cen) działało na korzyść Marvela; wyniki sprzedaży wciąż rosły, kwartał po kwartale. Bilans z 1992 roku okazał się niemal dwukrotnie lepszy niż przed rokiem, czyli zarobiono ponad dwieście milionów dolarów. Firmie nigdy jednak nie uda się przebić sukcesu pojedynczych numerów: *X-Men #1*, *X-Force #1* czy nawet *Spider-Man #1*. „Kiedy dostaliśmy pół miliona zamówień na *Silver Sable* – wspominał Lou Bank – Tom DeFalco powiedział do mnie: »To jest ten moment! To początek końca!«. Pomyślałem wtedy, że to przecież pół pieprzonego miliona, więc jak on może wygadywać takie rzeczy. Co prawda znaleźliśmy się już na tym etapie, że zamykaliśmy serie, których sprzedaż spadała poniżej stu dwudziestu pięciu tysięcy egzemplarzy, ale przecież jeszcze niedawno żaden z naszych komiksów nie sprzedawał się w nakładzie pół miliona. Okej, pół miliona to nie milion, ale to i tak ogromna liczba. A jednak miał rację. To był początek końca".

„Zachowywaliśmy się jak ćpuny, choć nie chodziło o prochy – opowiadał jeden z redaktorów, Tom Brevoort. – Nakręcaliśmy się coraz wyższymi słupkami sprzedaży; wypuszczaliśmy jakiś numer, a potem lamentowaliśmy, że zeszło »tylko pół miliona«. Pięć lat później za taki wynik dalibyśmy się pokroić".

Osąd wielu redaktorów wypaczyły rysujące się przed nimi perspektywy finansowe. „Próbowali nawet manipulować niektórymi głośnymi tytułami, żeby zagarnąć dla siebie jak największy kawałek tortu – opowiadała Jo Duffy, która rzuciła etat i przeszła na freelance. – Nagle redaktorzy przejęli kontrolę. Dawniej, kiedy scenarzysta nie dogadywał się z redaktorem, wymieniano tego drugiego. Teraz było na odwrót". Redaktorzy urośli w siłę, co wynikało z podnoszenia morale w firmie po burzliwym odejściu Jima Shootera. W ekstremalnych przypadkach dochodziło do tego, że ich instrukcje przeznaczone dla scenarzystów i rysowników sprowadzały wszystko do najprostszego wspólnego mianownika. „Jeśli Punisher pojawia się w kadrze z inną postacią – powiedziano Jimowi Starlinowi – postać ta powinna zostać uśmiercona na kolejnych paru stronach przez Punishera bądź kogoś innego. Jeśli Punisher pojawia się w kadrze z jakimś przedmiotem, przedmiot ten powinien zostać zniszczony w efektownej eksplozji tak szybko, jak to możliwe".

„Ktoś zaproponował: »Ej, jeśli chcemy zgarnąć spore tantiemy, wrzućmy Wolverine'a, Spider-Mana lub Punishera do każdego z naszych komiksów i rozrzedźmy trochę to wszystko« – mówił redaktor Mike Rockwitz. – Pracowałem wówczas nad gównianymi *Secret Defenders*. Tom DeFalco podszedł do mnie któregoś dnia i powiedział: »Zróbmy komiks z Wolverine'em i Doctorem Strange'em«. Odpowiedziałem: »Okej«, choć nie miało to najmniejszego sensu, ale za pierwszy numer dostałem siedem kawałków. To był absurd".

Część redaktorów nadal miała wątpliwości odnośnie do posunięć Marvela, bowiem aspekt komercyjny zaczął przysłaniać zawartość wydawanych komiksów; uważali, że działy sprzedaży, marketingu i promocji dbają tylko o tytuły osiągające najwyższe wyniki, ignorując tym samym słabiej radzące sobie na rynku serie i oferując jedną tylko radę: „Jasne, pomożemy z promocją. Tylko wrzućcie do komiksu Wolervine'a albo Ghost Ridera, okej?".

Dla wielu redaktorów wróg miał twarz Richarda Rogersa, konsultanta w dziale marketingu, powoli zdobywającego posłuch i ciągle nawołującego do zwiększenia produkcji, jakby komiksy przypominały schodzące z taśmy fabrycznej batoniki, nad którymi pracował, zanim dołączył do Marvela.

„Ludzie niemający nigdy wcześniej do czynienia z branżą nie potrafią zrozumieć, jak trudno jest zrobić komiks – powiedział Sven Larsen, podejmując się trudnego zadania mediacji pomiędzy Rogersem a Harrasem. – Łatwo było mu rzucić: »Czemu nie zwiększymy liczby stron z trzydziestu dwóch do dziewięćdziesięciu sześciu?«. Zaś ci z redaktorskiego grona, którzy mieli trochę oleju w głowie, mówili: »Niech to wszystko rozwija się swoim tempem, po co musimy tak cisnąć? Radziliśmy sobie doskonale, jeszcze zanim się pojawiłeś«".

Peter David, scenarzysta *X-Factor*, miał dość, kiedy kilka napisanych przez niego numerów zostało wstrzymanych, żeby upchnąć zamiast nich kolejny crossover. „Redaktorzy tkwią w pułapce mentalności »crossover über alles« – pisał David. – Akcjonariusze spodziewają się gigantycznych wpływów z X-serii i jedynie crossover może dać im to, czego oczekują... Wielu ludzi zostało postawionych w naprawdę niekomfortowej sytuacji. Niektórzy z nich są sami sobie winni. Innych ciśnie góra. W firmie panuje duży stres i spora część chłopaków znalazła się pomiędzy młotem a kowadłem. Prędzej czy później cały ten system runie w cholerę".

Kiedy Terry Stewart i Richard Rogers zdecydowali, że trzydzieste urodziny Spider-Mana będą doskonałą okazją do umieszczenia na okładce trójwymiarowego hologramu i zwiększenia liczby crossoverów i zeszytów o podwójnej objętości, redaktor Danny Fingeroth zaprotestował, obawiając się, że ludzie zostaną przygnieceni pracą, co odbije się na jakości. Larsenowi udało się go jednak przekonać. „Myślę, że Danny spojrzał przychylnie na nasz plan, bo zaoferowaliśmy furę pieniędzy naszym lojalnym freelancerom. I wątpliwości szybko go opuściły". Nie każdy jednak dał się przekonać. „Zaraz po wpisaniu trzydziestych urodzin Spider-Mana w grafik – mówił Lou Bank – z biura Svena wyszło memorandum z rozpisanymi wydarzeniami okolicznościowymi dla różnych postaci. Podejrzewam, że redaktorzy po przeczytaniu wiadomości wydali z siebie pełen boleści jęk. Rozpisał rocznicę po rocznicy, urodziny po urodzinach".

Zmartwienia Banka nie wiązały się wcale z naiwnym idealizmem odnośnie do ewentualnego spadku artystycznej wartości komiksów; obawiał się o długoterminową strategię biznesową wydawnictwa. Przedstawiciele handlowi wybrali się do niemal czterdziestu sklepów komiksowych w celu zebrania informacji o liczbie egzemplarzy sprzedanych klientom – nie brano więc pod uwagę ilości hurtowych przekazanych sklepowi przez dystrybutora, które nadal leżały na półkach – na podstawie trzech kolejnych numerów dwunastu różnych serii. Wyniki były zadziwiające.

„Za każdym razem, kiedy wypuszczaliśmy te durne okładki i podnosiliśmy cenę o trzydzieści trzy procent – dajmy na to w numerze 475. – obniżaliśmy cenę #474 i #476 o dwadzieścia procent. Sprzedawaliśmy więcej #475, ale traciliśmy czytelników przy pozostałych dwóch. I podobne wyliczenia otrzymaliśmy w przypadku wszystkich serii".

Oczywiście nie miało to wpływu na kwartalne cele wydawnictwa. Raporty o zyskach, które uwzględniały jedynie egzemplarze sprzedane przez dystrybutora, nadal wskazywały wzrost dochodu, choć czytelnicy powoli się wykruszali, zaś właściciele sklepów, nie mogąc zwrócić zakupionego towaru, zaczęli tracić pieniądze. „Innymi słowy, połamaliśmy ręce, które nas karmiły", podsumował Bank.

Bank posłał memorandum do Terry'ego Stewarta. Powołując się na badania, ostrzegł go przed nierozważnym kontynuowaniem strategii okładkowej. Jego wiadomość została najwyraźniej przekazana dalej, do urzędującego w „ratuszu" Billa Bevinsa, a może nawet do samego Rona Perelmana. Jakakolwiek była reakcja góry, mówił Bank, „Terry nadal zachowywał się tak, jakby działał na szkodę firmy".

Pomijając kwestie wydawnicze, Marvel w dalszym ciągu się rozrastał. Toy Biz – firma współpracująca z DC przy serii świetnie sprzedających się z powodu premiery filmu *Batman* zabawek – wypuściła figurki członków X-Men, a potem i X-Force. Przy wsparciu Margaret Loesch, byłej szefowej działu produkcji Marvela, obecnie kierującej telewizją Fox Kids, na srebrny ekran miała wreszcie trafić kreskówka *X-Men* – na proces decyzyjny wpłynął także Avi Arad z Toy Biz – i to już na jesieni. Co więcej, pierwszym z serii kosztownych zakupów poczynionych przez Marvel było dokonane przez Bevinsa przejęcie Fleer, jednego z największych w kraju producentów kart sportowych; transakcję wyceniono na dwieście sześćdziesiąt pięć milionów dolarów. Dzięki temu posunięciu Marvel podwoił dochody z 1991 roku – i zwiększył swój dług do dwustu czterdziestu milionów. „Od czasu wprowadzenia na rynek serii z postaciami Uniwersum w 1990 roku Marvel ma nieustający udział w przemyśle kart kolekcjonerskich – mówił Bevins w wystosowanym oświadczeniu. – Przejęcie Fleer umożliwia nam zwiększenie tego udziału w wartym ponad miliard dolarów segmencie". Ludzie z Marvel Comics nie pałali jednak entuzjazmem. Rynek kart kolekcjonerskich złapał zadyszkę z powodu działań pomysłowych spekulantów oraz zalania sklepów kolejnymi specjalnymi edycjami. Czy ta sytuacja mogła znaleźć odbicie w branży komiksowej*?

* Nagłówek grudniowego numeru „Baseball Weekly" z zeszłego roku straszył: „Czy rynek kart kolekcjonerskich pójdzie z dymem?".

Po długiej chorobie w czerwcu 1992 roku zmarł Martin Goodman, założyciel Marvel Comics. Po fiasku Atlas Comics i przejściu na emeryturę mieszkał na Florydzie od 1975 roku. Miał osiemdziesiąt dwa lata. Oficjalny magazyn wydawnictwa, „Marvel Age" opublikował krótki nekrolog – zaledwie jeden akapit, do tego umieszczony pod ośmioma poświęconymi zmarłemu wydawcy EC Comics, Williamowi Gainesowi. „Nikt nie rozmawiał o Martinie Goodmanie – opowiadał po latach Irwin Winkler, dyrektor artystyczny Magazine Management. – Jakby facet nigdy nie istniał, choć to przecież od niego się zaczęło. Jakby nigdy nie istniał...".

Nawet będąc na Florydzie, Goodman monitorował, co się działo w świecie, który pomagał kształtować, i przeglądał najlepiej sprzedające się pozycje promowane na stojakach. Przemysł komiksowy w połowie 1992 roku wyceniano na sześćset milionów dolarów i praktycznie w niczym nie przypominał branży sprzed ery rynku bezpośredniego. Ba, wiele się zmieniło nawet w ciągu ostatniego roku, przed złożeniem oferty publicznej i utworzeniem Image. Przez pięć lat liczba sklepów komiksowych w Stanach Zjednoczonych uległa podwojeniu i dobiła do ośmiu tysięcy; wiele z nich to punkty zajmujące się wcześniej sprzedażą kart ze sportowcami, które przerzuciły się na komiksy, chcąc wypełnić niszę pozostawioną przez podupadający rynek kart. Lekturą obowiązkową dla każdego fana stał się magazyn „Wizard", w którym można było znaleźć pięćdziesięciostronicowy przewodnik z cenami komiksów, porady inwestycyjne oraz listę pierwszych wydań i rankingi popularności rysowników. *Spawn* Todda McFarlane'a ukazał się w maju, kokietując śliskim papierem i komputerowo nakładanymi kolorami; sprzedał się w nakładzie miliona siedmiuset tysięcy egzemplarzy, przebijając *Youngblood* Roba Liefelda i ustanawiając nowy rekord dla niezależnie wyprodukowanego komiksu. Podczas Comic-Conu w Chicago dziesiątki tysięcy czytelników ustawiły się w kolejce do stojącego na parkingu namiotu zajmowanego przez Image, gdzie Liefeld – który zdążył pojawić się już na pierwszej stronie „Los Angeles Times" – brał udział w dwudziestoczterogodzinnej sesji rozdawania autografów. „Jesteśmy jak pierdoleni Beatlesi", powiedział jednemu ze swoich partnerów z Image. Tego samego roku w San Diego w panelu zatytułowanym „Czy rysownik potrzebuje scenarzysty?" wziął udział Todd McFarlane. Ogłoszono, że DC Comics – które na krótko, po raz pierwszy w historii, przesunęło się na trzecią pozycję w branży – planuje crossover z Image.

Nie wszyscy dali się oczarować nowemu fenomenowi. John Byrne i Peter David poświęcili kilka tekstów swoim wątpliwościom odnośnie do komiksów Image i postawy wydawnictwa; Gary Groth z „Comics Journal" nie mógł się pogodzić, że to Todd McFarlane i jego koledzy stali się symbolami artystycznej autonomii. „Założycielom Image udało się ogłupić i zwulgaryzować słowo, którego znaczenia nie rozumieją i nie potrafią używać z odpowiednim wyczuciem – pisał. – Ponadto wykazują się arogancką pogardą dla samego medium komiksowego i rozpasaną arogancją względem jego historii oraz moralną tępotą porównywalną jedynie z działaniami korporacji, którym zawdzięczają swój sukces".

Jednak komiksy Image sprzedawały się na pniu, podobnie jak serie Marvela. „Wrzucano wszystkie wydatki w koszty – wspominał Tom Brevoort. – Imprezy świąteczne to była istna dekadencja – hotel przy Grand Central Station, wielkie rzeźby Spider-Mana z lodu, rozszalali didżeje umieszczeni w konstrukcji przypominającej pokój dowodzenia Profesora X. Przesada. Prawdziwy pokaz nieumiarkowania".

Jim Lee mówił o utworzeniu Image jako o karmicznym imperatywie. „Mamy swoją szansę i musimy ją wykorzystać – powiedział w wywiadzie – bo inaczej za piętnaście lat skończymy jako zgorzkniali, starsi panowie". Pomimo że kwartalne raporty Marvela wykazywały ciągły wzrost sprzedaży, wielu współpracowników wydawnictwa uciekało na zieleńsze pastwiska. DC podpisało bezprecedensowy kontrakt z grupą czarnoskórych komiksiarzy – wielu z nich pracowało dla Marvela – na produkcję premierowej serii pod szyldem nowego imprintu Milestone. Dwóch członków rzeczonej ekipy spotkało się już wcześniej, podczas wspólnej realizacji zlecenia dla Marvela, miniserii *Deathlok*; zarobione w ten sposób pieniądze przeznaczyli na rozkręcenie własnej działalności pod skrzydłami konkurencji.

Tymczasem Jim Shooter, który razem z byłymi współpracownikami Marvela, Bobem Laytonem i Barrym Windsorem-Smithem, krok po kroku prowadził do sukcesu Valiant Comics, otrzymał w czerwcu nagrodę dla najlepszego niezależnego wydawcy roku. Pod koniec miesiąca został jednak usunięty z firmy po przepychankach ze swoimi współzałożycielami; niedługo potem odrodził się z popiołów i założył kolejną oficynę – Defiant.

Po raz pierwszy jak sięgnąć pamięcią pojawiły się poważne alternatywy dla Marvela i DC, lecz firmom kierowanym przez samych autorów nadal towarzyszyło spore ryzyko finansowe.

Next Men #1 Johna Byrne'a sprzedało się tak dobrze, że trzeba było robić dodruk, jeszcze zanim McFarlane, Lee i Liefeld odeszli z Marvela, lecz podniecenie trwało krótko: projekty Johna Byrne'a realizowane dla innych niż Marvel wydawców utraciły posmak nowości, zresztą wykorzystał on już swoją wielką szansę, kiedy u szczytu popularności zajął się odświeżeniem serii o Supermanie. „To była moja chwila prawdy – przyznawał Byrne. – Dziesięć lat wcześniej znajdowałem się w takiej samej sytuacji jak Todd, Jim i pozostali goście z Image, lecz wówczas nie istniały tantiemy i zachowanie praw własności. Nie zarobiłem więc miliarda, choć byłem numerem jeden. Toddowi się udało".

Projekt zaproponowany Image przez Chrisa Claremonta z Whilce'em Portacio jako rysownikiem nie doszedł do skutku. *The Huntsman* trafiło gdzieś na koniec listy priorytetów, a Claremont rozpoczął poszukiwania rysownika, który zechciałby z nim współpracować, lecz zrealizowanie autorskiego projektu jest trudne, jeśli samemu nie potrafi się go zilustrować. I gdy nie można znaleźć chętnego, żeby zrobił to za ciebie. Pozostali członkowie ekipy Image dofinansowywali firmę za pomocą kart kolekcjonerskich lub sprzedaży licencji, ale co mógł zrobić Claremont? Sprzedawać T-shirty z nadrukowanymi kartkami scenariusza? Zaczął więc pisać powieści science fiction oraz scenariusze komiksów na licencjach filmowych, jak *Aliens vs. Predator* dla Dark Horse, oraz wyzłośliwiać się na temat byłego pracodawcy. „Tak naprawdę trudno odróżnić jeden komiks Marvela od drugiego – narzekał. – Zlewały się w gigantyczny, amorficzny twór". Podkreślając, że „krótkotrwałe *staccato*" sterowanych zdarzeniami komiksów miało na celu jedynie zaspokojenie finansowych oczekiwań kierownictwa, ubolewał nad tym, co się stało z *X-Men*. „Patrzę na ten komiks i myślę, że to przecież dzieło mojego życia, a oni w ciągu osiemnastu miesięcy wybebeszyli je jak rybę, zniszczyli moje postaci i zignorowali ważne konteksty, zamieniając tym samym serię w istną parodię tego, czym niegdyś była".

Inni rozczarowani współpracownicy Marvela zaczęli przyjmować zlecenia od Malibu, które, obawiając się jednostronnej dominacji Image, planowało stworzyć własne uniwersum – „Ultraverse". Siedmiu autorów – łącznie ze Steve'em Gerberem i Steve'em Englehartem – spotkało się w ośrodku wypoczynkowym w Scottsdale w stanie Arizona i w jednym z pokoi konferencyjnych, tuż obok kortów tenisowych i basenu, dumali nad kolejnym krokiem. Co prawda nie zdobędą praw do postaci stworzonych dla Malibu, lecz otrzymają większy udział w zyskach niż w Marvelu. Co ważniejsze, dadzą wreszcie upust swojej wyobraźni, tworząc komiksy o, powiedzmy, superbohaterze, którego moce ujawniają się dopiero po wypiciu alkoholu, lub skorumpowanym gliniarzu odrodzonym po śmierci jako obdarzona czuciem maź z kanału. Gerber i Englehart byli sfrustrowani trzydziestoma latami spędzonymi w Marvelu, zmęczeni ciągłym słuchaniem wskazówek redaktorów i pytaniem o pozwolenie umieszczenia nowej linijki dialogu w dymku. Pod koniec weekendu spędzonego w kompleksie Gerber zwrócił się do kolegi ze słowami: „Tu jest tak jak kiedyś w Marvelu".

Bodaj największe znakomitości dawnego Marvela zebrały się w Topps Comics. Czołowa na rynku kart ze sportowcami firma zatrudniła Jima Salicrupa, byłego redaktora współpracującego z Toddem McFarlane'em przy *Spider-Manie*, żeby pomógł jej podbić rynek komiksowy. Salicrup bez ociągania poleciał do Kalifornii, gdzie ubił interes z Jackiem Kirbym i zakupił od niego niewykorzystane szkice do animacji z lat osiemdziesiątych. Dokładnie to Kirby chciał robić dwadzieścia lat wcześniej – zostać człowiekiem od pomysłów, którego wizję realizują inni. Salicrup zatrudnił zabójczą grupę niegdyś wiernych Marvelowi współpracowników, w skład której wchodzili: Steve Ditko, Dick Ayers, Don Heck, John Severin, Roy Thomas, Gerry Conway i Gary Friedrich. Była to Drużyna Gwiazd Stana Lee z lat 1958–1965 z kilkoma dodatkowymi graczami. Różnica polegała na tym, że tym razem komiksy ukazywały się w parze z kolekcjonerskimi kartami.

18

„Zaoferowanie twórcom godziwego wynagrodzenia i dopuszczenie do udziału w zyskach doprowadziło do złotej ery, lecz zasiano podczas niej ziarna, które doprowadziły do jej końca – powiedziała o boomie pierwszej połowy lat dziewięćdziesiątych Jo Duffy, była redaktorka Marvela. – Nagle ludzie zarabiali tyle, że mogli kupić sobie dom, samochód, a nawet auto dla najlepszego przyjaciela. I wynająć profesjonalną cheerleaderkę jako swoją dziewczynę. To było chore. Im więcej zarabiali, tym więcej chcieli. Nie wystarczyło już wynajmowane samodzielnie mieszkanie lub własny apartament. Nagle poczuli się jak gwiazdy rocka i hollywoodzcy aktorzy, bo tyle też zarabiali". Krążyły historie o młodych rysownikach, którzy podpisali umowy z Image i dali nura w świat ferrari, wielkich basenów i sześciocyfrowych sum przelewanych regularnie na ich konta.

Istniał jednak pewien problem: komiksy nie wychodziły na czas. Sklepy, które postawiły na Image (lub inne nowe, małe wydawnictwo) po sukcesie szeroko reklamowanego i wyczekiwanego przez czytelników pierwszego numeru, musiały jakoś przetrwać ciągłe zmiany dat publikacji, co powodowało poważne problemy z płynnością finansową oraz, kiedy już wreszcie zeszyty ukazywały się na rynku, mniejszą sprzedaż niż spodziewana. Podobno crossover pomiędzy Valiant i Image doszedł do skutku jedynie dzięki uporowi redaktora naczelnego pierwszego z wydawnictw, który poleciał do Kalifornii, usadowił się w studiu Roba Liefelda i siedział mu nad głową, aż ten skończył komiks.

Tytuły Marvela ze środkowej półki zostały zmiecione przez nową konkurencję, a i DC zaczęło własną kampanię promującą nadchodzące, przełomowe wydarzenia. I tak w listopadzie 1992 roku, kiedy Image ogłosiło odcięcie się od Malibu i utworzenie w pełni autonomicznego wydawnictwa,

„Śmierć Supermana" opanowała media; DC sprzedało cztery miliony egzemplarzy. Nawet przypadkowy przechodzień nie mógł nie natknąć się na jeden z nagłówków krzyczących „Pow! Zap! Blam! Człowiek ze stali umiera!", a pod spodem adnotację o zapierającej dech w piersi obniżce cen archiwalnych numerów. Nakład *Supermana #75* wyprzedano błyskawicznie i rozpoczęto dodruk. Teraz każdy chciał się stać częścią jakiegoś projektu, dzięki któremu opłaci czesne swoich dzieci.

Przemysł był jednak nieprzewidywalny. W lutym 1993 roku komiksy Marvela i DC zniknęły z listy pięciu najlepiej sprzedających się serii. Dwa miesiące później Marvel miał tylko jeden swój tytuł w pierwszej dwudziestce, podczas gdy DC walczyło o szczyt. Człowiek ze stali wreszcie powrócił z martwych i sklepy, jeszcze niedawno zaskoczone świetną sprzedażą *Śmierci Supermana*, planowały zarobić kokosy także na nowych zeszytach za dwa i pół dolara oraz dwa dziewięćdziesiąt pięć. Po raz pierwszy od 1987 roku DC mogło się pochwalić najlepszymi wynikami sprzedaży wśród wydawnictw komiksowych.

Ostatecznie opinia publiczna straciła zainteresowanie przypadkami Supermana. „Serwisy informacyjne zrozumiały, że zostały oszukane – powiedział Tom DeFalco. – Nikt nie mówił o powrocie Człowieka ze stali, lecz sprzedawcy i tak zamawiali hurtowe ilości, jakby nadal chodziło o *Śmierć Supermana*". Po niezłym początku sterty niesprzedanych egzemplarzy *Adventures of Superman #500* walały się po magazynach. Był to co prawda i tak najpopularniejszy komiks od czasu premiery *X-Men*, ale zwiastował koniec pewnej ery. Tego samego miesiąca z trzynastu zapowiadanych przez Image komiksów wysłano do sklepów jedynie dwa; na mocy umowy zawartej z wydawcą zakupione przez sprzedawców egzemplarze nie podlegały zwrotowi, więc detaliści, cokolwiek by się nie działo, musieli przyjąć cały transport, który przyjechał wraz z kurierem UPS.

Spekulanci, którzy niegdyś zaopatrywali się w całe kartony z komiksami, wykruszyli się lub stracili zainteresowanie branżą i okazało się, że wielu zwykłych czytelników miało już dość płacenia wygórowanych cen za hologramy na okładkach. Kiedy nowe pozycje trafiały na półki, nikt ich nie kupował; w ciągu sześciu miesięcy zamknięto tysiące sklepów.

Komiksowa powódź trwała – w 1993 roku nawet nawet Dark Horse zaproponował własne uniwersum superbohaterskie. Do lata dwa niezależne wydawnictwa zdążyły ogłosić pełne nadziei projekty, choć branża znajdowała się na skraju paniki. Dark Horse utworzył imprint Legend, gdzie swoje komiksy publikować mieli Frank Miller, John Byrne, Art Adams i kilku innych twórców. Jim Starlin, który przed dziesięcioma laty pomógł rozwinąć się powstałemu pod auspicjami Marvela Epic Comics i odpowiadał za niedawne, szumnie zapowiadane crossovery z tytułami typu *Rękawica nieskończoności*, *Wojna nieskończoności* czy *Krucjata nieskończoności*, ubił z Malibu interes i zobowiązał się do stworzenia w pełni autorskiego projektu w ramach nowej linii wydawniczej Bravura. „Całkiem szczerze – zdradził Starlin – Marvel płaci o wiele mniej niż Malibu czy Dark Horse". Jednak wyczucie czasu nie mogło być gorsze dla rysowników i scenarzystów planujących przejść na swoje; linia wydawnicza Bravura, do której ściągnięto również Marva Wolfmana, Walta Simonsona i Howarda Chaykina, szybko wpadła w tarapaty, kiedy Malibu kończyły się pieniądze.

Przemysł stwarzał pozory, jakby chciał się dostosować do zmian rynku. Magazyn „Wizard", oskarżony przez podejrzliwych sprzedawców o sztuczne nabijanie statystyk w ich przewodniku po komiksach, zatrudnił nowego redaktora, który miał dbać o prowadzenie działu. Image zwolnił kilku twórców nagminnie spóźniających się ze swoimi tytułami, zaś Marvel Comics obiecał nowe podejście do swoich serii, istny „powrót do korzeni", choć czternastoczęściowy crossover *Maximum Carnage* ukazywał się równolegle w pięciu różnych seriach ze Spider-Manem, „Fatalne zauroczenia" objęły sześć serii z X-Men, zaś członkowie X-Force, Cable i Deadpool, zaczęli się pojawiać w spin-offach.

Niegdyś za śmierć Jean Grey i Elektry chciano się odpłacić pięknym za nadobne Chrisowi Claremontowi i Frankowi Millerowi. Lecz nawet i ponury żniwiarz musiał wreszcie ulec wymogom rynku, zawsze chętnego wydoić tłustą krowę. I tak w *X-Men #30* odbył się ślub Scotta Summersa i Jean; niedługo przedtem wyszło na jaw, że Cable jest ich przeniesionym z przyszłości synem. Po niecałych dziesięciu latach na łamy *Daredevila* powróciła Elektra, co wywołało konsternację Millera, któremu obiecano niegdyś, że stworzona przez niego postać nie zostanie wykorzystana bez jego zgody. „Strasznie mnie to zabolało – zwierzał się dziennikarzowi – lecz nie mogę się nad tym rozwodzić w nieskończoność. Pokolenie Jacka Kirby'ego i Steve'a Ditko miało jeszcze gorzej, branżą nie rządziły żadne zasady i oskubano ich jeszcze bardziej niż mnie. Niech sobie Marvel łazi z tym truchłem, gdzie chce".

Najlepsze, co mogli zrobić zrzeszeni w Marvelu autorzy, to dostarczyć dobrze wykonaną wariację na przerabiane już tematy. „Nieustannie walczyłem na noże z górą, próbując przepchnąć jakieś zróżnicowane pomysły – mówił Tom DeFalco. – Lecz jeśli nie było w nich pajęczych sieci albo literki »X«, bali się po nie sięgnąć". Marvel zakończył w tym samym roku wydawanie paru tytułów, ale ich miejsce zajęły następne.

Todd McFarlane naskoczył na Marvela, zarzucając wydawnictwu masową produkcję byle jakich komiksów w celu zaspokojenia oczekiwań akcjonariuszy. I choć Image miało problem z dotrzymywaniem terminów i naraziło się sprzedawcom swoim spóźnialstwem, McFarlane mógł z czystym sumieniem powiedzieć, że nie bawił się w podrasowane okładki czy pakowanie komiksów w worki razem z kolekcjonerskimi kartami. „Mam gdzieś, że wydają dwanaście serii z Wolverine'em, skoro rysuje je dla nich moja mama i pies – sarkał. – Lepiej wziąć się do roboty i popracować trochę nad serią z Kapitanem Ameryką, zamiast walczyć o sześć pierwszych miejsc na listach sprzedaży. Zapomnieli, co uczyniło Marvela Marvelem: produkty najlepszej jakości. A teraz, po latach, liczy się dla nich ilość. Nie lepiej, a więcej".

Zmęczenie ekipy Marvela wychodziło nawet na stronach klubowych. Obok tekstu zachwalającego świecącą w ciemnościach okładkę *Daredevila* widniało: „Jeśli jesteś maniakiem komiksu i nie podobają ci się nasze wydania specjalne, nie rozpaczaj – nadal drukujemy regularną wersję za dolara dwadzieścia pięć! Nawet w erze marketingowych sztuczek i wygórowanych cen lubimy myśleć, że nadal publikujemy po prostu świetne komiksy!".

Minęły czasy, kiedy słabiej sprzedające się tytuły traktowano jako pole do eksperymentów z formą i treścią. Po tym jak Scott Lobdell napisał numer *Alpha Flight*, w którym jeden z bohaterów przyznaje się do homoseksualizmu, dział PR Marvela wstrzymał się od komentarzy pomimo zainteresowania CNN i gazet codziennych, zaś Ron Perelman podobno szalał. Rob Tokar, redaktor Marvela, który przejął *Alpha Flight* niedługo po zaakceptowaniu powyższej historii, został wezwany do biura Terry'ego Stewarta; zażądano od niego wyjaśnień. Asystent Tokara, zakładając najgorsze, wyciągnął do niego rękę i pożegnał się.

Na dwunastym piętrze w obecności Stewarta, DeFalco i niezadowolonego rzecznika prasowego wydawnictwa Tokar gorączkowo rozprawiał o kiepskim posunięciu Marvela i zdystansowaniu się od kwestii homoseksualizmu w obliczu historycznej szansy na bycie postępowymi. „Za każdym razem, kiedy użyłem słowa »gej« – wspominał Tokar – tamci krzywili się lekko, więc im dłużej mówiłem, tym bardziej się nakręcałem i wreszcie, oparty o biurko Terry'ego, wycelowałem palec prosto w jego twarz, tłumacząc mu, jaki błąd zrobili. Kiedy już uszło ze mnie powietrze, Tom kazał mi usiąść". Telefon do Stewarta zakłócił spotkanie, ale słowa Tokara potraktowano poważnie i nie niepokojono go więcej w tej sprawie. „Myślę, że Terry i Tom uchronili mnie przed górą – mówił. – Równie dobrze mogli rzucić mnie lwom na pożarcie"*.

Alpha Flight to nie jedyny tytuł, który wywołał kontrowersje. Na łamach serii *Nomad* Fabian Nicieza posunął się do absurdu dorównującego pomysłom Gerbera: teraz miejski mściciel ze strzelbą w ręce nosił w plecaku adoptowane niemowlę. Nicieza traktował ten komiks jako swoją artystyczną własność, miejsce, gdzie mógł przemycić historie o transwestytach i wojnie klasowej; nawet nie marzył, że poruszy podobne tematy w którejkolwiek serii z X-Men, pisanych dla Harrasa. „Chciałem, żeby Nomad był nosicielem wirusa HIV – mówił Nicieza. – To byłby prawdziwy stygmat i planowałem ciągnąć ten wątek przez wiele numerów. Zrobiłem wcześniej

* Marvel zdecydował się nawet dać Tokarowi zielone światło na wywiad dla „U.S. News & World Report" na temat orientacji seksualnej Northstara. „Rozmawialiśmy przez pół godziny, a przy spotkaniu obecny był nasz rzecznik, gotów zasłonić mi usta w razie potrzeby – wspominał Tokar. – Mówiłem to, co powiedziałem wcześniej Terry'emu na temat przełomowego posunięcia. Kiedy artykuł się ukazał, zobaczyłem, że moje słowa ograniczono do jednego zdania: »Superbohaterowie to outsiderzy«".

jeden zeszyt o zamieszkach w L.A., dzięki czemu trafiliśmy na łamy »Entertainment Weekly«, i zrozumiałem, że są pewne rzeczy, które nie tylko rozwijają mnie artystycznie, ale też przyciągają większą uwagę mediów niż inne". Niciezę wsparli Tom DeFalco, Mike Hobson i Terry Stewart; kontrowersyjny pomysł przedstawiono więc szefostwu.

Niedługo przyszła odpowiedź z góry: „Nie powinniśmy postępować w ten sposób z jedną z naszych czołowych postaci". Nicieza wystosował ripostę; przeszła ona przez DeFalco i Stewarta i trafiła na biurko Billa Bevinsa: „To nie jest czołowa postać Marvela! I dokładnie to powinniśmy zrobić!". Nadeszła kolejna odpowiedź: Bill Bevins – który starał się omijać korytarze Marvela, więc niewielu pracowników w ogóle wiedziało, jak on wygląda – spotka się z nim, żeby wytłumaczyć swój sposób myślenia.

W gabinecie Terry'ego Stewarta Bevins rozrysował wykres, za pomocą którego udowadniał, że żaden tytuł wchodzący w skład Uniwersum Marvela nie może zostać poddany eksperymentom. To w końcu one generują sprzedaż. „Nie, to nie tak! – protestował Nicieza. – Trzeba uwzględnić różnice pomiędzy poszczególnymi seriami wewnątrz Uniwersum, nie wszystkie postaci są tak samo ważne i z jednymi można zrobić to, czego nie wolno z innymi. Piszę *X-Men*, czyli najlepiej sprzedający się obecnie komiks, ale piszę też *Nomad*, jedną z najsłabiej schodzących pozycji. Nie chcę przecież mieszać w *X-Men*...".

„Dziękuję za poświęcenie swojego czasu – odparł zwięźle Bevins – lecz moja odpowiedź nadal brzmi nie".

Kiedy zamknął za sobą drzwi, Nicieza odwrócił się do DeFalco i Stewarta.

„On kompletnie nie rozumie, czym jest Marvel – powiedział im. – Jeśli Bill Bevins pracowałby tutaj w 1966 roku i Stan Lee chciałby robić *Black Panther*, pewnie też by mu odmówił".

Udział pionu wydawniczego Marvela w zyskach firmy, jeszcze pięć lat temu wynoszący dziewięćdziesiąt procent, zmalał do jednej trzeciej. Podczas gdy Bevins szukał kolejnych firm, które mógłby przejąć, by rozbudować królestwo Marvela, DeFalco postulował poszerzenie oferty wydawniczej o magazyny science fiction i powieści. „Usłyszałem: »Pewnie, kupmy jakąś firmę!«, więc odparłem, że nie musimy nic kupować, bo już mamy wydawnictwo i mamy też system dystrybucji. Nie byli jednak zainteresowani moją propozycją, bo wciąż chcieli coś przejmować, żeby zwiększyć wartość przedsiębiorstwa".

„Chcieli zrobić z nas imperium merchandisingowe – mówił John Romita – sprzedawać ubrania, kostiumy i inne tego typu rzeczy. Dotarliśmy do momentu, w którym powiedziano nam, że nie upatrują przyszłości firmy w działalności wydawniczej. Byliśmy warci jedynie dziesięć procent ich czasu".

Bill Bevins nie mógł zawracać sobie głowy spotkaniami z szeregowcami. Kiedy brytyjskiemu oddziałowi Marvela kończyły się fundusze, został wezwany wraz ze Stewartem do Londynu, żeby przedyskutować dalsze kroki. Niedługo po rozpoczęciu zebrania Bevins wyszedł z pokoju konferencyjnego, żeby odebrać telefon. Gdy wrócił, zaprezentowano mu plan przekazania miliona funtów na konto Marvel UK. Bevins się wściekł i szybko przerwał rozmowę: „Fatygowałem się tutaj dla miliona funtów? Przed chwilą zawarłem przez telefon umowę wartą dziesięć milionów. Po co marnujecie mój czas? Chcecie pieniądze, to je dostaniecie". Odwrócił się do Stewarta i warknął: „Chodź, idziemy stąd" i wspólnie udali się na najbliższy lot z powrotem do Nowego Jorku.

Bevins zwykł odbierać telefony w „ratuszu" i stamtąd też dzwonił do szefa Marvela oraz podejmował decyzje kupna nowej firmy lub utworzenia kolejnej spółki. „Napisz mi memorandum", mawiał, a potem odwieszał słuchawkę. Potem na powrót poświęcał się interesom. Według niego zawsze można było rozbudować firmę, nawet kosztem dawnych wspólników; kiedy Bevins zorientował się, że oferta figurek, których produkcją mógł się zająć Marvel, ograniczona jest umową licencyjną z Toy Biz, zwołał spotkanie z jej szefami w śródmiejskim Regency Hotel.

„Słuchajcie – powiedział przy śniadaniu Ike'owi Perlmutterowi i Aviemu Aradowi z Toy Biz – mamy do dyspozycji cztery i pół tysiąca postaci, a wy jesteście w gruncie rzeczy niewielką firmą i nie możecie ogarnąć wszystkiego...".

Lecz Perlmutter i Arad nie mieli zamiaru oddać swojej firmy bez walki. Zaproponowali więc – ta chwila zapisze się później w historii wydawnictwa – aby Marvel i Toy Biz jeszcze bardziej zacieśniły współpracę. W kwietniu, zaledwie kilka dni przed premierą *Powrotu Supermana*, Marvel dodał do swojego portfolio kolejną firmę, przejmując czterdzieści sześć procent udziałów w nieźle radzącym sobie na rynku Toy Biz. Perlmutter i Arad otrzymali w zamian licencję masterbiorcy na postaci Marvela – na wyłączność, bez konieczności płacenia tantiem, na czas nieokreślony – i siedem milionów dolarów kapitału obrotowego.

Arad, projektant zabawek, który dzięki swojej pozycji w Toy Biz został producentem kreskówki z X-Men, dołączył do Stana Lee jako pośrednik pomiędzy Marvelem a Hollywood; miał się zająć nadzorem nad „rozwojem animowanych oraz aktorskich projektów filmowych i telewizyjnych". Młodsze wydawnictwa zdążyły już wyprzedzić Marvela na tym polu: trwały zdjęcia do *Strażnika czasu* i *Maski*, filmów opartych na komiksach liczącego sobie zaledwie siedem lat Dark Horse. Nawet Rob Liefeld współpracował ze Stevenem Spielbergiem. Jednak Arad zbierał niemałe pochwały za *X-Men*, ulubioną kreskówkę wielu dzieciaków, przyciągającą również wielu dorosłych. Na licencji serialu powstawały gadżety, karty kolekcjonerskie i gry wideo; wyprodukowano także czternaście milionów figurek, które restauracje Pizza Hut dodawały do swoich zestawów. Kiedy Fox Kids zdecydowało o zakupie kreskówki ze Spider-Manem, James Cameron wreszcie zaprezentował pierwsze strony swojego scenariusza do pełnometrażowego filmu o Człowieku-pająku*. Z projektem *Black Panther* powiązano Wesleya Snipesa, a Wes Craven miał wyreżyserować *Doctora Strange'a*; wydawało się, że Arad dokona tego, co próbował zrobić Stan Lee przez ostatnie piętnaście lat spędzone w Hollywood. Jeśli jego sukcesy na polu sprzedaży zabawek były jakimkolwiek wyznacznikiem, to uznał, że da radę. „Stajesz się gwiazdą baseballu, jeśli zaliczysz trzysta uderzeń – powiedział reporterowi. – Ja mam na koncie spokojnie osiemset".

*Carolco zapłaciło Cameronowi trzy miliony dolarów za czterdziestosiedmiostronicowy treatment, łącznie z dialogami.

Nawet po utworzeniu komórki Marvel Films Arad był tak samo uzależniony od hollywoodzkich wytwórni jak Lee. Perelman nie chciał, żeby Marvel wchodził na niepewny grunt produkcji filmowej; wolał sprzedawać licencje i zarabiać na merchandisingu. Do października Arad zdążył już umocnić swoją pozycję na tyle, że podpisał z Twentieth Century Fox umowę na aktorski film z X-Men.

I usłyszał wówczas o dobiegających końca zdjęciach do niskobudżetowej produkcji *Fantastic Four*. Kilka miesięcy wcześniej, zaledwie trzy dni przed wygaśnięciem podpisanego w 1986 roku przez producenta Bernda Eichingera wartego dwieście pięćdziesiąt tysięcy dolarów kontraktu na prawa do filmu, wypożyczono kamery i pierwszy klaps padł w atelier w dzielnicy Venice w Los Angeles. Reżyserią zajął się syn Vidala Sassoona, a produkcją Roger Corman. Przekonany, że film zaszkodzi wizerunkowi całej branży, Arad zadzwonił do Eichingera i zaproponował wykup praw za kilka milionów dolarów w gotówce, a następnie, kiedy transakcja doszła do skutku, zniszczył wszystkie kopie.

W drugiej połowie 1993 roku wartość akcji Marvela gwałtownie spadła aż o sześćdziesiąt procent. Ostatnie dwa lata okazały się prawdziwą ostrą jazdą. „Po ogłoszeniu naszej oferty publicznej wywołaliśmy w mediach niezłe poruszenie. Oczywiście Stanowi się to podobało, ale tak naprawdę był to gwóźdź do naszej trumny – powiedziała Mary MacPherran. – Wall Street jest kapryśne, najpierw ekscytuje się kolorowymi dziwakami od komiksów, a potem odwraca głowę w innym kierunku. I w ten sposób zostaliśmy ze stosami tych samych zeszytów z różnymi fikuśnymi okładkami”.

19

Pośród najróżniejszych crossoverów, okładek z bajerami i edycji specjalnych, jeden komiks wydawał się zaspokajać oczekiwania wszystkich, od kapryśnych czternastolatków czekających na pojawienie się kolejnego gorącego nazwiska w branży, po cierpliwych, nieco starszych fanów, wiernie trwających przy Marvel Comics, liczących, że jeszcze kiedyś będzie tak jak za czasów, gdy to oni mieli po czternaście lat. Składająca się z czterech zeszytów po cztery dziewięćdziesiąt pięć za numer, wydana na błyszczącym papierze miniseria *Marvels* była dziełem Kurta Busieka, który pracował w dziale sprzedaży pod kierownictwem Carol Kalish, zanim przerzucił się na freelance, oraz Alexa Rossa, młodego malarza, któremu nie pasowała panująca moda na wiecznie wkurzonych mścicieli. Seria została pomyślana jako swoiste portfolio Rossa i pokaz jego nieprzeciętnego talentu, lecz pojawił się pomysł, żeby opowiedzieć w niej na nowo najważniejsze wydarzenia z historii Uniwersum Marvela, lecz tym razem widziane oczami zwykłego obywatela, fotografa Phila Sheldona. Z perspektywy przypadkowego przechodnia obserwujemy, jak każde zdarzenie z udziałem superbohaterów ma wpływ na życie Sheldona, od stworzenia w 1939 roku androida Human Torcha, do śmierci Gwen Stacy w 1970. Nieśmiertelni herosi maszerują niestrudzenie, krzepcy i niezłomni, podczas gdy Sheldon, jak prawdziwi rysownicy i scenarzyści, którzy tworzyli wszystkie te historie, starzeje się i świadkuje historycznym wydarzeniom.

Busiek i Ross pracowali nad *Marvels* ponad rok, niejako na uboczu. Busiek przekopywał się przez sterty archiwalnych numerów, Ross fotografował modeli i modelki, na których wzorował się podczas malowania postaci. „Robiliśmy ekskluzywną serię z rysownikiem, o którym mało kto słyszał, i równie nieznanym scenarzystą... Bohaterem był starszy facet, a na pierwszym planie próżno szukać choćby jednego superherosa". Ich redaktor błagał, żeby w komiksie pojawił się Wolverine, aby dział sprzedaży mógł sensownie poprowadzić promocję.

Marvels i tak okazało się przebojem. Fotorealistyczne rysunki Rossa – które plasowały się gdzieś pomiędzy twórczością Normana Rockwella i Leroya Neimana – zachwyciły czytelników, zaś ambitny, metatekstualny eksperyment Busieka charakteryzował się rzadko spotykanym w komiksach humanizmem.

Była to komiksowa odpowiedź na *Ragtime* E.L. Doctorowa, epicka opowieść rozciągająca się na kilkadziesiąt lat i napakowana gwiazdami, choć niepozbawiona cierpkości, bowiem obnażała bezsilność człowieka w obliczu przedstawionych wydarzeń. Sheldon mógł tylko patrzeć, jak Sub-Mariner atakuje Nowy Jork, i trząść się ze strachu, kiedy pojawienie się X-Men przyprawiało mieszkańców o spazmy. Jako młody człowiek nie posiadał się z radości, oglądając kronikę z zapisem walk Kapitana Ameryki z wojskami Osi; w latach sześćdziesiątych był świadkiem tryumfalnego powrotu Kapitana, stojąc pomiędzy kabrioletami, w tłumie szarych koszul flanelowych, gdzieś w środkowym Manhattanie. Wydarzenie to opisał następująco: „Tyle było w tym mieście energii, jakby przez całe miesiące strzelały fajerwerki. Narodziny Fantastycznej Czwórki, Thor, Giant-Man, powrót Sub-Marinera i, oczywiście, najważniejsze ze wszystkich, gala tak wspaniała, jakby kilkanaście parad na czwartego lipca zlało się w jedno, jakby wszystkie siły natury obleczono w kostium. Udało mi się go zobaczyć – zawsze był w ruchu, zawsze parł do przodu".

Ta wersja Ameryki drugiej połowy dwudziestego wieku odbiegała od rzeczywistości; nie było w niej kubańskiego kryzysu, plagi zamieszek na tle rasowym i protestów studenckich przeciwko wojnie wietnamskiej – choć Marvel Comics w latach sześćdziesiątych i siedemdziesiątych nie stronił od tematów politycznych i społecznych. Do problemów tego świata zaliczano pojawienie się Sentineli (jak w *X-Men* w 1965 roku) i bojkot mutantów, przybycie Galactusa (zainspirowane *Fantastic Four* z 1966). Łatwo można zdyskredytować *Marvels* jako hermetyczny eskapizm, historię pozbawioną realizmu; można też jednak podziwiać sposób, w jaki zastosowano zawsze obecne w komiksach socjopolityczne metafory i wykorzystano ich bogactwo w pojedynczej serii.

Jednak największym sukcesem *Marvels* okazała się umiejętność uchwycenia na krótką chwilę dreszczu emocji, zapewnianego niegdyś przez bohaterów Marvela. I w tym świetle znamienne jest, że komiks kończy się niedługo po śmierci Gwen Stacy; onomatopeja towarzysząca jej upadkowi, sugerująca chrupot kości łamanego karku, oznaczała niechybny koniec ery niewinności. Phil Sheldon, który poświęcił swoje życie uwiecznianiu na fotografiach „cudów" tego świata w akcji, przekazał aparat swojej asystentce i zlecił jej kontynuowanie dzieła. Wyzuty z sił, stracił już swoje zdolności, wolał spędzić trochę czasu w prawdziwym świecie. „Już nie dla mnie te cuda", deklarował, a mogło się pod tym podpisać wielu marvelomaniaków, bezskutecznie wypatrujących dawnej magii. Jack Kirby, którego wyobraźnia dostarczyła mnóstwo materiału wykorzystanego w *Marvels*, przez ostatnie lata zapewne wielokrotnie mamrotał pod nosem podobne słowa. Tymczasem jego relacje ze Stanem Lee uległy ponownemu ochłodzeniu.

Dwa lata po ich dziwacznej rozmowie telefonicznej na antenie radiowej Kirby dorzucił do pieca podczas wywiadu dla „Comics Journal" udzielonego w 1989 roku: „Stanley nigdy mi w niczym nie pomagał! Nie pamiętam, żeby cokolwiek napisał – powiedział. – On nie miał do tego głowy. Niemożliwe, żeby ktoś taki jak Stanley mógł wymyślić coś nowego, odkrywczego. Ba, nie umiał nawet przerobić starego pomysłu. To nie jest facet, który lubuje się w opowiadaniu ludziom historii, ani nawet w ich czytaniu. Stanley wiedział tylko, gdzie znajduje się ten czy inny papier albo kto dzisiaj wpada do nas na spotkanie. On prezentuje mentalność pracownika biurowego". Dodał jeszcze, że Lee „nie miał pojęcia, o czym w ogóle są nasze komiksy" i „cierpi na »kompleks Boga«". Zaprzeczał też zażarcie, jakoby jego były redaktor kiedykolwiek zgłaszał swoje sugestie co do zmian w fabułach: „Powinienem kazać iść mu w cholerę i poszukać sobie innego źródła zarobku, ale nie miałem takiej możliwości – mówił dalej. – Musiałem utrzymać rodzinę, opłacić mieszkanie. Nie mogłem ot tak z tego wszystkiego zrezygnować".

Lee odciął się. „Jack przekroczył pewną granicę. Nie ma już stamtąd powrotu – mówił po publikacji wywiadu. – Nie wiem, jak miałby mi wytłumaczyć, dlaczego powiedział to, co powiedział. Stracił rozum albo jest naprawdę podłym człowiekiem".

Jednak podczas spotkania w San Diego w 1993 roku zapomniano o tamtych słowach. „Jack powiedział mi coś strasznie dziwnego – opowiadał Lee. – Zawołał mnie i powiedział... dodam tylko, że miałem wrażenie, jakby był odrobinę nieobecny... powiedział do mnie: »Stan, nie masz się za co obwiniać«. To... naprawdę dziwaczne. Cieszę się, że to od niego usłyszałem, choć zupełnie się tego nie spodziewałem. I to w sumie wszystko. Podeszli do nas jacyś ludzie, przerwali nam, on poszedł w swoją stronę, a ja w swoją".

Ta krótka rozmowa, do której doszło pięćdziesiąt lat po ich pierwszym spotkaniu, była ostatnią, jaką odbyli Stan „The Man" Lee i Jack „Król" Kirby, twórcy Fantastycznej Czwórki, Hulka, Iron Mana, Thora, X-Men i wielu innych postaci. Kirby wreszcie wycofał się z branży, zaś swój ostatni opublikowany komiks, *Phantom Force*, zrobił dla przyjaciela, a wypuściło go, co znamienne, Image Comics, często podpierające się jego nazwiskiem dla zilustrowania przykładu o bezlitosnym traktowaniu twórców przez przemysł. Spędzał spokojne dnie w towarzystwie żony, Roz, w ich domu w południowej Kalifornii – aż do swojej śmierci z powodu niewydolności serca. Król odszedł 6 lutego 1994 roku.

Lee zwrócił się – przez wspólnych przyjaciół – do Roz Kirby i ostrożnie zapytał o pozwolenie na uczestnictwo w pogrzebie. Przyjechał przed ceremonią, zaparkował pod kaplicą, złożył kondolencje Roz i po cichu usiadł. Niedługo potem wymknął się po kryjomu bocznymi drzwiami. Roz wołała go, witając kolejnych gości, ale nie słyszał.

Frank Miller oddał hołd Jackowi Kirby'emu w czerwcu 1994 roku podczas przemówienia wygłoszonego na seminarium branżowym w Baltimore. „Wraz ze śmiercią Jacka Kirby'ego kończy się pewna epoka – powiedział Miller. – Nie mogę nazwać jej erą Marvela, bo nie wspieram złodziejstwa. To era Jacka Kirby'ego".

Ludzie z Marvela, siedzący w przednich i środkowych rzędach, wiercili się niespokojnie na swoich miejscach, kiedy Miller deklarował, że jedynym sposobem na rozmowę o przyszłości komiksu jest wspomnienie „smutnej historii złamanego życia... twórców, którym odmówiono prawa do dzieł stworzonych własnymi rękoma, których ignorowano, których traktowano niczym nieznośną przeszkodę, podczas gdy ich pomysły przynosiły firmie miliony". Podkreślił, że „siedemnaście lat pokornej służby i wspaniałe wyniki sprzedaży nie wystarczyły, aby Marvel Comics poczuło się zobowiązane do lojalności względem Chrisa Claremonta"; oburzał się też na zapewnienia Jima Shootera, jakoby ten „poświęcił swoje życie walce o prawa twórców". A potem przykręcił śrubę.

„Marvel Comics próbuje wam wmówić, że liczą się jedynie postaci; tak jakby nikt ich nie stworzył, jakby czytelnik był na tyle głupi, że nie potrafiłby odróżnić dobrej roboty od złej – ciągnął. – Można im to nawet wybaczyć, bo superbohaterowie nie mogą od nich odejść, jak robią to twórcy. Ulżyło mi, że wreszcie ich mantra »pracownik na zlecenie się nie liczy« została zakwestionowana, choć nie widzę, żeby rwali się do wprowadzenia zmian".

To nie wszystko, co Miller miał do powiedzenia. Tych, którzy kręcili nosem na kolegów podejmujących współpracę z Image i innymi wydawcami, porównał do „hordy galerników utyskujących na przeciekającą łajbę". Ogłosił koniec ery superbohaterów będących własnością wydawców; koniec ery Kirby'ego. „Ta supernowa już się wypaliła i niedługo zostanie po niej jedynie czarna dziura. Nie możemy wiecznie żerować na geniuszu Jacka Kirby'ego. Król odszedł, a następcy nie widać. Nie będzie już równego jemu. Nikt nie może go zastąpić. Żadna gałąź sztuki nie została nigdy obdarowana talentem tej skali dwukrotnie. Pewnie, to straszne, ale zmiany zawsze niosą ze sobą strach – kontynuował. – Jednak mamy pod ręką kawałki, z których możemy poskładać nową, dumną erę komiksu. Nic nie stoi na naszej drodze, nie istnieje nic zbyt wielkiego i zbyt okropnego – może poza naszymi własnymi lękami i złymi nawykami – żebyśmy nie mogli tego pokonać". Słuchacze zerwali się z miejsc i zgotowali Millerowi owację na stojąco.

Niechęć branży do Marvela wzrosła, kiedy pogorszyła się sprzedaż – spadła o trzydzieści sześć procent w ciągu pierwszych sześciu miesięcy 1994 toku. Szefostwo wydawnictwa za ten stan rzeczy obwiniało sprzedawców i dystrybutorów, uważając, że niedostatecznie promują produkty Marvela, faworyzując modne komiksy nowych, mniejszych firm, a nawet ośmielają się publicznie krytykować biznesowe decyzje swojego kontrahenta.

Dział sprzedaży obmyślił więc plan: a jeśli Marvel pominie pośredników i zacznie sprzedawać swoje komiksy bezpośrednio do sklepów? Mógłby wówczas zaoszczędzić pieniądze, które do tej pory pakowano we wspólne reklamy i kampanie reklamowe organizowane do spółki z niewdzięcznymi dystrybutorami, a następnie zainwestować je w armię przedstawicieli handlowych, z których każdy byłby bez reszty oddany polityce Marvela i komiksom. Po serii tajnych spotkań poza siedzibą firmy propozycja powędrowała prosto do „ratusza". Tymczasem dział marketingu opracował plan dostaw do domu, dzięki czemu wydawnictwo obeszłoby nie tylko dystrybutorów, ale i sprzedawców. Po kilku miesiącach, kiedy Marvel zdążył już po cichu wszcząć poszukiwania odpowiedniej firmy dystrybucyjnej do przejęcia, wśród sprzedawców – którzy przezornie wypatrywali kolejnych sztuczek wydawnictwa – zawrzało. Marvel podniósł cenę swoich komiksów o kolejne dwadzieścia pięć centów, do jednego i pół dolara, co stanowiło stuprocentową podwyżkę w porównaniu z sytuacją sprzed pięciu lat, kiedy Perelman przejmował firmę. Terry Stewart odkurzył pomysł na uruchomienie sklepu Marvela na wzór Disney Store, a także ogłosił plany otwarcia parku rozrywki oraz sieci restauracji, gdzie sprzedawano by również T-shirty i inne rzeczy, które do tej pory można było dostać w sklepach komiksowych. Kiedy w komiksach zaczęły się ukazywać reklamy sklepu wysyłkowego Marvel Mart – do zamówień dorzucano gadżety promocyjne nieprzeznaczone do sprzedaży, a także przedruki komiksów, których nakłady już dawno się skończyły – jeden z zaniepokojonych dystrybutorów posłał sprzedawcom ostrzegawczą wiadomość, sugerując, żeby poświęcili się promocji pozostałych wydawnictw i uniezależnili się w większym stopniu od Marvel Comics.

I wreszcie stało się to, co wydawało się tylko kwestią czasu – Marvel wypuścił własny katalog i ograniczył gamę produktów dostarczanych dystrybutorom.

Dom Pomysłów stał się istnym Wielkim Bratem. „Niestety – doszło do sytuacji, kiedy ludzi krytykujących Marvela wyrzucano z pracy; oczywiście jeśli byli zatrudnieni w wydawnictwie. Jeśli nie, karano ich w inny sposób – powiedział jeden z byłych pracowników w rozmowie z »Comics Journal«. – Obecnie panuje tam atmosfera terroru i podskórnie wiesz, że nic nie ujdzie ci na sucho". Rozdano nawet pracownikom dokument, który należało wypełnić, jeśli podejrzewało się kolegów o pogwałcenie panujących w firmie zasad, choć Tom DeFalco podobno namawiał dział redaktorski do bojkotu.

Ale DeFalco sam musiał zacząć się pilnować. Coraz częściej wykłócał się ze Stewartem i sprzeciwiał się pomysłowi, żeby to dział marketingu projektował okładki. Pozostali pracownicy odnosili wrażenie, jakby redaktorzy tworzyli zamkniętą klikę, co wydawało się zachowaniem nie fair w okresie, kiedy współpraca była najbardziej potrzebna. Jeden z kierowników tak scharakteryzował ich postawę: „Zostawcie nas w spokoju, nie mamy dla was czasu, bo twórczych ludzi takich jak my nie można zasypywać nudnymi, codziennymi sprawami, i nie chcemy grzebać w numerkach. Jedyne, na czym nam zależy, to spokój ducha freelancera i dobre komiksy. Jeśli przy okazji zgadzają się cyferki, to okej. Jeśli nie, tym gorzej dla was".

„Tom był skłonny dać sobą pomiatać, żeby chronić redaktorów – powiedział Matt Ragone, szef działu sprzedaży. – Na spotkaniach wieszano na nim psy, a on siedział i wszystko chłonął, aby tylko nie stawiać redaktorów pod ścianą i nie wywierać na nich presji. Ludzie czuli jednak, że jeśli coś ma się w firmie zmienić, to trzeba będzie przemodelować strukturę wydawnictwa i obarczyć redaktorów odpowiedzialnością za większą część procesu produkcyjnego". Stewart spotkał się z Fabianem Nicieżą, który miał już doświadczenie w sprzedaży i marketingu, i powiedział mu, że szykują się spore zmiany. A potem zapytał, czy ten ma jakieś sugestie, pomysły lub wskazówki.

Odpowiedź Niciezy – schemat organizacyjny przyznający redaktorom jeszcze większą władzę – była kompletnym przeciwieństwem tego, co

Stewart i dział marketingu i sprzedaży chcieli usłyszeć. Sądzili, że znajdą sposób na obejście redaktorskich sprzeciwów i uda im się podyktować swoje warunki, czym ustawią wszystkich w szeregu. Plan Niciezy odrzucono. Marvel wynajął bar sportowy znajdujący się naprzeciwko biurowca i zaproszono na kolację wszystkich pracowników; podczas spotkania Terry Stewart wyjawił strategię, którą nazwał „marvelucją". Tom DeFalco miał zostać awansowany na starszego wiceprezesa i zastąpiony pięcioma redaktorami naczelnymi, którzy będą odpowiadać bezpośrednio przed Stewartem. Plan ten, jak tłumaczył Stewart za pomocą slajdów, umocni pozycję mniej popularnych marek Marvela, czyli, dajmy na to, Kapitan Ameryka i Daredevil nie muszą już dłużej wegetować w cieniu X-Men i Spider-Mana, a każdy redaktor naczelny weźmie odpowiedzialność tylko za daną rodzinę tytułów: Bob Harras przejmie serie o X-Men, Bob Budiansky tytuły ze Spider-Manem, Mark Gruenwald obejmie „klasyki", w tym *Avengers* i *Fantastic Four*, Bobbie Chase segment „Marvel Edge", do którego zaklasyfikowano serie z bohaterami kontrowersyjnymi i bezkompromisowymi, a Carl Potts obejmie „dział ogólny", czyli głównie komiksy na licencji.

Siedzący obok siebie dwaj weterani, pracujący w Marvelu od lat siedemdziesiątych, patrzyli z niedowierzaniem, jak jakiś facet bierze mikrofon, puszcza slajdy i ględzi coś o reorganizacji. „Nie martwcie się – mówił – za kilka minut skończę i pójdziemy na drinka!".

„Spojrzeliśmy po sobie – wspominał jeden z wiarusów – i któryś z nas powiedział: »To koniec. Mamy przejebane«. Ten pomysł był z dupy; wciskano nam kit".

Nie tylko oni wydawali się nieusatysfakcjonowani. Kiedy prezentacja dobiegła końca, pewien naiwny redaktor podszedł do DeFalco i pogratulował mu awansu. Usłyszał w odpowiedzi pozbawiony wesołości rechot. „Cóż, chociaż nikt już nie będzie rozstawiał DeFalco po kątach... Odchodzę, młody", dodał były naczelny. Skołowany redaktor próbował zaprotestować: „No ale... awans...". DeFalco wzruszył ramionami: „Nie przyjąłem go".

Firmą wstrząsnęło jeszcze parę innych wydarzeń, będących następstwem zmian organizacyjnych. Na tym samym spotkaniu z dystrybutorami, na którym ogłoszono mianowanie pięciu redaktorów naczelnych, Marvel wyznaczył Richarda Rogersa – głównego orędownika udziwnionych okładek i numerów specjalnych o zwiększonej objętości – na stanowisko wiceprezesa do spraw sprzedaży i marketingu. I choć redaktorzy naczelni mieli meldować się u Terry'ego Stewarta, na co dzień na ręce patrzył im były dyrektor sprzedaży, Jim „Ski" Sokolowski, któremu przypadł tytuł „koordynatora"; on z kolei podlegał właśnie Rogersowi. Żeby jeszcze bardziej zacieśnić współpracę pomiędzy poszczególnymi działami, każdemu naczelnemu przydzielono własnego marketingowca.

Twarde zasady Rogersa wdrożono na wszystkich poziomach funkcjonowania wydawnictwa. „Firma ma sprzedać komiksy za sto sześćdziesiąt milionów – powiedział. – Redaktorzy mogą sobie narzekać, ile chcą, handlowcy również. Upierajcie się przy swoim i mówcie, że nie zrobicie tego, co się wam każe, ale na wasze miejsce znajdzie się ktoś inny, więc wykorzystajcie lepiej swój czas na efektywne wykonywanie poleceń".

Coraz trudniej było dotrzeć do Stewarta. „Mieliśmy spotykać się co tydzień – mówił Carl Potts – i omawiać z nim wszystkie sprawy, których nie potrafiliśmy załatwić samodzielnie lub potrzebowaliśmy na to dodatkowych środków albo wskazówek. Przeważnie jednak, kiedy przychodziło do podjęcia jakiejś decyzji, Terry ociągał się i mówił: »Dam wam znać w następnym tygodniu«. Bobbie Chase i ja mieliśmy ze sobą listę rzeczy, nad którymi należało się zastanowić, i próbowaliśmy o nich porozmawiać, ale nigdy nie udało nam się z nim nic ustalić. Po jakimś czasie Terry wpadł na fantastyczne rozwiązanie – odwołał wszystkie przyszłe spotkania. Rozumiem, że pewnie wywierano na nim niesamowitą wręcz presję i Bevins, czy ktoś tam inny, cisnął na niego straszliwie, jednak nie potrafiłem zrozumieć, po co sam ustalił taki a nie inny system; miał być w nim arbitrem, a unikał odpowiedzialności".

Inny redaktor wspominał: „Ta cała marvelucja nas rozbiła. Poza ważniejszymi crossoverami nie konsultowaliśmy praktycznie nic z Bobbiem Chasem; nie mieliśmy też zbyt wiele do czynienia z Bobem Harrasem. Trudno było nas nazwać zespołem redaktorskim".

Teraz każda z „rodzin" musiała osiągnąć wyznaczone wyniki sprzedaży. Redaktorzy wręcz bili się o co bardziej utalentowanych scenarzystów i rysowników, którym, z powodu zalewu różnorakich serii, przydzielano wiele tytułów naraz. Niektórzy superbohaterowie zostali zepchnięci w cień we własnych komiksach, żeby zrobić miejsce mniej popularnym postaciom drugiego planu i pomóc w promocji całego Uniwersum. Jeden z pracowników tak podsumował całą sytuację: „Spider-Man prędzej będzie walczył ramię w ramię z Supermanem, niż zobaczymy go u boku X-Men".

W Uniwersum Marvela wszystko totalnie się poplątało: wydawnictwo zaczęło masowo produkować podróbki własnych postaci, łącznie z Thorem, Iron Manem i Kapitanem Ameryką (dzierżący w ręce młot Thunderstrike; okutany w żelazną zbroję War Machine; walczący ze zbrodnią w kostiumie w gwiazdy USAgent), pojawiły się także alternatywne wersje kilku bohaterów, pochodzące ze światów równoległych. Na przykład w *Fantastic Force* dziecko Reeda Richardsa i Sue Storm zamieniło się miejscami z dorosłym sobą z innego wymiaru i stanęło na czele grupy superbohaterów.

Tymczasem na łamach serii ze Spider-Manem zmierzał do upragnionego końca dwunastoodcinkowy crossover. Kiedy jakiś czas temu wprawiono w ruch „Sagę klonów", Peter Parker i jego żona, Mary Jane Watson, spodziewali się pierwszego dziecka; spokój domowego ogniska skaziłby jednak pajęczy mit. Scenarzyści i redaktorzy uknuli więc diaboliczny spisek i wrócili do pomysłu z klonem samego Spider-Mana – który został wprowadzony dwadzieścia lat wcześniej przez Gerry'ego Conwaya* – chcieli ujawnić, że zaszła ogromna pomyłka i od 1975 roku czytelnicy śledzili przygody pozoranta. Ben Reilly, prawdziwy Spider-Man, stał się Scarlet Spiderem; po ujawnieniu jego prawdziwej tożsamości klon Petera Parkera miał odejść z Mary Jane i nienarodzonym dzieckiem w stronę zachodzącego słońca, zaś oryginalny Peter Parker (niegdyś znany właśnie jako Ben Reilly) wcielić się w rolę Spider-Mana. „Scenarzyści nie robili się młodsi; pożenili się, mieli

* Prezentem pożegnalnym Conwaya, który przeszedł do DC w 1975 roku, był *Amazing Spider-Man #149*, gdzie sklonowany Peter Parker zmierzył się z prawdziwym Peterem Parkerem. Nie wiadomo do końca, który z nich wyszedł z tej potyczki zwycięsko.

dzieci, pobrali kredyty mieszkaniowe, dlatego pisaliśmy *Spider-Mana* tak, a nie inaczej, oddalaliśmy się od naszych czytelników – mówił Terry Kavanagh, który wpadł na pomysł rzeczonej historii z klonem. – Chcieliśmy więc wrócić do korzeni bez konieczności opisywania rozwodu czy rozstania z Mary Jane, bo to przytłoczyłoby Petera". Niestety, kombinacja redaktorskiego niezdecydowania i presji wywieranej przez dział marketingu opóźniała rozwiązanie fabuły. „Saga klonów" ciągnęła się już dwa miesiące; jej niepotrzebne skomplikowanie czytelnicy odebrali jako zły omen i oznakę tego, że źle się działo w Marvel Comics.

Z początku historia była sensacją. „Bob Harras usłyszał o niej – wspominał Kavanagh – i powiedział: »Boże, *Spider-Man* przegoni *X-Men*, musimy szybko coś z tym zrobić«". Tak narodził się crossover *Era Apocalypse'a*, w którym syn Profesora X przeniósł się w czasie, żeby zabić Magneto, i w ten sposób, jak się okaże, sprowadza na nasz świat nieszczęście. Na żądanie działów sprzedaży i marketingu *Era Apocalypse'a* trafiła na półki z chromowanymi okładkami w cenie trzech dolarów i dziewięćdziesięciu pięciu centów i rozpleniła się na osiem nowych X-serii, które tymczasowo zastąpiły stare.

„Jak już wsiądziesz do tej kolejki, musisz wytrzymać do końca trasy – powiedział Tom Brevoort. – Skoro właściciel firmy mówi: »Musisz zrobić w tym roku lepszy wynik«, to jest to twój obowiązek; nie masz wyjścia, albo to robisz, albo ponosisz konsekwencje".

Redaktorzy próbowali się uporać z wewnętrznym zapotrzebowaniem na nowe komiksy, zaś Marvel nadal trwał w zakupowym szaleństwie: w lecie za sto pięćdziesiąt osiem milionów dolarów kupiono Panini, europejską firmę produkującą naklejki i magazyny; na jesieni przejęto grupę wydawniczą Welsh Publishing Group, zajmującą się publikacją magazynów dla dzieci. Po tym jak zaczęły krążyć wieści, że Marvel zamierza samodzielnie zająć się dystrybucją, wyciekła także informacja, że Malibu, niegdysiejszy partner imprintu Image, otrzymał atrakcyjną ofertę od DC Comics. Interesujące wieści dotarły do Terry'ego Stewarta, Billa Bevinsa i Rona Perelmana; polecenie z góry brzmiało: „Nie wolno do tego dopuścić". Jeśli DC przejęłoby Malibu, Marvel straciłby pozycję lidera na rynku. Perelman wybrał się do Kalifornii na spotkanie z właścicielem Malibu Scottem Rosenbergiem.

Rosenberg zapytał Perelmana, czy zna publikacje Malibu.

„Nie, nie czytam komiksów", usłyszał w odpowiedzi.

Chcąc pochwalić się stosowaną przez Malibu techniką cyfrowego nakładania koloru, Rosenberg rozłożył przed Perelmanem kilka zeszytów. Ten spojrzał na niego i powiedział: „Chyba nie będę musiał ich czytać?".

Po serii tajnych spotkań Marvel ogłosił w listopadzie, że kupił Malibu, motywując swoją decyzję podziwem dla świetnej techniki nakładania koloru stosowanej przez wydawnictwo, lokalizacją na Zachodnim Wybrzeżu i znakomitym kontaktem z Hollywood, co może zaprocentować w przyszłości, nie zająkując się nawet na temat chęci utrzymania jak największego procentowego udziału w rynku. Steve Gerber – który pisał dla Malibu komiksy z serii wydawniczej Ultraverse – został wzięty z zaskoczenia. „Nabawiłem się paranoi – mówił – i zdawało mi się, że Marvel mnie prześladuje, na złość kupując wszystko, co wyjdzie spod mojej ręki".

Tymczasem Marvel cierpiał z powodu poniesionych w stosunkowo krótkim czasie sporych kosztów swoich inwestycji. Przemysł komiksowy odebrał upadek rynku kart kolekcjonerskich jako swoiste ostrzeżenie: to właśnie szaleństwo na punkcie „limitowanych edycji", połyskliwych folii i hologramów oraz sierpniowy strajk baseballistów doprowadziły do kryzysu. Przeznaczone na zakup Fleer pieniądze okazały się wyrzucone w błoto. Marvel wydawał się podążać drogą ku przepaści.

Niedługo po hucznej imprezie świątecznej firma wylała kobietę odpowiedzialną za zorganizowanie przyjęcia oraz kilkudziesięciu innych pracowników, w tym paru redaktorów. Zamknięto przeszło dwadzieścia serii. Po raz pierwszy od 1957 roku w Marvelu zarządzono falę zwolnień; jednak nie po raz ostatni.

28 grudnia Marvel ogłosił przejęcie Heroes World, firmy dystrybucyjnej z New Jersey. Oba przedsiębiorstwa łączyła wspólna historia. Po usunięciu z fotela prezesa Ala Landau w roku 1975, numer dwa w firmie, Ivan Snyder, otrzymał odprawę w postaci mnóstwa licencjonowanych produktów. Z pomocą tego prezentu udało mu się uruchomić w New Jersey sieć

sklepów komiksowych, rozkręcić interes dystrybutorski i opanować osiem procent rynku. Heroes World działało lokalnie, operując jedynie w trzech stanach, lecz Marvel zamierzał wyposażyć swój świeży nabytek w armię przedstawicieli handlowych. Urzędujące w „ratuszu" kierownictwo nie konsultowało swoich działań z pierwotnymi architektami tego planu. „Gdybym tylko wiedział, że będziemy mieli do dyspozycji telemarketerów i pusty magazyn – mówił jeden z członków działu sprzedaży – nie głosowałbym za żadnymi zmianami i pozwolił sprawom toczyć się własnym torem. Heroes World miało rację bytu przy założeniu, że wyślemy ludzi w teren. Żaden telemarketing tego nie zastąpi. To był gwóźdź do trumny".

Niestety – niewprawne strategie biznesowe ciągnęły w dół cały przemysł. 1 marca 1995 roku wyciekła informacja, że Marvel planuje uczynić Heroes World swoim wyłącznym dystrybutorem, co oznaczało, że każdy sklep komiksowy, który chciał prowadzić interesy z wydawnictwem kontrolującym czterdzieści procent rynku, musiał zaciągnąć kredyt kupiecki. Inni dystrybutorzy zostali na lodzie. Do czasu wystosowania przez Marvela oficjalnego komunikatu, co nastąpiło 3 marca, Capital City, drugi co do wielkości dystrybutor w branży, wniósł do sądu sprawę przeciwko wydawnictwu, skarżąc się na przedterminowe zerwanie kontraktu; w ciągu paru dni obie strony podpisały jednak ugodę. DC Comics i Image zareagowały dość szybko na zaistniałą sytuację, ogłaszając podpisanie umowy na wyłączność z czołowym dystrybutorem Diamond. Capital City ponownie weszło na drogę sądową i podpisało szereg umów z mniejszymi wydawnictwami komiksowymi. Sklepikarze spanikowali, zaś liczne firmy dystrybucyjne, którym nagle odcięto dostęp do większości rozprowadzanych produktów, musiały zwinąć interes.

Tydzień później Marvel ogłosił zakup kolejnej firmy produkującej karty kolekcjonerskie – tym razem padło na Skybox, głównego rywala wciąż przynoszącego straty Fleer i, co ważniejsze, właściciela licencji na postacie DC Comics i Image Comics; inwestycja kosztowała sto pięćdziesiąt milionów dolarów. Branża zareagowała z niedowierzaniem. Marvel, który po raz pierwszy od blisko czterdziestu lat został zmuszony do zwolnień grupowych, ładował pieniądze w nierentowny interes?

Pod koniec miesiąca grupa pracowników Marvela, łącznie z Terrym Stewartem i Richardem Rogersem, wyruszyła w trasę promującą marvelucję i spotkała się z zaniepokojonymi dystrybutorami i sprzedawcami. „Pierwsza prezentacja zakończyła się katastrofą – wspominał jeden z pracowników. – Ludzie chcieli porozmawiać z nami o tym, co się dzieje, a nie słuchać trzydziestominutowego wykładu. Nie obchodziło ich, co się stanie z X-Men, ale skąd mają brać komiksy". Prezentację modyfikowano więc na trasie i wkrótce Marvel opracował logicznie sprzeczne „porozumienie partnerskie", które nikogo nie przekonywało: z jednej strony rynek kurczył się z powodu „niedostępności produktu", a z drugiej mniejsi wydawcy zalewali stojaki „komiksową watą", odwracającą uwagę od „wysokiej jakości towaru Marvela". Dyskusje po prezentacjach przebiegały w ożywionej atmosferze. Poproszony o wyraźną deklarację, że Marvel nie wyroluje właścicieli sklepów tak, jak zrobił to z dystrybutorami, Stewart migał się od odpowiedzi, zasłaniając się zwyczajowymi formułkami. Pod koniec zapytał: „Czy uzyskał pan odpowiedź na swoje pytanie?". „Niezupełnie", usłyszał; wzruszył więc ramionami i powiedział: „No cóż, przykro mi to słyszeć".

2 kwietnia, w połowie trasy, Terry Stewart ogłosił swój awans na wiceprezesa* oraz mianowanie Jerry'ego Calabresego nowym szefem. Handlowcom nie podobał się ten wybór: to właśnie Calabrese był odpowiedzialny za pomysł utworzenia Marvel Mart, działu bezpośredniej sprzedaży wysyłkowej. Marvel nie potrafił zapanować nad nasilającym się chaosem; rdzeń redaktorski nie radził sobie z natłokiem pracy, a freelancerzy czuli się pomijani. John Romita Jr. na krótko wrócił do *X-Men*, ale szybko odkrył, że jego zlecenia przekazywane są jednemu z popularnych, młodych rysowników. Fabian Nicieza, który po odejściu Claremonta pracował nad seriami o mutantach razem ze Scottem Lobdellem, powoli przestawał się dogadywać zarówno ze swoim współpracownikiem, jak i Bobem Harrasem, bowiem jego długoterminowe i szczegółowe planowanie zastąpiła coraz częstsza scenariuszowa improwizacja. Zmiany w dialogach wprowa-

* „The Comics Journal" zacytował mamroczącego do kogoś Stewarta: „Ciągle przesuwają człowieka ze stanowiska na stanowisko, aż wreszcie trudno się zorientować, co właściwie należy do twoich obowiązków…".

dzano w ostatniej chwili i lekkie konwersacje ginęły w natłoku irytująco ponurych dywagacji. Nicieza w czerwcu odszedł z *X-Men* i publicznie oświadczył, że jego niemałe zarobki i tak były niewarte „ciągłego braku artystycznej satysfakcji i promocji przeciętniactwa". Lobdell – teraz już gwiazda z pensją osiemdziesięciu pięciu tysięcy dolarów miesięcznie – również padł ofiarą zarządzania w skali mikro oraz niesprawiedliwej krytyki; musiał czterokrotnie pisać od nowa jeden z numerów *Uncanny X-Men*, zanim zdecydowano się na ostateczną wersję historii.

Serie o Spider-Manie nadal podporządkowywano „Sadze klonów", lecz odrzucono plan mający na celu rozładowanie napięcia. I tak w zeszycie, który miał być punktem kulminacyjnym ciągnącej się aż nazbyt długo historii, zmarła ocierająca się o śmierć już niezliczoną ilość razy ciocia May. Stan Lee osobiście wydał pozwolenie na takie posunięcie, lecz, tak jak w przypadku śmierci Gwen Stacy, zaprzeczył później, jakoby w ogóle wiedział o podobnych planach. Peter Parker, dowiadując się, że jest klonem, w gniewie uderzył Mary Jane. Czytelnicy byli wstrząśnięci, ale sprzedaż rosła, więc Marvel wypuścił powiązane z sagą pojedyncze komiksy po cztery dziewięćdziesiąt pięć za zeszyt. Historię rozwinięto w kolejnym tasiemcu, „Maximum Clonage", gdzie pojawił się trzeci klon Spider-Mana, Spidercide, a po nim nadeszła już cała armia.

Scenarzysta *Spider-Mana* Dan Jurgens, którego sprowadzono z DC za ciężkie pieniądze, postawił ultimatum: jeśli Peter Parker nie zostanie przywrócony jako jedyny i prawdziwy Spider-Man, odejdzie. Redaktorzy uznali, że skoro nie ma wyjścia, to trzeba chociaż zrobić coś z Mary Jane i jej ciążą; superbohater nie może przecież niańczyć dziecka. Przez cały dzień nie milkły telefony i napisano dziesiątki wiadomości – redaktorzy i scenarzyści pracujący przy seriach ze Spider-Manem wspólnie usiłowali wymyślić, kto powinien ponosić odpowiedzialność za nieuchronne poronienie.

Jerry Calabrese szybko odkrył – ku swojej konsternacji – że Heroes World nie ma odpowiedniej infrastruktury, żeby obsłużyć jego firmę. Rachunki wypisywano z błędami, zamówień nie realizowano na czas, zaś czas oczekiwania na połączenie w infolinii był tak długi, że klienci wysyłali listy z zażaleniami. Calabrese kazał Mattowi Ragonemu spakować swoje walizy i pojechać do New Jersey posprzątać bajzel.

Szkód wyrządzonych przez zwalczających się wzajemnie dystrybutorów nie dało się jednak tak łatwo naprawić. Sprzedawcy, którzy chcieli mieć w swojej ofercie zróżnicowane publikacje, zostali zmuszeni do podpisania osobnych umów z przynajmniej dwoma lub trzema firmami. „Jeśli twój sklep specjalizował się w komiksach – tłumaczył Tom Brevoort – otrzymywałeś zniżkę w zależności od liczby kupionych egzemplarzy. Czyli przy zamówieniu wartym sto dolarów dystrybutor udzielał iluś tam procent zniżki, przy wartym dwieście większej i tak dalej. Teraz, choć brałeś tyle samo egzemplarzy co wcześniej, nie dostawałeś skumulowanej zniżki, bo nie sumowały się zamówienia z Marvela/Heroes World i DC/Diamond. Płaciłeś wobec tego sporo więcej za tę samą liczbę i przy stosunkowo niskiej marży sprzedaż przestawała być opłacalna. Parę nietrafionych decyzji, coś nie chwyciło albo nie przyjechało na czas – co zdarzało się dość często, szczególnie w przypadku Image – i miałeś związane ręce. Mnóstwo sklepów musiało zakończyć działalność". Liczba sklepów z komiksami, która w ciągu ostatnich dwóch lat zmniejszyła się z dziewięciu tysięcy czterystu do niecałych sześciu i pół, spadła ostatecznie do czterech i pół tysiąca.

Jerry Calabrese – w przeciwieństwie do Terry'ego Stewarta – nie czytywał komiksów i był, jak określił to jeden z jego kolegów z Marvela, „klasycznym biznesmenem". Potrzebował więc jedynie kalkulatora, żeby zatęsknić za tłustymi latami pierwszej połowy lat dziewięćdziesiątych, kiedy wydano *X-Force #1* i *X-Men #1* i wydawało się, że lada dzień do drzwi zapuka Hollywood. Calabrese zaczepił w San Diego Chrisa Claremonta i zapytał go, czy nie chciałby przypadkiem wrócić do Marvela. Claremont, który pisał scenariusze dla Dark Horse, DC i nawet – obok Lena Weina i Dave'a Cockruma – Defiant Jima Shootera, odrzucił ofertę. Calabrese miał więcej szczęścia w rozmowie z Larrym Marderem, dyrektorem wykonawczym Image Comics, kiedy zapytał, czy któraś z byłych gwiazd Marvela pracujących obecnie dla Image nie miałaby ochoty pogrzebać co nieco przy najpopularniejszych postaciach wydawnictwa i na nowo opisać ich początki. „Marvel zdawał sobie sprawę, że ich flagowe serie nie radzą sobie najlepiej – mówił Marder. – Nadal nie mogli sprzedać niczego do Hollywood, choć próbowali cały czas. Pomyśl o tym w następujący sposób: najmądrzejszy człowiek na świecie buduje rakietę, w której odlatuje ze swoją rodziną, a potem przypomina sobie, że nie zainstalował osłon przeciwko promieniowaniu kosmicznemu. To śmieszne. Sam pomysł, że Kapitan Ameryka mógł spędzić pięćdziesiąt lat w bryle lodu, wydał się w Hollywood żenujący. Nie pomogły nawet niekończące się redaktorskie debaty na temat przekreślenia dogmatycznych historii napisanych przez Stana i Jacka, nawet uczeni w Marvelu nie byli w stanie nic wskórać. Nie mogli zaspokoić oczekiwań Hollywood i już".

Todd McFarlane nie był zainteresowany udzieleniem Marvelowi pomocy w doczłapaniu się do bram filmowego królestwa i nie mógł zrozumieć, czemu ktokolwiek w Image miałby: „Po co pracować dla swojej konkurencji? Mam firmę, produkuję zabawki i chyba by mnie nieźle pojebało, jeśli miałbym zrobić coś dla Hasbro czy Mattel. Nigdy w życiu". A jednak Jim Lee i Rob Liefeld wydawali się zaintrygowani. Ruszyły negocjacje.

Calabrese, który nie był fanem ani Richarda Rogersa, ani zaprowadzonych przez niego zmian, chciał odkręcić wszystko, co wydarzyło się w ostatnich dwóch latach. Rozpoczął więc od przywrócenia dawnej hierarchii. „Nie podoba mi się ten system z pięcioma redaktorami naczelnymi", powiedział ekipie naczelnych podczas zebrania zwołanego w jego biurze, chcąc przedstawić swoje plany. Po spotkaniu jeden z redaktorów szepnął do Boba Harrasa: „Coś czuję, że będziesz moim nowym szefem". Harras uśmiechnął się lekko.

Jako opiekun X-serii Harras odpowiadał za jedną trzecią całkowitej sprzedaży na rynku bezpośrednim. „Z powodu wysokiej rangi komiksów z X-Men, Bob z konieczności musiał się zaangażować w korporacyjne przepychanki – powiedział Matt Ragone. – Dosiadał się czasem do nas i pytał wprost: »Co możemy zrobić, żeby sprzedać więcej? Jak możemy ulepszyć nasz produkt?«. Wszyscy sprzedaliśmy cząstkę naszej duszy".

Kiedy Harras oficjalnie objął stanowisko redaktora naczelnego, z miejsca nakazał Bobowi Budiansky'emu, żeby kontynuował „Sagę klonów" – dzięki czemu wraz z nadchodzącym crossoverem w świecie X-Men Marvel będzie miał dwa duże wydarzenia komiksowe rozgrywające się równolegle. Ostrzeżono Harrasa, że w ten sposób wyobcuje Dana Jurgensa, któremu obiecano rychły koniec szaleństwa z klonowaniem, lecz nowy naczelny zdania nie zmienił. Zgodnie z przewidywaniami Jurgens wpadł w szał. Po przedłużającej się batalii na krzyki i wrzaski odszedł do DC.

Ogłoszono także listę tytułów przeznaczonych do kasacji. Pracę stracił między innymi Herb Trimpe, który przez wiele lat rysował *Hulka* i pamiętał czasy Zagrody z lat sześćdziesiątych, a teraz pisał w swoim dzienniku: „Zaczynam nienawidzić pracy przy komiksach" i, w wieku pięćdziesięciu sześciu lat, złożył podanie do *college*'u. „Pojechałem wczoraj do Nowego Jorku – pisał – gdzie wszyscy redaktorzy albo byli na spotkaniach, albo na lunchu. Potem porozmawiałem z działem kadr i pani wydawała się zakłopotana. Doradziła mi przejście na emeryturę. Powiedziałem jej, że nie mam zamiaru przystawiać sobie pistoletu do głowy i musieli zastrzelić mnie sami. Mam rodzinę, potrzebuję ubezpieczenia i pieniędzy".

Ponadto krążyły plotki o umizgach Jerry'ego Calabresego do Image: czy faktycznie było ziarno prawdy w tym, że *Spider-Man* i *X-Men* wpadną w ręce Jima Lee i Roba Liefelda?

Stan Lee poleciał do Nowego Jorku wydać specjalne oświadczenie. Odkąd Avi Arad zajmował się Marvel Films, Lee odpowiadał za projekty takie jak Excelsior Comics, skromnej wielkości imprint wydający tytuły pod okiem biura na Zachodnim Wybrzeżu, i jego publiczne występy – jak rozmowa u Conana O'Briena na temat *Best of the Worst*, niskobudżetowej książki z faktoidami i one-linerami – były mało istotnymi wypadami do celebryckiego światka i miały niewiele wspólnego z działalnością Marvela. Jak zwykle pałał niebywałym entuzjazmem: „Parujemy najbardziej utalentowanych twórców z jednymi z najciekawszych postaci na rynku i staramy się zmienić *status quo*; tworzymy legendy!", mówił do zgromadzonych w hotelu Grand Hyatt przy Park Avenue dziennikarzy. *The Avengers*, *Fantastic Four*, *Captain America* i *Iron Man* mieli podlegać kalifornijskim pracowniom pod wodzą Jima Lee i Roba Liefelda. Marvel nie dość, że oddawał kontrolę nad swoimi bohaterami ludziom, którzy niedawno z własnej woli odeszli z firmy, to jeszcze podpisał z nimi milionowe kontrakty (plus udział w zyskach) – to zagranie miało, jak określił to jeden z redaktorów, „katastrofalny wpływ na morale".

Nawet fikcyjne Uniwersum Marvela chwiało się w posadach. Na potrzeby ogromnego, rozciągającego się na wiele tytułów crossoveru *Onslaught*, redaktorzy, scenarzyści i rysownicy komiksów *The Avengers*, *Iron Man*, *Fantastic Four* i *Captain America* musieli się podporządkować. Bohaterowie mieli zostać zniszczeni, a potem odtworzeni w „kieszonkowym uniwersum", świecie alternatywnym, w którym prym wiodły nowe wersje postaci opracowane przez Jima Lee i Roba Liefelda. Tytuły wchodzące w skład „Bohaterów odrodzonych" trafiły na półki – po raz pierwszy od lat sześćdziesiątych – z nową numeracją. Inne, jak *Thor*, *Doctor Strange* i *Silver Surfer*, zostały z miejsca zamknięte.

„To punkt zwrotny – powiedział jednej z gazet scenarzysta *Marvels*, Kurt Busiek. – Czytelnik dowiedział się bowiem, że długa i bogata historia Marvela stała się nieaktualna. Nie miało to znaczenia dla wydawnictwa, którego celem było wypromowanie odświeżonych serii i zbicie jeszcze większego majątku". Dzień po konferencji prasowej, na której ogłoszono premierę, Trimpe napisał w swoim dzienniku:

„Nieważne, co powiem, co zrobię, z kim z Marvela porozmawiam, nie otrzymuję żadnego nowego zlecenia. Próbowałem się spierać, próbowałem wrzeszczeć, próbowałem wziąć ich na poczucie winy i próbowałem żebrać. Nie mogę jednak uzbierać wystarczającej liczby zleceń, żeby wyrobić miesięczną pensję. Panuje tutaj burdel. Kiedy na nich naciskam, przyznają, że sprzedaż jest kiepska, a morale niskie. Krążą też plotki o kolejnej fali zwolnień".

Zdjęcia uśmiechniętej Zagrody wydawały się przesiąknięte ironią. Don Heck, który zmarł niedawno na raka płuc, przez ostatnie lata praktycznie dla Marvela nie istniał; kiedy jeden z pracowników zapytał, czy będzie coś jeszcze robił dla wydawnictwa, Heck warknął: „Myślisz, że zamówią coś u swojego dziadka, do jasnej cholery?". Marie Severin, pracująca dla Marvela od kilkudziesięciu lat, nie mogła liczyć na regularne zlecenia jako kolorystka; wkrótce zerwano z nią kontrakt. Flo Steinberg, koleżanka

Trimpe'a z Zagrody lat sześćdziesiątych, tak posumowała sytuację, w której znaleźli się weterani: „Herb, oni mają nas gdzieś. Pogódź się z tym".

John Romita i jego żona Virginia nadal pracowali w biurze Marvela, lecz w ciągu ostatniego roku pałali coraz większą niechęcią do tej roboty. „Virginia miała pod sobą trzydziestoosobowy personel, ja ekipę złożoną z pięciu osób – mówił. – Zewnętrzni konsultanci doradzali nam, jak mamy zwalniać ludzi. Znasz ten film z George'em Clooneyem*? Było dokładnie tak. Przeżywaliśmy istny koszmar, musieliśmy wręczać wypowiedzenia ludziom, którym pół roku wcześniej daliśmy podwyżkę, bo tak dobrze sobie radzili. Braliśmy ich do gabinetu i mówiliśmy: »Nie chcemy tego robić, ale firma wprowadza cięcia i nie mamy wyjścia«. Najtrudniej przychodziło spojrzeć im w oczy; to byli nasi przyjaciele, pracowaliśmy z nimi od lat. Baliśmy się chodzić do biura". Zaraz po świętach Bożego Narodzenia sześćdziesięcioczteroletni Romita – w latach pięćdziesiątych rysował dla Marvela *Captain America* i sprawił, że Spider-Mana pokochały masy, współtwórca postaci Mary Jane Watson – złożył wypowiedzenie w imieniu swoim i żony.

Tydzień później, po tym jak Marvel zanotował stratę w wysokości czterdziestu ośmiu milionów dolarów, rozeszła się wieść o rychłym zwolnieniu czterdziestu procent personelu. 3 i 4 stycznia pracę straciło dwieście siedemdziesiąt pięć osób, w tym Carl Potts i Bob Budiansky, jeszcze niedawno redaktorzy naczelni najgłośniejszych tytułów wydawanych przez Marvela. Do gabinetu wzywano kolejnych pracowników, którym Bob Harras przekazywał złe wieści; jeden z nich zemdlał. Carl Potts poszedł zatelefonować do swojej żony i po drodze minął gabinet Marka Gruenwalda. Ten, na co dzień uśmiechnięty i pałający zaraźliwym optymizmem, zaledwie przed paroma tygodniami został zmuszony do przekazania ekipom odpowiedzialnym za serie *The Avengers*, *Fantastic Four*, *Captain America* i *Iron Man*, że dowodzenie przejmują Lee i Liefeld. I choć Gruenwald zachował swoją posadę, Potts wspominał, że „wyglądał, jakby zniósł to wszystko gorzej niż reszta".

* Chodzi o *W chmurach* – przyp. tłum.

Przez kilka następnych dni, kiedy spadło ponad pół metra śniegu i wiele instytucji zamknięto na głucho, zwolnieni pracownicy Marvela przedzierali się przez ulice, żeby zabrać z biura pozostałości po swej wiernej, wieloletniej służbie. Nienoszone T-shirty z logiem marvelucji rozdawane podczas prezentacji trafiły do kosza na śmieci. Mary MacPherran – która ćwierć wieku temu zrobiła w firmie furorę, przychodząc do pracy w sandałkach i seksownych spodniach – pakowała rzeczy zalegające na jej biurku i znalazła w jednej z szuflad stosik starych kopert. Niegdyś wysyłała je z Madison 635, gdzie pracowała ze Stanem Lee, Herbem Trimpe'em, Marie Stevenson i Johnem Romitą, do wiernych fanów z całego świata. „Gratulacje! – wypisano na nich. – Zajrzyj do środka, znajduje się tam specjalna NIE-NAGRODA od Marvel Comics, którą właśnie wygrałeś!". Żart oczywiście polegał na tym, że koperty były puste.

MacPherran wrzuciła je do pudła, które trzymała pod pachą, i wyszła.

CZĘŚĆ V

Nowy Marvel

Bob Harras odziedziczył „Bohaterów odrodzonych", tak jak i odziedziczył zwolnienia. Przede wszystkim jednak pozostawiono mu w spadku wydawnictwo z podciętymi skrzydłami, gdzie nawet pracownicy, którym udało się zachować posadę, nie mogli być pewni jutra i ledwie radzili sobie z natłokiem pracy. A jednak to on został kozłem ofiarnym. Dopiero kiełkujące fora internetowe pełne były wpisów, jakoby Harras – który na początku lat dziewięćdziesiątych podał pomocną dłoń Jimowi Lee i Robowi Liefeldowi – wyszarpnął metaforyczny dywanik spod nóg lojalnych firmie ludzi i rozłożył go przed zdrajcami z Image. „Nie mam co do tego pewności, ale chyba nikt z Marvela nawet do mnie nie zadzwonił i nie poinformował mnie osobiście, że nie pracuję już przy *Captain America*", żalił się jeden ze scenarzystów zastąpionych przez Liefelda.

Jerry Calabrese również znalazł się pod ostrzałem, kiedy zalogował się na czacie CompuServe. Czytelnicy i sprzedawcy momentalnie wsiedli na niego, pytając o powody rezygnacji z dawnego sposobu dystrybucji oraz o przedłużające się prace nad adaptacjami filmowymi. Ku ich rozdrażnieniu, Calabrese chciał rozmawiać jedynie na temat świetlanej przyszłości, którą zwiastowali Lee i Liefeld: „Marvel nie dąży do zerwania kontaktu z tymi, którzy zdobywali u nas pierwsze szlify, lecz nie są już dłużej w naszych szeregach. Drzwi wydawnictwa są dla nich zawsze otwarte; oczywiście pod warunkiem, że przyświeca nam wspólny cel zapewnienia czytelnikowi produktu najwyższej jakości". Na ekranie pojawiła się odpowiedź Steve'a Gerbera, którego pisana dla Malibur seria niedawno została zamknięta przez Marvel. „Jako ktoś, komu »przyświeca wspólny cel«, bronię się rękoma i nogami przed współpracą z Marvelem, bowiem wydaje mi się, że nie macie zamiaru opublikować nic mocniejszego od reklamy słodyczy".

A miało być jeszcze gorzej. Jack Abel, członek oryginalnej Zagrody, który rysował dla Timely Comics od 1952 roku, a na początku lat osiemdziesiątych zmagał się ze skutkami wylewu, w marcu 1996 doznał kolejnego ataku. Siedział wówczas przy swoim biurku. Jeden z redaktorów próbował udzielić mu pierwszej pomocy, lecz kiedy przyjechał ambulans, Abel już nie żył. Miał sześćdziesiąt dziewięć lat.

Tego samego miesiąca sześćdziesięcioletniego Sala Buscemę poinformowano, że z powodu marnej sprzedaży zostaje odsunięty od jedynego tytułu, jaki mu pozostał – *Spectacular Spider-Man*. „Moja kariera oficjalnie się zakończyła – wspominał człowiek, który swojego czasu rysował *The Defenders* Steve'a Gerbera, *Captain America* Steve'a Engleharta i wiele innych serii. – Pracowałem dla Marvela przeszło trzydzieści lat i zostałem ot tak, po prostu, odsunięty na boczny tor". John Buscema, jego starszy brat, który rozpoczął współpracę z Timely jeszcze w latach czterdziestych, współautor książki *How to Draw Comics the Marvel Way*, który nie narzekał na brak zleceń, sam zdecydował o przejściu na emeryturę. „Myślę, że czterdzieści osiem lat w branży to aż nadto – powiedział. – Jeśli nie będę musiał, to już nigdy nie narysuję żadnego komiksu".

Linia wydawnicza Stana Lee *Excelsior* od półtora roku znajdowała się oficjalnie na etapie przygotowawczym, choć w szufladach zalegały gotowe komiksy, czekające tylko na zielone światło od działu sprzedaży. Ostatecznie z niej zrezygnowano.

Oczko w głowie Stana Lee, Marvel Films, również trwało w zawieszeniu: wszystkie projekty utknęły na etapie dyskusji i mętnych planów, nic nie wpisano do grafika. Lee czuł się coraz bardziej wygryzany z interesu przez Aviego Arada; nie zapraszano go już tak często na spotkania, nie chciano słuchać jego mądrości. Z braku laku zajął się kręceniem krótkich wprowadzeń do odcinków kreskówek z serii *Marvel Action Hour.* Nie licząc nieszczęsnego pilota serialu telewizyjnego *Generation X*, jedynym jego kontaktem ze światem filmu była mała rólka, którą zagrał w *Szczurach z supermarketu* Kevina Smitha; wystąpił oczywiście w roli samego siebie i opowiadał o korzeniach Spider-Mana, Hulka i X-Men. Tak się złożyło, że prawa do ekranizacji przygód wymienionych postaci zostały zakupione przez różne studia, lecz filmów jak nie było, tak nie było. Szanse na realizację jakichkolwiek pełnometrażowych adaptacji komiksów Marvela wyglądały blado. Scenariusze planowanych filmów z Hulkiem czy X-Men zostały odrzucone przez Fox i Universal, zaś kłopoty z przeniesieniem na ekran Spider-Mana stały się już niemal legendarne.

Po przeszło dziesięciu latach od nabycia praw do adaptacji komiksów ze Spider-Manem producent Menahem Golan zdołał wciągnąć do swojego projektu kilka różnych firm. Golan pierwotnie nabył prawa na potrzeby Cannon Films; po odejściu z Cannon przeniósł je do 21st Century Fox. Następnie opchnął prawa telewizyjne koncernowi Viacom, zaś Columbia Tri-Star przejęła, oczywiście za odpowiednią opłatą, możliwość sprzedaży filmu na kasetach. Potem podpisał wart pięć milionów dolarów kontrakt z Carolco, który gwarantował mu rolę producenta. Jednak gdy wytwórnia zatrudniła Jamesa Camerona, Golanowi odmówiono zagwarantowanej mu w umowie pozycji i rozpoczęły się sądowe przepychanki. Do końca 1994 roku Carolco zdążyło pozwać Viacom i Tri-Star, a Viacom i Tri-Star Carolco, 21st Century i Marvela; z kolei MGM – które wchłonęło Cannon – wzięło na celownik Viacom, Tri-Star, 21st Century oraz Marvela.

Isaac Perlmutter z Toy Biz, który planował zbić kokosy na figurkach powiązanych z filmami wyprodukowanymi na licencji Marvela, naciskał na Perelmana, żeby ten zaczął inwestować w Hollywood. „Umieracie – powiedział mu ze swoim ciężkim, izraelskim akcentem – i jeśli nic nie zrobisz, powtarzam, Marvel zbankrutuje".

Jednym z powodów, dla których Marvel miał trudności z przekonaniem wielkich wytwórni do rozpoczęcia produkcji filmowej, były lukratywne kontrakty na wyłączność podpisane z Toy Biz, lecz w lipcu 1996 roku wydawnictwo sprzedało część swoich czterdziestoszescioprocentowych udziałów, żeby móc sfinansować Marvel Studios. Jerry Calabrese i Avi Arad – prawdopodobnie z pomocą Stana Lee – opracowali pakiety preprodukcyjne, w których zaproponowali scenarzystę, reżysera oraz aktorów, a następnie przekazali je wytwórniom do uzupełnienia. Hollywoodzkie fochy nie będą już dłużej wiązać Marvelowi rąk! „Nareszcie jesteśmy o krok od wyrwania się z więzów – powiedział Arad w wywiadzie udzielonym »Variety«. – To jest, w pewnym sensie, nasza bar micwa".

Ekipa nowojorska – zdołowana po fali zwolnień niczym żołnierze stłoczeni w oblężonej twierdzy – mogłaby się z tym nie zgodzić. Drzwi wielu gabinetów pozostawały zamknięte przez większość dnia, otwierając się jedynie, żeby ktoś mógł rzucić jakąś uwagę zgodnie z przyjętą przez firmę polityką mikrozarządzania („Komiksy robione pod dyktando scenarzysty to nieudany eksperyment", powiedział autorowi *X-Men* asystent Boba Harrasa). Serie ze Spider-Manem, nadal grzęznące w „Sadze klonów", przyprawiały wszystkich o ból głowy. Harras naciskał, żeby scenarzyści i redaktorzy wymyślili zwrot akcji, w wyniku którego okazałoby się, że za wszystkim stał Norman Osborn, pierwszy Green Goblin; podobną woltę komplikowała jednak jego śmierć w jednym z zeszytów z 1973 roku, gdzie został przebity przez własną lotnię. Niejaką trudnością było również wyeliminowanie z komiksu dziecka Petera Parkera i Mary Jane Watson. Niedoszła mama została wreszcie powiadomiona przez pielęgniarkę o poronieniu, a na jednym z kolejnych kadrów podejrzanie wyglądający pracownik szpitala przekazywał komuś w dokach tajemniczą paczkę. Jednak w późniejszych latach żaden scenarzysta nie ośmielił się odpowiedzieć na makabryczne pytanie, czy córeczka Spider-Mana faktycznie zmarła, czy też została porwana.

Pierwotnie zaplanowana na cztery miesiące „Saga klonów" ciągnęła się przez dwa lata, bowiem miesięczny nakład *Amazing Spider-Man* zmniejszył się o pięćdziesiąt procent. Sprytnie przemycane nawiązania do finansowych trudności Marvela były najciekawszymi elementami komiksów z pajęczej rodziny. W jednym z zeszytów *Spider-Man Unlimited* niegodziwy biznesmen doradza J. Jonahowi Jamesonowi złożenie oferty publicznej. „Nigdy tego nie zrobię, Kingsley – odparł Jameson – bo wiem, że ucierpi na tym integralność firmy i za sznurki pociągać będą korporacyjne mięczaki jak ty, które kreślą śmieszne plany z myślą o realizacji tych swoich krótkoterminowych celów!". „The Daily Bugle" ograniczało zatrudnienie. „Zwalniają prawie sto osób! Ponoć jeden biedak aż zemdlał, kiedy dowiedział się, że stracił robotę!", usłyszał od sekretarki Peter Parker, zanim i jego wezwano do biura redaktora. „Nadal będziesz miał od nas sporo zleceń – zapewniono go, używając słów, które znało na pamięć wielu pracowników Marvela – pewnie nawet więcej niż zwykle!" I tak nawet Spider-Man wylądował na bruku.

Bob Harras polecił redaktorowi Tomowi Brevoortowi, żeby koniecznie umieścić Kaczora Howarda w nowej serii *Spider-Man Team-Up*, lecz kiedy ten, do spółki z asystentem, zaczął obdzwaniać potencjalnych scenarzystów, każdy mówił to samo: chciałbym to czytać, ale niekoniecznie pisać. Zatelefonujcie do Steve'a Gerbera.

Obaj wzięli głęboki oddech i wykręcili numer.

Po kilku dniach Gerber oddzwonił i wyjaśnił, że pracuje nad komiksem, w którym pojawią się ramię w ramię Destroyer Duck i Savage Dragon, postać stworzona przez Erika Larsena, jednego ze współzałożycieli Image. „Chciałem zrobić nieoficjalny crossover – zdradził Gerber – w którym moglibyśmy opowiedzieć dwie historie, jedną w moim komiksie, a drugą w serii Marvela, i umieścić je w tym samym miejscu, lecz bohaterowie by się ze sobą nie spotykali, tylko działali na jednej płaszczyźnie. Jeśli jednak kupiłoby się oba tytuły, widziałoby się szczegółowy obraz większej całości". Zaintrygowany Brevoort zgodził się na ten pomysł, ale pod warunkiem, że Gerber nie zamieści w komiksie z Savage Dragonem i Destroyer Duckiem – nad którym nie miał redaktorskiej kontroli – nic, co mogłoby ściągnąć na jego głowę jakiekolwiek kłopoty.

Kiedy jednak Gerber dowiedział się, że Harras planował wykorzystać postać Howarda nie tylko w pisanym przez niego numerze specjalnym, ale też w seriach *Ghost Rider* oraz *Generation X*, skontaktował się ze swoim prawnikiem. Nie chodziło o kwestionowanie praw Marvela do Howarda – ta sprawa została już wyjaśniona raz na zawsze w sądzie – Gerber po prostu nie miał zamiaru firmować swoim nazwiskiem planowanego odrodzenia. Polecił swojemu prawnikowi zadzwonić do Marvela i narobić trochę szumu. Poskutkowało – Brevoort powiedział, że jeśli chce zerwać umowę, nie będzie miał do niego żadnych pretensji.

Gerber odpowiedział jednak: „Nie, nie. Powiedziałem, że zrobię ten komiks, i go zrobię".

I tak w *Spider-Man Team-Up #5* pojawili się nie tylko Kaczor Howard i Beverly Switzler, ale także długo niewidziane, dziwaczne twory Gerbera, jak Kidney Lady i Elf z pistoletem. Sam crossover został zaakcentowany jedynie na kilku kadrach przeplatających się z *Savage Dragon/Destroyer Duck*, na których Howard i Beverly znaleźli się w tłumie kaczych klonów.

Gerber oczywiście nie mógł się powstrzymać, żeby nie wyciąć Marvelowi numeru. „Nie mają tam żadnych przyjaciół! Idą z nami! – wykrzyknął Destroyer Duck, chwytając Howarda i Beverly. – Jeden z klonów i tak pobiegł w tamtą stronę. Nigdy się nie pokapują!"

Czyli wyszło na to, że Howard i Beverly zostali uratowani z Uniwersum Marvela i zastąpieni przez swoje klony. Pod koniec *Savage Dragon/Destroyer Duck* ukochane postaci Gerbera zostały objęte programem ochrony świadków. „Nigdy już nie wrócę na tę plantację", mówił Howard z okularami przeciwsłonecznymi na dziobie i przefarbowanymi na zielono piórami. Przybrali z Beverly Switzler imiona Leonard i Rhoda Martini i udali się do Buffalo w stanie Nowy Jork, z dala od macek Marvela.

Kilka miesięcy później Gerber wysłał do znajomych e-mail dotyczący „Śmierci Kaczora Howarda", strony internetowej, którą opublikował na AOL. „Znajdziecie tam moje ostateczne słowo na ten temat – napisał – póki nie ukaże się *Savage Dragon/Destroyer Duck*. Jak już mówiłem: istnieje wiele sposobów, żeby oskubać kaczkę. *Dragon/Duck* to metoda numer dwa".

Brevoort był wściekły. Poczuł się zdradzony i sądził, że przypłaci ten numer głową; Gerber próbował mu wyjaśnić, że po prostu przypadkiem znalazł się „na linii ognia", lecz redaktor, który nazwał niegdyś Gerbera „bastionem moralnej niezłomności i człowiekiem zasad, Dawidem walczącym z Goliatem", przysiągł, że już nigdy więcej nie zamieni z nim ani jednego słowa. „Uznał najwyraźniej, że los mój i mojej rodziny to sprawa drugorzędna w obliczu jego krzykliwego manifestu", powiedział lata później Brevoort.

Savage Dragon/Destroyer Duck nie cieszył się jednak zbyt wielkim zainteresowaniem w przedsprzedaży, a i reakcje czytelników na wieść o nadchodzącym tytule były chłodne. Podłamany Gerber zaoferował sprzedawcom, że przefaksuje im dwudziestostronicowy scenariusz, lecz kiedy komiks trafił wreszcie na półki, z kilkumiesięcznym opóźnieniem, mało kto o nim pamiętał.

Mark Gruenwald z pokerową twarzą usiłował podnieść morale, lecz jego współpracownicy zauważyli, że trzyma się na uboczu, a myślami jest gdzie indziej. Zawsze nienagannie zorganizowany, popadł w skrajność; ustawiał w pionie książki na półkach i uporządkował firmową bibliotekę. Podczas wyjazdu integracyjnego na Long Island ten charyzmatyczny przywódca grupy, nieustannie zagrzewający wszystkich do boju, pozostawał niespotykanie cichy, nawet gdy koledzy próbowali z nim pożartować.

„Kochał Uniwersum Marvela i te postaci, ale bardziej zależało mu na ludziach – mówił Tom Brevoort. – Bywało, że jakiś tytuł znajdujący się pod jego kuratelą wymagał zmian, żeby przyciągnąć do siebie czytelnika, lecz musiało się to odbyć kosztem któregoś scenarzysty lub rysownika. Mark przez długi czas opierał się przed takimi rozwiązaniami, nie miał do tego serca. A kiedy stawiano go pod ścianą i nie miał innego wyjścia, jeszcze długo potem bił się z myślami". Gdy Mike Carlin, były redaktor Marvela i jeden z najlepszych przyjaciół Gruenwalda, zaoferował mu pracę w DC Comics, Gruenwald odmówił, twierdząc, że zbyt dużo zainwestował w Marvela, firmę, którą przez ostatnie dwadzieścia lat pomagał budować. Zanim 9 sierpnia wyjechał na weekend do swojego podmiejskiego domku, złapał przeglądówkę *Captain America #1* Roba Liefelda. Kapitan był jego ulubioną postacią Marvela; od 1982 roku aż do niedawna pracował nad każdym numerem jako scenarzysta lub redaktor. Poniedziałkowy poranek przyniósł ze sobą straszliwe plotki, które szybko rozeszły się po biurze. Około jedenastej potwierdził je e-mail Terry'ego Stewarta: „Z ogromnym smutkiem, pogrążony w głębokim żalu zawiadamiam, że Mark Gruenwald niespodziewanie nas opuścił", napisał. Przyczyną śmierci był atak serca. Pracownicy wydawnictwa nie mogli otrząsnąć się z szoku; informację przekazali telefonicznie freelancerom. Jeden z kolegów zmarłego zemdlał, słysząc tę smutną wiadomość. „Można powiedzieć wprost – pisał Stewart – że Mark symbolizował to, jak powinien według nas wyglądać Marvel".

Gruenwald miał czterdzieści trzy lata, nie palił i regularnie ćwiczył. Jednak przez ostatni rok musiał odsunąć kilkudziesięciu freelancerów od ich serii i widział, jak jego starzy koledzy lądują na ulicy. Bliscy przyjaciele nie mieli żadnych wątpliwości, że kłopoty Marvela nie pozostały bez wpływu na jego śmierć. Przypominając słowa jednego z nich: „Był mocno związany z wydawnictwem, a ono przestało przypominać miejsce, które niegdyś znał i na które pracował ciężko przez tyle lat. Marvel pozbawił go duszy".

Trudno to sobie wyobrazić, ale sytuacja w Marvelu uległa dalszemu pogorszeniu. „Śmierć Marka symbolizowała ostateczny upadek firmy", powiedział jeden z byłych redaktorów. Reżim Perelmana, zamiast stawić czoła trudnościom, z jakimi borykał się pion wydawniczy, w dalszym ciągu skupiał się na pompowaniu wartości nominalnej przedsiębiorstwa. Zanim Bill Bevins – z powodu słabego serca – odszedł na emeryturę, zdążył dokonać pewnej ważnej zmiany i, zaledwie po roku piastowania swojej funkcji, Jerry Calabrese ustąpił miejsca Davidowi Schreffowi, byłemu szefowi marketingu NBA. Już wkrótce Schreff miał mieć nowego szefa; po ustąpieniu Bevinsa został nim Scott Sassa, trzydziestosiedmioletnie cudowne dziecko z Turner Entertainment Group, o rozległych kontaktach w Hollywood. Mimo że Sassa spędzał więcej czasu w biurze, bardziej niż na wydawaniu komiksów – które nie przynosiły przecież spodziewanych zysków – zależało mu na wprowadzeniu postaci Marvela do innych mediów. Rozpisał więc plan założenia sieci tematycznych restauracji i rozkręcenia różnorakich akcji internetowych.

„Ludzie z zewnątrz, którzy przychodzili do Marvela już po Stewarcie i Calabresem, sądzili, że będzie jak u Disneya, zapominając, że to zupełnie inna firma – mówił kierownik sprzedaży Matt Ragone. – Marvel to nie Disney. Nasi bohaterowie mieli pazur, a komiksy nie stroniły od przemocy. Dokonali jednak stosownych obliczeń i wyszło im, że wydawnictwo jest właścicielem dwóch tysięcy postaci: nagłówek z tą informacją umieszczono na wszystkich firmowych materiałach prasowych, chcąc wypromować mniej znanych bohaterów. Cóż, prawda jest taka, że poza Hulkiem, X-Men, Spider-Manem, Kapitanem Ameryką i Iron Manem reszta pozostawała dla większej części opinii publicznej po prostu anonimowa"*.

Tak czy inaczej było już za późno. Po ogłoszeniu kolejnego ujemnego bilansu kwartalnego rosnący dług publiczny Marvela – który dobił już do miliona dwustu tysięcy w śmieciowych obligacjach, czyli wynosił połowę więcej niż szacowana giełdowa wartość firmy – odbił się negatywnie na cenach akcji. Eksperci z Wall Street spodziewali się, że w takiej sytuacji Ron Perelman sypnie groszem, szczególnie że do jego kieszeni trafiło dwa i pół miliarda dolarów ze sprzedaży New World Rupertowi Murdochowi. „MacAndrews & Forbes nie pozwolą, żeby ich inwestycja zbankrutowała", powiedział jeden z ekspertów na temat holdingu Perelmana.

Po naradach z Avim Aradem i Ikiem Perlmutterem, Perelman zdecydował się wreszcie na plan rekapitalizacji: Marvel zapłaci dwadzieścia dwa dolary za każdą akcję Toy Biz (Perlmutter i Arad mieli otrzymać odpowiednio dwieście i sześćdziesiąt milionów plus premie); następnie zostanie wydrukowanych czterysta dziesięć milionów nowych akcji połączonych firm, które Perelman kupi za trzysta pięćdziesiąt milionów. Kłopot w tym, że taki dodruk akcji (po specjalnej cenie osiemdziesięciu pięciu centów za sztukę) zwiększyłby ich liczbę na giełdzie o osiemdziesiąt procent. Nie tylko udziałowcy byli przerażeni; akcje miały przecież służyć posiadaczom obligacji jako zabezpieczenie. Po kilku dniach ich wartość ponownie spadła, a do sądu trafiły pozwy przeciwko Perelmanowi.

Pod koniec tygodnia Scott Sassa – który był na stanowisku od niespełna miesiąca – zapowiedział kolejne zwolnienia grupowe. Jedna trzecia

* David Schreff, dawny pracownik Disneya, zasugerował opracowanie wyjątkowego przedstawienia pod tytułem *Marvel Macarena*, w którym miał wystąpić tańczący Spider-Man.

z trzystu czterdziestu pięciu pracowników Marvela musiała się pożegnać z firmą.

Znowu pojawiły się pogłoski o potajemnych spotkaniach doradców Perelmana z posiadaczami największych ilości obligacji, którzy pozbyli się swoich już nie tak bardzo wartościowych papierów bezpośrednio przed ogłoszeniem kontrowersyjnej rekapitalizacji; złożono kolejne pozwy.

Carl Icahn, jeden z głównych posiadaczy obligacji, nie otrzymał podobnego ostrzeżenia. Tak jak Perelman, był spekulantem giełdowym powiązanym z Michaelem Milkenem; Oliver Stone inspirował się jego osobą, tworząc postać Gordona Gekko z *Wall Street*. Jeśli ktokolwiek mógł dorównać Perelmanowi w polowaniu na kasę, był to właśnie Icahn, opryskliwy i impulsywny gracz, dla którego liczyły się jedynie najwyższe stawki. Zapytany na przesłuchaniu kongresowym, czemu któregoś razu zainicjował wrogie przejęcie, odparł: „Czy Williego Maysa* też byście męczyli, dlaczego w taki a nie inny sposób odbija piłkę?".

Icahn zamierzał – jako właściciel prawie jednej trzeciej długu publicznego Marvela – zablokować plan Perelmana. Jeśli firma nie byłaby w stanie spłacić swoich pożyczek bankowych, posiadacze obligacji mogliby odebrać swoje zabezpieczenie, czyli znaczną część udziałów sprzed dodruku. Tym sposobem Icahn przejąłby Marvel.

Perelman pomyślał jednak o wyjściu awaryjnym: jeśli Marvel ogłosiłby bankructwo, sąd mógłby się przychylić do bizantyjskiego planu rekapitalizacji i nie potrzebowałby do jego zatwierdzenia zgody posiadaczy obligacji. 27 grudnia 1996 roku należące do Perelmana grupy holdingowe namnożyły się do tego stopnia, że ich struktura przypominała rosyjską matrioszkę – Mafco Holdings było właścicielem MacAndrews & Forbes, do którego należało Andrews Group; z kolei częścią tej firmy było Marvel III Holdings, w której skład wchodziło Marvel Parent Holdings, właściciel Marvel Entertainment Group i Marvel Holdings – i przedstawiły w Wilmington w stanie Delaware plan naprawczy zgodnie z Rozdziałem 11 amerykańskiego prawa upadłościowego.

* Amerykański baseballista – przyp. tłum.

Czwarty kwartał 1996 roku Marvel zamknął z ponad czterystoma milionami strat; niezła bar micwa.

Na początku 1997 roku, kiedy hordy prawników z Nowego Jorku zmierzały do sądu w Delaware, Scott Sassa i David Schreff sprowadzili Shirrela Rhoadesa, weterana oblatanego w światku prasowym, i mianowali go wiceprezesem do spraw wydawniczych. Rhoadesowi przydzielono dwa zadania, które miały na celu odkręcenie działań poprzedniej ekipy.

Pierwszym z nich było zakończenie działalności Heroes World. Marvel szybko pozbył się pięćdziesięciu siedmiu pracowników i podpisał umowę na wyłączność z Diamond Distribution, które miało w tym momencie monopol na dystrybucję komiksów. Próba samodzielnego kolportażu skończyła się dla Marvela istnym autosabotażem oraz zachwiała równowagą sił w branży.

Druga misja Rhoadesa polegała na zamknięciu projektu „Bohaterowie odrodzeni", o czym poinformował Jima Lee i Roba Liefelda osobiście, fatygując się do Kalifornii. Liefeld przeczuwał, co się święci, kiedy podczas wizyty w Nowym Jorku redaktorzy przypomnieli mu z uśmiechem, że ludzie, którzy podjęli decyzję o jego zatrudnieniu, nie pracują już dla Marvela. I choć sprzedaż komiksów faktycznie wzrosła, nadal nie była na zadowalającym poziomie i nie istniało żadne usprawiedliwienie dla jego wysokiego honorarium. Marvela męczyła też nieterminowość Liefelda. „Jedynym sposobem, żeby wyciągnąć od tego faceta gotowy komiks – wspominał Rhoades – było przekazanie mu instrukcji, że nie dostanie od nas czeku, póki nie przekaże nam materiału. Przypominało to wymianę zakładników, ja wyciągałem rękę z wypisanym czekiem, a on podawał mi dyskietkę".

Nie tylko Marvel nie był zadowolony ze współpracy z Liefeldem. Po tym jak Todd McFarlane wypowiedział się negatywnie na temat powrotu Lee i Liefelda do Marvela, bractwo Image uległo rozpadowi, a Frank Miller, który został wręcz świętym patronem wydawnictwa, przyznał, że „wyszedł na głupka, wstawiając się za nimi". Oskarżano też Liefelda o podkradanie swoim kolegom młodych zdolnych i niepłacenie pracownikom; pozostałych sześciu współzałożycieli Image powiadomiło go w trakcie rozmowy telefonicznej, że został wydalony z firmy.

Charakterystyczny kanadyjski akcent McFarlane'a świdrował uszy, kiedy z głośnika rozległ się jego głos: „Jeśli to, co robimy, jest nielegalne, wiesz, to wrócimy i zrobimy to znowu, porządnie, ale chciałem ci powiedzieć, że już cię nie lubimy i wykopujemy cię z firmy, i nie słyszę, żeby ktoś oponował, co? No ale zagłosujmy... Okej, to na razie, co? Ktoś ma coś do dodania? Nie? Okej, to cześć". Rozłączył się. Liefeld wyleciał.

McFarlane psioczył na byłego towarzysza w wywiadach: „Ten chłopak nigdy już nie wróci do Image Comics, chyba że po moim trupie".

Niedługo potem Liefeld został również wyrzucony z Marvela. „Dotarłem do Kalifornii – opowiadał Rhoades – o drugiej nad ranem. Zadzwonił do mnie Scott Sassa i powiedział, żebym był niczym ambasador dobrej woli, bo jestem »Wielką Nadzieją Białych«, zażartował. Chodziło o to, że Sassa i Jim Lee mieli koreańskie korzenie i kumplowali się, więc Scott nie chciał Jima przekręcić. Byłem dla wszystkich miły, Jim pokazał mi swoje biuro, które wyglądało jak wnętrze statku Enterprise, Rob zaprosił nas do siebie i odstawiał te swoje pozerskie harce". Jak tylko Rhoades wrócił na Wschodnie Wybrzeże, wysłał do Liefelda list z informacją, że jego kontrakt na serie *Captain America* i *The Avengers* został zerwany. Jim Lee, który do tej pory rywalizował z Liefeldem, przejął oba tytuły i prowadził je aż do końca okresu trwania swojej umowy.

Liefeld planował wykorzystać niezrealizowane scenariusze napisane dla Marvela i szybko ogłosił plany stworzenia nowego komiksu pod tytułem *Agent America*, w którym miała się pojawić podejrzanie znajoma postać patriotycznego bohatera, jego nastoletni towarzysz broni oraz odwieczny wróg o pseudonimie Iron Skull. Marvel zagroził pozwem, więc Liefeld porzucił ten projekt i kupił prawa do komiksu *Fighting American* – jego bohaterem był heros z gwiazdą na piersi i tarczą w ręce, którego zaprojektowali w latach pięćdziesiątych Joe Simon i Jack Kirby w odpowiedzi na przywłaszczenie sobie praw do Kapitana Ameryki przez Marvela. Żeby jeszcze bardziej uwypuklić podobieństwo swojego nowego nabytku do flagowej postaci Marvela, Liefeld kazał mu rzucać tarczą we wroga. Marvel wniósł sprawę do sądu; orzeczono, że Liefeld będzie mógł wydawać swoją serię jedynie pod warunkiem wprowadzenia gruntownych zmian. Obie strony uznały wyrok za zwycięstwo. Zaledwie w ciągu paru miesięcy Rob Liefeld z syna marnotrawnego stał się pariasem.

Zdaniem wielu Marvel mógłby szybko załatwić z sądem sprawę upadłości, gdyby chodziło tylko o przepychanki pomiędzy Ronem Perelmanem a Carlem Icahnem; problemem były jednak dwie inne strony sporu: banki, w których zadłużył się Marvel, oraz Toy Biz, wytrwale chroniący swoje ekskluzywne i niewygasające licencje na zabawki. Kolejne miesiące upłynęły pod znakiem licznych sojuszów zawieranych i zrywanych pomiędzy czterema stronami; konfiguracje były najróżniejsze, zaś prawnicy obrzucali się wzajemnie stekami niewybrednych wyzwisk.

Sędzia zdecydował w marcu, że Icahn i posiadacze obligacji przejmą zadłużoną firmę; Ron Perelman wycofał się z planu rekapitalizacji, ale pod warunkiem, że Icahn nie wniesie przeciwko niemu ani jego firmie oskarżenia o działanie na szkodę Marvela wynikające ze złego zarządzania. Perelman nie naciskał jednak na objęcie immunitetem Ike'a Perlmuttera i Aviego Arada z Toy Biz, wychodząc z założenia, że Icahn sam zdecyduje, co z nimi zrobić.

Ike Perlmutter już wcześniej zerwał kontakt z Perelmanem. „Jak byście się poczuli, gdyby ktoś obiecał zapłacić wam osiemnaście i pół dolara za akcję, a kilka miesięcy później okazałoby się, że to bujda? – mówił w sądzie. – Jak byście się poczuli, wiedząc, że straciliście dwieście milionów?". Perlmutter i Arad na krótką chwilę sprzymierzyli się z Icahnem, ale szybko się zorientowali, że po przejęciu kontroli nad firmą Icahn anuluje kontrakt Marvela z Toy Biz. Dlatego też w kwietniu Toy Biz przedstawił swój własny plan przejęcia Marvela, polegający na wykupie długu wydawnictwa; banki miałyby otrzymać czterysta dwadzieścia milionów gotówką, dwadzieścia osiem procent udziałów w nowo powstałym Toy Biz/Marvel oraz udział w zyskach ze sprzedaży Fleer i Skybox. Icahn kipiał ze złości: „Zniszczę twoją firmę – powiedział Perlmutterowi – tak jak zrobiłem to w TWA, Texaco i U.S.Steel"; w odpowiedzi otrzymał kilka stron z groźbami ze Starego Testamentu.

Toy Biz przemyślał jednak swoją propozycję i po dokładnych obliczeniach oferta została wycofana. Perlmutter dobił targu z Ichanem, ale, równie nagle, zrezygnował także z tego układu. Toy Biz grał na zwłokę, próbując opóźnić nieuchronne.

Sąd był gotów do sfinalizowania sprawy. 20 czerwca posiadacze obligacji przejęli kontrolę nad radą nadzorczą Marvela i Carl Icahn został ustanowiony przewodniczącym. Lecz firma jeszcze nie należała do niego. Marvel miał pozostać w stanie upadłości, aż banki nie otrzymają rozsądnej propozycji. Na ich żądanie Ron Perelman pełnił rolę łyżki dziegciu w beczce miodu i robił wszystko, żeby nie dopuścić do przejęcia Marvela przez Icahna. Jego dni w Marvelu były jednak, tak czy inaczej, policzone. Biorąc pod uwagę, że przez wszystkie te lata do jego kieszeni trafiło około trzystu milionów dolarów, nie miał raczej powodów do narzekań.

„Któregoś dnia [Scott] Sassa zapewnił personel, że Perelman odeprze atak zgromadzonych u bram barbarzyńców – wspominał wydawca Shirrel Rhoades. – Nazajutrz zniknął i nigdy więcej go nie widziano". Tydzień później pracowników zaskoczyło nagłe pojawienie się w biurze jednego z emerytowanych kierowników Marvela, Joego „Kalmara" Calamariego, który dziarskim krokiem wparował przez drzwi. Calamari już wcześniej zaproponował Icahnowi swoje usługi, lecz miał być konsultantem z pensją wynoszącą półtora tysiąca dolarów dziennie, a został nowym prezesem. „Zjawił się u nas Joe Calamari i powiedział: »Słuchajcie, teraz ja tu rządzę« – wspominał jeden z pracowników średniego szczebla. – Zastanawialiśmy się nawet, czy w to wierzyć! To nie było tak, że Carl Icahn zwołał zebranie, przedstawił Joego i powiedział, że to nasz nowy szef. Po prostu któregoś dnia przyszedł Joe i tyle".

Calamari jeszcze bardziej niż jego poprzednicy palił się do wprowadzenia w życie własnych pomysłów; niektóre z nich zdradzały, że marzył mu się powrót do dawnej chwały: Chris Claremont został zatrudniony jako dyrektor wydawniczy*, a Michael Golden, lubiany przez czytelników rysownik, którego prace z początku lat osiemdziesiątych zainspirowały pokolenie Image, otrzymał posadę dyrektora artystycznego. Za to parę innych inicjatyw Calamariego można śmiało określić mianem nonsensownych,

* Zanim podpisano umowę, załatwiono sprawę niezapłaconych Claremontowi tantiem.

jak promocja komiksów Marvela na festiwalach baloniarskich czy upieczenie na Comic-Conie w Chicago największej pizzy świata. Próbował też, lecz bez powodzenia, przekonać redaktorów o konieczności utworzenia dwóch nowych uniwersów Marvela w miejsce jednego; coś podobnego przerabiano w końcu za czasów Jima Shootera*.

„To była katastrofa – skomentował zatrudnienie Calamariego Shirrel Rhodes. – Calamari jest nadpobudliwy, nie potrafi skupić się dłużej niż trzynaście sekund. Idziesz zapytać go o A, a on już gada o B, G i Z, więc wychodzisz z biura i zastanawiasz się, co właśnie ustaliliście. Calamari był najgorszym szefem, jakiego miałem, a pracuję w branży wydawniczej od czterdziestu pięciu lat. Chciał dobrze, ale kierowało nim ego, marzył o pracy przy filmach".

Calamari na początku lat dziewięćdziesiątych pełnił w Marvel Productions i Marvel Films funkcję zwiadowcy na Wschodnim Wybrzeżu; teraz zakasał rękawy i wziął się za robotę. Chciał podpisywać umowy i nawiązać kontakt z producentami i reżyserami, choćby miał nadepnąć na odcisk Aviemu Aradowi i Marvel Studios. Niestety, Carl Icahn, tak jak i Ron Perelman, nie był zbytnio zainteresowany inwestowaniem w produkcję filmową – chciał po prostu, żeby firma przyniosła mu szybki zysk. Rozmowy Calamariego z ludźmi Icahna kończyły się wręcz epickimi wymianami zdań: „Pierdol się". „Sam się pierdol". „Nie, nie, nie – to ty się pierdol!".

Tymczasem Marvel Studios nieźle radziło sobie w Hollywood. *Blade*, film na podstawie przygód postaci znanej z komiksu Marva Wolfmana i Gene'a Colana *Tomb of Dracula*, trafił już do produkcji i to z budżetem czterdziestu pięciu milionów dolarów, zaś Nicolas Cage zadeklarował, że chętnie zagra Iron Mana. Jednak Stan Lee znał podobne sytuacje aż nazbyt dobrze: Silver Surfer, Fantastyczna Czwórka, X-Men, Daredevil i Doctor Strange też mieli zostać przeniesieni na ekran. Ponadto fakt, że Marvel

* Projekt stworzenia nowych uniwersów przedstawiono w sali sądowej, jeszcze zanim Icahn przejął firmę. „Kim będą te nowe postaci? – zapytał jeden ze sceptycznie nastawionych prawników pracujących dla banków. – O czym traktuje tych dwadzieścia jeden serii, które macie zamiar wypuścić? Nic! Nie mieli żadnych odpowiedzi. Uznaliśmy, że jeśli ci ludzie obejmą firmę, wszystko pogrąży się w chaosie; nie istniał żaden plan".

Studios Aviego Arada było częścią Toy Biz – nadal pochłoniętego knuciem, jak przejąć wydawnictwo – świadczył jasno, że jego dni pod rządami Icahna są policzone. Toy Biz w październiku spotkał się z przedstawicielami banków; na zebraniu Arad wygłosił tyradę na temat ogromnej wartości postaci Marvela, mając nadzieję, że odwiedzie wierzycieli od zawarcia układu z Icahnem. „Żyjemy w jednym z najbardziej kreatywnych państw świata. Rozejrzyjcie się jednak, a zobaczycie, że niewiele postaci było w stanie przetrwać wszystkie te lata. Mamy *Gwiezdne wojny*, mamy *Star Trek* i długo, długo nic; minie sporo czasu, zanim przypomnicie sobie kolejny tytuł do dopisania do tych dwóch". Lata spędzone na urabianiu wytwórni filmowych procentowały. „Sam Spider-Man wart jest miliard dolarów, lecz teraz, tylko dlatego że znajdujemy się na rozstajach, jesteście skłonni sprzedać za trzysta osiemdziesiąt milionów, czy ile tam oferuje Carl Icahn, całą firmę? Macie jedną postać wartą miliard! Mamy X-Men. Mamy Fantastyczną Czwórkę. Idealny materiał na filmy".

Parę tygodni później, po tym jak Icahn usłyszał, że Toy Biz odkupiło część długu Marvela – żeby mieć coś do powiedzenia podczas głosowania w sprawie reorganizacji – Calamari nareszcie dostał zielone światło i mógł usunąć Arada ze stanowiska w Marvel Films.

Joe Calamari, nie ustając w próbach ściągnięcia do Marvela obiecujących nazwisk, zwrócił się do magazynu komiksowego „Wizard", którego niegdysiejsza popularność była dla wielu synonimiczna z upowszechnieniem się spekulanctwa z wolna pożerającego przemysł. Gareb Shamus, wydawca periodyku, doradził Calamariemu skontaktować się z Joem Quesadą i Jimmym Palmiottim, którzy niegdyś rysowali dla Valiant Comics i właśnie założyli swoją firmę. „Gareb nas polecił – opowiadał Palmiotti – bo zrobiliśmy dla niego kilka okładek i urządzaliśmy sporo imprez w Nowym Jorku, na które zapraszaliśmy ludzi z branży. Nie zwracaliśmy uwagi na te wojenki Marvela z DC, bo wszyscy należeliśmy przecież do jednej wielkiej rodziny, więc chcieliśmy się bawić i oblewać komiksy, które zrobiliśmy". Lecz nie tylko to przyciągnęło do nich Joego Calamariego; co ważniejsze, obaj mieli znajomości w Hollywood i sprzedali jedną ze swoich nieruchomości wytwórni DreamWorks. Calamari uznał, że Quesada i Palmiotti mogą pomóc w nawiązaniu kontaktu z odpowiednimi ludźmi. Poza tym obaj brali niewygórowane stawki.

„Zrób mnie i Jimmy'ego redaktorami naczelnymi Marvel Comics, a postawimy całą firmę na nogi", powiedział Calamariemu Quesada, mężczyzna o twarzy dziecka, z kolczykami w uszach i włosami postawionymi na żel. Tak też się stało. Ich pierwszym posunięciem było powierzenie podupadającego *Daredevila* reżyserowi filmowemu Kevinowi Smithowi.

Następnie zajęli się odświeżaniem kolejnych czterech tytułów i Marvel wyłożył pieniądze na nowe wersje serii *Daredevil*, *The Inhumans*, *Black Panther* i *Punisher*. Nie dysponowali co prawda takimi środkami, żeby płacić stawki, do których przywykli Lee i Liefeld, ale i tak Palmiotti z Quesadą mogli pozwolić sobie na najlepszy dostępny cyfrowy system nakładania koloru i świetną ekipę. Stworzono specjalny imprint dla nowych pozycji – Marvel Knights.

„Chcieliśmy pokazać Marvelowi, że z ich postaciami można zrobić jeszcze więcej – mówił Palmiotti. – Może to i aroganckie, ale taki właśnie mieliśmy cel: dać z siebie wszystko i pokazać im, jak się robi komiksy".

Rhoades umieścił ich na najwyższym piętrze budynku, żeby mieć na wszystko oko i aby reszta ekipy redaktorskiej do niczego się nie wtrącała. Naturalnie niechęć weteranów Marvela była oczywista od pierwszego dnia. „Przestudiowali dokładnie plan budynku – wspominał jeden z nich. – Redakcja mieściła się na dziesiątym piętrze, kierownictwo na jedenastym, a wyżej był penthouse. Rozmawiali o przeprowadzeniu remontu i Quesada powiedział coś w rodzaju: »Na tę chwilę potrzebujemy jedynie penthouse'u i jedenastego piętra«". Bob Harras zaczął otrzymywać od pracowników skargi, że Palmiotti i Quesada grają nie fair i że dostają większy budżet na zatrudnienie nowych ludzi, co pozwoli im zostawić w tyle resztę wydawnictwa. „Ten, kto pracował wówczas w Marvelu, przetrwał już dwa czy trzy lata ciągłych zwolnień i bał się, że wszystkie zlecenia pójdą do freelancerów lub że biura zostaną zamknięte – mówił Tom Brevoort. – Pojawiły się też głosy, że jeśli stała redakcja miałaby dostęp do tych samych źródeł i funduszy, osiągnęłaby ten sam rezultat, lecz często wiązano nam ręce, mieliśmy przestarzały sprzęt drukarski i nieaktualizowane oprogramowanie, zaś ich komiksy wyglądały lepiej, bo mogli korzystać z bardziej zaawansowanego procesu produkcyjnego". Quesada wpadał do gabinetu Boba Harrasa tak często, jak tylko mógł, chcąc pokazać, że potrafi grać zespołowo. Harras nigdy nie fatygował się na najwyższe piętro.

Tymczasem, po raz drugi w ciągu roku, na rynek wypuszczono nowe wersje przygód Kapitana Ameryki, Avengers, Fantastycznej Czwórki i Iron Mana. Tym razem celem był powrót do korzeni i za scenariusze odpowiadali Kurt Busiek i Mark Waid, a po dwudziestu latach do Marvela powrócił legendarny rysownik George Perez.

Projekt nazwano „Powrót bohaterów", lecz stosunkowo łatwo było pomylić nową linię wydawniczą z zastąpionymi przez nią „Bohaterami odrodzonymi", co wprowadzało pewną konfuzję, choć ludzie odpowiedzialni za podjęcie decyzji o poprzednim odświeżeniu niektórych serii odeszli już z Marvela. „Czułem się jak na froncie – opowiadał jeden ze starszych pracowników – bo nigdy nie było wiadomo, do kogo zwrócić się każdego ranka, czy dzisiaj rządzi Scott Sassa, czy Calamari, czy Icahn, czy może sąd zajmujący się sprawami upadłościowymi".

Na jedenastym piętrze Harras podjął się herkulesowego zadania i informował wszystkich na bieżąco o zachodzących w firmie zmianach. „Przychodził ktoś nowy – wspominał Tom Brevoort – i mówił: »Idziemy w lewo«, więc Bob stawał na głowie, żeby poprowadzić firmę w narzuconym kierunku, a po tygodniu zjawiał się ktoś inny i pytał: »Czemu, kurwa, idziemy w lewo, skoro mamy iść w prawo?« , więc Bob znowu wszystko odkręcał. To była jakaś paranoja, musiał zarządzać firmą, choć nie wiedział, czy w ogóle dostanie kolejną wypłatę. Marvel jednak w dalszym ciągu sprzedawał najwięcej komiksów spośród wszystkich wydawnictw, więc ktoś musiał tę maszynę oliwić".

Mimo to niektórzy pracownicy zaczynali tracić wiarę. Harras nigdy nie słynął z bezpośredniości, więc narzekano, że zamyka się w swoim gabinecie i tylko czeka na wskazówki od każdego kolejnego szefa, który się pojawiał. „Prawdziwy lider – mówił jeden z redaktorów – skorzystałby z okazji i powiedział, że jego drzwi są dla nas otwarte i nikt nie patrzy nam na ręce, więc mamy szansę odcisnąć swoje piętno na wszystkich seriach i postarać się, abyśmy tak długo, jak to możliwe, mieli odpowiednie kierownictwo.

Ten domek z kart mógł runąć z dnia na dzień, lecz staraliśmy się, aby chociaż odejść z twarzą. A on zachowywał się jak sparaliżowany".

„Powrót bohaterów" na krótką chwilę rozbudził zainteresowanie komiksem, lecz zarówno Marvel, jak i cała branża pogrążały się w kryzysie; z każdym rokiem wyniki sprzedaży spadały o dwadzieścia procent. Problemy firmy nie ograniczały się jedynie do działalności wydawniczej. „Nie mogliśmy sprzedać żadnej licencji – mówił Rhoades – bo nikt nie miał ochoty kupować praw do produkcji prześcieradła ze Spider-Manem, skoro wyglądało na to, że Marvel zwinie żagle. Źródełka zaczęły wysychać, a bój o firmę stale się zaostrzał".

Niedługo przed świętami Bożego Narodzenia 1997 roku sąd upadłościowy – przeczuwając, że ekipa Carla Icahna nie przedstawi żadnego sensownego rozwiązania – wyznaczył na kuratora Johna Gibbonsa, który miał oko na Marvel. Gibbons, próbując usprawnić pracę firmy i wprowadzić jako taki porządek, powiedział Joemu Calamariemu, że może pozostać na swoim stanowisku. Sam skupił się na gromadzeniu dokumentacji Marvela i przedstawianiu ofert potencjalnym kupcom, z którymi spotykał się w pokoju konferencyjnym swojego biura w Newark. Rhodes, Calamari i dyrektor finansowy Marvela Augie Liguori „spostrzegli, że może uda im się wyrwać firmę ze szponów sędziego, i rozpoczęli swoją własną grę przeciwko Icahnowi, Aviemu i Ike'owi Perlmutterowi".

Jim Shooter – który należał do grupy próbującej wykupić Marvela w 1988 roku – otrzymał wsparcie finansowe od części bankierów i zatrudnił sprzedawcę komiksów Chucka Rozanskiego do przekopania się przez setki kartonów wypełnionych po brzegi dokumentami. „Zanim jeszcze przebiłem się przez wszystkie kontrakty licencyjne – wspominał Rozanski – doszedłem do wniosku, że nie zostało nic wartościowego do kupienia. Ludzie Ronalda O. Perelmana byli albo ignorantami, albo działali zgodnie z nieznanym mi planem, i kompletnie pogrzebali jakiekolwiek nadzieje Marvela na zarobienie większych pieniędzy ze sprzedaży licencji. Umowa z Toy Biz praktycznie zablokowała inne kontrakty na zabawki, zaś prawnicy tak zamotali z prawami, że jeśli pozostało coś nieobsadzonego, sprzedano to za półdarmo w zamian za wcześniejszą zaliczkę".

MGM, Sony i Warner Bros. (właściciel DC Comics) również wybrali się do Newark, lecz nie spodobało im się to, co tam zastali. Rozanski mówił, że „potrzeba lat, zanim dochód firmy będzie w stanie pokryć odsetki wynoszące – przy dwustu milionach długu – dwadzieścia milionów rocznie, a ani Icahn, ani Perlmutter nie mieli zamiaru pakować w ten interes czterystu milionów, żeby wszystko spłacić. Icahn przeraził się, że straci dwieście baniek, które już zainwestował, a Perlmutter nie chciał, żeby jego Toy Biz przepadł".

Opłaciła się cierpliwość Perlmuttera; w styczniu 1998 roku Toy Biz przedstawił kolejny plan reorganizacji, który sąd przyjął w lipcu pomimo obiekcji Icahna. Żeby pozbyć się wszelkich komplikacji, Toy Biz zapłacił trzy i pół miliona kosztów sądowych poniesionych przez Icahna; on zaś na mocy tej umowy zobowiązał się do odstąpienia od innych roszczeń. 27 września 1998 roku Toy Biz i Marvel Entertainment Group połączyły się, tworząc Marvel Enterprises. Dwuletni okres trwania postępowania upadłościowego dobiegł końca; Issac Perlmutter i Avi Arad znowu tryumfowali.

Do przejęcia Marvela przez Toy Biz nie mogło dojść w lepszym momencie. Na początku sierpnia New Line Cinema wprowadziło *Blade'a* do kin. Mimo że zabójca wampirów z *Tomb of Dracula* cieszył się umiarkowaną popularnością wśród czytelników, film z Wesleyem Snipesem szybko zarobił siedemdziesiąt milionów dolarów, czyli czterokrotnie więcej niż dysponujący o wiele większym budżetem *Kaczor Howard*, którego produkcja zajęła dziesięć lat. I choć Marvel zarobił na tym jedynie dwadzieścia pięć tysięcy dolarów, dysponował niepodważalnym dowodem na to, że postaci ze stajni wydawnictwa mogą się sprawdzić jako bohaterowie dochodowych serii filmowych. „*Blade* nie był przecież skazany na sukces – mówił Avi Arad – i ludzie z Hollywood zrozumieli wreszcie, że inwestowanie w postaci Marvela może się okazać strzałem w dziesiątkę".

Parę tygodni później Marvelowi ponownie dopisało szczęście: zainicjowana pisaną przez Kevina Smitha serią *Daredevil* linia wydawnicza Marvel Knights przyciągnęła uwagę nie tylko mainstreamowych dziennikarzy, ale i dyrektorów do spraw rozwoju. Joe Quesada i Jimmy Palmiotti pracowali w reklamie i korzystali ze swoich zdolności marketingowych, próbując podejścia oddolnego. Podróżowali po kraju, spotykali się z ludźmi na konwentach, podpisywali komiksy i rysunki w galeriach, pokazali się w MTV. „Razem z Joem pojechaliśmy nawet do redakcji magazynu »Wizard« – opowiadał Palmiotti – i ustaliliśmy plan działania na kolejne sześć miesięcy. Za wsparcie prasy odpłacaliśmy się darmowymi rysunkami, braliśmy udział w czatach, takie tam rzeczy". Niedługo potem ich zakryte szkłami przeciwsłonecznych okularów twarze ozdobiły reklamy wydawnictwa; kult autora nie był tak silny od czasu wczesnego Marvela.

„Zarabialiśmy nieźle i urządzaliśmy w Nowym Jorku huczne balangi – wspominał Palmiotti. – Podchodził do nas ktoś, mówił: »Chłopaki, chciałbym zrobić dla was komiks« i mieliśmy w naszych szeregach nowego człowieka". Spotykali się także z czytającymi komiksy reżyserami, jak John Singleton czy Robert Rodriguez, i byli zapraszani na ich imprezy. „Jakby ktoś nagle cyknął przełącznik; ludzie zaczęli inaczej patrzeć na superbohaterów. Udało nam się otworzyć pewne drzwi i ludzie myśleli o komiksach w kontekście adaptacji filmowych".

Niektórzy weterani upierali się, że już od dawna myśleli i mówili o filmach, ale nikt nie chciał ich słuchać. Nadal wyczuwało się napięcie pomiędzy starą gwardią a nowymi, gorącymi nazwiskami związanymi z Marvel Knights. Kiedy Kevin Smith zawalał termin, nikt nie groził mu zwolnieniem; po prostu komiks wychodził później. Jeśli jedna seria z Punisherem nie radziła sobie najlepiej, Quesada i Palmiotti ruszali z kolejną. „Nikt nie mógł sobie pozwolić na tyle błędów co oni – narzekał pewien redaktor. – Autorzy Marvel Knights cieszyli się specjalną dyspensą: mogli liczyć na większe wypłaty, mieli możliwość przekładania terminów i ciążyło na nich mniej obowiązków, a wszystko po to, żeby odróżnić ich od zwyczajnych, harujących w pocie czoła redaktorów".

„A jednak światła na najwyższym piętrze paliły się przez większość tygodnia do drugiej w nocy – opowiadał inny. – Przychodziłem wówczas do pracy w każdą niedzielę; oni również".

Quesada i Palmiotti przywrócili Daredevilowi, Inhumans, Black Pantherowi i Punisherowi blask, który utracili, odkąd obaj zaczytywali się w ich przygodach jako dzieci. Jeszcze bardziej spektakularnym sukcesem był *Marvel Boy* pisany przez szkockiego *enfant terrible* Granta Morrisona, którego praca dla DC ożywiła zapomniane dziedzictwo Steve'a Engleharta pełne absurdalnych nawiązań metatekstualnych i komentarza politycznego. Mimo że *Marvel Boy* był zupełnie nowym bohaterem, jego imię zostało zapożyczone od kilku innych postaci, które pojawiały się od czasu do czasu w różnych seriach od lat czterdziestych. Miewał napady złego humoru (Morrison mówił o nim jako o „nastoletniej fantazji na temat posiadania niezwykłych mocy"), które przypominały wczesne historie Billa Everetta o wiecznie wkurzonym Sub-Marinerze. Statek kosmiczny Marvel Boya – należącego do obcej rasy Kree – został zestrzelony przez szalonego przemysłowca; w odpowiedzi ten zrównał z ziemią kawał Nowego Jorku, złorzecząc na lewo i prawo pośród wysokich na kilkanaście metrów płomieni, swój gniew zaś kierując przeciwko korporacji Brand Hex. Marvel pozwolił sobie nawet na aluzję, że jest nieodłączną częścią machiny globalizacyjnej: żyjący w podziemiach ludzie nosili kurtki z logiem Punishera i T-shirty z Fantastyczną Czwórką. „Chciałem uczynić swojego bohatera wyrzutkiem – mówił Morrison – w gorącej wodzie kąpanym buntownikiem z apetytem na ostrą rozpierduchę". Za kilka lat podobne rzeczy będą nie do pomyślenia, lecz u progu nowego wieku komiksowa satyra bez oporu nawiązywała do prawdziwych wydarzeń: dyskusji wokół No Logo, zamieszek podczas szczytu WTO w Seattle, konfliktu na linii Bush–Gore. *Marvel Boy* Granta Morrisona dawał wyraz związanym z tym wszystkim lękom. Marvel od długiego czasu nie pozwalał sobie na podobne wyskoki.

Firma nadal znajdowała się pod kreską; pożyczkę w wysokości dwustu milionów trzeba było wreszcie spłacić. Pierwsza decyzja Perlmuttera dotyczyła zerwania kosztownych umów z kadrą kierowniczą, które nadwyrężały budżet wydawnictwa. Jednak Stan Lee nie zmartwił się zbytnio, słysząc te wieści. Jego opiewający na pół miliona dolarów rocznie kontrakt obowiązywał dożywotnio; w końcu był twarzą Marvel Comics. Nie miał więc złych przeczuć, kiedy został wezwany do Nowego Jorku przez Perlmuttera. „Ike powitał mnie jak zaginionego brata – wspominał spotkanie Lee – i powiedział mi, że jestem niesamowicie ważny dla firmy, po czym zapewnił, że niedługo będę zarabiał o wiele więcej pieniędzy niż wcześniej.

Zacząłem się zastanawiać, czemu ludzie mówią o nim, jakby był jakimś sztywniakiem". Następnie Perlmutter zaproponował mu dwuletni kontrakt z połowę mniejszym honorarium. Lee był zaskoczony. Bill Bevins traktował go po królewsku, a teraz znowu poczuł się, jakby pracował dla Martina Goodmana.

Perlmutter przecenił jednak lojalność Stana Lee względem firmy. Rozpoczęły się negocjacje z udziałem prawnika. Jeśli zerwano by z nim kontrakt, Lee mógłby upomnieć się o prawa do niektórych postaci, w końcu przez ostatnie trzydzieści lat jego nazwisko widniało w komiksach Marvela. Nawet jeśli nie udałoby mu się niczego ugrać, z pewnością zrobiłby wszystko, żeby nadszarpnąć i tak już nadszarpnięte dobre imię Marvela, co mogłoby pogrzebać wydawnictwo. Obie strony poszły wreszcie na ugodę i uzgodniono, że honorarium Lee wyniesie osiemset dziesięć tysięcy dolarów rocznie (z opcją corocznej hojnej podwyżki) plus pół miliona emerytury dla jego żony, sto dwadzieścia pięć tysięcy za pasek komiksowy ze Spider-Manem oraz dziesięć procent zysków z adaptacji filmowych i telewizyjnych. Poza tym Marvel nie wymagał od Lee kontraktu na wyłączność, więc ten mógł pracować dla innych firm; jeszcze przed podpisaniem umowy zdążył założyć własne przedsiębiorstwo internetowe Stan Lee Media.

Kiedy prawnik Lee walczył ostro w sprawie swojego klienta, Perlmutter dalej szukał oszczędności i zwalniał kierowników. Pożegnał Joego Calamariego (który zaledwie przed rokiem wylał Aviego Arada), Rhoadesa i kilku innych. Potem zatrudnił z powrotem byłego prezesa, Jerry'ego Calabresego, który miał się zająć przerzedzeniem szeregów redaktorskich. Po kilku tygodniach większość z nich znalazła się na bruku; liczba redaktorów z trzydziestu zmniejszyła się do sześciu. Zamknięto parę kolejnych serii. Co piątek ocalała część personelu zastanawiała się, kogo będą żegnać w następnym tygodniu*.

* Podczas imprezy halloweenowej jeden z pracowników działu sprzedaży przebrał się za Górę Rushmore, lecz zamiast twarzy amerykańskich prezydentów na karton przyklejono powiększone fotografie szefów Marvela z lat dziewięćdziesiątych: Terry'ego Stewarta, Jerry'ego Calabresego, Davida Schreffa i Joego Calamariego (jedno miejsce zajmowała głowa przebierańca). Calabrese, który właśnie wrócił do firmy, był niepocieszony.

Każdy zwolniony pracownik został poproszony o pozostawienie swoich zapakowanych do kartonu rzeczy osobistych na biurku do inspekcji i opuszczenie budynku; jeśli znalazły się tam komiksy, nad którymi pracował, konfiskowano je. Perlmutter upierał się, że były własnością wydawnictwa.

Krążyły spekulacje, że Marvel wkrótce zatrudni pracowników konkurencji, którzy stworzą swoje własne, autorskie serie komiksowe i tym samym całkowicie wyeliminują potrzebę zatrudnienia redaktorów. Prowadzące do pokoju konferencyjnego drzwi ze szkła dymnego z logiem Spider-Mana, wykonane na zamówienie pięć lat temu, za czasów świetności wydawnictwa, trafiły na aukcję, zostały sprzedane i wywiezione.

Ludzie półgębkiem przekazywali sobie żart, że gdyby to zależało jedynie od Ike'a Perlmuttera, Marvel składałby się z jednego faceta z telefonem w ręce, który sprzedawałby licencje na postaci. Po co tracić pieniądze? Memoranda upominały pracowników, żeby nie wyrzucać spinaczy do papieru i wyłączać w biurze światło, jeśli wychodzi się na dłużej niż pięć minut. „Ike był tyranem. I tyle – powiedział jeden z wieloletnich pracowników wydawnictwa. – Nie dało się z nim negocjować, niczego nie konsultował. Jeśli Ike powiedział: »Komputery wyłączamy o piątej«, to wyłączaliśmy je o piątej. Sprzeciwiłeś mu się, to miałeś przechlapane". Strach przed Perlmutterem potęgowała plotka, że weteran wojny sześciodniowej nosi przypięty do kostki pistolet. Z biur Zagrody usunięto ekspres do kawy i dystrybutor z darmową wodą, po czym pojawiły się rewelacje, że Perlmutter planuje przebadać całą ekipę na obecność narkotyków w moczu. Jerry Calabrese nie mógł już dłużej tego wytrzymać: „Po niecałych dwóch miesiącach stało się dla mnie oczywiste – pisał w listopadzie – że projekt zmian, które planowałem przeprowadzić, przyjmując tę pracę, jest skazany na niepowodzenie".

Perlmutter zaczął podejrzewać, że jego wieloletni wspólnik z Toy Biz, Joseph Ahearn, obecnie dyrektor zarządzający w Marvelu, będzie próbował zrobić skok na władzę. Na przekór radom swoich zaufanych ludzi, Perlmutter nakazał zwolnić Ahearna. Zastąpił go Eric Ellenbogen z Broadway Video.

Parę dni po objęciu stanowiska, Ellenbogen zasugerował zorganizowanie przyjęcia bożonarodzeniowego w celu podreperowania morale załogi.

Perlmutter nie wydał zgody; dwanaście tysięcy dolarów piechotą nie chodzi.

Kilka tygodni później niektórzy freelancerzy otrzymali od firmy listy, w których domagano się zwrotu nadpłaconego im honorarium. Na przykład Steve Gerber otrzymał rachunek na pięćdziesiąt trzy dolary.

Toy Biz spłacił pożyczkę pomostową, sprzedając – o ironio – śmieciowe obligacje, co stało się w firmie niemalże tradycją. Kolejne dwadzieścia sześć milionów przyniosła firmie lutowa sprzedaż Fleer i Skyboxa, dwóch nietrafionych zakupów jeszcze z czasów Perelmana; poszły za ułamek kwoty, którą za nie zapłacono, ale Perlmutter cieszył się z każdych odzyskanych pieniędzy. Jeszcze ważniejszą transakcję zawarto w marcu, kiedy prawa do Spider-Mana zostały wreszcie cudem odzyskane. Po tym, jak w wyroku w postępowaniu uproszczonym odrzucono roszczenia MGM, zawarto serię ugód – na przykład Columbia Pictures zrzekła się praw do serii o Jamesie Bondzie – które pozwoliły na ponowną sprzedaż licencji na Spider-Mana; tym razem trafiła ona do Sony za sumę dziesięciu milionów. Po niemalże piętnastu latach i niezliczonych nagłówkach w gazetach typu „Splątana sieć", wreszcie rozwiązano zagmatwany problem z prawami. Eric Ellenbogen ogłosił zwycięstwo i sam wkrótce pożegnał się z Marvelem. Dostał dwa i pół miliona odprawy. „The New York Post" pisał, że został zwolniony, bowiem nie udało mu się sprzedać Marvela po załatwieniu sprawy ze Spider-Manem; inni zarzekali się, że po prostu zagrał Perlmutterowi na nosie o jeden raz za dużo lub niepotrzebnie wypożyczył porsche na wyjeździe służbowym.

Lecz nawet po uporządkowaniu bałaganu z prawami filmowymi do Spider-Mana Marvel wciąż miał jeszcze parę bitw do stoczenia. Po lekturze artykułu wspominkowego autorstwa Stana Lee – opublikowanego w „Comic Book Marketplace" – na temat historii powstania jednego ze znakomicie przyjętych zeszytów *Amazing Spider-Man* z 1965 roku, wieloletnie milczenie przerwał Steve Ditko. „Stan nie wiedział, co będzie w moim komiksie, póki go nie zobaczył – napisał rysownik w liście do redakcji. – Sol Brodsky odbierał ode mnie wszystkie materiały, łącznie ze scenariuszem, szkicami i okładką, a potem szedł z nimi do Stana. Przez cały ten czas nawet z nim nie rozmawiałem". Kilka miesięcy później „Time" nazwał Stana Lee „twórcą Spider-Mana" i Ditko ponownie wystosował list do redakcji: „Istnienie Spider-Mana zależało od konkretnego projektu graficznego – pisał. – Tak więc postać ta jest wspólnym dziełem scenarzysty i redaktora Stana Lee oraz rysownika Steve'a Ditko". Tym razem Lee złapał za telefon i zadzwonił do swojego dawnego kolegi po raz pierwszy od przeszło trzydziestu lat.

„Steve powiedział mi, że sam pomysł nic nie znaczy, bo póki nie będzie miał fizycznej formy, pozostanie tylko abstrakcyjną ideą – wspominał rozmowę Lee – a potem dodał, że to on, rysując pierwszy pasek, tchnął, jeśli można tak powiedzieć, w niego życie i to dzięki niemu powstało coś namacalnego; ja miałem »tylko« pomysł. Odparłem, że skoro ja coś wymyślam, to jestem tego twórcą, ale on zaprzeczył, mówiąc: »Nie, bo to ja jestem odpowiedzialny za rysunek«. Steve upierał się, że jest współautorem postaci Spider-Mana i widziałem, jakie to dla niego ważne, więc odpuściłem i powiedziałem: »Okej, oświadczę wszystkim, że jesteś współtwórcą«. Nie do końca go to usatysfakcjonowało, musiałem jeszcze napisać mu list".

Lecz treść listu otwartego, który Lee wysłał w sierpniu 1999 roku, okazała się kolejną kością niezgody pomiędzy dwoma artystami. „Zawsze uważałem Steve'a Ditko za współtwórcę Spider-Mana", napisał Lee, co Ditko szybko pochwycił, wytykając: „»Uważam« ma zupełnie inne znaczenie niż »przyznaję« lub »oświadczam«, że »Steve Ditko jest współtwórcą Spider-Mana«".

„I wówczas się poddałem", podsumował całą sytuację Lee.

Marv Wolfman po wejściu do kin *Blade'a* wniósł do sądu sprawę o ustalenie praw do ponad siedemdziesięciu postaci, włącznie z tytułowym bohaterem filmu, które, jak twierdził, stworzył dla Marvela. Pierwsza rozprawa odbyła się w listopadzie. Koledzy z branży nie mieli jednak zamiaru wesprzeć Wolfmana w jego staraniach. „Pracując nad komiksami dla Marvela, od początku zakładałem, że postaci należą do wydawnictwa – zeznał pod przysięgą Roy Thomas. – Marv, który przyszedł do nas z DC, powinien był o tym wiedzieć". Z kolei Gene Colan argumentował, że Blade pojawił się na łamach *Tomb of Dracula* dopiero po tym, jak zaczęli pracować razem. John Byrne – nadal dumny człowiek korporacji – zeznał, jakoby Marv Wolfman i Len Wein sami ostrzegali go podczas kolacji dziękczynnej w 1975 roku, że „wszystko, co stworzy, jest własnością firmy". Według Byrne'a byli też zdziwieni, kiedy Steve Gerber wniósł do sądu sprawę o ustalenie własności praw do postaci Kaczora Howarda. „Jak on może w ogóle z tym wyskakiwać? – mieli się zastanawiać. – To przecież jasne, że wszystko należy do wydawnictwa"*. Ostatecznie sąd ustalił, że Wolfman nie dysponuje odpowiednią dokumentacją i nie może udowodnić, że wymyślił Blade'a jeszcze przed rozpoczęciem współpracy z Marvelem, zaś wszystkie pozostałe postaci zostały stworzone na zamówienie, już po podpisaniu przez niego odpowiednich umów.

Niedługo potem Joe Simon rozpoczął starania o odzyskanie praw do pierwszych dziesięciu numerów *Captain America*. Co prawda zawarł z wydawnictwem odpowiednią ugodę już w 1969 roku, lecz od tamtej pory sądy przedefiniowały pojęcie pracy na zlecenie, zaś wytoczona przez wdowę po Jerrym Siegelu – współtwórcy Supermana – sprawa z kwietnia 1999 roku utorowała drogę innym. Kiedy więc w grudniu wypadał termin odnowienia przez Marvela praw do Kapitana, osiemdziesięciosześcioletni Simon skorzystał z okazji.

„Jezu, nie robię tego dla siebie, jestem za stary, żeby myśleć o sobie, co nie oznacza, że łatwo odpuszczę – powiedział dziennikarzowi. – Robię to dla moich dzieci i innych artystów, którzy powinni walczyć o swoje prawa. Dla Marvela musi to być sporo warte, pewnie jakiś milion zielonych. Ludzie powinni się skrzyknąć i mnie wesprzeć".

* „Stroił miny za każdym razem, kiedy spojrzałem w jego kierunku – opowiadał Wolfman o spotkaniu z Byrne'em w sali sądowej. – Jeśli mówiłem coś, co go dotyczyło, znowu stroił miny. Siadał i wstawał. Przed nim znajdowała się ścianka oddzielająca go od ławy przysięgłych. Chował się za nią tak, żebym nie mógł go zobaczyć, i nagle się wychylał. Kręcił głową, jakbym mówił coś głupiego, wytrącał z równowagi, kiedy próbowałem sobie przypomnieć niektóre fakty. Zachowywał się jak dwuipółletnie dziecko pozbawione dziennej dawki Ritalinu". Byrne zaprzeczył, jakoby podobna sytuacja miała miejsce.

Nawet Simon zdawał sobie sprawę, że branża wydawnicza nie ma przyszłości i pieniędzy trzeba szukać w przemyśle filmowym; komiks, jak powiedział, to sztuka dla „generacji masturbacji", istna parada wielkich spluw i skaczących biustów. „Niedługo wszystko pójdzie w cholerę, lecz nasze postaci są warte więcej niż kiedykolwiek, więc skorzystajmy na tym, póki się da"*.

Peter Cuneo, już trzeci dyrektor zarządzający w ciągu ostatniego roku, miał renomę człowieka zdolnego zdziałać cuda. O komiksach wiedział jednak mniej więcej tyle co Perelman, lecz czy właściwie miało to znaczenie? „Obojętnie czy sprzedajesz dezodoranty, czy klucze francuskie, musisz nawiązać emocjonalną więź z konsumentem", mawiał. Tak jak Joe Simon, Cuneo nie miał wątpliwości, że Marvel powinien szukać pieniędzy gdzie indziej, ale nie tylko w Hollywood; planował poszerzyć działalność przedsiębiorstwa o gry wideo, restauracje typu fast food i produkcję napojów gazowanych. Nowy oddział firmy, Marvel Characters Group, został utworzony w celu zarządzania działaniami synergicznymi. „Zadaniem Marvel Characters Group będzie przemienienie superbohaterów w swoiste marki – mówił Cuneo. – Proszę myśleć o tym jak o relacji agenta z klientem. Agent X-Men mówi: »Film o X-Men wychodzi w lipcu. Co planujecie w związku z tym w dziale wydawniczym? Jakie łączone działania promocyjne?«".

Koordynacja nie była jednak tak prosta jak w teorii. Mimo że X-serie nadal okupowały pierwsze miejsca list sprzedaży, a swoboda artystyczna stała się większa niż kiedykolwiek, kilku scenarzystów skarżyło się na szkodliwe mikrozarządzanie na poziomie redaktorskim oraz konieczność wprowadzania ciągłych poprawek. Z kolei redaktorzy upierali się, że po prostu słuchają próśb czytelników i częstokroć na ich decyzje odnośnie do losów tego czy innego bohatera mają wpływ przychodzące do wydawnictwa listy. „Czego chcą fani? – burknął jeden ze scenarzystów. – Fani chcą zmian. A co się dzieje, kiedy je wprowadzasz? Okazuje się, że nie takich zmian oczekiwali i teraz naciskają, żeby wszystko odkręcić".

Problemem nie były jednak populistyczne rządy, a rozrastająca się biurokracja. Redaktor naczelny Bob Harras i dyrektor do spraw wydawniczych Chris Claremont, niegdyś walczący o prawo do opieki nad mutantami,

* We wrześniu 2003 roku Simon zawarł z Marvelem kolejną ugodę.

teraz sami stali się częścią łańcucha poleceń i nie mieli ochoty przekazywać nikomu władzy. „Bob często patrzył nam przez ramię – mówił jeden z redaktorów – i nie sądzę, żeby miało to dobry wpływ na komiksy, na mnie i na niego". Scenariusze sprawdzał najpierw Harras, a potem, po raz drugi, Claremont, który nadal czuł się mocno związany z pewnymi postaciami. „Chris nie był już w żaden sposób związany z komiksami o X-Men, ale nie dało się go od nich odciągnąć – mówił inny redaktor. – Często powtarzałem swojemu asystentowi, że Chris tak naprawdę nie ma już ochoty pisać tych komiksów, ale boi się przekazać je w inne ręce".

Pod koniec 1999 roku Chris Claremont wrócił na stanowisko scenarzysty *X-Men*.

X-serie od dawna były filarami wydawnictwa, podpierającymi olbrzymi ciężar. Przemysł komiksowy przechodził kryzys, więc presja stała się ogromna i cała redakcja odczuwała jej skutki. Chyba najlepiej ówczesną sytuację podsumował Harras: „Dominował pogląd, że Marvel jest nikczemną korporacją, która dyktuje warunki na prawo i lewo, ale nie tak to wygląda. Po prostu każdy patrzy ci na ręce, w firmie i poza firmą".

Niedługo potem Peter Cuneo wyznaczył nowego prezesa, co oznaczało, że do grona opiekujących się komiksami z mutantami dołączył jeszcze jeden człowiek. Bill Jemas, absolwent wydziału prawa na Harvardzie, niegdyś piastujący kierownicze stanowisko w NBA, miał już styczność z produktami Marvela, bowiem w latach dziewięćdziesiątych pracował dla Fleer. Teraz mógł się przyjrzeć największym aktywom firmy i głośno wyraził swoją dezaprobatę. Nie podobała mu się żadna z sześćdziesięciu wydawanych miesięcznie serii. Na szczycie jego listy – z uwagi na nadmiernie skomplikowane fabuły i mnogość przewijających się przez karty komiksu postaci – wylądowały komiksy z X-Men. „Skończyłem prawo na Harvardzie – powiedział redaktorom – więc jeśli teraz nie mogę tego ogarnąć, to nie jest to na pewno moja wina".

Dystrybuowany przez Fox film *X-Men* tego lata wchodził do kin; rok później na ekranach miał się pojawić *Spider-Man*. Oba mogły przyciągnąć do komiksów zupełnie nowych czytelników, lecz tylko pod warunkiem, jak powtarzał Jemas, że scenariusze staną się bardziej przystępne.

Podkreślał też, że bohaterowie Marvela zbytnio posunęli się w latach: „Postaci, które stworzono jako nastolatków, dzisiaj noszą brody i mają dzieci". Najszybszym rozwiązaniem, zamiast mozolnego odkręcania wszystkiego, byłoby po prostu zacząć od nowa. Jemas rozważał nawet zrównanie z ziemią całego Uniwersum Marvela i jego odbudowę, lecz wreszcie zgodził się na pomysł utworzenia równoległej linii wydawniczej Ultimate; ten nowy świat miały zamieszkiwać młodsze wersje popularnych herosów. Wreszcie, rozczarowany pierwszymi propozycjami scenariuszowymi, które przychodziły z biura Boba Harrasa, wezwał do siebie Joego Quesadę i kazał mu wytłumaczyć, dlaczego plan nie idzie zgodnie z założeniami. „To było jedno z najbardziej niezręcznych spotkań w moim życiu – wspominał Quesada – ponieważ próbowałem rozegrać wszystko gładko i zapewnić, że nie ma żadnego kwasu pomiędzy ekipą Marvel Knights a obecnym naczelnym, choć nie była to do końca prawda". Tak czy inaczej, spadło na niego zadanie znalezienia odpowiedniego scenarzysty, który rozrusza cały projekt. Quesada skontaktował się z Brianem Michaelem Bendisem, scenarzystą specjalizującym się w komiksowym kryminale, który zastępował Kevina Smitha przy *Daredevilu*, kiedy ten dawał znać, że nie wyrobi się w terminie. To właśnie Bendis wprowadzi Spider-Mana w dwudziesty pierwszy wiek.

Peter Parker w serii *Ultimate Spider-Man* to nierozstający się ze swoim plecakiem komputerowy bystrzacha z modną fryzurą, pracujący jako stażysta w eBugle, internetowym wydaniu „The Daily Bugle". Ciocia May i wujek Ben okazali się byłymi hipisami z pokolenia demograficznego wyżu, którzy równie dobrze mogli trzymać transparenty podczas pikiet na łamach któregoś z zeszytów *Amazing Spider-Man* z 1968 roku. To były jednak zmiany kosmetyczne. *Ultimate Spider-Man* czerpał z dawnych dokonań Stana Lee i Steve'a Ditko, na powrót ożywiając świadomość i ego Parkera – powracając do tematu zmagań z wielką mocą i równie wielką odpowiedzialnością – czego nie praktykowano od dziesiątek lat. Jemas zarządził dystrybucję darmowych próbek komiksu do sklepów sieci Wal-Mart i KB Toys oraz pudełek z butami marki Buster Brown. Po szeroko zakrojonej akcji marketingowej na rynku krążyło osiem milionów egzemplarzy nowego *Spider-Mana*.

Scenariusz *Ultimate X-Men*, zlecony innemu autorowi, został odrzucony, ponadto Fox przesunął premierę swojego filmu o pół roku, więc Marvel stracił okazję do zintegrowania swojej akcji promocyjnej z kampanią marketingową studia. Już w pierwszym tygodniu wpływy z *X-Men* przekroczyły siedemdziesiąt pięć milionów dolarów, ale sprzedaż komiksu ani drgnęła. „Jeśli się nie mylę, był to wówczas trzeci najlepszy wynik wszech czasów osiągnięty przez film, który nie jest sequelem – mówił Jemas. – Szaleństwo. Lecz myśmy snuli naszą opowieść od lat sześćdziesiątych, nie powstał więc powiązany z premierą komiks, nie emitowaliśmy reklam w telewizji. Film był przeznaczony dla dwudziestolatków, a zabawki dla o połowę młodszych dzieciaków, więc nie szły. Owszem, mieliśmy serial animowany, ale niepowiązany z filmem Foxa, podobnie jak nasze gadżety. Film odniósł sukces, a my zaliczaliśmy wpadkę za wpadką, byliśmy spłukani. Nie mieliśmy nawet na wypłaty dla załogi".

Jemas skoncentrował się więc na poprawieniu wydajności podstawowego Uniwersum Marvela i na zebraniach co rusz podkreślał konieczność sprowadzenia każdej postaci do inicjalnej „centralnej metafory", na której ją zbudowano. Magazyn „New York" rozpoczął opublikowany w tym samym tygodniu artykuł na temat X-Men wypowiedziami redaktorów kwestionujących jego pomysły fabularne; wśród nich znalazł się także Bob Harras, lecz Jemas zdecydował się pozbyć wszystkich.

Okazało się, że to niezbyt trudne. Perlmutter i Harras i tak nie byli na przyjacielskiej stopie, głównie ze względu na drakońskie cięcia, których dokonywał ten pierwszy. Pod koniec sierpnia Bill Jemas zapytał Joego Quesadę, czy chciałby objąć posadę redaktora naczelnego.

Quesada szybko wprowadził swoje porządki. Grant Morrison, świeżo opromieniony chwałą po niedawnym sukcesie miniserii *Marvel Boy*, miał przejąć *X-Men*. Claremont nie tylko zrezygnował z pisania, ale i z etatu, więc Quesada zatrudnił redaktora Axela Alonso, który prowadził słynącą z bezkompromisowości linię wydawniczą Vertigo dla DC Comics. Ten z kolei sprowadził do Marvela twórcę serialu *Babilon 5* J. Michaela Straczynskiego, który miał się zająć *Amazing Spider-Man*. Howard Mackie, od dłuższego czasu regularnie piszący przygody Pająka, został bezceremonialnie zwolniony.

Nikogo więc nie zaskoczyło, że Quesada nie dogadywał się także z dwoma innymi weteranami wydawnictwa. Steve Englehart, który pracował przy *Fantastic Four*, narzekał głośno, że zmiany w scenariuszach wprowadzane są bez jego wiedzy, co rozpoczęło walkę na komunikaty prasowe. Tydzień później Quesada zdjął serię *X-Men: The Hidden Years* Johna Byrne'a; poirytowany autor umieścił na swojej stronie internetowej komentarz: „Joe Quesada nie był w stanie podać mi żadnego rozsądnego powodu usprawiedliwiającego jego decyzję – jak można zamykać przynoszącą zysk serię, kiedy szaleje kryzys? – więc nie mam zamiaru poświęcać swojego czasu i sił firmie, która najwyraźniej dąży do popełnienia samobójstwa; mój związek z Marvelem dobiegł końca"*. Stara gwardia niemal się wykruszyła.

Stan Lee również nie odgrywał już w wydawnictwie żadnej roli; był jedynie dobrze opłacanym figurantem. Dwa lata wcześniej, kiedy renegocjował swój kontrakt, Lee, pod nadzorem prawnika, wraz z biznesmenem Peterem Paulem rozpoczął pracę nad projektem internetowym Stan Lee Media. Panowie spotkali się na imprezie i polubili na tyle, że Paul zaczął zapraszać Lee na różne rauciki, na których legenda komiksu miała okazję poznać Billa i Hillary Clintonów oraz Muhammada Alego. „Chciałem pomóc mu się wyzwolić; marnował się w Marvelu, leżał tam odłogiem", mówił Paul o swoim nowym koledze.

I choć SLM miało się zajmować głównie animacjami, Lee snuł także inne ambitne plany obejmujące produkcję filmową, budowę parków rozrywki oraz kolekcję odzieży z nadrukowanymi słynnymi sloganami Stana Lee; jego nazwisko szybko ściągnęło inwestorów. Po roku od powstania przedsiębiorstwa Peter Paul, żeby umożliwić SLM szybsze wejście na giełdę, zorganizował przejęcie firmy fasadowej i pieniądze z Wall Street zaczęły spływać szerokim strumieniem. Sześć miesięcy później, kiedy strona

* Niewiele wcześniej, na prośbę Quesady, Chris Claremont zgodził się napisać wraz z Johnem Byrne'em osadzoną w alternatywnej rzeczywistości, pojedynczą historię z X-Men o podtytule *The End*. Byłby to swoisty comeback tego duetu po dwudziestu latach.

wreszcie zawisła w sieci, akcje chodziły po trzydzieści jeden dolarów za sztukę i wartość SLM wyceniano na mniej więcej trzydzieści milionów. Jeszcze przez jakiś czas Lee pisał dla Marvela swoją stałą rubrykę *Stan's Soapbox*. „Chyba tylko ładunek termojądrowy jest w stanie rozdzielić mnie i wydawnictwo, które kocham – pisał w 1999 roku. – Zakładam swoją własną stronę, pewnie, ale robię to w wolnym czasie, dla zabawy. Oficjalnie ruszamy w sierpniu, więc wpadnijcie na moment, ale, bez względu na wszystko: Marvel rządzi!".

Tak naprawdę Lee od rana siedział w swoim gabinecie, gdzie zjawiał się o dziewiątej trzydzieści i przez cały dzień wdychał kurz wzbijany przez robotników poszerzających powierzchnię biurową SLM. Nawet Marvel nigdy nie rozwijał się tak prężnie jak ten internetowy projekt. I choć jego umiejętności komputerowe ograniczały się do odpowiadania na e-maile, w wieku niemalże siedemdziesięciu lat Lee miał wykłady na konferencjach poświęconych technologii.

Ekipa SLM próbowała dorównać legendzie, dwojąc się i trojąc, usiłując wymyślić nowe postaci; część ich pomysłów była istnym pastiszem bohaterów Marvela. Jedna z bohaterek, Accuser, jeździła na wózku (jak Profesor X), za dnia była prawnikiem (jak Daredevil) i dysponowała technicznie zaawansowaną zbroją (jak Iron Man). Przez dziesiątki lat Lee dbał o dobre stosunki w biznesie rozrywkowym. Rozpoczął więc rozmowy o współpracy z Burger Kingiem, Fox Kids, Backstreet Boys i raperem o ksywce RZA z Wu-Tang Clan. Biura SLM odwiedził Michael Jackson, roztaczając wizję prawdziwego biznesowego braterstwa. „Jeśli kupiłbym Marvela – zapytał Stana król popu – pomógłbyś mi zarządzać firmą, co nie?" Lee zapewnił go, że chętnie by to zrobił.

Zapewne w lecie 2000 roku Lee chciałby móc pokazać Marvelowi, gdzie jego miejsce. „Byłem zaskoczony, kiedy dowiedziałem się, że Stan Lee traktowany jest w firmie jako osoba z zewnątrz – wspominał jeden z kierowników Marvela – ktoś, z kim trzeba zrobić porządek, patrzeć na ręce". Rubryka *Stan's Soapbox*, ukazująca się od 1967 roku, zniknęła ze stron komiksów; Marvel tłumaczył tę decyzję chęcią sprzedaży zwolnionego w ten sposób atrakcyjnego miejsca reklamowego. Perlmutter chciał również usunąć z okładek nagłówek „Stan Lee Przedstawia", a nawet nalegał na wykreślenie Lee z listy osób otrzymujących darmowe egzemplarze nowych komiksów. „Ike nie cierpiał Stana – mówił pewien redaktor. – Ba, wręcz go nienawidził".

Lee zarabiał wystarczająco, żeby kupić sobie komiksy – Stan Lee Media wyceniano na trzydzieści pięć milionów dolarów – lecz powoli stawało się jasne, że nawet w swojej firmie nie ma do powiedzenia więcej, niż miał w Marvelu w latach sześćdziesiątych. „Stan poszedł któregoś dnia na lunch z rysownikami – wspominał zatrudniony w SLM Scott Koblish – i przy jedzeniu opowiadaliśmy mu o swoich pomysłach na zarobienie pieniędzy: płyty CD, działalność wydawnicza; mieliśmy mnóstwo różnych planów i Stan nieźle się do nich zapalił, ale zanim wyszedł, ostrzegł nas, że góra i tak to wszystko odrzuci".

Lee nie miał zbytnio pojęcia, co działo się w świecie wielkiego biznesu. „Siedział na zebraniach i prawie się nie odzywał – relacjonował jeden z jego przyjaciół. – Gryzmolił coś na kartce papieru albo zasypiał". Nie miał też pojęcia, że jego partner w interesach, Peter Paul, siedział w latach osiemdziesiątych w więzieniu za posiadanie kokainy i defraudację niecałych dziewięciu milionów dolarów, które udało mu się przejąć, organizując transport kawy; w całą sprawę uwikłany był Fidel Castro, zaś plan przewidywał zatopienie panamskiego frachtowca. Paul tłumaczył się później, że pracował na zlecenie CIA. Kryminalnej przeszłości nie pozostawił za sobą: kiedy wydatki Stan Lee Media przekroczyły zyski dwudziestokrotnie, zaczął manipulować cenami akcji.

Z początku nikt nie miał pojęcia, czemu sytuacja na giełdzie pogarsza się z każdym dniem, ale po kilku tygodniach ekipa SLM pogodziła się z nieuchronnym końcem; pracownicy zaczęli przygotowywać swoje portfolia i wynosić z biura cenniejsze przedmioty. 15 grudnia z Niemiec przyszła statua Spider-Mana – prezent zamówiony na urodziny Lee przez jego załogę. Oczekując na wyznaczone na godzinę czwartą, decydujące o losach firmy spotkanie, pracownicy skręcili dwumetrową statuę i podpisali kartkę z życzeniami.

Stan Lee się załamał – ogłoszono zwolnienia. „Pomyślałem o tej starej piosence Jamesa Browna *Please, Please, Please*, gdzie faceta trzeba było po prostu przytulić – wspominał ten dzień Koblish. – Stana wyprowadzono za drzwi. Potem zawołali nas do dużego pokoju konferencyjnego numer 145 i oświadczyli, że to koniec".

Minęły czterdzieści trzy lata od dnia, w którym Martin Goodman kazał Stanowi Lee zwolnić cały personel Timely i zbudować wszystko od zera. Teraz, niemal pół życia później, Lee znowu poczuł się, jakby wbito mu w plecy nóż. Peter Paul uciekł do Brazylii z dwustoma pięćdziesięcioma tysiącami pod pachą, które pożyczył mu Lee. „Zachowywał się jak stereotypowy dziadek, uroczy i życzliwy dla każdego, łatwo więc było go wykorzystać, nie spodziewał się po nikim niczego złego – mówił o Lee jeden z przyjaciół. – Teraz się zmienił, jest zmęczony życiem. Powiedział mi raz, że ufa tylko swojej żonie i córce".

Ludzie Perlmuttera spotkali się z Billem Jemasem i Joem Quesadą. „Jeden z nich wsadził łeb przez uchylone drzwi – relacjonował uczestnik zebrania – i powiedział: »Mam świetne wieści, chłopaki! Stan Lee idzie na dno!«. Joe w porę spuścił głowę i nie odezwał się ani słowem. Bill zrobił dobrą minę do złej gry, ale było wyraźnie widać, że nie czuje się z tą wiedzą zbyt komfortowo. Reszta miała niezły ubaw. Tak to właśnie wyglądało, po prostu go nienawidzili. Dziwne".

Bill Jemas był jednym z tych, co bardziej przejmują się New York Knicks niż Nickiem Furym. Czerpał dumę z tego, że potrafił bez wahania zarżnąć święte krowy świata geeków, do którego wkroczył z buciorami – żadnych zawirowań fabularnych, żadnego pisania komiksów o komiksach. Lubił rzucać ludziom z wydawnictwa w twarz szalone pomysły, o których nikt nawet nie śmiał do tej pory myśleć. Na jednym ze spotkań zaproponował historię z wczesnych lat Wolverine'a, które, mimo popularności tej postaci, pozostawały owiane mgiełką tajemnicy. Redaktorzy byli przerażeni jego brakiem poszanowania dla świętości.

Marvel zaczął wprowadzać zdroworozsądkowe zmiany, które osobie spoza branży mogły się wydawać aż nazbyt oczywiste: na przykład na pierwszych stronach każdego komiksu przypominano wydarzenia z poprzednich zeszytów, dzięki czemu scenarzyści nie musieli już dłużej bawić się w kombinowanie, jak wiarygodnie i gładko upchnąć podobne streszczenia w dymkach lub nagłówkach. Ponadto zrezygnowano z dialogów pisanych wyłącznie dużą literą, reliktem czasów, kiedy słaba jakość druku wymuszała odpowiednią wielkość użytej czcionki. Zauważywszy, że wydania zbiorcze w miękkiej oprawie mogą się stać ważną gałęzią działalności wydawnictwa i sposobem na wbicie się do księgarń, Marvel zaczął nadawać swoim wielowątkowym historiom wyraźny początek i koniec, żeby pół tuzina komiksów dało się łatwo upchnąć w jeden tom. Kiedy daną serię przejmował inny duet rysownik–scenarzysta, odwołując się do terminologii telewizyjnej, rozpoczynał się nowy „sezon".

Trudno powiedzieć, na ile z tych zmian wpływ miał Joe Quesada, ponieważ to Jemas był najsilniejszą osobowością w Marvelu od czasu Jima Shootera, choć formalnie nawet nie pracował w redakcji. Jednak zarówno Jemas, jak i Quesada mocno zaangażowali się w działania internetowego fandomu komiksowego, stając się tym samym tandemem, który miał reprezentować Marvela w dwudziestym pierwszym wieku. Szybko doprowadzili do perfekcji retorykę złego i dobrego gliny. Jemas, mający dyplomację za nic, obwiniał „złe, straszliwie złe" komiksy Marvela z lat dziewięćdziesiątych za doprowadzenie firmy do bankructwa. Do listy zarzutów względem poprzedniej ekipy dorzucił też kumoterstwo. „Typowy zeszyt z *X-Men* w 1995 roku schodził w nakładzie miliona egzemplarzy – powiedział w wywiadzie. – Mogliśmy więc zatrudnić każdego scenarzystę i pisarza na świecie, od Johna Irvinga do Scotta Turowa, ale redaktorzy woleli kogoś innego; woleli swoich kumpli".

Nie miał też najlepszego zdania o czytelnikach. Zapytany o plany utworzenia przez Marvela nowej serii wydawniczej o nazwie „Niegrzeczne dziewczynki dla naszych chłopców", Jemas odparł: „Mamy wielu fanów, którzy pomieszkują w piwnicy domu swoich rodziców w Queens. Dla nich wieczór z Elektrą to najlepsze, na co mogą liczyć". Innemu dziennikarzowi skwapliwie wyjaśniał znaczenie terminu „niegrzeczna dziewczynka": „Elektra jest tak niesforna, że ma się ochotę dać jej klapsa". Tragiczna postać

Franka Millera nie tylko na dobre powróciła zza grobu, ale awansowała na roznegliżowaną kokietkę w stylu ninja.

Na szczęście nie wszystkie komiksy Marvela sprowadzały „dojrzałe treści" do nagromadzenia niezręcznych odniesień seksualnych. Po całonocnej pijatyce Axel Alonso zatrudnił brytyjskiego scenarzystę Petera Milligana. Miał on za zadanie wprowadzić daleko idące zmiany w *X-Force*, spin-offie *X-Men*, dawnym placu zabaw Roba Liefelda. Przedstawione przez niego nowe postaci były w wieku studenckim i przypominały zblazowaną drużynę sportową, ganiającą od jednego talk show do drugiego, wożącą się limuzynami i podpisującą lukratywne umowy reklamowe; w końcu ekipę finansował biznesmen inwestor. Sceptyczne spojrzenie na kulturę młodzieżową – niektóre postaci wzorowano na Allenie Iversonie i Eminemie, a w jednym z zeszytów wykonano egzekucję na boysbandzie – uczyniło z *X-Force* radośnie zgryźliwą serię. Już w pierwszej scenie napisanej przez Milligana postać imieniem Zeitgeist przerywa słodkie *ménage à trois* z dwoma supermodelkami, żeby obejrzeć nagranie z brutalnej walki, którą stoczył wczorajszego wieczora; jeszcze w tym samym zeszycie ginie dwóch członków oryginalnego składu. Proste rysunki Mike'a Allreda utrzymane w stylu Jacka Kirby'ego i pokolorowane według palety podstawowych barw wydawały się mieć mocno ironiczny wydźwięk – nawet niewinność dawnego Marvela została skalana. Kiedy komiks powrócił do redakcji bez znaczka Comics Code i z listą sugerowanych zmian, Jemas wzruszył ramionami. Marvel wydał więc *X-Force* nie tylko bez aprobaty CCA, ale jeszcze się tym chełpił: „Hej, dzieciaki! – umieszczono w rogu okładki. – Patrzcie! Bez znaczka!".

Brian Michael Bendis, scenarzysta serii *Ultimate Spider-Man*, jeszcze zanim Quesada odpowiedział na złożoną przez niego propozycję dotyczącą ewentualnej publikacji jego autorskiego komiksu *Alias* – traktującego o niewylewającej za kołnierz, rzucającej na lewo i prawo bluzgami, pechowej ekssuperbohaterce, która zarabiała na życie jako prywatny detektyw – sam zasugerował, że może swój scenariusz lekko uładzić. Jemas z kolei zapalił się do tego projektu i chciał ujrzeć na półkach *Alias* w całej bezczelnej krasie. Marvel miał zamiar wypuścić serię Bendisa bez znaczka Comics Code na okładce, a w dodatku utworzyć całkiem nową linię wydawniczą tylko dla dorosłych – MAX. Już pierwszy numer pokazał, czego mogą się spodziewać czytelnicy. „Kurwa, to... kurwa! Niech to chuj" – tak brzmiały otwierające komiks kwestie dialogowe. Lecz wulgaryzmy okazały się jedynie rozgrzewką; na zeszyt składały się głównie przenikliwe i nakreślone z empatią portrety psychologiczne i błyskotliwe dialogi, których nie powstydziłby się David Mamet czy Richard Price. Bendis obdarzył swoją wiecznie stojącą na przegranej pozycji heroinę odpowiednim życiorysem, dopisując Jessicę Jones do historii Marvela. Starzejąca się wychowanka Avengers z lat osiemdziesiątych (kryptonim: Jewel) co rusz puszczała oko do czytelnika, nadając tym samym pewnej głębi starym jak świat bohaterom, z którymi miała kontakt, jak Luke Cage, Matt Murdock czy Steve Rogers. Jednak najbardziej uwagę wszystkich przyciągały liczne odniesienia do ostrego seksu, który Jessica i Luke „Power Man" Cage zwykli uprawiać. Kiedy drukarnia z Alabamy odmówiła przyjęcia pierwszego numeru, Marvel musiał szukać innej firmy, która odważy się przyjąć zlecenie.

Jemas miał już dość użerania się ze strażnikami moralności i z dnia na dzień, po pięćdziesięciu latach, wycofał członkostwo Marvela w Comics Code Authority. Płacące składki wydawnictwa zaczęły protestować, lecz w Marvelu decyzję przyjęto entuzjastycznie i nikt nie kwestionował zasadności zerwania z tym reliktem przeszłości, organizacją ograniczającą artystyczną wolność.

Nie była to jedyna zmiana. Podniesiono jakość koloru i druku oraz zaprzestano drukowania ogromnych ilości egzemplarzy; wcześniej sklepy mogły szybko uzupełnić asortyment, lecz częstokroć Marvel zostawał ze stosami niesprzedanych komiksów. „Bill był nieustraszony, ale zachowywał się jak ktoś, kto nie zdaje sobie sprawy z konsekwencji swoich czynów – mówił Tom Brevoort. – Szedł jak taran, nie bacząc na przeszkody, miał w nosie, że niektórych rzeczy po prostu nie da się zrobić; ale przy całej swojej niedbałości był wnikliwym i odważnym facetem. Dzięki niemu udało nam się przebić wiele murów".

Utworzenie linii MAX było dla wielu wiadomością, że Marvel ponownie stał się przystanią dla wolnych dusz.

Po dwudziestu latach do *Shang-Chi, Master of Kung Fu* powrócili Doug Moench i Paul Gulacy. Gail Simone, była fryzjerka pisująca na stronach internetowych feministyczne teksty krytyczne na temat komiksów, dostała zielone światło na reaktywację Night Nurse, niegdyś „dzikiej laski", dzisiaj „na poły Elviry, na poły Matki Teresy". Do Marvela dołączył nawet Steve Gerber, który miał się zająć serią *Howard the Duck* z logiem MAX; nie podobała mu się obowiązująca wersja Howarda, pojawiająca się w komiksach od czasu interwencji prawników Disneya na początku lat osiemdziesiątych, więc przerobił go na... mysz. Marvel ponownie stał się ostoją niepokornych; nikt nie musiał się spowiadać przed nikim.

Niczym nieskrępowane podróże w świat wyobraźni stanowiły jednak wyjątek – nadrzędnym celem redaktorskiej strategii nadal było przykucie uwagi jak największego grona odbiorców. Bodaj nikt tak jak Grant Morrison nie potrafił znaleźć idealnej równowagi pomiędzy eksperymentami z treścią i typowymi zagrywkami pod publiczkę; jego *X-Men* czytało się niczym wezwanie do broni, istny manifest wykalkulowanego marszu pod prąd. „Mój komiks to część dzisiejszej kultury popularnej – pisał Morrison – i trzeba go poznać tak samo jak nową płytę Eminema czy ostatni film z Keanu. Jedynym sposobem, aby utrzymać ten stan rzeczy, jest zerwanie z wyniesionym z lat osiemdziesiątych i dziewięćdziesiątych portretem naszego docelowego czytelnika. Elementem współczesnej kultury możemy pozostać tylko wówczas, kiedy damy radę dostarczyć odbiorcy to, czego nie mogą zapewnić mu filmy i gry. Publika mainstreamowa oczekuje od nas – a wiem to, bo rozmawiam z ludźmi – szalonych pomysłów, dobrze skrojonych postaci, spektakularnego widowiska, silnych emocji i rozdzierającego dramatu. Pięknych ludzi z niesamowitymi mocami, którzy zadziwiają nas i robią niesamowite rzeczy!". Podpatrując rozwiązanie zastosowane w filmie kinowym, Morrison zamienił kostiumy z lycry na zunifikowane skafandry, zaprojektowane z wyczuciem mody godnym byłego imprezowicza: jaskrawożółte kurtki motocyklowe, spodnie wojskowe i czarne buciory. Jak obiecał, ponownie wykorzystał klasyczne motywy – choćby Sentinele, Imperium Shi'Ar i Phoenix Force – lecz „w taki sposób, że wydawało się, jakby te pomysły nigdy wcześniej nie pojawiły się na kartach żadnego komiksu".

„Martwi zawsze wracają – narzekał Morrison, mówiąc o komiksach z X-Men napisanych w poprzedniej dekadzie. – Nic nie jest ostateczne. Nigdy nie sprząta się sceny po to, żeby ustawić na niej nowe dekoracje". Zdecydował się więc na metafikcyjną sztuczkę i zaaplikował wyświechtane elementy X-mitologii, żeby za ich pomocą zgłębić metaforę konfliktu człowieka z mutantem: głównie interesował go sposób, w jaki starsze gatunki próbują stłumić swoich ewolucyjnych następców. Lecz nawet kiedy wprowadzał najdziwaczniejsze postaci, jakich w świecie Marvela nie było od lat – niezdarnego, dziewiczego, wyznającego ideologię *straight edge* mutanta hardcore'owca z dziobem i szponami; odpalającą papierosa od papierosa Latynoskę z owadzimi skrzydłami; Stepford Cuckoos, przyprawiające o dreszcze, połączone ze sobą umysłem pięcioraczki; Xorna, chińskiego mediatora, który zamiast głowy miał prawdziwą gwiazdę, ukrytą pod żelaznym hełmem – wszystko dążyło do kulminacji, czyli śmierci Phoenix. Stare było nowe, a nowe stare.

Kiedy nadszedł czas na przyciśnięcie guzika z napisem „reset" i wystartowanie z kolejną wersją *Avengers*, tym razem z dopiskiem *Ultimate*, Jemas i Quesada zatrudnili protegowanego Morrisona, Marka Millara, oraz rysownika Bryana Hitcha, którzy wykazali się już wcześniej, mieszając przy *The Authority* – gęstym jak smoła komiksie pokazującym superbohaterów w zderzeniu z kompleksem wojskowo-przemysłowym – i testując tym samym granice korporacyjnej cierpliwości i tolerancji redakcji DC Comics. Podobną wrażliwość przemycili również do pewnych siebie – żeby nie powiedzieć cynicznych – *The Ultimates*. Ta wersja Najpotężniejszych Ziemskich Bohaterów powstała w wyniku umowy, którą Nick Fury zawarł ze Stark Industries; na jej mocy obie strony miały wspólnie skrzyknąć drużynę składającą się z lojalnych Stanom Zjednoczonym, dysponujących nadnaturalnymi umiejętnościami ludzi. Thor nie był już alter ego doktora Donalda Blake'a, ale pikietującym przeciwko Światowej Organizacji Handlu, długowłosym demonstrantem z kompleksem boga. Tony Stark okazał się nie tylko bogatym przemysłowcem, który na każdej imprezie pokazuje się z inną dziewczyną, ale nihilistycznym przemądrzalcem. Nie brakowało psychodramy, żeby wspomnieć tylko o wstrzymywanej przez Bruce'a Bannera, rozsadzającej go od środka złości lub rozterkach poszukującego swojego miejsca na ziemi Henry'ego Pyma. Był to flagowy przykład tego, co czytelnicy komiksów określali mianem realizmu: mieszanka pesymizmu i brutalności skupiona bardziej na reperkusjach bohaterskich działań niż beztroskiej pochwale wspaniałych czynów.

Rysunki Hitcha – często powstające na bazie fotografii, dopracowane w najdrobniejszych szczegółach, komponowane w poziomym układzie kadrów, co miało naśladować efekt CinemaScope – sprawiały wrażenie pięknych storyboardów do niezrealizowanego blockbustera. O ile Busiek i Ross w swoim równie realistycznym pod względem graficznym albumie *Marvels* na całostronicowych rysunkach zachwycali się tytułowymi cudami, tak duet Millar–Hitch zarezerwował szerokie kadry dla festiwalu destrukcji.

Nieprzypadkowo *The Ultimates* skomponowano niczym kinowy przebój; miał to być istny pokaz możliwości drzemiących w świecie Avengers, komiksowy spektakl w pigułce, którą można wręczyć producentom niczym esencję tego typu opowieści, gotową do przeniesienia na ekran. Za model dla nowego wizerunku Kapitana Ameryki posłużył Brad Pitt, zaś Iron Mana – Johnny Depp. Nick Fury z reliktu minionej epoki przemienił się – wizualnie i werbalnie – w brata bliźniaka znanego z filmów Quentina Tarantino wcielenia Samuela L. Jacksona, łącznie z jego skłonnością do wygłaszania efektownych monologów; jeśli więc ktoś chciałby nakręcić *The Ultimates*, casting miał już za sobą. „Chciałbym być aktorem, a nie scenarzystą", powiedział niegdyś Stan Lee francuskiemu twórcy Alainowi Resnais. Na ekranie pojawił się na moment w *X-Men* jako sprzedawca hot dogów; kiedy rozpoczęto zdjęcia do kosztującego sto czterdzieści milionów dolarów *Spider-Mana* Sama Raimiego, Lee wystąpił w małej rólce ulicznego handlarza podrzędnymi okularami przeciwsłonecznymi. Dano mu nawet do wypowiedzenia parę słów: „Hej – wołał do potencjalnego klienta – a może kupisz te? Nosili takie w *X-Men*". Tydzień przed premierą *Spider-Mana* pojawił się gościnnie, jako Stan Lee we własnej osobie, w odcinku *Simpsonów*.

Nie da się ukryć – Lee czerpał garściami z otaczającego film marketingowego szumu. Niemal każda gazeta, magazyn, stacja radiowa i kanał telewizyjny chciał przeprowadzić wywiad z tętniącym energią siedemdziesięciodziewięciolatkiem, który nie tylko opowiadał o Spider-Manie i powtarzał znane historie z lat harówki u Martina Goodmana, ale także głośno zastanawiał się nad przyszłością branży. Nie zająkując się ani słowem o Peterze Paulu i Stan Lee Media, ogłosił narodziny nowego projektu internetowego POW! Entertainment i animacji z udziałem Pameli Anderson pod tytułem *Stripperella*. Ponadto promował biograficzne DVD *Stan Lee's Mutants, Monsters & Marvels* oraz, po ćwierćwieczu od zawarcia przez niego kontraktu na spisanie osobistych wspomnień, z dumą ogłosił, że wydawnictwo Simon & Schuster wreszcie opublikuje *Excelsior: The Amazing Life of Stan Lee*. Napisane w trzeciej osobie wstępy do każdego rozdziału tej autobiografii odzwierciedlały, co Lee myślał na temat ostatnich sukcesów filmów Marvela: „Stan uważał, że Avi całkiem nieźle wywiązał się ze swojego nowego zadania. Miał przecież spore pole do popisu i nie było mu trudno przebić się, dysponując takimi postaciami jak X-Men, Spider-Man, Hulk czy Daredevil, nie wspominając już nawet o pozostałych popularnych od dziesięcioleci bohaterach. Studia filmowe zawsze miały apetyt na gotowce, które dało się szybko przenieść na ekran".

To była jego chwila sławy i Lee nie miał zamiaru pozwolić, aby podobna okazja przeszła mu koło nosa. 23 kwietnia wypuszczono komunikat prasowy, w którym ogłoszono, że Lee chce wyciągnąć z magazynu swoją osobistą kolekcję egzemplarzy autorskich i przeznaczyć ją na sprzedaż. Dom aukcyjny spodziewał się zysku w wysokości czterech milionów dolarów.

Sześć dni później w dzielnicy Westwood w Los Angeles wyprawiono przyjęcie z okazji premiery *Spider-Mana*. Adam Sandler, Cuba Gooding Jr. i Will Smith chętnie pozowali na czerwonym dywanie ze Stanem Lee; u jego boku pojawiły się także gwiazdy filmu, Tobey Maguire i Kirsten Dunst. *Spider-Man* zarobił w dniu otwarcia trzydzieści dziewięć milionów dolarów, ustanawiając nowy rekord kasowy.

Film trwał sto dwadzieścia jeden minut. Kwestie Stana Lee zostały wycięte.

21

NIE ZAROBIŁEM ANI CENTA NA SPIDER-MANIE, krzyczał nagłówek „London Times" z czerwca 2002 roku; towarzyszył artykułowi, w którym Stan Lee z właściwą sobie serdecznością wyjaśniał, czemu na jego konto nie wpłynęła nawet najmniejsza część zysków z filmu Sama Raimiego. „Ludzie zakładają, że skoro *Spider-Man* zarobił pół miliarda, ja też coś na tym ugrałem; powinienem więc według nich zgarnąć przynajmniej jedną trzecią, ale tak nie jest". Kiedy dziennikarz wyraził zdziwienie, Lee wzruszył ramionami. „Cóż, i tak mam przecież wspaniałe życie – zapewniał – cieszę się nim, właśnie założyłem nową firmę i wszystko wygląda wielce obiecująco".

Jednak można było odnieść wrażenie, że Lee subtelnie odcina się od wydawnictwa, w którym przepracował tyle lat. „Jeśli ja robiłbym ten film, znalazłoby się w nim mniej scen walk", powiedział, odnosząc się do eksplozji raz po raz rozświetlających ekran. Gdy inny dziennikarz zapytał go o zdanie na temat nowej serii z Nickiem Furym – wydawanej w ramach linii MAX przeznaczonej dla dorosłych czytelników – w której zrzędliwy pułkownik dusi jednego z wrogów jego własnymi wnętrznościami, Lee odparł: „Nie mam pojęcia, po co to robią. Nie sądzę, bym mógł pisać tego typu historie".

Lee już dawno przestał się interesować losami superbohaterów, a nawet sprzedał swoją kolekcję komiksów. I choć podkreślał w rozmowach, że niczego nie żałuje, zdarzało mu się gdybać: „Mogłem pojechać do Hollywood i spróbować szczęścia jako scenarzysta filmowy, mogłem też pisać książki, ale nigdy nie starczało mi na to czasu. Mogłem osiągnąć więcej, napisać świetną powieść. Chciałbym mieć na koncie kilka scenariuszy. Chciałbym napisać sztukę, którą wystawiono by na Broadwayu. Nie ciągnęło mnie do pisania komiksów, nie upierałem się przy tym, tak po prostu przyszło mi zarabiać na życie".

12 listopada 2002 roku, powołując się na zapis w kontrakcie z 1998, który mówił o „dziesięcioprocentowym udziale w zyskach (łącznie z firmami zależnymi i oddziałami) z każdej filmowej produkcji aktorskiej lub animowanej (łącznie z prawami pokrewnymi) wykorzystującej postaci Marvela", Stan Lee pozwał Marvel Enterprises i Marvel Characters, domagając się dziesięciu milionów dolarów.

Jeszcze przed premierą *Spider-Mana* Avi Arad i Peter Cuneo renegocjowali umowy Marvela z Hollywood; na ich mocy firma miała otrzymywać procent od zysku brutto, a nie netto. Był to niezwykle korzystny zapis i dokonano go w idealnym momencie, kiedy superbohaterowie stali się gorącym towarem. *Blade 2* wszedł do kin w okresie wielkanocnym – kiedy jeszcze grano *Spider-Mana* – i z miejsca wskoczył na pierwsze miejsce w notowaniach box-office; trwały też prace nad wysokobudżetowymi adaptacjami *Hulka* i *Daredevila*, a Fox ogłosił datę premiery *X-Men 2*.

Niemalże z dnia na dzień superbohaterowie stali się ulubieńcami widzów. Tysiące sklepów komiksowych w kraju, chcąc ugrać co nieco na zainteresowaniu filmem, w weekend otwarcia *Spider-Mana* zorganizowały Free Comic Book Day – wzorowany na inicjatywie sieci lodziarni Baskin-Robbins, rozdającej darmowe smakołyki podczas Free Scoop Night – zachęcając większe wydawnictwa do nieodpłatnego przekazania swoich komiksów chętnym w celu popularyzacji zagrożonej gałęzi sztuki pośród nowych grup czytelniczych.

Po siedmiu latach ciągłych niepowodzeń Marvelowi wreszcie udało się zatamować krwawienie hollywoodzkim entuzjazmem i świeżymi pomysłami. Pomimo że zyski ze sprzedaży bezpośredniej sukcesywnie szły w górę – nadal wynosząc jednak zaledwie ćwierć tego, co dziesięć lat wcześniej – wydawcy patrzyli bezsilnie, jak ich komiksy okupują dolne półki w salonikach z prasą. Osiemdziesiąt pięć procent wpływów ciągle pochodziło ze sklepów komiksowych, lecz tam zaglądali praktycznie tylko klienci zainteresowani konkretną pozycją, nikt przypadkowy.

Marvel w dalszym ciągu akcentował potrzebę dotarcia do nowych czytelników, lecz nikt w wydawnictwie nie myślał już o dzieciakach. „Ośmiolatek czytający nasze komiksy to mit – powiedział dziennikarzowi Joe Quesada. – Nie celujemy w tę grupę wiekową. Rok temu, kiedy objąłem stanowisko, właściciele sklepów komiksowych biadolili: »Gdzie się podziali nasi ośmioletni klienci?«; według mnie nigdy nie istnieli". Marvel skupił się więc na kokietowaniu nastolatków, pokolenia zanurzonego w świecie telewizji i gier wideo. Syndykowany serial *Buffy: Postrach wampirów* stał się dla Jemasa idealnym przykładem dla zobrazowania tego, do czego dążył: łatwo przyswajalnego, wielosezonowego fenomenu telewizyjnego z młodymi, atrakcyjnymi gwiazdkami i nieliche fabułą. Jeden ze scenarzystów mówił, że kiedy buffymania sięgnęła zenitu, w Marvelu po cichu opracowywano projekty trzech bohaterek polujących na różne fantastyczne stwory.

„Trwały nieustanne przepychanki; zastanawiano się, czy dany projekt powinien zostać skierowany do oddanych czytelników stanowiących fundament naszej klienteli, czy może raczej szerszego grona, tak zwanego »rynku masowego«", pisał Jemas i było jasne, że rozkoszował się przydzieloną samemu sobie rolą wroga pryszczatych nerdów, jakby chciał odgonić od Marvela grupę zagorzałych, wiernych odbiorców. Po serii publicznych debat pomiędzy Quesadą a Peterem Davidem na temat słabo sprzedającej się serii *Captain Marvel*, Jemas uznał, że czas się wtrącić. „Peter jest utalentowanym scenarzystą, ale wychodzą mu może ze dwa, trzy numery rocznie – powiedział prasie. – Reszta to mruganie okiem do fanów, którzy czytają jego komiksy od dwudziestu lat. Żeruje na starych pomysłach. Musi się dostosować do współczesnego odbiorcy albo będzie skończony". *Captain Marvel* Davida miał się zmierzyć w swoistych zawodach komiksowych z pisaną przez samego Jemasa nową serią *Marville* – zasady mówiły, że zostanie zamknięty ten tytuł, który w określonym czasie sprzeda się w mniejszej liczbie egzemplarzy*.

* Pastisz przygód Batmana i Robina *Ultimate Adventures* autorstwa Rona Zimmermana, częstego gościa programu Howarda Sterna, wkrótce dołączył do zawodów; zwycięsko wyszedł z nich *Captain Marvel* Petera Davida.

Politycznie niepoprawne komentarze pełne niezbyt grzecznych zaczepek pod adresem konkurencji były dla Jemasa i Quesady codziennością: „Może mają Batmana i Supermana, ale kompletnie nie wiedzą, co z nimi począć – powiedział na temat DC Comics Quesada. – To jak grać w pornosach i mieć ogromnego, ale sflaczałego kutasa. Z czym do ludzi?". Różnica polegała na tym, że w *Marville*, efektownym, iście cyrkowym *show* w obrazkach, wulgarność stanowiła główną treść komiksu. Miał to być pokaz technik narratorskich, których nie potrafił opanować Peter David, lecz już pierwszy zeszyt popełniał grzechy tak wyśmiewane przez Jemasa. *Marville* okazało się nieskładną serią satyrycznych epizodów pełnych żarcików zrozumiałych jedynie dla ludzi z branży; na początku każdego numeru zamieszczano więc specjalne wyjaśnienie, z czym co się je. Do złudzenia podobny do Superboya bohater imieniem Kal-AOL, syn Teda Turnera i Jane Fondy, zostaje wysłany z roku 5002 w przeszłość, gdzie poznaje seksowną rudowłosą taksówkarkę imieniem Mickey i równie pociągającą policjantkę, brunetkę Lucy. Dostało się zarówno Ronowi Perelmanowi, jak i Peterowi Davidowi. Pojawił się nawet Iron Man, który po zmasakrowaniu kilku gapiów mówił: „Tak, wiem, że zniszczyłem lokalną gospodarkę, ale nadal możecie płacić Meksykanom dolara za godzinę pracy i będą harować jak Cz…"; w tym miejscu przerwał mu Black Panther: „Ludzie źle o tobie pomyślą, jeśli będziesz mówił brzydkie słowa". Kingpin, stary wróg Spider-Mana i Daredevila, okazał się Spikiem Lee w czapce z Malcolmem X. Wymowa *Marville #1* może i byłaby prowokacyjna, gdyby sam komiks nie wprawiał czytelnika w osłupienie. Nawet w swoich najlepszych momentach pierwszy numer stał się zaledwie kolejnym elaboratem przeciwko kulturze fanowskiej, otaczającej popularne serie z superbohaterami*.

Najgorsza była jednak okładka, która swoją lubieżnością dobitnie akcentowała zerwanie Marvela z Comics Code, a zarazem kusiła

* Jemas zaoferował pozycję scenarzysty *Marville* Steve'owi Gerberowi, który odmówił ze względu na przedstawiony w komiksie negatywny portret Paula Levitza z DC. „Nie miałem zamiaru uczestniczyć w projekcie szkalującym dobre imię człowieka, którego znałem od trzydziestu lat i którego przyjaźń bardzo sobie ceniłem", pisał Gerber.

nastoletniego czytelnika golizną. Pierwszy numer zdobiły rozchylone uda Mickey, siedzącej na fotelu kierowcy w swojej taksówce; dziewczyna miała na sobie jedynie bikini i szpilki i do złudzenia przypominała Sarah Michelle Gellar, gwiazdę serialu *Buffy*. Na okładce drugiego numeru Mickey stała w drzwiach wejściowych, uśmiechając się do czytelnika, zaś jej nagość ledwie skrywało naręcze prezentów przyniesionych na parapetówkę: pizza, sześciopak, gry wideo i pornosy na kasetach.

Zaś w samym komiksie boska istota wyruszyła z Kal-AOL-em, Mickey i Lucy na wyprawę przez wieki, prowadząc filozoficzną dysputę o relatywności teorii kreacjonizmu i ewolucji. Podczas tych wykładów wszyscy kąpali się nago. Kal-AOL wrócił do dwudziestego pierwszego wieku w szóstym numerze i namawiał szefa wydawnictwa komiksowego do wydania serii o nim i jego przygodach w Marville. „To się nie sprzeda", usłyszał wreszcie.

„Ponieważ jestem prezesem Marvela – pisał Jemas w otwartym liście zamieszczonym na ostatniej stronie – nie mogę zignorować księgowości i publikować *Marville* bez względu na wyniki sprzedaży; muszę trzymać się planu i przestrzegać wymagań. Lecz nie mówmy już dłużej o mnie. Pogadajmy o was". Jemas ogłosił przywrócenie imprintu Epic, lecz już nie jako przystani dla autorów, ale projektu mającego dać szansę debiutantom. Został wydany jeszcze jeden zeszyt *Marville*, lecz zawierał on jedynie dwadzieścia pięć stron tekstu: Jemas udzielał rad, jak pisać scenariusze komiksowe, i przybliżał regulamin zgłaszania prac do Epic.

Marville utrzymało się na rynku jedynie pół roku, lecz rozpoczęta przezeń moda na okropne okładki zdominowała rynek. Na okładce jednego z numerów *Thunderbolts* – w którym pojawiła się szajka zapaśników zorganizowanych w grupę niczym z *Podziemnego kręgu* – gościła siedząca na wyłożonej kaflami podłodze młoda, posiniaczona, ale uśmiechnięta kobieta, której skóra lśniła od potu; wzdłuż górnej krawędzi okładki wypisano słowa „Ekstra • Sexy • Boks • Knajpy". Jemas nalegał, aby redaktorzy wymyślali podobne hasła i wraz z rysownikami projektowali komiksowe okładki w stylu kojarzonym z magazynami typu „Cosmopolitan" czy „Maxim".

Z kolei okładka pierwszego zeszytu z serii *NYX* – wzorowanej na filmie Larry'ego Clarke'a *Dzieciaki* i traktującej o młodych mutantach włóczących się po ulicach – przedstawiała nastoletnią dziewczynę z dziecięcym smoczkiem w rozchylonych ustach, bawiącą się ramiączkiem od stanika. Na okładce *Trouble* – dziewiczej publikacji nowego Epic, mającej przywrócić modę na komiksowe romanse – pojawiły się za to młode i atrakcyjne wersje cioci Petera Parkera, May, i jego wujka, Bena. Niewtajemniczonym mogło się wydawać, że Bill Jemas miał wolną rękę i mógł robić, co mu się żywnie podoba, zapominając o Avim Lernerze i Ike'u Perlmutterze. Ten drugi kontrolował niemal każdy aspekt działania firmy i trzymał wszystkich w ryzach jak żaden inny właściciel Marvela przed nim, o czym nieustannie przypominano pracownikom. Nawet biorący właśnie udział w telekonferencji kierownik któregoś z działów musiał się liczyć, że nagle spotkanie przerwie mu rozeźlony Perlmutter z opiewającym na trzydzieści dolarów rachunkiem w ręce, pytając, na co wydano tyle pieniędzy. „Krążył po korytarzach, stawał w drzwiach do twojego biura – wspominał jeden z redaktorów – i przez parę minut patrzył na ciebie; wreszcie, gdy już uznał, że czujesz się wystarczająco niekomfortowo, wychodził. Zawsze miał przy sobie notes i wydawało się, że zbiera haki na każdego z nas". Któregoś dnia, kiedy Perlmutter usłyszał, że paru jego pracowników gra w *Fantasy Football*, nakazał skonfiskować wszystkie komputery. Zakazano też wszelakich rozrywek towarzyskich podczas lunchu – łącznie z grą w *Lochy i smoki* – i zlikwidowano półgodzinną przerwę na oglądanie telewizji.

Przez jakiś czas Jemas wojował ze swoim szefem i kiedy tylko mógł, ignorował łańcuch poleceń. „Bill podlegał pod Petera Cuneo – mówił jeden z pracowników – lecz to była jedynie ściema dla inwestorów, tak naprawdę odpowiadał bezpośrednio przez Ikiem. Darli ze sobą koty, ale z jakiegoś powodu Ike się z nim liczył. »Ma łeb«, powtarzał, mówiąc o Billu; może żywił do niego szacunek, bo ten potrafił mu się postawić".

Jednak Aviemu Aradowi, odwiecznemu sojusznikowi Perlmuttera, który nadal siedział na Zachodnim Wybrzeżu i odpowiadał za kontakty z producentami filmowymi, nie pasowała spontaniczność Jemasa. On sam uwiązł jako swoisty oficer kontroli zniszczeń, prowadząc negocjacje z hollywoodzkimi gwiazdami, przewrażliwionymi na punkcie coraz częściej pojawiającej się w komiksach przesadzonej brutalności. Michelle Pfeiffer przyszła do jego biura i powiedziała mu, że nigdy już nie zabierze swojego syna, fana X-Men, do sklepu komiksowego, ponieważ jest przeciwna niczym nieuzasadnionej przemocy. George Clooney zerwał rozmowy w sprawie roli Nicka Fury'ego po przeczytaniu komiksu, w którym pułkownik udusił wroga jego własnymi jelitami.

Arad zaczął przywiązywać większą uwagę do komiksów i wkrótce skoczyli sobie z Jemasem do gardeł. Krążyły plotki, że kiedy nagle rezygnowano z serii MAX ze starszymi bohaterami, jak Deathlok czy Shanna, było to wynikiem blokowania przez Arada nowatorskich rozwiązań fabularnych z uwagi na jego obawy dotyczące ewentualnych kontraktów licencyjnych. Brytyjska prasa oburzyła się na wieść o planach wskrzeszenia przez Marvela księżnej Diany na łamach *X-Statix*, lecz pojawiły się również opinie, że to hollywoodzcy przyjaciele Arada doprowadzili do porzucenia przez wydawnictwo kontrowersyjnego pomysłu.

„Zaczęło się od komiksów i to one musiały stanowić nasz punkt wyjścia – mówił Arad. – To przecież gotowe storyboardy. Nie wolno było jednak zapominać o merchandisingu: płatki śniadaniowe, koszulki, gry wideo; zarabialiśmy na wszystkim, i to niemało".

Kiedy jego konflikt z Aradem uległ nasileniu, Jemas coraz częściej ścierał się ze scenarzystami i redaktorami, którzy narzekali na jego porywczość i skłonność do nagłej zmiany decyzji. „Bill zawsze był jednym z najmądrzejszych ludzi w branży – mówił Tom Brevoort – ale wkrótce zaczął myśleć, że jest najmądrzejszy". Gdy scenarzysta *The Fantastic Four* nie wyraził zgody na przeniesienie akcji na przedmieścia i wysłanie całej drużyny do zwyczajnej pracy, został odsunięty od komiksu. Jemas nakreślił dwustronicowy treatment i zatrudnił dramaturga Roberta Aguirre'a-Sacasę, aby ten przejął serię.

Grant Morrison miał dość ignorowania przez Jemasa propozycji nowych tytułów; chciał poeksperymentować ze złożoną problematyką dotyczącą religii, do tego okraszoną nieoczywistymi ilustracjami, stworzyć coś na modłę „kosmicznych komiksów" Starlina i Engleharta. Zeszyt sequela *Marvel Boy* chciał więc poświęcić w całości biblii Kree i zrobić to „w progresywnym stylu", zaś tytułowego bohatera komiksu *Silver Surfer: Year*

Zero zamierzał przedstawić – jak zawsze chciał tego Jack Kirby – nie jako postać chrystusową, ale w roli podróżującego wśród gwiazd anioła zemsty. „Stwierdziłem, że skoro naśladowanie komiksu idzie kinu tak dobrze, nie ma sensu upodabniać komiksu do filmu – tłumaczył Morrison. – Róbmy więc naprawdę odjechane rzeczy, niech spróbują dotrzymać nam kroku ze swoimi efektami specjalnymi. Istnieje zapotrzebowanie na wymyślne, dziwaczne, psychodeliczne komiksy i mam zamiar je zaspokoić. Popkultura zmienia się coraz szybciej, coraz dynamiczniej, jej wijące się macki uprawiają nie tylko ultrafioletową magię dla gotyckiego pokolenia; niedługo wstanie słońce i okaże się, że wszystkie dzieciaki wyglądają niesamowicie również za dnia. Komiks musi ponownie wkroczyć w fazę szaleństwa".

Morrison nadal nie dogadywał się z Jemasem; ich kłótnia osiągnęła punkt kulminacyjny podczas rozmowy telefonicznej, kiedy Jemas wrzeszczał do słuchawki mimo obecności osłupiałych pracowników Marvela. Quesada zadzwonił do Morrisona, chcąc trochę uspokoić sytuację, lecz ten zapewnił go, że jest już za późno na podobne pogaduszki.

Morrison nie miał zamiaru dłużej szarpać się z Jemasem i podczas letniego Comic-Conu w San Diego konkurencja z DC Comics ogłosiła, że podpisali kontrakt z Morrisonem. Na wyłączność. Niemile zaskoczony Quesada dopadł Morrisona na korytarzu centrum konferencyjnego, a ten, według relacji jednego z uczestników konwentu, spanikowany zaczął wykrzykiwać, że to wszystko wina Jemasa, „największego dupka, jakiego znał". „To koniec! – wrzeszczał Morrison. – To koniec ery Marvela!".

Nie mając dokąd pójść – w tym roku Perlmutter nie wykupił Marvelowi stoiska – wstrząśnięty Quesada usiadł w budce magazynu „Wizard" i tam podpisywał komiksy. Kiedy głowił się, kim zastąpi Morrisona, kątem oka zobaczył przechodzącego obok Jossa Whedona, twórcę *Buffy: Postrachu wampirów*. Whedon był ogromnym fanem komiksów Marvela – w końcu za inspirację dla jego Buffy posłużyła w dużej mierze Kirry Pryde – i z miejsca zgodził się na wysuniętą przez Quesadę propozycję; właśnie został scenarzystą komiksu z linii *X-Men*.

Za takim posunięciem zawsze optował Bill Jemas, lecz nie dane mu było przeczytać nawet jednego scenariusza autorstwa Whedona. „Nieźle się bawiliśmy – mówił Jemas zapytany o powody swojej rezygnacji – ale od napływu pieniędzy ludziom puchły głowy".

Parę ostatnich numerów *New X-Men* napisanych przez Morrisona zostało wydanych już po jego odejściu do DC Comics i były niczym wywieszona na maszcie biała flaga wieszcząca rychły powrót do *status quo*. Morrison w *Planecie X* ujawnił, że wprowadzony przez niego do serii dwa lata temu ikonoklasta Xorn to Magneto pod przykrywką. Mieszane reakcje jego towarzyszy odzwierciedlały to, co myśleli fani zarówno starego, jak i nowego porządku. „Co się z tobą dzieje? Gdzie podział się ten genialny, charyzmatyczny i niepokorny mutant, w którym się zakochałam?", pytała jedna z nich. Ktoś inny mamrotał: „Brakuje mi pana Xorna… kiedy wróci?". Magneto odpowiedział: „To była tylko iluzja, ileż razy mam to powtarzać?". Magneto zamordował Jean Grey, a Wolverine pozbawił go głowy. Czy ktoś miał jeszcze jakiekolwiek wątpliwości, czy zobaczymy ich ponownie na łamach *X-Men*?

„*Planetę X* – opowiadał później Morrison – wymyśliłem jako komentarz do wyeksploatowanego cyklu fabularnego, jakim była ciesząca się popularnością, niekończąca się bitwa X-Men z Magneto i, co za tym idzie, równie cynicznego odgrzewania superbohaterskich historii. Zakończyłem serię dokładnie w tym samym momencie, w jakim ją zastałem… *Planeta X* jest przesiąknięta umęczoną życiem i światem »nudą wieku średniego«, wynikającą nie tylko z frustracji i rozczarowania samego Magneto, ale i mojego, a także tego dorastającego, wręcz starzejącego się grona czytelniczego, odnoszącego wrażenie, że pewne rzeczy nigdy nie znajdą swojego zamknięcia". Jak na Morrisona, którego wcześniejszy manifest wygłoszony za pośrednictwem *New X-Men* mówił o nieuchronności ewolucji, było to dość niecodzienne posumowanie.

Specjalnie dla Whedona uruchomioną nową serię – *Astonishing X-Men*. Powróciła w niej faworyta autora, Kitty Pryde, a także powstały z martwych Colossus. „Nic się tutaj nie zmieniło – powiedziała Kitty po przestąpieniu progu posiadłości Charlesa Xaviera w pierwszym numerze. – Obrócono to miejsce w perzynę, a wygląda, jakby nic się nie wydarzyło, jakby czas tu płynął. To jasne, że profesor odbudował wszystko tak, jak było, aby dać wszystkim poczucie stabilności. Ciągłości". Na prośbę Marvela zaprojektowane przez Morrisona uniformy trafiły z powrotem na wieszaki i ekipa X-Men powróciła do starych kostiumów.

W 2004 roku Marvel zatrudniał analityków statystyków, którzy wprowadzali dane o twórcach i postaciach do algorytmu i z jego pomocą opracowywali informacje na temat nowych serii, zamkniętych tytułów i częstotliwości publikacji. Firma nalegała na crossovery jak nigdy wcześniej; niekończący się łańcuch wiekopomnych wydarzeń ciągnął się przez bodaj wszystkie możliwe tytuły. Praktycznie każdy kolejny crossover – składający się obowiązkowo z prologów, epilogów i całej sieci spin-offów – budowano na zgliszczach poprzedniego. Bohaterowie byli rozdzierani na pół, ginęli w eksplozjach, poświęcali się dla innych, tracili pamięć, odzyskiwali pamięć, tracili moce albo okazywali się zmiennokształtnymi obcymi z rasy Skrull, przez lata podszywającymi się za uwięzionych gdzieś na statku kosmicznym herosów.

Historie te wymyślano podczas tak zwanych „szczytów autorskich", okresowych konferencji z udziałem najważniejszych i zaufanych scenarzystów (łącznie z hollywoodzkimi weteranami Jephem Loebem i J. Michaelem Straczynskim), którzy spotykali się z redaktorami i przedyskutowywali strategię wydawniczą na kolejne pół roku; był to komiksowy odpowiednik zebrań scenarzystów telewizyjnych seriali. Utrzymywano wysoki poziom rzemiosła i zwracano szczególną uwagę na odpowiednie tempo każdej historii. Żaden autor z nowego pokolenia – Brian Michael Bendis i Mark Millar, a potem Ed Brubaker oraz Matt Fraction – nie narzekał publicznie na redaktorską niesprawiedliwość. Zdobyli uznanie, pracując przy ambitnych, często dziwacznych projektach publikowanych przez mniejszych wydawców, lecz doskonale wiedzieli, o jaką stawkę toczy się gra w Marvelu. Przemysł komiksowy dwudziestego pierwszego wieku cenił tych, którzy nie mieli żadnych złudzeń, co należy umieścić na szczycie listy priorytetów, kiedy chodziło o wybór pomiędzy pozwalającą utrzymać się dłużej na rynku komercjalnością przedsięwzięcia a swobodnym wyrażaniem artystycznych ambicji. Za swoją pracę byli wynagradzani także szansą publikacji swoich autorskich komiksów w Marvelu przez nowo utworzony imprint Icon, choć sami musieli zająć się ich promocją.

Fotograficznie realistyczny wizerunek *The Ultimates* stał się tym obowiązującym, bowiem samo Uniwersum Marvela było coraz bliższe prawdziwemu życiu, a przynajmniej tym jego aspektom, które dało się przenieść na ekran komputera. Niejako powracając do wczesnych lat siedemdziesiątych, epoki Stana Lee i historii na temat protestów studenckich i LSD, wiele fabuł Marvela nawiązywało do wydarzeń z pierwszych stron gazet, choć wydawnictwo unikało zajmowania wyraźnego stanowiska politycznego.

DZIENNIKARZ: Czy pański komiks można potraktować jako wypowiedź na temat kary śmierci lub... prewencyjnej kary śmierci?

BRIAN MICHAEL BENDIS: Na ten temat dyskutują bohaterowie, ale nie jest to żadne kazanie. Sam nie mam zdania.

Tajna wojna – tytuł zapożyczono oczywiście od protoplasty wszystkich crossoverów Marvela – opowiadała o ataku na Manhattan w odpowiedzi na sekretną operację zorganizowaną przez szefa S.H.I.E.L.D. Nicka Fury'ego w ojczyźnie Doctora Dooma, Latverii. Z kolei w *Wojnie domowej* rząd amerykański zareagował na potencjalne niebezpieczeństwo wynikające z uchwalenia ustawy nakazującej rejestrację superbohaterów; doprowadziła ona do sporu pomiędzy wspierającymi nowe przepisy, mające na celu wzmocnienie bezpieczeństwa narodowego (chociażby Iron Man), a opowiadającymi się przeciwko ograniczaniu wolności obywatelskich (jak Kapitan Ameryka).

Wojna domowa – którą zebrano wreszcie w przeszło dwudziestu wydaniach zbiorczych – przyniosła wiele zmian: Iron Man został nowym szefem S.H.I.E.L.D., Kapitana Amerykę zamordowano, a Spider-Man ujawnił światu swoją tożsamość. Żadna z nich nie przetrwała zbyt długo.

„Jest taki stary żart o śmierci w komiksach – napisano we wstępniaku poświęconym śmierci Kapitana Ameryki do jednego z wydań »Wall Street Journal«. – Nikt nie leży długo w grobie poza Buckym, Jasonem Toddem i wujkiem Benem". Lecz tak zwane Prawo Bucky'ego przestało obowiązywać, bowiem wszystkie te postaci w ten czy inny sposób pojawiły się w komiksach w ciągu paru kolejnych lat. Okazało się, że Bucky Barnes po zakończeniu drugiej wojny światowej był wyposażonym w bioniczną rękę zabójcą na usługach Sowietów. Został jednak kolejnym Kapitanem Ameryką, kiedy Steve'a Rogersa zastrzelono. Przynajmniej do czasu, gdy wyszło na jaw, że kula jedynie „uwięziła go w czasie i przestrzeni".

Nawet ujawnienie przez Spider-Mana swojej tożsamości nie zagroziło *status quo*. Podczas kolejnego szczytu wymyślono diaboliczne posunięcie, które pozwoliło uniknąć wszelkich konsekwencji. Żeby uratować życie cioci May, Spider-Man zawarł pakt z demonem zwanym Mephisto, który wymazał z pamięci opinii publicznej jego personalia i unieważnił małżeństwo Petera Parkera z Mary Jane. Na tym etapie rozważano również przywrócenie do życia samej Gwen Stacy.

Tym, którzy nie należeli do komitetu decyzyjnego Marvela, rządzące Uniwersum Marvela współzależności i fabularna gmatwanina mogły się wydać zniechęcające i onieśmielające. „To wszystko jest tak skomplikowane, że nie mogę się połapać – powiedział Joss Whedon, odchodząc z *Astonishing X-Men*. – Lubię czytać o Hulku, lubię czytać o Kapitanie, kupować co miesiąc komiksy z nimi i przewracać z podnieceniem kolejne strony... Lubię te postaci, lecz nie mam pojęcia, czy z numeru na numer, zanim się wciągnę, nie zostaną przypadkiem odmienione, uśmiercone, nie dostaną własnego tytułu *Ultimate* lub nie założą czarnego kostiumu".

Podczas konferencji w kwietniu 2005 roku Marvel Studios ogłosiło, że zawarło ugodę ze Stanem Lee. Lee miał otrzymać dziesięć milionów dolarów i zachować prawo do swojej rocznej pensji. „Nasza ugoda ze Stanem wyklucza ponadto wszelkie potencjalne roszczenia do udziału w zyskach – powiedział inwestorom Peter Cuneo. – Obie strony uznały, że mądrze będzie załatwić sprawę nie tylko przeszłych, ale i przyszłych zobowiązań".

I to właśnie o nadchodzące lata chodziło. Przez ostatni rok Avi Arad i dyrektor do spraw operacyjnych David Maisel opracowywali wspólnie plan umożliwiający Marvelowi rozpoczęcie samodzielnej produkcji filmowej. Na mocy umowy strukturalnej międzynarodowa instytucja finansowa Merrill Lynch wyłożyła pięćset dwadzieścia pięć milionów dolarów, za które Marvel planował zrealizować filmy z dziesięcioma różnymi bohaterami. Budżety miały się wahać pomiędzy czterdziestoma pięcioma a stu sześćdziesięcioma pięcioma milionami i Marvel zobowiązał się wyłożyć prawa do swoich postaci jako zabezpieczenie. Dla wielu było to spore ryzyko.

Arad uważał inaczej. Przez ostatnie siedem lat firma pozwalała zarabiać innym na swoich pomysłach: Columbia wypuściła *Ghost Ridera* i dwa *Spider-Many*, Fox trzy części *X-Men*, *Daredevila* oraz *Elektrę* – plus nadchodzący film z Fantastyczną Czwórką – zaś New Line zbiło kokosy na trylogii *Blade*. Łączne zyski z biletów przekroczyły trzy i pół miliarda dolarów na całym świecie. Tylko *Spider-Man* i *Spider-Man 2* zarobiły przeszło półtora miliarda; Marvel zobaczył z tego zaledwie siedemdziesiąt pięć milionów i ani centa ze sprzedaży płyt DVD. „Nikt nie cieszył się bardziej od nas, widząc tych wszystkich bohaterów na ekranie – powiedział Arad – lecz chcieliśmy, żeby pieniądze wpadały do naszej kieszeni".

Plan przewidywał podbój rynku dzięki realizacji serii filmów o kolejnych członkach Avengers: chciano odzyskać prawa do Iron Mana od New Line, nakręcić adaptacje komiksów z Kapitanem Ameryką i Thorem, a nawet spróbować szczęścia z Hulkiem, którego filmowa wersja tak bardzo rozczarowała studio Universal w 2003 roku. Clou całego przedsięwzięcia miał być blockbuster o Avengers, w którym spotkaliby się wszyscy ci bohaterowie, co pozwoliłoby na wykorzystanie zgromadzonego potencjału marketingowego.

Już po podpisaniu umowy Arad i Maisel nie mogli dojść do porozumienia, jak szybko powinna ruszyć produkcja, jak rozdzielić budżet i które postaci wykorzystać. Tak jak niegdyś Ike Perlmutter faworyzował Arada i cenił go bardziej niż Stana Lee i Billa Jemasa, tak teraz całkowicie zaufał Maiselowi. Niecały rok po uzyskaniu przez Marvel Studios upragnionej niezależności, Arad odszedł. Sprzedał posiadane akcje firmy i zainkasował pięćdziesiąt dziewięć milionów dolarów.

Iron Man, pierwszy z samodzielnie zrealizowanych przez Marvel Studios filmów, w weekend otwarcia zarobił sto milionów dolarów. Po napisach umieszczono krótką scenkę, która zapowiadała to, co miało dopiero nadejść: Nick Fury (w tej roli, jak chcieli tego twórcy *The Ultimates*, wystąpił Samuel L. Jackson) pojawił się w apartamencie Tony'ego Starka, żeby przedyskutować „inicjatywę Avengers". Cykl został domknięty: fabularne zawiłości rządzące Uniwersum Marvela stały się częścią synergicznej hollywoodzkiej maszyny.

Debiutujący w maju 2012 roku *Avengers* pobili rekord najlepszego otwarcia w historii kina; tydzień później globalne wpływy z biletów przekroczyły już miliard dolarów. „Gdy te same dzieciaki robiły komiksy, cieszyły się, że mają pracę – mówił Arad w 2012 roku. – Aż robimy film, odnosi on sukces i nagle wszystkie pytają, co będą z tego miały. Taka jest ludzka natura. Jeśli komiks jest dziełem autorskim, twórca sam go wydaje, odnosi sukces (na przykład Todd McFarlane), wówczas ma do tego pełne prawo. Jeśli pracuje się dla dużej firmy, która gwarantuje honorarium za tyle i tyle stron miesięcznie, to już inna gadka. Pojawiają się więc ludzie, którzy twierdzą, że zrobili to i owo i w związku z tym należy im się więcej... Nie pamiętam jednak, żeby któryś z nich wziął ciężar na swoje barki i spróbował zrobić film, a uwierzcie mi, o wiele trudniej nakręcić coś w Hollywood niż wydać komiks".

Niektóre dzieciaki – dzisiaj już mężczyźni w średnim wieku – miały do przebycia bardziej wyboistą drogę niż inne. Kiedy były rysownik *X-Men* Dave Cockrum trafił z zapaleniem płuc do szpitala dla weteranów na Bronksie, Neal Adams zasugerował, że Marvel powinien wyciągnąć pomocną dłoń do człowieka, który stworzył Nightcrawlera, Storm i Colossusa, zaś scenarzysta Clifford Meth poruszył tę sprawę na jednej z popularnych stron internetowych poświęconych komiksom. Prawnicy Marvela nie chcieli tworzyć precedensu. „Poprosili więc Dave'a o podpisanie pewnego dokumentu i o zachowanie tajemnicy odnośnie do jego treści", powiedział Adams w rozmowie z „Comics Journal", gdzie napisano, że Cockrum miał jakoby otrzymać dwieście tysięcy dolarów. Sam zainteresowany powiedział: „Jestem szczęśliwy, że tak wielu ludzi pamięta o mnie i mojej pracy. Znowu czuję się, jakbyśmy byli jedną wielką rodziną"*. Cockrum zmarł w listopadzie 2006 roku z powodu powikłań cukrzycowych.

* Niedługo potem Meth napisał, że zaprzestano wypłacania tantiem, lecz w e-mailu z 2011 roku potwierdził, iż „hojne wynagrodzenie ustalone przez obie strony zostało przelane co do centa przez Marvel na konto Dave'a Cockruma"; wysokość tej sumy pozostaje nieznana.

Gary Friedrich, który w latach sześćdziesiątych pracował w Marvelu jako redaktor u boku Roya Thomasa, w 2007 roku pozwał Marvela o prawa do Ghost Ridera. I choć Roy Thomas oraz rysownik Mike Ploog przyznawali się do współautorstwa postaci, to właśnie nazwisko Friedricha widniało obok słów „stworzony przez", które znajdowały się na pierwszej stronie każdego komiksu z Ghost Riderem; pisano też w „Bullpen Bulletin", że Friedrichowi facet z płonącą czaszką miał się po prostu „przyśnić". Marvel utrzymywał, że Friedrich przekazał prawa do postaci firmie – najpierw podpisując stosowne oświadczenie na tylnej stronie czeku, a potem w 1978 roku, zawierając umowę zlecenie. Wytoczył więc Friedrichowi sprawę, której przedmiotem była sprzedaż nieautoryzowanych gadżetów z Ghost Riderem. Sąd opowiedział się po stronie firmy. Ledwie wiążący koniec z końcem Friedrich – bezrobotny i cierpiący na chorobę wątroby – zgodził się przelać na konto Marvel Comics siedemnaście tysięcy dolarów odszkodowania.

Roy Thomas pisywał nieregularnie dla Marvel Comics jeszcze do 2007 roku, lecz większość czasu poświęcał magazynowi „Alter Ego", nowszej wersji fanzinu, który redagował przed rozpoczęciem profesjonalnej kariery zawodowej.

Steve Gerber zmarł w lutym 2009 roku na idiopatyczne zwłóknienie płuc. „Niektórzy ludzie potrafili tylko pisać, nic innego – powiedziała Mary Skrenes, jego była dziewczyna i współpracowniczka. – Steve był, niestety, jednym z nich. Ludzie uważają, że komiks to jedynie swoisty blok startowy. Tam zdobywa się pierwsze szlify i idzie się dalej. Lecz on nie lubił telewizji, nie lubił animacji. Lubił komiksy".

Steve Ditko nadal tworzy niskobudżetowe, czarno-białe komiksy w swoim studiu na Manhattanie. Jego oryginalne rysunki do *Amazing Fantasy #15*, gdzie po raz pierwszy pojawił się Spider-Man, zostały przekazane Bibliotece Kongresu przez anonimowego darczyńcę. Reporter „Chicago Tribune" zadzwonił do Steve'a Ditko z prośbą o komentarz i usłyszał jedynie: „Mam to gdzieś".

Na początku 2009 roku Len Wein, który do spółki z Johnem Romitą stworzył Wolverine'a, wziął udział w uroczystej premierze filmu *X-Men*

Geneza: Wolverine z Hugh Jackmanem w roli tytułowej. „Nie zobaczyłem ani centa z żadnego z filmów Marvela, nie zostałem też wymieniony w czołówce *Wolverine'a* – mówił Wein. – Hugh Jackman to uroczy facet i na premierze powiedział publiczności, że zawdzięcza mi swoją karierę, a potem ukłonił się, co było bardzo miłe z jego strony. Jednak wolałbym zainkasować czek".

Todd McFarlane, Marc Silvestri, Erik Larsen i Jim Valentino nadal działają jako Image Comics. McFarlane, niegdyś obiecujący baseballista, zakupił piłki Marka McGwire'a, Sammy'ego Sosy i Barry'ego Bondsa, którymi zaliczyli home run, za łączną sumę trzech milionów siedmiuset tysięcy dolarów.

Jim Lee sprzedał DC Comics swoje studio Wildstorm, lecz nadal nadzorował jego pracę, a w 2010 roku został współwydawcą w DC Comics.

Chris Claremont pisywał różne serie spowinowacone z X-Men. Wspominając okres stażu w Marvelu, który odbył w latach sześćdziesiątych, mówił: „Pamiętam Jerry'ego Siegela, wówczas pracującego jako korektor, kręcącego się po biurze w poszukiwaniu zleceń scenopisarskich. Obiecałem sobie, że nigdy tak nie skończę. A teraz patrzę w sklepach na okładki komiksów, widzę na nich postaci, które stworzyłem, a Marvel nawet nie pozwala mi ich tknąć". Claremont przejął w 2009 roku serię *X-Men Forever*, gdzie miał kontynuować rozpoczęte przez siebie wątki z 1991; było to swoiste przedłużenie stworzonego przezeń kilkadziesiąt lat temu świata. Serię zamknięto w następnym roku.

Marv Wolfman, Steve Englehart, Jim Starlin, Jim Shooter, Frank Miller i John Byrne nadal piszą i rysują komiksy dla różnych wydawnictw. Nie ma wśród nich Marvela.

31 sierpnia 2009 roku, po paru miesiącach negocjacji, Walt Disney Company ogłosiło przejęcie Marvel Entertainment. Transakcję wyceniono na mniej więcej cztery miliardy dolarów, a Isaac Perlmutter otrzymał jedną trzecią tej kwoty.

Syn i córki Jacka Kirby'ego w ciągu kilku tygodni wysłali do Marvela – a także Disneya, Sony Pictures, Columbia Pictures, Twentieth Century Fox, Paramonut Pictures i innych – czterdzieści pięć zawiadomień o wygaśnięciu praw do dzieł ich ojca z lat 1958–1963. Prawnik spadkobierców Kirby'ego zebrał deklaracje od Jima Steranko, Joego Sinnotta, Dicka Ayersa i Neala Adamsa, którzy zgodzili się zeznawać; Marvel miał po swojej stronie Roya Thomasa, Johna Romitę, Larry'ego Liebera i Stana Lee. Pośród dokumentów przedstawionych podczas rozprawy znalazł się kontrakt podpisany przez Jacka Kirby'ego w 1972 roku, w którym zrzekał się praw na rzecz firmy. Powody, dla których miałby podpisać podobny dokument dwa lata po swoim odejściu z Marvela, pozostawały niejasne.

„Trzeba mieć na uwadze – napisała w uzasadnieniu wyroku z 2011 roku nowojorska sędzia okręgowa Colleen McMahon – że wbrew doniesieniom prasy celem tej rozprawy nie jest rozstrzygnięcie, kto – Jack Kirby czy Stan Lee – jest faktycznym »twórcą« postaci Marvela, lecz ustalenie, czy Kirby (tudzież inni freelancerzy będący autorami ikonicznych postaci komiksowych stworzonych dla Marvela lub innego wydawcy) został »uczciwie« potraktowany przez firmy, które wzbogaciły się na owocach jego pracy".

Chodziło więc o to, czy prace Kirby'ego kwalifikują się jako zlecenie i według amerykańskiego sądu, a konkretnie Sądu Apelacyjnego dla Drugiego Okręgu, podpadają pod ustawę o prawie autorskim z 1909 roku. Jeśli tak, Marvel zachowa do nich prawa bez względu na „uczciwość" podobnej decyzji. Jeśli nie, spadkobiercy Kirby'ego będą mogli nimi dowolnie rozporządzać, co nie pozostanie bez wpływu na niedawne przejęcie Marvela przez Disneya oraz zyski z wyprodukowanych i niewyprodukowanych jeszcze blockbusterów.

Sędzia uznała, że „nie ma wątpliwości co do faktu, że prace Kirby'ego zostały zrealizowane na zlecenie i podpadają pod ustawę o prawach autorskich z 1909 roku". Prawnik rodziny Kirbych zapowiedział apelację.

Stan Lee w ostatnich latach wystąpił w serialach *Teoria wielkiego podrywu* i *Ekipa*, a w 2006 roku był gospodarzem telewizyjnego reality show *Kto chce być superbohaterem?*. Pojawił się też w praktycznie każdym filmie zrealizowanym przez Marvel Studios. Dorobił się również – w wieku osiemdziesięciu ośmiu lat – własnej gwiazdy na hollywoodzkiej Alei Sław. Zapytany przed premierą *Avengers*, czy przemysł komiksowy był fair w stosunku do twórców, odpowiedział: „Nie wiem. Nie miałem powodu, żeby się nad tym zastanawiać". Po chwili dodał: „Myślę, że jeśli ktoś tworzy coś nowego i jego dzieło odnosi sukces, ten, kto czerpie z niego korzyści, powinien się nimi podzielić z autorem. Rzecz w tym, że tu nie chodzi jedynie o proces samodzielnego tworzenia. Często pracuje nad czymś cały sztab ludzi i nikt nie wie, od kogo właściwie wyszedł pomysł. Po prostu wspólnie go rozwijają".

Scenariusze i strona graficzna komiksów Marvela są dzisiaj bardziej wyszukane niż kiedykolwiek wcześniej, a to rzecz imponująca, szczególnie zważywszy na to, że nad wszystkim czuwa niewielka grupa redaktorów, pracujących na stosunkowo małej powierzchni biurowej. Zagroda składa się bowiem z rzędu boksów przedzielonych szklanymi ściankami, gdzie pracownicy ślęczą przed ekranami komputerów i nadzorują dynamiczny proces produkcji. Odwiedzający muszą podpisać umowę o nieujawnianiu poufnych informacji o nowych zeszytach, zanim przekroczą próg.

Komiksy znowu zagościły w publicznej świadomości, zaś wydania zbiorcze w miękkich i twardych oprawach stoją w księgarniach. Jednak kryzys nieustannie wisi w powietrzu i Marvel Comics musi znaleźć rozwiązanie odwiecznego problemu – jak przekonać do siebie szerszą grupę czytelniczą. Dwa najlepiej sprzedające się komiksy Marvela w 2011 roku traktowały o śmierci Spider-Mana w serii *Ultimate* (sto sześćdziesiąt siedem tysięcy egzemplarzy) oraz śmierci Human Torcha (sto czterdzieści cztery tysiące). Zainteresowanie prasy podobnymi wydarzeniami z pewnością zmaleje, jeśli jedynym pomysłem Marvela na zainteresowanie mediów będzie zgon jednej z postaci.

Wiek statystycznego czytelnika miesięcznej serii wydawanej przez Marvel to około trzydziestu lat, co oznacza, że miał już on do czynienia z paroma cyklami fabularnymi. Fani narzekają na ciągłe śmierci i zmartwychwstania oraz niekończące się crossovery, ale sami głosują portfelami na kompulsywną powtarzalność – najtańsze komiksy Marvela kosztują obecnie dwa dziewięćdziesiąt dziewięć za sztukę. Trudność, z jaką wciąż mierzą się autorzy muszący podporządkować się komercjalnemu aspektowi sztuki komiksu, jest wciąż ta sama – Stan Lee określił ją podczas spotkania ze swoimi redaktorami i scenarzystami „iluzją zmian". Swoboda artystyczna i nieskrępowana niczym wyobraźnia stanowi bowiem nie tylko zagrożenie dla integralności należących do firmy znaków towarowych, ale, w oczach wiernego czytelnika, także dla misternie plecionego od kilkudziesięciu lat setkami rąk kilimu. Komiksy, które istnieją poza zazębiającymi się crossoverami, przegrywają ekonomicznie już na starcie, bo są dla oddanych fanów niewidzialne; to jedynie odstępstwa od kanonu. „Chciałbym, żeby było inaczej – powiedział Axel Alonso, który w 2010 roku zastąpił Joego Quesadę na stanowisku redaktora naczelnego – lecz prawda jest taka, że jedynym niezawodnym sposobem na sprzedaż kolejnego zeszytu jest powiązanie go z większą całością. Mężczyzna lub kobieta odwiedzający w środę sklep z komiksami sięgają głównie po coś, co jest nierozerwalnym elementem Uniwersum, dlatego też staramy się wszystkie serie wpisywać w szerszą całość".

Lecz w pewnym momencie – choć trudno orzec dokładnie kiedy – ludzki mózg odmówił posłuszeństwa, nie mogąc pomieścić zbieranych przez kilkadziesiąt lat informacji. Dlatego też Uniwersum Marvela raz pędzi do przodu, raz się cofa, a innym razem próbuje objazdów. Adaptacje filmowe korzystają z wielu źródeł i inspiracji szukają w przeróżnych wersjach postaci Marvela, dorzucając co nieco od siebie, żeby dotrzeć do szerokiej publiczności, niejako wypierając „oficjalną" mitologię. Elastyczne i rozciągliwe rzeczywistości równoległe zaludniają kolejne wcielenia Kapitana Ameryki, Spider-Mana i X-Men, które tymczasowi opiekunowie przekazują sobie z rąk do rąk.

Ich heroiczne przygody nigdy nie dobiegną końca.

Od autora

Czytanie oryginalnych wydań starych komiksów ma swój urok. Tani papier i kiepski druk czterokolorowy to unikalne połączenie, dostarczające niesamowitych bodźców wizualnych. No i te reklamy, listy od czytelników – których próżno szukać w dodrukach i wydaniach zbiorczych – wzbogacające lekturę o bezcenny kontekst. Oczywiście część starych komiksów, szczególnie tych wydanych przed 1965 rokiem, jest w zasięgu jedynie wytrawnych kolekcjonerów. Dzięki przedrukom tamtych wydań, pojawiającym się jak grzyby po deszczu, czytanie komiksów nigdy nie było łatwiejsze. Dla tych, którzy lubią poustawiać sobie na półce schludnie wyglądające tomy w odpowiednim porządku, archiwalne numery – niegdyś dostępne nielicznym – wydano nawet w twardych oprawach i to w przystępnej cenie. Na przykład na serię Marvel Masterworks składa się wiele popularnych przed laty komiksów, które pogrupowano chronologicznie, choć są uporządkowane tytułami, a nie nazwiskami, co akcentuje wyższość postaci nad autorem. Niektóre z nich wydano również w miękkiej oprawie, w jeszcze niższej cenie, dzięki czemu niegdyś poszukiwane w pocie czoła tytuły można zakupić, nie nadwyrężając portfela.

Informacji odnośnie do starych wydań – a także linków do oryginalnych ilustracji, fotografii autorów oraz porad jak zdobyć klasyczne komiksy Marvela – szukajcie na www.seanhowe.com.

Stan Lee i Jack Kirby (1965)

Podziękowania

Spora część tej książki została napisana na podstawie osobistych wspomnień przeszło stu pięćdziesięciu osób – oraz ich krewnych – które pracowały dla Marvel Comics i przeróżnych firm matek wydawnictwa w okresie od 1939 roku aż do teraz. Jestem niezmiernie wdzięczny za szczerość i otwartość następującym osobom, a także tym, którzy zgodzili się porozmawiać ze mną anonimowo:

Leonard Ackerman, Marcia Amsterdam, Avi Arad, Lou Bank, Marcia Ben-Eli, Irwin E. Billman, Charles Brainard, Tom Brevoort, Eliot R. Brown, Frank Brunner, Steve Buccellato, Rich Buckler, Bob Budiansky, Paul Burke, Roger Burlage, Kurt Busiek, Mary Mac Candalerio, Mike Carlin, Rusty Citron, Chris Claremont, Gene Colan, Gerry Conway, Peter David, Tom DeFalco, J.M. DeMatteis, David DePatie, Buzz Dixon, Jo Duffy, Matt Edelman, Scott Edelman, Steve Englehart, Lloyd Feinstein, Danny Fingeroth, Linda Fite, Frank Fochetta, Matt Fraction, Stuart Freedman, Bruce Jay Friedman, Josh Alan Friedman, Mike Friedrich, Chuck Fries, Jim Galton, Peter Gillis, Stan Goldberg, Iden Goodman, Roberta Goodman, Alan Gordon, Bert Gould, Steven Grant, Robin Green, Glenn Greenberg, Bob Hall, Larry Hama, Ed Hannigan, Arnold Hano, Bonnie Hano, Dean Haspiel, Glenn Herdling, Michael Z. Hobson, Henry Holmes, Richard Howell, Donald Hudson, Nanette Jacovitz, Al Jaffee, Marie Javins, Bill Jemas, Arvell Jones, Barry Kaplan, Nancy Shores Karlebach, Terry Kavanagh, David Anthony Kraft, Tony Krantz, Alan Kupperberg, Tina Landau, Sven Larsen, Batton Lash, Stan Lee, Steve Lemberg, Jason Liebig, Irwin Linker, Margaret Loesch, Lavere Lund, Ralph Macchio, David Mack, Howard Mackie, Mary MacPherran, Arthur Marblestone,

Elaine Markson, Frances McBain, Don McGregor, Will Meugniot, David Michelinie, Al Milgrom, Bobby Miller, Frank Miller, Michael Minick, Doug Moench, Bobby Moore, Stuart Moore, Nancy Murphy, Fabian Nicieza, Annie Nocenti, Amy Kiste Nyberg, Denny O'Neil, Patrick Daniel O'Neill, Jimmy Palmiotti, Rick Parker, Ann Picardo, Nancy Poletti, Carl Potts, Mark Powers, Ivan Prashker, Joe Quesada, Devon Quinn, Benjamin Raab, William Rabkin, Matt Ragone, Shirrel Rhoades, Diane Robbens, Jean Robbins, Mike Rockwitz, John Romita, Bob Rosen, Steve Saffel, Jim Salicrup, MaryJ ane Salk, Peter Sanderson, Mike Sangiacomo, Andy Schmidt, Diana Schutz, Stu Schwartzberg, Jim Shooter, Ed Shukin, Carl Sifakis, Steve Skeates, Evan Skolnick, Mary Skrenes, Roger Slifer, Ivan Snyder, Jim Starlin, Flo Steinberg, Jim Steranko, Amy Goodman Sullivan, Sheri Sunabe, Roy Thomas, Rob Tokar, Herb Trimpe, Chris Ulm, Ellen Vartanoff, Irene Vartanoff, Mark Waid, Len Wein, Alan Weiss, Marv Wolfman, Gregory Wright, Nel Yomtov, Ron Zalme.

Za cenne rady i/lub podzielenie się ze mną swoją dokumentacją oraz wynikami badań dziękuję następującym osobom:

Jim Amash, Vinnie Bartilucci, Robert Beerbohm, Blake Bell, Daniel Best, Nick Bowler, Massimiliano Brighel, Scott Brown, Norris Burroughs, Nick Caputo, Thom Carnell, Todd Casey, Clark Collis, Caleb Crain, Sloane Crosley, Bill Dineen, Brad Elliott, Michael Feldman, Stephen Fishler, David Folkman, Nikki Frakes, David Gaddis, Aileen Gallagher, Thom Geier, Jason Geyer, Ian Gittler, Glen David Gold, Aaron Goodman, Gary Groth, David Hajdu, Jim Hanley, Mark Harris, John Hilgart, Gina Hirsch, Timothy Hodler, Erin Howe, Gary Howe, Valerie Howe, David Hyde, Christopher Irving, Dave Itzkoff, Nat Ives, Steve Kandell, Arie Kaplan, George Khoury, Wook Kim, Carrie Klein, Jeff Klein, Chuck Klosterman, Ernie Knowles, Peggy Knowles, Claudine Ko, Seth Kushner, Batton Lash, Edgar Loftin, Heidi MacDonald, Melissa Maerz, Robert Stanley Martin, Clifford Meth, John Jackson Miller, Greg Milner, John Morrow, Frank Motler, Noel Murray, Will Murray, Dan Nadel, Evie Nagy, Sean O'Heir,

Vince Oliva, Barry Pearl, Leonard Pitts Jr., Ken Quattro, Jordan Raphael, Phoebe Reilly, Eric Reynolds, Steven Rowe, Chris Ryan, Marc Schuricht, Mark Schwartzbard, Rob Sheffield, Nancy Sidewater, Gabe Soria, Alexis Sottile, Matthew Specktor, Tom Spurgeon, Tucker Stone, Tim Stroup, Peter Terzian, Maggie Thompson, Stephen Thompson, Steven Thompson, Derek Van Gieson, Dr. Michael J. Vassallo, Lou Vogel, Michael Weinreb, Douglas Wolk i Josh Wolk.

Kira Garcia, Joe Quigley, Cat Tyc i Shawn Wen asystowali mi dzielnie przy transkrypcjach. Dziękuję też Cheryl's Global Soul za użyczenie powierzchni biurowej oraz Roger's Time Machine za możliwość korzystania z biblioteki.

Choć nie jest to „oficjalna" wersja historii Marvel Comics, Arune Singh z Marvela i Jeff Klein z DKC pomogli mi wydatnie w zorganizowaniu wielu wywiadów; praca z nimi to czysta przyjemność. Dziękuję też Gregory'emu Panowi za miłe rozmowy.

Daniel Greenberg, wirtuoz wśród agentów, od samego początku wspierał mnie dzielnie i podczas pisania tej książki mogłem liczyć na jego radę i dobry humor. Dziękuję jemu i jego ekipie, szczególnie Monice Vermie z Greenberg-Levine. Mój pełen wdzięku i gracji redaktor z HarperCollins, Tim Duggan, z mechaniczną precyzją wyłapywał wszystko, co było nie tak z moim manuskryptem, i jego wkład w ostateczną wersję tej książki jest nieoceniony. Jego asystentka, Emily CSEunningham, prowadziła mnie przez zmiany w kolejnych partiach książki z zadziwiającą pogodą ducha i zapałem. Rakesh Satyal i Jonathan Burnham wspierali mnie od pierwszego zdania; mam wobec nich dług za ich entuzjazm. Dzięki dla Milana Bozica za zaprojektowanie niesamowitej okładki. Dziękuję również Davidowi Koralowi, Tomowi Pitoniakowi, Beth Silfin, Kate Blum i Katie O'Callaghan oraz Jaimemu Wolfowi z Pelosi Wolf Effron & Spates.

Miałem niesamowite szczęście, że mogłem skorzystać z doświadczenia moich genialnych korespondentów i pierwszych recenzentów tej książki: Andy'ego Greenwalda, Joego Grossa, Andrew Hultkransa, Jonathana

Lethema, Alexa Pappademasa, Briana Raftery'ego, Gabriela Rotha, Gabe'a Sorię i Chrisa Sorrentino.

Niezastąpiona Emily Condon spędziła nad moją książką więcej czasu, niż mógłbym od niej wymagać; była cudowna i pomogła nadać mojej pracy ostateczny kształt.

Nie wiem, czy kiedykolwiek dam radę odwdzięczyć się za jej oddanie, cierpliwość i inspirację. Zawsze będę jej dłużnikiem.

I wreszcie – dziękuję swoim rodzicom, którzy wysłali mnie w tę podróż. Ich blask wskazywał mi drogę.

Spis treści

CATHERINE COOKSON

CATHERINE COOKSON

THE MALLEN GIRL

THE MALLEN LITTER

THE TIDE OF LIFE

THE MAN WHO CRIED

The Mallen Girl first published in Great Britain in 1974
by William Heinemann Ltd
The Mallen Litter first published in Great Britain in 1974
by William Heinemann Ltd
The Tide of Life first published in Great Britain in 1976
by William Heinemann Ltd
The Man Who Cried first published in Great Britain in 1979
by William Heinemann Ltd

This edition first published in Great Britain in 1987
jointly by
William Heinemann Limited
10 Upper Grosvenor Street
London W1

Martin Secker & Warburg Limited
54 Poland Street
London W1

and

Octopus Books Limited
59 Grosvenor Street
London W1

ISBN 0 86273 402 9

Printed and bound in Great Britain by
Collins Glasgow

CONTENTS

THE MALLEN GIRL

PART ONE

Young Barbara

Chapter One

The trap had hardly stopped opposite the cottage gate before the lithe figure of the young girl sprang down from it, ran up the back path, across the small courtyard, thrust open the door of the kitchen and slammed her beaded handbag and the book she was carrying down on the table, which action caused Mary Peel, who was standing at the far end of the table, to space her lips widely apart and mouth her words in a loud voice, crying, 'Now Miss Barbara you! Now don't you start the minute you're in; keep your tantrums for those who caused them.

The young girl's hand went to the book again, and as she grabbed it up and threw it, the door leading from the hall opened and Miss Anna Brigmore entered. The book had missed its target, skimming by Mary Peel's face, but it hit Miss Brigmore's shoulder, bounced off and on to the dresser, knocking a jug on to the stone floor.

After the resounding crash of the jug splintering there was quiet in the kitchen for a moment. Miss Brigmore, staring in pained silence at the young girl who was known as her ward, but whom she thought of as her daughter, cried from her heart, 'Oh Barbara! Barbara, my dear.' But Mary Peel, looking at the girl, thought, By! if I had me way I'd skelp your backside for you, I would that. Your neck's been broken, that's your trouble, miss.

And apparently her thinking was endorsed by Jim Waite as he held the door open when Miss Brigmore took hold of Barbara's hand and led her out of the room, for as soon as he closed it he said, 'That one wants her ears scudded.'

'Aw, don't say that, Jim,' said Mary Peel now; 'I know she deserved her hammers, but it's her ears an' not being able to hear right that makes her as she is. Sit yourself down, the kettle's just on the boil. How's things been?'

Jim Waite lowered his long length on to the wooden kitchen chair and stretched out his hands towards the fire before saying, 'Oh, much as usual. I suppose I'm sayin' it as shouldn't, but I tell you everybody on the farm breathes a sigh of relief when that young monkey steps up into the trap. They do, they do.' He nodded at her. 'She makes the young master's life hell. She never lets him out of her sight; he can't go to the netty for her, an' that's a fact. And I'm not just usin' that as a sayin', 'cos only this mornin' he was in the closet and there she was standin' in the middle of the yard looking at the doorway, waitin' for him coming out. It isn't decent. You would think Miss Brigmore would be able to do something about it, now wouldn't you? If anybody could you'd think she could. And yet on the other hand, as me da was sayin' just the other night, it's her who's partly to blame for the way Miss Barbara is now. Oh, not her ears, no, but the way she carries on, 'cos she's given into her all along the line.'

'Here, drink this.' Mary handed him a mug of tea and asked, 'Would you like a bit of new fadge, it's just out of the oven?'

'Aye, ta, it'll fill a corner.'

'An' you've got some corners to fill.' Mary pushed him in the shoulder with the flat of her hand. 'You would've thought you'd stopped growin' years ago. . . . How's your ma and da?'

'Oh fine, fine.'

'And Lily?'

'Oh, Lily. You'll never believe it but I think she's got Bill Twigg up to scratch at last.'

Mary sat down abruptly now and, clasping her hands, she bounced them on her lap as she leaned towards him and said, 'No! What's brought it on?'

'Well, Harry Brown's wife died over Allendale way. He's got a bit of a farm, not much to brag about but enough to keep the wolf from the door. Well, he's been over three times in the last three months, an' each time stood chattin' and laughing with our Lily. It's made Bill think.' He jerked his head as he ended, 'An' so he should, he's been courtin' her for seven years. But it was his mother to blame there, at least up till three years ago when she died, 'cos she always used to tell him that it was unlucky to marry a woman older than himself. Two years, I ask you! Eeh! the things people say an' believe in. . . . This is a nice bit of fadge, Mary.' He took another huge bite out of the buttered bread, then ended, 'Folks in the main are ignorant you know, ignorant. . . .'

In the sitting room Miss Brigmore was using the same words. 'It is ignorance, my dear,' she was saying, 'just ignorance.' Miss Brigmore did not speak as loudly as Mary Peel, but her voice was a pitch above normal, and she moved her lips in a slightly exaggerated fashion.

'She is horrible, and I hate her.'

'You mustn't say that, Barbara. Sarah is only a little girl, but she is about twelve years old.'

Miss Brigmore did not think that the girl standing before her at this moment was also twelve years old for she considered Barbara older than her years. Knowledge, she thought, had made her so, the knowledge that she herself had imparted to her. The child, although having the terrible disadvantage of being almost completely deaf, nevertheless had the balancing advantage of being as well informed on a great many subjects as any young lady of twenty.

She gazed at the child, who was over-thin, and over-tall for her age . . . and over-beautiful too. Her straight black hair was shining with the sheen of a wet seal. The skin that covered her long face was creamy and thick of texture and without tint. Her eyes were a dark brown and the look in them now, as at other times, made Miss Brigmore uneasy, for it reminded her of the look in Donald Radlet's eyes, Donald Radlet who had been the husband of Barbara's aunt, Constance, but who was much closer to her than an uncle, did she but know it. This fact often kept Miss Brigmore awake at nights as she searched for a way to break to her beloved child the truth of her beginnings. She was fully aware that but for the girl's deafness her origin would have been made clear to her long before now, and, if by no one else, by one of the Waite family over at Wolfbur Farm, for she had aroused the animosity not only of Harry and Daisy

Waite, but also of Jim and Lily, their son and daughter, and all because she had taken a dislike to Harry Waite's niece, Sarah.

Harry Waite had brought Sarah to the farm when she was two years old, when her parents had both died of the fever. Sarah had grown into a pretty and lively little girl and she was popular not only with the Waite family, but with the mistress, Constance Radlet, and her mother-in-law, Jane Radlet, too.

All this would have been quite in order and accepted by Barbara had the attention to Sarah stopped there, but her cousin Michael had championed the little girl from the day she arrived on the farm, for Sarah, although so much smaller than himself, was someone with whom he could play and at the same time protect. Previous to Sarah's coming the only time Michael had anyone of his own age to play with was when Barbara visited the farm. In the summer the visits could be frequent, but during the winter months the children were lucky if they saw each other twice.

The first time the rift between the children came into the open was one exceptionally mild Christmas. Miss Brigmore herself had driven Mary and the child over expecting to be able to return home within the week, but their stay on the farm had lengthened into almost three weeks, and although Michael, then eight years old, had played with Barbara and tolerated her domination, he had continued to take notice of young Sarah.

It happened during the evening of the yearly event when Constance had the Waite family in for supper and, as Jane Radlet termed it, a bit of jollification. Little Sarah, after entertaining the company with a clog dance, taught her by her cousin Jim, was receiving the loud applause of all those present when she found herself suddenly sitting on her bottom on the farm kitchen floor. Although the floor was covered with drugget it was made up of slabs of stone, and the impact caused the little girl to howl aloud. The only one who dared voice her disapproval was Constance, who said, 'You're a naughty girl, Barbara,' accompanying her words with slapping Barbara's hands.

Miss Brigmore was very annoyed and she expressed her annoyance to Constance. Didn't she understand the situation? she asked. Wasn't it natural that Barbara should be jealous when she saw Michael making a fuss of the Waite child? Didn't she understand that in her little mind she imagined Michael belonged to her, like a brother? It was merely a childish reaction and she would grow out of it.

Miss Brigmore remembered for a long time afterwards that Constance had made no reply whatever; she had just stood staring at her before turning about and walking out of the room.

Her prediction that Barbara would, with the years, change her attitude towards Michael had not, however, proved correct; if anything Barbara's possessiveness had increased, until now Miss Brigmore found herself longing for the winter so that their visits would be controlled by the weather. In the summer Barbara insisted on trailing over the hills at least once a week. Lately, she had broached the subject of having a horse; if she had a horse she would not need to trouble anyone, was her argument now.

Among other fears also assailing Miss Brigmore was the fact that the childish infatuation Barbara had for her cousin Michael might not die away during her adolescence, but might mature into love, and such an outcome as this was definitely not in her plans for her child. As prosperous a farm as Wolfbur was, she did not see Thomas Mallen's daughter acting the farmer's wife. No, the route she had mapped out for her lay in the opposite direction, just a mile or so down the road where stood the Hall, High Banks Hall, in which Barbara's mother had spent her young days, and over which Miss Brigmore was determined her spiritual daughter should reign in the future. And everything would work out splendidly she felt, for already John Bensham, at sixteen, was showing a marked interest in Barbara. If only the child would get over this obsession for Michael and also her equally strong hate for young Sarah Waite, for the two were linked together.

She would like, at this moment, to be able to reassure Barbara that she had nothing to fear from a girl like Sarah Waite, because after all what was she but a maid, and the niece of a farm labourer. True, she was not actually treated like a maid, and so therefore did not act like one, for Constance had made the mistake of teaching the girl to read and write. She would have been happy to reassure her that her Aunt Constance did not prefer a little working class maid to herself. But she knew this was not true. Constance had no feeling for Barbara, and this was strange because she had loved Barbara's mother. The sisters had been inseparable. Yet Constance, she suspected, would prefer that her son stepped out of his class and took someone like the Waite child to wife rather than her own niece.

It was a most strange state of affairs, Miss Brigmore thought; yet it suited her book, because were it otherwise the second stage of her life's work would go for nought.

She now sat down on a chair and, drawing Barbara to her, she held the child's hands between her own, and, looking up at her, she said slowly, but in loud tones, 'Don't you understand, my dear, that when you quarrel with Sarah you are bringing yourself down to her level?'

'Don't shout at me, I can hear you.'

Miss Brigmore stared up into Barbara's eyes, which had now turned as black as her hair, and she dragged her lower lip slowly between her teeth before saying in a normal voice, 'What did I say?'

'You said that when I quarrel with her I reduce myself to her level.' The answer was correct and the words were as precise as Miss Brigmore would have wished; she sometimes forgot that this child could read most of what she was saying by the movement of her lips, and so she said, 'Well then, you understand what I mean, only inferior people quarrel openly. You mustn't forget that you are a young lady. . . .'

'And I mustn't forget that I am deaf. I'll soon be stone deaf, won't I?'

'No, no, my dear.' Miss Brigmore's head was moving slowly, and her words were merely a whisper and full of compassion. 'No, no,' she repeated. 'No, no; something will be done. Mr. Bensham promised to see a certain gentleman in Manchester; he's heard of a man who's very clever with ears. . . .'

'Yes, he'll give me a big horn to stick in it, like the caricatures in. . . .'

'No! No! No!' Miss Brigmore's voice was loud again and with each word she shook Barbara's hands up and down. When she stopped they stared at each other, both in deep sadness. Then the girl, her thin body seeming to crumple, fell on to her knees and buried her face in Miss Brigmore's lap, and her voice high and tear-broken now, she gasped, 'Why am I deaf? Why, why?' She lifted her face and appealed, 'Brigie, why? Why should I be deaf? Is it because Michael tipped me out of the barrow?'

Miss Brigmore did not answer immediately because this was always a question in her own mind. It had seemed that there had been no ear defect at all until the child was five years old; yet of late she had recalled having before this chastised her for disobedience, whenever she appeared to take no notice either of some question or of being called.

The accident appeared a minor one at the time. Michael had been wheeling her in the farm barrow when it capsized and she fell head over heels and suffered a slight concussion. Was it from that time that her deafness became noticeable? Or was it really from the time of her first nightmare?

As if the girl were picking up her thoughts she said, 'I told Michael today that he was to blame for my deafness.'

'You shouldn't have done that, my dear; it . . . it isn't true.'

'It could be.'

'Your hearing was slightly defective before that.'

'Throwing me on my head didn't help.'

'That was an accident.'

'The doctor said it didn't help, didn't he?'

'Who told you that?'

'I saw you talking to Mrs. Bensham one day.'

'Oh, my dear.' Miss Brigmore closed her eyes; then slowly she said, 'It may not have helped but . . . but you would have become deaf in any case, so I understand. Yet as I have said, there are remedies; I refuse to believe there are not. And I want you to believe that too, you understand? Now dry your eyes.' She dried them for her. Then taking the child's face gently between her two palms she looked down into it and said slowly, 'It doesn't matter so much about your impediment, just remember you are very beautiful and highly intelligent.'

A sad smile slowly spread over Barbara's face, but there was a glint of mischief in it now as she said, 'I haven't got a bust, not a sign of one, and you can't be beautiful without a bust.'

'Oh Barbara! Barbara!' Miss Brigmore was trying to suppress her laughter. 'You shouldn't say things like that, one doesn't, they're not. . . .'

'Ladylike?'

'Yes, if you put it that way.'

'That doesn't alter the fact that I haven't one. And look at yours; you're old and you've got an enormous bust.'

'Really! Barbara.' Miss Brigmore rose to her feet and her voice lost a little of its controlled calmness as she retorted, 'I'm not, I haven't.'

Jumping up now, Barbara placed her hand over her mouth to stifle her laughter; then she fell against Miss Brigmore as she giggled, 'Well, you have; and it's a lovely bust, a lovely bust.'

When she went to put her hand on the tightly laced breasts Miss Brigmore slapped at it hard and, bringing her upright, said, 'Barbara . . . Barbara, behave yourself.' Her lips moved widely now. 'One does not mention these things. I have told you before, there are certain parts of the anatomy to which one does not make reference. Nor does one refer to another's age. You're old enough to have learned these things, they are elementary.'

'Oh, Brigie!' Barbara flounced away; only to be pulled sharply round to face Miss Brigmore again.

'Never mind taking that attitude. Come, sit down, I want to talk to you.'

Seated once again, they looked at each other and Miss Brigmore's mind was distracted from her theme as her protesting thoughts said, Old, indeed! She felt younger now than she had when Thomas was alive. Her body was straight and firm; she had as yet no grey hairs, and but for some lines under her eyes her skin was smooth; as for her mind, it had never been more active than during these last few years. Old indeed! She swallowed deeply; then folding her hands on her lap, her head slightly tilted to the side, she said, 'Tell me exactly what caused the rum. . . .' She had almost said, rumpus – Mary's speech had a way of infiltrating. 'What caused the altercation at the farm?'

'Need you ask? It was Sarah, as usual.'

Miss Brigmore did not say, 'Sarah is not always to blame'; instead she asked, 'What did she do?'

'She said I was deaf.'

'Did she say it spitefully?'

Barbara heaved a deep sigh, closed her eyes and slumped back in her chair before saying, 'Spitefully or not, she said it.'

'Sit up straight; put your buttocks well back . . . straighter. Don't have to be told so often.'

'Will sitting straight make me hear better?'

'Don't ask ridiculous questions, Barbara. You shall hear; I've told you, you shall hear; everything is being done. What you must understand is that you're not the only one who has this impediment.' She now tapped her ear; then dropped her hand away as if it had been stung, remembering too late that nothing angered the child more than sign language. Yet if only she'd admit to her deafness the sign language would be of untold help to her. She herself had been reading at great length recently about the different methods of sign language; it was amazing what one learned through tribulation. She would never have dreamed there had been methods of trying to make the deaf and dumb speak as far back as the seventeenth century. She had also learned that deafness could be brought about by shock. This new knowledge, gleaned only during the past week, had brought the nightmares into question again and opened up another possibility for the child's deafness. For she had received a shock; as she herself had the first night Barbara's screams had awakened her. When she had reached the child's bed it was to see her sitting stiffly upright, her arms stretched out, her fingers pointing to the corner of the room, and screaming hysterically, 'The man! The man! The big man! send him away.'

Even after she took Barbara into her own bed and soothed her by telling her that she had been dreaming, the child still insisted that there had been a big man in her room, a big man with a fat stomach and white hair all over his head and face. The description had been like the painting of Thomas over the mantelpiece, and for nights afterwards she had hardly slept and she had talked to the unseen figure, begging him to go and rest in peace and not to frighten the child.

She had never before associated this, and further incidents of the same nature, with Barbara's deafness, being of the opinion that deafness was congenital and could slumber for years in a child, except in cases of malnutrition which supplied bad blood to the brain and resulted in bad eyesight, deafness and rickets. Nor did she associate deafness such as Barbara had with that of the deaf and dumb. The latter she considered a malady quite apart, and associated with mental defects; at least she had done until she'd had cause to go more fully into the matter.

She said now, 'Your deafness is different; it's a deafness that could go like that.' She snapped her fingers. . . .

'Or get worse like that!' Barbara imitated her.

'Barbara!' Miss Brigmore's voice was stern again. 'You've got to believe what I say; and you've also got to help yourself.'

'By talking on my hands?' She now made wild exaggerated gestures, then said, 'I won't, I won't. It makes you look mad; people think you're mad, daft. That's what Mary said when I did it. "Don't act daft," she said.'

Oh! Mary. Miss Brigmore said sharply, 'Mary wasn't inferring that you were. . . .' She stopped, and now she closed her eyes in irritation and flicked her hand as if dismissing Mary before saying, 'I have been reading about a Mr. Pestalozzi and a Mr. Froebel. Mr. Pestalozzi was from Switzerland; he had a school there. He was a great educationist and he advises. . . .'

'That you should take your earwort medicine. Oh you! You! You're silly; with your Mr. Froebel and Mr. Pestalozzi, and all your ideas. Pestalozzi! Psst! Psst! . . .'

When Miss Brigmore's hand came out and struck Barbara's with two resounding blows the girl was really startled for she couldn't ever remember Brigie striking her, not for insolence or anything else. Then her pale face went a shade paler as she read Miss Brigmore saying, 'All right, all right, I'm silly, as is Mr. Pestalozzi, so we will have it the way you want it. I shall no longer pester you with my theories, I shall no longer continue to probe into ways and means of helping you. But one thing I shall do, I shall see that you are helped, I'll send you away to a school for the deaf. Yes, yes; that's what I'll do.'

Miss Brigmore stood up. Her body was as straight as a ramrod, her neck was stretched and her head pushed back on her shoulders.

For the first time in her life Barbara now felt real fear. Brigie was wild; she . . . she could mean what she said. She was so determined that she should hear that she could really mean what she said and send her away. Oh no! She would die. . . . Like a young animal, she sprang on Miss Brigmore, clutching her, crying, pleading, 'Brigie! Brigie! no. Please, don't be angry, don't be angry. I'm sorry, I'm sorry. I'll do what you say, I'll do all that you say, only don't, don't send me away to school. I'd die. Yes, I'd die, or do something. You know I would, because I get so angry inside, and I can't help it, and should you send me away I'll get worse. Please, please, Brigie, please. . . . Look, I'll go over, straight back tomorrow, to the farm and tell Sarah I'm sorry, because I know she didn't mean it, I know she didn't. It was Bill Twigg really. I couldn't make out what he was saying, he mumbles; and it was then that Sarah said to him, "She's deaf. Don't you know she's deaf? Make your mouth go more." It was that . . . when she said make your mouth go more. It was awful. It was as if they were talking to one of the animals; I felt like an animal I did, I did. Brigie, I felt like an animal and I went wild. I couldn't hit him so I hit her. I'll apologize, I will, next time, or to-morrow. I tell you I'll go over to-morrow.' Her voice broke on a high sob.

'There, there.' Miss Brigmore was breathing deeply. Her body slowly relaxing, she put her arms around the girl and drew her close and stroked her hair, murmuring now, 'There, there; don't cry, don't cry.'

After a moment Barbara raised her tear-stained face and said, 'You'll never say that again will you, Brigie? Never say you'll send me away to one of those schools.'

'Then you'll have to co-operate.'

'I'll . . . I'll co-operate.'

As Miss Brigmore stared into the beloved face and saw the fear still on it, she realized, perhaps for the first time, the full extent of the child's agony of mind caused by her affliction, but she also realized that the very fear of being sent away had given to herself a handle, a handle which she meant to use.

Chapter Two

The following day being Monday they arrived at High Banks Hall at nine-thirty sharp. With the exception of holidays, this had been the daily procedure since Miss Brigmore had taken over the education of Mr. Bensham's daughter, Katie, nine years ago in 1866. Unless they were returning late in the evening or the weather was stormy Miss Brigmore insisted on them walking. The distance from the cottage to the Hall was well over a mile along the main road before they entered the gates, but unless she had been battling against the wind she always mounted the steps leading to the front door of the Hall without any show of exertion.

Brooks, the butler, invariably opened the door to her. He was no longer called, 'Arry, for Miss Brigmore had pointed out, very tactfully, to the mistress of the house, the fact that two 'Arrys in her household might cause some confusion, one being her husband, so 'Arry became Brooks to all except the master of the house. Miss Brigmore had found that there was very little she could do concerning certain matters when dealing with the master of the house. In some things he was quite pliable, in others most obdurate.

'Good morning, miss.'

'Good morning, Brooks.'

Miss Brigmore led the way across the hall, up the main staircase, turned to her right across a wide landing and made her way towards the gallery. As she pushed open one of the double doors she almost knocked over a bucket of water from which Alice Dunn, the third housemaid, was wringing out a cloth.

'I'm sorry. Did I hurt you?'

'No, miss. No, miss.' Alice Dunn smiled as she shook her head vigorously, then she sat back on her heels and watched the pair go down the long gallery before she dried up the soap from the mosaic tiles of the floor. It was as they said, she gave folks their place. Yet some resented her, saying they didn't know who was mistress of the Hall, her or Mrs. Bensham. Still, as everybody knew, Mrs. Bensham couldn't run a place like this, not really, not cut out for it. And

The Brigadier, give her her due, had done a good job on the bairns, there was no doubt about that; they behaved themsel's, at least when she was about. They could be devils, oh aye, but they weren't upstarts of devils like some she had seen in other houses; spit on you some of the young ones would, and did. Talking about spittin'; they were sayin' in the kitchen The Brigadier's next battle was to get the master to take the spittoon out of the bedroom. By! aye, that would be the day. She hoped she lived to see it.

Miss Brigmore continued through the gallery, through another set of double doors, across another landing at the end of which were two sets of stairs, one mounting to the second floor, the other descending to the corridor that led to the kitchen quarters.

The nursery floor, as it was called, had changed little over the years except that the room which had once been Miss Brigmore's bedroom was now a sitting room. When she had first taken up her duties she'd had her meals and Barbara's served in her sitting room; but this hadn't lasted for long. At the repeated requests of both the master and mistress she had joined them at their table, while Barbara had hers with the children. It is true to say that because of this arrangement Miss Brigmore's own education was advanced if not improved, for in the early days she learned the type of conversation that went on between two ordinary people, and she found it anything but edifying.

Having taken her outer clothes off in her room she smoothed her hair from its centre parting over her temples and her ears to where it was fastened in a knot at the nape of her neck. Then she looked Barbara over, puffed up the shoulder frills of her pinafore, and smiled at her before she said, 'Come.'

When they entered the schoolroom Katie Bensham, who had been reclining, not sitting, in the old leather chair near the fire, sprang to her feet, pulled her pinafore straight, smiled brightly and said, 'Good morning, Miss Brigmore.'

'Good morning, Katie.'

The two girls now exchanged a glance that had a conspiratorial quality about it before they gave each other greeting.

'Good morning, Barbara.'

'Good morning, Katie.'

After which they both walked sedately down the long room and to a bookcase on the far wall, where from her own particular shelf each of them extracted a book, returned to the table and stood behind her chair.

Miss Brigmore was already standing behind hers. She bowed her head, joined her hands together and began to recite the Lord's Prayer.

'Amen.'

'Amen – Amen.'

They sat down. The girls, with their backs tight against the rails of the chairs, looked towards Miss Brigmore, waiting for her instructions, for they both knew it was no use their turning to the last lesson they'd had in English Literature, for she jumped about like a frog from one period to another; it was nothing for her to spring on you when you were in the middle of George III and demand to know where Boccaccio came in the Renaissance; if you hadn't linked him up with Dante and Petrarch you were lost; or she would throw Erasmus at you, and that was usually only the beginning. When she was in one of her memory moods she'd run the gamut of the Renaissance, finishing up with Marlowe and Shakespeare.

Katie Bensham had long ceased to wonder how Miss Brigmore came by such knowledge. She didn't believe what John had said last holidays that she was like the masters at his boarding school, she read it up the night before. No one, she imagined, could read up Miss Brigmore's knowledge, it seemed as innate in her as if she had been born with it and never had to learn it. She admired Miss Brigmore, but could laugh at her, and did, because she wasn't afraid of her. Funny that; everybody else seemed afraid of her in some degree, except perhaps her father. She prided herself that she was like her father, afraid of nothing or no one. But Brigie was speaking.

'We shall waive our lesson on the poets this morning and touch on the subject of educationists. Of course, as you already know, Katie' – she cast her glance towards Katie while keeping her face in full view of Barbara – 'in your home town of Manchester there was founded in 1515 a Grammar School which has grown into a very large school. But who founded it? And *why* was it founded? That is a much more important question. . . . Why? Eton College was founded by Henry VI.' She seemed to be speaking pointedly to Barbara now, her lips moving wider. 'Why was it founded?' Although she paused they did not answer for they knew from experience that she was far from finished. She now looked from one girl to the other as she went on: 'The Sunday School movement was started by Robert Raikes, why? And only five years ago there was formed a compulsory system for education for all children; why? That is the question, *why!* The answer is because of a need. . . . This morning we are going to deal with this question of need, and we're going to begin in France. Yes' – she nodded from one to the other – 'in France, and with a priest, whose name was the Abbé de L'Épée, who lived in the eighteenth century. He began a particular kind of school; again why?' She divided her glance once more between them, and they stared back at her, their interest aroused, their faces holding a keen look, until she said slowly, while looking now straight at Barbara, 'Because he felt compassion for the numerous deaf children, deaf and dumb children . . . *really* deaf and dumb children, children without hope, children who were tied up like animals, hidden away in dark rooms, put into asylums because they could neither hear nor speak.'

Barbara was staring back into Miss Brigmore's eyes. She seemed in this moment completely unmoved. But not so Katie; her face had gone red with indignation. Brigie was really playing The Brigadier with a vengeance, she was being cruel.

At this point there was a sharp knock on the door and Armstrong, the first footman, entered, and looking towards Miss Brigmore he said, 'The master would like to see you, miss, if you can spare the time.'

Miss Brigmore drew in a deep breath that clamped down on her impatience, then paused a moment before saying, 'I shall be down'; then repeating to herself, If you can spare the time! Mr. Harry Bensham would never have added those last words, not if she knew anything about him.

As she rose from the table Katie's glance caught hers. The child looked angry, and she understood why. Katie had a big heart, and she considered that she was being cruel to Barbara. In her ignorance, like that which pervaded her family, she, and by far the majority of the population were, in fact, of the opinion that the afflictions of deafness, dumbness, and even blindness, should be ignored out of kindness; and as for any malformation of the body or defectiveness of the mind, that should be locked tightly behind barred doors.

She now picked up the book that had been to her hand on the table and said, 'This book is in French; it tells of the struggle that the Abbé had to establish his system of teaching of the deaf, the teaching which, I may say, has been reviled and is questionable to this day. Nevertheless he was a good man, with good intentions; as also in a way was his successor Sicard. You will note' – she again spoke pointedly to Barbara – 'the Abbé advocates sign language. Bring your chairs together and read this book diligently until my return. I shall expect to hear what you know of these men, and others you come across, all bent on the same purpose, that of assisting the deaf to hear and the dumb to speak in their own language.'

When the door closed behind Miss Brigmore, Katie sat back in her chair and on a long, slow letting out of breath, she said, 'We-ll! we-ll!' then putting her hand over Barbara's, she added, 'She's cruel, she is. I can't understand her; she's supposed to love you and yet she's. . . .'

'I understand her.'

'You do?'

'Yes; and she's right. I should know about myself, about my disease.'

'It's not a disease.' Katie poked her face forward. 'And don't start washing yourself in self-pity.'

'I'm not.' Barbara's denial was harsh. 'And it is a disease. Do you know' – she stopped and her lips trembled slightly before she went on, 'I . . . I can barely hear my own voice, even when I shout.'

'You said you heard the bells ringing last week.'

'Yes, but I was near them.'

'And when I scraped the knife over the glass you heard that.'

'They're unusual sounds. Just a short while ago I could hear the cry of a bird when it was startled, I can't now.'

They looked at each other. Then Katie, her face sad, murmured softly, 'Oh, Barbara. Mightn't it just be your imagination?'

'Now, now.' Barbara leant back in her chair and, her voice high and strident, said, 'Who's talking of pity? Don't do it, because you know I can't stand it, it makes me feel like a cripple. And don't suggest, either, it's my imagination.'

They stared at each other in silence for a time until Barbara asked flatly, 'What happened this week-end, did the boys come? I looked for them downstairs but didn't see anyone.'

Katie nodded. 'Yes, they came; but they went back last night. They missed you. They told me to tell you they missed you.'

'Did they?' Barbara smiled slowly.

'Dan said it was awful having no one to fight with.'

They both laughed; then leaning forward, Katie said, 'Do you know who's here?'

'No.'

'Willy.'

Barbara screwed up her face and her lips formed the word slowly, '*Woolly*.'

'Willy. Willy Brooks, you know. Of course you do.'

'Oh, you mean Brooks's son?'

'Yes' – Katie drew back – 'Brooks's son, Willy.'

For the moment there was a look on Barbara's face very like that one would expect to have seen on Miss Brigmore's had she been told that the daughter of the Hall was excited because the butler's son had arrived. Quick to notice this, Katie pushed Barbara none too gently with the flat of her hand, saying, 'Don't be so priggish; Willy's nice, and Dad thinks a lot of him. He's promoted him, and he's got the idea of making him manager later on. . . . And don't you think he's good looking, handsome?'

'Not very.'

'Not very! You must be. . . .' She almost said 'blind' but that would have been awful; you had to be careful in a way what you said to Barbara; so she reverted to her mother's idiom and said, 'You must be daft; he's the best-looking fellow I've ever seen; he's better-looking than either our John or Dan.'

'He isn't; John's very good-looking.'

'Do you think so?'

'Yes, of course.'

'But not so good-looking as Michael Radlet.' Now Katie's tongue was hanging well down over her lower lip, the teasing light was deep in her eyes, and it was Barbara's turn to push at her; then they both sat with their heads together for a moment as they laughed, before turning in a concerted movement to the book on the table.

Miss Brigmore heard the master of the house before she was halfway down the main staircase. His loud bellow was coming from the library, which room he also used for his office, not because he wanted the proximity of books, for she had never seen him read one, but because, he would have her understand, he liked the light from the tall windows. But her own opinion of why he preferred to work there when he was at home was because it was the one room in the house free from falderals, as he termed the over-ornate furnishings and decorations chosen by his wife. If a room had any dignity about it, Mrs. Bensham had the unfortunate knack of making it homely by adding bobbled and scalloped mantel-borders, antimacassars, and numerous 'nice' pictures and hideous ornaments.

As she approached the library door Harry Bensham was yelling, 'Why the hell didn't you bring this matter up afore, lad? On the point of leavin' and then you tell me this. 'Tisn't my business, 'tis the missus's by rights. . . . Come in. Come in.' This was in answer to Miss Brigmore's knock on the door.

When she entered the room she saw that the lad in question was Willy Brooks, the butler's son, a tall young man, and she wondered what he was doing here at this time on a Monday morning. Her attention was brought from him, where he was standing at the side of the long table that served as a desk, to Harry Bensham, who was seated in a leather chair behind the table. His bullet head thrust forward, each of his short unruly grey hairs, that never showed a parting, seemed to be standing up in protest from his head; his face had a blotchy grey look, a sure sign that his temper was reaching its highest peak, for temper, in Harry Bensham's case, did not heighten his colour but usually drained the natural redness from his face. In his hand he had a letter, and as she came to a stop before the desk he thrust it out at her, saying, 'Have a look at that; go on, have a look at that. Tell me what you think on't.'

She took the letter from his hand and she read:

'To Mabel Docherty: In reference to your application for the post of kitchen maid in High Banks Hall the mistress has consented to engage you. You will present yourself at twelve o'clock on Saturday, the fifteenth day of May, bringing with you two print dresses for weekday work, and one extra and of superior quality for Sunday, when you'll attend service; one pair of light boots, one pair of heavy boots; four pairs of black stockings, three changes of underclothing with two pairs of extra drawers, preferably woollen. Your duties will commence at six in the morning and will end at seven in the evening, except on Tuesdays when you will have a half-day free starting at one o'clock and finishing at eight o'clock. You will have one Sunday off in three and you will receive three pounds eighteen shillings per year together with an allowance of extra tea or beer. Signed Hannah Fairweather (Mrs.), Housekeeper.'

Miss Brigmore's mouth was slightly open when she looked back at Harry Bensham.

'Well?'

'What do you expect me to say?'

'What do I expect you to say!' He was on his feet now, his two hands flat on the desk, leaning towards her. 'I expect you to say, the woman's a bloody fool. I expect you to say, how did she come to write that? I expect you to say, who gave her authority?'

Miss Brigmore's mouth was tightly closed. She could not stand to hear the man swear; not that she was unused to a man swearing. When Thomas Mallen had been master here he had done his share of it, but then Thomas had sworn in a different way altogether from Mr. Harry Bensham. When she opened her lips she said stiffly, 'Shouldn't you be putting these questions to Mrs. Bensham?'

'No, I should not. Anyway' – he jerked his head to the side – 'she's off colour, she's bad this mornin'. But it was you who picked this one.' He now grabbed the letter from her hand. 'Housekeeper? Huh! bloody upstart. Fancy writing a letter like that to Dochertys an' not a bloody one of them can read. They took it to Willy here.' He thumbed towards the young man. Then he turned his furious gaze on the letter again and read, 'Two pairs of extra woollen drawers. God! I don't suppose the lass has had a pair of drawers on her in her life. As for two pairs of boots, the whole lot of them's run barefoot since they were born.' He now banged the letter down on the desk, ending, 'I'll break that buggerin' woman's neck, I will that. An' you're damn well to blame.'

'I'll thank you, Mr. Bensham, not to swear at me, and also to get your facts right.'

Harry Bensham now bowed his head, gnawed hard on his lower lip, banged his doubled fist once on the table before looking up at her and saying in a more moderate tone, 'Aw, woman, I'm sorry. But I'm. . . . I'm real narked, I am that.' He put out his hand as if appealing to her now for understanding. 'The Dochertys. All right, they're Irish an' they're feckless like all their kin in Manchester, but Shane Docherty's worked for me for years, and Pat, his father, worked for mine. All right' – he now flapped his hand at her as if checking her protest – 'they drank nearly all they earned and lived on taties and oatmeal for the rest of the week, but what they did with their money was their business, what they did for me was another. They were good workers, an' still are, but Shane's worried about young Mabel, she has the cough. He wants her out of the mills an' the place altogether, an' I left word with Tilda last week to tell that Fairweather woman to write a note to the priest to tell him to what kind of place the child was comin'. Priests!' He again bit on his lip and banged his fist on the table. 'It's fantastic; they rule the bloody lot of them. As I said at the merchants' meeting last week, if we had half the power of the priests we'd. . .' He stopped suddenly and looked towards the young man. 'I'm sorry, lad, I forgot.'

'Oh, that's all right, Mr. Bensham, it's all right by me; you couldn't say nothin' that I haven't said meself about 'em.'

'That so, lad?' Harry's face slowly relaxed, his eyes crinkled into a deep twinkle; then he said softly, 'Well I never! We've never got down to religion, have we? We'll have to think on't, eh? 'Cos it's always riled me, the power they've got. Some of the poor buggers are frightened to breathe without the priests say so.'

'Aye, Mr. Bensham, you're right there. By! you are; you're right there.'

Miss Brigmore drew in an audible breath that brought their attention sharply back to her and she said stiffly, 'Are you finished with me, Mr. Bensham?'

Harry Bensham looked at her, then he sat down slowly before he said, 'No, I'm not.'

'Then may I ask that our further business be discussed in private?'

Harry Benshaw now stared at her under lowered brows. Then looking towards Willy Brooks, he said, 'I'll give you a shout when I'm ready, Willy.'

'Aye, Mr. Bensham.'

As the young man moved from the table he turned his head and looked straight into Miss Brigmore's face; it was a bold look, the look of someone who had never known subservience.

Not until the door was closed did Miss Brigmore speak, and then coldly she said, 'If you wish to reprimand me in the future, Mr. Bensham, I'll be obliged if you'll refrain from doing it before subordinates.'

'Subordinates! Willy's no subordinate, not to nobody. And he's a good lad into the bargain, is Willy.'

'I must take it then that you consider him my equal?'

Harry Bensham now screwed up his eyes and wagged his hand towards her, saying, 'Aw, sit down, woman, and ease out of your starch; for God's sake let it crack for once.'

It was some seconds before Miss Brigmore allowed herself to sit down, and when she did her back showed no indication of her starch having cracked.

'Now look –' his voice was quiet now, even placating, as, with his forearms on the table, he poked his head towards her and said, 'We've got to get rid of her, Fairweather.'

'You wanted a housekeeper. After Foster died you insisted on having a housekeeper. I told you another steward would be preferable.'

'Aye, I know you did. You're always right, you're always' – he omitted the 'bloody well' and ended lamely, 'right. It was for the missus you see; she thought a housekeeper would be better, more homely. She was a bit frightened of Foster, could never give him an order. You know how she is. It was different with you, you could manage him. Even me; I sometimes felt awkward when asking him for anything. It was like asking a grand duke to take your boots off.'

'He was very competent; things ran very smoothly under his charge.'

'Aye, they might have, but there's a difference between things being smooth and things being happy.'

'You mean happy-go-lucky.'

He leant back in his chair now and let out a laugh, 'Aye, that's it, happy-go-lucky. You can't change us you know. You know that, don't you? You can't change us.'

'I don't think I've tried.'

He turned his head to the side while still keeping his eyes on her. 'You've given us plenty of examples.'

'My work was to inform the children.'

'Aw well' – he nodded his head now, slowly – 'I'll grant you, you've done a good job there; even the bits you did on the lads afore they went to school shows. Why, when I listen to them talkin' I don't feel they're mine. But' – he screwed up his nose now – 'I'm proud of them. An' Katie. Aw Katie.' His expression changed. He leant forward again but drooped his head, and, his voice deep in his throat, he said, 'I love to hear her talkin' French. I don't understand a word she says but I just love to hear the sound of it comin' from her mouth. Oh, an' by the way.' He lifted his head. 'When we're on about talkin', which leads to hearin', I made some enquiries as I said I would. You know' – his eyes stretched wide now – 'it's amazing what you learn 'bout different things. There I've been in Manchester, man and boy, all me life an' knew nothin' about the deaf school. An' started by a merchant man like meself, I understand. Phillips was his name. He got a committee together of bankers and manufacturers and such, chaired by Sir Oswald Mosley, an' they formed this school along Old Trafford. Amazing really when I come to think of it. I saw the place often enough, passed it for years, but took no interest. Well, when your own are all right you don't bother, do you? You should, but you don't. Anyway, they tell me they do a lot of good for deaf bairns there. Now I was just wondering this, how would you like to send her along? She could be boarded and I would see to it that. . . .'

'No, Mr. Bensham, no. . . .'

'What! You want her better, don't you? I mean you want all the assistance you can get for her?'

'Yes, yes, I do, but . . . but only yesterday morning when we were having a small altercation and I became annoyed with her, I told her I would do just that, what you have proposed, send her away to a school, and—' now the starch appeared to crack, for her back sagged and she looked down at her hands folded in her lap and her head drooped before she said softly, 'The anguish and fear on her face at such a proposal was as unbearable to me as the idea was to her. And I am not casting aspersions on the Manchester school, Mr. Bensham, but the conditions under which some of the children live in such schools are deplorable. I understand that some of these establishments demand long hours of religious instruction. To be made to sit in church for three hours at a time on a Sunday is not unusual for the children, and in winter time too.'

'Aye well,' he sighed. 'That's that, isn't it? Still' – he pulled his chin upwards – 'never say die, that's my motto, you know. What about tryin' some of the old cures? I'd lay me life some of them's a damn sight better than the new-fangled medicines. I mentioned it to Ted Spencer; you know, Spencer, he's got the mill over the other side, I told you afore, an' he said he'd heard of a dumb bairn whose tongue was loosened by big doses of cod liver oil. You could try it. If it could loosen the tongue it could loosen the eardrums.'

Miss Brigmore looked across at him and her glance could not conceal a certain amount of pity for his ignorance. It was years ago, during the last century, that they had used cod liver oil for deafness, attacking the trouble as if it were one connected with the bowels, pouring the obnoxious unrefined oil down poor children's throats, ignoring their vomiting, all with the best intentions in the world, as those before them had used hot irons on the neck in order to create suppuration in the belief that pus could be drawn from the ears, being of the opinion that deafness was caused by a blockage. The agonies that some children had undergone, and to this very day were still undergoing, at the hands of those who wished them nothing but well was to her an agonizing thought in itself, as was the controversy that raged between the exponents of one method and those of another.

If she had spoken the truth to him she would have cast aspersions on the Manchester school for she abhorred the practice, started there in bygone times, of putting their children on exhibition in order to raise money. True, it was out of great necessity to keep the school going that the practice was first begun, but in her opinion it had put the children on a level with caged animals in a travelling zoo.

She had read exhaustively about the predicament of the deaf, and what she had hoped from Mr. Bensham's interest was that his influence, in such a place as Manchester, would have brought forth someone, some specialist whose methods were new and that, if the treatment was expensive, he himself would act as patron. But what had he proffered? An ordinary school that dealt with children from all walks of life, and although she wanted all deaf children to receive the best of treatment she wanted her darling Barbara to receive specialized treatment; and now, before her ailment became worse. But could it become much worse than it was, for she was almost totally deaf, being able to hear only high and unusual sounds?

'You worry too much.' The words were sharp and they startled her. 'You're miles away. You're always thinkin' of that child; you want to think a bit more of yourself, for I'm gona tell you something. She'll get by. I know people; she'll get what she wants out of life or die in the attempt; deaf or not, she'll have her way. She was a little monkey when she was young, she still is. Anyway, her looks'll get her where she wants to go, that's if she fills out a bit. Her deafness won't be all that of a drawback. Any road, we can talk more on this later; the point now is, what are we going to do about Fairweather? You can't get over the fact she took it upon herself to tell the bairn she had to buy her own uniform. When did any of my lot buy their own uniform?'

'She was likely intending to start a new rule in order to economize. You do not hide the fact that you consider too much money is being spent on household expenses.'

'Aw, well, that's just to keep them in mind that I know what's what. I'm away half me time, an' I don't want them to take advantage of Tilda . . . So what's to be done?'

'What do you want to do?'

'Sack her.'

'Then you must sack her.'

'You picked her.'

'I helped to choose her on her references. I recommended her because she was the best of the ten applicants, and I still think she's a good housekeeper. But perhaps . . .'

'Aye, perhaps what?'

'I will be as candid as you, Mr. Bensham. Perhaps not for this establishment.'

'An' what do you mean by that?'

'Just what I said, not for this establishment. She has been used to managing a different kind of house and staff.'

'What's the matter with me staff?'

'As regards work, nothing; as regards manners, some of them leave a lot to be desired.'

'You mean the ones I brought from Manchester?'

'Yes, that is what I mean.'

'Aye, well, it's my house and I want it run in my way. Everybody's got too much starch in this life.'

When a silence fell between them he pursed his lips and stared at her fixedly, then said, 'Go on, say somethin'. Why don't you say things aren't what they were in the old days? You've looked it for years, so you might as well say it, like the rest. They say, "Common as muck, those Benshams are. Don't go huntin' or shootin'. Never have the hounds billeted on him," they say. That's what they say, isn't it?'

'I don't know what they say, Mr. Bensham, my time is mostly taken up in the nursery.'

Again there was silence between them, until he said grimly, 'Aye, broken with trips across the hills to the lady farmer an' visits from Old Master an' Mistress Ferrier. They're glass people aren't they, the Ferriers, big pots in glass? An' they move among the top notchers, don't they? Hobnob with the Percys and such, I'm told. You see I've got me Indian runners an' all; there's little goes on around here that I don't know. Not that I'm interested; but I can sit back and laugh.'

'And do you?'

'What do you mean, do I?'

'Do you sit back and laugh?'

He did not answer her, he just sat staring at her; and then he said, 'You know there's times I get so bloody annoyed with you that I could take me hand and skelp you across the mouth.'

She was on her feet, her body rigid. He was on his feet too. Beads of sweat were showing on his forehead and he wiped them off with the side of his forefinger before he moved slowly around the table and stopped within a yard of her. Then, his voice thick, he said, 'I'm sorry, I really am; that was uncalled for. You've done nothin' but service to me and Tilda, an' then for me to go and say a thing like that. I don't know what got into me. Aye, yes I do, yes I do.

Let's face it' – he put his hand to his brow again and pushed his fingers through his hair – 'you never unbend, you're stiff, starchy, as I said. Admitted, you've learned Tilda a lot of things, you've carried her along through difficult times; and I'm not sayin' you haven't learned me something now and then; but you've never unbent. You should be one of the family by now, like a friend, but you're still Miss Brigmore. The bairns call you Brigie, but you know what the staff call you? The Brigadier. . . . Aw.' He scratched his head in a number of places, then walked sharply away from her up the room to the fireplace, and standing with his hand outstretched gripping the mantelpiece, he said, 'Here I am talkin' about trifles an' household bits and pieces when I should be on me way back to the mill. Why do you think Willy's here at this time?' He now turned and looked at her, but she was still facing the window, and he addressed her back as he said, 'Strikes. He's found out that Pearson's bloody agitators are plannin' a strike. A strike mind you, and in my factory! After what I've done for them; cut half an hour off their time these last two years, and an hour for those under twelve. There's not a bairn in my place works after six at night. An extra shilling in their Christmas packet; then bread and coal for those who are sick. An' then they'd harbour the thought of strikin' on me. But as Willy says, it's Pearson's lot; he's got a right rabble has Ted Pearson. Well, I'm going back there an' I'm going to remind them of what happened the last time the looms stopped spinning, an' by God I won't put a tooth in it.' His voice suddenly changing, he asked softly, 'Are you listening to me?'

She turned and walked slowly towards him, and when she stopped, he said, 'No hard feelings?'

She did not answer for a moment, but when she did she was still Miss Brigmore. 'I am what I am, Mr. Bensham. If I irritate you I would advise you to dispense with my services.' Even as she said this she knew it would be a major disaster for her if he were to take her at her word; but he wouldn't, and he didn't.

'Aw, dispense with your services? Don't be daft, woman!' He half turned from her. 'How do you think we'd go on here without you? Why, if I even gave it a thought Tilda would have me skinned alive. She thinks very highly of you . . . Tilda. And that's another thing I wanted to ask you. Would you look in on her a bit more than usual these next few days, until I get back? She's got a pain. . .'

'A pain?'

'Aye; here.' He put his hand on his flat stomach. 'I've told her she's got to see the doctor, but, you know, although she's so easy goin' in some ways she can be as tough and stubborn as dried hide in others, won't be pulled or pushed. She doesn't like doctors, frightened of 'em, so if you'd have a talk with her, ask her what it's like, the pain, I mean. That's all she says when I get at her, she's got a pain. And you know me, I've got no patience. I'm like a bull at a gap. Oh, aye! Oh, aye!' – his voice had a laughing note to it now – 'I'm like you there, I am what I am, an' I know meself, nobody knows Harry Bensham like Harry Bensham, except perhaps' – his tone dropped to a lower key – 'Tilda. I told you, didn't I, we were brought up next door to each other? Aye.' He shook his head now. 'That was in the early days when we were small; but when me dad got on we moved away and we lost touch for years. Until I saw her on the looms; but I was married then. Aye' – he turned and looked towards the fire and repeated, 'I was married then, I'd married a factory.' His head came round sharply and he stared at her.

'I knew what I wanted so I married a factory. Now you would have been interested in that kind of household.' He nodded at her. 'Aye, you would an' all. Upstarts. God Almighty! there's nothing makes me sick like an upstart; and embarrassed into the bargain. Now you wouldn't think that a fellow like me could be embarrassed, but upstarts embarrass me, get me hot under the collar trying to be what they're not. . . . Anyway, that period passed and I married Tilda. Funny, but she'd been waitin' for me all those years; she had, she said she had. Women are queer cattle, queer cattle. . . . But here I go again, yammering like Bessie Bullock in the pea shop.' His voice was rising again, and he turned from the fire, buttoned his coat briskly while looking at her and said, 'That's something I can't understand. Every time I'm along of you I start to yammer; I'm not a yammering man; and the funny thing about it is, you don't give a body any encouragement. Now do you?' A slow smile spread over his face and transformed it so that now Miss Brigmore, as she had at odd times before, saw someone other than the bigoted, ignorant, raw factory owner who took pride in keeping his image unchanged; she saw the man Tilda must have seen years ago, the man who, in spite of his shortcomings, was at bottom just and kind.

He ended now, saying, 'I can't even get a smile out of you, an' yet when you're with the bairns I often hear you laughin'. What makes you laugh? Aw' – he dismissed his own question – 'I've got to get away. But you'll do what I ask, won't you? You'll look in on her?'

'Yes, I'll look in on her.'

'Thanks. Ta-rah; ta-rah then; I'm off.'

'Good-bye, Mr. Bensham.'

After he had left the room Miss Brigmore sat down suddenly on the nearest chair. That man! She closed her eyes and said again to herself, That man! He was impossible, quite impossible. She had never encountered anyone like him. Daring to say to her he would skelp her across the mouth! She shouldn't be sitting here, she should be upstairs ordering Barbara to get her books and her belongings, for they were going to leave this house never to come back into it again. Skelp her across the mouth, really! really!

She let out a long-drawn breath, then sat perfectly still for a time until she told herself, she must be fair, did her manner aggravate the man? It must do, for he had spoken to her in much the same manner as he spoke to his wife. In the early days here his manner of addressing his wife had shocked her; he used to go for her as if she were some kind of lower servant, rarely addressing her without using a swear word of some kind. Really! really! he was the most amazing man. No, that wasn't the correct term for him. . . . Then what was?

She rose from the chair and made sure that the buttons on her bodice were intact, smoothed down the front of her dress, then went slowly from the room, across the hall and up the stairs and knocked on Mrs. Bensham's bedroom door.

When she entered the room she saw Matilda Bensham sitting propped up in bed. She was dressed in a bright pink flannelette nightdress which had a large collar trimmed with white lace; the sleeves, too, ended in large frills trimmed with white lace, and the whiteness was in sharp contrast to the greyness of her face and the mottled red-veined skin of her hands. 'Hello there, dear,' she said.

'Good morning, Mrs. Bensham. I hear that you are not feeling too well.'

'It's me stomach.' The words were hissed in a whisper and Matilda tapped the coverlet where it rested across her waist.

'Is it upset?'

'Well, not in the usual way, dear; but I've had a sort of constant nagging for some time now. . . . But mind, don't tell him. Now promise you won't tell him, 'cos he's got enough on his plate. By! he has that; I'd never have believed it. Willy came yesterday you know. Set off on Saturda' night he did; had the devil of a time gettin' here an' all. Those trains aren't what they're cracked up to be. Like the manager 'Arry's got in, they go when they're pushed. A strike's afoot and him not supposed to know! There's something fishy there, 'cos we don't have strikes, not us. 'Arry gives them the earth, even thinkin' of letting the women finish at three on a Saturda' to save them having to do everything on a Sunday, you know like washing an' cleaning an' cooking, 'cos Sunday is the only day in the week they've got. And then a strike. So you understand, dear, I don't want him worried. So anything I tell you, you'll keep it to yourself now, won't you?'

'Yes, of course, Mrs. Bensham.'

'Well, lass, it's like this. . . . Pull up your chair and sit down.' She indicated a chair with a sweep of her arm. 'I've had this pain on and off for over a year now; oh, more than that. Wind, I used to think it was, 'cos of the way I eat. You know I eat twice as much as our 'Arry. I don't know how he can resist some of the things that's put afore him, but he does. He takes pride in his stomach being all muscle an' not looking his age. He's vain, you know.' She smiled widely now as she nodded towards Miss Brigmore. 'And of course he's got every right to be, 'cos you'd never think he was fifty-six, would you? A man in his middle forties you could take him for any day in the week, and he knows it. Oh aye, he knows it. So you see, I thought it was what I was eatin'. But I've cut that down a lot and I've still got the pain, worse at times. It's gettin' so that I can't hide it.'

'You must see a doctor, Mrs. Bensham.'

'Do you think so, lass?'

'Oh yes, very definitely, if you've had the pain all this time. I think it was very unwise of you not to have it attended to before now. It might be some simple thing.'

'Such as what, lass?'

The question was quiet, it even conveyed a hint of calm resignation.

'Well—' Miss Brigmore rubbed the tips of her fingers together and paused as if thinking, then said, 'It could be colic, caused by the bowel twisting.'

'The bowels can get twisted?'

'Oh yes, yes. If for instance there has been any undue strain owing to . . . to constipation.'

'Oh. Oh, I see.' Tilda looked over the foot of the bed and nodded, then said, 'Well, you might be right, lass, you might be at that. . . . Twisted bowel.' She brought her eyes to Miss Brigmore again. 'They could cure that?'

'Oh yes, yes, I'm sure they could cure that.'

'Would that cause bleedin'?'

'Bleeding?'

'Aye, from inside like.'

Miss Brigmore wetted her lips and said, 'Well, yes; through . . . through inner haemorrhoids.'

'Piles, you mean?'

'Yes.'

'Inside?'

'Yes.'

'Well, that puts a different complexion on it, doesn't it as they say in upper circles?' She was laughing widely now, showing a mouthful of strong, short teeth, with two overlapping at each side of her mouth. 'You've cheered me up, lass; it's true what our 'Arry always says, you're the only sensible bug . . . sensible one in the house. You always know the right answer, the right thing to do, you always have. Aye, I've often thought of how handicapped I'd have been right from the start in this place if it hadn't been for you. You were a god-send, a real god-send. You know something?' She leant towards Miss Brigmore now, her voice low. ''Arry's got plans for you.' She nodded her head once. 'Now mind, don't let on about this either, else he'll leave me black and blue from head to foot, but he's going to see that you're all right when you finish here, you'll be able to live better'n you've lived afore, apart from with us.'

Miss Brigmore felt the colour rising to her hairline. What could she say? She felt so ill at ease, yet she must not take this offer amiss; these people were kind, embarrassingly so. Reluctantly, she had to admit that they were far kinder than the previous owners of this establishment, far kinder.

It was in a surprisingly broken tone that she voiced her thanks. 'You are very kind, Mrs. Bensham, very kind.'

'Aw, lass, it's not me, it's him. He's always been a kind man, always, not only just now. By! no. Oh, the things he's done for people; even the bloomin' Irish. Eeh! mind they're a dirty lot, them Irish. Him and me were brought up next to each other. You know that, but did I tell you there were eleven of us in two rooms, while in 'Arry's there were only five of them? They were lucky. But both our houses were as clean as new pins. Me mam would be up at five o'clock in the mornin' gettin' us and herself off to the mill. In the beginnin' we were there until nine at night, but if it had been twelve o'clock she would have done her fireplace, and shook her mats. The fireplace was black-leaded once a week until she died. . . . But the Irish! When 'Arry and his people left from next door we got a family in. Eeh! by, you never saw anythin' like it. They brought a pig with them, they did.' She made a deep obeisance with her head and began to laugh. 'That's the Irishman's bank in Manchester, a pig; soon as they got a bit o' money in those days, if they didn't drink it, that is, they bought a pig. There were two families of them in those two rooms, seventeen there were; they didn't only sleep head to tail, they had to stand up against the walls.' She was doubled forward with laughing now, and Miss Brigmore found herself laughing with her, while at the same time her mind was appalled at the conditions described.

'Eeh!' – Matilda dried her eyes – 'me mother did work hard. Her only pleasure was her pipe. Twelve o'clock at night she would take it out and have a draw. You know, lass' – she lay back on her pillows – 'I've been in bed since Friday. Just after you went I came up to bed, and it seemed a long week-end 'cos I've done nowt but think. I've gone back over all those early days, an' you know I just cannot believe I'm sittin' here in this house with umpteen servants to wait on me. I . . . just . . . cannot . . . believe . . . it. And how many years have I been here now? Nearly twelve. Aye, well, they say a leopard cannot change its spots, an' I suppose they're right 'cos I'm still not at ease. You know that, lass, don't you? I'm still not at ease.'

'Oh, Mrs. Bensham, you must feel at ease; this is your home and . . . and every one of your staff respects you, and your family love you.'

'Aye, aye, I suppose they do, I mean the family lovin' me, 'cos they haven't turned into upstarts yet. But still, there's plenty of time, they're still young. What'll they think though when they start courtin' and bringin' their lasses home, an' Katie her lad . . . or should I say finnances? Will they love me then, d'you think? Aw' – now she tossed her head – 'why am I worryin', we could all be dead the morrow, couldn't we?' She stared at Miss Brigmore and Miss Brigmore, looking back at her, said, 'That's very unlikely; you'll live to see your grandchildren, and very likely their offspring, too, running around the house.'

There was a short silence before Matilda said softly, 'No, lass; no, I won't.'

As they continued to stare at each other Miss Brigmore swallowed deeply, then she whispered, 'Oh, Mrs. Bensham.'

'Don't you think you could call me Tilda just for once.'

'It . . . it would be very difficult.' Miss Brigmore's voice was still soft. 'And . . . and it would be out of place. But . . . I want you to know that I regard you very highly and . . . and I will think of you as Matilda even if I don't allow myself to call you by your christian name.'

'You're a funny lass.'

'Yes, I realize I am, in the way you infer. My manner must be irritating to you at times, as it is to Mr. Bensham.'

'*What!* Oh, you don't irritate him. An' you don't irritate me. Now, don't get that into your head 'cos I've said you're a funny lass. What I should have said was you're a grand lass.'

Miss Brigmore felt at this moment that she could not stand much more of the emotional stress being forced upon her this morning. Here she was at the age of fifty-four, nearing fifty-five, and being termed a lass, but in the most complimentary fashion, and from this woman, this dear woman, and she could think of her as dear in spite of her ignorance and uncouth manner, for she was bravely facing the fact that she was carrying a disease inside her which was likely to terminate her life within a short period of time. As she went to rise to her feet Matilda said, 'There's something you can do for me, lass.'

'Anything.'

'Willy was up, an' he told me about Mrs. Fairweather sending a letter off to the Dochertys. Do you know about it?'

'Yes.'

'That's all right then. Well, I told him to show it to the boss and let him deal with it, but not let on that I knew anything about it, for I knew that once 'Arry saw that letter he'd want to get rid of her, and I want to an' all but I've never had the pluck to tell her. Do . . . do you think you could see to it for me, lass?'

Miss Brigmore did not pause a moment to consider the unpleasantness of the task before she answered, 'Yes, I'll deal with it. Don't worry yourself; I'll deal with it.'

'Aw, ta, thanks. Did you see the letter? Did you ever see anything like it in your life? The Dochertys live in a warren. The men are good workers but the mother is hopeless. The last time I saw them the lice was carryin' them around, an' Mabel, the one that 'Arry wants to take on, she was just a bairn crawlin' in the filth of the gutter, and when I say filth I mean filth. Everything was thrown out of the door; it was piled up back and front. They died like flies around there. They tell me they've pulled Cods' Row down, an' not afore time I say, not afore time. Anyway, you tell her, lass, eh? You tell her.'

'Yes, I'll tell her. Now rest quietly; don't attempt to get up; I'm going to send for the doctor.'

'Aw . . .'

'No aw's.' Miss Brigmore shook her head, and there was a reprimand in it; it was as if she were speaking to the girls. 'You're going to see the doctor, and as soon as possible.'

'It'll worry 'Arry if I have the doctor.'

'It'll worry 'Ar . . . Mr. Bensham . . . if you don't have the doctor.'

The room was filled with a great guffaw of laughter now as Matilda, holding her head, lay back among the pillows, saying, 'Eeh! Eeh! you nearly said 'Arry. You did now, you did; you nearly said 'Arry.'

Miss Brigmore tried to suppress a smile but she failed. She turned quickly about and went out of the room, but once on the landing she stopped and pressed her hand over her lips, for now she was on the point of weeping. Really, really, such courage. But she must not give way like this. She had two things to attend to immediately; first, she must send the coachman into the town for the doctor, then she must go into the library and from there she must send for the housekeeper and inform her that she had been given permission to dismiss her. What a morning!

Chapter Three

'What are these Bensham fellows like, Mother?'

'Now you know as much about them as I do.' Constance Radlet turned out a great mould of brawn on to a side dish before she went on, 'I only know what your Aunt Anna tells me. John is sixteen, Dan fifteen and the girl, Katie, is fourteen.'

'And you've never seen any of them?'

'No, of course not.' Constance turned and looked at her son, where he was sitting at the end of the long white scrubbed kitchen table, and as always when she gazed on him a smile came to her lips, for as his grandmother, Jane Radlet, was fond of saying in her Biblical way, he was good to look upon. His hair was a corn yellow, his eyes were a clear grey, the lids inclining to be overlong, giving him a slightly oriental look; his nose was large and his mouth full, but it was a firm fullness; and the firmness was expressed in his chin which had a squareness to it; yet his overall nature gave the impression that he was an easy-going, indolent type of boy; his movements were slow, his laughter came slow and deep, but when it reached its full pitch it was an infectious bellow. He was nearing thirteen years old and was tall for his age, but he had bulk with it; he was going to be a big man. Yes, he was good to look upon.

'Why do they want to come over, they've never been before?'

'Likely that's the reason, because they've never been before.' Constance's smile widened.

'They go to a boarding school, so you say?'

'Yes, and so do you.'

'But likely theirs is a very stylish affair; the father's rich, isn't he?'

'Yes, and common and ignorant from what I gather.'

'They say he's good to his staff.'

Constance turned to where her mother-in-law Jane Radlet was sitting peeling potatoes near the fire. She had her feet on a cracket and a large tin dish on her knees, and from it she kept dropping the peeled potatoes into a black kale pot on the floor at her side. She nodded at Constance as she smiled, and Constance returned her smile with cocked head now, saying, 'Well, he's not the only one, so are we.'

They both laughed and it was a harmonious sound as between friends.

Turning back to the table and pushing the plate of brawn away from her, Constance called across the room to a plump little girl standing over the sink washing pots, 'Bring me a clean side dish, Sarah, please.'

The girl came hurrying to the table, drying the dish on the way, and she placed it before Constance; then looking up at her, she said, 'They don't hunt; they say they don't hunt, not even hares, or partridge, not like the gentry.'

'Who said they didn't hunt, Sarah?'

'Me . . . my dad.' Sarah always called her uncle Dad.

'Well, that doesn't make them any better, or worse, than the next. Bring me the ham from the pantry.'

The girl turned immediately to do Constance's bidding. But she did not, as would be expected, say, 'Yes, ma'am.' A stranger would have found the situation very curious that this orphan girl should be allowed to speak without first being spoken to unless she wished to convey something absolutely necessary, but in this instance she had casually joined in the conversation with her mistress and young master and the young man's grandmother.

And Sarah Waite's position was unusual in that the mistress of the house, besides teaching her to read and write, had shown her all the big towns in England on a map, and made her learn what they produced, and for a full year she had allowed her to sit by the young master's side when doing her lessons, until at seven years old he went away to the school in Hexham, only returning at the weekends, and during his absence she had continued to teach her head man's niece.

If anyone had dared to tell Constance that her philanthropy had a selfish motive she would have denied it while admitting its truth to herself, for although most of her time was taken up with farm affairs, there were long hours in the evening, especially in the winter, when her mind craved for some other outlet besides those of making clothes, darning and tapestry. She was slow to admit that she had imbibed some of Miss Brigmore's character while being taught by her, for she also had the desire to impart knowledge. When she reluctantly decided on the course of sending her son to a boarding school where he would come under influences other than those of the farm labourers, there was left in her a gap that could be filled only by the moulding of another character. Then indeed, she knew that she had imbibed more than general knowledge from Miss Brigmore.

And there was also the necessity at that particular time of covering up her disappointment – she refused to acknowledge it as a dashing of her hopes. Although she had said more than once that she would never marry again, she had not rejected the advances of Bob Armstrong, the younger of the two farming brothers who lived but three miles away. From the night of that first harvest supper she had given in sixty-six he had openly shown his admiration for her. He had called in when passing, and when not passing he had made a point of visiting her, giving her advice, joking with her, letting his eyes tell her what was in his mind. And this silent courtship had gone on for three years.

It was when she had almost decided to give him enough encouragement to speak that his visits ceased abruptly. He even avoided her on market day. It was from Peter, his honest but shambling brother, that she learned he was going to marry a Miss Fanny Winters, a farmer's daughter. The farmer had died, and his wife was oldish, and Miss Fanny Winters, a bit long in the tooth, as the forthright Peter had put it, had in a way offered. It was a big farm, and Bob had always hankered after a big farm. He would miss him, Peter said, 'cos he was good company was Bob. But twenty-five miles was twenty-five miles and you couldn't keep running back and forward all that way, now could you?

Constance hadn't cried at the news, she had been too angry, too humiliated; although she hadn't a doubt that he had desired her, nevertheless his need for a big farm had been greater. Wolfbur hadn't apparently been a large enough attraction.

So this was another reason why it was desirable for her to have a pastime, and Sarah Waite filled the need. It also deepened the gratitude of the entire Waite family towards her.

Sometimes when Constance looked in her mirror her reflection showed the inner panic that filled her, a panic created by the mounting years, for was she not thirty-two? and the question of age would engender in her the special terror that one day when Michael took a wife she might be brushed aside, discounted. That she was all-in-all to him now she was fully aware, but she knew that this emotional state couldn't last; another few years and he could marry.

When her mind touched on him marrying her nerves almost jangled into hysteria. What if he should choose Barbara? As things stood Barbara's father and Michael's grandfather were one and the same man, at least in the eyes of the world, and she would gladly have left the situation like this in order to prevent Michael bringing her niece into this house as his wife; but there were two others who knew the true situation, Anna and Jane, and Anna, she knew, would move hell and earth to make that girl happy; and Jane would do the same for her grandson. She could, in times of such panic, see their combined efforts forcing her to reveal to her son the real truth of his beginnings.

And Michael, where did he stand in all this? The fact that Barbara was deaf would be no impediment to him taking her; rather the reverse, he would be drawn to her out of compassion. She was well aware that he had, since a small child, maintained a fondness for her. Although he teased her and called her Madam, and grumbled about her following him around, nevertheless she sensed that deep within him he had strong emotional leanings towards his cousin. What she constantly hoped and prayed for was that with the years he would grow out of this feeling, for there was bad blood in Barbara, she being part Mallen.

'How will they get back if there's no moon?' Michael asked.

'What do you say?'

'I say how will they all get back if there's no moon?'

'Oh, there'll be a moon.' It wasn't Constance who had answered but Sarah. She had turned from the sink and, her face bright and smiling, she nodded at them and repeated, 'There'll be a moon to-night, sure there'll be a moon.'

'Ah! The oracle has spoken.' Michael raised his hand and his voice was solemn as he went on, 'Listen . . . listen all ye present, listen to the voice of the sage . . . and onions.'

As he and his grandmother laughed Constance asked, 'How can you be sure, Sarah, there was mist last night?'

'The sky this mornin', the way the sun came up while the moon was still showing.'

'Is that a sign?' asked Constance.

It was Jane Radlet now who replied as she threw a potato into the pan with a plop. 'Oh aye, it's a sign; she's right.' She exchanged a smile with Sarah. 'Of course, it's to do with the way the moon was lying at the beginning of the month, it had to be lying on its back if there were to be three full nights clear at the end.'

Constance did not question the truth or otherwise of the forecast, for she had been proved wrong on similar points so many times before.

Michael rose from the table, saying, 'Well, I'm off.'

'Where?'

'I'm going with Jim to the top fields.'

'Oh no, you're not!' Constance checked him with lifted hand. 'They'll be here within half an hour.'

'Well, I'll see them coming even before you do, and I'll scamper back.'

'Why? we're going to see the hill racing, aren't we? We'll all be up to our eyes in mud after the rain these last few days, if I know anything.'

'That doesn't matter; you should be dressed to meet them, especially as you haven't met them before.'

'Are you going to change?'

'Of course.'

'And you, Grannie?' He lifted his head in Jane Radlet's direction, and Jane, laughing loudly, said, 'Not me, lad, not me; they take me as they find me.'

'And what about Sarah, has she got to change?' He looked towards the small girl, and she turned her head over her shoulder and laughed at him, while Constance answered for her, 'Sarah's going with Jim to the games.'

Michael gave an exaggerated sigh and was about to resume his seat when Constance said, 'Now don't sit down again, there's no time to dawdle. Come,

I'm going up too.' She stretched out her hand and caught him by the ear, and he pretended to cringe and yelled, 'Oh! . . . oh! . . . oh!' and they all laughed.

When Constance and Michael had left the room, Jane beckoned Sarah to her and in a conspirational whisper said, 'Go on . . . over home, hinny, and make yourself tidy. Put your best hair ribbons on, and your clean pinny, and show the gentry what a bonny lass you are.'

The bright smile left Sarah's face and she said quietly, 'Dad says I've to keep out of the way once they come, and Uncle Jimmy's takin' me straight off to the games.'

The old woman and the child looked at each other and knowledge of the situation was exchanged in their glance. 'Aw well then,' said Jane; 'go on then and enjoy yourself.'

'Yes, yes I will.' Sarah turned away, her face still unsmiling, and made to go to the sink, but Jane said, 'Leave them be, I'll finish them; go on now,' and the child went out.

The kitchen to herself, Jane stopped peeling the potatoes and through the window she watched the small girl dashing across the yard, and when she was gone from her sight she muttered, 'All because that one's coming,' and as if picking up Constance's thoughts, hers said, 'Everything old Mallen bred was tainted.' Hadn't she herself proof of it? The result of Mallen's raping her when she was a girl had been her son Donald, and what had he turned out to be? A devil, yes a devil if ever there was one, and he had proved it when he wed the lass just gone upstairs there, for he had led her a hell of a life before he was . . . her mind shied away from the word murdered and substituted destroyed, which seemed less terrible to her.

And what of Mallen's last raping? That Barbara too had the devil in her, and a temper like a fiend, and she hated young Sarah because Michael made much of her. It was a great pity she hadn't been struck dumb as well as deaf.

It was at this point that her thinking proved Constance wrong, for she muttered aloud, 'I'd sooner see him alone to the end of his days than take up with that one across the hills.'

The trap driven by Miss Brigmore was first to come through the gateless gap in the stone wall. Seated opposite her was Mary Peel; they had the vehicle to themselves. Close behind came the wagonette; it was driven by Yates, the coachman, and seated behind him were John and Daniel Bensham, Katie Bensham and Barbara.

As they alighted they were each greeted by Constance and Michael, who were standing outside the front door of the farmhouse.

'How nice to see you. How are you, dear?' Constance and Miss Brigmore exchanged kisses.

'And you, Barbara?' Constance and Barbara exchanged kisses, light touches on the cheek these. And then the introductions were made.

'Miss Katie Bensham . . . Mrs. Radlet.'

'How-do-you-do, ma'am?'

'How-do-you-do?'

'Mr. John Bensham . . . Mrs. Radlet.'

'How-do-you-do, ma'am?'

'How-do-you-do?'

'Mr. Dan Bensham . . . Mrs. Radlet.'

'How-do-you-do, ma'am?'

'How-do-you-do?'

The same process was repeated but with Michael this time; then Constance led the way into the house, through the hall, not so dark now because of another window that had been added to it, and into the drawing room.

'Do please be seated.' Constance spread her arm wide, and when they had taken chairs there fell on them an awkward silence, until it was broken by a high laugh from Barbara, which both startled and annoyed Miss Brigmore but which brought answering smiles from the younger folk when she said, 'It's funny, we all look ridiculous, everybody sitting like waxworks.'

Katie began to laugh and the boys to grin widely; then Michael, who had been standing near Barbara, leant towards her and, mouthing his words, he said, 'Trust you, Madam, to break eggs with a mallet,' and as her hand went out to slap him Miss Brigmore said sharply, 'Barbara!' But Barbara was not looking at Miss Brigmore and didn't see her speak, and so she slapped Michael and went on, 'We had a wonderful time coming across; we laughed all the way, didn't we, Dan?'

Daniel Bensham, fifteen years old, was of small stature but inclined to be thick set. His hair was sandy; his eyes, a deep blue, had a keenness to them; his nose was rather broad at the nostrils and his mouth was large. He had no claim whatever to good looks yet there was something arresting about his face. He did not answer Barbara except by making a moue with his mouth, for his attention was taken up by the company, by the lady of the house in particular; the lady who had once lived in the Hall and who, he imagined, had expected to go on living there for ever. How had she felt when she was turfed out? Barbara said she was seven at the time; she must still remember. And then there was the son. This was the one that Barbara was always talking about, and he could see the reason, a mythological god here, a son of Olympus. Yet he didn't look as if he had much spunk; he had the look of Ripon about him. Ripon was in the Upper House; he looked in a daze most of the time, and was always spouting poetry; he had been up before the Head this term for wearing fancy collars; he had copied Byron's dress from a picture hanging in his room. And yet for all his dreaminess they said he was a flogger, and because of him some of the boys were afraid to be sent up. He, himself, wasn't afraid; let him start any of his flogging antics on him and he'd kick him in the teeth. By God! yes; then he'd walk out. And his dad would support him. He already felt a deep animosity towards Ripon, and he could towards this fair fellow too.

'Dan, what are you staring at, you look all eyes and teeth?'

Dan turned his gaze from Michael on to Barbara, and he laughed with her as he said, 'Well, I am all eyes and teeth.' Then turning, he smiled at his hostess; and she smiled back at him as she thought, What a nice boy! And such a nice voice. They appeared to be nice children, and all well spoken. As usual, Anna had done a good job on the girl, and the public school had certainly left its stamp on the boys and erased the vernacular inheritance of their parents, which, from what she could gather from Anna, remained deplorable.

She looked from the sandy-haired boy to the taller red-headed one and said, 'I see you have come suitably dressed for the walk. It's a good three miles across the moors and very rough terrain in parts. Have you been to the hill races before?'

'No, ma'am.' John shook his head. 'It may seem strange, but we've never been this side of the range before. It was lovely coming over, wonderful scenery. And you're in a beautiful valley here. The country appears much softer this side. Over home it's harsh . . .' he finished lamely, colouring a little as he too remembered that this woman had once lived 'over home'. It was all rather embarrassing. He was sorry that he had let Barbara persuade them to come; but then once Barbara got her teeth into anything you might as well give up. He looked now from this beautiful woman to Barbara. There wasn't a vestige of resemblance between them, yet there was a strong blood tie. He again concentrated his gaze on Constance. She'd kept her elegance and style even if she had been running a farm for years. This, he supposed, was what they meant by breeding.

Katie was also looking at Constance, and she was thinking, She keeps smiling all the time, but she looks sad.

'Excuse me a moment.' Constance cast her glance over the visitors, adding, 'You must have a little refreshment before you start on your . . . arduous journey, and I would also like you to meet my mother-in-law, Mrs. Radlet.'

As she turned towards the door it opened and Jane entered. She glanced quickly at the assembled company; then putting her face close to Constance, she whispered, 'There's a gentleman called. He wants to see you; he's in the yard on horseback.'

Constance almost repeated aloud, 'A gentleman on horseback?' Traps, carts, brakes, her visitors usually used one or the other of these vehicles, and if one came on horseback he was likely a farmer. She knew Jane well enough to know that she would not give this title to any of the farmers from hereabouts, she would have announced them with 'It's Armstrong' or, 'Him over from Alston way,' or 'Bradley from Nenthead,' but she had said, 'A gentleman.'

When she reached the kitchen door she stopped and stared at the man standing at the horse's head, and before she had time to prevent it her mouth dropped into a wide gape. Pat Ferrier – her heart lifted – Pat Ferrier who had at one time been a regular visitor to the cottage along with Will Headley, Will, who had courted her then discarded her practically overnight for a young lady of wealth. It was on the day after she had learned of Will's desertion that Donald Radlet had proposed to her – How fate took advantage of the emotions.

And young Pat, he'd had an affection for her too, but she had laughed at him and treated him like a young boy. But here he was, and no longer young Pat, but a man, a handsome man.

'Pat! Pat!'

Pat Ferrier turned sharply towards her, then came forward with outstretched hands, and gripped hers. 'Constance! Ah! Constance. How good to see you!'

'Come; come in.' She was hanging on to his hand. 'What are you doing here? I thought you had gone to live abroad, permanently; the last I heard of you, you were in Austria.'

'Oh, that was three years ago. I've been in London for the past year.'

'You have? Oh! Come through.' She led the way out of the kitchen; then stopped in the hallway. Her hand to her cheek now, she laughed as she said, 'This is a day of surprises; I have three visitors from the Hall.'

'The hall . . . You mean?'

She nodded quickly, 'Yes, High Banks; the children of the present owner. Barbara brought them.'

'Barbara? I thought . . .'

'Her daughter.'

'Oh, her daughter. I see.'

'You're not in a hurry, are you? Would you care to come and meet them? They'll be leaving shortly, they're going to see the games, and then we can talk . . . Oh! Pat.' She grabbed at his hands again. 'It's lovely to see you; it just makes me happy to look at you.'

'I should have said that.'

'Yes, yes, of course.' She lowered her eyes in a mock-modest fashion. 'I forgot myself, sir.'

At this they both laughed and as they walked towards the drawing-room door, he said, 'But I can endorse it a thousandfold.' Then after a pause he added, 'You've changed, Connie.'

'Yes, time doesn't stand still.'

'You're more beautiful.'

'If I remember rightly, Pat, you always did say the correct thing.' She opened the door and ushered him in and the whole company turned and looked towards him.

Miss Brigmore recognized him instantly, although he had been but a boy when she had last seen him. She remembered he had married quite young, but it had turned out to be a tragic affair, his bride having died within three months of the ceremony. This had driven him abroad, and there he had remained for years. They had heard of him now and again through Mr. Patrick Ferrier senior when on the rare occasions he called at the cottage. And now here he was. Had he married again? Or was he still a widower? Why should he have sought out Constance? But why not? They were old friends. Dear, dear; her mind was in a whirl. Now wouldn't it be wonderful if . . .

She was shaking his outstretched hand, saying, 'I recognized you immediately.'

'And me you. You're like Constance, you haven't altered one iota.'

'I've told him,' Constance put in now, 'that he always did say the right thing. You remember, Anna, you used to say, "That young man is correct in everything." But isn't it lovely? And what a surprising day! Now let me introduce you.'

As Miss Brigmore watched Constance, her face alight, making the introductions she thought, Indeed! Indeed, what a surprising day!

Everyone was in accord; it had been an exciting, happy, wonderful day. If anyone had enjoyed it more than another it was Barbara, for she'd had Michael to herself most of the time, at least whilst they were out. He had taken her hand and pulled her up gullies, he had caught her when she jumped from high banks, and she had felt so proud of him as he showed off his knowledge of country lore to the others: pointing out a badger's set, taking them to see an otter's slide, showing them the tracks of a weasel. She had noted that John got on very well with Michael, but that Dan had talked to him hardly at all. But then Dan had moods; and when he did talk he was inclined to be argumentative.

She herself had been charming to everyone; it was so easy when there was no one to irritate her. She hadn't set eyes on Sarah Waite since they had come into the farmyard. She didn't know where she was or what had happened to her and she didn't care; she only knew that life on the farm was wonderful when that girl wasn't there.

And the day wasn't quite over yet; but she knew it would end for her once she stepped up into the trap, or the wagonette; it would likely be the trap, but that didn't matter, she had no great longing to ride with the boys. But she had a longing, amounting to a craving, to dance with Michael once again, and alone, dance with him with no one else there, feeling him whirling her around in a polka. They'd all been dancing a Roger de Coverley in the drawing room. Katie had played the piano and her Aunt Constance had danced with Mr. Ferrier and she had looked quite gay, acting almost as though she were a girl again, skittish was the term Brigie would use when describing someone old acting like someone young. Yet Brigie, too, had danced. At first she had thought she would die laughing when she saw Brigie dancing, yet she guided Dan through all the steps and was light on her feet.

But oh, she wanted to dance with Michael alone. Oh! she did, she did.

The room was full of chatter noise and laughter. Mrs. Radlet was handing round bowls of hot broth to support them on the journey for it was already turning chilly and the full moon to-night would likely shine on an early frost. Her eyes strayed for a moment from Michael to where Katie was laughing with Mr. Ferrier. He was moving his hands and describing something to her; it looked as if he were showing her how he toppled from a horse. She thought she could hear the high note of Katie's laughter. She turned her eyes back to Michael, or to the spot where Michael had been; but now he was going into the hall.

Her thoughts galloped as she searched for an excuse to follow him. . . . Her handkerchief, there was mud on it, where she had wiped some spots from her face splashed up by a horse's hooves. She went hastily towards Constance where she was talking with John and said, 'Do you think you could loan me a clean handkerchief, Aunt Constance? Look' – she drew the dirty handkerchief from her pocket and explained laughingly how it had come to be soiled.

'Of course, of course, I'll get you one.'

'No, no, let me.'

Constance was about to affirm that she would go and get the handkerchief when Pat Ferrier came to her side, bringing Katie with him and saying, 'This young lady tells me she doesn't ride, she hasn't a horse; now can you understand that?'

Constance looked at him and laughed; then turning fully to Barbara again, she said slowly, 'You'll find some in the right-hand top drawer of the dressing table in my room, the small drawer.'

'Thank you, Aunt Constance.' Before she finished speaking she turned and was about to rush away when Miss Brigmore's hand came out and stopped her. 'Where are you going?'

'To get a handkerchief; Aunt Constance said I may go up to her room and get a handkerchief.'

'Oh, very well. But don't be long because we're almost ready to go. And when you come down collect your cloak and bonnet from the other room.'

'Yes, Brigie. Yes.'

Once in the hall, she looked towards the stairs, then ran to the front door, and down the steps, along by the side of the house and into the farmyard. In the far corner of the yard she saw Michael talking to Mr. Waite; then she watched Mr. Waite turn and go into the stables, and when Michael was about to follow him she whispered loudly, 'Michael! Michael!'

When he looked towards her it seemed almost as if he had no hair on his head, a fading shaft of light had caught it as in a single beam. She gazed so entranced she wasn't aware that he had moved towards her.

'What is it?'

She looked into his face that was just above the level of her own and she said slowly, 'It looked as if you hadn't any hair, your head had turned to gold.'

'Don't be silly. Is that what you want to tell me?'

'No.' She shook her head. 'Michael' – she leant further towards him and her voice dropped to a whisper now – 'dance with me.'

'*What?*'

'Dance with me.'

'Out here? Are you *mad?* They'll lock us up.'

She was laughing widely now. 'There's no one to see; he's gone, Waite has gone.' She pointed towards the stable.

'Don't be stupid.' He shook his head as he stepped back from her.

Her face now dropping into solemn lines and her mouth into a petulant droop, she muttered, 'You danced with Katie.'

'Yes, because' – he stopped himself only just in time from saying 'because she can hear the music.' What he said was, 'You danced in the de Coverley.'

'That's not the same.'

'But . . . but there's no music.' He spread his arms wide.

'I don't need to hear music, I'll feel the motions through you.'

'You're barmy.' He accompanied the words with a soft smile; then said, 'I'm no dancer anyway; Mother's found me hopeless. She said I glide as smoothly as Sandy, and I have six legs to his four.'

'I saw you waltzing with her.'

'She dragged me around; I tell you I'm club-footed when it comes to dancing. Come on, come on in.' He held out his hand and she took it; then she pulled him to a stop, saying quickly, 'I'll take you, I can waltz. Katie and I often waltz together. Come round here.' She now dragged him out of the yard and along past the kitchen to the corner of the house and then, stopping, she held her arms out to him. Clumsily he put one arm around her waist and took hold of her right hand; and now she commanded, 'Sing! Go on, sing! I can follow you if you sing.'

At this he threw his head backwards and forwards as if in despair; then sighing deeply, he began to hum a tune.

They danced in a small space at first, their bodies apart; then without being conscious of it, they moved round the corner and on to the drive fronting the house.

'Haven't you had enough?' He was panting with his effort to sing and dance at the same time.

'No! No!' She had lessened the space between them and consequently his arm had moved further around her waist. 'I could go on like this all night; it's lovely, lovely. Do you think I'm beautiful?'

'*What!*' When he went to stop she tugged him back into the step saying, 'Don't bawl at me, I can read you. Brigie says I am.'

'Well, if Brigie says you are, then you are; who dare dispute Brigie?' He was laughing down into her face now.

She went to shake him, and their bodies pressed close, and when like this she demanded, 'But am I? Do you think I am?' he said haltingly, 'Aw Barbara. . . . Well, you're all right.'

'Oh Michael! Michael! Tell me, say it.'

'*Michael! Michael!*'

The boy sprang round so quickly that he almost threw Barbara from him; but he still had hold of her hand as he looked towards his mother and Mr. Ferrier standing at the front door.

'Michael!' Constance came towards him. 'What is this?' she demanded.

He didn't speak, he just stared at her, his face scarlet.

'I thought you were seeing Mr. Yates about the carriage lights.'

'I . . . I . . . w . . . was,' he stammered in his confusion, 'but . . . but Waite, he . . . he was talking w . . . with Mr. Yates.'

'I should go and see if the traps are ready.'

The boy hadn't been aware that he was still holding Barbara's hand; and now he dropped it like a hot coal and ran from them.

Constance stared at her niece, and Barbara stared back at her aunt, until the man in the doorway laughed and began to speak. He articulated well and Barbara read his lips. 'She doesn't carry the Mallen streak, but she's a Mallen all right; I saw that instantly, deaf or not. You mustn't blame the boy, Constance. Anyway, what is a waltz? But it would have been better if they'd waited till the moon was up.' He laughed softly.

Glancing at him for a moment, Constance repeated the words to herself; What is a waltz? Nothing, nothing in the ordinary way. But they were holding each other close, entwined. Really! that girl.

'You said that she couldn't hear at all, are you sure?' Pat Ferrier muttered as he turned towards Constance, now slightly concerned. 'She looks as if she understood.'

'She can read your lips.'

'Oh Lord! I'm sorry. Still, she knows she's a Mallen; and I suppose she knows all about the streak by now.' His voice dropped even further. 'I was always glad that you weren't one, Constance.'

She wanted to say, 'Were you, Pat?' She wanted to look at him, linger with him, because she had the feeling that this could be the beginning of a new lease of life for her. He had been in love with her at one time; true it was a boyish love but it had nevertheless been ardent. But, but that must wait; there was this girl, this disturbing girl. She turned to Barbara where she was still standing staring at them and she said, 'I thought you were going to get a handkerchief?'

'Yes, I am.' There was nothing subdued about the tone, no shame in it that she had been caught showing an utter lack of decorum, waltzing with a young boy in the farmyard like any common serving maid might do at a wedding or harvest supper.

She passed between them as they stood on the steps, glancing quickly first at one and then at the other, defiance showing in her back as she walked across the hall and up the stairs and into Constance's bedroom.

She had opened the door before she realized she could hardly see, for now the twilight had deepened and the room had but one small window, so she returned to the top of the landing and picked up the two-branched candelabrum which Jane had just lit and carried it into the room. She placed it on the dressing table and tugged open the drawer to the right of her; then stared down into it, thinking as she looked at the sets of lace collars and cuffs and bodice frills, 'She said the drawer to the right.' Well, this was the drawer to the right. She pulled it out a little further and thrust her hand to the back of it. She could feel no pile of neatly stacked handkerchiefs, nor yet a handkerchief satchel, but what she did feel was something hard beneath a bodice flounce.

Pulling the drawer open further still, she impatiently thrust the flounce to one side and saw that the hard thing it covered was a small framed picture. There was no immediate curiosity in her manner, she did not even think, Why has Aunt Constance hidden this photograph under the flounce? Not until she drew it out and held it to the light and saw that she was looking at a face like Michael's did excitement rise in her.

The face in the round frame was an exact replica of Michael's except that it looked older. The eyes, the nose, everything, especially the hair, were the same. There was only was difference, the face didn't show Michael's strength, it was a pale, sick face. She knew who this was; it was Matthew Radlet. She had seen another portrait of this man when he was a young boy. It had been taken with his elder brother, Michael's father. They were both wearing knickerbocker suits and caps. The picture was now hanging in Grandma Radlet's room, as was another picture of the brothers, taken when they were grown up. But this latter one was indistinct; it had been taken in the cattle market, and it merely showed a dark man and a fair one standing one on each side of a cow.

The sound of laughter coming from below caused her to thrust the picture back into the drawer and close it. Then she stood biting on her little finger for a moment before shaking her head and murmuring, 'Aye, Aunt Constance.'

As if she had just experienced a revelation she turned and looked towards the door, and her gaze carried her beyond it down the stairs and on to the drive, and she saw her Aunt Constance standing there, as she had a moment ago, looking at her as if she had committed some crime.

Quickly she turned to the dressing table again and her darting gaze now alighted on a set of small drawers flanking the mirror. When she pulled the top one open she found it full of handkerchiefs, and she took one out and held it to her nose. It smelt strongly of lavender.

She stood now tucking the handkerchief into the cuff of her dress, her eyes were bright, her face alight as if it were going to burst into laughter. She looked about her. This was her Aunt Constance's room. She had never really seen it before although she had been in it many times; it was comfortable, colourful. It was almost as smart as the bedrooms in the Hall. Her Aunt Constance didn't like her; her Aunt Constance had never liked her; but now she had found something out about her Aunt Constance. She didn't really know the full extent of her discovery, but one thing was certain, she'd never be afraid of her Aunt Constance again.

She had always assumed an attitude to give the impression she was afraid of no one, but secretly she had stood in awe of her Aunt Constance; perhaps because she had such power over Michael, and it had been policy that she herself should remain in her Aunt's good books. But now . . . Now.

She pressed her lips tightly together as if to prevent the excitement that was filling her from spilling over. . . . She knew about things – the forbidden things that happened between men and women. When they were alone Katie and she talked, and their talk hinted at these secret things. And now her Aunt Constance. Really! She could scarcely believe it, but it was true. Oh yes, the photograph was proof enough for her. She remembered her Aunt Constance saying, 'Michael takes after his grandmother Radlet's side.' And of course he did, but his father hadn't been Mr. Donald Radlet. Really! Really!

When she went out of the room there was a slight swagger to her walk.

Fifteen minutes later they were all ready for the road. Barbara had known that she would not be allowed to ride in the brake, not now it was coming on dark, even if the moon were to shine ever so brightly. But it didn't matter; it had been a wonderful day and she had danced alone with Michael. Her Aunt Constance could never take that from her. She could still feel him holding her close. She could still feel the pumping of his heart through her dress. If her Aunt Constance hadn't come on the scene at that moment he might have kissed her; he might, he just might. He had looked down on her and his eyes had been big and round and soft, and his hands had been hot with perspiration. Her Aunt Constance had made them lose something, but it would come again, that moment would come again. In the secret depths of her where her desires ranged wildly she felt old and full of knowledge, strange knowledge.

From her seat in the trap she looked towards where Mr. Ferrier was saying good-bye to Katie; and oh my! he was kissing her hand and Katie was dropping him a deep curtsey; everybody was laughing. . . . Now he was coming towards them.

'Good-bye, Miss Brigmore.' Brigie and he were shaking hands.

Then he was talking to Mary. 'Hello, Mary,' he said. 'I hope you are well. Do you remember me?'

'Indeed I do, sir. You haven't changed much.' It was the first time on this occasion Mary had seen him, for she had been spending the day with her friend, Nancy Waite.

'That is very kind of you, Mary. If I remember rightly you were forever tactful; Miss Brigmore's influence, no doubt.' He cast a glance towards Miss Brigmore. 'Good-bye.'

'Good-bye, sir. Good-bye.'

Now he had hold of her own hand and, leaning forward, he put his lips to it; but his eyes were raised to hers, and they held a mischievous glint as if they shared a secret. 'Good-bye, Miss Mallen.' He stressed the Miss. 'I trust you've had an enjoyable day.'

She read only the latter end of his words because he had bowed his head, and she said, 'Good-bye, sir, and thank you.' It was a suitable retort covering all occasions.

When he stepped back, Yates cried 'Gee-up!' and the brake went from the yard first; then Miss Brigmore shook the reigns of the pony trap and the pony moved forward; and now those who had free hands began to wave. She waved to Michael where he was standing between his mother and his grandmother, with Mr. Ferrier behind him. He did not run beside the trap as he usually did and call a last farewell from the road; but somehow it didn't matter for she knew if it lay with him he would have done so. She felt strong, powerful, important, her deafness didn't matter. Was she only twelve, near thirteen? But she felt so much older, and so full of knowledge. One thing she was determined on; she wouldn't cease pestering Brigie until she got her a pony, and then she could ride over the hills whenever she liked, and no one could stop her. . . . No one.

They had gone about a quarter of a mile along the road when two figures, one very tall and one very small, jumped a ditch and mounted the high bank that edged the road in order to let them pass; then the two figures waved to them and they waved back. Even when she saw it was Jim Waite and Sarah she waved back, for as she looked at the small figure of Sarah Waite, dressed in a common coat and heavy boots and straw bonnet, she felt she had been silly to be jealous of her, for what had she to fear from a little thing like that. She knew that Jim Waite had taken Sarah to the games, doutless at the suggestion of Aunt Constance and Brigie, because the Benshams had been coming. If that hadn't been the case Sarah Waite would have been allowed to tag along with them; and as Brigie herself had said on other occasions, it wasn't right to allow the girl such licence. But it didn't matter any more, nothing mattered any more; she had danced with Michael alone and he had almost kissed her.

The following morning at breakfast Barbara caused Miss Brigmore to choke on her food and drop her fork on to her plate when she was asked the question, 'What is the Mallen streak? Should I have it? Oh, don't choke.' Barbara rose hastily from her chair and came round the table and patted Miss Brigmore between the shoulders as she asked, 'Was it the bacon, or what I said?'

'Don't, don't!' Miss Brigmore shrugged herself away from Barbara's hand; then wiping her mouth with her napkin, she muttered 'It was the bacon; Mary does it much too well. I've told her. What . . . what did you say about the Mallen streak?' She picked up her fork and proceeded with her breakfast, and as Barbara resumed her seat she said, 'I asked you what it was and should I have it.'

'What makes you ask such a question? Where did you hear this?'

'Mr. Ferrier talking to Aunt Constance last night. He said I hadn't got it, nevertheless I was a Mallen all right, or words to that effect.'

Dear, dear Lord! It was a silent exclamation but Miss Brigmore had closed her eyes and it took on the form of a prayer. She could not stand another tussle with the child and the truth would be disastrous at the present time for she was getting on so well with her sign language. She looked across the table and said slowly now, 'Most of the Mallen men who are born with black hair have a paler streak of hair running down from the crown' – she demonstrated – 'usually on the left side.'

'Did Mother's Uncle Thomas have it? His hair is white in his picture in the drawing room.'

Miss Brigmore lowered her eyes before she said, 'In his young days, yes, it was very prominent.'

'Did my father have it?'

Again Miss Brigmore said silently, 'Dear Lord! Oh dear Lord!' Now she must repeat the tale of Thomas Mallen's fictitious younger brother who had been drowned at sea before Barbara was born. She had invented the story when the child had first enquired about her father, and she had regretted it ever since, for it had further complicated an already very complicated situation.

When she spoke she mumbled her words and Barbara asked loudly, 'What did you say?'

Miss Brigmore lifted her head sharply and her voice, too, was loud as she replied, 'I said he had it slightly.'

'Why haven't I got one then?' Barbara put her hand up to her hair.

'The women in the family don't carry the mark.'

'Carry the mark?' The words were repeated slowly. 'Why do you call it a mark?'

'Oh child!' Miss Brigmore jerked her head to the side. 'No reason. It . . . it was merely to describe the pigmentation of the hair.'

'My uncle, Constance's husband, he was Uncle Thomas's son, wasn't he, the fat man?'

'Don't say, the fat man; your . . . your mother's Uncle Thomas was stout, stout, that's all.'

'He was fat; in his picture he is fat.'

'Barbara! you're being annoying, and acting like a small child.'

'I'm sorry. But Brigie, listen to me, because I want to know. If Aunt Constance's husband Donald was Uncle Thomas's son why did he live on the farm? Why didn't he live at the Hall before it was sold, or here with you? Why? And why was he called Radlet and not Mallen?'

'Be . . . because, because, his, his mother married again.'

'What!' Barbara screwed up her eyes. 'But she couldn't marry again if Uncle Thomas was alive, and he'd only just died when I was born, you said so yourself, when he had his heart attack. And Uncle Donald's mother is Mrs. Radlet, isn't she, and she's still on the. . . .'

Miss Brigmore sprang up from her seat and she did an unusual thing for Miss Brigmore, she doubled her fist and thumped the table, much in the fashion that Mr. Bensham would have done, and she shouted at Barbara even as she mouthed each word separately: 'I am not going to go into the entire history of the family at this moment to please you or anyone else, do you hear? When I think the time is ripe I will give you the full story, I shall even write it down for you, but the time is not ripe, and I would thank you not to raise the subject again until I give you leave to. Is that understood?'

Barbara stared up at Miss Brigmore but she did not answer her; she could see that Brigie was furious and all because she was trying to keep something from her, and she imagined it concerned her Aunt Constance and the man called Donald Radlet who had been her husband, but who was Uncle Thomas Mallen's son.

She had the strong urge at this moment to say to Brigie, 'Aunt Constance is a bad woman; she has a picture of her husband's brother secreted in her collar drawer, and his face looks exactly like Michael's.' But no, this was her secret. Unlike this other business however she would not wait until she was given leave to speak about it. When she herself thought the time was ripe she would startle a number of people by asking questions, but most of all she would startle Aunt Constance, that's if Aunt Constance tried to thwart her.

'If you've finished your breakfast go and get ready for the Hall.'

When Barbara reached her room she walked immediately to her dressing table and, sitting before it, she peered into the glass; and as she looked at her reflection she thought, I know a lot of things other people don't know; perhaps it's because of being deaf I notice more. When I am sixteen I shall be very knowledgeable in all ways. I shall know as much as . . . she was going to say Brigie, but she changed it to Aunt Constance, for she felt that her Aunt Constance knew much more of the world than Brigie did.

Of a sudden her mood altered. She leant further towards the mirror and, the lines of her face drooping into sadness, she said to her reflection, 'Parts of me are not nice and I want every bit of me to be nice so that Michael will love all of me. I want to be kind like Katie, and gentle like' – she actually started back from the mirror as she checked her mind forming the name 'Sarah'; then, her body slumping, she asked herself, 'Is that why I hate her – not only because Michael makes a fuss of her but because she is so different from myself, being of a gentle nature?' Leaning slightly forward again she peered at herself, then asked in a whisper, 'Why am I not gentle and kind and loving? But . . . but I am loving. Oh yes' – she shook her head as if in denial to a voice accusing her unjustly – 'I am loving, I love Michael; I've always loved Michael, I don't know a time when I didn't love Michael; and I love Brigie; yes, I love Brigie, but in a different way; and I love Katie, because it would be hard not to love one so generous as Katie; and I like the boys, particularly John. I . . . I really like everyone, everybody except that Waite family and . . . and Aunt Constance.'

Well – her spine straightened itself – if ever she hoped to have Michael she would have to learn to love Aunt Constance, wouldn't she, because when she and Michael married they'd all have to live in the same house, wouldn't they? Not necessarily. In her mind's eye she saw the picture of her Aunt Constance standing looking at Mr. Ferrier.

She was able to recognize love when she saw it.

So you see, she nodded at herself, she really did know a lot, much more than anyone else of her age. Perhaps it wasn't only because she was deaf, perhaps it was because she was a Mallen. Mallens seemed to be different, special, because of that streak.

But Mr. Ferrier had recognized her as a Mallen without the streak.

Wouldn't it be strange if Mr. Ferrier proved to be the solution to her main problem.

PART TWO

Matilda Bensham

Chapter One

'Now look here, lad; I'm going to put some straight questions to you and I want some straight answers; you've buggered me about enough over the last year or so. Why, in the name of God, can't you be like John there?'

'I can't be like him because I'm not him, I'm me.' Dan Bensham leant over the table towards his father and paused before he finished, 'And it's like you to expect people to be of a pattern.'

'Now look here, lad; I'll have none of that.' Harry rose from his chair and came round the desk, his arm outstretched, his finger pointing towards his younger son. 'You can act the man and the big fellow as much as you like among your fancy friends, but just you remember this is my house an' to me you're still a nipper, nowt more, just a nipper.'

'Oh, I'm glad to hear that. Yesterday you said I was of an age to know my own mind.'

'Well, so you are. An' that's what all this is about. I've slaved for years, an' me father afore me, to build up one of the best mills in Manchester, an' I've got two sons who should be damned glad they've got the chance to carry on after me. But here you are nineteen, an' not knowin' which bloody end of you's up. If you had stuck to the idea of goin' to one of those universities I'd 've been with you; aye, I would, but now you come home and tell me you don't know what you want to do, except you want to travel about until you find out. Well, I'm gona tell you something, lad; you're not bloody well travelling about on my money.'

'I can travel without money.'

'Huh! huh! listen to him. I'd like to see you.' Harry now stalked down the room, his arms spread wide; then he turned and came back and faced his son before he continued, 'Just tell me this. What's wrong in you goin' into the mill for a year? It'll be half yours one day so you should know where your money's comin' from an' how it's got.'

Dan didn't answer for a moment, but stood grinding one fist into the palm of his other hand and he closed his eyes and his chin dug deep into his chest as he growled out, 'That's just it, I've told you; if I've told you once, I've told you a dozen times I can't bear to see them from Monday morning till Saturday night working, working, never stopping. . . .'

'Now look you here, lad, let's get this straight; my . . . my people are better cared for than any others in the town. Shaftesbury himself couldn't do more.'

'*No?*'

'*No!* An' don't you insinuate otherwise with that tone of voice. God Almighty! you couldn't treat me worse if I was a John Bright and opposed nearly every damn reform along the line. Look what I've done over the last few years, aye, an' long afore that, long afore seventy-four. I was ahead of me time for I never took a workhouse apprentice in if they were under ten, lass or lad, and then I raised it to twelve.'

'Because it became law.'

'Bugger you for an aggravating young snot. I could have kept it to ten an' been better thought of by other owners. I've been blacklisted by some of them, do you know that? Blacklisted, me! Now I'm tellin' you, lad, you'd better watch out else you'll find yourself lying on your back, as cocky as you are.'

As father and son, similar in build and appearance, only different in age and not all that different in temperament, glared at each other, John's voice broke in on them quietly now, addressing Dan and saying, 'If you're so troubled by the conditions why don't you do as Father suggests and give it a trial, find out where improvements are necessary and put them forward?'

Harry cast his enraged glance now towards his elder son as he cried, 'Now there's sense, there's sense; see for yourself what goes on afore you start condemnin' wholesale out of hand.' He looked at Dan again, stared at him, then letting out a long slow breath that deflated his body he said in a slightly calmer tone, 'And if you go off now what effect do you think it's goin' to have on your mother, and her bad as she is? And you know she's bad, don't you?' His voice sank lower still as he ended, 'Real bad.'

Dan's head was level now, and he asked tersely, 'What do you mean, real bad?'

'Just what I say.'

'But the operation, it was a success.'

'For the time being, for the time being; but you might as well know, both of you' – he cast a glance towards John before lowering his head – 'her days are numbered, they're fast runnin' out.'

John rose hastily from where he had been sitting near the end window of the library, and he came and stood near Dan, and they both stared at their father, and he at them; and then he nodded slowly.

After a moment the two brothers glanced at each other, then Dan went to the fireplace and, putting his forearm on the mantelshelf, he leant his head on it, and he did not lift it until he heard his father say, 'That's why I've stayed back here more than usual of late, an' that's why I wanted the both of you at the mill; not just one, it takes more than one to run a place like that. I wanted you both to get the hang of it under Rington afore he retires, an' believe me that won't be soon enough to please my book. I've never relied on him, not fully, since he almost let that strike sweep our place. If it hadn't been for young Willy havin' his wits about him it would have an' all. Willy could take over the morrow 'cos he could buy and sell Rington in lots of ways, but then don't forget he was one of themsel's, and even the best of them 'll take advantage if there's not a bit of class at the top; aye, class' – he nodded his head slowly before he went on – 'like you would provide.' He held their gaze, then said lamely, 'It was different in my case an' that of me dad. We grew with it, we were part of the machinery you could say; but we made something. It mightn't be the biggest mill but it's always been my ambition to make it the best in the town, an' not only in turning out the cloth but for the conditions in which it's turned out, an' so it hurts me, lad, when I'm accused of neglecting me own folk.' Harry now nodded sharply towards Dan, and on this emotional and strategic point he left the room.

After a moment the two brothers turned and looked squarely at each other; then John said quietly, ''Tisn't too bad, not too bad at all, you get used to it.'

'I'll never get used to it. The place itself, the town, the muck. Oh God, the muck!'

'Well, you've got no need to go where the muck is, that's up to you. We live almost two miles away from the muck, as you call it.'

'They live like . . . I was going to say cattle but cattle are clean. Have you seen how they live?'

'Yes, of course I have.'

'And didn't it affect you?'

'It's awful, but what can you do? I mean you can't reform the whole town, not at one go. They've pulled a lot of places down and are rebuilding.'

'Yes, and what? I saw some of the rebuildings, street and streets of houses no bigger than huts.'

'They're clean, new, and some of them have water laid on in the back yards.'

The scathing expression on Dan's face caused John to wet his lips and flush slightly, and when Dan repeated, 'Some of them have water laid on in their back yards,' then added, 'and some of them haven't; and some of them still throw their filth into the street,' he cried angrily, 'They're not all like that, you've only seen half the picture. There's lots of our folks whose places are as clean as it is possible for them to be.'

'You've said it' – Dan's voice had risen too – 'as it's possible for them to be. And look, you're blaming me as much as he is, but I ask you this, why did he move us here in the first place, miles away from grime of any kind, right into the heart of the country, this wild country, fresh air, hills and rivers all about us, and then expect us to go back into Manchester? All right, all right, we've got a house on the outskirts – like all the rest of the wise merchants – but even there you can't get away from the filth, their fancy buildings, their churches, their assembly rooms, the lot; to me they still reek of the filth, for they were built out of filth.'

John stared at this brother whom he cared for dearly. Dan was almost a head shorter than himself in height but thicker in stature, and he had a spark, a vitality that he himself lacked; he also had the power to express himself on all subjects whether taboo or not. Yet in a way he was indolent, and of course too he was idealistic. This last trait created the Manchester conflict. He said quietly, 'It's because of Blake's "Dark Satanic Mills" that we've been able to enjoy the fresh air, and the hills and the streams; you mustn't forget that.'

A slow smile now spread over Dan's face for, as usual, he had regained his temper quickly, and he said on a laugh, 'Trust you to bring everything down to earth and plain facts.'

'Well, isn't it better so?'

It was a moment before Dan asked flatly, 'What am I going to do?'

'Well, if you'll take my advice you'll do as he says and give it a chance, and . . . and also, if as he says Mother's so ill, well you couldn't possibly go away now even if he gave you the money.'

Dan turned and looked into the fire again, and then he muttered, 'What'll we do if Mother goes?'

'I don't know; we'll have to wait and see.'

For a time they were both silent, then John glanced at his watch and said, 'I'll have to be going.'

'Where to?' Dan looked to where John was walking slowly towards the door.

'I promised to ride over to the farm with Barbara.'

'Since when have you taken to accompanying Madam when she goes a visiting the lord of the hills?'

'It appears that Brigie won't let her go over on her own since she was lost in the mist that time. . . .'

'And so she's making use of you?'

'And so she's making use of me.'

'How do you feel playing second fiddle to the farmer?'

'I didn't know I was playing the fiddle at all.'

Dan went towards John now and he did not put the question until he was level with him. 'You serious about Barbara?' he asked quietly.

'No.'

The answer was firm and definite, and caused Dan's face to stretch as he repeated, 'No? Then Brigie's going to have a surprise, isn't she?'

'Brigie's not such a fool.'

'Brigie is a fool where Madam is concerned. Brigie's determined you'll marry her long lovely child and you'll all live here happy ever after.' He waved his hand above his head.

'Don't talk rubbish. Brigie hasn't been with Barbara all these years not to know there's one person and one person only on her horizon, and that's the farmer.'

'Oh, Brigie knows that, and Barbara knows that, and I know that, and you know that; there's only one person who doesn't know it and that's the fair farmer himself.'

'What do you mean? He . . . he's devoted to her.'

'Yes, in a brotherly fashion, like we all are, but I'll lay a hundred to one now that he doesn't marry her, and you do. I'd bet my last penny on Brigie.'

At this John put his head back and laughed quietly as he said, 'Make it two hundred.'

'Done! What about a time limit?'

'A year today.'

'A year today it is.'

They were smiling as they walked out into the hall; then they both looked slightly embarrassed when their eyes alighted on the objects of their discussion. Barbara had just come in from the front porch and Armstrong was already helping Miss Brigmore off with her coat.

After greetings had been exchanged Miss Brigmore looked at John and said, 'It's a beautiful day, I'm sure you'll enjoy your ride; but bring her back early mind, well before dusk sets in.'

'Never fear; I'm too careful of my own skin to come across those hills in the dark.'

'What did you say?' It was Barbara looking at John now, but it was Dan who answered for him. Rapidly on his fingers he repeated what John had said, and Barbara answered with her fingers. Then speaking verbally to John in a throaty muffled voice, she said, 'Don't worry, I'll look after you.'

John laughed as he turned away saying to Miss Brigmore, 'Excuse me a moment, I'll just say goodbye to Mother.'

Now looking Barbara straight in the face, Miss Brigmore said, 'Give your Aunt Constance my warm regards, won't you?'

'Yes, Brigie.'

'And tell her I shall try to get across next week, weather permitting of course.' She turned to Dan with a smile, saying, 'It's always weather permitting here. Isn't it strange how our lives are ruled by the weather? How's your mother this morning?'

'She seemed a little better, quite lively.' And he had thought she was. But he felt slightly sick now with the weight of his present knowledge.

'Oh, I'm glad.' Miss Brigmore nodded and smiled. She had no doubt but at the moment of death Matilda would appear quite lively. Of late years she had come to admire Matilda Bensham more and more, and there had grown in her a deep affection for the woman who was, after all, her mistress.

She spoke to Barbara again, saying, 'Now take care, won't you?' then turned and went towards the stairs.

Dan, left alone with Barbara, looked at her quizzically for a moment before saying on his fingers 'Come and wait in the drawing room.'

'He won't be a minute,' she answered verbally.

'You never know with John. Anyway, you can come and sit down.'

When they entered the room Barbara sat down on an occasional chair not far from the door, which caused Dan, still speaking to her on his fingers to say, 'That's it, don't come right in, you'll have farther to run.'

Before answering him she tossed her head to one side; then said, 'Don't be silly,' and made to rise, but he checked her with an exaggerated movement, saying, 'Oh, don't get up; you make me less embarrassed when you're sitting; we're of a height then.' He surveyed her teasingly, his head on one side; then stretching out his arm, he spaced his thumb and finger as he said, 'I suppose you are about two inches taller than me now, and if you keep on growing until you're twenty-one, just imagine what you'll be like then, a beanstalk!'

'And if you don't grow any more, just imagine what you'll be like then.'

This brisk sparring was always the tone of the conversation between them, whether with gesture or lips, and seemed at times to border on open hostility.

'You going to see the farmer?'

'Who else?'

'You're making a convenience of John.'

'I'm making a convenience of no one. John proposed coming with me.'

'You wouldn't have been allowed over if he hadn't.'

She pressed her lips tightly together as she stared at him, and then she said verbally, 'Your advanced education was intended to give you the cloak of a gentleman. . .'

When his head went back and he burst our laughing she jumped to her feet, and he now looked straight into her face and answered her, also verbally, saying, 'You sounded just like Brigie; and you know, you are like Brigie; under the skin you're just like her.'

'I'm like no one but myself.'

The light in his eyes changed, his face took on a stiff look for a moment as he stared at her: that is just what he had said a short while ago to his father. The mischievous glint returned, and now he nodded at her as he said, 'You're right, you're like no one but yourself, you're very leggy.' He looked down her length, over her slight bust and narrow waist, to the long flow of her riding skirt, and he said, 'You'll soon have to have a bigger mount than the cob, else your feet will be trailing on the ground, like the picture of Christ in the nursery where He's riding the donkey. . . .'

Now she was shocked, he had really roused her. 'You're being blasphemous, and it isn't amusing. You never succeed in being amusing, only aggravating, and now you have to resort to blasphemy.'

His whole attitude changing, he said contritely, 'I'm sorry; I am, I'm really sorry.' But when he put out his hand to touch her arm she slapped it away, saying, 'One of these days you'll be sorrier still;' and on this she turned and marched out of the room.

He stood staring at the closed door. One of these days he'd be sorrier still. He couldn't be sorrier than he was at this moment, and about a number of things: Manchester, the mill, his mother, the frustrated desire to roam, and then this other thing, this other hopeless thing, this thing he had mismanaged for years, this thing without hope. This thing that was perhaps the main reason for his wanting to get away.

Once again he went to the fireplace and put his arm on the mantelshelf and rested his head on it.

Miss Brigmore automatically smoothed down each side of her hair and straightened the skirt of her grey cotton dress before tapping on the bedroom door and entering. It was many years now since she had waited to be bidden to enter.

'Aw, hello there.' Matilda's voice greeted her from the window. 'You see I'm up; she's got me up afore me clothes are on.' She jerked her head towards where the nurse was making the bed; then added, 'Come and sit down. Come and sit down.'

As Miss Brigmore took a seat opposite to her she asked, 'And how do you feel this morning?'

'Oh fine, fine; can't you see? I was just sayin' to 'Arry there, that if this weather keeps up he's goin' to drive me into Newcastle and I'm goin' to buy a complete rig-out, maybe two, and stay in one of them big hotels. Didn't I? Didn't I, 'Arry?'

'Aye, you did, lass; and just you say the word and we'll be off any minute now.'

'There, what did I tell you. And how are you yourself?'

'Oh, I'm very well, thank you.'

'Well, you couldn't help be otherwise could you on a mornin' like this. Just look out there, isn't it grand? Look at those hills. Eeh! you know, the times I've promised meself I'd climb those hills. Just one of them, I've said to meself, go on just climb one, just to say you've done it; but the most climbing I've done is to get into the carriage. Laziness it is; that's what it is, nothing but laziness. Isn't it, 'Arry?'

'Aye, you're right there, Tilda. As lazy as you're long, you are. Never done a hand's turn in your life as far back as I can remember.'

As their laughter joined, Miss Brigmore looked from one to the other. They could laugh about it. Never done a hand's turn in her life, this woman, who started to work when she was six years old, walking the dark muddy streets, her eyes gummed with sleep, the only guide her mother's skirt. Six o'clock in the morning till seven or eight at night. As lazy as she was long! This woman had told her tales that had actually brought the tears to her eyes, of how her sister had lost her hand when she was nine years old. Running between the machines, she had been so overcome with sleep that she had fallen forward and put her hand out to save herself, and, as Tilda had said, it was God's blessing she hadn't put both out. It hadn't come off right away, she said, it was just mangled at first, but when they got her to the Infirmary they had chopped it off.

Over the years Miss Brigmore had come to realize that her wisdom gained from the reading of books had not increased half as much as had her knowledge of human nature which she had gained from listening to Matilda Bensham.

'John's just been in to tell me he's ridin' over to the farm with Barbara. If we keep our weather eye open we'll see them passin' the end of the drive there. By! she looks a picture on a horse, does Barbara. Not like our Katie; a real bundle of duds, our Katie looks on a horse. Did he tell you about the visitor we had yesterday?' She nodded again towards Harry, and he replied, 'No, I didn't. What time have I had; she's just come in, hasn't she? And anyway, I've spent the mornin' talking to those two numskulls of yours, tryin' to knock some sense into them, at least into that Dan.'

'Oh, Dan's all right, he'll get by.' A warm smile spread over Matilda's pale bloated face. 'But about our Katie and the visitor' – she nodded to Miss Brigmore – 'that Mr. Ferrier called yesterday.'

'Really! I didn't know he was home.'

'Oh, he's home all right. He took her for a short dander as he calls it on the horses, and he's callin' for her the day again. He's bringing the coach this time an' takin' her into Hexham. Now what do you make of that? I ask you, what do you make of it? I thought nothin' of it last year when he went to the school in Hexham and picked her up, but now he comes a callin', and this is the second year runnin' you know. Oh, what am I talkin' about? more than that; he's called every year since he's come back from abroad, since the first time he met her on the farm. Now what do you make of it?'

What did she make of it? And what would Constance make of it when her secret hopes – that weren't so secret – were dashed yet again?

When Pat Ferrier first returned to England from abroad he stayed only a matter of a few weeks, but during that time he was very attentive to Constance, and she regained her youth, hope acting like an elixir on her, but when he told her of his departure through a letter, as Will Headley had once done, the elixir lost its effect and she reverted to the farmer's wife, and the loving mother, and the very, very irritable aunt. When the following year he reappeared on the scene he again paid attention to her, if not court, and so it had gone on for nearly five years, until now she felt that the hope that lingered in Constance was but a dim spark, yet nevertheless was lying waiting to be kindled. But if she were to hear that he was visiting the Hall with the precise intention of seeking the company of Katie, then the spark would be finally quenched, and what would the dead embers do to her character? A marriage such as she had made, and then to be spurned by two would-be suitors, because spurned was the correct word. Oh! it wasn't to be thought of.

'He's all of fifteen years older that her, but it would be a good match, grand. Don't you think it would be a good match? Imagine our Katie with a house in London, and one in Paris, France, and a manor in Northumberland. My! my!'

'That means nowt.'

They both turned and looked towards Harry. 'We've got a house here in Northumberland, we've got one in Manchester. I could take one in London the morrow and another in Paris and it wouldn't make a dent in what we've got. It isn't the property a body wants to consider, it's the man.'

'But you like him?'

'He's all right, aye, I like him; he hasn't acted like the rest of them, too big for his boots. But still who's to know whether we would've seen hilt or hair of him if he hadn't been after something, and that something Katie? Aye, let's face up to it; he wouldn't have come knockin' at our front door if it hadn't been for our Katie.'

'Well, that's the way of things with any lad, isn't it? Anyroad, he seems set on her.'

'Now don't get ideas, Tilda. Two visits an' you say he's set on her. Why, I know some folks who've courted ten years and then it's fallen through. Set on her!' The sound he made was a definite pig snort.

'Look, there they go, Barbara and John. And look, they've stopped; our Katie's runnin' up to them, likely giving Barbara her news. Oh, they're a pair, those two; been like sisters, haven't they?' She turned to Miss Brigmore, and Miss Brigmore nodded and said, 'Yes, indeed, like sisters.'

'An' they're very fond of each other; different as chalk from cheese but very fond of each other, you can see it.'

'Yes, they're very fond of each other.'

'By! as I said, she looks well on a horse, does Barbara. An' so does our John; he's well set up is our John. Don't you think he's well set up, Brigie?'

'Yes, indeed, he's a very smart young man.'

'They make a nice-looking pair.'

'Yes, they do.' Oh yes, indeed, they made a nice-looking pair, and they were suited. Miss Brigmore endorsed this firmly to herself. John was kind, gentle and thoughtful, and he could handle Barbara. He had the knack of talking her out of her tantrums. But such exhibitions had been replaced of late by moods. In the beginning, she had called them thoughtful periods, but now she thought of them as black spasms, for when Barbara was in them she would neither speak verbally nor communicate on her fingers but would go out and walk the hills, very like her mother had done when she was carrying her. Sometimes Miss Brigmore would find her staring fixedly at her, a question deep in her eyes, many questions deep in her eyes, but as yet she hadn't asked them with her lips, nor with her fingers; but increasingly Miss Brigmore felt that the day was not far off when she would be confronted by a young woman who would want to know the whole truth.

She started slightly when Matilda shouted across the room, 'Would you go and get us a glass of wine, nurse?' That was one thing she had never been able to do, instil into Matilda the fitness of things, the manner in which to address a servant. The nurse was a new addition to the household and was looking slightly indignant when Harry said, 'Don't worry her, I'll ring for Brooks.'

'No, 'Arry; she'll go and get it, won't you, dear?'

The nurse looked from Matilda to Miss Brigmore and when Miss Brigmore made an almost imperceivable movement with her head she turned away and went out of the room.

'That's it; I just want to get rid of her for a minute, we can't talk in front of her. It's not policy to let everybody know your business, now is it? Sit down, 'Arry, and stop gallopin' about, you're actin' like a dray horse that's been let loose in the cellars. Tell her what we were talkin' about last night, go on.' She looked at her husband but pointed at Miss Brigmore, and Harry, seating himself with unusual obedience, said, 'Oh, there's plenty of time for that, Tilda.'

'There's no time like the present, that's what you're always sayin'; you said that to me years ago, remember? There's no time like the present, you said; get your hat and coat on and we'll go an' get married.' She threw her head back and her sagging cheeks wobbled with her laughter, and Harry smiled as he looked down and nodded his head, then said, 'Aye, aye, I remember, there's no time like the present. Although mind' – he nodded and glanced towards Miss Brigmore – 'it wasn't done nearly as quick as that, it took us almost a week.'

Again Tilda's laughter filled the room; and then ceasing abruptly, she put out her hand towards Miss Brigmore and, gripping her wrist, she said, 'We want to do that something for you, lass, we talked about ages ago. Something permanent like, something that'll put you over in the meantime until the next lot's ready for you to have a go on.'

Looking her bewilderment, Miss Brigmore turned her face towards Harry and as her eyes questioned him he said with a grin, 'She's meaning when they get married an' their bairns start comin' up and you take them on.'

'Oh! Oh!' The syllables came out on a shaky laugh. 'Oh, I doubt if I will ever take on any more children, not in my lifetime.'

'Why not? why not? you could have another thirty years afore you, and twenty of them workable ones.' It was Harry speaking directly to her now. 'You don't look anything near your age, not by a long chalk, does she, Tilda?'

'No, not by a long chalk; an' I've always said it, haven't I? I have, I have.'

'Well, let's get down to brass tacks.' Harry's manner was brisk now. 'It's like this; let's put our side of it first. We want you to come along here every day, as usual, but not any settled hours, just please yourself, but just pop in and give Tilda a hand here and there with the running, as you've always done. But, if there's days when you don't feel up to it an' don't want to bother, well, that'll be all right with us. And so's you can feel independent like we thought about settling a sum on you.'

'Oh no! No!' The movement Miss Brigmore made caused a chair leg to slip over the edge of the carpet and to scrape against the polished boards. 'I have been well paid, very well paid, you have been over generous. Look what you have done for Barbara, and the horse and trap; and caring for the horse too. I could never repay your generosity. Oh no! No! I couldn't accept anything more.'

'It isn't what you could accept or what you couldn't accept.' Harry Bensham was on his feet again, his usual manner to the fore. 'A hundred and fifty pounds a year you've got to live on, oh I know, I know; an' the three of you were cheeseparing out of that afore you came here.' He swept his hand in a wide motion towards her as if wiping away her denial and went on, 'And if Barbara gets married, who knows but that she'll want that hundred of hers; it all depends on who she takes. Aye' – he nodded – 'it all depends on who she takes.' He was not so cruel as to add 'or who takes her,' but instead said, 'There's many a slip, an' then where will you be? You'd have a house over your head and a pound a week for two of you to live on.'

As she looked at him she thought, The incongruity; he was pitying her for living on an income of a pound a week, yet that was almost three times as much as he paid some of his hands. He was an odd man, an intractable man, but a generous one, and she knew in her heart that no matter what protestations she made, as courtesy demanded, she should be glad to accept his offer, for even now finance was a constant problem to her because Barbara had tastes that went far beyond their income.

But when she heard him say, 'Three thousand, that's what we thought, Tilda and me, three thousand; and I'll invest it for you. That'll bring you in nearly as much as you're getting now, if not more,' she did protest. But he silenced her with, 'Now don't start.' Pointing his finger at her as she rose hastily to her feet, he went on, 'I'm not going to hear one word from you for, knowin' you, if you open your mouth you'll come out with something that'll floor me. So it's settled. I'll be away downstairs. And you sit still.' He nodded towards his wife, and she nodded back at him, a quiet smile on her face as she said, 'Aye, 'Arry, aye, I'll sit still.' 'As for you' – he was again looking at Miss Brigmore, but now as if she were a culprit – 'if you can spare me a minute in a while or so, I'd like to have a word with you about something.'

'Yes, very well.' Her voice was small.

'Well then' – he nodded from one to the other – 'that's that.'

'Won't . . . won't you stay for a glass of wine?'

He turned from the door and looked towards Miss Brigmore. 'Aw, there's plenty of time for that; wine never troubles me. Nobody's going to accuse me of having a belly.' He patted the front of his trousers, jerked his head, then went out.

Uncouthness, kindess, love: this house was a mixture of all three.

Sitting down again, she now put out her hands and gently took hold of those of Matilda and murmured softly, 'What can I say?'

'Nowt, lass, nowt; about that anyway. About other things, do as you always do, give it straight from the shoulder an' in your proper English, an' without fear or favour. That's what 'Arry says about you, you speak without fear or favour. He thinks you're a lady, 'Arry does, and he's right. By aye! he's right, and I'm glad to have known you. So, talkin' of getting things straight, tell me, lass . . . how much longer do you think I've got?'

'Oh, Matilda.'

'Now, now, don't you give way. You see I know me time's short, but I don't know if it's a week or a month, an' there's things I want to do, set right.'

Miss Brigmore bit deeply down into her lower lip and for once words failed her.

'Do you think he knows?'

'No, no,' she lied firmly.

'He's been quiet lately, an' soft like, you know. I thought he might have a glimmer.'

'No, no; he's kind because he's concerned for you. He thinks of you very, very dearly.'

'Aye, aye, he does. But an outsider wouldn't think it 'cos of the way he used to go for me. But it was like water off a duck's back, 'cos that was his way. And I aggravated him for I was always a bit of a numskull where learnin' was concerned. He wanted me to learn 'cos his first wife was learned but as I said to him once' – she was smiling faintly again – 'she didn't do much bloody good for you with her learnin', did she? Eeh! there I go; I shouldn't swear afore you, but that's what I said to him, an' he laughed and slapped me on the backside, and he said, "No, you're right there"; and that's the last time he tried to learn me. And you know, lass, I've thought to meself over these past years, if you couldn't learn me nobody could 'cos you're marvellous at learnin' people . . . I . . . I don't want to die, Brigie.'

Miss Brigmore looked helplessly at the woman gazing at her now with tears in her eyes and found it impossible to make a reply. Her throat was full, her heart was full. People who followed no rules with regard to the course that conversation, even of the most personal kind, should take, disturbed you; flummoxed you, Mary would have said. She gulped audibly as Matilda went on, her voice thick now with emotion, 'It's not because I don't want to leave all this, 'cos this hasn't meant more than a pennorth of drippin' to me; I'd have been just as happy in a two-up, two-down, an' I've missed Manchester, I have, I have, but I wouldn't let on to him. No, no. But why I don't want to go is 'cos of him. You see, I don't know what he'll do, lass; I only hope to God Florrie Talbot doesn't get her hooks into him. I would hate to see her in me place here. By God! I don't think I could stand it, just the thought. . . .'

Miss Brigmore again swallowed audibly, then asked on a cough, 'Flor-Florrie Talbot? I haven't heard of her.'

'No; we don't speak of her very much, it's his cousin. When his first wife died she made a dead set at him, an' she was younger than me by over six years. She's just in her late forties now, but she's a blowzy bitch. An' she's no better than she should be; when she was young her father had to go an' bring her from the yards more than once.'

Miss Brigmore's eyes narrowed questioningly and Matilda said, 'You know, I told you about them, where the whores hung out; daylight, starlight, midnight, made no difference to that lot. Eeh! they were brazen; an' she was among them. Her father hammered her black and blue from head to foot an' kept her for three days in a room without a stitch on to cure her. But I doubt if she was ever cured. Still, she married respectable after that, a gaffer in the Liverpool docks. When he died she came back to Manchester. She's there still, an' the minute I'm gone she'll be on my 'Arry like a blood-thirsty leech.'

'Oh, no! no! Don't worry, Matilda, Mr. Bensham would never dream of putting anyone in your place.'

'No, not for a while he wouldn't. An' I'll always have a corner of his heart, I'm sure of that, but human nature's human nature all the world over as you an' I know, lass, an' when needs must the devil drives. It was that I wanted to ask you about. If she should turn up here – and I wouldn't put it past her, I'd hardly have time to settle in me grave afore she'll be comin' up that drive, I bet what you like – Well, if she should, you have a talk with him, will you, and tell him to wait; wait for a year, say, eh? He'll listen to you. He's got great respect for you, you've no idea.'

'I'll do what I can, don't worry; don't worry about anything. Oh' – she turned towards the door with relief – 'here's the wine. A glass of wine will make you feel better.'

'Aye, lass, aye; there's nothin' like a glass of wine for puttin' new life into you.' Matilda now blew her nose while managing to wipe her eyes at the same time and she smiled at the stiff-faced nurse as she placed the tray on the bedside table.

Chapter Two

'You knew I was coming.'

'I didn't.'

'You got my letter?'

'Yes, but only yesterday, and it was too late, the arrangements were already made.' Michael spoke quietly and slowly.

'The arrangements!' Barbara tossed her head scornfully. 'To go into the town with the Waites! Arrangements! Who are the Waites anyway? You'd think they were royalty. They're servants.'

'Now stop it, Barbara.' He mouthed the words widely.

'What do you mean, stop it? I said they're servants and they are servants; you know they're servants.

'We're all servants.'

'Don't start on that philosophical tack, you know what I mean.'

'I know what you mean and it can't be done; Jim and I have business to do.'

'And Sarah makes three.'

'Yes, and Sarah makes three, as you say.'

As she stood looking at him, her eyes wide and glistening with unshed tears, his tone, as always, immediately softened and he took her hand and said slowly, 'Oh Barbara, Barbara, don't be silly, there'll be other times. And look; you've brought John over with you.'

'Simply because Brigie wouldn't let me come alone.'

'All right then, I'll come over next Saturday and fetch you.'

'You will?' Her face brightened.

'Yes; that's a promise.'

The prospect of spending hours alone with him caused her face to shine with uninhibited pleasure and love, until she thought that that was a week ahead and if Brigie could stop her being alone with Michael she would, even going as far as to accompany them herself. She was back with to-day's problem.

'Michael.'

'Yes, what is it?'

'Do something for me.'

'Anything, anything, Madam.' It was strange that he should use the same title for her as Dan Bensham did. He didn't know if he had copied Dan or Dan him.

'Don't, don't take Sarah with you.'

'Now, now.' He turned half from her, then slowly back towards her again. 'You're being ridiculous. Sarah goes into town with us every week. Why should I stop her to-day?'

'Every week! Always?'

'Yes, every week, always.'

'I . . . I didn't know.'

'Well, you know now. Look, Barbara, this is all nonsense. You've got to get over this.'

'Get over what?'

The question nonplussed him. He did not say, 'Your jealousy of Sarah,' but neither did he say, 'There is no reason for you to feel like this.' Perhaps last year or the year before he might have said that, but as he had grown older his feelings had changed; not entirely, oh no, he still had a deep affection for her, and sometimes he thought it was more than affection, for she fascinated him, and she was beautiful. Her handicap did not mar her in any way. She was full of life, vital, and she was so attractive and pleasing, when she was in a good mood. But she had this obsession about Sarah that marred her, and it had grown so strong of late that it raised some disquiet in him; he would not term it fear.

'I hate that girl.'

'You mustn't say that, Barbara; she's never done anything to you to deserve it.'

'She inveigled herself into the household and into Aunt Constance's good books.'

'She's done nothing of the sort; she's worked hard and made herself pleasant, she's naturally pleasant.'

'Oh, is she? I'm glad you find her so. And you intend to take her with you?'

'Yes, I intend to take her with me. . . . Oh no I don't, I mean I'm not, I'm not taking her with me, she's coming along with me, she's coming along with Jim as she always does. And look' – his face became stiff – 'when you're acting like this I could get on my high horse about him.' He pointed towards the dining-room door and in the direction of the sitting room where John was talking to Constance.

'Why don't you then?'

'Because. . . .' Could he say, 'It doesn't bother me who you ride with,' because in an odd way it did? He was concerned for her, concerned about her; it could not be otherwise with the association they'd had since they were children. And it wasn't only that, his feelings went further. Oh, he just didn't know what he felt. But he knew how his mother felt; she didn't like Barbara – would it have made any difference to his feelings if she had liked her? He ended lamely, 'Because I don't like rows. We don't row, except when . . . .'

'Except when I visit. I suppose Aunt Constance says that, and I suppose she hasn't objected to you associating with a maid?'

His tone matching her own now, he answered, 'No, she hasn't voiced any objection because I'm sure she doesn't feel any. She's got no feeling about class. Anyway, who are we to be uppish, we're simply farmers? You're the only one who's got ideas about class.'

'And rightly so –' she drew herself up as she ended childishly – 'as I'm from class on both sides.'

This was too much; he'd have to get away from her before he said something that would set her thinking. He was aware of his father's parentage – his mother had told him last year that his father had been the natural son of Thomas Mallen. She had not told him this until after his grandmother had died so that he would not think less of his grandmother. He thought it was from this time too that his feelings towards Barbara had changed; he had had to change them when he realized that he must be just once removed from being her half-brother. He also knew that she was not aware of her real parentage but had been given some fairy-tale version by Brigie.

'Where are you? Michael! Michael!' It was with relief he heard his mother's voice, and going to the door, he called, 'Here we are.'

Constance came and stood within the threshold and looked to where Barbara was standing, her face stiff and white and as always appealingly beautiful, and as always she thought, Oh that girl! Then turning to Michael she said, 'They're waiting.'

'Oh! Well, I'm ready.' He glanced back at Barbara. 'I'll be over next Saturday,' he said, then hurried away.

Constance now went towards John, saying, 'They're off to the market, usual routine;' and together they walked across the hall and through the kitchen; and it wasn't until they had been in the yard for a few minutes that Barbara joined them.

Standing apart, she looked to where Michael was sitting at the front of the waggon with the reins in his hand, and from the ground Jim Waite with one sweep and heave was lifting Sarah on to the seat beside him. Then he himself mounted the cart.

When Constance waved Sarah waved back. Then John raised his hand while he said quietly, 'I hardly recognized her; she's grown so tall in the past year, and pretty with it. She still seemed a child last year at the harvest supper. Does she still dance?'

'Like a linty; she's so light on her feet.'

Constance had turned in Barbara's direction and so she caught the last words. Light on her feet, like a linty!

Constance was still facing her but, addressing John, she said, 'I don't know what I would have done without her over the years. I have played Brigie to her; you know what I mean?'

'Yes, yes, indeed.' He nodded as he laughed.

'Did you know Mr. Ferrier was home?' Barbara's voice was low, her speech blurred.

The question obviously startled Constance, and caught her off her guard; she looked straight at Barbara and it was some seconds before she made a slight movement with her head and said, 'No.'

'Oh, I thought he would have called; he's been home for some days. He went riding with Katie yesterday and he's bringing the coach for her to-day to drive her into Hexham. . . . It is Hexham, isn't it, they're going to?' She appealed to John, but he made no answer, he just stared fixedly at her.

'Shall I give him your regards if I see him?'

Again there was a moment's pause before Constance said, 'Yes, do that. Please do that.'

'Well, we must be off.' She moved a step forward, then stopped. 'Oh, I did tell you that Brigie sent her warm regards and says she'll be over some time next week?'

'You did tell me.' Constance's face was expressionless.

'Michael's coming over for me next Saturday; we're going for a run.'

Constance made no reply.

'Well, we really must be off.' She went towards where the horses were tethered to a standing post, calling over her shoulder, 'Help me up, John.'

Unsmiling, John performed the task of putting her in the saddle; then he mounted his own horse, and they were about to move off when Barbara reined her horse sharply in again, and now looking down on Constance, she said, 'Oh, I knew there was something I meant to tell you. It was odd, but I saw a man in Hexham when I was last there. He was dark but had a fair streak down the side of his hair.' She demonstrated by running her finger down her riding hat. 'Brigie says it's called the Mallen streak; Michael's father had one, hadn't he? Mary tells me his hair was as black as mine except for this white piece; she tells me it's always passed on to the male offspring; isn't it odd that Michael should be so fair?'

The young face looked down into the older one; their eyes poured their animosity each into the other. The years of polite courtesy were swept away and what was revealed was hatred.

It was John who urged the horses forward, saying hastily, 'Good-bye. Good-bye, Mrs. Radlet.' He knew that he had just witnessed an asp using its barbed fang. What poison was in the venom he could only guess at, but from the look on Mrs. Radlet's face it might mean death. She was a young devil, Barbara, she was vicious. . . . And they imagined he might marry her. Not him!. . .

Constance, back in the house and alone in it, felt so overcome by her emotions that she thought for a moment she would collapse. Going into the dining room, she went to the sideboard and took up a bottle of brandy from which she poured out a good measure and sipped at it as she left the room and hurried up the stairs and into her bedroom. Dropping into a chair, she took a longer drink from the glass, then leant back and closed her eyes.

That girl! that vixen, for she was a vixen. There was something in her that was bad, equally as bad as that which had been in Donald. Both sired by the same father, they may not have inherited their wickedness from him for, as she remembered, he was not a bad man, but somewhere in his lineage there was evil. How did she know about Michael? How had she found out? Not through Anna. No. No. Anna would never have told her. Oh God! If Michael should ever find out how would he then act towards her? He loved her. You could say he adored her; and more, he reverenced her as an ideal woman. She put down the glass then turned and buried her face in the wing of the chair.

Sometime later, after dabbing her face with cold water, she stood before her mirror and her mind touched on the other humiliation. Pat in England; to be near and not to call, but to visit the Hall two days running and to see that young girl. But then she was no young girl, she was a woman; she was older than she herself had been when she had married. Katie Bensham was nineteen, or almost, old enough to marry and to consider a man fifteen years her senior quite suitable. Will Headley, and Bob Armstrong, and now Pat. Why, why was she treated so? She seemed fated to be spurned by the men who attracted her, and desired by those she couldn't stand. But she must not forget Matthew Radlet. She had loved Matthew, and he her. But the need in her, the loneliness in her, was nothing compared to the new threat hanging over her. That girl! That girl! How had she come by the knowledge of Michael's real parentage? No one had ever questioned it before, either by hint or look: Michael took after his grandmother's side of the family, and his grandmother's side were fair. That had been all there was about it until now. She felt almost physically sick as she realized the girl's knowledge had wiped away the last defence she had against her and Michael coming together. If the worst had come to the worst and Michael had declared his love for her then she would have felt forced to beg Anna to explain to the girl the close relationship between them, even knowing she was asking her to countenance a lie. But as it stood now Barbara was aware that there was no blood tie between her and Michael. That scene in the yard had in a way been a declaration of war.

There swept over her the feeling that had been constantly with her while Donald was alive, the feeling that he had her trapped and that she could never escape him. Yet she had escaped him. But in the present case there was no one willing enough to free her from Barbara as to do murder. It wouldn't be the case of Donald and Matthew over again.

Chapter Three

'You are late in getting back.'

'Am I?'

'Barbara, please don't answer me in that manner.' Miss Brigmore's mouth went into a tight line; and when Barbara remained silent she asked, 'Did you have an enjoyable ride?'

'No.'

'Then I assume the fault was yours?'

'Yes, you would assume that, wouldn't you? you're lining up on the other side.'

'Barbara, don't talk in that fashion to me; I've told you. Come, tell me, what has happened?'

'Nothing has happened, what could happen?'

'Don't raise your voice, Barbara.' Miss Brigmore now spoke rapidly on her fingers, and looked to where Brooks was mounting the main staircase. Then she turned about and walked quickly towards the gallery, through it and up the flight of stairs that led to the nursery floor, and she did not look round until she'd actually entered her sitting room. Here she stood stiffly in the middle of the room awaiting Barbara's approach.

Barbara entered the room slowly and when she did not turn and close the door behind her, Miss Brigmore, forming her words with extra precision, which was a definite sign of her annoyance, said, 'Be good enough to close the door behind you. . . . Now then.' She looked at the tall, thin figure clothed in the green cord riding habit, her jet hair lifted high from her pale face, a brown velvet stiff-brimmed hat perched on top of her hair, and even in her annoyance and irritation she could not help but be aware of the girl's beauty. Her tone a little gentler now, she asked, 'What is all this about? What has put you in a temper? Have you quarrelled with John?'

'Quarrelled with John?' Barbara's eyes widened in mock surprise. 'Whoever quarrels with John? I left him at the cottage and galloped across the fells; gave him a run for his money, as Mary would say; and when he caught up with me all he could pant was, "Barbara! Barbara! You! You!" '

'It's to his credit that he kept his temper. Remember what happened the last time you decided to take a run over the fells?'

'I knew he would follow me. Anyway, the sun was shining.' She pulled off her hat and threw it aside.

If it were someone other than her beloved child who was talking and acting in this manner Miss Brigmore knew that she would dislike her intensely, but because it was her beloved Barbara she laid the blame for her attitude against her affliction; that one so beautifully endowed should be so cursed could create nothing but conflict inside. She took a step towards her now, saying gently, 'John is very fond of you, you know that.'

'I don't want John to be very fond of me and you know that.'

'Barbara! come.' Miss Brigmore now caught hold of her hand and pulled her towards the couch, and when they were both seated she looked straight into her face for a moment before she said, 'You're no longer a child, not even a young girl, you are on the threshold of woman-hood. . . .'

'Oh, Brigie, Brigie, please!' The words were drawn out, and now Barbara covered her face with her hands and she kept them there for a moment before slowly dragging them downwards to her neck and gripping it while her eyes remained closed. When she opened her eyes and looked into Miss Brigmore's startled face she said flatly, 'I'm not going to marry John, so get that plan out of your mind. Anyway, he doesn't want me.'

Miss Brigmore's tightly bound bust stretched. She swallowed twice before saying, 'Of course he wants you.'

'What makes you think so? Because he's kind to me? John's kind to everybody, polite and kind . . . and wary. Nobody really knows what John's thinking. But I know what he isn't thinking; he isn't thinking of asking me to marry him. At the present moment he doesn't even like me. And he's like all the rest, always has been, he's sorry for me. Anyway, can you imagine me in Manchester mouthing my way among his friends? How . . . are . . . you . . . Mrs. . . . Money-bags . . .? How's-ta-mill?'

'Stop it! Stop it this moment.' Miss Brigmore, reverting to nursery days, slapped out at Barbara's hands; and as if she had been struck a blow on the face, Barbara sprang to her feet and her voice was muffled now as she said, 'Don't do that, Brigie! You said I was no longer a child, so don't treat me as one. And let us put this matter straight once and for all. There's only one person I want to marry and you know who that is. You've always known, as I have; and if I can't have him I'll have no one.'

Miss Brigmore's lips were trembling, and her fingers could do nothing to still their trembling. She kept patting them as if trying to stop herself from speaking, but the words came out slowly and sadly as she said, 'You can't marry Michael.'

'Why not?'

'Because . . . well, there are so many things against it.'

'You mean Aunt Constance?'

'Perhaps.'

'She hates me. Do you know that? Aunt Constance hates me. You know something else? I hate her.'

'Barbara! Barbara!' Miss Brigmore bowed her head now and held her brow in her hand; then her head was jerked up as if someone had given her a blow under the chin and she was staring at Barbara as the girl said rapidly, 'But she'd better be careful and not try me too far else I'll explode her nice comfortable little world. I know something about her, I've known it for years but I've kept it to myself. But if she stops me having Michael I'll see she won't have him either.'

Miss Brigmore felt very sick. When she spoke her lips were widely articulating but her voice was a mere whisper. 'What do you mean? What can you possibly do to separate Constance and Michael?' But even as she asked the question she was already aware of the answer that Barbara was going to give her.

'I could tell him that the Mama whom he idolizes and imagines is a queen among women is nothing more than a slut, and he nothing more than a bastard.'

Miss Brigmore felt she was going to faint. She put out her hand and gripped the head of the couch, all the while staring into Barbara's passion-swept face; and when Barbara, now bending towards her, her voice low and heavy with excitement, said, 'I am right? I am right then?' Miss Brigmore closed her eyes and shook her head while Barbara went on, 'I knew I was, I knew I was, for I found proof of it. Why else would she have his picture hidden in her collar drawer? I found it years ago when she sent me up to her room for a handkerchief. Why should she keep her brother-in-law's picture hidden away in her drawer and not her husband's, I ask you? And they weren't real brothers either, only half-brothers, for her husband was the son of Uncle Thomas. He was a bastard too because Mrs. Radlet was never married to Uncle Thomas. You were his housekeeper, you should have known she was a. . . .'

Miss Brigmore was on her feet now and she was crying, 'Don't you dare use that word again in my presence! What has come over you, girl? you're acting like a fiend. All these years of training and this is the result; you are talking like some low kitchen slut.'

'I am merely speaking the truth.'

'Truth!' Miss Brigmore barked the word. Then her head moved slowly from side to side before she said, 'Girl, you know nothing about the truth,' and a voice inside her added, 'I hope to God you never do,' while at the same time she knew that this was the opportune moment in which to tell her all the truth, the complicated, bitter truth of her own beginnings. But she warned herself against taking such action for the result might be disastrous, coming as it would on top of this distressing scene.

As Barbara glared back into Miss Brigmore's face that for once was showing neither understanding, nor love, nor compassion, there was in her the craving to probe into something that she felt was being withheld from her. But there was also that in her, the fear that made her shy away from the knowledge; the fear was like a mist that was pursuing her and would one day catch up with her and envelop her, and she'd become lost in it.

They were staring at each other in as near enmity as they had ever been when Katie's voice came from the landing, calling, 'Are you there, Barbara? Barbara!' There was a sound of a door opening and closing, then another, and a tap came on Miss Brigmore's door. Before she could speak it opened and Katie bounced in. Her round face was alight, her eyes shining; she was swinging her bonnet widely by the strings, but as she looked from one to the other she brought the swinging bonnet to a stop and, taking in the tense situation, she said, 'I'm sorry; I didn't know you were. . . .' She paused for a word to substitute for arguing, because she knew from experience that when Barbara got on her high horse a discussion could quickly turn into an argument, and an argument into open battle, and so, lamely, she substituted, 'busy.'

'No, no, we're not busy, Katie. Do come in.' It looked to Katie as if Miss Brigmore were openly welcoming the intrusion, and when adopting her usually polite manner she asked, 'Have you had an enjoyable day?' Katie answered on a high laugh, 'Oh wonderful! it's been fun. He's great fun is Mr. Ferrier, so very entertaining. You wouldn't have approved a bit, Brigie, because he made me laugh out loud in public in the tea room.'

'You had tea?'

'Yes. In a sort of club, a gentlemen's club. The seats were plush, and there were waiters. It was all so very grand.' She ended her words in mock solemnity; then burst out laughing. Now, turning fully to Barbara, she asked, 'Did you have a good day?'

'Very good.'

'So we've all had a good day.'

There was a slight pause in the conversation as she and Barbara looked at each other; then swinging the bonnet once more, Katie addressed herself in mocking tones to Miss Brigmore but in such a way that Barbara could read her. 'I have to inform you, Brigie, that I am going to dinner at Burndale Manor. Evening dinner, not a three o'clock do, with entertainment to follow. I'm going to get an evening dress cut low, right down to—' she was pointing to the middle of her breasts when Miss Brigmore said stiffly, 'And you accepted without consulting your parents?'

'Oh, Brigie!' Katie swung the bonnet in Miss Brigmore's direction. 'Mother's tickled to death; I've just told her, and she said—' now she adopted an attitude very like that of her mother. Holding out her arms and wagging her head, her voice took on the unmistakable Manchester accent: 'Well lass, what d'you think of that! You're going up in the world, eh?'

'Don't make mock of your mother, Katie.' Miss Brigmore's voice was stern, and Katie, now standing still and her bonnet held between her hands, looked straight at Miss Brigmore. 'I am not making mock of my mother, not in the way you imply; and I may mimic her to her face and she doesn't object I cannot see why. . . .'

Miss Brigmore, her voice still stern, now checked her with, 'If you cannot see why there is a difference in what you do in the privacy of your family and with its members, and what you do outside it, I'm afraid all my years of teaching have been for nought.'

Katie continued to look into Miss Brigmore's face before she said slowly and in the diction of which Miss Brigmore would have approved, 'I have been labouring under a false impression then; in fact, I think I may be correct in saying our entire family have been labouring under a false impression; and that impression has been created by you, because we, for our part, considered you were of our family. But I know now that we have presumed, and you are still Miss Brigmore and we are still the Benshams and that the gulf between us is very wide.'

Miss Brigmore again had her fingers across her lips and was about to speak when Katie swung round and made for the door. But when she pulled it open with a jerk she was brought to a stop; confronting her was the upper housemaid, Jenny Dring. Her hand raised as if about to knock, she gabbled, 'Oh! Miss, miss; the master wants you in the bedroom. It's the mistress; she's, she's. . . .'

'But . . . but I was . . . I've just left her.'

'It's happened suddenly.'

As Katie ran from the girl Miss Brigmore hurried to the door. 'What has happened?' she asked softly.

'I don't know, miss, only that everybody's in a panic down there all of a sudden. The mistress was asking for them, and Mr. Brooks sent Armstrong post haste to the stables to get Mr. John and find Mr. Dan.'

With Barbara behind her, Miss Brigmore now hurried down the stairs and through the gallery, and when they reached the main landing she turned to Barbara and said, 'Go downstairs and wait.' When Barbara hesitated, she added firmly, 'Please.' Then she went towards the door, knocked gently and entered the bedroom.

Matilda was lying deep in her pillows; her face was drawn and grey, even her lips looked colourless. They were moving slowly as if mouthing words but making no sound, and Harry Bensham's voice, gentle and his tone unlike any Miss Brigmore had heard, was saying, 'Yes, lass; it's all right, everything 'll be done as you want.' Then, his words dropping into muttered thickness, he said, 'Here's Katie.' He moved slightly aside but still retained hold of the fat podgy hand.

The door behind Miss Brigmore opened and John and Dan entered, and when they went hastily to the bed she could no longer see Matilda's face, not only because she was surrounded by her family, but because she was allowing herself to cry audibly in public for the first time in her life. She knew in this moment that she was losing a friend, a friend who had considered her one of the family. Yet Katie's accusation was true, because on her part she had been in the family, but not of it. The feeling of superiority that was a natural part of her nature and which had been engendered still further by the association with Thomas Mallen had created a gulf too wide for her to step across and embrace the Benshams, but she had been willing that they should cross it and benefit from the standards she set. She wasn't, however, entirely to blame for this situation because from the beginning they themselves had set her apart by deferring to her for advice on problems appertaining to the correct procedure to be taken, not only in the running of the household, but in personal matters also.

She looked towards the wash-hand-stand by the side of which the day nurse was standing, her hands idly folded one on top of the other at her waist; and the fact that she was making no move towards the bed seemed to add a touch of absolute finality to Matilda Bensham's life. Blindly Miss Brigmore turned about and went silently from the room.

Three maids were standing close together at the top of the stairs. They looked at Miss Brigmore's face and they bowed their heads and began to cry.

She went on down the stairs and was met at the bottom by Brooks. Brooks had never been the imperturbable butler; he had remained very much a working man; he had not acquired the subservience necessary for a good servant. There was an aggression, not only in his way of addressing one, but even in his stance that would have made him absolutely unemployable in the capacity of butler in any household other than this.

Now she looked at him through a tear-misted gaze and saw his chin going into a hard knobbled flatness as his lips pressed tightly against one another, and when he said, 'It won't be the same; nothing will be the same,' she moved her head once as she replied, 'As you say, Brooks, nothing will be the same.' She passed him and Armstrong, the first footman, and Alice Conway, the still-room maid, where they were standing with their heads slightly bent, and she went into the drawing room.

Barbara, sitting on the couch, was not aware of her presence until she stepped in front of her, and when she looked into her face she stammered, saying 'Sh— . . . She's not, she's not?'

'She soon will be.'

'Oh. Oh.' Barbara's face now crumpled; and then she whispered, 'I'm sorry; I am sorry; you know that, don't you?'

'Yes, I know that, because you, like me, are losing a very good friend.' She now lowered herself slowly down on to the couch. Her head bowed and, aloud but to herself, she said, 'Things will never be the same again. He's right, so right.'

It was strange, she thought, that a woman as common as Matilda Bensham had maintained the love of her family through their years of transition from the level on which she herself stood, to the present one, where they could class themselves as equals, at least in manner and speech, with any family in the county.

On looking back she remembered seeing herself in the position of buffer between Katie, the young lady, who would emerge from her teaching and example, and the young lady's parents, for she had imagined the newly made young lady would undoubtedly look down upon them. How wrong she had been; Matilda Bensham had evoked a love in her family that could not be marred by education and the trappings of society.

If only Barbara showed half the love for her that Katie showed towards her mother, then she would have had no need of late to stamp down on the comparisons she was frequently making between them, because these comparisons were creating a deep hollow within her, a hollow wherein she felt she would be forced to spend the remainder of her life.

Chapter Four

Matilda would have been proud of her funeral for she had twelve coaches following her coffin, and all the horses wore bouncing black plumes. The drivers of the coaches were encased in deep black with tall shiny hats and bows of black ribbons on their long whips.

In the first coach sat Harry, John, Dan and Katie; the next three coaches were taken up with Matilda's closest relatives. The fifth, sixth, seventh and eighth coaches held those nearest in relationship to Harry, and in the ninth coach sat Miss Brigmore, Barbara, and Mr. Pat Ferrier.

Three neighbouring families were also represented. The Eldens had come, father and son, both having taken a day's leave from their chain of haberdashery businesses in Newcastle and district; the Fairbairns, too, he being of much more note than the Eldens in that he was a mine owner, at least in partnership with Jonathan Pearce; and Mr. Pearce was also represented by his son and his son-in-law. That these six gentlemen had been regular visitors at Burndale Manor for many years, being friends of Mr. Patrick Ferrier senior until his death, and afterwards continued to visit whenever young Mr. Pat was in residence may have had some bearing on their showing their last respects to a woman at whom they had scoffed, and to whom their wives, after meeting her but once, had resolutely refused to proffer further invitations.

Following the last carriage came the male servants of the household, then the gardeners; lastly, the farm manager and his men. There were no female servants at the funeral; in fact, it had been a debated question whether any of the female relatives should attend, for it wasn't really etiquette; but as Harry's cousin, Florrie Talbot, had pointed out, who was there to notice or talk in this empty neck of the woods; now, if it had been in Manchester then things would have been different; you had to keep up a certain style there if you didn't want to get talked about.

And for once the female members of the family had agreed with Mrs. Talbot.

The sun was shining brightly, the birds were singing; they seemed to have assembled from the whole countryside in the trees bordering the small cemetery, and their song seemed to mute the sound of the first shovelful of earth being dropped on to the coffin, making it seem as if there were nothing in the highly polished, ornately decorated box. But there was something in it, and Katie, standing between her father and Dan, whimpered, 'Oh! Mam. Mam.' Her mother had liked to be called Mam, and so she had often used the term when Brigie wasn't about. She wondered why she wasn't crying. Dan was crying silently; she could feel the shudders that were passing through his body. It was odd, she thought, that Dan should be the one to cry. Dan, of course, had had a special love for their mother; it was undemonstrative but deep; but she, too, had borne a special love towards her. So why wasn't she crying? She had hardly shed a tear since her mother had died; she had felt over the past days that because she couldn't cry she'd never smile again, never love again. All the heart-lifting joy that had been part of her nature had, as it were, sought another course, and was flowing in another direction, a direction that was going to change her life.

It was just five days ago she was in Hexham with Pat. He had said she must call him Pat, and before the carriage had reached the Hall he had taken her hand and told her he would like her to see his home; and would she come to dinner? Up till that moment she had looked upon it all as a game; as her mother might have put it, she was tickled to death that a man like Mr. Ferrier should be seeking her out, while at the same time she kept her eyes shut to the consequences of his attention. But looking into his face that night, she had been unable any longer to close her eyes and her ears to the question he would be putting to her sooner or later; and also in that moment she was human enough to think, He is next in line to a title . . . Sir Patrick and Lady Ferrier! She had almost giggled at the picture in her mind. She had giggled too, a short while later, as she bent over her mother and asked in a whisper, 'How would you like your daughter to have a title?'

Her mother had smiled and touched her cheek and said slowly, and now she remembered how slowly her words had come, 'All I would like for you, lass, is to know that you'll marry somebody who can keep you happy always . . . always.'

Why hadn't she stayed with her then instead of dancing out of the room? Why hadn't she known that she was fading away before her eyes? And now she was down there and the sun was shining and the birds were singing and Dan's body was shuddering with his weeping, and her father was crying; all the family were crying now, everybody except her.

When she turned from the grave she took hold of Dan's arm; it looked as if he were supporting her and not she him.

There was a gigantic meal set in the dining room but only relatives were seated round the table. The seven gentlemen, including Mr. Ferrier, had taken wine in the breakfast room; then, after offering their condolences to Harry, they had departed in their carriages.

Katie did not take a seat at the table but slipped quietly away upstairs to the nursery. She hoped to find Dan there, but she hadn't seen him since their return. Instead, she found Barbara.

Barbara was standing looking out of the window, and she had to touch her arm to attract her attention, and when they looked at each other Katie saw that Barbara too was crying.

Barbara now put out her hands and caught hers and said, 'I'm . . . I'm sorry Katie, so sorry. I . . . I was very fond of her.'

For a moment Katie stared into the beautiful face, the face that at times she envied, the face that had often aroused her keen jealousy, which she would sublimate into compassion because of the infliction behind it, and she was surprised at herself as she said, 'Were you?' for this wasn't a statement but a question, a question asked flatly, even accusingly.

'Yes, yes.' Barbara had interpreted the tone of the words from the look on Katie's face and she added, 'You know I was.'

'You thought she was common.'

'Oh! Katie; how . . . how could you say such a thing! And on a day like this too.'

'Because it's true. You did, didn't you? You thought she was common, so common, not a bit like Brigie. You laughed at her at times.'

'I never did.'

'No, not to me you didn't, but with Brigie years ago when you first came. I heard you.'

Such memories don't die and the colour rushed over Barbara's pale skin. She said now in her own defence and quietly, 'You . . . you must admit it is not a week since you were mimicking her yourself.'

'I explained all that. It's a family licence; you're allowed to mimic those you love.'

'I . . . I loved her. You . . . you can't understand; I can't explain myself, but deep inside I . . . I did love your mother because . . . and not only because she was kind to me, more than kind, getting your father to give me the horse and clothes and so many other things, but oh' – she put her hand to her head now and screwed up her eyes – 'how can I explain? I . . . I am not a nice person, I know I'm not, I say awful things, and I do awful things, and I put it down to my deafness, but it stems from something more than that. But I want you to believe I was more than fond of your mother, because I . . . I envied you having her. When she used to put her arms around you and call you love or lass, I lost something; every time she did it I lost something. Oh, I can't explain, I can only tell you that many and many a time I wished she was my mother.'

'What about Brigie?' Katie's voice was soft now, the stiffness had gone from her face. She sat down on the wooden nursery chair near the table and her body slumped but she still looked up at Barbara waiting for her answer.

Not until Barbara was seated opposite her, her hands joined, her forearms on the table, did she say, 'It's different, Brigie is not my mother, she's . . . she's not even a relation. I love her, but in a different way; it's . . . it's gratitude I think, yes, out of gratitude.'

They stared at each other. Then Katie said quietly, 'It seems to be a moment of truth, doesn't it?'

'Yes, yes, you could say something like that.'

'Life's never going to be the same again.'

'I know that.'

'What are you going to do?'

'Marry Michael.'

'What if you can't?'

'I will. If I can't have Michael there is no meaning to anything, nothing to life.'

'Brigie's against it.'

'I know.'

'She wants you to have John.'

'John doesn't want me.'

'I wouldn't be too sure. I used to think he did. Yet at the same time you never know what John's thinking, not really.'

'Anyway, I wouldn't have John; I want no one but Michael. And you? What are you going to do?'

'I don't know, I can't think. It's very odd; it's just as if I have changed to someone else over these past few days.'

'Do you think Mr. Ferrier might ask you to marry him?'

'Perhaps; or perhaps not. He may just be amusing himself, as I was.'

'Do you like him?'

'Yes, I like him, but liking isn't loving. The last time I spoke to Mother I said to her, "How would you like me to marry a title?" and she said to me, 'All I would like for you, lass, is to know that you'll marry somebody who can keep you happy always . . . always." And I think that is what one has got to find out. But how can you know if a man is going to care for you always? I think the best thing to do is to ask yourself if you can put up with him when he's not his charming self, when he's not laughing and joking and paying you attention. Dad used to yell at Mam' – Katie gave a cynical smile here. 'You see how quickly one reverts, not Father and Mother as Brigie would have it, but Dad and Mam. At times they fought like cat and dog; he used to call her such awful names. When I was young I thought her second name was numskull.' She smiled again, but the smile was tender now. 'But all through it she loved him, and she knew that he loved her. She may have been a numskull – she was in lots of ways, she wasn't intelligent – but she was wise in her own way and she was full of heart, and I wouldn't have changed her for anyone. Do you hear that, Barbara? I wouldn't have changed her for anyone, not for all your Brigies, or your Aunt Constances, or any of the big-pots you're so proud of being connected with, because at bottom they weren't fit to wipe her boots! Do you hear me?'

She was shouting. The blocked reservoir inside her was spilling over. The tears were flooding up through her chest and blocking her throat; with an explosive sound they gushed out of her eyes, down her nose and out of her mouth, and she jumped up from the table and ran from the room.

Barbara made no effort to follow her, but she rose from the chair and tried to steady the trembling of her body by going to the window and gripping the high sill. She gazed out over the gardens and into the far distance where the moorland joined the hills, and she thought that they had indeed experienced a moment of truth, a moment of truth in which she had been made to face what she had always known deep within her, that you could love only one person, really love that is, and you could really like only a few people. She liked Katie, but she thought that Katie would never really like her again, and it wasn't only because she imagined she had looked down on her mother, it was something that went deeper, some change that had taken place in Katie.

And then there was John. She liked John, because John had always been kind to her.

And Dan? No, she didn't really like Dan; Dan annoyed her; Dan had never treated her with sympathy, but had acted towards her as if she were of no account. . . . And Brigie?

She had said that she had wished at times Mrs. Bensham had been her mother, yet hadn't Brigie played mother to her since she was born, and she should be grateful for that alone. She was, she was; then when had she stopped loving her? Gradually, she supposed as she realized that she did not want her to have Michael; and also when she realized that she was withholding something from her, something that she should know, that it was her right to know; something that even Mary knew, because whenever she tried to get Mary to talk about the Mallen family, she would become too busy or would have a sudden toothache, or her leg would hurt her, always something to put one off.

Because of her deafness she had acquired a subtle sense that probed people's attitudes towards her even when she could not read their lips; but this did not overcome the handicap of being unable to hear snatches of conversation that might have helped her to piece things together.

There was no means of finding out what she should know other than through another moment of truth, and she was aware that that moment would only come when she herself forced it; and this she knew she was afraid of doing, for truth was cruel, it changed the pattern of one's life. But didn't she want the pattern of her life changed? Didn't she want to fly from the cottage to the farm across the hills and spend her life by Michael's side? In his arms? In his bed? She bowed her head and bit tightly on her lip. Oh yes, in his bed. Nights were becoming nightmarish because she could think of nothing now but being beside Michael in his bed. Her thoughts on this subject, she imagined, would have shocked Brigie to the core of her being, for in that no-man's land before sleep finally takes over she saw herself standing naked before Michael; and not only that, Michael standing naked before her.

In the light of day she realized she was wicked, not so much because of what she imagined about herself and Michael, but because of the thoughts that always accompanied this image, the realization of which could alone turn her desires of the night into reality, and when, as to-day, the thoughts had dared to creep into the light as she watched the coffin being borne to the hearse, she had become physically sick with the force of the wish that it was bearing her Aunt Constance to the grave and not Mrs. Bensham.

Harry Bensham rarely called Miss Brigmore to his presence; if he wanted to talk to her he went up to the nursery floor where she was usually to be found, but this morning he sent for her.

Brooks informed Armstrong that the master wanted to see Miss Brigmore. Armstrong gave the message to Emerson, the second footman, who carried the message to the first floor, where he met Jenny Dring, the upper housemaid, and he passed it on to her.

Miss Brigmore was in her sitting room. She had just taken off her cloak and bonnet and sat down to review, calmly if possible, the situation.

It was a week since the funeral and not during all the years she had spent in this house had she experienced such irritation. Matilda's prophecy had certainly come true. Mrs. Talbot was indeed attaching herself to Mr. Bensham like a blood-starved leech. The woman was an impossible creature, common – in such a way that Miss Brigmore regretted ever having applied the appellation to Matilda – while at the same time adopting a pseudo-veneer of refinement; her accent and her idea of correctness both in manner and conversation would have been laughable if they hadn't aroused her disdain for the woman. To use Matilda's expression, Mrs. Talbot was scavenger material, and what was more distressing still he, Mr. Bensham, did not seem to be adversely affected by her; in fact, at times appearing to be grateful for her solicitude.

One thing was certain, she herself could not remain in this house in any capacity were that woman to become its mistress. Although she had promised Matilda she would try to influence her husband against a close association with her she knew that this would be impossible; Harry Bensham was a headstrong self-opinionated man, and even softened as he was now by his bereavement, she couldn't see him accepting any advice from her with regard to his personal behaviour.

Having received the message, she obeyed it. The expression on her face matched the stiffness of her back as she went down the main staircase, across the hall, and into the library. She opened the door and Florrie Talbot's shrill voice greeted her: 'Oh, there you are! Thought you were never comin', dear. I was just saying to 'Arry here, he should close it up, for the winter like, like they do, 'cos he's got his house in the town. Haven't you, 'Arry?' She turned her big, fresh-coloured face towards Harry, where he stood before the fire, one elbow resting on the mantelshelf. He did not reply, and she went on, 'I just said to him, as good as you are, it's too much to manage on your own, 'tisn't fair, 'tisn't fair now, dear, is it? 'Tisn't like as if you were young any more, and sprightly. What's more. . . .'

'Florrie!' Harry's voice was quiet, but although the tone conveyed a command for her to be quiet it held no impatience; he might have been addressing Matilda when in one of his good moods.

'Well, I was just sayin'. I've been working it out, 'Arry. You've got enough on your plate with the mill and all that lot without having to bother about 'ouses, big, little or middling.'

Again Harry said, 'Florrie!' this time adding, 'Go and see if Katie's near ready.'

When, however, Mrs. Talbot showed no sign of rising from her chair and when the oily smile slid from her puffed features and her round blue eyes took on a steely glint Harry's tone altered. There was a touch of the old harshness in it now as he said bluntly, 'I want a word alone with Brigie. Now get on your way, Florrie; no more of it.'

Mrs. Talbot lifted her heavy body from the chair; she did it slowly as if to add to her show of indignation, and she paused to adjust the bows of black ribbons on the six-inch wired platform of material that circled her already ample waist, and her departure from the room matched her dress, for she flounced out.

When the door closed behind her none too quietly, Harry looked at Miss Brigmore and, shaking his head, said, 'She means well; and you know, I've been thinking these last few days she might be right. What do I want two houses for now? But as I've asked meself, if I had to give one up which would be the easiest for me to part with? And I've got to admit, the Manchester one.' His lips bared from his teeth but not into a smile, it was more of a self-derisive gesture.

He stood now with his back to the big well of the empty fireplace and he rubbed his hands down the seat of his trousers, as he often did when the fire was blazing. He lowered his head for a moment before slowly turning his gaze round the room and saying, 'It's funny how a place like this grows on you. You don't belong, you're an intruder, an outsider, yet you've got the upper hand, 'cos you've got the money, and you think you can buy yourself in . . . but you can't, 'cos money isn't what it wants, not a house like this.' He brought his gaze on to Miss Brigmore now and said, 'It was only me that wanted to stay put here, Matilda would have gone back to the town years ago if I'd said the word. But what I said was, it's the best place to bring up the bairns. And I was right, at least I think I was. What do you say?'

'Yes, I think you were right.'

'Aye, you would say that, of course you would, and I think I was. But then again, it might've proved that we were both wrong, for in the first place there's our Danny. He can't bear to look on muck or poverty, it upsets him; he's got the make-up of a reformer or, worse still, an agitator; perhaps it was a damn good job he wasn't in the mill from a lad. Still, he's promised to give it a try for the next year; and he'll be along of John, and John's steady. Aye, I've got one rock at least.

He moved from the fireplace and, pointing to a chair, said, 'You might as well get off your feet.'

When she was seated he walked from her towards the desk at the end of the room, and stood to the side of it idly pushing papers here and there until she said, 'Katie; she is going with you to Manchester?'

'Aye.' He turned his head in her direction. 'She made up her mind at the last minute; that's what I wanted to see you about really.' He came slowly towards her again and, stopping within an arm's length of her, he asked, 'Has she said anything to you on the side about this fellow Ferrier?'

A moment passed before she answered, 'No, she hasn't given me her confidence.'

'So you don't know if anything happened atween them?'

'No.'

'He came late on yesterday and she wouldn't see him, said she had a headache; that's one thing she's learned, the ladies' excuse, a headache; meaning no offence to you.' He gave her a sharp nod. 'Well, he came in here, and from what he said, not right out like, but as they put it he implied his intentions were honourable, and I told her as much when I went up to see her. It was after that she decided to come along of me the day. Her mother going has hit her hard, she hasn't taken it like the rest, no crying that I've seen. But with regard to the Ferrier chap, I can't understand it. She seemed all for him up to a week or so ago, and I don't mind telling you on the quiet I thought it would have been a damn good match. What is more, I like the fellow. He's almost twice her age, admitted, but that's not a bad thing. What do you say?'

'No, it isn't a bad thing.'

'I don't mean about age, I mean about the man himself and the match.'

'It would be very good on both sides; she'd make him an excellent wife.'

'Aye, but you're thinking along the lines that she could pass herself, and there's all credit due to you for fittin' her for that kind of life. Aw well' – he pulled from his waistcoat pocket a heavy gold watch and, clicking the case open, looked at the bold lettered face and said, 'Time's running on, we want to make the town afore dark, I'd better be putting a move on. I just wanted to say one thing further; will you keep an eye on the place while I'm away? It may be a fortnight or more afore I'm back; I've already told Brooks to refer to you for anything he might want. And I think you could give an eye to the household accounts if you've a minute, they're getting staggerin'. The amount of tea that's used in the kitchen, they must be washin' in it. I've an idea there's quite a bit of stuff going out on the side. They get their perks, and I'm generous with them at that, but I won't stand being done; I can't bear to be made a monkey out of; so will you look into it?'

She had risen from the chair, and she said quietly, 'I'll attend to the accounts, but you'll understand that I cannot go over Brooks's head and investigate unless I have your authority. If you remember, I warned you that this situation might arise when you decided not to engage another housekeeper or steward after Mrs. Fairweather left.'

'Aye, you did, I know you did.' He was walking away from her now. 'And you needn't rub it in. Yes, you have my authority to investigate all you like, and I'll tell him that afore I go. And if you think it will help matters' – he half turned towards her now – 'you can see about engaging a housekeeper because I can't expect to keep putting the load on you. But for how long she'll be here God knows, with the state me mind's in.'

He turned more fully towards her now and finished quietly, 'What I meant to say straightaway was, thanks for all you've done this past week, seeing to the crowd of them and everything. You impressed them, you did that, although I think they were a bit frightened of you.' Again his lips moved from his teeth. 'You know something?' His voice dropped low in his throat as he ended, 'They're my folks but I was glad to see the back of them. Funny how your ideas change. But a little of them goes a long way now. And yet I'm ashamed of meself, thinking along those lines. Money's a curse you know. You know that? It is' – he nodded slowly at her – 'it's a curse, it makes you so that you're neither flesh, fish, nor fowl. . . . So long for the present, I'll be seeing you.'

Flesh, fish, nor fowl. She turned and moved slowly back up the room towards the desk and, seating herself in a leather chair, she drew the scattered accounts towards her.

He had left her with the unenviable job of curbing extravagance and putting a stop to pilfering, and of choosing a suitable housekeeper, one capable of keeping Brooks in his place. And why would she be doing this? Merely to set the house in order for a new mistress after a suitable lapse of time. And most likely it would be that obnoxious creature who, because of their common ancestry and her past experience of men, would, as Matilda had prophesied, hook him on the rebound.

Well, there was one thing certain, the day that woman came permanently into the Hall would be the last time she herself would set foot in it.

PART THREE

Daniel

Chapter One

It was now over three months since Matilda had died and during that time Harry had spent only four week-ends at the Hall, on two of which he was accompanied by Mrs. Talbot; John's visits, too, had been fewer; only Dan had come every other week-end.

As for Katie, she had stayed five weeks in Manchester before paying a visit to the Hall, and after only one week she had returned to Manchester because, she gave Miss Brigmore to understand, she had taken up various interests there; one of which she was sure would gain her approval in that it had to do with education. She was, she said, teaching girls and women to write their names and addresses, as she considered it demeaning that any human being should be identified by an unidentifiable cross.

Of all the people and things affected by Matilda's death, and many were, Katie and her reaction were to Miss Brigmore the most mystifying. More mystifying still was the very fact that a person of such lowly birth, and one so utterly devoid of education or culture of any kind as Matilda had been, should now be influencing a number of people, in such a way as to alter their lives.

That she herself had come under this influence was more than she cared to admit, but it added to the unexplainable situation when she posed herself the question, Was education so necessary after all for human happiness?

One thing Miss Brigmore was extremely grateful for during these trying weeks of being in sole charge of the Hall was that Barbara seemed to be making an effort to co-operate, in that her temper was more even and that they had on several occasions talked like two amicable companions.

On one special occasion when Barbara had re-opened the delicate subject surrounding Michael's birth, she had thought it wise to tell her the truth so that she might view Constance in a more friendly and understanding light. It was true, she said, as Barbara had discovered, that Michael was not the son of Donald Radlet but of his brother Matthew. Constance and Matthew had discovered that they loved each other when they were forced to take shelter from a storm in the old ruined house on the fell. Barbara had sat enraptured during the telling, only breaking in to ask that things might be explained more fully on her fingers. One such point she had to make clear to her was that Michael had not been born in the ruined house up in the hills, Barbara had misunderstood her on this. She had not gone on to explain that he was merely conceived there. She had ended by saying, 'You must never, never voice this. Promise me, now promise me, Barbara, that under no circumstances will you ever speak of this again. You discovered the truth by accident, and it is a secret you must keep to yourself.'

Barbara had not promised immediately, but said, 'Michael's no relation to the Mallens at all then? If Aunt Constance's husband was not Michael's father then Thomas Mallen was not his grandfather, then we are not even distantly related through my father being Thomas's brother – we're just cousins on our mothers' side?'

Miss Brigmore had taken some time to answer, stooping first to attend to her shoe lace before she had said slowly, 'No, he is no relation.' She had surrendered her last defence, at least in this sector of her private war, and she sighed deeply before she said again, 'But now I ask you once more to promise me, Barbara.'

Barbara had promised, and life had run very smoothly in the cottage since that night.

But Michael's own attitude towards Barbara puzzled Miss Brigmore at times for although he always appeared pleased to see her wherever they met, whether at the farm or the cottage, it seemed that he was merely humouring her and that his show of affection was drawn from him because of her affliction. Yet at other times when she watched them walking together and she could not overhear what they were saying, she imagined she could detect an affinity between them expressed merely by their proximity to each other. But what gave her hope that his affection was nothing more than brotherly was that he was in his twentieth year and if he were going to speak surely he would have done it before now.

And John? She was disappointed in John; she had pinned her hopes on John for his manner towards Barbara had always been very affectionate. But he had scarcely been home since his mother died. Yet, perhaps it was the pressure of business that was keeping him away at the moment, rather than his recent bereavement. In any case, under the circumstances it would not have been correct to make a fuss of Barbara, and he always made a fuss of her when they met. But let her ask herself a straight question; did he pay her more attention than he did others? She couldn't answer this because everyone was considerate for her; her looks plus her affliction seemed to draw men to her; all except Dan.

But there, she herself had never understood Dan; he had been one apart even as a child. Dan had been an obstinate, rebellious boy and had grown into an obstinate, rebellious young man, as his father only too well knew. She was finding his presence, when he visited home, more and more annoying, for he had developed the habit of drawing her into arguments with regard to class and social conditions. . . . Why should there be three classes of travel on the railway he demanded to know. Some of the compartments weren't fit for pigs to travel in, and he knew because he had travelled by all three. Eight hours from Manchester on wooden seats in a freezing box, would she like it? And why should one human being have to raise his hat and address another as 'sir' just because the 'sir' was driving in the carriage and the man was pulling down the steps for him to alight, or holding his horse's head. Things weren't right, wealth was badly distributed.

She had the idea that if Master Dan did not curb his tongue he would find himself in trouble before many years had passed over his head. Yet looking back, she recalled the time when she had found him interesting because of his lively mind. But minds needed to be kept under control, especially when they tended to be influenced by radical ideas.

There were times since Matilda's death when Miss Brigmore thought that she would gladly sever her connections with the family and retire to the cottage and live out her life quietly. Yet this thought would always be attacked by another; to do so would be dire ingratitude. Anyway, it would not be possible as the arrangement stood now, for Harry Bensham, in his generosity to her, had in a way elicited from her an unwritten agreement that she would help in the administration of the house for as long as she were needed.

It was not unusual for any member of the family to turn up unexpectedly, so on this particular Saturday morning in late September when Miss Brigmore entered the Hall she was not altogether surprised to see Katie descending the stairs, and she greeted her warmly, even forgetting to thank Armstrong when he relieved her of her cloak; hurrying forward, she said, 'When did you arrive, you must have got in very late? I did not leave until about seven last evening.'

'Oh, we arrived about nine. How are you?' They were walking towards the breakfast room now.

'I'm very well. And you?'

'Oh, I'm fine.'

Miss Brigmore looked at Katie, and confirmed in her mind that she did look fine. Her cheeks were red, her complexion clear, her eyes bright, her abundant hair glossy. She looked as she used to look; it was only her manner that had changed. There was a covert defiance in it, as if they were at loggerheads but being polite about it. But this was not so, for she was very fond of Katie.

'Is your father with you?'

'No.'

They had entered the breakfast room where Brooks was placing a large covered dish on the sideboard. He turned towards them and said, 'Good-mornin', Miss Katie . . . . Good-mornin', miss.' The last was addressed to Miss Brigmore and she answered, politely, 'Good-morning, Brooks.'

Katie hadn't answered the butler's greeting which Miss Brigmore thought was very remiss of her but was in keeping with her new attitude.

'Would you like some breakfast an' all, miss?'

'No thank you, Brooks.' Miss Brigmore sat in the big chair at the head of the table and Katie sat to the right of her.

'Are the boys with you?'

'No, no they're not with me, you know Saturday's a working day.' Katie made the latter statement as if she were pointing out the fact that most people had to work on a Saturday and Miss Brigmore should be old enough to understand this.

'You didn't travel alone?' Miss Brigmore left her lips apart as she waited for the answer. But it did not come immediately for Brooks was now placing before Katie a plate on which reposed two slices of crisp bacon, an egg and a kidney, and when he said, 'Will that do, Miss Katie?' she answered, 'Yes, thanks, Brooks; just what I want.'

As the man returned to the sideboard and lifted the covered dish Miss Brigmore asked again, 'But you didn't, you didn't travel alone?'

'No, I didn't travel alone, Brigie; I came down with Willy.'

The butler was walking down the room now and Miss Brigmore, glancing at his back, waited until the door had closed behind him; then she said one word, 'Really!'

'Yes, really, Brigie, I really travelled down with Willy.' Katie swallowed a mouthful of bacon, then glanced sideways at Miss Brigmore. 'Terrible, isn't it? I spent eight hours with the butler's son; no, nearer ten by the time we got here.'

Miss Brigmore swallowed, then swallowed again before she said stiffly, 'I don't know what you're trying to prove, Katie, but I can only tell you that if you're not embarrassing yourself, you are embarrassing others, and not least of all Brooks.'

'Brooks?' Katie brought out the word on a high laugh. 'Me embarrass Brooks because I travelled with his son? You don't know Brooks, Brigie; you never have.'

Miss Brigmore eased herself back into the chair and sat stiffly upright, and she allowed a period of time to pass before she said, 'And I'm beginning to think that I don't know you and never have.'

'That could be.' The words were flat, ordinary sounding. Then the tone changed as if a sharp gust of wind had blown open a door, and Katie's voice now was harsh, Miss Brigmore would have said commonly strident, as she said rapidly, 'You've lived in a cocoon all your life, Brigie, and like all the people who've lived in this house before us you're half dead, you don't know what is going on in the world. I was saved, we were all saved, all our family, because we were born in Manchester and our threads – and that's a big pun – the cotton threads drew us back there. It seems impossible to believe that you're shocked because I travelled in a train with a man whose father is a butler; you wouldn't have minded in the least if it had been Mr. Pat Ferrier, would you? Before Mother died I spent a full day with him and that didn't turn anyone's hair white, but because it's Willy, whom I've known all my life, it comes under the heading of lack of decorum. . . .'

As suddenly as her tirade had begun so it stopped, and her whole manner changing, she put out her hand and grasped Miss Brigmore's arm and, her voice soft now, she said 'Oh, I'm sorry; I'm sorry, Brigie. Don't look like that, please. I . . . I owe you so much, I know I do, we all do. It's just that well' – she shook her head from side to side – 'they're two different worlds, this and . . . and the house in Manchester. There's only four servants there altogether and it's more like home. I can't explain.'

The room became quiet. Miss Brigmore stared straight before her while Katie rested her head on her hand.

After a while Katie began to speak. Her voice low, her words hesitant, she said, 'Before Mother died I used to have bouts when I thought I wasn't happy, and, and then I would tell myself I was, because I had everything to make me happy, and I'd laugh at everything and work up an excitement about clothes and horses; and finally when Mr. Pat Ferrier started paying me attention, and not just this year but last, I told myself that this was what I wanted. Then from Mother dying it all changed; it was just as if a curtain had come down on a play and I had to step back from the stage into real life. I . . . I know I've been horrible to you lately. You see. . . . How can I explain?'

'I shouldn't try, Katie.' There was a deep hurt in Miss Brigmore's voice as she rose from the table, and Katie, grabbing at her hands, said, 'But I must. I must. You see, you represent the, the other side of me, the refined side, and there is a refined side, and a taste for gracious living, and good books, and art, and all the things a young lady is supposed to want, all the things a young lady is supposed to need. But, Brigie, you were dealing with very raw material. We were already formed before you had us, and even when you had us there was still Mam and Dad on the side pointing out to us from where we had sprung. Don't you understand, Brigie? You know, as Danny said the other night, John's the only one you've succeeded with. John acts the gentleman, and he feels a gentleman, he's the same in whatever company he finds himself. I'm not; neither is Danny. But . . . but we don't blame you, we love you none the less; it's just that you don't know the outer world, the rough and tumble of living. You ignore it as something not quite nice, you do, Brigie, you do."

Miss Brigmore slowly withdrew her hands from those of Katie, and she flicked imaginary specks from each side of her bodice below her breasts before she joined her hands together at her waist and said quietly, 'You are under the mistaken impression, as many another, that only the poor suffer, that you've got to be cold, or hungry, or ill-housed before your heart breaks. Well let me tell you that the poor have a great advantage over their superiors, for they can cry out loud when hurt, they can afford the relief of tears, they can wail in unison over bereavement, and when they are scorned they can, as they often do, stick their tongues out. Some male members of the upper class allow themselves certain relief to their feelings, but the female members rarely, and' – she paused long here before finishing, 'governesses never,' and on this she walked out of the room.

Turning to the table, Katie pushed her breakfast to one side and, covering her face with her hands, ground out, 'Oh, Brigie, damn you! Damn you!'

Miss Brigmore was greatly disturbed but she showed no sign of it as she took the morning's report from the new housekeeper.

Mrs. Kenley was an efficient, sensible woman, who was slowly winning the war against Brooks. Mrs. Kenley had been in good service and, as Mary would have said, she knew how many beans made five. Privately, Mrs. Kenley considered Miss Brigmore to be the only person in the household superior to herself, and this included members of the family, and so, therefore, she gave her the respect that was due to her. The term the other members of the staff gave to her loyalty towards The Brigadier was, sucking up; even so the majority were glad that she had quickly put a stop to old Brooks feathering his nest, the privilege which he had, over the years, claimed to be his, and his alone.

At this particular meeting Miss Brigmore informed Mrs. Kenley that she would not be staying to either lunch or dinner, nor would she be in tomorrow, but she could be expected on Monday morning. She trusted that Mrs. Kenley would see to the comfort of Miss Bensham.

Mrs. Kenley said she would indeed, and she assured her she would find everything to her satisfaction when she returned on Monday and that she hoped she would enjoy her rest.

Miss Brigmore thanked Mrs. Kenley, and Mrs. Kenley thanked Miss Brigmore, then departed, accompanied by the rustle of her black alpaca skirt.

The library to herself, Miss Brigmore sat for a moment stiffly upright in her chair; then rising, she went up to the nursery, where she stayed for an hour before going downstairs again, collecting her hat and cloak and leaving the Hall.

Her departure looked unhurried, as she intended it should.

She knew that Katie, when she discovered that she had gone to the cottage without leaving any verbal message, would go up to the nursery expecting to find a letter; and she would not be disappointed. The letter was merely a note saying that under the circumstances she felt that Katie was quite capable of looking after herself and in no way required a chaperone over the week-end.

Miss Brigmore defended her attitude as she walked briskly along the road to the cottage, for the brief, one-sided conversation in the breakfast room had put to nought almost fifteen years' work. Granted she had been well paid – when she counted their kindness and indulgence towards Barbara, she would concede, more than well paid – but money did not pay for everything; there were such things as loyalty and respect, and both had been denied her.

Why was it, she asked herself, that her life had been made up of frustrated endeavour? Putting aside personal desire, she had gained little or no satisfaction from those on whom she had spent her life's work.

When she entered the cottage Mary's first words to her were: 'By! you look off colour.' Then she added, 'You're back early.'

'I have a headache,' said Miss Brigmore; 'I excused myself. Do you think I could have a cup of strong tea?'

'Why yes, certainly, this minute. But if you ask me, you want more than a strong cup of tea. And I've said it for weeks, you want a break, a holiday, a long one.'

Ignoring this comment, Miss Brigmore said, 'Did they get away all right?'

'Oh aye; but not without an argument.'

'An argument, what about?'

'Oh, Michael said he couldn't stay all that long, he had promised to be back by two o'clock or something like that. And you know she'd expected him to take her into Allendale! Still, don't you worry about her, go and sit down and I'll bring you that tea.'

Miss Brigmore went upstairs and took off her outdoor clothes; then she sat down on the cradle stool in front of the dressing table and quietly and thoughtfully she looked into the mirror. It was right what Mary said, she needed a change, she needed a rest; she wasn't as young as she was, almost in her sixtieth year. Of course no one would guess it to look at her. The few grey hairs that appeared she treated successfully with cold tea, and now they were hardly distinguishable from the natural brown. Her skin was still clear and although her cheeks had lost a little of their roundness there were few lines on her face except those at the corners of her eyes, and two vertical ones on her upper lip. Moreover, her figure was still very trim and firm. No; no one would ever guess that she was almost sixty. She could pass for fifty or less. . . . That was outwardly, but inwardly at this moment she felt every day of her age – and, moreover, she felt so alone, so very much alone. . . . She hadn't experienced this feeling so acutely since the day the shot had rung out in Thomas's study and she had rushed in to find him slumped over the desk. Then she had known what it was to be alone, for no one had understood her like Thomas, no one but he had known Anna Brigmore. It was only at night in his arms that she had become Anna Brigmore; in the daytime she had remained Miss Brigmore even with him, and it had been a joke between them. But now she was Miss Brigmore to everyone; Miss Brigmore, Brigie, The Brigadier – and a person who lived in a cocoon. Such sweeping statements were forgivable because they came from youth, yet they nevertheless pierced you and thrust you deeper into isolation.

She had her cup of tea but did not follow Mary's advice of putting her feet up; instead, years of discipline coming to her aid, she decided to read; but something light, diverting. Yet when she went to the bookcase her fingers hesitated on picking up *Vanity Fair*, which she had read at least six times before, and hesitated over Mrs. Gaskell's *Mary Barton*; then returned to *Vanity Fair* and almost snatched it from the shelf. The last thing she wanted to read about this morning was the problems of life facing Manchester mills and factory hands.

Yet it was at the precise moment when her mind rejected delving into this social problem that a 'factory hand' knocked on the cottage door.

Mary entered the room almost on tip-toe and made her announcement in an undertone as if the visitor were a personage of high importance. 'It's young Brooks, Willy, Brooks's son; he says he wants to see you.'

Miss Brigmore put her head to the side as if thinking before she said, 'Show him in, Mary.'

Young Brooks was twenty-four years old, but the appellation 'young' did not apply to him, he looked a man, a stiff-faced, arrogant man. He was above average build for a mill worker, for malnutrition and excessively long hours of labour when the bones were still soft did not usually tend towards natural growth. He was over five foot ten in height and broadly built with it. His eyes were deep set and did not show their colour at first glance, appearing to be black instead of blue. His mouth was full-lipped and wide, but his face was thin and would tend later to be lantern-jawed. His hair was brown and had a deep ridge in it like a wave running over the top of his head. He held his hard hat in one hand that hung down by his side, not as was usual with a man in his position, in both hands and in front of his chest. But what was his position? She was soon to know.

'Good morning, Miss Brigmore,' he said.

'Good morning, Willy.' The tone was the polite one she kept for the family servants, not stiff but without any touch of familiarity. She did not ask him to be seated but added, 'What can I do for you?'

Give me the key to the safe.'

His request and the manner in which he made it nonplussed her for a moment; then, her back stiffening, she definitely became Miss Brigmore. 'By whose authority are you asking for the keys?'

'Mr. Bensham's.'

They stared at each other before she said, 'I have received no letter from Mr. Bensham to the effect that I must hand you the keys to the safe.'

'Look' – he gnawed on his lip for a moment, then looked towards the carpet as if something had attracted his attention before returning his gaze to her and continuing, 'Mr. Bensham wants a certain paper out of the safe and as I was comin' down to see me father he said it would save him a trip, he said you would give me the key.'

'Mr. Bensham usually informs me by letter if there is anything out of the usual that he requires to be done.'

'Well, apparently this time he didn't; he's a busy man. And anyway he likely saw no need for it when I was comin' down.'

'What is so important about the paper that it cannot wait until he comes down himself?'

She watched the rough tweed of his waistcoat swell, then deflate again, before he said, 'It's a deed.'

'Mr. Bensham has a bank; I understand he keeps his deeds there.'

He stared at her for what must have been a full minute, during which the point of his tongue came out between his teeth and traced his bottom lip several times. Then he said, 'Well, apparently you don't know everything, Miss Brigmore. The boss – Mr. Bensham – told me there's a deed in the safe with the name of Pollard and Bensham on the envelope in the left-hand corner. He must have forgotten to mention it to you.'

'I want none of your sarcasm, Mr. Brooks.'

Fair enough, Miss Brigmore. And I want none of your suspicion, or condescension.'

Really! Really! what were things coming to! She was, to put it mildly, flabbergasted.

'And I don't happen to be one of the servants at the Hall, Miss Brigmore, I'll have you bear that in mind. I'm under-manager in the firm of Bensham & Sons; I have a standin', whether you like to recognize it or not; and what's more I've worked for that standin' from I was six years old. I'll shortly be made manager of the factory under Mr. John. I bend me knee to nobody, miss, nobody.'

Dreadful man, awful person, and yet she felt she could be listening to his master, Harry Bensham, when he would have been the same age, for this undoubtedly would have been his attitude. Then at his next words she found herself gripping the front of her bodice.

'While I'm on, I'll take advantage of the opportunity to tell you that although I might travel in a train with Katie, it doesn't mean I'm going to take her down, or that 'cos she sits next to me she'll get the smit. I might as well make it plain to you now, I've got a great concern for Katie, always have had, 'cos one day I'm going to marry her.'

She did not feel faint as might have been expected on hearing the fate of a young lady whom she had trained to take her place as mistress of at least an upper-middle-class establishment, but she felt anger rising in her at the thought of all her efforts, all her work wasted on a man such as this.

Her words were cold and pointed like icicles as she said, 'Have you made Miss Bensham aware of your intentions?'

'Not in so many words but she knows which way the wind's blowin', she's no fool; which she proved lately when she turned down the moneyed geyser you'd set up for her.'

'You are being offensive, Mr. Brooks.'

'Perhaps I am, but it's the only way to get through to you and your like; you live your lives on the side as it were, cosily shut off from the rest, and you never call a spade a spade.' His tone softened, and again he looked down at the carpet before saying, 'I suppose it's not your fault you are how you are, no more than it's mine that I was born with nowt; the thing is, as I said, it isn't our faults, but it's up to us to change things if we don't like them. Apparently you've got nothin' to grumble about in your way of life, so you remain what you are; me, I don't change much in meself, but I'm determined, and always have been, to change the place and conditions in which this self has got to live, if you follow me.'

She followed him all right, and she asked herself a question, were all the men in Manchester like this, uncouth, raw, brash individuals? Was he really the cause of the change in Katie? No; as hard as it was to accept, she recognized that Katie was in essence made up of the same material as this man, he represented the other side she had spoken of.

The ice still in her tone, she asked, 'Is Mr. Bensham aware of your intentions?'

'Not so far; I didn't want to say anythin' so soon after Mrs. Bensham going, but I mean to tell him as soon as I get back. It'll save you breaking the news to him.'

'And you're already sure in your mind that he will approve.'

'Well, almost you could say, 'cos he values me, not only because he knows that I could run the mill blindfold, but because he likes me for what I am; I'm a pusher just the same as he was.'

What could one say to a man who openly exposed his less creditable traits in such a fashion, almost as if he were proud of them, as undoubtedly he was. Oh, she was tired of it all, worn out by the futility of trying to shape people who were already set in strong moulds.

Again they were staring at each other; then turning stiffly from him, she said, 'If you will kindly wait I will get my cloak.'

'There's no need for that, just give me the key and I'll bring it back to you, or leave it on the desk.'

Facing him fully, she said slowly, 'Mr. Bensham left the keys in my charge; I will open the safe and allow you to take out the paper he requires.'

She walked from him, her back like a ramrod, and whilst passing from the sitting room into the hall, she only just prevented herself from turning around and showing her indignation when his words, delivered on a deep laugh, came at her back, saying, 'How did they stick it all them years!'

The week-end was over. Katie and that individual, as she now thought of Brooks's son, had left the house that morning together to return to Manchester.

During the farewells Katie had returned to her old self for a moment, saying softly, 'Aw, Brigie, try to understand. I wouldn't have you hurt for the world, I wouldn't really. I'll never shame you, because there's part of me cannot forget that I am *Miss Bensham*.'

The farewell had done little to soothe Miss Brigmore's feelings. During the remainder of the morning she went about her duties, most of them self-imposed. Everything seemed to be as usual except there was that in

Brooks's expression that annoyed her. He did not actually wear a half-smile on his face, nor were his eyes laughing, but when he happened to address her she imagined she could hear him thinking in Mary's vernacular, 'You've had one in the eye this week-end, miss, haven't you?'

Brooks, to say the least, irritated her and always had done. However, in his case one avenue of relief was in sight; he was past sixty-six and he was no longer oversteady on his feet, there could be a possibility of him retiring shortly. But then, it wasn't her concern. If that dreadful woman became mistress of the house, which seemed more than likely, then there would be two of a kind controlling affairs, and it would be no longer any of her business, and so she need not trouble herself about it; but until such time she intended to keep Brooks in his place, and also to make him aware of the fact.

So it was that after lunch she provided herself with the opportunity by sending for Mrs. Kenley and informing her that the stewed carp had not been sufficiently cooked, nor yet had enough salt to flavour it; moreover, the last time she had ordered it, she had precisely asked that there should be quin's sauce served with the carp, not parsley. Would she inform the cook of this and she herself ensure that the error did not occur again?

Under ordinary circumstances she would have shown no such finickiness, but she wished for a confrontation with Brooks, and for it to be sought by him; he would undoubtedly mount his high horse when he found that she had ignored his superior position and made her complaints to the housekeeper concerning things appertaining to the table, for he considered the dining room and all therein his special domain.

She waited all afternoon for him to approach her; when he at last did, it was to announce in his most polite tone, 'Mr. Patrick Ferrier, miss.'

She was slightly startled by this announcement and she had to collect her wits from trifling mundane things to meet the questions she knew Pat Ferrier had come to ask.

'How nice to see you!' She extended her hand towards him, and he took it and bowed over it, saying, 'And to see you. And I hope I find you well?'

'Yes, I'm very well, thank you; one could hardly be otherwise, the weather has been so good.'

'Yes, indeed; most unusual for England, and especially for this part of it.'

'Do sit down.'

When they were both seated she bent her head towards him and smiled as she said, 'I had the idea that you had returned to France.' She'd had no such idea, and she wondered herself why she'd said it.

'Oh, someone has been precipitate in forecasting my future plans. . . . Is everyone well in the family?'

'Yes, as far as I know they are all well.'

Mr. Ferrier now gently stroked each side of his small moustache, which was immaculately cut leaving about an eighth of an inch of bare lip below its even line, and each hair looked as if it had been individually set into place. His clothes were also immaculately cut, the tails of his long cord riding coat hanging down each side of the chair like panniers, their colour matching to perfection the soft shining brown leather of his high boots.

There was a certain asceticism about his thin face, yet his eyes had a merry glint to them, which was prominent now as he looked at her and said, 'I'm happy to hear that Katie has returned home.'

'Oh, I'm afraid her visit was very short; she left for Manchester this morning.'

His chin moved to the side; his glance now shaded by his eyelids was cast towards the long windows as if he had just noticed someone passing, and when he looked at her again the merry gleam was no longer to be seen. As Willy Brooks had done, so he now stared at her for almost a minute without speaking; but unlike the reaction that other period of silence had had on her, she now felt a deep sympathy going out towards this man. She did not know what kind of a life he had led when abroad, she only knew that he had loved his first wife and lost her so early in their marriage, and he must have seen in Katie a chance of reviving that brief happiness. She did not think of Constance in connection with him at the moment.

'Brigie – I may call you that, may I not?'

'Yes, Pat, of course you may.'

'May I also ask you a very straightforward question?'

Unblinking, she stared at him before answering, 'Yes, yes, of course.'

'And expect a straightforward answer?' His voice was very low now.

Again she paused before saying, 'Yes, if . . . if I consider it expedient.'

'Only that?'

'Please ask me the question.'

The leather reinforcing the inside legs of his riding breeches squeaked slightly as it moved against the silk tapestry of the chair before he said, 'Is Katie purposely avoiding me?'

Expediency; there were many ways this word could be adapted; using expediency she could hedge, she could lie tactfully, or she could lie outright saying she knew nothing of Katie's intentions. What she did say was, 'I think so.'

He moved his head twice in small nods before he said, 'Can you give me the reason for it?'

'No, not really; except that after her mother died her attitude to life seemed to change; she considered this' – she spread out her hands to indicate the drawing room – 'and what the house stood for as too great a contrast to the lives that some people are forced to live. I . . . I think with her mother's passing she may have recalled much too vividly her early beginnings.'

'She hasn't gone back to live under those conditions?' His face was stretched in enquiry now, and she shook her head and said, 'Oh no, no; but she is busying herself with what is usually' – she gave a slight shrug of her shoulders now – 'termed good works.'

'Well, she must not be criticized for that. But I cannot see her changed opinions in that direction as an entire reason for avoiding me. Do you not know of any other, a new interest perhaps?'

She picked up the inference in his voice and replied, 'Yes, a new interest perhaps.'

'Oh.' Again his finger went to his moustache, but now he stroked it thoughtfully from the middle of his lip to the end, first one side and then the other, before he said, 'Don't you think she might have told me? We had become rather good friends you know.'

As far as I can gather the new interest has only been recently acquired. The first reason I gave you I think was the main one. She is very young, and sees everything at present in black and white; there is only good and bad.'

'Well' – he smoothed down the front of his coat, his fingers pausing as they came to each button, and when he came to the last one he rose to his feet, saying, 'I mustn't detain you; I have a great deal to attend to before I leave.'

'You are going away again then?'

'Yes, yes; your precipitate guess was correct.'

As she looked at him she knew that her guess had been just that, merely a guess, and that his intention of leaving suddenly had been kept in abeyance, a reserve defence to counter what might be disappointment. As she walked into the hall with him she asked, 'Have you seen Constance lately?'

'Yes, we met about a fortnight ago in Hexham; she was on a shopping spree, we had tea together.'

On the terrace they stood for a moment in the late afternoon sunshine looking over the garden, and as he raised his hand towards the groom on the drive below, which was an order for his horse to be brought round, Miss Brigmore said gently, 'Constance is very fond of you, Pat; I believe you know that.'

She hadn't looked at him as she spoke and she heard him sigh before replying, 'Constance and I understand each other, Brigie; we always have done. I had a very youthful passion for her at one time; when she married it died. It would have died in any case, I think, because first loves are based on pure idealism and idealism is never strong enough to hold up life, married life. Yes, Constance and I understand each other.'

She was looking at him now and she thought sadly, very sadly, how blind some men were, especially if they happened to be moral men. Thomas had never been blind to a woman's needs; but then Thomas had never been a moral man.

He was bowing over her hand again and saying, 'When you next see Constance give her my warmest regards, won't you? Good-bye, Brigie; and . . . and thank you for your candour, you have been very helpful.' She said nothing. She watched him running down the steps on to the drive; he was still a young man, his step was light, his bearing and everything about him was what any sensible girl would admire. But were girls ever sensible?

A few minutes later, after he had mounted, he raised his hand to her in farewell, then urged his horse forward into a trot, and as she watched him disappearing down the avenue of trees she thought, Constance and I understand each other. Poor Constance. She did not think, Poor Pat, deprived of love for the second time, because a man such as he could find consolation if he so desired; nor did she think, Poor Katie, for although it went against the grain to admit it, Katie as she had become would be much happier with Brooks's son than ever she would have been as Mrs. Ferrier, perhaps someday Lady Ferrier. There remained Constance, and again she thought, Poor Constance.

Chapter Two

Dan arrived at the Hall unexpectedly in the middle of the week, but it was not unusual for him to arrive at odd times for apparently his absence from the mill in no way affected the workings of that establishment. Since the staff had been given no notice of his arrival the carriage wasn't at the station to meet him, so he had taken a lift on the carrier's cart, he informed Brooks, then asked, 'Miss Brigmore about?'

'No, she's not in to-day, Mr. Dan; Miss Barbara came along a while back to say she'd caught a bit of a chill an' was staying indoors.'

'Oh.' He walked across the hall to the foot of the stairs, and there he turned and said, 'I'm going to have a wash. Have a drink sent up to my room, will you? Whisky.'

Not being an imperturbable butler, Brooks showed his surprise on his face. He hadn't known Mr. Dan to drink whisky; a glass of wine with his dinner perhaps, and then he didn't seem over fond of that either.

When, a few minutes later, he handed the tray to Armstrong he said confidentially, 'I've made it a double, he needs it by the look of him. Peaked he is; hard work doesn't seem to agree with him.'

When Dan came downstairs again he ordered a meal. 'Something light,' he said; 'I'll have it on a tray by the fire, and I'll have it now.'

The young master's attitude huffed Brooks; he considered that the six months Mr. Dan had spent in the factory had not only taken some of the flesh off his bones and the colour from his cheeks, but also it had altered his manner; there was a grittiness about it that hadn't been there before. He would have said he had turned from a boy into a man, even more so than Mr. John had, and Mr. John was older by more than a year. He didn't approve of the change; once upon a time Mr. Dan's manner had been almost chummy; now, the name he would put to it was bossy.

Brooks would have been very surprised indeed had he been able to read Dan's mind as he placed the tray on a small table before him.

It was hardly believable to Dan now that at one time all his sympathy had lain with the staff, when he had seen them as the poor under-dogs; but, after having spent six months in Manchester, he had become not only appalled with the conditions in his father's mill, which were considered good by the standards of the times, but also more incensed with conditions in mills known to be behind the times. The whole scene horrified him and aroused in him an anger which he knew to be fruitless, for he could do nothing to alleviate the conditions he saw, or, more to the point, he was going to do nothing to alleviate the conditions, for once his year of probation was up he was getting out and as far away as possible from the grime, poverty and sordidness that hurt him.

Time and again over the past months he had asked himself why he didn't do something, but he was honest in that he knew his efforts would be futile, for he wasn't the crusading type. There was in him, he knew, a soft core; how it had come to be there he didn't know, being the offspring of Harry and Matilda Bensham. He only knew that the sight of bare-footed women, their bodies stripped of all but garments that looked like shifts, working like clockwork bees in an overheated hive, caused in him a pain for which there was no salve but beauty.

Yet when he talked to the clockwork bees the majority of them would laugh and joke with him, especially the spinners whose ambitions or dreams he understood from them were simply of becoming weavers.

But there were those who didn't laugh and joke at their lot, for they were too old, too worn, too pain-racked, yet had to continue to work in order to die slowly.

Like Engels before him, he, too, drove through the streets of the poor on his way from his home on the outskirts of the town to the mill in an earnest endeavour to enable him to realize the real position of the workers. Idealistically, at first he had scorned the carriage, but a week of plodding through narrow alleys, battling his way through the stench which surrounded everything like a curtain of gas, of finding his boots covered with excrement, and more than once missing by inches an indescribable deluge from a bucket heaved out of an upper window, locked out for good and all his feeble ardour in that direction.

When he tackled his father about the conditions, suggesting that many of their own workers had to suffer them, Harry's caustic answer to his son's tirade had been short and telling: 'Put a paddy in a palace and he'll fetch in a pig.'

As time went on he had to admit that his father was right. They were a feckless crew the Irish; yet strangely, these were the ones who, besides the stench, gave off the aroma of cheerfulness. They were also, he soon found out, no respecters of class for they didn't recognize the barriers. Within a couple of days of his being in the factory they were addressing him as if they had known him all their lives. 'Begod! you're looking well this morning, Mr. Dan. Now isn't that a fine piece of cloth you've got on you, as good as they'd make in any cottage in the old country. Tweed that is, isn't it? And every thread crossed with love. And you're the man to carry it, Mr. Dan. Christ Jesus! but you're an attractive-looking fellow, you are that.'

What could you say? What could you do?

What he could do and now, was to tell Brooks that he was having it soft, that the whole lot of them here were having it soft. But then Brooks had not always had it soft; wouldn't this be the life he, too, would like to give all of them, every man Jack of them back there in the mill? There were seven of the indoor staff here from Manchester, his father had done that at least.

Oh. . . . He lay back in the chair, his meal untouched. This was Wednesday; he had up till next Monday to fill his body with fresh air and feast his eyes on the endless hills – and to see Barbara.

'Why hello, Mr. Dan,' said Mary; 'you dropped out of the sky?'

'Yes, Mary, just this very minute.' Dan laughed down into her round, rosy face. 'I'm the second fallen angel; I was on my way to join Lucifer, but I thought I'd just pop in.'

'Aw you! Mr. Dan.' Mary pushed him in the back as she had done since he was a small boy, then added, 'Miss is in bed. She's got a cold on her chest an' I wouldn't let her up. You go in the sitting room there and I'll tell Miss Barbara you're here.'

As he crossed the hall he cast a glance towards the stairs which Mary was now mounting stiffly, for her leg was troubling her. Then he saw her stop, and he too stopped and looked upwards to where Barbara was standing at the head of the stairs, one minute looking down at him, the next running down towards him, her face alight as if she were glad to see him. He stared at her as she came forward, her hand outstretched, and when he grasped it he did not speak but just continued to look at her.

'Why have you come? Anything wrong? It's only Wednesday.' Her voice was high, her words clipped.

'Is it? I wouldn't know, I never count days.' Automatically he mouthed the words.

'Oh.' She shook her head at him the while she continued to smile. 'Well how did you get here? Did they know you were coming? Brigie didn't say.'

'I arrived on the carrier cart; no one knew I was coming, not even Brigie.'

They were in the sitting room now and as they seated themselves at opposite ends of the small couch, he said rapidly on his fingers, 'Are you very bored?'

'Bored?' She spoke the word.

'Yes, bored.' He, too, now spoke the word.

'No. Why? Why do you ask that?'

'Oh' – he shrugged his shoulders – 'I imagined you must be because you were so pleased to see me. The women have a saying in the mill, Better the divil for company than be alone with your mind.'

The smile slid from her face, her chin went up and her lips fell tightly together for a moment before she said, 'The same old Dan.'

'Yes' – he was smiling now – 'the same old Dan, irritating, annoying, always saying the wrong thing. Anyway, how is Brigie, not really ill I hope?'

'No.' She shook her head. 'It's just a cold and . . . and she's tired. I've been worried of late; she seems listless, not her brisk self, you know?' She shook her body, stretched up her neck and put her head to one side in a good imitation of Brigie, and he laughed and said, 'Yes, I know.'

'But what's brought you here, I mean in the middle of the week? How is the mill managing without you?'

'Oh the mill.' He pursed his lips. 'It's closed down until I go back; everybody's out of work, but' – his lips pouted further – 'what do I care? Let them starve.' He waved his hand airily, and she, joining in his mood, waved hers too and repeated, 'Yes, let them starve.' Then they both laughed together.

'Are you getting used to it there?' she now asked.

'No.'

'Why?'

'That would take a long time to answer. Come and see the mill and then you'll know. Yes that's what you should do' – he was nodding deeply at her as he spoke on his fingers – 'you should come and see the mill, it would do you good.'

'It doesn't seem to have done you much good, you look thinner, much thinner.' 'Yes.' His face took on a mock sad expression. 'I know, I've shrunk still further; I should say I'm almost three inches shorter than you now.'

'Yes' – she too assumed a mock attitude and her manner became matronly as she said, 'I should say you are. Yet when I saw you standing at the bottom of the stairs I imagined you had grown taller. It was a mistake.'

'Undoubtedly.'

They were sparring but sparring amicably, which was a change.

'But tell me,' she insisted, 'what's brought you in the middle of the week?'

'Oh' – he made a dramatic gesture – 'Dad thought it advisable to get rid of me for a time. You see' – he leant towards her – 'I'd fallen in love with one of the mill girls, handsome' – he spread his two arms in an embracing curve – 'jet black hair' – he waved his hand around his head – 'flashing black eyes.' He now took his eyebrows between his middle finger and thumb and pushed them up and down. 'Really, really attractive. He had the idea I was going to run off with her, so he separated us.'

She gave him a scornful look before closing her eyes and turning her head to the side, and when she looked at him again he said solemnly, 'It's a fact.'

And in a way it was a fact; his father had separated him from young Mary McBride, for twice in two days she had made him sick. The first time she affected his stomach was when he was crossing the yard from the mill to the office. It was bait time. He saw her running to a bench in order to be first to get a seat when she slipped in a thick puddle near the closets. She had managed to save herself from falling but her bait had burst from the hanky, the slices of bread spattering into the filth. He had paused for a moment, thinking to go to her aid if she fell, and he still paused as he watched her pick up the bread and rub it on her skirt, then bite into it as she sat down.

His breakfast had been well digested when he witnessed this, and so the nausea had no result; but the following day when by his father's side he saw her running between looms, then stop for a moment to scratch her head vigorously, take something from it, examine it for another second as she held it between her finger and thumb, then squash it under her nail against the side of the machine, he had put his hand over his mouth. Only fifteen minutes before he had returned from the club after eating a very heavy meal, and the sight of the girl ridding herself of head lice had the effect upon his stomach as a storm at sea might.

Looking at him in some alarm, Harry had shouted, 'What in Christ's name! lad, you're not going to bilk, are you? My God! because you saw her killing a dicky? Don't you know all their heads are walkin'?'

No, he hadn't known all their heads were walking. He knew that the body smell of some of them was nauseating, he knew that their lives were crude and their language cruder still, but what he remembered at that moment was what this girl had eaten yesterday, and the combination of the two was too much.

When his father joined him in the office a short while later he had looked at him somewhat sadly and said, 'Look lad, I've been noticing, you've been peaked for days now. I was going to write to Brigie and tell her about the week-end, but you can take the message down instead. Get yersel' off first thing in the mornin'.'

He had made no protest, it was like a reprieve; as he had told himself, the only antidote against it was beauty.

Now he was feasting his eyes on it. She grew more beautiful every time he saw her. Some day when some man told her she was beautiful she wouldn't be able to appreciate it, for soundless words and fingers, no matter how expressive, had unfortunately no inflexion.

When he saw that she was not going to meet his bantering mood much longer he said, 'What I really came down for was to tell Brigie that the family will be arriving en masse on Friday afternoon, together with one extra guest.'

'Katie too?'

'Yes, Katie too.'

'And who is the guest?'

'Ah! Ah! that's a secret, I haven't to let on.' He dropped into the vernacular.

'Don't be silly.'

'I'm not being silly. I was told I hadn't to say anything about the extra guest until they arrived.' She looked intrigued now. 'Is it someone that's been before?'

'Ah! you're trying to catch me. I cannot tell you.'

She again assumed Miss Brigmore's attitude but quite unconsciously now as she said, 'You are reverting to your irritating self. Why did you mention the extra guest if you weren't going to tell me who it is?'

'Because my orders were to ask Brigie to tell Mrs. Kenley to prepare an extra room.'

'Male or female?'

'It doesn't matter as long as the room is habitable, the roof doesn't leak, the bed has sheets on it and there's a fire in the grate.'

She looked at him in annoyance for a moment; then, her manner changing, she asked, 'Is . . . is the guest someone important, I mean is there something connected with him or her, some event?'

'Yes; yes, you could say that, there's something connected with him or her, some event."

'Oh, Danny!' She moved her head in two wide sweeps before going on, 'No one in this world has been able to irritate me like you have. I . . . I was really pleased to see you, I haven't seen anyone for nearly a fortnight, and . . .'

'What's happened to the blond farmer?'

'The blond farmer as you call him has been very busy, it's the end of the harvest; they're preparing for the winter.'

'Did they have a harvest supper this year?'

'No, no, they didn't have one.' Her face was straight; her expression told him nothing.

'But they always have a harvest supper.'

'Not always. Apparently Aunt Constance didn't feel up to it.'

'Oh.'

'Satisfied?'

'No. Do you still go there a lot?'

'Yes, frequently.'

'How frequently?'

'What a silly question! Whenever I can.'

He was staring into her face as he told himself not to ask the question, but he did. 'When are you going to be married?' he said.

'Married? Who said I was going to be married?'

'Well . . . well, aren't you? You're getting on you know. You're seventeen and as Mary would put it' – he nodded towards the door – 'you've been courtin' for years.'

She was on her feet now, her expression almost ferocious and her voice high and shrill as she cried, 'You're . . . you're impossible, Danny Bensham! You always have been. You are tactless, uncouth. . . .'

'Look, look.' He rose slowly to his feet, but his hands came out quickly and grabbed her by the shoulders as she went to turn away, and he held her in a grip that hurt her as he mouthed. 'It's no insult to ask if you are going to be married when you've been stark staring mad over the fellow for years. Hasn't he asked you?'

She went to wrench herself away but he still held her as he repeated, 'Hasn't he?'

When her lips showed a slight tremble his own voice dropped and the mouthing of his words became less exaggerated as he said, 'Well, if he hasn't it's about time he did, don't you think so?'

He watched her throat swell, he watched her gulping before she could get out the words, 'Why don't you mind your own business!'

'Yes; why don't I. . . . Tell me, does Brigie still not allow you to go over alone?'

Her lids drooped and she made a small movement with her head. Taking his hands from her shoulders but bringing them together, he spoke on them, placing them so that she could read them from her lowered gaze: 'I'd like to take a ride, shall we go out tomorrow?'

She kept the eagerness from her voice but was unable to do anything with the light in her eyes as she said, in mock politeness now, 'Thank you, Mr. Bensham, I will accept your company but as yet I cannot say if I shall enjoy it. Now would you like to come upstairs and see Brigie for a moment?'

He did not immediately follow her but remained until he heard her running up the stairs.

When he entered the bedroom, guided by her voice because it was the first time he had been upstairs in the cottage, she was saying to Miss Brigmore, 'And they're bringing a guest and he's very mysterious, he won't tell me who it is.'

'Good afternoon, Brigie.'

'Good afternoon, Dan.'

'I'm sorry to see you unwell.'

'Oh, I'm not unwell, not really; this is Mary's doing, she is coddling me. Do sit down. Barbara tells me that the family will be down at the week-end and . . . and you have a guest, a surprise guest.'

'Yes, you could say that, a surprise guest.'

'It sounds very mysterious. Why haven't you to say who it is we may expect?'

'Because he wants to tell you himself. . . . Dash, now I've indicated that the guest in question is female.'

Miss Brigmore continued to keep the thin smile on her face as she looked at Dan; it hadn't been hard for her to identify the mysterious guest as female. She asked now, 'Is it to be an occasion?'

'Yes; as I said to Barbara it's to be an occasion, but not a very elaborate one under the circumstances.'

Why couldn't he have told her himself? He must have known what was in his mind a fortnight ago when he was here, but likely he was ashamed of the fact that he had chosen someone so soon to take Matilda's place. She had promised Matilda she would try to do something to prevent this happening, but what could she do? Mrs. Talbot was a woman who would bulldoze her way through a stone wall. From something John had let slip on his last visit she had gathered that the woman had almost taken over the housekeeping of the Manchester house. Never off the doorstep was the term he had used, and he had added, as his father had done, 'She means well does Auntie Florrie.' And now the mysterious guest was to be Mrs. Talbot and the occasion, the announcement of their forthcoming marriage. Really! when she came to think of it it was disgraceful, disrespectful; it would never happen in organized society. Matilda had said she'd hardly be cold in her grave before that woman got to work on him, and her words had come true, for it was now just over six months since she had died. Well, two things were certain: first, the announcement would put the seal on the plans for her own future; secondly, as much as she owed Mr. Harry Bensham, no amount of gratitude on her part and no persuasive talk on his would coerce her into attempting to make a silk purse out of that big gormless numskull.

Part of her mind chastised her for resorting to Mary's verbal level for words to describe the woman; pretentious ignoramus, would have been more appropriate.

'Shall I pass the order on to Brooks with regard to what you would like doing, it will save you having to bother?'

'Not at all, not at all.' She shook her head sharply. 'I shall be down to-morrow, and I shall make the preparations, as usual, with Mrs. Kenley. I shall work out some menus to-night.'

'You shouldn't get up for a day or two.'

Miss Brigmore looked at Barbara and replied, 'I am perfectly all right; it's nonsense that I should be in bed at all.' She turned to Dan now. 'Will you be at home for dinner to-morrow?'

'Well, I thought about going out riding, and I've asked Barbara if she'd like to come along; that's, of course, if you can spare her.'

'Oh, yes of course.' Miss Brigmore looked at Barbara now as she answered Dan. 'That'll be nice. You can go into Hexham and get some shopping; I need some wool and tapestry threads.'

Barbara's expression did not alter but her voice was flat as she said, 'Danny said he would like to go over to the farm.'

'Oh.' Miss Brigmore blinked now; then again she said, 'Oh,' and turned her head slightly towards Dan while keeping her face in full view of

Barbara's as she said, 'I'm afraid that would be inconvenient because of the wedding.'

'What! What did you say?'

'The wedding, dear.' She spoke directly to Barbara now. 'Lily Waite is marrying Bill Twigg.'

Barbara could not prevent her body from slumping visibly, and her hands gripping the bed rail relaxed. She smiled faintly as she said, 'Oh, Lily Waite. I didn't know.'

'Nor did I until Mary told me just a short while ago. Apparently Jim Waite called in and he mentioned they were all very busy. Constance is giving the couple a wedding breakfast in the barn.'

Barbara was staring at Miss Brigmore, repeating in her mind, a wedding breakfast in the barn. She had seen Michael a week gone Sunday. He must have known about the wedding then yet, he hadn't mentioned it. A wedding breakfast in the barn . . . there'd be dancing. Sarah Waite would dance; she'd do the clog dance and then she would waltz, she'd waltz with Michael. She felt the old fury rising in her again, then checked it. She must stop thinking this way. Michael had been wonderful to her the last time they had met; they hadn't ridden into town but had raced all over the moors; they had sat on the stone bridge over the burn, then he had guided her over the stepping stones and had caught her when she slipped, holding her close for a moment, and they had laughed into each other's face. It had been a wonderful day. She had never been so happy for a long time, and the happiness stayed with her up till now. But a moment ago she had received a shock when Brigie mentioned the words 'wedding at the farm'. This, coming on top of Dan asking her when she was going to be married, revived the question she was continually asking herself: When was she going to be married? It was time he spoke; if he didn't speak soon, she would, because she couldn't bear the uncertainty much longer. He wanted her as much as she did him, she knew this, she was positive of it. Deep within she knew that he desired her, and there was only one thing, one person, stopping him from declaring his love for her, and that was his mother.

He could not help but be aware that his mother didn't like her, and so he was torn between two loyalties; but he was young and had his needs, needs which a mother couldn't fulfil; yet her Aunt Constance had done her level best to supply them all, with the exception of the most vital one. And it was here that she herself held the winning card; for this need sooner or later would bring Michael to her and a thousand mothers, a thousand Aunt Constances couldn't prevent it.

She was unaware that Mary had entered the room until she passed her and put a tray on the bedside table to Miss Brigmore's hand and, turning to her, said, 'I've set yours downstairs, don't let it get cold.'

'You should have asked me, I would have brought it up.' Barbara's manner was now conciliatory as she looked down at Mary's swollen foot, and Mary said, 'Stop blatherin' and go get your tea. You an' all, Mr. Dan.' And now she shooed them both out of the room, as if they were children; then comming back to the bed, she poured out a cup of tea for Miss Brigmore and as she handed it to her she asked, 'What's brought him then?'

'Just to say that the family are expected home for the week-end and they're bringing a guest.'

'A guest? Who is it likely to be?'

'I don't know, Mary.' Miss Brigmore and Mary exchanged straight looks. 'But it's my guess it's the future Mrs. Bensham.'

'Well, well.' Mary shook her head. 'If he had galloped from the grave he couldn't have done it much quicker, could he? Disrespectful I'd say wouldn't you? Is it that woman, that Mrs. Talbot who got on your wick?'

'Yes, Mary, Mrs. Talbot; at least, I assume it is.'

'Well, there's one thing certain, an' I suppose you can be glad of that, being the age she is there'll be no bairns to bring up. Not that you would want to, for you've had enough. Anyway, at your time of life you're past it, and about time too, I'd say. . . . There now, drink your tea; I'll go down and see the pair of them.'

Miss Brigmore did not seem to draw in another breath until the door had closed on Mary. Past it! She was past nothing, nothing at all, nothing that went to make up life. Inside, her emotions were still flourishing, every single one of them, and painfully. That was why she was so incensed about this woman, this Talbot woman. Thomas would surely turn in his grave at the thought of such a creature being mistress of the Hall. . . . Yet she hadn't thought of him turning in his grave when Matilda became mistress of it. Oh, Matilda was different. . . . But what had Thomas to do with it anyway; it was Mr. Harry Bensham's business, his choice. The man had no taste. Of course this was no news to her. In taking the Talbot woman he was but keeping his own standards. And could she really blame him?

Yes.

Chapter Three

The big black iron-studded doors were wide open. Miss Brigmore stood some way back within the lobby while Brooks and Armstrong went down the steps to where the carriage was drawing up on the drive below.

When the carriage door was opened and the steps were pulled down Harry Bensham was the first to alight. He did not turn to assist anyone out of the carriage but spread his arms wide, took in one gulp of air, then came up onto the terrace and into the house.

'Well! here we are again. By! it's grand to smell the air. I think I'll bottle some and take it back with us. How are you? Let me look at you.' To her embarrassment he put one hand on her shoulder and pulled her round towards the light so that her eyes were taken from the carriage for a moment.

'You're lookin' washy; aren't you eating? With air like this and good food you should be as round and as comfortable as a tub.'

When she could get a word in she said, 'My health is quite all right, thank you. And yours?'

'Oh, me?' He was letting Emerson divest him of his coat. 'No need to ask about me; I'll never die from disease, they'll have to shoot me. You know the best cure against disease?' He poked his face towards her. 'Go amongst it, that's what I say, live amongst it. . . . Well, it's nice to be back again.' He cast a quick glance around the hall, then turned towards the door where Katie was entering with a strange young woman by her side.

Where was Mrs. Talbot, she certainly wouldn't be coming up in the rear? Mrs. Talbot was always to the fore. And who was this person?

As Katie came up and kissed her on the cheek, saying, 'Hello Brigie,' and she was about to give her a greeting, Harry Bensham shouted to John, who was entering the hall, 'Come on then, lad, come on, do the honours, it's your business.'

'Hello there, Brigie.' John was bending down to her. He also kissed her cheek; then putting his hand out towards the stranger, he drew her nearer, saying, 'May I present Miss Jenny Pearson. Miss Brigmore, Jenny.'

The young lady extended her hand and Miss Brigmore took it. This then was the surprise; not Mr. Bensham going to marry the Talbot woman, but John presenting his future wife. The hopes that had become slender of late, yet which she stubbornly insisted on preserving, snapped and sank into the well among her other unfulfilled desires, taking with them the picture of Barbara ever becoming mistress of this house.

It was unfair. He had over the years shown an open affection for Barbara, at the same time giving evidence of having no interest in any other woman. . . . Yet what proof had she of this when for the past six months nearly all his time had been spent in Manchester? The name Pearson had a familiar ring. Yes, yes, of course; this was likely the daughter of a rival mill owner. She remembered first hearing the name years ago when there was talk of a strike. She could even recall the exact time; she pin-pointed it by remembering it was the first time she had seen Willy Brooks in the library.

But this girl; she was plain, tastefully and well dressed admittedly, but very plain; and he had chosen her rather than Barbara. Yet the reason, she felt, wasn't far to seek. Like his father before him he was marrying a mill, in this case another mill; very likely a bigger and wealthier mill – women always had values set on them.

'How-do-you-do?'

'How-d'you-do? I've heard so much about you, Miss Brigmore; I am very pleased that I'm able to make your aquaintance at last.'

Well, she had been educated, that was something; and her voice was pleasing, musical she could say; and now she was smiling she did not look so plain. She could imagine that she could be of a kindly nature.

'Come on, come on, what are we standing here for?' Harry was shouting across the hall now. 'You take Jenny up to her room, Katie. By the way' – he turned round and looked towards Miss Brigmore – 'where's our Dan? And for that matter, where's Barbara?'

'They're . . . they're both up in the nursery. . . .'

'What! at their age?' He put his head back and let out a great bellow of a laugh. Then noticing the expression on Miss Brigmore's face, he flapped his hand at her and said, 'All right, all right, bad joke, but what they doin' up there?'

Miss Brigmore hesitated before giving him the answer. 'Dan is doing a sketch of Barbara in an endeavour to paint her portrait.'

'Paint her portrait! Well! Well! And by, you've said it, endeavour's the word, for if he's as successful at that as he is at learnin' a business. . . . Aw! what's the good of keeping on. Come in here a minute' – he jerked his head in her direction – 'I want a word with you afore I go upstairs. And as for you, Katie' – he now called towards his daughter where she was mounting the stairs with Miss Pearson – 'when you've got the dust off you, you'd better take Jenny up to the nursery an' introduce her to Barbara; better get it over.'

On this he turned and walked towards the library, and after a moment Miss Brigmore followed him. Having to pass John on the way, she stopped and, looking straight at him, she said, 'On short acquaintance I approve your choice, John.'

A flush spread over his face, and she could not say whether it was caused through embarrassment or pride; but he answered warmly, 'Thanks Brigie, thanks.'

She went into the library, and after closing the door quietly she walked down the room to where Harry was already standing in his usual position with his back to the fire, his hands on his buttocks. As she moved towards him she felt she had been doing this at intervals all her life, walking down the room towards this man whilst her body stiffened and she bristled inwardly in preparation for the attack he would make on her senses. And to-day as on other occasions, she did not find the preparation had been unnecessary, for the first thing he said to her was, 'I've just told Katie to break it to Barbara. But she'll take it all right, that one, 'cos she's got her sights set elsewhere; it's you it should have been broken to, isn't it, 'cos you thought John had his sights on her? In fact, in a way, I could say you've been working at it.'

'Really Mr. Bensham!' Her indignation was evident, in her voice, her face, her back. 'You are insulting. You. . . .'

'Aw now, Brigie, you know me; a spade's a spade. And be honest. Come on, woman, be honest, you hoped to make a match of them. And you know, I'm going to tell you something, I did an' all. I was a bit put off by her deafness at first, but then I thought, He likes her, he understands her, he's got sympathy for her; and her drawback's more than made up for by how she looks, because she looks a spanker, like a thoroughbred. But over the past year or so I've realized it was just sympathy that's all, 'cos she draws it from you, you know; she draws it from everybody.'

He stared at her now in silence and when she made no effort to speak he slapped at his buttocks and the sound was like that on a horse's flank. Then, half apologetically, he said, 'I'm not saying mind I wasn't pleased about him wanting Jenny, and for more reasons than one, because I'm human. She's an only child, she'll come into the mill. Yet with him it was meself over again as I once told you, but in a different way, 'cos he's taken Jenny because he loves her, and that's the right reason. And you know, when he first let on to me about this I thought of you. Aye, you were my first thought. She's going to be disappointed, I thought.'

She closed her eyes, then opened them sharply to find him standing in front of her, his hand coming out to take her arm.

'Come on, come on, sit down. Get out of your stays.'

Really! Really! Why did she submit to it?

She submitted to being led to the couch and plonked down as if she were a wilful child; and there he was standing in front of her grinning; then turning abruptly away he said, 'Let's have a drink, I'm parched.'

He pulled the tasselled cord to the side of the fireplace and a moment later, when Brooks entered, he said, 'Get us a drink, Brooks. Bring the decanter.'

'No spirits for me, thank you.' Her voice was merely a stiff whisper, and he said, 'Oh aye.' Then turning to Brooks again, he added, 'Put some wine on the tray, a port.'

'Aye, sir.'

'How you gettin' on with him now?' Harry jerked his head towards the door, and Miss Brigmore jerked her chin upwards as she asked, 'Getting on with whom?'

'Brooks, of course; you know who I mean, don't play dumb; Brooks. You've never hit it off, now have you? No. Anyway, I was thinkin' about him recently. He's gettin' past it; I'll pension him off soon. And while I'm on about him I'd better tell you something else. It won't come as such a shock to you as it might have done because, as I understand it, he baited you in your den.'

'Baited me in my . . . what do you mean?'

'I mean Willy. You know I do, don't you? Now mind. . . .' He now came and sat on the couch, not beside her but in the further corner away from her, and he leant his head against the back of it before he said, 'I can't say I was over the moon at his proposal, not that I've got anything against him, he's a good lad is Willy, but at the same time I'd somehow set me sights high for our Katie. I thought she had an' all, and I'm positive that she would have made a go of it with Ferrier if Matilda hadn't gone when she did. But it was something in her going that changed our Katie. She's tried to explain it to me, but I'm not one for delving into the cobwebs of the mind. She says now she wants to live out her mother's life, do the things she knew her mother wanted to do deep within her, make things better for people like her mother used to be when she was young. Well, that was all very well, and worthy, but I put my side of it to her and told her what's being done in the town. I pointed out to her there was an Education Act gone through these last few years, and a lot of my younger lasses could read. I won't say they favour the *Saturday Review*, but I've caught them pushing *Ella the Outcast* into their busts – and *Gentleman Jack* an' all. I've had a laugh about that many's the time.' He put his head back and laughed now while she continued to stare at him, then he went on, 'Well, like I told her, Manchester hasn't been dug up, there's dozens of bookshops all over the place if folks want to read, but like all reformers she's got the idea that they've been sitting in the mud just waitin' for her to come and clean them up, mentally like – I won't say that some of them don't want cleanin' up otherwise – but that'll come in time, but being Katie she's not content to wait, nothing's being done in the way she thinks it should be. . . . You know, her and our Danny are a pair, but with this difference, she goes in head first and does something about it, while our Danny turns and runs. It's funny isn't it, them both thinking alike, having the same things at heart, and yet it's the woman, the female, doin' the pushing. That's something that's hard for me to stomach you know. . . . Oh' – he leant towards her now and wagged his fingers at her – 'you're not the only one with worries, I've had me share these past few months. Anyroad, I found Willy's intentions more honourable than those of some of the gentlemen I could name, for he said he'd say nothing to her until a year had passed from Matilda going. By that time, too, he hoped for a rise in position.'

He laughed now, a deep rumbling laugh coming from his belly as he said, 'He told me as much. Aye, you know, he's very like meself at his age; the things he says and the things he does was just me at that age. And so I cannot help but like the lad. You understand that?

The question had been put to her softly and she answered, 'Yes, yes, I can understand that.'

He was looking into the fire as he said, 'Their concerns have kept me mind of meself these past months. You know, it's funny, but sometimes I didn't see Matilda for two or three weeks at a time, but I knew she was here waitin', and the minute I came in at the door she would say, "Oh, there you are, lad. Well, how is it?" And with that I would know I was home, because it's a woman that makes a place a home, not furniture and falderals.' He allowed his gaze to travel slowly from one side to the other of the fireplace, then said, 'I've told you, I think, that I like this place better than me house in Manchester, aye, much better; yet that's become more like home recently because they're all there you see, Katie, John, Dan. And then there's Florrie. Huh!' He jerked his chin. 'Florrie . . . Florrie's always there, she's so big and bouncin', she's there when she's not there if you know what I mean.'

He turned his head and looked at her, and she at him, and she replied stiffly, 'Yes, I know what you mean.'

Now he was leaning towards her again, his voice a humorous murmur now. 'She's another one you didn't cotton on to, isn't she?'

'I suppose you could say so; I didn't find her company compatible.'

'Eeh!' He shook his head at her while laughing loudly again. 'That's putting it mildly. By! you have a nice way of expressing yourself. But then you always had. That's your business isn't it, to express yourself nicely? Aw' – he turned round – 'here's the drink.'

After Brooks had placed the tray on a side table and Harry had poured out a glass of port, and for himself a good measure of whisky, he handed her the wine, then held his glass towards her as he said, 'Here's to a better understanding, eh, all round?'

She did not reply to the toast but inclined her head slightly towards him; then when he was seated again he almost catapulted her from the couch with his next remark.

'You know, Brigie, it's hard to believe, in fact it's almost impossible to believe you've been married in a way – being a man's mistress for over ten years is just the same as. . . . Oh God! don't choke yourself.' He took the glass from her hand. 'I . . . I haven't said anything out of place. What I mean is, I meant no offence. I was just leading up to something I was meanin' to tell you. . . Oh blast!' The exclamation was muttered as the door opened and John entered.

Miss Brigmore had risen from the couch. She did not look at Harry but walked behind it, her hand over her mouth as she tried to restrain her coughing.

As she passed John he looked towards his father, and Harry said, 'The wine, it went down the wrong way. Aw, I'm off to change.' Yet he didn't move but brought a look of surprise to John's face and caused Miss Brigmore's chin to jerk upwards and her coughing to increase with his remark, 'There's a lot to be said for the Florrie Talbots of this world. You take my word for it, lad.'

When Miss Brigmore mounted to the nursery floor she did not pause on her way to her room, nor cast a glance towards the schoolroom from where were coming very unladylike peals of laughter, among which she recognized Barbara's; but the sound bore out Mr. Harry Bensham's remark that Barbara would be unaffected by John's news.

Reaching her own room, she stood leaning with her back against the door, her hands joined tightly together at the nape of her neck. He had dared to say that to her. It was impossible to believe. . . . Married in a way, a man's mistress! She had never been Thomas's mistress, she had been his wife in all but a marriage ceremony, she had been his wife, a true wife. Laws! What did laws know about relationships? With a swift movement she buried her face in the crook of her arm against the door and she cried as she hadn't done in years.

When the door was thrust open she stumbled backwards gasping; then, her eyes blinded with tears, she looked into Barbara's startled face.

'What . . . what is it, Brigie? Oh! Brigie. Brigie.' Barbara's arms were around her, leading her to a chair, sitting her down; then she was on her knees, her arms still about her waist, still saying, 'Oh! Brigie, Brigie; what is it?' And all of a sudden she was sitting back on her heels and, her fingers moving rapidly, saying, 'Oh! Brigie, don't take it like that; John wasn't meant for me, nor I for John. You must have known it for a long time. Brigie, Brigie darling.' She brought herself upwards and took Miss Brigmore's wet face between her palms and, her own eyes soft and pleading now, she gazed into the face of the woman who had been mother to her all her life, and she said, 'It's no good, Brigie, you've got to face up to it; there's only one for me, ever, and that's Michael. If I don't have Michael I don't want anyone. I'll end my life like you, an old ma. . . .' Her fingers stopped tapping, her head drooped quickly and she said, verbally, 'I'm sorry, I didn't mean that; you . . . you could never be an old maid. And if I end my days like you, it . . . it will be an honour. But I could never really be like you, I know that, I'm too selfish, too headstrong. But I also know that I will be a different person altogether once . . . once I marry Michael. He'll make me different, he'll make me good. I don't expect you to understand my . . . my need for him, but . . . but I need him so much. You . . . you wouldn't know how I feel, not having experienced. . . .'

'*Be quiet! Be quiet!*'

'But Brigie.'

'Be quiet, girl! Say no more.'

It was too much, it was too much. Within the last few days she had been told that she was too old to experience emotions, she had been reminded only a few minutes ago that she had played mistress to a man for a great number of years, which in the ordinary way had stamped her as a whore, and now here was Barbara trying to explain to her that because she had never been married she was unable to understand the needs of the body.

But when all was said and done she was still Miss Brigmore.

Drying her face she turned to Barbara now and said, 'Leave me for a while; I'm going to wash and change. I'll see you downstairs in a short while.'

'Don't be vexed with me, Brigie.'

'I'm not vexed, dear.'

'But you're very disappointed.'

'Disappointed, yes, but not very.' She did not add that this was not the reason for her distress; but it was just as well to let her think it was.

'She's . . . she's quite a nice girl and I think very suited to John.'

'Yes . . . yes, I'm sure what you say is quite true.'

'You know I wouldn't hurt you wilfully, don't you, Brigie?'

'Yes, yes, dear, I do.'

In this moment Barbara meant what she said for all the old feeling of affection had rushed back into her as she had witnessed Brigie crying so passionately. She had never thought to see old Brigie give way like this, and all because John hadn't chosen her. For her part, she was relieved that the obstacle of John had been taken from her path. Of course he had never been much of an obstacle; for she had always known he had paid her attention because he was kind at heart, and it hadn't been hard for him to be nice to her because she was pretty, beautiful.

She was glad she was aware of her beauty; it was some small compensation for the silent mountain inside her, the mountain she yelled at, screamed at, hated, and which answered her by buzzing in her ears, and tapping with a hammer on the inside of her skull.

It was a happy week-end, at least for some members of the household. As John explained to Miss Brigmore, they couldn't have a formal engagement party until his mother had been dead a year and Jenny understood that, but when they should have it her father insisted that it be a big affair. John also said that he thought they could be married a year from now; that would leave eighteen months for respect, as his father put it. What did she think of that?

She thought it met the demands of decency.

She'd had little or no private conversation with Katie during their stay for Katie seemed to avoid being left alone with her.

Nor did Mr. Bensham show any sign of attempting to continue the conversation so mercifully terminated by John; but she felt he was talking at her when, just before their departure on the Sunday, he complained irritably about the long and tedious journey ahead of them and, in his inimitable fashion, said, 'We want our heads lookin' at, travelling all this way for little more than a day in between. I'll get rid of the place, that's what I'll do, I'll get rid of it.'

There was only Dan and herself within earshot when he made this remark, and she could hear him saying at some future date, 'Well I did warn you, didn't I? Anyway, Florrie would never be comfortable here, she's more at home in forty-seven.'

Different members of the family had over the week-end talked of forty-seven, referring to it as home; it was as if they had been brought up there, and not in this house.

No, it wouldn't come as any surprise to her when he told her he was getting rid of the place, and she told herself she wouldn't mind if he made his final decision tomorrow because she was tired of it all, tired of them all. One way and another they had drained her dry; what was left of her she would take to the cottage and quietly let it shrivel into old age. Mary had been right after all.

Chapter Four

Sarah Waite covered the round mould of freshly made butter on the wooden platter with a muslin cloth, which she then carried out of the dairy, across the yard into the farm kitchen.

As she entered the door Constance turned from the long narrow delph rack fronting the wall opposite the fireplace and said, 'We simply must get rid of some of this stuff or it'll go bad on us. Daisy has just taken as much as she can carry over home, and I said I know who wouldn't turn their noses up at a ham shank or the remainder of the veal pie.'

'Lily and Bill.'

'You've named them.' Constance smiled over her shoulder. 'Lily and Bill; cooking was never one of Lily's assets, was it?'

'No, it wasn't, although Ma's shown her enough times. But as she said to her on the very morning of the wedding: "You're on your own now, and I can tell you one thing that men don't like and that's burnt water".'

As they laughed together Constance brought from the pantry a ham bone, still with a large quantity of meat on it, and half of an enormous veal pie, the last of a dozen that had graced Lily Waite's wedding table the previous Saturday, and she said, 'I'll put one of the rice loaves in too; you can tell Lily to tell him she's baked it.'

Again they laughed together.

Sarah now sat down on a wooden chair and placed her elbows on the corner of the table and, cupping her chin in her hands, she said dreamily, ' 'Twas a lovely wedding though, wasn't it? Do you know, Mam, I'm still dancing.'

Neither she nor Constance could have told you now whether her 'mam' was meant to convey the title of ma'am or was taking familiar licence and using the word in a parental way; true it was that she addressed as Da and Ma Harry and Daisy Waite, who were actually her uncle and aunt, so perhaps if Constance had been asked she might have pointed out that the term after all was one that a maid naturally used to a mistress; yet the relationship between the two was not that of mistress and maid but rather one of mother and daughter, and Constance was well aware of this. She smiled down on the girl now as she said, 'I wonder you had any legs left, you were never off the floor for one minute.'

'No, I wasn't, was I?' Sarah's round face shone with the memory, her eyes sparkled and her lips fell apart and, her voice still with a far-away quality to it, she said, 'And I could have gone on and on. Fancy dancing till five o'clock in the morning and then not going to bed until it was light. Oh, it was a wonderful wedding. As me da said, she had waited long enough to bring Bill up to scratch, but even he must have thought it was worth it with the do you gave them. Da said they were talking about it in the market in Hexham; Mr. Randall met him and said, "I hear you had some do up at Wolfbur, danced over the hills with the bride and bridegroom in the small hours." Isn't it funny how people add things on, because we set them off in the cart by themselves from the yard afore twelve, didn't we?'

'Oh yes, well before twelve; but that's people, especially in the market.'

'Did you like dancing when you were young, Mam?'

Did she like dancing when she was young? To Sarah at seventeen, she must appear old. And had she liked dancing? She'd never had much opportunity to dance. The first time she had really danced was on this very farm in the barn at the harvest supper when Bob Armstrong had whirled her round the rough floor and laughed into her face and told her with his eyes that she was desirable. She was a young widow then and intoxicated with her freedom; if she hadn't been so she would have married him straightaway. Yes, yes, she would have married him straightaway. And another man she had danced with had looked into her face and told her that she was still desirable. His grip hadn't been so close as Bob Armstrong's, he had held her more as a gentleman should, and it had pleased her more, because by this time she was weary of her widowhood and her freedom, and craved to belong to someone again before it was too late; but already it was too late. She should have known that men when they are reaching middle age clutch backwards to youth in order to revitalize their masculinity and that women who have reached her age are already considered old and should expect to be spurned. Yet in this case the cavalier attitude had been dealt with justly, for he, in his turn, had been spurned. Why otherwise should he have left the country once again?

Constance knew that she'd never again see Pat Ferrier, and she also knew that she would carry bitterness against him in her heart until she died.

Last Saturday she had danced again, but mostly with Michael, that was when he wasn't dancing with Sarah. But even dancing with Michael had afforded her no pleasure for her heart had ached while she smiled, and as the night wore on and she watched the schottisches, the polkas, the de Coverleys and the clog dances, she wondered if the next time the festivities were held in the barn it would be for Michael's wedding, and when she asked herself who would then be his bride she could not put an actual face or name to her.

The fear in her that Barbara might become her daughter-in-law had lessened slightly during the past year for Michael had seen less of her; whereas he still welcomed her warmly when she came here, his visits to the cottage had become shorter and with longer intervals between them. Sometimes she thought he was more than a little attracted to Sarah; but then again, they had been brought up almost as brother and sister and his attitude to her was much the same as that which he showed towards Barbara.

That he may have acquired female interests in Hexham had not escaped her, for he had twice of late called at the McCullens' home. Mr. McCullen had been his English master at school and he had first gone to his house when, as a pupil, he had been invited to dinner. Mr. McCullen had three daughters and a son. James was Michael's age, but she did not think it was James that Michael went to see, for he had recently received a letter from Hexham, and when she had handed it to him she had smiled and was about to remark on the scent of perfume that emanated from the envelope, but the blank look that appeared on his face had checked any flippancy on her part.

Then there was Miss Ann Hunnetson; yet she could not see him becoming attached to Miss Hunnetson because Miss Hunnetson was very scholastic. Even in her ordinary conversation she impressed you with her scholarship, as, she supposed, was necessary in order to run a bookshop. She herself frequented Miss Hunnetson's bookshop whenever she visited Hexham, and on these occasions Michael had shown a desire to accompany her. But she dismissed Miss Hunnetson, for even in her early twenties, as she surely was, she was already too much like Brigie.

And there was no way of finding out what was in Michael's mind for during the past year he had become, what was the word she could use? Reticent? Well, at least not so open where his thoughts were concerned. He was no longer spontaneous in his opinions of this one or that one, and he no longer discussed Barbara with her. At one time, after Barbara's visits he would have said, 'Madam's on her high horse to-day' or perhaps 'Madam has behaved herself to-day', but not any more. She realized that very often now after visits from Brigie and Barbara he would take himself off for a long walk, or visit the fields, or check on the sheep, anything that would take him from the house – and herself.

There was a barrier rising between them and she couldn't break it down because she didn't really know what was creating it, except that her son had left youth behind and now in his eighteenth year had become a man.

Sarah said, 'While I'm that way shall I take a can of tea to Michael and Uncle Jim, it'll be nippy up there?'

'No, I shouldn't bother; they won't be long. It isn't foot rot, so they won't be bringing any of them down.'

'What is it then?'

'Oh, one of them had got a piece of wire round its foot and another had a festered pad; they have no sense, sheep. Still I shouldn't say that, they have sense enough to keep warm in weather that would freeze us to death.'

'Yes, Da says they save themselves by all going to bed together.' She laughed gaily. 'I remember the six last year that were buried in the snow lying head to tail as if they'd been put to bed, and the lambs we brought up in the stable. Oh, poor things.' She put her head on one side. 'They didn't know what had hit them when they were pushed out on to the fells. I thought about them for days after, especially at night when the frost was still thick, because like always the ewes give them a rough time. I can never understand that part of it, pushing their own out, it's funny isn't it?'

'You mustn't get sentimental about sheep, or any other animals on the farm except the dogs and horses, the rest are just part of a business.'

Constance was no longer surprised that she could talk this way. It had been hard at first to clamp down on sentimentality but she had achieved it, as she had achieved supremacy over other weak facets of her personality.

'Well, there's the bits and pieces; put them in a basket. But first run and get your cloak, for as you say it'll be cold up there.'

A few minutes later Sarah left the farmyard carrying the basket of eatables. She wore a green cloth cloak with a hood to it which she had made during last winter, the material having been a Christmas present from Constance. She swung the basket as she walked and every now and again she hitched a step or two as a child might do.

After keeping to the cart track for some distance from the farm she mounted a bank, went through a small copse, and when she emerged she kept to a footpath that ran along a ridge. The ground to her left dropped sharply for a distance of about twenty feet to a long strip of land that didn't deserve the name of valley, for it was more like a narrow passage bordering the foothills where they mounted gradually to their larger companions.

The slope and the strip of land was known as Rotten Bottom, a name it had earned because most of it was scree-covered, and here and there large boulders stuck out of the earth. Also at one point it had become a dump for old and useless farm machinery. Like most farms Wolfbur at one time had, scattered around its corners, old ploughs, rusty scythes, broken blades, waggon wheels and often old waggons themselves, and the rubbish and litter strangely did not, in any way, detract from the farm being considered successful. No farmer was thought to be a bad manager because he did not get rid of useless tools. Who knew but that the very thing they might throw away to-day they might want to-morrow. So Wolfbur for years had had its assortment of useless implements, until Constance had taken over and found that the litter in the yard and surrounding buildings offended her eye, and so she'd had it all gathered up and thrown down into Rotten Bottom.

The path was a short cut to the cottage now occupied by Lily and Bill Twigg, and it ended abruptly at a roughly made gate that hung in two stone sockets between the dry-stone walls that bordered a field.

Sarah climbed the gate – nobody went to the trouble of lifting it out of the sockets, not even the men – and she crossed the field that now went sharply uphill. When she reached its summit she stopped for a moment and looked first to the right in the direction of Alston and then to the far left where Allenheads lay. The sky was high, the light was white and clear. She felt she was looking to each end of the earth; then a movement attracted her attention and she brought her gaze down to the track that she had left earlier, and there, making their way back towards the farm, she saw the small figure of her da leading Chester and Nellie, the two Clydesdales, and even from this distance she could see that they were all walking in unison. She could even see their fetlock hair bouncing with each step they made; even if she couldn't see their colour, she knew which was which because her da always walked next to Chester who was black while Nellie was bay-coloured. Her da was bringing them back from the blacksmith's where they had been shod. It was funny but Nellie didn't like being shod; Chester would stand without murmur but Nellie would do quite a bit of stamping before she could be induced to lift her foot. Nellie was all woman, her da said.

Oh, it was a beautiful day, frosty, sharp; she wanted to run, fly. She often wondered what a bird felt like. There was an old buzzard hereabouts; she always stood and watched him whenever he came in sight.

Suddenly she sprang from the top of the hill and took the steep slope to the field below at a run that gained momentum as she neared the bottom. When she reached the level ground she kept on running like a spring unwinding until she came up against a wall, and she leant on it gasping, then looked down into the basket. The cloth had come off the ham bone, the crust had fallen away from the pie. Eeh! what was the matter with her? She could have joggled the lot out of the basket running like that. She placed the basket on the ground and, putting her forearms on the top of the wall, she rested her chin on them and gazed into the distance where the smoke from Lily's chimney spiralled straight upwards. She felt so happy, so light inside; she felt she was still dancing, that she had never stopped dancing since Sunday morning. Why was she feeling like this? The answer she gave herself caused her to bring her head down; and now her brow was resting on her forearms. And thus she stayed for some minutes; then, straightening, she picked up the basket, went along by the wall until she found a gap, and went through it and over the narrow footpath that led to the cottage.

On a distant slope Jim Waite turned to Michael and said, 'Did you see that? That was our Sarah coming down the hill. What was she doing, trying to fly? She could have broken her neck.'

'Not her' – Michael jerked his head upwards – 'she's as sure-footed as a mountain goat.'

'Well, I'll believe that after seeing her doin' that stunt. That was Head's Hill she came down; I mean to say, you take that carefully at any time; an' with its face to north as it is, the frost'll still be thick on it.'

'Well, she reached the bottom all right. And there she goes across to Lily's.'

They stood looking at the distant figure for a moment before Jim said, 'Aye . . . well, I think that's about the lot. Are we for making our way back?'

'Yes, Jim, but I think I'll go the top road just to make sure there's none over there. If they get over the burn they could make for the lead workings; we've had it before.'

'Aye; but I don't think you'll find any of them over there. Still you never know; best put your mind at rest. I'll go down the bottom track. See you.'

Michael did not move away immediately from the hillside. He thought he could still see Sarah as she made her way round the side of the cottage and his mind stayed on her. Only last night he had asked himself what his true feelings were concerning her. He always liked to be with her; he missed her when she wasn't there, even the kitchen seemed bare when she left it. He felt at peace when in her company; her face was always bright, her laughter gay. Was it just sisterly affection he had for her? Was it just sisterly affection he had for Barbara? God! he didn't know. . . . Well, he should know; he had reached the age when he should know. Barbara had the opposite effect on him altogether from Sarah; Barbara disturbed him, Sarah soothed. He didn't seem to worry when he was with Sarah; there were no problems to life when he was with Sarah; perhaps because Sarah's thoughts never went beyond the farm, and cooking; but life became one big problem when he was with Barbara.

He had tried the association of others. There was Beatrice McCullen; Beatrice was pretty and entertaining but she didn't affect his senses in any way. He must stop seeing her for he wasn't really being fair to her. And then Miss Hunnetson. Oh, Miss Hunnetson; now Miss Hunnetson had an effect on him, but mostly on his mind. He liked talking to Miss Hunnetson. She had stretched his view of the world had Miss Hunnetson by suggesting that he should read more books. The names of the authors she gave him he had never heard of, nor yet, he was sure, had his mother. Miss Hunnetson was what you would call one of the new women. The newspapers ridiculed them and made funny sketches of them, put them into trousers and, taking the ridicule to extremes, made the men half their size. Miss Hunnetson also believed in unions for women as well as for men, and votes too. He had to laugh at that. Why it was only a matter of thirteen years ago that they allowed the working man a vote. She was a very odd person was Miss Hunnetson, yet informative. Oh yes. She had been the means of clarifying his thinking which had made him reassess his values. He happened to say to her one day as he was looking at a book how he envied any man who could write at such length, even without taking the quality of the substance into account; it was an achivement he considered to write words to fill six hundred and seventy pages. Whereupon she had asked him if he had read any of the essays by a man called Addison. He had blushed when he admitted he had never heard of Addison.

The next time he went into the shop she said she would loan him an old book; it was called *Selections from The Spectator*, and in it she had pencilled an essay by this man. It had impressed him so much that he had re-written part of it out, and had read it so many times since that he knew most of it by heart. It ran like a piece of poetry in his mind:

'When I look upon the tombs of the great
Every emotion of envy dies in me;
When I read the epitaphs of the beautiful,
Every inordinate desire goes out;
When I meet the grief of parents upon a tombstone,
My heart melts with compassion;
When I see the tomb of the parents themselves,
I consider the vanity of grieving
For those whom we must quickly follow,
When I see kings lying by those who deposed them,
When I consider rival wits placed side by side,
Or the holy men that divided the world with their conquests and disputes,

I reflect with sorrow and astonisment on the little competitions, factions
and debates of mankind.
When I read the several dates of the tombs of those that died yesterday,
And some six hundred years ago,
I consider that great day when we shall all of us be contemporaries,
And make our appearance together.

The more he recited these words to himself the more often he knew that here was fundamental truth, here was the clarification of all the jumbled thoughts and probings of his late schooldays, and of the past few years, especially of the year just past, for during this time his mind and emotions had been taxed so much he knew that it was imperative he should soon find a solution to the things that were troubling him.

He was a farmer and he'd always be a farmer, but he had no intention of being a gormless one. As he sowed the crops, so he intended to sow knowldge. He sometimes thought it had been a mistake on his mother's part to send him away to school because there the main part of his education had been to make him think, and when this process was once begun there was no stopping it. It would have been better if, together with Jim and boys from surrounding farms, he had attended the day school, for here no depths of his mind would have been stirred, and his main thought in life would have been the concern of the farm and the people on it.

Yet wasn't that still so? Weren't the farm and the people on it his main concern? He turned abruptly now and went in the direction of the ridge, thinking, Why trouble one's mind, for as Addison said, we would all one day be contemporaries; yet his mind countered with the statement, That's all very well, but until that day you have to go on living, and he was brought back to the beginning, Barbara, Sarah . . . and his mother.

As he walked briskly along the side of the hill his feet kept slipping from under him and each time he only just saved himself from falling. When he reached the brow he went along by the wall until he came to the gate where Sarah had crossed earlier and as he looked over it and upwards he saw her coming away from the cottage, and he stopped and waited.

She was some way down the sloping field before she saw him. As soon as she caught sight of him however she began to run, and he laughed as she approached and shouted and made pretence of lifting the gate off its hinges to let her through.

When she flung herself against the gate she was hardly out of breath, her uplifted heart-shaped face was rosy, the green hood had fallen back from her cloak and her brown hair looked tousled as if the wind had been blowing through it, or hands had teased it.

He laughed down into her face before he said, 'You'll break your neck one of these days; can't you walk?'

'No.'

'I don't suppose it has occurred to you, Miss Waite' – he now assumed a mock fatherly manner – 'that young ladies bordering on seventeen years of age do not run, they have reached a stage of decorum, or should have.'

'Yes, sir.'

'Don't you want to be a young lady?'

'No, sir.' Taking her cue from him, she had assumed the attitude of a child now.

'Why?'

''Cos . . . 'cos I ain't cut out for it.'

'Monkey! Come on, get yourself over.'

As she climbed up the bars he put his hands under her oxters, and when he was about to lift her over the top, he stopped and set her down on the bar with a plop, saying now, as he looked up into her face, 'I'm serious though, really I am. If you had lost your footing on Head's Hill you could have broken your neck; I'm not laughing.'

'No, Mis . . . ter Mich . . . ael'

He shook her and she laughed, her face hanging over his.

Slowly now he lifted her to the ground but still held her; then, as if testing her weight, he lifted her slight form lightly upwards, saying, 'By! you're going to be a fat old woman in no time. You must be all of twelve stone now.'

'Thirteen.'

His face was close to hers, and in the silence that held them it moved closer still until the silence was shattered and the moment torn from them by Jim Waite's voice shouting, 'Mr. Michael! Mr. Michael! here a minute.'

When Michael turned round, Jim, in the field behind them, was stubbing his finger towards the ground.

'What is it?'

'Come and have a look; this one's bad.

'Oh Lord!' He looked back at Sarah and, putting his hand out, he gently pushed her away in the direction of the path along which she had come, saying, 'You go on home. I don't know what it is he's found, but I don't want you to be sick all over me. You know what you are.'

'I'll not, I'll . . .'

'Go on with you.' He made to chase her, and once again she was running and laughing as she ran; and she continued to laugh until she came to the beginning of Rotten Bottom and saw a figure emerge from the copse and come swiftly towards her . . .

Miss Brigmore and Barbara had arrived about twenty minutes previously. Barbara had remained patient long enough to drink a cup of tea in the sitting room before enquiring where Michael was, and, being told by Constance that he was attending to some sick sheep up on the high lands, she had said quietly, 'Oh I'll take a walk in that direction because we can't stay long; Brigie wants to get back before dark.'

The fact that she had said that the visit was going to be short checked the protest that Constance would otherwise have made.

Like Sarah, Barbara, too, took the short cut through the copse, and it was as she emerged that she saw the figures by the gate. She saw the girl sitting on the top bar and Michael with his arms up and about her. She saw that they were talking, their faces close. She saw him lift her to the ground, then bounce her. She saw them become still while staring at each other, and although she couldn't hear the call nor see who had made it, she knew the lover-like trance had been broken by a voice.

The feeling the picture of them evoked in her mind was unbearable; she was being consumed by a flame of jealous hatred which had been smouldering for years and now was enveloping her in a white heat that blotted out sanity. There was in her a desire to rend, to tear, to grind her heel into the face of the girl approaching her. So powerful were the emotions controlling her that Sarah's features were blotted from her sight for a moment as they came face to face.

Then words erupted from her throat. She was aware of shouting but not of how loud, or of how terrible her voice was. '*You! You!* you're trying to steal him, you horrible, low dirty creature you!'

'I'm not. I'm not.'

She read the whispered frightened words coming from between Sarah's trembling lips.

'You are! you are!' As she advanced on her, Sarah retreated. 'You common low creature you!' With the last words her hands came out like talons and would have gripped Sarah's throat only that in the last moment Sarah strained away. But as the hands clutched at the front of her cloak and flung her from side to side, the terrified girl screamed '*Michael! Michael!*' Then the scream ended in a long drawn out '*o o o oh!*' as the hands sent her flying and she felt herself falling backwards.

Like an animal deprived of its prey, Barbara stood on the brink of the slope and watched the green-enfolded figure tumbling downwards towards the bottom, and she did not hear the long blood-curdling cry that Sarah uttered as her body fell in among the rusty machinery. Nor did she see the two men racing towards her. Not until they paused at the top of the bank beside her and looked downwards was she aware of their presence. Then the look they both turned on her took the blood mist from her eyes and she staggered back as they jumped downwards and disappeared from her sight.

The sweat was running down her face and her garments were wet with it. She went back to the copse, leant against the bole of a tree and waited; she waited for an eternity that covered five minutes, and then they came into sight struggling upwards over the top of the bank, carrying the limp form between them.

They didn't look towards her, they didn't know she was there. She didn't move from the tree but she turned her head and followed them with her eyes. Their arms entwined, they walked crabwise, Sarah's head hanging down between their shoulders and her legs dangling over their clasped hands. One end of her green cloak trailed on the ground, but it was green no longer, for its colour was marred with dark brown patches, as was the colour of her white apron, but here the colour was scarlet, bright scarlet.

She began to moan inside herself like a child calling for its mother. She repeated over and over again, 'Brigie. Oh! Brigie.' What had she done? Had she killed her? Well . . . well, if she had she wasn't sorry . . . Yes she was; oh, yes she was. But he had been about to kiss her; and she had enticed him, she had held her face up to him. She hoped she would die. No! no! she didn't. Oh dear Lord! Dear God! What was the matter with her? Brigie. Oh! Brigie.

She moved from the tree and began to walk round the copse, circling the small area again and again as if she were in a dark forest trying to find a way out.

Why didn't Brigie come? Why? She wanted to feel her arms about her, to see her say she understood; she wanted someone to understand. She tumbled towards the end of the copse facing the road, and there on the sunken track coming from the farm she saw Jim Waite urging his horse forward.

He had almost passed her when some movement she made brought his head round towards her, and he reined the horse in sharply, and he stared at her for a moment before alighting from the saddle and coming up the bank, even in his climb not taking his eyes from her.

As he came slowly towards her the look she saw on his face interpreted in some strange fashion the feeling she herself had experienced so short a while ago. He looked fierce, mad, no relation whatsoever to the Jim Waite she had known from childhood and had never really liked.

'*You . . . murdering . . . bitch . . . you!*' His big mouth looked cave-like as he stretched his lips in slow enunciation. '*I've . . . a . . . good . . . mind . . . to . . . kill . . . you . . . meself.*' His great arm swung up in front of her eyes and when the flat of his hand crashed against the side of her head the world exploded. As she fell against a tree all the sounds on earth reverberated through her. She heard a voice, something that she hadn't heard in years, but this was a screaming terrible voice, like the voice of God, a fearsome God. She heard the birds screeching, the branches groaning; she heard the very air breathing in on itself. The silent mountain within her was being filled with noise, indescribable hell-exploding noise. She wanted to flee from it, rush back into the silence, away from this sense she had longed for but which was now beating on her with physical force.

She pressed tight against the tree, her head thrust back on her neck, while staring into Jim Waite's mouth. Hearing and seeing his words at the same time had a double impact on her. 'You're a cruel bugger, you always have been; you're like all your breed, you've got the streak of the Mallens in you. By God! you have. White and wide it is on the men and there to see, but black in you and hidden. You're a chip off the old block, you are that. One of old Tom Mallen's bastards to a tee, an' the worst of the bunch if you ask me. You were bred of a rape. Do you hear me? You were bred of a rape.' His mouth opened so wide it seemed to envelop his face. They say you don't know about it; well I'm tellin' you. Do you hear? You were bred of a rape. He raped your mother who he had brought up as his daughter. Rotten he was, fat, dirty old bastard. An' the one that brought you up wasn't much better than a whore, for she was his kept woman for years, and she stole from the house to keep him, aye she did, silver, jewellery, the lot. She should have been nabbed an' all. Oh, you've come from good stock you have and don't my family know it. Your uncle . . . No, No, he wasn't your uncle, he was your brother, the one that ran away after he nearly murdered one of the bailiffs they put in at High Banks when old Mallen went bust. An' he tried to do for me dad an' all. And now you, true to your breed, have done for our Sarah.'

His arm was lifted once again, and again he struck her. Her head bounced with a resounding crack against the trunk of the tree and for a moment she could see nothing. The current of noise made by the trees, the air, and the birds was still tearing through her. He mouthed at her, 'Did you take it in, you dirty bastard? Did you take it in? And now listen an' take this in an' all. If she pegs out I'll come and do for you. I will. That's a promise. With these very hands I'll come and do for you.

Gripping her by the shoulders now, he shook her like a rat, and when he released her she slowly slid down to the ground. Her eyes were wide, her mouth was wide, her face in front had the pallor of death on it, but at each side it was red. She saw him go towards the bank, then he disappeared from her view, to appear again by the side of the horse. Then as he was about to swing himself up into the saddle she heard a voice shout, 'Hie! there, Jim. Wait! Wait a minute.' It was a man's voice, one she hadn't heard before, but she knew it to be Michael's.

Unblinking she stared before her until his head and shoulders came into view. She saw him speak rapidly to Jim Waite but she could not hear what he said, nor Jim Waite's answer, but a moment later they both looked in her direction. Then Jim Waite mounted the horse and put it into a gallop. She knew it was galloping because she could hear the dull thud of the hooves.

When Michael disappeared from her view too she thought he had returned up the road; but just as she pulled herself drunkenly to her feet in order to call to him he came over the top of the bank.

Her hands thrust backwards gripping the trunk for support, her breath coming in great gasps that caused her head to wobble, she watched him cover the distance between them. He stopped when about two yards from her and she saw instantly that he, like Jim Waite, had also changed. There seemed to be no recognizable feature in the face before her for it was suffused with an anger that had given the fair skin a purple hue and made it look old in contrast to the dishevelled mop of straw-coloured hair.

She watched his teeth grind against each other before his lips too moved into wide articulating movements. 'You've done it at last, haven't you? You've always meant to; you always meant to hurt her. *You!*' He drew the word out and shook his head slowly as the echo of it died away.

Michael was talking to her, she was hearing his voice and she didn't like it for it matched the man before her; it wasn't the voice she put to her Michael, her beloved Michael; it wasn't the voice that whispered to her in the night telling her that she was beautiful, beloved, adored, desired.

'You're cruel. Mother's always said there was a cruel streak in you, and she's right; she's been right about everything. I must have been mad to think that I could care for you. Well now, listen to me and listen well. Read my lips because what I'm going to say I would have likely said to you in any case. I'm going to marry Sarah, do you hear? I'm going to marry Sarah; that's . . . that's if she lives. If she doesn't I'll hate you, I'll curse you till the day I die. I'll curse you anyway because it's ten to one you've left her crippled. That would please you, wouldn't it, if you knew she was a cripple? You used to hate to see her dance. You! I . . . I wonder how I came up from the same branch?'

'M . . . M . . . Michael.'

'Don't Michael me.'

'Please, please, Michael, listen to me.'

'I never want to see you again, to speak to you again, do you hear, never!' His body was half bent towards her.

When he flung round from her the pain in her head, the noises beating on her brain were for the moment blotted out by a rebirth of her anger. Like lightning it flared through her and she yelled at him now, 'Who are you to feel so proud of your beginnings! And you needn't wonder any more about coming from the same branch because you didn't. He wasn't your father; Mallen's son wasn't your father.'

He had stopped at the top of the rise, his face half turned over his shoulder staring at her. She was still supporting herself against the tree trunk, but her upper body was straining forward; and now she screamed at him, 'You're like me, there's a pair of us, did you but know it. We're both bastards. And your mother's no better than a whore, for no one but a whore would go with her husband's brother in the filthy derelict house on the high fell, and that's where you were begat. Now, now, how do like the truth, Mr. Michael Radlet?'

He did not move for some seconds and their eyes held like joined firebrands across the distance; then he turned slowly from her and went down the slope.

Once again she slid to the ground, weighed down by the renewed rage still burning within her. It was churning all the strange sounds about in her head. She wished they would stop; she wanted silence, silence. Suddenly her body doubled up, she buried her face in her hands, and rocked from side to side. The great cacophony of sound was terrifying and she had no way of modifying it.

Her silent world had disintegrated when Jim Waite struck her across the ears. Brigie had said it could happen, that one day she might hear again, but it had come too late. Her life was finished, she had nothing more to live for . . .

The sound of the trap wheels as they came over the rough road screeched through her eardrums.

When Miss Brigmore came into view sitting erect in the front seat she did not rise and go towards her but watched her lift her hand and imperiously beckon to her.

It was a full minute before she dragged herself to her feet; then slowly, as if slightly intoxicated, she walked towards the top of the bank, stumbled down it on to the road and around the back of the trap. When she pulled herself up into the seat she did not look at Miss Brigmore, nor Miss Brigmore at her; and so they began the journey.

Not a word was exchanged throughout the journey because Miss Brigmore did not turn her head towards her once, but when she murmured in an agonized fashion to herself, 'Oh girl, you have not only almost severed that child's leg, you have, did you but know it, severed a number of lives this day. What is in you? What is in you? Where have I failed? It must be me for there was no real harm in Thomas, and none whatever in your mother,' the words resounded like a bell tolling out doom in her ears.

Thomas, the big, pot-bellied man, whose picture dominated the fireplace in the cottage; that man was her father. The truth had indeed been spilled to-day. That horrible fat man had raped her mother, and this after having brought her up as his own child. Yet here was Brigie saying there was no real harm in him. And she had been his mistress, this prim, even sanctimonius woman had been her father's mistress, not his housekeeper as she had understood, but had slept in his bed, in the bed of that man with the big fat stomach and the fleshy jowls. . . . And he was her father! No wonder Brigie had been afraid of her knowing. *She was sick. She was sick*, she would vomit.

Was it surprising there was wickedness in her? Was it surprising there was violence in her? Was she to blame for what she did? And Jim Waite had said that her brother – she had a brother then, or a half-brother and he almost murdered two men. The Mallen streak. . . . This is what they meant by the Mallen streak. Badness. Badness of all kinds. And she was a Mallen! But was she to blame for that?

The question was as loud now in her head as was the noise and creaking of the cart, the clop-clopping of the horse's hooves, the sound of the wind, the cutting wind that was chilling her through. The wind was made up of voices; they were coming over the valley, shouting at her in Jim Waite's voice, in Michael's voice; 'You're a bastard, that's what you are, a murdering bastard! I'm going to marry her. I never want to see you again. I'll hate you all my life.'

They were passing the house where he was begot, the filthy house with the holes in the roof. Michael himself had taken her there. They had ridden their horses up to the doorless gap and it was he who had pointed out where the tramps slept. Ha! ha! ha! Ha! ha! she was laughing loudly inside. It was funny, funny. He had come into being on that filthy floor, his mother and father were no better than the tramps. Her Aunt Constance was a tramp, a road woman; and he, who was he to spurn her? He had left her with the weight of the world on her; he had burnt out her heart so that she could feel no more, but he would go on feeling, on and on, and every time he looked on his mother he would hate her. Oh, she hoped that he would hate her; she hoped that her Aunt Constance would live in misery for the rest of her life.

The wind's voice became louder as they went downwards towards the valley, and it was screaming in her ears when Brigie stopped the trap outside the cottage gate. But even before the horse had put its last foot down she had jumped from the seat and was running. She heard the voice calling, 'Barbara! Barbara! come back. Don't be silly, come back. Please! please! Barbara. Do you hear?' Brigie must have forgotten that she couldn't hear. Her mind was still sufficiently rational for her to realize the incongruity of this reaction.

The twilight was falling and she ran into it, on and on towards the time when she would feel no more.

Chapter Five

'Now look here, lad, what you've got to understand is that a mill has a six-day working week and that you can't go jaunting off every week-end. I've been very lenient; you can't say but I haven't. I meself would like to go down every weekend. . . .'

'Then why don't you? There's nothing really stopping you.'

'Nothing stopping me!' Harry's brows gathered over the top of his nose and he flung his arm outwards indicating that beyond the office walls lay the mill that couldn't manage without him.

'Well, what's Rington there for? . . . and Willy? Willy's just waiting for the chance to run the whole concern on his own.'

'Oh, is that what you think about Willy?'

'Yes, it is. He's not satisfied with a ten-hour day, he goes to extremes and works twelve, and would make everybody else do the same if he got the chance. Oh, I've got Willy's measure; there's two distinct sides to Willy, and that you'll find out.'

'Well, that's interesting to hear; it's as much as tellin' me I've been blind all these years, and don't know men.'

'You don't know Willy. Anyway, there's our John. What do you think he's doing, if not seeing to the mill . . . and all its works?'

'John's got to spend most of his time in the office, like meself. Anyway, that's not the point; the point is you're here to learn the ropes, and if you let hands see you going jauntin' off on a Friday night week after week, they'll go slack.'

'Oh, Dad, who'll go slack under you? Anyway, no one pays much attention to me. As McClurk said only yesterday, "You, Mr. Dan, are only here to make the number up." '

'McClurk wants his big mouth stopped. If he's not careful he'll get his pay stopped an' all; that'll keep him dry for a time. I would have done it long since if it hadn't been for the thirteen he's got in his squad. Aw, go on.' He flapped his hand now towards Dan. 'Get yourself away.'

'No, I won't bother.'

'Get yourself off, I tell you. God Almighty! I don't want to spend three nights and all day Sunday lookin' at your face.'

'Is Aunt Florrie coming on Sunday?'

'Aye, I suppose so. Why d'you ask?'

'Well, you won't have to bother looking at my face.'

'Now look here, lad, your Aunt Florrie means. . . .'

'Yes, I know; I've heard it all before, my Aunt Florrie means well. But she gets on my nerves. And why do you encourage her?'

'Encourage her! What do you mean, encourage her?'

'Just that. Tell me something. Have . . . have you ideas in her direction?'

'Hell's flames! who do you think you are, lad, questioning me along those lines? Look, it doesn't matter what ideas I've got in that direction, it's got nowt to do with you.'

'You wouldn't, would you?' Dan's voice was quiet and serious now.

'Wouldn't what? What the hell are you on about?'

'You know.'

'All right I know, an' I think I'm old enough to please meself, that is when the time comes, when it's decent to talk about such things. Now get out of me sight, and if you're going over you'd better get a move on 'cos as it is you won't land there till late the-night. And by the way' – Harry checked Dan as he made for the door – 'you and The Brigadier can get talkin' and comfort each other over the same subject, your Auntie Florrie, because she sniffs every time she looks at her. Aye, that's it, you get talking to her and tell her how worried you are about me having ideas in that direction, eh. And give her my regards when you're at it. And listen a minute.' He again checked Dan. 'Bring some butter and cheese back with you from the farm; the stuff I've had the last few days has never seen a cow. An' that's an idea. Tell Brigie that if there's none of us there at the week-end to send on some farm stuff. I don't see why they should all stuff their kites with the fat of my land and us livin' here on shop ket. I must have been barmy all these years. And by! lad' – he now nodded his head sharply – 'I'm positive I'm still barmy, 'cos why do I keep the bloody place on anyway? You tell me that.'

'So as I can go down at week-ends.'

Harry didn't answer this, but leant back in his chair and said quietly, 'You know I think I'd be savin' money if I let you go your own way now, but I said a year, and you said a year, and we'll stick to it. Go on, get yourself out afore I change me mind.' His voice trailed away; then he grabbed some papers towards him and looked to where Dan was still standing near the door, and now he bellowed, 'Go on with you! else I will, mind.'

'Why don't you come down? I'll wait till tomorrow morning if you'll come down. There's no need for you to stay. . . .'

'Look, lad, I see no fun in scurrying to a train, spending eight solid hours travelling, only to get a whiff of fresh air, have a meal, go to bed, and then do it all backwards again.'

'You enjoyed last week-end.'

'You think so? Well, for your information I'll tell you this, I didn't. I had a bloody miserable week-end. Once in three weeks or a month is enough for me. And there's nothing hurting down there. As long as The Brigadier's in charge things will be run accordin' to the book.' He pressed his lips together and jerked his head and ended, 'I picked a good 'un there. I've often thought that if she was at this end there wouldn't be need for half the staff. By the way, lad – I suppose I should have thought of this afore to ask you – what's your attraction down there? What makes you want to take such a journey for so little?'

'Let's say it's the air, Dad.' Dan nodded at his father, grinned, then went out, and Harry, tapping the desk, said, 'Thc air? Now who is there down there that would qualify for air?'

Long before Dan reached his destination he was thinking his father was right. Why make this long tedious journey by train, and a further bone-rattling one by cart or carriage from the station, twice in forty-eight hours, and for what? Yes, for what?

His only guide in the black dark as he went down the road from the little station to the cluster of cottages was the distant dim lights in the windows.

He had to knock three times on Ben Taggert's door, and the third time he banged on it to make himself heard above the din of voices coming from within. The door was opened by a boy of about ten who peered up at him and said, 'Aye, what's it?'

'Is your father in?'

'No.' The boy now turned his head on his shoulder and yelled, 'Ma! a man wants me da.'

The woman who came to the door was surrounded by a group of children that looked a series of steps and stairs, and by the roundness of her middle she was about to add to their number.

'Ben's not in, Mister,' she said.

'When is he due back?'

'Don't know; couldn't say the night.'

'But is he coming back tonight?'

'Couldn't say, Mister, not with the carry-on. Finished his journey around five, then went off again to help in the search.'

She turned to one of the children, crying now, 'Bring the lamp!' and when the child brought the lamp she held it up high and exclaimed on a laugh 'Ho! it's you, Mister, one from High Banks. Aw well, 'tis to your part he's gone an' workin' round there this minute.'

He paused for a moment before he asked her, 'Has he taken visitors?'

'No, no, not visitors; looking for the girl he is; lost yesterday on the hills. All Hall an' farm out, an' lots of others all night. Perhaps you know her, it's the Mallen girl. Ben's known her from she was a mite, an' her mother afore her, took 'em over the hills many's the time. . . .'

Incredibly he repeated the name, then added, 'Lost last night? How?'

'No tellin'; just know she went out on the hills an' the folk from your place went a-lookin' for her, and when Ben went that way this mornin' the place was an uproar. They asked him to keep on the look-out an' he did, but t'were no sign of her he says, and as soon as he got back the night off he went again. Knew her he did, and her mother afore her, like I said. But there's more in it than meets the eye, he said. Picked up something at Wolfbur Farm, he did. She'd been over, the Mallen girl. In an uproar there an' all. I couldn't get the bottom of it. He just gulped his tea an' off he went. Usually tells me the tale he does but just said "More in it than meets the eye" he said. Big trouble over at Wolfbur. You can come in and wait if you like.'

No, no. He shook his head and tried to control his thinking. Barbara gone and trouble at Wolfbur. What trouble? Had she in desperation done something to Michael? And where had she got to since last night?

'Do you know where I could get a horse?'

'A horse?' The woman spoke as if she had never heard of a horse before; then she repeated, 'A horse, this time a night?'

'Big Ned's got one in the smithy, not being collected till the day after the morrow.' It was the boy who had opened the door speaking: 'Might lend it to you, Mister. It's not his, but still he might lend it to you.'

'Whereabouts is the smithy?'

There was a chortle from the children at the ignorance of the man, and some of them chorused together, 'Why! yon end, round the corner.'

'Light a lantern and take the gentleman to Big Ned's.' The mother was commanding the tallest boy now, and the boy went back into the room and appeared within a minute with a candle lantern.

Dan thanked the woman, and the children chorused after him, 'So long, Mister! So long, Mister!' and he looked back at them where they stood huddled round the woman like a group of little demons in the dim light and he answered them in kind, saying, 'So long. So long.'

The blacksmith was on the point of retiring. 'A horse at this time of night? he said. 'I don't know, I don't know; it isn't mine.'

'Whose . . . whose is it?'

'Jim Shallbrank's.'

'Oh, the farmer on the Allendale road. I know him slightly, I'm sure he wouldn't mind. I'll recompense him well for it. Anyway, you'll have it back tomorrow.'

'You from the Hall you say?'

'Yes.'

'They don't bring their shoeing here, do they?'

'No, no, I don't suppose they do.'

'No, they don't.'

'I suppose it's because there's a smithy much nearer.'

'Not so much as all that.'

Dan took a half-sovereign from his purse. It shone like a small new moon as he held it out between his finger and thumb and the man, looking at it, said, 'Aw, well, well. You'll have to wait till I get me things on, coat and the like; it's bitter the night an' . . . an' it'll be worse afore mornin'. Black frost this is.'

Fifteen minutes later the horse was saddled and Dan was mounted, the boy walking by his side from the smithy yard on to the rough road and there Dan, again putting his hand into his pocket, drew forth a coin which he handed down to the boy, and the boy, his mouth agape, having taken it, stared at it as he said, 'But . . . but 'tis a full golden sovereign, an' . . . an' I've down nowt.'

'You got me a horse. And now you can do me another favour; you can loan me that lantern, it'll be returned to you to-morrow.'

'Aye, sir, aye, with pleasure.' The boy handed the lantern up to him and Dan, gathering the reins in one hand, took it from him and held it against the pommel. Then nodding down at the boy and saying to the horse, 'Get up! there,' he moved off; while the boy's voice came through the darkness, shouting, 'I'm your man, Mister. Any time, any job, I'm your man.'

'Good enough,' he called back, then held the lantern up over the horse's head until they were clear of the pot-holed lane and had reached the carriage road.

That he did the journey without mishap he knew was more by good luck than management, for the lantern proved of dubious benefit to both the horse and himself. Not being stabilized, the candle several times threatened to extinguish itself, and it was only by the horse's instinct and good sense that he had been saved from going over its head more than once. . . .

When he slipped from the saddle on to the empty drive there was no one to be seen, not even in the stable yard, nothing to suggest any anxiety being present. He looped the reins over a post, then ran up the steps, but when he turned the handle of the front door and found it open he knew that this was unusual, for his parents, being town bred, never went to bed without bolting the doors and had insisted on the same habit being carried out since they had come to the Hall.

There was no one to be seen when he entered the house but making a guess where Brooks would be at this time if still up, he made for the staff room, and as he thrust open the door three startled faces turned from the table towards him, those of Mrs. Kenley, Brooks and Armstrong.

Without preamble he demanded, 'What's happened, what's this they're saying? Is there any truth in it?'

'Why! Mr. Dan; we didn't expect you.' Mrs. Kenley was the first to rise; and Brooks, following, said, 'No, Mr. Dan; we didn't expect you, we didn't think you'd get the letter till the morrow mornin'.'

'Letter! We've had no letter. But . . . but tell me, what has happened?'

They now looked from one to the other. Then Brooks, assuming the debatable position as head of the house in the absence of his master and The Brigadier, said, 'If you'll just come this way, Mr. Dan, I'll give you the details as far as is known.'

As they reached the door Mrs. Kenley said, 'Would you like something to eat, sir?'

'Yes, please, Mrs. Kenley, but just a snack. It's a hot drink I need most.'

After standing aside to let Dan enter the drawing room, Brooks closed the door, then stood just within the room because Dan too had stopped.

Showing impatience and his voice bearing this out, Dan demanded, 'What is it? What is all this about, Brooks? They say Miss Barbara's missing.'

'Yes, sir, she's missing. Been gone since yesterday afternoon. Coming on dark when she ran from the trap and on to the fells. So . . . so Miss Brigmore says.'

After a moment during which Dan gulped in his throat and his hands, which had been stiff with cold, became suddenly clammy, he muttered, 'And there's been no sign of her since?'

'Neither hilt nor hair. The staff's taken it in turns all day to scour the hillsides an' the countryside, to Hexham one way, Haltwhistle t'other. But, as I said, I couldn't see her gettin' that far; she'd be dead beat long afore she reached there, it being eight to ten miles distance. . . .'

'Did . . . did they search the river?' He asked this question quietly.

'She didn't go that way, so Miss Brigmore said. She's convinced she went into the hills. As for meself I'm convinced that if she did, an' didn't get into shelter, there's not much use searching for her. A night up on there and her without a pick on her bones she wouldn't. . . .'

'All right, all right.' He walked slowly towards the fire, then turned to where Brooks was still standing and asked, 'Where's Miss Brigmore now?'

'The last I saw of her was around five o'clock. Mrs. Kenley tried to get her to lie down 'cos she was droppin' on her feet but she wouldn't stay; she went along home; like a mad woman she is. It's been a time, I can tell you. . . .'

The door was pushed open and Armstrong entered with a tray and when he placed it on a table to the side of the fireplace and began to arrange the things on it, Dan said sharply, 'Don't fuss with that. Tell me, is there anyone in the stables?'

'Yes, Master Dan; Howard's there, but the rest are still out lookin', but they should be back anytime 'cos it's not much use. . . .'

'Tell Howard to get me the trap ready,' Dan cut him off. 'No, on second thoughts, just a horse. And have him fix me a lantern. Oh, and by the way, I've left a horse on the drive, I forgot.' He shook his head. 'Tell him to see to the animal; it's got to be returned to Shallbrank's Farm to-morrow. I'll send a note along with it. Tell him to remind me.'

After the two men had left the room he stood, his head bowed, gripping the mantelpiece while his teeth dug deep into his lower lip.

After a moment he turned and poured out a cup of black coffee which he drank almost at one go, then picking up a piece of cold pie he chewed on it as he hurried out, then ran across the hall and up the stairs to his room.

It was Mary who opened the door to him. Her face weary for want of sleep and tear-stained, she peered at him, then said, 'Oh! Mr. Dan, Mr. Dan. Oh, am I pleased to see you! Oh am I! am I! Come in, come in. She's in the sittin' room. Do something with her, will you? Get her to rest. Oh! Mr. Dan, for such a thing to happen to her. Is it never going to end?'

She kept talking to him as he crossed the hall and opened the sitting-room door, and when he saw Brigie sitting before the fire, her body lost in the big leather-backed chair, he groaned inwardly, for her whole appearance spoke of despair.

'Dan.' She brought herself wearily upright. 'Dan. You've heard?'

'Yes, yes, a little.'

'My Barbara's dead, Dan.'

He forced the saliva down his dry throat before asking, 'They . . . they've found her?'

'No, no; but if she were alive she would have come back.'

'She could have tripped and fallen, and be . . . be lying in some ditch, or deep gully.'

'She was looking into his eyes now and she repeated. 'Or deep gully, Dan; and all night in the freezing cold. What she did was terrible, but . . . but she didn't deserve that. Poor, poor Barbara, she didn't deserve that.'

'What did she do?' he asked quietly.

'She . . . she pushed Sarah down a hill, the place where they throw the old machinery. She wasn't to know what would happen. Sarah's leg was badly hurt.' Her head moved again in small slow movements, and as if she were making a confession she said, 'More than badly hurt, broken, and the flesh torn and gashed to the bone.' She closed her eyes as if shutting out the picture, then ended 'And . . . and then she was attacked by Jim.'

'Attacked. Barbara?' He screwed up his face at her.

'By his own words to Michael he struck her and . . . and if she understood one quarter of what he said he had told her, part of her must have died then; and the rest Michael killed, for his fury was as great as her own must have been as he looked into my face and repeated what Jim Waite had said to her, and then he added, "Never come back here again, do you hear?" Those were Michael's words to me Dan, "Never come back here again." Moreover, he went on, "I've told her I never want to see her as long as she lives, and if anything happens to Sarah I'll hate her until my dying day. I've told her I'm going to marry Sarah. And that's for you too, do you hear? I'm going to marry Sarah. It's finished, the plotting, the scheming, it's finished." And it was finished, Dan. When she mounted the trap on the road I knew it was finished. She was already dead inside, the only thing that was left to her then was to kill her body and. . . .'

'Stop it, Brigie.' His voice held the same note as it had done when he checked Brooks's ramblings. 'If you haven't found her there's still hope. Look, tell me, tell me exactly which way she went.'

'She mounted the bank just along the road that would take her on to the fells, and from there she could go in any of three directions, straight ahead towards Allendale, or to the left towards Catton, or towards Allenheads.'

'She would never get that far. And anyway she'd have to cross the river.'

'There are stepping stones and bridges.'

'She would never find them; it was near dark they tell me.'

'Then she's in the river.'

'If she were in the river at this end they would have found her by now. In the South Tyne it might be different, there's pools there she could be lost in, but not this end.'

'Yes, this end too, Dan, there are. . . .'

'Stop it! For God's sake! stop it, Brigie. I'm amazed at you giving in like this.' He held his hand to his head for a moment. 'Did they look in the pits . . . I mean the lead mines?'

'I don't know. They would most surely do so, but . . . but most of them are near Allenheads and . . . and she wouldn't go that way, she would never go that way again, not in that direction; no, she would never go in that direction. He said he never wanted to see her as. . . .'

'Brigie!' His voice was gentle now. 'You must rest, you must go to bed for at least a few hours. Look, I'm . . . I'm going out. I can't do much until daylight but nevertheless I'm going out, but only if you promise me you'll go to bed.'

She lay back in the chair again and stared up at him and said quietly, 'It's strange how the Waites have been the Jonahs of the Mallens. It was Jim's father, Harry Waite, who was the means of Thomas's downfall. If he hadn't been overheard slating the young master, Thomas wouldn't have been bankrupt, he wouldn't have had to spend his last days in this house and . . . and Barbara would never have been born. Now Jim Waite has killed Barbara.'

'Don't talk like that, Brigie.' He turned round and shouted 'Mary! Mary!' and when Mary came scurrying into the room, he said, 'Brigie's going to bed for a few hours.'

Miss Brigmore shook her head. 'I'll . . . I'll rest here; I'll sleep here.'

'Then if you do, I'll stay here too, I won't go out.'

They stared at each other. 'Very well,' she said, 'I'll go presently.'

'You'll go now. Go up with her, Mary.'

'Yes, yes, I will, I will that. There'll be another one on our hands if she doesn't.'

'And I'll stay here until you come back and tell me she's in bed.'

Miss Brigmore got slowly to her feet. She looked at Dan but did not speak further, nor did she sway as she walked down the room but her step was like that of a mechanical figure.

It was almost ten minutes later when Mary came into the sitting room again, and she said, 'Well, she's in bed, but I can't promise she'll sleep.'

'She'll sleep once she's lying down.'

'Aw, Mr. Dan, isn't it awful? Did you ever hear of anything like it? You know there's something in old wives' tales, by! there is, an' it's been proved again. They've always said the Mallens are fated to bring death an' disaster an' this last business is proving it, for what Miss doesn't know is that that poor lass, Sarah, is handicapped for life.'

'What do you mean?'

'Ben Taggert told me on his way back the night; he dropped in for a minute to see if they'd found her, and as he said, it'd be God's blessing if she's stiff when they do, for if not she'll have to answer for her last act. He said they'd taken young Sarah's leg off; when they got her to the hospital they couldn't do anything, broken and splintered all over it was, and the flesh torn from the bone as if a wild animal had ravished her. "It's a black day for them over there," he said, "for she was a bonny lass." And she was, she was the star that shone in Waite's house she was. Harry Waite's niece she was, but they looked on her as a daughter, and Jim Waite worshipped her, he did. He was more like a father to her than a cousin. Ben said you'd have thought a plague had hit the farm and, it's understandable, isn't it, a lass like that, bonny, to be left with one leg. . . . Aw! Miss Barbara. But I'm not at all surprised, Mr. Dan, not at all surprised; she was a wilful child and a wilful young woman. It's all to do with Mr. Michael you know. Unnatural her feelings for him because between you and me' – she stooped towards him – 'it could never have come to anything, being just once removed from half-brother and sister, 'twasn't natural, was it? Her whole life's been twisted. Aye, the things I've seen in my time, and in this very house. It was me who found her mother after the master had done his work on her, and it was me who laid him out when he shot himself. Aye, aye, I tell you. And then some folks say it's the back of beyond here and nothin' happens. . . . Where you going, Mr. Dan?'

'I'm going to see if I can find her, Mary.'

'But you might go and get yourself lost, Mr. Dan; and it's a bitter night, there's a front formin', it's not safe for the horse. We don't want any more trouble.'

'I don't think you need worry about me, or the horse, Mary.'

She followed him to the door and as he opened it she said quietly, ''Twould be better Mr. Dan if you made up your mind, like her, that she's gone. Tonight's bad, but last night was worse. It would have finished a bear off if it had to lie out in it.'

'We can but see, Mary.'

There was no more said and he went around by the side of the house, across the yard to the old stable where he had left the horse in shelter, and, mounting it, he rode out into the blackness.

Yet he had only gone a few yards from the cottage when he stopped and asked himself which way should he go? Before him was the road over the hills, but to the left of him was a narrow bridle path that eventually came to an old toll-gate. There were two paths beyond the gate, and both led into the foothills. There were caves up there and an isolated stripped lead mine which he remembered exploring years ago; he also recalled to mind an old house of some kind.

He turned the horse onto the overgrown bridle path and as he went on he had at times to bring his feet forward to prevent himself being whipped out of the saddle by the entangling branches. Twice the animal stopped and refused to go on, until he used his heels on its haunches. When it stopped for a third time he saw in the faint gleam from the lantern that they had reached the turnpike gate.

Dismounting stiffly, for he was already cold, he thought of Mary's words: 'It would finish a bear off if he had to lie out in it.' And he knew it would for there would be little chance of her surviving a night on the open hills in cold such as this.

Pushing the broken gate to one side, he led the horse through; then mounting again, he took the path to the right. Half a mile on he came on the remnants of the house, shrunken now compared with his memories of it. Dismounting once more he led the horse into the questionable shelter of the ruined barn, and after tying it to a stanchion and covering it with the blanket from the back of the saddle he took the lantern and went to move away from it when the animal neighed loudly as if in fear. He went back and patted it and said, 'It's all right, it's all right; I won't be long.'

He could see nothing beyond the radius of the lantern light, but he knew that there were a number of small hills clustered closely together around this part.

When he attempted to climb up the side of the first slope he came to he slipped and fell onto his knees and only just saved the lantern from being extinguished.

When he pulled himself to his feet he stood muttering aloud. This was stupid, bloody stupid! What did he expect to find here? But within a minute he was climbing again and, still slipping and sliding, he reached the top of the slope. And now he did what later he considered an odd thing, for, putting the lantern down, he cupped his hands over his mouth and called into the night, 'Barbara! Barbara!'

There was a scurrying to the right of him as if an animal had been startled; then a small, thin scream from somewhere down below which indicated that an animal not startled enough was meeting its end.

He now looked at the lantern; it was running out, he must get down or he, too, would be lost in a very short time. Without the light he'd never find his way back.

The horse neighed again as he went towards it, but it was the sound of welcome now, and as soon as he untied the reins from the post it made an effort to be off before he could mount.

When he came out onto the road near the cottage he saw that the house itself was in darkness, which he took to mean that Brigie was asleep, so he rode on to the Hall.

There was no sign of life in the house except faint gleams coming from side windows. He went into the stable yard, and here too everything was quiet. He had the desire to bawl and wake them up, but instead he unsaddled the horse, gave it a brief rub down, put it into its stall and saw it had food, then returned to the house.

The front door was unlocked and the lobby was lit with only one candelabrum, as was the hall; all the other lights had been extinguished.

Again he had the desire to bawl until his reason told him that they were the sensible ones, they had gone to bed in order to meet the day, and he must do the same.

He did not undress, except to take off his two outer coats and his boots; then, lying on top of the bed with just the eiderdown over him, he lay staring at the ceiling.

The wind had come up and was buffeting the gable, but so stout were the walls and so strong the frames that supported the windows that the flame of the single candle burnt straight and steady, its edge unruffled.

Perhaps she wasn't out there' perhaps she had found shelter somewhere; perhaps she had got as far as the town. . . . What! in the dark, and in her state of mind? All things taken into consideration, it was more likely to be as Brigie said. *No. No.* He turned over in the bed and buried his face in the pillows. If that were so, his own life would have been senseless. For her to be dead and him never to have told her that he loved her. Risking her laughing in his face, he should have told her. There would have been some point, some meaning to all the years of make-believe if he had given it a climax and come out in the open and said, 'Barbara, I've been in love with you all my life, well, at least from the first time I saw you standing in the nursery with Brigie, so cocky, so sure of yourself, the little madam. You spoke and acted like no one I'd ever seen before, and because I was small, hardly any bigger than you then, you treated me as so much dirt on your shoes, and you became for me than an aim in life, something to conquer; and all I conquered were my feelings and the power to hide them from you by covering them with quips and sarcasm and teasing.'

He screwed his face into the pillow and muttered brokenly now, 'Oh, Barbara, Barbara, don't die, don't be dead. If you had married Michael I would have gone away. In any case I would have gone away, but I would have still had you there in my mind, beautiful, yet maimed by your affliction; tortured by it; but if you had been blind too it would not have mattered to me. Oh, how many times have I wanted to say that to you, to take your hands and look into your eyes and say, "Blind and deaf I would still love you. But not dumb. I would have to hear your voice, cracking and breaking on the words, pitching them to unnatural heights. Yes, I'd always have to hear your voice. Don't be dead, Barbara, don't be dead. For God's sake! don't be dead.'

'Oh, I'm sorry, sir: I . . . I didn't know you'd got back. They said you were out so I brought the warming pan up for the bed.'

The girl stood at the bottom of the bed holding out the pan towards him, and he pulled himself up and muttered, 'What time is it?'

'About half six, sir.'

'Six, six o'clock?' He threw the cover back and swung his feet on to the floor, saying to the girl as he did so, 'Bring me some hot water, will you, and a pot of coffee? Bring the water first; leave the coffee downstairs.'

'Yes, sir. Yes, sir. Will . . . will I put the pan in the bed?'

'No, no, take it away. Oh, by the way.' He checked her as she was going out of the door. 'Send word to the stables to have The Colonel saddled for me right away. . . .'

The clock above the stables struck seven as he crossed the yard. Knowles, the stable boy, sleep still in his eyes, met him almost at the stable door leading the horse. 'Mornin', sir,' he said. 'Snifter, ain't it! I've put the blanket on the back like you like it.'

'Thanks, Knowles. By the way, have . . . have you heard anything more?'

'No, sir. I was out meself with Mr. Steele till right late on; the Morgans' men had coupled up with them from over Catton; they had the dogs out an' all but they couldn't make much headway in the dark, though we all had lights. The constables from Hexham are goin' to start again soon's it's daylight; they said they would give it another day but it's a poor look-out.'

Shut up! boy. Shut up! boy, his mind yelled at the boy while he said, 'I'm going in the direction of Studdon and over to Sinderhope; I'll make my way to Blanchland Moor. Should any of the men come, tell them that I've gone in that direction. It's no use us all going over the same ground. And bring me Bess.'

'Aye, sir. Aye, sir, I'll tell them. . . . But Bess, sir, she ain't got no nose, never had, an' she's gettin' on.'

'You may be right, Knowles, but nevertheless I'll take her.'

'As you say, sir.'

The morning light was lifting rapidly and it appeared at first sight that there had been been a light fall of snow, so white was the ground with frost. In the fields the grass was banded together in stiff contorted tufts and where the cattle hadn't trod each blade stood up individually encased in white rime.

The air cut a way down his throat and seared his gullet until he coughed it out again in steam. He put the horse into a trot, and before he reached the cottage he mounted the bank to the fells and went over the burn and crossed a sloping field and eventually came to the toll-gate by this shorter route.

He did not immediately dismount from his horse but sat looking around him as he asked himself why he had come back here. If she had intended to run away she would have run away much further than this. He was wasting his time. And what did he expect Bess to do here with the ground like iron? He looked down at her. It was right what young Knowles had said, she hadn't a good nose on her and she was getting on. She looked up at him and wagged her tail and he nodded as if they were exchanging words; then he went through the broken gate and took the path that led to the ruined farmhouse.

Having tethered the horse, he left the clearing and immediately scrambled upwards, wondering as he did so how he had avoided breaking his neck in the dark last night. Stopping at one point he called the dog to him, and then looked about him. The light was playing tricks with the valley bottoms; the green and brown of the land was moulded into gigantic waves that flowed to the foot of the far hills, whose peaks were now being teased and rolled about by low clouds; not one yard of this land remained the same for an hour at a time. He remembered vaguely standing on this spot before; it was a natural plateau. He turned his eyes away from the valley and up towards the next hill. Somewhere around there was the old lead mine; you had to round a butte to come to it. He remembered once likening the butte to a huge scab on delicate skin. Yet who would call any part of the earth hereabouts delicate?

It was years since he had been here; and then he hadn't been alone. He had been young, they'd all been young, and had scampered over these hills shouting to one another, John, Katie, Barbara and he. His legs were short and so he was last, and they had laughed at him because he slid down a slope. The rough scree had torn at the back of his legs and made them bleed. The girls had been full of contrition.

How many years ago was that? He couldn't remember. But would she have remembered and come up here and gone into the dark hole? He could see them now, all of them, standing within the bricked arch of the mine, pushing each other, urging each other to go forward; then John bringing their play to an abrupt end, saying, 'We must get back, Brigie will be wondering,' and he had thought, John's afraid; he's just said that because he's afraid to go inside.

'Come, Bess. Come.' He now hurried forward, urging the dog with him, over another hill and another, slipping and sliding; until there was the butte facing him. It stood alone, cut off from its rock fellows, as if isolated by its ugliness.

His feet giving way with every other step he went crabwise down the hill; then with laboured breathing climbed halfway up the steep side of the butte until he reached a narrow rough path no wider than a goat track. Following this, he came round to the other side, and right opposite him was the entrance to the lead mine.

The hillside, like the butte, was scarred but softened here and there with patches of brush and greenery and bracken singed to winter brown.

Not more than a matter of minutes later he was standing in front of the opening, but it looked so much smaller than he remembered it, in fact he wondered if it was the right one for he guessed there were other such mines and he had but to search the hills to find them. But now as he stood in front of this one he was experiencing a strange feeling, it was as if it were yesterday when he had been here with the others; seeing that he'd only ever been here that once why should he choose to come here rather than any other place?

In his waking hours last night his mind had led him round and round these hills; yet when he rose this morning he had thought of taking the opposite direction, that was until he was out on the road; then it had seemed that his horse, not he, had taken the initiative.

Now, as all those years ago, like John he was afraid to enter, afraid to go into the darkness. Bess was sniffing at the ground. He saw her nose go down to a small pool of water some way inside, and when her paw rippled the surface he was surprised that it was not frozen; the minute waves were crested with dull streaks of colour as on oil.

When Bess disappeared from view he called her sharply, saying, 'Here! Here, Bess! Bess!' He could see some way ahead, perhaps for a distance of four or five yards, but Bess had gone beyond the light. He heard her snuffling and called again, 'Bess! Bess!' He did not know how far the workings went into the hillside, and there could be passages or drops. He yelled again, 'Here! Bess! Here!' and she came scrambling back into view. Then coming to his feet, she sat on her haunches, looked up at him and barked twice, and he bent down to her and asked, 'What is it?' and she turned from him and ran into the darkness again, and once again he heard her snuffling.

Slowly he moved forward; then stopped abruptly, for there on the floor against the wall of rock something was lying. He could just dimly make out the shape in the diminishing light. Bess was sniffing at it, and as he sprang forward his foot caught a jutting piece of rock and he almost fell alongside the form on the ground.

He was on his knees, his hands moving over the prone figure. He gave a great gasp before he cried, 'Barbara! Barbara!'

She was lying with her face to the rock wall, her arms crossed on her breast and her hands doubled under her chin; her knees were drawn up and almost touching her elbows. He turned her over, muttering all the while, 'Barbara! Oh Barbara! Thank God!' Then when he tried to straighten her body he wondered why he was thanking God, for it was stiff and unyielding. Rapidly now he got to his feet and attempted to lift her, but found it impossible, so he put his hands under her armpits and drew her slowly over the rough floor towards the opening.

In the light of day he looked down at her. Those parts of her face that were not covered in dirt had the waxen colour of death on them. The upper garments felt dry but her skirt and the lower parts were heavy with water, and the bottom of her coat and dress and her boots were caked with wet mud, pointing to her having gone through some part of the river, for the roads were dry and hard.

Hastily now he forced her arms apart, undid the front of her coat and her dress, then put his hand inside her bodice. He could feel no movement, no beat. Frantically he undid some buttons that were evident, then thrust his hand between a lawn garment and her bare flesh. Still he could feel nothing. Now his ear was pressed against her breast bone; perhaps it was imagination but he thought that he could hear a faint beat. Plunging his hand into his overcoat pocket he brought out his flask. He unscrewed the silver top that could be used as a cup and filled it to the brim; then cradling her shoulders and upper body against his knees he brought her head upwards and gently poured the liquid between her slightly open lips.

When the cap was half empty the brandy was running out from the side of her mouth. And now he began frantically to stroke her neck with his fingers, talking all the while, pleading: 'Barbara; come on, come on; let it go down. Barbara, for God's sake! come on.' It couldn't be too late, it couldn't. Why had he to come up here if it was too late? No, no. 'Come on.' Oh God! Christ! make her swallow it.

As if his prayer had been instantly answered she gulped and he almost laughed aloud.

She gulped again, and after the third gulp she began to cough. It was a small faint sound, reluctant; following it she drew in a deep breath and her body shuddered; her knees began to tremble, then her trunk, then her arms until the whole of her was shaking violently.

Holding her tightly to him for a moment he rocked her; then laying her back on the ground he tore off his overcoat and put it around her, then again he held her, talking quietly to her now, knowing that she could not hear. 'It's all right, my love, it's all right, it's all over, you'll soon be home and warm. Oh my dear, my dear; that you should have been driven to this. I don't care what you've done, or who you've done it to, it'll make no matter to me. Oh, Barbara. Barbara.'

When her eyes slowly opened he looked down into them and said, 'You're all right, there is nothing to worry about, you'll soon be home. Do . . . do you think you can get to your feet?'

She showed no sign of understanding him; her face was expressionless and still held the deathly pallor.

He now put one arm right around her shoulders and tried to raise her upwards, but her weight remained a dead weight; the stiffness had gone from her body only to leave a shivering limpness that was equally heavy. He urged her now, mouthing his words slowly, 'Try Barbara, try to stand. Come on, come on.' But there was no movement from her body, no flicker from her eyes.

He laid her back and stood up and looked down over the hills to the valley; then he brought his gaze to Bess and shook his head. He should have paid heed to Knowles; all Bess was good for was wagging her tail, or licking your face. If he had brought Rory he could have given him his hat and he would have gone down there in a flash and led someone back. This is what came of being sentimental and impractical because of boyhood associations.

But it was no use ranting at the dog, he must get her down. But how? He couldn't carry her. In a moment of bitterness he thought that if he had been made like the blond farmer he could have done so; and to drag her down to the clearing was out of the question. It was either going for help himself or attracting it.

He looked down towards her and he kept his gaze on her for a moment before turning away and running swiftly to the butte. After climbing to its highest point he stood and, placing his hands around his mouth, bellowed over the hills, *'He . . . lp! He . . . lp!'* then added *'Any . . . .body . . . there? He . . . lp!'*

He waited some seconds before calling again. And again he waited. Then just when he had made up his mind to dash down to the clearing and ride to the cottage he saw two moving figures far away down in the valley. They came into view from behind a stone wall and stopped and looked upwards. And now he was bellowing again and waving them towards him.

After some minutes of watching them moving along the valley bottom a voice came up to him, calling, *'Hello there! . . . What is it?'*

Again he waved and shouted *'Help!'* then pointed away to his right.

He thought for a moment that they were going back the way they had come, and they did for some distance, for they disappeared from view, but re-appeared again much nearer, mounting the hills. They did not approach him by the way he had come, but cut knowledgeably across the foot of the hills until they came out almost below the butte on a path screened by bracken. One man he recognized as one of their farm-hands; the other man, a big broad-shouldered tousle-headed youth, he did not know.

The farm-hand shouted up, 'You found her, sir?'

'Yes, over here; quick!'

Before they reached the path he was already going ahead, and by the time they had caught up with him he was kneeling by Barbara and had raised her head once again from the ground.

Looking down at her, the farm hand said, 'Aye, God! but she's in a state. She alive, Master?'

'Yes, yes; but . . . but she's ill, and very cold; we must get her down as quickly as possible. I'll . . . I'll carry her shoulders if you'll support her legs.'

'Lumbersome way that.'

Dan turned and looked up at the big face hanging over him, and the young man said, ''Twould be all right if she were on a door, but going like that she'd be joggled. Best let me carry her alone.'

''Twould be best thing, Master.' It was the farm-hand speaking now. 'Barney's very strong, he's champion wrestler round these parts, she'd be nothin' to him to carry.'

Dan rose to his feet, saying, 'Of course. Doesn't matter how we get her down so long as we get her down, and quick.'

Not without envy, he watched the young fellow stoop, place one arm under the inert figure's legs, the other under her shoulders and lift her up as if she were a child; then, sure-footed as a goat, he went before them, but again not by the way he had come up. Now he followed the path round the butte and down towards the clearing, while Bess ran backwards and forwards in front of him yapping and barking as if it were all a game.

When they reached the clearing the young fellow stopped and, hitching his burden higher up against his chest, he asked, 'Where am I for?'

'The cottage, Miss Brigmore's cottage. You know it?'

'Aye, I know it.'

'I'll . . . I'll get my horse.'

Neither the young fellow nor the farm-hand waited for him and so, once mounted, he had to put the horse into a trot to catch up with them.

As they neared the cottage he galloped ahead; then jumping from the horse he ran across the yard and burst unceremoniously into the kitchen, startling Mary so that she cried out, 'God's sake! what is it now?'

'I've . . . I've found her!' He was gasping as if he had run all the way.

'Oh! no, no. Oh! Mr. Dan; you haven't, have you, you haven't?'

'Yes, yes. Where's Brigie?'

'She's asleep; she didn't go off until nearly dawn, nor me neither. I . . . I just got up meself. But oh, thanks be to God! Thanks be to God! I'll tell her, I'll tell her.' She ran from the kitchen, shouting, 'Miss! Miss! come. She's here! She's here!'

He ran into the yard again where the two men were entering, and he beckoned them towards him, and the young red-headed fellow walked sideways into the kitchen while Dan, backing from him saying, 'Through here, through here,' opened the door into the little hall, then the door into the sitting room; he then pointed to the couch and the young fellow went to it and laid the now utterly limp form down on it.

When he straightened up he stood for a moment looking down at the girl; then turning away, he said, 'Well, that's done,' and marched out of the room, just as Miss Brigmore came running down the stairs. Her eyes wide, she stared at the strange man for a moment before darting into the sitting room and to the couch, where, cradling her child in her arms, she moaned over her while Mary stood to her side wringing her hands.

Dan stood just within the doorway looking at them. He could do nothing for the moment and, remembering the men, at least the stranger whom he would have to compensate, he hurried back into the kitchen. As he went in one door they were going out of the other and the young red-headed fellow was grinning as he said, 'Aggie, she'll laugh her head off when she knows 'twas me who carried the Mallen girl down from the hills. "Barney Moorhead," she'll say, "'twould have to be you." Oh, Aggie 'll get a laugh over this, right sure she will.'

'A moment, a moment, please.' He was standing in front of the young red-headed fellow, having to look up to him. 'Thank you, thank you very much indeed for what you've done this morning. If . . . if you will come to the Hall later I'll . . . I'll see you.'

'Oh, no need for that, sir, 'twas a pleasure, an' I don't want payin' for pleasures. Ain't every morning I get the chance to carry a young lady over the mountains, or the hills, or over a hummock for that matter. It's me should be payin' gate fee. Mornin' to you, sir.' At this he turned about and stalked slowly away.

The farm-hand, looking apprehensively from the straight back towards the young master, said as if pleading the other man's cause, 'He's very strong is Barney, sir; but he holds to be no man's man; 'tis with the wrestlin' like, Master. He meant no offence.'

'And there was none taken. What is your name again?'

'Cousins, sir; I'm . . . I'm on your farm.'

'Yes, yes, I've seen you. Yes, yes, I know you. Thank you, Cousins, thank you. Perhaps . . . perhaps you'll be able to pass on something to . . . to . . . what did he say his name was?'

'Moorhead, sir, Barney Moorhead. And no, sir' – he gave a short sharp laugh now as he ended, 'Not me, sir; 'twouldn't be me, sir, that would pass anythin' on to Barney. No, as he said, sir, he don't want nothin', not Barney. I'm glad she's found, sir. I'll skip back to the Hall and tell 'em, an' they'll bring the men in, for some of them have been out since early on. I was out lookin' meself when I came across Barney. 'Twas fortunate-like that I did.'

'Yes, indeed it was. Thank you, Cousins.'

'Very welcome, sir. Good mornin' to you.'

'Good morning.' He went back into the kitchen, stood a moment by the table, drew in a long breath, then went slowly walking like a sick man himself towards the sitting room.

He hadn't entered the doorway before Miss Brigmore came swiftly to him, saying, 'Oh! Dan, Dan, thank God. But she's ill, very ill. We must get a doctor quickly.'

'I know, I'll see to it right away.'

'How can I thank you?' She was gripping his hands.

'By getting her better.'

'Oh yes, yes; with God's help we'll get her better. But she . . . she's so cold, her body's like a piece of ice. Where did you find her?'

'Not so far away, up in an old lead working, just . . . just inside. But I couldn't get her down myself. That . . . that young fellow carried her. We have him to thank really. If she had been left any longer out there she might have died.'

'Who . . . who was he? I've never seen him before.'

'He said his name was Moorhead, Barney Moorhead.'

'Moorhead . . . Moorhead.' She repeated the word to herself. There was only one Moorhead hereabouts and she lived over near Studdon. She was that dreadful, dreadful woman, Aggie Moorhead, the woman who had helped to clean the Hall before the Benshams took it, the woman Thomas used to meet on the road, the woman whom he chose to satisfy his need and then thought he was doing so, but in the confusion of the storm and the blackness of the barn he had raped Barbara's mother instead with the result that she lost the will to live, and on the birth of her daughter she had voluntarily released her hold on life.

In some strange way she too had lost her life then, for from the moment she took the baby Barbara into her arms, every emotion, every thought and action became centred around the child, then the young girl, and more so if that were possible around the young woman.

Life was strange, very strange in that it should fall to one of Aggie Moorhead's illegitimate offspring to carry Barbara to safety. She had the odd fancy that someone somewhere was laughing at the word illegitimate. Perhaps it was herself and she was going insane, and she would not be at all surprised at that. But enough of herself for the present; her child was back. Oh! her child was back.

She almost pushed Dan towards the door, saying, 'Ride, ride yourself and bring the doctor will you, will you please?'

'Yes, yes, I'll do that, Brigie, right away.' As he reached the door she actually ran to him and gripped his hands again and said, 'Oh! Dan, I'll never be able to thank you enough for finding her; and it's because you didn't give up hope, you believed. But you look so tired, are you all right, are you fit to ride?'

'Yes, yes, I'm all right Brigie.'

He left her without any further words and she watched him for a moment as she thought, And I have never really liked him.

Chapter Six

'You mean to leave then?' John looked at Dan with a sadness in his face.

'Yes.'

'What about if she doesn't have you?'

'Well' – Dan paused – 'I'll . . . I'll go in any case, I'll have to. But I suppose I'll come back sooner than I would have done.'

'Does she know how you feel?'

'No. No, I shouldn't think so. She only sees me as someone kind and attentive; I'm the only one besides Brigie and Mary she's seen in weeks. When I asked if she'd like to see Katie she became agitated.'

'How did you make that out, when she doesn't speak?'

'Oh, just something in her face.'

'She doesn't attempt to talk on her fingers?'

'No, she just lies there.'

'But she knows what's going on?'

'I don't really know, but there's a keeness in her look as if she were talking with her eyes.'

'Does Dad know how you feel about her?'

'Not from me he doesn't, but . . . but from his reactions, letting me stay down there those first two weeks, and sending me off early on a Friday, he might have guessed. On the other hand, he just might want me out of the way, my absence is less of a handicap than my presence I think.'

'Nonsense! you're getting on splendidly; and you're handling number two shop very well. They like you, all of them, and there's more than a few hard cases among that lot.'

Dan laughed gently now as he said, 'You might change your tune if I were to stay on, because then I'd likely join Katie, and you'd have a pair of agitators to contend with. It'll be funny you know if she ever marries Willy, because he's moving away from workers into management, he's aping the boss's outlook – you can hear it in the new tone he's adopted, and see it in the cock of his head – while she's going the other way, defending the down-trodden: higher wages, shorter hours, water in the houses, and closets; full-time school for all children. By! I can see the sparks flying if those two ever made a match of it.'

'Oh, I don't know.' John shook his head. 'I think they'll be well suited that way. But I might as well tell you, as much as I like Willy I wish she had set her sights on someone else, it's going to be awkward. Jenny would accept the situation but old Pearson's bristles'll rise when he hears of it, and there'll be a large family conference, no doubt of it.'

Dan laughed and repeated, 'No doubt of it.' Then as he made his way through the overcrowded furniture in the sitting room towards the door, John said, 'If I don't see you in the morning give Brigie my regards, and . . . and convey to Barbara I'm thinking of her.'

Dan paused at the open door and looked over his shoulder, saying, 'Yes, yes, I will, John.' Then his head jerked round as his father's voice came from across the hall, saying, 'Here a minute, lad.'

Harry was beckoning him from outside the room that was termed the office, and when he reached him he said, 'I've just been thinkin', I've a mind to go down with you the morrow.'

'Oh! good, good.'

'Aye, aye. Come in a minute.' He went into the room.

Dan followed him and he stood by the side of a long littered ornate ugly desk as Harry dropped heavily into the leather chair behind it, and when his father didn't immediately speak, Dan asked, 'Is anything wrong?'

'No, no.' Harry began to sort some papers in front of him; then leaning back he said, 'Well, nothing that can't be put right. It's the house, the Hall; I'm in two minds about keepin' it on. Brooks and Mrs. Kenley appear to be waging their own private war down there, an' there's no arbitrator sort of to keep things on an even keel since Brigie's been so occupied, and the way things are shapin' it looks as if she could be occupied for evermore. I want to ask you' – he nodded his head slowly now – 'and I want your honest opinion, do you think Barbara will ever really get her senses back?'

'She hasn't lost her senses, Dad.'

'Well, she's lost something, lad; if she won't open her mouth or talk with her hands as she used to I can see Brigie having to nurse her for the rest of her life.'

'No, no.'

'You say no, no, as if you know something different. Does she talk to you?'

'No.'

They were staring at each other very hard when Harry said quietly, 'It surprised me, you know, when I discovered you had ideas in that direction. Gave me a gliff, to say the least. I used to think you liked going down there for the air and change 'cos your nose couldn't bear the rotten stink round these quarters, and then, well quite candidly, lad, I thought you were a bit gone in the nut, even to think of her, because as far as I could see she had firmly made up her mind in another direction. And another thing, if I remember rightly, you two never did hit it off, sparring was your occupation, when you met. Now, well, I've got to thinking otherwise. Am I right?'

'Yes, yes, you're right, Dad.'

'Well, what are you going to do about it?'

'Try to get her to marry me.'

'Aw, lad! lad!' Harry pulled himself forward to the edge of the chair, leant his forearms on the desk and bowed his head over them before he went on, 'You're lashing a dead horse, aren't you, from all sides as I see it. In the first place, if she was so mad over the young farmer that she almost killed the lass because he looked at her, then she's not goin' to forget him lightly. Have you thought of that?'

'I've thought of that.'

Harry lifted his head back on his hunched shoulders and stared at his son, and his voice had a kindly note to it as he continued, 'And then apart from her being in this trance-like state, and from what I can gather from Doctor Carr – aye' – he nodded sharply now – 'I had a talk with him about it. He explained it like, to use his words, it's sort of like a safety guard on a loom, as I see it, put there so's you can't probe too far, and as he said it could go on for years. Then there's this other thing she's got to live with, her deafness. Lad, have you thought well about it 'cos you'll be taking something on your plate whichever way you look at it?'

'I'll be glad to take it on my plate, that's if I get the chance.'

'Oh, well, you know your own business best. Does it mean then you're going to settle down and stick it out here?'

'No.' The answer came sharp and definite, and Harry showed his surprise on his stretched face and he repeated, 'No? Then what do you intend to do, 'cos in any case she'll have to be kept in the style, as they say in that class, to which she has been accustomed? Brigie has given her the manners and education, and it's meself that has supplied most of the trimmings, so to speak. Not that I minded doing it, 'cos I was very grateful for what Brigie did for you all, especially Katie. But now' – he gave a short laugh – 'it looks to me that Brigie's efforts in that quarter have been wasted an' all 'cos something 'll have to be done with out Katie. Talk about a rebel in the camp, my God! I never thought to live to see the day. But that's another story and it'll have to be dealt with later. At present we're talking about you and . . . and Barbara. You say you're not staying on here, so would you mind telling me what you intend to do?'

Dan moved a step away from the end of the desk. He turned his head and looked at a glass-fronted bookcase that held few books but stacks of ledgers and papers; then he rubbed his hand hard over the lower part of his face before looking at his father again and saying, 'We . . . ll, it's something I was going to bring up with you but . . . but later. I was going to ask you if you'd be kind enough to give me my share that would be due. . . .' he closed his eyes and gave his head a quick jerk to the side, then added rapidly, 'I didn't mean that, there's nothing due to me, you've given me everything so far and generously, but . . . but you would in the end, I suppose, be sharing things out between the three of us, and . . . and I wondered if you'd give me what you consider, well, the amount that . . . that I might get later on, or at least some of it, enough to enable me to travel for a while with. . . .' He stopped.

Harry was glaring at him now but his voice was quiet as he said, 'Aye, go on.'

'Well, with Barbara; if she'll have me.'

'And . . . and how much do you think your share will be?'

'I've . . . I've no idea.'

'But you've got a sum in mind?'

'Well, I thought three or four thousand.'

'Three or four thousand.' Harry pressed his lips tightly together and sucked them inward for a moment; then he said, still quietly, 'Three or four thousand, just like that; three or four thousand. And if you get it, how long do you think it's going to last you travellin' the world?'

'Quite some time the way I would spend it; I'm . . . I'm not looking for the high life. I . . . I just want to see places, learn, think. Oh' – again he shook his head, closed his eyes then jerked his chin upwards – 'I . . . I can't explain it properly, I'm not putting it over as I should. I . . . I only know that I've got this urge in me to move. And whether she comes with me or not, I've got to get away.'

Harry now dropped his chin forward and, his voice very low, he said, 'That makes me sad, lad, to hear you say that you've got to get away; it's as if we had the mange.'

'Aw! no, no, Dad. You've got me wrong, quite wrong. I . . . well, how can I put it? I . . . I care deeply for you and John and Katie. We're a family, we've always been happy together. How can I make you understand my need?'

'Don't try, lad, don't try; but if gettin' away's so important to you there's nothing more to be said. You know me, I keep nobody against their will. But let me put this to you, have you thought about if she'll marry you and not want to move? An' then there's the woman who's been mother and father to her, who she's clung to all these years, will Barbara want to leave her? And there's still another side to it. You take Barbara away from that cottage and what has Brigie got left? Nowt as I can see. She's built her world around that lass, she's eaten, breathed and slept her. I can look back to when she was a little bairn, Barbara, and Brigie holding her in her arms and the mother look on her face. Have you thought about that side of it?'

'No, but now that you mention it I . . . I would be very concerned for Brigie's feelings; but it wouldn't stop me taking Barbara if she'd come.'

'Well then, that's settled.' Harry now clapped his two hands flat down on the desk. 'As I see it all you've got to do is to persuade the lass to come back to life, then woo her as the saying goes, marry her, and go off. . . . How long do you think it's going to take you?'

'I don't know.'

'And if she doesn't have you, you say you'll still go off?'

'Yes, I'll still go off.'

'Aye, well' – Harry pulled himself to his feet – 'now we know where we stand, at least you do, but I'm still left with that bloody house and all its bloody problems.' His voice was getting louder now. 'And I've nobody to go to but meself to ask for advice, so I ask you, do you see any reason for me keeping it on? John doesn't. As soon as he's settled he'll go over to Pearson's semi-mansion 'cos Jenny doesn't want to leave old Walter. Funny that, John gone, you gone; I wonder if Katie will insist on bringing Willy here 'cos she'll think I'll be lonely. Well if she does, I'll say this to her, no bloody fear. I like Willy, I've got nothin' against him, but when I leave the mill, I leave the mill, I don't bring it home to bed. The mill's becoming a mania with Willy . . . you said something along those lines a while ago, if I remember, not that it's a bad thing mind, as long as it's kept in its place. Well, what I'm saying is, I just couldn't stand the two of them in the house: trade unions, politics, slum conditions, an' the poor for breakfast, dinner and tea. No, no, I'd rather finish the race on me own. But I can't see meself finishing it sitting in that Hall alone, nor yet here.'

There was a faint smile on Dan's face as he said, 'Aunt Florrie's doing her best.'

Harry turned his head slightly to the side while keeping his eyes fixed on Dan, and he said, 'Aye-aye. Don't think I haven't noticed. But I thought you didn't fancy her as a step-mother.'

'I don't.'

'Oh, well, whether you do or don't makes little odds, your future's yours, though of the two, mine seems more plain-sailing. Anyway, lad, let's get to bed if we want to get up in the mornin' with the lark.'

Dan did not move for a moment, but stood looking towards Harry before he said quietly, 'Thank you, Dad, thank you for everything. And . . . and I'd like you to know that I've always appreciated what you've done for me.'

Harry, his head nodding up and down now and a twisted smile on his face, said, 'Well, that's something to know; 'tisn't every son that thanks his father for bringing him up. But if the truth were told I've only been the provider, standin' in the margin so to speak, letting the others get on with it, while your mother and, of course, not forgetting Brigie, did the work. . . . Aw, Brigie' – he put his hand on to Dan's shoulder and led him towards the door and out into the hall, saying now, 'Funny how that woman's been the pivot we've swung round on for years, isn't it? Brigie this, Brigie that; would Brigie like it? Would Brigie approve? And if ever there was a bloody stiff starchy bitch, she's been it; never bend an inch, would she? An' still won't.'

As they looked at each other and laughed, Harry said, 'You know, I've only seen her off her guard once, an' then it was 'cos she thought I'd insulted her, but . . . but I was just leading up to something, something I was going to say to her when our John came in and that was that. I admitted to meself later on that I might have been a bit tactless in the way I put it, saying to her that nobody would think she'd been mistress to a man for ten years, but in my way I meant it as a compliment and . . .'

Dan stopped at the bottom of the stairs and his mouth remained open for a moment before he whispered, 'You . . . you didn't, Dad! You didn't say that to her?'

'Aye. Well' – Harry looked to the side – 'I suppose saying it ice-cold like that it does sound a bit much, but, as I said, I was leadin' up to something else and I thought it was common knowledge anyway, and she knew that. And it is, it is. She was an old man's mistress, wasn't she? Talk of the countryside. I'd heard all of it afore I ever clapped eyes on her, and when I did meet her I couldn't believe it. She was so blasted ladylike, I couldn't imagine her ever taking her shift off to go to bed.'

'Oh! Dad.' Dan was laughing deep in his stomach now and as the laughter rose he again said, 'Oh! Dad.' And Harry's laugh now joined his and he gasped, 'By! it is funny isn't it when you come to think on't? I'm still a bloody ignorant bugger at bottom. It's true what they say about silk purses and sows' ears.'

They went upstairs together, step in step, their heads back, their mouths wide, and when they parted on the landing and went to their respective rooms they were still laughing.

Chapter Seven

Dan sat by the side of the bed and looked at Barbara lying propped up on her pillows. Her cheeks were hollow, her face was colourless, she could have been thirty years old from the look of her. Her hands lay on top of the coverlet, separate, the fingers straight out.

'Would you like to see Dad, he's downstairs with Brigie?'

Her eyelids closed, which meant no, and when her mouth opened and her lips trembled slightly he said quickly, 'All right, all right.' Then after the pause that followed he said, 'It was an awful journey down, freezing, but I was better off than Dad, I was squashed between two fat women.' He demonstrated with his hands the size of the women. 'It was so desperately cold that I nearly cuddled up to one, the one with the foot warmer.'

There was no flicker of amusement on Barbara's face, but her gaze held his and he went on, 'But I'd pass through Iceland to get out of Manchester and away from the mill and' – he smiled wryly now – 'number forty-seven.

I can look back to the times when the meals used to be jolly affairs, but not since Katie took over. Oh my! our Katie!' He shook his head. 'You wouldn't believe the change in her, you wouldn't, Barbara.' He nodded at her. 'The only thing I can say in her favour is that she's taught me a lot of social history just from listening to her. How she must have read this last year! And you know, she's made me read too, just to be able to argue with her. I got a bit tired of hearing the unions glorified. And there's so many of them; the Amalgamated Society of Engineers, the Amalgamated Society of Carpenters and Joiners, societies of bricklayers, iron founders, iron workers, cotton spinners, weavers' unions, and I forgot to mention black pudding, pease pudding and rice pudding associations.'

He laughed down into her face as she stared back at him; then his smile slowly fading, he asked softly, 'Do you feel any better, Barbara?'

Was there a slight movement of her head or did he just imagine it? There was another pause while he looked into her eyes, then he sat back and, assuming his jocular tone, went on, 'To hear our Katie talking about the unions you would think their members had been bred in monasteries, all the men are so good, honest, upright individuals, all fighting their wicked masters. Mind, I'm not saying that some of the masters don't deserve that title and they need to be fought, but hearing it from Katie meal after meal got to be too much, so' – he now nodded his head at her – 'you can understand when I came across a certain piece of information concerning a little gunpowder plot, and nothing to do with Guy Fawkes but with a union and its members, I lapped it up, so the next time she started I said to her, in my most aggravating and superior way, you know what that's like' – he pulled a face at her – 'I said to her, "Did you ever hear of a tin of gunpowder that was placed in the house of a Sheffield non-unionist in an attempt to blow him up?" Oh, you should have heard her. Yes, she had heard of it. But that was in '66 and the men had been provoked beyond endurance, she said. And then I asked if she had heard of the Sheffield unionists and those members of the Manchester brickmakers' clubs who had done murders in the name of the unions – they had actually killed one employer whom they considered was unfair. Of course, they'd hired someone to do their dirty work and paid him twenty pounds for the job.' He laughed again as he ended, 'Believe me, Barbara, I nearly laid myself out for assassination, she became so angry. She was red in the face and bawling. This was an isolated case, she said; the unions were fighting for their lives, which meant the lives of their wives and children. . . . Do you know, it's a good job they don't allow women in Parliament else she'd be there to-morrow. If the men of the towns hadn't got the vote in '67, believe me she would have got it for them this year. She talks of a junta, of Comte's theories, you know positivism. Or perhaps you don't. I didn't. Anyway, he was some French philosopher who died over twenty years ago. He started a religion of humanity, as he called it, and this is what our Katie keeps on about, among other things of course. You wouldn't recognize her, Barbara. I tell you you wouldn't. She quotes from some fellow called Harney, who ran a newspaper, *The Red Republican*. Every proletarian who does not see and feel that he belongs to an enslaved and degraded class is a fool, was what he said, and she believes it. She talks about the death of the Chartists' Movement as if it were a family affair. There was a prominent member of it called O'Connor and the other night during the whole of dinner she gave us his life. I went to blow her up but Dad just laughed. Fifty thousand people followed his hearse she said. The poor fellow had died in the asylum, I think, and I told her that that's where she'd end up if she didn't stop all this ranting.'

He stopped suddenly; and now, his voice very soft again and his lips moving widely, he said, 'You're tired; you don't want to hear all this rubbish.' And when her eyes blinked rapidly he said, 'Oh well, then, our Katie's doing some good with her life after all.'

But he found he couldn't continue yapping about Katie and her socialistic ideas; for at this moment he had the painful, awful, gnawing desire to drop his head forward and rest it on her shoulder, on her breast, to put his arms about her, to put his lips on that still mouth, gently at first, then hard, fiercely, to bring it into life. He took up her hand and held it between his own, stroking the thin, bony fingers, and he looked into her face again, saying, 'It's beginning to snow again. Remember when we used to take the sledge over to the hills? Remember the time when I went head first into a drift and there were just my legs sticking out and nobody bothered to pull me out right away because you were all laughing your heads off? I might have died.' He shook his head slowly. 'I might at that, and you would still have gone on laughing. Do you remember?'

There was no movement from her lids and he bent forward and said softly, still mouthing the words, 'Oh! Barbara.'

He was brought upright by the door being pushed open and Mary entering carrying a tea tray. When he turned towards her she cried at him, 'Sitting on the bed again, Mr. Dan! I've told you it spoils the mattress, it does.'

'I'll buy you a new one, Mary.'

'Likely have to by the time you're finished.'

'I thought you were out.'

'Well, I'm not, am I? I got back fifteen minutes or more ago. By! it's cold. It would freeze the nose of a brass monkey, and sitting on that cart I told him, I told Ben, I did. You should have a cover over this, I said, an' supply blankets. By the time I got off I didn't know whether me feet finished at me knees or not. And then in the town you couldn't get moved.'

She kept up her chattering as she poured out the tea; than taking a cup to the bed she put it to Barbara's lips saying, 'There, dear, there; just as you like it,' and as Barbara sipped at the tea, she added, 'That's a good girl. That's a good girl,' as if she were speaking to a small child. Then turning to Dan, she added, 'If you want to go downstairs, Mr. Dan, I'll stay put here for a time.'

'No, thank you, Mary, I can stay put too. You brought an extra cup I see.'

'Oh aye. Knowin' you never say no to tea I came prepared.'

After she had poured out two more cups of tea she took hers and sat in a basket chair at the head of the bed, almost on a level with Barbara herself, and Dan resumed his seat on the edge of the bed, and as he spoke to Barbara, saying jocularly, 'She makes a good cup of tea, I'll say that for her, if she can do nothing else,' Mary, talking between gulping from her cup, said, 'Good cup of tea indeed! And I say what I've said afore, 'tisn't seemly you sittin' on the bed, Mr. Dan, 'tisn't right, 'tisn't right or proper. Yet' – she took another gulp of tea – 'what does it matter. As I said to meself earlier on, what does it matter, what does anything matter. Aye, I felt awful in the town the day, Mr. Dan. I've said nothin' to Miss about it, but eeh! I felt awful.'

Dan cast a look in Mary's direction, and he knew from the tone of her voice that what she had to say wasn't for Barbara's eyes, and as if it even might reach Barbara's ears her voice was low as she continued, 'Saw young Sarah I did, went slap into her. There she was, crutch an' all. Eeh! it was a shock seein' her like that. I knew she had lost her leg, but it was different, different seein' her with just one leg and a crutch, and he was with her, Michael, an' they looked happy enough. But . . . but I was cut to the bone, 'cos you know what, Mr. Dan? They passed me as if they didn't know me. I could have touched them by just puttin' me hand out, but they both passed me as if they had never seen me afore in their life. Eeh! I was cut up. I did a bit of a cry when I got on the cart. Ben Taggert said they were married last Saturday and . . .'

It was almost as if an explosion had thrown him off the side of the bed. The cup went spinning from his hand and Barbara's tea came on to his face and neck; then the scream that she emitted almost brought his hands from his scalded flesh to block out the sound from his ears. The next minute he was struggling with her, trying to hold her down while her screams, mixed with Mary's cries, seemed to shatter the walls of the room.

It seemed only seconds before Miss Brigmore's hands were entangled with his own, and also those of his father.

As quickly as Barbara's screaming had begun so it ended and brought them all into a huddle in the middle of the bed, and from their several contorted positions they gazed in alarm at the limp figure, thinking that now she really had died.

It was Harry at this point who took command of things, saying, 'Come on then; come on then; get her up on to her pillows. It's all right; she's just passed out; her heart's still going. What was it all about?' He turned an accusing gaze on Dan, who from the other side of the bed and still gasping said, 'You . . . you know as much about it as I do.'

Having settled Barbara more comfortably against the pillows, and covered her discreetly once more with the bedclothes, Miss Brigmore looked from Dan to Mary and asked in a murmur, 'What . . . what upset her?'

Again Dan answered, 'I don't know. No one, nobody.'

'You . . . you weren't talking to her about anything in . . . in particular?'

'No, I was just sitting on the bed like this' – he demonstrated – 'facing her and . . . and Mary, Mary was sitting there. She . . . she was telling me. . . .' He stopped, and now Mary and he stared at each other. Then he moved his head, saying, 'But she couldn't! she couldn't have heard you from there.'

'Heard what?' Miss Brigmore's voice had the old ring to it as she confronted Mary, and Mary, with a defiant movement of her head, now said, 'She couldn't have heard; I was dead level with her, or behind her, like this.' She now demonstrated how she had been sitting when she was talking.

Miss Brigmore, still with her gaze intently bent on Mary, asked slowly, 'What were you talking about?'

Mary turned her head to the side. There was a look of defiance on her face now and she did not answer until Miss Brigmore said again, 'Well, I'm waiting.'

'I . . . I just said I'd seen them, Sarah and him in the town and . . . and she was using her crutch and' – her voice sank low – 'I said Ben Taggert had told me they had been married a week gone.' She faced Miss Brigmore again. 'She couldn't have read me mouth 'cos she couldn't see me, an' I talked low, right low. I . . . I had to tell somebody; I couldn't tell you, so I told Mr. Dan there 'cos I was upset like, 'cos they cut me dead as if they'd never seen me afore. It was natural I was upset.'

Miss Brigmore stood perfectly still as she stared back at Mary. After a moment she turned slowly about and looked at the white mask-like face sunk in the pillows; then she brought her gaze to Dan and asked quietly, 'Do you think she could have read Mary's lips?'

'No, definitely no, not from the way she was lying. And . . . and she was looking at me. The only way she could have taken in what was being said was if she could hear. . . .'

Now Miss Brigmore looked at Harry, who a moment ago had turned from the bed, and she asked, 'What do you think?'

'Well' – he rubbed his hand hard over his mouth before saying – 'from what I gather she threw that fit because of what she heard Mary say, an' she could have only heard what Mary said if she had got her hearin' back. It looks as though when she lost one sense she gained the other. It seems far fetched but that's the way I see it at the moment. We'll have to see what line she takes when she comes round. Look, she's moving now. . . .'

Barbara was moving. She was fighting her way up through layers of blackness. There was no substance to the blackness. As she grabbed at it, it melted through her fingers like mist, and as she breathed it it blocked her throat as if she were trying to swallow wool, and it weighed on her as if blanket after blanket were piled on her body. It was when she was feeling she could struggle no more that she saw a glimmer of light. It became stronger, like the dawn seeping through the curtains, and the nearer she got towards it the brighter it became, and the nearer she got towards it the more fearful she became, for now she had a desperate urge to fall back into the blackness out of which she was emerging, for a voice was screaming through her head, 'We will have to see what line she takes when she comes round. We will have to see what line she takes when she comes round. *We will have to see what line she takes when she comes round.*'

She had heard every word that had been spoken in the room since she had regained consciousness that long, long time ago. When at first she had tried to tell them that she could hear and there was no longer any necessity for them to mouth their words at her, or contort their fingers into language, she had found she was unable to do so. But what did it matter anyway? She was dead.

When she had jumped down from the trap she had run wildly through the dusk to meet death. Reaching the river she had determined to lie in it and bring her dying to quick finality. But when she fell forward it was on to rock and the water just flowed gently over her. It wasn't until she dragged herself up and went towards the middle and found the mud sucking her down that, in spite of what her mind was telling her, her body automatically struggled until she freed herself.

She ran no more after that, she just walked and stumbled and fell, and rose again, and repeated this as she mounted the hills. The twilight had almost gone when she came across the workings and, falling into its shelter, she lay down and began the process of dying. But it was long in coming, as sleep was, and she lay shivering well into the night.

When she awoke the daylight was streaming through the entrance and her body felt hot and she wanted a drink, above all things she wanted a drink. She slept fitfully all day and the last time her eyes opened it was into terrifying blackness and to the sound of someone calling her name. The voice came from a great distance, 'Bar . . . bara! Bar . . . bara!' it said, and she answered, 'I'm coming,' and as she closed her eyes she knew it was for the last time.

The memories after that were dim and confused. A man was holding her in his arms as a lover would hold her, but it wasn't Michael. Then she seemed to sleep for an eternity, and when at last she awoke she knew that in a way she had got her wish and she had died, for there was no desire in her either to move or to speak. So she didn't move or speak but lay through aeons of time listening, and as she listened she knew that everybody was different. None of them were as they had been before, not Brigie or Mary or Dan, particularly Dan, Dan was quite different; Dan had turned into a lover. If she hadn't died she would have laughed at the absurdity of this, but there was no mirth in her for the dead cannot laugh.

Yet as the eternities passed she found that she could listen to Dan without irritation. His voice was not stiff like Brigie's, nor chattering like Mary's, and it wasn't the voice of the irritating youth, it was the voice of a man, it was deep and warm and kind. It was a large voice, much larger than his body, yet it lay gently on her eardrums. She had been listening to it telling of Katie's doings in the social field. . . . And then . . . then came Mary's prattle saying that Sarah had only one leg and was walking on a crutch. She was already screaming in her head when she heard the words 'Ben Taggert said they were married last Saturday.' At that moment the fact that Michael had married Sarah did not seem to matter so much, because she knew that, in a way, he would be forced to do so to compensate for her own act, her vile act of ripping Sarah's leg off. And through the screaming in her head she heard Jim Waite's voice screaming at her again, 'You're a devil! You're a bastard! You've hated her all your life.'

She knew she was a devil, and a bastard, and she had hated Sarah all her life. Yet at the present moment there was no hate left in her, not even for her Aunt Constance. The void that the deafness had created was lost in a greater void, for now she could not feel emotion of any kind. She did not hate, she did not love, they were emotions that belonged to another life, and in her present life, this still life on the bed, she felt she was being born again; she was emerging from a dark world. And her thoughts were new, different; but they did not help her to want to live for they were constantly stressing the fact that she was bad, because she was a Mallen she was bad, and that she would do less harm if she stayed for ever in this half world.

Faces wove in and out of her vision now, hands touched her and she pushed them away. She didn't like hands touching her. Her body was burning, she was parched, she was back in the hole on the hillside. She gasped, 'Water. Water.'

'Yes, dear. Oh yes, dear; here it is.'

Miss Brigmore supported her head as she gulped at the water.

'Are you feeling better now?'

'Yes.'

Miss Brigmore turned her head away as she now asked, 'Would you like another drink?'

'No.'

'Barbara, Barbara my darling, you can hear?'

Barbara stared up into Miss Brigmore's drawn face, but she did not answer her.

'You heard, you heard me speak. Tell me that you can hear. Barbara, Barbara, tell me that you can hear.'

'I can hear.' The words were flat, unemotional.

Miss Brigmore turned round quickly, looking for somewhere to sit, and it was Dan who pushed a chair forward, and it seemed only just in time for Miss Brigmore was evidently overcome. Her tightly buttoned bodice swelled and the buttons strained from their moorings. Her whole face was alive with love and wonder as she looked at her beloved child. When she turned her gaze on Harry he smiled at her and nodded reassuringly; then turning to Dan, he said, 'Come along, lad.'

Dan stood for a moment looking towards the bed, then turned and followed his father; Mary, the tears raining from her eyes, her apron held to her face, went with them; and Miss Brigmore was left alone with her child, her daughter, her beloved Barbara.

She leant forward and with the tips of her fingers gently stroked the hands now joined tightly together on the coverlet, but when they flinched from her touch she also flinched as if she had been stung, and the joy drained from her face as she looked into the eyes now holding hers, and she murmured, 'Oh! Barbara. Barbara, my dear, what is it? What is it now?'

What was it now? It was to stop the words which were tumbling about in her mind, leaping bridges of time and yelling, 'You're to blame, you're to blame for all that's happened. You lived in sin with that man all those years, that fat man whose flesh I am. And . . . and since I can remember you have made me think I was different, something special, rare; when what you should have done was tell me the truth and let me start life with my feet on the earth instead of my head in the clouds. I see now that the only reason you ever went to the Hall to teach was because you wanted to instal me there; you've used me as a salve on your frustrated life, you've turned me into an expensive doll, not fit to cope with ordinary living. If I had any hate left in me I would hate you, Brigie. What I want to say to you now is, don't touch me. Don't come near me, for if I am to live then I must learn to live.'

On a long intake of breath she checked the leaping words and said slowly, 'I'm going to get up.'

'Yes, yes, dear; come then.' Miss Brigmore rose hastily from the chair and went to turn the coverlet back, but Barbara held on to it, and still slowly she said, 'No, I do not want help any more; I . . . I am going to get up on my. . . .'

'You can't get up on your own, dear.' Miss Brigmore's voice was quivering now. 'You're too weak, you have been in bed for months, you'll fall.'

'I am going to get up by myself, Brigie. I . . . I will sit in a chair for a while. Would . . . would you mind leaving me alone?'

The rusty scythe that had lacerated Sarah's leg could not have caused her half the pain that Barbara's words were causing Miss Brigmore. Like poisoned spears they penetrated the stiff correct façade and thrust deep into the desolate creature that lived hidden within her. Nothing that had happened in her life before had had the power to wound her as Barbara's attitude towards her now. Not the devastation of her comfortable family home brought about by her father's bankruptcy and imprisonment, which had also caused her mother's death; not the humiliating trials in those first situations as governess; not the fact that Thomas would never give her his name although she had given him everything she had in life; not the shock of his raping Barbara's mother or the shock of his death by his own hand; not the latest blow that she was to be cut off for ever from Constance; none of these things had made her feel as she was feeling at this moment.

For seventeen years she had devoted her life to this girl, she was the child she had never had. She had been mother, nurse and governess to her. In the early days she had worn herself out trying to find a cure for her deafness. She had taken on the post of educating the children at the Hall merely in order that Barbara should have advantages that the cottage could not afford. She had allowed her everything, except one thing, the love of Michael, and that she had striven to deny her whenever possible, as Constance had done. But it was she alone who was now to bear the blame for it.

Blindly, she turned about and went out of the room; in her own room she dropped on to her knees by the side of the bed and asked God, Why? *Why?*

Chapter Eight

Christmas had come and gone. The Benshams had spent it at the Hall, accompanied by two guests, Miss Pearson and Mrs. Florrie Talbot. Harry had hoped that Miss Brigmore and Barbara would join them. When this invitation was politely refused, he went to the cottage and tried coaxing, but to no avail. Losing his temper, he had stormed out saying that living in bloody isolation was going to do nobody any good, and that was the last they would see of him.

When the rest of the family called en masse to deliver their presents and to wish them all a happy Christmas, Barbara absented herself; the only one of them Barbara still continued to talk to was Dan. . . .

January was a bitter month. The roads became impassable and there were drifts of snow twelve feet deep. Sheep were frozen to death, and when there was a sudden thaw towards the end of the month, Ben Taggert's horse and cart got bogged down in a ditch. It took ten men to lever them out and after such an experience, the horse was no further good and Ben reluctantly let it go to the knacker's yard; nor was he himself the same afterwards.

When it froze again the roads became more treacherous than when covered with the thick snow, and no human nor animal could be sure of a footing on them. The navvies kept the railway lines clear, and the trains still ran, if not to time, but the carriage could not get from the Hall to the station, and no one but a madman would have attempted to walk the distance.

So when a madman, so rimed with frost that he appeared like a ghost, thrust open the studded door and walked through the vestibule into the lamp-lighted hall, two maids coming slowly down the stairs checked their laughter and gave a high concerted scream before running back up again.

There was no sight of any manservant, and Dan slowly made his way across the hall towards the drawing room. He did not attempt to unbutton his coat because he could not feel his fingers inside his gloves. When he thrust open the drawing-room door he was met with similar reactions, but without the squeals, as Brooks, Armstrong and Emerson drew their outstretched legs and stockinged feet sharply upwards and scrambled from where they had been reclining on the couch in front of the fire.

'Why . . . why, Mr. Dan! Where you sprung from?'

'Manchester.' Dan's voice was as cold as his body. He stared from one to the other of the men, then deliberately lowered his gaze to the table at the side of the couch on which stood two decanters and three glasses, not wine glasses, but ale glasses which were more than half full of whisky, and he now added grimly, 'It's evident when the cat's away the staff can play. And how they can play! You don't do things by half, do you?' He looked at the glasses again. 'I understood you have a sitting room of your own.'

'Aye, sir.' Armstrong was sidling around the head of the couch now. 'We . . . we had just sat, dropped for a minute.' Emerson followed him silently, his eyes blinking, his face red with heat and whisky and he jumped when Dan barked, 'Don't lie to me!'

Dan was now tugging at the buttons of his coat and when Armstrong attempted to come to his assistance he thrust him aside with a jab of his arm, saying, 'Keep out of my way!' then he ended, 'No wonder my father's thinking about closing this rest home up. And not before time. Where's Mrs. Kenley in all this?' He was now addressing Brooks, but he, showing none of the trepidation of the other men, replied surlily, 'In bed; where she's been for the past week; says she's got a cold.'

'Well, if she says she's got a cold I'd be inclined to believe her. Get going.'

Brooks now made to walk away; then he turned and looked at Dan and muttered, 'Your dad would have made no fuss about. . . .'

'There you are mistaken; he's been making a fuss for a long time now about a number of things, not least the wine bill.' He pointed towards the decanter. 'And let me tell you he doesn't blame Mrs. Kenley. He did you a good turn once by bringing you here, and he's done your son more than a good turn, and how have you repaid him? You've taken advantage of him for years. You're the worst of your breed, Brooks. Go on, get out! and first thing in the morning see that the outside steps are cleared of snow, and the drive also.'

The door had scarcely closed behind the butler when he bawled at it, 'Brooks!'

It was some seconds before the door was reopened, and when Brooks appeared he said to him, 'Bring me a clean glass.'

While waiting for the glass he bent forward and crouched over the fire, and the steam rose from his hair and face and life flowed painfully back into his limbs again.

He was sitting on the couch pulling his boots off when Armstrong placed a glass to the side of the decanter, then slowly picked up the three glasses that still held the good measures of whisky, put them on the tray and went out.

Dan took a long drink and when, like a thin stream of fire, it rushed into his body, he lay back and held his bare feet out to the blaze.

The second glass of whisky not only thawed the cold out of him but also softened his thinking. Perhaps he had come down on them a little too hard; and yet they had no right in here, they had a comfortable room of their own. And then again, it wasn't a case of having no right, it was a case of discipline and loyalty on Brooks's part. He didn't blame Armstrong, or Emerson, for taking advantage, for they had received no such kindnesses from his father as Brooks and Willy had. He'd never liked Brooks. He might have been a good mill worker in his day but only because, he suspected, he wanted to ingratiate himself into his father's good books. But for years now he had also suspected him of being on the make. He was the kind of working man that got his own class a bad name, the 'You've got it, why shouldn't I have it?' type. There were a number of them in the mill and, unfortunately, these were among those who ran the unions because most of them had the gift of the gab and, like Brooks, they gloried in the fact that the bosses didn't frighten them.

With his third glass he wished he were miles away. He soon would be, he told himself; yes, he soon would be, and not only from Manchester but from here, this raving mad stretch of country that hemmed you in with its hills and mountains, that drowned you in its swelling rivers, that froze you with its everlasting snow and ice, that brought your spirit low, that made you long for warmth and sunshine with an ardour the equal of the desire for a women.

It was the desire for a woman that had made him risk his life covering those miles from the station to here. He had met not one soul on the road, nor seen one live beast, nor bird. He could have slipped and fallen and stayed where he lay, and to-morrow they would have found him stiff. He was mad; and what for? All these weeks, all the months of talking hadn't, he knew, brought them one inch closer together; the only difference in her attitude towards him was that she argued with him no longer and did not seek to quarrel with everything he said. In fact now she listened intently to all he had to say; but it was as if she were listening to a disembodied voice. And the voice now hadn't the courage to say 'Barbara, will you marry me?' for he knew what the answer would be. The truth was, he told himself, Barbara would never marry for she had still not come alive.

Well, he had made up his mind. Or had he? Wasn't it his father who had made it up for him? 'Get yourself away, lad,' he said; 'you're wearing yourself out. The money's there for you when you want it. I'm going to give you five thousand, not all at once, and it isn't all your share. There'll be a bit over when things come to be divided; but I can tell you, lad, that's not going to be for some time, I'm not ready for me box yet. I'll see that there's two thousand in the bank for you; when you want any more you can send to me for it, it'll give me some idea of where you're at.'

Looking back now, he realized that it had been a very emotional moment. He'd had the almost womanish desire to lay his head on his father's shoulder, to put his arms about him, and to express by such action the feelings that were in his heart, but all he had been able to say was, 'It's more than generous of you; you can be sure I won't squander it.'

And now all that remained was to go along there to-morrow and tell them, tell her, and then he would pack. But he would have little to pack, for he was going to travel light. This time next week he'd be in France, or beyond. Just think of it, France or beyond.

He thought of it, and it brought him no joy.

After kicking the snow off his boots against the wall and having to lift his foot high up to do so, for the foot scraper was hidden under the snow, and knocking on the door, he entered the kitchen, as he was used to doing. Mary turned from the fire and Miss Brigmore from the delph rack, and they both exclaimed aloud much as the maids had done: 'Oh! you've never made it in this weather, Mr. Dan!' Mary cried, and Miss Brigmore echoed, 'Why! Dan, Dan, we didn't expect you. How on earth have you managed to travel?'

Dan laughed from one to the other as he drew off his gloves, then took off his outer coat, and when Mary took them from him and, looking up into his face, said, 'Eeh! Mr. Dan,' he bent towards her and whispered with a jocularity he didn't feel, 'There isn't the weather manufactured, Mary, that could stop me coming to see you.'

'Aw! you, Mr. Dan.' She flapped his hat at him, then hurried out of the kitchen, saying, 'You must have smelt the broth, that's it.'

'Is . . . is anything wrong, Dan?' Miss Brigmore came towards him now, to where he was standing holding his hands over the open fire that flared brightly between the black-leaded ovens, and he turned his head and looked at her for a moment before answering, 'No, there's nothing wrong. I . . . I only thought I'd come to see you before, well, before I leave. I couldn't go without saying good-bye to you.'

'Before you leave, where?'

'Home . . . here . . . Manchester, the mill. England. . . .'

'You're leaving England, Dan?'

As he was about to answer, he turned and looked towards the door. Mary had left it ajar and he thought someone was about to enter; but no one did and he went on, 'Well, you know I've . . . I've always meant to go; it was only a year's probation at the mill in the hope I might settle. But I knew I couldn't. I . . . I did it to please Dad. He's . . . he's been very, very good, generous.'

'Oh, Dan.' Miss Brigmore turned to the table and, with her back to him, she said, 'We'll . . . we'll miss you. Barbara, Barbara will miss you; you're . . . you're the only one she sees, in fact you're the only one she seems to want to see.'

He made a small deprecating sound in his throat. 'It's because she's house-bound,' he said; 'once the fine weather comes she'll get out and about.'

Miss Brigmore was facing him again, and now she said slowly, 'I doubt it, Dan. Barbara has changed. You know it's in my heart to wish that her . . . her deafness had never left her because she's taken her hearing as a new affliction.'

'No, no; you just imagine that. It's wonderful that she can hear again. Come on, cheer up.' He went towards her. 'You're looking very peaky yourself, aren't you well?'

'Yes, yes, I am quite well, Dan.' She moved her head in small jerks and blinked her eyes, and there was a slight tremor in her voice as she added, 'I was about to pour the soup out; we generally have it mid-morning, it warms one better than tea. Go along into the sitting room.'

As Dan moved away from her she stopped him, saying, 'On second thoughts, I won't bring it in for a while, I think you'd better tell her first.'

'Very well. Yes, yes, I will.'

He went out and crossed the hall and paused for a moment before he tapped on the sitting-room door and entered the room.

Barbara was standing near the window. She turned immediately and faced him, and as always he was aware of her height. Since her illness she had seemed to grow taller; perhaps it was because she had become thinner. He walked slowly towards the middle of the room and when she did not come towards him, he said, 'Aren't you surprised to see me, everybody else seems to be? Two of the maids nearly fell downstairs last night when I walked in, or rather, fell in. I told them not to try to bend me or I would snap like an icicle. And now Mary nearly falls into the fire and Brigie spills the soup; but you, you look as if you expected me.'

'I did. I . . . I heard you in the kitchen.'

'Oh! Oh!' He made a deep obeisance with his head. 'That's it, is it? Still I didn't expect to surprise you; you know me so well that nothing I would ever do or say would surprise. . . .'

'Don't joke, Dan.' She came slowly towards him now and she repeated, 'Don't joke.'

'Why? Why must I not joke? Joking's part of my stock in trade.'

'Because . . . because you've . . . you've come to tell me you're going away. I heard you talking to Brigie.'

'Oh well, that's over then, isn't it?'

'Dan.' She came near to him.

'What is it?'

'Dan.' She was actually gripping his arm now, and he said, 'Now, now; don't get so agitated. Sit down. What is it?' When he had placed her gently on the couch she gripped her hands together and pressed them between her bent head and her breast bone as if she were trying to push them into herself, and then she whispered something.

He bent his head towards her. 'What did you say?'

She repeated the words and suddenly he jerked her chin from her hands and brought her face to front him, and now he whispered, 'Do you know what you've just said?'

She moved her head once.

'Take me with you, you said. You want to come with me? Barbara. Barbara!' His voice had risen from the whisper and was getting louder, and he glanced back towards the door, then lowered his tone again as he said, 'You . . . you can't mean it?'

'I do, I do, Dan. Please, please take me with you, away from here. I . . . I mean to go in any case, I mean to leave, but . . . but I'm frightened on my own.'

The light faded from his face now as he said, 'There's only one way you could come with me, Barbara, you know that?'

Her eyes were steady as she looked into his and said, 'I know.'

'You would marry me?'

Her gaze still remained steady, 'Yes, Dan.'

'Oh! Barbara.' He drew her hands towards his chest; then bending his head over them he kissed the white knuckles twice, three times before looking at her again and saying quickly, 'You know I love you?'

She nodded once before answering in a low murmur, 'Yes, yes I know.'

'How long have you known?'

'Since . . . since you began to visit me.'

He smiled now, a sad smile, as he said, 'You didn't know before?'

'How . . . how could I? We always seemed to quarrel.'

'I've loved you all my life; can you believe that? Right from the first time I saw you in the nursery. I can remember the picture you made as clear as I'm seeing you now. Katie came rushing out of the nursery, crying, "The Mallen girl's hit me!" then I saw you standing straight like a young willow tree. . . . What's the matter? Don't bow your head.'

'I . . . I hate that name, my name is Farrington.'

'All right, all right, darling,' he said soothingly; 'but it won't be Farrington much longer. I . . . I can't believe it; I can't believe that you want to marry me. But' – he shook his head sadly now – 'you don't really, do you, it's only a means of escape? But . . . but don't worry' – he almost gabbled now – 'Doesn't matter why you want to as long as you want to. You don't love me, I know that, I don't expect you to, not yet anyway. . . .'

When she lifted her head and looked into his eyes he added jocularly, 'I'm the kind that never gives up hope.' Then his voice changing, he asked seriously, 'But you like me a little, don't you?'

'I've . . . I've grown to like you a lot, Dan.'

'Thank you, thank you, Barbara. That'll do for the present.'

'When . . . when can we leave?'

He looked slightly surprised at her haste, then said, 'As soon as ever you're ready. But . . . but have you thought about Brigie, how she'll take it, how she's going to feel about it?'

'Yes, yes I have; I've thought about it a lot; but I must say this, and I can only say it to you, it's Brigie I must get away from.'

'*Brigie?*'

'Yes, Brigie. I can't explain it. I know it's wrong, I know in my mind I am wrong to blame her for all that's happened, yet I do. I can't help it but it's her I blame.'

'Oh! Barbara, you mustn't think like that, not about Brigie; she's . . . she's given you her life.'

'That's it, that's just it, Dan.' She turned away from him now. 'She's given me her life, and the weight of it is lying on me, and . . . and I can see it getting heavier with the years as she protects me and turns me into a replica of herself, Miss Mallen; the spinster lady, Miss Mallen.'

'Oh! Barbara dear, darling.' Impulsively he put his arms around her, but when he drew her close there was no response from her body, and his own became still. She was looking straight into his eyes as she said softly, 'Give me time, Dan, give me time,' and as softly he answered, 'All the time in the world, dear.'

He was not to know that another man, her half-brother, had said those exact words to her Aunt Constance in this very room.

'Will . . . will you tell her first?'

'You wish me to?'

'Please.'

'Very well.' His arms dropped from around her; he turned abruptly and went out.

She stood looking towards the door for a moment; then swiftly she went to the window and, one fist tightly closed, she bit hard on the knuckles as she gazed out on to the never-ending whiteness that covered the garden, the fells and the hills beyond, and the bleak iciness of the land was reflected deep within her. Yet she strove to melt it, crying at it, 'I will love him! I will learn to love him! It can be done.'

She swung round as the door opened and Miss Brigmore entered, but neither of them moved towards the other, and when Miss Brigmore spoke her voice was so low, so distant that Barbara imagined for a moment she had lost her hearing again. 'You can't, you can't do this,' she said.

'I can, I can, Brigie, and I'm going to.'

'You mean to say you would willingly go away to . . . to a foreign country?'

'Yes, that is what I mean to say.'

Both their voices were muted now as if they were afraid of hearing not only what the other had to say, but also what they were saying themselves.

'You mean you would leave me, leave me here on my own?'

'I . . . I would have left you in any case had I married before now.

'That would have been different; you would have been in the neighbourhood.'

'*Yes.*'

Miss Brigmore started as the monosyllable rang out like a cry, and then was repeated '*Yes*, in the Hall, or over the hills. You wouldn't even have minded that, would you, in the end if I'd gone over the hills, as long as you had me at hand? And then you would have had more children to mould into your ladylike pattern, the pattern that has no association with life. It's been proved, it's been proved by everyone you've touched: Aunt Constance; as much as I hated her, I realized that her life had gone awry in the first place through ignorance; and then my mother, the other Barbara, what happened to her? What happened to her, eh? And at the hands of the man you played mistress to.' She thrust out her arm now and pointed to the picture above the mantelpiece. 'I want to smash that, him that you cosseted in all ways. If you hadn't allowed his woman to come to the barn my mother wouldn't have been raped and I wouldn't have been here. You brought your pupils up in a house of sin, and you were surprised and shocked when things went wrong. You still retain the power to be surprised and shocked after all that's happened. Katie, even Katie, rebelled. . . .' Her voice was almost a scream now.

As Miss Brigmore leant back against the door it was thrust open and Dan entered. He stared hard for a moment at Barbara; then turned his attention quickly to Brigie where the opening door had thrust her against the wall, and as she was about to slide down it he caught her and, supporting her, led her to the couch. Then turning to Mary, who was now in the room, he ordered, 'Bring a little brandy.'

As Mary scampered away Dan glanced up at Barbara. His face was stiff, his eyes hard, even accusing; and now, her voice a whimper, she said, 'I'm . . . I'm sorry, I . . . I didn't mean all I said, it just. . . .'

'Then you shouldn't have said it.'

'I . . . I know that.' Her long body slumped and she sat down abruptly on a chair.

Miss Brigmore now put her hand to her head and murmured, 'It's all right, it's all right.' But when she attempted to sit upright Dan pressed her gently back, saying, 'Sit quiet.'

'I . . . I would rather go to my room.' Her voice was weak, and Dan said, 'You will in a moment; Mary's bringing you a drink. Ah! Here she is.' He took the glass from Mary's hand, but when he went to hold it to Miss Brigmore's lips she waved his aid aside and, taking the glass from him, sipped at the brandy.

'I'm . . . I'm sorry, Brigie.' Barbara had not moved from her chair, and Miss Brigmore looked towards her and answered simply, 'It's all right, dear.'

There was a sudden rush and Barbara was kneeling by the couch, her head buried in Miss Brigmore's lap, her arms about her waist, and, the sobs now shaking her body, she cried, 'It isn't all right. It isn't all right. I'm wicked, bad, and you have been so good to me all my life. I didn't mean any of those things, I didn't, but . . . but I can't stay, Brigie, I can't, I'd die. And it isn't because of you, it's because' – she now lifted her head and looked up appealingly into Miss Brigmore's white face and, her words slow and her voice more quiet, she added, 'It's everybody all around; I'd . . . I'd never be able to go into a town, Allendale, Hexham, anywhere, not even walk the country roads but I'd be pointed at, the Mallen girl who caused Sarah Waite to lose her leg. And . . . and I know if Jim Waite had his way I'd be publicly hounded, taken to court. I . . . I couldn't bear it, Brigie.'

Neither Brigie nor Dan, nor even Mary, contradicted her in any way for they all knew that what she was saying was true, although it was something they hadn't openly faced.

As Miss Brigmore put her hand on the black shining hair and gently stroked it she turned her eyes to where Dan was sitting to her side and said, 'When will you be going?'

'There's . . . there's no real hurry now.'

'You must not alter your plans; the sooner it's done the better.'

'No; as I said, there's no real hurry. What does a week or two matter? And . . . and we'll be married from here, Brigie.' He now brought his eyes down and looked into those of Barbara. She was still kneeling, holding Brigie, but her head was back on her shoulders now and her mouth was open to protest, but she didn't. Something in his face cut off any protest she was about to make, and some detached corner of her mind was pointing out to her that this man who was so much shorter than herself, and so much in love with her, and always had been, to use his own words, would not be as pliable as she had imagined, and as she stared at him she thought for a moment she was gazing into the face of his father.

When her head drooped he said, 'Well, that's settled. Now Brigie, try not to worry any more; things will work out.'

'Yes, yes, Dan, things will work out. Would you excuse me now? . . . Would you mind, dear?' She gently extricated herself from Barbara's arms and, her usual dignity hardly impaired, she rose from the couch and walked slowly out of the room and up the stairs and into her bedroom. Again she stood with her back to the door but now she covered her face with her hands and murmured through her fingers, 'Oh! God. Oh! God, help me to bear this.'

After a moment she walked to her bed and sat down on the chair at the head of it, and clasping her hands in her lap she sat staring straight ahead, looking as it were down the years that were to come when she and Mary would be alone in this house, cut off from the house over the hills, and cut off from the Hall, for she knew, from what Harry Bensham had said over the past weeks, that he was really seriously considering selling the place, and if this were so she would never set foot in it again. So here she would be, alone with Mary, who, although a dear soul, was intellectually as companionable as an arid desert. But it would be on Mary she'd have to rely for companionship until one or the other of them died. The prospect caused her to close her eyes tightly.

And now she asked of God what she had done that such justice was meted out to her; was this payment for the pleasure she had derived from comforting Thomas? If it were, it was a high price to pay. Life, she thought, was a sort of madhouse. There was no reason or logic in it. You were brought into it and moulded in a certain way; the mould was termed environment, and its early years shaped your thoughts, and your thoughts dictated your actions and set your principles, and you lived up to them, except when, as she had done, you violated the laws of society and gave yourself to a man outside the sanctity of marriage.

But reviewing her life through the ideals of justice, she considered that she had paid for the liberty she had taken because she had lost her good name and become publicly known as Mallen's mistress. One time in the market she had been laughingly referred to as one of Mallen's night workers; she had actually overheard this with her own ears; and so, speaking of justice, hadn't she made payment enough for her one misdeed, and she admitted to it being a misdeed?

What she didn't admit to was the accusation that Barbara had just levelled at her, that she was responsible through her teaching for what had happened to Constance and the other Barbara, and even to Katie with her radical thinking. But most of all she denied the responsibility for what had happened to Barbara herself, for from the very day she was born she had thought of nothing but guiding her aright.

She recalled the agony of the day she rode across the hills to beg Donald Radlet not to take the child from her, the child who was his half-sister. The hollowness inside of her that day when she watched him prepare to go and fetch the child himself was in her now. His death on the fell – his murder on the fell – had saved Barbara from his diabolical rule, and herself from dire loneliness. Now, almost eighteen years later, it was Barbara who was inflicting on her a future of loneliness, and she didn't know if she'd be able to bear it. Yet she must appear to bear it, if only until she was gone – married.

Dan was a kind man, and although he appeared of small stature he was in a way not unlike his father in that there was a determination in him, perhaps not so strong as was in his father, nevertheless it was there, but she wondered if he realized what he was taking on in marrying Barbara, in marrying a girl who had not a vestige of love left in her. No one who had been obsessed with a love such as hers for Michael, and who had gone through the sufferings of the past months, could scrape from the dregs of her feelings anything approaching love for another.

An overwhelming feeling of sorrow swept over her, and not only for herself, it enveloped Dan and Barbara, and Constance, and Michael, and Sarah; oh yes, Sarah. What was it about the Mallens that they should at one point in their lives do something evil? There were strange stories still current of the evil doings of the Mallens over the last hundred years or so.

During her own stay at the Hall Thomas's legitimate son, Dick, had almost killed a bailiff in the kitchen and he would have certainly killed Waite had the same bailiff not prevented him. And it was she herself who had provided the money for his bail by secreting valuables out of the house with the co-operation of Mary Peel and the children. And what had he done when he had been bailed? Run away to France, and she had heard of him no more until he had died, strangely enough within a short time of Thomas; and the solicitor had come to the house to say he had left two thousand pounds, but not to her, no, because she wasn't Thomas's wife. The money had gone to Thomas's daughter Bessie who had married an Italian Count. She thought, in an aside, should I tell Barbara about Bessie before she leaves? It may make her feel better knowing she has a relative among the foreign aristocracy.

They said the Mallen wickedness was depicted by the white streak in the black hair. Dick Mallen had carried the streak, as also had Thomas's natural son, Donald Radlet, and the cruelty in Donald had been deep and wide. Yet Thomas himself had carried the streak, and Thomas had not been evil, unless you would place his desires under that heading, and these were no worse than those of many another man of his time and position.

Barbara had no visible streak to identify her as a Mallen; yet the streak was there, deep inside. She had always known it, and feared it and what it might lead her to. And her fears had not been unfounded.

But there were two types of cruelty; there was physical cruelty and mental cruelty, and Barbara was capable of using both. She had read somewhere that you hurt those you loved most. She did not believe this maxim; no one, unless his mind was deranged in some way, stabbed himself to death, and that is what you did when you hurt those you loved, stabbed yourself to death.

She looked across the room to where she could see the reflection of herself in the long mirror, and what she saw was a middle-aged – no, she must be truthful, an old, staid, primly dressed governess, the latter expressed by every detail of her.

She had the greatest desire, the strongest desire of her life to die at this moment, to die before her child walked out of her life, to die before the loneliness of the house and of her mind drove her mad.

Chapter Nine

Dearly beloved, we are gathered together here in the sight of God, and in the face of this congregation. . . .'

There was no congregation except the four people standing below the altar steps. The church was cold and dark, it was almost like a preview of the tomb to come.

Barbara's thin body, shivering within a beautiful fur cape, that was part of Harry's wedding present to her, did not stand dazedly as one in a dream but was alert to everything about her. The old minister's voice, thin and piercing, sent each word like a steel wire through her brain.

'. . . *and therefore is not by any to be enterprized, nor taken in hand, unadvisedly, lightly, or wantonly, to satisfy men's carnal lusts and appetites, like brute beasts that have no understanding, but reverently, discreetly, advisedly, soberly, and in the fear of God; . . .'*

In the fear of God. Did she fear God? She should fear God; Brigie had brought her up to fear God; but she feared herself more.

'It was ordained for a remedy against sin, and to avoid fornication. . . .'

Was she sinning more now than she would have sinned if she had made Michael love her, love her without marrying her? And she could have done it, she could have, *She could have.* The voice in her mind was drowning that of the minister.

'I require and charge you both, as ye will answer at the dreadful day of judgment, when the secrets of all hearts shall be disclosed, that if either of you know any impediment, why ye may not be lawfully joined together in Matrimony. . . .'

Yes, yes, she knew of an impediment: There was no love in her for the man at her side. And he knew that; but he would comply with what the minister was saying to him now.

'Wilt thou love her, comfort her, honour, and keep her, in sickness and in

health, and, forsaking all other, keep thee only unto her, as long as ye both shall live?'

'I will.'

'Wilt thou have this man to thy wedded husband, to live together after God's ordinance in the holy estate of Matrimony? Wilt thou obey him, and serve him, love, honour, and keep him, in sickness and in health, and, forsaking all other, keep thee only unto him, so long as ye both shall live?'

'. . . I will.'

'Who giveth this woman to be married to this man?'

Harry took a short step towards Barbara, touched her arm and mumbled something.

Dan had hold of her hand. He was repeating words after the minister; their voices see-sawed through her head. To love and to cherish, till death us do part.

'I Barbara take thee Daniel to my wedded husband, to have and to hold from this day forward. . . .'

He was putting the ring on her finger.

'With this ring I thee wed, with my body I thee worship, and with all my worldly goods I thee endow. . . .'

It was done. They were kneeling side by side, but she was in the black hole again, her body shivering as she waited to die.

They were walking over the rough stone slabs towards the vestry. Dan held her hand tightly; he was looking at her.

She turned her gaze towards him. His face was unsmiling, but there was a look in his eyes that she could only describe as wonder, and in this moment, she prayed, 'God, let me love him, for he deserves to be loved. . . .'

It was over. They were back in the carriage, and Harry, aiming to break the solemnity of what he termed to himself a wedding that had been sadder than any funeral he had ever attended, clapped his hands loudly together as he said, 'That church; I've never felt so cold in all me life. How do the poor beggars sit through a service in there? An' him; he looked as if he hadn't thawed out for years.'

'You'll have to donate the money for a stove and coal, Dad.' Dan smiled wryly now as he looked at his father from the opposite side of the carriage where he sat beside Barbara, still holding her hand.

'What! me donate a stove and coal you say? Not on your life, lad. From what I know of those fellows they see to number one; big fires for their toes and laced-gruel for a nightcap. I know where the coal'd go.'

'I couldn't imagine he's seen a good fire in his life.'

'Well, whether he has or not, you're not gettin' me to donate any stove. Now, if you had brought it up afore and not rushed at this thing like a bull in a gap, and I'd been given some idea of what I was to go into this mornin', then I would have had two stoves put in there. Anyway, it's done; isn't it, lass?' He leant forward and put his hand on Barbara's knee, and her voice low, she answered, 'Yes, yes, Mister. . . .'

'Now look, get over that an' quick. No more Mr. Benshaming; you either call me Harry, or Dad, like the rest; you can have your pick. Now this one here' – he turned his head on his shoulder and looked at Miss Brigmore – 'she would sooner go to the gallows than call me Harry, wouldn't you?'

Miss Brigmore looked back into Harry Bensham's eyes. She knew what he was trying to do, but she couldn't assist him by even a smile and was grateful when he returned his attention to Dan and Barbara and said, 'What did I tell you? . . . By! I wish they'd get a move on.' He looked out of the carriage window, then added, 'But I'd better not push him else we'll all end up in a snow drift. Eeh! you're lucky, you know.' He nodded from one to the other. 'Going off into the sun. I wish I were coming with you. I never thought I'd say I was fed up with the North, but by! lad, these winters get me down. You know' – he put his head on one side – 'when you're settled some place you drop me a card. Just put on it "Sun shining, spare bed", and I'll be over like a shot.'

'We'll do that.' Dan nodded at his father. He too knew what he was trying to do, and his gratitude to him was gathering as a pressure under his smart pearl-buttoned waistcoat, a pressure that could find no release.

Of a sudden Harry sat back against the leather upholstery of the carriage and let out a deep breath. He felt tired, almost exhausted. This business of trying to say the right thing, of aiming to pass off the occasion as if it were ordinary, of wishing he could do something about Brigie's face, was more wearing than hard labour. Aye, but he had never seen any woman look so hurt in his life as she had looked these last few days. He hoped devoutly that his new daughter-in-law would show more concern for her husband should he ever need it than she had done for the woman who had brought her up and given her life to her.

There was a funny streak in that lass. They talked of the Mallen streak; he was beginning to think there was more in it than just market gossip and old wives' tales. She was beautiful, there was no doubt about that, but he would have thought a man would have wanted more than beauty. Aye, a man did want more than beauty, he wanted warmth, and if there was any in her, Dan would be lucky if he ever warmed his hands at it.

He had taken on something had Dan; but there, it was his life. You bred sons and daughters and what did you know of them? To think that Dan had loved that lass all his life and he hadn't had an inkling of it until lately. Then there was Katie who had the same warmth in her that had been in her mother; but she was freezing it, damping it down by piling the stack of causes on it; and now she was saying she wanted to marry Willy. Funny, but the more he thought of that match the more he was against it. It was odd but somehow he thought it would have less chance of survival than the one sitting opposite to him. Aw, to hell! He had himself to think about, and he was going to think about it, he had done enough thinking for others. Matilda had told him: 'Don't worry about me, lad,' she had said; 'don't wear black at breakfast, dinner an' tea. And get yourself some comfort, but with the right one, you know what I mean?'

Aye, he had known what she meant. There had been depths in Matilda he had never reached. He had been a blind man in some ways, ignorant and blind. Still, he'd put a stop to that, and very shortly.

The wedding breakfast was held in the cottage; Miss Brigmore had stood out against Harry's protests. The meal was plain, almost ordinary, although Mary had done her best; as Harry and Dan were doing now in an effort to keep the conversation going. Even Barbara was forced to help them in defence against Miss Brigmore's muteness.

The meal over, the healths having been drunk, they rose and went into the sitting room, and there Harry, pulling out a heavy gold watch from his waistcoat pocket, said, 'Well now, I don't want to hurry anybody, but if you want to catch that train, an' the state the roads are in, you should give yourself an extra hour, I think you should be making a move.'

'Every . . . everything is ready, I have only to put on my outer things; would . . . would you excuse me?' Barbara actually ran from the room, and Dan and Harry were left looking at Miss Brigmore where she stood supporting herself with her two hands gripping the back of the couch.

Going to her, Dan put his hands gently on her shoulders and said, 'Try not to worry, Brigie; I'll . . . I'll look after her. And I promise you that if . . . I mean when we settle some place I will write to you and make arrangements for your coming.'

She could not speak, she could only stare at him and pray inwardly that she would not collapse, not yet awhile.

When Dan turned her gently about and went to press her towards the door, saying, 'Go up and have a word with her,' she shook her head, for all the words that had to be said had been said, she could bear no more.

Dan now asked quietly, 'Won't you come to the station with us?'

Again she shook her head.

'Leave her be. Leave her be, lad.'

Dan turned and looked at his father, and Harry made a sharp motion with his head.

When Mary's loud sobbing came to them from the hall they went out, Dan holding the door open for Miss Brigmore, and they looked at Mary and Barbara enfolded in each other's arms. They were both crying, but Barbara was making no sound.

And now Dan, going forward, took hold of Mary's arm and drew her away and towards the kitchen, and Harry followed them, and so for a moment Miss Brigmore and her beloved child were alone. Her beloved child who was now a married woman and who was going out of her life never to return into it again.

'Brigie. Oh! Brigie darling. I'm . . . I'm sorry for all I've done.'

They were clasped tightly together. 'I'll . . . I'll never forgive myself for all the trouble I've brought on you. Will . . . will you forgive me? Please, please, say you forgive me. And . . . and as Dan says, you must come to us. Brigie, Brigie, speak to me, say something.'

They were standing, still joined but only by their hands now, but Miss Brigmore did not speak, she could not. Releasing her hands, she cupped the beloved face for the last time, then leant forward and kissed it. Gently now she turned Barbara about and pressed her towards the door before turning hastily back into the sitting room.

When the men returned to the hall it was to find Barbara standing with her head bowed deeply on her chest, the sobs shaking her body.

A few minutes later they were in the carriage. The coachmen had put the two valises on the rack; this was the only luggage they were taking with them. Barbara did not raise her head to give a last look towards the cottage, nor did Harry look out of the window; it was Dan who waved good-bye to the solitary figure of Mary standing at the gate.

Mary stood and watched the carriage rumbling over the frozen road, she watched it until it disappeared around the bend, then she turned shivering and went up the path towards the front door, crying bitterly as she muttered, 'Eeh! she's gone. I can't believe it. God Almighty! What's to become of Miss?'

It was as she closed the door that the strange sound came to her. Throwing off the coat she had put on against the cold, she hurried to the sitting room and when she thrust the door open she stopped for a moment and gazed down at the figure sitting on the floor in front of the couch, her body half over the seat and her face smothered in one of the cushions, while her two hands clutched and unclutched the upholstery as if she were kneading dough.

'Oh! miss, miss.' Mary threw herself down on the floor beside Miss Brigmore, and putting her arms about her she cried, 'Don't take on so. Don't take on. Come on, sit up. I'll get you a drink; come on, come on, lass.' She so far forgot herself as not to apologize for the slip.

It was some little while before she was able to persuade Miss Brigmore to get up from the floor, and when she had her settled on the couch and had drawn a shawl around her shoulders she said, 'Now, now, just stay put for a minute, I'll get you something hot. And I'll lace it. That's what you want down you, a good lacing.'

The tears still flowed and, making no effort to dry them, Miss Brigmore sat and stared into the fire. After a while her eyes lifted upwards and came to rest on Thomas's picture. Benign as always, he was smiling at her; the watch chain across his portly figure gleamed and seemed to pick up a light in his eyes. It was as if he were saying, 'Come on, come on, it isn't the end of everything. You're no worse off than when you started, in fact you're better off, much better off than when you had me to look after, for have you not got a house that is yours, and three thousand pounds in the Bank, and a friend like Harry Bensham?'

A friend like Harry Bensham? Harry Bensham would soon follow his son and Barbara. Like them he would disappear from her life, perhaps to reappear at intervals to give her his good wishes. She looked up into the eyes that seemed alive and for a flashing moment she thought, I wish I had never stepped into High Banks Hall, for then I would never have set eyes on you, and my life might have been my own, not given to this one or that, to be thrown back at me empty, holding nothing worth living for. But the softness in the eyes looking into hers melted the thought away, and the expression on the face appeared to take on a sadness now, and she heard Thomas's voice riding the years, saying, 'I've loved you like I've loved no one else; be content with that.'

But could one be content to live on a mere memory? Well, she'd have to, wouldn't she? She'd have to gather her forces together and face what life offered to such as she; Miss Brigmore; always Miss Brigmore.

Chapter Ten

She had gone to bed and sleep had come to her through a mixture of exhaustion and whisky, for Mary had, last thing that evening, laced a cup of hot milk to the extent that it had become cool.

It was nine o'clock the next morning when Mary came into the bedroom carrying a breakfast tray. After placing it on a side table she opened the curtains; then bending over the bed, she gently shook Miss Brigmore by the shoulder, saying, 'Sit up, Miss, and have this.'

'What!' Miss Brigmore turned on to her back, opened her eyes and blinked. Then she glanced towards the window and murmured, 'I've . . . I've overslept; what time is it?'

'Going on half nine.'

'Half-past nine!' Miss Brigmore drew herself up against the pillows, buttoned the top button of her nightdress, smoothed down the coverlet, then said, 'It's . . . it's still very cold.'

'Aye, and likely to get colder; there's been another three inches in the night an' it's still coming down. Here, put this round you.' She brought a woollen shawl from the chair and placed it around Miss Brigmore's shoulders; then putting the breakfast tray across her knees, she said, 'Now get that down you, an' no saying you don't want it. I've been doing a lot of thinking since yesterday and what I thought was, we've got to go on livin'.'

Miss Brigmore looked up at Mary, and after a moment she said, 'Yes, Mary, you're quite right, we've got to go on living. But . . . but you must not make a practice of this; we won't have any change in our daily arrangements, I shall take breakfast in the dining room at half-past eight each morning as usual. But . . . but I thank you.'

Mary's face crumpled. She turned quickly from the bed, saying, 'Oh! miss,' and as she went out of the door she repeated, 'Oh! miss.'

Miss Brigmore could not face the breakfast of bacon, fried bread and white pudding, and so, after she had drunk two cups of tea, she carefully scraped the breakfast on to a napkin and put it in a drawer for disposal later. But first she made sure that the knife and fork showed signs of being used.

Half an hour later, dressed and trim as usual, she carried the tray downstairs; and Mary, looking at it, smiled and said, 'Well! that's it now; that's a good start. You can face any day if you've got somethin' in your stomach. That's what I say. Now the fire's blazin' and if you're going to do the accounts, it being Friday, don't you sit in that office but bring the books into the sitting room and make yourself comfortable.'

'Thank you, Mary.'

As she turned to go out, Mary said, 'You didn't say what you wanted for dinner; I could make a meat pudding which would be warmer, or there's the cold pie and odds and ends from yesterday.'

'I think we'll just have the odds and ends, Mary.'

'Well, all right, please yourself, but the puddin' would have been more warmin' for you. Still, as I said, please yourself.'

Miss Brigmore crossed the hall to the sitting room. The day had started normal, except for her having breakfast in bed, and from now on she must keep it normal, but she would, as Mary sensibly suggested, bring her books from the office into the sitting room.

When she had done this and had set up the table some distance from the fire, she picked up her pen; then her hand dropped on to the open page of the household ledger and her head fell forward. This was loneliness, and no amount of routine was going to ease it, for the routine affected only the surface. Inside was a waste, as wide and frozen as the fells outside, and like the snow falling thickly beyond the window, she saw the years falling into it, yet not filling it but eroding it until there was nothing but the shell of her left.

As the tears welled up into her eyes she brought her head sharply up and her hand into a writing position, telling herself as she did so that she must practise what she had preached all these years, self-control, under all circumstances self-control. But her preaching hadn't borne much fruit, had it? Little more than a week ago her beloved Barbara had thrown self-control to the winds and told her what she thought. She had stood just there. She looked towards the window, then closed her eyes, saying sharply to herself, 'Enough, enough.' Then she bent over the account book.

2 lb sugar	1s. 6d.
¼ lb best Indian tea	1s. 6d.
¼ lb ordinary tea	1s. 0d.
¼ lb China tea	1s. 9d.

She paused. The China tea would be unnecessary in the future, it was Barbara who had liked China tea, and she herself sometimes offered the choice to visitors, but that would be unnecessary now. She scratched out the last item.

½ lb cheese	6d.

She went on adding items such as oatmeal, flour, yeast and finally ended up with lamp oil, half a dozen tallow candles and half-a-dozen wax candles.

Accounting for one person less in the household, the accounts should be one-third less, but they didn't work out like that, for the same amount of coal, wood, candles, and oil were needed. Yet she could cut down on oil; Barbara had kept her lamp alight well into the night.

The accounts finished, the order for the groceries made out to give to the carrier, when he could get through, she turned and looked towards the fire and asked herself what she should do now. Well, what did she do on other mornings? She had for the past few months been attending to Barbara's personal wants; prior to that period she would, at this time, have been at the Hall most weekdays certainly; week-ends she reserved for a little leisure for quiet reading and such. Now she had all the time in the world for quiet reading and such, and she hadn't the slightest desire to pick up a book.

At eleven o'clock Mary bustled in with a bowl of soup, saying, 'Ah, there now; I'm glad to see you sitting quiet for a minute.'

'You . . . you haven't put anything extra in the soup, Mary?'

'No, no.' Mary shook her head from side to side. 'I wouldn't think about lacin' soup, now would I?' She smiled, then went to the scuttle, and as she lifted it to throw more coals on the fire Miss Brigmore said, 'It is quite all right, it is quite big enough for the time being. I'll attend to it when it needs it.'

Strange, she thought, that now when she had more money to spend on herself and the house than ever before, the frugal habits still held.

'Well, don't let it go too low.'

On this admonition Mary went out, and she was left alone again. She looked at the soup. She had no appetite for it, but there was no way of getting rid of it unless she opened the window. And that was impossible. Slowly she sipped at it and she had drunk only about a quarter of it when she heard the dull thumping against the outer wall, then the banging on the front door. She put the bowl down as she heard Mary go to the door; then Harry Bensham's voice came to her from the hall, saying, 'No, I'm not stayin', so I'll keep me coat on.'

When the sitting-room door opened she rose slowly from the couch, and he came straight towards her, saying, 'What a day! 'Tisn't fit for a dog to be out. Come on, get your things on.'

'Why?'

''Cos you're coming back with me, you're not staying here on your own, moping.'

'I'm . . . I'm not moping, and I'm perfectly all right, and . . .'

'Now look, I'm frozen to the marrow, I've committed a sort of crime getting those beasts out of the stables, I don't want to keep them standin' out there until they freeze to death. And another thing' – he came close to her now and looked down into her face – 'I'm lonely. There's times when I hate me own company, and it looks like I'll not get to the station for some days; they only just made it yesterday, an' by the skin of their teeth. By! that was a ride and a half. I don't know how we got back, near on ten o'clock when we got in. So come on, do me a good turn, and come and have a bite with me. An' bring Mary along. I'll tell her.'

Before she could say anything he had turned from her, opened the door and called into the hall, 'Mary! You, Mary!'

When Mary appeared from the kitchen he said, 'Get into your things, you're coming back with us.'

'Oh! oh! are we? Oh, that's good, that's good, Mr. Bensham. I won't be a tick.'

He turned back into the room saying, 'No trouble in that quarter.' He was standing near her again. 'Come on,' he said gently; 'do this for me.'

He watched her head droop to the side, he watched her bite on her lip, then he watched her move slowly past him with lowered gaze and go out of the room. Turning to the fire, he parted his coat tails to let the blaze warm his buttocks while he said to himself, 'Aye! aye! well now, here we go!'

It was almost an hour later when the carriage stopped within a hundred yards of the Hall gates and Harry, opening the window and letting in a fierce icy blast, cried, 'What's it now?'

'It's the incline, sir, they can't make it, the wheels are skidding all the time.'

'Blast! Do you want help to push?'

'I . . . I doubt it would be very little use, sir, just the three of us, it'll need half a dozen or more. The back wheel looks as if it's gone into a rut.'

'Well' – Harry turned to Miss Brigmore – 'are you up to shanking it? Once we're off the road the drive isn't too bad, they cleared it yesterday.'

'Yes, yes, of course; we'll walk.'

Miss Brigmore had said they would walk, but even walking in the deep cart ruts, that had almost been filled again with the overnight snow, she found it impossible without the support of Harry's arm, and he, walking in the deeper snow in the middle of the ruts, lurched and slithered and several times fell against her, almost over-balancing them both. Mary, coming behind, was assisted by the second coachman.

When at last they reached the drive where there was but three or four inches of snow, Harry did not relinquish his hold on Miss Brigmore, but linked his arm in hers until they entered the vestibule, and there, pressing her forward into the hall, and Mary too, he cried, 'Now off with those wet boots and stockings the pair of you, and put your feet in hot water. I'll see it's upstairs afore you are. Brooks, see to that, will you? Get some cans of hot water up to Miss Brigmore's room. An' sharp now!'

Then in answer to a question that Brooks put to him he shouted back across the hall, 'No, no! not for me; the snow hasn't been made that'll get through these boots.'

He mounted the stairs behind Miss Brigmore and Mary and as they were about to disappear towards the gallery he called, 'As soon as you're ready, there'll be something hot downstairs. Don't make it too long.'

When Miss Brigmore reached the sitting room in the nursery wing she was gasping. She thought the walk through the snow had taken it out of her; she must be overtired for in the ordinary way it would have had no effect on her, she would have enjoyed it. She refused Mary's aid in helping her off with her outer clothes, saying, 'Get your own things off, your feet look sodden.'

Mary was three years younger than herself but she always treated her as if she were so much older.

When the first and second housemaids entered the room, both carrying large copper cans of hot water, she thanked them, and to Jenny Dring's remark, 'What a day for you to come out, miss!' she answered, 'Yes, it is rather wild.'

'Some bet the coach wouldn't get to the cottage when the master left, never mind him getting you back here.' Jenny poured the water into the china dish. 'But they lost their bets as I knew they would; when the master makes up his mind to do a thing he does it, I said. Like Mr. Dan, they're both the same. . . .'

'Thank you, Jenny; we can manage.'

They had bet that the carriage wouldn't get to the cottage, and the master wouldn't get her back here. There was nothing servants didn't know, the slightest nuance in the temper of the house was registered by them. No doubt they knew much more of what was in Harry Bensham's mind than she did with regard to what he intended to do with the Hall, yet she was certain in her own mind that he'd already decided to leave it, and his action to-day in bringing them from the cottage, considerate as it might appear, proved to her that he could not possibly tolerate living here alone. A man such as he, who had been used to noise and bustle all his life, would find living alone intolerable; and so, as she saw it, he would retire to Manchester and the company of Mrs. Talbot, who undoubtedly would suit his requirements in many ways. She had promised Matilda that she would do her best in an advisory capacity to prevent such a liaison, but what could she do? And with a man like Mr. Bensham! For she agreed with Jenny, if he made up his mind to do something the devil in. . . . Really! really! Mary's sayings infiltrated one's mind, especially when one was low and off one's guard.

'Thank you, Mary; I can see to my own feet, you see to yours. But if you wouldn't mind handing me my house shoes from the cupboard and a pair of grey stockings from the second shelf, I'd be obliged. It's as well I didn't take them before.'

Ten minutes later Miss Brigmore, looking entirely herself except that there was no colour in her cheeks, stroked her hair from its centre parting and with both hands tucked a wayward tendril that was always escaping from a point near her temple to its place behind her ear; then turning to Mary, she said, 'When you're ready come down to Mrs. Kenley's room, I will see her and arrange that you spend the day with her. You are not to stay up here alone.'

'Don't you worry about me, I can see to meself. I'll be down later on when I'm ready, you get yourself warmed, and food into you an' made comfortable.'

'Yes, yes, I will, Mary.'

She went out and down the nursery stairs, and then hesitated before she crossed the landing, debating whether to go down the main staircase and into the office and send for Mrs. Kenley to come to her, or to go through the gallery and down the back staircase and to the house-keeper's room. She decided on the latter course because she knew Mrs. Kenley would appreciate this; Mrs. Kenley was a very good housekeeper and knew her place, but it was a good thing to recognize her position with an occasional small gesture of this kind. She'd be sorry to part company with Mrs. Kenley, for since the day she had chosen her from a number of applicants there had been mutual respect between them, and she herself had enough vanity to hope that wherever Mrs. Kenley went after leaving this position, she would remember her with favour and as someone who knew the correct procedure in the maintenance of a large establishment.

She went through the gallery and her steps slowed before she came to the end of it. She loved the gallery. Years ago she had thought it a very romantic place; now she put the name stately to it. The deep windows were set at short intervals along one wall, each with its cushioned seat. When she was twenty-four she had likened them to lovers' seats, but when she was twenty-four she had been very young and silly. No, never silly. She had never been a silly person, she abhorred silly women.

She opened the far doors of the gallery, crossed the small landing, went through a green-baized door and into a passage, from where to the right a flight of stairs led down to the wide corridor from which doors gave off to the housekeeper's sitting room, the upper staff dining room, the servants' hall, the butler's pantry, the doors to the cellars, the door to the kitchen, and at the extreme end, the gun room.

The stairs leading to the passage were part spiral and before she rounded the curve which would have brought her in sight of the passage below and those in it, she heard Harry Bensham's voice raised in anger.

She paused with her foot halfway towards another step, withdrew it and stood undecided for a moment whether to descend or to return the way she had come. But she remained standing where she was when she heard Harry say, 'Now look here, Brooks! I've stood enough of this. You've had it coming to you for a long time, but this is the finish. I won't cut your pension 'cos I'm not a man who goes back on me word, but as soon as this snow clears you can get yourself back to Manchester. You've taken advantage of me over the years, more so of late since you've got the idea that your Willy's coming into the family. Well, that isn't clinched yet, not by a long chalk. And if he was in it already I'd still say this to you, you mind your own bloody business. I'm master in this house and when I give an order I expect it to be carried out the same as I would at the mill, an' if I was to tell you that hot water had to be carried up to Lily Rossiter's room I'd expect it to be done, and no back-chat or bloody innuendoes.'

From her place around the curve in the stairs Miss Brigmore was not surprised to hear Mr. Bensham use the word bloody, but she was definitely surprised that he should use innuendo. It was as she had thought for a long time, there was more in his head than he'd let out. It pleased him to play the rough, ignorant individual. He had also called the butler by his surname. His next words startled her.

'You and her never got on 'cos you, like all your tribe, you don't recognize class when it's under your nose, unless it's stinkin' with money. Well now, I'm going to tell you somethin', and you're privileged in a way 'cos you're the first one I've voiced it to, an' it's this. If I get my way she's here for life. Now put that in your pipe and smoke it, and give all the others a whiff of it. And I don't think there'll be one that won't welcome it except yourself, because as I've known from the first it was a mistake to bring you here, you were never cut out for the job. An' what's more I'll tell you this when you're on, you haven't hoodwinked me all these years. You might have been going to have consumption in the first place, but there's many worse off than you who carried on workin'. Because we ran the streets together when we were nippers, you played on me, at least you thought you did, but I've had your measure, an' what I overheard you saying a few minutes ago proved I've been right in me surmise of you all along. Now, now, don' come back with anything, Brooks, 'cos I won't listen. As I said, as soon as it's cleared up you get back to your beginnings. You won't be badly off. I'll see to that, or Willy will, that's if he hasn't got too big for his boots and doesn't recognize you. And mind, I'm tellin' you this, that's something you've got to look out for an' all.'

Silently but hastily, Miss Brigmore retraced her steps back to the next landing; then quietly she let herself into the gallery again, and after walking a little way down it she stopped near one of the tall windows and lowered herself on to the velvet seat. She was here for life; he was putting her in charge, he was going to keep the place on after all and let her manage it. He had never mentioned Mrs. Talbot. It didn't sound as if he were going to marry. Some of the weight lifted from her heart. Oh, this was kind of him, indeed it was. Oh yes, indeed. Doubtless he had been swayed by pity for her loneliness knowing how devastated she was at the loss of Barbara. He was a kind man; she'd always had proof of that, but now she knew he was also a compassionate man.

She looked out over the frozen landscape, and it did not appear quite so bleak and desolate now. What had Brooks said about her that had brought his master to her defence? Something from her past life doubtless, for there was nothing about it that wasn't common knowledge.

When she heard a movement outside the far door she rose swiftly to her feet, smoothed the front of her gown and walked sedately along the gallery. As she neared the door it was opened by Armstrong, and he stood hastily to the side and held it well back in order that she might pass through; and she inclined her head towards him and said, 'Thank you, Armstrong.'

Emerson, who was crossing the hall, observed her descending the main staircase and he turned sharply about and went towards the drawing-room door, and there he waited until she approached, when he opened it for her.

The servants had always been civil in their manner towards her, but in these two last encounters there had been a subtle change leading to deference. She thought wryly that lightning had no edge on the communications in a servants' hall.

'Ah! there you are. Feel warmer?'

'Yes, thank you.'

'Come and sit yourself down and drink some of this hot toddy; perhaps it'll bring some of the colour back into your cheeks, you look as white as a sheet.

'There you are.' She had settled herself in the corner of the couch opposite the roaring fire, and before handing her the steaming mug from the tray he pushed a foot stool towards her using his own foot in the process, 'Put your feet up; you might as well make yourself comfortable for it looks as if you're set for a few days.'

He now sat down on the couch, not in the far corner from her but in the middle, within arm's distance of her, and after drinking the steaming sweetened whisky and water, he lay back and exclaimed on a sigh, 'Ah! that's better. How about you?'

'It's . . . it's very warming.'

'Well, don't make a meal of it, drink it all up. Talkin' about a meal, I had a word with Mrs. Kenley; she thought you might like to start with hare soup, she says you're fond of that, and then some sweetbreads. For me own choice, I picked a saddle of mutton; to my mind nothin' beats a saddle of mutton, with plenty of carrots. Then she suggested almond pudding. I'm not one for puddin's as you know, give me some cheese. But will that be all right?'

'Yes, yes, indeed.'

'I thought we'd have it early, say about two o'clock. You know I'm used to having me meal around midday, habit I suppose. I never fell in with this three o'clock business 'cos around five I like me tea, and when I say tea I mean tea, not just a cup you know, like we have here, but a good spread with muffins, oh aye! toasted muffins in the winter, there's nothing like them, and a granny loaf. I'm not very fond of your fancy cakes but I like breads you know, currant or spiced, or with caraway seeds, any kind of bread. But when you have a big tuck-in around three you've got no room for anything more till supper, have you?'

'No, that's correct.'

He edged himself round on the couch now until he was looking at her squarely, and he repeated softly, 'That's correct.'

Then as she looked at him and blinked he waited a moment before saying, 'Miss Brigmore, do you think we could stop being correct just for the day, as a trial like?'

'You are laughing at me, Mr. Bensham.'

He bent slightly towards her now and, his voice low, he said, 'No, lass, I'm not laughin' at you, I'm asking something of you. You know, we've known each other a long, long time, a lifetime you could say, and you've never unbent once, not in my presence anyway. Do you know that? You've never even been Brigie to me. You would be Brigie to the bairns, and act like Brigie I suppose, but to me you've always acted like Miss Brigmore, and nothing seemed to alter you. I've chaffed you about it, I've even bullied you a bit, but nothing I did could make you unbend. Matilda used to say you weren't starchy with her, so why couldn't you treat me in the same way?'

Miss Brigmore drew in a short sharp breath before she said, 'Because of our respective positions.'

'Respective positions be damned! Aw' – he tossed his head to one side – 'I'm not going to apologize for swearin'. You'll hear more than that afore you're finished. Anyway, you should be used to it by now, you've heard me at it long enough. And I say again, respective positions be damned! I wasn't a Thomas Mallen. . . . And now-now-now' – his hand came out suddenly and gripped hers – 'don't stiffen up 'cos I mention his name, 'cos I'm casting no aspersions, because from what I can gather he seemed to be a bloke more sinned against than sinning; bit too generous in all ways I should have said. If he had his fling he paid for it. And I pity any man who goes bankrupt, and I've seen a few. I've been scared of it meself in me time. So look at it this way, if I can talk about Matilda surely you can bear that he be spoken of, because he was, in a way, your husband. Now' – he lifted up one finger and sternly wagged it at her, and his face was equally stern as he said, 'I'm goin' to get something straight, I've been wanting to put it straight for a long time. You thought I insulted you once, didn't you, because I said I couldn't understand how you'd been his mistress? Well, you didn't let me finish what I was going to say that time. It was no insult I was handing you, because having come to know you I thought this much, you weren't the kind of woman to give yourself lightly to anybody, and it wasn't your fault if you weren't married to him. He was a widower and I don't know why he didn't give you his name. But there it is; that's your business and I'm not probing into it, now, or at any other time. But what I wanted to say that time, and what you stopped me saying, but what I'm determined to say now, is that I'm not asking you to be me mistress, I'm asking you to be me wife.'

His voice had dropped low in his throat. He was holding her hand; they were staring at each other, and when she didn't speak he went on, 'You mightn't know it but I've cared for you for a long time; oh aye, long afore I lost Matilda. Matilda knew it. At least, looking back on the things she said, I think she had a pretty good idea. You see, I'd never met anybody like you in me life afore. Oh, I'd mixed with the up and ups an' their wives in Manchester, and when I say the up and ups, I mean the up and ups, from the Mayor onwards. But what were their women? If they were good looking they had nowt in their heads, and some of them were no better than well-dressed trollops. It was just to show them what I could do that I bought this place; I intended to bring them here in their cart-loads when I first set up. I did bring two parties but somehow it didn't work out. Matilda, as you know, never had the touch, an' they looked down their noses at her. By God! They did that, the snots!'

She did not wince, and he went on; 'It was at that point that I thought, well, I'll have me bairns so trained that nobody 'll look down their noses at them. And so you came on the scene; an' you know, it was from then that I began to have a different slant on life, at least what I mean is I saw there was another way to living it. But I knew it was too late for me, I was no longer pliable. I'd been brought up in the rough. And then the Manchester lot, money, money, money; that's all anybody could think about, or talk about. And it isn't a bad thing either, I'm not despising it mind; but I found it had a place, and it was only of value when you could use it to make you and them about you happy. I wanted to talk about these things. I wanted to have things explained to me, then to argue about them, and being me, to deny them while at bottom believing they were right. And I wanted to do all this with you. But you would have none of it, or me. You know you used to look at me sometimes as if I wasn't worth threepennorth of copper. And I wasn't in your eyes, and I resented it. Very likely that's why I showed you me worst side. Loosen your stays, I used to say, remember? And I could have kicked meself when you went out of the room.'

'Oh, Miss Brigmore' – he nodded at her now, a smile creeping over his face – 'you've given me a lot of food for thought. Anyway, there it is, I've had me say, or nearly. One thing more. You might not think it's fittin' that I should talk like this and Matilda not being gone a year, but Matilda would have been the first one to understand, and if the subject had come up she would have said, "Do it right away, lad; there's only one thing I don't want you to do," she would have said, "and that's let Florrie get her claws into you." Oh, she hated Florrie. An' so did you, didn't you?' He bent his face closer towards hers.

'Oh, Mr. Bensham.'

'Aw! for God's sake, lass, drop the Mr. Bensham.' He flung one arm outwards. 'Me name's Harry. Can't you call me Harry? Now look; I can see I've startled you; we'll leave it for a time, we'll have a meal, eh? and then a game of cards, I like a game of cards. There's something else I like, an' I bet this'll surprise you, I like to be read to. You know when I used to sit in the bedroom, supposedly reading the paper while you read to Matilda, I used to lap it up. I never had time to read; I've never read a book in me life; and that's not sayin' I don't want to, or I don't like to hear a good story.

Sounds as if I'm going into me second childhood, doesn't it? But no, I think there's lots of blokes like me; looking back from my age they're full of regrets at not having learned a little about things. But it's not too late, is it? Is it?'

He waited, and when her head fell forward and she covered her eyes with one hand, while her voice breaking, she murmured, 'No, no, it's n . . . not too late,' he hitched himself rapidly towards her, and, putting his arms about her, he said, 'There, lass. There. Don't cry. I'm sorry. It must have come as a shock to you. But in any case let me tell you this.' He dared to put his hand up to her hair and stroke it. 'If you can't see your way clear to becomin' Mrs. Bensham I'd still want you to run this house, take over sort of permanent like, live here. You could let Mary have the cottage. You'd be doing me a favour in that way if nothing else, 'cos I can't bear coming here and eating alone; sittin' by meself in this barracks nearly drives me mad. I could sell it. I've told meself over and over again that if you turn me down that's what I'll do, I'll sell it, but at bottom I know it would go against the grain, selling it I mean. I would sort of lose prestige; and you know fellows in my position cling like limpets to prestige; self-made men have to have something to show for their efforts, or else what'd be the use of it all. Aw, come on. I'm sorry, I'm sorry I've made you bubble. You've never heard that word afore, have you?' He pushed her gently from him, and putting his hand under her chin, lifted her tear-stained face upwards. 'Me grandma came from the north-east, Shields way. She was always using that word. "Stop your bubblin'," she would say, "else I'll skelp the hunger off ya." I can't make you laugh, can I?'

Miss Brigmore hastily sought in the pocket of her grey woollen dress for a handkerchief; when she found it she dabbed her eyes and gently blew her nose. Then she looked at the man sitting opposite to her. His face was rugged, his hair was grey, his eyes were a clear blue; unlike Thomas's body, his was flat and, if the flesh of his hands and face were anything to go by, firm. He was a much younger looking man than Thomas, but he was the antithesis of Thomas. Thomas had been a gentleman, this man was rough; yet he was not coarse, there was a difference; and he had confessed an eagerness for some kind of culture. Yet she knew that nothing she or anyone else could do would put a veneer on him, not at this stage of his life. Yet perhaps she could feed the inward need in him, as he would help fill up the great void in her.

But as yet she could not take in the real import of his offer. He had asked her to marry him. . . . *marry him*. She would no longer be Miss Brigmore, she would be Mrs. Bensham, and she'd be mistress of this house. It all had the quality of a dream. She who had come into this house as a governess thirty-six years ago, and had worked in the nursery for six years before Thomas went bankrupt, but not once during these early years had she been invited to a meal or function downstairs, never had she sat in the dining room until the man sitting opposite to her had invited her to his table. During the ten years or more she had spent in the cottage with Thomas, she had never received a penny in wages, and times without number she had pretended loss of appetite in order that Thomas and the girls should have better helpings. She had suffered humiliation and not a little privation in serving the Mallens, and what had been her reward?

Now here was this man offering to make her mistress of the Hall. Had it come as a surprise to her? Yes, yes. Oh, yes it had. She was not unaware of her accomplishments, but she had little personal vanity, and had never, never imagined that she had been in Mr. Bensham's thoughts all these years. It was something she must get used to and she would get used to it, and she would repay him for the honour he was doing her. Oh yes, yes, she would; and she began to say this.

'You are doing me a great honour in. . . .'

He cut her short. 'Now, now, Brigie, don't go into any polite palaver, not at this point. If you want to tell me now, just say yes or no, an' let's have it.'

She blinked rapidly, blew her nose gently again, then said, 'I am honoured to accept your proposal, Mr. Bensham.'

She watched the muscles of his face drop, she watched his mouth spread into a wide smile, she watched his hand come up and cover his brows and then his eyes. She watched his shoulders shake, and then he began to laugh.

'Aw! lass, lass, you're the limit. Look' – he was gripping her hands tightly now. 'Repeat after me: Harry, I'll take you.'

Her chin dropped slightly, her eyes closed for a second, a smile hovered around her mouth and she repeated, in a voice little above a whisper, 'Harry, I'll take you.'

'There! There!' His voice was no longer quiet, it was like a bellow, and the next moment she was enveloped in a hug that jerked the breath out of her. And then his lips were on hers, right on her mouth, and his kiss was hard and warming, so warm that it seemed to melt her body right through to the void. And she was as surprised as he was when she relaxed against him and her hand touched the back of his neck.

It was some minutes before he released her. Then holding her at arm's length and with his head to one side, he said, 'There's some good years ahead of us yet, lass. And you'll be surprised to know one of the things I'm looking forward to is the things you can learn me.'

As she looked back into his face her gaze was soft, her mind gentle towards him, and she did not correct him and say, 'There is nothing I can learn you, I can only teach, it is you who must learn.' But what she said and with a smile in her eyes, and on her lips, was, 'I'll be delighted to learn you . . . Mr. Bensham.'

And at this he again pulled her into his arms and close to him, and what he said was, 'I'll Mr. Bensham you afore I'm finished, Anna Brigmore, by lad! I will.'

THE MALLEN LITTER

PART ONE

Full Circle

Katie 1885

Chapter One

The night was hot, and the rank, acrid smell of packed humanity hung over the narrow streets like an oppressive canopy of evil.

Miss Katie Bensham lifted her skirts as she stepped across an open drain running from the middle of a back lane, then almost skipped aside to avoid the onrush of a group of bare-foot excited boys chasing a dog which had no less than five tins tied to its tail. Turning, she cried after them, 'Stop that! Do you hear me? Stop that!' but even before she had finished speaking they had disappeared from her view up yet another narrow street, and she stood listening to the fading sound of their cries for a full minute before moving on again.

'Education!' She snorted the word aloud.

In 1880 when the Government had at last made it compulsory for all children to attend school she had thought in her enthusiastic naivety that this would solve all problems, especially with the young; but whereas some parents would react with: 'Eeh! it's a good thing, it's a chance we never had; I only hope we'll be able to keep the bairns there,' too many others said, 'What they after, them up there, eh, forcin' them to school? You can't fill their bellies with readin' an' writin'. Anyway, they're havin' it too easy the day; why, me, I was in the dye works at seven.'

Dye works, gas works, mills . . . mills, *mills.* Wherever you looked, mills. But she of all people shouldn't despise mills; all the benefits she'd enjoyed during her life had been derived from her father's mill. Yet it was because her mother, like her father, had come from surroundings similar to these she was walking through now that she had turned her back on the privileged way of life.

With the death of her mother five years ago she had been thrown emotionally back, as it were, into the past, suffering for her mother's early beginnings as her mother herself never had; all her mother had ever wanted from life was enough to eat, a good fire, and the company of her man. When she had been lifted bodily from the poverty of the Hulme district of Manchester into the affluence of 27 The Drive, on the Palatine Road, and from there to High Banks Hall in the County of Northumberland, her spirit had not moved but had remained in the place where it had been born, and no amount of good living had made an impression on her; not even the presence of Miss Brigmore, the governness, had had any effect on Matilda Bensham.

For some time now Katie Bensham had been aware that she was leading a double life, at least in her mind. Three times a week she went to the Morton Rooms from half-past seven in the evening till nine to take adult classes. Some of her pupils came straight from work at eight o'clock, and there they sat learning to write their names; before they knew their alphabet she taught them to write their names: Mary McManus, Jane Gorton, Florrie Smith, Ada Wilkinson. She had twenty-seven in her class and only two with Irish names, McCabe and McManus. On Saturday nights she took a reading class for the advanced pupils; this was a mere courtesy title for in five years she had found not one person who she could say was outstanding. Sometimes she thought it was her way of teaching, for there were others in the town who could brag of their classes giving birth to scholars and orators, young men who spoke for the unions; even the Sunday schools seemed to achieve better results than she. She guessed, and knew she guessed rightly, that being a mill owner's daughter she was looked upon with suspicion; not even the fact that her father was such an owner as Harry Bensham who himself had come up from a worker, could encourage those who sought knowledge to patronize her classes; and so those who did come to her for instruction were of very low mentality. She doubted if even Miss Brigmore could have advanced them more than she herself had done.

But what troubled her even more than her failure was the realization that the work she was doing, she was doing against the grain, for she had recognized through her continual self-dissecting that she lacked the quality necessary to the pioneer; also the tenacity and selfishness, this last and very necessary ingredient that pushed every other obstacle aside but the main one, the cause, if one was truly committed.

What she had learned during her years of pressured good works was that most of the people who lived in these warrens thought little beyond food, shelter and warmth, and it was the scarcity of these that blighted their lives, and not the necessity to read or write.

She knew that if she gave up the venture tomorrow the little good she was doing would not be missed. And she knew she would give it up if it wasn't for one person, and this person wasn't her father, or Miss Brigmore, her one-time governess, who was now his wife, or her elder brother, John, but Willy Brooks, the man she was going to marry, the man who, like her father, had worked his way up from the mill floor.

Five minutes later she emerged from the warren of the narrow streets into a neighbourhood where the houses were two-up and two-down, their high-walled back yards leading into narrow alleys. Whenever she looked up these cobbled back lanes to the endless back doors accompanied by their own particular dry lavatories and coal hatches she was reminded of Brigie's arithmetic lessons, dot and carry one, only here it was dot and carry two.

She crossed the main road, itself a barrier between classes, for beyond the accumulation of shops, public houses and churches lay the terraced houses of the upper working class, and they had to be upper for they were lying against the skirts of the lower middle class. But here again was a barrier, of open ground this time, green open ground, and leading from it the carriage road and the residences of the mighty.

No one referred to these particular dwellings as homes or houses, they were residences, and were you writing a letter to the head of a residence, you always, unless you were very stupid, added esquire after his name.

27 The Drive lay well towards the middle of this superior patch of Manchester earth. It was the house where Katie had been born and she thought of it more as home than she did of High Banks Hall in North-

umberland where she had lived from when she was four until she was nineteen.

She considered it was just as well she had always retained an affection for her first home for here she was to spend her married life, at least that's how she had thought until about a year ago; or was it before that? When had she begun to change? When had she seen Willy as he really was, and as others saw him, the upstart son of her father's butler? Since she was a girl she had viewed him through a romantic vision, seeing him as someone like her father, an ambitious, brash, pushing individual, but an honest one. She had even judged him to be much more intelligent than her father, for it was her father's first wife who had brought him a mill, whereas here was Willy at twenty-nine, under-manager of one of the most prosperous mills in the town, and he had got there by his own efforts. But of late she had been asking herself whether he had achieved this position through intelligence or cunning, sucking up was the local phrase. But one thing he had made her quite sure of, he was not going to be content with being under-manager once they were married, oh no, he was for a partnership. He hadn't put it into so many words but she had acquired the power to read his mind; a look, a gesture, and she could divine his thought. He didn't need to open his mouth. She also knew that although he loved her, and she hadn't any doubt about this, he naturally saw her as the key that would open the door to big opportunities.

She turned in through the iron gates and after walking half-way up the curving drive she stopped and stood looking towards the sombre, bay-windowed house and asked herself sharply, what was she going to do? There were only two months to the wedding. The presents would start coming in shortly; if she didn't do it soon, she wouldn't be able to do it at all. She wished her dad were here, or Brigie, or John or someone.

When she entered the house she was panting as if she had run up the drive. She walked through the small conservatory and opened the amber-paned glass door into the hall. It was a small hall, half-panelled, with the stairs leading up from the end of it. To the left were doors going off to the kitchen, dining room and morning room. To the right were those which led to the sitting room and study.

The sitting-room door was open, and as she stood unpinning her hat before the hallstand the voice coming from the room caused her to turn her head, stop withdrawing the hat pin, take two steps backwards and glance into the sitting room. What she saw was her future husband standing in the middle of the room talking to someone, and what he was saying concerned the furniture . . . the removal of it, the scrapping of it. Pulling the second long pin quickly from her hat, she jabbed it in again before throwing the hat on to the hallstand and walking swiftly towards the sitting room. Pausing in the doorway, she looked at Willy. He had his back to her, his arm was stretched out wide, and standing near the table, a tray in her hand, was Bella Brackett, the house-parlourmaid, and Bella's eyes flicked apprehensively from the man who was to become her master to her mistress as the former said, 'Yes, that's what I intend to do, Bella, make a clean sweep of the lot.'

'Indeed!'

When Willy Brooks turned sharply about he showed no sign of embarrassment, nor did the high colour of his square, roughly handsome face heighten or lessen; quite casually he said, 'Oh, hello there.'

Katie did not answer him but walked briskly into the room, saying to Bella as she passed her, 'I'd like a cold drink, Bella, please.'

'Yes, miss. Yes, miss.'

She did not speak again until the door was closed; then casting a sideward glance at him she said very quietly, 'So that's what you intend to do, make a clean sweep?'

'Now, Katie.' He came towards her, his arms outstretched, and attempted to draw her to him, but not only did she resist his embrace, she also struck at his hands, and, her voice no longer quiet, she cried, 'Mr Willy Brooks has spoken. I'm interested to hear you've decided to make a clean sweep of this room. And, of course, that will go for the rest of the house I presume. My needs, my opinions, my tastes are of no account. You have made up your mind as to what you want. The law is passed; the master has spoken. You tell Bella. . . .'

'Now look here! Come off your high horse.' His voice was harsh now. 'What's got into you? Coming in like that. It's that blasted dung heap you insist on sitting on; you're always like this when you come back from doing your good works. All I said to her was. . . .'

'That you were going to make a clean sweep.'

'All right, all right.' He wagged his head at her. 'That's what I said, a clean sweep, an' that's what it wants, the whole bloomin' house.'

'Really!' Her tone was again studiously quiet.

'Aye, really. And don't give me any of your Miss Brigmore manner 'cos I won't stand for it, you know how it maddens me. We've been through all this. You've said yourself you were sick of antimacassars, bobbled mantel borders' – he flicked his hands towards the velvet drapes surrounding the fireplace – 'overmantels, oil-cloth in the bedrooms. You said yourself you were going to have carpets.'

'Yes, I said I was going to have carpets. And yes, I admit that I said I was tired of antimacassars, et cetera. But I said this to you, I did not say it to the maid. I consulted you, but what I didn't say was that I was going to make a clean sweep. There are some very good pieces of furniture here. This couch' – she patted the head of the couch – 'is beautifully upholstered. Do you intend to replace it with a horsehair one? Or are you going to the other extreme, is it to be chaises longues and choice Louis pieces? Perhaps you'd like to take a trip across the Channel and inspect the décor of the French salons?'

'Stop it! Stop it!' His face was flaming now. 'I've told you, haven't I, there's one thing I can't stand an' that's your High Banks manner.'

'Oh, really!' She half turned from him and looked towards the window and into the deepening twilight before she said, 'I should have thought you would have encouraged me to use it permanently so that I could live up to the style you are aiming to adopt once we're married.'

'Style? What are you gettin' at? What's up with you? You're the one who's preached that it's every man's duty to drag himself out of the mud. You go down town three times a week preaching just that an' rousing the women up.'

'Yes, yes' – she turned on him now, all her calmness gone, her voice as strident as his – 'so that they can better themselves, live decently, read, write, be clean, but not with the idea that they'll forget themselves and. . . .'

'Well, well! now.' His lip curled. 'That's the idea, Tory to the end. Give them a leg up, but just so far 'cos they mustn't be allowed to forget themselves, they mustn't overstep the mark an' put a foot on your level, or else. . . .'

'Don't twist my words. And don't try to tell me you advocate otherwise, because you don't. You're an advocate for just one person, and that person's Willy Brooks. Your trouble is you've got too big for your boots. And yes, your head's got too big for your hat, literally, because you're no longer content to wear a billy pot, it has to be a tall one, and silk, hasn't it? You've dropped all your old friends; you've even got your father installed with his sister in Doncaster, not for his good as you'd have me believe, but because you didn't want him under your feet. He was a servant, the one-time butler at High Banks, he could be pointed out as such and that would never do for Willy Brooks, the mill owner. Because that's what you're aiming at, isn't it? And my brother Dan's not on the scene now. Like the prodigal son, Dan has left the fold and shows no sign of coming back. There's only John, and me, and when I marry what's mine is yours, isn't it? By law what's mine is yours. . . . And what hasn't gone unnoticed by you for a moment is that John hasn't been well of late. . . .'

'Shut up! Stop it afore it's too late. You've already said things you'll be sorry for the morrow.' He grabbed her by the shoulders, and when he shook her she tore herself from his hold and, scrambling around the couch, she looked across at him and cried, 'I won't be sorry for anything I've said because it's the truth and you know it. And there's just one more thing I've got to say.' She stared at him while she pulled the ring from her finger. Then holding it out to him, she muttered, 'It's over.'

His colour changed again. It drained from his cheekbones; it left his mouth startlingly white against the day's stubble on his face. He hunched his shoulders until he looked like a bull about to charge, and his voice sounded like a growl as he said, 'Oh no. Oh no, you don't, Katie Bensham. You've led me up the garden, haven't you, right up the garden to the house door. Two months afore we're to be married an' you do this. I played fair by you an' your dad; I told him I wouldn't put it to you until you were twenty-one and here we've been almost three years engaged, and now you tell me.' His head bent lower still, his eyes became slits and he peered at her as he asked now in a demanding whisper, 'Why? why?'

She did not speak for the simple reason that she couldn't; his manner and appearance frightened her. And this was a strange experience, for having walked the slum areas of the town for years now, meeting up with every dissolute grade of humanity, she had never felt afraid; disgusted, nauseated, but never afraid. Now, as she stared round-eyed at the distorted face of the man she had once thought attractively handsome, she knew that in a way she was lucky for she was about to escape from an association that would have become unbearable. This man glaring at her was the Willy Brooks that she would surely have encountered some time after marriage, and here was a man who would stand no interference, here was one who would act not only as lord and master in his own house, or hers, but also as God.

Her voice shook slightly as she said, 'I . . . I made a mistake and I've found it out in time. It's . . . it's well for both of us that I have done so.'

'You'll not get away with this, you young bitch you! by God you won't. I'll see to that. You'll keep that ring an' we'll be married, we'll be married or I'll. . . .'

'Don't you dare speak to me like that.' Her fear of him was swept away on a gust of anger. 'And we won't be married ever. And now I'll thank you to leave. And . . . and I don't want to see you again at my house. . . . *My house*, remember, my house. Father gave me this house, this house which you have coveted since you were a boy. . . .' She stopped suddenly and stared at him; he was shaking from head to foot as if with ague. The shock had been too much, even for one of his tough character. The little empire he had pictured himself ruling had been destroyed in battle, and it had been a battle.

As if he had picked up the last word in her mind he now muttered, 'Don't think I'm beaten, don't think this is the end of me. There's mills in this town that would jump at me. And I've got influence, influence you know nowt about. If I left the mill I could halve your trade in six months, I could that. But I'll not leave, not till I'm ready, right and ready, an' then we'll see.'

As she watched him buttoning his coat as if he would wrench the material apart there came into her mind the thought, the surprising thought, that there had been no word of love mentioned. He had not said, 'But I love you, Katie,' or, 'Why have you stopped loving me?'

She had imagined it was because he was so deeply in love with her that she had these past years overlooked so many objectionable traits in his character, traits that she had not seen when, as a young impressionable girl, she had allowed her fancy to be caught by his looks, his fearlessness, and his arrogance of manner, which was so like her father's, and all which had shown themselves from his early visits to the Hall.

She realized now she was being shaken by the fact that whatever feelings he'd had for her had been used as a means to further his ambitions, and that in this moment he was not missing her as a lover should, but only as a business man might who had seen the foundations of his plans swept away through the foibles of a female. She could have been any female.

He had reached the door and had turned and was glaring at her again. His face looked blanched with bitterness, he looked years older than twenty-nine. He said now, 'I'm goin' along to see your John. This business isn't goin' to be dropped lightly, I can tell you that. But I'll also tell you that if you come to your senses I won't hold it against you.'

She knew she was doing the unforgivable thing when, adopting what he called her Miss Brigmore manner, she gave a soft laugh before saying, 'Thank you, thank you, Mr. Brooks. I shall always remember your clemency, and should I in future regret the severing of our association I shall know that I have but myself to blame.'

Again she knew a moment's fear for he had taken a step back towards her, and she could see now he was striving to fight down an anger, an anger that, under other circumstances, could have brought his fist lashing out and into her face, for he had been brought up in an environment where such a reaction was natural.

Being unable to avail himself of this outlet he had to have the last word.

To his mind, it was only right that a man should have the last word, and what he said sounded, to her ears, childish in the extreme but quite in pattern with an inherent part of him for he used the idiom of the mill. 'By God!' he said, 'I'll see me day with you, Katie Bensham. An' if me prayers are answered you'll never know another minute's luck. You'll remember this night an' you'll live to regret it. You'll sup sorrow with a big spoon afore you die. By Christ! you will, you bitch you.'

The banging of the front door resounded through the house and its impact seemed to take her feet from beneath her, for she stumbled, and only just managed to grab at a chair and fall on to its seat. She closed her eyes and joined her hands tightly on her lap, and her head fell forward onto her breast. She was rid of him. She hadn't done it fairly, she had taken advantage of the opportunity his conversation with Bella had provided; but what matter, it was over. It was over. She was free. There was only her father and John to face now.

Chapter Two

Harry Bensham turned over and dropped into another valley in the feathered tick of the huge four-poster bed and grabbed at his wife who was about to rise, saying, 'What's your hurry? Lie a bit and let's have a little crack.'

'It is half past seven.'

'What of it! Look' – he pulled her round – 'this is our house, our home, we haven't got to get on the job afore the buzzer blows.'

'I always like being down to breakfast by half past eight, you know I do, and it keeps the. . . .'

'Aye, it keeps the servants on their toes. But Mrs. Kenley is quite capable of keeping the servants on their toes until half past nine . . . or ten, or eleven for that matter. You know something?' He put out his hand and gripped her chin gently. 'There's a part of you that'll be Miss Brigmore till the day they carry you downstairs in a box. And I'd like to bet, as they drop you into the grave you'll push the lid up and say' – he now gave a good imitation of her voice – '"Keep me level, please".'

'Oh! Harry.'

They both lay back on the pillows now and smothered their laughing.

After a moment Harry's hand again went out to her face. And now he stroked her cheek as he said gently, 'Aye, lass. How long have we been married?'

'Long enough for you to have got over your frivolity.'

Again he was laughing, but chuckling deeply now. 'Frivolity! The words you use. Me and frivolity. Three years and eleven months, isn't it, come next Saturday? You see I know it even to a day. And you know something else? I've never known such days. You're a wonderful lass . . . that's when' – he nodded at her – 'that's when you forget you're no longer Miss Brigmore but

Mrs. Bensham. But I guess you'll be governessing to the end of your days. Mind you, I'm not grumbling at that either. I like your governessing, except' – he now dug her gently between her breasts with his doubled fist – 'except at half past seven in the mornin'. If Matilda had even dared suggest gettin' me out at half past seven when not at the works I'd have brained her. . . . I often think of Matilda you know, Brigie.'

'I do too, Harry.'

He half turned on to his back and gazed up at the canopy over the top of the bed. 'She knew all this would happen. I keep remembering things she said afore she died, and I know now it was in her mind that we would come together. I'm lucky, I'm a lucky man.' He again turned his face towards her. 'I've been lucky all me life . . . even with the first one, 'cos if I hadn't got her I wouldn't have got the mill, would I?' He grimaced at her. 'Then I got Matilda. She was a good lass was Matilda. I used to go for her hell for leather, call her all the numskulls on the earth but she never held it against me, she loved me till the end. Do you know something?' He turned fully on to his side and faced her. 'That's something I've never asked you, but I'll do it now. Do you love me, Brigie?'

It wasn't Miss Anna Brigmore, the governess who had come to High Banks Hall in 1845 to teach Thomas Mallen's wards, who now looked back into Harry Bensham's eyes, nor was it the woman who had become Thomas Mallen's mistress and served him for twelve years after he had lost everything, nor yet the woman who had brought up his tragic daughter, Barbara. Barbara who, as a means of escape, had married Dan Bensham and gone away and left her desolate. Nor was it the woman who, at that particular stage when loneliness had enveloped her, had accepted this man's offer of marriage with gratitude but without love. But it was the woman made new by marriage, and the dignity of the title of Mrs. which upheld her, that looked at him now and could say in all sincerity, and with gratitude redoubled, 'Yes, Harry, I have learned to love you.'

'Aw, lass.' When his arms went about her and he pulled her into the billowy hollow of the bed tick her body merged into his and they lay pressed close, his lips hard on hers.

When she released herself from him and said softly, 'Breakfast,' he said, 'Damn breakfast!'

Firmly lifting herself from his embrace she sat up, but when she went to put her legs over the side of the bed he caught at her gown. She remained still for a moment. Then turning her head slowly towards him she said primly, 'Will you kindly leave go of my night-gown, Mr. Bensham?'

'It isn't a night-gown, it's a shift. Go on' – he slapped at her buttock while still keeping hold of the gown – 'say shift. Go on, woman, say shift.'

'If you don't let go of my night-gown, Mr. Bensham, I shall . . . *shift* you on to the floor this instant.'

At this he released his hold on her, lay back on the pillows again and laughed aloud, and as he watched her going towards the dressing room he said, 'By! you can twist words about. Leave that door open mind; I want to talk to you.'

But he did not talk to her right away but lay listening to the sound of her washing. Then after a time he turned onto his side and called 'What about going to 27 this week-end, eh? I wouldn't mind seeing one of them concerts again by that Charles Hallé fellow.'

Her voice came from the dressing room, saying, 'I don't think they will have begun yet, not until the autumn.'

'Well, there's bound to be something else going on. I remember years ago when I was a young fellow, Philip, that was me first wife's brother, he died young, he used to go to what he called gentlemen's concerts.'

'I think the present concerts were derived from those.'

'We could go to a theatre, something lively.'

'If the weather keeps like this, it would be very hot.'

'Well, it was only a suggestion. I'm content here if you are; I sometimes think you get a bit bored.'

She appeared at the open door. She was adjusting her top petticoat. Her hands behind her, she tied the strings as she said, 'Bored? You imagine I'm bored here?'

'Aye, sometimes, with the look on your face.'

Slowly she shook her head at him, then smiled softly. 'I'm never bored, Harry, never, not here, and with you. Never imagine that.'

He was sitting up now looking towards her. 'Come here,' he said.

'I'll do nothing of the sort, I'm going down to breakfast.' The voice was prim, the manner was Miss Brigmore's. She turned from him and disappeared into the dressing room as he shouted at her, 'Remember I once said I could skelp you across the mouth. Eeh! an' there's times when you madden me so much I could do it now. You know what? You're as aggravating as a young lass, you are, you are that. Sixty-four you are and as aggravating as a young lass.'

She appeared at the door again. She was fastening the buckles of a belt between her skirt and bodice now and she nodded at him as she said, 'When speaking of the conformity or non-conformity to age I would remind you that at sixty-six you should at least be showing signs of some senility, but being who you are you persist in acting as skittishly as an unbroken steer.'

A final nod and she turned from him again, and he lay still, a self-satisfied smile spreading over his face. Besides all other things she knew how to pay a man a compliment. She did that did his Brigie.

When a few minutes later she came out of the dressing room and towards the bed she brought with her a fresh smell of eau-de-Cologne. With one deft swing of her arm she pulled the clothes from him and over the bottom of the bed. Taking not the slightest notice of his loud protests she now walked to the dressing table, picked up a gold watch, put it in the pocket of her bodice, then went towards the door, saying, 'Yes, I think we'll go to 27, but in the middle of next week. It is about time we had a bathroom, a proper bathroom, installed. I have seen an advertisement for one. Perhaps we could have two put in at the same time; one would be convenient for guests.'

He was standing by the bed now groping for words, and he found them only as she closed the door. 'Baths!' he yelled. 'Baths! not on your life. You'll not get me into a bath, not all over you won't.'

Baths! He stormed towards the dressing room. What would she think of next? Baths! Things had gone topsy-turvy. He was talking about wanting to hear music and she was talking about baths.

Breakfast was over. Brigie had gone to her office, there to discuss with Mrs. Kenley the meals and the other business of the day, such as the necessity for new uniforms for Armstrong, the butler, and Emerson, the footman. Also this particular morning she wished to discuss the employing of a permanent sewing maid in the household, for this, she believed, would be much less expensive than the present arrangement of having the maids' uniforms made by a firm in Hexham. She had previously worked it out that she could cut this particular household cost by one-third. It wasn't that there was any need to cut down on household expenses, it was only that the habit of a lifetime prevailed with her.

She had just bidden Mrs. Kenley good-morning and asked her to be seated at the opposite side of the desk when the door burst open and Harry entered, waving a letter. His face one great beam, he cried at her, 'You'll never guess, not in a lifetime. What do you think?'

Mrs. Kenley had risen to her feet again, and Brigie only just prevented herself from following suit, so great was the excitement that Harry's manner and the waving letter engendered.

'Good news?' she asked. 'What is it?'

He put his hands on the desk and leaned towards her and whispered now in an awe-filled tone, 'Triplets.'

Brigie blinked at him as she repeated, 'Triplets?'

'Aye, yes, woman' – his voice was loud now – 'triplets! Dan and Barbara, they've had triplets.'

Now she did get to her feet. Her body jerked upwards, her hands went to her face. She looked from Harry to the housekeeper. Harry was also looking at the housekeeper and he shouted at her as if she were at the other side of the house, 'What do you think of that, Mrs. Kenley, eh? What do you think of that? Triplets! I'm a granda. Three times over I'm a granda. By! lad.' He put out his hand and gripped Brigie's shoulder. 'Come on, come on out of here.' He pulled her around the desk. 'This needs a drink all round. You, Mrs. Kenley' – he turned to the housekeeper again – 'tell Armstrong to put half a dozen bottles on the table for the staff for their dinner, an' the same for them outdoors. They can pick what they like, whisky, brandy, what they like. Send Armstrong to me; I'd better tell him meself, eh?'

'Yes, yes, sir, I'll send him to you this minute. Oh, I am so pleased. Mr. Dan and Miss Barbara, I mean Mrs. Dan.' She inclined her head while she beamed from one to the other. 'Such good news. I'm . . . I'm so happy for you and . . . and them.'

'Thank you, Mrs. Kenley.' Brigie's voice was trembling, as was her whole body. Without protest she allowed Harry to escort her across the hall, his arm about her shoulders. Her mind was in a whirl. Barbara, her beloved Barbara had given birth at last. Two miscarriages, two great disappointments, and now triplets. Oh, if they had only been in England! Why couldn't they come back to England?

She said as much as soon as they entered the drawing room. Looking at Harry, she said sadly, 'If only they were here and we could go to them.'

'We could go to France.'

'No, not to France.'

'Why not? Why not?'

'You know the reason. She . . . she has never invited us. Nor has Dan. We cannot go unless we are asked.'

'Well now' – he stabbed his finger at her – 'this has put a different complexion on things. You needn't think I'm goin' to have three grandbairns an' have them brought up as Frenchies without making an effort to stop it. It was all right when the two of them were over there on their own, but this changes things. My God!' He put his head back and walked away from her down the long room to one of the tall windows at the end and, standing there, he raised his arms high above his head as he said, 'I never thought to see it; I thought it was all too late. John's Jenny has given no sign, not even a miscarriage. Then Barbara failing twice. Me only hope was Katie. I thought a year or so from now Katie might cos' Katie's like me; she's fertile is Katie, she'll fall in the flick of an eyelid.'

Looking at the upstretched arms and listening to the words that were like an incantation to the gods, Brigie made no censorious protest. This, she realized, was a special moment in his life, as it was in hers. They were only reacting to it in their own particular ways.

He turned from the window and looked at her now and said, 'Katie . . . that reminds me. I've got a letter from her an' all. Something's up; she should be here today.'

'Oh, I'm glad she's coming. But . . . but what do you mean, something's' – she did not repeat 'up' but substituted, 'wrong? What is wrong?' she asked.

'I don't rightly know.' He was still smiling as he came to her side. 'She just ended her letter by saying, "I've got news for you. I hope you won't be too disappointed".'

'Perhaps she has changed her mind.'

'What!' he laughed. 'Can you see him letting her change her mind? Not Willy! No boy, not our Willy. Apart from everything else, he stands to lose too much.'

'You have changed your opinion somewhat about Willy of late, haven't you?'

The smile slid slowly from his face. He slanted his eyes at her and made a small nodding movement with his head as he said, 'Aye, aye, you're right, I have in some ways, but only in some ways. I still say he's the best man at his job in all Manchester. He's better than our John, oh aye. John's all right, but he hasn't got the ruthlessness of Willy. Willy's the right man in the right place. It would have been different if Dan had stayed on. You know I've always thought that funny about our Dan, hating the mill, hating the muck and the squalor, yet in the short time he worked there he got more work out of them and he was better liked than me or any of the rest. He was, he was. Aw, our Dan.' He now beat his fist into the palm of his hand. 'He might have disappointed me in some ways but, by lad! he's made up for it now. Triplets, eh? Triplets!'

As the door opened and Armstrong came in carrying a tray with a decanter and glasses on it he called to him, 'Heard the news, Armstrong?'

'Yes, indeed, sir. And may I offer my congratulations? And will you please convey them to Mr. Dan and . . . his good lady? And that is the wish of the servants' hall too, sir. We . . . we are all very delighted. We . . . we have only one regret, sir.'

'Aye, what is that, Armstrong?'

'That . . . that they weren't born in this house, sir.'

'Aye, aye, that's my regret an' all.' Harry turned away as he spoke. 'And it's your mistress's.' He put his hand on Brigie's arm as she sat to the side of the flower-banked hearth. 'But never you fear, we'll have them here yet, won't we, eh? Won't we, lass?'

'I . . . I hope so.' Brigie was looking at Armstrong now. 'And please thank the staff for their kind wishes, Armstrong. I shall convey them to Mr. and Mrs. Bensham when I next write.'

'Thank you, ma'am.' Armstrong bowed and withdrew.

A moment later, with glasses of wine in their hands, they looked at each other, and as Harry touched his glass to hers he said, 'Three lads. By! what you could have done for them if, as Armstrong said, they'd been born in this house.'

Brigie did not answer, because had she done so and truthfully, she would have said, 'I'm glad they weren't born in this house because never again do I want to take a child under my care. For over forty years I looked after other people's children, I infused into them my principles, I shaped their lives, and with what result? First, Barbara dead, through shame; then her sister, Constance, only seven miles away but alienated from me for ever; the second Barbara, a substitute for my empty womb, prefers a foreign land and loveless marriage rather than tolerate my company.' No, she wanted no more truck with children of any kind. That was Mary's term, truck, which reminded her she must go along to the cottage and tell Mary. She said so.

'I must go along to the cottage and tell Mary. Will you walk with me?'

'No, I won't.' His head bobbed on his shoulders. 'Why that woman wants to stay in the cottage by herself when she could be comfortable here, I'll never know. You made a mistake in saying she could have it for life.'

'No, I made no mistake.' Brigie's voice was firm now. 'She wanted a place of her own; everyone wants a place of their own, Harry. She has served me and all those connected with me all her life. I understood her needs, she is happy there.'

'Happy when she's snowed up for weeks on end, like she was last winter, an' her with a cough on her like a barking fox!'

'She's promised to come here for the bad weather this year, so let it be. Are you coming or are you not?'

'I'm not and that's flat.'

'You'll put on weight if you don't walk more.'

'I'll put on no weight' – he thumped his flat stomach – 'I'll never be fat, I'm the greyhound breed. Aw' – he flapped his hand at her – 'all right, don't look like that, I'll come along of you. You're a bully, that's what you are. Do you know that? You're a bully, a refined, educated, polished bully and them kind. . . .'

'Those kind.'

He thrust out his hand and playfully slapped her on the ear, growling, 'Those . . . them. By! one of these days I will, I will, I'll skelp your face for you. . . . Come on, get up off your backside and let's get goin'.'

She got up from her backside and followed him out of the room, and she did not wonder that such a remark, had it been made to her four years ago, would then have caused her to bridle with indignation. She was mistress of High Banks Hall, and she was loved by this man, and because she had learned to love him nothing that he could say offended her any more. But what did offend her, or rather what was hurting her at this moment, because it was bursting upwards like pus from an old sore, was the fact that Barbara had not taken the trouble to inform her personally that she had given birth to triplets. She hadn't even known that she was pregnant. . . .

It was some half an hour later that they walked the mile along the road that separated the Hall from the cottage. It was one of the rare days when the fells, and the hills, and the mountains beyond were merged in gentleness; their green, purple and brown coats, splashed here and there with buttons of yellow, denied all knowledge of their treachery. Impossible to imagine now that in a twinkling of an eye you could be enveloped in shrouds of mist that would seep into your skin and press terror into you; or a wild wind would blow up and wrap your skirts round your head and lift you bodily from the ground. But today there was neither mist nor wild wind, the air was still, the sun was hot on their faces, the sky was so high that a soaring lark seemed unable to reach it. The light all about them was pale and clear like water that had been slightly tinted with a blue bag.

It was as the cottage came into sight that Harry stopped suddenly and, looking at her, said, 'Do you know what's just struck me? . . . I'm asking you, do you know what's just struck me? It's the first we've heard of it. He never said she was pregnant; did she say anything to you?'

'No, no, she did not mention it. Perhaps because of the last two disappointments.'

'Aye, aye, you're likely right. It would have been just too much if she'd had a miss the third time.' He put out his hand and took hers, and like country lovers they walked on to the cottage.

Chapter Three

They had kept back the meal until the coach should arrive. Harry himself helped Katie down, restraining himself, for once, in not speaking his thoughts aloud, for he was troubled by the sight of her white face and her apparent loss of weight. The whiteness, he thought, could be put down to the heat and the travelling, but not her loss of weight. Her bust had gone and there was no hump to her hips any more, and it was only a month since he'd last seen her. She'd had a fine figure had their Katie . . . but now!

On the terrace, Brigie came towards her with outstretched hands.

'Hello, my dear. I'm so pleased to see you; it seems so long. Did you have a good journey?'

'Awful. I know now what it feels like to be slowly grilled. . . . You're looking well.'

'It's nice of you to say so, Katie. I'm feeling extremely well at the moment in spite of the heat.'

And she was looking extremely well, Katie thought, younger than ever she remembered seeing her before. And her attire was surprising in that her dress was of pale mauve muslin with a neckline that showed the top of her breastbone. Wonders would never cease, marriage certainly suited Brigie! Marriage. Marriage. How would they take it? She had a good idea how Brigie would receive her news, but what would her father's reactions be? 'You've made a bloody monkey out of the fellow,' would likely be his first retort, and this would be followed by, 'I won't thank you, our Katie, if you've lost me the man with the best mill know-how in Manchester.'

Well, whatever her father's reactions, it was done, and although it was done and finally, she could put no name to her own feelings on the matter. She told herself almost every hour of the day that she was relieved – to use the local jargon concerning such matters, she had escaped a lifetime of misery – yet at the same time she asked herself, whilst scorning her weakness, would it not have been better to suffer such a marriage than never to know marriage? For maidenhood, she had discovered long ago, had its own particular tortures. When you were young, below twenty, you termed such feelings facets of love; having reached twenty-four you named them correctly as bodily needs. . . .

After she had washed herself in cold water and changed her outer garments she came down to supper which, as was usual with meals at the Hall, contrasted in all ways to those served at 27. Bella Brackett did her best, but it was a rough and working woman's best in comparison with Mrs. Lovett's creations.

'You're not eating, lass?'

'I'm not very hungry, Dad.'

'Brigie here thought up all your favourite bits and pieces.'

'I'm sorry, Brigie.'

Brigie, looking across the table into the white drawn face and the eyes that seemed too large for it, said gently, 'That's all right, dear. After a few days' rest you'll regain your appetite, I'm sure.'

Harry broke in now on a laugh, saying, 'Rest, she said, she's promised you rest. That's when she hasn't got you walkin'. Believe me, if she gets her own way with you she'll pump you so full of fresh air you'll be eating like a horse. I'm speaking from experience.' He nodded at her and she smiled at him.

Her father too had changed of late; he was lighter, gayer, if she could ever apply that word to him. She had felt that in his own way he had loved her mother, yet she thought from his present attitude that he must now be experiencing a happiness with Brigie that he had never known before. She felt a sudden surge of jealousy. Here was Brigie, her one-time governess, mistress of this beautiful house – and for the first time in her life she was seeing it as a really beautiful house. 27 was a two-up and two-downer compared with it. If Brigie hadn't married her father she herself could have come back here and run the place and taken delight in it.

It was like a revelation to her in this moment that this was part of her trouble. She had been missing this kind of living. The giving of herself over to good works seemed now like the act of a silly wilful young woman, who didn't know what she wanted from life. Yet five years ago no one could have convinced her otherwise but that she wanted to give her life to improving the lot of the workers, the Manchester workers in particular. The afternoons ahead had glowed with the thought of discussions on welfare and the rights and wrongs of class, and her evenings with the soul-satisfying task of the educating and raising up of the under-privileged. Now she faced the unpleasant fact that the first year had not passed before her passion for self-sacrifice had ebbed, and it had become an increasing strain to hide the fact that her devotion to good works had, as it were, gone out with the tide.

'What did you say?' She lifted her head sharply and looked at Brigie.

'I said your father has something to tell you.' Brigie now looked at Harry and added, 'Go on, tell her. Why keep it?'

'Well, I like that!' Harry laid down his knife and fork. 'It was you yourself who said let's eat first, wait until we're sittin' down after, then we can talk about it.' He did not add 'in private like' but, casting his eyes towards where Armstrong was attending to the dishes on the side table, he sat back in his chair and said, 'All right then, all right. Everybody in the house knows so why shouldn't you. It's Dan and Barbara, what do you think?' He leant towards her now; then, his voice awe-filled, he whispered softly, 'They've had triplets, Dan and Barbara . . . triplets.'

'Triplets!' Katie sat back in her chair and stared at her father and again she said, 'Triplets?'

'Aye, that's what I said, triplets, just three of 'em not four lots of three,' he answered, thrusting out his hand in the direction of Brigie to draw her attention to his joke.

But Brigie did not join in with it, not even by offering him a faint smile; instead, she said below her breath, 'Please!' then turned her glance again towards Katie who was sitting staring at her but without, she knew, seeing her.

'What is it, dear?' She leant slightly forward and Katie, slowly rising from the table, said, 'Would . . . would you excuse me please? I'll . . . I'll go into the drawing room, it's cooler there. No. No, please, don't come with me.' She waved her hand from one to the other, and they watched her go hurriedly down the room and out of the door. But it had hardly closed on her when they, too, both rose to their feet and followed her to the drawing room.

'What is it, lass? Something's not right with you.' Harry was sitting on the couch beside her, holding her hand now.

Katie, looking at her father through a mist of tears, bit on her lip. Then glancing up at Brigie who was standing over her, she muttered, 'I'm . . . I'm so glad for Barbara. Don't . . . don't think otherwise.'

Before Brigie could make any reply Harry put in, 'Aye. Aye, I knew you'd be over the moon. And it's your turn next.' He shook the hand within his. 'This time next year you could beat her with quads, or whatever they call four of 'em.' He cast a glance at Brigie.

Brigie made no comment; instead she asked Katie quietly, 'Is it Willy?'

And Katie, nodding slowly up at her now, said, 'Yes, it's Willy. I . . . I'm not going to marry him.'

There was silence in the room for a while. The hammer on the open-faced clock on the mantelpiece beat out the seconds; a blackbird that should have been at roost gave evidence of its late journeying with a frightened screech as it passed the window.

Harry drew in a deep breath, then said, 'Well, lass, well; well now, this is a state of affairs.'

'I'm sorry . . . I'm sorry if you're disappointed.'

'Disappointed? Me!' Harry dug his thumb into his chest, turned his head from side to side, then exchanged a glance with Brigie before ending, 'Don't be sorry for me.'

'No?' It was a question.

'No. It's the other way about. I'm sorry for you. An' yet . . . well, I won't speak me mind on it until I know the rights. Who broke it up, which one of you an' why?'

'I . . . I did.'

'Aye, I thought it would be you, it wouldn't be him. It was a daft question to ask. Now tell me why.'

'Because' – Katie now turned her face towards Brigie but she didn't speak for a moment. When she did, what she said was, 'You're to blame you know, Brigie, because I found I was judging him on your standards, those . . . those you pumped into me. I found him more unbearable as time went on, everything he said, everything he did.'

'I'm sorry.'

'No, no, I don't mean it like that.' She put her hand out and caught Brigie's and drew her down on to the couch to the other side of her. Then leaning back, she looked from one to the other and said, 'It's . . . it's a long, long story. I just didn't give him up the day before yesterday, I only got up the courage to tell him then; I gave him up a long time ago, a year or more. Oh, much more.'

'Then I blame you for one thing, lass.' Harry's voice was stern now. 'You shouldn't have gone on, you should have come out with it and told him how you felt.'

'It's difficult, Dad, to come out with things to Willy; Willy usually only listens to one voice and that's his own.'

'Aye, aye, well, you're right there. An' you know something?' He gripped her hands now and brought his face closer to hers. 'You mightn't believe this but it's the truth, an' that one there knows it.' He nodded towards Brigie. 'I've never said it in so many words, but she's quick off the mark and she knows that at this very moment I'm right glad it's all over atween you and him, for you're worth something better than Willy Brooks. Mind your eye, there's not a cleverer bloke in any mill in the town, I'll grant him that, but like father like son, there was something there that me stomach just didn't take to.' He leant back now, and in his favourite pose looked up towards the ceiling as he ended slowly, 'It's a wonder he hasn't come down here hell for leather.' Then straightening up he said briskly, 'But me, meself, I must look slippy an' get meself back there 'cos with this happenin', well, I'll have to keep me eye on Master Willy for a bit. And make our John look out an' all. He'll need to keep on the qui vive now, if I know owt.'

Katie now asked quietly of Brigie 'And you, what do you think?'

'That goes without saying, my dear. You knew I never thought him suitable for you. Now what you must do is take a long rest and get some colour into your cheeks.' She put out her hand and gently patted the pale face. 'And then you must think about a holiday. Yes, a holiday, that's what you need, a complete change.'

Miss Brigmore, who would always supersede Brigie, or Mrs. Bensham, when it came to arranging lives, was already arranging Katie's holiday. Tomorrow, or perhaps the next day, she would bring the conversation round to the benefits of taking a holiday abroad, and she would couple this with her need to have a personal report on how Barbara was faring, and also emphasize the happiness Dan would experience at the sight of his sister.

It was strange, she thought, how things worked out, very strange. If you longed for a thing passionately enough you eventually achieved some section of it, because prayer after all was merely wanting, and working at the wanting, and oh, how she wanted to see Barbara again. In spite of all the cruel things Barbara had said to her, in spite of her desertion and leaving her alone to face old age in dire loneliness, she longed to see her, for was she not after all her child in all but birth, and it was part of a mother's role to bear ingratitude.

It was wonderful too to know that she had achieved motherhood. Perhaps her babies would soften her heart, perhaps they would teach her to love again, love Dan, and herself. Oh yes, she needed to love herself in order to forgive herself.

Chapter Four

It was almost four weeks later, towards the end of August, and the evening before the day when Katie was due to leave for her holiday in France. Letters had been exchanged between Brigie and Barbara, cordial letters with more warmth in Barbara's than had been previously shown. Letters had also been exchanged between Dan and Harry, and Dan was most enthusiastic at the news that Katie was going to visit them.

And Katie. There were moments when she felt a stir of excitement at the prospect of going to France, not that it was her first trip abroad for she had twice before been to France. True the trips had been short; she had hardly been able to recover from the outward sea passage before she was returning again. But this trip would prove different altogether because, first, she was travelling alone, and secondly, she was staying at an hotel alone. Apparently Dan's apartment wasn't big enough to house her. This had surprised them all. Still, she understood the hotel was quite close to their apartment. Moreover, on this occasion, being her own mistress, she could stay as long or as short a time as she pleased, go where she pleased, see whom she pleased. She was twenty-four years old, and although she wasn't married she could be considered a matron. And it was as a matron at this moment that she saw herself.

It was just before she retired for the night that Harry manoeuvred her into the library just, as he said under his breath, for a word alone with her. Now would she do this for him, would she sound out their Dan and find out if there was any chance of them coming back? She was to tell him that it needn't be Manchester. John had it in mind they needed to expand and thought of setting up their own warehouse and distribution centre in Newcastle. Also John had the idea that Willy was working something on the side, or to put it more plainly he wasn't working as he had done afore. Two orders had been lost in a month, old established orders; they had gone across the town to another mill. Why? That's what he wanted to know, and he'd find out an' all an' afore long. If Willy could play that game, so could he. And it would be the very thing if Dan would come back and take charge of the Newcastle end. Tell him, he said, there'd be no muck or grind, he'd just be a sort of head piece, 'cos we'd send a couple of good fellows with him to get started. And he had ended, 'Tell him I miss him, will you? Tell him that, Katie. Tell him I'm not gettin' any younger an' I miss him. And what's more, I'd like to see me grandbairns.'

She said she would do all he asked and more. They kissed awkwardly, and he said, 'You're a good lass, Katie.'

She had barely closed her bedroom door when there was a tap on it and Brigie came in. She, too, just wanted a word with her in private before she left. Would she give Barbara her love and tell her how much she missed her and how she longed to see her? And would Katie herself find out if there was the slightest possibility of them ever coming back to England because the years were flying? She wasn't getting any younger and she would love to see Barbara again, and, of course, her dear, dear children.

Katie promised to deliver her message too, and they kissed and Brigie said, 'I'm so fond of you, Katie.'

When at last she was in bed she turned her face into the pillow and cried, she cried for so many reasons. People, she realized, could be happy yet there were gaps in their happiness; the need of children, grandchildren. Needs went deeper than the one called love. Love had no connection with her own need at this moment. It was so physical that she even imagined that she would have welcomed Willy's arms about her. Life was made up of needs, all kinds of needs. She could never see her own being satisfied.

Finally, she went to sleep crying solely for herself.

Barbara
Chapter One

'She'll think it's very small, tiny.'

'Knowing Katie she'll consider it cute. And where else can you see half Paris from your window . . . that's if you stand on a chair?'

Dan Bensham smiled wryly and looked up towards the top of the narrow window, one of two, that gave light to their sitting room, which was no more than sixteen feet long and furnished with an odd assortment of furniture ranging from a Dutch cupboard that dominated one wall, two bookcases that took up the space at each side of the fireplace and which were packed tight with books of all sizes, and in the middle an assortment of chairs and small tables; these holding, not bric-à-brac but again books.

'Are you excited?' He caught his wife's hand and drew her down the room, across a passage and into another room, this one only large enough to hold a small single bed and two cots.

When they came to a stop at the foot of the cots Dan, as always, gazed down in silent wonder on two of his sleeping sons before turning his gaze to the third, who occupied the bed. Here lay the 'big fellow', as he had nicknamed him.

They'd had trouble over names; he'd had to be careful what he suggested. He did not touch on Michael, nor yet Thomas, the first being the name of her lost lover, and the second, the name of the father which had been thrown at her on the day she lost her mind. Yes, he'd had to be very careful about names. After some discussion she had complied with his suggestion to call 'the big fellow' Benjamin, and had accepted Harry as soon as he had mentioned it, because she had nothing against his father who had always been very good to her; in fact, but for his father's generosity her early life would have been refined bread and scrape, indeed it would. Jonathan she herself had suggested.

As yet Jonathan and Harry were only half the size of Benjamin. Benjamin grew every day more like his name, full-bodied, full-blooded. He yelled the loudest and demanded the most, and in consequence he got the most. Such was life.

Barbara now whispered. 'You must see about getting another place, we simply can't go on here. Marie can't keep taking them out for the air all day, and the concierge never lets me pass but she makes some remark about the *voiture d'enfant*, and I dislike that woman as much as she dislikes me. Dan' – she turned to him now, a plea in her voice – 'do try, please. I know . . . I know you like these rooms. It was different when Madame and Monsieur Abeille were here but everything has changed since these new ones have come. It's because we're English I suppose.'

He turned to her and gazed into her face as he said softly, 'It's because you're beautiful and she's such an ugly old hag. I could never imagine her even being born, let alone being pretty. But I promise you I'll start looking tomorrow . . . Promise, faithfully.' He crossed his heart.

'It would have been nice if we could have lived above the shop.'

'Yes, it would; it would have solved all problems. But that was in the agreement when I took it over. The Reynauds have the apartments for life. And although Madame is nearing eighty she looks so hale and hearty she could go on for another twenty years. And' – he nodded at her – 'I hope she does. They've been good to us, we mustn't forget that, they've been good to us.'

'I don't forget it.'

Dan turned away now and, taking up a pose, he stuck his thumbs into the armholes of his waistcoat and swaggered from the room, saying, under his breath, 'Daniel Bensham, one-time Englishman, of no occupation, kept by his father.' For an instant he dropped the pose, turned his head on his shoulder, raised his eyebrows and nodded at her as he added quickly, 'And still kept by his father.' Then adopting the pose again he went on, 'Now owner of a bookshop of some repute, small, granted, but visited by not a few of the intellectuals of this city of culture. Oh indeed, yes.' Dropping his pose quickly now as she came through the door into the passage he turned and asked quietly, 'Shall I tell Katie about a certain intellectual?'

'No, no, I'd wait. Let . . . let it come about naturally.'

He nodded in agreement, pursed his lips, then went hastily into the small kitchen, and as he put the kettle on the fire he said, 'I'm glad, in fact I can say I'm delighted she broke it off with Brooks. I could never stand his father, and much less him. The only consolation I seemed to get when I thought about their marriage was that I wouldn't have to meet him, unless they decided to come to Paris for their honeymoon. Well' – he turned to her and kissed her lightly on the cheek – 'make me a coffee, just a coffee, nothing else. Anyway, I haven't time.' He pointed to the clock on the wall. 'Good Lord! look at it. If I don't put a move on the train will be in before me, and there'll she'll be standing in the Gare du Nord like little orphan Annie.' He laughed as he went out of the room quoting:

'Little orphan Annie came to our house to stay
To chase the chickens from the porch and sweep the crumbs away.'

Barbara now leant forward and gripped the handle of the large black kettle that was slowly beginning to boil, and she closed her eyes and muttered to herself, 'Oh Dan, Dan,' and her words sounded as if they had been sieved through pain.

That silly rhyme. That pathetic rhyme. He always quoted it when he was troubled, and he was troubled now. Or was he just disturbed because of the coming meeting with Katie? Dan, she had found, was a complex being who laughed when he was sad and sang when he was troubled. He had said that he owed the Reynauds so much. He always thought he owed people so much, he never thought of what people owed him, of what she owed him. The sadness of it was that she could never repay him because she could never love him; like him, yes, even be very fond of him, be concerned for him, but love him, no. And not because he was unlovable, but because she had no love left in her to give to any man. At one time she had been filled with love, it had oozed out of her very pores; then it had been drained out of her, torn out of her on a hillside in far away Northumberland, on a day when she had struck a girl and maimed her for life, and a man had struck her and restored her hearing after years of silence, only to enable her to hear her loved one say, 'I never want to see you in my life again.'

She told herself, time and again, that she should not feel guilty with regard to Dan, because she gave him all she could give him and he had known when he married her that what she had to offer emotionally was but the scrapings of a barrel. Yet out of the scrapings had come the babies: the first she had carried for six months; the second had breathed and seen the light for only one day; but now she had brought him an extra one to compensate for the loss of the other two. She must look at it that way and not think as she did so often, if only they had been created in love.

Before the steam spurted from the spout of the kettle Dan had rejected 'Little Orphan Annie' for *Annie of Tharaw*. And this was evidence indeed of how disturbed he was. He always sang Longfellow's rigmarole in his tuneless voice and to a Scottish air that went like a jig:

Annie of Tharaw, my true love of old,
She is my life, and my goods, and my gold.
Annie of Tharaw, her heart once again
To me has surrendered in joy and in pain.
Annie of Tharaw, my riches, my good,
Thou, O my soul, my flesh, and my blood!
Then come the wild weather, come sleet or come snow,
We will stand by each other, however it blow.

On and on the couplets went as she made the coffee, waited for it to settle, then poured it out. She paused a moment before lifting the cup from the table, her head back on her shoulders, her lips slightly apart, her lids lowered as she listened:

What e'er my desire is, in thine may be seen;
I am king of the household, thou art its queen.
It is this, O my Annie, my heart's sweetest rest,
That makes of us twain but one soul in one breast.

She picked up the cup and went from the room across the little passage and into the bedroom, and as she entered he turned to her as he adjusted his cravat and, his voice rising slightly, he sang, but still softly:

This turns to a heaven the hut where we dwell;
While wrangling soon changes a home to a hell.

As she handed him the coffee he bent towards her, put his lips to her cheek and said softly, 'I love you, Barbara Bensham.'

What she should have answered to this was, 'And I love you too, Dan Bensham.' How could any woman not love a man so kind, so good as this one? Only herself, spawned through rape, and known in the county of her birth as 'the Mallen girl', only she was not woman enough, mature enough to love a second time. And she did not hide the fact from herself. But neither could she blame herself.

He went from her singing the song again, only stopping to sip at the coffee. She did not follow him into the tiny nursery where he would be once more looking on his sons, as he always did before going out, and she checked herself from calling to him as she heard him come into the passage and put on his coat, 'Do be quiet please, you'll waken them,' because in the words of *Annie of Tharaw*, he was telling her once more, but more softly now like a gentle lullaby, what he would do if he lost her:

Shouldst thou be torn from me to wander alone
In a desolate land where the sun is scarce known—
Through forests I'll follow, and where the sea flows,
Through ice, and through iron, through armies of foes.
Annie of Tharaw, my light and my sun,
The threads of our two lives are woven in one.

Yes indeed, the threads of their two lives were woven in one, and must never, never be unwoven. She could think what she liked, she could suffer as she must, but never, never must she break the threads that held their two lives woven as one. This much she owed him.

Chapter Two

Katie loved Paris, all of it. The hotel was good. Dan's apartment behind the rue Nicholas Charles was the prettiest and quaintest place she had ever stepped into. Dan's shop was simply wonderful. And Dan having a shop was a most surprising thing; she still hadn't got over it after a full week in Paris. Then there were the babies. She thought of them as Barbara's babies. They were delightful, angels. Of course, she agreed laughingly with Barbara on this point that it was very difficult to put Benjamin into such a category, because Benjamin yelled both by night and by day. Even when he wasn't actually crying he was making sounds, demanding sounds.

And then Paris itself. Paris was fascinating, and she had really seen nothing of it as yet. She was intoxicated by the wonders that lay ahead of her. She felt like an explorer in a strange and wonderful land, yet at the same time slightly frustrated because both Dan and Barbara had warned her against walking alone. She knew they were right about this, because on her first solitary walk she had been accosted by no less than three gentlemen, two of them with charming manners who were desirous of helping her, and who insisted that they had been born for the sole purpose of showing her Paris. . . .

Dan and Barbara discussed the situation in bed. It was difficult to arrange times when one or the other could accompany her. Dan had a young assistant, who as yet had little knowledge of the work and whom he never left in charge of the shop for more than half an hour at a time.

Then there was Marie to be considered, Marie who at first had been engaged to do the work of the apartment but now spent most of her time attending the babies.

Almost simultaneously they spoke together, then laughed quietly, before Barbara asked, 'Does he come at any particular time?'

'No, it could be any day of the week.'

'But he comes in every week?'

'No, not always. Sometimes it can be a month before I see him. I think this is when he goes back to England.'

'But he's been in every week for some time now you say?'

'Yes . . . yes he has, he's been in regularly since I took over. He's kind in a way; he . . . he never leaves without buying a couple of books, and he's recommended others.'

'But' – Barbara paused a moment – 'you said he had, well, a name.'

'Yes, but all of his class have a reputation along those lines.'

'Class!' She snorted slightly as she turned her head sharply on the pillow. 'He's not all that high up, and your father is much better off than he is I'd say.'

He suddenly pulled her around to him, saying, 'Nice of you to put it that way, Mrs. Bensham, but we must remember we're not mentioned in the Domesday Book. And when his cousin dies he'll come into the title, he'll be Sir Patrick Ferrier. It does make a difference, you know.'

His lips were moving in gentle patting kisses around her unresponsive mouth when she said, 'She's so headstrong and still has these odd ideas. Anything could happen to her wandering about the streets alone. And it isn't right. Do you think she'll stay the winter?'

'Possibly.' His voice was dreamy.

'In that case then I . . . I think that you should arrange a meeting. After all he is a gentle . . . gentleman. . . .'

The last word was smothered in his mouth and she became passive and compliant as he loved her.

When it was over Dan lay back on the pillow, hoping, almost praying that she wouldn't end it as always, but she did. Slowly, silently, she turned on her side, her back towards him, and there rose in him again that infantile feeling of wanting to cry helplessly while beating his fists on something.

Dan said, 'You may be interested in this, sir.' He had never called Ferrier by his Christian name, for he had been a boy of fifteen when he first met him on Constance Radlet's farm in a valley in Northumberland, which lay seven miles across the hills from High Banks Hall. He remembered the time as if it were yesterday, not so much the meeting with Mr. Ferrier but the effect he'd had on Barbara's Aunt Constance. In a few minutes this man had turned her from a dignified lady into a gay young woman. Everyone thought that Ferrier would marry her; until he started paying court to Katie. He must have been fond of Katie for it was only after she took it into her head to give up the easy life of the Hall for the harsh reality of the Manchester slums that he had returned to France.

He did not know whether or not he really liked Ferrier. He was a charming man yet had an austerity about him. But by all accounts this austerity didn't prevent him from enjoying mistresses, for it was said he'd had quite a change of them over these past five years since he'd returned to France, and well before that. And so he wondered if he were doing right in letting him know that Katie was in Paris; was it right to lay her open to a man of this character? But four years ago everyone had thought it right, even desirable, and he didn't suppose his character had worsened much since then, for if a man couldn't find some one person to love, then who could blame him for spreading his company.

'Oh! It's a large tome. What is it?'

'It's called *The New British Traveller* or *A Complete Modern Universal Display of Great Britain and Ireland.* Note the print, sir, the old type of S's, and, as it says in the introduction, 'It is a production of much time and indefatigable labour.' And look what it covers, from the etymology of the different areas to the nature of the legislature and modes of proceedings in the various Courts of Justice ancient and modern.'

Pat Ferrier began to turn the pages of the large travel book. After a minute or so he asked, 'What year was it published?'

'That I can't quite ascertain, sir. There are a few pages missing from the front, and it's been impossible to read right through it, but from the illustrations I should say it was published about the middle of the eighteenth century. You see at the bottom it says "Printed for Alex Hogg No. 16 Paternoster Row, London".'

'Well, yes, it appears interesting.' Pat Ferrier flicked through the pages, then said, 'But I don't agree with you about its date of publication; I would say well towards the end of the eighteenth. The old S's were still in use then. But I'll take it.'

'Thank you, sir.'

'Have you anything else of interest?'

'Not this morning I'm afraid, sir, but I'm going to a house on the outskirts this afternoon so I may pick up something there. I'm also using the journey as a means of showing my sister something of Paris, besides the main streets. You remember my sister, Katie?'

Pat Ferrier lifted his eyes from the book and turned his head slowly in Dan's direction and his voice was cool as he said, 'Yes. Yes, I remember your sister, Katie, very well. And she's here in Paris?'

'Yes. Yes, she's been here over a week now.'

'That's nice. Is she staying long?'

'We're not sure; she's undecided. She may stay the winter, and then knowing Katie she may go back to England tomorrow.'

'She's travelling with her family?'

'No, no, she's alone.'

'Her husband is not with her?'

'Oh, she's not married.'

They stared at each other for a moment; then Pat Ferrier raising his eyebrows slightly and with his eyes cast downwards, said, 'Then I've been misinformed, I understood she was.'

'She was going to be but . . . but she decided against it.'

'Really!' Pat Ferrier now put his head back and laughed as he said, 'Women, women all the world over, English, French, or Chinese. Ah no, I mustn't include the Chinese; they have been taught to do what they're told, and rightly.' He nodded at Dan and they both laughed now. Then Ferrier, tapping the large tome, said, 'You'll have it sent round to my apartment? I say, have it sent round, but I don't know whether they'll be able to get it in the door; the place is overstacked already. I had thought to send a consignment home and I must do so without further delay, that's if I want to visit this establishment again.'

As they parted on a laugh Dan mused, not on the fact that he had aroused, as he had hoped, Ferrier's old interest in Katie, but on the fact that the man, having lived so long in France, still referred to England as home whilst he himself never thought of either 27 The Drive or High Banks Hall as home. Home, to him, was the present, and that was wherever Barbara was. But every man's life was his own, and every man's life was strange – to the other man.

It needed a little strategy to arrange that Katie should be in the shop each morning of the following week. It was achieved by Dan's cry for help in cataloguing the books he had acquired on his visit to the outskirts of the city.

Katie offered her assistance before Dan was brought to the point of asking for it. She would be delighted to help in the shop, she had never worked in a shop, it would be exciting, wonderful, and if she could serve customers then it would help her with the language because now she was finding that Brigie's French left a lot to be desired, at least her pronunciation. Oh yes, she'd be delighted.

And Dan found that he too was delighted to have her in the shop. Laughingly, he said, 'We only want Brigie and John here, a high iron guard round the fire, a wooden table in the middle and we'd have the nursery again – with a few extra books,' he added.

It was on the third morning when she was emerging from the basement, which was used as a store-room, its only access being a trap door in the floor, to which was attached an iron ladder, that Dan, while bending down to help her up, motioned with his hand towards a customer who stood opposite a book rack. He was a tall man and was stretching upwards to the top shelf to grasp a particular book.

'See if you can help.' Dan nodded at her, and she made a slight face at him, flicked some dust from her skirt, then, head held erect, she walked towards the figure.

A moment later Pat Ferrier turned towards her, a book in his hand, and he watched her face stretch and her lower jaw drop slightly before, assuming surprise, he said, 'Miss Katie! Well, well! the world is indeed small.'

There followed another pause while they stared at each other.

'May I enquire if you are well?'

'I'm very well, thank you.'

'I am delighted to hear it. Your brother tells me you are staying in Paris for a time.'

Oh! he did, did he? Cataloguing! Help in the shop. Really! Wait till she got him alone. Barbara, too, must have known.

She looked up into the thin face. He had changed in five years; he seemed to have grown old. He was fifteen years older than herself but now he looked much more than thirty-nine. There seemed to be little flesh on his bones; she had never seen anyone so thin. He was what her father would describe as a 'a yard of pipe watter'. But for all that he remained the gentleman, the courteous, charming-mannered gentleman she remembered.

They were walking up the shop now towards the counter. 'Do you like Paris?'

'Yes, very much, what I have seen of it.'

'Do you intend to stay long?'

'I . . . I'm not sure; my time's my own. I . . . I may go on.'

Go on? Where to? The only place she could go was back to Manchester, or Northumberland. One thing she had discovered, it was very difficult to travel on your own in a foreign land, and the language wasn't the only impediment.

Dan was at the counter now and Ferrier spoke directly to him. 'Have you anything new for me? Or should I say old?'

'Not so far, sir. We are busy' – he indicated Katie with a movement of his head – 'we are busy sorting them out downstairs. But I'm sure I'll find something of interest for you. It was an old house and the walls were lined with the books. If you'd care to call in sometime later in the week. . . .'

'I'll do that. Yes, I'll do that. Well' – he turned to Katie and, bowing slightly, he said, 'Good-bye, Miss Katie. This meeting has been a delightful surprise. I hope I shall see you again.'

Katie didn't answer, she merely inclined her head, then she turned it slowly and watched him as he walked up the room and out of the shop. When he had passed from sight she looked at Dan and said one word,

'Cataloguing!'

'What do you mean, cataloguing?'

'You didn't need my help, you planned this.'

'I . . . I didn't.' His tone was deceptively indignant.

'Well, why didn't you tell me he came here?'

'I didn't think you'd be interested. He's come here for years. He was a customer of Monsieur Reynaud, he comes in like anyone else. I never thought to tell you.'

Her face muscles relaxed, her body relaxed; she slumped a little against the counter, let out a long drawn breath and said, 'Lord! I felt awful, like a child caught at some misdemeanour.'

'Why should you?'

'Oh!' She shook her head impatiently. 'You wouldn't understand. Years ago he was on the point of . . . well, I encouraged him, I know I did. And then –' again she shook her head. 'What's the use . . . Well, that's the end of the cataloguing, Dan Bensham.'

'Oh no, no. Now look' – he caught her arm – 'I do need help. Look at that lot down there. And Jean . . . well, you know what Jean's like.' His voice dropped as he looked to where a young man was slowly racking books at the far end of the shop. 'Numskull is his second name.'

Katie pursed her lips, drew in another deep breath, and asked, 'How often does he come in?'

'Oh, I can't say. He's unpredictable, could be weeks ahead.'

'Oh well, in that case.' She nodded at him, indicating that she had allowed herself to be persuaded.

It was on Pat Ferrier's third visit to the shop in a fortnight and on Katie's last day of cataloguing that he offered himself as her guide to Versailles, and primly, but not without a stir of excitement, she accepted.

They set out in a carriage at noon and his manner towards her could have been that of an uncle giving her an extramural lesson in history. Through the over-poweringly grand palace they meandered, to the house where the ill-fated queen and her court had played at milkmaids; round by the temple of love, through the vast gardens, up terraces and down terraces they walked, and when the tour was over and he asked, 'Did you enjoy it?' she answered politely, 'Yes, yes, indeed; it was most interesting.'

When he cast a side glance from his pale grey eyes at her she thought for a moment he had read her mind, for the truth was she had felt indifferent to all the grandeur. Everything was too large, larger than life; and the gardens, she considered, were great expanses of nothing. No wonder there had been a revolution. How they must have lived in that palace with their gold and their silver plate. How they had gorged themselves while the people starved. It was all past history but in some way it reminded her of Manchester; the grand houses at one side of the town, the slums at the other. It was ridiculous, but there it was. Her mind was a mass of contradictions. In Manchester she had come to hate the sight and smell of poverty, yet when she saw opulence and a different way of living she condemned it. What the world needed was a happy medium, and people would get that when they got Utopia. And they would get Utopia . . . never.

Here she was, being handed into a carriage by an English-cum-French – because he appeared more French than English – gentleman and all she could think about was Manchester and comparisons of wealth.

'You didn't enjoy it?'

She jerked her head towards him. 'Oh yes, yes, I did.'

'You're lying, Katie Bensham.'

As they stared at each other she made a vain effort to check her laughter. Then they were laughing together.

'Why didn't you like Versailles?'

'It . . . it was too much, too much of everything. As my father would say, too much of a good thing. And yet I don't think it could ever have been a good thing.'

He lay back in the carriage well away from her and after a moment he said, 'Tomorrow I shall take you to the Palais de Justice; the following day we can do the Louvre. No, no, that's Sunday, we'll leave that till Monday.

On Tuesday I shall take you on the Seine.' He turned his head towards her. 'Will that please you?'

She stared at him. There was a quirk to her lips now. 'Do you really want to know?'

'Of course I do. I live to please you, my time is yours.'

'Oh!' She closed her eyes and jerked her head impatiently.

'What is it? I've annoyed you?'

'You will if you continue to talk in such a fashion. It's . . . it's so artificial.'

'Really? You . . . you find my conversation artificial?'

'It isn't conversation.' She imagined for a moment it was Willy sitting there and they were about to start one of their endless arguments. 'It's trifling, false. Oh. Oh, I'm sorry, I'm being rude.' She lowered her head as she shook it.

'Not at all.' His tone had changed. 'I agree with you, up to a point. I would not say my conversation is trifling and artificial because I've had no opportunity to have a real conversation with you. My remarks are definitely as you state them to be. It is the fashion of our time to communicate in monosyllables. . . .'

'. . . When you are dealing with women?'

'Quite right, when one is dealing with women.'

'I object to being treated as a numskull.'

'A numskull?' He lingered over the word, and he smiled at her now as she said, 'It's a wonderful word that, so full of meaning.'

'You know it then?'

'Know it?' His tone changed again. He could have been Dan or John speaking. 'Know it? Don't forget I was born in Northumberland. I have cousins to this day who work in Palmer's shipyard in Jarrow and in our glass works; they're on the board but they're working members. I could, I can assure you, rattle off northern sayings that I'm sure you've never heard of because they would have offended Miss Brigmore's ears. Even now I am sure she would 'skite-the-hunger-off-me' were she to know I was sullying your ears with such rough homely terms.'

She had her head resting against the padded back of the coach, her face half turned towards him, and she laughed gently as she said, 'I would never have believed it.'

Slowly he inched towards her until his coat touched hers; and then he said, 'We haven't as yet known each other long enough for me to convince you that I am, underneath the façade, an ordinary man, a Northumbrian. Katie' – he caught her hand and, his voice low, he said, 'It was in a carriage similar to this that we returned from Hexham one day, not all that long ago, and you promised that you would come to dinner with me in my home. And you knew then what the invitation implied. Can . . . can we imagine that this is the same carriage and I'm putting the request to you again? Will you come to dinner with me tonight?'

Her face was straight, even solemn. There was a swelling in her throat and she, too, was back in the carriage coming from Hexham; and there returned to her the feeling of excitement, and something more, the feeling of being honoured, made proud.

Her lips trembled slightly as she said softly, 'I should like that.'

And so it began, their belated whirlwind courtship. She dined that night in a restaurant on the Champs Elysées, and there were a number of things that remained in her memory for long afterwards; there was the knowledge that he was well known in this place and that his table was reserved in a secluded corner and was beautifully laid; also, that he rinsed his mouth out from the finger bowl, almost gargling in the process; another thing was the way the cream was brought to the table – the waiter served it from a brown stone jar very like the one Bella Brackett used for pickling cabbage in the kitchen in No. 27. The cream was ladled out in great dollops on to her pudding, and when Pat refused to be helped from the jar she protested gaily, 'It's unfair! It's you who needs cream, not me.'

But the main thing that remained in her mind about that first dinner was the lady who came to the table whilst they were drinking their wine. She was a woman in her thirties and beautifully gowned. She was good-looking in a brittle sort of way. The French she spoke was rapid, too rapid for her to understand, but she understood the tone of it and also the steeliness in Pat's manner as he replied.

The woman looked at her, and she looked at the woman. Pat made no effort to introduce them, and after a moment the woman, returning her cold gaze to Pat, said a few brief words and walked away, to rejoin two men and another lady at a table further down the room.

'Do you like this wine?'

'Yes, yes; it's very nice.'

He looked across the table and into her eyes and said quietly, 'The lady was angry, and rightly so; I had an engagement to dine with her tonight and I broke it. No doubt, you will understand how she's feeling.'

It was on the point of her tongue to say, 'Never having been a man's mistress you can hardly expect me to understand that lady's feelings,' but if she had she would not have said it in bitterness, for, strange to say, she didn't feel angry, rather the reverse. She felt flattered, and very mature. She understood perfectly that a single man was allowed the privilege of a mistress. Of course, if he were married then one would view the liaison differently.

He said now, 'Where would you like to go tomorrow?' and she replied without hesitation, 'Up the Seine, and to the opera in the evening.'

His eyes twinkled, his lips pressed themselves together before spreading in an amused smile, and then he repeated, 'Up the Seine we'll go, my forthright Katie Bensham, and on to the opera in the evening.'

It was a fortnight later that Katie wrote to her father and Brigie:

'My dear, dear Father and Brigie,

I don't really know how to begin. You'll be amazed at my news, it has all happened so suddenly. I am to be married on Thursday, and who to? Pat . . . Pat Ferrier. Yes, yes, I know you'll both be astounded but I hope you'll be happy for me, as happy as I am now.

We met by accident – or was it the design of Dan and Barbara? – in Dan's bookshop.

We're going through France and on to Italy for our honeymoon. We should be back in England at the end of October. I have so much to tell you but there'll be plenty of time when I return home. The Manor will be much nearer than Manchester and I shall be popping in all the time.

I am happy, believe me, and I'm sorry I was such a fool and let five years go by before I could find my own mind.

My dearest love to you both. Thank you, Father, for being so generous to me all my life. And you, Brigie, for making me fit to be . . . the lady of the manor. Funny, isn't it, me to be the lady of the manor?

Katie.

P.S. I gave Dan your message, Father, and I know he is seriously thinking about it because the apartment they have is so small, and they'd have to be making a move soon, and I think he knows in his heart that he'll never make enough money out of the bookshop to support them without your help. And Brigie, dear, I passed your message on to Barbara, and I think she, too, would welcome returning to England. She didn't seem unpleased at the prospect of living in Newcastle.

P.P.S. Barbara and I are going out now to buy suitable clothes for the journey, not a trousseau, just suitable clothes.

Again my love to you both,

Katie.

Oh really! forgive me, both of you; I forgot to say the babies are beautiful, wonderful. I envy Barbara. I really do.'

Chapter Three

It was arranged that the night before the wedding they would all dine in Pat's special restaurant on the Champs Elysées. He was to call for them at quarter-to-eight; he arrived at seven-thirty.

'I'm sorry. I'm sorry; I apologize,' he said laughingly as he entered the apartment. 'It is most inconsiderate of me but you must put it down to my youthful eagerness, the result of a second childhood.'

After closing the door, Dan, resuming the struggle with a stud in the neck of his shirt, and also laughing, said, 'Will you go into the sitting room; Katie's there, or in the nursery, and Barbara won't be long. As for me, well' – he spread one hand wide – 'look at me. I've been trying to calm the brood. I've managed two of them, but never Ben. Listen to him . . . I'll be with you in a moment.'

When Pat entered the sitting room he found it empty. He walked to the stove, stood with his back to it for a moment, then made for the door again, just as it opened, and ran into Katie. As they both laughed, she quickly reached up and kissed him lightly on the lips, and as he went to draw her tightly to him she protested still laughing, saying, 'No, no, you mustn't.

. . . My dress. Come . . . come and see Ben; the sight of you might frighten him into being quiet.'

'Really! really!' Smiling tolerantly, he followed her into the room where the babies were, two of them quiet and smiling, but not the big fellow.

Ben was thrashing about in the small bed and howling his loudest.

Marie who was bending over him, turned towards them and spoke rapidly, and when Pat answered her they both laughed.

'What does she say? She talks so quickly I can never understand her.' Katie muttered under her breath.

'How can I translate?' He scratched his forehead with his finger. 'She infers he'll end up working in the gas works.'

'Why the gas works?'

'Oh' – he shrugged his shoulders – 'I suppose she means that with his lungs he could fill a gas-holder with wind. No, it's funnier than that.' He now bent down to her and whispered, 'The first thing I do with you tomorrow is send you to a convent, there to improve your French.'

'A convent? Oh' – she made a prim face at him – 'I should love that! . . . A convent!'

Their heads came together for a moment and they shared a deep chuckle while Marie watched them.

When Pat turned to the girl and spoke in her own tongue, she let out a high laugh, then clapped her hand over her mouth as she repeated *'Couvent demain? Couvent!'* Then almost choking, she went out of the room, while Ben continued to howl.

'Oh, you shouldn't have told her.'

'Why not? The French appreciate a joke.' He did not go further and add, that particular kind of joke. And when she said, 'Joke?', he put his head back and chuckled as he said, 'Brigie to a T.'

'Oh you, really!' She turned from him and bent over the bed saying, 'There! there!' as she stroked the tear-stained crumpled face. 'Aw look,' she said softly, 'they're real, not crocodile tears.'

'Yes, they're real enough.' Pat now put out his hand and touched the fine hair on the baby's head. 'He's much darker than the other two, have you noticed?'

'Yes, but the colour of a baby's hair changes as it grows older.'

'This one's will get darker.' He gently stroked the snub nose and as he did so the child's crying eased away and he said, 'Ah! peace, peace. I've done it.' Then after a moment he added, 'I'd like to bet in a few years' time his hair will be as black as a sloe and very likely show the white streak. You know something? He's a Mallen, if ever I saw one. Do you know whom he is going to be the dead spit of? You remember the picture in the cottage of old Thomas? Well, look at the shape of his head, the face here. . . .'

'Nonsense!'

'It isn't nonsense, darling. Anyway why should it be? I tell you we've got another Thomas here and he'll lead the Mallen litter. He's begun already, he's so boisterous. They should have been born in Northumberland; all Mallens belong to Northumberland. So. . . .'

'Ssh! Ssh!' Katie was holding up her finger warningly to him, and with a boyish gesture of being caught in some misdemeanour he lifted his thin shoulders upwards and bit on his lip as he looked toward the door, which was partly open. Then they glanced sharply at each other as they heard Barbara's voice coming from the passage speaking to Marie.

Pat now moved from Katie's side and went to the door, there to meet Barbara, and before he had opened his mouth to give her his greeting he knew from the look on her face that she had overheard his remark, and he cursed himself for his stupidity. 'I'm early,' he apologized. 'I hope I haven't hurried you.' He made a movement as if to step back as he surveyed her up and down. Then he said gallantly, 'You look very beautiful, Barbara.'

When she made no reply but stared into his face he found himself disconcerted and, as was most unusual with him, at a loss for a suitable remark. He had said she was beautiful but in this moment his words could have been applied to her dress only for her face had a look of thunder on it.

He had heard that she had a violent temper, and like everybody else in the area back home he knew what it had led to, the maiming of an innocent girl, and as her gaze bored into him now he could well imagine what she might do were she to let her temper have rein.

He wondered for a moment if he should bring the matter into the open and apologize, but decided that that would only be pouring salt into the wound, for apparently she hated the fact of having sprung from the Mallens. And no wonder; for no one would appreciate being the result of a rape, and not a rape twixt youth, which might be excused, but one in which the perpetrator was a man of nearly seventy and who had been a father figure to her mother. In a way, he supposed, she must look upon herself as the result of incest. Why, oh why had he to bring up that name, and on this night of all nights! His happiness had intoxicated him and stripped him of tact, to say the least.

When she drew her eyes slowly from him and, turning about, went without a word into her bedroom, he walked into the nursery again and, standing close to Katie by the side of the bed, he bent his head and said below his breath, 'I've apparently done the unforgivable thing by mentioning that name. She is very angry with me.'

She looked at him blankly. 'She heard? Oh Pat! And tonight!'

'I'm sorry.'

Seeing that he was distressed by the incident, she smiled at him now and whispered, 'Don't worry. After all, what was that to say? Anyway, she is a Mallen and they are part Mallens, with a sprinkling of Bensham.' She reached upwards and kissed him. 'Smile, come on. We'll pass it over. I'll be my brightest, gayest, wittiest self. . . .'

Rising to the occasion, he returned her smile and, placing his fingers around her chin, he whispered back, 'Then I have nothing to worry about, ma petite Katie. The success of the evening is assured.'

The evening was not a success. Barbara had a headache. It started before they left the apartment and it became worse during the evening, and they were all concerned for her.

When at eleven o'clock, much earlier than had been anticipated, Pat said good-bye to her, her headache was so severe that she could make no reply to him, not even to thank him for the spendid dinner he had provided, and of which she had eaten hardly at all.

Katie kissed her and said how sorry she was, but even to this Barbara could only incline her head.

Dan made up for her lapse in his thanks to them both. Then, 'Au revoir,' he said, 'until ten o'clock tomorrow.' He kissed Katie fondly and shook Pat's hand, and watched them drive away before he turned and followed Barbara up the stairs to the apartment.

Nothing was said until Marie had gone. Then Dan, his face grim, burst out, 'Now let's have it. What's it all about? You've got no headache. What on earth is it?'

She stood straight and stiff in the middle of the sitting room facing him. Her lips opened to speak, closed, and opened again before she ground out between her teeth, 'He . . . he called them *the* . . . *the* . . . *Mallen litter*.'

'What!'

'You heard what I said, he called them *the Mallen litter*.'

'The Mallen litter? Why, why would he call them that?'

'Because . . . because he said Benjamin looked like a Mallen, like . . . like Thomas Mallen.' She spat the name out as if it were alum.

Dan glared at her, at this woman he loved, adored, worshipped in fact.

In the years together he had never crossed her. At times he had been stubborn and showed her the side of himself that had strong connections with his father, but always he had come round and been the amenable Dan, the loving, comforting Dan, and above all the understanding Dan. But now there was no evidence of any of these sympathetic qualities in his face, and the tone of his voice was cutting and almost that of a stranger when he said, 'Do you mean to say you spoilt this night for them just because of that, because he uttered a truth, because he said one of them looked like their grandfather? What you've got to face up to once and for all is that Thomas Mallen, dead or alive, is their grandfather and your father. . . . Dear God!' He thrust his fingers through his thick sandy hair. 'I thought you'd got all that out of your system during your silent period back in the cottage. But I was mistaken, you're still harbouring it, and by heavens you've proved it tonight. All right' – he waved his hand at her – 'you were born of a tragedy, but I can't see any sense in carrying it on after all these years. Anyway, I should think there's enough harm and trouble come out of it as it is. I don't know how it strikes you. . . .' He stopped as he saw the colour drain from her already pale skin and her eyes widen while her head moved sideways and she buried her chin in her shoulder as if seeking comfort.

Yesterday, this attitude of hers would have brought his arms about her and his mouth showering reassuring kisses over her face, but now it apparently didn't affect him, except in a reverse way, for what he did now was to cry, '*Mallen! Mallen! Mallen!* Go on, shout the name out, purge yourself of it, get it out of your system. For my part I don't care if the three of them grow up carrying the white streak; I don't care what they look like outside as long as they grow up men and have the character of my dad and John. And another thing I'll say while I'm on.' He drew in a deep breath and his tone was quieter now. 'It's Katie's day tomorrow. She's my sister, and I'm more than fond of her, so don't spoil it. And lastly, you'd better know now, because it isn't often I follow my own bent, we're going home. I'm going to take the job Dad's proposed. I've played about long enough. From now on I've got to earn my keep and yours, and that of the litter, Mallen or otherwise, until they can fend for themselves.'

As he stalked from the room Barbara lowered herself slowly down into a chair. She was shocked, she couldn't believe it, Dan to speak to her like that! Dan to act so. She had always known there was another side to him, there was bound to be, for he had his father in him, but he had never shown it to her, and she had thought he never would.

As her hands gripped each other she became aware that she had lost something tonight, and that he had gained something; in the latter case, just what she couldn't put a name to, but in the former, the fact that she hadn't seen this side of his character before was proof of the extent of his loving her. She had been difficult over the years and she must have tried his patience to the limit, yet he had never retaliated. But now he had, and all through Pat Ferrier.

It was odd how this man, whom she had met but a few times in her life, should be the means of pressing home the fact that she was a Mallen, for was it not he from whom she had first heard of her origin. Heard was the wrong word; being deaf at the time, she had read his lips. It was on the night she had danced in the farmyard with Michael, her cousin Michael, and he had almost kissed her, almost. His mother had been furious when she had come upon them, but Pat Ferrier, who was with her, had laughed and said, 'She doesn't carry the streak but she's a Mallen all right.' That was the first indication she'd had of being a Mallen.

And now, in a foreign country, far away from the farm and the valley in the Northumberland hills, here he was again reminding her of her beginnings, and not only that, but calling her babies a littler, a Mallen litter.

She hated him, she would never forgive him, not until the day she died. She didn't wish Katie any unhappiness, but him! She ground her teeth together. What did she wish him? . . . That he'd never produce a litter. No! nor even one child to bear his name.

Michael 1888
Chapter One

Wolfbur Farm lay in a valley near the border of Northumberland and Cumberland.

When the people in Allendale, and those even as far away as Hexham and Haltwhistle spoke of the farmer they always referred to him as she, for Constance Radlet had run the farm for more than twenty years, and although her son, Michael, was now virtually in charge he was not looked upon as the first man in the place. In fact, it was Jim Waite who, since old Waite's death, was deferred to more than was the young master.

Michael Radlet was aware of this situation, as was his mother, but neither of them voiced their opinion on it. He could not say to her. 'You are not giving me my due any more than Jim is,' for in a way his mother, and Jim Waite, and the whole Waite family blamed him for what had happened to Sarah. That he had married her did not in their eyes lift the guilt from him, for in different ways they made it clear to him that if he had stood up to 'the other one' and told her where his real intentions lay, the climax that had led to the maiming of Sarah would never have come about.

They all took it for granted now that it had always been his intention to marry Sarah, for had he not been brought up with her, played with her as a child, protected her, danced with her at the harvest suppers? He was continually being reminded that at one time she had been able to dance. It had now reached the point that if she mentioned dancing just once again he would turn on her, really turn on her; not just growl at her under his breath as he did when they were in bed, or turn his back on her whining voice when in the kitchen, but come into the open with a yell, and bawl, not only at her but at his mother, oh yes, at his mother, 'You got what you wanted the both of you. You got rid of Barbara; once and for all you got rid of her.'

Who but his mother could have made him feel it was nothing less than his duty to marry Sarah.

'You are fond of her, aren't you?' she had said.

'Yes,' he had answered.

'Well then.' She had stared fixedly into his distressed face before adding, 'She's a sweet thing.'

Yes, she had been a sweet thing up till then, and he had been very fond of her, but when she lost her leg it wasn't only her body that became mained but seemingly her mind. If she had been someone who had made a name on the stage through her dancing she could not have reacted more tragically at being deprived of what was after all but a twice yearly recreation, the harvest supper in the barn and the Christmas jollification in the kitchen.

And up till that time too he and his mother had been all in all to each other, but on that fateful day the bond of affection between them was broken. Barbara in her attack on Sarah had not only crippled her but she had severed the umbilical cord that had tied him to his mother.

What was more, his horror and disgust at Barbara's action and his open rejection of her had elicited in her a frenzied rage and she had spat at him his own true beginnings and the reason why his hair was fair instead of black like his father's. All the offspring of the male Mallens were black-haired, and he had thought that his father had been the fly-blow of a Mallen. But she had made it plain to him that it was no Mallen who had bred him, it was his supposed father's half-brother, Matthew Radlet, the legitimate son of the owner of the farm, the fair-haired young fellow who had died early of consumption. He had been begotten, so she had screamed at him, on the floor of the derelict house way up on the hills, the house that was used as a mean shelter for the scum of the roads.

In the hurry and anxiety of getting Sarah to the hospital that day the shock of the revelation had become a secondary thing in his mind, but a secondary thing that held shame, bewilderment and a rising resentment.

Every day in the week that followed he told himself he would bring it out in the open, yet he didn't, for he couldn't look the tall, stately woman in the face and ask her to deny or confirm this thing. Yet in a way he did confront her with his knowledge, for he had gone up into the attic in search of the photographs that used to hang in his grannie's room. It was as he looked at the photos of the two half-brothers and saw the truth staring at him from the fair-headed man that he became aware that he wasn't alone and, turning, he saw his mother standing in the doorway. She had looked from the pictures in his hand into his face, and their gaze had held for a long painful moment before she turned abruptly away. But the truth was out, even if unspoken, and it was from then that she went over, as it were, to the other side, to the side of Sarah, Jim Waite and his people. And it was from then that she too changed, and he saw her no longer as his charming mother, but as an authority, cool, distant, and ever watchful.

Soon after his daughter was born in 1883 he realized that his mother and Sarah combined were, in a subtle way, going to cut him off from his child, perhaps the only one he would ever have, legitimately, for he was finding it increasingly difficult to take Sarah. It was then he showed them that they could go so far and no further.

He would pick up the child when they said it should be lying in its cot; he would dance it up and down in his arms after it had been fed, which they prophesied would make it sick. When it was only three months old he carried it along with him on his round of the farm, and it not yet shortened and without a bonnet. It would die, they both cried, and he'd be to blame, he'd have it on his conscience, among other things, for the rest of his life.

He took it outdoors the next day, and the next, and when he saw them become fearful, he knew, in a way, that he had achieved a victory.

Against strong opposition he had called the child Hannah. There wasn't a Hannah on either side of the family. Why Hannah? Because he liked the name Hannah, and Hannah she would be.

Sensing, from the beginning, they were going to have trouble in the bringing up of the child, Constance and Sarah became even closer, and as time went on they joined in battle to subdue young Hannah's spirits and to erase in some part her foolish adoration for her father, for from the time the child could crawl, she crawled towards him, and when she could walk, she walked towards him, and as soon as she could run, she ran after him.

Chapter Two

It was on a spring day, the Wednesday after Easter Monday in 1888 when, for Michael, life jumped back seven years and the longings of a boy were formulated into the desires of a man and he knew, as he had always known in that closed pocket of his mind, that his love for Barbara Mallen had not been quenched, but had been thriving in the darkness.

The day started early, at five in the morning. Hitching himself up in the bed, he lit the candle, then rose quietly from Sarah's side, thinking that she was asleep, but her voice came at him before he had put his second foot to the floor.

'Are you going to take me or not?'

There was a long pause before he answered under his breath, 'We've had it out; I told you last night.'

'I've never seen Newcastle in me life. Mam says you should take me.'

'I've told you both,' he said dully.

'You would take Hannah.'

'Yes, I would take Hannah.' The last word ended on a sigh.

'Because she can walk, I suppose, she's got two legs.'

Now his tall well built body twisted like a snake about to strike, and he was bending over her, hissing down at her, 'All right! You want the truth. Yes, because she's got two legs, and because she can smile, and because she hasn't got a nagging tongue. Now you've got it. Are you satisfied?'

They were staring at each other in the candlelight. Sarah, whose face at sixteen had been soft and pretty if somewhat pert, now at twenty-four had the hard lines of a woman twice her age. Her eyes were dry but her lips trembled as she said, 'I'll get Uncle Jim to speak to you, I will, I will.'

For a moment she cowered down deep into the feather tick away from him. His fair skin looked almost black in the flickering light. His full lips were stretched wide, his big square teeth clenched and the grinding of them was audible until they opened and he said, slowly, 'Listen to me, Sarah, and get this into your head. This farm is mine, not my mother's, *mine*, and one word from me and your Uncle Jim, his mother, and his sister . . . the lot of them over there will be looking for work. Now I'm telling you, you're driving me too far, you're asking for it; but I warn you, be careful, remember what I said, this is my farm, legally mine, and I'm going into Newcastle the day to sign an agreement for that strip of land, because only I can sign it. *Me . . . me*, not my mother. And from now on it'll pay you to remember that, and you can pass it on to your Uncle Jim an' all. You can also tell him, if I hear any more of his big talk in the market about who runs this place I'll make it impossible for anybody to have any more doubts about it. Just you tell him that.'

He walked from her and went behind the screen that stood in the corner of the room and, having torn his nightshirt over his head, he pulled on his long pants and vest.

Since shortly after they were married, he had undressed and dressed behind the screen because the sight of his bare legs seemed to upset her. She didn't mind them in bed; no, she had been surprisingly free in her love-making, too free. The loss of a limb had not impaired her desires; it was her hunger in this direction that showed up his own loss of appetite. First of all he had thought it was because he had been afraid to hurt her, but now he knew it was because there was no passion in him for her. His bodily needs lacked the impetus of love. They were fulfilled on his part through a requirement of nature, that was all, and she, being a woman and a woman coached in such things by her aunt, whom she called mother, and her cousin Lily, whom she called aunt, not forgetting his own mother who had educated her, recognized the missing element in his love-making, and this, no doubt, was the cause of her bitterness as much as was the loss of her leg.

Dressed, he picked up the candle and went out of the room without speaking further.

Down in the kitchen the table was set as usual for breakfast. The fire glowed through the humped slack that had been heaped on it last night. The copper pans hanging above the mantelpiece gave out a soft warm sheen like dulled gold. The house cat, with its privileged bed near the black oven, uncoiled itself, looked up at him, stretched, moved into a new position and went to sleep again. From outside in the yard came the low murmur of the cattle, a cock crowed, then another, then another.

He brewed himself some strong tea, drank it black and sweet, then went out into the yard. The light was lifting rapidly. It was a beautiful morning; the air tickled his throat like a sharp wine. He stood for a moment and drew in a slow long breath that widened the space between his open waistcoat to three inches. Then he went past the dairy, looked in the barn where two sheepdogs were sleeping on the straw until he whistled softly, when they roused themselves and slowly followed him past the stables and into the byres.

Although it was only twenty past five Jim Waite was already there. He always felt that if he were to get up at three Jim Waite would be there before him.

Jim Waite had come to this farm when a boy. He had come with his father seeking work and a roof to shelter his mother and sister, and they had been given a shelter by Donald Radlet. That Radlet's generosity had been a form of spiting his wife, because in the early days Harry Waite had once been a footman in the home of Thomas Mallen where Constance Radlet had been brought up, made no matter, he had given them shelter, and they had repaid him well. When he died they had continued to repay his wife with hard work and long hours, until, with the passing years and the death of his own father, Jim Waite had come to look upon himself, not only as Constance Radlet's head-man but as the man who really ran the farm.

Michael had, up till the last year or so, remained a boy in his eyes, but of late, to use his own expression, Mr. Michael had begun to throw his weight about. Slowly but surely he was taking the authority from him and reducing him to shepherd-handyman again, and he didn't like it, he didn't like it at all. But he knew which side his bread was buttered, and he was wise enough to realize that he would never again in his life get a place such as he had here, a house and a free supply of milk, butter, eggs and pork, vegetables and mutton. The only thing they bought were the grains. And if young Michael were to turn nasty the fact that they were now, in a way, related by marriage would, he knew, carry no weight and he had nothing in writing, he wasn't bonded in any way. No, he knew which side his bread was buttered, and it didn't do him any harm to put on a mealy mouth. But he saw to it he got his little digs in; Master Michael didn't have it all his own way.

'A fine morning, grand, isn't it?' He had dropped the title Mr. Michael a long time ago.

'Yes, it's a grand one. The winter's well past now, thank God.'

After looking around Michael came out of the byres and went into what was called the harness room, where a boiler was always bubbling with pig feed. In a few minutes Jim Waite followed him and, putting his head in the door, he said, 'I think I'd better go along the low bottoms this mornin' an' see how many have come in the night.'

Michael turned from the harness rack; he was pulling a leather strap through his hand as he said, 'It mightn't be how many have been born but how many have been pinched.'

'Oh, I don't think they'll get this far, it's scum from over the border. The last raid was miles away, up beyond Kielder Moor.'

'I wouldn't be too sure. What's forty miles to an organized band of sheep thieves? They bragged they had Roger Marden's lot killed and skinned before they reached the Cheviots, so' – he nodded – 'don't underestimate them.'

'Well' – Jim Waite's chin came out – 'we haven't lost one yet, have we? By the say, I heard a bit of news last night. I called in at The Fox on me way back. They were on about Mr. Ferrier and the new herd he's startin'. A hundred guineas he's paid for a bull. That's something, isn't it, a hundred guineas? Well, as they said, he's taken up farmin' to take his mind off his troubles. And he's got troubles 'cos I don't think there can be much worse than to be saddled with an idiot son. Huh! he wanted an heir, an' he's got one. By God! I'd say he has.'

Michael stopped in the act of lifting the harness from its stand and he turned his head sharply. 'What! What do you mean, an idiot son?'

'Well, that's what they say. The few who's seen the bairn, they say he looks an idiot; Chinaman's eyes, no shape to his mouth, an' its skin stretched, you know tight like an idiot's. Of course, they've kept it dark. Ted Hunnisett said you can get little out of the servants, like clams they are, but he was delivering there, grain an' flour from the mill, an' he saw the mother, you know Miss Bensham that was. She had the bairn by the hands trying to make him walk. He shouldn't have been there, I mean Ted, not where he was at the time but he had gone round the back to make water, an' in the distance he sees a bush and it was full of blossom, pink blossom. The flowers were like cups he said, he had never seen one like it afore, and he thought he'd sneak along and pinch a branch. An' when he got to the bush he found it overlooked a part of the garden that was secluded like, an' there on the lawn below him was this bairn an' Miss Bensham. . . . I mean Mrs. Ferrier. He'd had his hand on the branch he said afore he twigged them and it must have been that he moved the bush 'cos she turned and looked up, and when she saw him she must have recognized he wasn't one of theirs for she up with the child and hugged it to her and went off. Well,' he ended, 'they say God's ways are slow but they're sure.'

'What do you mean by that?' Michael was standing confronting him now, his face grim.

'Well.' Jim Waite tossed his head and assumed a slightly flustered manner. 'You could say . . . well, you could say he played the dirty on the missis, didn't he? I remember the time when he wasn't away from the door. . . .'

'That's enough, Waite, that's enough!'

The reprimand was significant in more ways than one because Michael had never before called him by his surname. It had always been Jim.

'Sorry if I've taken a liberty.' Jim Waite's voice was surly.

'I'm glad you recognize it as a liberty.'

They stared at each other through the thin haze of steam coming from the boiler.

'Things've changed.'

'Things are as they should be, and as they always should have been.'

'You mean I forgot me place?'

'You could say that.'

'Aw well, now I know where I stand, don't I?'

'Yes, you know where you stand.'

'It's come to somethin'.'

'That's your fault.'

'I've known you since you were a bairn in the cradle by the kitchen fire. It's a bit late isn't it to play the master?'

'Where you have made the mistake is that you didn't recognize me as master before.'

'Your mother was the boss.'

'She's the boss no longer.'

'Aw well, I'd say she'd be surprised to hear that.'

'Well, you'd better go and tell her, hadn't you? You're well equipped for carrying news, you've done it for years.'

Again they stared at each other, in silence now, until Jim Waite, turning away said, 'Things'll never be the same after this,' and Michael said to his back, 'That will be up to you, entirely up to you. You keep your place and give me mine and things can remain seemingly as they are. If not, well, you know the alternative.'

He swung the harness to the front of his chest and went out and across the yard and into the stables and began to prepare the horse and trap for the journey to the station.

It was turned seven o'clock when he entered the house again. Both Sarah and his mother were in the kitchen and he knew from the looks they cast on him that Jim Waite had, as usual, been before him.

He was at the sink washing his hands when his mother said, 'What's this I hear?'

'What do you hear?' He jerked his head up but did not turn towards her.

'You're taking the high hand with Jim.'

'If you care to put it that way, yes, but I would say I was merely pointing out who was master.'

'Master?' Constance Radlet's eyebrows moved upwards. Her one-time beautiful face looked bony and fleshless but the skin showed no wrinkles. She was forty-four and looked every day of her age, or even more; this was caused as much by the stiffness that braced her figure as by the austerity of her features. She retained no resemblance to the gay girl she had been before she married Donald Radlet, or even to the kindly woman who had survived him.

The events of the recent years she had taken as personal insults, particularly the latest, when three years ago she had heard that Pat Ferrier had married Katie Bensham.

On the day Jim Waite had brought this news to the farm – it was only through Jim she received news of the Benshams, having now no connection with Miss Brigmore, or Mrs. Bensham as she had become – it was on that day that she had gone up to her room and sat with her fists clenched as she stared into the mirror and looked down the years at her past life. On that day, if wishes could have killed, Pat Ferrier would have surely died and Katie Bensham's life would have been blighted in some way.

She had not cried at the news; instead, her resentment and anger went to join the parched tears and bitterness that had built up in her over the years.

And now this morning, as she had listened to Jim Waite's latest news, she had felt not one trace of sorrow in her, so much had life changed her, but she had thought, in the terms that any of the Waites might themselves have used, God's slow but He's sure, and indeed she knew that in this instance He was. Also that everything came to him who waited, and Pat Ferrier, in preferring a young girl to herself, had been repaid with an idiot son.

'You happy?'

'What do you say?'

'I said, are you happy?'

Michael's words had startled her. She looked at him where he stood now confronting her, a big ruddy-faced, fair-haired young man . . . but no, not young any longer, not young in this moment, simply a man. And she knew that here was another turning point in her life. Her old self, who had loved this son and who still loved him, was fearing him now. But in a way this feeling was not new for she had feared him since the day when she caught him looking at the two photographs in the attic. Yet she had the strong urge even now to appeal to him, to put her arms about him and say, 'Michael, Michael, try to understand how I feel. I've been tortured emotionally since I was a young girl. Pat Ferrier was the third man who rejected me. You can't have any idea what it is to be a woman and be rejected three times. To know that you are beautiful, attractive, and . . . and be passed over. It would have been understandable if I had been plain and without personality, but I was a lively and yes, yes, a charming young woman, charming enough for your father to do murder for me. And look what life has done to me. . . . Look.' But what she said was, 'What do you mean, am I happy?'

'I thought you'd be happy, having heard of Ferrier having an idiot son.'

She did not answer for some time and they stared at each other, open enmity between them now; then slowly she said, 'Every man in the end gets what he deserves, and I would remind you to remember just that. . . . Sarah' – she turned to where Sarah was leaning on her crutch at the end of the table watching them both, and she finished, 'You can cut the bread now.'

Her head moving slowly from side to side, Sarah looked hard at her husband before swinging her body expertly around and clip-clopping to the sideboard, and there, again just as expertly, she lifted up with one hand the bread board on which reposed a loaf and brought it to the table.

Pulling a chair forward, she sat down, then leant her crutch against the corner of the table, and after cutting two slices of bread she glanced to where Michael had now seated himself at the opposite end of the table and said, 'Mam says you can drop me off at Hexham; she wants some things. Don't you, Mam?'

Constance was at the stove. She didn't turn round nor did she speak, and Sarah went on, 'I can get the carrier cart back.'

Slowly Michael placed the full spoon back in his porridge before saying, 'I told you; and that was final. Whatever you want in Hexham you can get on Friday.'

'I want to go in today.'

He shook his head slowly as he stared at her, 'Oh no, you don't. What you want is to be given the chance to cause a scene there and blackmail me into taking you into Newcastle. That's it, isn't it?'

'Why are you so set on going alone?'

As he stared at Sarah he was aware that his mother had turned sharply from the fire and was glaring at him. They were both glaring at him, seeing him in a new light, as Jim Waite had done earlier on. And he left no doubt in either of their minds that the new light was shining for good and all when, getting up abruptly from the table, he said, 'I'm going into Newcastle, and I'm going on my own. This is only a beginning. And I'm telling you both' – he looked from one to the other – 'if I want a day off I'm taking it, and on my own, or the child with me if I so need her. Now chew over that, the both of you.' And on this he marched from the room.

They looked at each other, but neither spoke. As usual, Sarah's lips began to tremble while her eyes remained dry. Then Constance, turning from her, went back to the stove. But she didn't bend over it, she just stared at the big hollow above the fire that led into the chimney, and she saw her future as black as the soot adhering to it. . . .

When Michael was dressed for the road he went across the landing and into the bedroom where his daughter lay sleeping, and as he bent down to kiss her she opened her eyes and put up her arms around his neck and said sleepily, 'Hello, Dada.'

'Hello, my love.' He only used this term of endearment to her when they were alone.

'You going out?'

'Yes.'

'Where?'

'Oh, a long way off, Newcastle.'

'New-cas-sel?' She spread the word out.

He nodded at her.

'You're not takin' me?'

'No, not this time; next time I go I'll take you. What would you like me to bring you back?'

Her eyes twinkled. 'A monkey on a stick, like the one I had last year and got broken, and some sea shells.'

'All right, you'll have a monkey on a stick and some sea shells. Good-bye now.' He kissed her again, and she hugged his head to her.

'Be a good girl.'

'Yes, Dada.'

He turned from the door and looked at her. She looked fresh and beautiful to him . . . and innocent. No rancour in her face, no recrimination. But how long could she remain like that before they contaminated her with their bitterness.

When he emerged from the Central Station in Newcastle he did what he had done on his two previous visits to the city. He went across the road and gazed back at the facade. It was a mighty piece of work to front a railway station, he thought, and it was a great pity that it was being befouled with soot and bird droppings. He crossed the road again and went towards the end of the building to where unobtrusively a winged head gazed down from the side wall. He liked the expression on its face, it was kindly. But what a waste, all that stone and workmanship to front a railway station! He shook his head at it all.

He next took a walk along the quayside; then made his way up the Castlegarth steps and into the town. The sights and sounds of the city intrigued him, and all weren't beautiful. Going up a narrow alley he passed a doss-house. The door was open and he had a brief glimpse of one room where men lay huddled on the floor, some munching food, some asleep. The scene was softened by the glow from a blazing fire, but the stench from the place brought his nose wrinkling; animal dung smelled sweet compared with it. And more than once in the same vicinity he received invitations from ladies of light virtue, which made him suddenly feel the need of their services. But he did not avail himself; he was fastidious in that way.

Later, he walked past the cathedral. He had never gone inside, churches didn't appeal to him, yet he could admire the exterior, a mass of stone held a certain attaction.

Eventually he stopped in Pilgrim Street and ate, and ate well. Later, he walked along Collingwood Street where the shops had fine big windows in which to display their goods, not open casements like those in the side streets, and as he gazed into them he wished he had brought Hannah with him. She would have loved the display. He did not allow his mind to muse on the fact that Sarah might have enjoyed it equally as much.

The solicitors' offices were in Percy Street and his business there took him but half an hour. He wrote his signature to the deed of land consisting of ten acres of fertile pasture adjoining the south side of his property. The same, purchased from Lord Alvin for the sum of thirty pounds, was witnessed by a clerk.

When he asked the solicitor his fee he was told a bill would be sent to him, and he answered that he preferred to pay on the spot. The solicitor stretched his face, rang a handbell and spoke to his clerk. A few minutes later the clerk put a slip of paper on the desk before his master. The solicitor then turned it round and looked up at Michael. Michael looked down at the paper and said, 'Three guineas.' He drew the money from his pocket, handed it across the table, shook the solicitor's hand, wished him good day and went out.

There were now ten more acres of land added to the farm and it excited him not at all. He had no great love of land. He had no great love of anything for that matter. Life was a routine filled with duties, responsibilities, all to be met. There was only one thing in his outlook this day that was different from yesterday; in future he would not only be the master of the farm, but see to it that he was seen to be the master of the farm. Whether he was the bastard son of his half-uncle, or the son of his mother's husband made no difference, the farm was his, and from now on he would bring that home to them, every one of them from his mother down to the youngest of the Waites.

There was a full hour and a half before he need return to the station. He meandered down to the river again and gazed at the bridges and the bustling activity that was going on between them; big ships, little ships, coal barges, wherries. The latest one, the swing bridge, was but twelve years old; they must have been building it when he was a lad. He turned from the river and went back into the town. He went through the Haymarket and on through streets that were becoming grander and wider as he walked.

It was as he left a street called Lovaine Place and turned down a narrow passage that he saw coming towards him from the other end a tall lady accompanied by three children. They were small children only about three years old; two of them were walking one on each side of the lady and she was holding them by their hands, but the third one, who seemed older, was dancing and jumping well ahead of them. He did not know whether it was a boy or a girl, even when the child stopped in front of him; not until he stooped down and touched the black ringlets hanging from under the sailor hat and the child laughed up at him and said, 'Hello,' was he certain it was a boy.

He looked up, waiting for the mother's approach, but she had stopped. Then, for the first time in years he knew he was possessed of a heart, literally, because its beating thumped so hard against his chest wall that the sound reverberated through his ears, filling his head and seeming to blind him, for the face and figure of the woman were blotted out for a moment. He blinked once, twice, and then again. And now he could see her. She was not the Barbara he remembered, there was no resemblance to his last memory of her; before him was a woman, a fully matured woman, beautiful, so beautiful that he felt faint at the sight of her. She was standing, still as a statue, waiting. Waiting for what? He heard Sarah's voice coming at him as if from the figure before him, saying, 'I want to come with you. Why are you so set on going alone, eh?'

He must move, go forward, speak to her. It was Barbara. Barbara. But what if it got back to them in some way? They would say, 'There we knew it. We knew all along what you were up to.' His thoughts were jumbled, tumbling about in his head. What was the matter with him? He must speak to her, he must look at her close to. He must tell her. . . . What must he tell her? That he had realized too late that his love for her was as great as hers had been for him? And where would that lead him?

The child turned from him and called across the distance, 'Mama! Mama! come.' He saw the other two children tug at her hands. But still she didn't move. She was waiting for some sign, and he gave it. He turned in the narrow passage and almost ran down the length of it. He had to keep his feet in a step that could be still termed walking. He came into the main street and hurried along it until he came to a side street and he went up this, right to the end of it. There he stopped and like a man spent, he leant against the wall and looked back the way he had come, thinking that if she passed he would catch one more glimpse of her. But she did not pass.

After a few minutes he brought himself abruptly upright. He had been a fool, stupid; he had turned and run. What would she think? What could she think but that he had meant what he said that day near the copse: 'I never want to see you again as long as I live.' Yet he knew now that every day since then, that's all he had longed for, just to see her again.

Now he was running down the side street again and along the main street and to the narrow passage; but there was no sign of her or the children. He raced to the end of it and came into Lovaine Place again. It was empty. He looked at his watch. If he intended to get home tonight, he must get to the station right away. But he didn't move.

A man and a woman were coming into the square from the opposite side. He waited until they approached, then said, 'Excuse me, but . . . but did you see a lady with three children as you were coming in, I mean outside of here?' He flapped his hand widely, indicating the square. The man and woman looked at each other, then at him, and it was the man who spoke. His voice had a distinct haughtiness to it as he said, 'No, no; we have seen no lady with three children.' When they immediately passed on he felt foolish.

Her name was Mrs. Bensham. He could start knocking on the doors in this square and ask if the Benshams lived there. Then what? Should Dan Bensham be in the house, what would he say? I have come to have a look at your wife?

Get yourself home.

As if obeying a command he turned about and hurried through the town and caught his train with only two minutes to spare.

It was not until he got into the trap to begin the last part of his journey home that he remembered he had not bought the monkey on a stick or the sea shells for Hannah.

The Idiot
Chapter One

Compared with High Banks Hall Burndale Manor was a small house, but it was a companionable house, warm, welcoming. The Manor had been in the Ferrier family for three hundred years. Even the present house was built on the foundations of the previous Ferrier home, which had been burned down one Christmas time, when a tired maid dropped her head onto the kitchen table at four o'clock in the morning and went to sleep. The guests revelling in the house and the staff in the barn had all been too drunk to fight the fire caused by a toppled candle burning into the wood of the grease-sodden table. No one knew how long the previous Manor had stood, some said three, some said four hundred years; what was known was that the timbers had been so dry and worm-riddled that by daylight there was nothing left of the place.

Although the manor house was comparatively small, the acreage was large, extending to seven hundred acres, and not all being of barren hillsides, but of gardens, fertile fields, and woods.

Katie was a bride of five weeks when she first saw her new home, and from the moment she entered its doors she knew she would love it and all therein, from the butler, McNeil, who was so old he tottered – but as Pat said would be allowed to totter until he died – to Mary Dixon, the meanest of the staff, being but a kitchen maid; she took them all to her heart. How could it be otherwise, for she was experiencing such happiness that the world and all in it appeared good and glorious.

Pat Ferrier, during his short courtship of her, had been gallant, charming and amusing, but as a husband he had been a revelation. She did not mind that his expertise in this direction was due to his experience as a lover of many women, for she knew that in his eyes she was someone unique, someone who translated joy for him. His loving was tender and exciting, and brought out in her qualities she never knew she possessed. Moreover, as the weeks grew into months and she became happier still in the knowledge that she was to bear his child, she acquired a poise that all Miss Brigmore's teachings could never have implanted in her, because it was the outcome of the fact that she was loved and honoured, and she was about to become a mother. And this, she determined, would be the first of many pregnancies, for she would give Pat, not just one son or daugher, but a family of sons and daughters.

Not least of her pleasures were the dinners she graced, some companionable affairs of half a dozen, others larger assemblies when twenty or thirty guests would be present. She preferred the smaller dinner parties, for at these the conversation became general, and she was surprised and pleased at Pat's knowledge of everyday affairs, particularly politics.

She had considered her own mind very wide when she was struggling with the social problems of Manchester, but listening at these special gatherings she recognized how colossal her ignorance of world affairs was. When she confessed this to Pat he kissed her and laughed as he said, 'Well, my darling, the more knowledge you gain of your ignorance the more you will learn.'

The depth and wisdom of his answer did not explain itself fully until she had pondered on it.

It was a humbling thought, that all the while she had been concerned with the trivialities of her good works great things were taking place beyond her horizon; jealousies were working like yeast in countries which Pat said would eventually make them rise to war.

It was at the dinner table that she learned that Germany was jealous of England, it was jealous of her colonies and the positions these afforded to the young bloods of the country. Although Germany had the biggest army in the world, and had, apparently, no need to envy England, nevertheless it did, because England, the little island, the powerful dynamic little island, was preventing the German army from ruling Europe. Moreover, England had prevented Germany from marching through Belgium in 1870, and had refused to let it attack France in 1875: France was crippled at the time; never kick a man when he's down, was the Englishman's motto.

So she learnt that the Germans, from admiring the British, had grown to hate them. What apparently annoyed them was that the English found them amusing. The working-class Englishman thought of the Germans as pork butchers, for every good pork butcher's shop was found to be owned by a German. The Englishman also considered the Germans a pompous people, for didn't they come to England and march about the country playing in bands. And they all had big bellies through drinking beer.

As Katie listened she laughed. Yet there were times when she despised herself for not putting over her point of view, particularly when the topic of conversation turned on the children of the working class and the wisdom of educating them. But then ladies didn't, not at the dinner table and in front of guests.

Her days during the first months at the Manor were joyously full with entertaining and being entertained. But one day a week she insisted on being kept free, and on this day she would drive over to her old home, accompanied most times by Pat, and there they were welcomed with open arms.

Christmas had been particularly happy for Katie that year because her father and Brigie both came and spent it at the manor house, and their stay had been prolonged by a snowfall that continued for three days.

It was during this time that she first experienced a bout of morning sickness which gave final confirmation to a hope which she had not up till then mentioned to her husband, and when she quietly and without coyness, but with a twinkle in her eye, told him the news he had taken her in his arms and held her tightly pressed against him, not kissing her, not even speaking, because his feelings in that moment could find no relief in outward expression.

During the months that followed he petted and pampered her and amused her and, as she laughingly admitted, extended her education beyond the point where Brigie had stopped. In fact Brigie's teaching now appeared to be of a very elementary quality.

The child was due in July. The layette was one that would have met the needs of royalty. Excitement pervaded the house from the wine cellars up to the set of four rooms on the second floor on which the workmen had spent three months, turning it into a nursery, complete with day nursery and night nursery with a nurse's bedroom and sitting room attached.

She started her labour pains on the Sunday afternoon when the sky was black with an impending storm. The storm itself did not break until late evening and it raged all night and did not die away until the first light, and it was with the first light that she gave a great cry that brought Pat from the adjoining room, and he saw his son born.

When, an hour later, he looked down on the child lying in the cot to the side of the bed he laughed and said, 'He's an ugly brute, he's going to be like me,' and she gazed up at him and whispered, 'All babies look ugly when they're born, but if he grows like you he'll be the most handsome man alive.'

'Katie, darling Katie, how can I ever repay you for what you have given me? How? How?' He took her face tenderly between his hands and as tenderly he laid his lips on hers, and she closed her eyes and went to sleep.

The nurse said she had never known such a quiet baby. The wet nurse said it must be her milk for the child seemed filled with happiness. He rarely cried, and there was a perpetual smile on his face which, as the days passed, lost its look of crumpled ugliness and took on a soft, wide-eyed surprised stare.

Katie could not remember exactly when she first began to worry about the child. Was it when he made no movement to pull her finger into his mouth and suck it, but just held it limply while staring up at her? Or was it when she noticed that the contours of his face did not drop in as a baby's should?

He was three months old when the nurse said, 'He's lazy. You get them like this; they want a smacked backside now and again to rouse them.' And when she went to apply the remedy, even gently, Katie almost sprang on her and, grasping the child from her knee where he lay on a towel being dried, she glared at the woman and cried, 'Don't you ever raise your hand to him, ever!'

In one flashing moment the nurse, who had been thinking that this particular mother was easy, the child being her first, and her knowing nothing about babies, discovered that she was being confronted with a parental passion such as ladies never showed; you expected and got this reaction from the lower class, but never from those in manor houses and the like. She was huffed, and she showed it.

When the child was four months old Katie changed his nurse. The new one was a widow from the village. She had been a mother six times, but four of her children had died, the remaining two being now married. She was a kindly soul and wise, so from the beginning she never proffered an opinion on the child, and since her mistress never put questions to her regarding it she kept her opinion of her new charge to herself.

When the child was a year old it had not yet said either mum-mum or da-da, nor had it made any attempt to pull itself to its feet or even to crawl.

Katie would sit him on a rug and hold out her arms and say, 'Come. Come, darling,' and the child would look at her and smile, a wider smile than the one which usually turned up the corners of its straight lips, and after what seemed to be a great effort would turn on to its hands and knees with a flopping movement, and with its head up and gazing at her it would crawl slowly towards her. And she would lift it into her arms and press it to her breast, and control once more the great tide of fear that over the past two months had been rising towards her brain and threatening to overwhelm her.

But her emotions did find vent before they reached the stage that would have caused her to have a mental breakdown. It happened one night as she stood by the cot and looked down on the sleeping child. Thinking she was alone she pressed her face so tightly between her hands that she inflicted pain on herself; and it was as she shook her head in a despairing movement that she was startled by Pat's arms pulling her around roughly and his voice saying, 'Let us talk. Let us talk, Katie. We must face this. Come.' And he led her downstairs to their bedroom.

Her crying had been audible, verging on hysteria, she had cried and wailed for a solid hour. Only when he said, 'I'll call the doctor,' did she calm down; then choking and spluttering, she gasped, 'What have I given you, Pat? He is not right, far from right. I've . . . I've known it for a long time. He . . . he could be an imbecile. *Oh, Pat, Pat. Oh I'm sorry. Oh, my dear, my dear.*'

When he held her closely pressed he did not contradict what she had said, for she had voiced what was not just his fear but his certainty that his son was abnormal.

As Katie half feared the child did not alienate Pat's feeling for her; rather he became more attentive, if that were possible. The only time he left her to travel alone was, first, when he went to London to see a doctor who had been recommended to him and the second time, when for a period of two weeks he returned to France, there to visit a specialist.

After his visit to London he had brought back with him Doctor Cass. The doctor was an old man, blunt and seemingly unfeeling. He spoke in short sharp sentences saying that he had seen hundreds of babies such as this, but this one was fortunate, if you could call it so, for he wouldn't be smothered on the quiet, or chained up in some cell, or at best relegated to a garret in the top of the house. On the last words he had turned and looked from Pat to Katie as much as to say, Well, the last is up to you.

It was evident, he went on to say, that the child had just missed being a mongol; and they could hope that he would not grow up an idiot, merely an imbecile. There was nothing much one could do, he informed them, until the child was a few years older, five or six. It might turn out then that he would show a certain amount of intelligence, which could be developed with training, constant specialized training. He emphasized the latter. He had, he said, known cases where a child like this had in later years even been able to earn its living at a craft, a simple craft, a handicraft; but that was all they could hope for.

Of course, he had ended, his was only one opinion, there were others they could consult. And he showed that he wasn't really unconcerned when he suggested that Pat might find it worth-while to go to France, for there a psychologist by the name of Binet was doing interesting work with the mentally retarded.

Who knew, he said finally, while he shook their hands and thanked them with softened courtesy for their hospitality, who knew but that Binet could help them. New methods were being discovered every day. It all had to do with the metabolism; when acids couldn't be metabolized they passed out in the urine and deficiency occurred, mental deficiency.

'Yes, yes.' He was still talking as he got into the carriage. 'It's all to do with the metabolism. If you decide to see Binet tell him what I have said, and I'll send him a note if you so wish. He might say I'm quite wrong in my diagnosis and the child will grow up simply to be a moron. And there are a lot of them about, by God! yes; half the country is composed of morons. Well, good-bye. Good-bye. And let me say this. If you feel I can help in any way just drop me a line and I'll be up.' He had put his head out of the carriage window and looked up at the sky and around the drive and exclaimed in his abrupt fashion, 'Lovely country. Lovely country,' and then he was gone, leaving them both devastated.

Patrick went to France and saw Monsieur Alfred Binet, and Monsieur Binet said he could do very little but pass an abstract opinion on the child, not having seen it. But it seemed that Doctor Cass had been right in his diagnosis, except in one aspect; Monsieur Binet could hold out no hope from the description that had been given him of the child's behaviour that he was as light a case as a moron. But one never knew. If, as Doctor Cass had said, his features were not completely mongolian but just tended that way, and his reactions were not completely static, then there was a possibility that he would grow to be merely a mongolian imbecile, not an idiot; and if this were the case he could turn out to be quite intelligent, in fact, of even a higher intelligence than a moron. He had known such cases, there was hope.

Such dubious hope had a devastating effect on both of them, yet they made the child the focal point of their lives, which changed the pattern to almost a sombre ritual. The gay dinner parties came to an end; only those who were close friends or relatives were invited to the house; and the staff, after being lectured by McNeil in the servants' hall, became like a loyal clan in that they did not chatter to anyone outside the estate, and they allowed no one to enter the house except those known to be close friends or relatives.

But even the visits of the close friends and relatives upset Katie for she insisted that the child should not be hidden away in the nursery, she would not be guilty of Doctor Cass's assumption. Yet when she saw the pity in the eyes of those who looked on her son her whole being was rent with pain. And no one had caused her more pain than her father, for he reacted from the first as if she herself were to blame. She had the suspicion that he imagined her child would not have been as he was had she married Willy. And she was right, for this, Harry thought, was what came of high breeding – the Ferriers went so far back that their line had been weakened.

Chapter Two

Lawrence Patrick Charles Ferrier was three years old on the fifth of July, 1889, and hadn't yet walked, not even with stumbling step, but could say 'Pop-a' and 'Mar-a.' He could say 'fow' for flower, and 'de' which meant drink, and 'Bri-Bri,' which stood for Brigie.

This progress had come about within the last six months and the effect on Katie had been as if she had discovered that her son was showing signs of genius. If he had sat at the piano and composed a sonatina she could not have been more delighted, and it wasn't only that he was attempting to speak, and walk, but that he was also showing a preference for people and things. He liked cakes but didn't like meat; he liked milk but wouldn't drink soup.

Only yesterday when he had taken his hand and swiped from the table a bowl of soup his nurse had placed before him Katie had laughed, and she had gone running to Pat and told him. And he had come up to the nursery to view the evidence of his son's independence.

Putting his arm around Katie's shoulders, Pat had pressed her to him and they had looked at each other and the smile they exchanged was winged on hope.

But the child showed his greatest advancement in his preference for certain people. When some of the maids spoke to him he would make no response whatsoever, just stare at them out of his wide blue eyes; but others he would touch, or even extend his arms towards them. This latter he always did with Brigie, and Brigie would take him to her heart and hold him close and call him 'My lamb'. And Katie loved her for it while at the same time almost hating her father for the fact that he never touched the child, did not even extend a finger to him.

The day was hot, and the garden was heavy with the scent of roses. Katie had tea served in the shade of the oak tree. There were only herself, Brigie and Harry present, together with the child. Katie held him on her knee and she interspersed her conversation with her father and Brigie to talk to him in short, repetitive, stilted sentences. Lawrence like some milk? Lawrence like some cake? No, no! Lawrence must not touch that. This is for Lawrence. . . . Cake. Cake.

'My dear.'

'Yes, Brigie, you were saying?'

'I wasn't, but I'm going to. And don't become annoyed with me, please, for what I am about to suggest, but I think it would have more effect if you were to talk to him in a natural fashion.'

'I do, I do.'

'No, my dear, I'm afraid you don't. What you say is: Lawrence have cakie. Lawrence have this. Lawrence can't have that. To begin each sentence with his name is not natural, it will penetrate his mind in this stilted fashion and the result will be that when he does talk it will be in a similar manner.'

Katie stared at Brigie. She wanted to say 'What do you know about it? All waking hours of the day and sometimes of the night I am with him, talking, coaxing, playing.'

Brigie was not slow to realize how Katie had taken her suggestion and she sipped from her cup before saying, 'I'm sorry, my dear, you must forgive me. I forget I'm not still in the schoolroom.'

Katie let escape a deep sigh; then tracing her finger through the short, thick hair on her son's head, she murmured, 'You're right. I know you're right. I've got into a habit. I'll . . . I'll do as you say.'

When the child wriggled on her knee she put him on to the grass. Then, with a look of wonderment on her face that was painful for Brigie to witness, she pointed to him as he pulled himself to his feet and began a stumbling walk as a baby might who was taking its first tentative steps, testing one foot forward before lifting the other, and she cried, 'He's walking! That's . . . that's the first time.'

When she rose to her feet and went to follow the child Harry's voice came at her flatly, saying, 'Sit down, lass, and leave him be.' And she sat down, and the smile of happiness slid from her face as she looked at her father, and he, breaking a piece of cake and chewing on it, did not return her look but said, 'Is Pat likely to be back afore we go?'

'Unless he gets talking to someone in the market.' She turned her glance on Brigie and ended, 'He's become very interested in the farm.'

'That's good,' said Brigie.

'He'll never make it pay.' Harry took another bite of the cake. 'He'll never get his money back on all those buildings. Putting up stone byres and runnin' water miles across the land when there's a good well there that's served him for years; he'll never get his money back.'

Katie and Brigie exchanged glances and Brigie made an almost imperceivable movement of her head which said, 'Take no notice.'

'Our Dan's a surprise.'

'Yes?' Katie raised her eyebrows in polite enquiry as she looked at her father.

'Aye, I should say he is. I always knew he had it in him; it just needed to be brought out an' this Newcastle end has certainly done it. By! Aye, he pushed orders up almost forty per cent last year. Now that's something, and from our Dan mind, him that wanted nowt to do with business. It must have been that little bookshop he had over there that set him going. Anyway something did it. They're going to move to a bigger house, up Gosforth way. Did you know? At least he's talking of it. Barbara's not so keen, 'cos she wants the bairns near the school she said. I think she's looking forward to it, I mean seeing them off to school. And I can understand it an' all, 'cos by, they're a handful! Talk about little devils! It's Ben that's the trouble; he's the leader, the other two just follow. Eeh! the tricks that one gets up to.'

Every word her father uttered was like a paean of praise, and she turned her sad eyes and looked to where her son was now crawling on all fours towards a rose bed in the middle of the lawn and she got up quickly and went towards him.

Brigie, looking straight ahead and speaking under her breath, now said, 'Please don't talk about the boys.'

'What? What's that you say?'

'I said please don't talk about the boys; you are hurting her.'

'Aw, God in heaven! Can't I open me mouth?'

Harry looked at her. She was still gazing straight ahead. It was Miss Brigmore who had spoken, not his Brigie, or Anna. And he knew she was right, but God in Heaven! he couldn't sit here and not open his mouth. And what could he talk about if not about his grand-bairns? He couldn't talk about that thing crawling over there. My God! How had that come about? Not from his side, he'd swear. They'd gone barefoot and empty-bellied over the last three generations afore him but there had never been an idiot among them. And now their Katie to give birth to one. Why, it was unbelievable. Now if it had been their John's Nancy he could have understood it. Or again, if it had been Barbara, her with her temper and the background of them whoring, raping Mullens. Yes, he could have understood it if she had given birth to a flat-faced idiot; but not their Katie. He had always considered their Katie was as virile as himself. An' she was, it wasn't her fault, it came from the other side. But she had to bear the brunt. By God! she had to bear the brunt all right. That thing in her arms now would cripple her for life. It was a pity after all that she hadn't married Willy Brooks.

When he next spoke it was debatable whether or not he was endeavouring to make amends for his tactlessness, for as soon as Katie sat down again, the child on her lap, he said to her, 'You'll never guess who I ran into the other day, and in Newcastle an' all mind.'

'No, who?'

'Your friend, Willy, Willy Brooks. By! there's a pusher if ever there was one. And it's paying off. I'll say that for him, it's paying off. Member of a swank club he is now. That's his father-in-law's doings. There's money in cotton, an' who should know better than me about that. But when you make it up into shifts and the like, well; as the young snot said to me, "There's coppers in cotton but there's gold in shifts. Aye, an' in more ways than one." That last was a dig at you, our Katie.' He nodded at her, then went on, 'Fourteen draper stores he said they've got along the river now, one in every town, and he's managing the lot. On the board of directors an' all. I nearly asked him was the price worth it. You haven't seen his wife.' He jerked his chin at her and laughed now. 'Talk about dribble at the lips an' dry at the groin, that's her. . . .'

'*Harry!*'

'Aw, give over chastising me. Katie's married, I'm not talking afore bairns.'

'You're talking before me and I don't like the flavour of your conversation.'

'By!' He sat up and pulled himself forward in the basket chair. 'You're on your high horse the day, aren't you? Well, I'm not listenin' to any more of it, here's me going for a stroll out of it.'

Both Katie and Brigie watched him walk away. Then Brigie said softly, 'He's your father and he can't change; he doesn't mean to hurt you in any way, he loves you very very dearly.'

'I know that, but nevertheless he does hurt me.'

'I know he does, dear.'

'Bri-Bri.' The child was holding its arms out to Brigie, and she took him from Katie and stood him on her knee and looked into his face. His eyes appeared to be laughing but she knew they weren't, for if you looked into them and did not take into account the other features of his face you saw that their expression was laden with a peculiar sadness, not a vacant sadness but a sadness that was full of awareness; it was as if in his brain there was a pocket of knowledge that made him aware of his plight and the futility of struggling against it. It was his mouth that gave the impression of a constant smile. His lips were shapeless but full and over wide for the size of his face, and they turned up at the corners.

As Brigie stared from one to the other of the child's features she realized that just a little less of one and a little more of another and he would have had facial proportions that would have taken him into manhood with the stamp of handsome on him, nay beautiful, for in some strange way there was even now a hint of beauty in his face. She pulled him to her and held him closely, and over his small shoulder she looked at Katie and said, 'Don't worry. Don't worry, my dear, I have the feeling that he'll bring you comfort yet.' But she doubted her own words as she watched Katie bow her head and the big slow tears roll down her cheeks and drop from her chin before her blind groping could produce her handkerchief.

Bring her comfort. She would forgo comfort, and happiness, and yes, even the love of Pat in exchange for her son's normality. She could bear that he turn out to be the biggest rogue and scoundrel in the county so long as he was able to recognise that he was a rogue and scoundrel.

Why, she asked yet agin, had this to happen to her and Pat? Did curses carry their weight? Willy Brooks had cursed her on the night she gave him back his ring; and Barbara, from her attitude, the fury of which kept her silent during a whole evening of supposed celebration, had surely cursed Pat because he had called her babies 'the Mallen litter'. And then there was Constance Radlet. Mrs. Radlet had been in her thoughts a lot of late. Had she, like Willy Brooks, cursed Pat when he failed to realize her hopes? But it didn't need a curse to pass on evil, just a wish would accomplish it, a wish oft-repeated, and from the heart, especially if the heart had suffered the pangs of being spurned, as these three had.

PART TWO

The Years Between

Chapter One

They had moved into the new house in the awful weather of January, 1890. The house was situated on the outskirts of Gosforth, standing back from the road that led to Morpeth. It was called Brook House, the name taken from a tiny stream that meandered at the bottom of the two-acre garden.

From the outside the house itself looked like a big red-brick square box but inside the rooms were spacious and well designed. The hall was large; three reception rooms went off one side of it, and a kitchen, dining room and morning room from the other. The stairs rose straight from the hall to a large landing, which gave access to four bedrooms and two dressing rooms.

At the end of the landing another flight of stairs led to the second floor. Here were four more large rooms, but all had sloping ceilings and small windows. At the end of this second landing a ladder, attached to the wall, went straight up into the roof and to the topmost room in the house which was under the eaves and lit by a skylight.

This was Ruth Foggety's room and had she been asked what she thought of it she would have answered, 'Heaven could be no better.'

Ruth was the third nursemaid Barbara had engaged in as many months. The other two had left in tears, both saying almost the same thing, 'It isn't the place, ma'am, it's a good place; leastwise it would be if it wasn't for Master Ben.'

Ruth Foggety had survived a fortnight and showing no sign yet of tears or hysterics at finding a dead rat in her bed, or worms wriggling around her toes, or being tripped up when carrying a tea tray to the drawing room.

Ben Bensham, not yet five years old, looked at least eight and had the mind of a precocious ten-year-old. Everyone agreed on this, as they agreed that his two brothers were angels, or at least would become angels if left to their own devices and not led into mischief by their brother, their elder brother, as people not acquainted with their birth thought of Ben, and even those who were found it hard to believe that the three boys were of the same age.

It was as Barbara was arranging some early daffodils in the drawing room that she heard the screams, and as the sound of screaming was anything but unusual in the house and when penetrating down from the nursery floor could mean anything from glee to anger she took no immediate notice because her mind was concerned with making everything look just right for the arrival of Mr. Bensham, as she still thought of Dan's father, and Brigie.

Mr. Bensham, on his monthly visits to the warehouse accompanied by Brigie, stayed overnight in an hotel in the town, but always on the afternoon of their arrival they came for tea . . . at Dan's. And always Barbara became agitated by their coming, not so much at the thought of seeing Mr. Bensham, in fact he mattered not at all to her, but it was Brigie's presence that always disturbed her. Brigie still occupied a place of guilt, coupled with condemnation, in her mind; this woman who had loved her, brought her up, cared for her, cosseted her, and on whom she should in return have lavished her gratitude reminded her only that in the main she had been the means of depriving her of the one love of her life, and she knew, deep in her heart, that Brigie could never forget that it was because she had wanted to escape from her that she married Dan.

Yet when she should arrive they would put their arms about each other and they would kiss, and on the outside it would appear like the meeting between the beloved mother and her adored daughter.

The scream came again, more prolonged this time, causing her to lay down the flowers and turn swiftly around and go into the hall and look upwards. It was only then she realized that the cries were not coming from the nursery but from the first landing. She lifted the long trailing skirt of her green corded dress and ran up the stairs, only to pause at the head and gaze in righteous indignation at the scene before her. She could scarcely believe the evidence of her eyes, she had never witnessed such a scene. There, kneeling back on her hunkers, was the new nursemaid, Ruth Foggety, and across her knees lay Ben, his little trousers pulled down to his ankles, his under-drawers too, his shirt pulled upwards and covering his head. His bare bottom, exposed and already a scarlet hue, was being slapped; no, not slapped, struck by the flat hard hand of the nursemaid, and with each blow she was saying something. 'That's one for the worms, an' that's another for the black-clock, an' that one's –' the hand came down with terrific force on the small buttocks – 'for murderin'. . . .'

'Stop that at once. How dare you! How dare you!'

Barbara grabbed Ben upwards away from the small, plump figure kneeling on the floor. 'You wicked creature, you!'

'I'm no wicked creature, ma'am; he's the wicked one, if you're talkin' of wicked.' Ruth Foggety had risen to her feet. 'He nearly murdered me, he did. A string across the top of the stairs of all things. I'd have gone down head first an' that would have been me end if I hadn't caught sight of him beyond the banisters there. I knew he was up to something. I've had enough of him. It's either him or me. . . .'

'Don't you dare talk to me like that, girl. And you listen to me once and for all.'

And Ruth Foggety listened to her mistress, she listened so intently that neither of them was aware of the front door being opened by Ada Howlett, the daft daily as Ruth had christened the maid who wouldn't sleep in, preferring rather the three mile tramp back to town in all weathers.

Not until Harry came up the stairs saying, 'what's all this? What's all this?' did Barbara become aware of anyone else but this girl and her son, who was now leaning against her side sobbing, for it was many years since she had allowed her temper full rein; in fact, not since she had heard Pat Ferrier call her children 'the Mallen litter' had she felt such indignation, such rage.

As Harry, puffing from his exertions – for at seventy-one he was beginning to feel his age – said again, 'Well, what's up here, eh? What's up here?' Brigie without any show of exertion passed him and went straight to

Barbara's side and immediately took in the situation. She knew all about it before Barbara, her breast rising and falling with her indignation, said without any preliminary greeting, 'She . . . she thrashed him. Look, took down his trousers and thrashed him with her bare hands.'

'Yes?' Brigie looked from the girl to the black-haired boy, whose face was hidden against Barbara's side, and she thought, Well, someone had to do it sooner or later, and the someone should have been yourself. But what she said was, 'What is it all about? What caused it?' She cast a glance towards the new nursemaid. She saw that she was a girl of about sixteen. Every part of her gave off signals of youth, round breasts, round buttocks, round face, even her eyes were round, blazing in her head now, even more so than Barbara's. When she's forty, Brigie thought, she'll be a fat little woman; now she epitomizes the fullness of youth, fresh and, as Mary used often to say, blue-mottled-soap-washed fresh.

Indeed the girl was blue-mottled-soap-washed fresh.

Brigie looked at Barbara again and said, 'Come, let us go downstairs.'

Barbara did not answer but, glaring at Ruth, she cried, 'And you, get your things together and go this very day, now!'

'No! . . . No!'

Every eye was turned on the boy now. He had released himself from Barbara's side and had taken three steps back from her and, with his eyes still running tears, he gazed up at her and again he said, 'No!'

'What do you mean, Benjamin, no?' Barbara addressed him as she would an adult.

'No! You're not to send Ruthie away.'

All the faces looking at him underwent a change, and he stared from one to the other until finally, bringing his gaze back to his mother, he said, 'I like Ruthie.'

Barbara's lips opened to say, 'But . . . but she has just thrashed you'; instead, she restrained herself and stared back at this son of hers, the son whom she could not love, the son whom not once had she willingly taken in her arms, cuddled or petted. She could caress the other two, oh yes, particularly Jonathan, for although Jonathan was similar in looks to his brother, Harry, his nature was different from Harry's, and poles away from Benjamin's. She had never said to herself that she didn't like Benjamin, that even to look at him hurt her, for he was her son, and she must do her duty by him. And this was foremost in her mind now as she stared down on him. She imagined, as she often did, that she wasn't looking at the face of a four-year-old boy, but at that of a man, a black-haired man, black hair that was invaded by a foreign streak of fair hair running from the crown of his head down to his left temple; and eyes that were already old with knowledge; and a mouth, a sensual mouth, an experienced, kissing mouth.

'Be quiet, Benjamin. Pull your trousers up and go to the nursery. You'll do what you're told.'

'I'll not, I'll not, Mama.' He backed from her. Then with a swift movement he dived towards Ruth. And now he was clinging to her.

The colour that had drained from Barbara's face returned at a rush. Again indignation swept over her, but a different kind this time. She felt she was being affronted, pushed aside. Her child openly preferred a nursemaid to herself, a nursemaid who had whipped him.

'Don't go, Ruthie, don't go.'

Ruth Foggety looked down into the boy's face and her own broke into a smile and it acted like a soft wind stilling a rough sea, and her voice added oil to the water as she said, 'Well, now, Master Ben, what did I tell you? You brought it on yourself. I warned you, didn't I?'

The oil on the water was suddenly engulfed as the storm rose again and enveloped her as she ended, 'I told you what I'd do, didn't I, I warned you. Any more of your fiddlefartin' and I'd skelp your backside for you and I. . . .'

'Enough! Go upstairs this moment. This very moment.' As Barbara went to grab her son from the contaminated presence of the nursemaid Harry literally stayed her hand by catching hold of her arm and pulling her about to face the stairs. 'Come on. Come on,' he said. 'Storm in a teacup. Let's talk this over.' Then over his shoulder he looked to where the girl was standing, her face once more showing defiance, and he said, 'You take the children upstairs, girl, and wait there.'

Barbara, preceding both Harry and Brigie down the stairs, allowed her indignation to dash along yet another channel. How dare he! This was her house. He had taken the authority from her hands. It was too much, too much. One thing and another, she couldn't stand much more. She was tired, depressed, bored. Yes, yes, *bored.* Life was almost like being back in the cottage again, closed in by the hills, the mountains. What was life for anyway? She lifted the daffodils from the table and thrust them into the vase before she rang the bell. And then she made an effort to calm herself down when she heard Harry say, 'Get your things off. Get your things off, lass, 'cos you're not goin' to be asked.'

'Oh, I'm sorry, I'm sorry, Brigie.' She now went towards Brigie and they kissed and enfolded each other. Then she said, 'Sit down, sit down. But . . . but you see what I mean.'

As Brigie sat down and smoothed her grey serge skirt over her knees she said, 'But if you let her go, will the next one be any better? The last two were nincompoops. In your letter last week you said you were very pleased with her. She was clean and bright and the children seemed to have taken to her. That's what you said.'

Barbara sighed as she answered, 'Yes, that's what I said, but you've seen for yourself.'

She looked from Brigie to where Harry had flopped down in the winged chair to the side of the fireplace, and what he said was, 'Get us a cup of tea, girl, an' then I'll tell you what I think.'

When Ada Howlett, answering the bell, was given the order to bring in tea, Harry remarked, 'Well, of the two I know which one I'd put me money on. That one looks about as bright as Manchester mud. With all the unemployment and empty bellies in the town I'd have thought you could have done better than that.'

He was an aggravating man was her father-in-law. Every word he said to her had, she felt, a thread of criticism running through it. She replied primly, 'When they're near the town I understand they like to live at home.

If they live further out in the country they are quite willing to live in, although they can demand less money.'

'What you payin' her?'

'Five shillings a week.'

'Aye, well, I suppose that's fair for this kind of work. But my lot would spit in your eye if you offered them that, I mean in the factory in Manchester.'

'You can't compare factory workers with domestic servants, Harry,' Brigie put in sharply.

'No, I'm not sayin' you can' – he bobbed his head at her – 'but I think it's about time you did, for some of them work just as hard, except those back home. My Manchester lot work like blacks, but you and Kenley between you, you ruin that lot back at the house. The money! Eeh! the money I've to pay out. It's nobody's business.'

'Be quiet, Harry.'

And when Harry became quiet Barbara looked at him and wondered at the power her adoptive mother had over everyone who came in contact with her.

They had their tea, and they discussed the situation regarding Ruth Foggety, and two hours later when they left Barbara was much calmer and she had promised to consider Harry's advice on the matter before sending the girl packing.

Just before Brigie stepped up into the carriage she turned to Barbara and, looking straight into her face, she asked, 'Were . . . were you expecting a visitor today, dear?'

'A visitor? No; only you. Why? Why do you ask?'

'Oh, no . . . no reason. No reason at all. Perhaps it was because everything in the house looked so inviting. You have made it very lovely, dear.'

Barbara returned Brigie's stare for a moment, then said, as a daughter might to a mother, 'Well, I always take special care that things are just so when I know you are coming. You don't think I could forget you have eyes in the back of your head?'

They exchanged tight, prim smiles; then Brigie climbed into the carriage and waved Barbara good-bye.

The carriage had hardly turned from the drive on to the main road before Brigie gave her whole attention to looking out of the window.

'What is it? What you looking for?'

'I'm looking for the hired carriage that I'm sure followed us here.'

'You're daft, woman.'

'That's your opinion, and you are entitled to it.'

'Because you saw him in the town, you think he came on your trail?'

'I'm sure of it.'

'Well, well, I hope you're wrong 'cos if you're right I'd have to tell our Dan.'

'No.' She turned sharply from the window. 'You must never do that.'

'Oh now! You look here, woman, look here. There's nobody going to make a monkey out of our Dan and me stand by and watch it. Oh no!'

'Please.' She was sitting close to him and had taken his hand now. 'Please,' she repeated, 'do as I ask, at least for the time being. I . . . I know Barbara.

She has been slighted, spurned; she would never dream about looking his way again, she's over full of pride.'

'That's as may be, but don't forget what the rumours say. That Jim Waite of theirs has a big mouth apparently and he doesn't keep it closed in the market. He gets talking to Watts.'

'Watts's work is to drive the coach, not to gossip.'

'Sh! ssh!' he pointed towards where the coachman sat on the top of the box outside, and Brigie said, 'If he can't hear what you say then he can't hear what I say. But I repeat, he's a gossiper.'

'Well, I find a bit of gossip handy at times; it's well to know what goes on roundabout. An' from what I can gather Michael Radlet's a morose man with no thought for anybody but his daughter, and when a man's unhappy things can happen. You should know that.'

Brigie turned slowly from him and looked out of the window again. Then she started visibly and only stopped herself from exclaiming aloud as she saw the hired cab standing in a narrow side lane, and beside its door a tall man with his back to her. But she knew that back as well as she would have known the face.

Her mind worked rapidly before she turned to Harry and, her tone soft with no semblance of Miss Brigmore or even of Brigie in it, she said, 'Don't do anything. I mean don't mention anything to Dan about our suspicions until we are sure, will you not? Please, please, Harry; do this for me.'

'How can you be sure, you're not here often enough?'

'I'll . . . I'll know the next time I see her, and we'll make it soon, next week.'

He stared at her for a moment before saying, 'And you'll tell me, you'll tell me the truth?'

'I'll tell you the truth, or what I know of it.'

'Fair enough.' He nodded at her. 'But we're going to the warehouse now to see our Dan and put him wise to what's happened this afternoon. That young lass is the best thing that's hit that nursery yet, I should say. What do you say?'

She smiled at him now, 'I agree with you.'

'Fiddlefartin's an' all.'

'Harry!' She was Miss Brigmore again.

He leant his head back against the leather upholstery of the coach and his body shook with his chuckling. 'Eeh! By! I thought I'd fall downstairs when she came out with that, and so natural like. But' – he brought his head upwards – 'what do you think of young Ben clinging to her like that after she had skelped him, and right well for his backside was blazin'. There's something funny about that, odd in a way, don't you think, and a bit frightening, a child turning from its mother to a maid?'

'Most children of today are more acquainted with the nursemaids than they are with their parents. You know that.'

'But not in this case. Dan's never had the bairns imprisoned upstairs. He's like me, he wouldn't be for it. No, that little scene went deeper, there was more in it than met the eye. Aye, much more.'

Yes, there was more in it than met the eye. Brigie knew this. She could give a full explanation of it in a few simple words: the child realized his mother didn't love him.

She had watched Barbara with her three children but she had never seen her stroke Ben's black hair as she had done the others'; comb it, yes; dress him, yes; feed him, yes; but never love him. At first she had thought that she shouldn't judge because she wasn't with them often enough, but as time went on and the visits became monthly affairs she knew that the first-born of the triplets was like a thorn in Barbara's flesh; although he was but a child, she saw in him a reflection of the portrait that hung above the mantelpiece in the cottage. Ben was a constant reminder that she was the daughter of Thomas Mallen.

That the boy would grow up like his grandfather, Brigie had no doubt, and in her heart she was both glad and sorry. Glad that Thomas would live once more, but sorry that Ben was being deprived of love when he most needed it.

It was eleven o'clock at night on the same day. Ruth Foggety sat in the kitchen on a straight-backed chair at the corner of the bare wooden table and awaited her fate. The mistress had spoken to her only once since the rumpus on the landing, and that to say 'You will wait till the master comes in, he will deal with you.'

She hadn't been long enough in this establishment to know who was the real master. In the place she had been before it was the missus who had ruled, and she thought it was the same here. But now she wasn't quite sure. She considered the master was a kindly little bloke, a man who would do anything for peace she would say. And yet she didn't know. Look at the way he had gone for Mrs. King last week, her who called herself a cook. Cook indeed! God! she couldn't even skin a rabbit, it went to the table with half its coat still on. And the cabbage she dished up. Honest to God! you would think it had been boiled in the dock water itself. The master had said as much, but in his own way of course. She had been surprised to hear him talk so, stiff, quiet, but right to the point. 'I want no excuses,' he had said. 'If you haven't improved by the end of the month then I'd advise you to look for another post.'

When she thought about it, it had surely been the mistress's job to complain about the meals. And, of course, she had. Oh yes, she had heard her. But it was himself who came out of the dining room that night, a plate in his hand and, pushing it under the cook's nose right in the kitchen here, had said, 'Mrs. King, would you mind explaining to me what this is?' Sarky he was, right sarky. Old Ma King hated his guts. But she herself liked him. Yes, she did.

She nodded to herself at this point of her thinking. She must admit she liked him, but she didn't suppose she'd be able to keep it up when he gave her the push. She wished he would hurry up and get it over with. He had been upstairs a good half-hour; he hadn't got in till after ten. He had been to a meeting, or some place such as business men attended in the City.

Although she was waiting for the door to open, when it did she was startled and jumped to her feet.

'Sit down. Sit down.' Dan pointed to a chair. Then he himself pulled another chair from the far wall and brought it to the table and sat down opposite to her before he said, 'Well now, what's this I'm hearing?'

She looked at him straight in the eyes before answering, 'I don't know what you've heard, sir, but whatever it was, it was likely the truth. The top an' the bottom of it is I skelped your son's backside. An' I'll tell no lie, I'm not sorry I did.'

'What had he done?'

'He put a string across the top of the stairs, looped it round one of the banisters so that he could pull it and trip me up. And where would I have landed but at the bottom, with me neck broke and me past knowin' a thing about it?'

Dan looked into the round bright eyes, into the round open countenance, and the fearlessness of it evoked in him an admiration, while at the same time the thick North Country voice and the idiom of her language that brought colour into everything she said made him now want to laugh, as it did whenever he heard her.

He had found difficulty in understanding some of the men he had set on in the warehouse when he had first come to Newcastle, especially those from further down the river. There was one in particular who hailed from Shields who, to his mind, needed an interpreter. At times the rapidity of the men's speech irritated him, and this, coupled with the dialect words made it almost as unintelligible as a foreign language. Only of late, as he had listened to this girl, had he put the word colour to their speech.

He said now, 'That was very naughty of him. As you say his action could have caused serious consequences, and I can understand that you are angry. . . .'

'Oh, I wasn't angry.'

'You weren't?'

'No.'

'You mean, you slapped him without feeling angry, you did it, one could say, in cold blood?'

'If you put it like that, sir, yes. At first, that was. You see I promised it to him, 'cos he'd stuffed everything in me bed but the rabbit, and the only reason that wasn't there was 'cos it wouldn't stay still.'

'You mean he tried to put a rabbit in your bed?' Dan widened his eyes but kept his features straight.

'He did, he did. And how in the name of God he got it up the ladder into the loft I don't know, sir.'

It was too much. Dan bowed his head. His eyes became bright, he made a sound in his throat. He had a mental picture of Ben, assisted, of course, by his two lieutenants passing the rabbit up that steep ladder.

A sound from her throat brought his head upwards and he looked at her under his lids to see her fingers to her lips, her eyes sparkling; and then she said, with laughter breaking her words, 'Oh sir, he's a caution, a joker. He'll grow up to be a joker. There's never a night but I find something in me bed. If it isn't anything alive it's something that nearly makes me jump out of me skin. Last night it was a bunch of holly leaves. God! they felt like a bucket of Irish snakes.'

As Dan's head went down again her hand pressed more tightly across her mouth, and so together they smothered their laughter.

A moment later, his eyes blinking, Dan rubbed the water away from the corners of them as he said in a voice that he now tried to make sound sober and correct, 'He climbs that ladder unassisted?'

'Oh, aye sir, like a lintie. An' he must have done it for some long time 'cos he goes up and down it quicker than I can.'

Dan rose to his feet and with an effort he kept his face straight as he said, 'Well now, Ruth, the mistress is willing to give you another chance but you must be careful of your treatment of the boys.'

Ruth drew in a long breath that extended her full breasts further, before saying, 'Oh, I will, sir, I will.' She nodded at him politely. 'An' I don't think I'll have the same trouble again 'cos I got the better of him. He knows now I can give as good as he sends. Did the mistress tell you he stuck up for me? . . . He did, as young as he is he did. Mind you, sir, I can't believe he's just on five, not like the others. But there he was, stickin' up for me on the landin', saying he didn't want me to go. I got a gliff, in a nice kind of way though. Oh, I don't think I'll have much trouble with him in the future, sir.'

Dan now nodded back at her before saying, 'I hope not, Ruth. And just one thing more. The mistress would like you to. . . .' How could he put this? Could he say 'Stop using such terms as fiddlefartin''? Barbara had not uttered the word. It had been his dad who had told him, what Barbara had said was that the girl had used abominable language. He coughed and went on, 'What I mean to say is, the mistress would like you to be careful of how you speak in front of the children. You know what children are; they pick up all kinds of words and repeat them in front of their elders – and guests. You understand?'

She stared at him for a moment before she replied, 'Aye, sir. Yes, yes, I understand. An' I'll try.'

'That's a good girl. Now get yourself off to bed; you've had a long day and you must be tired.'

'Thank you, sir. Thank you very much, sir.'

He had reached the door when he turned, and his head slightly to the side he asked, 'Why must your father call on a Sunday morning for your wages, Ruth? Why can't you give them to him during your leave time?'

'Oh.' She smiled a half sad, half wise smile as she replied, 'He couldn't wait a fortnight, sir; he'd skin a louse for its hide would me da. But that's not the real reason. He wants to be sure I've been to Mass.'

'To Mass?'

'Aye. You know when I came, sir, I . . . I told the mistress that she could dock the time off me leave, but I had to get to Mass on a Sunday.'

'Oh yes, yes, I remember.' He smiled slowly at her now as he asked, 'Do you like being made to go to Mass?'

As slowly, she smiled back at him as she answered, 'Oh, it isn't a case of likin', sir, it's a case of needs must when the devil drives. An' as me dad says it's either that or spend the rest of me life in hell after I'm dead.'

He said quickly. 'Good-night, Ruth.'

And she said again, 'Good-night, sir, an' thank you.'

As he went up the stairs he bit hard on his lip. Needs must when the devil drives, it's either that or spend the rest of me life in hell after I'm dead. Oh, that was wonderful, wonderful. He must tell that one to Barbara, spend the rest of her life in hell after she was dead.

Before he had reached their bedroom he knew he wouldn't repeat the gem of Irish Catholic Geordie confusion to Barbara; Barbara hadn't the mind for such things. He drew in a long breath.

When he entered the room Barbara was asleep. He walked quietly to the bed and stood looking down on her, and his love for her, which nine years of marriage had been unable to level off into comfortable acceptance, brought his heart beating faster as if he were a young groom awaiting the consummation of love on the first night of marriage.

He put his hand over his eyes as he turned from the bed and went into the dressing room.

As he got into his night-shirt he heard a slight creak of the floorboards above his head and he looked upwards. She was going into the nursery to have a last look round. She was a good girl, the boys would come to no harm under her, and she'd manage Ben. And she'd be the first one who had been able to do so. Moreover, he had a strange idea that as young as she was, she'd be able to give Ben what he needed, love, motherly love, and the discipline that went with it.

Chapter Two

Three days later the letter came. It was fortunate that the post did not arrive until after Dan left for the city in the morning – it was his one complaint about living so far out. When they had lived in Bolton Square the mail was put on the table with the breakfast, but now it could be nine o'clock in the morning before it arrived.

Remembering to put the letters on a salver, Ada Howlett brought them into the breakfast room and placed them at Barbara's hand where she was sitting lingering over a final cup of tea. She was wondering what she would do with herself this morning; this afternoon she had an appointment to visit Miss Ferguson's Day School. The school had been recommended to her as an excellent place for five-year-olds. Both she and Dan were in agreement that it would be much better to send the children out to kindergarten than have a nursery governess in the house. But they agreed for different reasons. Dan because, although he admired Brigie and now realized that her instruction had at the time been outstanding, he felt that he and John had been lucky to escape her influence so early. She was an excellent instructor of little girls, but whether boys would have fared so well under her tuition he doubted; boys to his mind needed a different approach, a stronger, sterner, wider approach.

Barbara's reasons were personal. With the children at school she'd have the house to herself, and herself to herself, for most part of the day. She'd be able to take stock, think; perhaps she'd further some of her accomplishments, such as the piano, or painting and embroidery. She might make a study of English literature. There were so many things she could do if she had more time.

She was asking herself the pertinent question, But would she do them when she had the time? when the salver with the letters on it was placed to her hand, and she said, 'Thank you, Ada. You may clear now;' and, rising from the table, she picked up the letters and went out of the morning room, across the hall and into the drawing room.

There was a small desk set to the side of the drawing-room window on which she wrote her correspondence and kept her household accounts. Sitting down in the chair, she looked at the top letter. It was from Brigie; no one wrote in such a copper plate hand as Brigie. She laid the letter aside. The next one was addressed to Dan. The postmark was Manchester; that one she surmised was from John. The following three were also addressed to Dan, Daniel Bensham Esquire. The last one was addressed to her. She did not recognize the writing. She turned it over, then back again and looked at the postmark. It said Newcastle. Taking a paper knife, she opened it and withdrew a single sheet of notepaper and she had got no further than unfolding it when her hand went to her throat and gripped it hard, for the letter began, 'Barbara, Barbara.'

She closed her eyes for a second in order to clear the mist from them. When slowly she opened them, they lifted each cramped word from the page and before she had come to the end of the letter she knew she was being born again.

'Barbara, Barbara,

Please bear with me, I beg you to bear with me. I have been searching for you since the day we met in that narrow passage and I turned from you and fled. But . . . but believe me – and you must believe me – it was not because I didn't want to see you, for you have never left my thoughts since that tragic day on the farm. I know now, Barbara, that all that happened was my fault. I acted like a weakling, I should have stood up to them, all of them, and told them what it was, who it was, I really wanted. Now it is all too late, I know that, but all I want you to believe is that in turning from you that day it was in fear of the consequences of standing close to you and looking into your face. I may tell you that no sooner had I rounded the corner than I knew that I was once again running away from reality. And so I came back. But you were gone. Since then I have endeavoured to find your home address, and it was on the very day that I found the name Bensham on a warehouse in the town that I also espied Brigie driving in a coach towards the outskirts.

Barbara, I have been like a demented man these past few years, and more so since I last saw you. If I could only hear from your own lips that you have forgiven me then I think I can go on. You, I know, have at least three children, I have only a seven-year-old daughter whom I dearly love, and if it wasn't for her I would have left the farm and emigrated long before this. But she needs me and so I stay.

Will you allow me to see you, just once? That's all I ask, just once. You should receive this letter on Wednesday. There is a wood at the end of the lane beyond the house. I shall wait there on Friday; I shall be there about noon and shall not leave until about four in the afternoon. Come and speak to me, Barbara, please, please.

Michael.'

As she sat gazing before her she actually imagined herself being born again. She had, as it were, been living in a womb during the past nine years, not consciously aware of what life could mean, loving could mean. The ice that had encased her heart was melting, after all these years her heart was beating again, beating so hard and fast it was choking her.

She held her two hands to her throat. She was back on the stepping stones, she was slipping, and he was holding her and they were clinging together; his face was above hers and he was laughing down on her. That was another time he had almost kissed her.

There was passing in procession before her eyes the countless, countless times she had inveigled and bullied Brigie into going over the hills to the farm. Since the time she could recall anything, she saw herself demanding to be taken over the hills to the farm to see Michael.

She had been born with the passion in her for Michael. At first it had been the demanding passion of a child, and then it had been the painful, tormenting passion of a young girl of fourteen, but at seventeen it had been the passion of a woman, in the mind of a girl, but all the time it had been passion, passion that considered nothing but itself and its consummation.

So on that memorable day when she was a woman, the day when truth was spoken by everyone concerned, when he had scorned her, her passion had taken its broken bleeding self into the refuge of silence, and the silence had led her into paralysis of body and mind. Only with the shock of his marriage did she regain her faculties. . . . And now! *And now!*

She took her hands from her throat and picked up the letter from the desk as if it were something of great weight and with a swift movement she crushed it between her breasts, only as swiftly to drop it on to the desk again.

She rose to her feet and walked down the room. When she reached the door she turned and walked swiftly back. Six times she did this before stopping and muttering aloud, 'No, no, it's too late, years too late – years and years too late.' She spoke the last words aloud, then turned sharply towards the door as if she had been overheard. Going back to the desk again she put her hands on the back of the chair and supported herself against it as she looked downwards. He loved his daughter he said, he couldn't leave his daughter, she needed him. If he could have left his daughter would she have left her sons? And Dan?

Again she was walking up and down the room. Dan, Dan. She mustn't hurt Dan. She had sworn never to hurt Dan. Dan had brought her out of the house of bondage into the land of Egypt. Oh, why must she quote Mary's mis-quotation of the Bible? Brigie used to laugh at Mary's mis-quotations. Brigie, Brigie, Brigie again. If it hadn't been for Brigie she would be with Michael now. No, no, that wasn't true; it was Aunt Constance. Oh yes, Aunt Constance. How she had hated her Aunt Constance, and still did if the truth were known, still did. But then she couldn't put the entire blame on her Aunt Constance; neither Brigie nor her Aunt Constance could have done anything if Michael had cared to defy them. But Michael had loved his mother and wanted to please her. Did he still love her? What would Aunt Constance say now if she knew her beloved son was trying to pick up the threads that he had snapped when they were young, so young. Love was for the young. Love like theirs had been the essence of youth. Yet she was now but twenty-six, and beautiful, more beautiful than she had ever been; but if she were to believe her mirror, it was a vacant beauty, a cold unwarmed beauty, with no fire about it.

She stopped and held her tightly joined hands to her breast. She mustn't go on thinking, because thinking would only lead her to the wood, and she must not, *she must not* obey his whim. Yet the cry in that letter did not spring from a whim, more from a tortured mind. Michael, poor Michael. She could pity him as she had pitied herself over the years, but she could not go to him. She would not go to him. She must destroy this letter.

She went to the desk now and smoothed the single sheet out and read it once again; then lifting it between her finger and thumb as if it were contaminated, she walked slowly with it towards the fireplace, hesitated for a moment, then thrust it into the flames. The next moment, full of regret, she closed her eyes and bit hard down on her lip. She should have kept it; if she wasn't going to see him again it would have been something to treasure. She could have hidden it. But where? Where? She hadn't a room to herself. Dan held the old-fashioned idea that he must share not only her bed but also the amenities of the bedroom. He was for ever putting suits into her wardrobe and she was for ever taking them out and placing them in his own. When he couldn't find anything immediately, a handkerchief, a collar or a stud, he rifled her chest of drawers like a dog unearthing a bone. And Jonathan was almost as bad, but in a different way. When he was allowed into the bedroom he made straight for her handkerchief drawer because he said he liked the smell. He seemed to find pleasure playing with her handkerchiefs, sorting them into piles. Where could she have hidden anything? She put her hand to her brow. Her mind was in a whirl. What had she to do this morning? Nothing, nothing. Nothing till this afternoon when she went to the school. Well, she must find something to do. She'd give cook the orders for the day, go up to the nursery and see the children – and that girl. She wasn't at all happy about Dan's decision to keep her on but she agreed with him that she was the best yet and, reluctantly, that she had got the better of Benjamin. For this at least she should be grateful to her. Nevertheless she didn't like the girl, she was a forward young miss, too ready with her tongue, too apt to forget her place. Anyway, she would go up and she would force herself to talk to her and tell her what was required of her today. Then she would go out for a walk, a brisk walk in the fresh air, and when she returned her mind would be more at ease.

It was an hour later when she left the house. She walked down the drive and turned to the right, and a quarter of a mile along the country road she came to the entrance to the wood.

It was an open wood. She did not know to whom the ground belonged but there were no barriers separating it from the road. She walked some way along its length until she saw a narrow path leading into it from the road, and she took it and walked through the wood. In parts it was thick with holly and scrub, and she made her way round these clumps and eventually came out at the far side and onto open farmland. Here the land was tilled almost up to the roots of the trees; there was no road across it. She took another zig-zag path back towards where she judged should be the road, but on emerging from the wood she found that she was at the far end of it and almost a mile from her home.

As she walked back towards the house her mind was clear on one point: she knew why she had visited the wood.

Chapter Three

It had rained incessantly all morning. Ada Howlet said to the cook, it had been coming down whole water before six and she'd got soppin' coming, but rain before seven dry before eleven. But the rain did not cease before eleven, if anything it increased towards noon.

Barbara had been in a state of high agitation all morning, and now as she stood looking through the window of one of the guest rooms at the end of the house, from where she could see through the gate on to the road beyond, she told herself that she mustn't do this thing, she even prayed that something would happen to stop her doing it, yet she knew that she was going to do it, whatever the consequences she must do it, if only this once.

By one o'clock her eyes were stiff with staring and her legs ached with standing. She could not sit, for then she would be unable to see the road because of the bushes that edged the drive.

It wasn't until she heard Ada's voice coming from the landing saying to Ruth Foggety, 'Have you seen the missis? She hasn't gone out has she an' her snack's on the table?' did she move from the window and go out of the room.

'Oh, Missis,' Ada bobbed her knee. 'I just wanted to tell you your din . . . your meal's on the table.' She never knew what name to give to the tray meal that Barbara ate at midday.

'Thank you. I'll be down in a moment.'

As she went towards her own room Ruth Foggety followed her, saying, 'Excuse me, ma'am, but I'd better tell you, I put Jonathan to bed 'cos he's got the croup.'

'The croup?'

'Well, he's coughin' like, an' it could turn into the croup. Better be safe than sorry I said to meself, so I put him to bed.'

'You . . . you did quite right, Ruth. I'll be up in a moment.'

She went into her room, stood before the mirror, stared at herself in it, then closed her eyes before turning away and making for the nursery.

As always, Benjamin was the first to run towards her and to speak, 'Thinnen's got the croup, Mama.'

She paused and looked down at him, saying stiffly, 'What have I told you, Benjamin? You can say Jonathan's name if you like. . . . Say Jonathan.'

His head back on his shoulders, Ben stared up at her. The smile had gone from his face, and he now said, 'Thinnen.'

Barbara knew it was no use persisting further, she would lose the battle and the girl was looking on. She said, 'Jonathan hasn't the croup, he has a cold.' She passed him and took hold of Harry's extended hand and went into the night nursery.

Jonathan was lying in his small bed and immediately he put on a display of coughing for her.

'Now, now, you mustn't do that.'

'I have a cough, Mama. Ruthie says I have the croup.'

'You have not the croup, you just have a cough. Now be a good boy and stay in bed. I shall come up again and see you shortly.' She tucked the clothes round her son's chin then felt his brow. It was hot, but not feverish.

'Be a good boy now.' She turned from the bed and went from the room, followed by Harry.

In the day nursery Benjamin seemed to be standing exactly where she had left him. He looked at her but didn't speak. She looked at Ruth, where at a table under the window she was sorting a pile of the children's freshly laundered clothes. Instead of calling the girl to her she went to her side and in a low tone said, 'You must try and give things their correct names. We talked of this the other night, remember?'

'Yes, ma'am.'

As Ruth looked up at her, as she had to do because of her height, but without any trace of subservience in her manner, Barbara thought, she's bold, really bold, and she turned abruptly, passed Benjamin without glancing at him, and went downstairs.

She remained in the dining room for ten minutes and she ate hardly anything from the tray.

She returned to the spare room and stood at the window again. She was greatly agitated now; he could have passed during the time she had been away. It was now almost half past one, what should she do? Why ask? She knew what she must do. Why else had she gone to the wood? But look at the weather, she would be drenched. And was it likely that he would come on a day like this? *Yes! Yes!* Hail, snow or blizzard wasn't likely to keep away the man who had written that letter.

She swung round from the window and almost ran out of the room across the landing and into her own room, where she went immediately to the wardrobe. She must put on a thick coat. And there was a waterproof cape in the hall cupboard; she'd put that on too.

As she pulled the coat from the hanger the bedroom door opened and she had to grab for support at the open wardrobe door.

'What's the matter, aren't you well?' Dan came towards her and led her to a chair. 'What is it?' Now he was on his hunkers before her, her two hands grasped tightly between his own. 'You look as white as a sheet. What is it, tell me?'

She tried to speak but found it impossible. Her mouth opened and closed like a fish gasping for air.

Suddenly his grip tightened and he said on a whisper, 'You're not . . . you're not?'

Now she did speak and almost vehemently. 'No, no, I'm not.'

'No.' The syllable was soothing, yet threaded with disappointment. Of course he knew she wouldn't be; if will power on her part could prevent a pregnancy she'd never give him any more children.

'Well, what is it, what's wrong, do you feel ill?' There was a slight edge to his tone now.

'I . . . I felt faint.'

'What were you doing with your coat?' He looked towards the coat where it was lying on the floor.

'I . . . I was going to clear the wardrobe, put in my summer clothes.'

'Clear the wardrobe? Ridiculous! What you want to do is to rest. And also, what I think you need is a change, a holiday. Why don't you go down to Brigie's for a few days?'

'Brigie's?' She pressed him aside and rose to her feet. 'What a stupid thing to put to me! You know I hate that place.'

'It was the cottage I thought you hated, not the Hall.'

'It's all the same, it's the vicinity.'

His head drooped and he looked down at the floor, and the nearness of it made him aware that he was still on his hunkers. As he pulled himself upwards he thought, Everything I do is symbolic. He lifted his eyes to the ceiling now as a shrill cry came from the nursery, and the feet bounding across the floor could have been those of a donkey. Ben again with Ruthie in pursuit.

He gave a half smile as he said, 'You can't rest with that going on. Come on across to the spare room.'

There were three spare rooms but only one in particular was called *the* spare room, for it was the one in which he sometimes slept should he return late from a business dinner in the city at which he had imbibed well but not wisely. This was not a new pattern. He had adopted it in the old house when in a less than sober state he had got into bed one night only to have her get out at the other side, saying with disdain, 'You are nauseating.'

Now she allowed herself to be led across the landing and into the room and helped on to the bed. He arranged the pillows behind her head and drew a light cover over her, then stood looking down at her and said, 'There.'

'Why are you home at this time?'

'I wanted some papers and' – he sat down slowly on the edge of the bed – 'I wanted an excuse to see my wife. . . . What is it? What's the matter?'

'Nothing, nothing.'

'Have you a pain in the heart?'

Had she a pain in the heart?

She took her hand away from below her breast and shook her head as she said, 'No, no, it is only a little flatulence, I swallowed my meal too quickly. Are you . . . are you staying long?'

'As long as you need me.'

She pressed her head into the pillows and closed her eyes. 'I'm all right, really I am. It . . . it is only my usual monthly indisposition.'

'Oh. Oh.' He patted her hand now, then rose from the bed, smiling almost a happy smile. She had spoken openly to him about a natural function; it was almost the equivalent of her standing naked in front of him.

'You rest,' he said; 'just rest. I'll get them to bring you a cup of tea up, eh? And I'll look in before I go. If you should be asleep I won't disturb you. All right?'

She made a motion with her head, then watched him walk softly across the room as if she were already asleep, and this last evidence of his consideration made her want to spring from the bed and cry at him, 'Stop it! Stop it!' His solicitude was a torture in itself, and, added to all that he had done for her over the years, it redoubled the feeling of guilt that was already weighing on her.

Well, it seemed that God or providence, or whatever it was that ruled people's existence, had spoken. She had been stopped from doing something foolish. Her mind became silent for a moment, until a voice broke into it, crying loudly, 'Not foolish, not foolish, something wonderful.' Before she had received Michael's letter her life had been dull, monotonous, but just bearable. The same existence would never be bearable again, and now she wondered how she was to endure it. She had but to stretch out her hand and there was love, love for which she had been born to experience, love that she had been deprived of.

Her mind became blank, until she asked herself, and quietly now, would she have actually gone if Dan had not put in an appearance at that moment? Up till then she had wasted almost two hours, why hadn't she gone to the wood straightaway if she had been going at all? She had prayed for something to prevent her and her prayers had been answered. She should be satisfied.

What time was it now? She looked towards the mantelpiece. Ten minutes to three. Another hour and he'd be gone. 'From noon till four,' he'd said. But who but a madman would stand for four hours in a wood in this weather? She turned her eyes towards the window where the rain was running down in an unbroken sheet. No one but a madman, or a man who had been given a second chance to love.

There was a tap on the door and Ada came in with a cup of tea. She thanked her and gratefully drank the tea, after which she lay back and closed her eyes.

When the door opened without a tap and the footsteps came softly towards the side of the bed she feigned sleep. She could hear Dan's breathing and she knew that he was bending over her when his breath fanned her face. She would not be able to bear it if he kissed her. He didn't. The door closed and she was alone. She lay rigid, waiting for the sound of the front door closing, and the fifteen minutes before it did seemed like an eternity.

As if it had been a signal, she rose swiftly from the bed and went to the window which looked on to the side of the house, and from there she saw the carriage leaving the yard.

It was now twenty minutes to four. Before the pointer touched the quarter to she was down in the hall and pulling the waterproof cape from the cupboard.

'You going out, ma'am?' Ada was standing looking at her with her mouth agape.

'Yes, yes, Ada; I feel I need air.'

'But it's teeming heavens hard, ma'am, you'll get soaked.'

'Oh, a little rain won't hurt me. I . . . I shall not be long.'

'But, ma'am, the Master said. . . .'

'I know, I know, Ada.' Her voice was unusually gentle, her tone even friendly. 'It's quite all right. Don't worry, I'll only be gone a short while. But . . . but I feel I need air, I need to walk.'

'Yes, ma'am.' Ada Howlett opened the door for her and she went out, her head bent against the slant of the rain.

When she reached the beginning of the wood, her face was running with water and she couldn't see very far ahead, but far enough to know that there was no man waiting on the road. Well, she knew it would be madness for anyone to stand four hours in this downpour. Her step slowed and almost stopped, but she kept moving.

It was at the moment when she was about to turn and make her way back that a figure emerged from the path that she had used the other day. He had his head bent and he didn't look up until he stepped onto the road, and even then it was merely a glance before he turned right and away from her. And then he was standing still, his shoulders back, his head up; he swung round but he did not move towards her.

The rain washed him from her vision time and time again before simultaneously they moved towards each other. And then they were standing within arm's length, blinking, peering, their eyes drawing their images back into the empty years.

His hand came slowly out towards her. He did not speak, nor did she when she placed hers in it; then like two children who had died and were meeting again in another existence, they walked back to the path that led into the wood, and then on into the wood proper. Their hands still joined but their bodies were well apart.

When they stopped it was under a large oak. The rain was coming through the branches in great plops and the light was dim.

'Barbara. Thank you. Thank you.' His first words were low and husky.

He released her hand and they still stood apart. What she replied was, 'I'm sorry I . . . I couldn't get before; there were things. . . .'

'I understand.'

'You . . . you must be very wet.'

'It's nothing.'

'How did you get here?'

'By cab from the city. It's due to return at four o'clock at the end of the road.'

'Oh.' Her chin moved upwards.

Their mundane pleasantries ceased. The rain hissed and spat. The wind whistled through the tops of the trees. The dismal dreariness that only a sodden wood can give off was all about them. They stood gazing at each other.

She was more beautiful than ever he had imagined.

He looked older, so much older. His face had hard lines on it; there was no semblance of Michael the boy; here was a man, a big, strong, blond man. And he was Michael, her Michael. Oh, Michael, Michael, what must I do?

'How are you?'

'I'm quite well.'

'That wasn't what I meant. I . . . I meant, are you happy?'

How did she answer this question? Well, however she answered, it must touch on the truth. She said, 'I have three sons, and . . .and Dan is very good to me, very, very good. Are you happy?'

'No.' The straight simple answer was their undoing. She said softly, 'Oh, Michael.'

Their hands instinctively clasped again, tightly now; the distance between them lessened. He gazed into her face as, his voice breaking, he said, 'I . . . I meant just to see you. I just wanted to tell you I was sorry, sorry for everything, but most of all that . . . that I didn't run away that time. As I explained in the letter, I scurried because I . . . I was afraid, afraid of this moment. But it had to be, Barbara. I know it had to be.'

'Oh, Michael.'

That's all she could say, 'Oh, Michael.' Her heart was bursting. Nothing in the world mattered but this moment and the fact that she was standing here with him and that he was declaring his love for her with every part of him, for his whole body was trembling. But when he said, 'It's too late, isn't it, it's too late,' she shivered. She did not know whether it was a statement, or a question, but she answered it as a statement, saying, 'Yes, Michael, it's too late.'

'You . . . you wouldn't leave Dan and the children?'

She gulped but said nothing for a moment. When she did speak she reversed his question. 'You wouldn't leave your child either, would you?'

'They. . . would break her, with bitterness and recrimination they would break her.'

'Then there's nothing more we can do, Michael.'

'Yes, there is. Yes, there is.'

She could scarcely hear his voice above the hissing rain. 'We could meet now and then, just now and then. I . . . I must see you, Barbara. If it's only once in six months I must see you. I can't live with the thought of never seeing you again. I . . . I could have gone on I suppose if I hadn't caught sight of you that day. But from then, oh!' – he shook his head – 'you've no idea of the agony. It's as if a disease had got into my blood . . . No, I didn't mean it that way, I meant. . . .'

'I know what you meant, Michael.' Her voice was soft, her manner simple. 'I was born with the disease. I'll carry it till I die.'

They fell against each other, and for the first time in their lives their lips touched, gently, reverently at first; then, all restraint washed away, their entwined bodies swayed as if they were locked together in combat.

The long moment of passion finally spent itself and they leant against the tree trunk. Their arms still entwined, they gazed at each other, and Michael, each word coming out on a gasp, said, 'It's done, there's no going back. I . . . I can get away now and then, once a fortnight perhaps.'

She wanted to say, 'It will be difficult,' but the words stuck in her throat; she felt tired, utterly spent. For years and years she had waited for this moment, and it had to come like this, furtively in a wood, and both of them wringing wet. What would it have been like if . . .?

'I . . . I could come here once a fortnight, on a Friday. I've been round the wood, it's very isolated. Could you get away then?'

She did not answer, she simply made a small motion with her head, and he drew her towards him again, but gently now.

'It must be past four.' She looked towards his chest and he unbuttoned his coat and drew out his watch. 'Ten past,' he said.

'You must go.'

They stared deeply at each other again.

'Barbara, Barbara, I'm so happy, you haven't any idea, you never will have.'

'I have an idea, Michael.' Her head moved slowly up and down.

'There are so many things I want to tell you.'

'And I want to hear them.'

'I'll always tell you everything, Barbara, the truth. From now on everything, and the truth. It must be the truth.'

'Me too, me too, Michael, only the truth.'

It was she who took his hand and led him away from the tree. Where the path joined the road she glanced to right and left, and in a voice that was an imitation of Brigie's, she said, 'We must be circumspect.'

He gave a slight understanding smile. 'Indeed we must be circumspect. Oh, my love! My Barbara, my dear, my very dear.' They were embracing once again.

'I'll . . . I'll be here next Friday.'

'Next Friday?'

'Yes, next Friday. Good-bye, my love.'

She did not reply, but she smiled at him softly, and as softly touched his cheek with her fingers, then turned away and hurried down the road. And she did not look back.

When Ada helped her off with her cloak she said, 'Why, ma'am, you're sodden and right through, your coat an' all.'

'Oh, I'm all right, Ada. I enjoyed my walk.'

Ada looked at her mistress and thought, She must have; she looks heaps better than when she went out, the air's done her good. She should walk more often. If she did my tramp of a mornin' she'd be like a fightin' cock in no time. . . .

And Barbara took to walking more often and it seemed to do her the world of good in all ways.

Chapter Four

Barbara did not have any visits from Brigie and Harry during the next few weeks because Mary was ill, and one Thursday morning there came a letter to say Mary had died and would Barbara be coming for the funeral.

That evening Dan said, 'Of course you must go for the funeral, Mary was like one of the family. You needn't go anywhere near the cottage but you must go back for the funeral. You could leave first thing in the morning.'

'No,' Barbara said, 'I, I can't go until Saturday.'

'Why?' asked Dan.

She hesitated before replying, 'It's the fitting. I have a fitting in town, and Miss Brown doesn't like it if I alter my time, she's much in demand. What's more if I'm to attend the funeral I'll need to get a black coat, ready made, I've nothing black.'

'Well, you'd better send a letter by express and tell Brigie you'll be there on Saturday. And if I were you I'd make up your mind to stay for a few days, you need a change. The boys won't come to any harm, not as long as they've got Ruthie.'

She ignored his last remark and said, 'Perhaps you are right. I'll see,' but she didn't look at him as she spoke.

Everything seemed so easy; everything seemed to be working towards. . . . What was it working towards? She didn't allow her mind to probe the future.

She took a walk on the Friday before going into Newcastle for her fitting; and on the Saturday morning Dan himself put her on the train and he walked along by the carriage until she was out of sight.

She felt little sense of guilt now, agreeing with Michael that they were hurting no one; as long as they could keep their meetings secret things could go on as they were.

It was she who had planned where their next meeting should be, and when she had told him he had held her tightly and whispered, 'Oh Barbara! Barbara!'

She had arranged for it to be on the day following Mary's funeral, and if anything should happen to stop her coming then the day following that, and so on until at last they would be together. She did not question what effect his excursions would have on the occupants of the farm, she left it to him to make his own alibis.

At one point in the journey, as she sat thinking quietly, she suddenly became overwhelmed by a sense of quite another kind of guilt as there came to her the reason why after all these years she was going back to the Hall. She recalled how good Mary had been to her, putting up with so much from her; and how little thanks too she had received from her. She had been in service since she was a child of eight. She had been at the Hall long before Brigie put in an appearance there. Poor Mary. She should be feeling a deep sorrow at her going, and all she could think was that she was old, sixty-six, or more.

It was strange, she thought, that she should look upon Mary as old yet not consider Brigie old, and Brigie was near seventy now, but Brigie seemed to defy age. Her body was slim and she still had a presentable bust, and the skin of her face was taut. Brigie would never be old. As Dan laughingly said, they would have to shoot her.

Dan, Dan. The wheels of the train beat out his name. She mustn't dwell on Dan. Dan belonged to her other life, her life of duty and loyalty, and he was, she knew, happier than he had been for some time, for she had shown him a great deal of kindness and consideration over the past weeks. Yes a great deal of consideration, especially with regards to his needs. At such times, in a twisted way, she considered that she was paying the price for Michael. But how she would be able to suffer him on her return she did not know, for after her next meeting with Michael she would be a changed woman.

Brigie was delighted to see her, her pleasure was evident. But not so Harry's. His reception of her appeared cool, so much so that, immediately they were alone, she asked Brigie, 'Is anything wrong, I . . . I mean with Mr. Bensham?' She always gave him his title.

'No, no. Why do you ask?'

'I felt he wasn't quite well.'

'You think he doesn't look so well as the last time you saw him?'

There was no anxiety in Brigie's voice.

'Perhaps it's just my imagination.'

A short time later Brigie chastised Harry for his reception of Barbara. 'She noticed,' she said, 'you made it very evident.'

'Aye, well, I can't help it; I've got me doubts about that young madam still. Oh I know' – he jerked his head at her – 'she's the sun that shines in your sky, she could cut your throat an' you wouldn't stay her hand. You said, mind, you would tell me if you twigged anything. Well, have you?'

'There is nothing to worry about, I can assure you. She has just confirmed what Dan said in his letter. She's only been twice in the city since we last saw her, and the second time was yesterday when she went for a fitting and to buy a suitable coat for the funeral. The previous time was when Dan took her to the Theatre Royal. So you see your suspicions are most unjust.'

'Aye, well, I'm sorry if I'm wrong, but I wouldn't have our Dan hurt for all the world. He's been good to her. By God! he has. An' I'm going to say it again whether it vexes you or pleases you that the men are few an' far between who'd have taken her on in the state she was in, and after what she had done to that lass. . . .'

'Harry!'

'Oh aye, you can feel hurt, but me memory's long an' you wouldn't have got me doing what he did, no, by God! you wouldn't. And what you want to consider an' all is that he saved you some heart scald, because if he hadn't taken her off your hands God knows what she would have got up to. There's a deep well in her, say what you like.' At this he rose and stamped down the room.

'Where are you going?'

He turned towards her from the door. 'I'm goin' for a walk. You're always yarping on about walking doing you good; well, I want a bit of good done to me at this minute.'

'Harry.' She went swiftly towards him. 'Please, please, don't be annoyed. I promised you, and you can believe me, that if I suspected there was anything untoward happening I . . . I would tell you, but I can assure you there's not.'

'Aye, you can assure me, but can you be sure? If that fellow was round there once he'd come again, an' he wouldn't waste his time. No man wastes his time if he feels compelled to go looking out a woman like he did.' His tone changed, his expression changed, and he said quietly now, 'I'm worried, Brigie, very worried inside. It wouldn't matter if our Dan didn't worship the ground she walks on, but he's besotted by her, an' I don't want to see him hurt 'cos I'm very fond of our Dan. And Dan's the only one who's given me anything, I mean worthwhile. John there, he's good in the works, nobody better, but he hasn't proved himself otherwise. Perhaps it's not his fault, I don't know. And our Katie, God help her, look what she's thrown up. Aye' – he shook his head – 'look what she's thrown up. But Dan, he's given me three fine grandsons.'

'She played some part in it you know.'

'Aye, I know. I'm not belittling her in that way, but it's funny – now I've got to tell you this – when I saw her the day I had the most strange feeling. An' you know me, I'm not given to fancies, never have been. Feet flat on the earth Harry Bensham, that's me, that's how I've got where I am the day, no fancies. Yet when I looked into her face, into her eyes, I had the kind of feeling she drew a blind down over them an' she was hiding something. I can't explain it, but I sensed something.'

'Harry. Harry.' She put up her hand and touched his red-veined cheek. 'This is prejudice, you know it is prejudice. And if you sense something in her she senses something in you, you know you can't hide your feelings. And it's going to be very awkward if you continue to adopt this cool manner towards her because Dan has persuaded her to stay on for a few days.'

'Aw, well' – he jerked his head to the side – 'she can stay as long as she likes, you know that. I'm glad to hear she wants to stay, an' I'll write our Dan and tell him to give himself a holiday, and this'll be a chance to bring the bairns over.' He nodded at her now, smiling. 'I'd like that, aye, I'd like that, I'd like to see them running about here. You know, she's never brought them, she's never allowed them to come. I suppose I've held that against her an' all. I'll go down right now and I'll write to our Dan.'

'Do that,' she said. 'Do that.' When she was alone she remained standing where she was and she repeated to herself, 'No man wastes his time if he feels compelled to go looking out a woman like he did.'

They buried Mary on the Monday. She had no living relatives left to attend her funeral. Brigie and Barbara were the only two women present, the rest were the older male members of the staff, those who had known her over the years.

A high tea was served in the servants' hall for the staff mourners. Brigie, Barbara and Harry had their ordinary tea in the drawing room.

The butler was still present in the room when Harry said, 'What are we going to do about the cottage?'

'What do you mean, what are we going to do?' asked Brigie.

'Well, it's no use to us. I can't see the use in keeping it; it isn't in the grounds, a mile along the road and on the other side an' all. It's no use to us.'

'It's eating no bread, as Mary herself would have said. Poor Mary,' Brigie added softly, shaking her head. 'I'll miss her so; indeed I will. It seems that she's been with me every day of my life.'

'Aye, well, her time had come, like it'll come to all of us. But about the cottage eating no bread. I don't know so much. It'll need keeping up; inside and out it'll need keeping up. If a place is not tended it moulds. Anyway it's full of old rubbish.'

'It is not full of old rubbish.' There was indignation in Brigie's tone now. 'The furniture is made up of good, solid pieces. It's only the floor coverings and the drapes that need renewing.'

'The place looks cluttered to me, always has done.'

'Because you have always compared it with this.'

'No, that's not the reason at all, too many falderals about it. And Mary was like that an' all; she went around like a bundle of duds.'

'Oh, Harry.' Her Miss Brigmore tone told him that she was shocked, but it did not seem to affect him for he flapped his hand at her as he said, 'Aw, I meant no disrespect, but when you're dead you're dead and you can't be hurt one way or t'other. I consider it's a lot of nonsense all this speaking well of the dead. Not that anyone would speak bad of her. But in the main when folks die they suddenly become angels; the blackest rascals are given white gowns, folks speak about them in whispers. Speak no ill of the dead, they say. Well, for my part, I would say speak no ill of the livin' and we'd all be better off.'

'Yes, indeed, indeed, I agree with you.' She was nodding at him now. 'Speak no ill of the living. Oh yes, I agree with you.'

He stared at her, his face half turned away, his eyes slanted. He knew he had tripped himself up. He drank deeply from his cup and as if to please her and to show he was aiming to practise what he preached, he turned to Barbara and said, 'I'm glad you're staying on, lass, and I'm looking forward to having the bairns here.'

'Thank you.' She inclined her head slowly. 'I'm sure they'll love it, it will all be so new to them, so large. You'll likely have trouble with them scampering about, especially Ben.'

'It won't trouble me, lass, it'll put me in mind of when I had mine all young. By! aye, it'll be something to see them scampering about. How is that young Foggety piece coping?'

'Oh . . . oh very well.'

'No more smacked backsides?'

'No. I . . . I don't think there's been any need for her to resort to such treatment.'

'Well, that says something for her. I'll be interested to see how she handles the tribe here. She has something that lass. Aye' – he rose from the chair nodding to himself – 'she has something. If she had been in my mill I'd've picked her out. Oh' – he turned and with a half smile looked down on Brigie – 'not in that way. No, not in that way. But I would have put her in charge you know, 'cos I think she has the makings of a natural born manager.'

Barbara made no comment on this. She watched her father-in-law go down the room and out into the hall, leaving the door open behind him. It was an irritating habit he had of never closing a door. He was an irritating man in many ways. She wondered how Brigie, the precise, pedantic individual, had tolerated him all these years, and she was amazed that she had any feelings for the rough, bumptious, coarse individual.

At this point she reminded herself that she was forgetting it was the rough, bumptious, coarse individual who had provided her with the niceties of life and that without his help both she and Brigie would have fared little better than the woman they had buried today. Years ago she had liked him, why didn't she like him now?

She knew why she didn't like him now, she didn't like him because he saw through her. He had always been able to see through her, and his kindness to her all those years ago was not because he liked her but because he liked and wanted to please Brigie.

'I'm going to the cottage tomorrow to tidy up. And he's right, you know.' Brigie nodded now at Barbara. 'There is a lot of stuff that could be dispensed with. But I still maintain there are some good, serviceable pieces. You . . . you wouldn't care to come with me?'

'No, if you don't mind, no.'

'It's all right, it's all right. Will you have another cup of tea?' Brigie lifted the silver teapot and Barbara answered, 'Yes, please, I would like another.'

As Brigie refilled the cup she said, 'It'll be like old times having the children in the nursery.'

Barbara nodded her head. 'Yes, I suppose it will.'

'He's looking forward to them coming so much, it means a lot to him.'

'I can see that. I'm . . . I'm sorry I've deprived him of the pleasure all these years.'

'Oh, he understood, he understood. But . . . but from now on it would be nice if you could bring them now and again.'

'I'll do that.'

When Brigie's hand came out and caught hold of her arm in a tender grip she stilled the wave of shame that threatened to envelop her. The means justified the end; she knew she would sink to any form of duplicity in order to be alone with Michael.

It was strange but her life seemed to have revolved a full circle, for tomorrow or the next day or the next they'd meet in the vicinity of where it all began so long ago, and they'd come together as they should have done when they were young. And that was all that mattered – nothing else.

Chapter Five

The day was fine. Brigie went to the cottage about noon, to decide on the furniture she meant to dispose of, but before leaving the Hall she asked Barbara what she was going to do, and Barbara had replied that she might take a walk around the grounds, or might go up to the nursery and supervise the preparations for the children coming, she hadn't really made up her mind. The best thing would be to do both.

When Brigie asked Harry what he intended to do, he said he intended to walk over to the farm and see what they were up to. Then, if she kept her nose clean, he would call at the cottage and escort her back home in case she was attacked on the road. Or failing that, he would help her to carry the rubbishy furniture back to the house.

Brigie laughed and left the house in a happy mood because Harry was in a happy mood.

Shortly afterwards Barbara came down from the nursery, took a light coat from her room, and went for a walk through the gardens. She had known the gardens well, and nothing had been altered that she could see over the past nine years or so.

When she finally emerged from the park she crossed the coach road and walked over the open ground that led to the foothills. These she skirted and took the road Dan had taken on the black winter's night he had spent searching for her, and eventually she came to the broken gate. Here she stopped and looked about her and a memory stirred in her. She gazed towards the hills where they slowly mounted upwards like a chain of beads, and to where, beyond one of them, was the mouth of the lead mine in which she had lain down and prepared to die, and would have died but for Dan. *Dan. Dan.* She forbade herself to think of Dan.

Carefully stepping over the rotten wood of the gate that was embedded in the grass she took the narrow brush-bordered path to the right of her.

When she came to the shell of the house and the tumbledown barn there was no figure standing outside to welcome her. She looked towards the barn and sniffed disdainfully at the smell of decay, then stood gazing about her. The place was eerie, frightening. The flags of the courtyard were almost obliterated by grass and beyond there was a dense wall of tangled gorse, bramble and bracken. She remembered she had once come here with Brigie and Mary to pick blackberries and later their cottage had been filled with the pungent smell of boiling blackberries and they'd had jelly for tea for weeks afterwards.

A crackling in the undergrowth startled her, and when the crackling became a crashing sound she stared fearfully towards the hedge. When there emerged from an unseen path a sheep followed by a sizable lamb, she drew in a deep breath, put her hand over her mouth, and laughed softly.

The sheep was as surprised by the sight of her as she by it and it turned tail and scampered away along the path towards the gate.

After she had waited half an hour she looked at her watch. She could wait another half-hour, there was plenty of time, dinner wasn't until three. But her legs were tired with standing. She moved towards the house and sat down on a pile of broken masonry that was almost covered with weeds.

When she next looked at her watch it said twenty past one. She was sighing deeply and rising to her feet when she saw him. His approach had been silent. She remained still for a moment, then she was running towards him, and he to her.

'Darling. Oh Barbara, Barbara. Darling, darling.' He was smothering her face with his lips and she was gasping and talking at the same time.

'I'd almost given up hope, but I said there'd be tomorrow and I'd come again, and again . . . Oh Michael, Michael, it was only Friday, but it seemed years. What did they say, I mean, where are you supposed to be?'

'Oh' – he shook his head – 'oh, I'm on a round. I'm calling in at Hewitt's, the blacksmith's you know. No questions, you see I'm working.' He pressed her away from him in order that she should see his working clothes, corded jacket, moleskin trousers and black gaiters.

'Then you'll soon have to go back. Come and sit down.'

When she went to draw him towards a grassy patch he said softly, 'No, not here, in the barn.'

'Barn?' She raised her eyebrows at him.

'Come.' His arm about her, he led her through the gap and to the extreme corner of the barn above which the roof still held, and there he pointed down to the floor and she stared at the carpet of dry grass that covered about three square yards of it. Then she looked at him and he said, 'I came yesterday and gathered it.'

She gazed at him and he at her and she whispered, 'Oh Michael, Michael,' before pressing herself against him.

Without a word he gently drew the pins from her hat. Next he took off her outer coat, and then his own, after which, his arms about her, he drew her on to the bed he had made in preparation for what they both desired and longed for, and had dreamt of since they were young.

There were no words spoken, the only sound in the barn was their unintelligible murmurings.

It was half past two when they rose from the floor, and gently now he hooked and buttoned her clothes and helped her into her coat, smoothed her hair, then handed her her hat.

When he led her to the opening she stopped and leant against the rotten stanchion and gazed up into the sky. There was a look of peace on her face that had never been there before. She said softly, 'I want one thing more.'

'What is that, my love?'

'To die, to die right now at this moment.'

'Don't say that.' His arms were about her again. 'If you died I would die. I know I couldn't go on without you, not now, not now.'

They stood in silence looking into each other's eyes; he then said, 'You couldn't be as happy as I am but . . . but you are happy, aren't you?'

'Oh Michael, Michael, I have no words to tell you, and if I tried I would spoil it. It was the most wonderful, wonderful happening of my life.' Again they gazed at each other.

She did not see the incongruity of the situation. She did not think in this moment that she had just done what she had scorned her Aunt Constance for doing, and that once she hadn't failed to throw this fact in Michael's face. Nor did she wonder if the oddity of the situation had struck him. The past was forgotten, nothing mattered to her now, only that she'd had him at last, and he her, and she knew that she would do anything, even leave her sons should he raise his finger. But regretfully she knew also that that price would not be asked of her because he had a daughter.

He said now, 'When are you going back?'

'Oh, it'll be some time. Mr. Bensham wants the children here. Dan is bringing them at the week-end. . . .' When her voice trailed off he said, 'I'm sorry if I'm hurting Dan but . . . I can't help it.'

'I know.' Her head was down. 'I'm sorry too that I'm hurting him, but I can't help it either. And . . . and I should say at this point' – she raised her head and looked into his face – 'I should say that I'm sorry I'm hurting

Sarah, but . . . but we said we'd always be truthful to each other, and I can't say I'm sorry for her because . . . because she has you.'

'She hasn't me, Barbara. She never had me. She had to be compensated. . . . I'm sorry, darling.' He caught her hand.

'Oh, I know, I know. What I did was dreadful. We must speak of it, bring it into the open. And I say again it was dreadful, but I paid for it, almost in a way as much as she did. I lost my mind for a time. Did you know that, Michael?'

'Yes, I heard you were ill.'

'It was your marriage that brought me to life again.'

He shook his head.

'Yes, yes, it was. And Jim Waite gave me back my hearing.'

'I heard in a roundabout way that you could hear again. You know I've grown to dislike Jim Waite. I think it began when he kept on bragging about lathering you. I know it did. I really hated him.'

'Don't. It was a day of truth all round. . . . Does Sarah hate me?'

He could not answer that, but his colour rose and she looked away from him and said, 'It's no wonder. In her place I'd feel the same. But, oh Michael' – she was clinging to him again – 'if only I were in her place; I wouldn't mind losing both my legs if I were your wife. . . .'

Some minutes later, their arms entwined, they walked along the narrow path. As they neared the broken gate she asked softly, 'When will you be able to come, tomorrow?'

'Oh, I only wish I could. Oh, how I wish I could, and every day, but I promised to take Hannah into Hexham.'

. . . 'The following day?'

'Yes, I'll be here Thursday, the same time. Yes, Thursday. Oh, my dearest, my love. . . .'

They had gone a little way further on when he said, 'I'd better leave you here.'

'No, walk with me to the bend, no one can see us from there. And anyway, no one ever comes this way.'

'Oh, yes they do.' He nodded at her cautiously. 'They must, or the path wouldn't be as open as this. But mostly at night, I suppose, poachers on their way to the estate.'

'Oh yes, yes, of course.'

They walked to where the path began to widen and give onto open ground, and here they kissed passionately again and clung to each other.

Their hands were still joined as they left the path, but after a moment they separated, pausing only to gaze at each other, before he started back towards the foothills whilst she made towards the road which she would have to cross before she entered the grounds again.

So steeped in her happiness was she that she looked neither to right or left at the point where she left the moor and crossed the road. If she had she would have seen Harry Bensham standing in the shadow of the hedge open-mouthed, gaping at her. . . .

He knew it, he knew it. By God Almighty! he knew it. He was no fool; he had never been taken for one in his life until now. She wouldn't believe him. Brigie wouldn't believe him. Had she known about it all the time? By

God! he'd soon find out. Poor Dan. Poor bugger. And after all he had done for her. As soon as he got back to the house she'd go; she'd be out of there in a brace of shakes if he knew anything; he'd kick her backside down the drive himself, he would that.

With each step he took towards the cottage his temper rose and his heart beat faster. Their Dan was being made a monkey out of. He could see it all now, he could see why she had given in so easily about bringing the bairns here; after her refusing for years to let them near the place. The scut! the whoring young scut! But she wasn't young, she was no longer a young lass, she was a married woman with three bairns, and a husband who had always been a damned sight too good for her. Oh, the whoring bastard! And that was no understatement.

He had never liked her, he had seen through her even when she was a bit of a bairn. He had said to Brigie once, 'You worry too much about that one, she'll go her own road and to hell with everybody who stands in her way.' Well, here was one she wouldn't send to hell, and by God! he would get in her way, Michael Radlet's and hers! After all that had happened: his wife crippled, his mother estranged from Brigie, and after Brigie having brought her up and slaved for her; and that blasted Mallen bloke for years afore that. It was as everybody hereabouts said, there was a rotten streak in the Mallens, and that bitch was a Mallen all through.

When he crashed open the kitchen door of the cottage and stalked into the hall, yelling, 'Where are you? Where are you?' Brigie came to the top of the stairs and cried in concern, 'What is it? What's the matter? What has happened?'

'Come down here and I'll tell you.'

When she reached the foot of the stairs she said again, and in deep concern now, 'Oh, what is it, Harry? What is it?' She saw that he was unable to speak; his face was scarlet, even his scalp, where his hair receded, was scarlet. She watched him straining his neck up out of his collar, which he then began to pull from his throat as if trying to get air.

When he did speak there was froth around his lips, and his head wagged as if on a spring before he brought the words out, not rapidly as was his usual form of speech, but slowly, and punctuated with gasps. 'That . . . that one of yours. . . . A bitch she is, a brothel . . . bitch.' His head was still wagging. 'On the hills with . . . with the farmer . . . Radlet.'

When her head moved in denial he thrust his hand out to her, his forefinger stiff and stabbing. 'It's true. Just seen her . . . them.' He gulped now and pulled harder on his collar. 'Lovers. Lovers. Do you hear?' He stammered now, 'K . . . kissin', kiss . . . kissin'. Him one road, her the other. Goin' for walk she said. By God! I'll walk her, walk her out of the house. Sh . . . show her up. Our Dan . . . our Dan.'

As he dragged out the name he pressed his two fists into his chest and his body doubled, and she gripped him, crying, 'Harry! Oh! Harry.'

When he fell slowly to the floor she knelt beside him and tried to straighten his bent body, crying all the while, 'Harry dear. Oh, Harry, what is it? Speak to me. What is it?' But even as she asked she knew the answer, for Mary's death had been preceded by a similar seizure. 'Oh, Harry. Harry. Oh, my dear. My dear man. Oh, Harry.'

When she got him on to his back he lay still, his eyes wide, staring up at her, and she still beseeched him to speak, saying, 'Harry. Harry.' Then she looked around her as if searching for someone to ask for advice, but there was no one, and she was a mile from the Hall and alone here, and he could die at any minute.

He mustn't die, he mustn't. She'd nurse him. Oh Harry. Her Harry. Her dear Harry. She must not give way like this. She mustn't.

She regained control of herself and, her voice endeavouring to be calm, she bent over him and said slowly, 'Lie still, perfectly still, don't move. I'll . . . I'll be back with help.' She nodded at him while she rose to her feet, and she backed slowly from him and opened the front door. She looked at him once more, then turned, and lifting her skirts high up to her knees, raced down the path and into the road.

She did not stop and look either up or down the road to see if anyone was coming, so few people travelled this way except the carrier cart at stated times, and a carriage now and again. As she ran she thought, There must be a curse on Barbara Bensham – no, not Bensham, Mallen, for she was a Mallen through and through and like all Mallens she brought trouble to everyone she touched, disaster, heartbreak and trouble. But if this time she brought death she would never forgive her, never, not as long as she lived.

Chapter Six

Dan came without the children, and John and Jenny came, and Katie and Pat came, and for three days one or another crept into the room and stood by Harry's bed.

Dan would hold the hand with the two twitching fingers and thumb which, other than the eyes, was the only sign that there was any life left in his father's body. He found it unbearable that this man who had been so vital, who had bawled and thrust his way through life, who had been fearless in his opinions and steadfast in his loyalties should now be reduced to two pain-filled eyes and three twitching digits.

On the night of the third day they all tried to persuade Brigie to go to her room and rest. She had not even changed her clothes, she was wearing the same dress she wore on the morning she had gone to the cottage. The only time she had left the bed-side in three days was to go to the water closet. She dozed at intervals in the chair by the bed, even in the day-time now.

In a family conclave in the drawing room they said to Barbara, 'You go up and try to persuade her. You're nearest to her, she's more likely to listen to you. If she doesn't rest soon, well. . . .' They left their thoughts unspoken.

So Barbara went up to the bedroom. She tip-toed past the nurse and towards the bed where Brigie was sitting, and she bent over her and put her hand gently on her arm and said, 'Let me take your place just for an hour. Please, please, Brigie.'

What Brigie did was to lift the hand from her arm and push it aside, and she did not look up at her once beloved Barbara, but she kept her eyes on the man who had given her the dignity of marriage, who had made her mistress of the house in which she was once a servant, and in whose company over the past years she had known an enjoyment of life she hadn't experienced before, and she saw that he was agitated, and the cause of it was evident. She bent forward and took hold of the twitching fingers and looked into the live eyes moving restlessly in the dead face and said softly, 'It's all right, my dear. It's all right,' and without moving her head she added, 'Will you please leave us, Barbara?'

Barbara did not feel repulsed by Brigie's words, nor had she been by her previous attitude; Brigie was greatly distressed, she was at the end of her physical resources. And so she went downstairs and told them she had failed.

When Dan next went into the bedroom he drew up a chair beside Brigie's, and after looking at his father for a moment he said under his breath, 'He seems to be wanting to say something.'

Brigie did not answer Dan, she made no movement, but she thought, Yes, yes, he wants to say something, and say it to you, Dan, and I will in no way prevent him should he recover enough to do so, even knowing it would mean the end of your happiness.

She was amazed at the clearness of her mind, at the calmness of it. Her body was very tired, but her mind was clear and working, motivated as it were by a light, a light that was showing her the true values of those around her. She, who had prided herself on her perspicacity, had, she knew now, been blinded by her own selfish needs of frustrated motherhood and had endowed her adopted daughter with all the qualities she would have wished a child of her own flesh to possess. But Barbara had not been born of her flesh, she had within her the flesh of a Mallen, and though Thomas himself had not been a really bad man he had undoubtedly passed on the traits of viciousness and weakness that had always smeared the Mallen name. Yet, such was her reasoning, she knew that later when all this was over, her mind would say to her, what had Barbara done after all but turn to her first love, the man she should have married. Well, if her mind said that to her, she told it now, it would be talking to deaf ears.

'I . . . I feel sure he wants to say something, Brigie. Look at his fingers. It's as if he were writing. Do you think he could write?'

She did not take her eyes from Harry's as she answered, 'I don't know.'

'I'll get some paper.'

When he had gone from the room Brigie said pityingly to herself, 'Oh Dan, Dan; you're digging your own grave.'

He was only gone a minute before he returned with a leather bound writing pad and a pencil, and holding it above his father's face he said slowly and with compassion, 'Do you think you could write, Dad? Is this what you want?'

He put the pad on the coverlet and placed the pencil between the twitching finger and thumb, and when he saw them grip on to the stem he cast a bright look at Brigie and said, 'This is what he wanted.'

Brigie said nothing. This was to be the one time, the very first time that she wasn't prepared to sacrifice herself and those around her for her beloved Barbara.

'He's writing, Brigie. Look, he's writing. That's an M. Yes, it's an M.' His voice was excited. 'I . . . C.' He repeated each letter slowly as the finger and thumb guided the pencil erratically over the paper. 'K. No, an H. I don't know whether it's a K or an H. What do you think?'

The fingers dropped heavily onto the paper. Harry's eyes pierced those of his son's. The lids blinked, then closed. When they opened again the pencil moved once more.

'He's starting over again. M . . . I . . . C . . . and now an R. Or is it an H? M again. But this is an N. Now . . . what is this? What is he trying to do now? Look, Brigie. Is that a T?'

Brigie moved her head once before she said, 'Yes, I think it's a T.'

Harry now showed clear signs of acute agitation. His eyes blinked rapidly; he was irritated by their stupidity. Once more the pencil moved.

'He keeps doing that M,' said Dan. 'And now this looks like H . . . I . . . L. I can't make it out.'

The pencil suddenly dropped from between Harry's finger and thumb. He closed his eyes and Brigie, leaning towards him, said, 'Rest, dear, rest. You can do more later. You'll feel better tomorrow, and then, then. . . .'

She stopped as Harry's eyes looked straight into hers. They were willing her to complete what he had begun, and now with tears in her voice she said, 'It'll be all right. Don't worry, my dear, dear Harry. I'll see to it. I promise you, on my word. . . .'

'What is it?' Dan had come round to her side again. 'Is there something on his mind?'

When she didn't answer but continued to stare at his father, he said, 'Look at this. What do you make of it?' and she looked at the paper and the scrawl. The jumbled letters spelt MICK MOUNT then HIL. He whispered now, 'Do you know anyone called Mick Mount?'

Slowly she shook her head.

His voice a mere whisper, he said, 'It must be somebody at the works. I'll go down and ask John.'

When Dan left the room she leant over the bed and said softly, 'Oh, my dearest Harry, that you should be troubled like this. And you have been so good, so good to everyone, but especially to me. And I thank you, Harry, I do, I do thank you from the bottom of my heart. And I want you to know I love you as I've never loved anyone. Believe that, will you? Please believe that. You are my very, very own dear Harry, and don't worry any more about this, this other business. I shall clear the matter up. I promise you. I give you my word.'

His eyes were glazed with water and when his fingers gripped hers she repeated again, 'I give you my word, Harry. I do.'

Now, hand in hand, they remained looking at each other until his eyes closed. After a time he made a vain attempt to open them, but found he was being overwhelmed by a great tiredness; being the man he was, he fought against it; he wasn't ready for the long sleep yet. There was something he had to do, or see to it that his Brigie did it for him.

As the rain of Brigie's tears fell on his face he finally gave in and went into a coma. It was four days later when his spirit left him.

Chapter Seven

Harry was buried in the same grave as Matilda. Brigie had not waited for the family to propose this, she herself had made it clear that it was her wish even before the funeral arrangements were discussed.

Afterwards the family gathered in the library to hear the reading of the will. It was to the point, as Harry had been in life. No mucking about, as he would have said. The mill in Manchester and the warehouse business in Newcastle were to be divided equally between his three children, leaving Katie's share in trust with reversion to her brothers or their descendants on her death. To his wife he left High Banks Hall for her lifetime and three thousand pounds a year for its upkeep, this amount to be found from the profit of the mill, and on her death the estate would pass to his three grandsons, Benjamin, Jonathan and Harry Bensham, to be divided equally, either through sale of the same, or in agreement reached through the trustees. Should any of the three die before marriage, his share would go to the surviving brothers or brother.

There was no mention of Katie's son, and the will had been made out only last year.

Katie showed no rancour about this, nor about the reversion clause. If not quite inured to pain she accepted it as something inevitable. Moreover she had understood her father; like most of his type abnormality in any way frightened him. He could accept people so affected outside the family. Armless and legless monstrosities being pushed around in barrows with tin mugs around their necks imploring alms aroused his compassion, but when such touched on his family they frightened him. They brought alive old wives' tales of evil, and of spells and curses handed down. She knew that he had looked upon her son in this way.

But Pat did not take the omission as she had, and as they drove home he said so. 'It was very small minded of him,' he said. 'Thank God the boy will never need financial help, but apparently it would have been all the same had he done so.'

She put her hand in his and looked at him softly as she said, 'Don't let it worry you, it isn't worrying me.'

'Are you sure?' The question was gentle.

'Yes, yes, I'm sure. There's only one thing that worries me.'

'And that?'

She looked fully into his eyes as she said in all seriousness, 'That you should ever stop loving me.'

'Oh Katie! Katie!' He shook his head at her. 'Then I can assure you you haven't a worry in the world.'

She leant against his shoulder and they both looked at the upholstered back of the carriage seats opposite, and their thoughts ran along the same channel, repeating the same words: Not a worry in the world. Their son, four years old, who could walk only with stumbling step, and talk as an infant, and who looked strangely inhuman, not ugly or frightening, just strangely inhuman, and who was already classified under the heading of 'mongolian imbecile', and they could speak of not having a worry in the world.

Why, Katie wondered, was one never allowed to be happy? She had married a wonderful man, she had a beautiful home – no, a magnificent home – yet God had made it His business to deform her son both mentally and physically. Why? Why?

The streets of Manchester were swaming with children, the majority of them underfed, barefoot and lice-ridden, but they were normal, in most part they were normal.

Yet, she asked herself as the carriage turned into the drive of the Manor, would any of them be as lovable as the child waiting patiently for her there in the house? No, for whatever was lacking in Lawrence it wasn't the capacity to love. His whole aim seemed to be bent on loving, and showing it.

If only her father had accepted her child's love. But her father, like her mother was gone; the family was broken. There still remained John and Dan, but she saw little of either of them and less of their wives. Jenny lived in an entirely different world; as for Barbara – well, Barbara was a strange creature. She wouldn't mind if she never met Barbara again. Although they had at one time, when girls, been close they had now nothing in common, no nothing, for Barbara had three healthy sons.

Life was unfair, cruel and unfair. . . .

Five minutes later she was holding her son in her arms and he was hugging her tightly around the neck while his shapeless mouth spread kisses over her face. And when he stopped and lisped, 'Bri. Bri,' she laughed and she looked at Pat and said, 'He expected Brigie to come back with us. I told him we were going to Brigie's. Isn't that amazing?' And Pat nodded in confirmation.

As she put the child to the floor she thought, 'But there'll always be Brigie, as long as she's alive. And she'll need an interest now – she's always liked Lawrence. I'll bring her over. It'll be good to have her here . . . and, and I need her.'

There came to her mind a saying of her mother's: When one door closes another one opens to let both stink out and fresh air in.

She couldn't analyse how it actually applied to the present situation, only that without her father dying she could never have hoped to have the comfort of Brigie; and it surprised her at this moment how much she needed the comfort of Brigie; in spite of the love of Pat she needed the comfort of Brigie.

Chapter Eight

John and Jenny had returned to Manchester; the mill could not be left for long. As John had said in his quiet, even dull way, his dad would have been the first to say, 'Get back to work, life's got to go on,' and Jenny had endorsed this. Jenny endorsed everything that John said.

Although he was very fond of his brother, Dan found John heavy going. Already, at thirty-one, John was a stolid settled man. It was hard to believe he was childless for he had a slightly pompous air like that which a father of a grown family could have been excused for adopting.

Dan said as much to Barbara and she answered, 'Oh, I don't know, I don't find him pompous. I've always found him nice and kind. Jenny's a little dull; she hasn't changed much from when I first met her, but she adores John, and that's everything.'

'Yes,' he said, 'that's everything.' His voice was flat, he looked weary. He was going to miss his father. Yet the sight of her sitting before the dressing-table mirror had the power to turn his thoughts away from his loss. There was no one to equal her in the whole world; her skin looked like thick cream, he likened her eyes to bottomless dark pools, turbulent pools, but wherein he was happy that his very soul should sink and be lost forever; and he could never find words to describe her hair, crow-black but with a sheen on it that no crow possessed. Her figure became more beautiful with the years. She represented a constant ache to him, and always would. He said, 'I'll put Ruth and the children on the twelve-ten on Thursday. You do want them here, don't you? They won't be in the way?'

'Of course not, of course not.' She turned her head quickly and looked at him.

'What I meant was they'll be all right with Ruth if you think they'll not upset Brigie.'

'No, I'm sure they won't, they'll likely help to bring her out of herself. She's taken this to heart much more than I ever imagined she would.'

'We forget that she's an old woman, she's sixty-nine.'

'You'd better not let her hear you say that, she doesn't consider herself old.' She smiled at him, and he smiled back at her as he said 'I won't mention her age,' then went out.

In spite of the sadness that filled him he was experiencing a new phase of personal happiness because Barbara had been kinder and sweeter to him these past few weeks than ever before, and her sympathy since his father's illness had touched him greatly. He considered himself very fortunate when he compared his life with that of John, and also of Katie . . . poor Katie.

Brigie showed no enthusiasm when it was proposed that the children should come to the Hall yet she did not voice anything against it. She had spoken very little to anyone since Harry's death. As Barbara had said, she had taken his going to heart.

At intervals during her life she had been acquainted with deep loneliness. In her early years when loneliness had struck her she had longed to be old for then she imagined one didn't feel things so vitally, emotions wouldn't tear at the heart in old age. But the years had taught her that age did not harden the senses but made one more vulnerable and stripped one until one's sensitivity lay on the surface of the skin like an open wound.

In the night she cried for Harry, for they had shared so much. Strangely, it was the uneducated man who had kept her mind alive in these later years, for he had become avid for knowledge and she had been happy to supply it. This often meant that she herself had to read up the subject first. Yes, he had kept her mind alive. And her body too, for although they had come together late in life they had come with a vitality that many would not have experienced in youth.

Oh, she missed Harry Bensham; more, yes, if the truth were told, more than she had ever missed Thomas Mallen.

But now her period of silence was over and she must talk. She must talk as she had never talked before. But she couldn't do it until Dan had left the house.

Dan set out for Newcastle early on Wednesday morning. From her bedroom window, Brigie watched Barbara see him to the carriage; she watched her receive his warm embrace; she watched her wave her hand in farewell in answer to him; and the bitterness in her rose.

She took a seat at the little desk to the side of the window and waited for the knock on the door. It wasn't long in coming. 'Come in,' she said.

Barbara came in and straight to her side, saying, 'Dan has just gone.'

'Yes, I saw him.' Brigie continued to sort the bills on the desk.

'Can I assist you in any way?'

'Not in my present work.'

'In what other way?'

Brigie now turned and looked into the pale beautiful face and she said slowly, 'If you will come up into the nursery I will tell you.'

'Is it not arranged to your liking?'

'What I have to say has nothing to do with the arrangement of the nursery, but I'd rather we were not overheard, should you be inclined to raise your voice.'

Barbara stared at Brigie, her face slightly screwed with enquiry. 'I don't know what you mean, raise my voice. Why should I raise my voice?'

'You will know shortly. I'll thank you to accompany me to the nursery.'

It was the old Brigie speaking, the governess, the goddess of the upper floor, and Barbara followed her out as if the years had rolled away and she were a child again, defiant but forced to be obedient.

When they reached the nursery floor Brigie led the way across the landing into the room that, at one time, had been her sitting room and which had now been prepared to receive Ruth Foggety. Once inside and the door closed, she turned to Barbara and said, 'Will you be taking a walk today?'

Barbara's face slowly stiffened. Her lips scarcely moving, she said, 'Yes, I shall be taking a walk today.'

Their eyes held.

'I thought you might. And you will be meeting Michael?'

Barbara seemed to grow in inches, her chin moved upwards, her neck stretched, yet at the same time she looked as if she might collapse, such was the hue of her skin. Her voice was a muffled murmur as she said, 'Well. Well, now you know.'

'I'm not the only one who knew. Harry knew, that is what caused his collapse.'

Brigie restrained herself from going to Barbara's support. And she needed support. She found it by reaching out and holding on to the high back of a chair; she rested against it, her bust almost pressed flat; and now she gasped as she said, 'Oh no! No you don't! You won't. I won't accept the blame.'

'Nevertheless it was because he saw you together that he had the seizure.'

'*No! No! I tell you no!* Those things can happen at any time. He was an old man, his high colour indicated heart trouble. No! No! I tell you. *No!*'

'If it eases your conscience you may think that way.'

'I must; I'm burdened with enough, I can't bear any more.'

'That is your own fault.'

'It isn't my fault. Don't let's go into all that again. It isn't my fault. I didn't ask to be born, and of such a father. Don't say it's my fault. . . .'

'We are up in the nursery, but I still suggest that you keep your voice down. Now' – Brigie turned about and walked to a chair and sat down, and not until after a full minute while she looked at Barbara where she stood, her body still pressed against the back of the chair, did she say, 'This thing must stop.'

'Oh. *No, Brigie! Not this time!*'

'You have a husband and three children and, besides having a child, he has obligations that he must meet.'

'We both know that, and we'll both meet our obligations, but we won't be parted.'

'It can't go on. It isn't right.'

'Huh!' Now Barbara pushed her body back from the support of the chair but continued to grip the top with outstretched hands and she laughed mirthlessly as she said, 'You to talk about right or wrong!'

'When I did wrong it was to myself alone, I injured no one.'

'You injured my mother. If you hadn't arranged that Thomas Mallen should be kept on my mother's and Aunt Constance's income he would never have been in the cottage; a man like him would have found some work, or friends; so, no matter what you say, you won't convince me that you are without guilt in the shameful disastrous affair that resulted in me being born, and carrying within me the Mallen streak as they call it, and which I have passed on to my sons, visibly to one. . . . The name of Mallen is a curse in itself; people never seem to forget it. Pat Ferrier called my children the Mallen litter and I've hated him ever since. And he's been repaid in kind.' She paused for breath, and now, her voice a tone lower but holding even more bitterness, she said, 'I hate myself for being the offspring of a Mallen. Do you know that? I hate myself. But being so, I know what I am and I know that I'm capable of going to any lengths to keep the only thing in life that I've ever thought was of any worth, my love for Michael and his for me. . . . So, Brigie, whatever schemes you've got in your head you can forget them if they're concerned with parting us, as I'm sure they are.'

Brigie's face was almost as white as Barbara's now, and when she spoke her words were thin and icy. 'What if I inform Dan?'

'The only result of that would be unfortunate for Dan because I'd leave him.'

'And the children?'

There was a pause before she replied, quietly but firmly, 'Yes, even the children.'

Barbara had moved from the support of the chair and was standing in the middle of the room now as if out in the open facing an enemy. She waited for Brigie to speak while their eyes held in deep bitterness.

But it was some minutes before Brigie said, 'Do you imagine that Michael would ever leave his mother and his crippled wife . . . and his daughter for you?'

Barbara should have come back immediately with, 'Yes, yes, I know he will,' but there was a telling pause before she said, 'If I ask him he will. He'll do anything I ask of him.'

'I doubt it. I know Michael Radlet better than you do. He's a big man in bulk, but he was a weak youth, his only strength lay in stubbornness and I cannot see that in these last few years his character will have changed much. If his love for you had been so strong he would have defied Constance years ago. There was only one obstacle in his way then, and it was her, now there are three, his wife and his child . . . and his mother. So I shouldn't count on the fact that he'll sacrifice anything at all for you. He'll carry on the clandestine meetings. Oh yes, because he always struck me, even as a young boy and in spite of his charm, as one who'd want to eat his cake and still have it.'

'You're just being spiteful now; you know it isn't true; you don't know Michael.'

'You are not a stupid woman, Barbara; you know what I'm saying is true. However, we won't discuss his character any further, but we will come to Dan. I never thought I would say this, but Dan is much too good a man for you. You took advantage of him in making him marry you. . . . Yes, yes, you did.' She lifted up her hand. 'You made him marry you, partly, as you informed me in no mean manner, in order to get away from me and my authority. And I can only guess how little you have paid him in return. You may point to your sons as a form of payment, but a child can be born through indifference or rape, as we only too well know, don't we?' They stared white-faced at each other before Brigie ended, 'The conception of children is not dependent on love. . . .'

The nursery became silent, yet the silence vibrated with the emotions emanating from them both.

'Do you hope to go on keeping Dan in ignorance?'

'Just that, since you ask, because he is happy in his ignorance. Were I to leave him he'd be devastated. Michael and I have talked this out. We want to hurt no one, but we want each other, we need each other, and we mean to have each other. We are discreet; we shall go on being discreet. . . . So there you have it. If you bring this matter into the open you will wreck a number of lives; if you leave things as they are no one will be hurt. It isn't up to me, it's up to you.'

Brigie began to cough. Her breath had caught in her throat, she felt for a moment she was going to choke. She was beaten.

Her coughing eased, she looked at Barbara who was staring at her, not a trace of shame or repentance on her face, and in this moment, and for the first time in her life, she felt hate towards her. She had never experienced hate, for never before had she allowed her emotions rein; she had disliked some people, despised others, while people like Harry's cousin, Florrie, had roused her contempt, but never had she known the feeling of real hate, and that it should be turned on her beloved Barbara caused a feeling of sickness to rise in her. She felt ill.

As she rose slowly to her feet she knew that with her next words she would sever the last link with the only human being she had considered really her own; for if Barbara had been born of her flesh she could not have been more her own child. So once again, as it had done so often in the past, her life stretched lonely before her. Although she'd be visited by Harry's children, Katie, John and Dan, she did not look upon them as kin; Barbara she had considered her only kin.

She stopped on her way to the door and said, 'I am breaking my word to my dear husband, and will have to answer to my conscience for it, because you have forced me to remain silent for Dan's sake and that of the children. I would like to add I wish for no further connection with you whatever, but this would require an explanation to Dan, therefore I'd be obliged if you would refrain from visiting me again unless accompanied by your husband. . . . You will have to resort to your previous venue in order to continue your intrigue.'

One last look, a long pain-filled exchange, then Brigie continued to the door and went out.

Barbara stared at the door's blank surface, then her head drooping to her chest, she covered her face with her hands and, turning, she leant against the wall and audibly cried, both in voice and tears, 'Oh Brigie. Brigie. Oh, Brigie, Brigie. Why don't you understand? Can't you understand? I can't help it. I can't help it.'

After some time, bringing herself upright, she dried her face with her handkerchief, smoothed her hair back and then, with her hand on the door handle, she paused for a moment as she thought, Thank God I beat her.

And in this moment the heart-felt utterance wasn't made because now she could still continue to see Michael but because the thought of having to face Dan, should he ever know the truth, filled her with a sickness that was a mixture of fear, pain and remorse.

Chapter Nine

Nothing untoward happened in the Bensham family between the years 1890 and 1893, nor was there a great deal of turmoil in the world.

England was all right. She was holding more than her own in commerce. Of course there were a few who said Lord Salisbury was mad for ceding Heligoland to the Germans. Didn't he know what the Germans were up to? They were out to challenge our naval supremacy.

Nonsense, nonsense. England ruled the waves and had always ruled the waves and would continue to do so as long as God managed the tides.

And women? Women were causing a ripple here and there. It was said that in London and in one or two big cities they had clubs, just like the men. Of course in general, few people believed this, but what was believed, and with concern in some quarters, was that more women were reading, and not only those in the middle classes. Why, it was even understood that women from the working class, the upper part of it, of course, were asking for books by George Eliot, but so ignorant were they that they thought the author was a man. Dickens, of course, was more commonly read, but not so Mrs. Gaskell, or Trollope, and Thackeray wasn't to the working-class taste; too sarky was Thackeray, he took the mickey. As for John Stuart Mill; if they had heard of his 'Subjection of Woman' the majority would have scorned to read it because they knew all about it, they lived it. Who knew better than they about the subjection of women.

But neither the events of the world nor the struggles of the working class towards emancipation touched Brook House and its inmates during these years. Mrs. Dan Bensham occupied herself mostly with reading the works of the Brontë sisters, never Dickens or Mrs. Gaskell. For poetry, she preferred Byron to Wordsworth, and sometimes she read Donne, but only those poems written in his early years when his love emanated from nature and not from thc spirit.

Dan's taste in literature went much wider. He read anything and everything in the spare time allowed him. Sometimes the gaslight was still burning in the spare room at one in the morning. These were the times when he would return home late, or when Barbara felt indisposed, and she had been feeling indisposed more frequently of late.

However, Dan was not always reading when the light was on at one o'clock in the morning. Often he was sitting propped up in bed, his hands behind his head, staring before him, and always when he sat thus he was reviewing the past years.

There was a short period about three years ago when he had imagined that Barbara was really beginning to love him. At long last he felt he had won through, for during this time she had shown him a tenderness and a consideration that had been lacking in her feelings before. But this period had come to an end; exactly when he could not pin-point, it had just seemed to trail off. There had been a cooling down until, for the past year, there had been practically nothing between them but polite, everyday chit-chat: the weather, how the business was going, the children . . . and Ben, particularly Ben.

Ben was a handful. He was a great source of irritation to Barbara. She told Dan frequently that something must be done about Ben. To this he answered again and again, 'I'm not sending him away to school. I've told you, they are not going to be separated; where one goes they all go.'

Dan longed to tell her that the root of Ben's trouble lay with her. She had never taken to the child because he was a daily reminder of the source from where she had sprung.

As the boy grew older the intruding streak of hair to the side of his head grew wider. It had earned him the name of 'piebald' at school, and the nickname had taught him to fight. Hardly a week passed but he came home with the scars of battle on him. He never needed to relate his exploits, this was done for him by his adoring brothers. He was by far the biggest of the three, he was by far the best looking of the three, he was by far the most intelligent of the three, and he was the least happy of the three.

Dan worried about Ben and endeavoured whenever possible to give him this attention, but this he knew was not enought to fill the void in the boy. He often wondered how his three sons would have fared if it hadn't been for the kindness and attention of Ruthie.

Ruthie, he considered, was a godsend, but he knew he stood alone in his opinion of her, for Barbara would have dismissed her long ago had she not been aware that the girl took from her shoulders practically all the responsibility of rearing the boys. Moreoever, Dan knew that if Ruthie were to go there would be a void in his own life, for never did he come in late at night, cold, sometimes tight, and nearly always tired, but there she was in the kitchen, her round, plump, comfortable young body giving off a mother feeling, her round cheery face smiling, her round keen eyes, that were full of an alert intelligence, prying into him and anticipating his needs.

That her wisdom was put over in cliches, not at times unmixed with strong language that would have brought Barbara's hackles rising had she heard it, appeared all the more true to him. He once said to her, 'You know, Ruthie, at times you appear like my mother to me,' and this had caused her to throw her head back and laugh and say, 'My God! sir, if I was, that would have beaten the immaculate conception, a bloody miracle wouldn't have been in it, 'cos you must have been all of twelve or more when I was born, add another sixteen on to that afore I could have had you. Lor! I don't think elephants take that long.'

Often now he found he wanted to talk seriously to her, confide in her; for, being Ruthie, she knew quite well how the situation upstairs stood. But no, he told himself, this would never do. He must never discuss Barbara, particularly with a servant, it was unthinkable. Yet he wanted to discuss her with someone.

He had thought of going to Brigie. Two or three years ago he would have, but since his dad died Brigie had changed. He had never imagined that the loss of his father would have affected her so; she had grown old of a sudden, and odd in a way. He understood she scarcely left the Hall or grounds except to go and visit Katie. She and Katie had become very close, likely because of the child, he thought. Brigie was fond of it. She never came into Newcastle now to visit them.

On the few times they had taken the children to see her, she had welcomed them warmly. . . . Or had she? He had imagined she was pleased to see the children and himself but not Barbara. Yet how could that be, because Barbara had been the king-pin of her life for so long? For her the sun had revolved around Barbara. Yet there was something, something he couldn't put his finger on. There were a number of things he couldn't put his finger on. At times he felt he was living outside a locked and barred house, and there was no visible means of entry. . . .

He had been suffering from toothache for the past week and although he wouldn't admit it to himself he was afraid to go to the dentist, but so bad did the pain become on this particular Friday that he was forced to leave his office and go and seek relief. The tooth was difficult to extract and when it finally came out he reckoned that the cure was infinitely worse than the disease.

Getting into a cab he went back to the warehouse, saw his manager and told him he was going home for the rest of the day. His manager, Alec Stenhouse, was a capable, reliable man, and an outspoken, thick-tongued northerner. 'Best thing, sir, best thing,' he said. 'An' my advice to you is to have a bellyful of whisky and knock yourself out. I've only been to them dentists once and I'm tellin' you I'd rather have a leg off than another out. An' you stay home a day or two, there'll be nowt perish here. And if you ask me, you need a change, for you've been goin' around lately more like a wet weekend than a dry Sunday.'

Before the cab reached home Dan had decided he would take Stenhouse's advice and go to bed with a bellyful of whisky.

When he entered the house, however, he was met not with concern and sympathy but with consternation among all those present. Ada Howlett and Betty Rowe were both in the hall, as were Jonathan and Harry, who on the sight of their father both rushed to him, crying, 'Oh! Papa, Papa, Ben has run away.' As they clutched his arms he opened his swollen lips and, looking at the two girls, said, 'What's this? What's all this about?'

'Well, sir' – Ada Howlett dropped her voice to a conspiratorial whisper as she leant towards him – 'there's been ructions on, sir, ructions. The mistress wouldn't take Ben with her for a walk. He kept on and on, an' she lost her temper and slapped him and sent him up to the nursery. Then she went out for her walk like she does, sir, an' then a short while ago Ruthie came runnin' downstairs asking where Master Ben was. And none of us knew. We . . . we've looked all around the garden, sir, an' up and down the road. . . . Oh, an' look at your face, sir. Eeh! they've made a mess of you. . . .'

'Ben's gone. He's run away, Papa.'

Dan put his hand on Jonathan's shoulder and turned him about towards the stairs as he said to Ada, 'Where's Ruth now?'

'She's out lookin', sir. Run . . . run like a hare she did. Betty here says he couldn't have gone down the drive, sir, for she was in the backyard bathbricking the window sills and such, and she could see the drive. Couldn't you, Betty?'

'Aye, sir. Yes, sir.' Betty bobbed as she spoke. 'He didn't go out that way, sir. I was in the yard all the time.'

'It's my opinion, sir,' said Ada now with authority, 'that he went down the garden an' climbed the railin's into the field.'

Dan now looked at Harry and said, 'Go upstairs with Jonathan and stay there until I come back.'

'Couldn't we look, Papa?' asked Harry.

'No, no. Stay upstairs so at least we'll know where you are. Now do what you're told, go on.' He pushed them both forward, then put his hand up to his face, and Ada said again, 'Eeh! they have made a mess of you, sir. You got it out then, sir.'

'Yes, Ada,' he said flatly, 'I got it out.' He turned from her and went across the hall and into the kitchen, where the cook was standing at the table making pastry. She looked up as he came towards her, and she said, 'He's a lad, sir. Lads always go off on their own. I don't know what the fuss is all about. He's likely gone up to the wood. They were all up there last week on the quiet, although the mistress forbade them the place 'cos of tramps 'n things. But lads are lads all the world over. Oh, you've had your tooth out, sir?'

He made no answer, merely nooded his head.

'By! your face's in a mess, sir. I wouldn't bother me head goin' out after him sir; as I said, lads are lads. Why, mine have gone off for days on end. They'll come back when they're hungry, that's what I say. Their bellies if nothin' else pull them back home.'

He went out of the kitchen, across the yard, and through the privet-arch that led into the garden.

The garden was long and narrow. Half its length was covered with lawns and rose beds, and was bordered by a rose trellis; beyond was a section given over to vegetables, and further on was a rough piece of ground where the children played. There was an old summer-house standing to one side,and the tiny stream cut across the opposite corner of the land, and the boundary was bordered by a four-foot wooden fence.

It was as he passed through the trellis arch, thick now with the tangle of roses, that he saw Ruth. She had just climbed the fence and was now pulling Ben over. Ben's head was down and he was crying.

He went to raise his hand and shout when he saw Ruth put her arm around the boy's shoulder and lead him into the summer-house and close the door. Swiftly now he hurried down the path between the high fronds of staked beans and stepped on to the rough grass, only to stop when he came within a few feet of the summer-house door. Something Ruth was saying brought him to a standstill: 'You never saw nobody kissin' anybody, d'you hear? You were dreamin'.'

Ben's voice, high and angry answered, 'I did, I did. I tell you I did. And she never kisses me, never, not once. She kisses Jonathan, and sometimes Harry, but never me, never, never. She never kisses me. . . .'

The voice was cut off as if it had been smothered; and it had been smothered.

Ruth had pulled the child to her. Burying his face between her breasts, she pressed his head into her as she said, 'Listen, Ben. Now listen to me.' She paused a moment, bit tightly down on her lip, looked round at the small space of the summer-house which was littered with the children's toys, then pushing him from her none too gently, she gripped him by the shoulders and squatted down on her hunkers till her face was level with his, and she said to him, slowly and clearly, 'Now listen to me, you hear me, Ben Bensham. Now pin your ears back an' listen . . . you've got to forget what you thought you saw. . . .'

'But I. . . .'

'Listen, I tell you, just listen. Now I'm gonna ask you a question. Do you want to lose your ma, your mother? Do you? Do you want to lose her? Do you want her to go away an' for you to never see her again? Now answer me, do you?'

The boy stared back at her, his eyes black and deep with a pain he could not understand, and Ruth went on, 'Well, I'm tellin' you, you open your mouth and go round shoutin' about what you think you saw in the wood, an' that'll be the finish, you won't see your mother ever again. She'll go; she'll leave this house an' she'll go. And what's more, and now I'm tellin' you this straight an' from the horse's mouth, an' no eehing or awing about it, if she goes I go an' all. Now, now just think on that. I'll leave the lot of you. An' where would you be then? You'd have somebody like Ada or Betty, an' God help you. So I'm tellin' you, you breathe one word of what you said to me, open your big mouth an' repeat just one word to either Jonathan or Harry or' – she paused – 'anybody else in the whole wide world an' boy, you'll be on your own, a shipwrecked sailor'll not be in it. You know the story of Sinbad the Sailor? Well, I'm tellin' you, he'll be having it cushy compared to you and the rest of them 'cos I'll be gone like the divil out of hell. . . . Well, there it is, it's up to you.'

'But . . . but Ruthie, I . . . I saw Mama, I tell you I saw Mama with a strange gentleman, and she kept calling him Michael, Mich. . . .'

'All right, all right!' Ruthie swung round from him and made for the door. 'You want trouble? Well, Benjamin Bensham, let me tell you, lad, you're goin' to get it. Just say that once more to anybody else and you'll bring the world about your shoulders.'

She swung round again and almost dived at him, and pulling him into her arms she hugged him to her, saying, 'There now, there now, don't cry. 'Tisn't like you, 'tisn't like you to cry. You're the big fellow, Ben, the big fellow, you're twice the size of the other two, an' you could buy them at one end of the street and sell them at t'other. You're clever, Ben, you've got it up top, so try to understand. Something's happened. All right, all right, I'll give you that, something happened an' you saw it. I believe you, but if you speak one word about it you'll create murder, you will that. I know it in me bones, you'll create murder.'

She held him close in silence for a time; then looking into his face again she said, 'Promise me on your honour – Cross your heart. Go on, cross your heart an' swear you won't say a word. . . . Aw, that's it, that's it. Now we know where we stand. This is just atween you and me, eh? Just atween you and me, the two of us, a sort of secret, eh? 'Cos . . . 'cos if we let it out your da . . . father would get hurt, an' badly, and of course your mother . . . Eeh! she'd get into big trouble.' Her voice trailed off as she thought, An' the divil's cure to her for she deserves her nose rubbed in the clarts, the bitch, the upstart bitch that she is. An' if it wasn't for him I'd let the lad yell his head off. I would that. But it would finish himself if he knew, the fool of a man that he is. Why do the likes of her get the likes of him. They have it all ways women like her.

Again she made for the door but absent-mindedly now, and when she reached it she turned to the boy and said, 'Give me a few minutes' start, then come up to the house. Just walk in as if you'd been out for a dander, an' I'll go for you like I usually do, you know; it'll make it all natural like. When I ask you where you've been just say you were rabbitin'. An' afore you come up swill your face in the rain bucket round the corner; come up fresh like an' jaunty, eh?'

He nodded slowly at her, sniffed, took the remaining tears from the end of his nose with the side of his finger, then watched her go.

She was no sooner outside and had closed the door behind her when she stopped, her mouth agape. A man was disappearing between the bean canes, and it wasn't old Rogers for it wasn't his day for the garden. And anyway she couldn't mistake that figure, although what he was doing here at half past three in the afternoon God knew. And God help her if he had been anywhere near the summer-house.

This was a nice kettle of fish. The mistress was a trollop that's what she was, a trollop. For some time now she had wondered about her walks, wondered what drove her out almost every Friday, rain, hail or snow. The weather had to be very bad before she didn't take her trot on a Friday afternoon. How long had she been taking her Friday afternoon walks? Dear God! it must have been years. But then she walked at other times an' all. Aye, but only if it was fine. And so nobody had twigged. Well, who would? She wasn't painted like a whore.

There were whores all over Newcastle, nobody but a blind and deaf saint could miss them. But they were working-class whores, not ladies. By God! the next time she went for her she'd have to put a tight rein on herself not to turn on her and give her a mouthful.

When she went into the kitchen the cook said, 'The master's back.'

'Is he? What's brought him at this time of day?'

'He's had a tooth out, he's got a face like a suet puddin'. He's gone out lookin' for the boy.'

'Oh, that boy! We're wastin' our time runnin' about like loonies; he'll come back when he's hungry.'

'The very words I said to the master, the very words; his empty belly'll bring him back.'

'Is . . . is the mistress in?'

'No, she's not back from her walk yet. An' it's to be hoped that Master Ben's in afore she is, or he's likely to get another skelpin'. And serve him well right; he's a young rip is that 'un.'

When she reached the hall she saw Ada Howlett standing by the front door, and Ada turned to her and said, 'The master's home. He's got toothache. He went scootin' down the garden looking for that imp, then he come in like the divil in a gale of wind an' went as quickly out again. But here he's comin' back agin. Likely his face is givin' him gyp.' She turned from the door and went towards the dining room, saying, 'I don't suppose he'll be able to eat, but since he's home she'll want the dinner put forward.'

Standing at the foot of the stairs, Ruth had planned in her mind what she was going to say to him. 'I shouldn't worry, sir,' she was going to say; 'he'll be back, he likes to cause a sensation does Master Ben.' But she said nothing. She looked at his face as he came through the door. True, one cheek was swollen and his mouth was out of shape, but having a tooth out could never have brought that look into his eyes. He looked wild . . . mad, out of his mind. Her breath caught in her throat as she thought, God Almighty! he must have heard every word. If he'd been outside the summer-house he could have heard it all, 'cos me voice is like a corn-crake.

When he came up to her and stopped at the foot of the stairs and stared into her face for a moment before going on up them with never a word, she knew without doubt there were now three in the secret, and if she knew anything it wouldn't remain a secret for much longer.

He had almost reached the top of the stairs before she moved, and he was opening his bedroom door when she called softly from the stairhead, 'Sir! Sir!' When she reached him he was in the room, the door in his hand, and he turned and looked at her as she muttered below her breath, 'Oh sir. Sir.' He blinked as if trying to get her into focus; then he lifted his hand and pushed her away and banged the door.

With the flat of his hands now against it and his two arms stretched taut he stood as if about to do an exercise. The next minute he had pulled the door open again, his head down as if he were about to run but he stopped when he saw Ruth still standing on the landing.

'Whisky,' he said. 'Bring me the decanter and . . . and a glass.'

'Yes, sir. Yes, sir.'

She ran down the stairs, and returned within a matter of minutes, and went straight into his room without knocking and placed the decanter and the glass on a side table. Then looking at him where he was standing now, his back to her, gazing out of the window, she said softly, 'I . . . I would lie meself down if I were you, sir.'

He didn't answer until she moved; then he turned and said, 'Tell . . . tell your mistress I' – he stopped, blinked, gulped, then ended, 'I have gone to bed with' – he patted his cheek.

'Yes, sir. Yes, sir, I'll do that. I will, I'll do that.' She nodded at him as she backed away, then she went out and closed the door gently after her.

It was more than half an hour later when Barbara entered the house and was informed by Ada that the master had come home with a bad face-ache after having a tooth out and had gone to bed. She said nothing about Ben's escapade; Ruth had warned her to keep her mouth shut. Ruth Foggety, Ada knew, as also did the cook and, of course, Betty, had a standing in the house and the ear of the master, if not the liking of the mistress, who put up with her merely because she could manage the tribe in the nursery. The mistress might rule the house but Ruth Foggety was the power on the top floor.

Barbara went straight to her room and took off her outdoor things. But before leaving the room to go and see how Dan was she stood thinking for a moment. She regretted having been out when he came home; but he had never been home in the afternoon for years, not on a week-day at any rate. She remembered vividly the last time he had appeared unexpectedly in the house in the afternoon. It was on the day she had met Michael in the wood for the first time.

She went out and across the landing and tapped on his door, then gently opened it. She saw that he was lying on his side; on closer inspection she imagined he was asleep and had been helped there by a generous dose of whisky – she had filled the decanter herself that very morning.

She stood looking down at him. His face was very swollen, his mouth distorted. He had a nice shaped mouth, wide, the lips full, yet she had never been able to feel its contact without experiencing a slight revulsion, whereas Michael's mouth. . . . She mustn't stand here thinking such things. Yet she couldn't help but make comparisons for her body was still warm from Michael's embraces.

She wondered she had not become pregnant. She told herself she must remember this as a possibility and not spurn Dan's advances completely. How long was it since he had been in her bed? Eight weeks? Ten weeks? She must allow him there again. She didn't know how she'd be able to suffer it but that was another of the penalties she must pay for Michael. She was already paying through Brigie.

She had never imagined Brigie's displeasure would have affected her so much. Nowadays Brigie looked at her as if she despised her, as she likely did. Brigie's look made her feel unclean, and she wasn't unclean. In going to Michael she was fulfilling a function that but for Brigie's interference in the first place would have been her natural right.

She moved slowly away from the bed and out of the room. She felt tired, she would like to go to bed herself at this moment, and if she did she knew she would fall into a deep, deep relaxed sleep. She wanted to sleep in the wood; oh, how she had wanted to go to sleep in Michael's arms. They had found a secluded spot in the depth of a thicket, and even when the few frequenters of the wood passed near them they could not see them, and the undergrowth of leaves and twigs always heralded anyone's approach.

Their meeting today had been ecstatic for they hadn't met for three weeks. Last Friday and the Friday before that he had been unable to come, and she had felt desolate. The reason, he said, was that Hannah had been very ill. She had caught a fever and at one time he had despaired of her life, but now she was out of danger and no protests had been made by the other two when he proposed his fishing trip, for he had sat up the best part of a fortnight with the child.

She had suggested today that it might be expedient in the future if they were to find some little place in an isolated spot they that they could rent. She did not tell him that with this in mind she had made a friend of a Mrs. Turner, whom she had met casually at the dressmaker's. She had cultivated Mrs. Turner's acquaintance when she had heard that the lady had a cottage, lying on the outskirts of Hexham which she let to summer visitors. She was quite entitled to a day out and the journey from Newcastle would be quite simple. It might not be so simple from Michael's end but nevertheless she knew he would undertake it.

Oh, how she wanted a long, long day with Michael, a long day that she could turn into a long night. How wonderful would have been their life together if they had married, something beautiful, exquisite, exciting. He had merely to put his lips on hers and her body would respond immediately. Her passion not only equalled his but went beyond it; she thought of it as giving completely of herself.

Following her line of duty, she now went up into the nursery and there found Ben in the sulks. He would not speak to her, not even raise his head to look at her because she had refused to allow him to accompany her on the walk. Because she felt happy she acted gently towards him, and put her hand on his shoulder and said softly, 'I'm sorry, I'm sorry my dear. Tomorrow; I promise you we'll go for a walk tomorrow.'

When he shrugged his shoulder from her touch and turned his head still further away she exclaimed sharply, 'Now you're acting childishly, like a little girl.'

She was actually startled by the way he turned on her. His head came up as his body swung round and brought him to his feet, and his face scarlet and his lips trembling, he shouted at her, 'I din't want to come tomorrow, I don't want to come with you tomorrow or any time. I don't! I don't!'

'That is enough, Ben. You are being rude; I shall tell your father.'

When Ruth hurried from the other room and made towards Ben, she said to her, 'See that he goes to bed, and at once. And . . . and don't give him any pudding with his meal. Now that is an order; he's not to have any pudding with his meal.'

Ruth looked up at her mistress. Her eyes unblinking, she stared at her until Barbara said, 'What is it? What do you wish to say?'

'Nothin', madam.'

'Well, if you don't wish to say anything I will thank you to take that expression off your face when you are looking at me.'

When the girl continued to stare at her in the same fashion she found herself blinking. She couldn't put a name to the look on the girl's face; she was, she supposed, telling her, in the only way she dared, that she disapproved of her slapping Benjamin. At this moment she had the desire to slap her as well. When people annoyed her she always wanted to strike out at them. It was an urge she had to conquer and to remind herself frequently that her present way of life was the result of just one such urge. Nevertheless she would dearly love to be rid of this girl. But she was too valuable in her services, and it had to be admitted that she cared for the children.

She turned about and went into the day nursery where Jonathan and Harry were sitting at a table drawing, and with no small art on Jonathan's part.

They both looked up as she came towards them and said, 'Hello, Mama.'

'Hello, dears.' She touched first one head and then the other. 'What are you drawing?'

'I'm drawing a shop,' Harry said.

'Look what I've done.' Jonathan held up the block to her and she exclaimed, 'Why! that's splendid. I . . . I seem to know the face, who is it?'

'Mr. Purvis.'

'Of course, of course, Mr. Purvis.' She put her head down until her chin was resting on Jonathan's hair and she laughed gently as she said, 'Poor Mr. Purvis, with his drooping eye. You must never let him see it.'

'His lid twitches when he gets excited,' put in Harry.

'And he sniffs,' said Jonathan. 'Like this.' And when he demonstrated, Barbara, assuming disgust, said, 'Oh dear. Oh dear. How dreadful.' Then she stooped and kissed first one and then the other before saying, 'Be good boys now,' which was her usual form of farewell.

As she made to go Jonathan asked, 'Will you come and see us in bed, Mama?'

'Yes, yes, I'll be up later.'

The moment Barbara left the nursery floor, Ruth came into the day room and, going to the table, she said, 'Good lads,' and they looked up at her and laughed. And when Harry, pulling a face, said, 'We're going to share our pudding with Ben, we heard Mama,' she put a hand on each head and rumpled their hair, and as they laughed together she said, 'You'll do, the pair of you. Go on in now and cheer him up. . . .'

Barbara looked in on Dan again about nine o'clock. He was still asleep. She went to her room and by ten o'clock she too was asleep.

It was around this time that Dan awoke. His head was bursting; his mouth was full of blood and tasted vile. His face was swollen even more now, and his lips were so stiff he could scarcely move them.

Painfully he pulled himself up in the bed. The gas mantle was turned down low; someone had been in and lit it. He tried to collect his thoughts. Something awful had happened, something dreadful. Life had exploded, but how? Why? He couldn't think. The pain in his head and jaw was excruciating. He wanted a drink. He turned his head slowly and looked towards the table. The decanter was still there, but it wasn't that kind of a drink he wanted; it was a hot drink, something warm and soothing.

God! what had happened to him? He brought his legs over the side of the bed and as they touched the floor he remembered; not that the dentist had made four attempts before he got his tooth out and then had broken it in the process, but that his son had seen his mother kissing another man in the wood.

He remembered too that she had come into the room and he had feigned sleep and had only just stopped himself from springing up and grabbing her by the throat and choking her until he should feel her life slowly ebb away, as his had done this afternoon when he stood outside the summer-house and listened to a servant remonstrating with his son to keep his silence and so save the boy from losing a mother and the husband from losing a wife.

But he had lost his wife, that is if he had ever had a wife. Yes, that was the question, if he had ever had a wife. For her he had been but the means of escape. And let him face it; he had known what he was taking on, and he had been glad of the chance to take it on because he imagined that no man could love a woman as he did her, and as he had done from a very young boy, and in the end fail to gain her love in return. Love bred love. . . .

But not in this case. . . . Annie of Tharaw. He'd never sing *Annie of Tharaw* again.

How long had it been going on? Oh, a long time. Yes, yes, a long time; definitely since they came to live here, and that was almost four years ago. She had hoodwinked him all this time. She had lain in his own arms, let him love her, when perhaps that very day, that very afternoon, during her *walk*, she had lain with him the big fellow, the blond farmer. . . . God Almighty! if only he had him here. As big as he was, as strong as he was, he'd drive a knife into him. It was a pity he didn't possess a gun. But he could hire one and go to the farm tomorrow and shoot the swine dead. . . . That's if he were that kind of a man; but he wasn't that kind of man, was he? No, he was the kind of man who was made weak through love.

Well, was he just going to sit back and take it?

What would happen if he brought it into the open?

He would lose her. She would go to Radlet like a homing pigeon. And he couldn't bear the thought of that, could he?

No, no, anything but that. He dropped his aching head into his hands. Why hadn't she left him? Was it because of concern for him, or was it because of the children?

Whatever had stopped her from going to Radlet had been through concern of some kind; she hadn't been callous enough just to walk out and leave them.

But there was another side to it. Perhaps Radlet was obliged to stay where he was; perhaps his conscience would not allow him to leave the wife whom Barbara had crippled, nor his mother who doted on him, nor his daughter, for he understood he had a daughter.

He rose from the bed and staggered to the door and opened it. The landing was dimly lit. He looked across it towards the door of the room that was rightly his, and there swept over him a feeling of such rage that his mental and physical pain was blotted out. For a moment he was his father and raging against duplicity and the fact that he was being made a cuckold.

He had never held himself in high esteem, he was aware that he possessed no exceptional talents, he was the offspring of ordinary parents, and had his father not made money he would likely have married an ordinary woman of his own class. But his father had made money, and had bought a mansion, and had sent his sons to a school where they had learned the manners of those who lived in mansions; yet he knew that all he had learned merely formed a cloak, a facade, to cover his real self, for all the education in the world could not penetrate a man's real being, the being that was the core of him. He also realized that in spite of his rage there wasn't enough of his father in him to burst open the door and drag her from the bed, and leave his mark on her with his fist. He only wished there was, for at least then he would have added to his meagre store of self respect.

Although he was sober his step was that of a drunken man as he went down the stairs, across the hall and into the kitchen.

The light was still on and Ruth was sitting by the table.

She'd had her head down on her arms until the door opened; now she raised it, peered towards him and blinked the sleep out of her eyes; then she was on her feet, saying, 'Oh my! sir. My! look at that face. Sit yourself down.'

She pulled a chair forward, and he gripped its back and lowered himself onto it. Then putting an elbow on the table he rested his brow on his hand.

'You want a drink, something hot? Hot milk? That's it, hot milk.'

'No.' He shook his head. Then, his lips moving stiffly, he said, 'Coffee, black, strong.'

She hurried from one side of the kitchen to the other, and no more words were spoken until she placed the steaming cup of coffee, not on the table, but into his hand, and as if she were dealing with a very old man, or a young child, she guided his other hand towards the handle, saying softly, 'Drink it up now. Drink it up.'

Not only was the coffee too hot for his tender mouth but he found he couldn't open his lips wide enough to take the cup. Swiftly now she took it from his hands and, pouring some of the coffee into the saucer, she blew on it, then held it to his mouth, and he sipped at it, then gulped, and in that way he finished the cupful.

The next thing she did was to bring a bowl of hot water to the table and dip in it a flannel cloth, which she wrang out, waved in the air for a moment, then gently applied to the side of his face.

As the soothing warmth penetrated his skin he gave a small sigh and relaxed against the back of the chair.

'That better?' Again and again she wrang out the cloth; then renewed the water and continued with the applications.

After a while he put out his hand and, his lips moving easier now, he muttered, 'Thanks. Enough for . . . for the time being. Thanks.'

As she went to the sink and emptied the dish and hung up the flannel she talked. 'By! whoever did that job on you the day wants to go back and learn his trade. I've never seen anything like it in me life. You look for all the world as if you'd been hit by a crane. If he had used a grapple on you he couldn't have done more damage. They say salt and water's a good thing, hot salt and water. I'd keeping washing it out, sir.' She came to the table now and, bending down to him, she said, 'If I made you some hot toddy do you think you could manage it?'

He shook his head.

Slowly she slid down into the chair opposite to him and, her forearms on the table and her hands joined, she looked at him sadly before saying, 'You should be in bed, sir.'

He raised his head. 'I've been in bed, Ruth.' The words came out of the side of his mouth.

'You want to go back again, sir, and stay there for a day or so.'

They stared at each other for fully a minute; and then, turning from her, he dropped his face into his hands and although he felt he was sinking to the bottom of self abasement he could not still the rising tide of tears that swept up through his body and gathered in his throat before pouring from his eyes, nose and mouth.

He had cried when his mother died and he had cried in private but with joy when his sons were born, and he had cried at the loss of his father, but this was crying such as he had never experienced before. It was a tidal wave of anguish which swept away the remains of his self-respect and his manhood.

When he felt Ruth's arms going about him he did not thrust them off but turned towards her and held on to her, and, his face pressed between her young breasts, he tried to quell the avalanche that had been let loose in him.

'There now. There now. Aw, me dear, me dear, let it out, let it out. It'll ease you.' She moved her hand over his hair and went on talking as if it were one of the boys she was holding. 'Don't mind nothin'; you'll be all right. There now. There now.'

By the time his crying eased, the dampness had penetrated through her cotton dress and her shift. When he finally raised his head he gazed up at her and muttered, 'I'm ashamed, Ruthie, I'm ashamed.'

'What of?' Her voice was a trembling whisper now. 'You've got nothin' to be ashamed of.' She did not add "sir". 'No' – she shook her head – 'you've got nothin' in the wide world to be ashamed of. Your only trouble is you're too good. But don't worry, you'll come out on top, you'll see. D'you want my advice?'

His silence was his answer and she said, softly, tentatively, 'Let things lie. You can do no good by causing a rumpus. There . . . there's the boys to think of. And given time who knows but that she'll come to her senses.'

He withdrew his arms from her waist but, still looking at her, he murmured, 'You're a great comfort, Ruthie; you always have been. It'll be a lucky man who gets you.'

'Huh!' She turned abruptly from him and went to the stove, and it was as if there had been no emotional scene as she said lightly, 'Lucky, you say? I only hope he agrees with you for I'm likely to lead him a hell of a life. I'm one for me own way, an' as stubborn as an Irish donkey.' There was a pause before she ended, flatly, 'I'm goin' to fill you a hot water bottle, then you're going to bed.'

After a moment, while he sat with his head bowed looking at his joined hands pressed hard down on his knees, he made a statement. 'You think me a poor specimen, don't you?' he said.

When she made no answer he lifted his head slowly. She was over by the sink; she had her back to him and some seconds passed before she turned around. She did not move but she looked at him across the space, and then she said, 'I think you're the finest gentleman I've every met in me life, or I'm ever likely to, an' I'll be content to serve you as long as you want me, an' in any way you want me. Any way. . . .'

Chapter Ten

It was in February 1894 that Michael rented the cottage from Mrs. Turner, at least he supplied the money, but it was rented under the name of Mrs. Bensham. Barbara was greatly excited this morning and had difficulty in containing it. At breakfast she had informed Dan that tomorrow she was going on a shopping expedition with Mrs. Turner.

He raised his eyes and looked at her for a moment and said, 'Oh!' while he continued to stare at her. His reaction was slightly disconcerting; he had been disconcerting in many ways of late. He was drinking more heavily than he had done before but it hadn't caused him to make extra demands on her; in fact, it was months since he had been to her room. He hadn't seemed himself following the tooth extraction; he had been in bed for a week and she'd had to call the doctor when a secondary bleeding occurred from his gums. It was from then that he had changed. He appeared older, and at times very strange.

More than once it had occurred to her that he might have knowledge of what was going on. But then she waved the idea aside; knowing Dan as he was, he wouldn't be able to keep that to himself, he would have brought it into the open and begged her to give up Michael; or perhaps he would have reacted like his father might have done and sworn and cursed and threatened. But one thing she was certain of, he would not have ignored the matter and kept quiet.

Yet there was something. But whatever it was it didn't trouble her much. She did her duty, she ran the house well, and saw that the children were looked after, and she attended to their schooling, inasmuch as she went to see the headmaster when there were any complaints about Ben and his behaviour.

Ben was a constant worry; he caused her more concern than Dan did. Whereas she saw Dan only at meals, twice a day, breakfast, and dinner in the evening, and not always then, the children were home from four o'clock in the afternoon, and, of course, she had them on top of her all the time during the holidays.

It was on this particular morning as she said good-bye to them in the hall that she noticed the shape of Ruth Foggety's stomach. The girl had her hands on her hood, pulling it over her head, her cloak was open. Instead of her starched apron forming the usual slight mound over her print dress, Barbara's astonished gaze took in the particular bulge, and immediately she connected it with the girl being sick. She remembered Harry telling her that Ruthie was sick. She recalled the incident vividly because he hadn't used the word sick, he had said 'thrown up,' and she had rebuked him sternly. And she had thought yet again, That girl, how can one expect them to speak correct English listening to that. Thrown up, indeed!

Now, as indignation flooded her, she thought, The chit's pregnant. But I'm not surprised. Not at all, not at all. Really! Just wait till she comes back, just wait.

Immediately Ruth entered the house after seeing the children to school, Ada gave her the message that the mistress wanted to see her in the morning room, and at this they exchanged a knowing look. Then Ruth, taking off her hooded cloak handed it to Ada, saying softly, 'Stick it in the kitchen for me for a minute, will you? after which she smoothed her hands slowly down over her apron, went towards the morning room, knocked on the door and when the order came for her to enter she went in.

Barbara was standing in front of the china cabinet rearranging a set of figurines. She carefully closed the glass doors before she turned to face 'that girl', as she had always thought of her, then seating herself in a straight-backed chair she laid one hand over the other, palm upwards on her lap before she said sternly, 'Well! have you anything to tell me?'

'What about, ma'am?'

'Don't prevaricate, girl. You're in a certain condition, aren't you?'

'If you put it that way, yes, ma'am.'

The nerve of the creature, the insolence. If she put it that way! Her voice was touched with her anger as she said, 'Don't be insolent, girl. And remember whom you're talking to.'

'I do, ma'am.'

Barbara rose to her feet. She knew from the heat of her face that her whole complexion had turned red. She had the greatest desire to strike the creature.

'You know you will have to leave?'

There was no response from Ruth, but she held Barbara's eyes and waited for her to speak again.

'You understand what I'm saying to you, girl?'

'I understand well enough, ma'am.'

'The man, is . . . is he going to marry you?'

'I should hardly think so, ma'am.'

Really! Really! She said now, 'I'll allow you to stay until the end of the week, by which time I will have replaced you. This will also give you sufficient time to make fresh arrangements.'

The girl stared at her, her round eyes seeming to bore into her, and then she said in an even tone, 'As you say, ma'am, as you say,' and with that she turned on her heel and walked out.

It was on the point of Barbara's tongue to call her back and tell her to stand there until she gave her leave to go, but instead she drew in a deep breath, sat down again and repeated, 'I should hardly think so, ma'am.'

The similarity of their situations did not strike her. She herself was a married woman, circumspect in all her doings except in one thing; even about this she had been most discreet. That girl had always annoyed her; she'd be glad to see the back of her. But now here she was faced with another problem: a new girl would need supervision for some time to come, and what was more, with the departure of that brazen piece she would have more trouble with Ben, because the boy, and she had to admit this, would take no notice of anyone but the girl. Well, from now on he would have to be brought into line, and if he couldn't be handled at home she would insist, really insist, that Dan send him away to school, and to one noted for its discipline, for if ever a child needed discipline he did.

She was glad that she had told the girl she could remain until the end of the week, otherwise she doubted if she would have been able to get away tomorrow, and she must get away tomorrow.

She rose to her feet. The girl had said it wasn't likely she could marry the man. This must mean he was already married. He was likely some friend of that awful man, her father. What would he say when he knew? Her jaw dropped slightly when she realized that he must know already, although he no longer came to collect her wages; this procedure had ceased over a year ago when he had hurt his foot in the docks; instead, she returned home on her half-day once a fortnight.

Well, she'd return home for good at the end of the week, on this she was determined. This was one thing Dan could not overlook. He had been on the girl's side since she had first come here, and instead of chiding her for the way she answered back he laughed and called her cute. She wondered if he would put her present condition down to cuteness?

When Dan came home at six o'clock he followed his usual procedure. He went to his room and washed himself, changed his coat, then went on up to the nursery where he talked with the boys, sometimes for ten minutes, sometimes for as long as half an hour. Afterwards he came downstairs and went straight into the dining room. The meal was set for seven o'clock; supper, cook called it, Barbara gave it the name of dinner.

Barbara was already in the dining room when he arrived. He inclined his head towards her and, as was also his rule of late, he did not address her first.

As she took her place at the table he went to the sideboard and poured himself out a drink which he threw off in one draught.

As the door opened and Ada entered carrying a tray, with Betty behind her carrying another, he took his seat at the table. It was then that Barbara said, 'It has been a dreadful day, so cold.'

'Yes, yes, very cold.'

'Have you been busy?'

'About the same as usual.'

'I ordered Scotch broth, I thought it would be warming tonight.'

'Scotch broth? Yes, yes; it's always warming, Scotch broth.'

When the plates of soup were put before them, they both began to eat, and by the time Ada had arranged the main course on the table they had finished their soup. She had placed the joint of lamb before the master and the three vegetable dishes before the mistress. As she took the soup plates away Barbara said to her, 'Thank you, Ada; we'll manage.'

'Will I bring the iced pudding on to the table or will I leave it on the sideboard, ma'am?'

'Leave it on the sideboard, Ada, thank you.'

Alone once more, they made no pretence at conversation. When the main course was finished, Dan, rising from the table, muttered a mumbled excuse, and she said to him, 'Don't you want any pudding?' and to this he answered, 'No. No, thanks.'

Her indignation rose when she saw that he was going to leave the room, leave her at the table with the meal unfinished. She said sharply, 'I want to speak to you.'

He stopped, his back towards her; then he slowly turned round and looked at her fully in the face for the first time since he had come in.

'It's about the girl.'

'The girl?' The expression on his face changed, his eyes screwed up as if he were at a loss to know to whom she was referring.

'The girl, Ruth.'

'Oh. Oh, Ruthie.' His head nodded, he closed his eyes, then walked towards the fire. Again he had his back to her.

'She's in a certain condition.'

His head came slowly round on his shoulder, his eyes slanted towards her and there was a half smile on his face as he said, 'Yes, isn't it interesting?'

'What! What do you say? Surely you heard what I said.'

His head remained in the same position. 'Yes, yes, I heard what you said. And I said, isn't it interesting? The only thing is I wonder you haven't noticed before.'

Her whole face drooped, her mouth opened, her bottom lip protruded, and then she said in genuine amazement, 'You mean to say you knew that she was pregnant?'

'Yes, of course, I did. She must be four months or more.'

'You stand there and tell me that you have known this, the girl who is looking after your sons, and you condone. . . .'

She actually jumped as he swung round and bawled, 'Shut up!'

They were staring at each other when the door opened and Ada appeared, saying, 'Did you call, ma'am?'

She had to drag her voice from her throat and use all her control to say with some semblance of calmness, 'No, no, Ada. Leave the clearing until after. I'll ring for you.'

Ada flashed a keen glance between them before going out and closing the door, then Barbara, the colour flooding her face and her eyes blazing now, hissed, 'Don't you dare speak to me in that fashion.'

'I'll speak to you in what fashion I like.' He had taken a step towards her, and now as they glared at each other everything was clear to her, but being who she was, she had to pretend, she had to defend herself. 'You're mad,' she said. 'The . . . the drink is having an effect on you. Anyway' – she stroked down the white ruffle that edged the front of her dress and, her head moving upwards, she said, 'I've given her notice; she goes at the end of the week.'

'She doesn't go at the end of the week.'

It wasn't only his tone, it was something in the look on his face that took the stiffness from her carriage. Her shoulders drooped, her body seemed to shrink. A moment ago she had thought everything was clear to her. What had been clear was the fact that he knew about her and Michael, but now what she was faced with was something else, something he was telling her. In his defence of the girl he was telling her. . . . Oh no, no! He couldn't. Not in this house with that girl, that common creature – she still could not see any similarity between their cases. Her voice rose and her words came out almost on a squeak as she cried, 'I . . . I won't have her looking after my sons.'

'No? Well, she'll continue to look after *my* sons. What is more, her child will be born here.'

'I . . . I won't allow it.'

'You what! What did I hear you say?' He was laughing at her but there was no mirth in his laughter, rather he looked like a devil, a compact small devil. Then, the grim laughter sliding from his face, he said, 'This is my house, I give the orders. Remember that. I'll repeat it, this is my house and I give the orders. You said you had something to say to me. Was that all, to tell me that Ruthie is going to have a child?'

He waited and he watched the emotions pass over her face and he willed himself to feel no compassion.

For her part she could not believe that this was the same man who had begged for her favours for years and been grateful for the scraps she had offered him. She felt that if she stayed another moment under his malevolent stare she would collapse. She turned slowly about and went from the room and up the stairs into the bedroom, and she did not sit on the bed, she lay on it, fully dressed she lay on it and gripped the coverlet.

Well, it had to come. This was the end, and thank God for it! She'd be seeing Michael tomorrow. . . . After a moment, during which she lay with her hand across her eyes, she thought, I'll miss the children, Jonathan in particular. Yes, I'll miss Jonathan. But nothing will matter once I'm with Michael. I can have more children, Michael's children, *Michael's children*.

Chapter Eleven

Barbara was lying on a bed in a strange room in a cottage she had seen for the first time an hour ago and she didn't care for it, either inside or out.

But here she was in Michael's arms, her eyes closed tight, her head buried in the bare flesh of his shoulder, her lips pressed tightly together, but her ears wide open to what he was telling her.

'I can't, I can't, Barbara. Oh God in heaven, you know it's the only thing I want in life just to be with you, but I can't. Hannah has never been right since the fever. She needs me . . . she demands to go with me everywhere, she hardly lets me out of her sight. And . . . and the others, Mother used to do a lot about the place, now she hardly lifts her hand outside the house. Since I put my foot down and told her who was master she's taken the attitude of letting me get on with it; she used to see to the dairy, now she does it only when it pleases her. And Sarah, well, she finds it awkward.' The last words were mumbled; then on a loud tone he ended, 'A whole day's cream went sour yesterday, only fit for the pigs. There was hell to pay last night. . . . Barbara, my love.'

He tried to look into her face but she turned it away from him, and her head came from his shoulder and on to the pillow and his voice sounded distant now as it came to her, muttering, 'If . . . if you feel this way about it, sure about it, then do it, leave him. You can live here – we can fix it up better than it is now – and I'll get across whenever I can. You know that, don't you?'

He moved his lips in her hair. 'All I want is to be near you, close, close, like this.' He pressed his body tight against hers. 'But there are so many things, responsibilities. . . . Barbara, Barbara, look at me, say something.'

She turned on her back and looked at him but she couldn't say anything. She felt that she had been turned into a dumb animal, a trapped, dumb animal. If she were to speak her thoughts at this moment she would have cried at him, 'I can leave Dan and the children, I can step out into the world with hardly a penny for I have little of my own, I'll even lose the respectability of being a married woman, and what do you offer? This dreadful, mean cottage, without gas, or water, except what water can be carried from the brook, and you would expect me to live alone here, day following day, just waiting for you coming once a week. And then one hour, two at the most, and you'd be gone. And so great is my love for you that I would suffer it if you really wanted that, but you don't. You don't want me to leave Dan or the children, for then I would be another responsibility. Oh Michael, Michael, don't let me think that Brigie was right; you're not a weak man, you're not, you're not. Brigie has been proved wrong so many times; dear God! let her be proved wrong again.'

'Have . . . have you said anything at all to him?'

'What?' She had difficulty in hearing his voice, it was as if she had gone deaf again.

'I said, have you said anything at all to Dan?' He was sitting away from her now on the side of the bed, slowly filling his pipe. 'I mean did . . . did you admit anything, anything at all?'

'No, no, I didn't.' Her voice was unusually loud and he turned swiftly to her and, laying down the pipe on the side table, he bent over her again. 'I'm only asking because I want to work out what's best for you.'

'I know what's best for me, Michael.' Her voice broke.

He stared down into her face and nodded his head before saying, 'I know, too, darling. I know too, and I'll make it as soon as I can. When Hannah is just a little older and can stand on her own feet.'

'In the meantime you expect me to stay in that house with that girl and see her carrying Dan's child. I can't do it, I won't suffer it.'

He sat back from her again but took hold of her hand now and said softly, 'I've got to say this, Barbara, I must say it. You can't blame Dan. If he has known about us, as you think he has for some time, you can't blame him. The only wonder to me is that he hasn't brought it into the open. It . . . it points to one thing in my view, he doesn't want to lose you, he can't bear to lose you, and . . . and I know how he feels. It appears to me he'll be quite willing to let things go on as they are. It's all up to you from now on.'

'What did you say?'

'I said it's all up to you, Barbara, from now on. . . . What's the matter?'

She put her hand across her mouth, and then her two hands were covering her ears and her eyes were wide and filled with fear as she whispered, 'I . . . I had to read your lips, Michael, I had to read your lips; I didn't catch your last words. Two or three times today you . . . your words have faded away. I'm . . . I'm going deaf again. I'm going deaf again, Michael. *Michael, I'm going deaf again.*'

He was holding her and rocking her, speaking above her agonized crying now. 'You're not, you're not. It's just that you're upset, its emotional. It must have been in the first place for you to recover, and now, now you know what it is you can control it. Don't . . . don't get yourself so upset. Dearest. Dearest. There now. There now.'

After some minutes she sat up against the back of the bed and dried her face, and as she looked at him she said between gasps, 'Michael, I . . . I couldn't bear to be deaf again, not . . . not like before. I'd . . . I'd kill myself rather. . . .'

'Hush! hush! Don't ever say such a thing because if you were to die I'd die too.'

'Would you, Michael?'

'Yes, yes I would, Barbara.'

'You really would?'

'I would, because I couldn't live without you, you should know that.'

She believed him because she wanted to believe him. Oh, she wanted to believe him, because if she stopped believing in him. . . . Well, then. . . .

PART THREE

Ben

War

Chapter One

England was at war. The terrible Germans were massacring the poor Belgians, raping nuns and cutting off babies' hands, but as everybody in England knew they would soon be avenged because the British Expeditionary Force had crossed the Channel to put an end to it.

Everybody said they had seen it coming. Why, look at the number of German bands that had been going about these last few years. And where did they go? Not into the country towns. Oh no, but into the industrial areas where there were shipyards, and mines, and foundries. German bands! They weren't German bands at all, they were spy bands. And then there were all those German pork-butcher shops. Why weren't the pork-butcher shops run by Englishmen? No, the Germans had inveigled themselves in through the Englishmen's bellies. Feed them, fatten them and then slaughter them was their method. Did you ever know a German pork-butcher who didn't want to talk, who didn't make himself pleasant? Oh, they had seen it coming for years. Anyway it would soon be over. So they couldn't really see the point of them taking the golden sovereigns off the market and dishing out paper money instead. Fancy a paper pound, and a paper ten shillings? But that wouldn't last long either.

On August 19 Kitchener sent his fifth division to France, then in September he sent the sixth. Some people couldn't see why because the British Expeditionary Force was out there, wasn't it? And it was the best equipped army in the world, wasn't it? Well, as far as the newspapers went it was, for they said that there were as many as five thousand six hundred horses and eighteen thousand men to a division. Well, just think what they could do. Of course, they admitted to snags here and there. For one thing the army hadn't wireless, like the navy, but still they had all those horses, hadn't they?

The British Expeditionary Force ran into the advancing Germans at Mons, and had to retreat.

The men covered two hundred miles in thirteen days, many of them sleeping as they walked. There was muddle and arguments in high places; midnight meetings between Kitchener and Asquith and the Cabinet, with the result that Kitchener crossed to France and told Joffre, the French Commander-in-Chief, who was boss.

By November men were digging a maze of trenches in France and preparing to settle in them for the winter. By now the ordinary English family knew it was at war; and the postman knocked on thousands of doors and handed bewildered women telegrams, headed: ON HIS MAJESTY'S SERVICE.

The Bensham brothers met at the end of August. By pre-arrangement they entered their home en masse, so as to get the shock over in one go, for all had enlisted in His Majesty's Forces. They were going to fight for King and Country, and what they had all agreed upon was that they weren't going to wait for conscription, not they.

They were now twenty-nine years old and not one of them was married. Harry alone had come near to it. Two years ago he had been engaged to a Miss Powell, but Miss Powell's character hadn't been strong enough to cover her dislike of his mother, and when she had openly expressed her feelings to her future husband he had used it as the opportunity for getting out of an awkward situation.

The Bensham boys weren't the marrying kind, people said, but that wasn't to say they didn't like women, especially that Ben. Benjamin's escapades with the ladies offered food for gossip, not only among the female workers in the warehouse and wholesale rooms of Bensham & Sons Ltd., but also among a certain section of the ladies in Newcastle. These might not be counted in the upper stratum of the city's society, nor yet did they belong to the bottom layer. Benjamin Bensham was known to be choosey; it was also said that he never had to lift his finger twice.

Benjamin was the tallest of the three brothers by some inches. He was also endowed with broad shoulders, narrow hips and a head of thick shining black hair, distinguished, as it had been almost from birth, by its white streak, which, now that he was in the army, he laughingly remarked to his brothers, he would have to live down. Generally a white streak came out in one, but his had been planted on him; it wasn't fair. They all laughed about his white streak.

Ben's skin too seemed to have taken its hue from his hair, for it was dark; at times it looked as if he were deeply sun-tanned. No one seeing the three together could have taken the other two for his brothers.

Yet Jonathan and Harry were often taken for twins. Their height was no more than five foot eight, their stature was slight, very like their father's, as was their hair, a sandy, nondescript colour. Their complexions were fresh and youthful, and they looked at least three years younger than Ben, and whereas they were of similar temperament to each other they varied from Ben in that they were of a sunny, easy-going nature, which showed little variation either up or down. As people said, you always knew where you had them, whereas Ben's countenance when he was not in the presence of the ladies looked sombre, and nearly always there was a deep frown line between his heavy brows. Yet at times he could express a gaiety that was unknown to his brothers, while at others fall into a despondency that was equally unknown to them. Ben was one apart and always had been.

Yet in spite of the differences in their make-up, they had been good friends from childhood, Jonathan and Harry remaining firm in their loyalty to Ben.

When they decided, as Ben said, to honour the nation with their services they determined to do it together, so they gave out they were going on a joint fishing holiday. Only on one point did they differ, into which service each meant to enlist. Both Jonathan and Harry were for the navy, but Ben was for the army. He tried to persuade them into his way of thinking, whilst they combined their efforts to influence him. Neither side prevailed, and so it was into the navy that Jonathan and Harry went, and Benjamin joined the army.

Ben could have been home two days ago but he had waited until he heard from the others that they were getting a brief leave.

They stopped in the porch, and it was Jonathan who said, 'As soon as we get into the hall let's all sing "God Save the King", that'll bring them running. Well, I mean if Dad's in, and the girls.'

'Oh, the girls.' Harry put his hand on his heart and swayed. 'Wait till Ada sees us.'

'What do you bet?' Ben was pointing from one to the other now. 'Twenty-to-one Betty cries.'

Harry jerked his chin upwards with a scornful movement. 'Come off it, lad, who d'you think you've got on? Now if you'd said twenty-to-one she doesn't, then I'd take you on.'

'We'd better go to Mother first.'

The bantering ceased; they looked at Jonathan and nodded, then entered the house.

As they crossed the hall, Ada came from the direction of the kitchen and she stopped dead for a moment; then lifting her apron she held it across the bottom of her face, and as she watched the three young masters come to attention and salute her she put her hand up and grabbed the streamers of her starched cap and exclaimed as if in prayer, 'Eeh! Dear God!' then moved slowly towards them, and they, as always when teasing her, repeated in chorus, 'Eeh! Dear God! . . . and Ada Howlett.'

'Oh, Master Ben. And you and you.' She pointed to Jonathan and Harry in turn. 'What you been an' gone and done? Eeh! the missis 'll have a fit, she'll pass out. Eeh! you had no call to go and do it, not right away you hadn't. And all of a bunch. Eeh, by God!'

The kitchen door opened again and Betty Rowe came into the hall, a different Betty Rowe, a plump, middle-aged Betty Rowe, and she, too, stopped and lifted her apron to her face. But when the three young men saluted her she ran towards them, beaming now, and what she said was, 'Eeh! well I never! Don't you look a sight for sore eyes. Eeh! well I never.'

Benjamin exchanged a quick glance with Jonathan and Harry. Then looking at Betty again, he demanded, 'Why aren't you crying? Why aren't you blubbing your eyes out?'

'Cryin'?' Betty's face stretched. 'What've I got to cry for? You look grand, all of you. We'll have to chain the lasses up 'cos now they'll be after you like cats in. . . .'

Betty's descriptive phrasing of girlish pursuits was cut off by Ada's elbow in her ribs, and Ada, now on her house-parlourmaid dignity, said, 'The mistress is in her room, sir.' As usual when the three young men were together she had addressed Ben, and laughingly they turned away as one and bounded up the stairs.

They did not knock on the door but opened it slowly, as was their custom before entering, thus giving them time to close it again if it wasn't convenient for her to see them. But when it was wide open they saw her standing in front of the wardrobe mirror, and they entered one after the other, Jonathan first, Benjamin coming last. This, too, was usual.

Barbara had her hands to her hair, and she kept them there and she looked for a moment as if she had been turned into stone. Then swinging round, she faced them. And now her head moving from side to side, she said, 'No! Oh no! No!'

'It's all right. It's all right, dear.' It was Jonathan who came forward and put his arms about her and, mouthing his words slowly, he said, 'It had to come. Just as well sooner as later; we've got it over with.'

She looked from his beloved face to Harry, whom she liked, then on to Ben, whom she disliked with an intensity that neared hate. His uniform was different. It would be, he would have to be different; he had always been different, and indifferent, obstinate, moody, unfeeling, selfish. The only thing she was glad about at this moment was that he'd be separated from the other two and no longer have any influence over them. But oh, oh, her Jonathan, her dearest Jonathan. He was her only comfort, at least in this house; this house that had become enveloped in silence with the years, this prison wherein she was provided with food and clothing. The only thing that had made it bearable for her all these years was Jonathan, the kind, dear, understanding Jonathan, loyal Jonathan.

She did not know how much he knew. He had never probed and she had never proffered any information on the situation that existed between herself and his father, but always he had been loving towards her.

It was he, and he alone, who had talked to her from the time all those years ago when he and his brothers had been allowed to take their meals in the dining room. It was after Ruth Foggety had left the house, and she had not left until her stomach had protruded like a barrel before her. She thought it was only Jonathan's childish conversation and attention, childish but understanding attention, that had saved her reason during those days when Ruth Foggety had unashamedly carried Dan's child; and when Dan himself had taken on a succession of images, the first being a drunken one. Scarcely a night passed for months when he didn't sit downstairs and drink himself stupid, and not once during that time had she gone to sleep until she had heard his bedroom door bang. It was impossible to lock her door for there was no key to it, there were no keys to any of the bedroom doors, and there was no bolt inside.

When this image slowly faded, it was taken over by the one who spent nights away from home. The last image, which was his present one, he had assumed some fifteen years ago, when he had picked up again his hobby of collecting old books. Most of the nursery floor was now like a miniature library.

It was from the time that he had renewed his interest in books that he had also adopted a more civil manner towards her, it was impersonal but correct. He never enquired into her doings, not even as to the state of her health. Even when the deafness had come fully on her again he made no reference to it but resumed his finger language when he wanted to communicate with her, as if he had never stopped using it.

Some years ago she had worked out a strategic pattern for herself. Some days she did not dine at home but had something to eat in town. And so when she decided to stay away all night he could not be sure whether or not she were in her room, unless he asked the servants, which she was sure he did not. This worked very well when Jonathan and Harry were at college, and Ben as usual about his nefarious business.

But of latter years there had been few times when she had been away from home all night.

She was sitting now on the dressing table stool and they were standing before her in a half circle, and she shook her head from side to side as she said, 'But . . . but why the navy and . . . and without a commission?'

'Oh, that'll come.' It was Harry who answered her in his rapid fashion, both his mouth and his fingers moving. 'Johnny here has told them he wants to be an Admiral and I said I wouldn't mind being Rear, just as long as it was all in the family.'

When Jonathan pushed him and they both flung their heads back and laughed, she said without a smile, 'Don't . . . don't you understand what you've done? This . . . this is a shock.'

'But, Mother' – Jonathan was bending over her – 'you knew we would do it, we've said as much for some time. We told you if war came we would go.'

'But . . . but not like this. It could have been done in a different way. Will you be home for long?'

Both Jonathan and Harry looked at her, their faces unsmiling now, and Jonathan spoke on his fingers, saying, 'We've got to report back tonight, and . . . and we're for Scotland tomorrow. But where's Scotland!' He shrugged his shoulder. 'We'll be back at the week-end plaguing you again.' He smiled. 'And Ben here, he'll be near, he's stationed in the town, because they said they wanted someone to man the defences. Lucky devil as usual.' He turned and grinned at his brother. But Ben didn't answer the grin, nor did he look at Jonathan, he was looking at Barbara. And Barbara, turning her troubled gaze from Jonathan, met the defiant, sullen look without comment, while he took in her loveless stare and knew the feeling of rejection as fresh again as he had done when he'd first recognized it as a boy.

If only once she had put her hand out to him, if only once he could have remembered her touching his hair, if only once she had kissed him, not just held that pale cheek out to be kissed, but kissed him. For years he had wondered why she hated him so, and then his dad had told him.

It was on the night he was sent down from college. There had been no reprimand from Dan about ruining his career, just a quiet understanding of his unsettled state; then had followed the baring of souls.

'I don't want to act like I do towards her,' his dad had said, 'but she's made me what I am, as she's also made you what you are.' He had then listened to the story of how his mother had come into life, and why, because he himself was a replica of the man who had sired her, she could not look on him without being reminded of her ignoble beginnings.

From then on he had understood her more, yet he had been unable to forget her years of neglect which at times had been cruel because of the open love she had shown to the other two. He still longed for some sign of affection from her, the touch of her hand, a kind look from her eyes. Sometimes he thought he would bring it all into the open and say to her, 'I'm not to blame for being born; and remember I'm of your flesh too.' But he could never bring himself to take that step because if she still rejected him after that his second state would be worse than his first and life would really become unbearable.

He often wondered how he and his father would have fared if it hadn't been for Ruthie. The only comfort his father had had for years had come from Ruthie and the only mothering he had ever known had come from Ruthie. But Ruthie wasn't his mother; this tall, beautiful being looking at him now was his mother. If only she wasn't so beautiful. She was turned fifty and there wasn't a line on her skin, and if she had grey hairs she had them well hidden. Yet in spite of her beauty she had the unhappiest face he had ever seen on a woman, and this was like salt to his own wounds, for, in spite of what she had done to him, she had done equally as much harm to herself, for her lover, the farmer in the Northumberland valley, could not have given her much satisfaction over the years or else there would have been times when her expression would have shown some sign of pleasure if not delight; but even when she must have thought she was unobserved it remained the same.

Once when on a visit to Brigie he had gone along the road to the cottage and, having forced a window, he had gone in. Although it was kept aired by the Hall staff it smelt musty and full of decay, and everything looked old-fashioned.

When he had stood before the picture that still hung over the mantelpiece in the living room and had looked at the old white-haired man with the bulbous stomach smiling down from out of the frame, he had thought, My God! will I come to that? Yet he could see a resemblance to himself in the face, and the way the hands were placed on the knees; he nearly always sat like that himself.

He had gone from room to room thinking that this was where it all started, the love and the hate, and only the hate remained. And then, since the day was fine, he had walked over the hills, seven miles over the hills to Wolfbur, and he had gone down into the farmyard and asked for a cup of milk, and a woman on a crutch had given him a large mug full and offered him some bread and butter. But he had refused it. He had thanked her, and touched his hat but hadn't raised it; he did not want the streak to give him away. An older woman had come to the door and looked at him hard. She must once have been tall but was now slightly stooped, her hair was white and her face was lined, and he had thought, That's Constance, and the other is Sarah. But where was he, his mother's lover?

They met as he was leaving the farm. In the gateless gap in the wall they both stopped and looked at each other, and although the man had changed he recognized him as the person he had seen kissing his mother in the wood and he knew he should take his fist and bash it into this man's face by way of repayment for the hurt he had done both to himself and to his dad. But as he continued to look at the man he thought, If people hadn't interfered he would have been my father and my mother would have kissed me.

The man said, 'Where are you from?' He lied and said, 'Hexham,' and when he turned from him and walked away, the man called after him, 'There's a nearer way than that,' but he took no notice and walked on.

Life was crazy, the world was crazy, mad crazy; war was crazy and he was going into it. He didn't want to go into it; no, he wanted to stay in the warehouse. He liked the business; he liked travelling back and forth between Newcastle and Manchester; he liked staying with his Uncle John and his

Aunt Jenny. And there was a woman in Manchester who was good to visit, and there was another in Newcastle who was good to visit. He didn't want to join the blasted army. Let the politicians do their own damned work because that's all wars were for, to clear up the mess of politicians.

'Where will you be going?' She was speaking to him

He answered very coolly, 'I'm not sure; it's they to command, me to obey from now on.'

Jonathan and Harry laughed, and Harry said, 'That'll be a change. But it won't remain long that way, I bet. What d'you say, Jonathan?' and Jonathan replied, 'I'll lay my bet with yours.' Then they both grinned at Ben.

As Barbara rose hastily from the seat they all moved back, and when she said, 'You'd better have some tea, don't you think?' Jonathan and Harry, as if they were still young boys, answered, 'Yes, yes, we'd like some tea,' and they followed her out of the room and downstairs, Benjamin coming last.

Chapter Two

Benjamin was the first to leave the house. He put his head round the drawing-room door, called, 'I'm off then. Be seeing you,' and left. But he got only as far as the steps leading down to the drive when Harry caught him up and, pulling him round by the arm, demanded, 'Look! what is it?'

'What do you mean, what is it?'

'Something's up.'

'Nothing more than usual. You saw what happened, you were there. Has she spoken one word to me except to say, "When will you be going?" since I came in?'

Harry sighed, gave one shake of his head and said 'It's a special night. You could have stayed your time out.'

'She's much easier when I'm out of the house.'

'Aw, man' – Harry was again shaking him by the arm – 'when are you going to get over that? Look, it's because of her deafness. . . . And look. . . .'

'No. Now don't let's go over it again, boy. I've lived with it since I can first remember and I don't mind now, I don't, honest.'

'She doesn't mean it.'

'What do you mean, she doesn't mean it? Can you tell me what she means?'

They stared at each other in the deepening twilight and Harry said, 'I'm going to miss you; we're all going to miss you.'

'All?'

'Aw, hell's flames!' Harry flung his head from side to side. 'Come off your perch. You know, you're as bad as she is, you are, you are; you get on your high horse and there's nobody can do anything with you. You've got no room to talk. And tonight was special. We agreed before we came in, in a sort of unspoken way, that it was special. And you know something, you know something, Ben?' Harry's voice now dropped to a whisper and took on a note of deep sadness. 'This might be the last time we'll see each other for God knows when. I don't know what'll happen to us when we get up there, I only hope we're not separated. I asked if we could be together and you know the answer I got from a big-mouthed ignorant slob? 'Aye,' he said; 'you'll have the same nurse to put your nappies on you.' I could have belted him, I could.'

Ben put out his hand and gripped Harry's shoulder, saying, 'You'll be all right. You'll likely be in dry dock until it's over. And that won't be long so they say. If I don't see Jonathan before we're off give him a dig in the ribs for me. Bye, Harry.'

'Bye, Ben.'

'Bye.'

They shook hands, stared at each other for a long moment, then Ben turned and walked briskly away down the drive. But he hadn't reached the outer gate before Jonathan's voice came at him now shouting, 'Hie you!'

Ben stopped, and when Jonathan came up with him he demanded, breathlessly, 'What do you mean, going off like that?'

'Duty calls.'

'Well, she can wait.'

'You're barking up the wrong tree.' I'm going to Ruthie's.'

'Oh!'

'She'd be pleased if you'd drop in.'

'Well, time is running short.' Jonathan looked at his watch. 'But I'll put it to Harry; we'll see.'

They stood, as if slightly embarrassed, looking at each other until Ben said, 'Take care of yourself. And mind what I told you; ask to be put on a painting job, preferably doing the captain's portrait.'

Jonathan's head went back on a laugh. 'I'll say those very words. Chief, I'll say, I ain't goin' to slap no paint on no ship's backside, no sir, not me. Cap'n's portrait or nothing, that's what me big brother said. Take it or leave it, Chiefie, take it or leave it.'

They thrust at each other with their fists; then their hands clasping, their gaze held.

'Look after Harry,' said Ben.

'And you, give those girls a break,' said Jonathan.

Then Ben was walking out into the road and Jonathan back up the drive.

Ruth Foggety lived in the corner house of Linton Street on the outskirts of Jesmond Dene. It was a respectable neighbourhood. All Jesmond Dene was respectable. But in Linton Street the houses were small, two down and two up, self-contained yard with its own tap, and gas in all the rooms, not merely downstairs. Some people called Ruth Missis, and some called her Miss, generally she was known as Ruthie, but no matter by what name they called her she was known to be a kept woman. As, however, the man was said to be a gentleman, and he was the only one who called, a lot was forgiven her.

Very few people had ever seen her man, for he rarely visited her in the daylight, even in summer.

She had an enviable life of it, had Ruthie, so the neighbours said. Who else, even in this street that supported an insurance agent, a chemist's assistant, a shopwalker, and four clerks, who among them could take their family away, two or three times in the summer, for a week at that?

She had only the one child, and she had grown up into a fine girl. Everybody had a good word to say for Mary Ann Foggety, and Mary Ann had a cheery word to say to everybody she met.

Few people had been invited into the end house of Linton Street but those who had said that it was better and more tastefully furnished than any other in the street; in fact, some said that Ruthie had her house furnished quite a bit above her class.

There was never any speculation about the young man who came to the corner house for he had called there since he was a young lad in short trousers. Sometimes he had brought another two lads along with him, but mostly he came on his own; and he had continued to come as he grew older. Some said he was a distant relation of Ruthie's, others that he was her fancy man's son. But then, surely, it wasn't likely her fancy man would let his son visit her an' all, was it now, and him just a little boy?

No one dared to ask Ruth outright who her young visitor was, or, later, the young man, or the big fellow as he grew to be, because they knew she had a tongue that would clip clouts and they might get more than they bargained for by way of answer.

When Ben knocked on the door Ruth opened it to him, stared at him for a moment, then her head moving at first in small nods was soon bouncing on her shoulders and she turned from him, leaving the door open, and walked through the sitting room into the kitchen, saying loudly, 'Well! you've done it then?'

'Yes, I've done it.'

In the kitchen she turned and faced him and her head now shaking slowly from side to side, she said, 'And of course the other two have gone into the navy?'

'Right first time . . . Have you a drop of anything in?'

'Did you ever know the time I hadn't? Sit yourself down. By the look of you, you won't do the British army much good. You're a fool, you know that, don't you?'

'Yes, yes, Ruthie, I know that. If I remember rightly, you've told me the same thing at odd times before.'

'An' it won't be the last time either.'

From a substantial rosewood sideboard flanking the wall opposite the open fireplace she brought out a bottle of whisky and two glasses, and as she handed him a good measure she asked, 'What did she say?'

'What do you think?' He looked up at her.

'Nothing?'

'Next to it. She got out of it by saying, "Shall we have tea?" ' He took a sharp gulp of the whisky; then, putting the glass on the table he smacked one lip over the other before looking towards the fire and saying, 'You know, she frightens me at times, she's so calm.' Now his body swung round to her and he ground out, 'So bloody calm.'

Taking a chair opposite him, Ruth sipped from her glass and sighed, 'It's all on the surface; she's no more calm than you are. There's a volcano inside of her I would say, always has been. Anyway, don't expect me to sympathize with you, either about that or' – she dug her finger towards his uniform – 'the mess you've got yourself into. You could have waited, couldn't you?'

'And be conscripted?'

'Where you bound for?'

'They didn't tell me. They haven't started to confide in me yet.' He grinned at her. 'It's early days but rumour says down south somewhere. I wouldn't mind seeing France again. It's hard to believe I was born there. I'm a French citizen by rights.'

'Parly voo frongsay? An' that's not all you are . . .'

He put his glass down so quickly on the table that the remains of its contents sprayed over the edge, and he flung back his head and let out a roar. Her Irish-cum-Geordie accent mouthing the French tongue was too much.

'Aw you!' Laughing with him, she rose to her feet and made to pass him on her way to the scullery to put the kettle on, but paused, her face just a little above the level of his – for she had developed, as she had promised in her teens, into a round, comfortable little woman – she gazed at him and their laughter suddenly stopped and instinctively her arms went about him and his head fell on to her breast, as it had done all those years ago in the summer-house. And they held each other tightly for a moment, until she said thickly, 'I'm gonna miss you.'

It was some seconds before he mumbled, 'And me you, Ruthie.'

He disengaged himself from her embrace – she was never the first to break away, a rule she had made over the years – and turned to the table and, looking at the glass, said, 'I can see the bottom again,' to which she replied, 'Well, you're not getting any more, not yet anyway. We're having a cup of tea and a bite to eat. I've got some finny-haddy in the oven, can't you smell it? an' I've baked the day.'

He called to her now in the scullery, 'Where's Mary Ann?'

'At a dance.'

'With Joe?'

'Well, I'm not sure. It could be Tom, Dick or Harry now, anything in uniform. She's got no more sense than all the rest. I told her the night if she wasn't careful she'd get more than her eye in a sling. She said they'd all be gone soon. What I said to her was, there was still no need to lay herself out on the butcher's slab, there'll always be flies around to settle on the meat.'

Oh, Ruthie! He rubbed his hand hard across his chin. Always be flies around to settle on the meat. What would he have done without her all these years? She had been the one person who had kept him from going really sour; and not only him. He asked now, 'Are you expecting Dad?'

'I expect him when I see him.'

She expected him when she saw him. Her retorts, as always, were colourful, taken from the esoteric language of the Tyne. He had listened to it – and her – more than to his parents. Oh yes, because as far back as he could remember the conversation between them had been almost nil, as had his own conversation with his mother.

'Does your dad know you've gone and done it?'

'Yes; I could hardly have left him in the lurch. But he's got Alec Stonehouse. He's a good fellow is Alec.'

'What about Jonathan an' the school, and Harry an' the office, will their jobs be kept open?'

'I don't suppose it'll matter much to Jonathan if he never sees the school again. I think he was going to branch out on his own in any case. He's good you know, Ruthie, very good, especially with portraits.'

'Aye, I know.'

'And Harry's place will be all right. If it isn't, he won't worry; they'll always want accountants . . . Ruthie.'

'Aye, I'm listenin'.'

'I was thinking last night, if I was to peg out who would mourn me, I mean besides you?'

She appeared at the scullery door, a plate of bread in her hand, and she stood there looking at him as she cried, 'Now you look here, you great big galloot. Now you snap out of it. Who'd mourn you? Your dad for number two, or I'd say number one, and meself second, and Mary Ann, and the lads. You don't realize how much those two think of you.' She walked towards the sideboard, put the plate down on it, opened the drawer and took out a cloth, and as she swung it across the table she said, 'You're a big outsized numskull. You can see nowt beyond her, nowt or nobody beyond her, can you? What you want to get into your head, lad, is that you're not the only fellow whose mother hasn't broken her neck over him. You go on like this simply because she hasn't made a fuss . . .'

'Shut up, Ruthie.' He had risen to his feet. 'For God's sake don't you give me that line, not at this stage. It isn't that she hasn't broken her neck over me, but that she hates me. All my life I've asked myself what I'd give for one kind word from her, and the truth is I would have given anything, everything, Dad, you, the lads, aye even at times life itself, if she had once put her hand on *my* head as she did on the others. If she had once said to *me* "What are you doing, Ben?" as she did to the others. If she had once taken an interest in anything I was doing, any damn thing. But no; no. Do you know what it's been like living with the other two thirds of yourself, seeing them comforted and cosseted while you had to look on? She started a canker in me years ago, even before the day I saw her with her fancy man. The only thing I'm grateful for is the other two never took her side against me.'

Ruth brought the plate from the sideboard and put it in the middle of the tablecloth, then she went back into the scullery and from there she said, 'You should have left years ago, I told you.'

'Yes I know. I know you told me; but I'm my father's son, we're masochists.'

'You're what?' She was at the kitchen door again. 'You're what-did-you-say?'

He sighed and smiled faintly as he said, 'We both enjoy pain. How else would we have stayed there, how else would he have put up with it? When I view his life and the wasted years I keep asking why? Why? And yet I've only to turn to myself for the answer. You keep hoping she'll change and that one day she'll smile at you. You tell yourself that something will happen to break her crust, and you want to be there with both hands outstretched waiting for a crumb. Christ Almighty!' He closed his eyes now and swung round. 'Men are bloody idiots. They look on their women as the weaker sex. Huh! that's funny when you think about it, for they have hides like rhinoceroses and the tenacity of gorillas. They're animals, that's what women are, primitive animals . . .' He turned again and looked at her, small, plump, motherly and above all kind, and he said contritely, 'I'm sorry, Ruthie.'

'Don't you be sorry for speaking the truth, 'cos we are just that, just what you said, animals, gorillas and rhinos, the lot. How else do you think we'd get through life? How else do you think a woman would suffer the maulin's of men, 'cos men's hunger's got nowt to do with love? And how else do you think we'd be able to stand a head pressing itself through delicate private parts if we weren't animals? It's as you said, we're animals, tough, with hides like rhinos. Aw you want to think of something new to tell us what we are, lad.' She flung her arm outwards across the table as if swiping a lot of rubbish from it and was about to go back into the scullery when his laugh stopped her.

When she turned and looked at him, he said, 'You know what you are, Ruthie? You're a witch doctor, a bloody fat little witch doctor. Let's have another drink, eh?'

'Aye, after you've had your tea an' something to eat.'

'Aw you!'

'An' you.'

'You do me good. You always did.'

'Aw, away with you.'

She disappeared into the scullery and he sat down again, stretched his legs out towards the fire, put his hands behind his head and leant back.

Away with you! she said, and he was going away. He hadn't fully realized it until now, but he was breaking away, snapping all the threads. He was going to war.

Chapter Three

People were getting used to seeing Kitchener's head on a poster, his right arm out, the fist doubled, his forefinger pointing, cutting off the end of his moustache. Above his cap was the word 'BRITAIN' in outsize letters, under his black collared neck was the word 'wants' in small print, and under it an enormous 'YOU'. The bottom of the poster read: 'Join your country's army. God save the King.'

And most men obeyed the command. Many who didn't were sent white feathers; sick men received the feathers, men who were in specialized jobs received the feathers. In some cases it was just a way of getting your own back on someone you disliked.

There was talk everywhere about the Eastern Front strategy and the Western Front strategy. People said how terrible, how sacrilegious when a German shell hit Rheims Cathedral in September 1914. But there was rejoicing when Sir David Beatty succeeded in sinking or damaging a number of German cruisers off Heligoland with the loss, in dead or prisoners, of over a thousand Germans. Then, less than a month later, there was dire consternation at the wickedness of the Germans when a U-boat sank three British cruisers within an hour.

Neither Jonathan nor Harry *was* in the *Aboukir*, the *Cressy* or the *Hogue*, and Barbara for the first time in years went to church and offered up her thanksgiving.

In October when the battered and bloody army made its retreat from Antwerp and Dan received a letter from Ben to say that he was safe and, if not quite sound, still had all his extremities, Barbara did not go to church.

Those who had said the war would be over before Christmas ate their words, together with the usual Christmas fare.

It was at the beginning of February that Ben came home on leave and for the first time Dan heard he had been mentioned in despatches and been given a commission.

The man who walked in through the door of his old home on the biting, low-skied February day had no resemblance to the one who had walked out alone in his stiff new private's uniform the previous August. This man had lost a great deal of weight; his face looked angular and bony, and he seemed to have grown taller than his six-foot one, or perhaps it was the way he held himself.

He came in unannounced, and when Barbara, coming down the stairs, saw him standing in the hall, she stopped, gripped the rail of the banister tightly, drew in a short breath, then came on towards him. Holding out her hand, she said, 'Why, this is a surprise. Why didn't you let us know? Oh' – she withdrew her hand and stepped back from him – 'you . . . you have been commissioned! Well, well. How are you?'

Her voice had the high sing-song note to it that he remembered so well. 'Your . . . your father's in the drawing room. He . . . he has a slight cold.' She moved still further back from him, her arm outstretched towards the drawing room as if he were a stranger and she had to show him the way.

He had not yet spoken to her, he had just looked at her. As he took off his greatcoat, Betty Rowe came running from the kitchen, crying, 'Master Ben! Master Ben! What a sight for sore eyes! Eeh! Ada! Ada!' she called over her shoulder, knowing that the mistress, who had her back to her, was unable to hear, and Ada came into the hall and right up to Ben. And they shook hands like old friends, and she too stood back from him and exclaimed, 'Eeh! Master Ben, you're an officer? Well, don't you look a bit of all right.'

'Ada!'

'Yes, ma'am.' Ada moved aside and made way for Ben to follow his mother, but before he did so he winked, first at her and then at Betty, and they giggled and Ada said, 'We'll get the tea, we'll get the tea. Eeh! who would believe it?'

Dan was sitting in a high-backed chair drawn close up to the fire. When the door opened he did not turn towards it; he had been dozing and wakened to the sound of a commotion in the hall. But he often heard Ada and Betty nattering in ordinary tones; they had the house so much to themselves they found it difficult to lower their voices when he was at home.

When Barbara came into his view he saw that she was smiling and her hand was held outwards, and he turned and looked round the side of the winged chair.

'Why! Ben! Ben!' He was on his feet and clasping his son to him. Their arms remained tight around each other until Dan cried, 'Well! talk about a shock. Where have you sprung from? Come on, come on, up to the fire. This is weather to bring with you. How are you?' He stopped his embarrassed chatter and looked at his son and realized he shouldn't have asked.

When he had last seen Ben he had been a bit on the heavy side; now there was scarcely a pick of flesh on his bones. He looked smart in his uniform, grand, but he was too thin, too thin by half. 'Well, this calls for a drink, four o'clock in the afternoon or not four o'clock in the afternoon.' He was smiling widely as he turned towards Barbara and his words were wide-spaced as he said, 'A drink, we'll have a drink.'

She moved her head downwards and not only did she smile at him, but she smiled at Ben and said, 'Of course, of course,' and hurried from the room.

Ben sank back into the chair. Of a sudden he felt very tired. It was a different kind of tiredness from what he had continually experienced during the past months; that had been a weary, dirty, mud-clinging, freezing, death-stinking tiredness. This was a warm relaxing tiredness. He was home and being given a homecoming. She had smiled at him and called him by his name. He wanted to fall asleep; just sitting here, he wanted to turn his head to the side and go to sleep.

'How you feeling? Are you all right? How's things?'

He drew in a long breath before answering, 'Quite good at the moment.'

'At the moment?' Dan nodded quietly now. 'How about other times, is it rough?'

'Pretty rough.'

'You didn't tell me you were in for a commission?'

Ben's old grin came through for the moment as he said, 'Some have greatness thrust upon them.'

'No! No! How did it come about? Come on, come on, tell me.'

'Oh . . . I did a bit of dirty work, more by sheer fright than bravery. Nobody's brave out there. I knew a fellow who used to say fear was a tin opener. I didn't realize what he meant until he stopped being afraid one day and became foolhardy, and he wasn't there to open his bully-beef tin that night.'

When Ben stopped talking Dan did not ask any further questions but he sat looking at his son. Ben had changed. He wasn't as morose as he had been; perhaps the things he had worried about when he was at home had been put into perspective against the greater issues he was combating over there in the icy mud of the trenches.

When Barbara brought in the tray with the decanter and glasses on it

Dan rose from the chair and with an 'Ah! well now' he poured out the drinks. Then they stood with their glasses in their hands and raised them silently to each other. It was like a fitting gesture of celebration.

Both men remained standing until Barbara was seated; and then it was she who spoke. Leaning towards Ben, a smile on her face, she said, 'How long are you on leave?'

'Three days.' His fingers fumbled with unuse at the words, but he mouthed them for her, then added, 'I've already been here four.'

'You have been here four! You mean in England?'

'Yes.' He nodded from her surprised face to his father; then touched his uniform as he said, 'Officialdom.'

'Did it take four days to get you into your uniform?' Dan was laughing now, and Ben answered, 'Much longer than that. I . . . I was due to come over last month but there was a hitch. But tell me, how are the others?'

'Oh, we heard last week. They're very well and both together. They're due for leave after the next trip so they say. Their letters are very funny; they seem to be enjoying life.'

'I'm glad. They're still up in Scotland?'

'No, no.' Dan shook his head. 'Well, not now. They were in Portsmouth before Christmas.' He turned his head away and picked up the poker and stirred the fire as he added quietly, 'I think they're at sea now.'

Dan did not make any reference to his father's remark but looked at his mother now and asked, 'And what do you do with yourself? Although she could not hear it his tone was polite as if he were making enquiries of an acquaintance.

'Oh, me? Knitting, sewing; I help Mrs. Turner. You remember Mrs. Turner? Well, I help her in organizing this and that. We have an entertainments committee and also allocate homes where the young men, away from home, those in the Forces you know' – she inclined her head with amother smile – 'are invited for a meal or a week-end.'

'Very nice, very good, nice for them.' He nodded at her but did not add as at one time he might have, 'You'll have to get them to invite me, I need a home from home.'

The conversation flagged for a moment, until Ben asked, 'How is Uncle John?'

'Oh, fine.' Dan pursed his lips. 'The mill is working nearly twenty-four hours a day now, and it's almost the same this end. Stonehouse has turned out trumps.'

'I thought he would.'

'What do you think about putting him on the Board?'

'A very good idea; he's worth it and it'll be a means of keeping him.'

'Yes, yes, I'll do it then, I'll put it to John. But John will be for him; he knows a good man when he sees one.'

'How is Aunt Jenny?'

'Oh, she's still Aunt Jenny. Nothing moves her, floods, storms or tempests, wars or famines, nothing moves Aunt Jenny.'

They both exchanged a smile; then Dan said, 'I don't know what you'll think about it but you'll be surprised to hear that Brigie wants to turn the Hall into a convalescent home for soldiers. She's amazing. You've got to hand it to her, ninety-four and her mind's still as clear as a bell. She had it all planned out before she put it to us. I said you and the boys were the main ones concerned and I would write to you, but as it stands, you know, she can do as she likes with the place until she dies. Anyway, what do you think?'

'I think it's an excellent idea. Oh yes, I'm for it, and I'm sure the others will be too. But . . . but isn't it too far out and off the beaten track?'

'That seems to be the beauty of it she says, quiet and peace. She's already had a medical opinion on it, Doctor Fuller from the Infirmary. I think he's in the process of contacting the military authorities. Anyway, you know Brigie, the world's organizer.'

'But where's she going to live? Back in that cottage?'

'No, no; she proposes to live on the nursery floor.'

'All those stairs?'

'No, no. She said there could be a lift made out of the servants' staircase with access to the first floor and the nursery floor.'

Ben now gave a small laugh and he said, 'She'll never get that, not in wartime.'

'If she passes it over to the military she'll get it.'

'Yes, yes, she may at that too. Well, well, Brigie, she never ceases to astound one, does she?'

Barbara had remained silent during this discourse and now, her expression still pleasant, she looked at Ben and said, 'What would you like for dinner? There is some pork, we could have roast pork. Would you like that? There is cold chicken from yesterday, but I'm sure you'd prefer roast pork.'

He stared at her. She had remembered he loved roast pork, with the crackling done so crisp it shot off your teeth when you snapped it. Again he felt that warm, relaxed feeling coming over him, and he nodded as he said, 'I'd love that, roast pork and crackling, and stuffing.'

As she got to her feet she repeated, 'Oh yes, and stuffing.'

After she left the room they sat looking at each other as if they were both experiencing a feeling of guilt. If they had spoken on the subject nearest their hearts at that moment Ben would have said, 'She's changed,' and Dan would have said 'No, nothing has altered. Don't delude yourself, nothing has altered.'

The meal was a happy one, the evening was a happy one.

When, just turned nine, Ben almost fell asleep in his chair, it was Barbara who said, 'Wouldn't it be wise if you went to bed and had a good night?' and he answered, 'Yes, you're right. It would be wise for that's what I need more than anything, a good night.'

When he stood before her she offered him her hand, and he took it, but when her head and shoulders remained still he couldn't bend towards her and kiss her. He shook hands with his father too. Theirs was a tight grip. And then he went upstairs to his room, which, he had found earlier on, was just as he had left it. Undressing quickly, he got into bed, stretched to his full extent, heaved one long, deep sigh, said to himself, 'No thinking, nothing, go,' and just as he had trained himself to sleep while standing up, so now he went straight to sleep in the first comfort he had known since he put on his uniform.

The following morning Betty brought his breakfast up to bed, and he woke reluctantly, pulled himself upwards and peered at the bed table set across his knees. It was daintily laid out with everything he required and all he could say was, 'What's this?'

'What does it look like, Master Ben? Your breakfast. The mistress said you had to have it in bed.'

Now he opened his eyes and stared at her and said, 'Did she now?'

'Aye, she did.' She lifted the cover from the plate and exclaimed, 'Two eggs, four slices of bacon, two sausages and two slices of fried bread, eeh! Now get that down you.' Then standing back from the bed, she said, 'I'm glad to see you, Mr. Ben. We all are.'

'Thanks, Betty. And I'm glad to see you too.'

'We have a new cook.'

'Oh, I didn't know. What happened to May?'

'It was her legs, they gave out.'

'But they've been giving out for years.'

'But they really did this time an' she had a pan of broth in her hand. Lord! you should have seen that floor. It was a good job it wasn't very hot, she was just putting it on the stove. But this one's all right; she's Annie. She's a good cook . . . Well' – she backed from him, jerked her head at him, and ended, 'Make the best of every minute, Master Ben, an' we'll see to all you want.'

For the first time a semblance of his old self came through as he leant towards her and whispered, 'Will you, Betty? Honest, all of you? How old is the cook?'

Her hand to her mouth, Betty turned round and ran to the door, saying, 'Eeh! Master Ben, you don't change, you don't change. The war couldn't change you.'

He sat looking at the tray for a moment and repeating to himself, You don't change, the war couldn't change you. Ah well, make the best of it, she had said, and that's what he meant to do. He'd go round and see Ruthie first thing. Then he wondered if Miss Felicity Cartwright still lived at the same address and was still Miss Felicity Cartwright. Well, he'd find out, and if she were vacant they'd go to a show, then have something to eat, and then – then . . . He'd better warn them not to wait up for him.

Three days he had, three days before he had to return to hell. Ruthie had a saying that God was good and the devil wasn't bad to his own. Well, the devil she knew and the devil he knew must be running two different establishments because the gentlemen over there had been less than kind to him, and a few others too during the past months. Yes and a few others . . . Aw, for God's sake eat, eat man.

And he ate.

Chapter Four

It was the morning of the third day. He was to leave at twelve to catch the one-fifty-five from Newcastle. His father was coming back in order to drive him to the station in the automobile he had acquired.

He had his breakfast in bed, as he had done on the previous two mornings, and, as usual, he joked with Betty. Then he got up and soaked himself in a bath, dressed slowly and went downstairs.

He found his mother in the drawing room. The fire was blazing, the room looked beautiful, and so did she.

'Did you sleep well?'

'Like a top. You mightn't believe it but I've learned to sleep standing up. If anyone had told me this time last year it could be done I would have laughed at them.' He sat down on the couch within an arm's length of her, and when he stared at her her eyelids flickered and she asked softly, 'Have you enjoyed your leave?'

'I'll say. It's been like heaven.'

Her face was straight, her eyes sad as she asked, 'Is it so terrible out there?'

'It isn't good.'

After another moment she asked, 'Have . . . have you no idea when it will end?'

He smiled wryly, shook his head and said, 'Nor have they. A child playing with tin soldiers could make a better job of it than some of them out there.'

Her voice was very soft now as she said, 'It's a pity you didn't go with Jonathan and Harry.'

'I've thought that myself more than once; at least there would be no mud.'

She turned from him and looked towards the fire as she asked, 'Would you mind if I came to the station with you?'

He gazed at her profile. She had asked would he mind if she came to the station with him.

When she looked at him he said slowly, both on his fingers and verbally, 'I'd like that very much.'

'Your . . . your father said he'd be home about eleven.'

'Yes. Yes, he told me.'

He was experiencing that warm, relaxed feeling inside again, and he told himself he'd experience it again and again in the weeks to come, when he remembered this moment. Of a sudden he was glad that a war had come upon them; nothing but a war could have changed her attitude towards him. How was it that no mistress, and not even the prospect of a wife, a beloved wife, could fill the void in a man who had craved mother love all his life. What were men after all but overgrown boys, children, babies still hanging on to the breast. He had never known her breast, he had been wet-nursed;

he had never known any part of her until these last two and a half days. He was happy as he had never been happy before. He had an overwhelming desire to fall against her. But that would likely scare her; he must let well enough alone. They would go on from here.

She looked at him fully in the face now as she said, 'It would have been nice if you'd all been together once more,' and he said without any rancour 'Yes, it would; it would have been just fine. But there'll be another time.'

'Can I pack you something? I mean is there anything you would need on the journey besides what we spoke of yesterday, woollens and such like?'

'No, I think you've covered everything, thanks.'

The sun was shining, she looked towards the window. 'It's not so cold. The . . . the spring will soon be here. It . . . it will be easier for you in the finer weather.' She paused, then asked, 'Won't it?'

'Yes. Oh, much easier in the finer weather.'

In the awkward pause that followed there came the sound of a commotion from the hall. She didn't hear it, but the sound brought his head round towards the door and he heard Ada exclaiming highly, 'Oh my God! Oh no! Oh my God!' then Betty saying, 'What is it? Eeh! no! no!'

He said, 'Excuse me a minute,' and got up from the couch and went down the room and into the hall, closing the door behind him. The front door was open, the telegram boy stood there. He had something in his hand which was extended towards Betty, but Betty had her apron to her face and her grey head was shaking and she kept repeating, 'Eeh! no! no!'

'What is it?'

'Look! Look!' Ada who was standing further back in the hall pointed towards the boy, and Ben said harshly, 'Don't be stupid, woman, it could be anything. It could be for me. Give it here.' But even as he took the telegrams from the boy's hand he knew they weren't for him, they were addressed to Mr. Daniel Bensham and headed ON HIS MAJESTY'S SERVICE.

He felt terribly sick, he was actually going to be sick. He gulped in his throat, swallowed a mouthful of spittle, then even as his mind yelled, 'No! no! not this', he knew it was this.

He opened the first telegram. He saw nothing but the name of Harry Daniel Bensham. He opened the second one. He could see nothing now. Then his vision cleared and he saw disjointed words: It is with deep regret . . . Jonathan Richard Bensham. Oh Christ Almighty! no! no! Oh Johnny, Harry. Johnny, Harry. No! No! Oh Jesus Christ! why have you done this? Why? The question was bawling in his head when the door opened and he turned. They all turned and looked at the woman standing there. She was staring at the telegrams that Ben was holding before him, one in each hand, like prayer books. Then she seemed to leap across the distance from the drawing-room door right to Ben's feet and she tore them from his hand and stared at them.

No one moved. The girls had stopped their crying. Ben held his breath, and it was as if Barbara had long since died. Her face was ashen, her body straight and stiff. There was no flicker of her eyelids as she stared into Ben's face; no muscle in her body moved until the scream erupted that brought them all into moving, shouting life.

For the first time since he was eight years old Benjamin put his arms around his mother. He held her tightly to him and shouted above her screams, 'Don't! Don't, Mother! For God's sake!' Then his hands were mixed with those of Ada's as she tried to unloosen her mistress's grip from her hair. The neatly plaited black coils were hanging loose and the hair pins were dropping on the polished floor of the hall, their pinging sounds lost in the screams. Ben tried to close his ears against the sound, yet in his head he was screaming too.

Struggling as if with a maniac, it took him all his time with the help of Ada and Betty to get his mother into the drawing room, and when once they had forced her on to the couch, her screaming and struggling stopped so abruptly that they all lay for a minute in a huddled heap over her. Then Ben, pulling himself back on to his knees, looked up at Ada and gasped, 'Send . . . send for the doctor. And Betty, go . . . go down to the village post office. Get them . . . get them to phone my . . . my father.'

Why . . . why in hell's name hadn't they got the telephone in the house by now!

Oh God! The two of them. There'd only ever be a third of himself left now. They had been one, they had been born as one, and they had grown up as one. She hadn't been able to divide them; her love and her hate hadn't been able to divide them. Oh God in heaven, look at her; was she going too? In sudden fear he put his hand on her breast, then dropped his head to it. There was a faint beat. He gently lifted her eyelids. She was unconscious.

His mind began repeating his brothers' names in agonized fashion: Oh Harry; oh Harry, oh Jonathan; oh Jonathan; Harry, Harry.

He dragged himself to his feet. His head was bowed, the tears were raining down his face. If anybody had to go, why couldn't it have been him? He had been near it a dozen times these past months; twice he had been surprised when he had come to and found himself alive. Once he thought he had been buried alive. When they dragged him from the mud and from amidst the four German bodies, the bodies from which he had taken life, they'd had to scrape the mud from his face and out of his mouth. They'd had to pour the thick hot tea down his throat because he thought he'd lost the use of his arms, and he had until the shock wore off. But had he died, and a single telegram had come, the shock she would have received would not have made her scream.

He turned to the fireplace and, resting his arms on it, he lowered his head on to them. The world had been created by a madman; God was a madman; no reasonable thing or power would create torture for no purpose. The experience of the past months, the chaos in which the world was drowning was not, to his mind, the result of either a country's greed, or the ambition of nations; politicians of their own volition could not, he reasoned now, create such havoc, for the human mind could and would think, dissect, reason and then act in the end to preserve its own survival. No, there was a malevolent power, a mad God playing with the universe, and he was so powerful, so indiscriminate he directed his attention equally to families as to nations; he inflicted special torture . . . 'Aw' – he tossed his head from side to side – 'stop it! stop it.' This business about God and pain. It wasn't the mud that sent you mad, nor mangled bodies, it was deep inner personal misery . . . And now he was really alone. No more Jonathan or Harry. No more the other parts of himself. It was unbearable, unbearable.

The long shuddering breath turned him swiftly towards the couch and he was kneeling by her side again. He watched her whole body quiver. He caught hold of her hands and waited for her to open her eyes.

It was some minutes before she did, and he looked down into them, his own shining, seal-black with tears, compassion and love. She stared straight up into them and, as if remembering a nightmare of which he had been part, she shrank against the back of the couch and, her hands snapping from his, joined themselves between her breasts and there appeared on her face such a look of hate and condemnation that he literally drew back from it.

Plainly, as if written there, he read the condemnation in her eyes. She was condemning him for being alive; her beloved Jonathan and her dearest Harry were dead, but he, the scourge of her life, the reminder of her beginnings, still breathed, and he groaned inwardly and deeply, No, no!

There now came over him the dreaded feeling that he had experienced once before when, during the retreat, he found himself separated from the others. As the night lifted and the dawn came up, he saw that he was lying on some kind of plain and he was afraid to get off his belly and crawl, much less to stand up, for he got the weird idea that once he took a step forward he'd fall off the edge of the earth.

Now he was standing on the brink again and all he desired was to fall over, but such was the weight of despair in him that it kept him riveted to the spot.

It was the doctor who, entering the room, pushed him back and into sanity . . . for the time being.

The Edge of the Earth
Chapter One

'I'm being sent, I've got no say in the matter. I've told you.'

'You can object.'

'But what if I don't want to object?'

Hannah Radlet looked from her mother to her grandmother, where they stood like a combined force behind the kitchen table. Hannah was thirty-two years old, and of those years she had memories that took her back for twenty-eight of them, and they always conjured up the picture of her mother and grandmother standing together whenever they were doing battle. Her father would be on one side of the table and there they would be, not shoulder to shoulder, because her grandmother, although stooped, was much taller than her mother, but side by side, and nearly always their expressions would be similar, as if their thoughts were being projected from one mind.

She had thought of late that a war was nothing new to her, for she had been brought up in the midst of a private war. When she was very young she had stood on the outside and watched, but as she grew older she was drawn into it.

She was twenty-two before she escaped the battlefield of the farm. She knew now that her sole reason for her marrying Arthur Pettit had been in order to get away from her mother and grandmother. But she hadn't been married a week before she realized she had jumped out of the frying pan into the fire, for then her own daily fight, and it was a daily fight as well as a nightly one, was to prevent her body from being ravished by a man who, when it came to satisfying his needs, had no idea of tenderness.

Arthur Pettit had been an auctioneer and estate agent, and part of her misfortune, she considered, was that their flat was over his office.

She often wondered too what she would have done eventually if he hadn't died within three months of their marriage. He died a heroic death, everybody said so; he was trampled to death right outside his own home by two huge-footed brewery horses pulling a dray. He had been entering his office when he saw the child aimlessly crossing the road and the horses frantically galloping down from the other end, the dray swaying madly while the barrels rolled off it.

The two horses, placid creatures, pets of many of the townsfolk, had been shot into an hysterical gallop by simultaneously being stabbed in their haunches with hatpins in the fun-seeking hands of two gormless youths.

Both he and the child had died, and the town had mourned him and pitied Hannah, and she had cried openly, and in secret she had cried, with not a little shame that she could feel nothing but release at being free once more.

And she wasn't only free from the marriage, she was free from her mother and her grandmother, and she was determined to stay free.

After having refused their pressing offer to return home she took up nursing. But things didn't work out here for her either; it was, she imagined, as if the two women on the farm were willing her back to them, for she suffered recurrent attacks of rheumatism. The rheumatic fever she'd had when a child had fortunately left her heart intact, but inflicted, from time to time, severe bouts of rheumatism on her, particularly in the lower part of her back, and these could leave her incapacitated for weeks.

When her father had collected her from the hospital on this particular occasion she had said to him, 'I'm not staying, mind,' and he had answered, 'I don't want you to,' and she knew he didn't. As much as he needed her comfort he would let her go without a restraining word.

She had lain on her back five weeks, but it was almost five months before she was fully recovered, and during that time she was once more drawn into the private war. So again she left them. Tears, recriminations, admonitions did not deter her once she was able to look after herself.

She was stubborn. She was spoilt. Her father had spoilt her. They both said this, but, as always, her mother finished, 'He hasn't only ruined my life and made your granny's a misery he'll spoil yours an' all. You'll see. You wait and see.'

When she was very young she had thought, Poor Dad. Poor, poor Dad. That is before she knew about the woman, and that they on their side had a case. It was her mother who had screamed the facts at her one day when she was fifteen. 'Fishing!' she had yelled. 'Fishing! You want your eyes opened, girl. You want to see him as he really is. Your dear, dear dad has been leading a double life for years, keeping two houses. Yes, yes, keeping two houses. He's got a fancy bit, the fancy bit that took this off.' She had beaten her hand against the empty dress. 'A devil from hell if there ever was one. And her a married woman with a good man and three sons. But she's not satisfied. She never was satisfied; she wanted everything; nothing but the world would suit that Mallen piece. By God! if she gets my prayers her death will be long and slow, and her mind clear . . . Where do you think he was last week when he was out all night? The rim was supposed to come off the wheel, remember? And Shankley only had the cart in a few weeks afore. The rim came off the wheel! Huh! And his day off a week that he insists on. How many times has he taken you into town of late? Answer me that.'

She had stood amazed looking at her mother and, with a strange pain in her heart, had thought of all the excuses her father had made not to take her into Hexham or Newcastle or wherever he was going, and on that day she recalled with surprise that she had already seen the fancy woman, she had met her. It was in Hexham on a market day. How old had she been? Ten or eleven? She had gone to the shops for some errands and had left her father in the market place. It was when she was making her way back that she saw him standing up a side street talking to a lady. When she went to him, he had put his hand on her shoulder and the lady had stared at her, and he had said, 'This is Hannah.'

She remembered that the lady had been very pretty – she hadn't put the word elegant to her in those days but now she could. She had recognized her as class, but her face had been white and strained, and it almost appeared to her as if her father was in the middle of yet another row, and with this smart lady.

He had pressed her away, saying, 'I'll catch up with you. Go on down to the market.' And when he did catch up with her he was quiet and looked worried. It wasn't until they were on their way home that he said, 'Hannah, will you do something for me?' and she said, 'Yes, Dad, I'll do anything for you.' He had then stopped the trap and taken her hand in his and said to her, 'Don't say a word to either your mother or your grannie about the lady you met today,' and she had said, 'No, I won't.' And after a while she had forgotten about her. That was until she was fifteen.

Now there was nothing she didn't know about the Mallen piece or the family connection between her and Grandmother Radlet. Moreover, she knew all about Brigie, the governess, who had been old Thomas Mallen's kept woman, and who was now mistress of the Hall over the hills; the Hall that had been turned into a hospital-cum-convalescent home, where she was going to work.

'Do you know it's full of loonies?'

She came back at her mother sharply now, saying, 'Oh, for God's sake! Mam. Don't be stupid.'

'Don't you take that tone with me, girl.'

'Well, don't talk about things you know nothing about.'

'They're loonies. Your Uncle Jim said you can hear them yelling from the road.'

'Me Uncle Jim! He should have been writing stories, me Uncle Jim, or running a daily gossip column. He's an old woman.'

'That's enough. That's enough, Hannah.' It was Constance addressing her now. 'Don't speak like that about your Uncle Jim who has worked so hard and who cared for your mother long before she came into this house.'

'Well, to my mind it's a great pity he did, and then he wouldn't have made me and everybody else feel we owed him the earth.'

The two women were so shocked that for a moment they were deprived of speech, and they remained indignantly silent as Hannah went on, 'Those men over there are no more loony than you are; some of them are the result of shell-shock, others have been gassed, and some just couldn't stand any more.' She now leant slightly forward and stuck her chin out towards them as she said, 'And you know what happens to people who can't stand any more? They explode . . . up here.' She tapped her head twice with her finger. 'That's what they do . . .' She paused, then ended, 'But them over there, they're just ordinary fellows who one way or another have had more than enough.'

'You seem to know a lot about them.' Constance narrowed her eyes at her granddaughter and Hannah, looking back at her, said, 'No, I don't know a lot, not yet, but from what I've seen . . .'

'From what you've seen?' Sarah's crutch made two dull taps on the drugget-covered stone floor as she took a step forward, and now she was leaning over the table as she cried, 'You haven't been over there already?'

'Yes, I've been over there already. And what's more, I've seen the wicked old witch herself. Mrs. Bensham, the one you used to call Brigie.' She turned her head and nodded towards her grandmother. 'And how you can keep up a feud against an old woman like that beats me. Not that she needs your sympathy. From what I've heard she may look like a little wizened nut but her mind's still intact and everybody there knows it. And she's respected, highly respected . . .'

'That's enough.' Constance stared at her granddaughter for a moment, then turned from the table. The mention of Brigie, the mention of 'the little wizened nut' caused an ache, like a homesickness that she often experienced at night when her memories took her back to days which, over the distance, now seemed to have been gloriously happy, when Michael was young, and Barbara was young, and they had harvest suppers in the barn and everybody danced. Sarah had danced, the niece of the farm labourer, she had danced with the young master of the farm, and even Brigie had danced. She had been light on her feet, had Brigie.

The early jealousies, the rejections, even her disastrous marriage to Donald Radlet, appeared from this distance all part of a peaceful time compared with these latter years. These years that covered nearly half her lifetime and had been fraught with nothing but bitterness and recrimination.

She would never admit to herself that if Barbara had come into this house as Michael's wife she could not have suffered more, in fact she knew she would have suffered much less, for then she would not have lost her son. Then she would not have been forced to stand by the side of a daughter-in-law whom she had trained from ignorance into some semblance of literacy, but whose basic thoughts and attitudes still remained those of the lower-class farm workers from whom she had sprung.

Her years spent instructing Sarah would have undoubtedly borne fruit if the girl, and then the woman, had been happy, but the crippling of the girls' body had also crippled her mind, until now she was nothing more than a shrew, a small loud-mouthed, deformed shrew. Yet she had allied herself to her for years; for after all, she had told herself Sarah was only human, she had to have someone on her side, at the same time arguing that she herself was morally defending right.

Time and again it amazed her that anyone like Michael, who fundamentally was not strong minded, for at one time she could sway him as she wished, could keep up this intrigue over what had been a lifetime, and hold them to ransom as it were. Years ago he had given them an ultimatum. In this very kitchen he had faced them both and said, 'I'll give you a choice and this is my last word on it because I'm sick to death of you both; leave me to go my own road, as I'm doing now, and things stay as they are; keep on and tell me just once more I've got to stay home, then I'll tell you the date when we'll all leave because I'll sell up . . . like that!' He had snapped his fingers and the sound had been like the crack of a gun reverberating through the kitchen. And it could have been a gun, for his words, like bullets, pierced her heart. 'I'm seeing her. Aye I'm seeing her. Let's bring it into the open. And I'm going on seeing her. Now you've got it, it's up to you both to choose. Get your heads together as usual and decide. You needn't worry, I won't see you left in a field. There's Palmer's cottage down the road; it's been empty this while back. It's more than a cottage it's a house, and has six good rooms. I've already enquired the price of it. It has two good acres of land to it; you could both be self-supporting. As I said, it's up to you.' And on that he had walked out, leaving them speechless. And from then, daily, without let up, she had prayed that something would happen to that sperm of hell, because that's all she was, that's all she had ever been, she had come from a hell raiser, and a line of hell raisers, and she had been a she-devil ever since.

But the seasons came and went, the years came and went, and her prayers weren't answered. She did hear a faint rumour that Barbara had lost her hearing again but it was never confirmed. But it was confirmed that she had lost two of her sons, drowned at sea, and together. On that day she had thought, Now she'll know what it feels like. But she has still one son left.

Now Jim said he was in the Hall and as mad as a hatter. One of the orderlies had told him he was the worst one there. They had given him a room to himself, not because he owned the place, or would when the old girl went, but because he lashed out right and left on the slightest provocation.

And Hannah was going there.

Constance could not actually sort her feelings out with regard to this move; the only thing she was sure of was her concern wasn't entirely caused through fear for Hannah's safety. Hannah was a self-possessed, self-willed individual and in the main could take care of herself. Part of the feeling was resentment at the fact that her granddaughter was going into her old home, and that she had already recognized Brigie as the owner of it.

Brigie, Constance considered, had come out of all this very well. When one came to think about it there was really no justice, for all their misfortunes had begun with Brigie. If she hadn't become their Uncle Thomas's mistress none of the tragedies, with the exception of their Cousin Dick almost killing that bailiff, would have happened.

Her thoughts were cut off when the door opened and Michael entered.

Michael at fifty-three looked every year of his age. The hair that had been corn-coloured was now completely white. Although his body was still straight, it was heavy. His face was lined, and jowls were showing beneath the chin. Yet overall he still appeared an attractive man.

As soon as he stepped over the threshold he took in the situation. But in any case he wouldn't have been left in ignorance of it for long for Sarah turned on him immediately, crying, 'Do you know where this one's going?'

He went to the sink that stood under the window and, gripping the pump handle to the side of it, he worked it two or three times before he said, 'Yes, I know where she's going.'

'Oh, of course you would. And you agree with it. In fact I shouldn't be surprised but you put her up to it, felt she was ready for a family gathering . . .'

He had the soap between his palms when he turned round and looked at her, stared at her, and then he said one word, 'Careful,' before turning slowly about and finishing the business of washing his hands.

As he dried them on a towel he stood staring out of the little window above the sink. 'And you agree with it,' she had said. He had been floored when Hannah told him where she was going, because even to his mind it didn't seem right somehow, piling insult on top of injury, as the saying went. But there, Hannah was an individual, she would go her own gait. And he was glad of that; oh yes, he was glad of that. But nevertheless he couldn't say he was happy about her decision to take up work in the Hall. Apart from it being sort of enemy ground to those two back there, Ben was there, Barbara's one remaining son, and although he felt, in fact he knew, she had no feeling for him, she was likely to take it amiss that his daughter – and Sarah's daughter – was going there to work, to live there, and could come in contact with him. There was no knowing. He made a slight movement with his head against his thoughts: the whole thing, the whole business seemed like a web with some giant spider going round and round dragging them like flies to the centre and to some final conclusion as it were.

His head now jerked as if tossing his thoughts aside, for his thoughts troubled him these days. So many things troubled him these days. He never imagined the time would come when he would think Barbara troubled him, but she did. She had become a sick woman. She had one focal point in her life, and that was himself. It was one thing to love, and be loved, and they had both done that, oh yes, yes, the stolen days with her had been all that made life bearable at one time, but of late even before she lost the boys there had been a change in her. He sometimes thought that behind her loving she was constantly condemning him. And there was every possibility that she was, for he had broken his promise to her, more than once.

He should have left those two behind there when Hannah became able to take care of herself, but he hadn't, because he had realized, and he had tried to make her realize, that they too had to be looked after. His mother had grown old rapidly; she was old even ten years ago; and Sarah, well, Sarah had to be provided for, he owed her that. He couldn't say to Barbara that he was being forced to stay with his wife by way of payment for the injury she had inflicted on her.

It was all so complicated, so brain wearying, so hellish at times.

He turned and looked at his daughter now and said, 'What time are you leaving?'

'Any time.'

'Have you any bags?'

'No; they went from the Infirmary straight up there yesterday.'

There was a combined catch of breaths expressing indignant astonishment from both his mother and his wife, and without looking at them he said, 'I'll get the trap ready then,' and turned on his heel and walked out.

Hannah looked at her mother and grandmother and they stared back at her; then her mother, flouncing ungainly around, hobbled towards the door leading into the hall muttering unintelligibly, and Constance, after shaking her head sadly at Hannah, exclaimed through twitching lips, 'Girl! Girl! You don't know what you're doing,' then turned and followed her daughter-in-law.

Left alone, Hannah rested her head on her hand and closed her eyes tightly. Oh, those two; they always managed to make her feel in the wrong, so that every time she left them she was overwhelmed with guilt and torn with pity for them. But she mustn't let them break her down. Once she did that she too would be finished. She must get away, even if the Hall did turn out to be a mad-house, it would be preferable to this one.

Chapter Six

Anyone who had known the hall before the war would not have recognized the interior if they had entered it now. Beyond the lobby was what appeared to be a hotel reception area in that it had a long desk to the left of the staircase and a number of easy chairs in groups of three, each with its own small table, placed in set positions to the right of the stairs.

The drawing room had the word 'Private' nailed to a panel, and it was private inasmuch as it held, stacked almost from floor to ceiling, most of the pictures and the best pieces of furniture from the first floor. The dining room remained almost as it had been, a place in which to eat; but the cutlery was no longer silver and the china was that issued for the use of Army officers.

The library was the only room in the house that had not been changed; it was known now as the rest room.

The morning room was now the matron's bedroom and sitting room combined, and the rooms off the kitchen corridor had been utilized as small dormitories for the staff, while the servants' hall had become their dining room.

The first floor bedrooms had all been turned into dormitories, with the exception of the smallest which was at the far end of the landing and near the new set of stairs leading to what had been the nursery floor.

The gallery, too, was a dormitory, but the doors giving access to it from the main landing and those at the far end leading onto the wide passage, from where the lift now rose, were kept locked. The gallery was known by the patients as the 'Bonkers Bunker'. Most of the men who came to the Hall had their introduction to it through the 'Bunker'. After a few days, or a few weeks, or a few months, when they were no longer afraid of the bars across the lower parts of the windows, and could look up and appreciate the painted ceiling, they left the Bunker and went into E dorm, and some quickly, others not so quickly, graduated through D, C, and B, until one day they happily found themselves in A. That was the time they shook hands all round, laughed, joked, thanked the sister, kissed some of the nurses and got into the coach and were driven to the station; the coach because Mrs. Bensham didn't like motor cars, although she allowed them into the grounds in the form of ambulances, staff cars, and food trucks.

Ben did not pass through the Bunker. Since he first came he had been given a room to himself, which arrangement was considered 'a bit thick' by some of the officers; everybody who came there went through the Bunker, and if anybody needed to go through the Bunker it was the new admission, because he kept the whole floor awake for nights running.

It was the matron who finally answered the complaints with, 'Gentlemen, Captain Bensham, I think, is entitled to a small room in what is virtually his own house.'

The grumblers apologized and said they understood and that she would hear nothing more from them.

But in the days that followed it was difficult for them to keep their promise, for the Bensham fellow seemed to wait until midnight before starting his pranks. First he would talk, and then he would yell, and then he would scream, and what he screamed burned their ears, until he was quietened with a jab in the arm. And again they said it was a bit thick and, what was more, it wasn't right that the nurses had to put up with him; he should be in the Bunker where the orderlies could take it. In fact the general opinion was that he should have had an orderly to himself both night and day, but then as most of them knew they hadn't enough orderlies to staff the Bunker.

But Captain Bensham remained in the end room. Special nurses were detailed to him and the door was locked whenever they left him alone.

Hannah had been three weeks in the Hall before she saw Captain Bensham.

It came about that Nurse Byng, who was a hefty fifteen stone, developed tonsillitis and was ordered to the sick bay. Her relief was Nurse Conway, who although not so big, was well equipped to hold her own, at least she had a pair of lungs that she could use with some force if she ever needed help.

The only nurse at the moment available for relief work was Nurse Pettit, who as a not fully-trained nurse had been put on 'breaking in duties', which meant seeing to the chair patients, keeping an eye on those in D and trying to get coherent answers from those in C. So Matron Carter told Sister Deal to take Nurse Hannah Pettit along to Captain Bensham's room and to introduce her to Nurse Conway who would show her what must be done.

The first thing Hannah noticed about Captain Bensham was the white streak of hair. Her father had told her about that, the thing that singled out the Mallens. Then it had become of little or no interest as she took in the rest of the man.

He was sitting in a chair by the side of the window and she had never, not in all her life, seen anyone so still, not even in death.

She had washed and laid out a number of dead but there had remained a softness about them. Although their hearts had stopped beating there still seemed some life left in their flesh. But this man had about him the stillness of stone.

He was a big man, at least she thought he would be if there was flesh on his bones. His face looked deathly white against the blackness of his hair.

His eyes too looked black, but it was a dull blackness, devoid of sheen, like spent coal. His hands lay palm downwards cupping his knees. He reminded her of someone she had seen sitting just like that. The Sphinx? Abraham Lincoln? He didn't look human.

Nurse Conway said to her without bothering to lower her voice, 'He can sit like this for hours, but don't take anything for granted, he can come out of it like the crack of a whip, and with just such a sound. It's as if something snaps, and then he'll start, talk, talk, talk. He'll start telling you everything as if he knew who he was talking to. It'll all be mixed up, but' – she stopped and jerked her head and, looking at him, she smiled. 'The other day he did know who he was talking to. I nearly fell over backwards; he called me by name. Poor devil.' She went to him and drew her hand gently over the top of his hair; it was as if she were caressing a child.

She turned now and looked at Hannah, saying, 'You can go about your usual stuff; tidy up, put fresh flowers in when they send them along, but just keep your eye on him. Remember if you hear that snap, I don't know where it comes from, his mouth doesn't move, it seems as if something goes click inside him. Oh, there's another thing, he may not talk at all, he may just stare at you. You'll have to put up with that. Don't move away, it seems to agitate him when you move away, just go on with whatever you're doing, knitting, reading, anything. All right?'

'All right.'

Hannah wanted to keep looking at the man, this man who was the son of her father's mistress, or woman. Whichever way you looked at it, it amounted to the same thing. But she made herself attend to the requirements of the room.

It was a pleasant room, not clinical. There was a bow-fronted chest of drawers, a rosewood wardrobe and dressing table, only the bed was similar to the furniture in the dormitories, it was the usual hospital iron-framed bed.

When at last she allowed herself to sit down, she took a chair at the opposite side of the window and once again she looked fully at the patient, and her mind emitted two words, and they were almost verbal: Poor devil. And again she thought. Poor devil.

He must have been a good looking man at one time, his height, his hair, the bone formation of his face, his mouth; his mouth was wide and the lips full. She only just in time stopped herself from visibly starting and getting to her feet when he moved. Although it was just the slightest movement of his head in her direction it was as if she were watching a granite statue being impregnated with life. For a moment she felt as fearful as if she were actually witnessing such a spectacle.

When his gaze became fixed on her face she looked back into his eyes and she smiled shyly while asking herself uneasily whether she should talk or remain quiet. Nurse Conway had given no instructions along these lines. She decided to talk.

Her voice faltered slightly when, nodding towards the window, she said, 'It's a beautiful morning.' She paused. 'The gardens are looking lovely.' Another pause. 'It's . . . it's a pity they've dug a lot of them up for vegetables.' Now she swallowed, or rather gulped, then she said, 'It'll . . . it'll be nice when you're well enough to take-a-walk.' Her voice trailed away as she imagined she saw the skin of his face move. It was like a faint ripple; it was there one second and then it was gone, she must have imagined it. She did not talk any more but tried to assume a calmness under his vacant stare.

It was with genuine relief that she rose to answer the tap on the door, and when the young ward maid pushed a tea-trolley towards her she said, 'Oh thanks, thanks. We can do with that.'

After closing the door she drew the trolley towards the window. He was still looking straight ahead as if she had never left the chair. She talked now as if to herself, saying, 'Oh, toasted tea-cakes. I must say they do you well here. Can't grumble about the food. Bread and butter, jam. Ah! strawberry. I wonder if the pips are wooden.' She glanced towards him, smiling, then shook her head at herself.

She poured out the tea, brought the trolley close to his side, then, lifting his hand from his knee, she placed the cup and saucer in it. He could feed himself, they said, which was odd she considered, for why, when he could move his muscles, did he assume a rigidity that made him appear paralysed for hours and hours on end? She stood watching him as he drank the tea. He did not sip it, but poured it down his throat, hot as it was, almost at one go. The action was rough, almost uncouth.

'You're thirsty,' she said and took the cup from his hand and refilled it, but before she gave it back to him she put a plate into his hand with half a buttered tea-cake on it. Now his eating took a different form; he nibbled at the tea-cake and then chewed slowly before he swallowed. When she offered him the other half of the tea-cake he made no attempt to lift it to his mouth, and so she began to coax him. Her hand on his shoulder, bending forward, she looked into his face and said, 'Come on, try. Just have this other bit. It's very nice. You must eat. You're a big fellow you know, you've got to get some flesh on those bones.' At this point her mind chided her for treating him as a child, but what else could she do, she asked herself, he was a child.

'All right then, if you don't want it.' When she went to take the plate from him his fingers formed a grip on it, and then he was lifting the tea-cake to his mouth, and as if she had achieved a victory she laughed gently as she said, 'There now, there now. You wanted it after all, didn't you?'

When he had finished eating she said, 'I won't press you to any bread and butter, and really, I always suspect the jam.' She leant towards him, her face smiling again. 'You know my father swears he knows of a factory where they make wooden pips to put in raspberry and strawberry jam.'

She felt slightly silly and not a little guilty at mentioning her father to him. As his eyes surveyed her, she turned to the trolley and, picking up a piece of currant loaf, she said, 'Try this, it looks nice.'

When her hand and the plate were pushed slowly but firmly aside and he reached out to the trolley and picked up a piece of bread and butter, she stood gazing at him. Well, well; he knew what he wanted. There must be times when his mind worked in an ordinary fashion; could that mean he understood what was being said to him? She'd better be careful, they should all be careful and not treat him as a mental child. Poor soul. Poor soul. He reminded her in some ways of the stories of her childhood. He was like the giant who was locked away in the fortress of a bigger giant, and was being slowly starved to death. . . . But he had put his hand out and taken that bread and butter. She must tell Nurse Conway about that.

An hour later she told Nurse Conway about it, and Nurse Conway said, 'Did he really? Are you sure?' and she answered, 'Yes, he pushed the currant bread away and put his hand out and took half a slice of plain bread and butter.'

'Oh, I'll report that to Sister and she'll tell Matron. The doctor will likely be interested to hear that an' all. . . .'

But the great news didn't get as far as the Matron, for the sister informed Nurse Conway that Captain Bensham had shown such signs as this in hospital, but they hadn't lasted, in fact according to his record he had regressed after such an effort; efforts tired him.

Every afternoon for the following week Hannah relieved Nurse Conway, and it was on the Friday afternoon that she met his father and Mrs. Bensham.

She hadn't seen 'the old lady' since the day she came for interview, and then she had only caught a glimpse of her going to the lift, and she hadn't needed to be told that the shrunken little woman with the straight back was Brigie. Even without the attention being meted out to her, she would have recognized her.

It was around three o'clock in the afternoon when the matron herself heralded into the room the old lady and a slightly built man, who looked about fifty and who bore no resemblance whatever to the patient sitting by the window.

The matron had a loud and cheerful voice. 'Here we are then, Captain Bensham, here we are, two visitors for you, your father and. . . .' The matron never knew what title to apply to Brigie when connecting her with this man, so she ended still on a loud note, 'Mrs. Bensham.'

The figure in the chair didn't move, it was as if he were stone deaf, like his mother.

Matron now turned from Brigie and Dan towards Hannah, saying, 'This is Nurse Pettit. Nurse Conway is off duty, and I'm afraid Nurse Byng has gone down with tonsillitis, and the winter over. Dear, dear! one doesn't expect such things.'

As Matron motioned her, with a discreet movement of her hand, towards the screen, indicating that she make herself scarce Hannah thought, What a stupid thing to say. And her a matron and all. And the winter over. But then, likely she was embarrassed in her own way. It must be very difficult ushering the owner of a house into one of her own rooms as if she were nothing more than a visitor.

Matron was saying now, in a low voice, 'The nurse will be on hand should you need her,' then she made her adieu and left.

Hannah sat behind the screen in the far corner of the room; she opened a book and attempted to read. Then after some moments, curiosity getting the better of her, she made no further pretence at reading but strained her ears to catch what was being said, and as she listened she shook her head, for the father was talking to his son like everyone else, as if he were addressing a child.

And this was exactly how Dan did see Ben, as a child. As always, he was finding it difficult to talk to him. If he had been called upon to speak the truth he would have admitted that he hated to come into this room because, when he looked at his son, this son who had been 'the big fellow', tears seemed to ooze out of every pore in his body.

Poor Ben! Poor fellow! It would have been God's mercy if he had gone with the other two; oh yes, yes. Yet he was selfish enough at times not to wish him gone, because he was all that was left of his own flesh and blood; besides John, of course, but John was a different sort of flesh and blood.

It was hard at times to believe that this was his son he was looking at, this great shell of a man who had twice been mentioned in despatches but whose mind had eventually been burned out in the fires of war, shell-shock they called it, on top of slight gassing. Ironically the gas from their own lines had turned back on them, driven by a contrary wind on a day in September 1915. Minutes later a shell had burst which should have blown him to pieces, but it had left no physical mark on him, it had just turned him into a living corpse. Yet he was much better, if one could use the word better, than he had been some months ago in that hospital. God! that hospital. He would have gone mad himself if he'd had to visit there just one more time. The agony of seeing grown men rocking themselves like babies and, like babies, crying with the same whining, frustrated cry of a hungry infant was too much.

The doctor said Ben's case wasn't unusual; withdrawal symptons he called them. He said he had frozen and had placed a wall of ice between himself and reality as it were, but he would gradually thaw – he hoped.

And he had thawed, but his second state was worse than the first, for, unless heavily drugged, he continued to talk, wail, and shout for hours on end, and not only that but he would also attack anyone who went near him.

His thawing caused him to be put under stricter confinement, until gradually he took up the pattern of immobility for much longer periods and his outbursts became verbal only.

Dan had had to pull a lot of strings before he could get him transferred to the Hall, for the military had passed it to be used only for what they surprisingly termed mild cases of shock and recuperation.

He had begun, as he always did, 'Can you hear me, Ben? Can you understand me? You . . . you are much better. You-are-doing-fine. The doctor's report is good.' He looked into the unblinking eyes and nodded. 'Brigie is here. Aren't you going to look at her? She has come all the way from upstairs to see you.' He still spaced his words.

'Oh! Don't put it like that, Dan.' Brigie's voice was low and thin; but it had no tremor to it, it still retained the timbre of the Miss Brigmore tone. Still low, she went on, 'Treat him normally. I'm . . . I'm positive he understands; behind it all I'm sure he knows and understands.'

She recalled that Katie used to talk to Lawrence like this. Katie. Dear, dear Katie. She would miss Katie.

There was a movement behind the screen as if a book had dropped and they both looked towards it. Then Dan said, 'Yes, yes, perhaps you're right.' He coughed before resuming, and slowly and sadly now, he said, 'Your Aunt Katie died yesterday. Poor dear Katie. You remember your Aunt Katie?'

Their eyes were drawn to Ben's knee on which his first finger was tapping, and Brigie muttered, 'There, there, what did I tell you! I'm sure he wants to say something. He's trying; look at his face.'

Brigie now put out a thin wrinkled hand and turned Ben's face towards her, and as she did so there was a sound as if he had clicked his tongue forcibly against the roof of his mouth, yet his lips hadn't moved. The sound was repeated louder this time, and now his lips did open and as the words tumbled from his mouth Hannah came quickly from behind the screen.

'Murphy! - Murphy! - Hell's - flames - Murphy - bleeding - guts - over - you - go - High Command - High bloody Command - Hell - Imbeciles - Imbeciles - Imbeciles - Over - you - go - Murphy! - Murphy! . . .'

Hannah, who was now holding his hands which were twitching as if from slight electric shock, turned her head to where Dan was assisting Brigie to her feet and said quietly, 'If you wouldn't mind.'

Dan nodded at her, and the expression on his face was almost as sad as that on his son's.

When the door closed behind them, the agitation in Ben's hands lessened a little and his words were spaced more evenly. As he talked his head nodded, but all the while he kept his eyes on her face as if pleading with her.

When big slow tears spilled over his lower lids her owned blinked rapidly and she murmured, 'It's all right. There, there, it's all right,' and she put her arms about him as she would have done with a child, and pressed his cheek tight against her shoulder trying to still the flow of his words, but all the time he went on talking. From what sounded like gibberish she recognized here and there place names, battle place names; then he began to repeat words that sounded like poetry. Over and over again he kept saying, 'Swimming-in-the-womb-like-a-tadpole-in-a-jar, held-by-a-string-in-the-hand-of-God.'

He must have repeated it ten times when she lifted his head away from her and pressed him back into the chair, and the movement checked the rhythm of his words. His voice less agitated, he began chattering about Murphy again, and she sat by his side and took his limp hand into hers and asked gently, 'Who is Murphy?'

'Murphy. Murphy – towards his dissolve – Murphy – dissolve—'

'Who is Murphy?'

'Murphy. Murphy – all guts, Murphy.'

'Who is Murphy? Tell me, who is Murphy? Your friend, another officer?'

'Murphy. Wise Murphy, wise Murphy.'

The door opened and the Sister entered.

'Having trouble?'

'No, Sister, just . . . just a little spasm.'

'People are so thoughtless, people who should know better, they should never have told him about his aunt. His father said he thought that's what brought it on.'

Sister Deal now looked at her watch and said, 'You'll be relieved in half an hour, and it's your day off tomorrow isn't it, Nurse?'

'Yes, Sister.'

'You're lucky you live so near and can go home.'

. . . 'Yes, Sister.'

'There now, there now.' She flicked a thread from the front of Ben's dressing gown, saying, 'Dear, dear; it's untidy we are;' then went straight on, 'It's a pity Mrs. Bensham has an antipathy towards motor vehicles or else someone could have driven you over the hills tonight.'

'That's all right, Sister. Jacob's van will get me across first thing in the morning.'

'Is it very far?'

'About seven miles.'

'Your people have a farm, I understand.'

'Yes, Sister. Wolfbur Farm.'

'Do you like these parts?'

'Yes.' She paused. 'Yes, I like them very much.' And she did. If her home had been happy she would have been content to stay among the hills for life.

'I wish I did.' The Sister now looked at her and, the dignity of her position slipping from her for a moment, she was just one young woman talking to another as she said, 'I've never been in such a benighted place in my life. What . . . what did you find to do, I mean before the war?'

'Oh' – Hannah lifted her shoulders – 'everything. At least, looking back it seems that there was never a spare moment; and the highlight of the week was going into Hexham with my father. . . .'

'Oh dear. Oh dear, he's off again.'

They both turned towards Ben who was now yelling unintelligibly at the top of his voice, and the Sister said, 'I think we'd better get him back to bed. I'll give him a shot to quieten him down; it's been too much for him. I still say they should never have told him about his aunt.'

Up on the floor above, Brigie, watching Dan walking back and forth, said suddenly, 'Stop that and sit down. It won't get you anywhere.'

Dan sat down; then he leant forward, put his elbows on his knees, and dropped his face into his hands.

Brigie did not speak for some moments. Her tongue flicked in and out over her wrinkled lips until she stopped it by sucking them inwards as if pressing them down on some emotion, which was exactly what she was doing.

At ninety-five she knew that her heart could not stand the pressure of too much emotion, emotions wore one out, and of late years she had been grateful for the habit that she had been forced to acquire during her governess days of disciplining her emotions. She could count on one hand the times she had allowed them to get the better of her. Now, it was imperative to her very life that she did not allow old age to weaken her defences. Her voice was calm as she said, 'He is better than he was; you should be grateful for small mercies.'

'Sometimes I think I would rather see him dead.'

She endorsed this statement whole-heartedly but she didn't voice it; what she said was, 'He's in good hands, he's getting every care, but the one we must think about now is Lawrence. What's going to become of him? Poor, poor Lawrence, one won't be able to say of him he's in good hands and he's getting every care, if he goes into one of those homes. With all the money in the world, you'll never get the right people to look after him.'

Dan straightened up and passed his hand tightly over his chin before he said, 'Well, there's nothing you can do about Lawrence, Brigie. You have to make your mind up on that.'

'I don't agree with you.'

He turned his head and looked at her.

'I've been thinking, and now, Dan.' She raised her finger and moved it once in his direction before going on, 'Before I tell you what's in my mind, I must ask you not to condemn it out of hand. I may be old in years and I admit my body, although not decrepit, is not what it used to be, but my mind is still as clear today as it was thirty or forty years ago, and, I consider, much wiser than it was at that time. Now.' She folded her bony hands on her lap, put her head slightly to the side and continued, 'I've always been very fond of Lawrence. I . . . I could communicate with him long before anyone else could and as I've said many times, and to you yourself, there is wisdom in Lawrence that would not shame some professors. If it hadn't been for one of the doors in his mind closing, he would, I am sure, have done great things. As it is we have a five-year-old boy in a thirty-year-old frame, so what I propose, Dan, is to . . . to bring him here. Now, now.' She lifted her finger again. 'I know I may die soon, next week, or this very night, but I may live for a year or two, in fact I may even reach a hundred if I give my mind to it.'

'You certainly won't if you take on Lawrence.'

'Sit down, sit down, Dan. . . . Why, you speak as if the poor boy were obstreperous. He's as gentle as a. . . .'

'I know all about that side of him, Brigie; but he's a man, he's a six-foot-one man.'

'And a puff of wind would blow him over.'

'That isn't the point. Don't be purposely blind, Brigie. Face facts; he's a man.'

'He's a boy, Dan, a boy.'

'You can't expect a housekeeper like Mrs. Rennie to put up with him. Have you thought about that?'

'Well, if Mrs. Rennie doesn't put up with him then somebody else will.'

'Brigie, be sensible.' He sat down and pulled his chair towards her. 'It would be a problem if you had the run of the whole house, as before, but you're up on this floor, the space is limited. Just think of the mess he made with his whittling at the Manor; you could hardly get in the door for wood shavings.'

'I'll control his whittling, I'll keep it confined to the night nursery. He'll do what I tell him. And anyway, I won't be like Katie, I'll put his whittling to use. I'd told her for years she should sell his animals and give the proceeds to charity; but no, no, there are two rooms over there almost chock-a-block with them. It's a great pity to my mind they weren't short of money; she would have seen some purpose in his life then. As it was, she just looked upon it as childish pastime. I could never understand her on that point. It was the only weakness in her training of him.'

Dan, sighing heavily, began his pacing again, saying, 'Well, it's up to you; after all, Brigie, it's up to you. When you've got to fight your way out through wooden dogs, cats, horses and goats, not to mention ducks, hens, partridges and pheasants, don't say I didn't tell you what to expect.' Then coming to a halt, he asked, 'What'll happen to the Manor? He's the next in line. Sir Lawrence Ferrier – what a tragedy. And old Sir Francis could drop dead any day. I wonder if she ever visualized this possibility. She must have. Her will should be very interesting.'

'Yes, it is.'

Dan narrowed his eyes at her. 'You know what's in it?'

'Yes, yes; she discussed it with me.'

'About Lawrence, and his future?'

'Yes, about Lawrence and his future.'

'What did she plan? Not what you are proposing, I'm sure.'

'No, no; she never thought of that. She decided that the Manor should be sold and that either you or John would take care of Lawrence . . . in your homes.'

'Oh my God!' He bowed his head, then turned away. After a moment he looked at her again and said, 'So that's what's made you take this step?'

'No, not really. I would have proposed it in any case because I knew that no matter how John looked at it, Jenny would have collapsed at the very thought of the suggestion. As for Barbara, well, if she cannot bear to look upon her own son, I wouldn't expect her to care for a boy like Lawrence. I said as much to Katie, but she imagined that you, Dan, would override Barbara's scruples in this case. . . . She was very fond of you, Dan, you were her favourite brother.'

'Oh Brigie, don't make me ashamed.' He bowed his head and shook it from side to side.

'I'm sorry; that wasn't my intention. But when we're on the question of Barbara, have you ever put it to her pointedly that it is her duty to come and see Ben no matter how she feels?'

'No, I haven't Brigie, because I know it would be useless.'

'Is she still the same?'

'Still the same, only worse. She becomes more withdrawn; I don't think we've exchanged half a dozen words in a month.'

'I'm deeply sorry, Ben.'

'Oh, don't worry, Brigie. I'm so used to this way of life that if it changed I wouldn't know how to deal with it.'

'Dan.'

'Yes, Brigie.'

'Will you allow me to bring up a delicate subject?'

'You can say anything you like, Brigie, you know that.'

There followed a pause.

'Is she still seeing him?'

There followed another pause before he answered, 'As far as I know. Day after day she goes off, and sometimes she takes an overnight bag, but not so often of late years.'

Brigie's white head gave an impatient jerk. 'Years and years! Yes, a quarter of a century and more this has been going on. And it is against all the facets of her temperament as I knew it. I mean for her to put up with such conditions. I should have imagined that when he made the decision not to leave his family – and he must have done this at one time – she would have broken it off; she wouldn't have suffered the indignity of remaining his hobby as it were, and the knowledge that he wasn't a god after all but simply a man should have been enough to make her see reason. . . . Yet, I blame myself for a lot that has happened; I should not have been against her marrying him in the first place. I'm sorry, Dan, but I shouldn't.'

'What's done's done, Brigie. It's all over a liftime ago, two lifetimes in fact. You mustn't blame yourself, you were just part of the whole sorry mess, as I was.'

'You have been very good, Dan.'

'What does one mean by goodness? Boil it down and what do you get? Selfishness. I was good, as you call it, because I wanted her, I wanted her more than anything else in the world. And I went on wanting her; even when this business began I went on wanting her. I think the turning point forced its way through the day she knew Ruthie was pregnant and she was going to turn her out. The self-righteousness, the unreasonableness of it, the fact that she took me for such a damned fool, a gullible damned fool, got home to me. From then on I didn't ache so much.'

'What's going to happen to her, Dan?'

'I can't give you that answer, Brigie.'

Brigie looked down at her hands. The fingers were twitching, and she joined them together tightly before she said, 'Locked in her deafness again, no boys, no you, or me. She must be very unhappy, Dan, so very, very unhappy.'

'She's got all she wants, Brigie . . . at least I hope she has. It's odd that I should say that, but I mean it. I hope that in having him still she has all she wants from life.'

And as Brigie looked at him she knew he was speaking the truth. Such was love. And if ever a man had loved he had, and still did. Poor Dan. Poor Dan.

Chapter Three

On July 1st, 1916, it was estimated that nineteen thousand British men were killed and fifty-seven thousand wounded. More died on that one day than on any other single day during the war. The men had gone over the top in wave after wave, and in wave after wave the German machine guns had mowed them down like rows of skittles. The Somme was the cemetery of Kitchener's army, and it had its repercussions on the Home Front. Yet people still sang, still laughed; they laughed at 'Old Bill', Bairnsfather's creation of a walrus-moustached middle-aged soldier, whose face expressed endurance and defied death. The caption read, 'If you know of a better 'ole go to it.'

And how many men in France would have paid the price for the 'better 'ole' with a bit of shell-shock or an amputation, or even gas, if the better 'ole meant home.

As on land so on sea. The German and British fleets played tig at Jutland. Where was Britannia, why wasn't she ruling the waves? But the nation rallied. Are we downhearted? 'Keep the home fires burning'. 'It's a long, long way to Tipperary'. 'Sister Susie's sewing shirts for soldiers'. 'Down at the Old Bull and Bush . . . Bush, Bush.'

Then Christmas was upon them.

And nowhere were spirits higher than in High Banks Hall. During the autumn fifteen officers had packed their bags, shaken hands all round, kissed the nurses, thanked Matron most warmly, and gone back to Headquarters – to see where they fitted in now. A year ago every one of them would have longed 'to jump the ditch', as they called the English Channel, but even those in the highest of spirits did not now express any wish to cross the water again.

The Bunker had been especially busy during the past months and the number of beds in it had doubled. But the atmosphere in the Hall in this Christmas week of 1916 was that of a country house preparing for the festive season.

The day before Christmas Eve every patient, with the exception of those in the Bunker, and the lord of the manor, as the man in the end room had been jokingly, but not unkindly, dubbed, were engaged in some Christmas activity, cutting down holly, or sawing wood, or making paper chains; or climbing steps to hang the decorations.

Some of the decorations were already in place. Not only on the mantelshelf, but in all odd corners of the entrance hall were to be seen wooden animals of all species, shapes and sizes. Some were roughly hewn, some you could say were finely sculptured, but all had about them a movement that suggested life.

There was a notice board attached to the wall at the side of the inner hall door. On it was pinned a bill headed 'Pantomime Extraordinaire: "The Sleeping Beauty".'; then followed a list of characters taking part. The first one read, 'Princess Sweetface, Major Andrew Cornwallis-Stock'.

Below this was a typewritten form giving information about the times the bus – in this case the ambulance – would meet the train to bring visitors to the Hall on Christmas Eve, and also the time it would leave for their return journey.

And below this, still on the board itself, printed in chalk, and one could say affectionately, were the words: 'Lawrence's Animal Fund for Red Cross, December 17th, £88.14.0d. We are hoping Father Christmas will bring the total up to £100. Thank you. . . .'

Brigie had once said to Katie not to worry about Lawrence for he would be a great comfort to her. And her prophecy had come true, more than ever after Pat died. But never had Brigie imagined he would bring comfort to anyone else, particularly to a group of men who had arrived at the Hall via a valley of physical and mental hell, yet without exception every man, from the major down to the swill orderly, had taken to Lawrence. Perhaps in some cases their affection could be put down to relief that their stay in limbo had been of a limited duration, whereas this man's, this tall, thin, ever-smiling unaging man was condemned for life.

Yet no one actually pitied Lawrence, for you couldn't pity someone, no matter how mentally crippled, who continually emanated happiness; in fact the wise among them envied his state. Lawrence had not been given a free run of the Hall, he had simply taken it. His movements in his own home had never been restricted, and so Brigie did nothing to change this pattern; except for one thing, and this had been difficult for him to understand, for he had always roamed about the manor whittling at his pieces of wood, and the servants cleared up the debris.

When he first came under Brigie's care, he had cried pitifully, as a child might cry, for the loss of his mother and he had cried also when he was forbidden, strictly forbidden, to whittle in any place but in the room connected with his bedroom. But as time went on he conformed; and he was helped greatly by having a new interest; he was among men, lots and lots of men, and he liked that.

It would seem to the casual observer that Lawrence gave a similar attention to everyone who spoke to him, but his manner was misleading for he had his favourites, and the man in the room on the first landing just beyond the bottom of the nursery stairs became his first favourite.

Their meeting had come about quite by accident. He liked Nurse Pettit, or Petty, as some of the patients called Hannah, because she always had time to listen to him. Moreover, she knew about horses; she could say, 'Oh, you have done a shire!' or, 'What a lovely hunter!' or, 'Now that's a fine Shetland.' And he was capable of appreciating this. He could neither read nor write but he could copy any animal he saw in a book.

Coming along the landing one day he watched Hannah disappear into a room at the end of it, and so in his uninhibited way he opened the door and went in after her. And there he saw the man sitting by the window.

Hannah, in some agitation had cried, 'Oh Laurie! Now you mustn't come in here,' and when she went to turn him about he had resisted her. Gently but firmly he had pressed her aside, and then he had gone to the window and sat in the chair opposite to the man and held towards him a wooden goat he was carrying. And Ben, after looking at him for a long while, slowly lifted his hand and took the animal from him.

Hannah had stood looking at the two of them, both men of about the same height, both about the same age, but one a man, even although he looked emaciated, and the other, what name could you put to Lawrence, a child, a boy, someone who at times did not appear quite human, more of spirit than flesh and blood? And these two men were full cousins. It was weird when she though about it.

Perhaps it was deep blood calling to deep blood, but from that meeting there was between them a bond, and its impression as time went on showed itself on both of them, for it was Lawrence who first elicited a straight question from Ben.

Lawrence had been a regular visitor to the room for over two months when, of a sudden, one day Ben moved in his chair and asked, 'How old are you?'

'Old am I?' Lawrence had a habit of repeating what was said to him. He had then cast a glance at Hannah and said, 'I'm big, more than ten, aren't I, Petty? Aren't I, more than ten?'

'Oh yes, Lawrence,' she had said; 'you're more than ten, more than twenty,' while keeping her eyes on Ben.

'I am more then twenty,' said Lawrence, and Ben repeated as Lawrence had done, 'More than twenty.'

Hannah, not able to contain herself, had exclaimed aloud, 'Oh! that's marvellous, marvellous.'

And it was marvellous. Everybody said so, his father, Mrs. Bensham, Nurse Byng, Nurse Setter, who had taken the place of Nurse Conway, for Conway had said that another winter here and she'd be in the middle bed of the Bunker, Sister Deal, the doctor, because everyone knew that the question was a breakthrough. As the doctor had smilingly said, 'He has started to use a pick on the ice wall.'

Hannah had been very glad when Nurse Conway decided to leave for she had taken over full duties in the private room, and each step the patient made left her with the feeling of personal triumph, for as she told her father, whenever they met on the quiet, she had known from the beginning he would come through.

Hannah didn't always go home now on her day off; sometimes she would allow three weeks to pass before she put in an appearance, and when she did there were the usual recriminations, the usual sly digs, and always without fail, particularly on her mother's part, the raking up of the black past.

Sometimes she arranged to meet her father in either Hexham or Allendale and they'd have a meal together and she would talk freely, and more than once she talked very freely, even angrily, when she brought the taboo subject into the open, and asked him why *she* didn't come to see her son. He was her son; what kind of a woman was she?

Always Michael met her onslaughts with bowed head and tight lips and always he said the same thing: 'I've told you. You . . . you don't understand, I can't expect you to understand, This . . . this is not a surface thing, Hannah.'

Once she replied that no emotion was a surface thing, and what she couldn't understand was that he could care for someone enough to make their own home unhappy for years; and that's what he had done, let him face it, and because of a woman who was so devoid of compassion that she wouldn't even look upon her own flesh when it needed her most.

On that occasion, which had taken place only a month ago, he had risen from the table in the restaurant and she had to follow him out into the street, where, his face white and drawn, he had looked down on her and said, 'We have never quarrelled, Hannah, you and I, and I don't want to quarrel with you now. It would be no use trying to explain everything to you because you wouldn't understand. I couldn't expect you to. I'll only say this. Ben represents for her someone she has disliked since she was a child, just though seeing his likeness hanging above the fire-place in the cottage where she was brought up. He appeared to her, this man, as a gross, nasty old man, and when she discovered that it was he, this old man, who was her father, then her world exploded. And I was present that day and I helped to blow it up.

And . . . and Ben. From the moment he was born he was for her a replica of her father as he once had been.'

'That isn't his fault; her reason should tell her that, if she's got any. So why does she hold it against him? By what I can gather she's a. . . .'

'Don't say it, don't say it, Hannah.' His voice had been stiff, his manner one that he had never before shown her, and then he had turned about and walked away from her.

She had been home only once since then, and like two witches, her mother and grandmother had sensed that there was a breach between her and her father and, as she put it to herself bitterly, they had been all over her; their welcome could not have been warmer. But because they had been unable to get anything out of her their farewells had been as usual.

At times now she felt very alone, lost and tensed up; and her work, instead of taking her mind off herself, and them, seemed only to bring them all closer, for when she was in the private room she felt, in some strange way, that she was at the centre of the turmoil again. And that was, after all, understandable.

'Look, come on, come and see them pulling the logs.'

She took his arm and raised him from the chair by the side of the fire, and then suited her step to his shuffling until they reached the window; then pointing down, she said on a laugh, 'How on earth do they expect to get that one into the house? And what are they going to do with it when they get it in? It can't be for the fire.'

Ben looked down on to the end of the courtyard where it opened out into the sweep of the drive, and he said in thick fuddled tones, 'Never-get-that-in.'

'No, you're right. Well, I wonder what they're going to do with it. But that's anybody's guess because Captain Raine and Captain Collins are among them, and you never know what's going to happen when they're around. . . . Isn't the snow beautiful? But that lot that came down in the night might have put paid to the ambulance getting through to the station; it's certainly put paid to me getting over the hills. There might have been hope yesterday, but not today.'

He turned to her. 'Can't . . . go . . . home?'

'No.'

'S-sorry.'

'Oh' – she turned him from the window – 'I'm not, not really; there'll be much more going on here than there would be at home, I can tell you that. Hospitals are the most cheerful places in the world at Christmas. I've always marvelled at that.'

After lowering him down into the chair again she straightened up and, looking into the fire, said, 'It is amazing, isn't it, the feeling of good will that people rattle up for Christmas. Huh!' She shook her head. 'There must be something in it after all. Well, I'm off now.' She turned and looked down at him and her hand went slowly forward and touched his cheek. 'Be a good lad. See you this afternoon.'

His head moved as if on a swivel and he watched her disappear behind the screen for a moment then reappear swinging a short navy blue cloth cloak over her shoulders. And now she nodded towards him, saying on a laugh, 'The first thing you must do after the war is to line all these corridors and landings with hot water pipes', not to mention all the rooms in the kitchen quarters.'

She stared at him for a moment, then pulled a face at him and went out.

Ben turned his head slowly towards the fire, and like his speech his thinking came slowly and disjointed: Be a good lad – First thing he must do after the war – she expected him to take up this house after the war. Put hot water pipes in the corridors. There was a blind faith in her; she was a stubborn kind of young woman. He had first come up against it in that other world. Her stubbornness had been like a hand thrust out groping for him in the darkness; he had known it was there but wouldn't touch it. And her voice had come out of the great vast open dirty blood-stained space of No-Man's-Land, coaxing, wheedling, not strident like the other voices, the voice he put to the big one and the voice he put to the pretty one. She was neither big nor pretty, but she had a nice voice, and she called him lad; always when they were alone she called him lad.

In a way she was not unlike Ruthie. Ruthie had come to see him last week. Or was it the week before? But then she came to see him often. His father brought her. But she disturbed him. They both disturbed him; Ruthie because she always became so choked she couldn't speak. She no longer came out with quips of earthy wisdom, and his father's face looked so set in despair that he had wanted for a long time, even during the time he had lived in the small windowless room of his mind, to bawl at him, 'Don't look like that, don't keep telling me I'm an imbecile.'

At such times Murphy would say, 'Hold it, laddie.' Murphy always kept making excuses for everybody. About his father he would say, 'He doesn't think like that, he's just worried.'

But Murphy had gone mad, when they had locked him in that cage he had damned and blasted the souls of doctors, nurses and orderlies, particularly orderlies. But since they had come here, Murphy had said, 'Rest easy, laddie, you'll be all right. Rest easy.'

Murphy called him laddie, like she called him lad; Murphy too had liked her from the beginning. Best one in the bunch he had said. Nothing much to look at except for her eyes, but there's one thing sure, laddie, she'll never bore you that one. Now Conway, you get tired of her face; and Byng, oh boy! Byng. Somebody mixed up the sexes when they fashioned Byng. Light heavy-weight champion of the world, Byng. Muscles on her like four pounders. 'No,' Murphy had said, 'your bet is Pettit, laddie.'

But he had resisted even Pettit. He wanted to be beholden to no one. . . . And then the boy had come; the boy who was of the same blood. The boy hadn't remembered him, for it was years since he had seen him; but he had remembered the boy. He had recognized him instantly; this was his cousin, and he understood, without knowing he understood; moreover, he recognized in the boy someone exactly like himself, someone locked up in a cell; the only difference was that the cell wherein the boy lived had bright windows in it.

A log of wood burned through, snapped, and one end slipped slowly on to the hearth. It wasn't burning but he knew he should bend forward and pick up the tongs and put it back. But there was no effort in him.

That was the thing he had to manufacture now, effort, because he had used up the effort of his whole life in one great leap, in one love-propelled leap to save Murphy, as Murphy had saved him twice before, and for a second of a second he had held death in his hand. Then, their arms locked about each other like lovers searching for sublimity, they had rolled down the slope into the shell hole; for a matter of about sixty seconds they lay until the ground settled back and there came a lull in the air above them as if a great ethereal hand had clamped down on the antics of a maniac. And when the epoch-long seconds had passed he had spat the dirt from his mouth and growled, 'Now!' and they had scrambled up the other side of the crater, there to be met by a poisoned wind.

They were flat on their stomachs and some yards apart when the earth exploded again, and this time it took with it all the other planets in the universe; everything disintegrated as Murphy was disembowelled.

When he came to himself he was standing up and quite some distance from what was left of Murphy, and all about him there was nothing but sky, no earth except the narrow ledge to which his feet were fixed, the rest was one great empty void. He had reached the end of the earth and although he wanted to step over and join Murphy he had found it impossible to move.

When they whipped his feet from beneath him and brought him flat on to his face and dragged him into a trench infinity was blotted out and he went into the small dark cell; and from then on whenever anyone tried to open the door he fought them.

He had loved Murphy. He could use the word love now in relation to him because it was akin to the feeling he'd had for Jonathan and Harry, only more so, because Murphy had known what it was to feel deprived.

He had first met Murphy when he joined up; they had done their training together, such as it was. He soon learned that Murphy was a highly intelligent man and his own worst enemy, for he was a rebel. He hated the working class from which he had sprung, and he despised the upper class; he had read more than any other person he knew.

After four months together they were separated, then, when he joined his unit as an officer, an officer who had just lost two brothers and had been finally rejected by his mother, it was some comfort to find that his serjeant was Murphy.

He had previously become imbued with many of Murphy's ideas and antagonisms, officers and men being one of them; the fact that they could fight together but weren't allowed to drink a glass of beer together now become theory forced into practice. Murphy, he considered, had more knowledge in his little finger than all his brother officers put together.

They had decided that after the war – they were both going to come through, of that they were positive – they would start a magazine, a magazine that dealt with new thought, new values, that in short asked the question, Why officers and men? Apparently everybody knew the arguments for . . . but their job would be to put the reasons against.

Murphy could write, he could use words.

I swam in the womb like a tadpole in a jar held by a string in the hand of God.

That was the end of the piece he had written when they were resting after the previous bloody massacre they had come through.

So fast flows time,
So slow flows pain
Pressing upwards against the current
Like the salmon to its end.
When I dissolve
Will I remember the nest
Of water in which I swam
Like a tadpole in a jar,
Held by a string
In the hands of God?
The salmon,
The tadpole,
and me,
All spermed,
What are we?

Murphy's parents left him with a courtesy aunt, when he was five years old. They went off to dig holes in Greece; then they forgot to come back, so great was the attraction of holes. Of course they sent money regularly for his support, which means went a long way towards supporting the aunt's weakness for the bottle. He never saw them again until he was eighteen, by which time he hated the sight of them.

It was strange that Murphy had to die crawling out of a hole. He was always writing about holes or wombs.

And she said that he would have to put pipes all round the house after the war. . . . What would she do after the war? Go back and live on the farm? He knew who she was. His mind wasn't so slow that the connection between her and the farm over the hills had escaped it. She was Michael Radlet's daughter, the man who had robbed his father of his wife's love. But he hadn't really robbed him; you couldn't take away what wasn't there.

His father came at half past one and Nurse Pettit came back on duty at two o'clock. When his father said to her, 'We had a Christmas like this in '76; we were home from school. I remember it well, it's just like yesterday,' he looked out of the window and said, 'Nur . . . Nurse-won't-be-able . . . to get home over . . . over the holidays.'

Dan looked from Ben to Hannah as he said 'No? But they've cleared most of the road to the station.'

'Sh . . . she. . . .'

'I don't. . . .'

Both Ben and she had started to speak together, and when Ben remained silent but looked intently at her she went on, 'I don't live that way, I live over the hills.'

'Oh' – Dan fixed his attention on her – 'You do? Which part?'

'In the first habitation where the valley opens out, Wolfbur Farm.'

'Wolfbur Farm?' Dan repeated the words slowly, it was as if he were copying Ben's way of speaking. His eyes had narrowed, but now they widened and his mouth dropped open before he said, 'I . . . I know Wolfbur Farm. Has . . . has it changed hands?'

'No.' Hannah's face was straight and her voice stiff as she looked back at him. 'No, it hasn't changed hands. My name was Radlet before I married.'

It was on an intake of breath that Dan said, 'Oh!'

'Yes, Mr. Bensham, I am Michael Radlet's daughter.'

Dan's eyelids blinked rapidly in confusion. Then his face stiff and his voice harsh, he said, 'You should have made us aware of this.'

'Why?'

'Why? I don't think that needs an explanation.'

'I think it does; I'm a nurse. I am, in a sort of way, on national service, I go where I'm sent. I was sent here and . . . and part of my duties was to attend to your son.' She moved her head in Ben's direction but did not look at him.

'You could have explained.'

'Explain what? That I objected to carrying out this part of my duties when the whole world was disintegrating because I had been caught up in a stupid feud between two families? You would expect me to complain that my sensitivity was being shocked by the intrigue between my father and your wife? Well, Mr. Bensham, it may surprise you to know that it has never shocked me. Distressed me, yes, that two people could be so selfish as to create such havoc. Yes, that distressed me, because one of them I idolized. But times change, and if one's lucky one grows up and is enabled to look at such things objectively. And don't think the news will distress your son.' Now she did look at Ben as she added, 'The Captain has been well aware of my identity for some time. Will you excuse me?'

With the strongest show of temper Hannah had allowed herself for some time she left the room; yet she had closed the door quietly after her, and Dan stood looking at it for a moment before turning to Ben. And now he asked quietly, 'Is that so?'

'Yes-yes, that's-so.'

Dan sat down and, leaning forward, he asked gently, 'But why didn't you tell me?'

'Was . . . Was-there any need? As she said . . . a victim of a feud. . . . And she's not alone . . . is she? We're . . . we're all victims.'

Dan rose to his feet again and went and stood by the side table and stared at the wall. 'I don't like it,' he said; ''tisn't right somehow.'

'That . . . that . . . isn't you. I . . . I always thought your second name . . . your second name . . . was tolerance.'

'This has nothing to do with tolerance, Ben, and you know it.'

'I wouldn't say-say that, I would say it has. . . . You've . . . you've tolerated the sit-tuation half your life . . . Now . . . now because her son and . . . his daughter meet in a hospital it strikes . . . strikes you as improper. I can't see that, and if you're worrying that . . . that anything should come of it, a repeat of the present situation in . . . in reverse, then set . . . set your mind at rest. If . . . if I would ever be fit for a woman again she . . . she wouldn't be my type.'

Dan turned his head and met Ben's eyes and he smiled wryly as he said,

'No, as you say, I don't think she'd be your type.' He sighed, then said, 'I'll slip upstairs now. I'll see you in a short while.'

'Dad.'

Dan turned from the door.

'What . . . what is that Mrs. Rennie like?'

'Capable; a very good woman I'd say.'

'Why doesn't she-she like Lawrence?'

'For a number of reasons if you ask me. She wasn't engaged to look after a fellow like Lawrence, nor to change a wet bed, if only occasionally.'

'Oh. Oh, I see.'

'It . . . it isn't often though, I must admit, only when he gets over excited or worried.'

'Well, I should say it's-it's her that worries him, so-so she brings the bed business on herself.'

'Yes, yes, I suppose she does. But she's got her hands full up there as it is. Brigie's body might be frail but her mind is anything but; Brigie demands things done her way or else.'

'There . . . there could be a sol-solution. I . . . I was thinking about . . . about the cottage.'

'The cottage? What about the cottage?'

'Well, what's . . . what's going to happen to him when Brigie goes-and that could be any-any hour of any day? If . . . if the cottage was made hab-itable and you could get some young fellow who . . . who was no use for . . . for the war, you could in-instal them there; there's many would . . . would be glad of the job.'

'That's a thought. That's a good thought.' Dan nodded, half smiling now.

'He could still come along here and see Brigie, and-and the stable and-and barn could be made into a sort of work-shop for him, because the house wouldn't be big enough to hold his clippings.'

Dan's smile widened and he nodded as he said, 'Yes, indeed, you have something there. It never struck me. I'll put it to Brigie.'

But once he was outside the room his mood changed. There was something he was going to put to Brigie at this moment and it didn't concern Lawrence.

When he reached the nursery floor his face was set and having greeted her and asked how she was, he told her in tense terms about the identification of the nurse whom they both considered had been of great help to Ben.

Brigie's reaction remained characteristic of her. She stared at him, remained silent for a full minute, then said, 'Well, well, you surprise me, Dan. And yet more than once I've had the idea that she and I had met before but I was unable to recollect where. Now I know. And yet she bears no resemblance to either Sarah or him. Sarah was pretty, and he, well, we know what he looks like. But there was something familiar about her. Yes, yes' – she nodded her head – 'that could be it. Neither in looks nor character does she resemble her parents, but her grandmother. Constance. There I have it.' She nodded again. 'Constance always had a way of holding herself, a sort of proud, slightly defiant way. But then' – her withered lips pouted slightly – 'Constance was beautiful and one couldn't say that that young woman takes after her in that way. She has a strange face in that it is neither beautiful, pretty, nor yet plain. I suppose today they would describe her features as interesting.'

She lay back in her chair and now she nodded towards Dan as she said, 'I wonder how she feels living in her kitchen quarters in the one-time home of her grandmother, not forgetting the fact that I, her grandmother's one-time governess, now own the place? It's a strange situation, don't you think?'

'It's an unpleasant one, and I'm not referring to who owns what.'

'Then why so?'

'Now need you ask, Brigie.'

'Yes, yes, I do, Dan. If, as you say, Ben has been aware of this for some time and it hasn't affected him adversely, and she has been aware of the situation all the time, and looks at it . . . how did you say she looked at it?'

'Objectively.'

'Objectively. Dear, dear, the way they use language today; one word and they convey to you the reactions of a lifetime. . . . But I shouldn't let this trouble you, Dan, unless you are afraid of further developments, I mean complications that might arise between them. Are you?

'Oh no! No!' He laughed now. 'Not from what Ben said. He made it pretty clear, and, to use his own phrase, she's not his type.'

'Well, I'm glad to hear it. Yet I would question that phrase. One can never judge what a man sees in a woman, nor yet what a woman sees in a man from their outward appearances . . . and tastes. For example, take Mrs. Norton-Byers. She has extremely prominent teeth and an over-large nose; she's over-tall for a woman, being almost five foot ten I should say, and he is undersized for a man, a man of quality that is, being nothing more than five foot four, yet look at them and their brood of nine children. I think they're the happiest couple I know, so happy that I would like to have seen more of them over the years, and wish they had not lived so far away in Hexham.'

'There are always exceptions.'

At this point Mrs. Rennie entered the room with the tea tray, and Dan turned to her and said cheerfully, 'Hello there, Mrs. Rennie. How are you?'

'Oh middling, thank you, sir, and busy.' With a slightly offended air Mrs. Rennie set about pouring out the tea, and Dan said, 'Well, you could say that of us all.'

'Are you staying for Christmas, sir?'

'No, I'm afraid I can't. In fact I'll have to be off very shortly if I'm to catch the train.' He glanced at his watch. 'But by the look of things downstairs I feel I'll be missing something; the jollification seems to have started already.'

'Noise!' Mrs. Rennie almost snorted the word.

'Well, you must make allowances, it's Christmas.'

'Christmas!' Again the snort. 'They're acting like children. Pantomimes!'

Ignoring Mrs. Rennie, Brigie inclined her head towards Dan as she said, 'This is all because I have expressed a wish to go down to the pantomime tomorrow night.'

'And quite right too; the noise and excitement could kill you.'

'Nonsense! Anyway' – Brigie still did not look at Mrs. Rennie – 'what better way to die. And by doing it that way I would likely achieve something, for I'm sure I should be the first one to have fulfilled the expression "died laughing".'

In open admiration Dan looked at her. She wouldn't die tomorrow, not if she could help it. If will was anything to go by she'd live for many a year yet. But unfortunately will wasn't all; she had a heart, and her breathlessness pointed to its weakening.

When Mrs. Rennie had left the room Brigie asked, 'What are you going to do with yourself over the holiday?'

'Oh, I shall find plenty to do.'

'I mean for relaxation and entertainment.'

'For that, Brigie, I shall go as usual to Ruthie's.'

'How is your daughter?'

'Well' – Dan cast his glance ceilingwards – 'the last thing I heard of her she had broken off her fifth engagement.'

'She sounds a very flighty girl.'

'She may sound it but she's not; she's very like her mother. To my mind she's being sensible, she's looking round. As Ruthie says, when she meets the first man who'll make her lose her temper that'll be the one she'll marry. Up till now she's just laughed at them.'

Dan looked at his watch again and there was a moment's silence between them before Brigie asked, 'What will Barbara be doing?'

'Oh.' Now his gaze was directed towards the floor, first to one side of him and then to the other, and he answered softly, 'Same as usual.'

'She must be desperately lonely, Dan.'

'That's her fault.'

'If only she'd come and see me. I . . . I long to see her, just once again. Couldn't you ask her?' Brigie's voice was trembling now.

'I did. I did, Brigie. I told you, and I told you the response I got. She just stared at me as if I were an imbecile.'

'Did you . . . did you make it plain to her, I mean in both ways' – she moved her fingers – 'that she needn't see Ben?'

'I made it all very explicit, Brigie, very explicit, and . . . and I did it kindly.'

Brigie drooped her head now, and shook it slowly; the tremor in her voice increased and her tongue flicked in and out of her mouth in the pattern of the aged before she muttered, 'She didn't even answer my letter.'

'You mustn't worry, Brigie. You have done your utmost, you can do no more. What . . . what I think you've got to realize is that she's as sick in her mind as Ben, I mean as Ben was, in fact more so, for there's hope for Ben, but I can't see any for her.'

Brigie raised her head now and there was a faint blue mist of tears in her eyes as she said, 'Love is a terrible thing, Dan. No one should ever say that love is beautiful, it's a crucifixion.'

'Yes, I agree with you there, Brigie. Oh yes, I agree with you there. It's a crucifixion all right.'

Chapter Four

'Won't you try and show willing?'

'And fall . . . fall down the stairs? It's "Sleeping Beauty" . . . you tell me. We . . . we don't want to-to turn it into . . . "Humpty Dumpty", do we?'

'You won't fall down the stairs; Nurse Byng and Sister will be with you.'

'Where will you be?'

'I'll be off duty, I'm really off till Boxing Day.'

'What . . . what will you be doing till then?'

'Well, there's one thing I won't be doing and that's sitting in my room; there'll be lots going on.'

'Enjoy yourself.' He now reached over and took an envelope from the table and handed it to her, saying, 'A Merry Christmas and . . . and my thanks.'

'Thank you.' A little puzzled she slit the envelope open; it was too soft to hold a card. She drew out the double sheet of blank paper and a cheque which read, 'Pay Hannah Pettit the sum of twenty pounds', and she looked at it for a moment; then folding it up, she returned it to the envelope and slowly handed it back to him, saying, 'It's very kind of you, Captain Bensham, but I'm afraid I can't accept it.'

'Why . . . not?'

'Well, because . . . because it's money and I. . . .'

'And you don't take mon . . . money from strange men?' There was a shadow of a smile on his face.

'No, it isn't that either. And at the same time, yes it is. But you're not a strange man, and although it's very kind of you I'm sorry I can't accept it. If it had been some little gift now, a box of chocolates or. . . .'

'I'm sorry . . . I'm sorry I couldn't get out this week to . . . to get you any chocolates.'

'Don't be silly.' Her voice had an edge to it now. 'You know what I mean. Anyway, thank you all the same, I appreciate the gesture. No hard feelings?'

'No . . . no hard feelings, Nurse.'

'Well, I'm off. Happy Christmas.'

'Happy Christmas.'

'Be a good lad until I see you again, Boxing Day.'

He didn't answer but watched her go as usual behind the screen for her cloak, come out, pause, smile towards him, say, 'Take plenty of water with it, mind;' then go out.

He had never known a woman to refuse money before. And there had seemed to be no exceptions here. Nurse Byng hadn't turned her nose up at the envelope, nor had Sister; nor did he think would the night staff.

He reached out for the envelope again, took out the cheque, looked at it, tore it up, then began to tremble.

Happy Christmas. Happy Christmas. Happy Christmas. Boxing Day. Boxing Day. Boxing Day. And all the days ahead, never ending, never ending. Oh Christ! He was off again, going back to the edge of the earth. Murphy. . . . Murphy. Our Father, who art in Heaven. . . . Don't forget to take water with it. Nurse. *Nurse. Nurse.*

Chapter Five

When 1917 dawned England had a new Prime Minister, Lloyd George. But would he, people asked, make a better job of it than Asquith?

There was trouble on the labour front; the coal industry had been nationalized for the duration of the war; and coal wasn't the only thing that was short, the food queues grew longer. Looking back to 1914 it appeared to almost everyone that the war had been on for endless years, nor did there seem any prospect of it ending until mankind was wiped out; that is, all except the occupants of High Banks Hall, for here life went on most days as it had done since 1915. Patients left, more came; more and more came, and it was said that they needed another Bunker. Yet there remained in the house a feeling of permanency and peace, engendered no doubt by a certain discipline and continued routine.

Many of the men leaving expressed the sincere desire to remain, for there was the secret fear in them that the way things were going they might once again be sent to France.

It was now April, and the weather had been as other Aprils, sunshine and showers; but during this, the third week of the month, there had been three days of uninterrupted sunshine, which had brought patients out of the Hall and into the grounds and encouraged them to turn their faces upwards.

Ben, having taken ten paces from the bottom of the terrace steps, stopped abruptly and his head down, his gaze directed towards his feet, he muttered thickly, 'They're betting on me again.'

'Well, some of them have lost their bets this morning, haven't they?'

'That's questionable, I can't go any further.'

'You want to go back?'

'Yes, please.'

They walked back up the steps into the main hall, up the staircase, along the corridor and into the end room without exchanging further words.

It wasn't until Ben lowered himself into the chair that he spoke. Drawing his hand tightly down over his face, he said, 'It's still there, the drop. If . . . if I was to walk a hundred miles it would open up. I'll never be able to span it.'

'Don't talk nonsense. It used to be at every step you took outside the room, and now just look what you've done in these last few months. You've left this room, you've gone down the stairs, out on to the terrace, then down to the drive. . . . And now this morning . . . ten steps.'

'I'm . . . I'm still afraid, Petty.' He looked at her pleadingly.

'Of course you are.' She came and stood in front of him. But you're not half so afraid as you used to be, are you now? Now are you?'

He smiled wryly. 'You'd flog a dead horse, wouldn't you?'

'Well, I've known a lot of dead horses that have got up and walked out of this place, and you're far from being a dead horse, let me tell you. I told you yesterday if you ever hope to carry out your plan about the cottage and Lawrence, you've got to face up to *it*. Look that gap straight in the eye and say, all right, I've come to the edge of the earth but I'm not going to slip off, I'm going to walk down it.'

'And into what?' Ben's pallid face looked childishly pathetic for a moment. 'That's . . . that's what I'm afraid of, into what? If when the fear's on me I force myself against it, will . . . will I drop back into what I was? That's what terrifies me.'

'You won't, you won't go back. I'll tell you something.' She bent towards him. 'I've got a bet on you an' all.'

'You?' His tone was now indignant.

'Yes, me.'

'And what have I to do to win your bet?'

'Get to Byng's wedding on June 20th.'

He now relaxed against the back of the chair and laughed. 'That's a long shot, Petty.'

'I'm good on long shots. I told her she could get Captain Collins up to scratch if she tried, and she's done it. And you can an' all.'

Slowly now he reached out and took her hand; then he lifted it, not to his lips, but to his cheek, and he pressed it there for a moment. And when he let it go she turned from him and went behind the screen for her cape.

The action meant nothing to either of them; they both understood this. It was merely a gesture between a grateful patient and his nurse.

He looked towards the screen. 'Where you going on your day off?'

Her answer was brief, 'Home.'

'Oh, that's nice.'

She came from behind the screen.

'You think so?' Her face was straight as she looked at him. 'Well, that's where you're wrong, so don't sit there envying me a warm home-coming. You have your burden, I have mine. I'll have to tell you about it some day.'

Of a sudden her voice had turned bitter, and as she tugged the strings of her cape around her waist it was as if she were wrestling with herself. And she was, for she was having to prevent herself from blurting out, 'Your mother's causing hell on earth in our house. It's getting worse. I don't want to go home, and I never see my father on his own now. What kind of a woman is she anyway?'

The look on his face now caused her to bow her head and mutter. 'I'm sorry.'

'So am I,' he said. 'So am I.'

She went hurriedly out, asking herself what had come over her. Why had she to turn on him like that? He wasn't to blame but he had known to whom she was referring when she had spoken of a burden. Blast that woman! Blast her! For one person to cause such havoc! Look at the lives she has ruined. She wished she was dead. She did. She did.

Chapter Six

It was on a Thursday in the middle of May. Barbara shivered as she pushed open the wooden gate of the cottage garden. She noticed that the grass hadn't been cut, which meant that the gardener hadn't been for a week or more. This was surprising because Mr. Brown was very regular in his attendance; he had looked after the small garden for years.

She opened the door and went inside, and the smell of must came at her like a wave from a bog. The place was damp. Yet what could you expect when it was only opened once a week for a few hours.

Before taking off her coat and hat she went into the bedroom and lit the gas fire. She did the same in the small sitting room. Then she lit the oil stove in the kitchen, after which she put the kettle on the gas ring and made herself some tea.

The cottage had changed with the years. It was now comfortably furnished. In 1904, Michael had bought it from Mrs. Turner. He then had water piped in and gas laid on. It was when the innovations were complete he had suggested again that she come and live there, and again she had realized how little Michael knew of her and her needs.

It was true that she had been born in a cottage, and in the main brought up there, but it was an eight-roomed cottage and the smallest room would have encompassed both the bedroom and sitting room of this place. Moreover, what he had forgotten, and what she didn't remind him of, was that she had spent most of her young days in the Hall; in fact it could be said she had been brought up in the Hall, and in both the cottage and the Hall she had been accustomed to being waited on by servants.

And he had suggested that she should sit in this tiny cottage and see to its requirements while waiting for his coming once a week – and sometimes not that!

She hadn't seen him now for three weeks, and if he didn't come today – well, she didn't know what would be the outcome. There was something building up inside her that was frightening her. It had been growing with the years, but since Christmas it had become like a great live thing gnawing at the inside of both her body and mind, and she was afraid of it, afraid that something would happen to cause it to break out.

It had nearly broken free at Christmas.

Christmas.

She had been alone at Christmas, alone with the great buzzing silence inside her head. Really alone; no Jonathan, no Harry, not even Dan. If she had been aware of his presence in the house on Christmas Day it might have helped a little. It was strange that on that particular day she had needed to know he was there, as he had always been. It was strange too that she had been thinking a lot about him lately. His face would keep intruding on that of Michael's; even when he wasn't there she'd see his face imposed on Michael's. And her thoughts too were changing in the most troublesome way for they were putting her in the wrong, and when she asked them what could she have done, loving Michael as she did, they gave her no answer, and their silence was condemning.

She was lonely. Oh dear Lord, how lonely she was. She covered her eyes for a moment with her hand. If Michael didn't come today. . . . But he would come today, he must come today. There was no letter in the box and that was a good sign. Last week and the week before a letter had awaited her; he'd had a cold and been forced to take to his bed, but he was better, much better and would be with her soon.

She took the tea into the sitting room and, pulling a chair close to the fire she sat down. She had removed her hat but not her coat; the place was like death. But would death be cold? Lately, she had thought a lot about death. She would go into death happily if it wasn't for Michael. Yet at times it was as if Michael were already dead; it was as if he had been and gone. She had to make herself cling to the thought that she still had him, and would always have him until they died. Yes, but where and when would she have him? She was fifty-three years old and there would come a time when neither of them, particularly herself, could make the journey to this place. What then? And what of Dan then, too? Before that time should come, would Dan leave her? She often wondered why he stayed. But then it was his home and she was the intruder; and she remained only for the comfort it gave her and the prestige it afforded her. She was Mrs. Bensham, she could still be waited on by maids, she could still ride in a carriage. Yet, after all, these were only compensations, poor compensations. If she'd had Michael to herself every day and every night she would not have needed compensation and this cottage would have been a palace.

She did not hear the door open. She knew nothing until he was standing in front of her. And then she sprang up like a young girl on the verge of love and threw herself on him, and they held each other tightly and kissed long and hard. And to an outsider it would have appeared that the liaison was starting but that very day.

'Oh Michael! Michael!'

'You're cold.'

'No. I'm not, not now. Oh, let me look at you.' Her voice came to him in a high cracked sound almost like a whine, and he said slowly, 'How are you?'

'I'm . . . I'm all right now. Oh yes, I'm all right now.'

She took his coat from him, then took her own off and hung them on a peg in the passageway between the two rooms, and, putting her head around the door, she said, 'I've made some tea, it's still hot.'

He followed her into the kitchen and stood with his arm about her shoulders as she poured out the tea. When they returned to the sitting room and sat closely side by side on the couch he drew his head back from her and said, 'Aren't you feeling well?'

'I'm . . . I'm never well when I'm away from you, you know that.'

They leant together again, but he did not kiss her, he just laid his cheek against hers, and the expression on his face was sad.

When of a sudden he yawned she exclaimed, 'You're tired,' and he nodded at her and spelled out on his hands, 'I've been up most of the night. A cow had trouble calfing. She lost it, but she's all right.'

'Oh, Michael, Michael. Come and lie down, come on!' She pulled him to his feet, and when they were in the bedroom she undressed him, and then herself, and ignoring his tiredness and shameless in her need of him, she made him love her, and love her again.

When it was finally over and they lay looking at each other he saw that she was relaxed and happy, and he considered this a good time to give her a piece of news that he felt she should know. Softly he mouthed, 'Barbara.'

'Yes, Michael?' She was moving her fingers gently in small circles around his face. Her eyes looked dreamy.

He pressed back a little from her and began to speak; then changed his mind and spelled out on his fingers, 'There is something I think you should know.'

'Yes, Michael.' Her eyes were fully open now, staring at him.

He waited a moment, pushed his thick white hair back from his forehead, then again on his fingers, he said, 'It's to do with Ben.'

As if controlled by a switch her whole face changed. A dark shadow spread over it, and her voice was high and sharp as she cried, 'Michael! Michael! You know I don't want to hear anything about him. I'm . . . I'm sorry he is the way he is but . . . if you're asking me to go and see him you know it's impossible. I would have gone to see Brigie after she wrote to me, I would, I would, but he was there, and I can't explain it to you. I've tried, haven't I? But not even you understand. The other two, I loved them, and they me, but he . . . he never did. Right from the beginning there was something between us. My fault, yes, I admit, my fault, because I kept seeing that . . . that Mallen man every time I looked at him. And he grew up to be like what I imagined Thomas Mallen was, big, brash, a woman raper!'

'It's all right. Please, listen. Now be calm, Barbara.' He was holding her hands tightly while shaking them. 'Listen. I'm . . . I'm-not-asking-you to go and see him.'

'You're not?'

'No; I . . . I just want to tell you something. He's . . . he's . . .'

'Dead?'

'No, he's not dead, he's very much better.'

She lowered her eyes from his lips for a moment, then looked at them again as they moved and said, 'What I haven't told you is that Hannah, my Hannah, has been nursing at the Hall for some time, and he is one of her charges. . . . And now listen, Barbara. This might seem very strange to you. And yet why should it be? What I mean to say is. . . . Oh' – he shook his head – 'I may be imagining all this, yet I think there's something in it.'

Her expression checked his speech; then, her voice a faint whisper, she said, 'You mean? You can't mean!' Her face screwed up in visible protest.

'Now, now. Don't get upset. It was just something she said when she was over last week. It might have meant nothing, but on the other hand it might have meant a lot. Anyway, it caused a row in the kitchen as usual. They had referred to him as. . . . Oh' – again he shook his head – 'it doesn't matter. But it was in her defence of him that I imagined. . . . What is it?'

'*No! No*, Michael.' She was pressing back from him. 'I couldn't bear it. Your daughter and Ben!'

'Why?' He leant on his elbow and looked down at her. 'I should have thought that it would have given you some comfort, that two people who were part of us were going to have some happiness out of this sorry business. I . . . I thought they could have been you and. . . .'

'Don't, don't say any more about it. It isn't right.'

'Why isn't it right?'

'It just isn't, I couldn't bear the thought of. . . . Oh!' She jerked herself from his hold and got up from the bed and pulled on her dressing gown.

He dropped slowly back on his pillows and looked at her. He had never imagined her taking the news like this. He had thought she might be a little sad to think that her son and his daughter were reaping the happiness that had been denied them, that was all. But . . . but she was furious. She was right, he couldn't understand this feeling that she had against her own son.

He sighed deeply. He was tired, physically and mentally he was tired. He had of late wondered how much longer the situation could go on. But then he had harboured the same thought back down the years. And look how long it had lasted, more than twenty-five years. And for nearly all that time the short hours of their life together had been spent in this cottage, and the payment he had been called upon to pay was hell on earth back there.

The farm that had been the place of wonder and joy to him in his youth had turned into a cage. Yet he had never ceased to love the cage and its setting; it was his gaolers who had made his life unbearable. And where was it going to end, where? They were getting worse, both of them. His threats to sell up were losing their effect. They new he wouldn't have the courage to carry them out.

His life as he saw it now had been wasted, utterly wasted; he hadn't done one good thing with it, except breed Hannah. But would Hannah be able to stand up against them, if what he imagined was growing between her and Ben Bensham should come to anything? She was strong was Hannah, but those two had ways of breaking down strength. If only he had been as strong, really strong, not just stubborn. He had faced himself long ago and he didn't like the look of himself.

He glanced towards where Barbara was sitting huddled over the gas fire and a wave as of shame swept over him. It was true he loved her, and had always loved her, but he hadn't loved her enough to walk away from that valley, and them. At first he had made the excuse he couldn't leave his child, and then when his child no longer needed him he fell back on the old tags of duty, the duty that she herself had placed upon him when she had maimed Sarah.

Oh, he was tired, so tired, weary. Where would it end? They were neither of them getting younger. Yet her passion burned as fiercely as when they had first come together, too fiercely for him at times. He was tired, in more ways than one he was tired. He turned slowly onto his side and closed his eyes.

The blood was running down the side of Barbara's lip where her teeth had broken the flesh. She couldn't stand any more, she could not stand one more thing. This was the limit of her endurance: Sarah Waite's daughter – she did not call her Radlet, for she still thought of her as the cowman's niece – Sarah Waite's daughter and her son! It made no difference that her son was already dead to her, another insult was being heaped upon her.

She was very much aware that Ben would, on Brigie's decease, become master of the Hall, besides which, being Dan's son and a partner in the business, he was already a rich man, and all this would go to benefit Sarah Waite's daughter.

That the girl was Michael's daughter also was merely an accident, so her troubled brain told her. She had always been jealous of his love for his child because, she imagined, it lessened his love for herself. The next thing he would be telling her was that his resurrected moral code would not allow him to carry on their association any longer! Men did this kind of thing, she had heard of it, they used the woman for years under the cloak of love, then got religion, or cold feet or whatever name you cared to put to it, and the association was ended. And what happened to the woman? What would happen to her if. . . . *if*?

She was so alone she was going mad. She couldn't go back home with her mind in this state, she couldn't, she couldn't. And then there were the days ahead thinking of Ben and that girl. He had said there might be nothing in it. Then if he thought that, why had he brought the subject up?

Oh, there was something in it. Oh yes, yes, there was everything in it. And that girl. Once she was married to Ben, what would she do? She'd bring her mother, Sarah Waite, and her grandmother, Aunt Constance, dear Aunt Constance – Aunt Constance whom she had hated all her life – she'd bring them all over to the Hall and there they would live in comfort and grandeur. She saw it all; it passed like a cinematograph picture before her eyes. She saw her Aunt Constance walking leisurely about the grounds, a parasol held nonchalantly across her shoulder. She saw Sarah Waite, not walking with a crutch but being wheeled by a servant through the rose garden towards the lake; and that girl, Sarah Waite's daughter, dispensing tea on the lawn; then to the side, the picture showed her Dan and his woman, Ruth Foggety, and their daughter, all happy together and laughing like a family; and she was standing outside the gate looking in. She was gripping the iron bars; she could feel the cold seeping through her body. Now she saw Michael in the picture, Michael accepted, forgiven. She saw him take his mother's arm and walk towards the woman in the wheelchair. Everyone looked happy, contented, prosperous. The only person not present was Brigie; Brigie would be dead.

She stared at the fire. No, no! she couldn't bear this. She had stood all that it was possible to stand. She would break the picture, the contented happy picture. She could do it. Oh yes, she could do it. This was one thing she could do. How? How? Well, if Michael and she were to die here, now, this very day, there would be no coming together of her son and his daughter, not after that. Oh no, not after that. But it must be done now, now, no waiting. She had waited too long. Oh yes, far too long for Michael to be her own.

Pulling herself up from the chair she went quietly to the bed-side. He was asleep; he was so little concerned about her feelings that he could sleep. Such was the make-up of men, even of her Michael, her beloved Michael. Oh Michael, Michael. Oh my love, you will understand. Shortly you will understand because we'll be together for ever. No more separations, never again, never again.

She stood staring down at him for a full minute; then slowly and deliberately she walked to the fire-place, turned the gas out, waited until the flame had entirely disappeared, then turned it on again, and to its full extent this time. Then walking swiftly she went to the door and closed it and placed a mat against it, and from there she turned and came back to the bed, and slowly and quietly she lowered herself on to the floor beside it. Putting her arm out across the bed until the tips of her fingers touched those of his, she laid her head to the side and waited. And strangely her last thoughts were not of her beloved Michael, nor yet of her husband, nor of her hated son, but of Brigie, the only mother she had known, and as she drifted into sleep she thought, the shock will kill her, and she'll be with us too. I'll like that, for after all I loved her. And she won't try to separate us again.

Chapter Seven

It was around half past two on the Friday afternoon and Hannah was again about to go off duty, and again she wasn't smiling and had no pleasant word for her patient. At this moment she was feeling anything but pleasant. 'There's a Chinese proverb,' she said, looking at him from the corner of the screen, 'and it says, "The journey of a thousand miles begins with but one little step." '

'I know it. And now I'll tell you one, and I'm sure you haven't heard it. It goes like this: "Nerves are like guerrilla warfare. You get them out of one sector and they spring up in another." That doesn't go as far back as the Chinese, it was coined in France. . . .'

'By one Murphy?'

'Yes, by one Murphy.'

'So you know something, Captain Bensham?'

'No, but I'm willing to listen.'

'I'm tired of your Murphy and his philosophy and his poetry. I've listened to him for months. What you should do is let Murphy drop over the edge of the earth.'

'He did, Nurse Pettit, he did drop over the edge of the earth.'

'Well then, he's gone, and you should forget about him because I can't see that Mr. Murphy's great philosophy did you or him any good.'

'His name wasn't Mr. Murphy, Nurse. Believe it or not his name was Gerald Pertwee Featherstone-Gore, but he retaliated against it, and because of his inordinate love of potatoes he went by the name of Spuds or Murphy; I preferred Murphy, and he was a very dear friend of mine.'

'Well, he's dead, and as I see it there's nothing so dead as death; it's final, it's finished. And I'm as much against those who spend the rest of their lives weeping over the dead as I'm against those who make saints out of sinners once they are dead. Anyway, I'm off duty now and I'm wasting no more of my time persuading you one way or the other to go along that drive and out of that gate. But there's one final thing I'll tell you and it's this. If your Master Lawrence isn't moved from upstairs shortly, Mrs. Rennie is for the road, and the whole place knows it. If I'm right, your idea was to spend the rest of your convalescence in the cottage, right?'

'Right, Nurse.'

'Well, as far as I can gather Lawrence would go there quite willingly with you, or Mrs. Bensham, and as things stand now I don't think Mrs. Bensham is likely to take up residence in the cottage again, so that leaves you. And don't forget, although you've already had two offers of a manservant, they're not going to hang around for ever. . . . Oh, why am I bothering! After all it's got nothing to do with me.'

'No, you're quite right, Nurse, it's got nothing to do with you.'

They stared at each other, each face showing hostility, until Hannah's became scarlet. Then she swung round and marched from the room.

Ben sat perfectly still in what, from outward appearances, looked as if he had returned to the closed room of his mind. But his mind was working and at a furious rate. She was an aggravating woman – girl – miss – missis – or whatever you could call her, really aggravating; she always had to be right. Had he talked so much about Murphy as all that? Had he spouted poetry? He couldn't remember doing that, but he must have. Murphy had been a great one for poetry. He was going to put them all into book form had he survived.

So is my need of you so great,
So great your loss inside my breast,
That void to void so deep a hole
For ever in it sank my soul,
And time, and solace, makes no quest
To draw it back to life's fast spate,
For what is life without you.

'So is my need of you so great' . . . No, no, it wouldn't do. There were enough complications in this family already, but that would put the tin hat on all of them. He, his mother's son, and her lover's daughter coming together? Oh no! No! not if he could help it.

But one thing she said was right; he must get out of that gate and along to the cottage. And once he got back into life, into 'life's fast spate', there'd be all the women he needed. He'd never had any fear of being without a woman. Yet of late he had not felt the need of one, not as he used to. But it would come back. Oh yes, It would come back. As she said, once he made himself go outside that blasted gate.

But outside the gate the land was bare and wide, stretching into infinity; inside the grounds, there were still many trees left and they bordered the edge of the earth, but beyond the gate were fells, and hills, and all slipping downwards, toppling for ever downwards. . . . If the road to the cottage had been sunken it would have helped, but as he remembered it it ran along level ground, and in parts it rose above the level of the fells.

When the door opened he realized that Nurse Byng was somewhat late in making her appearance, he also realized she was in some kind of a state and the bearer of bad news.

'Eeh! poor Petty. You'll never guess what's happened, Captain Bensham.'

He became stiff. He felt sick. A dizziness rushed into his head and his voice sounded like a squeak when he said, 'Nurse Pettit? Something has-has happened to her?'

'No, no, not to her.'

The sickness subsided, his head cleared.

'What then?'

'A man's just come over from the farm, her uncle I think he is, and he's brought terrible news. Eeh! it's awful. Her father, her father's committed suicide.'

'. . . *No*!'

'Yes. He was found in a cottage with a woman. They had gassed themselves.'

He was in the void again. Everything in him had stopped; there was no beat from his heart, no breath in his body; space, space all about him. He heard a distant voice crying, 'Oh! Now Captain Bensham. Come! Come! Captain Bensham.'

So was my need of you so great, so great your loss inside my breast . . . what is life without you? He was mourning, his whole being was mourning. But who was he mourning? Her? Whose loss? His own? Or Hannah's? But why should he mourn her? For if she had taken a hatchet and come over here and killed them both before she put an end to herself and her fancy man she couldn't have severed the unspoken hope that lay between him and Hannah more cleanly. But it was her he was mourning, her in whose womb he'd swum along with the other two . . . like tadpoles in a jar held by a string in the hand of God. The other two she had loved. Yet he was her first-born; it was he who had broken her water and made way for the others – and made way for the others – and made way for the others –. Here he was going again, slipping away over the edge, and there was no lifebelt to cling to, she had gone back over the hills – over the hills – over the hills. The thin thread between them could not stand the strain of that distance. It was ended, finished.

Chapter Eight

They buried them both on the same day, and by accident, certainly not by design, at the same time but in cemeteries far apart.

There was only one mourner following Barbara. It was impossible for Brigie to attend and for Ben also; John unfortunately had suffered a slight heart attack, and could not travel; and so Dan stood at the grave-side alone but for the minister and the grave diggers. And there was in him a loneliness that was fathomless.

Yet over the hills, in the far valley, a long cortège followed Michael; farmers from all round, business men from the town, and those he'd had dealings with in the market, they all came to pay their respects, and offer their sympathy to the widow who, God knew, had had it rough all her life. That she'd had to suffer this last indignity was, in their concerted opinion, a bit bloody thick. Yet on the other hand when all was said and done a man's life was his own.

It had been common knowledge for years that Radlet kept a woman on the side, and those of the older generation said it was the very one who had taken his wife's leg off. But the younger ones said they didn't believe that; no man as nice as Michael Radlet had been would carry on with a woman who had maimed his wife; oh no. And besides, he came from a good family, his mother had been a lady. Even when she had taken over the farm and run it as good as any man she had remained a lady. No, she would never have put up with her son doing that.

At least that's what they had said before it all came out in the Sunday paper and named the woman as Mrs. Bensham.

Now Mrs. Bensham had been the Mallen girl, daughter of that old scoundrel who had left more white streaks around the countryside than a seven-year old buck rabbit.

There was a tale that had gone round years ago about the Mallens and that streak; it was said that no real Mallen died in his bed, and it had been proved right with her, for it said in the paper she was lying on the floor and there was little question of who had turned the gas tap on for he had been found stark naked in bed while she had a dressing gown on. Knowing what they knew about the Mallens, the older ones said they weren't surprised in the least. But what had her husband been thinking about to let it go on?

Eeh! what some people got up to, especially the gentry. But then they weren't really gentry, the Benshams. They had owned the Hall for years, but old Bensham himself had come up from dirt, so they said, and, keeping to pattern, what had he done at the end but marry his bairns' governess? And she was no better than she should be, for wasn't it known that she had been old Mallen's fancy bit for years before that when he owned the Hall? And now she was mistress of it, and in her dotage. Lived upstairs in what was the nursery, because she had given the house over to the military. Again some said that that was because old Bensham's grandson had gone wrong in the head after being blown up over there. And to cap it all, his other grandson by his daughter was in the Hall an' all, and him an idiot.

By, did you ever know such a set-up! It was a pity the war was on because this last event would have set the place on fire on market day.

As it was it only supplied food for gossip in the public houses and the village inns for less than a fortnight before it was overtaken by the war again.

Chapter Nine

'Uncle Dan.'

'Yes, Lawrence?'

'Couldn't you take me to see Petty?'

'No. No, I'm sorry, Lawrence, I don't think I could.'

'You don't think you could?'

'No, Lawrence.'

'No, Lawrence.' Lawrence shook his head. Then looking straight up into Dan's face, he asked simply, 'Why?'

'Oh, because. Well, because it's a long way, it's away over the hills. I mean the place where she lives.' Dan's voice held impatience.

'On a farm with cows. Petty told me she lives on a farm with cows, I like cows. I made a cow today, Uncle Dan.'

'Did you? That's good.'

'People like my cows.'

'Yes, yes, they do.'

'Yes, they like my cows. They pay money for my cows.'

'Yes. It says on the board that you have totalled up to two hundred and seventy-five pounds. That's a lot of money you've made for the Red Cross.'

'I like making cows. When will Petty come back?'

Dan drew in a sharp breath. 'I'm . . . I'm not sure. Look, I tell you what to do. Take that cow, the one you've just made, and go down and show it to Cousin Ben.'

'Cousin Ben's away.'

'*Away*?' Dan turned his head quickly and looked to where Brigie was sitting in the big leather chair. Her body seemed to have shrunk during the past weeks and her voice was small and her eyes sad as she looked at him and said, 'He means he doesn't talk so much.'

'Oh.' Dan drew in another sharp breath. 'I looked in his room as I came up. He . . . he wasn't there. I thought he'd be in the grounds.'

'Yes, that's where he'll be. I . . . I see him out and about quite a lot these days.'

'But he hasn't been to the cottage?'

'Not yet, not yet. But give him time. It's early days, it's really early days yet. You should be thankful.' She turned to Lawrence now and said, 'Go down and see if your Cousin Ben has returned to his room.'

Lawrence got up from the floor, where he had been sitting, but he did not move immediately towards the door; instead, he bent his tall thin body down towards Brigie and said softly, 'I could go over the hills; I could walk to Petty and bring her back.'

'It's too far away, Lawrence.'

'Too far away. I can walk a long way.'

'I know you can, dear. But go down now and see if Cousin Ben has come back.'

Obediently now, Lawrence went out of the room, and Dan, looking at Brigie, asked, 'Have you talked with him lately?'

'Yes; he came up yesterday.'

'What do you think?'

'I don't think he has regressed, it's just that he hasn't gone forward.'

'Is she coming back?'

'I . . . I wouldn't know that, Dan. But speaking personally, I hope she does.'

'You were hoping something would come of it, weren't you?'

'Since you ask, yes. Yes I was, Dan. She's a very fine young woman. Nothing to look at, I grant you, but she's got something, spirit, something, something that he needs.'

'I can't see eye to eye with you about this, Brigie. It didn't seem right to me then, it seems less right now. You know I've had the idea lately that Barbara got wind of it in some way and if she had she . . . she would have done exactly what she did in order to put a final spoke in their wheel.'

'You're too hard on her.'

'I'm sorry, Brigie, but don't misjudge me on this, I'm holding no animosity against her.'

'No? Exactly how do you feel about her, Dan?' She laid stress on the 'do'.

'Well.' He sighed deeply. 'It's odd but at first I felt lonely, so lonely it was unbearable. I'd been without her for years yet her going left me desolate. I was back in my youth longing for her, craving for her. . . . But gradually the feeling left me, and now . . . well, I feel free. It's strange when you think I could have been free of her years and years ago, but I wouldn't let her go. If she had gone off on her own bat that would have put a different light on things, but I couldn't release her. Now I feel like a gaoler would feel when an unruly prisoner has finished his time. And you know, Brigie, she was a prisoner, like a bird in a cage. No, more like a tiger in a back yard. I made the mistake of trying to tame her by kindness when I should have used the whip.' He took out his handkerchief and wiped his face with it.

'What are you going to do now?'

'Oh, something, something. One thing I'm not going to do, I'm not going to rot. I'm fifty-six but I still feel sort of young inside, and I haven't done anything with my life. Once the War is over I'm going to pick up where I left off all those years ago; you remember when I wanted to roam the world? Well, I feel I'd like to have a shot at it before it's too late. I may only cover a little bit of it, but enough to satisfy me.' He paused a moment, then said, 'May I ask how you feel about her?'

'So sad, Dan, so hopelessly sad. She's with me constantly, she never leaves me. It's as if I could put my hand out and touch her. She had a wasted life and I must take a big share of the blame for that.'

'No. No. I don't see it, Brigie. Even if she had got him in the first place there would have been trouble of some kind. She was born to create trouble; as sure as the sparks fly upwards. Some people are made like that. Barbara was poison to everyone she touched.'

'Oh, don't say that. Poor Barbara. Poor dear Barbara. She was the only child I ever had.' The tears rolled quietly down her wrinkled cheeks and she dabbed at them in the refined way that had ever been part of her. Then after a moment she looked at him and said, 'Will you marry Ruth now that you're free?'

'No! No! Never, Brigie.'

'Why?'

'Why?' He jerked his head to the side as if throwing off something unpleasant. 'There's never been any question of it. Ruthie has always understood this.'

Brigie's pale watery gaze was fixed on him. Men, they were all alike, at the core of them they were all alike. God must have set in the heart of the first man an unthinking selfishness and his sperm had passed it down through the ages. Thomas Mallen could have married her, but he didn't, he wouldn't. Not that she thought that Ruth would make Dan a fit wife. The common girl had grown into the common woman. A kindly woman granted, a cheerful one too, but not the wife for Dan. No, it was merely on the matter of principle that she had put the question.

She said now, 'You know best.' Then a tired smile spreading over her wrinkled features, she said. 'The question of what I'm going to do doesn't arise, does it? It's quite settled for me, isn't it? There's only one thing I can do now, sit and wait. But' – she moved her head slightly – 'after all that's what I've done all my life, at least for more than sixty-six years of it, sit and wait for one or the other of you to see what you're going to do. . . .'

'Oh no, you haven't, Brigie; you've never sat and waited for anything.' He wagged his head at her. 'You've willed it to happen. Now haven't you?'

'Ah well, Yes, yes, I suppose you're right, too much so, and to my sorrow. But now at ninety-six, I haven't any choice, have I? I'm obliged now to wait for the inevitable. I suppose I could force the pace and make that happen too, but I won't. This time I will sit and wait, at least until I've seen Ben and Lawrence settled in the cottage. . . . You must do your best in that quarter, Dan. Try and persuade him; he's been in that room much too long. He will never get rid of his fear of space there, he's got to move out into it.'

'I'm afraid it doesn't rest with me, Brigie. When I mention it all he'll say is, "Time enough, time enough." He's in God's hands and. . . .'

'Don't talk rubbish, I'm surprised at you.' It was as if the years had dropped from her. She pulled herself well back into the chair and her old head bobbed on her shoulders as she cried at him, 'God helps those who help themselves, and He helps those who try to help others to help themselves.'

Dan stared at her open-mouthed for a moment, then on a gentle laugh he said, 'I seem to remember someone saying they were going to sit and wait for the inevitable.'

'I did, but it doesn't mean that I'm going to waste time while I'm doing it.'

'Oh, Brigie, you'll never die, not you. They'll have to shoot you.'

'Quite possibly.' She did not smile but went on, 'Yet, I won't put them to that trouble for a little while. Being a woman, or the shrivelled remnants of one, I still claim the privilege of changing my mind. . . . And' – her voice dropped back into thinness again – 'it will pass the time.'

Yes, it would pass the time, fill in the loneliness. There was only one thing to feel grateful for, this would be the very last time in her life when loneliness would assail her. Her darling Barbara had left her devastated once again and nothing could alleviate it until they met as they surely would in the great beyond. Until that time she would, as usual, put a face on things.

Training told. Oh yes, training told.

Chapter Ten

It was a warm day. Nurse Byng had got her charge as far as the lake, which was the longest distance he had walked yet, and she felt triumphant, but was wise enough not to show it, for the Captain was of uncertain temper these days, not that she'd ever found his temper good. She wasn't very fond of the Captain, so without reluctance she left him seated by the water's side while she went to attend to her other duties.

Strangely, the rim of the lake held no fear for Ben, although there was a drop of almost three feet down the bank to the level of the water. He bent forward and sat gazing down at the water, his thoughts on his problem. If he could pass through those gates, just once . . . that's all it would need, just the once. He could have done it by now if she'd been here, he was sure of it. She would have pushed him through, for she had reached that stage of irritation with him where she was substituting action for persuasion. That very last morning they had fought nearly all the time. 'You have learnt to talk properly, so you can learn to walk properly.' If any of the others had spoken to him in that fashion he would have put them in their place; he was sufficiently recovered not to stand any nonsense, or rudeness.

Why hadn't she come back? Was the scandal too much for her and she couldn't face it? Here it was forgotten; old patients going, new ones coming; every day new ones coming. As for the staff, they were too concerned with the shattered young lives about them to keep talking about a couple, well past middle age, who had committed suicide together. . . .

'Hello, Cousin Ben.'

'Hello, Lawrence.'

Lawrence lowered his gangling length on to the seat beside him and, holding out the wooden object in his hand, he said, 'Look, Uncle Ben, a cow.'

'Oh, that's a fine cow.'

'It's a fine cow. Brig said, make cows 'cos there are cows on the farm . . . Petty's farm.'

'Yes, Lawrence, there'll be cows on the farm.'

'Lovely day, Cousin Ben.'

'Yes, it's a lovely day, Lawrence.'

'Petty won't come from the farm, Cousin Ben.'

He turned his head sharply towards the flat smiling face and said abruptly, 'Who said she won't?'

'Brig. Brig says she won't come back, Cousin Ben. I said I could go an' fetch her; I'm quite big, aren't I? Aren't I, Cousin Ben?'

'Yes, yes, you're very big, Lawrence. When did Brigie say that Petty wasn't coming back?'

'Oh.' Lawrence's attention was caught by a moorhen on the lake and he pointed to it scurrying across the surface leaving an ever widening arrow behind it, and he cried excitedly, 'Look! Cousin Ben. Look, it's swimming. I can swim, I can swim, Cousin Ben, like this.' He made excited flapping movements with his arms.

'Yes, yes, I know you can, Lawrence.'

'Brig says it's a long way over the hills. But I can walk over the hills 'cos . . . 'cos I want Petty, Cousin Ben. Petty's nice. My mama was nice.'

Ben stared into the pale blue eyes that lay level with the cheeks, the flat face now drooped with a sadness that brought an added ache into his chest, and he said softly, 'Yes, your mama was very nice, Lawrence. I called her Auntie Katie. I . . . I liked your mama, Lawrence.'

'I like Petty, Cousin Ben. I could go over the hills because they won't let her come.'

'Who won't?'

'Them.'

'Them?'

Lawrence nodded. 'Brig said them. Them are over there on the farm with the cows, and they won't let her come. But I could go and. . . .'

'All right, all right, Lawrence.' He put his hand on the boy's to silence him. Then after a moment he turned and looked towards the lake again.

If he could only get through that gate. He . . . he would try tomorrow.

No. No. This afternoon.

What about now?

No! He couldn't go now, he . . . he felt tired.

The endless death of enforced ease.

Where had he heard that? Another of Murphy's? No, no; he remembered. It was a line he had written himself years ago, after he had seen a group of workless men standing on Newcastle quay. He had thought it good. 'Work, the only resistance against the endless death of enforced ease.'

He was experiencing an endless death sitting in these grounds, in that room back there, the room which a relief nurse had tactlessly suggested could hold three beds. It was his house, he was entitled to a room to himself. He'd always had a room to himself back home, no not back home, in the house in which he was brought up. She had given him a room to himself when he was quite young, but she had let Jonathan and Harry share.

But this was his house; he could have a room to himself, all the rooms to himself if he wished.

The endless death of enforced ease. Oh for God's sake! shut up. Shut up!

'What did you say, Cousin Ben?'

'Nothing, Lawrence.' He was standing on his feet looking back towards the house. He wouldn't go in there again, he wouldn't go in there again until he had been through those gates. But going through the gates wouldn't get him over the hills.

'Where are you going, Cousin Ben?'

He turned to Lawrence, 'Just for a little walk. You stay there. No.' He came back to him again and, bending over him, said, 'You go up to Brigie and tell her your Cousin Ben has gone for a walk up the road. Can you remember to say that . . . up the road?'

'Cousin Ben has gone for a walk up the road. Yes, Cousin Ben.'

'That's a good fellow. Go on now.' He patted his shoulder and pushed him forward, then watched him going off at a shambling trot.

Get going. You said you were going, so get going.

He looked down at his feet, they were clinging to the earth, held there as if by a magnet from its centre. 'Damn you! blast you!' He addressed each foot in turn, then looked up towards the house again as there came to him the sound of a car being revved up.

That was it. *That was it.* He could ride through the gates. Once through the gates he'd be on the road; there'd be nothing for it, he'd have to either walk back or go forward. His feet moved, his knees bent, his hips swung and he almost went into a trotting run.

When he came to the courtyard the beads of perspiration were running down his face. There was an army transport truck in the yard. Two men were unloading stores from it. He went up to it.

'Who's driving?'

'Oh, the driver's in the kitchen, sir, having a cupper.'

He went to the kitchen door. It was open and laughter greeted him, until he said, 'Excuse me,' and then a khaki-clad man rose quickly from a chair by the table, put down a mug of tea, paused a moment, then said, 'Yes, sir?'

He realized the man knew who he was, and so for the moment he took advantage of his position. 'When are you returning?'

'Any minute, sir.' The soldier looked past him. 'They've cleared the truck. Any minute now, sir.'

'Will you give me a lift?'

Again Ben was made conscious that the man knew all about him because the surprised look on his face gave place to eagerness as he answered, 'Yes, sir. Yes indeed, sir.'

Ben turned from him and went towards the vehicle, took a deep, deep breath before pulling open the cab door, then clambered up. It appeared to those who were watching as if he had thrown himself into the seat.

A minute later the driver was at the wheel, the truck was turned, and they were passing the house; now they were going down the drive, down, down, down, until there in the distance were the gates. They were open, pushed well back, and the grass growing from the verge through the bottom bars said they had been open for some time. There was no division between the inside and the outside world.

They were going through the gates when the driver stopped the truck.

His heart began pounding against his ribs. He wasn't going to make it. His eyes stretched wide, he looked at the man, and the man said, 'You didn't say where you wanted to go, sir. Was it the station way?'

His mouth opened and shut twice before he answered, 'No, no; over towards Alston. Not as far as that really, just, just over . . . over the hills.'

'Over the hills, sir? It's a tidy way.' He looked at his watch. 'I'm due back in half an hour, but I tell you what, sir, I . . . I could take you some of the road, half way or more. But then that could leave you stranded up there in no-man's-land like. . . . Aw.' He pursed his lips, looked thoughtful, then asked tentatively, 'Are you sure you want to go the day, sir?'

'Yes, yes, I'm sure I want to go today, corporal,' and his tone said, 'Don't treat me like an idiot!'

The man, in no way offended, grinned and said, 'Well, sir, if you want to go the day you'll go the day,' and he started up the engine and drove out into the road and towards the hills.

Ben looked hard at the cottage as they passed it. It looked small, and almost derelict. How would he like living in the house in which his mother was born and brought up? Enough! One thing at a time. He was out, wasn't he? He was out on the road. Yes, but he was in the safety of the truck and there was a man by his side. What when he was on his own . . . up there?

Wait – wait – wait – wait. His heart beat out the word to the rhythm of the engine.

They were mounting upwards. The truck bounced over the rough ground like a solid ball, on and on, up and up. Now he was looking at the world. It stretched out on both sides of him, dropping away into deep valleys, spreading into moors, then rising again to hills, fold on top of fold to wider and higher hills.

'Grand sight, sir.'

He could not answer the man but he moved his head.

'Only been this way twice before, once in a fog. God! it was frightenin'. But it's different the day, grand sight, grand, see for miles, almost to the ends of the earth you could say.'

To the ends of the earth . . . the edge of the earth. 'Even though I walk in the valley of the shadow of death I shall. . . .' Oh, for God's sake! 'I lift up mine eyes unto the hills.' Shut up, will you! *Shut up*, for Christ's sake! 'I come, I come, my heart's delight, I come my heart's delight. . . .' He was going over the edge again, and he was here in the safety of the cab with this man by his side. 'It's a long way to Tipperary'. 'I pursued a maiden and clasped a reed. Gods and men, we are all deluded thus! It breaks in our bosom and then we bleed.'

He was pursuing a maiden, with Shelley he was pursuing a maiden, and when he clasped her to his breast would he bleed? His mother had made him bleed, all his life she had made him bleed, but he wouldn't have minded that if only she had clasped him to her breast. Quiet! stop it! She's gone, and all past memories with her. You worked it out, you worked that one out at least, for if she couldn't go on living for the man she loved, or show a little kindness to the man who loved her, and who had given her her two beloved sons, then how did you expect her to love you, you, who carried the white streak, a Mallen.

The view became wider. He closed his eyes tightly for a moment against the great expanse of earth.

'We're nearly at the top now, sir. There's the old ruin. I remember that. We went in there that day in the fog and a lot of good it did us; there's hardly any roof left on. But the stink, God! it was awful; you've no idea, sir.' He turned and grinned at Ben. 'All the king's horses and all the king's men couldn't have created a smell like there's in there.'

They passed the house; another mile and another mile and now they were going downhill.

It was just as they came within sight of the farm lying like a huddle of black stones in the far valley, that the man stopped and asked quietly, 'Where exactly do you want to go, sir? Or did you only want a run?'

'No, no, not just a run. That . . . that farm down there.'

'Oh, well, the way the road goes it's only a mile or so. Will I take you on, or will I drop you, sir?'

The man was leaving the initiative to him, while at the same time saying, 'Get out here, sir, if you don't mind, or else I'll get it in the neck when I get back.'

'I'll . . . I'll make it on foot. It was very good of you to come so far, as it is. . . .'

He was standing on the road. The truck had backed over a low ditch and on to the fell land. Now it had turned in the direction of home. The driver leant out of the cab.

'You be all right, sir?'

. . . 'Yes. Yes, thanks. Thanks.'

The head was withdrawn, then popped out again. 'How do you aim to get back, sir?'

How did he aim to get back? 'I'll . . . I'll get back.'

'It's gone eleven o'clock now, sir.' The man was looking at his watch again. 'I'm making the run again this afternoon between three and four; I could come this far and pick you up.'

'Th . . . thank you, but . . . but I don't think it will be necessary. I hope not. Still it's . . . it's very kind of you. I'm . . . I'm very grateful. Well, on second thoughts, yes, yes, you could. If I'm not back by then, you could. It's very kind of you.'

'Anything to oblige, sir. So if you're not back then, I'll pop over. Good-bye, sir.' The man gave him a smart salute, which he returned; then he stood watching the truck bobbing away back up the long slope into the distance – and his feet wouldn't move.

He turned his head as far to one side as he could and then to the other. He was alone, utterly, utterly alone. The edge of the earth lay an inch from his toecaps; there was nobody in sight or in shouting distance of him. He could stand rooted here until his heart gave up the uneven battle against his fear, or he could take the step forward and fall over the edge; it was up to him. He had only himself to rely on now, no Nurse Pettit, no Nurse Byng, no Nurse Taylor, no Matron, no doctor, no father, no Brigie, not even such a one as Lawrence. Why did he say not even such a one as Lawrence, for it was Lawrence who had forced him so far.

The journey of a thousand miles begins with but one little step.

He drew in a great draught of air, then another, then another, and he stepped over the edge of the earth. And he didn't become rigid and fall flat on his face. His feet were moving, left foot, right foot, moving faster with each step, faster, faster. Now he was running, running by himself out in an open space. The tears poured from his eyes and streamed down his face like the overspill from a dam.

When he stopped he was off the road and leaning against a dry-stone wall, gasping and sobbing aloud for there was no one to hear, no one to see, there was only himself to watch himself, and he had watched himself step over the edge of the earth, and he had not fallen into the abyss, he had not crawled on his belly and choked on muck, and his mind hadn't leapt back into that dark mad cell. He was alive.

It was some time later, after he had dried his face, smoothed back his hair, and adjusted his coat that he walked on to the road and down the last slope to Wolfbur Farm. . . .

The yard looked smaller than he remembered it from that one visit. Everything looked smaller, the farmhouse, the barns, the whole place seemed to have shrunk.

He moved slowly towards the back of the house. Going down the middle of the yard he looked from right to left. There was no one about yet he was conscious of voices coming from the house. The byre doors were open, so were the stable doors, but there was neither cattle, men nor women to be seen.

He turned towards the kitchen door and knocked. And now his heart began to pound again and a new fear seized him as he waited. But there was no response to his knocking.

The fear subsided just the slightest; he could still hear the voices in the distance.

He walked back up the yard and round the corner, and as he approached the front of the house the voices became louder as if the door had opened, but the front door remained closed.

Yet a door had opened. They came out of the sitting room: Constance, Sarah, and Jim Waite, all following Hannah, who was crying, 'All right, all right, I admit it. It was unfair of Dad to leave the place to me, but he did. And you know the proviso, you can both stay here for life, unless . . . unless there is any disagreement. And then I am authorized to provide you with alternative accommodation. Those were the words in the will, remember, alternative accommodation. And it wasn't written the day he died but three years ago . . . three years ago! And why he didn't say anything about you, Uncle Jim, is because you were a thorn in his flesh for years. You spied on him, and tittle-tattled, and you caused as much trouble as he himself did in the family. Oh yes, you did.' She stabbed her finger at him. 'I would say more, for you aggravated it. And I'll say again, I don't care a damn what happens to you, Uncle Jim, because I know, and he knew, that you feathered your nest out of this place. It got to be an almost quarterly thing for a sheep to stray, didn't it? And where did they stray to? Ratcliff's butcher shop. Oh, you weren't as cute as you thought. . . .'

'Don't you dare talk to your uncle like that or I'll . . .'

'I'll talk whichever way I like, Mam, because you know what I'm saying is true. And I'll have you remember I'm no longer a child, not even a young woman, I've been married, I've been out in the world. And that's where you should have been pushed years ago.'

'Did you hear that? Did you hear that?' Sarah appealed to Constance. 'The injustice of it after what I've. . . .'

'Oh, for God's sake! Mam, don't start on that tack again; you've lived on your crutch long enough. . . .'

'*Hannah!*'

'All right, Grandma. And you can say *Hannah* like that, but don't tell me you haven't thought the same thing. But you decided to hide it behind that superior façade of yours, simply because you wanted an ally.'

'Girl! Girl! what's come over you?'

'I'm speaking the truth, Grandma. For the first time this house is hearing the truth, this miserable house, because we've all led miserable lives, everyone of us. . . .'

'And whose fault was that, I ask you?'

'Yours in the first place, Grandma, for not letting your son marry the woman he wanted. You cashed in on an accident. That's how I see it.'

'My God! I never thought I'd live to see it, or hear it.' Jim Waite put his hand to his head.

'Well, you have, Uncle Jim, and the truth must sound very strange, particularly to you. . . . And when I'm on, Uncle Jim, get it into your head that I'll know everything that's going on here, you're not the only one that can use spies, and if the place goes down . . . well, then as the will said. . . .'

'Shut your mouth, shut your mouth this minute. God in heaven, you're brazen, that's what you are. You've turned into a real brazen hussy.'

'Yes, Mam, just as you say I've turned into a real brazen hussy.'

'And shameless into the bargain. You're utterly shameless if you go back there. And I'll tell you something, the whole countryside will talk; your name 'll be mud – your father, now you, whoring from the same stock. . . .'

'Sarah! Sarah! be quiet. Be quiet, I say! . . . Hannah.' Constance turned and looked into Hannah's face which from being red was now as pale as lint. 'Let me put it to you this way. You claim the farm is yours. All right, all right, he left it to you. Then why don't you stay and work it? I'd be quite willing to take alternative accommodation.'

It was some seconds before Hannah could answer and her voice was much lower but trembling as she said, 'Aw, Grandma, the subtlety of you; anything to keep me from going back there.'

'Yes, yes, Hannah, anything to keep you from going back there.'

'And . . . and it's not because I'll be seeing Brigie or I'll be nursing poor creatures, but because I'll be in contact with Captain Bensham, to whom Mam so generously referred to a moment ago as "that barmy bastard". Well, I'm going back, and yes I'll be in contact with him. . . . And now I'm going to tell you all something.' She looked from one face to the other, and there was a catch in her voice as she went on, 'I wish to God things were as you all imagine them to be, I wish he could say to me, "Come and live with me, Hannah, and be my love." And let me tell you, if he did I'd jump at the chance. But for your peace of mind I'll be charitable and tell you that he doesn't know I'm alive, not in that way. I'm a nurse, I'm one of the staff, that's all I am to him, and I'll say again, more's the pity.'

They were silent, all of them, until Constance murmured, 'Don't do this, Hannah. Don't do this. Don't go back.'

'I've got to, Grandma. In any case I could never live here again, not with you all. There's been too much said, none of us could ever forget it, and it had to be said, it's been festering for years. All I say now is, you let me live my life and I'll let you live yours . . . here in peace.'

'Oh Hannah! Hannah!'

'It's no good, Grandma, and tears won't help, the time's passed for tears. I've shed all the tears I'm going to shed over this business. I thought when Dad went that was the finish of me, but life's tenacious. I'm going, and I'm going to live. I don't rightly know how but I'm going to live. . . .'

In the pain-filled pause that followed there came a sharp knock on the door and it startled them all. It was Jim Waite who went forward and opened it, but without exception they all gaped at the man standing there for he had become instantly recognizable to the others, and it wasn't only by the white streak that ran down to the left temple in his black hair; if by nothing else they would have recognized him from the expression in his eyes as he stared fixedly at Hannah.

Hannah had never fainted in her life, but she knew she was on the point of it now. So great was the shock at seeing him at this particular moment, and here on the doorstep of all places, that she was incapable of either speech or movement, she was almost in the same state as he had been when they first met, that was until he said, 'Hannah!' like that, different, firm. 'Hannah!' Then she was lifted towards him, and as she gripped his hands and cried, 'Oh Ben! Ben, you did it!' Sarah let out a sound that spiralled to a scream. 'Nothing between them! Doesn't know you exist! You to talk about speaking the truth!'

Hannah turned her head towards her mother now and, her voice almost as loud as hers, she shouted, 'I didn't, I didn't know.'

'You're a liar! Do you hear? A bare-faced liar. And you think you're clever with it. You're nothing but your father over again. To think I'd see the day. Don't you realize that I've been put through enough without having her son coming into my very house. *Her son and you . . . Get out! Get out . . . you! You! . . .*'

'Be quiet! Sarah.' Constance spoke with authority, but Sarah took no heed. And now Jim Waite joined his voice to hers. Stepping through the door, he growled, 'Look, Mister, get yourself away afore I. . . .' He got no further. The eyes that glared at him were as black as the hair above them and the voice that come through the tight lips was one of authority. 'I'd advise you not to come any nearer and to keep a civil tongue in your head.' They were looking at each other like wrestlers about to grapple. 'By what I have inadvertently overheard during the last few minutes I would also remind you that you are dispensable, and it would be well for you to remember that.' He did not add 'my man' for it was not necessary, it had been conveyed in his tone.

Ben now looked at Hannah, where she was standing gazing at him, her eyes wide and bright with tears, her lips apart, and he said briefly, 'Get your things.'

When she turned and went towards the stairs, Sarah, using her crutch as swiftly as any leg, bounded forward and, blocking her way, cried at her, 'No, you don't! You'll get your things and go with him over my dead body. The son of that, that Mallen bitch. It's indecent, filthy. You're not clean.'

'Sarah! . . . *Sarah!*' Constance came forward and, gripping Sarah by the arm, pulled her away from the foot of the stairs; then looking at Hannah, she added grimly, 'If you're going, go and be quick about it.'

Hannah paused on the bottom step, and looked at the faces turned towards her, her family and each expressing hate in some form. Her head drooped, she stepped down into the hall and quietly she said, 'It doesn't matter. I don't need anything; most . . . most of my things are over there anyway.' Then going to a cupboard she took out a coat and put it over her shoulders before moving towards the door, only to be pulled to a halt by Sarah's voice again crying, 'You'll regret this day as long as you live, my girl. If you get my prayers you'll. . . .'

Hannah swung round towards her mother. 'Don't . . . don't say it, Mam. Remember, curses come home to roost.' Then turning to Constance she said, 'Good-bye, Grandma.'

Constance gave her no answer, she made no response whatever. She was watching the wheel of life as it came to the end of its circle. Her granddaughter was going back to High Banks Hall with a Mallen – *with a Mallen*.

Ignoring the fierceness of Jim Waite's stare, Hannah went past him and over the threshold and, without looking at Ben, went down the steps.

They walked side by side along the front of the house and out through the gap in the stone wall on to the road. And they walked almost half a mile without either glancing at the other or speaking. When, simultaneously they stopped, their gaze held in muteness, until Hannah, swallowing deeply, asked softly, 'How long had you been standing there?'

'Long enough.'

Her eyes did not waver from his but her colour rose; and then she said, 'The main thing is you made it.'

'Yes, I made it.' He reached out and took her hand and they walked on again, silent once more.

When they next stopped it was almost at the place where the driver had dropped him shortly before, and he said, 'I got a lift up to here.'

'You came by motor-car?'

'In a truck.'

'How, how did you do it? I mean, what . . . what made you do it?'

'It was Lawrence. He . . . he said if I didn't come and get you he would.'

'Lawrence?' She smiled gently. Then again she said, 'Lawrence?'

'He missed you.'

They glanced at each other. 'That's nice to hear.' Her voice was small.

They walked on again, more slowly now as the hills became steeper. The sky was high, the sun was warm, the light was thin and clear, the world about them looked wide, empty and wide, space everywhere, no people, nothing only clean space. They gasped, now and again paused, but didn't really stop until they reached the summit and were opposite the ruined house. Then they sat down.

They sat on the grass verge with the ruins behind them, the ruins of the old house wherein her father had been conceived. They sat in silence looking away down into the vast bowl of the valley until, after a time, he brought his gaze down to his hands which were joined and hanging between his knees now, and he asked softly, 'Did you mean all you said back there?'

She looked into the distance as she replied, 'Yes, I meant it.'

'You'd . . . you'd come and live with me, just like that?' He lifted his eyes towards her, and now hers were waiting. 'How . . . how long have you felt like this?'

'I . . . I don't really know. It . . . it must have been practically from the beginning. . . . And you?'

'Since you put your hands into the void and pulled me out, all the time I think, but . . . but I wouldn't give it daylight. There . . . there was my mother's rejection and others; fickleness, no depth . . . and then there was the situation. Your father, my mother. No, I wouldn't give it daylight until, well, I realized I couldn't make it without you, I'd never make it without, I didn't want to make it without you.'

'Oh Ben! *Ben!*'

They were locked together, not kissing, just holding tight, their faces on each other's shoulder as if in shyness, as if they could not face the enormity of the thing that was happening to them. When their heads moved and once again they were looking at each other, Ben, from deep in his throat, asked, 'Do you realize that this is how it would have been with them if they had been given the chance?'

Dumbly she nodded her head.

'You'll always want me, Hannah?'

'Always Ben.'

'You'll have to be sure.'

'I am sure.'

'I need you, Hannah.'

'I love you, Ben. I love you . . . oh, I love you . . . *I love you.*' She hugged him to her with each declaration.

That was what he wanted to hear, not for him to say it first, but for some woman to say 'I love you, Ben, I love you, *I love you.*'

It was strange but no woman had ever said those words to him.

As he put his mouth down on hers and drew her into him he knew he had reached home; he was on solid ground, and the earth had no edge to it.

THE TIDE OF LIFE

To Harold Stinton, and to his son John
for whom I wrote my first boys' story

Life comes in like the tide
On a roar from the sea bed,
And is already dying before its ebb.
Existence is the time it takes for the shingle to be wet,
And yet,
Are they deluded,
Do they lie,
Those blind with courage
Who shout above the spray,
Never say die?

C.C.

PART ONE

Sep

Chapter One

'You nearly ready for the road, Emily?'

'Yes, Mr. McGillby.'

'That's it then. And it's a nice day, so enjoy yourself. Take a walk in the park and see the ducks on the pond.'

They looked straight at each other and smiled, the thirty-five-year-old ruddy-faced man and the sixteen-year-old girl whose mass of light brown hair just missed being blonde and who, for all her youth, already wore it in the adult mode of a screwed bun on the back of her head. She was tall for sixteen and showing promise of a good figure. As yet, however, it wasn't the figure that most people noticed, but something about her face; not because it was beautiful, even though the thick rims of eyelashes lent a depth to her already dark brown eyes; nor was it her wide-lipped mouth; nor yet the warm tint of her skin; for their combination did not as yet spell beauty, but what without question, they did combine to was an overall brightness as if the face were illuminated from within.

Sep McGillby often thought about his maid of all work's face, describing it to himself as a glad face; and this he considered to be the right description because she was glad about so many things; and she would say so; and she would also say she was very lucky. 'Eeh! Mr. McGillby I am lucky to be workin' here.' Or, 'Eeh! Mr. McGillby, I'm glad it's a fine day for you; it's awful when you've got to work out in the wet.' There was one thing certain, you could never be dull where she was.

He had been made to wonder too, of late, what life in this house would have been like without her; she had become like a beloved daughter.

He turned away from her now, saying, 'You'll look in on the missis before you go, won't you?'

'Oh! aye, of course, Mr. McGillby. Of course.'

'Away you go then.'

Emily did not immediately make for the stairs that led upwards from behind a door at the far end of the kitchen, but she watched her employer moving towards the front room, and when he had closed the door she rolled up her sleeves and went into the scullery. There, turning on the single tap, she ran some water into a tin dish that stood in the shallow brown earthenware sink, then washed her face with the blue-mottled soap, the same that she used for scrubbing the floors, and with damp hands smoothed down her hair from its middle parting in an attempt to make it conform, for it was the most unruly hair, and bits of it would keep springing out from her bun and from behind her ears. This worried her because Mrs. McGillby didn't approve of hair that wouldn't stay put.

When she had come out from the scullery and was crossing the kitchen towards the staircase door she was arrested by a peculiar smell, peculiar that was to this particular house. She looked towards the sitting-room door for a moment, then bit on her lip to stop herself from grinning widely. Mr. McGillby was indulging in a smoke. She hoped he had the sense to open the window, because if that smell wafted upstairs there would be skin and hair flying. Well, not skin and hair. Mrs. McGillby didn't row, that was she didn't shout, but she had a way of saying things that had the same effect on the listener as if she were bawling.

She now ran on tiptoe to the end of the kitchen and gently eased the bottom window upwards for about six inches or so. That was another thing that wouldn't have been allowed if Mrs. McGillby had been on her feet; the windows were never opened because of the dust.

She paused again as she made her way to the stairs, her eyes slanted towards the sitting-room door while wondering yet again where he hid his baccy. She hadn't found a place in the room that he could use as a hidey-hole, and he wouldn't have dared carry it about on him because Mrs. McGillby had a nose like a ferret.

She went quietly up the steep dark stairs now to the small landing, which had a door on each side. The right-hand door led into Mr. and Mrs. McGillby's bedroom, the left one into her own room. Once inside her room she squeezed past the iron bedstead and towards the chest of drawers that was wedged between the foot of the bed and the window-sill.

Opening the top drawer, she took out a clean blue print frock. Divesting herself of her bibless holland apron, striped blouse, and serge skirt, she got into the dress; then she changed her house slippers for a pair of boots, their ugliness being almost hidden by the hem of the dress.

From the second drawer she took out a straw hat and two long hatpins, and when she had secured them in the hat it sat dead straight across the top of her head. She now lifted her coat off a nail on the back of the door and put it on. Lastly, she took out a clean handkerchief from a box on the top of the chest of drawers, together with a brown worn leather purse. This she opened, looked at her week's wages of one and sixpence, which again aroused in her the thought of how lucky she was; then snapping the purse closed and holding it and the clean handkerchief in her hand, she went out of the room, took the three steps across the landing, tapped on the bedroom door before entering and saying with a smile, 'I'm ready for off, Mrs. McGillby. Is there anythin' you want doin' afore I go?'

Nancy McGillby was propped up in bed. She had been propped up in bed for two years now and she took it calmly because it was God's will. God had seen fit to give her a complaint. Why, she didn't question, but believed firmly that the answer would be given to her when she entered the other life – in the mansion He has prepared for her all knowledge would be hers and the rewards for her suffering and patience would be bountiful.

In answer to Emily's enquiry Mrs. McGillby said, 'Let me see if you're tidy,' and on this Emily walked towards the window and stood, her arms extended from her sides, before turning slowly about. It was when Mrs. McGillby viewed her back that she said with a note in her voice that spoke of patience tried to the edge of endurance, 'That hair! You'd imagine I'd never spoken to you about it. I've told you to wet it to keep it down, haven't I?'

'Yes, Mrs. McGillby, but it dries.'

'Well, there's only one thing for it, if you can't keep it under control you'll have to have it cut off.'

Each feature on Emily's face seemed to stretch; the gladness was wiped from it. She gabbled now, 'Eeh! no, Mrs. McGillby, don't say that. I'll see to it, I will; an' I'll snip off all the frizzy bits that stick out, I will.'

Mrs. McGillby sighed deeply, lifted the frill of her calico nightdress further up under her chin, then smoothed the sheet that covered the edge of the quilt with her two transparent looking hands before saying, 'Get along now. But be back mind in time for the prayer meeting. I don't want you running up the stairs at the last minute like last Sunday. You understand?'

'Yes, Mrs. McGillby, I'll be here on time. Good-bye, Mrs. McGillby.' She almost retreated backwards out of the room.

On the landing she paused for a moment and pressed her hand across her mouth, and it was still there when she closed the staircase door and entered the kitchen, where Sep McGillby, turning from raking some coal from the back of the grate on to the open fire, paused with the rake in his hand and, straightening his back, said, 'What is it? What's up.'

'Nothing, nothing, Mr. McGillby.'

'Come on. Come on.' He laid the rake down against the edge of the brass-railed high steel fender, then came towards her, saying under his breath, 'The missis? What's she been saying to you?'

'Noth . . . nothing.'

'Tell me.'

'It's . . . Well, it's about me hair. She said if I don't keep it down flat I'll have to have it cut off, and I can't keep it flat.'

'She said what!' He glanced up towards the ceiling, his square blunt-featured face screwed up in an unusual show of anger, which made Emily defend her mistress's threat, saying, 'Well, she's right an' all, Mr. McGillby, because it does flap all over the place, the ends. Anyway, I said I'd snip it off . . . I mean the ends.'

'You'll do no such thing.' He was bending towards her now, his face within inches of hers. 'Don't you snip off one single hair of your head. Do you hear me?'

She drew her chin in and pushed her head back in order to see him better, for he had never used that tone of voice to her before, and she'd never seen him look like this before.

After a moment he straightened up, and with the edge of his forefinger he wiped the spittle from his lips; then his expression changing to a more recognizable one, he nodded at her and said, 'Go on, get yourself along. But mind what I've told you, leave your hair alone.'

'Yes, Mr. McGillby. Thanks, ta.' She backed from him now, nodding and smiling, until she reached the back door, when, her face lighting up, she said, 'Ta-rah, Mr. McGillby,' and for answer, he said, 'Ta-rah, Emily. Enjoy yourself.'

The McGillbys' house was fortunately placed, so considered Emily, for it was in the middle of a short street facing the river, and they had only one neighbour, a Mrs. Gantry, a widow woman who was stone deaf. If you were standing with your back to the river and looking at the street you wouldn't think there were any ordinary houses in it at all, for on either side of the McGillbys' and Mrs. Gantry's houses there were warehouses, and below the warehouse adjoining Mrs. Gantry's was a lock-up grocery shop, and below that a chapel. To the side of the warehouse flanking the McGillbys' was a cold meat store, and at the very end of the street, which was named Pilot Place, was a secondhand furniture shop, the windows of which extended around the corner into Nile Street. Nile Street was long, and by virtue of the fact alone that the houses were of the two-up and two-down variety they were of much lower class than the two select dwellings in Pilot Place, for both these houses boasted, besides a large kitchen and scullery, a sitting room and two bedrooms. Moreover, there was a cold tap inside the scullery; and that was something to be proud of.

This latter miracle had been brought about by the manipulations of Mr. McGillby. The word was his. Six months ago he had said, 'I am going to have that tap brought from the bottom of the yard and put inside the scullery. A little manipulation here and there, and there'll be no more lugging buckets up in the snow.' And he had gone on to explain the word. 'People can be manipulated you know, Emily,' he had said, 'with a back-hander.' He had demonstrated by scratching the palm of one hand with the middle finger of the other.

Emily had started working for the McGillbys when she was ten. It had been only week-ends then, Friday night from five till eight, and from eight on a Saturday morning till two in the afternoon, and her wage had been sixpence. But the very day she left school she started full time and living in, with a wage of one and sixpence a week, and she knew she was lucky. Even on washing and baking days when she was never off her feet from half-past six in the morning till half-past nine at night, and she got undressed for bed with her eyes closed, she would still maintain she was lucky. But whenever she stressed this point to herself she knew it wasn't only because of the good food and the fact that she was now running the house single-handed, or because of Mr. McGillby's kindness towards her, which was no small thing, but it was because she had a room to herself, a bed to herself, a chest of drawers to herself, some place in which she could be alone and where she could lie and think. Only she hadn't much time to lie and think. Still, that wasn't the point. It was the wonder of sleeping by herself, not having to share the bed with three others; not having toe-nails scratching your legs if you attempted to stretch them out; and not having to listen to the coughing, spluttering, snoring, and the cursing of six children who were in no way related to her, yet whom she was told amost weekly it was her duty to help support, simply because Lucy, her blood sister, was still at school. It was no use telling Alice Broughton that their father left his half-pay note to support Lucy; Alice Broughton just shouted you down and declared she was as good as the wife to John Kennedy and mistress of his house.

It was ten minutes' walk from Pilot Place to Creador Street, and it was a nice walk, Emily considered, when like today the sun was shining on the river to the left of her and a big steamer with the smoke coming out of its two funnels was making down river for the opening between the piers.

At a certain point on the road she turned sharply right and away from the river, walked along a street of respectable houses, then into a main road, from which jutted a series of less respectable ones; then down into King Street. Here she took a short cut through a maze of small streets.

It being Sunday, the whole town seemed bereft of adults, and when she came to it, Creador Street was no exception. There were numerous children playing in the back lanes and in the front gutters. Girls were playing the summer game of bays, hopping on one leg, their bare foot pushing the clean-cut bottom of a glass bottle from one chalk-marked paving square to the next; boys, in groups according to their ages, were playing chucks in the gutters; and here and there a bare-bottomed young child crawled on the hot pavements; but nowhere was there the sign of an adult. The main meal over, they would all have retired to bed. At least that would be the pattern in most of the houses around this quarter, except for those cranks who sent their bairns out to Sunday school and took themselves for a walk in the park.

It had always puzzled Emily why when the sands and the sea were so near, only a matter of minutes away down Ocean Road, most of the children preferred to play in the streets.

When her mother had been alive she would make her take Lucy down to the sands on every possible occasion because, as she would say, the sea air was good for Lucy's cough. But even on a very hot day her mother had never accompanied them; she had, like the rest of the people in the street, lain down on a Sunday afternoon.

18 Creador Street was an upstairs house. It had three rooms, the largest twelve feet by ten. The water had to be carried from a tap in the back yard, which was shared with the people downstairs. The one luxury afforded each house was a separate lavatory, mistermed dry. In the winter when the ashes were plentiful it tended to live up to its name, but as on this June day, when it was warm, as it had been for the past fortnight, the lavatory was anything but dry, and the stench from from it and the line of its companions on each side of the back lane was overpowering.

Every week when Emily entered the house she found herself saying, 'I'll never come back here; no matter what happens I'll never come back here,' only to realize immediately what a silly thing it was to keep telling herself, for she was set for life with Mr. and Mrs. McGillby.

Today was no exception to her way of thinking, but to it was added, If only our Lucy was fourteen and away from school I'd get her out of this. That there were only ten more months before this should be was of no comfort to her, for she knew ten months was a long time and anything could happen in ten months. What, particularly, she didn't put a name to. She only knew her vague fears were connected with Alice Broughton. She would never call the woman ma, as her da had asked her to.

There were a number of children in the passageway of No. 18. Two of them were the Broughton boys, Tommy aged ten, and Jack, seven; and the eldest girl, Kate, was there too. The other children she recognized as the Tanners from next door. They all stopped in their play and looked at her. It was Tommy who greeted her, saying 'Hello. You back then?' For answer, she said, 'Where's Lucy?'

'Upstairs. She's been gettin' her hammers.'

As her eyes flashed from one face to the other, Kate said, 'She set her lip up to me ma. She said she didn't take our Tommy's knife' – she pointed to her brother, who was expertly twirling a penknife round his fingers – 'and she had, she had thrown it down the netty.'

Emily now hastily pushed her way through them, and Jack's voice followed her, saying, 'Have you a ha'penny, our Emily?'

She made no answer, but having reached the small landing she went towards the middle of the three doors leading off it, and opening it, she entered the kitchen.

The room was as usual, cluttered and dirty. It held a square table, a battered couch, and an assorted number of chairs, besides a pedal organ and a chest of drawers. She could remember when everything in this room had shone, but that was a long time ago. The room was empty now except for Lucy, who didn't leap up as usual and run towards her, but sat with her head hanging as if she was half dazed.

'What is it? What's happened?' Emily was sitting by her side now holding her hands.

Lucy made no reply, she just leant her body sideways and rested it against Emily's. But within a minute Emily had pushed her upright again and was pointing to her face, demanding, 'She did that? She punched you? Why? What had you done?' Although Tommy had told her what Lucy had done she couldn't accept that Alice Broughton would batter Lucy in the face simply because she had thrown away Tommy's knife; bairns were always pinching each other's things.

'Had you cheeked her?'

Lucy blinked and the tears slowly led into her eyes and ran down her red and swollen cheeks; then drooping her head, she muttered, 'She's got a lodger. I don't like him. He wanted me to sit on his knee an' I wouldn't. An' . . . an' I told her I'd tell me da when he came home . . .' She now raised her wet face upwards. 'When do you think he'll be back, Emily?'

Emily shook her head. It would be a year or more before her father returned; sometimes the voyages would last eighteen months, even as long as two years, and this time he'd been gone only for three months.

'Who is the fellow?' she asked. 'Is he a sailor?'

'No; he works in the docks on the prop boats.'

'Where's he sleepin'?'

'In the back room.'

'That means you're all in the front room?'

Lucy nodded.

'An' her?'

'She says she sleeps out here.' Lucy patted the couch.

At this Emily turned her head to the side and bit on her lip, and at that moment the door opened and Alice Broughton entered.

Alice Broughton was still in her early thirties. She was big-boned, and fleshy; she must, at one time, have been attractive, and there was still some semblance of it left in her round blue eyes and full-lipped mouth. She gave no preliminary greeting to Emily but from the middle of the room she stood looking at the two girls sitting on the couch, while she unfastened another button of her blouse and wafted the collar back and forward from her sweating skin before saying, 'Well, she's filled yer ears I suppose, an' it'll be no use me saying anything, will it? She's a damn little thief. She stole our

Tommy's knife and threw it down the netty. He lays great stock by that knife for his whittlin'.'

'Aye, and jabbing it into people's arms.' Emily had now risen to her feet; then bending sideways she grabbed at Lucy's arm and, pulling it up and pointing at it, said, 'That looks a fresh nick to me.'

'He wouldn't do it on purpose; it's when they're carrin' on.'

'She doesn't carry on with your Tommy.'

'Now look here, miss, we're not goin' to have another day of it; you never enter this house but there's trouble. Once your da comes back I'm gonna have somethin' to say to him.'

'And you'll not be the only one. Will the lodger be here when he arrives?' Emily didn't flinch as she saw the hand flash out towards her, but she cried, 'You do, Alice Broughton, you do, an' I'll go straight from here over to the polis station, an' I'll put a notice in against you for cruelty. What's more, I'll tell them you've got no right here, you're not married to me da and you're gettin' his half-pay note under false pretences.'

The colour rose in Alice Broughton's face until it took on an almost purple hue and she spat out, 'You young bugger you! I'll see me day with you afore me time's up, I swear on it.'

And to this Emily answered with a cockiness she was far from feeling, 'Aye, well, in the meantime you keep your hands off our Lucy or I warn you I'll go to the polis station. If that happens your number'll be up when me da comes back, for although he likes his drink he has never got in trouble with the polis. If you remember he used to brag about it. He thought it was worth bragging about that he'd had no truck with the polis. So I'm warning you.' On this she turned and looked towards Lucy, saying, 'Get your hat on, we're going out.'

Alice Broughton made no protest but her lips compressed tightly for a moment before she said, 'You're forgettin' something, aren't you?'

'No, I haven't forgotten anything.' Emily opened her purse and took out a shilling which she banged on to the table.

There was silence for a moment in the room as Alice Broughton looked down on the shilling; then slanting her eyes sideways towards Emily, she said, 'Come on, tip it up, we're not havin' any of that. You'll get your tuppence as usual, an' you're lucky to get that.'

'I'm giving you a shilling a week from now on an' no more. I've made up me mind. And I could stop that at any time an' all, because the half-pay note is so you'll see to our Lucy. You were supposed to go out to work for your lot, like you did when you first came as housekeeper. Housekeeper . . . huh!'

Alice Broughton drew in one long deep breath that pushed her breasts out to fill her open blouse, then she gulped in her throat before spluttering, 'Get out of me sight while I've got some control left. I'll see me day with you, see if I don't. I've said it an' I swear by it.'

Pushing Lucy before her, Emily went out of the room, but as they reached the landing the back bedroom door opened and a man came out. He was wearing a pair of moleskin trousers; the upper part of him was bare and he stood scratching his chest as he looked at them. Then he grinned and said, 'Well, well, so this is the big sister.'

Emily said nothing but she stared at him for a moment before again pushing Lucy before her and down the stairs, then through the children and into the street. Her legs were trembling, her whole body was trembling; she had known that one day she would stand up to Alice Broughton but she hadn't expected to do it today. And she had stood up to her. By! she had that.

She now looked down at Lucy; then taking her hand she smiled as she asked her, 'Would you rather go to the park or down to the sands?'

'Down to the sands, Emily.'

'All right.' Now she bent down to her as they walked along and whispered, 'And you know what, we'll spend the sixpence, the whole of it, we'll bust it.'

'The whole of it?'

'Aye, we'll go to that ice-cream shop near the end of the road an' we'll get some hokey-pokey an' a couple of taffy apples, eh?'

She was smiling widely now and Lucy smiled in return, and as she had done on the couch she leant her body against Emily's for a moment; and then, their hands joined, they were running along the almost deserted pavement of Ocean Road which led to the sands and the sea.

As she ran Emily thought, Eeh! if Mrs. McGillby could see me now, she'd check me gallop with that look of hers. By! she would that; and thinking of Mrs. McGillby reminded her that she must look out for the time and be back in Pilot Place well before seven to join in the prayer meeting.

Chapter Two

The bedroom was packed with four men and four women and Mr. McGillby and herself. The four men stood at one side of the bed, the four women at the other, and Mr. McGillby stood at the foot of the bed. She herself stood near the door so as to be ready to open it when the visitors left, and she wished, oh she wished it would be soon because she was tired. It had been a long day, a hot trying day, and the prayers had been going on for over half an hour and it was stifling in here.

They were now taking turns reading Jeremiah. Mrs. McGillby had started it off by reading the heading of Chapter Thirteen:

> 'By the type of a linen girdle God prefigures his people's destruction. By the bottles filled with wine their excess in misery foretold. Exhortation to repentance.'

Then Mr. Goodyear took it up:

> 'Thus saith the Lord unto me, Go and get thee a linen girdle, and put it upon thy loins, and put it not in water.'

He read the first seven verses. Then it was Mrs. Goodyear's turn. She started:

> 'Then the word of the Lord came unto me, saying . . .'

And she read up to verse thirteen.

Now Mr. Dunn took it up. His voice was deep and sonorous and seemed to shake the pictures on the walls as, with the book held well away from his face, he read:

> 'Then shalt thou say unto them, Thus saith the Lord, Behold, I will fill all the inhabitants of this land, even the kings that sit upon David's throne, and the priests, and the prophets, and all the inhabitants of Jerusalem, with drunkenness.
>
> And I will dash them one against another, even the fathers and the sons together, saith the Lord: I will not pity, nor spare, nor have mercy, but destroy them.
>
> Hear ye, and give ear; be not proud: for the Lord hath spoken.'

Eeh! The words had aroused Emily somewhat, she had never heard anything like that spoken from the Bible before. Fill them with drunkenness. Well! well!

But as the voices droned on her mind slumbered again until Mrs. Hailey's voice pricked her ears awake and brought her eyes wide as that lady cried:

> 'I have seen thine adulteries, and thy neighings, the lewdness of thy whoredom, *and* thine abominations on the hills in the fields. Woe unto thee, O Jerusalem! wilt thou not be made clean? when *shall it* once *be*?'

Eeh! well, fancy all that in the Bible, whores an' the rest. It made you wonder, didn't it? . . .

They were saying the final prayer now, all on their knees, except Mrs. McGillby, whose head was bent forward, her chin buried in her chest.

> 'O Lord, bringeth, if it is Thy will, health to our sister here bedridden, but if it is not Thy will we will take it that her suffering is by way of atonement for the sins of others, and the greater her pain the wider the forgiveness you will shower on us poor creatures here on the sinful earth. Look upon our prayers here tonight, O Lord, with favour, and bring us safely to the dawn of a new day which we will endeavour to spend in praise of thee. Glory be to God. Amen.'

'Amen.'

'Amen. Amen. Amen.'

Silently now one by one the visitors shook Mrs. McGillby's hand, while unsmiling, she nodded at them one by one. Then they went down the stairs, preceded by Mr. McGillby who stood at the front door and shook each one by the hand as he thanked them, as he did every Sunday night, for their kindness in coming to pray with his wife.

But once the door was closed Emily noted, as she also did every Sunday-night, that Mr. McGillby heaved a great sigh as if he were glad it was all over. Tonight was no exception, except that his sigh seemed longer drawn out and his whole body seemed to slump; but perhaps it was the heat, it was affecting everybody . . .

Sep McGillby now came towards the table where Emily was setting the cloth for his supper and said, 'I haven't had time to ask you, but did you have a nice day?'

She paushed a moment before answering, 'Yes, but I didn't go to the park, I took me sister to the sands.'

'Aw, that was nice. It would be cool down there, she would like that. Is her cough better?'

'It's just about the same, Mr. McGillby, thank you.'

'You look tired, lass, leave that. Go an' make the missis's drink an' take it up and I'll see to meself later.'

'Aw no, no, Mr. McGillby, the missis wouldn't like that.'

He now put his hands on the corner of the table and leant over it towards her and said under his breath, 'What the eye doesn't see the heart doesn't grieve over.'

'Eeh! Mr. McGillby.' She bit on her lip, then smiled widely at him; and he smiled as widely back at her, saying, 'Go on now and get a good night's rest.'

'Thanks, Mr. McGillby, ta, I am tired. And . . . and can I tell you something?'

'Anything you like, lass.'

'I told that woman off the day, Alice Broughton. She had been hittin' our Lucy and I told her I'd go to the polis.'

'Good for you, lass, good for you.'

'And you know something else?' She was now leaning towards him. 'I docked her money.'

'No!'

'Aye. I only tipped up a shilling.'

'An' you know something, lass?'

'No, Mr. McGillby.'

'You tipped up a shilling too much. You have no need to be tipping up anything there, your dad's provided; as you said he left his half-pay note.'

'Aye, I know, but if I don't give her something she'll take it out of our Lucy.'

'Aye, that would be the way of it likely.'

They looked at each other, but seriously now, then he said, 'Well, anyway, I'm glad you've made a stand, that's a beginnin'. Go on now. Good-night to you.'

'Good-night, Mr. McGillby.'

When he went into the front room she lifted the kettle from the hob, took it into the scullery and there, filling a cup with hot water, she spooned into it two teaspoonfuls of cocoa and the same of condensed milk; then placing it on a wooden tray on which was spread a crocheted tray cloth, she took it up the stairs and into the bedroom.

Nancy McGillby was lying back on her pillows, her eyes were closed and her face looked very white.

Emily, approaching on tiptoe, said softly, 'It's your cocoa, Mrs. McGillby.'

Mrs. McGillby opened her eyes and stared at Emily, then said, 'Sin is an abomination unto the Lord and you don't have to use your tongue or your hands to sin, you can do it with your eyes.'

They stared at each other; then Emily said, 'Yes, Mrs. McGillby.'

'Those who lust after the flesh shall die by the flesh.'

Again they stared at each other, and again Emily said, 'Yes, Mrs. McGillby.'

'Put it down.'

Emily put the tray on the side table, then watched Mrs. McGillby press her hand to a place underneath her breast. She did not speak again but dismissed her with a slight movement of her other hand.

Emily went out, across the narrow landing and into her own room. It was just turned nine o'clock and the twilight was deepening. She wished Mrs. McGillby wouldn't always keep spouting the Bible at her. And she always said it in such a funny way that she couldn't understand her. But what matter, Mr. McGillby was nice and kind and thoughtful. And oh, she was so tired. Wouldn't it be lovely if she could stay in bed for a whole night and a day! Oh, lovely!

She partly undressed herself sitting on the edge of the bed, and when, within a few short minutes, she had donned her nightgown she lay down, and in less time than it takes to tell she was asleep.

She was dreaming of Sammy Blacket, who lived at the top of Creador Street. They had gone to the same school but he had left long before her to take up the glorified position of apprentice in Palmer's shipyard in Jarrow. Twice he had waited for her at the bottom of their street and set her home on a Sunday night, and all the while he had talked about the shipyard and the boat he was making. It seemed as if he was making it all by himself, and it a sort of battleship. When he was out of his time, he said, he would earn as much as twenty-five shillings a week. She didn't believe him; nobody earned twenty-five shillings a week, except perhaps Mr. McGillby. But then he was a gaffer in the docks, and he had the power to set men on the boats or not set them on, just as the mood pleased him.

And now Mr. McGillby came into her dream. He was pushing Sammy Blacket to one side and yelling at her, 'Come on! Come on, Emily, get up! Do you hear? Get up!'

She was sitting bolt upright in bed, staring through the candlelight at the interrupted of her dream, and she spluttered, 'What's it? What's the matter?'

'Get up, Emily. Don't wait to put your things on, just slip into your coat and go in to the missis; I've got to go for the doctor. She's bad, real bad.'

The candle disappeared, she was left in the darkness. Groping her way to the back of the door, she took down her coat and put it round her; then still groping, she opened the door and went across the landing and into the bedroom. The lamp was turned up full, the room was hot and pervading it was a smell of vomit.

Nancy McGillby lay slumped into her pillows; her head was leaning to the side, her eyes were wide open and her breath was coming in painful gasps.

Emily leant over the bed, saying softly, 'You'll be all right, Mrs. McGillby, you'll be all right. Mister has gone for the doctor; he'll soon be here.'

When her hand gently touched the twitching fingers clutching at the eiderdown it was pushed away, and Emily straightened up and stood looking helplessly down on her mistress who was staring at her fixedly as if she wanted to say something. And then she did say something. Her mouth wide, she cried, 'Oh-o-oh no! not yet.' Then her chest seemed to drop inwards, her head fell to the side, her fingers stopped twitching, and she lay still.

For a moment Emily was rooted to the spot. She knew that Mrs. McGillby was dead. She felt sick. She was going to be sick. Eeh! yes, she was going to be sick. She turned and scampered from the room and down the stairs, and reached the scullery only just in time.

She was sitting at the kitchen table when Sep McGillby returned. He stopped for a moment inside the door and looked at her; then, giving a small shake of his head, he went silently past her and up the stairs.

Chapter Three

It rained the day of the funeral. It was the first rain for three weeks and all the mourners said it was a pity because Mrs. McGillby was to be put away quite grandly. The coffin was of light oak with three sets of fine brass handles on it, and the hearse was the best to be had in the town; a resident of Westoe couldn't have had a better departure; and what was more there were five cabs.

After the cortège had left the house Emily sat down for a moment in the middle of the front room and sighed, but even as she did she warned herself this was no time to take it easy because now the house was clear the tables had to be set, the food put out, the kettles kept boiling; and she told herself as she sat in the darkened room, for the blind was still fully drawn, that by the look of things she'd better cut up the remainder of the ham that was left on the bone, and also the rest of the second piece of brisket; the tongue had already been spread out as far as it would go.

She had been cooking solidly for the past two days because, as Mr. McGillby said, things must be done properly, and the members of the chapel would expect a good meal.

She couldn't quite take in at the moment the fact that Mrs. McGillby was no longer with them and that in future she'd have the house to herself for most of the day, and no one to give her orders.

Just before dropping off to sleep last night she had thought about it. It was as if a miracle had happened to her. But she had chastised herself harshly for daring to think like that, and Mrs. McGillby laid out below her in the front room.

But now Mrs. McGillby was no longer in the house, and although the place was still in deep mourning, and would be for days ahead, she already felt an air of lightness everywhere. Even though she was dog-tired and her legs ached something awful, the feeling of lightness was seeping into her.

Eeh! She roused herself. What was she sitting here for dreaming? If things weren't right when they returned she'd get her head in her hands and her brains to play with. But would she? there was no Mrs. McGillby to reprimand her now. She was, she knew, in a strange way almost her own mistress because Mr. McGillby would never bully her; he had never said an unkind word to her since she had come into the house.

She almost skipped from the room and into the scullery and for the next hour she made countless journeys back and forth, and when the tables in the front room were ready to seat sixteen people, and the kitchen table so arranged to seat another eight, she gazed at her handiwork, dusted her hands one against the other, then, glancing down at her apron, she said aloud, 'By! I'd better change that afore they arrive else Mrs. Goodyear's goggle eyes will say, Tut! tut! tut!'

She checked the chuckle that rose in her throat; she shouldn't show such disrespect to the chapel goers. But then, she hadn't much use for them, they were all ranters; and when she came to think of it she was very surprised that Mr. McGillby was one of their company. Yes she was, very surprised.

She had changed her apron and had just reached the foot of the stairs when there was a knock on the back door. When she opened it she saw a woman standing there. She was short and plump and looked none too clean. Although she didn't look quite the beggar type, she didn't look like anyone who would have come calling on Mrs. Nancy McGillby.

'Do you want something?' she asked.

For answer the woman said, 'They've gone then?'

'You mean, the funeral?'

'Aye, that's what I mean. An' I never heard a word of it till just on an hour ago.'

As the woman now pushed past her and into the scullery, Emily, putting her hand out, closed the door leading into the kitchen, saying, 'Here, hold on, wait a minute. Who are you anyway?'

'Who am I, miss? I'll tell you who I am, I'm Mrs. Jessie Blackmore, Jessie McGillby as was. He's me brother.'

Aw, so this, so to speak, was the skeleton in the cupboard. Once or twice she had heard Mr. and Mrs. McGillby talking in the bedroom, not rowing, but talking a bit loud, and if she remembered rightly it was about Mr. McGillby's relations. And she recalled now the one time she had heard Mr. McGillby really raise his voice was when he said, 'Look, I don't want them any more than you do, so let that be the end of it.'

Emily could see now all right why Mr. McGillby hadn't wanted to keep in with his sister, because she was certainly no class. Common, that was the word for it, common as muck. People could be poor but they needn't be common, there was a difference. She couldn't explain it but she knew all about it inside herself. And so, feeling this way, she hung on to the knob of the door that led into the kitchen and she said, 'I'm expecting them back any minute, so I can't let you in there.'

'Get out of me way, you!'

'I'll not get out of your way; I'm in charge of the house until Mr. McGillby comes back. An' you can stay in the scullery here or you can get outside.'

'By God! who do you think you are? Eeh! by!' – the woman nodded at her now – 'I can see it, I can see it all as plain as a pikestaff. You're playin' the mistress, aren't you?'

'I'm not playin' anything. I do just what I'm paid for and that's looking after Mr. McGillby's house.'

'Aw, aye, you are.' The woman's head was nodding knowingly at Emily now. 'I never had much use for Lady Nancy but I can see she was up against something.'

Indignation rising in her, Emily was about to ask and pointedly what the woman meant, when the sound of the carriages arriving caused her to open the door slightly and look through the kitchen towards the front room and the front door. Then turning to the woman again and realizing what an embarrassment she'd be to Mr. McGillby in front of the members of the chapel, she actually put her hands on her and pushed her towards the open back door, crying, 'Stay there a minute; I'll tell him you're here.'

The woman staggered back as much in surprise as from the force of the push, and before she could recover Emily had shot the bolt in the door. Then running through the kitchen and the front room, she flung open the front door just in time to allow the first mourners to enter.

Mrs. Goodyear led the way; then Mrs. Hailey; then Mrs. Robson; then Mrs. Dunn and other women whom Emily couldn't put a name to. The first of the men to enter was Mr. McGillby, and with what she would, under ordinary circumstances, have considered a disrespectful approach to a recently bereaved man she gripped his arm and pulled him aside and, straining her face towards his, she whispered, 'Your sister's in the back yard, Mr. McGillby. I kept here there; I thought it best.'

The look on his face told her that she had done quite right to keep his sister in the back yard, and he nodded at her twice. Then whispering back at her, 'You see to them, will you?' he sidled his way through the black-clothed groups and into the scullery . . .

The mourners were seated at the tables, and Mrs. Dunn was helping Emily to pour out the tear when Sep McGillby re-entered the room. His face looked red and all eyes were turned on him in sympathy for a moment. They understood, he'd had to leave them because he could not give way to his sorrow in public . . .

If a vote could have been taken on the funeral it would have been labelled a great success. When the last mourner shook Sep's hand and he closed the front door on him he leant against it for a moment, opened his mouth wide and gulped at the stale air of the room; then he straightened his thick-set body, pressed back his shoulders and, stretching his neck first one way then another out of his stiff high collar, he walked through the front room and into the kitchen where Emily was placing the chenille cloth over the table, a sign that that room was clean and tidy.

'Well, lass, it's over.'

'Yes, Mr. McGillby.'

'Sit down, get off your legs, you must be worn out.'

Pulling out a chair from under the table, she sat down and smoothed her apron over her knees before joining her hands together and laying them in her lap.

Sep, too, sat down, in the high-backed wooden chair at the side of the fireplace, and for a moment he stared into the fire; then he turned his head and looked at her and said, 'We've got to get down to business, Emily, come to terms like. You understand?'

It was a little while before she answered, 'Well not quite, Mr. McGillby.'

He screwed round in the chair now and, leaning his elbow on the arm, he asked, 'Do you want to stay on here and look after the house and me?'

'Oh yes, Mr. McGillby.' Her voice was high. 'Aye, of course.'

'Aye, I thought you would, but you know it's . . . well it's going to be awkward, there might be talk, in fact they're already chewing it over, the chapel lot.' He jerked his head backwards as if the chapel lot were behind him, and the disdain in his tone widened her eyes and brought her lips apart as he exclaimed, 'Oh aye, you can look like that an' I don't blame you. You've always been a lass who's had her wits about her, I could see that from the start, and you'll likely class me as a bit of a hypocrite, but perhaps not when you know the whole story. And I'll tell it you sometime, but in the meantime, as I said, there's going to be talk. Can you put up with it?'

She didn't come back at him and ask, 'Talk about what, Mr. McGillby?' for she knew what the talk would be about, her and Mr. McGillby alone in the house together at night. Although she was but sixteen and he old enough to be her father, people would likely make things out of it.

An idea coming into her head, which wasn't at all new but which she proffered as if she had just thought of it, she said, 'I could bring our Lucy to sleep with me, Mr. McGillby, that would put things right.'

She watched him get abruptly to his feet, she watched his head shake definitely, she watched him pace the length of the hearthrug three times, before he stopped with his back to her and, looking into the fire, he muttered, 'No, no; that wouldn't do at all. There . . . there could be trouble with that woman, and your da; she was left in her care.'

'Me da wouldn't mind, Mr. McGillby.'

He turned to her now and said, 'Well, all right, but I'd have to have your da's word. When will he be back?'

Her face was unsmiling, even sad as she answered dully, 'It's hard to tell, he's only been gone a short while this trip, it could be a year or more, two.'

'Oh, well then' – he turned from her again – 'we'll likely have to do something afore then. But leave it for the present, eh? Leave it for the present. In the meantime, I'm goin' to put your wage up to half a crown a week, and I'll give you twelve shillings for the housekeeping. If you want any more you've just to let me know.'

'Eeh! oh! thanks, Mr. McGillby.' She was on her feet standing by his side now looking into his face. 'Oh, that's wonderful. An' I'll be careful, I won't be extravagant; I'll do the shoppin' on a Saturday in the market.'

'Aye, I know you will, lass. And I'll see to the coal and the gas and oddments like that.'

Her face had spread into a wide smile. There was on it now the glad look, her whole being seemed alight, and he turned abruptly away from her and went into the front room and closed the door behind him.

She stood, her hands clasped tightly between her breasts, looking towards the closed door for a moment; then slowly she gazed about the room as in wonder. She looked from the horsehair couch to the delf rack; from there to the chest of drawers on which stood the old-fashioned pink china oil lamp that had at one time been used; then to the mantelshelf on which were three sets of brass candlesticks and a similar number of brass ladies' boots ranging in size from a foot to six inches in height, and behind them the large wooden-framed mirror which was tilted slightly forward so that you could see most of yourself in it.

She gazed at her reflection and saw that she looked happy, bubblingly happy. And why shouldn't she be? Was she not the partaker of a miracle, and the luckiest lass on earth?

Chapter Four

There was talk, and not only talk but action, particularly on the part of those members of the chapel who, out of their charity, had prayed by Nancy McGillby's bed.

They came singly at first, the ladies generally in the daytime, and they questioned Emily as to her duties and what she did in her spare time. Some asked what time she went to bed, others if she had a bolt on her door.

Although she told Sep of the visits she did not relate all that had been said. Usually he was very sparing in his comments, but one night, right in the middle of his meal, he laid his knife and fork down by the side of his plate and, dropping his chin on to his chest, he laughed as he said, 'If it wasn't in your mind they'd put it there. By God! they would.' Then looking at her, he added, 'I'm going to put a stop to this. There's a chapel meeting on Thursday night and I'll be there. Yes, I'll be there.'

And he was there. After he'd had his tea, and she had seen it was a nice tea of finny haddy baked in butter and milk in the oven, followed by a shive of bacon and egg pie and new tea cakes, he had got himself dressed in his Sunday suit, donned his hard hat, and gone out to the meeting.

And all during the time he was away she was filled with a great unease. Chapel people had power, they could get people done out of their jobs, she had heard of it happening. Not that they could do Mr. McGillby out of his job, but they could bring such pressure on him that he'd have to get rid of her. He had said he would put a stop to the talk, but could he? She conjured up the faces of Mr. Goodyear, Mr. Hailey, Mr. Robson, and Mr. Dunn; they all looked stern and strong but yet not half as strong as their wives.

It was funny, she thought, but at bottom it was the women who had the say; at least they made the bullets for the men to fire, and the men, being men, had to be seen to be firing them. Half the men would never think of doing the spiteful things they did if it wasn't for their womenfolk.

She didn't know quite how she came to her knowledge of people, only that, so she told herself, she could sense things. And she could sense that her master was in for a rough time the night.

She hadn't expected him to return until about nine o'clock, because that was the time he usually came back from the chapel meetings, but she was openly amazed when he marched into the house not half an hour after having left it. And when he took off his hard hat and hung it on the back of the door it made a loud sound as if he had clapped his hands.

He came into the kitchen pulling the lapels of his coat together. It was an attitude that said plainly, Well, that's seen to that. Then taking up his stand with his back to the fire, he said, 'I did it. I put a stop to their gallop, I told them what's what.'

'You did?'

'Aye, I did. You mind your business in the future I said, an' I'll mind mine, and I can do it without the assistance of prayers or nosey-parkers. An' what's more, I said, I'm answerable to no man for me actions; the only thing I'm answerable to is me conscience, and that's clear and clean.'

She was staring at him, her eyes bright, when with a sweep of his arm, he pointed towards the sitting-room door, saying, 'From the night I'm startin' the way I mean to go on. I had to sneak a smoke when Nancy was alive, an' I've kept sneaking a smoke since just in case one or t'other of them should pop in. Well, now there'll be no more of that. So, lass, I'm going to smoke in the kitchen here. And—' His voice dropped to a tone just above a whisper as, thrusting his head out towards her, he added, 'And there's something else I'm going to do. Do you know what it is?'

'No, Mr. McGillby.'

'I'm going to have a drink of beer in the house when I feel like it.'

Her mouth moved into an elongated O, then shaped closed, and she bit on her lip to stop herself from laughing, and he, copying her, bit on his lip too; then together their laughter exploded. They stood each side of the table leaning on it doubled up with their mirth. But like a tap being slowly turned off, it dribbled away and left them wet-eyed, looking at each other, and Emily muttered, 'Eeh! I shouldn't have laughed like that.'

'Why? Why shouldn't you? Look, sit yourself down there, lass, I want to talk to you. I've been wanting to talk to you for nights, tell you things, but I thought it was too early. But I'm no hypocrite. At least' – he moved his head slowly – 'what I mean is that from now on I'll stop playin' the hypocrite.'

Emily sat down at the end of the table and, her gaze fixed on him, she waited, for he was sitting now looking straight ahead as if he were seeing himself walking back into the past; then quietly he said, 'I'm only thirty-five, Emily, I'm still a youngish man. I'd only been married to Nancy two months when you first came here to work on Friday nights and Saturdays. She was nine years older than me an' I let meself think that I married her because she converted me from drink.'

He turned now and glanced towards Emily. 'I was a pretty heavy drinker in me young days, and naturally I smoked like a chimney. Anyway, I met her one stormy night when her umbrella blew inside out an' almost lifted her across the open space at the docks. I'd just come out of The Grapes, and she practically fell into me arms. I couldn't do much with the umbrella but I took hold of her, an' asked her where she was going'. I can see her now, hanging on to me arm and looking into me face and sniffing. I must have smelt like a hogshead, and what was more, me men had been unloading an iron ore boat that day and there's a kind of musty smell comes from that, it sort of mingles with the sweat. Anyway, in spite of that she let me lead her home right to this very house; and then she asked me in. Looking back now I can see she had made up her mind the minute I grabbed her to stop her taking off.'

He now wetted his lips, stroked his short moustache with his forefinger, then went on, 'Well, she made me a cup of tea and she found out that I was a bachelor, and I found out that she had looked after her parents, and they had both died within the last three years an' had left her this house, signed, sealed and paid for, together with an insurance kind of thing that brought her in so much a week, not a lot, but just enough for her to live on. She didn't go out to work, she had a sort of weak heart, but nothing serious she told me. Anyway, that was the beginning. In less than two years she was Mrs. Septimus McGillby, and in less than three months from the day we were married she took to her bed, not all the time at first, as you may well remember, but more than she needed to have done I'm thinking'. She was a woman, Emily, who should have never married . . . You know what I mean?'

When Emily made no answer he said, 'Well, if you do or you don't it makes no difference, you will some day. Anyway, she got me off the beer long afore we married but she didn't get me hymn singing until the very last. You know what, Emily, you know what I've found out about life? Everything in it has to be paid for an' through the teeth. I didn't want Nancy, but I wanted the comfort of a house, the cleanness of it, and the thought of coming home to a fire and decent meals. You see, I was in digs in me sister's in Dock Street, and you know what Dock Street's like. Moreover, she owned this house, lock, stock an' barrel, and all in it. Well, as I saw it then, if I married her it would in time be mine, so I married her. But God in heaven! I was made to pay for it. Oh aye, I paid for it, Emily. Mind you, I kept my part of the bargain, I was never other than decent to her. Now you can vouch for that, can't you?'

'Oh yes, Mr. McGillby, oh yes.'

'Emily.'

'Yes, Mr. McGillby?'

'Do you think you could drop the Mr. McGillby now and call me Sep?'

'Eeh!' She shook her head. 'It would be kind of funny. I don't think I . . .'

'Now, don't say you don't think you could . . . go on, have a try. It's not hard to say, is it . . . Sep?' He poked his face towards her, and she laughed and said, 'No. Why, no.'

'Well, go on, no what?'

'No . . . Sep.' Again they were laughing together but softly now, and, his head to one side, he asked her quietly, 'Do you think me awful?'

'Oh no! no. I think you're very good. I mean you were to Mrs. McGillby, you were always nice to her . . . kind.'

'Aye, well, I tried to be; I felt I owed her something after all. Although mind, at times I must confess I was hard put to stick it, especially when I couldn't have a smoke . . . I bet you often wondered where I kept me baccy.'

'Aye, I did.' Her mouth was wide now, her eyes wrinkled with amusement.

'Come on then, I'll show you.' He put his hand out and grabbed hers and pulled her into the front room, saying, 'Pull down the blind, I'll light the gas.'

When this was done he pointed to a small bureau standing in the alcove to the right of the fireplace. 'That's the only piece of furniture I ever bought. Do you remember the day I brought it in? Pushed it all the way on a borrowed barrow from Frederick Street, I did. It's funny how I came by it. I was passing a second-hand shop, like Paddy's Market it was, all full of jumble. I happened to stop and glance at the conglomeration in the window, an' beyond it I saw the fellow in the middle of the shop open a drawer like this' – he now went to the bureau and lifted the lid which fell back on the other half of itself to reveal a writing desk flanked by three drawers. He now said, 'The fellow pulled this drawer open.' He demonstrated. 'Then I watched him put his hand inside, like this.' Again he demonstrated. 'Then before me very eyes, like before yours now, the top of the desk moved slowly upwards.'

'Eeh! Mr. McGillby . . . I mean—' She gave a little giggle, then said, 'Sep' as she pointed to the small cupboard, with drawers on either side, which had revealed itself. Then again she said, 'Eeh! who would believe it?'

'I didn't, lass, but like a flash I was in the shop and I said to him, the man like, I said, "That's a neat piece of work", and he said, "Aye, it is. I just came across it the day. An old girl sold it to me. Been in her family for years, she said. Hard up she was. And you know something? She knew nowt about this, the secret drawer, but I recognized the type right away, I'd seen one or two afore. Nice piece, isn't it?"

'I stood ther nodding at him. Then I said, "How much do you want for it?" "Oh," he said, humming and haaing, "it's worth a bit." I pointed out then that it was all knocked about round the feet and the top was badly scarred as if there had been hot dishes put on it.

'That was easily rectified, he said, and he would take nothing less than six pounds.

' "Huh!" I said. "Six pounds!" Well, to cut a long story short I got him down to five. Believe me I wanted that desk so much, Emily, I would have given him ten. Aye, I would, I would have given him ten because me first thought was that I had some place to put me baccy.' He grinned at her now, and she grinned back at him, saying, 'I always thought there was a smoky smell in this corner, and the few times the missis was downstairs she remarked on it an' all. She even asked if I had been having a fire in the grate on the quiet.'

He nodded at her now as much to say, Aye, she would; then drawing one of the straight-backed plush chairs that formed part of the seven-piece suite up to the desk, he sat down and beckoned her closer to him; then as if he might be overheard he strained his face towards her, saying softly now, 'I'm going to show you something else, Emily, something that nobody else knows about. You see, by doing it it'll prove that I trust you. And I do, lass; I think there's not another like you. Do you know that?'

She blinked down at him as she felt the colour flooding her face, and she answered just as softly, 'That's good of you. It's good to be trusted, and . . . and I'll never give anything away that you tell me.'

'I know you won't, lass. I'm not the one to take long shots; I know you won't. Well now, have a look at these.' And with this he pulled open one of the drawers and tipped it upon to the writing pad.

She was now looking down at a number of rings, two chains with pendants hanging from them, and two big gold lever watches.

'What do you think of that lot, lass?'

She said nothing, but shook her head.

'There's some money's worth there, eh?'

Again she made no reply, and so he said hastily, 'I didn't steal them.'

'Oh! Oh no, I know you wouldn't steal them, Mr . . . Sep.' Her lips moved into a small smile, then became set again as she continued to stare down at the jewellery and watches.

'I'll tell you how I came by them. It was like this; it was after I bought the desk. You see the chaps come in from long trips, they spend up an' they're broke; and here and there one of them has picked up something abroad, cheap like. Well, to be honest I don't know how they come by the things, I only know that they want to sell them. They generally find their way to the pawnshop. Mind, I'd been offered stuff like this afore, I mean afore I got the desk, an' I refused it. Oh aye, I could have taken it to the pawnshop meself, but I used to think I might not get as much on the things as I paid the fellow for it. Do you follow me?'

She nodded at him.

'So once I had the desk and a place to put the stuff I thought well, why not. Mind, if Nancy had known, oh begod! I don't know what would have happened then. Hell on earth it would have been. But anyway, she was upstairs tied to the bed, and I had me desk, and that's how it started. Now take these rings.' He lifted up one ring after the other. 'I don't know much about jewellery but there's a stamp of eighteen carat on the gold, and I reckon they don't put paste stones in eighteen carat gold, what do you say?'

She made a little movement with her head, and he stared at her for a moment. Then picking up one of the rings he said, 'Try that on for size.'

'What, me?'

'Yes, you. Try it on.'

She took the ring and stared at it. It had five white stones in it, and the light was making them dance. Slowly she put the ring on to her first finger and stared at it for a moment; then as if it were burning her she pulled it off quickly and handed it back to him.

'What's the matter?'

'Nothing, only . . . only it felt funny. I've never worn a ring.'

He held the ring between his finger and thumb as he said, 'Well, you will some day, lass.'

'Yes, yes, I suppose so.' She gave a little giggle.

'Aye, well, there's plenty of time, eh?' He nodded at her: then having replaced the jewellery, he opened the drawer at the far side of the little cupboard and pointed down to a number of sovereigns spread over the bottom, saying, 'That's me private bank,' and he stared at her for a moment before adding, 'You see, I trust you, Emily.'

Her face was red again as she answered, 'Yes, I know.'

Now he opened the door of the little cupboard and, taking out a small black book, its leather cover so old that it was cracked in places, he handed it towards her, saying in a lighter tone, 'That was all the fellow found in the drawers, and he left it there. It was no use to him, he said. Well, it was less use to me, but it must have meant something to the one that put it there, so I left it in peace. Look, it's full of odds and ends of writing. Whoever owned it must have done some thinking 'cos listen to this. It says on this page: "Thoughts in the mind should be diluted through the sieves of propriety before they are allowed to pass through the lips." Now what do you make of that, sieves of propriety? Somebody with learning could make something of it, I suppose, an' it would likely make sense.

'And listen to this one.' He turned over a page. 'It's like a bit of poetry and it's headed "Sunday":

'Chopin and gold crests
In the garden,
In the sun,
Doctor Arnold,
And philosophy,
And God.
All are one.

'Funny, isn't it?'

She nodded at him again.

'And then there was something else here that reminded me of you. You know I heard you at the back door one day trying to cheer your sister up an' you said to her, "Never say die." You often say that, don't you? Never say die.'

'Yes, yes I do' – she smiled at him now – ''cos . . . 'cos me mother used to always keep saying it. "Cheer up," she would say; "never say die." And something she would say, "Buck up and be a rabbit." I used to think that was funny.'

'Aye, it is. Buck up and be a rabbit. But listen to this; this is what put me in mind of you:

'Life comes in like the tide
On a roar from the sea bed,
And is already dying before its ebb.
Existence is the time it takes for the shingle to be wet.
And yet,
Are they deluded,
Do they lie,
Those blind with courage
Who shout above the spray,
Never say die?'

He gazed at her now, saying, 'That's what made me think of you. It's an odd piece of writing really, but it's one I can understand. Can you?'

She hesitated. 'A bit. Read it again, it sounded nice.'

So he read it again; and now she said, 'Well, I suppose it just means that life is short but you should keep your pecker up.'

He laughed outright now, crying, 'You've hit it on the head, Emily, you've just hit it on the head. Aye, that's what it means. Life's like a wave coming in and goin' out again, as short as that. So we should make the best of it, shouldn't we?'

'Aye, we should.'

They stared at each other in silence before he added, 'Perhaps your mother knew that poem, that's where she got the saying from.'

'No, I don't think she knew that one because I know the lines where she got it from.'

'You do?'

'Aye, they go like this: "While there's wood to burn and a kettle on the hob, and a fish with its eye on a fly, never say die." '

His head was back, his mouth wide, 'Well, I've never heard that one afore. But that's one I can understand. Well, lass, would you like this little book, it's no use to me?'

'Oh, thank you. Oh, ta, I'll read it right through. Ta.'

'Well, what do you think of me find?' He pressed the top of the secret drawer down and when it clicked into place he turned and looked at her, and she answered, 'Oh, I think it's marvellous to have a place to hide things where nobody can set their eyes on them.'

'Nor their fingers.'

'Aye, nor their fingers.'

'Well, lass' – he now turned the light down – 'It's chilly in here, let's go into the kitchen. And by the way, thinkin' about it being chilly, we'll have this room fire on every week-end, Saturday and Sunday. What do you think about that?'

'That'll be nice and comfortable for you.'

'Comfortable for us both, lass.'

'Oh aye, yes.'

'Well now' – he was standing with his back to the fire again – 'what do you think of me now?'

She looked at him straight and she answered him straight, 'The same as I did afore. I think you're a good man, and a kind one.'

He pursed his lips and wagged his head from side to side before nodding at her and saying, 'And I think you're a good lass, and a kind one an' all. We get on well together, Emily, you and me.'

After a short awkward silence during which he stared at her, she said, 'I'll get you some supper.'

'Aye, do that.'

While she was in the scullery he called to her, 'How would you like a trip up the river on Sunday?'

'Up the river?' She came to the scullery door and stretched her neck towards him.

'Aye, I said up the river. You can bring your young sister along an' all.'

'Oh, that'll be lovely. Thanks. Thanks, Mr . . .' – She put her hand over her mouth now, then added on an embarrassed laugh, 'Sep.' And as she withdrew her head he said, as if half to himself, 'We'll make that a start,' and she stopped for a moment, half inclined to pop her head out again and ask him what he meant. But like the sound of a far distant bell there rang through her mind just what he might mean. Even so, she closed her ears to it as if it were the distorted thinking of a dream, then continued the business of making his supper.

Chapter Five

Nancy McGillby had been dead for three months. It appeared much longer to Emily for at times it seemed she had been running the house on her own for years, and that she and Lucy had been going to the market on a Saturday morning to return laden with butcher meat, vegetables and groceries of all kinds for as long as she could remember.

She was worried about their Lucy, even though it would appear she had less cause now for she was seeing to it that she was well fed. She had an arrangement, with Sep's permission, that Lucy should call in each day after school and have a meal. . . . Sep hadn't been agreeable that Lucy should come in at dinner-time when he was having his meal. He was funny that way, Emily considered, he liked his meal on his own; well, at least just with her.

But in spite of her packing food into Lucy she didn't seem to put on any weight, and she had a worried look; all the time she had a worried look on her face. When Emily questioned her all she would say was she didn't like the lodger.

Had he touched her?

No, only slapped her across the bottom sometimes as if he were having a bit carry on. In any case, Alice Broughton nearly always sent her out when he was in the house.

When she asked if Tommy had been at her, she answered, no, because Jack was sticking up for her.

Emily was pleased to know that Lucy had one advocate in the house; Jack, to her mind, had always been the best of the bunch; and so she had seen to it of late that he didn't lose by it for she slipped him a penny every week.

But today, more than ever, she felt worried about Lucy, for she looked so peaky and down in the mouth, and she said to her now pointedly, as they entered the house and dumped their bass bags on the kitchen table, 'Look, our Lucy, what's up with you? You've had a face like a wet week-end all mornin'.'

'I'm just feelin' tired, Emily.'

'But you're always feelin' tired. Why do you feel so tired? Is she makin' you work?'

'Not more than usual, just the washin' up and the sweepin' an' things. . . . Emily.'

'Aye.' Emily sat down on the kitchen chair and heaved a sigh while pulling the hatpins from her hat before taking it off; then, sticking them back again, she looked at the thin girl standing silently at her knee and she said sharply, 'Well, get on with it, what do you want to say?'

'Couldn't I come here and live with you?'

'Aw, our Lucy' – Emily had now closed her eyes and was shaking her head – 'how many times have I told you I've asked him, an' I keep hintin' at it times without number, but he keeps sayin' we'll have to have the consent of me da; if he takes you away from her there could be trouble. And there could be, you know, because me da left you in her care. And she has the half-pay note to prove it, she'll say. And that's what me da said it was for an' all.

'Now look' – she caught hold of Lucy's hands – 'I know it seems a long time till me da gets back but you'll have to be patient. Come on, cheer up, never say die. Look, let's get these things sorted out and then we'll have a cup of cocoa.' She now hunched her shoulders upwards, adding, 'An' we'll have it in the front room afore the fire, eh? . . .'

When, a short while later, they were seated on the rug in front of the fire sipping their cocoa, they smiled at one another and Emily said, 'Isn't this nice?' and Lucy, the smile sliding from her face and her eyes showing a depth of sadness that brought an ache to Emily's heart, said, 'Aye, it's like heaven.'

Silently now they looked at each other until Emily muttered softly, 'I'll do me best. I've got something up me sleeve, I'll do me best.'

After this they sat in silence, Lucy with her head down, but Emily with her legs up looking round the room. It was a lovely room, wonderful to her eyes, the seven-piece plush suite, the glass-fronted china cabinet in the corner which showed off a complete tea-set, the piano against the wall opposite the fireplace. Sep said she must start to learn the piano, and she would. Oh aye, she would love to play the piano; she would feel educated if she could play the piano. And there in the corner to the right of her the desk, Sep's desk as she thought of it; and in front of the window a small polished oak table on which stood a beautiful plant pot with an aspidistra in it. Then there was the floor covering, not lino like in the kitchen and in the bedrooms, but a real carpet, with a shop rug at the fireside, on which they were sitting now, not a proggie mat like most people had in their front rooms but a bought rug; and everything everywhere was shining. Never a day went by but she dusted every article in the house, and once a week saw to it that they were polished. And every minute of her work was a joy to her. She never wanted to leave this house and . . . and what was more she needn't leave it.

Now her head was bowed over the cocoa. She knew the time wasn't so very far off when he would say something to her. And what would she say back to him? She'd have to think carefully about this. But hadn't she thought carefully about it? If she didn't give him the answer he wanted somebody else would, for he was a man of position anyone would be glad to have; besides being the owner of a house he was a gaffer in the docks. . . . It was a pity he was old.

When she sprang to her feet she startled Lucy; then she went towards the kitchen, saying, 'Eeh! sitting here wastin' time when I've got the dinner to see to.'

Although she had been expecting it, when he did broach the subject that was in both their minds, it came as a surprise to her, for it was on that very same Saturday night when she was almost ready for bed that he said suddenly, 'Sit down, lass.'

He often said, 'Sit down, lass,' but there was a different note to his voice now. He had been out most of the evening, and when he came in she could smell beer on him. But he wasn't drunk, and no way near it. He had told her that he would never get drunk again, because it was a mug's game, but he would have his pint when he felt like it, and she had agreed with him that he should. All men except ranters liked their pint, and were no worse for it.

As was usual when she was slightly disturbed, she joined her hands together and laid them on her lap, and she sat looking at him and he at her. Her mind was telling her that he wasn't bad looking. His face was squarish, he had a kind of ruddy complexion with brown eyes, and a nice shaped mouth, and he looked better, younger, since he had shaved his moustache off. When she first saw him he'd had it waxed at the ends, but then he had cut them off and just had an ordinary tache. Then not long after Mrs. McGillby died he had become clean-shaven and looked better for it. . . . But he was still thirty-five!

And now he was talking to her.

'You know something, Emily? I feel that the missis has been dead for three years, not three months; in fact, at times I feel she never existed. Can you understand that?'

Again, as was usual when disturbed, she merely nodded.

'Now I don't want to frighten you, an' I don't think I'm goin' to, by what I'm going to say, for you've got a head on your shoulders an' you know what's what. That being so you're bound to know I've got a feelin' for you, Emily, and it hasn't just come up the day or yesterday, it's been there a long time. She must have known about it too. Aye' – he turned his head to the side – 'the way she went on at times she knew about it all right. Yet God knows by neither word nor look did I ever let on to you how I felt. Now did I? Speak fair.'

She made another small movement with her head.

'Well then, I won't beat about the bush any longer. I want to marry you, Emily. Now' – he raised his hand – 'don't say you're too young, or I'm too old; I'm not an old man, I'm young in every way a man can be young, an' that's what counts. And you . . . well, I know you're only sixteen but we can keep this between ourselves for the next few months until you reach seventeen, and then, what d'you say, Emily? What d'you say?'

Her eyes were wide, stretched; her lips were slightly open, drawing in a thin stream of air; she felt it going down her throat and swelling her breast.

'You don't dislike me, do you?'

'Oh no! No!' The answer shot out of her.

And it was true, she didn't dislike him, in fact she liked him very much. But to get married to him, to lie in the big bed with him, would she like that? She didn't know. She didn't think she would somehow; and yet she'd have to get married one day, wouldn't she? And who would she marry? Somebody from their street and live from hand to mouth like Peg Watson did, or Mary Nichols, or Hannah Threadgill. Pawnshop on a Monday, getting them out again on a Friday night. And if she married a man like Hannah Threadgill did she'd be knocked black and blue at times.

'You like the house?'

'Oh aye, yes, oh aye, Sep, I like the house. I love it.'

'Well then, lass, it's yours just for the sayin'. I'd be good to you, Emily.' He was holding her joined hands now, gripping them tight. 'You need fear nothin' bad from me.' It was as if he were reading her thoughts. 'You'll have your own way in everything, I promise you that. And what's more, once it's settled you can have Lucy here with you an' welcome. Aye, you can; and I'll put up with the consequences of taking her from that woman and make it right with your da when I meet him.'

Somewhere along the line she felt he was taking an unfair advantage now; and not only now, she had glimpsed his reason for not having Lucy in the house before. He guessed that when it came to the push what she wouldn't do for herself she'd do for Lucy. Yet she didn't blame him; people went to all kinds of lengths when they wanted something, and he wanted her. His need of her was deep in his eyes. She'd seen it there for a long time. She felt a rising pity for him, an urge to please him, and a sudden overpowering desire for security, security for both herself and Lucy for the rest of their lives. To have a man who was always in work, and more than that, one who had a bit behind him, for he had confided in her that there was a tidy little sum in the bank besides the money in the drawer. But the main thing was she'd really be mistress of the house if she married him.

He had said he would wait till she was seventeen. That was more than eight months away and eight months was a long time. She'd likely not mind being married in eight months' time.

Her hands relaxed within his. She smiled at him and moved her head once, and the next minute she was pulled to her feet and hugged to him and, his lips pressing hard on hers, she received her first kiss.

Then he was holding her at arm's length, laughing loudly while shaking his head, and crying, 'I didn't mean to be rough, lass. It won't happen again, but . . . but I thought I had a fight on me hands. Somehow I thought you would say, "Thank you very much, Sep, but I just want to be your housekeeper." Aw, lass, I feel the happiest man in the world. And look' – his voice now dropped to a confidential whisper – 'I'm going to tell you something. Come Monday perhaps I'm going to give you something, something bonny, beautiful.'

'You are?' She looked at his face. It was gleaming with sweat, his eyes too were gleaming; and his voice still a whisper, he went on, 'You know that lot in there, in the drawer?' He thumbed back to the front room. 'Well, I'm selling the lot, and all to get one piece. Aw' – he now slapped her on the shoulder with the flat of his hand – 'wait till you see it, lass. I'll not tell you anything about it, so it'll be a surprise, but just wait till you see it; it's fantastic. When I first glimpsed it I thought to meself, by! lad, I'd like to give that to Emily as a wedding present. And now you'll have it, lass, and you won't have to wait for the weddin', I'll give it you straightaway when I get it.

'Aw, Emily' – he now took her gently by the shoulders – 'I'll make you happy, I promise you. You could, I know, with your looks an' the kindness of you, and your jollity, marry anybody. But let me tell you something, Emily. Nobody in the wide world could think of you as I do, an' will take care of you as I will, and will love you like me. What do you say to that?'

'I know, Sep, I know.'

'An' something more. When we're married I'll give such a do they won't have seen anything like it since Coronation night. Queen Alexandra's won't hold a candle to the one I'll give you.'

She did not doubt but that he'd give her a big do, but why didn't it make her heart glad? All she wanted to do was to cry.

He said gently now, 'Away to your bed afore I eat you.'

She went, and she did cry. Her face buried in the pillow, she cried as she had never done before, and she told herself perhaps it was with happiness.

It had been a strange week-end. Her position in the house had changed from Saturday night. It was because of Sep's manner to her she supposed. He acted towards her like a young lad might. He'd put his arms around her waist, or around her shoulders, and when he did things he rushed at them, as when he brought in the coal, or took the ashes down the yard; and he went round the house talking about the alterations he was going to have made. He said the back yard wasn't of much use, but a bigger scullery would be, a scullery big enough to be classed as a kitchen. He even talked of bringing the lavatory inside.

Yet although he acted like a lad it didn't seem to make him any younger.

On Monday morning she did the washing, and when she hung it in the back lane and saw the sheets billowing in the wind it gave her a kind of joyous feeling in her stomach.

There was a cold dinner as always on a Monday, and when it was over Sep put his arms about her and kissed her. He kissed her gently, because she had struggled last night when he had kissed her rough. She felt funny when he kissed her but she supposed she'd get used to it in time.

As soon as he had gone back to work she washed the dinner dishes; then started to clean the two bedrooms, polishing everything from the windows to the floors; and she was still at it when Lucy came at quarter past four.

After placing before her three thick slices of new bread and butter and a plate of cold meat and pickles, she herself sat down thankfully and sipped at a cup of tea, saying, 'Eeh! look at the time, the afternoon's just flown.' Then, the cup half-way to her mouth, she stared at Lucy for a moment, realizing she was even more quiet than usual, and asked, 'What's up?'

Lucy swallowed on the mouthful of bread, then the tears gushing from her eyes she said, 'I . . . I don't want to go back there, our Emily, I don't want to go back there. I tell you I don't.'

'What's happened?'

'It's him, that Tim Pearsley.'

'What's he done?'

'He . . . he's always trying to catch hold of me.'

Emily sat back in the chair and drummed her fingers on the table. Something would have to be done; she knew Tim Pearsley and his type, oh aye. There were a lot of them about.

Suddenly leaning across the table, she grabbed Lucy's wrist, saying, 'You go on back home. Now listen, go on back home and I'll be along later. I'll talk to Se . . . Mr. McGillby, and I think he'll let you come now. But I can't keep you here off me own bat, you understand? Just you eat that up, then get off back. I should be there around seven. Now don't worry, you'll be all right.'

'You're sure, Emily?'

'Aye, I'm sure this time. We'll be sleepin' together again the night.' She grinned at her now. 'Come on, buck up.' She pushed Lucy's chin upwards. 'You know what I say.'

'Aye.' Lucy blinked back her tears, then wiped them off each cheek with her forefinger and she grinned in return as she said, 'Never say die.'

'That's it, never say die.'

When Lucy had gone, Emily decided she'd finish her bedroom in the morning; now she must wash herself and do her hair and put on a clean pinny before she got his tea; he liked to see her nice, and she'd not only have to look nice, but be nice when she asked him if she could have Lucy here. . . . No, not ask, but stress the fact that she'd have to have Lucy here . . . now.

What was it he had said when he told her about his life and marrying Mrs. McGillby? That everything must be paid for. Aye, well, she would pay for Lucy living here. She had given him a promise and she would keep it.

Sep usually came in about twenty past five, but it was now quarter past six and he still hadn't put in an appearance. She went and stood at the front door.

Over the wall edging the river bank she saw the funnel of a ship passing; it was going out on the high tide. It was a nice evening, a bit chilly and the twilight fast approaching, as one would expect in early October. She had kept her gaze directed towards West Holborn, from where he would come; then she happened to glance the other way and saw him in the far distance coming from the direction of Coronation Street. She was surprised at the relief she felt at the sight of him, it was so great that she almost ran along the street to meet him.

When he eventually reached her he grinned widely at her, saying, 'Sorry, lass, did you think I'd gone out on a banana boat?'

'Eeh! I didn't know what to think; you've never been late like this afore.'

'No, I haven't, but who knows, in the future I could be late like this again. . . . Emily, I'm on to a good thing, the night's only the beginning. Now you can get me tea, while I get me wash 'cos I've got to get out again, and quick.'

As she hurried into the scullery he called over his shoulder, 'I'll have you decked in diamonds yet, lass.'

As she squeezed past him in the scullery, she said, 'Is it that thing you were talking about on Saturday night?'

He didn't answer her immediately for he was swishing the water around his neck and over his face and spluttering and puffing the while; but in the middle of drying himself he held the towel to the side of his face as he looked at her and said, 'Aye it is, and by! it's bonny, nearly as bonny as you. But come on, no time to waste, I've got to see this fellow at half past seven. There's got to be a bit of bargaining to and fro afore things get settled.'

She put a sizzling mixed fry before him, but when she didn't put a similar helping down for herself he stopped eating and said, 'Where's yours?'

'I don't want any the night, Sep.'

'What's the matter?'

She stood by his side looking down at him. 'Our Lucy's been, she's in a state.'

He now turned his head to the side, saying, 'Ah now, Emily, another time, the morrow, but I've got this business the night.'

She moved from him now and, taking a seat opposite him, she placed her hands in her lap and said quietly, 'This is important to me, Sep. There's a fellow there, a lodger, I . . . I think he's tryin' to interfere with her.'

'What! She said that?'

'As much.'

'Well, well' – he rubbed his fingers across his greasy lips – 'this puts a different complexion on it.' He looked hard at her now. She was sitting straight-faced; her body, too, was straight. Like this she appeared a young woman, not a young lass of sixteen. She had a look of someone nearer twenty, and if he knew anything about it she was thinking like someone nearing twenty, for it was a kind of ultimatum she was putting to him: 'You have Lucy or you're not getting me.' Well it was turning out tit for tat, for hadn't he himself used the youngster as a lever to bring this bonny bit permanently into his life?

Slowly he smiled at her. She had a head on her shoulders had his young Emily and he liked that; he liked a woman to have something up top. And by! when she became a woman she'd not only have something up top but all round. By! she would that. His smile widened into a grin; he winked at her and grabbed up his knife and fork as he said, 'Go ahead, lass, bring her when you like; the place is yours and all in it.'

'Oh, thanks, Sep. Ta, thanks. I'll go as soon as I've washed up.'

Twenty minutes later he was bidding her good-bye, saying, 'Now, I don't know when I'll be back, I could be gone an hour or two, or it might be nearer eleven when I fall in through the front door.' He laughed loudly at this, adding, 'And it's more than likely I'll have a drop on me.' He put his finger out and tickled her chin. 'But I won't be drunk, I promise you. Good-bye, lass.'

After he had kissed her she closed the front door and stood for a moment wiping the moisture from around her mouth before dashing into the kitchen and up the stairs for her hat and coat.

The last thing she did after locking the back door was to put the large iron key on the wooden shelf attached to the back of the iron mangle in the wash-house. Sep insisted that one key must always be left in the wash-house. At one time he'd only had one key, and whenever he lost it he'd break a window go get in.

There seemed to be twice as many children at play in Creador Street than anywhere else in the town. When she came to No. 18 the door, as usual, was open, and, also as usual, there were children on the stairs, but only the two girls Kate and Annie, and Jack. The girls were dressing a clouty doll; Jack was standing leaning against the staircase wall. He'd had his hands in his pockets idly watching them until Emily made her appearance; then he sprang upright, saying, 'Oh, hello, Emily.'

'Hello, Jack. Where's our Lucy?'

When he simply looked back at her without giving her an answer she bent and peered at him in the dimness of the staircase and demanded, 'Where is she?'

He merely jerked his head back on his shoulders, and she stared at him before saying, 'What's the matter, what's happened?'

He now strained his face towards her as he whispered, 'Me ma's out; there's only our Tommy up there an' . . . an' Tim Pearsley. He . . . he made us come out.'

'Who did, Pearsley?'

'Aye.'

'And Lucy, she's still in?'

'Aye.' He moved his head slightly as he muttered, 'He wouldn't let her come down.'

She took the stairs two at a time and, thrusting open the kitchen door, she startled Tommy who was wielding the point of his knife around the edge of the table.

'Where's our Lucy?'

When he, too, made no answer she turned her head and looked in the direction of the bedroom wall; then she almost leapt across the room, grabbed the poker from the fender, rushed out again on to the landing and, having glanced swiftly from one bedroom door to the other, she picked on the door of the smaller room and, turning the knob, she thrust it open.

She had expected the door to be bolted or at least a chair stuck under the handle, which was why she had picked up the poker in the first place. But now she stood, her hand at shoulder height holding the poker, glaring through the flickering gas jet into the startled face of Tim Pearsley.

As she had seen him before, his upper body was bare, but his trousers, now without a belt, were hanging slackly around his hips. He was half sitting, half leaning across the bed, an elbow giving him support while his other hand was gripping Lucy's leg near the thigh. Lucy was tightly pressed against the wall at the side of the bed. She was making no sound, no whimper. Her face was the colour of fresh fallen snow and her features were like the same snow when frozen solid.

'You dirty rotten pig of a man! Lucy, come out of that!'

Startled as if from a dream, Lucy jerked herself upwards in the bed. But Tim Pearsley's hand pulled her down again; and now he turned and grinned slowly at Emily, saying, 'Nice to see you.'

'Let go of her!'

'Why should I? She likes a bit of carry-on.'

She didn't stop to think, the poker seemed to leave her hand of its own volition. When it found its target the room was filled with a great cursing roar, and she saw Tim Pearsley stagger back with the blood running from the side of his face near his ear.

When Lucy sprang from the bed she grabbed her hand; and then they were racing down the stairs, past the astonished wide-eyed children, and into the street. And they ran and ran, not stopping until they entered the back lane of Pilot Place, and there, gasping, they both leant against the wall of the warehouse.

After a time Emily pulled herself upright and Lucy with her, and they stumbled down the back lane and into the yard. Still gasping, Emily pushed open the door of the wash-house, took the key from behind the mangle, and entered the house.

As she pulled her hat and coat off she looked at Lucy standing like someone lost in the doorway between the scullery and the kitchen, and she said as if clothes were the main concern, 'Don't worry about your coat and hat, I'll get you another. Anyway, you can have me old one.'

She continued to stare at the still dead-white face before her. All the running hadn't put any colour into it, and so taking Lucy's hand, she led her gently towards the fire and pressed her down on to a chair, she herself dropping on to her hunkers before her and looking into her face, and she asked, 'Did . . . he touch you?'

Some seconds elapsed before Lucy shook her head slowly.

'You're sure?'

'Aye.'

Emily took a deep breath as she straightened up, and smiling faintly now, she said, 'You'll be all right from now on. Never again will you have to put up with that because you're not going back. . . . Now, now, don't start an' cry.' She lifted Lucy's bowed head upwards and, gazing tenderly into her face, she said, 'We're set for life, you and me. I'm goin' to tell you something, secret like as yet, but I'm going to marry Mr. McGillby . . . Sep.'

'Mr. McGillby? . . . Marry him?'

Emily could see that even Lucy was a bit shocked at the prospect, and so she put in quickly. 'He's not all that old.'

'Isn't he?'

'No. And . . . and he's young in his ways, like a lad at times. And he's nice, Lucy; you know he's nice.'

'Oh aye, yes, I know he's nice.' Lucy now turned her head slowly and looked round the kitchen, and as if reading her thoughts, Emily said, 'And this'll be our home, our house. And it isn't rented like others, he owns it. And you know something else?' She now bent and leant her face close to Lucy's. 'He's got a bank book, he's got money in the bank. Now that's something, isn't it?'

When Lucy made no reply Emily turned away and said aloud, as if to herself, 'Never in me life will I need to worry where the next bite's coming from.'

It was as if her mother or an older woman were expressing her thoughts; indeed at this moment she felt old, grown up. She had made a decision, a great decision, all by herself, she had made it in order to get herself and Lucy fixed for life. And she wasn't cheating on it, she told herself; she'd pay her way, for by marrying Sep she wouldn't be getting things on tick, she'd be paying her way.

As he had foretold, Sep was late in coming in, and also as he had foretold he had beer on him; but he wasn't drunk. Emily had kept Lucy up in order to meet him and when he saw her sitting by the fireside, a long coat over her nightie, he smiled at her kindly and said, 'Well, you've come home, lass.'

Lucy didn't speak, and so Emily said, 'She's shy, but I've told her everything's all right.'

'What did you find when you got there? Did you have any trouble?'

She nodded at him as she said. 'It was as she told me, he was trying to get at her. He had her in the bedroom in the corner of the bed and' – she stopped and bit on her lip.

'Well, go on.'

'He had a hold of her leg an' wouldn't let go, an' . . . an' I seemed to go a bit mad . . . I hit him with a poker.'

'You what!' His voice came small as if from someone of half his stature.

'I picked it up to batter on the door but the door was open, the bedroom door, and there he was lying across the bed and her in the corner' – she thumbed now towards Lucy – 'screwed up against the wall. An' she's got bruises all over her backside . . . bottom, the lot, where he's been nippin' at her. She's been scared out of her wits.'

Sep looked down into the small white face of Emily's sister. They didn't appear like sisters. Emily was robust and bonny whereas this lass was puny. He feared she had the consumption on her. Was that why he didn't want her in the house? No, because he wasn't afraid of picking up anything; if you had to get anything, you got it was his philosophy. But what he said now was, 'You hit him with a poker? Did you hurt him?'

'Yes. Aye, I think . . . I think so; I saw the blood running down his face, and he fell back against the wall. But we ran. We just ran.'

'Good God!'

She was standing straight now, stiff, as she said, 'I'm not sorry, I'm not a bit sorry. If you like I'll go to the polis the morrow and tell them what I did, 'cos look' – she now pulled the coat from around Lucy's shoulders and pushed up the wide sleeve of the calico night-dress as she cried – 'Look at that!'

And he looked. The top of the girl's arm was almost black and blue.

'And that's not all. I'm . . . I'm gona show you this.' With a swift movement of her hand she had pulled up the bottom of the night-dress until it was half-way up Lucy's side. 'Just look at them! He stuck his finger nails into her. And there's other places that I cannot show you.'

As Sep looked down on the bruises and small weals on the child's leg his face became grim and he said between his teeth, 'The dirty bugger!' Then bending down to Lucy, he asked, 'What d'you say his name is, lass? Tim? . . . Tim?'

'Pearsley. Tim Pearsley.'

'Pearsley. . . . Big fellow, reddish hair?'

Lucy's nod confirmed the description.

'Pearsley? I know Pearsley, big Tim Pearsley. Oh, I know him, an' I'll have a word to say to Mr. Pearsley the morrow. Now, lass, if you've had something to eat go on up to bed, and from now on this is your home, there'll be no more Pearsleys in your life if I've got anythin' to do with it.' He patted Lucy's head and pushed her gently forward, and Emily called softly to her,

'You know where to go. Go on, I'll be up in a minute.' And then they were alone together.

Seating himself in the wooden armchair, Sep said, 'You did the right thing, lass. Yes, you did the right thing. And with a poker an' all! Though somehow I can't see you throwin' a poker.' He put his head back and laughed. 'You won't try on anything like that with me, will you?'

'No, Sep.' She smiled, but her smile was weary, and he said, 'You look tired, lass.'

'It's been a kind of busy night; I . . . think I'm just feeling the effect now.'

'Yes, you would, it always sets in after. But you did right. Aye, you did right. The dirty swine. Just you wait till the morrow. But now I said I'd something to show you, didn't I?'

'Yes.'

'Well, somehow, I don't think you're wide enough awake to appreciate it at this minute.'

'You don't?'

'No, I don't, lass, so I'm gona leave it, because I want it to do you credit, an' I want you to do it credit. Do you see what I mean?'

She smiled gently at him as she said, 'Not . . . not quite, Sep.'

'No, no, lass, you're too tired. Well, things'll be different this time the morrow night. You have an easy day of it the morrow; you take Lucy out and go and have a look round the shops and walk down to the sands, it'll do you good. Then put your best frock on the morrow night, and after you've sent Lucy up to bed early on I'll show you what I've got for you. It's the prettiest thing.' He shook his head slowly as if he was seeing something in his mind's eye. 'You know, Emily, I didn't realize that I had a taste for bonny things. It's come on me gradually, sort of seeped into me that I like to own things, not big things like furniture and stuff, but small things, precious things, and' – he put his arm out now and grabbed her round the waist – 'an' things like you. Oh aye, you're the most precious thing I've ever seen in me life. Aw, Emily, can you guess how happy you've made me, an' how happy you're going to make me? This last few days I've realized I haven't lived, not really. I haven't had anything out of life that's really been good. Aw' – he jerked his head now as he hugged her to him – 'there's good an' good. That lot of ranters, they would class themselves as being good, but that isn't the good I mean. You know what I mean, don't you?'

'Aye, Sep.'

'You know the little book I gave you out of the secret drawer? Well, the line in that bit of poetry keeps sticking in me mind, an' you know, it gets truer every day. How does it go? Existence is the time it takes for the shingle to be wet.

Existence is the time it takes for the shingle to be wet.

He shook his head slowly.

'You know Emily there's a lot in that, a tremendous lot, in fact there's everything in it. A whole life is over in just the time it takes for a wave to wet the shingle. Whoever wrote that must have thought long an' deep. Don't you think so?'

'Yes, Sep.'

'Aw, lass, I see you're dropping on your feet. Go on, up to bed, but afore you go give us a kiss.'

He pulled her on to his knee and, his arms tightly about her now, he kissed her, and the smell of beer wafted up her nostrils. But, as she had said, she wanted nothing on tick and so she kissed him back. Then she did a strange thing, she thought it strange even at the moment but it was to seem much stranger still when she thought of it later in life, for having reached the door at the bottom of the stairs she ran back to him and, flinging her arms around his neck, she pressed her lips tightly to his, even indecently, she imagined. And such was his pleasure and surprise that there was moisture in his eyes as he watched her turn and hurry towards the staircase door and disappear behind it.

Chapter Six

It was quarter to nine the next morning when Jack knocked on the back door, and when Emily opened it he looked at her apologetically and said below his breath, 'I had to come, me ma sent me.'

'What is it?' she asked quietly.

'She says you've got to send Lucy back or she'll have the polis on you.'

'Does she? Well, you go back an' tell her to get the polis right away 'cos if she doesn't I will. Then I'll let them see what her lodger has done to our Lucy. An' you tell her from me that when she went out she knew what would happen to our Lucy. She went out on purpose, and undoubtedly was well paid for it, you tell her that from me. Now remember every word I've said, Jack.'

When he stood staring at her, she said, 'Is there anything more?'

'Aye, but . . . but she didn't tell me to say this, but I think you'd better know, Emily. Tim Pearsley says he'll get you for what you did to him last night.'

She swallowed deeply before she said, 'Will he? Well, I'm goin' to tell you something, Jack. I'd do it again and more if he comes within arm's length of me.' Her voice dropping now, she asked, 'Did I cut him bad?'

He nodded at her. 'Me ma said you could have taken his eye out.'

'It's a pity I didn't.' She sounded at this moment braver than she felt for she was thinking, Eeh! if I had.

'I thought I'd better tell you, Emily, 'cos . . . 'cos he means it. He's a nasty piece of work, I don't like him, no more than you did.' Then he added, 'I'll have to be away else I'll be late for school.'

'Wait a minute.'

Hurrying back into the kitchen she took tuppence from the housekeeping tin that stood on the end of the mantelpiece, and when she put it into his hand, he said, 'Eeh! ta, thanks, Emily'; then backing from her, he said,

'Ta-rah then'; but paused a moment before turning to run down the back yard and said, 'You'll look out for him, won't you?'

'Don't you worry about me, Jack. An' thanks for comin'. Go on now.'

Having closed the door and returned to the kitchen she stood near the table nodding to herself. Let him try anything an' I'll go straight to the polis. Or Sep will see to him, aye, he will. He said he would this morning afore he went out. 'Don't you worry about Lucy,' he said. 'You'll have no more trouble from that dirty swine, I'll see to that. I've got a bit of power in the docks you know. At least at my end, what I say goes, and if there's anybody questions it I just go to the dock office and I see the boss. Him and me get on well together. He knows I do a good job, an' I'm a fair man, so don't you worry any more about that dirty bas . . . devil.'

But she did worry about him; he stayed in her mind all the morning, putting a weight on her spirit. Her biggest worry had been Lucy, and now that should be over for hadn't she sent Lucy out to school this morning from this very house looking happier than she had seen her in her life before. So let Tim Pearsley start anything, just let him. . . .

Sep usually came in for his dinner between ten past and quarter past twelve. She had made a pot pie for him. He loved pot pie; he could eat a whole one himself with a pound of steak and kidney in it and the top crust as well.

She gave Lucy a portion of the pie together with potatoes and cabbage when she came in from school.

At half past twelve when Sep still hadn't arrived she opened the oven and placed a large basin over the plate on which lay more than half of the pudding. Then standing gazing towards the kitchen window that looked on to the yard she muttered aloud, 'It'll be as dry as sticks if he doesn't hurry up.'

At one o'clock she was sitting alone staring out of the window, her hands gripped tightly in her lap. Something was up, something had happened, in the usual way he'd be back at work now. She felt sick. She had told herself that he might be working through; sometimes when the boats had to be turned round quickly, especially the iron ore boats that came from Bilbao, they did a double shift and worked right through the night. But he would have let her know; he always did. He would send one of the dock lads with a message and a request for some bait.

. She was still sitting with her eyes fixed on the window when there came a knock on the front door and she swung round so quickly that she ricked her neck.

When she opened the door and saw a man in a blue serge suit and a white shirt and high starched collar, and by his side a uniformed man whom she knew to be a dock policeman, she gasped, opened her mouth wide, then closed it, but didn't utter a word.

'Can we come in a minute?' It was the man in the blue serge suit who had spoken, and she pulled the door wider and let them into the front room, where they stood now looking at her. And again it was the man in the blue serge suit who spoke. 'I . . . I take it you're Mr. McGillby's housekeeper?' he said.

She moved her head once, her eyes never leaving his face.

'Well, I'm afraid we've . . . we've got bad news for you, lass.'

She swallowed deeply in her throat, then gripped it with her hand, but still she didn't speak.

'There's been an accident on one of the boats. A sling of props gave way. One of them . . . well, it caught Mr. McGillby on the back of the neck and he went over the side. He . . . he wasn't drowned, it was the blow, sort of a million to one chance. Props, well, props are falling every day, men get knocked out with them, but . . . but this one, well . . . it broke his neck.'

She didn't know how she had arrived in the kitchen. She was again sitting on the chair that was facing the window and it was the policeman now who was talking. He was saying, 'There now, there now, you're all right.'

She stared up at him. She wanted to say something. Her thoughts were jumping one over the other, and one, jumping higher than the rest, caused her to gasp and choke as she said, 'He . . . he didn't work . . . on . . . on the prop boats.'

'No, lass, we know that, we haven't got to the bottom of it yet. He had gone to see somebody, I understand, on one of the boats just afore knocking off time. We've got to go into it. Nobody seemed to know what really happened. The buzzer had gone and they were all making for the dock gates. The last men to see him said he was talking to a chap called Pearsley, and they know nothing more after that but that the sling must have given way.'

She heard herself give a loud cry, then she saw the floor come up and hit her.

It was the policeman again whom she saw when she opened her eyes. She was lying full length on the mat now, but it was the man in the serge suit who said, 'Take a drink of this, lass.'

A few minutes later she was once more sitting on the chair. Her body was trembling from head to foot, and her mind was repeating one name, Pearsley, Pearsley, Pearsley. It was right then, Jack's warning. He said he would get her, and as the saying went, there were more ways than one of killing a cat. He had killed Sep. Oh no! No! No, Sep couldn't be dead; it was impossible. She had seen him go out of that door at six o'clock this morning. She had put his breakfast bait into his hand and he had kissed her.

'Who is Mr. McGillby's nearest relative?'

'What?' Her head was back on her shoulders, her mouth was open and she gazed up at the man.

'Who is his nearest relative? Do you know?'

'He . . . he has a sister. She lives in Dock Street – a Mrs. Blackmore. That's the only one I think.'

'She'll have to be informed. Have you anybody who can come and stay with you?'

'No, no, I don't want anybody.'

'Well, we'll have to leave you now, lass, there's things to be seen to.'

Suddenly she was gripping the policeman's arm. 'But where is he? Where have they put him?'

'They took him to hospital but . . . but they couldn't do anything. He's in the mortuary there.'

She moved her head slowly. She couldn't take it in, she couldn't believe it; and what was more strange still, she wasn't crying. She couldn't cry, her whole body seemed to be frozen, numb.

'We'll have to go now, lass. Sure you'll be all right?'

She moved her head once and as they went towards the front room the man in the blue serge suit turned and said, 'We'll inform his sister. She'll come along and see you, lass.'

She didn't nod now, she just stared at them. Sep hadn't liked his sister, he had hated his sister, he had never invited her to the funeral, nor would he let her in that day to the tea. He had said that she was a no good, lying, slovenly bitch and nothing more than a dock whore; he had actually said that about her. And now she would come and take over.

An only relative.

The house, everything, everything that had been Sep's would be hers.

She stood up and supported herself against the kitchen table, her hands behind her. She pressed her buttocks tight against it as she gripped the edge. This beautiful house, this house that she loved, and every stick in it, this house that she had looked after for years. She could hardly remember a time when she had lived in Creador Street; even when she had lived there she had dreamt about this house at nights, about being able to work full time in it. And then lately she had known that it was hers. Sep in a way had already given it to her; she was to be married to Sep. *It was hers.*

No. no, it wasn't. She turned slowly now and pressed the flat of her hands on the table and bent over it. She wasn't married to Sep; as the man had said, she was his housekeeper. She couldn't claim stick or stone in it. But did it matter? Did it matter now that Sep was dead?

And why had Sep died? That's what she should be asking herself. He had died because of her really. If she hadn't hit Tim Pearsley with that poker Sep would never have gone for him.

Yes, yes, he would. It was the marks on Lucy that had made him angry . . . Lucy. If it hadn't been for Lucy, Sep would be alive. If she hadn't insisted on bringing Lucy here. . . . But if she hadn't what would have happened to Lucy? Oh dear God! Her mind was in a whirl, what was she going to do? Oh Sep. Sep. Suddenly she had a deep overwhelming longing for him, she wanted to feel the toughness of his arms, the hardness of his chest, to put her face against his neck. She had felt a certain kind of security when she had put her face against his neck and he placed his hand on her hair.

What was she to do now? Would that woman turn her out?

Of course she would turn her out.

No, no, she wouldn't; she wouldn't be as bad as that.

'*Don't be so daft: of course she'll turn you out.*'

She was speaking aloud, even shouting. She put her hand over her mouth. She felt she was going funny, mad. Where would she go? What would she do? How much money had she? She had nearly twenty-five shillings of her own saved up; after giving the shilling to Alice Broughton she hadn't touched the one and sixpence since Sep had raised her wages. Then there was the odd half-crown he had slipped her now and again to go and buy herself something on a Saturday morning. She never had, she had saved it. But she had never skimped the housekeeping to save anything for herself.

The housekeeping! She took down the tin from the mantelpiece. There was six and elevenpence in it. This was the accumulated residue of weeks. She paused a moment before taking the money out and thrusting it into her apron pocket; then she went into the front room and stood in front of the bureau. There was money in there in the secret drawer, a lot of money. The rings and things had likely gone to help buy that present for her. And he had brought it last night, and she would have got it if it hadn't have been for the do over Lucy. But she was to have had it tonight. Make yourself bonny, he had said, because it's a bonny piece. What was it?

She could open the drawer now and have a look. But what if she came in, that woman, and saw the top open?

Go on, open it, now, quick!

It was as she actually obeyed the inner command and pulled open the drawer with the intention of pressing the button that she heard the latch of the back door being lifted, and she banged the little drawer closed, pulled down the lid of the desk and was at the entrance to the kitchen when Jessie Blackmore entered the room.

Emily saw immediately what she was up against, for the woman was actually bristling with triumph; it came over in her voice which was high and almost a screech, as she cried, 'Well now, well now, I can see you've heard, an' so you know your number's up, don't you, miss? An' not afore time, 'cos only death would have opened our Sep's eyes to you. And he's gone, hasn't he? I'm no hypocrite.' She now tossed her head from side to side, 'Nobody'll say that Jessie Blackmore is a hypocrite. There was never no love lost 'tween him and me, but I'm his only living relative. That's what the polis said an' the boss from the docks. "You, Mrs. Blackmore, are Mr. McGillby's only living relative, and the young lass has taken things badly. You'd better get yourself along there," he said, "an' take charge. There'll be papers and things to see to. Like a will perhaps." Or' – she now nodded her head deeply – 'no will. Well, in the meantime I'm takin' charge an' you know what you can do, miss.'

'Yes, I know what I can do.' Emily was choking on her words. 'I . . . I don't need you to tell me.'

'No, you don't need me to tell you anything, you know everything, everything there is to know about ensnaring a man. The whole town's been talkin' about you and him.'

'We were going to be married.'

'Huh! listen to her. How old are you? Sixteen, if that, and him old enough to be your da. You were going to be married? Huh! that's a laugh. . . .'

'We were, we were. As soon as I reached seventeen, we were. And nobody could say anything about us because there was nothing to say.'

'If you told that to the cat it would scratch your eyes out. . . . Who do you think you're kiddin'? Livin' here with him all these months by yourself and his wife an invalid and not being able to give him anythin' for years. . . . Nothin' atween you? You've got a nerve even to look me straight in the face when you're sayin' it. Well now' – she made a deep obeisance with her head, at the same time pulling her coat off and throwing it across a chair – 'we'll set you on your way; we'll see you get packed and take only what's yours.'

Emily had the urge to take her hand and slap the woman across the mouth but she knew if she did what would happen. A woman such as Jessie

Blackmore would tear the hair from her head in handfuls; she had seen her like fighting in the docks, women rolling in the gutter joined together,their hands entwined in each other's hair like the entangled horns of wild animals. She had seen a picture of animals like that once in a school book.

Slowly now she looked around the kitchen, not bidding it a last farewell but to see if there was anything of hers lying about. Then she went past the woman into the scullery and took her coarse apron from behind the door. It was a hessian apron she used when scrubbing the scullery and the lavatory outside. She had sewn two pieces of felt on it to act as knee-caps. Slowly she rolled it up, and as slowly returned to the kitchen, opened the staircase door and mounted the stairs; and Jessie Blackmore came close behind her.

When the woman went to follow her into her bedroom she stopped her by placing her arm against the stanchion of the door as she said, 'This is my room. What's in it belongs to me, that is except the furniture.'

'Well, if everything belongs to you then you won't mind me seeing what you put into your box. Go on!' The woman's voice now changed into a raucous growl and she pushed Emily from the door and almost on to the bed.

Bracing herself against the foot of the bed, Emily now turned on her and cried, 'You touch me again, just once, and you'll see what you'll get. Now I'm warning you. An' what's more I'll go to the dock office and I'll tell them there that Sep . . . Mr. McGillby hated your guts and wouldn't let you into the house, not even to his wife's funeral, and that I was going to marry him and that I have a case. Aye' – she nodded her head briskly now – 'I've got a case and you look out that I don't put it forward and fight you. And I can! I can!'

Her head was bobbing on her neck like a golliwog's, the tears were swelling her throat, aching to give vent.

She bent down swiftly and pulled from under the bed a wickerwork hamper held together by two leather straps. She threw it on the bed and took off the lid; then going to the chest of drawers, she pulled open the top drawer, gathered up her few belongings of underclothes and threw them into the case. From the next drawer she took two print dresses and four aprons; from the bottom drawer she lifted out her two best dresses, one of which was a light summer cotton that Sep had given her the money to buy shortly after she had become his housekeeper. The case now full, she crammed on the lid, fastened the straps, then almost threw it on to the floor. She next took down the two coats that were hanging on the back of the door. Putting her best one on, she flung the other one down on top of the case. Lastly, she put on her one and only hat, rammed the hatpins through it, then turned and, facing Jessie Blackmore, cried at her, 'There! I'm ready. I'm going, but you'll see, I'll be back; I'll be back in this house if it takes me all me life. I'll show you; I'll be back in this house, you'll see.'

'Huh! listen to who's talkin'. Go on, get yourself away before I spit in yer eye, you trollop.'

Emily was in the act of lifting up the hamper from the floor, but now on the woman's words she flung it aside and it bounced heavily from the wall almost to Jessie Blackmore's feet, making her jump and not a little startled now, not only by the near impact of the hamper but also by the look on the young girl's face and the sound of her voice which laid no claim to that of a sixteen-year-old, for she was yelling at her now deep from within her throat. 'You dare call me a trollop? You take that back; don't you tack your name on to me. Sep said you were a dock whore, and you are, you're stinkin', he said you were. Now get down those stairs an' out of me way else you'll get this hamper round your lugs next, I'm tellin' you.'

It wasn't only something in her voice but something in the girl's face that made Jessie Blackmore, head tossing, go quickly down the stairs, but when Emily reached the kitchen there she was with the back door held wide waiting for her departure.

Emily didn't stop to look round for she was experiencing a strange feeling of rage intermingled with injustice and bewilderment. Yet somewhere inside her a voice was whimpering; things shouldn't happen like this, she had done nothing to deserve it, she had worked hard for years in that house. She had been going to marry Sep and she would have made him a good wife. She hadn't loved him, at least she didn't think she had loved him; but then she didn't know very much about love, proper love and how it made you feel.

Out in the back lane she stopped and, putting the hamper and her coat down on the ground, she stood with her back against the warehouse wall as she had done last night when she and Lucy had stopped running. . . .

Was it only last night that she had brought Lucy home?

Home. She had forgotten about Lucy. What would she do with her? She couldn't get into a place with Lucy; people wanted servants without attachments, and Lucy wasn't only a schoolgirl still, but she was weak. For a long time now she had realized that Lucy had a weakness on her. And she'd be coming back any time now, her face bright, as it had been at dinner-time.

What was she going to do? One thing was certain, she wasn't going to let her go back to Alice Broughton's, oh no. Well then, what was she going to do? Where could they go? She had her money on her. It was in her purse in the pocket of her best dress. Jessie Blackmore hadn't seen that. And then there were the oddments in her work apron that she had rolled up. In all she had over thirty shillings, enough to get them into lodgings for a night or two and give her time to think. But in the meantime she must watch for Lucy coming. She'd better go into the front street.

Picking up the hamper again, she went out of the back lane and into the street. But there she was overcome by a feeling of humiliation. There were people going in and out of the warehouse at the far end and also customers going into the shop; if she stood here she'd be noticed, especially with the hamper.

Across the road where the wall bordered the river bank, and away to the left, there was a cut that led down to a little ship-building yard. She would stand there; she wouldn't be noticed, yet at the same time she'd be able to see Lucy coming.

Having entered the cut and put the hamper down just inside, her legs began to tremble. She felt for a moment they were going to give beneath her and just in case they did she sat down on the hamper.

There was little traffic on the road now, but at five o'clock it would be black with men from the docks and the yards. It was the time she had always looked forward to because it was a signal that Sep would soon be home.

She mustn't cry, she must try not to think about Sep. Anyway, she didn't think he was dead; he couldn't be dead not really, not as quick as that.

She was sitting with her head leaning against the end post of the wooden railings when her attention was drawn to two men. One of them she thought she recognized as the man in the blue serge suit who had come to give her the news earlier on. When he and his companion stopped outside the green-painted door she knew it was him and she pulled herself slowly to her feet and stood pressed against the railings in case they should turn round and look in her direction.

She saw the door open, she saw the man in the serge suit pointing to the other man; then they went inside the house.

What had they come back for? The time seemed endless before the door opened again, but it couldn't have been more than five minutes, and then to her amazement she saw emerge into the street not only the two men but Jessie Blackmore. Then she saw something that lifted her heart, she saw Jessie Blackmore lock the door, then, with definite reluctance, hand the key, not to the man in the blue serge suit, but to the other one. And now she heard her talking. She couldn't make out what she was saying but she was talking loud and fast, and the man who had taken the key made a very expressive gesture that was understandable to Emily: he flapped his hand almost in Jessie Blackmore's face, it was as if he had said, 'Oh, shut up! woman.' Then the two men walked away, coming in her direction, while Jessie Blackmore, after staring after them for a moment, went in the opposite direction.

Had the two men looked across the road they would surely have seen her, but they were talking earnestly to each other and they passed on.

She now stood with her fingers across her mouth. What did it mean? Well, for a start it meant one thing, they weren't letting that individual have the run of the place straightaway; that other man had looked an important type, like the men who went into offices in King Street. Anyway, they were holding a key. . . . The key!

'Always keep one key behind the mangle, lass, just in case.' It was as if she heard Sep's voice speaking to her.

The key behind the mangle, that was the solution for the night. When it was dark they could get inside and they'd have shelter, and she'd have time to think.

She now saw Lucy running along the road towards her. She looked happy, thinking she was coming home to a good tea.

Emily stepped from the alleyway and waved her hand, then called, 'Lucy! Our Lucy!'

The girl stopped at the corner near the chapel and looked across to the cut in amazement; then she obeyed Emily's beckoning hand.

Lucy didn't ask what was up, she just looked in amazement at Emily dressed and with a hamper and a coat at her feet, and Emily, taking her hand, said, 'Listen. Listen, our Lucy. You'll get a shock, but Sep's been killed.' Her voice broke. 'He was killed in the docks.' She didn't at this moment say, 'And Tim Pearsley had something to do with it,' because that would put a load on Lucy's shoulders as young as she was; instead, she added, 'And that woman, his sister from Dock Street, she came and took over and turned me out. But now the men from the offices have been, an' it seems they've shown her what's what, for they've taken the key from her and until things are sorted out she won't be able to take over. Listen—' She now bent down to the startled white face and said, 'We'll go down into the town and have a cup of tea and wait till it's dark, and then we'll come back and get in the back way, there's another key, so . . . don't worry, we're all right for the night.'

'Oh, Emily.' The name was a tremor coming through the pale lips, but Emily admonished her harshly, saying, 'Now look, our Lucy, don't you start to bubble, I've got enough on me plate. Now be a good lass and keep a straight face and . . . and things will pan out. They've got to somehow.'

'But . . . but where'll we go the morrow?'

Emily bent and picked up the coat, saying, 'You carry that,' then added, 'The morrow'll take care of itself. One thing you needn't worry about, we're not going back to Creador Street. I'd rather suffer the workhouse than let you or me go back there, so I'm tellin' you don't worry. Anyway, if I've thought of nothing by the morrow we can always go to me Aunt Mary Southern in Gateshead; she'd put us up for a night or so.'

'Me Aunt Mary Southern!'

'Yes, you know in Gateshead. It's a long time since I've seen her but she wouldn't turn us away.'

'But she's got a squad, hasn't she? The last time we were there the house was full.'

'Well, you'll find, our Lucy, that it's always those with squads that can make room for another one or two. It'll be all right, I'm tellin' you, it'll be all right.'

But Lucy didn't seem to think so for now she persisted, 'What about Mrs. Gantry next door?' She pointed across the road.

At this Emily tossed her head in impatience. How could she explain that Mrs. Gantry hadn't spoken to her since she had taken over the post of housekeeper to Sep. Mrs. Gantry, although deaf as a stone, must have heard enough to cause her to condemn the situation next door. And so she said, 'We're not going to Mrs. Gantry's. She's deaf, stone deaf, and . . . and not well, she can't be bothered with people. So come on, and, I've told you, everything will work out all right.'

She hadn't the courage at this moment to add, 'Never say die. . . .'

They waited until it was dark, they were both stiff with cold and very hungry. Emily had afforded them a cup of tea in a cafe, but that was all, going on the assumption that Lucy had had a good dinner and could last out until they got into the house. As she remembered, Jessie Blackmore had carried no bags as she came out of the house, so the food would still be there.

They had sat in the park until the park-keeper had turned them out and locked the gates; then they had walked the streets, their steps dragging as the weight of the hamper became heavier; and now they were in the back lane and outside the back door. The back-yard door was on the latch; Sep locked it only at nights.

Within a matter of minutes she was in the wash-house and had taken the key from behind the mangle and had the back door open and they were inside the house. It was black dark and there was no thought of lighting the gas, but she knew every inch of the place and where every article was, especially in the pantry; that is if that woman hadn't moved things around.

Her gropings proved that things in the pantry had been moved around quite a bit, but eventually she found the bread and the butter and some cheese. But there was no pot pie in the bottom of the oven and her thought was, She scoffed that straightaway, I suppose.

As she sat in the dark cold kitchen, Lucy pressed close to her side, munching on the bread and cheese, she again had the urge to cry, to cry for Sep. Poor Sep. He had been so kind, she'd never meet anyone like him again. It seemed impossible to believe that he was here last night in this very room.

When Lucy whispered, 'Do you think I could have a drink, Emily?' she was silent for a moment. The fire was quite dead but she could light the gas ring in the scullery. She could pull the blind down; no one would see a small glow like that.

After groping for the matches she lit the gas ring, boiled the water and made them some cocoa; then she said to Lucy, 'You go to bed. Come on, I'll take you up. But sleep in your things. Just take your boots off because we'll have to be ready and out afore daylight.' Then she added, 'I'm going downstairs again but I won't be a minute or so. I . . . I want to pack up a bit of bread and stuff for the morrow.'

Lucy made no answer, she just coughed a hard dry cough.

Emily had decided to pack the remnants of the food to take with them tomorrow but her main reason in returning downstairs now was something different.

Groping her way into the front room and to the desk, she lifted up the lid, pulled out the bottom right-hand drawer and pressed the knob. The slight click as the weights were released told her that the enclosed apartment was rising. When there was another click and the little structure had settled into place she pulled open the right-hand drawer, then gave an audible gasp as her groping fingers touched nothing but the bare wood, and her mind yelled at her, 'She's been here! She's found it!' Then reason said quietly, 'She couldn't. She couldn't.' Swiftly now she pulled open the left-hand drawer and when her fingers touched the coins she let out a long-drawn breath. Jessie Blackmore wouldn't leave sovereigns lying about, but there didn't seem as many as when Sep had shown them to her. There had been a couple of layers of sovereigns covering the bottom, but now they seemed sparse.

She pulled open the middle cupboard and when her fingers touched something strange she lifted it out and felt it, and from the shape of it she made out what appeared to be a watch with a strap attached to one end of it, and that was all, the watches and the other pieces were gone.

She now raked the coins together, and when she had cleared the drawer she pressed her hand on the top of the risen structure and pushed it downwards and so into place; then groping her way back to the scullery she lit the gas ring again and in the meagre light it afforded she looked at the solitary trinket in her hand. It was a watch. A gold watch on a gold strap, an intricate gold strap. It was like one of those watches that ladies had pinned to their bosoms. But it wasn't plain gold like you'd expect a watch to be, there were stones round the edge of the watch, white stones that glinted in the light from the gas jet; and the strap, too, had stones, a row of blue ones right up the middle, and white ones around the edge. There was a round ring at the top of the strap and this had a big stone set on the top of it. This one had a red glint. Across the back of the ring was a kind of safety pin, for pinning it to the frock, she surmised.

He had said he was getting her something bonny, worth all the stuff in the drawer, and not only that, it had seemingly cost half the money in the drawer too.

She now counted the sovereigns. There were fifteen of them. There must have been three times as many as that, and he had given all that stuff and all that money in exchange for this little watch! It didn't look worth it, well not in this light. But it just went to show what he had thought about her. And he had been so excited about getting it for her. What use would it be to her now though? She couldn't sell it. If she went to somebody and said, 'Would you buy this watch?' they would likely have her run in for stealing it. Even the man in the pawnshop would want to know where the likes of her had come by a fancy bit of jewellery like this.

Aw well, she'd keep it, 'cos by rights it was hers. She wasn't stealing it. But where would she put it? She'd pin it to her shift until she had time to make a bag for it.

She peered down at the pin in the back of the ring. It wasn't quite an ordinary safety pin, it had a movable part on the top. When she pushed the little knob towards the end and found she couldn't open the pin she nodded to herself. It was a kind of safety catch, so she could pin it anywhere underneath her skirt and there'd be no fear of it dropping off.

What was more important at the moment was the money. If she didn't get set-on anywhere within the next week or so they wouldn't starve; and they'd also have a roof over their heads at nights. And now she must get some sleep because she must be up before the lark in the morning. . . .

They didn't wake until the dock buzzer hooted over them at six o'clock. It brought her out of the bed and alert and bustling and whispering to Lucy to get up out of that.

Unlike herself, Lucy took some time to come round in the mornings and she was still blinking the sleep from her eyes as she groped her way downstairs behind Emily.

Five minutes later they were going out through the kitchen door, out into the biting air of the dark morning. Emily turned the key in the lock, then went towards the wash-house. But at the door she stopped; no, she wouldn't put the key back, she'd keep it as a keepsake, and as she dropped it gently into her coat pocket she thought of it with much deeper sentiment at that moment than she did the fancy trinket pinned to the inside of her skirt.

Chapter Seven

They took the early train to Gateshead. It was black with workmen and some of them had looked curiously at the tall young lass with the rosy complexion, clear blue eyes, and great mass of brown hair with the straw hat set on top of it, and whose appearance was in sharp contrast to that of the smaller girl who looked thin and puny, even enveloped in the coat that was much too big for her.

Emily had forgotten the name of the street where their Aunt Mary lived, but she remembered her way to it, and the fact that the house was the third from the top end.

When she reached the street she couldn't help but be appalled by the sight of it. It must be three years since she had been here. Then she had only been able to compare it with Creador Street, now she was comparing it with Pilot Place, which although on the river front and amidst the working area, she had considered select in comparison with other parts of the town. The street was strewn with paper, the gutters were dirty; she thought that the scavengers must have closed their eyes and passed it by for weeks on end.

When they stopped outside the third door from the top end of the street and looked at the scarred paint and the battered foot-board, and the step that hadn't seen bath-brick for years by her counting, then listened to the racket that was coming from beyond the door, they looked at each other and the apprehension in Lucy's eyes was reflected in her own.

She had to knock three times before the door was opened and a girl of about Lucy's age confronted them and demanded, 'What is it? What you after?'

'I . . . we've come to see Aunt Mary. The Southerns do live here, don't they?'

'Aye, they do.' The girl stared from one to the other for a moment; then, her mouth dropping into a big gape, she turned her head on her shoulder and yelled, 'Ma! Ma! here a minute.'

And it was almost a minute before Mrs. Southern appeared at the door, and when Emily looked at the enormous body almost filling the little passageway she couldn't believe that she was looking at her Aunt Mary, for she hadn't remembered her being this size.

'Hello, Aunt Mary.'

'Emily and Lucy!' The woman was bending towards them, her huge breasts almost bursting out from her faded blue blouse. 'What's up, an' at this time in the mornin'? In the name of God! what's brought you? Somethin' happened your da?'

'No, no, Aunt Mary; he's still at sea. Can . . . can we come in?'

'Come in. Come in. Of course, come in, lass.' She now almost hauled them one after the other, together with the hamper, over the step, along a passage, and into the room that appeared thronged with children.

'Shut up! Quiet! the lot of you or I'll swipe the hunger off you.' The bawl Mary Southern gave silenced her brood for a moment and they all looked towards Emily and Lucy. And now their mother, who was still yelling, said, 'This is your cousin, Emily. don't you remember? Sit yourself down. . . . Huh! lass I said sit yourself down. That's easier said than done. Get your backside off that form?' With a sweep of a large none too clean hand she pushed two small boys and a girl on to the floor, then turning to Emily and Lucy, she said, 'Sit yourselves down and I'll get you a sup tea. Now tell us all about it. What's brought you out at this hour an' with your baggage?' She nodded towards the hamper and bass bag. 'The last I heard of you you were well set up in a good place, that's when your da called in last.'

'Yes, yes, I was, Aunt Mary, but . . . but the lady died and me . . . me boss, well . . . well he was killed yesterday and his sister come and turfed me out.'

'The bugger, she did! What for did she do that?'

'Because she thinks that the house is hers, she's the only livin' relative. But he hated her guts; he wouldn't let her in to his wife's funeral.'

'And she turfed you out?'

'Yes, Aunt Mary.'

'The grasping swine. By! I wish I'd been there, I'd have put me foot in her backside. . . . Leave that milk alone else I'll stick your nose in the tin!' This last remark was fired at a boy of about seven who was now sucking his finger free of the condensed milk, and as Emily watched him grinning back at his mother and took in the condition of the room, its overcrowdedness, its dirt, its smell, its overall pattern of poverty, she couldn't help but be amazed by the cheerfulness of them all. There were nine children in the room, but not one of them looked like those back in Creador Street, particularly in No. 18; and she noticed that only two of them wore boots, the rest were in their bare feet. The fortunate ones were a boy of about six and a girl, whom she remembered faintly from when she was last here as being the eldest girl called Maria.

Mary Southern, seeing Emily's eyes on her daughter, said, 'You remember her; that's Maria. Grown, hasn't she? . . . How long is it since you were here: Over three years? Well, I've had three additions since then. There they are.' She pointed to three children sitting near the fender. 'Betty, she's nearly a year, Mike there, he's on two . . . an' Geordie . . . Oh, him! He's a bloody rip if ever there was one. Just look look at his eyes, can't you see it! He's only three by years but he's thirty-three by wits and wiliness, aren't you?' She bent down to him. 'Aren't you, you little bugger? Aren't you wily?' Her hand went out and she clipped her offspring none too gently but with seeming affection across the side of the head; then continuing her conversation, she said, 'Well, drink up your tea and I'll do you a fry in a minute when I get rid of some of these. I've got two in work now, you know, full time, and two part time. And by! isn't it a godsend. Pat's with his da in the steelworks; Jimmy, he's the eldest, he's in the shipyard at Hebburn. And there's two in the blackin' factory, a couple of hours afore school, an' as many as they like to get in after. If they'd only attend school as quick as they go to the factory they'd be less trouble. The school board man's never off the door. Aye, you'd think they would know when they're well off, wouldn't you? By! if only I'd had the chance. Me, no schoolin' at all, here I am at thirty-eight years old and can't write me own bloody name. The only thing I can do is bring another pair of bare feet into the kitchen every year. I've told Frank it's got to stop, I'm sick of being bloody churched. Me, purified!' Now she let out a great bellow of a laugh, pushed her hand in the direction of Emily and ended, 'And I will when water flows uphill.'

Emily was smiling. Since yesterday she had thought she'd never smile again in her life, but here she was smiling. Her Aunt Mary was a card; and she was nice was her Aunt Mary. She mightn't be over clean, and the house was like a padden can, but everybody in it seemed happy, and that's all that mattered, wasn't it? It was funny but she had always thought that you couldn't be happy unless you were clean; but her Aunt Mary and her family certainly gave the lie to that.

She was learning things, and fast, but what she didn't need to learn was the fact that they couldn't stay here; this house consisted of two rooms and when the family were altogether they would count up to thirteen. Anyway, for the next hour or so they could rest here and she could talk to her Aunt Mary; in spite of her aunt not being able to read or write she was, in a way, understanding.

At ten o'clock the breakfast mugs and greasy plates were still on the table, and Mary Southern, the youngest child on her knee, the others crawling round her feet, was still talking and Emily and Lucy were listening; Lucy with a weary expression on her face, and her dry cough piercing the conversation at regular intervals. At one point Mary stopped and, nodding towards her, said, 'That cough, it's just like our Maria's. It portends no good that, it should be seen to. The school doctor is looking after Maria's. He says she's got to keep out in the fresh air, there's nothing like fresh air for clearin' a cough like that. An' you're quiet, aren't you, hinny?'

When the big woman bent towards her, Lucy smiled weakly and nodded, but what Emily said was, and returning to the former line of conversation, 'About these hirings, Aunt Mary.'

'Oh, the hirings. Well now, lass, there's some in the Bigg Market in Newcastle just across the water, and if I'm right about the time it's the first Monday in November. That's about three weeks or so ahead; it's a long time to wait. There's one in Hexham an' all, but I think that one is further away still, around the middle of November. Anyway, I know they're twice a year, May and November. But you wouldn't want to go as far as Hexham, all those miles away. But listen, I tell you what, lass. Not a kick in the backside from here is Fellburn. You know Fellburn, now they have a market the day, an' every Wednesday. It's nothin' like the Bigg Market in Newcastle or the Shields market. By! it's a nice market, the Shields market, isn't it? Homely.'

'Yes, Aunt Mary, it is a nice market . . . an' homely.'

'But they don't do any hirin's there, do they?'

'No, Aunt Mary.'

'Well now, in Fellburn on a Wednesday afternoon they used to do quite a bit of hirin', at least in the summer. It was a weekly affair, not on a big scale mind, it was just for people who wanted part-time work, like tattie pickin' or extra hands for haymaking, or to replace some lass on a farm, say she had died an' of course broken her bond, so they'd take another on temporary until the end of the year, you see. Now as far as I know they might be still doing a hiring or two on the side even this late in the year. Haven't you ever been to Fellburn?'

'No, Aunt Mary.'

'Well now' – she considered for a moment – 'as I said, it's not a kick in the backside away, two or three miles or so I'd say, an' you can take the tram. But don't get on the wrong one an' land up in Low Fell or Birtley. Once there anybody 'll show you where the market square is. Now there's a clock in the middle of the square, an' there's fruit and vegetables on one side, stalls I mean, not hanging on the clock!' She put her head back and let out a great gaffaw of a laugh; then baring her breast and pushing the discoloured teat into the child's mouth, she hitched it closer to her before continuing, 'As I was sayin', t'other side is fish mostly but to my mind it's never fresh, not in Fellburn. Anyway, there's a pub at the end of the fish stalls. It's know all over as Paddy's pub, but it's got a name on the sign that says, The Kicking Donkey. Well now, it's just to the side of that, this stand for those who's wantin' a job, and those who's wantin' to hire them come along and look them over an' have a natter. Now why don't you go along and try your luck, eh? It'll be for some place out in the country mind at this time of the year, likely out in the wilds. But beggars can't be choosers, can they?'

'No, Aunt Mary. An' I wouldn't mind going out into the country where it's quiet like.'

'Oh, lass, don't get any delusions about the country being quiet. I once stayed in a cottage in me young days. Two nights I was there, an' I couldn't sleep a wink, what with the cock and the hens and the pigs, not forgettin' the birds; some of them were on the roof. I couldn't get back home quick enough.'

Again she laughed, and her head went back taking her breast with it, and the child denied for a moment of its feed, yelled and she cried at it, 'Oh! There you are. There you are, stuff your kite.' Then without a pause she went on, 'Leave your things here, nobody'll touch them. But I think you'd better take Lucy along of you, you want to let them see what they're in for. By the way, did you inform the school that she was leavin'?'

'No, Aunt Mary, there wasn't time.'

'Oh well, don't wonder if you have trouble from that quarter.'

'She's only got seven months to go.'

'Even so they're funny. Still, they might let it pass. Well now, what are you going to do?'

'I'll do as you say, Aunt Mary, and go along there.'

'You might have to stand all day waitin', you know that?'

'Yes, yes, Aunt Mary, but I don't mind how long I stand as long as I get a place, somewhere where we can both be together. I won't take it unless.'

'Well, go on, lass, and good luck to you. And by the way, if you don't get set on straight away you can always come back. But I've got to tell you I can't put you up here; I'll have a word with Mrs. Pritchard across the street, she's got a spare bed she often lets. Anyway, don't worry about where you're going to kip, we'll fix something' up. An' look, take a shive of bread with you, you'll be hungry afore the day's out.'

'Thanks, Aunt Mary, but I've got cheese and bread in the bass bag. I'll take that.'

'All right, lass.' Mary Southern now lumbered to her feet, the child still clinging to her, and she threaded her way between her family, out into the passage and opened the front door, and again she said as she called at Emily, 'Good luck, lass.' Then she added, 'By! you've grown into a bonny piece. In another year or so when you get a bust on you an' fill out all round with some pads on your backside you'll have a job to keep the lads off you with a pitchfork.'

'Oh, Aunt Mary!' Emily bowed her head, but not in laughter, she had a great desire at this moment to cry, just to lay her head on her arms and cry.

Taking Emily's action for smothered mirth, Mary pushed her on the shoulder and over the step, and then called after her, 'And if there's more than one about, lass, you pick and choose.'

They had been standing to the side of Paddy's pub for almost three hours. Her Aunt Mary had said if there's more than one about pick and choose, but nobody had even spoken to them, either man or woman. Some men on their way into the bar looked at them curiously, and some woman would check her step and turn her head towards them when Lucy coughed.

Emily's legs were aching, her feet seemed to have swollen inside her boots; they were also dead cold. She looked down anxiously at Lucy, and when she coughed again she said, 'Look along there, there's a herbalist shop, they'll likely sell sarsaparilla. Here's a penny. Go and get a glass, it'll likely ease your cough. But if they sell other drinks ask the man what he advises to take best for a tickly cough, he'll tell you.'

'Yes, Emily. Can . . . can I bring you something?'

'No, no, I'm all right. You go on; but don't stay too long, mind.'

Left alone, she looked about her again. She felt she knew every fish on every stall in the row to the side of her. She certainly knew every fishmonger, even if she had been blindfolded she could have made each one out by his particular call. Business had been brisk at all the stalls over the last two hours but now it had slackened off and she wasn't surprised when the man from the end stall came towards her and spoke to her. 'Hoping to be set-on, lass?' he said.

'Yes.'

'I doubt you'll have no luck the day. It's service you want, I suppose?'

'Yes.'

'For you and the little lass?'

'Yes.'

'Aye' – he shook his head – 'I doubt you'll be lucky, it's the wrong time of the year. An' then there's never much doin' in that line here now, anyway.'

'I know, but . . . but I thought I'd try.'

'Well, there's no harm in tryin', lass, but you've been here since this morning, you must be froze to the bone?'

'Yes, I am a bit cold.'

'I'd get meself away home, lass, if I was you.'

'I'll . . . I'll stay a little longer.'

'Well, please yersel, please yersel.' He nodded at her, smiled, then went back to his stall, where he slapped a fish back and forth on his slab and cried his wares to an almost empty market.

It was as she made up her mind to return to her Aunt Mary's as soon as Lucy came back from that shop – and she seemed to be taking her time – that she saw the high trap being driven into the market square from the far end. At first, she took no notice of it, not even when it passed her and the driver looked down on her; not until the gentleman, for she judged him to be so by his clothes and the fine turn-out he was driving, pulled the horse to a halt almost opposite the herbal shop, dismounted, then tied the horse to an iron post, one of many that ringed the market square; after which he walked back towards her.

She knew he was going to speak to her because he kept his eyes on her all the way along the pavement. Then he was standing in front of her. 'You're out for hire,' he asked.

'Yes, sir.'

He didn't speak for a moment but looked her over; then said, 'Have you been in service before?'

'Yes, sir, over two years full time, an' for part time long afore that.'

'In the town, I suppose?'

'Yes, sir. In South Shields.'

'You know nothing about farm work then?'

She shook her head slowly and her voice had a dull note to it as she said, 'No, sir, I know nothing about farmin' work.'

'Can you cook?'

'Oh yes, sir. I'm . . . I'm told I'm a good cook, and good at housework an' washin' an' bakin', and the rest; anything to do with the house.'

He pursed his lips, half turned from her, looked towards the ground; then swinging round to her again, he said, 'Would you object to seeing to an invalid?'

'An invalid? . . . Someone in bed, kind of bedridden?' Her voice was rising to a squeak.

'Yes, you could say that.'

Now her smile was wide as she answered, 'Oh no, sir, I wouldn't mind at all. That's what I've been doin' for most of the last two years. Mrs. McGillby, that was my missis, she . . . she was ill in bed nearly all the time an' I saw to her. She died three months gone.'

'Why are you out of work?'

She swallowed deeply, 'Mr. McGillby, he . . . he died an' all, just . . . just recently.' The thought of how recently caused a lump to come into her throat again, but she swallowed on it when the gentleman said, 'I'll take you on. Three shillings a week to start, and all found. Your hours are six to six and later if needed; half a day off a week. You'll have to learn how to do outside work, at odd times in case you're needed, such as dairy work and milking. My name is Birch. My house is Croft Dene House; it lies a mile or so outside the village of Farley Dene. Do you know it?'

'Farley Dene? No, sir.'

Her face was wearing the glad look that Sep had admired so much, and she stared at him speechless for a moment until she saw Lucy emerging from the herbalist's doorway; then the gladness seeped from her face and her body as she said, 'I think I'd better tell you, sir, there's not only me, there's me sister.' She pointed, and at that he turned round and looked at the puny young girl hurrying towards them and almost tripping over her long coat, and without looking back at Emily, he asked, 'Why . . . why have you to bring her along?'

'My father's at sea, my mother's dead, there's no one; she was with me in me last place.' That wasn't a lie, not really. 'I've got to take care of her. And . . . and I'd better tell you, she's not all that strong. But she can run about, do errands and light work. I'll keep her busy, she'll be a help, and . . . and she only needs her food; I wouldn't expect anything for her.'

Lucy was standing to Emily's side now staring at the strange man.

'Hello there,' he said. 'What's your name?'

'Lucy.'

A slight nudge from Emily and she added, 'Sir,' then repeated, 'Lucy, sir.'

'And yours?'

'Emily Kennedy, sir.'

He half turned from them again, shaking his head as he looked down the street towards the trap, and he muttered something that Emily didn't quite catch.

'All right, you're on. Where's your things?' he said.

'They're . . . they're at me aunt's in Gateshead.'

'How long will it take you to get them?'

She reckoned up quickly. 'Just under an hour, sir. We could be back within an hour, sir.'

He pulled a heavy watch from his waistcoat pocket, considered it for a moment, and said, 'That'll be all right. I have things to do; I'll meet you back here in an hour.' He nodded at her, then turned abruptly from them and walked away.

Neither of them moved, but watched him until he reached the trap; then, as if they had been shot into action, they both ran from the pavement and only paused a moment as they passed the first fish stall, when the man shouted cheerily to them, 'You made it then? Good, good. You made it, surprisin'.'

Yes, it was surprising. She kept telling herself that as the tram rumbled along the road, and it was the first word she said to her Aunt Mary. Almost bursting into the house, she said, 'Surprisin', Aunt Mary, surprisin', right out of the blue. I've got a job. It's . . . it's on a farm. Croft Dene House it's called, in Farley Dene. And his name's Birch. I've got to do housework, but learn about outside, dairy and milkin' an' things. And he's takin' Lucy. He made no bones about her, he just took her on. Didn't he?' She turned to Lucy, who nodded, saying, 'Yes, Aunt Mary. And he seemed nice.'

'Well, I'll be damned! When you went out of that door I thought you had as much chance of getting into a job at this time of the year as I have into a convent. But you've landed one. Well, wonders 'll never cease. What's he like? I mean to look at.'

What was he like? She screwed up her face, then said, 'Well, Aunt Mary, it's funny but he's hard to describe. He's gentlemanly like except . . . well. . . .'

'Except what?' Mary Southern was leaning towards her. 'Go on, except what?'

'Well, his voice sounded a bit rough, ordinary like. But he was turned out like a gentleman, an' his trap was smart. . . .'

'He had nice brown leather gaiters on, Aunt Mary, and brown eyes. And he had a fine long coat and . . . and a tall hat.'

Mary let out a great bellow of a laugh as she pointed at Lucy, crying, 'There now, there now, she beats you at it, Emily; she even noticed his eyes matched his gaiters. You'll go far, lass, you'll go far. . . . Is he fat or lean? Tall or short? She was now looking at Emily again.

'Oh, he's tallish; but not really tall; bigger than me da. An' well built, sturdy like.'

'Did he give you any details, how many in the house and such?'

'No, only that I'd have to learn about outside work.' She did not mention that she'd have to see to another invalid for that would set her Aunt Mary off talking again and she had to get away. And she said so. 'We'll have to be going, Aunt Mary, but . . . but I want to say thank you. If it hadn't been for you I'd never have gone there the day. And you've been kind.' She choked now and bowed her head, and Mary said gently, 'Aw, come on, lass, come on, you're not goin' to start bubblin' because you've got a new place. An' if I hadn't sent you there somebody else would have. God has a way of providin', He makes the back to bear the burden. What for do we have donkeys?' She now let out another laugh and pushed first Emily and then Lucy on the shoulders, ending, 'Well, get yourselves away. But mind, don't go and forget us. You're welcome here on your days off, or at any other time. Yet God knows, when the next one comes' – she patted her stomach – 'I'll have to entertain you on the roof. . . . What's this?' She was looking at Emily's extended hand and when she saw the three shilling in the palm she let out a high scream of protest, saying, 'Oh no! Aw now, fair's fair. Three shilling! Aw, be buggered! What have I done for that? No, lass, no, I wouldn't take that off you.'

'Go on, Aunt Mary, I can spare it. Really I can. I've . . . I've got a bit saved up.'

'You're sure, lass?'

'Yes, Aunt Mary.'

'All of that?'

'Yes.'

'Well, thanks, lass.' Her voice was low now. 'I won't say I don't need it an' I can't do with it, but I still feel it awful takin' it from you. Aye, lass.' She now took Emily's face between her hands and squeezed it gently, adding, 'You were welcome afore but this has set the seal on you. I'll never forget it, lass. A bit of a bairn like you givin' me three bob, an' the day of all days when, believe it or not, hinny, I haven't got a penny for the gas.' She nodded her head now. 'It's a fact, I haven't got a penny for the gas. Well, as I was sayin', God's good an' He provides for his own. But go along now, go on, else that fellow 'll be off in his trap an' away without you.'

Once more she was ushering them towards the door, and when they reached the bottom of the street and turned round she was still standing there waving to them. They waved back, and Lucy said, 'I like me Aunt Mary. She's mucky lookin' and her house isn't clean but . . . but I like her. Don't you?'

'Oh aye.' Emily nodded at Lucy. 'You can't judge people by the way they keep their houses or the clothes they wear. I've learned that much this day.'

'Do you think we'll like it there, I mean this place where we're goin'?'

Emily smiled tolerantly down on her sister who wasn't in the habit of talking, but the excitement that was filling her was loosening her tongue, and she said, 'Well . . . well, we'll have to make ouselves like it, won't we? And you'll have to do all you can to help me.'

'Oh, I will, Emily! I will. An' perhaps I won't cough so much if I'm in the country.'

'No, you've got somethin' there, perhaps you won't. . . .'

The man was standing by the trap as if waiting for them and Emily had the idea that he looked relieved to see them, for he didn't say, 'I've been waiting for you,' or, 'Where have you been all this time?' but he smiled at them and said, 'Well, here you are then.' Then taking the bass bag and hamper from her he pushed them along the floor of the trap, saying, 'Come on, up you get.'

Emily helped Lucy up the high step and when she herself lifted her long skirt and put her foot on the step he put a hand on her elbow and hoisted her up. Then mounting himself, he gathered up the reins and said, 'Get up there! boy.'

When the horse began to move and the trap swayed and Lucy fell against Emily they both looked at each other and smiled.

'Do you know Fellburn?'

'No, sir.'

'Ah well now, you'll likely come to know it in the future if you stay with us long enough.' He made a little moue with his lips. 'We're going up the High Street now, behind us is a place called Bog's End. That's the low quarter of the town, so called.' He again made the same gesture with his lips, indicating that his description was questionable.

A few minutes later, when they had turned out of the main street and were passing a park, he flicked his whip to the side, saying, 'That's the local park, and that road up there to the left leads to Brampton Hill. That's the fashionable part of the town.'

As he talked Emily nodded at him but made no comment. She wasn't as much interested in the places they were passing through and his description of them as she was bewildered by all that had transpired since yesterday. Her mind seemed to be grabbing at yesterday, which seemed to be falling away into endless time. It couldn't be just a day since she had seen and spoken to Sep. It wasn't just yesterday she had been turned out of the house. Things didn't happen as quickly as that. But they had.

Her attention was recalled to her new master. He was saying, 'Now we're leaving the town and there's only Farley Dene Hall between here and the village. The house is about a mile and a half beyond the village.'

Following this he became silent. The horse trotted briskly, the trap swayed. Emily looked about her. She had never seen country like this. The only time she had been in the country was when she had gone with a school treat up Simonside, and they had sat on a bank above a stream near a pub called The Robin Hood. Some of the children had plodged but she hadn't, she hadn't liked to take her boots off as her stockings were all holes. This country was flat, but there were hills stretching away into the distance; the fields were mostly ploughed but there were a few with cows in them, and in others, sheep.

The road ran now between hedges and quite suddenly it began to twist and turn. The flat land disappeared. They went through a steep tunnel of trees and when they came out on the other side she knew a moment of fear for the road was now skirting a deep quarry. From where she sat it looked as if the trap, should it veer the slightest, would topple over the edge and roll down to where the water lay black and green at the bottom.

Lawrence Birch must have noticed her look of alarm for he laughed and said, 'It's all right, we're not going over the edge. I usually come this way in the daylight for it cuts off quite a bit from the journey. . . . We come into the village from the bottom end this way.'

As the trap swayed and rumbled over the narrow uneven road Emily thought it was a dangerous place even in the daylight. But then it was what you were used to, she supposed, and he was apparently used to driving this way.

The village appeared to her as a long straggly street with houses on each side interspersed with a few shops. There was a grocer's shop, the window of which was high and the entrance to it, she noticed, was up five stone steps. She was intrigued by the name, John Rington, on a board above the shop window. Vans went all round Shields selling Rington's tea. They had the name in big letters on the outside of the vans.

There were four stone built houses between the grocer's shop and the butcher's shop. The latter shop amused her slightly as it was only in a house window, but through it she could see hanging a whole sheep and half a pig and a long loop of sausages, so she came to the conclusion that, small as it was, it must do a bit of business.

On the other side of the road from the butcher's was a baker's and corn chandler's. It said so above the shop window. Beyond the shops on both sides of the road were more houses made of stone, and they looked old, but old in a nice sort of way.

On the baker shop side of the street was a public house called The Running Fox; then more houses, separate ones these with gardens in front and lying some way back from the road. Then at the end of the village stood a church. It was a real church like St. Mary's off Eldon Street in Shields or the one in the market; it wasn't a ranter's place. There was a graveyard next to the church, then fields, and almost opposite the graveyard was a blacksmith's shop. This was right at the end of the village and, outside it, her master drew the horse to a halt.

Emily had noted that the village was very quiet, likely because it wasn't yet knocking off time for the men. Yet the bairns should be out of school by now. But she hadn't seen any bairns; perhaps they had a long trek to school from here; perhaps they had to go right back into Fellburn. She also noted that the four adults they had already passed on the village street, three women and an old man, had looked at her new master but hadn't nodded at him or give him the time of day, nor he them. Now she watched him dismount, then tie the reins to a wooden post that acted as a support to a lean-to beside the blacksmith's shop.

Both she and Lucy turned in their seats and looked at the blacksmith's shop. The front was wide open and the singey smell of hot iron wafted to them. Emily recognized the smell; there was a blacksmith's on the Jarrow road. She had never seen inside it though because it was set high up behind a wall, but she had often smelt that odd aroma that she associated with a hot iron.

She could see the blacksmith standing near the anvil, and she noted something very odd. He didn't straighten his back when her master spoke to him but went on with his hammering. When he did finally stop his hammering she heard her master say 'When shall I bring him?' and the answer he got was, 'Please yersel.'

She now saw Mr. Birch stretch upwards like a man does before he throws out his fist, and his voice was like a growl now as he cried, 'There's other places you know, Goodyear.'

'Aye, twice the distance and twice the money.'

'Now look here, you're wrong. I tell you you're wrong.'

'You have your opinion an' I have mine. Her belly's there to prove that somebody's in the wrong, an' not only me but the whole village knows who it is.'

Emily now saw Mr. Birch clench his fist tightly and beat it against his own chest like someone does when they're choking, and his voice sounded as if he was choking as his words came to her, saying, 'Con would never have done it, he's not that way inclined. I tell you I know, he's not capable of it.'

'Aw, don't act so bloody gullible, 'cos you're not.' It was the blacksmith now who was roaring. 'He could never keep his hands off anythin' with a skirt on, pawing at them. I've seen him with me own eyes.'

'Yes, yes, he might, but it's just a kind of affection. I tell you Con isn't capable. . . .'

'Shut up! and get on your way. I know what I know, an' so does everybody else. But I'll ask you this afore you go. If it isn't him, can you put a name to who it's likely to be?'

'Yes, yes, I can, and you'd be surprised. But it's for you to find out. I can tell you this though, and I can swear on it, it wasn't Con. Anyway, have you asked her who it is?'

'Asked her! I've tried to knock it out of her.'

'Does she say it's him . . . Con?'

'She doesn't say yes or nay.'

'No, she wouldn't, she wouldn't dare name him.'

'They were seen together over near Bamford's Farm. He was at his stroking business.'

'She's been seen a number of places beside Bamford's Farm.'

'What the hell do you mean by that?'

'Just what I say; she's a little trollop. And you won't get her entry into my house through her belly, so don't think you will. And . . . and put that down; you don't frighten me, Goodyear.'

Emily, holding her breath, had half risen in her seat and she watched the blacksmith slowly lower the iron hammer, then Mr. Birch turn away and march towards the entrance. But there he stopped and, looking back at the blacksmith, he cried, 'You've begrudged me good fortune, the lot of you. You can't bear to see anybody get on, can you? But there's one thing I'll swear on, you won't share in it through your Bella.'

There followed a moment of silence during which the two men glared at each other; then Emily sank slowly back on to the seat when she saw her master turn and walk towards the post, and, having torn the reins from it, mount the trap. Then they were off again.

She did not look at him for some time but when she did his face was still black with anger. From what she gauged from the heated conversation she guessed that the blacksmith's daughter was going to have a bairn, and someone connected with her master called Con was supposed to have given it to her.

The thought now entered her mind that in a very short while she'd meet this Con. . . . Well, if he started any of his pawing on her she'd make him look out. . . .

It was in the last rays of the dying sun that she saw the house. It was like nothing she had expected. She had seen two or three farmhouses in her time, one at Marsden, one up Simonside, and another the day they had gone on the school trip, but they hadn't looked like this house. This was a big house, made of big blocks of stone, not unlike the stone used for the houses in the village, but it looked more yellow in the fading light. It was plain-fronted and had three very large windows on each side of the front door; the second-floor windows were smaller than those on the ground floor, but even these looked enormous. The third row of windows were smaller still and she guessed these to be the attic windows. The roof was slate with four ornate chimneys rearing up from it like little turrets.

Her master drove the trap past the front of the house and round the corner, and here the side of the house looked almost as broad as the front for it flanked a big yard with a wall along two sides of it. In one wall was an archway.

She saw immediately that the flagstones that made up the yard were clean and not like a farmyard at all. Then her master drove the trap across the yard and through the archway. And here, she recognized, was the farmyard. But immediately she saw that it still wasn't like any farm she had seen before because everything looked so spruce and clean. One side of it was flanked by byres, another by two big open barns, and on the third side opposite the byres were stables with what looked like little houses above them, four in all.

It was as her master drew the trap to a stop that he looked towards one of the stables and called out, 'Abbie!'

Both she and Lucy had alighted from the trap before the door of one of the stables opened and she saw, standing there, an old man with a white stubble of beard around his chin and up his cheeks. She half smiled to herself at the sight of him, thinking that he looked more like a sailor than a farm worker.

Slowly he walked towards the horse's head, whilst keeping his eyes on her and Lucy, until her master, addressing him, said, 'Well now, what about "Corn in Egypt", what did I answer you to that? "Seek and ye shall find", I said, and I found.'

She watched the two men looking at each other. They could have been father and son, but there was no liking in their glances. And they were quoting the Bible. Funny, but she always seemed to land among people who quoted the Bible. . . . Sep hadn't quoted the Bible. Oh Sep. Poor Sep. If only she was with Sep. . . .

'Come along, this way.'

At the sharp command she picked up the hamper, beckoned Lucy with a lift of her chin, then followed Mr. Birch across the farmyard, through the arch, across the paved court and to a door almost opposite the arch, and so into the kitchen of the house.

Her first impression of it was its size. It seemed half as big again as the whole of the ground floor in Pilot Place. She took in quickly a bread oven to the side of a big open fire, but what looked odd to her was the absence of a fender before the fire. It was fronted only by a long raised stone slab. The whole of the floor too was made up of stone slabs. The walls were made of stone, not slabs but rough-faced stone like the outside of the house.

'Put your things down.' He was pointing to the hamper that she was still gripping in both hands. He now took off his hat and his long coat, which he laid over his arm, then saying, 'I won't be a minute, sit yourselves down,' he made towards a door at the far end of the room. But before he reached it it opened, and there entered the kitchen a tall young man. Or was he a boy?

In the dimness at the far end of the room Emily couldn't quite make out how old he might be. But they were both now coming towards her again, her master saying, 'This is my brother-in-law, Mr. Conrad Fullwell. You'll be seeing a lot of each other.' He half smiled, then looked at the young man, adding, 'Con works both inside and outside the house. He's a very handy young fellow, is Con. Aren't you, Con?'

'Yes . . . yes, Larry, I . . . I can turn me hand to . . . to most things.'

Both Emily and Lucy were staring at the boy now, because that's all he looked, for all his tallness, a mere boy. His face was long and pale, his eyes large, his nose straight. But his mouth seemed too small for his overall features, and the words that issued from it came spaced as if they were being spoken by a small child. Yet they sounded sensible.

'Hello . . . what's . . . your name?'

'Emily, sir. And this is my sister Lucy.'

Now the young fellow laughed and his face became bright as if he were deriving great pleasure from something, and he turned to his brother-in-law, saying, 'She called . . . me sir. That's funny, Larry . . . isn't it? She called . . . me sir. Chrissey never called . . . me sir, did she? Just Con.' He now turned his head towards Emily again and ended, 'Everybody . . . calls me Con.'

Emily was about to smile in return but she reminded herself not to be too free. Anyway, this was the young fellow the blacksmith was talking about who did the pawing with his hands. Well, she'd call him more than Con if he started any of that jiggery-pokery with her . . . or Lucy.

He was looking at Mr. Birch again now, saying, 'I took Rona up . . . a cup of tea. She wanted to know . . . what about supper. I . . . I told her I had been over to Chrissey's and asked her if she'd . . . she'd come back. But she wouldn't. She said they were going . . . to move. Her da was seeing about a job. . . .'

'All right, all right.' Mr. Birch's voice was curt now. 'We'll talk about that later. Be a good fellow now and give the girls a cup of tea. I'll be back shortly.' And with this he turned once more and went from the kitchen.

Left alone now with the young boy, as she already thought of him, she watched him going busily between the long narrow wooden table that ran down the middle of the room and the delf rack that flanked the wall opposite the fireplace, bringing from it cups and saucers and milk and sugar; then scurrying to the fireplace and taking up from the hob the big brown teapot. He might talk slow but his movements were quick, bustling, as if he were in a great hurry.

The tea in the pot must have been boiling for it spluttered out of the spout when he poured it into the cups.

He pushed the cups to the edge of the table in front of where they were sitting, then handed them the sugar basin, saying, 'Put as many in . . . as you want. Some people . . . like it sweet. Chrissey and . . . and Betty used to take five . . . spoonfuls each.

'Oh!' She nodded at him, then said, 'Thanks, I'll take two, and Lucy the same.'

After spooning the sugar into the cups they sipped at the tea, but with some embarrassment, for the young fellow stood with his hip against the side of the table watching them, but not speaking now, just staring at them.

In the silence she thought she heard voices coming from overhead, raised voices, but decided they couldn't be angry because they ended on a laugh. Then a minute or so later the kitchen door opened and her master entered once more and, looking directly at Con, he said, 'Go and give Abbie a hand. I'll be with you shortly, but first I must get' – he paused – 'Emily settled and show her the ropes.'

'Yes, Larry. Yes, I'll go . . . and help Abbie.'

As obedient as a well trained child, the tall young fellow left the room, and Larry Birch turned to Emily, who had risen to her feet, and Lucy too, and said with some hesitation, 'My . . . my brother-in-law . . . well, he might seem a little strange to you at first, he's somewhat retarded in his speech, you've likely noticed, but he's quite all right otherwise. You understand?'

That had yet to be proved, but she said, 'Yes, yes, I understand.'

'Well now, I think I'd better show you round. This, of course, as you've gathered is the kitchen. Through here is the cold store, meat store and larder.' He led her through a doorless aperture in the stonework and into a small corridor from which opened three rooms. He went into the first one, saying, 'This is the larder. Most of the dry goods are kept in here; flour, tea, sugar, the like. In this one' – he came out of the larder into the corridor again and pointed – 'This is where we keep the milk and cheese and butter and such. For some reason I've never found out it seems to be the coolest spot in the house. Some say there's a well below or a stream runs underneath. But the floor looks solid enough and I've never bothered to investigate.' He smiled thinly; then pointing to the third room, he said, 'This is the meat store.'

She stood for a moment looking into the small room and at the hams hanging by hooks from the ceiling, and the two halves of a pig suspended from the wall on one side, and the carcass of a sheep at the other. On a marble slab at the end of the room lay a long cut of bacon from the back to the streaky, and as she noted the slices of gammon lying near a thin-bladed knife she said to herself, Well, it'll be a good meat house anyway.

He was leading the way through the kitchen again and through a door and into a hall. And now she actually gaped. Here again everything was stone, but it was the size of the place that astounded her.

To her eyes it looked very bare. There were rugs on the stone floor, but they seemed thin to her feet and their colours appeared dull in the fading light. The windows on either side of the front door looked enormous from the inside too, and the door itself looked jet black. Right opposite the door was the staircase, but half-way up it she saw that it divided, one part branching to the right the other to the left.

Her eyes were drawn back to the hall and to her master, saying as she opened a door, 'This is the drawing-room.'

Slowly she followed him into the room, and her breath seemed to catch in her throat. It was a beautiful room. She had never seen anything like it. The wooden furniture was a gold colour, most upholstered in blue. And this room had a wooden floor, covered by a grey carpet, and she could feel the thickness of it through her boots. There were long windows in this room too and they looked out on to the side of the house and a lawn with a sun dial in the middle of it. One thing about the room appeared strange to her. The fireplace hadn't had a fire in it for some time for there was not a sign of soot at the back of the grate, it had been brushed clean.

They were in the hall again and he was opening another door. Here there wasn't so much colour, it was rather a dark dull room. 'This is the library,' he said. There was a desk at the far end of the room and it was strewn with papers, but she noted that this room was used, for there was dead ash in the fireplace. He had called it the library but there weren't all that many books in it. She had thought a library would be all books but the walls were mostly covered with pictures, and nearly all of horses.

They were crossing the hall now back towards the kitchen again and he led the way through a door to the side of the staircase and into a dining-room. This, too, was a lovely room. It also had a wooden floor and a thick carpet on it. The table was long and shining and there were ten chairs around it, four single ones at each side and a big armchair at the top and bottom ends. There was silver on the sideboard and china in the two glass cases at each end of the room.

One thing was already very evident to her. Whoever had worked here before had kept the place spotless; all the furniture had been polished regularly. Well, it would be up to her to keep it like that, wouldn't it? And that was something Lucy could help with.

'That's the butler's pantry.' He pushed open a door to disclose a room that went off the hall between the dining-room and the kitchen door in which the walls were mostly lined with racks to hold bottles, and at the far end was a wooden sink with a bench attached. He smiled wryly now as he said, 'Only we no longer have a butler.' Then turning and pointing to the end of a short dim passage, he said casually, 'The back stairs go off there, but they only come out on the first landing.'

He next led them back into the hall and up the main staircase, and she saw that both sets of stairs opened on to a long gallery with an ornamental balustrade around it, the same as skirted the stairs, part of it extending into a wide landing. Before going on to the landing, however, he stopped and, his voice low, he said, 'As I've already told you my wife is an invalid. It will be part of your duty to see to her. You know that?'

'Yes, sir. Oh yes, sir.'

He paused, his mouth half open as if he were about to explain further, then said, 'Come along then.'

They crossed the landing and they paused, as he paused, outside the second door on the right. Then with a quick movement he pushed open the door, went into the room and, turning to them, said briskly, 'Come, come.' And they both entered and stood within the doorway and looked towards the bed and the woman sitting in it.

The bedhead was against the same wall as the door, and when the door was opened it almost touched the side of the bed. This position of the bed immediately struck Emily as strange for the room was large and there was space to spare. She would have thought that the invalid would have wanted to be near the windows so she could look out.

She was held now almost as if she were in a trance, or dreaming, by the two eyes that were fixed on her. They were large eyes, but pale; grey, she supposed they were, yet they seemed colourless. But Emily saw immediately there was no difficulty in recognizing that the boy downstairs was the brother of her new mistress because their faces were almost identical, except that the woman's face was much older. In a way, she could be his mother, not his sister; she had the same straight nose, the small mouth, and the long, pale face; only her face was much paler than the boy's. She noticed, too, that her arms were long, her hands also.

'This is Emily . . . Emily Kennedy and her sister, Lucy.' Larry Birch was standing at the far side of the bed, his face looking stiff, and it was matched by his voice as he went on to explain, and as if she weren't there, 'She says she's a good cook and used to running a house; also that she can attend an –' he swallowed slightly before finishing, 'invalid.'

'How old are you?' The voice in its thinness matched the face; it was also slightly nasal. It was as if the words had come down the nostrils and not through the lips.

'Sixteen, missis.'

'You will address me as madam.'

. . . 'Yes . . . madam.'

'And she?' The hand didn't lift from the coverlet but the index finger was pointing at Lucy. 'What use is she to be put to? She looks puny.'

'She'll help me in light work. I'm . . . I'm not expectin' any wage for her . . . madam.'

As Emily said the word her lower lip trembled just the slightest. She had thought Mrs. McGillby to be difficult, but this one, she saw, was going to be worse. But her judgment was then sent topsy-turvy when the woman in the bed smiled and said quite nicely, 'Well now, we know where we stand, don't we? But the future will prove the reference my husband has given you.' She glanced towards her husband, who was looking at her, his expression still stiff; then turning her attention to Emily again, she said, 'We have supper at six; I have my breakfast at nine o'oclock and my dinner at two. There are certain things I require doing for me and certain things I don't require being done for me, but of these my husband will inform you.'

She stopped speaking but continued to stare at them now, and Larry Birch, coming round the bed, said in the same brusque way in which he had ushered them into the room, 'Come, I'll show you where you sleep.'

Out on the landing they moved some way from the door before he stopped and, turning to her said, 'My wife suffers a great deal. It . . . it is her spine; she can't walk at all. There are times when she may prove a little difficult; you'll have to show patience.' He now went before them to the far end of the landing and, pushing open a door to disclose another large bedroom, he said, 'This is my room. The others on the landing are guest rooms.'

He continued along a short passage before mounting another flight of stairs; steeper these and narrower, more like those in Pilot Place, Emily thought. But the attic room he showed them into was larger than the front room in Pilot Place, and comfortable. It held a double bed and had woollen rugs on the floor; also there was a real wardrobe standing in the corner, besides a chest of drawers and two chairs, one a basket rocker.

When he said, 'I hope you'll find it comfortable,' she turned to him and smiled, saying, 'Oh yes, sir. Yes, sir. It looks lovely. Doesn't it, Lucy?'

'Yes, it does.' Lucy was gazing round the room in admiration.

'Well then –' He was smiling now as he said, 'Go down and get your hamper and when you've changed make us something for supper. It doesn't matter what it is tonight, as long as it's something hot; my wife is partial to savouries.'

'Yes, sir, I'll do that right away. You stay here, Lucy.' She almost ran past him now on to the landing and down the stairs.

Lucy, standing in the middle of the room, began to cough, and he turned from the door and looked at her and asked, 'Does that cough hurt you?' and she answered, 'No, sir. No, sir. Well, not much.'

He stared at her for a moment longer before going out of the room, but as the top of the steep stairs he paused and with his first finger and thumb he pressed tight down on his eyeballs as if to relieve some kind of strain; then letting out a breath that was an audible hiss, he went slowly down the stairs and towards his wife's room.

PART TWO

The Master

Chapter One

It took Emily a week to get into the swing of things and each day she learnt something fresh from the minute she rose in the morning until she dropped into bed at night. One thing she learned quickly; there wouldn't be much time for either her or Lucy to enjoy their attic bedroom. Six to six, he had said; it was more like six to eight or nine, or, as last night, nearly ten. But that didn't matter; they had a roof over their heads, she was earning money, and there was plenty to eat. Oh aye; you couldn't fault the table, and she had the best of everything to cook with.

It would, she decided, be a wonderful job, she would feel she had fallen on her feet if it weren't just for one or two things, the main one being she didn't think she would ever come to like her mistress. Not that she hadn't been civil to her; this morning she had even thanked her when she had combed her hair. But that was one of the snags; every morning she seemed to find more things for her to do. The first morning she went to attend her she had carried up a can of hot water, which she poured into the dish and placed on the side table, and her mistress had washed herself. By the time she had emptied the slops, made the bed, under and around her, which was a difficult job, and tidied the room a good half-hour was gone. But the second morning, it was nearly an hour before she could get downstairs because on that morning her mistress said that she must be washed down for the doctor was coming; yet the following morning, when no doctor was expected, she still demanded to be washed all over. And that arrangement had gone on for the rest of the week. Then this morning she had asked her to comb her hair again, and it was well over an hour before she could leave her.

But one good thing was, once the morning session in the bedroom was over, Con then did most of the running up and downstairs during the day.

It was strange but she found she liked Con. Although he would stand staring at her at times with that odd smile on his face, she wasn't afraid of him; and she didn't think she would be even if he put his hand on her and, as the blacksmith said, got up to his patting games, because she could soon put a stop to that. She had discovered she just had to speak to him sharply and he would obey her. Moreover, he liked Lucy, and she him; they were like two children together. Lucy had talked more to him than to anyone ever before, even herself. Last night they had sat here in the kitchen cleaning the silver, he putting the polish on and Lucy rubbing it off, and she had been amazed at the chatting and mingled laughter that went on between them. Already, too, Lucy seemed to be putting on weight.

But as to her master, she was in two minds how she regarded him. Sometimes she liked him and other times she didn't; it was the way he spoke to people. She considered he treated Abbie like dirt. But then perhaps there was something to be said for that because Abbie didn't give him his place;

he never addressed him as sir or master. He was a grumpy old man was Abbie. Yet he seemed a hard worker, and he had been civil enough to her and had gone out of his way to show her how to go about things in the dairy, and so he had surprised her by saying, 'Remember, I'm not doin' it because he said I was to show you the ropes.'

There were a number of things she found puzzling about the house and its occupants. True, she had only been here a week but nobody as yet had called, except the doctor, and the miller bringing the flour. You would have thought the mistress, bed-ridden as she was, would have had some personal friends to call and see her, but she supposed it was early days yet. . . .

Then someone did call. The back door opened abruptly and a small plump woman entered. Her face spoke of her age as being in the mid-fifties, but her hair was already snow white. She wore a felt hat that apparently had seen much weather for its once fawn colour was now green in parts. Her long black coat had a fur collar and this, too, showed years of wear. But her voice and smile were bright and she said immediately, 'Oh, there you are then. I heard Larry had got somebody. Where is he?'

Emily clapped her hands together to get the flour off them, then wiped them on her apron as she said, 'The master? Oh, he's out an' about; on the farm I think.'

'Yes, yes, of course. How are you liking it?'

'Very well, thank you, ma'am.'

The short woman now came slowly towards the table and, looking straight into Emily's face, she remained quiet for a moment before saying, 'You look strong and healthy, you'll cope I should think. How old are you?'

'Sixteen, ma'am.'

'Aw, don't call me ma'am, I'm Mrs. Rowan, Hannah Rowan from a couple of miles over yonder.' She jerked her head backwards. 'I'm known to most by my christian name. I've known Larry since he was a bairn. . . . How is she?' Her head was now bobbing towards the ceiling, and Emily answered, 'Oh, the mistress. Oh, she seems about the same as when I first met her a week gone.'

'Aye, she'll be worse before she's better will Rona. . . . Are you troubled with your nerves, girl?'

'No, I . . . I don't think so, ma'am, I mean Mrs. Rowan.'

The woman laughed and said, 'You're a highly respectful piece, I can see that, and a bonny one into the bargain. Has anybody told you you're bonny?' She now poked her face forward and Emily blushed and suppressed her laughter with tightened lips, and the little woman said, 'Oh aye, I can see it's no news to you. But as long as your nerves are all right you'll last out. Sixteen, you say? Chrissey Dyer, the one before you, was coming up eighteen and you would have thought she'd have had more sense at her time of life. Still, there's nothin' like a change, and as Larry said there never was a good one but there's a better. And it's up to you to prove it to him, girl. You prove it to him. . . . What are you making there?'

'A rabbit pie.'

'And what you using in your crust, lard or dripping?'

'Dripping.'

'That's it, that's it; there's nothing like dripping for savoury pastry. Well,

I suppose I'd better go upstairs; but if Larry pops in you tell him where I am, will you?'

'Yes, yes, I will.'

When the little woman had marched across the kitchen and out into the hall Emily let a slow smile spread over her face. Now there was someone she understood. It was like being back home in Shields, no hoity-toity about her.

She went on with the preparation of the meal until about ten minutes later when through the kitchen window she saw her master. He had entered the courtyard from the farm, but he wasn't making for the house, and so she ran to the door and called, 'Mr. Birch! Sir!'

When he met her half-way across the yard she said, 'A Mrs. Rowan has called; she's gone up to see the mistress.'

She watched his face show his pleasure, and he nodded to her, saying, 'I'll be in in a minute,' and was about to move away, but paused and asked, 'Are you very busy inside?'

'I've just finished the pie for dinner, sir; and then there's the vegetables.'

'Can't Lucy see to them? What's she doing?'

'She's polishing in the drawing-room, sir.'

'Well, she can leave that. Put her on the vegetables; I'd like you in the dairy as much as possible today, there's too much milk going sour.'

'I'll slip over as soon as I get the pie in the oven, sir. As you say, I'll put Lucy on the rest.'

He still did not turn from her, but stared at her as he said, 'You were a long time upstairs this morning. I was in the kitchen twice. What was the matter? Anything wrong?'

'No, no, sir.' She shook her head emphatically. 'Only I had to wash the mistress down an' . . . an' do her hair.'

'Do her hair!' He screwed up his face at her. 'Since when have you been doing her hair?'

She was hesitant now as she said, 'Well . . . well she asked me to do it this mornin'.'

'And this washing down . . . you mean bathing her?'

'Yes, sir.'

'Every day?'

'Well . . . this last day or so, sir.'

He hesitated, then said, 'Later on tonight, I must have a talk with you.'

'Yes, sir.'

He turned away now towards the kitchen gardens, and she, hurrying into the house, went through the kitchen and the hall, and into the drawing-room, there to catch Lucy sitting in one of the French chairs gazing out of the window. Her reaction was to bark at her sister, crying, 'Get out of that, our Lucy, and on your feet!' only immediately to put her hand over her mouth and glance upwards as she whispered harshly, 'This is a nice kettle of fish, isn't it? I thought you were polishin'.'

'I've done it, Emily.'

'Everything?'

'Yes; well, nearly.'

'I told you you had to polish everything.'

'I get tired, Emily. I can't help it, I just get tired. I was only sittin' down for a minute.'

Emily sighed. 'All right, but what if anybody else caught you. I'm just warnin' you. Now come on, I want you to do the vegetables. I've got to go into the dairy; there's a lot of milk spoilin'.'

On her way out of the room she stopped and, turning to Lucy, she said, 'That's another thing: drink as much milk as you can. There's piles of it here; stuff yourself with it; it's bound to do you good.'

'Yes, Emily, but . . . I don't feel hungry. And Emily.'

'What is it?'

'I've had a bit of diarrhoea.'

'Well, what do you expect coming off starvation meals on to rich food, it's bound to affect your stomach. Now come on. And do the tatties properly mind; get all the eyes out; and scrape the carrots away from you so you won't muck up your apron.'

Back in the kitchen, she hurriedly put the pie in the oven, sorted out the vegetables for Lucy to prepare, threw another bucket of coal on the fire; then telling herself, since she was going to the farm she might as well kill two birds with one stone, she filled a tin can full of tea from the ever stewing teapot on the hob, cut off a two-inch-thick shive of currant loaf, placed a square of cheese on the middle of it, then, admonishing Lucy for the last time, 'Do them properly mind,' she hurried from the kitchen, across the yard, through the arch, and into the farmyard.

Abbie Reading was coming out of the barn and she called to him, saying, 'I've brought your bait, Mr. Reading,' and when she handed it to him she said, 'I've got to go into the dairy, the master says there's a lot of milk souring. Will you show me what to do?'

He did not smile, nevertheless his voice was bright as he answered, 'I showed you t'other day; but go on, I'll come and watch you at it while I eat.'

They passed the byres from which a thick warm smell wafted at them, which caused her to sniff as if at a perfume. The dairy was the last in the line of buildings, one wall of it being that which separated the farmyard from the courtyard. It consisted of two rooms, both spotlessly clean. In the middle of one was a stone table with a rim round it, which was intended to hold water in the warm weather. Against one wall was a long slate slab. On this was an array of milk dishes, and under it a line of wooden pails. On another slab, there stood three shallow glazed earthenware dishes and a similar number of hair sieves. In the other room stood a wodden churn, and in the corner of the room was fixed a boiler and to the right of it a long wooden bench with a cold tap at the end.

'Well now' – the old man seated himself on an upturned wooden keg, then said, 'What did I tell you t'other day?'

'Strain the milk through the hair-sieve and then leave it for twenty-four hours.'

'Well, that lot's been left for twenty-four hours and more. Then what do you do?'

'You skim the cream off with the slicer and pour it into the earthenware dishes to turn.'

'Then what?'

'Well, when it's ready you put it in the churn and start turnin'.'

He laughed here and said, 'Aye, you start turnin'. An' that's where the knack comes in. That's what you've got to do now. But it's how you turn, lass, it's how you turn. And you know somethin'? This is no time to start turnin', twelve o'clock in the day; early morning's the time, twixt five and six.' He was nodding at her. 'And how did I tell you to turn?'

'Steady like.'

'Aye, steady like. Well, go on, make a start with that lot there.' He pointed. 'It's ready.'

She carried one dish of cream after another to the churn and tipped it in; then putting on the lid, she gripped the handle and started to turn, while Abbie sat drinking his tea and chewing on the bread as he watched her in silence.

Of a sudden he startled her by crying, 'That's too fast! Every time you get tired you go fast, thinkin' the quicker you turn it the quicker it'll be done. Steady does it, else you'll have it so blown up with air it'll come out soft as pap, and as likely come out without a vestige of colour in it. I should've told you about the carrot.'

She was gasping slightly as she repeated, 'The carrot?'

'Aye, the carrot. You get a nice bit of colour in your butter by scraping a nice deep coloured carrot into a piece of linen cloth, then squeezing it into the cream. Give it a dip in water first then a squeeze. It makes all the difference. Or you can use arnatto. But I like the carrot, an' to do things really properly every bit of that milk should be scalded. You do that when you want thick cream for your fruit, like in the summer, you know?'

She nodded while her body swung up and down as she turned the handle.

'But what's just as important as scalding the cream is scalding your buckets and dishes after. I've seen more ruined butter come from a mucky bucket than enough. It's hard work, girl, isn't it? But nothin's easy in this life.' He pushed the last of the currant bread into his mouth, then mumbled, 'No, nothin's easy; 'cos livin' itself ain't easy.'

He now wiped the crumbs from his bristly beard and, leaning towards Emily's sweating face, said, 'I've been on this farm since it was first made thirty years ago. Do you know that? There wasn't any farm here thirty years ago, but the old master – and he was a master, a proper master, not like some I could mention – the old master created this farm when they sold the other two an' most of the land. There used to be a lot of land to the house, acres and acres of it. It isn't a farmhouse that, you know.' He thumbed over his shoulder. 'But I was reared on a farm, one belongin' to the house.'

'Oh.' At the moment this was the only response she was capable of making. She was used to wielding the poss stick and turning the mangle, scrubbing floors and white-washing ceilings, but this continuous movement, which had to go on for at least twenty minutes, was breaking her back. Either she was too tall or the handle of the butter tub was too low, one or t'other.

'No; never was a farmhouse.' The old man was still going on. 'Gentleman's residence Croft Dene House was, a gentleman's residence, a manor. The colonel kept one farm for his own use, rented t'other out. The Rowans rented it for years, then they bought it. God only knows where they got the money from, for they were like the one that plays master now, hadn't one penny to rub against t'other. But the master, the real master, the colonel, her father' – he now jerked his head back in the direction of the house – 'Miss Rona's father, he was a gentleman. He'd turn in his grave if he knew the plight she was in now. Adored her he did, thought the sun shone out of her. That was her trouble, she had got everything she wanted in life. But why in the name of God she wanted him, I'll never know.'

Emily kept on turning. The sweat was running off the end of her chin, the ache in her back had reached her finger tips and her knees. She looked at the old man. His head was slightly bent as if he was no longer aware of her, but he was still talking. 'Scum he was beneath her feet. All right, all right, they can say he had a farm, or his father had, but what was it? A few shippons attached to the house. And no loss I said when the land enclosure swallowed his bit of land up. He looked upon it as a comedown when they went to live in the lttle but an' ben up in the hills. But as I've said afore, an' I'll say it again, it was their rightful habitation. Drovers they were at one time, his grandfather and his father afore him, nothin' but drovers. An' then he comes here.' He now lifted his head. 'Do you know that? Do you know what that fellow, that one you call your master was when he first came here? An odd job man, a farm hand. That's what he was. . . . Well, that's surprised you, hasn't it?'

It had surprised her. She had stopped turning the handle and was staring open-mouthed at the old man as she repeated, 'A farm hand? The master? Just a farm hand?'

'You've said it, lass, just a farm hand. But an upstart one right from the beginnin'. Thought he was somebody; put on the act of a gentleman what was in reduced circumstances, so to speak. And I'll tell you something else, lass, and that's atween you and me.' He was now leaning well towards her and his voice was just above a whisper. 'He knew what he was after from the minute she came dashing back from America. She went on a long holiday to see a cousin, and then she got word that her da had died. Just nine years ago this month it was. There she was, a high-spirited lass, alone in the world you could say, although she had friends all around who stood by her then. But not the day they don't. Oh no; there's not one of them shows their face here the day. An' can you wonder at it? Anyway, he saw his chance. I'm tellin' you, he played her like a salmon, an' she, like a salmon battling against the tide, gave in. What else could she do? Two years he had been here when he marries her. An' he didn't marry only her, he married the farm an' the house. Oh, he wanted that house. I used to watch him at nights standing on the drive there, staring, staring at it. He coveted it, he did, and the whole place, more'n he did her. Oh, I know what I know. An' you know something else, lass? The day they married I stood in this very dairy, and I leant against that very wall, and I cried the first tears of me life. And I'm not tellin' you a word of a lie.'

She shook her head at him.

And he shook his head back at her as he ended, 'And I'd like to bet you I wasn't the only one crying that day. I bet you young Lizzie Rowan had a wet face an' all. She's the daughter of them that bought the other farm I was tellin' you of, and afore that upstart came here him and her were as thick as thieves an' would have been wed if it hadn't been for her old man.

But Dave Rowan knew a thing or two; he kicked his backside out of his gate.'

Her mouth was agape, She was amazed at all the old man had said. She had thought her master was a gentleman . . . well, except for his voice, which at times she thought was a bit ordinary. Yet at other times he spoke like a gentleman; when he was giving orders he spoke like a gentleman.

She asked softly now, 'But . . . but the mistress's accident?'

'Oh, that. Well that was the strangest thing, and it happened quite simply. She came downstairs for something in the middle of the night once, slipped on one of the slabs in the kitchen and put her back out. They found her there the next morning. They thought she was going to die.'

'As simple as that?'

'Aye, as simple as that, lass. The doctor said she must have come a toss. At first she could move about a bit, then it got worse, and now . . . well, she's there till they carry her downstairs.'

Again they were staring at each other until Emily, turning towards the churn, said, 'Eeh! I've forgotten; did I do the time?'

'We'll soon see.' He lifted off the lid; then nodding at her and giving her a thin smile, he said, 'It'll do, not bad. It's almost the colour of lint but it's not soft.'

'Oh, thank goodness. About the water from it, I mean the buttermilk.'

'Oh, Con likes that. I should make your sister drink it an' all, it's good for the disease, the rest 'll go to the pigs.'

She swung round from the churn. 'Disease? What disease?'

'The consumption. The youngster's got it, hasn't she?'

'Lucy? Consumption? No, no.'

'Well, if that cough doesn't spell consumption I've never heard one that does.'

'You think so?' The question was a frightened whisper now.

'Aye, yes. Didn't you know?'

'No. Well, I knew . . . I mean I felt she was sick with something, but I thought it was just being sort of bloodless like, not consumption, not that.'

'Well, you ask the doctor to have a look at her next time he's round. It'll cost you a couple of bob but it'll be worth it.'

'Aye, yes, I will. An' thanks.' Then all of a sudden she exclaimed, 'Eeh! the pie. I've forgot it. I left it in the oven. I'll have to come back and finish.' She stopped on the point of a run, and he said kindly, 'Don't rush yourself, I'll see to it. And I'll stoke up for you. You can wash the pans when you've time.'

'Thanks. Thanks.'

She was now running across the farmyard, through the arch and towards the kitchen, her mind a maze of conflicting impressions: Her master not being a gentleman; her mistress being enticed into marriage with a farm hand; and her father being a colonel. Then her master again being thick with Mrs. Rowan's daughter. And then the rabbit pie! Eeh! if the crust was burnt. And Lucy, their Lucy, having the consumption.

As she burst open the kitchen door she nearly knocked Hannah Rowan on to her back, only Larry Birch's outstretched arm saving her.

'My! my! somebody's in a hurry.'

'Oh, I'm sorry. Oh I am, Mrs. Rowan, I am. But it's the rabbit pie.' She was retreating across the kitchen now pointing to the oven.

She lifted up the heavy iron sneck and opened the oven door; then heaved a bigh sigh as she turned her face towards them. 'It's all right,' she said, 'it isn't quite done.'

Both Larry Birch and Hannah Rowan looked at her for some seconds, then at each other, and simultaneously they burst out laughing. Putting her hand over her eyes and bowing her head, Emily joined them; but she didn't give her laughter rein, not as Lucy was doing.

'Well, there's one thing that can be said for her,' Hannah Rowan said, looking at Larry Birch, 'she's quick at least at opening doors, and she's concerned for her pastry. . . . Good-bye, girl.'

'Good-bye, Mrs. Rowan.'

'And good-bye to you.' Hannah was now nodding towards Lucy, who was at the sink, and she added, 'And don't leave one eye in them taties or they'll wink at you out of the pan.'

Again Lucy was laughing, her head back.

The little woman went out into the yard now, saying over her shoulder, 'You say Con's working on the bottoms, what's he doing there? Them fields are full of boulders and bracken.'

The closing of the door cut off their voices, and Emily, turning now to Lucy, exclaimed, 'You're not still on with those vegetables, are you?'

'I'm nearly finished, Emily.'

She was about to add, 'Well, put a move on', but she checked herself and looked at her sister's back, the fair hair tied with a piece of faded ribbon, the narrow shoulders, the thin body. She herself was thin, but Lucy's was a different thinness, she was skinny. Yet only this morning she had told herself that Lucy was putting on weight. Her face seemed to be fuller. Had she the disease? Eeh! people died with that like flies. But when they coughed they spat blood. Lucy had never spat blood. Ena Blake up the street died when she was seventeen, and John Purley from around the corner, he had died an' all, and just when he had started work. But they had both spat blood, she had seen it. Her mother had always said Lucy's was a kind of tickly cough caused by nerves and thin blood.

She went slowly towards her now and putting her arm around her sister's shoulders she brought her face down to hers, saying, 'You feelin' all right?'

'Oh yes. Oh yes, Emily, I'm feelin' fine now, I'm not tired anymore. . . . Are you all right?'

'Oh me, I always feel all right.'

They looked at each other and smiled.

She didn't know what she would do if anything happened to Lucy. Lucy wasn't just like a sister, she was more like . . . well, a child; she had looked after her since she was a baby.

Back at the table preparing the pudding, she began to pray, using the prayers she had heard the ranters pray in Mrs. McGillby's bedroom, for they seemed much stronger, more in touch with God than the prayers she had learnt at school.

It had turned eight o'clock; she had cleared up the kitchen and was setting the table for breakfast the following morning. She set only two places. These were for the master and Con, as she had come to think of him. Abbie Reading didn't eat with the family at all; he didn't even come and collect his meals from the door, she had to take them to his place above the coach house. She and Lucy had their breakfast after the others were finished. At dinner-time she laid the table in the dining-room for the master and Con, and for their evening meal too.

She had finished setting the table when, looking towards Lucy who was sitting near the fire, her head nodding with sleep, she said, 'You go on up and get into bed; I'll be there shortly.'

'I don't like to go up on me own, Emily.'

'You're not frightened, are you?'

'No, not really, but it's a long way.'

'Aw, don't be silly.' She went to her and pulled her playfully from the chair, saying, 'Go on; you'll be asleep afore your head touches the pillow.'

As Lucy went out of the kitchen Larry Birch entered, saying, 'Good-night, Lucy,' and she answered, 'Good-night, sir.'

Emily was now throwing a bucket of coal on to the fire and she did not stop in her work. Afterwards, taking the big teapot, she emptied the contents over the top of the coal, then stood back and coughed as the steam rose hissing from the black mass.

She was at the sink washing her hands when he said, 'Come and sit down a minute, Emily, I want to talk to you.'

She turned swiftly, grabbed a hessian towel that was hanging to the side of the sink, then went obediently to the table and sat down, and for a moment she was reminded of the kitchen in Pilot Place, with Sep sitting at one side of the table and she at the other. But Mr. Birch didn't look a bit like Sep. He was better looking, taller and not so bulky in the body, and he held himself very straight. She sometimes thought his back looked too straight, and his neck always seemed to be stretching out of his collar, yet now as she stared at him she was even more reminded of Sep because his shoulders were sloping downwards and his head was slightly forward, his chin almost touching his chest. He looked a bit weary, in fact he looked as tired as she felt.

He did not lift his eyes towards her as he said, 'Emily, you must not spend time combing your mistress's hair, or bathing her.'

'No, sir?' There was a high note of surprise in her voice. She watched him lift his head, and now he was looking straight at her as he repeated, 'No, Emily.' Then moving his body round in the chair, he placed his forearms on the table, joined his hands together, and, his head to one side, said, 'There are one or two things I must tell you. The first is that your mistress is quite capable of doing her own hair and washing herself down. Admitted she cannot use her legs, but there is nothing wrong with her arms or her upper body. Up till now she has always attended to that part of her toilet herself; all you are required to do for her is to provide her with the water and towels, make the bed, and keep the room tidy.'

She was now sitting with her hands tightly clasped on her lap, and her face was straight as she said, 'But what if she demands I do it, sir?'

'Tell her I've said that you can only spend half an hour up there, except when you're through cleaning the room, and that only requires doing once a week. Just do as I've told you and then come away.'

'But if she should get angry?'

'Let her!'

She started, for he had almost shouted. And now she watched his hands gripping each other until the knuckles showed white.

His head was bent again and there was silence in the kitchen except for the slight hissing still coming from the banked down fire.

When he raised his head he looked hard at her and began to speak. His voice was calm and his words came slow but with quiet emphasis as he said, 'There are a number of things you have yet to learn about us, Emily. For a start I have no doubt that Abbie has already put you in the picture with regard to myself and my position here.'

She could not help the flush sweeping over her face, nor her eyes from blinking, and he went on, 'I thought as much. Well, believe what you like, but I will say this, Abbie is an embittered old man, a frustrated embittered old man, who imagines I've usurped his place here. What is more, he has always been very fond of my wife, having seen her grow up from a baby. But what Abbie Reading says or anyone else for that matter doesn't worry me.' On the last words his tone had suddenly become defiant and from it Emily deduced he wasn't being quite truthful on this point; people didn't get mad about something that didn't annoy them, and what people said about him evidently did annoy him. And, of course, it was natural.

Her hands on her lap moved apart, her body sank against the back of the chair. It was odd, but she had the strong feeling that she was once again in Pilot Place and that it was Sep sitting opposite her, for she was now experiencing the same feeling towards this man as she had done towards Sep. She felt sorry for him, and because she felt sorry for him she liked him. He might be an upstart as old Abbie said, but she was beginning to see that he had quite a lot to put up with.

'Anyway—' his head jerked to the side now – 'I'm not concerned about Abbie. I just want you to know where you stand; you will take your orders from me. . . . And there's something else I must warn you . . . tell you about. Because of her illness my wife suffers from nervous bouts. She is just as likely, when frustrated, to pick up something and throw it. Now should this happen you mustn't show her you're afraid, or run from the room. You know what you must do?' He leant further across the table now and, his voice low and with a quirk of a smile to his lips, he said, 'Should she try that on, threaten to throw something back at her, and make a good act of the threat. You understand me?'

Yes, she understood him. He was telling her she must throw things at her mistress should she get upperty. Why, surely her number would be up if she as much as lifted her hand to her.

As if reading her mind, he said, 'Don't worry about her reactions, but if she thinks she's got you cowed, you're finished, I mean as regard your ability to cope with her. That's where Chrissey went wrong . . . the other girl. She gave in to her, she showed her she was afraid.' He again paused, and now his smile widened as he said, 'But somehow, Emily, I don't think you'll be afraid, not of her or anyone else. Am I right?'

Her lips were compressed; she was blinking now; then, her face breaking into a broad smile, she replied, 'Well, I wouldn't let anybody trample on me, sir. Yet at the same time I cannot see meself' – again she pressed her lips together – 'throwing something at the mistress.'

He was laughing quietly now, his mouth wide, his eyes crinkled at the corners. She noted that he had all his teeth and that they looked good.

As his laughter died away he shook his head, saying softly 'I'm glad you came, Emily. One more thing. Don't be surprised if you should find her door barred and she won't allow you into the room.'

'Barred!' Her eyes stretched slightly. 'But how can she bar the door, sir? She can't get at the lock.'

'She doesn't need to. I suppose you've noticed the wooden loops at each side of the door.'

'Yes, sir, I have.'

'And the wooden post resting against the stanchion?'

Her eyes widened still further; then she said, 'I knew it was a bar for droppin' into the slots, but I couldn't see what use it was there.'

'Oh, it has a use, Emily. My wife likes privacy, especially when her nerves are at fever pitch. It is then that she pushes the bar across the door. It's quite easy from where she's sitting.' He smiled cynically now. 'She thought it up herself when she first took to her bed.' Now he sighed and ended, 'I suppose it's understandable; she hadn't been used to people entering her room unless they were bidden. Sometimes her door can be closed for a full day. When this happens just go about your work in the usual way. There'll come a time when the bar is removed.'

Well, well! She made the remark to herself. There were some queer people in the world. Yet in a way, if somebody had been brought up private like, that bar was one way to ensure that they could still be private when they wanted. That was to be understood, she supposed.

And that was the word he used to her now. 'You understand, Emily?' he asked.

'Yes, sir.'

'Good. Well now, get yourself off to bed, I'm sure you are ready for it. Good-night.' He rose from the table and without more ado left the kitchen.

She stared along the room towards the door that had just closed. You imagined that people only had to have money and a big house and they'd be happy. Well he'd got both, but there was one thing certain, he wasn't happy. He was paying a high price for his coveting so to speak. Another thing Abbie had said, and this, inside herself, she knew to be true: her master wasn't a real gentleman, for a gentleman would never under any circumstances advise his servant to throw things back at his wife; a gentleman was more likely to tell you to put up with it and if you didn't like it you could go. No, Abbie was right, he wasn't a gentleman. And there was one more thing that went to prove this. While he sat at the table his way of talking had been ordinary. But then he was no worse in her eyes for that.

Chapter Two

Emily had been at Croft Dene House for a month when she asked her master if it would be possible to take her half-day every Monday instead of every Sunday for she would like to go into Gateshead and visit her aunt.

She could not remind him of what he had said when he was driving her from Fellburn market and through the town on that first day, that she would often see the town. But over the past four weeks on the numerous occasions he had driven the trap or the waggon into the town he had never suggested that she should change her half-day off and he would give her a lift into the town. Yet when she did put the suggestion to him, he agreed without any demur.

And now this Monday morning she was scrambling round to get everything done before eleven o'clock, at which time the waggon was to leave the yard.

She was running up the stairs now towards her mistress's room when she met Lucy, her arms stretched wide carrying a laden breakfast tray.

Emily stopped on the first landing and watched her for a moment as she came down the right hand set of stairs; then exclaiming, 'Oh, be careful!' she grabbed at the tray and held it while Lucy leant against the banister.

'What is it?'

'She's been goin' on at me.'

'What about?'

'Everything. She called me stupid and . . . and a nitwit.'

'Did she indeed!'

'And she kept talkin' at me.'

'What did she say?'

'Well, things like, we won't reign long. Then she said, who stole the pie and hid it in her room?'

Emily, putting one foot on the next step, balanced the tray on her knee as she said, 'She didn't!'

'She did, Emily.'

'She knows it was Con.'

'She said it wasn't, it was me.'

'Oh!' Emily now shook her head. There had been high jinks last week when the whole bacon and egg pie that she had made for supper disappeared overnight from the pantry and she herself straightaway accused Con of taking it. 'What have you done with the pie?' she had demanded, and he had answered quite innocently, 'What pie?' And she had come back at him, 'You know what pie, the bacon and egg pie that I made last night.'

He was swearing blind that he hadn't taken it when the master came into the kitchen and when she told him about the pie disappearing he looked at Con and said, 'Not again, Con. For God's sake! don't start that again.' And Con had started to cry, and there followed an awful scene when the master yelled at him, saying, 'Stop denying it, Con. Just own up. Why do you have to steal food? You may go and stuff yourself until you burst—' He had waved his arms wildly indicating the whole kitchen, then had pointed to the store cupboard and yelled at him. 'Go in there and slice up a whole side of bacon and stick it in the pan, but do it openly.'

She herself had been very upset, mostly by witnessing the helpless crying of the tall young fellow, for he had cried like a child, and when the master had left the kitchen she had gone to him and put her arm around his shoulder and, just like a child or their Lucy, he had turned and buried his head against her neck, and put his arms around her waist; and strangely she had felt no embarrassment because it wasn't like a man holding her.

When he had calmed down and dried his eyes he said to her, 'I didn't . . . take it, Emily. They say I take . . . things just because I used to take a bit of cake up to bed. I like eating, Emily, I like eating . . . I do . . . like eating, Emily.' And she had said, 'Yes, I know you do, Con. And take what you like out of the pantry, only let me know.'

At this he had stared at her, then had slowly turned from her and walked out, leaving her with a bewildered feeling.

Now she was handing the tray back to Lucy, saying, 'Go on; carry it steady now and don't take any notice of her. I told you what the master said, didn't I?'

'Emily.'

'What is it now?'

'I'd better tell you, 'cos if I don't she will. I was in the linen closet and I felt sick, and I brought a bit up on to a towel. She heard me and called me names and things.'

Emily closed her eyes for a moment, then said, 'You didn't touch your breakfast, are you eating on the sly?'

'No, Emily; but I'm feelin' sick now and again.'

'I'll give you some bicarb when I come down. Go on.'

Emily now walked slowly up the remainder of the stairs. With one thing and another life was very harassing; she looked back to the days in Pilot Place as to a dream holiday. She hadn't realized how happy she had been, especially when she was running the house on her own. Oh, if only Sep hadn't died. . . . She wished she could stop thinking about Sep.

She straightened her back as she tapped on the door and entered her mistress's room, but before she had time to close the door, Rona Birch was crying at her, 'That sister of yours, she's a clumsy idiot. Look what she's donw; she's spilt the water all over the bed.'

Emily stood looking from the wet bedclothes down to the large glass jug that held the drinking water; then she lifted her eyes and stared at her mistress. She knew that Lucy hadn't spilt the water because Lucy would have told her, just as she had told her about being sick; the woman herself had done this on purpose because she knew that they were rushing through the work this morning in order to be ready to go on the cart at eleven o'clock.

'Well! strip the bed. Get fresh linen. Pick that rug up.'

'My sister didn't upset the jug, madam.' She was trembling as she made the statement.

'What! What are you saying?'

'You heard what I said, madam. My sister never tipped that water on to your bed.'

'How dare you! How dare you! Change this bed immediately and bring me a fresh nightdress.'

'I'll do it after you've been washed, madam, just in case there's another . . . accident.'

'You insolent slut you!' As the hand shot out and picked up a thick bound book from the table Emily reared and cried, 'You throw that at me, madam, and you'll get it back. An' me aim is likely to be better than yours.'

She stood gasping as Rona Birch dropped back on her pillows, her face a picture of suppressed fury, while at the same time showing incredible astonishment. Her mouth opened and shut like a fish, her rage was choking her and checking for a moment the spate of words fighting for release. And then they came: foul words, blasphemous words, swear words, filthy words, words that Emily had closed her ears to when she had heard them uttered in Creador Street or by drunken women fighting in the gutter, or by men rolling up the street late on a Friday night.

Now her mouth was open, she was aghast, she couldn't believe her ears. This was a lady! There might be doubt about her master being a gentleman, but there was no doubt that her mistress was a lady born and bred. But she was a lady with a filthy mouth. She was mad, she must be. The master had told her to make a stand against her, well, she could make a stand against her throwing anything but not against such talk.

Rona Birch's voice had reached a pitch of intensity that was causing Emily to screw up her face against it as she backed from the bed when the door was thrust open and Larry Birch entered, crying, 'Shut up! Stop it this minute, woman!'

Emily watched him grip his wife by the shoulders and shake her roughly until her head wobbled and her voice was lost in a gasping breath.

Quite suddenly he let go of her and she slumped into the pillows, her eyes, which at times appeared colourless, now showing a dark depth from which hate seemed to rise like a vapour. Then seeming to forget the presence of Emily, she now said slowly and quietly, but in the same venom-filled tone, 'You! you low down muck-raker. You dung-bespattered drover! You would, wouldn't you, you would engage the lowest of the low. She attacked me; she threatened me; and you put her up to it, didn't you? You stopped her doing my hair and attending to me and when she tells her sister to spill water over me and I ask her to clear it up, what do I get? Threats. She threatened me. But you won't let this affect your judgment, will you, dear Larry? Such a good worker, you said she was. We mustn't do anything to upset her, you said. . . . And does she work well in bed, Larry?'

Her lips had hardly closed on his name when his hand caught her with a resounding whack full across the side of her face.

As Emily gasped he turned and yelled at her, 'Get out! Get out!' and she got out.

But once on the landing, she stood there, her hands cupping her face. He had hit her! Well, she deserved to be hit, didn't she? She had seen women hammered black and blue for less, oh much less. But then they were common people, not like ladies and gentlemen.

She had the urge to run up into the attic, throw their things into the hamper, and leave this place. There was something not quite right about it, she didn't know what, but it was something that she could feel, and not only just now, and the feeling made her uneasy. She could hear her mistress's voice now, saying in a perfectly steady tone and with no sound of tears in it 'You'll regret that, Mr. Birch, for the rest of your life. I promise you, you'll regret that.'

'I'll regret nothing, only having taken you on. And I should have done that afore. You're filthy! Do you know that? Rotten right through, and filthy.'

'Well, you've changed your opinion since you took me on, haven't you? But then it wasn't me you wanted, was it? It was the farm, the house. Oh you wanted this house, didn't you? "It's a lovely house, Miss Fullwell," you used to say; "a beautiful house. It has a charm about it." '

'Yes' – and now his voice came harsh and clear from the room, crying, 'and you invited me in, didn't you? You broke your neck to get me inside, and up into your room.'

'Yes, yes, I did, Larry; but you weren't to be tempted, were you? No. You know I've often thought it's a pity that you couldn't have become pregnant and so trapped me into marrying you. But you did the next best thing, didn't you, you kept me at arms' length and whetted my appetite by going off on a Sunday to meet your dear Lizzie. But dear Lizzie didn't stand a chance against Croft Dene House, did she? And now you are master of all you survey, from the kitchen to the attic. . . .'

'Stop it! stop it! Rona, I'm warning you. But you're right. As you say, I'm master of the house, and you can't do anything about it now, not a blasted thing, can you?'

Emily waited to hear her mistress answer, and when none came her fingers began to beat against her lips. Was he choking her? Then she actually started as she heard the high-pitched hysterical laugh and the voice breaking through it, crying, 'Master! Master! Oh, it's funny. If you could only see yourself as I see you, you'd die at this moment, and not with laughing. Master, you say? Oh, you've got a surprise coming to you, Larry. One of these days you'll get such a shock you'll wish they would bury you alive.'

'You're mad. You're mad, woman.'

'You'd like to think I was, wouldn't you, Larry? But I'm as sane as you are.' There was no laughter in the tone now, only a deep bitterness, a grinding bitterness. 'It's a wonder I haven't gone mad lying here all these years, but I was determined that I wouldn't. I don't know how long I've got left but I hope to live long enough to see you brought low, right down to where you were at the beginning.'

'Well, you'll have to wait a long time for that, Rona, I'm afraid.'

'Not as long as you think, Larry.'

Emily shook her head. They were now talking in ordinary voices but the substance of what they were saying was more awful than when they were screaming at each other. Lucy wasn't the only one who was feeling sick.

She turned quietly away and went down the stairs and into the kitchen, to find Con standing in front of the fire. He was looking down into the burning glow, and he showed no sign that he knew she was in the kitchen;

but when she sat down by the table he said quietly, 'You won't go, Emily, will you?' When she didn't answer he turned about and came and stood before her, and she looked up at him. There was that expression on his face that always made her think of a young child, and he said softly in his slow way, 'Don't . . . go, Emily. She's sick, she doesn't . . . mean it, not what she says. And . . . and we need you. Larry needs you. He says you're better than . . . Chrissey and Betty . . . put together; you've got . . . a head on your shoulders . . . he says. And Abbie likes you. And Abbie . . . doesn't like everybody. But Abbie . . . likes you. And Hannah likes you, Hannah Rowan. She told Larry he . . . was lucky and we had to keep you. And then . . . there's Lucy.' He turned now and looked towards Lucy where she was sitting on a cracket with her hands pinched tightly between her knees. 'The air's good for . . . Lucy's cough. Don't go, you won't, will you, Emily?'

The tears were spilling from her eyes now and she blinked them away before, taking her apron, she moved it roughly round her face as she said, 'It's all right, Con, it's all right. Don't worry.'

She was still rubbing her face when the kitchen door opened and Larry entered and, speaking straightaway to Con, he said, 'Go up. Take the top covers off the bed and give her dry ones. Then stay with her. I'll be up again directly.'

'Yes, Larry.' When Con obediently went from the room, Larry looked at Emily, who was now on her knees before the hearth slab raking the ashes from under the grate on to a shovel, and he said to her, 'Well, what have you decided to do?'

She stopped raking and turned her head and looked at him. 'If you want me to stay on, I'll stay.'

He was standing to her side now and all of a sudden he dropped on to his hunkers so that their faces were on a level, and he stared at her for a moment before he said, 'Want you to stay on? Of course, I want you to stay on; you've handled her better than anyone for years.'

Her mind was saying, I have? Well, mister, you could have hoodwinked me. However, she didn't voice it, but looked at him as he went on, 'You can see how things are for me. It's like walking a tight rope; you never know how you have her from one minute to another.'

'You shouldn't have hit her.'

He was staring at her, his lips slightly apart, and she was staring back at him, and she knew that from this moment things would be different between them. She didn't know in what way, but the fact that she had dared to tell him he shouldn't hit his wife had somehow broken through a barrier, and strangely she viewed him no longer as someone on another sphere, but as an ordinary man, as ordinary as Sep McGillby. In a way she thought that Sep had more about him than this fellow. Sep would never have hit Mrs. McGillby. But then she must remember that Mrs. McGillby hadn't a filthy mouth. Mrs. McGillby wouldn't have come out with the things that that one upstairs had.

He now made a small sound like a laugh and shook his head slowly as he said, 'You know, Emily, you are the only human being I've really talked to in years; those from where I sprang, in my own class, they look upon me as an upstart, and those from higher up look down on me as an upstart, and both sides are waiting to see me topple from me perch. But inside here' – he now tapped his forehead – 'are claws, Emily, and those claws are fast on my perch and I'll take some knocking off. What do you say?'

She didn't say anything for a moment. The perch, she knew, he was referring to was his house and the farm, and he was proud that he was master of them. That's what made him assume the cloak of a gentleman. But the cloak didn't quite fit him; he couldn't keep it buttoned up all the time, as it were, and when he let it slip he showed the ordinary fellow he was; and she found she liked the ordinary fellow better than the one he pretended to be.

'I'll go along with you there,' she said evenly; 'you'll take some knocking off.'

Still looking at each other, they both now stood up, and he said quietly, 'Go and get changed, we'll leave straightaway. I'll be better out of the place for a while. Con can see to her till we get back.'

He turned and looked towards Lucy. It wasn't that he had forgotten she was there, but as if it didn't matter what he said in front of her. Emily thought that he looked upon Lucy very much as she herself did, like part and parcel of herself.

Up in their room they changed their clothes. They had already washed in the kitchen; it was easier than carting water up all this way.

When she took off her dress she lifted up her top petticoat and from the band of the under one she unpicked a tiny bag that held a sovereign. She had already explained to Lucy about the money and the watch, and together one night they had cut up two of her three handkerchiefs and sewn each sovereign into a little bag, then diligently attached them at intervals like buttons around the band of her petticoat. The watch also she had placed in a bag but this she pinned to her shift.

Now and again she would take the watch out from its cover and they would both look at it. Only last night they had looked at it in the candlelight and she had said to Lucy, 'What am I ever going to do with it? I daren't wear it.' Lucy had giggled and said, 'You could the day you got married; you could say your husband bought it for you as a weddin' present.' At this she had pushed Lucy across the bed and fallen on it herself, and both smothered their laughter. Then she had stared at Lucy, saying, 'Fancy you thinkin' a thing like that, talkin' about me getting married! It'll be years afore I get married now, that's if ever. But what matters as long as we've a roof over our heads. Never say die, eh?' And again they had fallen on the bed and held each other for a moment.

Now holding Lucy's hand, she said, 'I'm going to get you some woollen bloomers an' a woollen habit shirt.'

'Habit shirt?'

'Yes, camisole like.'

'Oh. . . . Oh, that'll be lovely. Woollen?'

'Aye, woollen to keep you warm. And if we can find a second-hand shop in Gateshead, we'll go and see if we can get you a coat. And meself one an'-all; you can almost see the wind through this one.'

'Emily.'

'Aye, what is it?' Emily was now standing with knees bent in order that she could see in the little mirror on the low dressing-chest as she pinned on her hat.

'Are you frightened of her?'

She paused in the act of pushing the hatpin through the back of the hat, and she looked at her reflection in the mirror; then, her head drooping to the side, she said, 'No; at least I'm not going to be. If she starts any of her capers again I'll do what he says and give her as much as she sends, like I did the day.'

She continued to look at her reflection. She was filling out, her face looked plumper, her cheeks were rosy. Was she bonny? Everybody said she was. . . . Eeh! fancy asking herself such questions at this time, and on a day like this, after that do downstairs an' all. Was she bonny indeed! Huh!

She straightened up and smoothed down the front of her coat. It was a nice feeling to be told you were bonny but to be really bonny you had to have nice clothes, smart clothes, and shoes, not boots. She looked down at her feet. That's what she would do an' all the day when she was out, she'd get herself a pair of shoes. Yes, that's what she'd do the day. She needed something to take the bad taste of this morning out of her mouth, she'd spend, and be damned.

'Come on.' She caught hold of Lucy's hand; then pulled her to a stop as the younger girl made for the door, and she bounced her head down at her, saying, 'We're goin' out and we're gona enjoy ourselves. Remember that, Lucy Kennedy. Do you hear me? we're gona enjoy ourselves, and forget about this place and everything.'

Her face crinkled with laughter now, Lucy leant against her for a moment; then they looked at each other, warm from the endearment, and went out and down the stairs determined to enjoy their brief period of liberty.

They arrived in Fellburn market about twelve o'clock. It had been a beautiful drive; the sun had shone all the way; the air was nippy but bracing. Two incidents had occurred on the road that puzzled her and made her think again of Con. She recalled her first impression of him as someone who seemingly couldn't keep his hands to himself. Yet this she had proved to be wrong; anyway, in her case and in Lucy's. Though Lucy was more than fond of him, she had never seen him touch her, not in the way they were suggesting anyhow.

The first incident took place when they had been on the road about ten minutes. They were passing a drover sitting on the bank above a ditch while his herd cropped the grass behind him, when he shouted from the bank, 'Hello there, Larry, how's tricks?' She had been surprised at the man's familiarity and also at Mr. Birch's response when he said, and in his ordinary voice, 'Not too bad, Joe. Could be worse.'

'I'll say, I'll say,' was the man's next response. Then when the trap was well past him, he shouted, 'How's Con? Don't see him about these days.'

Emily had looked at Mr. Birch. He was staring straight ahead and he made no reply to the remark.

Then when they were passing through the village there was a girl standing beyond the blacksmith's shop. She was carrying a wooden bucket in each hand. The buckets were empty but they seemed to weigh her down and backwards, and Emily realized the reason was that her stomach was well up towards her time. She, too, called to Mr. Birch. 'Hello there!' she said. But this time the only answer Larry Birch gave was to turn his head in her direction and stare at her. But when he jerked the reins to hasten the horse on, her voice came to them, shouting. 'Tell Con I'll be takin' a walk over to see him one of these days.' At this he swung round in his seat and glared at the girl, and Emily turned her head, too, and saw that the girl was laughing.

Other folk on the village street had looked towards the trap but as on the day she had first driven through the village no one gave him any sign of recognition.

They were out of the village and going round the frightening curve above the quarry when he next spoke. Looking straight ahead, he said, 'She's a liar, that girl. She's been with more men than there's days in the week. Con never touched her. I want you to believe that.' He now jerked his head towards her. 'He isn't like that. Affectionate, yes, but not in that way. It wasn't Con. But it's only her word against his.'

She could believe him but she said nothing, it wasn't her business. . . . Had more men than days in the week, he had said, and she could believe that about the girl, for she looked a low, common piece, and not one to be easily tripped up in the dark.

In the market he helped them both down on to the road, then said, 'Be back here by half-past three sharp, I want to get home before it's dark. But if I shouldn't be here when you arrive . . . well, you'll just have to wait.' He gave her a tight smile, then added, 'I'm driving over into Washington, I have some business to see to there.'

'Yes, yes, all right. We'll be back here at half-past three. Good-bye, sir.'

'Good-bye, Emily. Good-bye, Lucy.'

'Good-bye, sir.'

As they walked along the pavement she had the idea that he was still standing watching them, and when, at the top end of the street, before turning into the main road, she looked back to see if she had been right, sure enough there he was standing by the horse's head looking in their direction. And then she did a silly thing. She didn't know what possessed her, she lifted her hand and she waved. Then she wished for a hole in the ground to swallow her up for being so silly and forward when, after a pause, she saw his hand go up and move twice, and Lucy said, 'He waved to us!'

When they got into the main street she looked at Lucy and exclaimed, as she shook her head, 'I should never have done that, steppin' out of me place like that. Eeh! he'll think I'm takin' advantage, and I don't want him to think that.' Then, nodding down at Lucy, she went on to explain, 'You see you've got to be so careful, you haven't got to be your natural self with bosses and masters and such like, 'cos they're not all like Sep. Sep was different. So don't you take any liberties because he waved an' speak out of turn when you get back. Wait until you're spoken to, as always.'

'Yes, Emily.'

And as they walked on she thought, I wouldn't have waved to him this time yesterday, I wouldn't have dared.

Mary Southern greeted them with open arms, and hardly stopping to take breath, she told them that a school board man had been there enquiring about Lucy, that Alice Broughton had put him on the scent, but she had put him right off it again by saying that Lucy's big sister had taken her down to the south of the country and into service there. Finally, she poured out more tea, ladled out more potato hash, pushed the assortment of dirty dishes aside, then, spreading her forearms on the table, leant her breasts on them and demanded to be told all the news.

And Emily gave her all the news, about the house, the farm, the master, Con, Abbie, and lastly her mistress. But about her she gave the slimmest of descriptions, simply saying that she was bedridden and rather hoity-toity because she was a lady, for she knew that if she told her Aunt Mary all she had put up with from her mistress in the past few weeks that big and downright woman would have cried at her, 'Get yersels out of that; there are other jobs to be had where you don't have to put up with people like her. To my mind she sounds barmy.' Yes, that's what Aunt Mary would have said, because anyone describing Mrs. Birch was bound to give the hearer the impression that the woman was barmy. Yet, Emily knew, she wasn't barmy, not that kind of barmy where you had to be put away, and so she skimmed over her mistress's character, leaving her Aunt Mary with the impression that in taking this new job she had fallen on her feet.

The history of the farm and its occupants exhausted, Emily now asked the question which was uppermost in her mind. 'Do you know of a good second-hand shop around here, Aunt Mary, 'cos we're both in need of a rig-out?'

'Second-hand shop around here, lass! There's nowt else; some good, some bad, and some worse. The clothes you get out of some of 'em, why they're walkin', you could put a rope round 'em an' lead 'em home.'

Now they were all laughing, even the children on the floor joining in.

After Emily had wiped her eyes and taken a gulp of the strong sweet tea, she said, 'I'd like one or two decent things, Aunt Mary; something different from the usual run of the mill, with a bit of colour in it, you know?'

'Well now.' Mary Southern was wagging a fat dirty finger in Emily's direction as she said, 'I know the very place over in Fellburn. Mind you, I've never been inside the shop meself, it's much too ah-la for me. Paddy's Market over the water in Newcastle is more in my line; I can get the whole lot rigged out for ten bob, leading them home or not!' Again she let out a roar. 'Have you ever been to Newcastle, lass?'

'No, Aunt Mary.' Emily waited patiently.

'Oh, you should go, lass, it's marvellous. There's some wonderful places. I never appreciated it when I had the chance. You know I was in a place over there when I was eleven. St. Thomas's Square, that's where the house was, and you talk about swank, my God! Lady Golightly or the Duchess of Fife wasn't in it with that one. He managed a bank but you would have thought he managed the Mint. There were only four servants, me included, but they had us kneeling at prayers afore breakfast, eight o'clock in the morning. And mind, I'd been up since five; no six o'clock in them days. They took me from the cook when I was fifteen to train me as housemaid. The missis had what she called ladies' afternoons, and the first time I handed the tea round I spilt some into an old biddy's lap, an' that was that. The very next day when I packed me bundle I cheeked the cook an' she promised a dark end for me. "Every dog has his day." she said, "and you'll get bitten afore long." And you know what I said back to her?' Again her head went back and her laugh rang out as she spluttered, ' "Aye, every dog has his day," I said, "an' a bitch has two afternoons." ' Then her chin coming forward, she thrust it towards Emily's and Lucy's laughing faces and, flinging her arms wide to encompass the children on the floor, ended, 'And I've had some afternoons, haven't I?' And all Emily could say at the moment was, 'Oh! Aunt Mary. Oh! Aunt Mary, you're as good as a dose of medicine.'

When the laughter died down, she asked, 'About that shop, Aunt Mary, the good second-hand shop.'

'Oh aye, lass. That's me, I get in a train for Shields and land up at Durham so to speak. . . . Have you ever been in Newcastle station? By! it's as good as a treat goin' to Newcastle station. All right . . . all right . . . all right.' She now beat her fist against her head as she cried, 'There you go again, Mary Southern. Stick to the point for once. Well, now, Emily, about this second-hand shop. I understand the wife gets all her bits and pieces from them on Brampton Hill, an' there's some big houses up there, you know, lass, so it's bound to be good stuff. But she's pricey. They say, you'd pay as much as five shillings for a coat. . . . Well now, as to where it is, it's almost at the foot of the hill itself, but across the road on the opposite side and down Bower Street. You can't miss it. She's got one or two things in the window nicely arranged like a proper shop, you know?'

'Oh, thanks, Aunt Mary. And . . . and would you mind if we got off now because I've got to meet the master in the market around half-past three.'

'No, lass, no, get yourself away, but by! I've been pleased to see you both.'

When the shilling was slipped into her hand she made loud protest; then she bestowed on each of them a smacking kiss, assured them that they were as welcome as the flowers in May even if they were to bloom every day in the year, and on this she set them to the front door and waved them on.

They were still laughing when they reached Fellburn, and Emily said, 'Eeh! me Aunt Mary's as good as a magic lantern, isn't she?' and Lucy replied, 'You know, it's funny, Emily, the house is mucky an' there's bairns all over the place but I wouldn't mind livin' there.'

Emily looked at her for a moment, then asked soberly, 'More than you like livin' up at the house?' and Lucy, returning her gaze, nodded and replied, 'Aye. Aye, I would, Emily.'

As they walked on in silence now, Emily thought, She's right; I would an' all. But – she ended on an inward laugh – that would be after I'd cleaned them all up, me Aunt Mary included.

At half-past three prompt they entered Fellburn Market Square each carrying a large brown paper parcel and their faces shining bright.

But as they approached Larry Birch standing seemingly where they had left him earlier by the horse's head, their steps slowed, and when they stood before him they were silent, and so was he. He stared from one to the other in open-mouthed amazement. Then, his eyes resting on Emily, he began to laugh, and as his laughter mounted and he put his hand over his mouth to quell it the brightness slid from her face.

'I look funny?' The statement was quiet.

'Funny?' He shook his head. 'No, no, Emily, you don't look funny.' He did not add, 'No, but you look ridiculous,' for as extreme as her clothes were and so utterly out of place, either in this dirty market square or for the position that she held, she didn't look ridiculous, she looked amazing. Why had he laughed? He didn't know. Perhaps because he had seen a moth turn into a butterfly. But she had never been a moth; no moth ever glowed like she did. And now her glowing had changed into a bright light, a starkly bright light. Nevertheless, he knew that he preferred her as a moth. He looked at the hat she'd replaced, the flat straw one with its two round-headed hatpins protruding like eyes on stalks from its brim. The replacement, too, was straw, but a leghorn straw, and around the front of its brim lay a large blue feather, and at its back apparently was a similarly coloured large bow of silk ribbon, for the ends of the bow were sticking out beyond the brim, and in one place the wire that kept them in place was exposed.

But it was her coat that was most astonishing. It was green and its collar was made of fur; its sleeves were voluptuous and each fell in three cape folds to the elbow. The coat followed her slim waistline, then swung out into a gored skirt heavily trimmed with braid. It was a coat such as any lady of the city would wear for an occasion, the launching of a ship perhaps or when being the guest at a ladies' afternoon in some fashionable apartment. In certain parts of Newcastle it would have gone unnoticed. But this wasn't Newcastle, this was Fellburn, which boasted of only one select area and that on Brampton Hill.

His eyes moved down to her feet. She no longer wore her sturdy top boots which he had noticed were well down at the heels, but had on now a pair of shoes which were, he imagined, a size too small for her but were very neat, yet too pretty for everyday use. Moreover, her new attire, bought apparently from a second-hand shop, had, in the matter of an afternoon, turned her from a young girl into a young woman. She looked at this moment near twenty. And that was a pity.

But Lucy . . . Lucy, dressed in a thick grey, but pretty, coat with blue cuffs and collar and a blue hood, itself lined with the coat material, looked warm and snug, and not out of place.

'You . . . you think I've been silly?'

'No, no, Emily, I don't. Believe me I don't.' He was eager to reassure her now because there was no longer any gladness in her face. 'It . . . it was only that you went away a short while ago like a young maid, and now you come back like a young lady. The clothes are . . . beau . . . beautiful. How did you come by them?'

'My Aunt Mary told me of this shop. It's a very good shop; they . . . they only deal with the best.'

'Oh' – he nodded solemnly at her now – 'I can see that. That coat must have cost a small fortune in the first place.'

'But you think I should have got something a little plainer; I know I should, but . . . but I've never seen a coat like this afore.' Her chin drooped now while at the same time she stroked her hand lovingly over her waist.

'You weren't silly, you did right. And how you spend your wages is your business. Now come on, up you get, both of you.'

They got up, and they sat at their side of the trap and he at his, and every now and again he turned his head and looked at them, more often at Emily, and smiled, but the nearer they got towards the village he had the irrepressible urge to say, For God's sake! take that hat off before we go through there. But he had already dampened the glow in her face and he wouldn't risk putting it out altogether. Yet he knew what would happen once they drove up that street.

And it did happen.

On the two previous occasions she had driven through the village no one had taken much notice of them. True, there hadn't been many people about, but those who had been had merely glanced up at the trap then gone about their business of walking or talking. But now not only did the village people turn and stare at them, but a group of miners, about ten in all, who were on their way home from the Beulah pit outside of Fellburn and whose pit cottages were situated just behind the village, stopped and gaped, and one or two of them laughed and shouted something.

Emily knew that miners were rough customers, worse than dockers when they got going, for they cared for neither God nor man and seemed to fear nobody, and when one shouted, 'Some poor cock 'll be cold the neet withoot its tail,' her hands went instinctively to her hat, to freeze there as Larry Birch's voice growled through lips that hardly moved, 'Leave it be!'

The trap joggled up the main street towards the blacksmith's shop and it was the blacksmith's wife who made the last comment. She was standing at the forge door and as they passed her she shouted over her shoulder, 'Begod! Sandy, come and look at this! . . . Fine feathers make fine birds, so they say, an' who said you can't make a peacock out of a partridge? Well! Well!'

Larry Birch remained silent until they were nearing the gates of the house, when, without looking at her, he said, 'You know something? The next thing you'll hear is that I bought you your rig-out, so be prepared for that, won't you?'

'But you didn't, and I'll deny . . .'

'You can deny it until your heart stops for want of breath, me girl, but they won't believe you. That village is inhabited by people who want to believe what they want to believe, and in this case, they'll tell you they believe the evidence of their eyes. You pass through there at noon a serving maid, you come back at evening dressed like—' he now turned and looked her up and down then said with heavy weariness, 'like nothing they've ever seen before.'

When she felt Lucy's hand creep into hers she had a great desire to cry, but instead, her head bowed, she said, 'I could leave.'

'Don't talk nonsense!'

It was the almost scornful note in his voice that caused her to flare. 'I could! I will!' Her head was up now, and she was shouting at him. 'You can't stop me! I'm not bonded. Neither is she.' She jerked the hand within hers. 'And I'll tell you this much. I don't care what they think in the village; I don't care about them, they're nothin' to me; I don't care what anybody thinks, them or me mistress, or old Abbie, or . . . or . . .'

When she hesitated he put in quietly, 'Or me?'

And now she nodded at him fearlessly as she said, 'Aye, you an' all; I'm not beholden to anybody. As long as I've got two hands on me I'll get a job. An' I can always go to me Aunt Mary's until one turns up. I don't have to put up with all this. I'm not tied to that house like you. . . .'

Her eyes were wide, her mouth was wide. The cold evening air was rushing into it down her windpipe and into her stomach, yet she was hot, sweating. What had come over her? Eeh! To talk to him like that. To tell him he was tied to the house. . . . Well, he was, and to that mean bitch lying in bed up there. . . . Eeh! what was the matter with her? . . . She was angry, that's what was the matter with her, and she was a fool. She had been a fool to spend her money on these clothes, on this damned hat, and this coat and the dress underneath it. . . . But no, the dress was bonny. It was plain, but bonny.

The dress was made of a soft woollen material, pink woollen material. Never had she seen anything like it in her life before. She'd keep the dress, but she'd burn the coat and the hat. . . . No, she wouldn't. When she left she would take it and give it to her Aunt Mary. She would wear it. Aye, she would, an' the hat an' all. She'd cause a riot of laughter in the street, and she'd enjoy it, and everybody with her. . . . The whole pound she had spent on herself wouldn't be wasted after all. . . . But it was winter, jobs weren't two a penny in winter. Don't let her forget that.

'Yes, I am tied to the house; you have spoken the truth there.' There was no scorn in his voice now. He wasn't speaking to her as if she were a numskull.

'I'm sorry.'

'Oh, you needn't be.'

She looked at him through the fading light and again she had the impression she was sitting with Sep for again she was sensing the same need in this man as she had done in Sep. But this man was playing two parts, and because of his double role he had become an upstart. Yet, strangely, she understood his need to be an upstart, which after all only meant that he wanted to be different, to get on, rise in life. She didn't know from where she drew the perceptive power to recognize the need in people, she only knew she could tell. She had known that Sep had needed something, someone; but she had also known whom Sep had needed. Herself. But she didn't know whom this man needed; she did know though that the need wasn't new in him, that she herself hadn't awakened it, but that someone else had. Was it Mrs. Rowan's daughter, the one called Lizzie?

He was speaking again, quietly now as if he were very tired. 'I thought we had come to an understanding this mornin'. I told you then I needed you in the house, and I'm telling you again, so let there be no more talk of packing up.'

He jerked the reins which made a motion like waves rolling towards the horse's head. He drove through the gates, past the front of the house and into the courtyard, and as he jumped down from the trap and put out his hand to help her from the high step Con opened the kitchen door.

She saw him standing tall and straight like a faceless shadow against the light of the lamp from behind him in the kitchen, but as they approached him he moved back and the expression on his face was one of wonder. Then stepping hastily towards them again, he grabbed the parcels from both their arms and hugged them to him as he looked from one to the other, from Emily standing in her fur and braid-trimmed magnificent coat, and now holding the big hat with the bright blue feather and outsize bow between her two hands, to Lucy, appearing at this moment like some fragile child who had stepped out from an expensive story book, and he exclaimed on a high note of awe and admiration, 'Oh! you look lovely. Lovely.'

He now turned and dropped their parcels on to the table; then going to Lucy, he put out his hand and his fingers traced the bonnet around her face. Then moving his long arm, he turned it in Emily's direction and caressed the curling fronds of the feather on the hat. Now he lifted his eyes and looked at Larry standing behind them, and he said, 'You've bought . . . them these, Larry? Oh, that . . . was nice of you. And don't they . . . look lovely?' As his eyes came to rest again on Emily, saying now, 'Beautiful, beautiful,' her face crumpled. She turned her head quickly and glanced over her shoulder, and Larry said, on a sound that held both amusement and bitterness, 'What did I tell you?'

It was too much. Almost staggering to the table, she dragged out a chair, dropped on to it and buried her face in her folded arms, and cried as she had wanted to cry for weeks now. She cried for Sep; she cried for the loss of the house in Pilot Place, the house that she would always think of as lovely; she cried because Lucy had the disease; and she cried for herself because she was ignorant and didn't know how to choose clothes.

They stood about her, Lucy close to her, her thin hands gripping her arm, and Con on the other side, with Larry behind her. They, too, had their hands on her. Con was stroking her shoulder, and Larry touching her hair, but so tentatively she never felt his hand at all. But she listened to his voice talking quietly, saying, 'There now. It's over. Come on. It's nearly the end of the day, and what a day all round. But there'll come another. . . . Never say die.'

She raised her head and straightened her shoulders, gulped in her throat, then rubbed her hand over her wet face. It was funny; she wanted to laugh now, someone had said to her, 'Never say die.' Miles from Shields and the place where she imagined the saying had been born through adversity, someone had said to her, 'Never say die.' Huh! it was funny. Life was funny.

Never say die.

Chapter Three

It was on the following Sunday, and again her half-day, when Emily decided to wear her new frock. There was no reason, she told herself, why she should do so, because she wasn't going anywhere special, just for a walk. And not in the direction of the village either. She had said to Lucy earlier they would take a tramp over those hills they could see from their bedroom window; they looked quite near and she often wondered what lay beyond them.

Perhaps they'd be able to see Chester-le-Street from there; and Durham. No not Durham, that was too far away. But some day she'd go to Durham, and to Newcastle, and Sunderland, and all those places. Yes, she would some day.

As she bent her knees to look at herself once more in the mirror she admonished herself for being in 'one of those moods'. And it wasn't new; the mood had come and gone all the week; in fact, ever since she had bought the clothes. One minute she was up in the air full of defiance and telling herself what she could do, and what she was going to do, the next minute she was in the depths reminding herself that she was nothing or nobody, and she'd better be careful and not open her mouth wide and speak out of turn; she was forgetting herself, and in her position she couldn't really afford to, no matter how she felt, because after all jobs didn't grow on trees.

So, as they were only going over the hills, why did she want to put her new frock on? It would only be covered up by her old coat. One thing was sure, she'd never wear *that* coat again . . . or the hat. That hat! Never!

Oh, get on with it. She supposed she was in a temper because he had told them to take their half-day today because he couldn't take them into the town tomorrow, and he hadn't said why. She straightened up so abruptly that she almost over-balanced Lucy.

As Lucy watched her now pulling off her workaday clothes and getting into her bonny frock she asked, 'Do you want to walk over them hills, Emily? Can't we just stay around the yard and the farm?'

'Stay around the yard an' the farm!' Emily almost barked at her. 'Our one free time in the week and you say stay around the yard! I'm sick of looking at that yard. That's all I see for nearly seven days a week; the inside of this house, that yard, and the farm. Do you know we never see a single soul from one week's end to the other but them about here, except perhaps that Mrs. Rowan, and then she just flits in and flits out. By!' – she let out a long-drawn sigh – 'I never thought I'd miss Shields but I'd give me eye teeth to be back there again, wouldn't you?'

They looked at each other, and Lucy nodded, saying, 'Aye, I would, Emily. I'm not taken with the country.'

Again Emily was barking, 'Well, you should be! Because it's good for your cough. That's another thing I want to have out with you: what are you eating to make you sick? You had nothin' that I saw yesterday to make you sick.'

'Perhaps it was the fat in the mutton stew.'

'I cut nearly all the fat off. . . . Anyway, you're not eating as you should.'

'I never feel hungry, Emily.'

'Well, I can tell you this, I bet you do this afternoon when we get back from our walk 'cos I'm goin' to walk you off your legs, and there's nothing better for giving people an appetite than walkin'. So get your coat and hat on and put on an extra pair of bloomers. An' that scarf round your neck. An' be quick about it, because I can't wait to get out of here.'

Lucy didn't do as she was bidden straight away but stared at her beloved sister before she complained, 'What's the matter with you, our Emily? You're always going for me, you never used to be like this.'

Of a sudden Emily flopped down on the side of the bed and she stared at

Lucy for a full minute before she said, 'I don't know either what's come over me. I thought about it last night, and I've come to the conclusion I'm just now feeling the shock of Sep going. They say that you don't feel the shock of things happenin' like that until long after. Then this house, one thing happenin' on top of another. They've never stopped since we came here, have they? And look at this morning when I answered him back. Eeh!' – she shook her head at herself – 'I wouldn't have dreamed of speaking to Sep like that, would I?'

'No, Emily.'

'No, I don't know what's come over me. Oh, come on, let's get out of this. . . .'

Some minutes later they left the house and grounds and walked along the road until they came to a stile. Having crossed this, they went over an open space, entered a copse, and when they came out at the other side, there before them was a broken-down bridge with a burn running past it. They stood and looked at the water until Lucy shivered, and Emily said, 'Come on, let's get moving. Look, yonder's the first of the hills we can see from our bedroom window.'

Ten minutes later when they reached the top of the hill, Lucy's scarf was no longer around her neck, nor was Emily's coat buttoned up.

'By! that was a slope, wasn't it?' They looked back over the way they had come down the side of the hill and across the field to the broken-down bridge; then they turned and looked ahead to where the land running downhill was covered in parts with dead rust-coloured bracken.

They stood panting and gaping, for they couldn't see any town or habitation on any side of them, only another rise in front of then, and this was across a widish valley.

'Well, I never! I thought we'd see the towns from here.' Emily wiped the sweat from her face.

'It's bare, isn't it, Emily? No houses, nothin', nothin' to see anywhere.'

'You've missed something, our Lucy. Look over there, top of the next hill, that's a cottage.'

'Aye, so it is. Do you think we'd get a drink of water if we asked, I'm as dry as a fish?'

'I see no harm in tryin'. Perhaps if there's a cow, they'd give us a sup milk.' She pushed Lucy, and Lucy pushed back at her, and now they laughed together as they ran stumbling between the bracken down the hill to the valley below.

Again the distance was deceptive for it took them a good five minutes after crossing the valley to breast the slope to the cottage. And then their approach to it became slow because, full of disappointment, they could see from a distance that it was a deserted and tumbledown place. A dry stone wall surrounded it, but it was almost obliterated by grass and bracken, and the wooden gate that had once been set in the wall was now lying buried in grass to the side of it.

'Eeh! it's empty. . . . But isn't it tiny, small?'

'Yes' – Emily laughed – 'like a doll's house compared with that down there.'

There was a distance of more than fifty feet from the gate to the cottage door and Lucy stopped half-way, saying, 'Eeh! our Emily, you're not goin' in, are you?'

Emily had her foot on the slate step and she turned her head and laughed as she said, 'No harm in havin' a look. But I bet it's locked.'

She put out her hand towards the latch of the door and noted as she did so that it was a sturdy door, likely made to match the stone in strength when it was first built, and when she felt her fingers lifting the latch and the door swinging inwards she jumped back off the step and giggled as she looked over her shoulder at Lucy, who had now retreated to the gateless aperture in the wall, crying, 'Eeh! don't go in, our Emily.'

But Emily went in. Tentatively now, she placed her foot over the threshold and found she was standing in a little room, little compared to those she had become used to working in of late, but she gauged it was about the size of the kitchen in Pilot Place. There was no furniture in the room, but there was a stone fireplace with a rusty iron oven to the side of it. She went back to the door now, calling and beckoning to Lucy, 'Come on, come on! It's canny. Come an' see.'

When Lucy also tentatively put her foot over the threshold she stood still for a moment looking round in the dimness before smiling at Emily and nodding as if to confirm her statement.

'There's another room through there.'

They now went through into what was the bedroom and there, on the floor in the corner, was a large wooden plank bed with an old flock mattress still on it.

'It's old-fashioned, isn't it, Emily?'

'Aye, it is that. I bet that was like bricks to sleep on.' She bent down and pressed the mattress against the boards with her hand. Then looking at the little window at the foot of the bed, she said, 'They could have let more light in.'

In the kitchen again, she went towards a door opposite that by which they had entered, and opening it, she exclaimed, 'Oh look! it's a scullery,' then ended, 'of sorts. It's got no water in. This must lead out on to the back.' She now opened the door facing her; then, turning to Lucy, she cried, 'Come an' see. It's a little yard with cattle shippons.'

She was about to step down into the yard when she noticed something, and pointing, she said to Lucy, 'Look, the grass is trampled flat from that gate there; somebody comes here.'

'Eeh! we'd better get away then.'

'What for? It's empty. It's likely a tramp's hide. You know, they leave messages on gates and things tellin' other tramps if the woman is good for a penny or just bread, because me ma used to say many a time she's given beggars bread and she's seen it thrown in the back lane. . . . Come on.'

They took a few steps along the side of the stone wall and entered the first shippon. This one had definitely been meant for a horse, for it had a manger stuck to the wall. But the second had evidently been for the cows, but only two at most. The third building must have been a storeroom, and at one time held a boiler, for part of an old iron flue still protruded through the wall. Pointing to it, she said, 'They must have had pigs and boiled the stuff in here.'

'Like Abbie does?'

'Yes. But Abbie's boiler house is a sight different from this.'

'Oh yes. Aye, it is. I wouldn't fancy livin' up here, Emily.'

'No, nor me. But I wouldn't mind the cottage if it was in a village . . . but' – they both looked at each other quickly as Emily finished – 'not that one down there. They're a right sticky lot, them down in that village. Even Abbie says some of them wouldn't give you daylight if they could shut it out. And he should know, seeing as Mr. Atkins who keeps the inn is his cousin. . . . Well, come on; we'd better be gettin' back. But I must close the doors and leave the place as we found it. . . .'

Some time later they were standing once again on the top of the hill looking back over the way they had come from the cottage, and they were about to turn and resume their journey when Lucy, pointing to the right of her, said, 'Look, there's a man goin' towards that place.'

'Where?'

'You'll see him in a minute, the bracken's hidin' him now. Yes, there he is!'

Emily screwed up her eyes and concentrated her gaze on the figure in the distance below them. Something about his walk was familiar. But long before he had neared the cottage and turned off to the right and made his way by the side of the stone wall and round towards the back she knew who it was. That place, that cottage, was the but an' ben Abbie had talked about; it must have been there that Mr. Birch had lived, the place where he had come from to work on the farm. She couldn't believe it. It was such a lowly place. . . . But one thing now she could understand, and that was the villagers' attitude towards him; of course he would be classed as an upstart because the jump from that two-roomed little place with its shambling rotting shippons to Croft Dene House was too enormous to imagine.

Although they were supposed to have a half-day off a week it appeared to Emily that as soon as they should come back to the house he expected them to take up their duties again, and she herself had done this without questioning, until today. Returning from their walk, she passed immediately through the kitchen and was making for the back stairs just as Con entered the hall from the main stairway. He was carrying a tea tray and he stopped and smiled at them, saying, 'You got . . . back then?'

'Yes, Con.'

'I've . . . I've made . . . some tea.'

'We don't want any yet; we'll be down presently, Con.'

'All right . . . Emily . . . Rona's in a bad temper. . . . She's asking for Larry, but Larry . . . went out. I told her he said he had to go over to . . . to Wrekenton.'

Wrekenton? She repeated the word to herself while her eyebrows moved slightly upwards. When she had seen him he was going in the opposite direction to Wrekenton.

'She's upset. Her . . . her bed . . . is dirty, but she wouldn't let me . . . change it. I could have . . . changed the sheets, couldn't I?'

'She's dirtied the bed?'

'Yes, Emily.'

She sighed. She didn't like her mistress, in fact she disliked her intensely, but she told herself she wouldn't let a mangy dog lie in a dirty bed if she could help it, and so with a sigh she whipped off her coat and hat and thrusting them into Lucy's arms, said, 'Bring me down an apron, not one of me good ones, a brown holland one.'

She now followed Con back into the kitchen, saying, 'I'll have that cup of tea first'; and he answered brightly, 'Yes. Yes, Emily, I'll get it.'

As she stood drinking the tea she said, more to herself than to him, 'She should have a nurse; that's what she should have.'

'She did . . . Emily . . . three. But they . . . all left. She doesn't like . . . like nurses.'

Was there anybody she did like?

With a feeling now of exasperation, Emily put the unfinished cup of tea down on the table and went hastily from the room, across the hall and up the main staircase. She tapped once on her mistress's door, and not waiting for the command to enter she went in.

The two lamps were already lit, one at each side of the bed – she was very extravagant with oil. The room was very hot, the fire was blazing high – it was a duty shared between Lucy and Con to see that this was always kept built up – and now the heat was emphasizing the smell of human excrement.

Rona Birch had been leaning forward in the bed, her arms stretched towards her useless knees. Emily took it to be a sign of desperation and she said quietly, 'I'll change your sheets, madam.'

Rona Birch's head slowly turned towards her and when she took in Emily's overall appearance, which seemed to be transformed by the elegance yet simplicity of the pink woollen dress, her upper body shot backwards and the jerk must have been painful, for she gasped and pressed her hand tightly between her breasts for a moment before she demanded, 'Where did you get that?'

'The dress, madam?' Emily touched one of the two buttons at her waist, then said, 'I bought it, madam.'

'*You bought that!*'

'Yes, madam.'

They stared at each other before Emily turned away and went into the linen room.

As she returned with two sheets and an under blanket over one arm, and towels and a nightdress over the other, there was another tap on the door, and Lucy came in, still in her outdoor things, and silently she handed the apron to Emily, who first unbuttoned the cuffs of her dress and rolled up the sleeves as far as they would go, then put on the apron.

Now the mistress's eyes were on Lucy. Her head moved up and down a number of times before she said, 'Those aren't her usual clothes, I suppose you bought those too?'

'Yes, I did.' With a lift of her hand Emily now flung back the top coverlet, then the blankets, and her nose wrinkled with distaste when she came to the sheets. Turning now to Lucy who was still in the room, she said, 'Take your things off and bring me some hot water, quick now!'

'Where did you get the money to buy such clothes?' Rona Birch was lying back, her voice quiet as if she were relaxed.

'I had money saved up.'

The answer acted like an injection, for Rona Birch was now shouting, 'Who do you think you're talking to, girl! You never in your life would have enough money to buy a dress like you're wearing now, nor that outfit you've decked your sister in. Who gave you the money?' Once again she was sitting upright.

Emily pulled off the top sheet, and then gathered the bottom one round the inert limbs, wiped them as she gradually decreased the sheet into a ball before tugging it away and dropping it on to the floor. She now folded the top sheet in half and placed it under her mistress's buttocks before picking up the dirty sheet again and taking it into the linen room and dropping it into a wooden bucket.

When she returned to the room she stopped in the middle of it as her mistress rasped at her, 'Don't leave me exposed like this, girl!'

Emily stared hard at her mistress and swallowed deeply before she said, 'You have hands, madam, you can pull the blanket over you.' On this, she actually heard her mistress's teeth grind together.

Emily now turned to Lucy who was entering the room staggering under the weight of a can of warm water, and having taken it from her, as she poured the water into the dish she said, 'Perhaps you will wash yourself, madam, before I put the clean sheets on.'

'You'll finish the job you started, girl!'

'Madam' – Emily backed from the bed – 'the master said you could wash yourself.'

'The master said . . .? The master said . . .? Listen, girl, I am master here. I'm both master and mistress of this house. Get that into your head.'

'The master doesn't seem to think so, madam.' Even as she chastised herself for daring to say such a thing she sprang back, her hand before her face, crying, 'I've warned you, madam. I warned you once, an' I mean it, you throw anything at me. . . .'

Slowly Rona Birch replaced the soap dish on the bedside table; then slapping the flannel into the water, she said slowly, 'I'll see my day with you, girl, remember that, as I will with the man you call master.'

Emily made a motion for Lucy to leave the room; then she went into the linen room and leant her head against the tallboy as she told herself that she couldn't stand this, while at the same time reminding herself yet once again that it was now deep winter and her Aunt Mary's house was crowded, and if both of them went into the lodgings the sovereigns sewn to her petticoat band would soon disappear. If only she knew where she could sell the watch without questions being asked, she'd be out of here like a shot. But there was a snag. Wherever she went Lucy would have to go too, and it wasn't every house that would take a consumptive in.

A banging on the side table told her that her mistress was ready. The soiled nightdress was on the floor by the side of the bed, as were the towels. The soap and flannel had not been put back in the dish but had been placed on the polished top of the bedside table.

Silently Emily eased the clean linen sheet on to the bed and in the process it was impossible not to touch her mistress's flesh and the contact created in her a feeling of revulsion. Finally it was done, and she was drawing up the top cover over the stiff legs underneath the bedclothes when the neck of her dress was gripped and she was pulled upwards until her face was within inches of her mistress's.

'How much did he give you? Where did he take you last Monday?'

There was an unpleasant smell on the breath that wafted in her face. She tried to strain away from it as she gasped, 'The . . . the master gave me nothing . . . only me wages.' She was almost choking and now in desperation she gripped the wrists that were gripping the collar of her dress and stuttered into the face, 'Le . . . leave go of me, madam.'

'When you tell me how much he gave you. Don't think you are the first. Oh, not by a long chalk! Why did Chrissey leave? And there's the other one, dear Lizzie, you'll find out about her too.'

'*Madam*!'

'Tell me, girl, or I'll wrench this off your back.'

'You do! madam. Just you do!' Anger was replacing her fear again, and what she would have done if her mistress had carried out her threat she didn't know for at that moment the door opened and Larry Birch stood as if struck dumb looking at them.

After thrusting them apart, he stood glaring down at his wife, where she was now lying back on the pillows, panting like a horse that had finished a race and with the froth round her lips very like that seen on such an animal, and he cried at her, 'You're insane, woman, mad!' Then jerking his head back towards Emily, where she stood supporting herself at the foot of the bed, he demanded, 'What's all this about?'

'She . . . she won't believe I bought me frock meself, she . . . she says. . . .' When she stopped he said, 'No!' Then looking down on his wife again, he brought out slowly, 'I tell you you're going mad, woman, you're a maniac.'

Rona Birch's chest heaved a number of times before she managed to speak, and then she said, 'Well, tell me, dear husband, where our maid of all work got the money to buy a dress such as she's wearing and to deck her sister out too in a matching outfit of finery that is seldom seen in these parts, except as I myself wore when I was a child?'

He did not answer her, but turning now to Emily, he said, 'Go and bring the hat and coat down.'

'What?'

'Do as I say, bring your hat and coat down, the one you bought with the dress, and the other things you got that day.'

She did not move immediately; but then slowly she went from the room and she passed Lucy, who was standing biting hard on her thumb nail against the foot of the attic stairs, without a word.

Within a few minutes she returned to her mistress's bedroom. Across one arm was laid the coat and hat, across the other a long grey skirt sporting a mud fringe on the bottom, and on top of it a striped linen bodice.

She had scarcely entered the room before Larry whipped the coat from her and, holding it at arm's length and to the side, cried at his wife, 'Look at that! Now look at it.' Then without glancing at Emily, he said, 'Put the hat on top of it. No, better still, put it on. Put it on your head.'

Slowly she put the hat on top of her mob cap, and there she stood looking at her mistress. Then, as if waving a cloak, he swung the coat in front of her and as he held it there he shouted, 'She went to a second-hand shop and this is what she bought! And all for a few shillings. And she caused such a stir in the village that they're still laughing, I'm told.'

A deep silence now enveloped the room, which he didn't break when he told Emily to take her clothes and herself away, for he just waved his hand and she went out on to the landing and up the attic stairs to her room.

She was no longer a tall bonny young lass with her wits about her, for she was seeing herself as a low type serving maid, one of no consequence, one so ignorant that she didn't know when she was making a laughing stock of herself. . . .

'And she caused such a stir in the village that they're still laughing, I'm told.'

Chapter Four

It was strange and not understandable to Emily, but from that Sunday afternoon when she had stood before her mistress's bed wearing that hat, that ridiculous hat which had brought her low inside herself and which now she couldn't imagine herself ever being persuaded to buy, things had been easier in the house.

The very next morning she had been amazed to encounter a different Mrs. Birch, someone who spoke quietly to her, civilly, and even smiled. What, she had asked, had made her buy such clothes?

'Because I'd never seen anything like them before, madam,' She had answered dully. And to this her mistress had nodded as if in understanding and said, 'Yes, that is the way of it, we always want to own things and people that are the antithesis of us.'

And that morning her mistress had washed herself without demur and put the soap back in the soap dish; she had also combed out her long thin hair straightaway, taking the loose hair from the comb and rolling it into a ball between her fingers when she was finished, but she had never said she was sorry for how she had acted the previous day. But then, Emily didn't expect her to; mistresses, especially if they were ladies, couldn't be expected to apologize to maids. . . . But why shouldn't they? There you go again! she admonished herself; why do you keep asking yourself such stupid questions?

But from that morning until New Year's Day, 1903, comparative peace reigned, and Emily in a way would have been happy in her work now but for two things.

First, she was becoming more worried each day over Lucy. Lucy had spasms of sickness; she wasn't eating as she should, yet she was putting on weight. It showed not only in her face now but in her body. Strangely she was coughing less, even though she always coughed more in the winter, and already it was a hard winter, an early one for they'd had two falls of snow with drifts high enough for the men to have to dig out a path to the road.

Secondly, there stuck in her mind the meeting she'd had with the former maid, Chrissey Dyer. It had been on another Sunday afternoon walk, a short one this time, and not in the direction of the hills and the wee stone house up there but straight along the carriage road and to the fork where a signpost said: To Chester-le-Street and Durham. But she hadn't gone along that road, she had continued along the carriageway and taken another path off to the right.

She was alone on this walk because Lucy was complaining more and more of being cold, but she herself had felt she must get away from the house if only for an hour or so in the week. Even if the weather was no great shakes for walking, as today, for the wind was blowing up her coat, dress and petticoats and almost lifting her from the ground, she was glad she was outside.

For three weeks now he had said he couldn't take her into Fellburn on a Monday because, after delivering his produce, he would be going to Durham, and wouldn't be coming back that way, so couldn't pick her up. She had thought about the carrier cart, but the last one from Fellburn in the winter left at 2.30 and that wouldn't leave her enough time to get to her Aunt Mary's and back. She was longing to see her Aunt Mary; she was longing to have a natter and a bit of a laugh; oh yes, she needed to have a laugh.

She must have walked more than a mile along the narrow lane when it suddenly broadened out and there to the side of the road was a stone cottage similar in design to that other one up in the hills, but this one had no shippons, only small gardens to the front and back of it. The front patch, she noted as she passed the wall, was full of winter broccoli.

She continued to walk on for another five minutes or so, then she retraced her steps and as she came in sight of the cottage again she saw a young girl standing at the gate. She had a shawl over her head and her hands were muffled in it, holding it tightly up under her chin.

It was as Emily came abreast of her that she said, 'Hello, there.'

'Hello!' Emily stopped and smiled. It was the first time anyone around here had given her the time of day. 'It's bitter, isn't it? The wind would cut you in two.'

'Then why are you out?' The question was sharp, and Emily hesitated as she stared at the girl before answering, 'Well, you see, I'm in service along. . . .'

'Yes, yes, I know where you're in service at, you took my place . . . not that I mind that. Oh no, you're welcome to it. I'm Chrissey Dyer. How are you gettin' on . . . I mean back there, with her and him?'

Emily saw at once that it was no good painting a bright picture of the conditions in the house; although things had been easier of late, especially in the mistress's bedroom, yet she had to admit to herself that she couldn't get to like the woman, not even to the extent of being sorry for her.

'Has she thrown anything at you yet?'

At this Emily laughed, while grabbing at her hat and putting her head to one side to meet the wind. 'No, but she's tried it on.'

'What do you mean, tried it on?'

'She threatened it but I told her what I'd do if she did.'

'You did!' The two hands came away from the chin, the shawl fell open and the wind caught it and the young girl grabbed at it and folded it once again round her neck before she asked now, 'What did you say?'

'I told her if she threw anything at me I'd throw it back at her.'

Emily was laughing now at the expression on the girl's face. Then her laughter died as the girl said flatly, 'I don't believe you; nobody'd dare say that to her an' be able to stay on there. I don't believe you.'

'Well, I can't help if if you believe me or not, but I did. And I was goin' to leave, but he, the master, he asked me to stay on.'

'Aw aye, he would. I'd like a penny for every time he persuaded me to stay on. Three years I put up with it. It made me bad, do you know that? It made me bad. I thought I was going batty. There were things that happened in that house that scared the daylights out of me, an' things that I got the blame for when it was that Con all the time. I used to like him at one time, feel sorry for him, but not any more. He's not so green as he's cabbage lookin'; it's all pretend with him; he's not so daft that he didn't know how to put Bella Goodyear in the family way. Mind, I didn't credit him with that 'cos he never tried it on me. He knew better with me ma about. But there were other things . . . her.' She now moved her hands within the cover of the shawl, and what she next said convinced Emily that the girl was indeed ill. 'There's things goes on there. Oh, just you wait, you'll see for yourself. There's a ghost there sort of.' Her head was bobbing. 'I've seen it with me own eyes, an' I screamed an' he came dashing out. And when I saw him I screamed worse 'cos he was in a long white night-shirt. The next day he went for me; he said there was no such things as ghosts, not in that house anyway; and he said if he heard any more of it what he would do. But me ma'd had enough with one thing an' another, so she didn't give him time to do anything, she whipped us both out of the place an' told him what he could do with his job. She said she'd never died of winter yet, an' neither have we. An' we're movin', we're goin' into Fellburn, me da'll be nearer the pits there anyway.'

Emily moved away from the wall, but she continued to look at the girl. One thing was evident, she was a very nervous type of person.

The girl was shouting above the wind now, and Emily shouted back. 'What d'you say?'

'I said, look out for that Con an' him pinchin' stuff.'

'Yes, yes, I will. And thanks, thanks for tellin' me. Good-bye.'

The girl didn't answer, and Emily turned away, thinking, Poor soul, she is bad.

Well, she told herself, she had been in the place over two months now, and if she was going to see a ghost she would have seen it before, wouldn't she? But just as a prevention, she would, she told herself, keep Lucy with her when she went about the house late at night, because, as she understood it, ghosts never made themselves known to two people at once, they always waited until they caught you on the hop, alone. . . .

But now it was Christmas week and she was excited and, in a way, happy. Yesterday he had given them a lift into Fellburn and she had gone into Gateshead and simply staggered her Aunt Mary by giving her a whole half sovereign to spend on the bairns' stockings. Moreover, when in the town she had bought both Con and Abbie a present, paying ninepence for a tin whistle for Con, because he could play good tunes on a whistle and the one he had was, to her mind, the worse for wear because the painted design between the holes had worn off, and for Abbie, a new clay pipe and an ounce of baccy. She hadn't bought anything for the master or mistress although she had thought about it, but had decided it would be out of place. Now if it had been Sep.

It was strange but she seemed to be missing Sep more now than when he had first died, yet strangely enough she was glad that she wasn't married to him. Now wasn't that odd, she asked herself?

For the three days before Christmas Eve she had stood at the table baking raised pies, rice loaves, bacon and egg pies and ginger bread. The Christmas cake she had baked almost three weeks ago. She had also experimented in the making of fancy cakes, such as making thin layers of light pastry and putting different mixtures such as jam and fresh churned cream from the dairy in between them.

And there was laughter in the kitchen, real laughter, when her master slyly sampled her efforts. Lucy and Con's laughter became hilarious when Larry, in passing, nipped up some of her pastries when her back was turned and swiftly gave one to each of them.

And then because she was feeling unusually happy she made a proposal to the mistress.

It was in the afternoon of Christmas Eve. She had scrambled up to her room, put on a clean apron, and she herself had taken the tray from Con and carried it up to the bedroom. On the tray was a plate holding an assortment of her latest efforts, and she pointed to them as she looked at Rona Birch and said, 'I made these special like, small, dainty. I . . . I hope you like them.'

'Thank you, Emily.'

It was the third time in the past week her mistress had called her by her name. Wonders would never cease, she told herself. Then she put forward her idea. 'Madam,' she said, 'may I say somethin'?'

Rona Birch's hand became still on the handle of the small silver teapot and she looked at Emily as she said quietly, 'Yes. What do you wish to say?'

'Well, madam' – Emily smiled and looked down – 'Con, I mean Master Con' – this was something she had always to be wary of; she had been pulled up about it before – 'he . . . he was saying last night that you were grand on the piano, an' you played lovely, and I thought if . . . if we put a big blazing fire on in the drawing room, the master could, well' – she bounced her head now – 'he could carry you downstairs and they could place that big chair with the movable back near the piano and . . .'

'*No!*'

The word was spoken in a deep, sonorous tone. There was about it a finality that caused Emily to move back from the bed and nod her head. But before she turned towards the door, Rona Birch spoke again. With her eyes still on the hand that held the teapot, she said, 'It . . . it was a kind thought of yours, but it . . . it is very painful for me to move, and I always feel more ill after exertion.'

'Yes, yes, I understand, madam, but . . . but it being Christmas, I just thought. . . .

Emily watched her mistress lift the teapot and fill her cup. No, not fill the cup, she never let the tea rise above the gold rim which was nearly an inch from the top of the cup; moreover, she poured the cold milk in after, which appeared backside foremost to her way of thinking; it was different if you were putting in condensed milk. Then she watched her lift the cup of almost to her lips. But she didn't drink, she looked down into it as she repeated, 'Yes, it being Christmas.' Then slowly she went on, 'Everybody should be happy at Christmas: laden tables, the giving and receiving of presents, the Christmas tree sparkling with tinsel and coloured glass baubles, and tiny candles. One Christmas, the tree caught fire.' She turned her head towards Emily. 'Every year of my childhood I had a Christmas tree. We danced around it. When Con was three years old we had a great party. The tree was in the drawing-room. There were the six Marsden children from the Hall; there were Peter and Gwen from the Priory. Peter was very boisterous; he kicked one of the Marsden boys on the shin. They began to fight and fell against the tree, and that's how it caught fire. Peter was only six, and if I remember the Marsden boy wasn't that old. Father held them at arm's length by their collars; their legs were kicking, and everybody laughed, that was after they had taken the tree out. . . . I always loved Christmas trees. Queen Victoria had that to her credit if nothing else. I always disliked her intensely; everybody made such a fuss of her, and what was she after all? A dumpy, plain individual. She was lucky to acquire such a Prince Consort as Albert. And, anyway, it was he who was the instigator of her a Christmas tree in the first place. . . . She wasn't a queenly queen at all, she didn't act like a queen. Did you like her?'

Emily's mouth had been dropping into a gape. She had never heard her mistress talk so much at one go before, and jumping from one thing to another. Christmas trees, fires, children fighting, Queen Victoria and Prince Albert. . . . Yes, she had liked her; everybody had liked Queen Victoria, because she was like somebody's granny. She remembered Sep coming in as if it were yesterday – yet it seemed years and years ago, in another life. But it was only in January of last year. He had stood by the kitchen table and moved his head as he said sadly, 'Well, the old girl's gone; we'll never see another like her. This should put a stop to Eddie's gallop.'

She hadn't been able to understand the last bit, not then she hadn't, but now she did, for now she knew the King had been a bit of a lad. Yes, she had liked the Queen and she wasn't going to say she hadn't and so she said, 'Yes, I like her. I . . . I thought she was a canny body.'

'Ho! ho! ho!'

She had never heard her mistress laugh, not like this anyway. She was leaning back against the pillows while holding on to the handles of the tea tray, and three times she repeated, 'She was a canny body. She was a canny body. She was a canny body.'

As she straightened herself up she nodded towards Emily, saying, 'She would have been pleased by your description.' Then her upper body seemed to slump, she put her head on one side and, her voice quite soft now, she added, 'Perhaps you're right, she was a canny body. I disliked her because of her power. I envied her her power. Oh yes, I envied her her power. Do you know something, Emily?'

'What, madam?'

'Women will one day rule this country. They'll be in entire charge of everything, everything that is that requires reasoning and intellect, because women are much stronger than men you know.'

Emily blinked. She didn't actually disbelieve what her mistress was saying, although at the same time she couldn't confirm the truth of it in her mind, yet from some recess there oozed the thought that women, given the chance, could beat men at lots of things. But then they would never get the chance.

'You don't believe me?'

'Well, I don't often think on such things, madam, but I don't disbelieve you, madam, 'cos I know women rule the roost in most homes. Men do a lot of talkin', but the women act. Of course, I'm talkin' of workin' class homes.'

'You are talking of the majority of homes. . . . Can you read?'

'Oh yes, madam.'

'And write?'

'Yes, madam, I learned at school.'

'Have you ever been with a man?'

'*What!*'

'Have you ever been with a man? You heard what I said.'

Now Emily's back was straight, her head up and slightly to the side, and her chin out. 'No, I haven't, madam! And if I had it would just be me own business.'

They stared at each other for a moment. Then again Rona Birch's head was back and she was laughing. And as Emily went out, closing the door none too gently behind her, her mistress's voice came to her clear and loud, crying, 'And his. And his.'

She was so flustered that instead of going straight downstairs she turned and ran towards the attic stairs and up into her room.

Well, did you ever! Fancy saying a thing like that! And all that talking all at once. But to ask her if she had ever been with a man. It was indecent, nasty. She had been sorry for her when she first went into the room, but she was sorry for her no longer. When she talked, as she had done over the last five minutes, it was hard to believe that she was a cripple and tied fast to that bed because everything she said implied. . . . Well, what did it imply? A sort of strength, a sort of wild strength. It was funny, but she put her in mind of a dog that was chained up, and if she ever got loose she'd tear you to bits.

She sat down for a moment on the side of the bed and as she allowed the air to escape from deep within her lungs she thought. And that was a funny way to describe her, for mostly she's as weak as a kitten. What was more, she seemed to be getting weaker as time went on, and she didn't think she was pretending. Sometimes she looked as if she was going to peg out that minute, but she supposed she was like many a creaking door, she would swing on one hinge for a long time yet. . . . And more was the pity.

Eeh! the things she thought.

Chapter Five

Christmas had been mainly a time of eating, there had been no real jollification. As Lucy had said to Emily, 'You would have thought that somebody would have popped in; even that Mrs. Rowan didn't come.' And she had answered. 'Well, would you expect her with the roads as they are like glar with the thaw. Whoever thought it would rain on top of all that snow? Why, the master told you what a job he had to get back from Fellburn.'

'Yes, but,' Lucy persisted, 'the master or Con didn't even go upstairs and stay with her for a bit, they just acted like it was an ordinary day, Christmas Day I mean. And I'd thought they might even have their dinner in here with us.'

'You thought they would eat it here with us!' Emily had stretched her face at Lucy, and ended, 'You're thinkin' big, aren't you?' Yet at the same time she herself had thought that they might even do that, in fact she had expected it because . . . because Con had said to her, 'Wouldn't it be nice, Emily, if we had a party and a sing-song?' and she had answered, 'It would be grand, Con,' and he had hunched his shoulders up round his face like a child in glee as he said, 'I'll ask Larry. That's what I'll do, I'll ask Larry.'

Whether he had asked the master or not she didn't know, but she served their dinner in the dinning-room as usual.

But here it was New Year's Eve, and she was actually running across the hall and into the kitchen up to where Lucy was sitting in a chair close to the fire, and she shook her by the arm as she cried, 'What d'you think? Go on, tell me. What d'you think?'

'Eeh! what about?'

'Well, you were complainin', weren't you, about not having any jollification? And what do you think he's just said to me?'

'Con?'

'No, the master himself. He's just said, 'Emily, we're all going to see the New Year in together.''

'All of us, her an' all?'

'No, no.' Emily shook her hed firmly. 'She won't budge. Yet' – She straightened up and, holding her chin in her hand, she looked upwards as she said, 'I've got the feelin' that if he went out of his way to persuade her she'd let him bring her down.'

'Why don't you ask him to ask her.'

'No.' Emily slanted her glance towards Lucy. 'I daren't put that to him.' She gave a little laugh now, adding, 'I've forgotten me place more times than enough of late, he'll be tellin' me off shortly.'

'Do you think we'll have a sing-song?'

'Oh' – Emily moved her head slowly – 'I wouldn't go as far as to say that.'

'But everybody always has a sing-song when they see the New Year in.'

'Aye' – she was bending down towards Lucy again – 'everybody in Creador Street, when they were all as drunk as noodles. But they didn't bring it in with singin' in Pilot Place, I can tell you that. Mrs. McGillby brought it in with a prayer.' Her head went down further until her brow touched Lucy's, and then they were holding each other and laughing. And now Emily, dropping on to her hunkers and still holding Lucy's arm, said, 'You know, the way things are going, I mean in the house, everything smoothly like, I'd be over the moon if only I could get you to eat.'

'But I don't feel like eatin', Emily.'

Emily sighed. 'It's odd. Eeh! it is odd. You remember when you were with Alice Broughton an' you were always hungry 'cos you never had a square meal from one week's end to the other, you'd have eaten a horse in those days.'

'Aye, I know.' Lucy now nodded and her flushed face looked slightly sad as she said, 'I was thinkin' yesterday, if only me Aunt Mary's squad could be here for a day, they could stuff their kites until they burst.'

'You're right there.' Emily's face too took on a veil of sadness as she added, 'But me Aunt Mary's lot has something that this house could never give them. With muck, half empty bellies, bare feet, the lot, they're still happier where they are than they would be if they'd been brought up here, don't you think?'

'Yes, yes, you're right, Emily.'

'You know what?' Emily was whispering now. 'On our next leave I'm goin' to ask him if I can buy some butter and cheese and take it down to them. He'll likely let me have it for half the price I'd pay in the shops, an' wouldn't she be over the moon?

'Oh yes, Emily, I can just see her face.'

Emily now rose from her hunkers, turned a chair round and, sitting on it, she gazed into the roaring fire as she said, as if to herself. 'You never know where you're going to land from one year's end to another. Who would have thought this time last year we'd be in a house like this? I wonder where we'll be this time next New Year's Eve?' She turned a soft smile on Lucy now. 'Everybody says that, you know. Back in Shields on New Year's Eve I remember hearing it again and again, in the market, in the streets: 'I wonder where we'll be this time next New Year's Eve.' They never say it at Christmas, just New Year's Eve. Anyway' – she let out a long sigh – 'perhaps it's just as well as don't know. But there's one thing we do know at this minute –' Her mood changing yet again, she thrust out her hand and pushed at Lucy, saying, 'We're going to have a bit of jollification the night, and it won't be me if I don't persuade Con to play some jigs on his penny whistle.'

And now she sent Lucy into a gasping, choking fit of laughter as, jumping up from the chair, she lifted her skirt and petticoats almost up to her knees and, stepping off the mat on to the stone slabs, she executed a jig.

It was turned eleven o'clock. They were seated around a roaring fire in the library, Larry, Con, Lucy and herself. She had asked earlier in the evening if it would be all right to invite Abbie, and Larry, after a short harsh laugh, said, 'Well, you can but try.' And she had tried, and failed. 'What! go over there and see the New Year in with him? Never!' he had said. 'Anyway, I'm off now to the inn, an' you won't see me the morrow, or perhaps the next day; they know who to bring the New Year in down there. So you can thank him for nowt. Huh! him askin' me over there to see the New Year in. Playin' the lord of the manor, is he?' Then he had added, 'Did he ask you to come? Or did you ask for me to come?'

When she made no reply he had nodded at her, saying, 'Aw well, lass, I hold nothin' against you, and I'll drink your health the minute it's in, an' of the young un' an' all. By the way, do you know she was sick again the day? What's making her sick like that?'

He had stared at her hard while she shook her head and in answer said, 'I don't know, I think it's when she eats any fat. She always feels bad when she eats fat.'

'Aye,' he had said, then with his hand on her shoulder, added, 'A happy New Year, lass,' and she had answered, 'And to you, Abbie. And many of them.'

But now she was sitting here in the warm, glowing comfort of the fire that was scorching her hands and face, and the warm glowing comfort of the two glasses of wine that were warming her stomach and whirling in her head. She had never tasted anything like this wine. He had called it a liqueur. It wouldn't hurt her, he had said, it was made from cherries.

She still had some in the bottom of her glass, it glowed a beautiful pink. It was more like a syrup the way it clung to the side of the glass.

She put her head back and finished the cherry brandy, and if she had been alone she knew she would have slaked her tongue around the glass to savour the last drops.

The round table behind the couch was laden with food. She and Lucy were sitting on the couch, her master was in a big leather chair to the right of her, and Con was sitting in the same kind of chair to the left of Lucy.

She gazed from one face to the other. They all looked happy, especially Con and Lucy. For a moment, she thought they could be brother and sister, in fact, they could all be members of the one family; she and the master being husband and wife, and Con and Lucy their children . . . Oh my God! She clapped her hands across the mouth. Fancy thinking a thing like that. She must be drunk. Eeh! She started to laugh. Then looking towards Larry, where he was pulling himself up from the deep chair, she said, 'What did you say?' and he answered, 'You're not going to wait any longer for something to eat; you must always eat when you drink or you'll soon be under the table.'

'You can't start eating until the New Year comes in.'

'If you don't eat you won't see the New Year in.'

She screwed round and rested her chin on the back of the couch and looked at him. She felt happy as she had never felt happy in her life before, and he looked happy too, easy, all stiffness gone out of him. It could have been Sep. . . . Poor Sep. Poor Sep. For a moment her joy was dimmed. If only Sep had been alive, what a time they would have been having at this New Year. And she would have been able to wear his present. Her hand went to her waist. She was tired of hiding the watch; she had a good mind to lift up her skirt and unpin it. . . . What on earth was the matter with her! Fancy thinking about lifting up her skirt. An' she'd have to lift up her petticoats an' all, three of them, 'cos it was pinned to her shift. Eeh! the things she was thinking. It must be that treacly wine. She'd better do as he said and not have any more until they had something to eat, else, who knew, she really would be picking up her petticoats.

'Here! get that into you.' He was handing her a plate with a big shive of bacon and egg pie on it, and she said, 'Oh, ta' Then as she bit into it she looked up at him and, assuming what she imagined to be a high-falutin tone, she exclaimed. 'You must have a very good cook, Mr. Birch, for I've never tasted better.' The next minute she joined in the explosion of mirth that had burst from Con and Lucy. When it subsided Larry seated himself again, and now he assumed an air of pompousness; and nodding towards her, he said, 'Yes, I am very fortunate in my kitchen staff, my cook in particular is excellent at her work, but' – and now he leant forward, pursed his lips, shook his head sadly as, his voice changing, he ended gruffly, 'but she's a rotten hand at making butter, delicate as a lily it comes out. . . .'

'I'm not! It doesn't! Aw, that isn't fair.' She shook her head at him. 'You said last week I was gettin' a dab hand at it. . . . You're funnin', aren't you? You're funnin'.'

'Yes, yes, I'm funnin', Emily.' He learnt back in the chair, lifted up his glass of whisky from the side table and drained it; then addressing the glass, he said, 'Yes, yes, I'm funnin' . . . because of you I'm funnin' the night.'

'That reminds me.' She was now leaning towards him. 'When we're on about butter I was going to ask you something.'

His head was resting in the wing of the chair; he looked at her and smiled and said, 'Well, go on, ask me something. Ask me anything you like tonight.'

'Well, it's like this. I know you sell the extra butter and cheese in Fellburn, but it's to a shop and . . . and when they sell it they double the price, so I was wonderin' if you'd let me have some for the same as you do them on me day off' cos me Aunt Mary would be over the moon if she had some fresh butter and cheese; and the bairns . . . well, I don't think they've ever tasted fresh butter . . . or butter of any kind.'

'Oh, Emily. Emily.' He was shaking his head from side to side and his mouth was wide but the sound that he was making was not like laughter, it was as if he were pretending to groan. When he did speak he didn't look at her but across at Con, and he said, 'Well, what about it, Con? Do we trade with the cook?'

Before replying, Con leant well forward from the chair and, putting his hand on Emily's knee, he stroked it gently as he said quite seriously, 'I'd give Emily . . . anything she asked for . . . Larry, anything.'

'Oh, Con.' Emily now placed her hand on his. It became still, and she, bending forward and without laughing now, said, 'By! you're a nice lad, Con. I've said that from the first time I saw you. Well, not exactly from the first time; but within a few days of bein' here I knew you were a nice lad, and I don't care what anybody says I'll stick to it. And our Lucy likes you an' all. Don't you, Lucy?'

'Oh, aye.' Lucy looked shyly at the lanky figure of the young man who was leaning over her knees, his hand still under Emily's. And Con gazed at her and said, 'Do you . . . know something? You haven't . . . coughed since you had the . . . the brandy.'

'No; she hasn't.' Emily was nodding now towards Lucy. 'You haven't, our Lucy. Brandy or wine, or whatever, you'll have to take it as a medicine. If it's goin' to do your cough good, I'll get a bottle of it for you.'

They all turned their attention swiftly to the chair now where Larry was sitting doubled up, his elbows on his knees, his hands covering his face, and his words were splintered with laughter as they came through his spread fingers, saying, 'Cheese at wholesale prices, cherry brandy as a cough mixture, and love all round. There's never been a night like this, not in this room . . . not in this house . . . love all round.'

Slowly now his hands slipped from his face and he straightened up and, looking towards Emily, where she sat blinking at him from the couch, he said quietly, 'There may be many things I'll be sorry for in the future but I'll never be sorry for the day I picked you up from Fellburn Market Square.'

For a moment they were all silent, until a log slipped off the iron basket and fell on to the hearth, when Emily who was feeling very hot and quite speechless at the moment because, as she said to herself, now what could anybody say to that, it was so nice, sprang from the couch and, dropping on to her knees, picked up the unburnt end of the log and flung it back into the heart of the fire. Then still on her knees, she looked back at them and said, 'It must be nearly time. Will we go and stand outside? . . . No, not you, our Lucy; you can look through the kitchen window. Anyway, I forgot, only the first foot has to go out.'

Larry got to his feet now, then looked down on her and laughed as he said, 'What odds! We'll all go out, dark and fair.' He doubled his fist and punched it towards Con. 'Luck is what you make it, eh?'

'Yes . . . Larry. Yes, luck is what . . . you make it.' Con now held out his hand towards Lucy, and they went out of the room like two gay children. But in the hall Larry checked their laughter by pointing towards the stairs.

The library was situated under the spare bedrooms and when the door was closed the sounds from inside were muted by the thick walls, but the mistress's bedroom was situated above the kitchen and back quarters. Moreover, the first landing led directly from the gallery and all sounds in the hall were drawn upwards to it, which was another reason why he didn't open the first door but led the way quietly into the kitchen. Even there he cautioned silence, with an upward glance towards the ceiling. Then taking his farm coat from a rack near the kitchen door, he put it on, picked up a lantern from the dresser and lit the candle, and with a backward glance at Emily said, 'Wrap up well, it's biting.'

'Oh, don't worry about me, I'm as hardy as a horse.'

She had given him no title whatsoever tonight, and she didn't reckon she was forgetting herself, for everything seemed so natural and ordinary like, he most of all.

With a careless uplifting gesture of her hand she swung a grey woollen shawl down from a hook behind the door. It was her mistress's Christmas gift, and the fact that she had hung it on the back of the door spoke of what value she put on it.

On Christmas morning her mistress said she had a gift for her and told her to open the bottom drawer of the tallboy and there she would find a shawl. 'It's cashmere,' she had said. Well, cashmere or not, the moths had riddled most of it, but she didn't find that out until unfolding it in the kitchen here. But now she put the shawl over her head and pulled the ends round her waist and tied them at the back. Then saying to Lucy, 'Go on, and stand by the window and watch the lantern, we'll just go to the arch,' she followed Larry and Con out into the courtyard.

The night was black, and the cold was a damp cold, the kind that seeped through your clothes and chilled your skin. When she shivered audibly Larry said quietly, 'You haven't got enough clothes on, I told you to wrap up,' and she answered as quietly back, 'I'm all right.' But she didn't feel all right; her legs seemed wobbly. and she felt dizzy in the head, more so than when she had first drunk the second glass of wine. Eeh! was she tight?

No, of course she wasn't; nobody could get tight on two glasses of treacly wine. Her da could down ten pints and still stand straight as a rock. He always said, don't mix your drinks and your legs won't cross.

Two minutes to go. Larry was holding his watch under the light of the lantern.

'Will we hear the ships' hooters all this way from Fellburn?'

'Oh yes, it isn't all that far as the crow flies; and if the wind's in the right direction, and I think it is, you'll hear the church bells an' all.'

She stood between them, their arms touching hers. She felt strange, slightly unreal. She looked up into the sky but could see nothing but blackness. Where would she be this time next year? Only God knew that and he wouldn't split. She shouldn't joke when she was thinking about God. No, she didn't think she'd take any more of that wine when she got inside; her mind had been playing tricks with her over the past hour or so, and she didn't know what she would think next. Why, back there in the library she had thought about lifting her petticoats up and taking the watch off her shift and showing it to them. Would you believe it! thinking a thing like that. And in the library an' all. Now that was an amazing thing, wasn't it, her sitting in the library of this house as if she were a lady. . . .

'There they go! There they go! Do you hear them?'

'Aye, yes. By! they're clear, all the hooters. Oh, I wish I was in Shields. . . .' She shouldn't have said that, it sounded ungrateful somehow. She added hastily. 'You can hear them clear there, that's what I mean. I lived alongside the river an' the ships' hooters would blow you off your feet.'

'Well, here we are, the beginning of a New Year, nineteen hundred and three.'

'Yes, a New Year.' She peered at him through the lantern light, and he looked steadily back at her; then she said, 'You'll have to go in first and say Happy New Year to Lucy, an' then we'll come in, me Con, and it'll be all right then, I mean about the luck.'

He was laughing as he said, 'All right, we'll keep your luck.'

He turned from them and, going to the back door, knocked gently on it, opened it, then went inside. She next saw him standing by the window looking down on Lucy, and when he bent and kissed her on the cheek she exclaimed in a whisper, 'Now isn't that nice of him! Aye, that is nice, kissing our Lucy a happy New Year.'

'Emily.'

She swung round to Con, her face bright.

'Yes, Con?'

'A . . . happy . . . New . . . Year, Emily.'

'And the same to you, Con.' She groped for his hand, and he gripped it and shook it up and down as he said, 'Oh, Emily . . . I'm glad you're here and . . . and Lucy. . . . It's lovely with you here, Emily.'

'Thanks, Con. Come on now. Come on.' She pulled him at a run towards the back door and as her hand went out to it, it opened and Larry stood looking at her for a moment before saying solemnly, 'A happy New Year, Emily.'

She stared back at him, the smile seeping from her face and not until he held out his hand to her did she answer him, and as solemnly, 'An' the same to you, sir.' His title seemed to be called for in this present situation when the laughter for some unknown reason had died.

When he left hold of her hand she gave a slight start for it was as if he were throwing it back at her. Then turning quickly about, he said in an undertone, but with a trace of laughter in his voice now 'Come on, let jollification begin. . . .'

They were standing before the library fire, with glasses in their hands, and all the glasses were touching, and all said one to the other, their heads nodding, 'A happy New Year. A happy New Year.' Then Emily was drinking the sticky wine again.

When the glasses were drained, Emily, like the mistress of the household might have done, went to the table and, taking plates from it, began pressing food on to the others.

It was as she was about to sit down that she looked at Larry and asked, 'Do . . . do you think the mistress might . . . might like a piece of cake and a glass of wine?'

He had a mouthful of food, and he chewed on it and swallowed before he said, 'I doubt it, Emily; not when her door was barred the day. No' – he shook his head – 'I doubt it.'

Her head wasn't as muzzy as all that, she now told herself, for she had noticed that he had said the day, like she did, not today, like the educated people did.

'Would I try?' she asked.

'No, no; leave things as they are.'

She sat down with a heaped plate on her knee, but she did not begin to eat immediately. It did seem a shame that she was up there alone; yet, as he said, her door had been barred the day and that meant she was in one of her bad moods. It wasn't anything out of the ordinary for her to bar the door at nights, but when she barred it during the day, it nearly always signified temper.

Emily had found the business of her mistress barring the door hard to get used to. You'd go with a tray or some such, then push at the handle expecting the door to open, and what happened? The tray bumped into the door and you nearly upset the lot. Once, when the door was barred, she had stood outside and listened expecting to hear some sound like a moan or her crying, or even the faint sound of her scratching the silk of the eiderdown with her forefinger. This was a habit of hers and the sound although slight was of the kind that could put your teeth on edge. But there had been no sound, none whatever, and she imagined her mistress sitting staring at her reflection in the big mirror on the dressing table against the side wall.

Aw well, she wasn't going to let the thought of her mistress or anybody else mar the jollification of this particular night . . . or morning. Wagging her finger towards Con now, she said, 'As soon as you've finished that plate you're goin' to start on your whistle. Do you hear me?' and Con, almost choking, bounced his head at her, then muttered, 'Yes, Emily. Yes . . . I'll . . . get . . . on . . . me . . . whistle.'

And Con got on his whistle, and with no small skill he played the tunes native to the Tyne and district, some that both Emily and Lucy knew and others they had never heard before.

It was when Con changed to a tune that Emily knew but hadn't heard for years that she cried at him, 'Eeh! me ma used to sing that one; it's called "The Mother's Lament".'

She now nodded her head to the beat and began:

'Oh, me canny lad, me canny lad,
Where are ye the day?
Yesterda' ye were down the pit,
But the day, who can say?
Are ye in one of His many mansions,
With yer face washed, clean as snow?
Or are ye still lying broken, there down below?'

She stopped now and, her mouth wide and laughing, she said, 'Aye, it's years since I heard that one.'

'Go on. Go on, finish it.' Larry leaned forward in his chair and nodding at her clapped his hands together gently and said again, 'Go on . . . finish it.'

Her eyes were large, bright and twinkling; she hunched up her shoulders and laughed; then she began to sing again:

'Oh me canny lad, me canny lad,
Me heart's fair torn in two.
There's another nine still left to me,
But there'll ne'er be one like you.
For you came last, when I'd forgotten
That me body still could bear.
Now, me fifteen years of joy is buried
Away, away down there.'

When the song was ended she drooped her head half in shyness, half in pleasure, as they all clapped. But then her head jerked up as Larry fell back in the chair and began to laugh, but in such a way that she didn't join in, for he wasn't laughing like a happy man laughs or even a drunken one; she couldn't put a name to the kind of laughter he was indulging in. Then he started her and them all when he sprang up from the chair and almost dived to the table, and there filled the glasses so quickly that the wine spilled over the rims. Holding a glass in each hand now, his head back, he looked around the room and, as if he were addressing a company gathered about him, he swivelled on his heels as he cried, 'Did you ever hear anything as natural as that in this room . . . eh, Colonel, eh? You had shares in the Beulah, hadn't you? In fact she said you owned it at one time. But did you ever think to hear of a mother lamenting her canny lad who died behind a fall down there, and in your own particular domain, Colonel, and sung by a young lass, a wise young lass?'

At this he stopped in his turning, came round the couch, handed one of the glasses to Lucy, then bowing towards Emily, repeated again, 'To a wise young lass.'

Emily's expression had been slightly apprehensive during his performance but now she giggled a little as she took the glass from his hand, then said, 'I shouldn't you know, I shouldn't, I've had enough. I'm dizzy, I think I'm drunk.'

'Don't you like it?'

'Oh yes, it's lovely, lovely an' treacly.'

He was laughing again, and as he went back to the table he muttered, 'Lovely and treacly, Oh, Colonel, I can hear you turning in your grave. The last bottles of your best liqueur being dubbed lovely and treacly. But let me tell you, Colonel, never before has it been drunk with such enjoyment. . . . What! you would rather see it go down the sink? Yes, yes, you old swine, I know you would.'

Looking over her shoulder at him, Emily took in the gist of part of what he was saying and she laughed to herself as she thought, He's goin' at the colonel, he mustn't have liked him.

But now her attention was brought back to Con for he had begun to play a jig. Her feet tapping in and out from under her skirt, she looked at Lucy; then, as if a message had passed between them, they put down their glasses, sprang up and, facing each other, they both held up their skirts and began to dance to the tune of 'The Devil among the Tailors' while Larry stood by Con's side clapping in step.

With no thought in her mind now of keeping her place, Emily thrust out her hand and caught at Larry's and tugged him, without much resistance on his part, on to the hearth rug to face her. And he went into the dance with an agility that matched her own, but with a knowledge of the steps that far outdid hers and Lucy's.

When at last they stopped for want of breath. Lucy fell against him, and they were all encircled in gasping mirth for a moment, before Emily, extricating herself from the arm that held her, flopped on to the couch, thrust her feet out before her, leant her head back into the velvet padded wing, and cried, 'Never afore in me life have I enjoyed meself like that . . . Eeh! That was marvellous. Wasn't it Lucy?'

Lucy began to cough and Emily chastised her, crying, 'Now don't start, 'cos you haven't done it all night; you're just out of puff, that's all.'

Then of a sudden they were all brought to a stiff stillness by the sound of a crash, a jingling crash; it was in the distance, yet clear.

The next moment Larry was making for the door, swaying slightly as he went, and the others were no more steady as they followed him.

In the middle of the hall he stopped and looked upwards, then around him. The hall lamp showed that everything here was in place, no picture had dropped, the row of assorted pewter jugs standing on the brass-bound oak chest were still in their ordered line.

Again he looked upwards before making for the kitchen.

Emily had left the lamp lit in the middle of the table in the centre of the kitchen but the wick had gutted so that now its light was flickering. But it was still bright enough to show her the chaos in front of the delf rack. The top shelf had come away and all the dishes with it, and in their falling had crashed on to those on top of the cupboard that supported the racks.

Moving cautiously among the broken crockery, Larry looked up to where the shelf had been and muttered to himself, 'How in the name of God could that have happened!'

'Slipped . . . Larry. Must have . . . slipped, Larry.' Con was now pointing to the pegs that had supported the shelf; they were movable pegs placed so the distance between the shelves could be spaced according to need.

Larry put his hand up and felt the pegs at each side of the delf rack. They were firm. The only way the shelf could have fallen was if it had been tipped from one end. As he stood pondering his head slowly tilted back and he looked at the hole in the wall to the side of the delf rack through which at one time had passed the pipe of a speaking tube. When the room above the kitchen had been the colonel's bedroom he'd had the tube put in. He had chosen to sleep in this particular room because of the window to the side which provided a clear view over the hills.

When he himself had first come into the house, the speaking tube was still in use, until one day towards the end of the second year of their marriage she had, in a fit of rage, torn the tube from the socket, and all because he hadn't answered her when she spoke to him. She had known he was in the kitchen and she had stormed down and gone for him. The tube had never been replaced. And now he felt he knew the reason. With the ear to the hole in the floor she could hear more uninhibited talk than she ever would through the speaking tube, which in itself hadn't been built into the wall, but merely attached to a hook at mouth level, then let drop through a hole in the floor.

But now what did she use it for? She couldn't put her ear to it any longer, but she could lean over and poke her stick down it. The devil! the she devil!

A bell ringing caused his and all their eyes to lift towards the ceiling, and Emily muttered, 'The mistress! She must have heard it. Will I go up?'

'No.' His voice was grim now. 'No; I'll go.'

After he had left the room Emily turned to Lucy and said, 'Well, come on, the jollification's over. We'll have to get this cleared up afore the mornin'.'

'Must we, Emily? I'm tired, an' I'm a bit dizzy in me head.'

'You . . . sit down . . . Lucy.' Con was nodding at her. 'I'll . . . I'll help Emily.'

Needing no furher bidding, Lucy went to the chair by the fireplace and sat down, while Emily and Con started to clear up the debris; and all the while Emily kept asking herself in a dazed way, why had this to happen, because in a curious way it had put the damper on things. And she had been enjoying herself as she had never done before; she could have gone on all night.

The broken crockery had been shovelled into two wooden pails and the floor swept by the time Larry returned, and when Con asked, 'Did . . . did it frighten her . . . Larry?' he answered slowly, 'Yes. Yes, it frightened her. It woke her up. She . . . she's disturbed.'

He looked at the delf rack again, and his jaw tightened as he said, 'We'll have to look into the whys and wherefores of this in the morning, but animals don't know it's New Year's Day, they read the clock by the light, so we'd all better get to bed, eh?'

He turned and now looked at Lucy, where she was slumped in the big chair and he said, 'She'll not walk up those stairs tonight.'

'She'll have to; I'll wake her.'

'Don't. I'll . . . I'll carry her up.'

'Oh, ta, thanks. It's all that wine; it got me an' all.' She gave a little laugh, 'She'll not be the only one who'll take some wakening in the mornin'.'

When Larry stooped and gathered Lucy up in his arms, Emily said, 'I'll just bring the things out of the library, I'd better leave it tidy like,' and she gave her head a shake as if endeavouring to throw off the muzziness, then added, 'Good-night, sir, or mornin'. And . . . an' thanks for . . . for the jollification.'

Larry was pushing his back against the kitchen door before he answered briefly, 'Good-night, Emily.'

'Good-night, Con.'

'Good-night . . . Emily. I'll . . . I'll never forget this . . . this New Year, never . . . never.'

'Nor me, Con. Nor me. Good-night, and a happy New Year to you.'

'Same to you, Emily. Same to you.'

She now went across the hall and into the library. The fire was still burning brightly. There was a sweet tangy smell in the air. It had been a lovely night, and she had felt so happy. They could have gone on till morning if that shelf hadn't come down.

She piled the remains of the food on to two plates, gathered up the dirty glasses and crockery, then stacked them all on a tray. She was about to lift the tray from the table when she looked at the fire and said to herself, 'I'd better bank that down, or put the screen in front of it, 'cos if a spark fell on to that rug . . . whoops!'

She did not know why saying whoops! should make her laugh, but she felt like laughing all the time now. It was silly, but somehow she couldn't help it.

She flattened the top of the fire down with the poker, pushed the dry logs to one side of the hearth; then, leaning across to the stone wall that flanked the fireplace, she pulled towards her an ornamental iron screen and placed it in front of the fire. She now sat back on her knees as she thought, Lord above! but I am tired. And only a minute ago I was thinking I could go on all night. I feel too tired to make the stairs. She turned and moved on her knees to the couch, leaning her elbow on it for a moment, and as she did so the door opened and Larry entered the room.

She was pulling herself to her feet when he reached her. He put out his hand and helped her upwards; then still retaining hold of her, he bent slightly towards her and said solemnly, 'Thank you, Emily.'

'Thank me! . . . What's there to thank me for?' She knew that her face must be red for it was suddenly very hot.

'For one of the nicest, and homeliest, few hours I've had in years.'

'Aw, go on with you, sir.'

'It's true . . . it's true, Emily. . . . Have you enjoyed yourself?'

'Oh yes; I've never felt like this afore, I feel as happy as . . .' She put her hand over her mouth now and started to giggle as she ended, 'I nearly said Larry, sir. You know, there's a sayin', "As happy as Larry".'

'Yes, yes, I've heard the saying, Emily, many times. . . . As happy as Larry. But it doesn't apply to me; I'm not happy, Emily. You know that, don't you?'

The smile slid from her face. The feeling of laughter went from her. She blinked up at him as she said, 'I've felt it at times . . . your misery.'

'That's the right word for it, Emily. Oh yes, that's the right word, my misery. Do you know something? You've brought more light and laughter into this house than it's ever seen before, and you've brought me more happiness – yes' – he nodded at her – 'more happiness than I've had in years. Everything in life must be paid for, Emily, but some prices are too high. . . . You're warm, Emily.'

His two hands were stroking hers now, his fingers moving over the rough chapped skin. The pressure of his fingers on a keen hurt her but she gave no evidence of it, she just stared at him wide-eyed unblinking. There was in her the feeling which she had experienced a number of times of late, a kind of excitement in the region of her stomach, an irritating excitement; an excitement that demanded relief, an escape. The times when she felt like this she had told herself to go to sleep and it would pass; but now she wasn't asleep, and there was no way to make it pass. Or was there?

His face was coming closer to hers, his hands were on her shoulders, and as they moved down towards the blades on her back, her breast came nearer to him until her bodice was touching his coat. Yet still she kept her face away from his. But when he said, 'Oh Emily! Emily!' she could move it back no further. Now his breath was all over her face; then his lips were all over her face; and when they stopped on her mouth she became lost. The exciting feeling was growing, leaping about in her stomach, swirling upwards and downwards at the same moment, making her legs tremble and her chest heave; but it was when his hand, moving down her spine, pressed on her buttocks that sanity returned to her; it came like a flash of lightning. This is what had happened to May Turner and Nell Blackett, who had lived in their street. And where was Nell Blackett now? She was in the workhouse, and her bairn as well, 'cos her da turned her out. And moreover this is what had happened to that lass in the village down there, that they were blaming Con for. He had said it wasn't Con, an' perhaps it wasn't Con after all. . . . No, by God! perhaps it wasn't.

He was no more surprised by her strength than she was herself for she felt she had thrown him on to the couch. His mouth wide open, his breath coming in gasps, he gaped at her where she was standing well back from him, her skirt actually touching the iron fire screen.

They were staring at each other like fighters who had been momentarily separated, she as stiff as a ramrod, her arms held slightly away from her sides.

Slowly he brought himself forward on to the edge of the couch and dropped his face into his hands; and after a moment he rose to his feet and, without looking at her or saying a word, went from the room. Now her body relaxed and she lifted up her hand and, pressing it across her mouth, she muttered 'Oh, my God!'

Chapter Six

It was ten o'clock the following morning. Emily was in the kitchen and she didn't know how she was standing on her feet. For the first time in her life she was experiencing a headache, and the pain was intense, although not as bad as when she had woken up at seven o'clock.

When she had sprung from the bed realizing how late it was, she had fallen on to her knees and buried her head in the rumpled bedclothes as she imagined for a moment that hot skewers were being banged into her temples. She couldn't understand what was happening to her until she remembered her father, his face screwed up, crawling down the back stairs and holding his head under the running tap following a night of boozing.

Had she been drunk?

At first she couldn't recall anything that had happened last night. Not until she reached the kitchen and had taken the teapot from the stove and drunk the scalding black liquid did she remember that they'd had a party . . . a jollification, but the full details of it did not become clear in her mind for another hour or more.

She had managed to get the mistress's breakfast on time and was relieved when the mistress did not speak to her, not even to wish her a happy New Year, but just stared at her, which meant she was in one of her bad moods.

She had set the breakfast as usual in the kitchen but only Con came in for it. She did not ask him where the master was, nor did he offer her any explanation for, as he had already told her, his head too was fit to burst.

Nor did she press Lucy to eat her breakfast for Lucy, too, seemed dazed.

It wasn't until she paused for a moment in her scurrying and drank her third mug of black tea that the incident that had occurred at the end of the jollification sprang into her mind. She saw it as a picture suspended in air, herself within the circle of the master's arms, his lips on hers; and as the picture unfolded she actually felt the warmth again pass through her body and she recalled her desire to lie against him, lie deeply against him. But the picture faded as she saw herself thrusting him from her, then watching him walking away without a word.

How was she going to face him? What was more to the point, how was he going to face her? for in his sober senses this morning he would consider he had let himself down . . . or would he? Because, let her face it, he wasn't a gentleman, for no real gentleman would have allowed them to have such a jollification in his library, no matter how lonely and miserable he was. . . . He had said something about being miserable, hadn't he?

Oh, she couldn't think. She didn't want to think. If only her head would ease.

She turned to Lucy, who was standing at the sink scouring a porridge pan, and said, 'You'd better go up and bring her tray down. And mind, be careful you don't drop it; there was enough crockery broken last night.' She looked towards the delf rack, adding, 'I'll never know who that happened; I've taken things off that shelf hundreds of times an' didn't feel it was loose. . . . Go on now.' She almost barked at Lucy, who had been slow to turn from the sink, and when she saw her walk across the room with her shoulders stooped she thought to herself, We're all in the same boat; it's the mornin' after the night afore with a vengeance. Of one thing she was certain, she'd had her first and last fill of wine. The next bit of jollification she had would be dry, if she knew anything about it. Aye, it would. . . .

When she heard the scream she recognized it as Lucy's and as she looked upwards her head fell back on her shoulders so quickly that a bone cracked.

She had dropped the tray. Oh my God!

She was out of the kitchen, across the hall and up the stairs and to the bedroom door before another thought entered her mind, but when she went to push the door open it resisted, as it had done many times before, and as she went to knock on it she heard Lucy's scream again. It was a high, terrified scream, and she yelled at the top of her voice, 'Lucy! Lucy! let me in. What is it?' and Lucy's choked answer came back, crying, 'Emily! Oh Emily!'

'Open the door, Lucy! Open the door!' She was banging on it with her fist now.

'What's . . . what's the matter?'

She turned her head to the side as Con came on to the landing, and she shouted at him, 'Go and get the master, quick! Go and get the master.' Then she banged on the door again, yelling now, 'Madam! open the door. D'you hear me! Take that bar off the door. D'you hear me!'

But thc only answer that came to her was the sound of Lucy's sobbing. Then she began to bang on the door and to yell at the same time.

'Open that door this minute, Rona!' So loud had been her own yelling that she hadn't heard Larry's approach. 'Do you hear me! Open this door at once!' The answer came back sharp and clear almost immediately, 'The door is open.'

When he turned the handle the door gave and he thrust it wide and went into the room, and Emily, rushing past him, ran towards Lucy who was cowering near the fireplace holding her torn skirt with one hand and her torn blouse with the other. Her face quivering with fear, she gasped out, 'Oh Emily! Emily!' and as Emily's arms went about her she looked towards the bed and cried at her mistress, 'What's the matter with you, woman! What's she done to you? Why . . . why did you do this?'

'Why?' The voice sounded calm. 'You may well ask why. I told her to take off her skirt. She wouldn't, she was afraid, and she has every reason to be, she's pregnant.'

Emily's hold became limp. She stared down into the wet terrified face of her sister, then looked towards the bed again, and even as she whispered, 'Oh no! No!' she told herself she had been a fool all these weeks. Didn't she know that you were always sick when you dropped with a bairn. And she had thought it was something Lucy had been eating. . . . But she had said that that Tim Pearsley hadn't touched her. Well, he must have. And she must have known he had, she wasn't all that simple; in fact, she wasn't simple in that way at all. Nobody could be that kind of simple after having lived with Alice Broughton for any length of time.

She now gripped Lucy by the shoulder and pushed her forward, past her mistress who was now sitting almost upright in the bed, her face a picture of disgust, even of loathing, and past her master, whose expression was a mixture of anger and amazement, and thrusting Lucy before her, they went out on to the landing, not towards the main staircase but up the attic stairs and into their bedroom.

Once inside, Emily pushed the shivering girl on to the bed; then thrusting her face down to Lucy's, she said bitterly, 'You've made a fool of me, a damn fool. You knew all the time you were goin' to have a bairn.'

'No! No! Emily.' Lucy was shaking her head from side to side while the tears rained down her face and she whimpered, 'I'm not. I'm not.'

'Shut up!' Emily straightened her back, her hand held upwards. 'For two pins I'd slap your face right and left. Oh!' She turned away and, folding her arms tightly across her breasts, hugged herself as she paced the room. 'All these weeks, sick in the mornings, and at all times of the day' – she now turned her head and glared at Lucy – 'and it never dawned on me, 'cos you had said he hadn't touched you, and I believed you. Oh, if ever there was a fool in this world it's me. An' d'you think them down there' – she now brought her hands from underneath her oxters and pointed towards the floor – 'd'you think they'll believe me? Not on your life. An' we'll be out, out on our necks, both of us.'

She now stood still and looked at the thin, white pathetic figure sitting on the bed staring at her, while the tears ran out of the eyes and nostrils and dripped on to the chapped hands where they lay in her lap, not gripping each other as hers would have done, but lying limp, and at the sight of the abject figure all the fight went out of Emily. Going towards the bed, she sat down by Lucy's side and, putting her arm around her shoulder, she said softly, 'You could have told me.'

'Emily.'

'Aye, what is it?'

'He never, Tim Pearsley never touched me, not that way.'

For a moment her pity vanished and she had the strong urge to knock the slight form flying on to the floor; then on a deep intake of breath, her anger once more vanished and she said on a sigh, 'Well, if he didn't touch you, who did then?'

The next minute it was almost as if she had been startled out of her wits by the thought that had crossed her mind, for she was gripping Lucy's shoulders and pressing her back on to the bed again as she hissed at her, 'Con? Was it Con?'

'Oh no! No!' Lucy's voice had a strength to it now and she shrugged herself away from Emily's grip. Pulling herself upright, she got off the bed and, facing Emily, she said, 'How could you think such a thing! Con? Why, he wouldn't hurt a fly. I tell you, our Emily, I'm not. I'm not!' Now she was shouting loudly. 'You won't believe me but I'm not. I tell you I'm not, I'm not goin' to have a bairn.'

At this Lucy turned and darted out of the room, and Emily made no attempt to follow her; what could you do with somebody who wouldn't believe what was staring them in the face.

She sat dejectedly on the side of the bed now asking herself where they would go from here. Well, there was only one place they wouldn't go, and that was the workhouse. She still had fourteen whole sovereigns and some small change left. And then there was the watch. If the worst came to the worst she would risk pawning it; she would go to a big pawnshop in Newcastle and say she was pawning it for her mistress. Yes, she could do that. In the meantime they would go to their Aunt Mary's; she would know how to handle a situation like this.

She rose slowly from the bed and went down the stairs. As she reached the first landing Larry was coming out of his wife's bedroom. He was a few steps behind her when she reached the main staircase. At the bottom of the stairs he was walking by her side and he didn't look at her as he said, 'It would have been better if you had brought it into the open.'

'I didn't know.' Her voice was dull, lifeless.

He stopped now and confronted her and said quietly, 'I find that hard to believe, Emily, seeing you appear so wise in so many ways.'

'That's as may be, sir.' Her face was tight now. 'But apparently I wasn't wise in that. I thought it was the food, the rich food. And anyway, as I understood it, you were only sick in the mornings, she's been sick at all times of the day, and in the night an' all. An' she had told me, sworn to me, that Tim Pearsley never touched her.'

'Tim Pearsley?' He screwed up his face at her.

'A lodger in me da's house. Me da goes to sea, and the woman that he took on as a housekeeper took this lodger in.'

'Had he attempted . . . to . . . to molest her?'

'Something like it, but . . . but I got her away in time, at least' – she paused – 'I thought I had. Yet she swears that he never touched her. Well, as I said to her, if he didn't somebody else has.'

They were peering at each other now in the dim wintry light of the hall; then, as he had done last night, he turned from her and walked away without speaking further.

A short while ago she hadn't known how she was going to face him about last night's business; now that was seemingly forgotten. After all, what was it? A little incident at the end of a bit of jollification. She even thought now that, having taken so much wine, she had exaggerated it all. Things appeared different when you were drunk . . . and she had been drunk; oh yes, she had been drunk. But as she said before, it would never happen again.

She went into the kitchen and, not finding Lucy there, she went in search of her. She found her in the byres, and she wasn't alone, Abbie was with her. She hadn't known he was back, he had said he never came in on a New Year's Day, and it was evident to her straightaway that Lucy had cried out her trouble to him for, straightening his bent back as far as possible, he looked at Emily as he nodded his head slowly, saying, 'Aye, aye, another nice kettle of fish. It seems the mistress tore the clothes off her back. Now why would she do that, eh?'

'Go back into the house, our Lucy.' She thrust her arm out and pointed towards the open doorway, and Lucy, her head down, and running again, went past her and across the yard. From the open doorway she watched her disappear through the archway before turning to Abbie and saying, 'I don't know why the mistress wanted to tear the clothes off her back 'cos if she is going to have a bairn it's nobody's business but hers and mine. . . . Nobody's!' She emphasized the last word with an upward jerk of her chin.

'No, you're right there, lass, you're right there, except you're leavin' out the one that did it. And I'll tell you this, lass. Some folks can be nice an' normal like, quite decent for nine-tenths of themselves, but the last bit, the tenth bit has only to touch a woman, or a young lass, as your sister is, an' then something happens to them. They can't help it, it's in their nature, I'm not blamin' them, but nevertheless it's a fact.'

She stared at the old man for a moment before saying grimly, 'Well, you're barkin' up the wrong tree, Abbie. Con wouldn't touch her, not that way; I'd swear me life on it. An' anyway, it would have had to have happened straightaway when we first came here, an' it couldn't have else she'd have told me.' – But would she? She was beginning to think she didn't know their Lucy.

The old man half turned away, put his head on one side, and looked towards the ground as he muttered, 'And I would have said I was barkin' up the wrong tree an' all at one time, lass, but young Bella Goodyear in the village, she swears by the Lord above it was Con. And I'm only tellin' you what's common knowledge, lass, so work it out for yourself. And it could have happened straightaway and the bairn was too scared to say anything.' On this he walked along by the row of cows, thumping one after the other on the rump, then went on into the dairy, leaving Emily standing with her hands doubled into fists and pressed between her breasts.

''Tweren't me, Emily, 'tweren't me.' Con stood before Emily, his back pressed against the kitchen table, his hands gripping the edge of it, and there was a moisture in his eyes and tears in his voice as he repeated, ''Tweren't me. I . . . I couldn't. And . . . and Lucy. I . . . like Lucy, but . . . 'tweren't me.' He bowed his head now and there came over in his voice an untold sadness as he ended quietly, 'Not me, Emily . . . not me.'

'All right, Con, I believe you.'

He lifted his head slowly and he looked at her like the child he was inside, and the tears filled his eyes as he muttered, 'Thank . . . thank you . . . Emily.' Then bringing himself from the support of the table, he said, 'You . . . won't go . . . away, will you?'

'I don't know, Con; we mightn't be able to stay.'

'Larry won't . . . won't . . . send you away, never . . . never.'

No, he mightn't; but she might, her up there, that vicious woman. And she was vicious, because after all, no matter what Lucy had done, she had no right to tear the clothes off her back. There had been a battle upstairs a short while ago, in which she had even outdone the master in her yelling.

When she now saw the tears raining down the young fellow's face she went to him and, taking his hand and patting it, she said, 'There now. There now. Don't worry any more. Things'll take their course, either one way or another. Come on, cheer up. Come on now, stop cryin''. It's still New Year's Day. Never say die. . . .'

Why in the name of God had she to come out with that saying, never say die, when, at this minute, she wouldn't care if she were to drop down dead, because she was tired both in body and mind. This house was far too much for one to run, because Lucy understandably now, had become less of a help these past few weeks. And she was tired in her mind, tired of thinking of Sep and what might have been, tired of worrying about Lucy's complaint – well, she had two complaints to worry about now, hadn't she? – tired of the feeling that pervaded this house, the feeling that frightened her in a strange way, so much so that at times she felt she was becoming like that Chrissey and imagining things.

As she set about her work again she came to the conclusion that it wouldn't matter if she did get the push, it might be the best thing that could happen to her, to them both.

Chapter Seven

The following Monday morning at eleven o'clock, when the doctor called to see Rona Birch he also had a look at Larry's wrist, which he had strained while lifting a sack of grain. His whole hand and part of his forearm was swollen.

Always when the doctor had finished his visit to the bedroom he would go into the library where a tray would be set for him and the master, with coffee and sandwiches, special sandwiches, bread cut paper thin with sliced pickles on the ham, not mustard. And this morning the pattern was the same except that instead of the doctor going straight into the library when he came downstairs he came into the kitchen, accompanied by Larry, and there he spoke to Emily. 'Good-morning,' he said.

'Good-morning, doctor.' She bent her knee slightly to him because doctors were quality, like people who lived in halls and manors.

'How is your sister's cough?' he asked her, and she replied, 'About the same, doctor.'

The doctor now put his leather bag on the table and, holding the handles in both hands, he leant over it and said, 'Your master thinks that it would do no harm if I were to examine your sister, her chest, et cetera.'

She looked from one to the other. Her master was staring at her, unblinking. She knew it was he who had put this suggestion into the doctor's head because the doctor had been in the house every week since she had come here and had never before bothered about Lucy's chest. She knew what et cetera meant. Well, perhaps it was the best thing after all; it would settle the question whether she was or she wasn't, for she was still maintaining that nobody had touched her. Either she was becoming a bare-faced little liar or.... She couldn't explain the or to herself, she only knew that bairns didn't get inside you on their own, they had to be put there.

She said now, 'I'll get her.'

'Thank you, Emily. Bring her into —' The doctor now looked towards Larry who said, 'The library.'

'Yes, yes, the library.' The doctor nodded. 'There's a couch in there.'

A few minutes later she was pushing Lucy towards the library door, saying, 'It's all right, stop shakin'; he only wants to examine your chest.'

After knocking on the library door she opened it and pressed Lucy forward and the doctor said kindly, 'Ah, there you are, Lucy. Come and sit down here and we'll have a little talk.' He now turned his head to the side, saying, 'You needn't stay, you can get on with your work, Emily. I'll call you if I need you.'

Emily hesitated for a moment before turning and going slowly out of the room. But she didn't go further than the closed door, she didn't think it was right, her not being able to stay and the master in there an' all, it wasn't decent. She could hear the doctor talking but not what he was saying. For a time there was silence; then he was talking again. And now she actually jumped back from the doorway as it was pulled open and her master stood there looking at her and smiling. 'Come in,' he said. 'Come in.'

When she entered the room she saw Lucy sitting on a chair, and she, too, was smiling, a thin, watery smile, and now the doctor was speaking pointedly to her herself, saying, 'Your sister is not pregnant, Emily, she has a stomach complaint, or rather her stomach is distended because of the congestion in her duodenum.' He shook his head at the blank expression on her face, then laughed as he said, 'In a way, you know, you're to blame, for I suppose you've been packing good food into her, pork, bacon, sausages, the like.'

'Yes, sir. But she never seems hungry.'

'It's understandable; a sick person never wants food, and in her case food is her trouble. Now in future, she is to have no fat whatever, at any rate not for some weeks. All her food must be dry.' He now turned his head towards Lucy and said, 'You won't like it. I can assure you, you won't like it, but it's for your own good.'

Lucy nodded at him and said, 'Yes, sir,' and continued to smile at him as he went on, 'Dry bread or toast, not new; boiled potatoes; no roasts; a bit of chicken or rabbit; no pork or bacon; what little fat you need you get in the milk.' He turned towards Emily again, saying, 'And not too much of that either at first until her stomach is settled. She'll need a purge to scour her out, then nothing to eat for twenty-four hours; following that, dry toast or dry bread. And' – he nodded again at Lucy – 'chew it. Chew everything well.... There you are then, go along with you. And be good girls.'

They went out of the room, but even when in the hall they didn't speak, they just looked at each other. Not until they reached the kitchen did Emily turn to Lucy and, taking her gently by the shoulders, bend down to her and say, 'Eeh! I'm sorry, Lucy. I am. I am.'

'It's all right, Emily, only I knew . . . I knew I hadn't been touched.'

Emily now bowed her head and bit on her lip and closed her eyes tight to press back the tears as she said again, 'Oh, I am sorry. I should have known; I should have believed you; I should have remembered years ago you were always sick when you ate fat.' Now, with an endearing gesture, she pulled Lucy tightly into her arms and said, 'I'll get you better, your stomach and your cough and everything. I will. I will, Lucy.' And Lucy, looking up at her, said, 'I know you will, Emily, I know you will.' And the burden that such trust laid on her seemed as light as a feather now.

It was some ten minutes later when Larry came into the kitchen. He was smiling broadly and he looked from one to the other as he exclaimed, 'Well then! that's all straightened out. Feel better, Lucy?'

'Yes, sir. Oh yes, sir.'

'And you, Emily?'

She bowed her head for a moment as she murmured, 'I feel a bit sick meself, but it's with relief.'

He gave her an understanding nod as he turned towards the door, but before going out he looked over his shoulder and said, 'The doctor's left a purge; she'd better take it right away. And another thing. I know it's your half-day today but would you mind going in with Con to the market? There's quite a bit of stuff needs to be delivered. I wouldn't be able to drive with my hand. Anyway, I've . . . I've got to be here today, I'm expecting someone. Moreover, I think it would do Con good to have a jaunt; he's been down these past few days. I suppose you've noticed?'

'Aye, yes, I have.' And she answered his somewhat accusing glance by adding, 'Well, you can relieve his mind now, can't you?'

Eeh! she shouldn't have said it like that. She shouldn't talk to him like that. It was as if she had no respect for him.

His face was stiff as he answered, 'Yes, as you say, it will relieve his mind. I can also give the news to Abbie, but I doubt it will relieve his mind because there's very little spice in truth.'

When the door banged she gnawed at her lip. He was right there, there was very little spice in truth, and Abbie seemed to enjoy spice. She turned to Lucy now, saying, 'I'll go and get the medicine for you, and you'd better do as he says and take it now. But it means you won't be able to come with us, in case you're taken short.'

'I don't mind that, Emily; I don't mind nothin' as long as I'm made better.'

She nodded at Lucy as she said, 'That's sensible.' Then looking up towards the ceiling, she said, 'There's one thing I'm going to enjoy, and it's tellin' her she was wrong. And I'm not going to put it off either.' And with this she rolled down her sleeves, buttoned the cuffs, pulled the bib of her apron straight, adjusted her mob-cap and marched from the room.

Con was like a schoolboy who had been given a day's unexpected holiday. And as he took the reins in his hands preparatory to moving off, Larry, who was standing by the small flat cart and with his good hand fingering the rope that lashed the cover over two boxes of straw-layered eggs, a tub of butter and a similar one of cheese, looked up at Emily and said, 'It doesn't matter if you don't see Winters, give the stuff to his wife, and tell her she can settle up with me next week.' Then he ended, 'You've got the list all right?'

Emily nodded, saying 'Yes . . . yes.'

'Well, get going then.'

Walking beside the moving horse, Larry finally cautioned Con: 'And do what I told you, keep clear of the quarry road. He's nervous of that part, it takes me all my time.'

'All . . . right, Larry. I . . . I won't go by . . . the quarry, never . . . never fear.' He gave a toss of his head as if he were in full control of any possible emergency that the horse might create. Then he guided the animal from the farmyard, through the arch, across the courtyard, out on to the drive and then on to the coach road, and there he cried, 'Gee-up! Gee-up! . . . Lady,' and they went bowling along the road towards the village.

The sky was low and promised rain. There was a stillness in the air like that which precedes a thunderstorm, but it was a biting cold stillness and, as Emily told herself, they didn't usually have thunderstorms in January, but she hoped they reached the town before the rain came.

Looking at the distant hills she guessed there was little hope of that. But what did it matter? She felt happy, light, sort of free. And she had good right to be, hadn't she? Poor Lucy; them all thinking she was going to have a bairn when all the time it was just stomach trouble. . . . She'd buy her something when she was in the town. What did she like? She loved liquorice sticks and tiger nuts. Yes, she'd buy her some; and also two ribbons for her hair and perhaps a hair slide. Yes, she would love a hair slide.

Oooh! She let out a long-drawn relaxing breath. It was good to be alive and sitting here riding high up behind the horse with Con who looked so happy, as happy as she did about Lucy. And he had never come back at her with, 'I told you it wasn't me.' Poor Con. She glanced at him. Just because of some little twist in his make-up he'd never be a real man, always a young lad . . . a boy. It seemed such a pity because he had a lovely face, and a lovely nature. She had a feeling for Con, a sort of love for him. Eeh! fancy her thinking that. But . . . well, that was the only name she could put to it. As she stared at him she wished she was his mother and could look after him all his days. And she knew this much; whoever looked after him would keep young too, because there was a kind of light morning spirit about him.

She raised her eyebrows at herself and her head went to one side. Fancy her thinking like that. She was getting something out of reading Sep's little black book, and it was the right description for Con, because there *was* a light morning spirit about him.

She turned her attention to the road. They were entering the village now and there in the distance, outside the blacksmith's shop, she could see a group of people, and as they drew nearer she recognized Mr. Goodyear, the blacksmith. He was standing near a man who was holding a horse, but he was talking to a smaller man and wagging his finger at him as he spoke, and the smaller man was nodding at him. There were two women in the group, both wearing shawls; one woman had hers over her head, the other just round her shoulders.

Emily saw that it was the bare-headed woman who nudged the blacksmith and pointed towards them. And then all five people stood silently watching their approach. Simultaneously, Emily became aware of two things, the hostility emanating from the faces looking at them and the sudden spasm of nervousness that had attacked Con.

It was as the dray passed them that the bare-headed woman ran forward and, grabbing the side of the cart, yelled up at Con, 'She had it. She had it last night. D'you hear me? you thick-skulled idiot! And not so much of the idiot, are you? Well, you'll have to pay; an' by God! I'll see you do. Both you an' him.'

'We . . . won't. I didn't.'

Even Emily was startled by Con's sudden retaliation, for his usual reaction to any accusation was tears. But now, pushing the reins into one hand, his other shot out in the direction of the woman and although his fingers weren't within two feet of her the gesture brought a roar from her and she cried at him, 'You bugger! You would, would you?' A matter of seconds later a good-sized stone scraped Con's ear and bounded off the horse's flank, setting it into a gallop, and as Emily clung on to the iron rail that edged the seat, in some panic she thought it was just as well the stone had stirred the horse for, glancing back, she could see that the men had run some way along the road after them.

They were almost a mile beyond the village when Con pulled the horse to a halt. Gasping now and his head bobbing and the tears once more in his eyes, he turned to her and said, 'I didn't, Emily. I didn't.'

Taking his hand, she pressed it tightly between her own, saying, 'I know you didn't, Con. I know you didn't. Who were they, the rest? D'you know them all?'

He nodded and, still gasping, muttered, 'The man with . . . with the horse, that was John Ralston. Don't like him. Killed . . . killed my badger . . . pet badger, like that.' He measured a distance of about a foot between his hands. 'No bigger when . . . when I found it. An' . . . an' his missis. T'other man was . . . Joe Brinkburn . . . drover . . . cattle drover.'

She nodded at him saying, 'Yes, I've seen him afore. An' the woman an' all. She's the blacksmith's wife, isn't she?'

His head drooped and he shook it from side to side and gulped before saying, 'Bella's ma. Bella used to . . . just laugh, laugh with me . . . at the haymaking . . . she just laughed. She was . . . funny. But . . . but that's all, Emily; I . . . I never did nothing wrong.'

She said quietly now, 'Don't worry. . . . Come on, drive on.'

He drove on, but there was silence between them now. To Emily the sky seemed even lower, and the gladness had gone out of the day. There came upon her a feeling of dread. She wouldn't, however, as yet, put a voice to what she dreaded, but thought, Why are there so many nasty people in the world? They seemed to be ten to one; Alice Broughton, Tim Pearsley, Mrs. McGillby – aye, there was no getting away from it, she had been nasty in a religious kind of way – and that one, back there up in that room, waited on hand and foot and never a kind word out of her. And look at that trouble she caused about Lucy. But she told her straight, didn't she, when she went up this morning, and she never said a word in reply. But she bet when she returned home this afternoon her bed would be filthy; she'd do it on purpose. Oh yes, she would. She should be stuck with them lot back in that village. . . . Eeh! they had looked like fiends.

On the other hand, there were people like Sep, and her da, too. Her da wasn't a bad fellow. And there was her Aunt Mary. And lastly there was him . . . the master. But in a way, she had her reservations about him; sometimes he was as nice as pie, while at other times, when he put his high-falutin voice on and played at the lord of the manor, she couldn't stand him, because after all he wasn't the lord of the manor type, not really.

But that night when he kissed her, what had she thought about him then? . . .

What she had better think about now, she told herself harshly, was how they were going to get back through that village without any more trouble. She said to Con, 'Is there any road back without going through the village?'

He shook his head before looking at her, then said, 'No, no, Emily . . . not for the cart, only . . . over the stile and . . . and across the field paths . . . roundabout way.'

Well, she thought, if it hadn't been that one of the things on his list, and of which he was very much in need, was stuff from the mill, flour, maize and horse meal, she would leave the cart and horse at a farrier's in Fellburn and they would shank it all the way back and take the field path. . . . Then what would happen when they reached the house? He would likely go for them, and call them idiots for being frightened by a few black looks.

Perhaps she was an idiot, for after all there had only been black looks; at least until Con had raised his arm. Yet she decided here and now that what she would do as soon as they returned to the village was to make Con gallop the horse through, and if things took a nasty turn she would use the whip on them.

One thing she was determined on, she wasn't going to dawdle in Fellburn; she would deliver the load on the back there, then pick up the other stock from the miller's; as for doing her personal shopping for the bits and pieces she had intended to buy Lucy, that would have to wait for another time; she wasn't going to risk driving through that village in the dusk.

It was just turned two o'clock when they left Fellburn. They crossed the bridge over the river, took a short cut which bypassed Brampton Hill and the park – Con seemed to know this way – then they were once more driving along the old coach road.

Again there was silence between them, a more nervous, more apprehensive silence now. But it lightened somewhat when, about two miles from the town, they approached a young fellow carrying a pack on his shoulders; it was weighing his head forward and when he glanced sidewards at the dray he called out, 'Oh, hello there, Con,' and Con, pulling the horse to a stop, cried, 'Hello . . . Jamsie . . . You . . . laden?'

'Aye, Con. Any room up there?'

It was Emily who answered him now and almost merrily as she said, 'It'll be a tight fit, but you're welcome.'

And he was.

She didn't know who he might be but he was friendly and they were more likely to make a clear passage through the village with a friendly soul like him sitting up top.

'You'll have to hold your pack on your knees 'cos you see the cart's full,' she added, jerking her head backwards. 'Give it here.' She leant down and pulled the pack up towards her, then edged along the seat close to Con, while the young fellow hauled himself up and squeezed sidewards into the corner of the seat. Then taking the pack from Emily, he said, 'You've got a full load on.'

'Aye, yes.' She nodded at him, and Con said, 'Haven't . . . haven't seen you for a long . . . time, Jamsie.'

'Been away to sea for a trip, Con.'

'Oh! Been to sea.'

'Aye, been to sea. But they can keep it for me; from now on, give me the land, even if I starve on it. Have you seen me dad, or any of them, Con?'

'No, no . . . Jamsie. Never . . . never been over . . . your way, not . . . not for long time.'

The young fellow now turned and looked closely at Emily, saying, 'You from the house?'

'Yes.'

'Chrissey still there?'

'No, No, I took her place.'

'Oh, I'd like to see Chrissey again.' He laughed as he jerked his chin upwards.

Emily smiled at the young fellow, who now smiled back at her. She thought he couldn't be more than nineteen if that.

'Me da goes to sea,' she said. 'How long have you been away?'

'Oh, just on a year.'

'Oh, me da goes away for two years at a time.'

'Well, I was lucky then.' He bent towards her now and whispered as he grinned at her, 'I jumped ship. My God! the food. The rats even turn their noses up at it. And me donkey's breakfast became so alive it used to follow me around; it only lay down when I wanted to sleep on it.'

She spluttered with laughter. He sounded just like her Aunt Mary talking about the lousy second-hand clothes.

They were about half a mile from the village when Emily noticed, to the right of her, a boy running across the low hills. At first she thought he was keeping in time with the dray; then she saw him bound ahead and after he disappeared from view she gave him no more thought; not until they turned the curve in the road and saw the long, straggling village street ahead, and there was the boy in the distance waving his arms above his head.

The presence of the young sailor had apparently allayed Con's fears; it was as if he had forgotten what had transpired when they passed through the village on their way to the town, for he was laughing at something the young fellow had said and had his mouth open and his lips moving as he struggled to make a remark. But of a sudden the smile slid from his face; his lips fell together; he pulled the horse almost to a stop and said quietly, 'Emily!'

Emily did not answer. She was looking ahead to where at the end of the street and in the middle of the road stood the blacksmith, and as she looked towards him his wife joined him. Then, her eyes darted from one side of the road to the other. She saw three men come out of the inn. One she recognized as the drover, the man she had seen this morning, and with him the man Ralston and another man. They were making their way towards the blacksmith and his wife.

Then a door opened on the other side of the street and another man and a woman came out.

'Emily!'

'It's all right, Con. It's all right.'

'What is it?'

Emily turned to the young fellow at her side, saying haltingly, 'Them . . . them up there, they're going to set about him.'

'About Con?' There was a note of incredulity in the young fellow's voice. 'What in God's name for? Why should they set about Con?'

'They . . . they think he . . .'

'I didn't. I didn't, Jamsie. I didn't.'

'You didn't what?'

Now Emily, not taking her eyes off the group that was slowly approaching them, said, 'He didn't give the blacksmith's daughter a bairn. That's what he's trying to say.'

'Him! Con give Bella Goodyear a bairn! Don't be daft.'

'I'm not daft; that's what they're sayin'. She's named him.'

'My God! look at them. They're comin' at us!' The note of apprehension in the young fellow's voice now threw Emily into a panic and she cried at Con, 'Get down! Get down! Go on, run through the fields . . . get home.'

Needing no second bidding, Con dropped the reins and leaped from the cart and flew back down the road.

There now arose in the street a sound as if a pack of hounds had been let loose after a fox, and in much the same way the blacksmith and the rest stormed past the cart, while Emily, standing upright, yelled at them, 'Stop it! Stop it!'

One of the women looked up at her and, pulling herself to a stop, bawled, 'You're as bad as him, protecting him after what he's done to your little sister.'

Emily gaped at the woman, before screaming back, 'He did nothin' to me sister. She's not gona have a bairn; it's a stomach trouble. The doctor says so.'

'Ho! Listen to her. You're as bad as the upstart bugger over there!' The woman spat against the cart, then she, too, was running after the others.

'Oh my God! Oh my God!' Emily was gripping the young sailor's arm now, and she cried at him, 'Go on! run to the house, please. Please go an' fetch the master. Tell him . . . tell him what's happened. I'll . . . I'll take the cart, I'll run them down. I will! I will! I'll take the whip to them. Go on.' She actually pushed him off the seat, and he, as if coming out of a bad dream, said, 'Aye. Yes. Aye,' then sprinted along the street and, turning up a passage in between the cottages, disappeared from her view.

The reins in her hand, she was yelling at the horse as she attempted to turn him about in the roadway, but even as she did so she was aware of faces peeping from behind curtains in the cottages on each side of the street.

'Gee up! Gee up!' She had never driven a horse in her life before, having had no desire even to try, she had not even taken the reins from Con, but she remembered how he had handled them. And now she was almost thrown from the seat as the animal, given its head, galloped down through the village, but when it came to where the road forked, because of her inexpert use of the reins it took, not the path that had brought it from Fellburn, but the narrower road which led to the quarry.

As Emily realized what was happening, she tugged and pulled at the reins, yelling now in an effort to make the animal stop or at least slow its speed. Then as abruptly as it had started it did stop, and the sudden impact almost brought her head first over its haunches.

When, gasping, she sat back in the seat and looked ahead the scene before her caused her to drop the reins and clutch her face in both hands. Con was at the far side of the quarry. He was still running but along a narrow way that was no more than a ledge, and advancing on him, one from each side, were two men.

She was again standing up in the dray but on the seat now and yelling, 'Don't! Don't! Listen!' Then in two leaps she was on the ground and running round the perimeter of the quarry, and as she ran a man, stepping from behind a boulder, shouted at her, 'Keep out of it! Mind your own business.'

Then, just as the horse had stopped abruptly, so she too pulled herself to a sudden stop; and again her hands were clutching her face. She stared in horror as she watched the two men move slowly towards Con, who was standing as stiff as the rock behind him. She saw his head wag wildly just before the blacksmith's arm came out to grab him; then her heart leapt so painfully that her hands left her face and pressed themselves into her breasts.

At first he seemed to rise into the air like a bird, his arms and legs spreadeagled, it was as if he had been caught on a warm current; then he was bouncing from one pile of rock to the next until he reached the bottom of the quarry, where he lay still.

She was screaming. She heard the echo of her screams vibrating round the quarry. At her feet the ground sloped less deeply away towards the bottom; there was a churned up track where bogies had at one time been drawn up by pulleys. She was on it now, and like a crazed animal leaping from boulder to boulder, she went down it. At the bottom her feet sank into water and slime; and now there was nothing but the sound of their suction as she pulled them out one after the other, for she had stopped yelling, the moans inside her were too deep for escape.

When she sank up to her knees on the sludge she fell forward and dragged herself towards the wall of the quarry, then kept to it until she neared the place where he lay.

He was lying on his side, his head resting on one arm, the other was touching his knee which was drawn upwards; it was as if he were about to scratch it. His eyes were closed and there was a trickle of blood coming from each nostril. She knelt down by his side and lifting his head, tried to say, 'Con. Con;' but no sound would come. When she touched his face she left traces on it of the dirty wet grey clay from her fingers.

His body was soft and warm. She gathered him to her and began to rock him while her whole being continued to cry soundlessly, 'Con. Con.' She had thought this morning she could love him and now she knew that she had loved him, in a strange way she had loved this retarded lad as she would never love again. In this moment the years mounted on her, and she passed through time that gave her the experience of love in all its phases, she was a mother, a wife, a mistress, and more. She knew that never in her life again would she feel for anyone as she did at this moment. Her legs right up to her thighs were soaked in wet sludge, her body was freezing; but she wasn't aware of it, she was only aware that loving was a sorrow, that all love was pain, and that all talk of God and His goodness was just chatter created by fear of the unknown. There couldn't be a God, at least no good God, for no good God would let this evil come upon an innocent lad like Con, because he had suffered an evil. It went far beyond the wrong of an injustice . . . he had suffered an evil.

She raised her head slowly now and looked for the perpetrators of the evil, but as far as her eyes could range around the whole of the quarry there wasn't a soul in sight. . . .

What time had elapsed since she had first taken Con into her arms until Larry took him from her she didn't know; she hadn't even heard his approach, nor that of the young sailor fellow, but when he unloosened her arms from around the still body she fell towards the side. She felt so stiff she imagined that she would have snapped in two, like a piece of ice that had been trodden on, had not the sailor caught her. Supported by his arm, she looked at Larry holding Con as she had done, his head buried in the boy's neck.

When Larry and the sailor eventually lifted the limp form between them, the sailor turned to her and said softly, 'Stay there; I'll come back and help you in a minute.' But they hadn't taken half a dozen uncertain steps over the boulders before she dragged herself to her feet and followed them, but for most of the way like a crab, using her hands to assist her along.

She had just reached the path of the bogie trail when the sailor came back and, putting his arm about her, helped her up the slope, and so along to the dray. She was surprised to see the cart and horse still where she had left them. Half the sacks were lying to the side of the path and the others formed a bed on which Con was lying, partly stretched out.

The sailor still supporting her, they followed Larry who was slowly backing the horse to where the roads forked, and there he turned the animal, and, taking its head, he led it into the village street at a walking pace until they reached the inn. Here he stopped and for the first time since he had come upon the scene Emily heard his voice.

It could have been the voice of the god she knew didn't exist for it was loud and terrible, and what it said was terrible.

'*He's dead! Do you hear? All of you in this hell hole of a village, do you hear? He's dead! But he'll not be the only one to go this day, I'll see to that. Listen to me, Sandy Goodyear. Con didn't give your whoring daughter a bairn because he was incapable of giving anybody a bairn, the colonel saw to that, he didn't want idiot grandchildren. You ask your slut what she was doing with John Ralston on Easter Monday night last, in Harrison's barn. And you Jim Atkins, ask your missis who she meets on a Monday on the quiet when she goes in to Fellburn, in the back room of The Bunch of Grapes.*

As for you, Dave Cole, why do you drop the best cuts of meat into Gladys Paine's? Her man's at sea, she can't eat all that herself, can she? He hammered her black and blue the last time he came home because if his reckoning was right he had been away twelve months and there was a bonny bairn to greet him. . . .'

Emily, leaning against the side of the cart but still supported by the young sailor, clutched her throat. What they had done to Con would be nothing to what they would do to him now. He mightn't die in a quarry, but they would get him in some way. She wanted to go to him and put her arms about him and plead, 'Come away. Come away,' but now he was standing in the middle of the road in front of the horse, his arms spread wide and still yelling, '*You're scum! Do you hear? Every bloody one of you is scum, the chapel goers no better than the rest. Are you listening chapel keeper? What drove you from Gateshead, eh? Will I tell them? No, let them find out, and the righteous ones will burn you alive: enough it is to whet their appetites. . . . And you Helen Ramsgate. . . .*'

She couldn't bear any more. She pulled herself from the sailor's hold and, stumbling forward, gripped the horse's bridle and tugged at it, and when it moved forward its head pushed against Larry's back and just like an animated clockwork figure that had run down, his shoulders drooped, his head drooped. He moved to the side and waited until the back of the cart reached him, then put his hand on to Con's dangling legs; and like this they went from the village.

Chapter Eight

From the day they brought Con into the house and laid him on the sofa in the drawing-room until the day they carried him out again in his coffin, Larry scarcely opened his mouth to her. It was as if he wasn't aware of her, or on the other hand that he was so aware of her she had become part of himself and so needed no recognition through speech. Sometimes when passing through the kitchen he would stand in front of her and stare at her for a moment as if he were about to say something, then would turn his head aside and go from her.

There had been a great deal of coming and going during the past five days. No longer could she complain that no one visited the house; but she wished that the visitors could have been other than policemen. They came out from Fellburn, and some from Newcastle, some were in uniform and some weren't, but they were all connected with the law or the newspapers. With the newspaper men she had been cautious, afraid to mention names in case of further retaliation.

She had heard that when the police went looking for Jamsie Morgan, as a witness, his parents said he had gone back to sea, and they didn't know from which port he had sailed. The young fellow, she thought, was wise to change his mind about giving up the sea, because he could never have got work on the land around here if he had split on them in the village.

One of the policemen who wasn't in uniform had said to the master, and in a very stiff tone, 'We understand, Mr. Birch, that you weren't present at the time of the incident, but you must have an idea who the men were, and we advise you not to attempt to take matters into your own hands.' The master's reaction to this was to stare unblinkingly at the man.

The reactions of the mistress, old Abbie, and Lucy, to Con's death were different from what Emily would have expected. Lucy, as yet, hadn't shed a tear, and like the master she had hardly opened her mouth for days, and went about her allotted tasks like someone sleep-walking. As for Abbie, instead of showering a spate of words at Emily and telling her that he had foreseen the whole thing, and what had she expected, he, too, was strangely silent; even yesterday when she had accused him bitterly of having stirred up the feeling in the village by taking the news to the inn that Lucy was pregnant he had just hung his head. Through clenched teeth she had ground out at him, 'You're a mischief-maker, Abbie Reading, that's what you are, and you're as much to blame for what has happened as them over yonder'; even then he had not retaliated in any way, but his lips had trembled as only an old man's could and, without uttering one word in his own defence, he had walked away from her.

But the reaction of her mistress was the strangest of all. That woman, Emily thought, would go mad, if she weren't so already, for she was blaming the master for everything that had happened. After her first screaming outburst at the news she had barred the door for a whole day and night.

And over the past four days if she had told her once what had happened on that awful day, she must have told her a dozen times; but still she didn't seem satisfied. Each time, when the telling was over, she would lie back on the pillows, clutch the quilt in both hands, and pull at it as if endeavouring to tear it in two.

But this morning, the day when Con would leave the house for the last time, she had refused to go over the scene yet again, for she felt ill inside. Her body seemed soaked in sadness, she needed comfort, someone to talk to, to put into words the feeling that had come alive in her when she had rocked Con's lifeless body in her arms, and in so talking reveal to herself the reason for such a love as she now felt.

She was leaving the bedroom where her mistress turned her blood cold by saying, as if to herself, 'He says he means to do for Goodyear; well, the sooner the better. And that will solve all problems, won't it? Two birds with one shot.'

When, her head shaking, she said, 'Oh! madam, don't say such a thing,' Rona Birch had mimmicked her by repeating, 'Oh! madam, don't say such a thing'; and when, her face showing a look of fury, she cried at her, 'You are too pert, miss, much too pert. You forget yourself. Remember where you are, and what you are,' there arose in Emily a feeling of such indignation that she dared to reply, 'I don't forget what I am or where I am, and I'll tell you this, madam, I can walk out of here the day. And where would you be if I did, for there's one less now to do your biddin'? Two I'd say, for I'm not letting Lucy come into this room again.'

She saw the hand waver towards the side table, then drop on to the cover and grip it, and as they stared at each other she knew she had won a kind of victory, and one which if she intended to stay on here, she could make use of. But that was the question, did she intend to stay on?

At eleven o'clock she and Lucy stood against the wall at the end of the house and watched the undertaker's men carry the coffin out on to the drive, and push it into the black-draped glass hearse, then the hearse moved a little forward to enable the cabs, one by one, to take their place opposite the door.

The master, Mrs. Rowan and her daughter, went into the first cab, followed by a number of gentlemen whom Emily hadn't seen before, who went into the second and third ones; then behind the third cab walked half a dozen men, working men by the cut of their clothes. The only one she recognized among them was Abbie Reading.

They remained by the wall until all they could see above the hedge that bordered the drive was the black-beribboned whips and the black streamers flowing from the high hats of the cab drivers.

Lucy now made a noise in her throat, then turned and buried her head against Emily, and by the time they reached the kitchen she was crying, not as she usually did, but wailing aloud and choking and coughing at the same time.

As Emily held her close, she, too, gave way to the pent up emotions inside her; but her crying was without sound, and its effect was to rack her body with a pain that stemmed from between her ribs, and flowed into her veins, and flooded her mind, washing away all thinking but that which was concerned with the agony of sorrow for Con.

Even knowing it would be heard in the room above, she did not attempt to check Lucy's wailing in any way and when eventually it subsided and the girl lay limp and exhausted against her, her own tears ceased to flow.

When at last she could see clearly, the dresser laden with plates of food reminded her of the meal that had to be set for the mourners' return. She had been cooking until late last night and also from early on this morning. She must get up and set the table in the dining-room, and she must make Lucy help her, it would take her mind off things.

Rising heavily to her feet, she held out her hand, saying, 'Come on, there's work to be done; I need you to give me a hand. But don't take the trays, I'll see to them, just take two plates at a time. I've laid the cloth.'

She did not follow Lucy immediately from the kitchen but stood looking around her. The place looked mucky, the floor needed scrubbing, the grate needed blackleading, in fact she knew that the whole house needed a good clean through, but she also knew that it was beyond her. It had been hard enough before with the excess of washing and cooking and seeing to that one up there. Con had relieved her of much of the running up and downstairs but now it would all fall on her shoulders. . . .

Con . . . Con. His name was ringing in her mind all the time. It was as if she were bemoaning the loss of a beloved child. And he had been a child; yet he had been capable of doing so many things. She was going to miss him in all ways. Yes, in all ways.

As she lifted up the heavy tray on which were plates holding large portions of roast pork and of veal and ham pie, she thought, I'll wait until he recovers a bit, then I'll have to tell him we'll have to have help both for inside and out, or else I'll go. . . . And I want to go. I do. I do.

The funeral repast was over, the gentlemen had left, and now Mrs. Rowan and her daughter were in the hall about to take their leave. She saw them standing together as she came from the kitchen and made her way to the dining-room to start clearing. She took note of the daughter. She wasn't young, nearly thirty, she'd say. She was big made and not bad looking, but the main impression Emily got was that she looked physically strong.

When she entered the dining-room she did not close the door behind her for she heard Mrs. Rowan mention the blacksmith, and so she stood holding the door ajar in her hand listening.

'Now, I've told you, Larry, they've both gone, both Goodyear and Ralston; from what I can gather, John Ralston would be as much in fear of Goodyear as he would of you. What's more, the latest is that Hannah Goodyear's selling the business, likely going to join him wherever he is. But Sarah Ralston will carry on the farm regardless. Anyway, she's managed on her own for years because he's been too busy elsewhere. But, Larry, I'm telling you, forget about them now. What's done's done, you cannot bring back the dead; and their deeds will catch up on them, you'll see.'

'Just sit back and do nothing, Hannah, is that what you want me to do?'

'With regard to them two, yes, that's all you can do, because, don't forget, if you try anything else your own neck's at stake. And what'll happen to all this then?'

In her mind's eye, Emily could imagine the little woman waving her arm about the hall before going on, 'You've worked hard enough for it; and let's be honest, Larry, you've sacrificed both yourself and others for it, and now you're having to pay through the teeth in more ways than one for it. But it's your business, and it's your life, I'm not blaming you, a man must do what his urges tell him, but one thing I do say and I'll repeat it, leave Goodyear and Ralston to the police.'

'Leave it to the police? Huh! Ralston's brother Chief Constable of Fellburn, so leave it to the police you say, Hannah?'

'Aye, I still say it, for their disappearance proves their guilt, and they'll remain wanted men all their lives. We're going now, but you know where we are if you need us. It won't do for us to call on you very often here, there's been enough talk, hasn't there?'

Emily waited for an answer to this but there was none forthcoming. She heard the door open, then after some time she heard it close, but she did not hear his footsteps going across the hall immediately, and she pictured him standing with his back against the door.

When finally she heard his feet treading slowly up the stairs she went to the table and began to clear it, and as she did so it occurred to her that never once had she heard the daughter Lizzie open her mouth.

He had been over at the farm since changing his clothes in the late afternoon; now it was nearing nine o'clock and he hadn't yet come in.

She had attended to the mistress and been momentarily softened towards her by the fact that her eyes were swollen and red with crying. It was good to know that after all she possessed some ordinary human feelings, for since Con's death all she seemed to have done was to rave at the master. Tonight she was quiet, and apparently not hungry for her supper tray was hardly touched.

Now it was nearing the end of the day that had seen the last of Con, and she could not tell if it was sadness or sheer exhaustion that was weighing her down. She only knew that if she didn't sit down she would collapse. What was more, she had a cold. The sludge of the quarry bottom had soaked her to the waist, and she had shivered for days afterwards. She had tried to wash the mud off her clothes but they were so stained she'd never be able to wear her coat or skirt again. But what did it matter? What did anything matter?

She had sent Lucy up to bed over half an hour ago, for she, too, had been overcome with weariness and sadness. Slowly now she laid out the breakfast trays, filled the kettle, damped down the fire with the coal dust from the bottom of the bucket, then poured the tea leaves from the pot on top of it, after which she carried the two iron pails across the yard to the coal house, and after filling them carried them, bent almost double, back into the kitchen, setting one each side of the fireplace.

Con had always brought the coal in.

When the kitchen door opened and Larry entered she was at the sink washing her hands, and as she dried them on the hessian towel he spoke her name for the first time in days. 'Come and sit down, Emily,' he said; 'I must talk to you.'

Funny, how men always said that to her: 'Come and sit down; I want to talk to you.'

She had hung up the hessian towel on the nail, walked slowly to the table and as slowly sat down at the far end of it, and, her hands folded one on top of the other in her lap, she looked at him, where he sat opposite to her, and waited. Then something inside her gave a violent jerk as if a hammer had hit her ribs when, his two hands coming out, he gripped hers and, looking into her face and his voice low and thick with emotion, he said, 'Emily, don't leave me.'

His back was bent, his head was bowed over her knees. She was looking down into his thick hair and she noticed that he had two crowns. There was some old wives' tale about people who had two crowns but she couldn't remember what it was. He hadn't said, 'Don't leave the house,' or 'Don't leave us,' but 'Don't leave me.'

Her heart racing now, she listened to him saying, 'I know you've been worked off your feet, anybody else would have taken to their bed after what . . . what you went through.' She watched his shoulders rise as he gulped in his throat, and the thick sweet smell of the cow byres wafted from him and filled her nostrils. 'I'll try to get you help inside, but I can't promise anything, not from roundabout. But I don't want to see you kill yourself with work. Leave the rooms. I'll close up both the drawing-room and dining-room and I'll take my meals here in the kitchen. I'll see to my own bed and take on what chores I can, like' – he lifted his head slightly and nodded towards the hearth – 'fetching the coal and wood and such, until I can get help outside. And that, I'm afraid, is going to be as difficult as getting it inside, thanks to our dear friend, Abbie.' He now raised his head and she watched the muscles in front of his ear twitch as he added, 'If he wasn't an old man I'd horsewhip him. Do you know that? I'd horsewhip him, for if anybody's to blame for Con's going it's him. I'd send him packing tomorrow if it wasn't for. . . .' He broke off and his eyes involuntarily flickered upwards; then he shook his head and, looking into her face, said, 'You have it in your mind to go, haven't you? But I'm not blaming you, don't think that . . . only . . . only—' His head drooped again.

She swallowed, blinked, shook her head in denial, then nodded as she admitted, 'Aye, yes, I . . . I was in two minds, 'cos so . . . so many things have happened. But now, you needn't worry any more. I won't leave, but . . . but I'll have to have help of sorts, if it's only somebody to give a hand with the washin'. There's so much of it; and it's the drying of it in weather like this. I'm . . . I'm sorry Lucy's not much use. . . .'

'Oh, I don't want you to let Lucy do anything if possible; there's a chance she could get better if she has rest and the right food. I was thinking the other day, if she could be sent to a sanatorium. . . .'

She hadn't realized that he was still holding her hands until she went to withdraw them from his as she exclaimed, 'A what! An asylum?'

'No, no.' He was gripping her hands and shaking them now, 'It's a place where the air is good for people like Lucy, those with the complaint. I know someone away down in the South of England, it's my mother's cousin, she works in one such sanatorium. I could write to her and ask her what chance there would be of getting Lucy in for a time.'

She asked softly now, 'Could they cure her?'

'Well, that's what people go for, to be cured. There's always a chance.'

'Eeh!' Her fingers moved within his grasp as she said, 'I'd be ever grateful if she could be made better.'

'Well, we'll see.'

Their faces straight, sadness showing in their eyes, they sat staring at each other in the lamplight. Then as quickly as he had first grasped her hands, he now fell on to his knees and, his arms about her waist, he buried his head in her lap. His shoulders shook and his voice was thick and broken as he moaned, 'Oh! Emily . . . Emily . . . I miss Con. I . . . I loved that lad. He was so good, so innocent, so trusting. I . . . I used to think of him as a son.'

During the first moments of their closeness she had remained stiff, but when his words became inaudible and his crying increased she held him to her as naturally as she would have Lucy or Con himself, and she thought it was odd that she should think of herself as Con's mother and here was he saying he thought of him as his son. Con seemed to have bred love . . . and hate, for he had died by hate.

When at last his crying subsided he drew himself from her arms and rose to his feet and, his head bowed deeply on to his chest, he muttered, 'I'm sorry. I'm sorry.'

She made no answer, she just sat looking up at him as, with his back to her, he dried his face and said quietly, 'I begged you to stay, but at the same time I know it's a crying sin to ask a young girl like you to bury yourself alive here, because this house had never known joy or laughter except what you've brought into it, and I doubt if it ever will again.'

She pulled herself to her feet now and addressing his back, said softly, 'I don't think I'm buryin' meself alive. In the first place, I was glad to be given a roof over our heads. I . . . I think you should give yourself time for Con to rest, then perhaps things 'll change and you'll laugh again.' But had she ever seen him laugh before, really laugh except on New Year's Eve? And then, like them all, he was drunk. She ended, 'I think Con would have wanted you to laugh, for he loved a laugh and a joke.'

With the memory of Con's laughter, her throat tightened and when he turned slowly towards her now and said, 'You look tired, worn out. Go on to bed and don't get up until seven in the morning, I'll see to the fire and things,' she began to bustle around the table, saying as she went, 'I'll be down at me usual time; one hour in the mornin's worth three in the afternoon.'

He stood looking at her for a moment before saying quietly but firmly, 'Leave those trays alone and get yourself upstairs, go on now. . . . Good-night. Good-night, Emily.'

He had uttered her name softly, almost a whisper and she didn't look at him as she went past him to the delf rack and picked up a candlestick and a box of matches, and she was almost at the kitchen door before she said, 'Good-night, sir.'

As she went along the side of the hall and up the back stairs she knew that a new phase of her life had begun, but as to what it would hold she could give herself no inkling as yet. But whatever came of it, it was because Con had died. . . . Everything had to be paid for. She was coming to believe in that. Oh yes, she was coming to believe in that.

PART THREE

How Are The Mighty Fallen

Chapter One

Emily awoke on the morning of her seventeenth birthday and stretched her legs downwards until her toes stuck out from underneath the bedclothes and she could feel the brass rails of the bed; then she stretched her arms upwards and gripped the rails behind her head. She was seventeen today, she was a woman . . . well, she had felt a woman for a long time, but once you were seventeen . . . well, you were really grown up then. She felt as she hadn't felt for months, happy inside, glad, gay.

A streak of yellow light across the wooden boards told her the sun was coming up and that it promised to be a fine day. She turned and looked at Lucy. In the past six months Lucy had put on inches in height and broadened a little too. She put out a tentative finger and lifted a strand of the long straight hair from off her sister's brow. She'd miss her when she went; oh, how she'd miss her, but she'd have to put up with that because it was for Lucy's own good. And Lucy herself must have faced up to it; in fact, she seemed excited about going all that way across the country. The only thing she kept saying was she wished they were both going together.

She turned on her back again. She'd never be able to repay the master for what he was doing for Lucy, for he wasn't only paying her train fare all the way down there, but had rigged her out in decent clothes. She knew, too, that he would have been prepared to pay for her stay if it had been needed, but this place where Lucy was going seemed to be a public hospital where you got in by recommendation. It was in a place called St. Leonards, outside a town called Hastings. He had said it was lovely; he had been to the hospital once and he said nearly all the bedroom windows looked out to the sea.

She wished she could have gone down and seen Lucy settled in, but she knew she couldn't be spared, and so Lucy was to travel on the train in care of the guard, and the master's cousin was going to meet her in London. She could understand Lucy's feeling of excitement 'cos the very thought of it all made her feel excited too.

Well! She'd better get up out of this; birthday or no birthday the work had to be done, and Mrs. Riley came the day. Oh, she thanked God for Mrs. Riley, oh she did indeed. But then it wasn't God she should be thanking but her Aunt Mary. She giggled to herself as she brought her legs over the side of the bed. Eeh! the things she thought.

Mrs. Riley was a widow with no family and she supported herself by going out washing. She could earn up to half a crown a day at it, at least so she had said; but that, Emily thought, was stretching it a bit, and more than a bit. However, stretching it or not, that's what she got here, together with her food. The master picked her up in Fellburn market any time between three and four on a Monday, and the minute she arrived she got down to it, putting all the washing in soak, and on the Tuesday she scrubbed, boiled, possed and mangled the entire week's wash, and if the mistress had been in one of her tantrums, or perhaps two or more of them, the bedding took on the form of a linen mountain. Then on the Wednesday she ironed, and if the weather had been good for drying and she was finished early, she scrubbed out the kitchen, blackleaded the stove, washed out the pantries and the meat store, and if time permitted scalded out the dairy. Then on the Thursday morning she walked to the crossroads outside the village and there caught the carrier cart back into Fellburn. And for her two days' work, and a bit, she got six and sixpence, together with her meals and a bed, though the last wasn't what she herself would have offered her, being but a straw shake-down in the barn loft. This was because the mistress wouldn't have her bedded in one of the attic rooms.

But Emily couldn't be too sorry for Mrs. Riley, because whoever heard of anyone claiming a wage like that, six and sixpence for two days and a bit, and as much grub as she could push into herself; not that she begrudged her her good fortune and wasn't thankful for her assistance, but being human she couldn't but compare the wage for those two days' work with the five shillings she now got for six and a half days' work, which days began at six in the morning and if she was lucky finished at eight at night.

But this was her birthday and she felt up to moving a mountain.

She stripped off her calico nightdress and grabbed at her shift lying over the foot of the bed, then paused for a moment as she did most mornings and looked at the watch pinned to the front of it. At one time she used to keep her shift on under her nightie, but when she lay on her face the watch stuck into her. She could have unpinned it at night and pinned it back again the next morning but she was always too tired most times to bother. It was easier to take it off altogether, even when the interval between taking off the shift and putting on the nightdress made her disturbingly aware of her body.

The light of the rising sun was glinting on the watch; it looked bonny, beautiful, and the wish returned that she could wear it just for one day, and especially today, it being her birthday. But then, if she did, she'd have to explain where she got it, and how she got it. So with a sigh she pulled on her shift and got hastily into her clothes. She no longer kept the sovereigns pinned to her petticoat band for it meant taking them off every time she washed it, and so she now kept them in the chest of drawers. She knew they were quite safe, for who was there to steal them in this house. But with the watch . . . well, that was a different thing; she could never leave that lying about. . . .

Down in the kitchen, she went straight to the door and opened it to let the fresh air in, and she stood for a moment breathing deeply as she looked up into the sky. It was a beautiful day, a lovely day, a real June day, and she was seventeen. She skipped round and went to the stove, poked the fire into a blaze, then lifted the kettle off the hob where it was near boiling and set it in the heart of the fire.

When she went to the dresser to get the teapot she stopped and stared, for leaning against the teapot was an envelope, and on the envelope her name, Emily. Her face smiling, her lips apart, she tore the envelope open and took out the sheet of paper and read, 'Happy birthday, Emily. Get yourself a little present with this.' There was no signature. She peered in the envelope, then took out the sovereign.

Eeh! wasn't that kind of him. It must have been a month or more since she had mentioned the date of her birthday. Oh, he was kind. A whole sovereign! Yet while she smiled her appreciation of his gift a part of her mind was telling her that she already had a number of sovereigns upstairs and how much more delighted she would have felt if the gift had been . . . well, something personal, like a little brooch, or a locket and chain, or something like that. She had seen a beautiful locket and chain for four and six in a shop in Fellburn on her last half-day, in fact she had been tempted to buy it for herself.

This same section of her mind now told her that she was an ungrateful monkey and reminded her that the master wasn't a personal man. But what did she mean by that? Well, she told herself, the fact that he hadn't taken advantage of what had passed between them on the night that Con was buried explained it, didn't it? And he could have taken advantage. Oh yes, he could, he could have played on her feelings, but he hadn't, he had kept his place, and from that night she had kept hers. And so, she told herself that was why she could say he wasn't a personal man; and what was more, she could still go round with her chin in the air if she wanted to.

'Happy birthday, Emily.'

She actually jumped around, the letter in one hand, the sovereign and the envelope in the other, and she laughed outright now as she said, 'Oh, thanks. An' thank you for this an' all. Eeh! it's ever so kind of you. I never expected it.'

His next words belied, to some extent, the impersonal man when he said, 'I'd like to have got you some little thing, but I'm afraid I'm no hand at choosing presents. And I didn't know what you would like, anyway.'

'Oh, that's all right.' Her face was alight now, her eyes shining. 'I know what I'm going to buy with it.'

'What?'

'A locket and chain, a good one. I saw a nice one for four and six in Fellburn, but I'll get a better one . . . Oh, there's the kettle boiling, I'll make the tea.'

She ran to the stove, and he stood and watched her as she laughed aloud when she went to grab the kettle forgetting that she still had the letter and the money in her hand; then putting both quickly on the mantelpiece, she lifted the kettle on to the hob and turned to him, saying, 'I don't know where I am this mornin', I'm trying to make the tea without the teapot.'

Again she was running, back to the dresser now, and after spooning the tea from the caddy into the pot she looked at him, then paused a moment. He was standing in the same place, he hadn't moved, the look in his eyes was soft, yet sad, as he said, 'Seventeen. You're going to be a beautiful woman, Emily.'

'Oh, sir!' She bit on her lip, lowered her eyes, and shook her head.

'You know you're beautiful, don't you?'

'No, sir.' Her head came up. 'Well, not . . . not beautiful; I've . . . I've been told I look bonny, and, as me da would say, I'd pass in a crowd, but . . . but not beautiful.'

'You are beautiful, both inside and out, kind and beautiful.'

There was a mist before her eyes. It was blocking out his face and she felt an urge to push her hands through it and touch him, hold him, feel him near her.

'Eeh! the kettle. It'll . . . it'll have boiled dry in a minute.'

She mashed the tea, stood the teapot on the hob, then, bending down, took the hearth brush and swept some loose ashes under the grate before turning once more to the table and him.

He was still looking at her. It was as if his eyes had never left her face, and he smiled gently at her now but with a downward pull to his lips as he said quietly, 'It's all right. It's all right, Emily, don't worry.' Then he turned away and went through the kitchen, and she heard him going up the stairs.

She was standing sipping at a cup of tea while her thoughts whirled about in her head, telling her things that were making her hot when she heard his voice raised in anger coming from above, and she closed her eyes for a moment as she said to herself, 'Oh! not again. And not the day.'

It was almost three weeks since they'd had a row, and things had been easier all round. He had looked happier and had laughed aloud on more than one occasion, he had even teased Lucy in the kitchen here.

She often wished he would take the line Sep had followed and given in to the mistress, as Sep had to Mrs. McGillby, then gone his own way on the side. But, of course, she admitted to herself, there was a great difference between Mrs. McGillby and Mrs. Birch, because that woman up above would aggravate a saint when she got going.

As the voices rose higher she wondered what they could be on about now. She never really knew what they fought about because they would stop whenever she went into the room. The master would usually bound out, and the mistress bang her fists on the eiderdown, then mess the bed. Although her mistress had deigned to explain to her that her eviction, or some such, as she called it only happened when she was disturbed, Emily was of the opinion that there were times when it was done on purpose, just to aggravate. Well, she nodded up to the ceiling now, if that went on much longer there'd be a number of evictions this morning; of that she had no doubt.

It was at dinner-time that she found out what they had been fighting over. She was taking the dinner tray up and had reached the landing when she heard the master's voice loud and clear, which told her that the bedroom door was open, and he was barking, 'I've told you I'll pension him off; he's no good, he can't carry his weight any longer, he's too old.' Then the mistress's voice answering in slow deep tones, 'You'll not pension him off ever. As long as I'm here Abbie stays. And after. D'you hear me? And after. Listen to me, my fine fellow, and listen carefully. Abbie will be here when you're gone. Do you hear that? Abbie will be here when you're gone. Your time is running out. I've warned you, I've given you fair warning.'

'You're mad, woman. You can't do me out of this place and you know it. If you could, by God! you would. I know that too. But you can't. Women's property rights or no women's property rights, I'm your husband, and when you go I can claim this place by law.'

The laughter that now filled the landing caused Emily to screw up her face against it, for if it didn't sound like that of a mad woman, it didn't sound that of a sane person either. Then the voice, full of the same laughter now, was shouting at him, 'Oh you upstart! Listen. Listen and remember what I'm saying. You'll hear me laughing like this when I'm gone. Believe me, you will, you will.'

She didn't move from where she was when he burst out on to the landing, and when he marched past her and pounded down the stairs it was as if he hadn't seen her. She waited a few more minutes until the tray took on a leaden weight before she moved along the landing and entered the bedroom.

Her mistress was leaning back among her pillows and she was smiling, and she continued to smile as she looked at Emily and said, 'I suppose you heard all that?'

'Heard what, ma'am?'

'Don't play the gormless idiot with me, girl!' Now the smile was slipping. 'You heard what I said to him, the person you call the master.'

'I don't listen, ma'am, I mind me own business,' Emily said as she proceeded to place the bedside table across the woman's knees.

Leaning towards Emily, Rona Birch now hissed. 'You have two faces, girl, one for up here and one for down below. Down below you are the ingratiating busy, kitchen slut. Oh, I know what I know. Up here you take a stand, thinking you have the better of me because of my predicament. But you, like him, my dear, are going to get a surprise one of these days, and not so very far away either; oh no. The time is fast approaching, it is indeed; yes, it is indeed.'

'Eat your dinner, madam.' Emily put the tray on the bed table; then straightening her back, she smoothed down her apron and said quietly, 'The doctor told you a week or so ago you had to keep calm, madam, you know he did, 'cos if you didn't your tantruns would be the end of you . . .'

With a swiftness that belied the delicateness of the hands and the weakness of the whole frame, Rona Birch tore off the silver cover from over the dinner plate, threw it to one side, then hurled the plate of meat, gravy and vegetables into Emily's face.

The scream that Emily emitted outdid any that had as yet been heard in the room. The gravy, although not scalding, was still hot, and as she staggered back she cried, 'Oh! Oh! You . . . you wicked thing you!' while her hands scraped at the pieces of vegetables and meat that were clinging to her face and the front of her bodice. She was leaning against the dressing-table gasping when Larry burst into the room.

Taking the whole situation in immediately, he stood over his wife, his hands poised as if to grip her throat as he cried at her, 'I could kill you, woman! I could cheerfully kill you at this moment. You should be locked up; you should be in an asylum; that's your rightful place, an asylum.'

Rona Birch didn't utter a word, she just stared at him, her hate of him oozing from her in sweat.

When he turned to Emily, his whole body was shaking, as was his voice as he said, 'Go on, get cleaned up . . . I'll see to this. My God! yes, I'll see to this.'

He led her to the door and pressed her out on to the landing, then closed the door again; and she stood there for a moment unable to move, until she heard the crack of a hand contacting flesh. She swung round as if to open the door again, but when she heard the second slap she put her hand over her greasy face, then bowed her head and stumbled towards the stairs.

He had hit her again. He shouldn't have done that because after all, she was a sick woman. As bad as she was, he shouldn't have done that. Sep would never had hit Mrs. McGillby, no matter how bad she was; but then Mrs. McGillby would never have thrown a hot dinner in her face.

In the kitchen Lucy rushed at her, crying, 'Eeh! she . . . she never! Did she?'

'Aye, she did!' Emily went to the sink and began to pump the water, and she shook her head as she said, 'It's funny but I shouldn't have been so surprised or frightened, for I've often thought she'd throw the meal at me.'

'Eeh! she's an awful woman. Oh, you are in a mess, Emily.'

'I . . . I am, aren't I? Well, let's get it off. Mash a cup of tea, will you? I could do with something.'

After washing herself she sponged the grease off her dress, and Lucy, watching her, said sadly, 'An' it's your birthday an' all,' then she threw her arms around her waist, burying her head against her and muttering, 'Oh, I wish you were comin' with me, Emily. Oh, I wish you were.'

Stroking Lucy's hair, Emily silently endorsed this, thinking, 'Me too, Lucy; how I wish I was going with you,' knowing, at the same time that Lucy's going must, in a way, tie her to this house, for she was now under an obligation to its master. Nevertheless, the wish to be gone was strong in her at this moment and it wasn't only because the mistress had thrown the dinner at her; it was more in a way because of what the master had done to his wife. People in a position like the master shouldn't hit a woman; that to her mind only happened among the working class, the poor working class. Somehow he had gone down in her estimation. But then she had known right from the beginning that he wasn't a gentleman, not in the right sense of the word, not a real gentleman. So, after all she supposed it wasn't so surprising that he should hit his wife.

Only a few hours ago he had stood in the kitchen here and told her she was beautiful, and the way he had said it had put all kinds of fancies into her head . . . Well, that scene up there had cleared her head.

What would she do if a man ever went to hit her? Oh, she knew what she'd do, she'd pick up the first thing to hand and let him have it, she wouldn't stand for any man hitting her; she had seen too much of it in Creador Street . . . What had she just said? She'd pick up the first thing and let him have it? Funny, but that's what she up there had done, but the other way about, she had thrown the dinner first.

An odd idea struck her at this moment . . . the mistress hadn't really thrown the dinner at her, she had thrown it at him.

Chapter Two

The doctor sipped slowly at his coffee until the cup was empty; then he placed it on the table and looked to where Larry was staring fixedly at him and nodded as he said, 'I thought it only right to tell you.'

'You mean to say she suggested that I might try to do her in?'

'Yes, something along those lines. She also said she didn't wish to be buried with undue haste when she died, she would like a week to elapse before interment.'

'My God!' Larry rubbed his hand hard along the side of his jaw before saying, 'Is there any way she can do me out of the farm and . . . and all this?' he made a sweeping motion with his hand.

'No, no' – the doctor shook his head – 'you have a husband's rights. As far as I can see the house and farm will be yours. You are her lawful husband and, therefore, have a legal claim to what is hers. I don't really think you need worry yourself very much on that score, but I would advise you to go gently with her. She's a very sick woman; I would give her no cause for complaint against you . . . She hasn't asked to see your solicitor of late, has she?'

'No. No, she hasn't mentioned him. But since you speak of it, that is another point, my solicitor does not act for her; the deeds of the house and her personal business are, as far as I know, still with Clark, Maine and Sutton. They've always attended to any legal business required. It was she who suggested I should go for any advice I needed to Barrett and Golding.'

He rose to his feet now and started to pace the room, the doctor watching him for a moment before he, too, rose, saying, 'Well, I must be on my way.'

'I don't like it.'

The doctor turned his head to the side and looked at him and sighed before saying, 'Well, I'm afraid I can't be of any help to you on legal matters, I can only advise you that if it is at all possible you keep her happy.'

'Keep her happy!' Larry gave a huh! of a laugh now and, looking straight at the doctor, said, 'You know as well as I do, doctor, that it's not in her nature to be happy. Let's face it, she's a vindictive woman.'

The doctor now turned away and walked down the length of the drawing-room and he had reached the door before turning to say, 'Well, about that you should know best.'

The following morning a letter came from Lucy and Emily's face beamed as she read it. Lucy was settling down in that faraway place at the other end of the country. She had made a friend called Miss Rice. Wasn't that a funny name? But Miss Rice was lovely. She was twenty-two years old and her people lived nearby, and when they came to visit her they brought her lots of fruit and other things, and Miss Rice shared them with her. She ended her letter by saying that Miss Rice was a lady, if Emily knew what she meant, and she hoped Emily was as well as it left her at present.

Emily put the letter on the table, smoothed out the four corners of it, gazed down on it, and laughed aloud.

She was still laughing when George Archer, the new help, came and stood in the open doorway and, looking towards her, said, 'If you tell me what you're laughin' at I'll laugh with you, Emily.'

'Oh' – she wagged her chin up and down – 'it's me sister. I've had a letter from her. She's gettin' on like a house on fire in this hospital I told you of.'

'Oh, I'm glad to hear that.'

'You want your tea? Give us your can here.' She reached out across the table and took the can from him, and as she stood at the stove filling it from the teapot he asked quietly, 'How's the missis this morning?'

'Oh, same as usual.'

'Can't she move at all?'

'Only the top half of her.'

'She can't walk about at all?'

She looked at him over her shoulder before she replied, 'No.'

'You have to do everything for her I suppose?'

'Aye, everything.' She now came back to the table and put the lid on the can, and as she thrust it down with the pad of her thumb she repeated, 'Everything.'

'Some job!'

'Yes, as you say, it's some job. But then beggars can't be choosers.'

'Huh!' He laughed now. 'I couldn't ever imagine you begging, Emily.'

'Well, I was nearly on the point of it when I got this place . . . Do you like him?'

'Who?'

'The boss.'

'Aye, yes, I like him. Yes, I think he's a decent bloke, as far as I can gather. Some of them wouldn't give you the smoke that went up the chimney.'

'I'm glad you like him. You be fair to him and he'll be fair to you.'

'Well, I'm doin' me best.'

'I know you are, George. Do you want a shive?'

'I wouldn't say no.'

She now went into the pantry and returned with a thick ham sandwich and a square of currant cake, and as she handed them to him he said, 'Ta, Emily . . . By! you're a bonny lass.'

'Go on with you!' She flapped her hand at him. 'Go and tell that to the cows, it might work on them.'

'It does. It does.' He was laughing loudly now. 'Every time I play up to Pansy she gives me another half gallon.'

As he went out laughing she laughed too. She liked George Archer. He had been on the place only three weeks but he had already proved himself to be a good hand. He had come straight off the road, having tramped all the way from the West country doing a bit here and there without getting anything permanent, and now it appeared as if he could be set for life if he kept on working as he was doing, and he was quite young, not thirty yet, and not bad looking either.

At the end of his first week Larry had said to her, 'I think I've struck lucky with Archer.' 'Aye,' she had answered; 'I think you have. And if you could persuade Mrs. Riley to come full time I'd feel I'd struck lucky an' all.'

But as yet Mrs. Riley couldn't be persuaded to stay out in the wilds, as she termed it, for all of a full week. In her heart, Emily didn't blame her, for at times she got very tired of the wilds herself, when she would develop a longing like a deep homesickness to pick up her skirts and run from the place, right back to Shields and the waterfront itself. She might stop at Aunt Mary's in Gateshead but the waterfront would be her destination.

At such times she would tell herself she wasn't made for the country; this would be when she felt the urge to talk to someone, to have just a little natter. She missed Lucy. Oh, she did miss Lucy.

In any spare time she had at nights now she had taken to reading. She read the Newcastle papers that the master brought in twice a week, and now and again she would take a book from the library, but most of these she found very hard going. There was little of the love story in them; the few she had worked her way through seemed to go all round the houses before getting to the point, so she considered.

She couldn't believe that by next Tuesday she would have been in this house a year, and yet when she looked back it seemed more like ten, or a whole lifetime. Yes, a whole lifetime. . . . She needed a break of some kind. She'd never had a holiday in her life and she was never likely to. But apparently she wasn't the only one, for there was that funny piece of poetry in the little book Sep had given her. It went:

John Gilpin's spouse said to her dear—
Though wedded we have been
These twice ten tedious years,
Yet we
No holiday have seen.

There were lots of funny and interesting bits in the book. She had been reading it of late by candlelight in bed. It stopped her thinking about Lucy and helped her to fall asleep.

She had come to the conclusion that whoever the person was who had written the things in the book didn't think much about women because one of the quotations, written under the heading of 'Hannah Cowley', read: 'But what is woman? – only one of nature's agreeable blunders.' And there was another which read: 'It is better to dwell in a corner of the housetop than with a bawling woman in a wide house.'

Yet of all the pieces in the book she liked the one about the tide. Somehow it brought her closer to Shields and the river running into the North Sea. And that last line, 'Never say die'; she hadn't said that for a long time, perhaps because there had been no emergency, no need to prod herself.

There was a sameness about life now. Every day in this house was a matter of routine and it all centred about the room above the kitchen . . . which reminded her: it was close on eleven o'clock. She had the mid-morning tray to take upstairs, and then go across to the farm with Abbie's break tea. Oh, he was a stubborn old devil, that Abbie, for he wouldn't let George bring it across for him 'cos, naturally, he was resenting the young fellow's presence; nor would he come for it himself. One of these days she would leave his tray under the arch and yell, 'There it is, Abbie! You'll have to come to it afore it comes to you.'

The hot milk and biscuits on the tray, she whipped off the coarse apron she wore over her white one in the kitchen, smoothed out her bib, pulled her mob cap straight, lifted up the tray and went out of the room.

Outside the bedroom door, she balanced the tray on one hand, tapped on the door with the other hand, then turned the knob, and when it didn't respond to the slight push she gave it she dropped her hand from it and stepped back and stared at it as if it had personally offended her in some way.

Having placed the tray on the table to the side of the door, she took the knob in both hands and pushed at the door. But it did not even shudder.

'Well, I never!' She even said the words aloud in surprise. The door hadn't been barred for weeks; there had been tantrums and sulks, and fights with the master, and the ignoring of herself, but the door had remained open.

'Madam!'

She put her ear to the door; it was no use putting her eye to the keyhole for that was blocked.

As she listened she had the idea that she heard a shuffling movement across the room, but of course that was sheer imagination, it was likely the sound of her scratching at the bed cover, as she did with her two forefingers when irritated . . . yet no, it wasn't like that. There it was again. What was she up to in there?

'Madam, I've brought your drink.'

She straightened her back. Oh well, she'd open the door when she got hungry enough. But then, she hadn't seemed very hungry of late. She had picked over her food; even the special tasty dishes she made for her were left, and there was never an excuse or a word of thanks such as 'I'm sorry I was unable to finish it, Emily, because it was so very nice.'

She often thought if her mistress was ever really civil to her she would faint away. It was a pity she wasn't a nice woman because she would have enjoyed looking after her, and she felt that she could have made her happy in a way. She could have made her laugh by telling her about her Aunt Mary and her squad. And what was more, she could have learned things from her. For instance, she could have asked her to explain some of the things that she read and didn't understand, especially some of the bits in the little black book. But there, the woman was made as she was and nothing would alter her now.

She picked up the tray and went down the stairs again, and when she reached the kitchen she stood for a moment by the table thinking. Should she go and tell him or wait till he came in? It wasn't half an hour ago that he had been upstairs, and there had been no row. She had heard the murmur of their voices talking, but that was all; and when he had come downstairs and passed through the kitchen he had looked quite pleasant, not grim as he sometimes did after a visit to the bedroom. Well, she had better tell him.

As she ran across the yard the wind that was fresh and cold lifted her hair from behind her ears and blew it into her eyes, so that she didn't see him until she bumped into him as he came sharply around the corner. 'Whoa! Whoa there! Where do you think you're off to?'

'Oh.' She laughed up at him now as she kept thrusting her hair back with her fingers. 'I . . . I was coming to find you.' She paused now as if to let the smile slide from her face before she said, 'The door's barred again.'

He didn't answer her immediately but he screwed up his eyes and moved his head slightly; then half turning from her, he said, 'Keep going up. If it's not open by dinner-time I'll see to it.'

'Aye, all right.'

'Emily.'

She was on her way through the arch again, and she stopped and turned towards him. He had his hand half extended towards her and was about to speak, but all he said after a moment was, 'Oh, it doesn't matter.'

She watched him swing round and march back towards the byres; then she turned again and went towards the house, walking thoughtfully now.

At dinner-time the door was still locked and he banged his fist on it, calling, 'Rona! stop playing about. Come on, open up!'

But there was not even the sound of her scratching the quilt now by way of an answer . . .

After three more attempts during the afternoon he was now standing at the open kitchen door looking out into the darkening twilight, and as Emily watched him biting on his thumb nail, a habit of his when he was angry or troubled, she voiced something she had often thought of before. 'Why don't you get a ladder?' she said.

He looked at her over his shoulder and answered simply, 'I promised her that I'd never attempt to get into her room by a ladder. To her way of thinking it would be breaking down the last barrier against her privacy.'

He had for a long time now when speaking of his wife to Emily referred to her as she, or her.

'Well, the way I see it, there might come a time when you'll have to break that promise. You know, she looked poorly this mornin', whitish, and she didn't touch a bite.'

He stepped back into the kitchen and looked up towards the ceiling, then down at Emily again, saying, 'Perhaps you're right. Yes, perhaps you're right.' And on this he swung round, and from the kitchen window she watched him hurrying across the yard and through the arch; and she remained still, waiting until he returned with a ladder.

When he had placed the ladder against the wall she went out and stood at the foot of it and watched him mount upwards. She watched him place one hand over his brow and cheek and press his face against the window. He kept it there some time before turning his head slowly about and looking down at her, and even in the dim light the incredulity registered in his expression was plain to her.

'What is it?' she asked softly.

He didn't reply but again with his hand he shaded the side of his face and peered through the window. Then of a sudden he began to come down the ladder so quickly she thought for a moment he'd lose his footing and topple to the ground, and when he stood facing her he seemed unable to speak.

'What is it? What's up?'

'She's . . . she's on the floor, lying on the floor near the fireplace.'

'Eeh! no!' she shook her head. 'She can't be.'

And now he repeated, 'No, she can't be.' Then he almost bawled at her, 'But she is!' At this he looked wildly around the yard; then rushed into the kitchen, to return within a second carrying a poker in his hand.

She held the foot of the ladder while he quickly mounted it, but when he broke the window-pane with the poker she sprang back to avoid the falling glass, and from a distance she watched his hand groping inside for the latch, then knock out the peg that prevented the window from being opened more than a couple of inches or so.

The moment he disappeared through the window she herself darted from the yard, through the kitchen and hall up the stairs, but when she tried the bedroom door it still held fast.

After a moment, during which she stood with her ear to the door, it was pulled open. She stared at him; his face looked colourless. Slowly she moved past him and, turning her head, looked at the bed on which her mistress lay.

There was no need to ask if she was dead, for she had the same look on her face as had been on Mrs. McGillby's; but added to that there was a cut stretching from the front of her ear up to the line of her hair and it was thick with dried blood.

He was standing by her side now, and when he whispered, 'How in the name of God did she get there?' they both looked towards the fireplace. It was all of ten feet from the foot of the bed.

Emily now turned her attention back to the bed. What was puzzling her now was the fact that the quilt was on the floor. She always tucked the quilt well down at the foot of the bed in order that it wouldn't slip off, but there it was lying in a heap at yon side of the bed. Slowly now she went round the bed and picked it up, and after a moment's pause filled with reluctance to go near the still figure, she laid it gently over her mistress. When she came round the bed again to where he was standing wide-eyed and staring like someone dazed, she had to prod him with her voice. 'You'd better send for the doctor, hadn't you?' she said.

'What? Yes. Yes.' He moved his head from side to side, and looked towards the window before saying, 'Tell Archer.'

'Yes. Aye.' She backed away from the bed and him, and at the door she turned and hurried on to the landing. But when she reached the top of the stairs she stopped for a moment and gripped the ornamental wooden knob on top of the banister rail while repeating to herself, 'How did she get over there? She couldn't have done it by herself. How in the name of God did she get over there?'

When she reached the yard it was to see George standing looking up at the window, and before she could speak, he said, 'I heard the glass break; what's the matter? Something up?'

'You've got to go for the doctor, quick! Take the cart, or trap, whatever's the quickest.'

'The Missis?'

'Aye.' She nodded at him, and as he hurried away she called after him, 'Bring him back with you. It's important, 'cos she's gone.'

Her last words caused him to turn fully round and face her, and he repeated her words, 'She's gone? You mean?' and when she nodded her head he put up his hand and ran his fingers over his hair before disappearing through the arch.

It was nine o'clock that night and she was tired of telling the doctor the same story and hearing him say, 'But you didn't see your master lift your mistress from the floor and put her on the bed?'

And once again she said, 'No; but I've told you that when he came down the ladder for something to break the glass he said he had seen her on the floor.'

'But you yourself didn't see her lying on the floor?'

'No, but if he said she was, then she was.'

The doctor leant his head wearily back against the top of the leather chair. He was finding himself in a quandary. It was his firm opinion that Mrs. Rona Birch could never have got out of that bed by herself. It was also his firm opinion that she had died from a heart attack caused by a blow to the head. It was plausible that the corner spike of the brass and steel finder could have caused the blow, yet there was no bloodstain on the carpet at the spot where her husband had said he had found her; nor for that matter was there much blood on the wound. But this was nothing to go by, she could have bled internally.

If it wasn't for this girl here he would have let the matter rest and issued a certificate to the effect that his patient had died from heart failure; but this girl, being a maid and consequently a chatterer, had likely already told the farm hand all that had transpired. On the other hand, if she hadn't talked it wasn't his place now to warn her to silence, because in his opinion you had only to tell a woman to cease her chatter and she chattered all the more. He was sorry, but he had to protect his position; there was nothing for it but a post mortem and to bring into the open the unlikely facts that a woman whom he had attended for the past five years, and who in his professional opinion had total paralysis of the lower limbs, had walked from the bed to the fireplace, a considerable distance, and without the aid of sticks. It was all highly improbable to say the least.

He said kindly now, 'That will be all at present, Emily.'

'Yes, sir.' She went slowly from the room, closed the door behind her, and as she crossed the hall she glanced up the stairs to where Larry was descending. They looked at each other but didn't speak, and she went on into the kitchen and, going to the settle by the side of the fireplace, she sat down and, joining her hands tightly, she pressed them on to her knees and stared into the fire.

She was dead; and it was a good job in a way for her own sake, and his an' all. But she had always threatened she would get one over on him, and she had. Eeh! she had at that, for now the doctor was making out that she could never have got out of that bed by herself and that she had died by a blow on the head; and who was there to give her that blow, only her husband. Of course, there was herself too but they wouldn't tack anything on to her 'cos she stood to gain nothing, whereas him . . . well, by her dying he would get everything he had married her for. At least, that would be the verdict of old Abbie and the rest.

The more the doctor had questioned her the more she saw his side of it. As he said, she hadn't seen the mistress lying on the floor; when she entered the bedroom the mistress was lying on the bed. Of course, she was lying on top of the rumpled bedclothes, but then she could have pushed them aside with her hands . . . What if he had hit her when he was up there this morning, then put on an act in climbing the ladder and getting through the window? . . .

. . . Don't be daft. She got to her feet, grabbed up the poker and thrust it into the fire. If he had knocked her cold with a hard instrument how would she have been able to slide the bar across the door?

She straightened her back and stood now with her arm upwards gripping the mantelshelf. He was in trouble, deep trouble, and there were so many people around this quarter who would like to see him drown in it, and no one more than old Abbie.

If the polis was called in and they questioned Abbie the first thing he would say was they were forever at each other's throats, and that you could hear them at yon end of the farm, especially the master's voice; oh aye, he would emphasise that, would Abbie. And then it would be in the papers, big headlines.

Why was she always getting mixed up in tragedies and the like? First, there was Sep's going, and then Con; and now the mistress. But it wasn't her going that was the tragedy here, it was what was going to happen to the master.

Suddenly she lowered her face on to her outstretched arm and the tears filled her throat and burned her eyes as she thought, I'll die if anything happens to him. I will.

Chapter Three

The newspapers in the north-east of England were never far behind the great dailies from London in printing the latest news and the northerner was a fellow who liked his headlines big. He did not always read what was below them because the headlines spoke for themselves. In May, 1900, it needed only two words MAFEKING RELIEVED and these two words gave the go ahead for celebration. Then in January, 1901, when the old Queen died the headlines were enormous.

Of course, the headlines in December, 1901, which told of a man called Marconi who said he had received wireless signals from across the sea were no more than ordinary although they ran MARCONI SPANS THE ATLANTIC. Yet they were quite enough to start genuine arguments in pubs, clubs, and at dinner breaks in shipyards, and even in certain kitchens where the man of the house was out to impress his family with his knowledge of things up to date, even risking being derided by his doubting offspring, saying, 'By! dad, an' next week you're gona take a tram ride to the moon, aren't you?'

And then in March of 1902 there was the death of Cecil Rhodes. FIVE MILES PROCESSION AT BURIAL OF CECIL RHODES said the headlines. Buried on top of a rock, said the headlines. But who was Cecil Rhodes? Well, said the better informed, he was born in England but became a foreigner in South Africa where he made his pile and rose to Prime Minister. There were long names associated with him in the papers: Bechuanaland and Mashonaland coupled with Matabeleland; the last two he turned into Rhodesia. Then he got himself mixed up in something shady and had to resign. But all such headlines were put into the shade with the Coronation of King Edward VII and Queen Alexandra in June of that year.

Yet no headlines, large or small, had the effect of those that appeared in the northern papers in October of 1903 – especially on the population of Fellburn and the village of Farley Dene, particularly Farley Dene – concerning the scandal about that upstart who had overstepped himself; battered his wife to death in her bed he had, then made on she had fallen against a fender, and her stiff and paralysed for years. Well, they had been expecting it, hadn't they, and they hoped he swung, for he had broken the village up; it wasn't the same any more since the Goodyears had all gone, and John Ralston an' all.

Although the headlines in the papers were impressive, yet they didn't go as far as to state that Lawrence Birch had murdered his wife. But then they didn't need to; all they needed to do was to state the facts and leave the public to form its own opinion. . . .

The post mortem on Rona Birch was held the second day after she died, and on the fourth day the coroner and jury heard all that her husband had to say; also the doctor; and finally the maid; and, as he said, the evidence seemed confused and conflicting and he would, therefore, adjourn the inquest for one week from that day.

When Emily descended from the trap at the back door her legs were still trembling as they had been since she entered the court that morning. In fact, her whole body was now trembling, for she had imbibed the feeling of the court and she knew that no one believed either her or the master, but they believed the doctor when he had said, that, in his opinion, it would have been impossible for his late patient to walk the distance between the bed and the fireplace, even to crawl that distance, for when he had last seen her she was in a very weak condition.

One little gleam of hope, however, had appeared when the doctor admitted that it was some long time since he had examined his patient's legs because she had always strongly objected to any form of examination. When asked how long it was since his last examination of the deceased, he had become slightly flustered and admitted that it was some months, and then but a cursory affair. But he had been quick to add that three years ago he had brought in a second opinion, a Doctor Bilkin, who was well known in the county for his specialized work in this particular field, and he had confirmed that the late Mrs. Birch was paralysed from the waist down and had even suggested that her state might be progressive.

George, who had come running through the arch and had taken the horse's head, looked at Emily and his eyes asked how things had gone, but she didn't indicate anything, even by a slight movement of her head.

Nor did Larry speak to George, he just followed her into the kitchen where Mrs. Riley beamed on them both, saying, 'Now isn't that queer? I must have smelt you comin', for I've only this minute mashed a pot of tea.'

Emily took out the pins from her hat and placed them on the corner of the dresser before lifting the hat from her head; then she stood holding it in both her hands and watched the master walk silently through the kitchen and out into the hall.

'I've never expected to receive the time of day from him but he looks as if he's joined the silent order. Did things not go right for him then?'

'No, Mrs. Riley.'

'Is it bad, is it?'

'It looks pretty bad.'

'Well, well.' The woman shook her head, then said, 'There's nothin' you can do about it, so don't worrit yourself. An' there's nothin' that a good strong cup of tea won't help, so sit yourself down there.'

Emily sat down and unbuttoned her coat, and as Mrs. Riley poured the tea out she remarked, 'I don't suppose it's any good givin' himself one for by the looks of him it's something stronger he needs at this minute.'

'I'd pour one out in any case, Mrs. Riley, and I'll take it in to him.'

'Aye well, you should know.'

Mrs. Riley now poured out another cup of tea, and Emily, after merely sipping at her own, rose from the chair, put the cup and saucer on a tray and without further words went from the room.

She knew he would be in the study. He was sitting close to the fire, his body bent forward, his elbows on his knees, his hands hanging slackly between them.

'Drink this,' she said. 'Or will I get you a drop of something?' She did not add either master or sir, in times of crisis such as when Con had died, their separate states seemed to meet and communicate on the same level.

He took the cup and saucer from her hand, then shook his head and took a long drink of the scalding tea before he looked at her again. 'They all believe I did it,' he said.

She could not comfort him by denying his statement; what she said was, 'The doctor didn't help; he could have avoided all this in the first place.'

'I think he would have liked to, but he has to do his job.' He now leant back in the chair, turned his head to the side and looked up into her face as he said, 'Wouldn't it be ironic, Emily, if, becoming the real master of all this at last' – he made a waving motion with his hand – 'I couldn't enjoy it because I'd be along the line?'

'It won't come to that.'

'If those wolves in that court can do anything about it, it will, Emily. Oh, it will.' His head moving against the leather made a squeaking sound that put her teeth on edge. 'My history was known to everyone in that court this morning, Major Collins, Colonel Wrighton, and the whole lot of them, and high or low they'll relish my fall. Odd isn't it, Emily, that they should take so much interest in a fellow like me just because, as they would say, I stepped out of me class.'

Looking down into his face she thought that at this moment he had stepped back into his class, for he was talking to her as an equal and in a tone of voice that she recognized as being his own natural way of speaking, and it gave her courage to put out her hand towards him by way of comfort.

When her fingers lightly touched his arm he brought his hand on to hers and, gripping it, said, 'I don't know what I would've done without you all these months, Emily. You realize you've been a comfort to me, don't you, and that I've a feeling for you?'

The heat spreading over her body brought out tiny beads of perspiration on her upper lip and she wiped them away with her forefinger as she tried to think of something to say in reply, but as his eyes held her gaze all her mind would give her were two lines from Sep's little black book:

> Thy friendship oft has made me heart to ache:
> Do be me enemy – for friendship's sake.

Her lips must have moved with the lines for he asked quietly, 'What is it? What were you going to say?'

She shook her head, blinked and gave a little smile. 'Nothing; it was only something daft in me mind.'

'There could never be anything daft in your mind, Emily. Tell me, what were you going to say?'

Intuitively she realized that he hoped for something to match what he had just said to her, but how could she say anything like that to him at this time . . . or at any other time, if she didn't want trouble – that particular kind of trouble that ruined girls like her? So, her head a little to one side, a slightly derisive smile on her lips, she said, 'It was a couple of lines that came into me head.'

'Yes?'

'Oh, they mean nothing, they're odd, they go:

> Thy friendship oft has made me heart to ache:
> Do be me enemy – for friendship's sake.'

'Emily! Emily!' His eyes were closed while his expression showed some slight amazement. He was shaking his head in a downward sweeping movement now as he said, 'You know you're full of surprises, you have been from the minute I clapped eyes on you. Where did you learn that?'

'Oh, I've got a little book; it's got lots of things in like that.'

'And you read them? Of course, you do. What I mean is, do you like reading lines like that?'

She considered a moment before saying, 'Aye, yes, 'cos there's bits in that book that seem to answer questions that I have in me head.'

'Where did you get it, the book?'

'Sep gave it to me.'

'Sep?'

'Yes, Mr. McGillby that was; he asked me to call him Sep.' She lowered her head. 'We . . . we were going to be married once I'd reached seventeen.'

There was a silence in the room now. She watched him remove his hand from hers and turn his body towards the fire again, and his voice was low in his throat as he said, 'You're the kind of girl, Emily, that men will always want, marrying or not. . . . You know that, don't you?'

No, she didn't know that. She knew she was a bit bonny, but she had never considered herself the kind of girl that men would break their necks over, because she had never had big ideas about herself.

He was still looking into the fire as he said, 'You want to be careful before you marry anyone, Emily, anyone, because no marriage is made in Heaven as they would have you believe. The most of them are sheer hell. And you've had some outside experience of that over the past year; which brings us back to the point where we began. What will they do to me next week?'

He now turned towards her again, adding, 'We must talk further about this, Emily, because if I . . . I'm put away I'd want you to stay on here and see to things for me, because you're the only one I can trust. . . . But we'll talk about it later. Go on' – he pushed her gently – 'get your things off and get something to eat. You look frozen.'

They exchanged a long, deep look; then she turned from him and went hurriedly out.

As she entered the kitchen she saw George leaving by the back door and heard Mrs. Riley shout, 'Hold your hand a minute! Here she is,' and he turned back and came towards her, saying, 'I . . . I popped over, I'd . . . I'd like a word with you, Emily, because . . . because things didn't look as if they had gone right.'

'No, they haven't gone right, George. What is it?'

He now cast a glance towards Mrs. Riley, and she cried at him, 'Oh! if you want rid of me you've only got to say it with a look. A nod's as good as a wink to a blind donkey. Anyway, I was just upon me road out.' She turned her glance now on Emily and, jerking her head towards the ceiling, asked, 'Will I do the room up above yet? and Emily replied, 'No, not yet, Mrs. Riley. Just leave it.'

'Well, there's plenty of other things to be bottomed.' And on this she shambled from the room.

Turning now to Emily, George rasped the palms of his hands together before he said, 'I feel I should speak out about this now. I've never spoken about it afore in case I was thought to be daft or, truth to tell, that I might get the push, but . . . but . . . well, it's my idea that the boss is right, he did find her by the fender, 'cos if I'm to believe me eyes she could walk. Aye, yes, she could walk.'

Her mouth fell open, her eyes widened. 'What you sayin', George?'

He now leant towards her and, his voice low, he said, 'Just what I said, she could walk.' He nodded his head. 'It was like this. The first week I was here Rosie was off colour, her bags all swollen an' that. I heard her mooing, and I thought it was either Betsy going for her, 'cos they never get on those two, or she was rubbing her bag and it was giving her gip, so up I got. The moon was shining, it was a nice night, and when I got across to the byres sure enough it was her bag that was the trouble. Well, after I'd seen to her I came out into the yard an' all sleep had gone from me, and there was the moon bright and bonny and the clouds scudding across the sky. It was one of those rare nights, so I strolled to the arch, and it was in me mind to dander on into the top field when I was pulled to a stop and me breath shot up through me throat into me nose and nearly choked me 'cos as sure as I'm standing here, Emily, I was positive I was seeing a ghost in the wall above this very kitchen window. It's a fact.' He nodded at her, and she whispered, 'Well, go on, man.'

'Well, I screwed up me eyes and peered at it. I couldn't have run not to save me life, I was too stiff with fright, I'm tellin' you. All this side of the house was mostly in shadow, the door, the kitchen window, her window above it, right to the gable end, and then I realized what I was looking at. In the shadow the glass in the window appeared as black as the wall, an' I was looking at somebody standing behind the glass, in white it was, a tall figure, her hair hanging over her shoulders. I stood without moving as long as the figure did, and that was all of ten to fifteen minutes or more, and that's a long time to stand still, Emily, feeling as I did.' He drew his hand around the back of his neck. 'Can you imagine how I felt? I was positive I had seen somebody standing at that window, a woman, a tallish woman, but from what I understood the only other woman in the house besides yourself was the mistress and she was paralysed and had never walked for years; so I ask you, if I had opened me mouth what would have happened? I'd have likely got the push. Anyway, I thought to meself, well, if she can walk like that he must know all about it, I mean the boss, an' for some reason he's keeping mum. I was for speakin' of it to the old man; but then I guessed what he would have said if I did. . . . Sit down' – he put out his hand and took Emily by the arm – 'you look as white as a sheet.'

And she felt as white as a sheet, but strangely not at the moment with relief when she realized that George's evidence might help the master, but with a surge of anger that was now tearing through her. Not until this instant had she really believed that the mistress could have taken a step out of that bed; now she did believe it, and what was making her rage inwardly was the thought of the times that the dirty bitch – for that's all she was – had done her business in the bed pretending she had no power to hold it, while all the time she had been able to move those legs. How many times had her stomach heaved during the past year, and she'd had to fly along to the day closet and retch the smell out of her being! . . . Oh, she was glad she was dead, she was. She had been a bad woman all along, wicked, nasty, vile. And now George would swear that he had seen her at the window. She looked at him again and asked, 'Was it only the once you saw her?'

'No . . . no.' He shook his head and each movement had a definite emphasis to it. 'I had to prove to meself that I wasn't just seein' things, or goin' round the bend; and so I got up the next night, and there she was again. But the third night it was raining whole water and although I stood under the arch I couldn't see her. But I've seen her twice since, and it was both on moonlight nights. The moon wasn't bright like it was that first time, it was on the wane, but nevertheless it was light enough for me to see her standing there, and also to see her turn about and move away from the window.'

'Why didn't you come and tell the master this afore?'

'Well' – he now half hung his head – 'I was in a bit of a stew; I didn't know what to do for he was supposed not to know that she could move from the bed. I thought this was a bid odd – he was her husband, he could go in and out of the room when he liked.'

'No, he couldn't, George. She had a way of locking the door; she could push a bar across it from where she was sitting in the bed. The head of her bed was next to the door.'

'Well, I never! But, you see, I thought there was something fishy an' I kept tellin' meself to keep me mouth closed because I wanted to stay on here – it's the best job I've had in many a long day an' I'm sick of the road – so you see how I was placed.'

'Aye, yes, George; I see how you are placed. But now, you go in there and tell him exactly what you've told me; it'll make all the difference, I'm sure. But mind, you'll likely have to go to court to speak, you know.'

'Oh, I don't mind that. The only thing is they might say I was just makin' it up 'cos it'll only be my word, for nobody else, I don't suppose, has ever seen her walk. You haven't?'

'No, not me, George. No' – her voice held a deep note of bitterness – 'No, I certainly never saw her walk.' She now rose from the chair, saying, 'Come along, I'll take you in.'

It was an hour later when Larry, having changed into his working clothes, came through the kitchen. He stopped by the table and, without any preamble, said, 'It was good of him to come forward, but I doubt if they'll take any notice of him on his own.'

'There is somebody, if he had a mind, I'm sure could bear out what he said.'

'Abbie?'

'Yes, Abbie.'

He gave a short laugh and half turned towards the door, saying, 'And do you think that if one word could save me neck he would speak it? No; Abbie would see me swing first. He's enjoying the situation at this moment. Do you know something?' He turned his head towards her again. 'I saw him standing in the arch when we rode in. He looked a disappointed man for he was hoping they'd stick me behind bars straightaway.'

'Oh no!'

'Oh yes, Emily; you know I'm speaking the truth.' He thrust out his lips, nodded, then went out.

From the window, she watched him crossing the yard. There was a stoop to his shoulders and her heart ached at the sight, for he had always held himself so straight, too straight for naturalness she had sometimes thought, and as he disappeared through the arch she whispered to herself, 'What'll I do if they send him along the line?' And the answer came: 'Wait until he comes out.'

It was the following morning at eleven o'clock when the knock came on the back door. There was a high wind blowing and Emily didn't take any notice of the first knock, thinking it was the sneck rattling, but when the knocking became louder she went to the door, opened it, and then said, 'Oh! . . . Why! hello!'

'Hello. Can I come in?'

'Oh aye, yes, come on in.' Emily pulled the door wide, then banged it closed on the girl who was walking before her into the kitchen, into the kitchen in which she had worked for three years.

'Sit down. Sit down, won't you? I'll get you a cup of tea; it's an awful wind, it chews you, doesn't it? Would you like something to eat? Have you come far?' She was gabbling and she didn't exactly know why except she'd got a gliff to see the girl standing there.

Chrissey sat down, and she looked around the kitchen before making any answer. 'Aye, I could do with a cup of tea,' she said.

As she thrust the kettle into the heart of the fire Emily said, 'Have . . . have you come after a job?'

'A job? *No! No!* Why, I wouldn't work in this house again if I was paid with gold dust.'

Emily straightened her back and turned about and stared at the girl, and her expression was demanding, 'Well then, why have you come?'

'Is he around?'

'You mean the master?'

'Aye, who else?'

'He's over at the farm.'

'Well, tell him I'm here and I've got somethin' to say to him, somethin' to tell him.'

'Yes, yes, all right.' Emily turned about and only just managed to stop herself from flying from the kitchen. She must show a little dignity in front of this girl whose place she had taken, and not act like a brainless numskull, as she felt inclined to do with the excitement in her, because she knew there could be only one reason for the girl coming here this morning, and that was to help him in some way.

But having passed through the arch she did run. Lifting her skirt and petticoats, she jumped the gutter that ran down the middle of the yard, looked in the byres, then the barn, where Abbie turned to her and said, 'What is it?' Ignoring him, she ran on and into the harness room. And there he was, and she grabbed at his arm as she spluttered, 'It's Chrissey . . . you know, Chrissey who worked here. She's come; she wants to see you about something.'

'Chrissey?'

'Aye, yes, you know, Chrissey. She hasn't come lookin' for work. She said she wouldn't work. . . . Well . . . I mean, I think she's come to tell you something, I feel it. Come on. Come on.' She tugged at his arm as she would have done if he had been George, and then they were both hurrying side by side across the yard and through the arch.

When they arrived in the kitchen Chrissey got to her feet, and Larry, walking to the table, looked across at her and said pleasantly, 'Hello, Chrissey.'

'Hello . . . sir.'

'Have you had a drink?'

Chrissey turned her head and looked towards the stove, saying, 'I'm about to.' Then wetting her lips, she went on, 'I . . . I saw the papers last night, and me ma and da thought I should come an' see you an' tell you somethin'.'

'Yes, Chrissey?' He pointed to the chair again. 'Sit down. Sit down.'

When she had seated herself he, too, sat down and, putting his forearms on the table, leaned towards her, saying, 'Go on.'

'Well, it's like this.' Chrissey didn't look at him but her eyes moved about the room as she began to talk. 'You know how feared I was an' upset about things towards the last? Well . . . well there was a reason for it. The first time it happened, 'twas . . . 'twas a long time ago. It was during the time you were heavy on the booze an' . . . an' I was sleepin' in, an' me ma was sleepin' out. Remember? Well, I had the toothache and I came downstairs. I could hear you snorin' afore I reached the foot, I was in me stockinged feet and I made no noise. I hadn't brought the candle because I knew there'd be a glimmer, as there always was from the lamp at the top of the stairhead. Well, I'd just reached the bottom step when I saw it. It was a ghost, a tall ghost. It was bent forward as if leanin' on something, an' it walked right through the mistress's door, at least that's what I thought. I . . . I must have passed out with fright because when I came to I was sittin' with me back propped against the foot of the stairs an' me head leaning sideways on me arm, just as if I'd slid down. I . . . I didn't tell anybody 'cos . . . 'cos they'd say I was makin' it up, not even me ma, but as you might remember I was off sick with diarrhoea for a week.'

She now gulped in her throat and wet her lips.

Without taking her eyes from her, Emily turned to the stove and, taking the boiling kettle, mashed the tea, and when she brought it to the table Chrissey was talking again.

'The next time was on Fellburn Fair Day. You had been out all day and when you came back you had a load on, and not being satisfied you had some more. Then you came upstairs singin', and you went into the mistress's room. You were bawling at the top of your voice bar songs an' the like, and she screamed at you. Then she shouted for me and told me to put you in your room and to lock the door an' bring her the key. And I did. But I didn't go upstairs to bed 'cos you were carryin' on so much I knew I would never get to sleep. . . . I sat in the kitchen here with me head on me arms an' I fell asleep; an' when I woke up it was nigh on two o'clock in the mornin', so I tiptoed out and up the stairs. Me eyes were still full of sleep. And then just as I was nearin' the landing I saw it again, the ghost as I thought. It was standin' outside your door.' She now nodded slowly at Larry, and as he looked at her his head moved slightly back on to his shoulders and his mouth fell open before he said, 'Go on.'

'Well, it was bent over two sticks; but it was the sticks that showed me it was no ghost 'cos one was longer than the other. One was the one with the rubber end an' the shepherd's crook handle that she used for banging on the floor when I didn't answer the bell quick enough; the other was a slat of ordinary wood. I didn't recognize then what this was in the dim light, but I recognized it the next mornin' all right; it was one of the slats from out of the back rest. You know, they slide in and out. . . . Well, I stood there petrified. I was more frightened then when I knew it wasn't a ghost an' . . . an' it was her. I . . . I saw her trying to support herself against the wall with one arm. I think she was aiming to open your door with the key but she couldn't do it, an' she turned round and came back towards her own door. She seemed to float. She was bent over to the side but still she seemed to float.'

'Drink your tea, Chrissey.' His voice was deep and soft as he put out his hand and pushed the cup towards her.

She drank the cupful without taking breath, and then he said, 'I'm not going to ask you why you didn't mention this a long time ago, because I know that if you had no one would have believed you.'

'No . . . that's it, you're right, nobody would've believed me; in fact, 'cos of the way I acted me ma thought I was goin' wrong in the head. You see, you know yourself, sir, she couldn't move in bed, at least so she made out. An' then there was the doctor givin' me instructions what to do and what not to do to make her comfortable.'

'Was that the last time you saw her up?'

'No, no. The last time was the night afore I walked out, or ran out. You know, she had the keyhole bunged up so you couldn't look in; and now I knew why she barred her door. To keep her privacy or some such, she used to say. But this day when it was barred, I heard a shuffling noise just beyond the door and so I got flat on the floor and lay on the side of me face. I knew I wouldn't be able to see far into the room but I was sure there was a pair of feet moving close to that door, an' sure enough I saw the side of her foot. I wouldn't have been able to make it out if it hadn't moved an' in its place came a bit more light; but then, with lying so near the floor, the dust must have got up me nose 'cos I sneezed.'

She now looked from Larry to Emily, and it was to Emily she said, 'I was petrified to go in with her meal that night, but when I did, do you know what she said?' She now turned her eyes towards Larry. 'She just looked at me straight in the face, sir, and she said, 'They lock up mad people.' Aye, she did; that's what she said. And I knew she was tellin' me that if I opened me mouth people would say I'd lost me mind. It was as plain as if she had put it into words. I couldn't stand any more. Even me ma, when I told her, would hardly believe me. An' then me da said to keep me mouth shut because people like her could have you up, and if you weren't put away you could go along the line for defaming them.'

'Oh! Chrissey.' He put out his hand and took hers and shook it up and down. 'Thank you for coming. Thank you, thank you. Now will you be prepared to repeat all you've said in court? And listen' – he wagged her hand again within his – 'you're not the only one who saw her. George did, the new hand. He saw her up at the window two or three times, but like you he thought it wiser to say nothing. It's funny' – he now glanced up at Emily – 'it was a thing I never even dreamed of. She looked so helpless and she acted so helpless, except with her tongue. Oo . . . h!' He rose abruptly to his feet and walked round the table and then towards the fireplace, where, turning and standing with his back to it, he raised his arms upwards and exclaimed, 'I'll never again know relief like I do at this moment.' Then as if realizing what he must do, he took three strides towards Chrissey, grabbed her arm and said, 'Come on; I'll get Archer and we'll go in right away and tell the authorities.

'But I've got to go back to me job.'

'Never mind about that, I'll make it up to you, doubly, trebly. Come on.'

Emily was again standing at the window, laughing now as she watched them running across the courtyard hand in hand. They looked funny. The laughter welled in her, she laughed out loud; she laughed as she hadn't done for months. Swinging round from the window, she picked up the sides of her wide serge skirt and whirled round the kitchen table, until she collapsed on to the settle, still laughing. It was over. It was over. Everything from now on would be marvellous. The house would become happy. She would open all the windows and let great draughts of air blow out the stench of that woman, the evil stench of her, then with the help of Mrs. Riley she would spring-clean from top to bottom. Yes, autumn or no autumn she would spring-clean.

And what about the situation?

What situation? She was no longer laughing as she asked herself the question. Aw. She got to her feet now and, lifting up the teapot from the hob again, she carried it to the table and as she poured herself out a cup of tea she told herself to stop beating about the bush. He liked her, he more than liked her. She could see it in his eyes. And she . . . well, she had grown fond of him, more than fond.

As much as she had liked Sep the thought of marriage to him had been distasteful to her; but not this time; not to this man. No; this time the thought of marriage was filling her brain and body with a whirlwind of excitement.

Don't be daft.

She was standing now with her hands flat on the table, her arms stiff and her body bent over them.

He won't marry you.

It was as if her sensible grown-up self was admonishing the romantic girl who still resided somewhere within her. You can argue as much as you like that he's not a gentleman born, but he's master now of a gentleman's house, and the land and farm. And people have short memories; they'll now recognize that he's the boss, whereas all the while she was alive they looked upon him as a hired man. But now he'll get out and about, an' the women, who have the shortest memories of all, they'll be after him.

What about Mrs. Rowan's daughter?

Aye, what about her? She'd likely come running now. And what if he were to meet her half-way?

She straightened her back. What would she do if that happened? She'd go. Oh aye, she'd pack up by bags and walk out, for such was the feeling within her that she couldn't stay in this house now with him if he took another woman to be its mistress.

Chapter Four

He was acting like a man who had suddenly and surprisingly come into his inheritance; he was young again; he looked handsome and full of vital life. Last night, in this very kitchen, he had taken her by the shoulders and there was a suspicion of moisture in his eyes as he had cried, 'Emily! Emily! I'm free. Do you understand that? I'm a free man. I can roam the world, jump over the moon if I like, or just stay here . . . here, which is now home, and enjoy it all. Oh! Emily' He had shaken her vigorously twice, and when her cap bobbed on the back of her head she had put up her hands to it and laughed with him as she said, 'Well, you can leave me cap, I'll be needing it.'

She hadn't intended the remark as a cue, but she saw immediately that it could be such. And his answer to it could have been to rip it off her head and say, 'You'll never need that again in your life, Emily, not as long as I'm alive. . . .' Sep would have done just that, but her master didn't. What he did was to turn from her and walk up and down the kitchen, all the while speaking of his plans.

Abbie was to go. Well, she knew he would do this but she was sure he wouldn't send him out empty-handed. Then he was going to negotiate for the spare land that ran down to Wilber's Brook, and that was almost a third of a mile away. He was going to extend the byres and enlarge the herd with Galloways which sounded more like pit ponies to her than cows, because that's what they called the horses down the pit. And he wasn't going to forget about inside the house. He had overruled her idea of spring-cleaning by declaring he was going to have the whole place redecorated right from the top to the bottom. And lastly, he was going to get her a modern kitchen range with dampers, and ash box an' all.

At eleven o'clock last night she had left him here in the kitchen still planning what he was going to do.

Having said, 'Well, I'm off to bed, else I'll fall asleep on me feet,' she had stood for a moment longer by the dresser looking at him; and he had risen from the table and come towards her and, touching her cheek with his fingers and smiling softly at her, had said, 'Good-night, Emily. A new day'll begin tomorrow . . . or the next day.'

She had blinked at him, nodded and turned away. It had sounded a sort of promise, for tomorrow was to be the day of the funeral, and the following day they would really start a new life. But would they? She was still uncertain in her mind of what that life might hold for her.

And now she was waiting for them to return from the funeral. The table in the dining-room was laden with food. 'Make a good spread, Emily,' he had said. 'There'll be only six of us, but make a good spread.' Besides himself, there were Mr. and Mrs. Rowan and their daughter, and the solicitor and his clerk.

She glanced at the wall clock. If she reckoned the time right she had about fifteen minutes in which to change her frock and apron and make herself decent.

Today was the day of the funeral, and as he had said yet again this morning, tomorrow would be the beginning of the new life. Standing before her in his handsome new black suit, he had looked deep into her eyes as he said quietly, 'I'm not going to be a hypocrite, Emily; I'm so full of joy at this moment I could sing. You understand, don't you? Yes, of course, you do.' He had cupped her cheek with his hand and it was then he had said again, 'Tomorrow begins a new life for all of us.'

As she ran up the stairs she had a desire to burst into song, but she checked it. In her room, she took off her thick serge skirt and striped blouse and got into a print dress. It wasn't very warm but it looked smart. She pulled the straps of her wide-bibbed apron over her shoulders, crossed them at the back and buttoned them to the waistband, then she picked up her mob-cap and looked at it. She wished she hadn't to put it on again, it covered most of her hair; and anyway, mob-caps were old-fashioned. Her hair looked bonny this morning. She had washed it last night and the deep waves had bright brown lights in them which the mirror reflected back to her. It seemed to heighten the colour of her skin, and to make her lips look redder and her eyes darker, almost like the colour of the hair itself; but the white mob-cap, she considered, caused her skin to appear pasty.

Reluctantly, she pulled the cap on to her head, peered at herself once more in the mirror, opened her lips wide to see that there were no pieces of food adhering to her teeth, for since scrubbing them with soot and salt as she did every morning, she had eaten her breakfast. Then she went from the room and almost skipped down the attic stairs, across the landing, and down the main staircase.

Coming to the foot of the stairs, she paused for a moment and looked around the hall. It was a beautiful place, she'd never before really looked at it like this; but then she'd never had time to breathe before, had she?

As the big black kettle spluttered in the heart of the fire she heard the carriages rolling on to the drive and she pulled it quickly on to the hob, smoothed down her apron, adjusted the two truant strands of hair behind her ears, then ran from the kitchen to the front door.

When she opened the door Mrs. Rowan and her daughter were just stepping from the first carriage; Mr. Rowan followed; the master was already on the gravel holding the carriage door ajar.

From the other carriage two men alighted. One was a stocky man in his fifties, the other a younger man, thin, with slightly stooped shoulders.

The two women were the first to enter the house; and she noted that Mrs. Rowan's daughter was now taking stock of her, staring into her face as if she were weighing her up.

Emily, in turn, merely glanced at the woman, but even so she could tell she was her father's daughter.

When Larry went to help her off with her coat and she said, 'I'll keep it on, we won't be able to stay long,' her voice sounded ordinary, even coarse.

Then turning about, she looked at Emily yet again before leading the way towards the dining-room as if she were already in charge, already the mistress.

Larry came into the kitchen. The cold air had whipped colour into his cheeks; his eyes were bright. He looked excited, but under the circumstances was doing his best to subdue it, at least for the moment; but she could imagine that once the house was clear and the will business over, he'd whoop round the place like a dray horse let loose in a field.

'They won't want tea,' he said, looking towards the spluttering kettle and the teapot; 'just serve the soup. The men are having spirits, the ladies wine.'

She said nothing but she thought it a funny arrangement. They could have spirits and wine at a funeral in Shields too, but it was always accompanied by tea.

'You did make soup, didn't you?'

'Aye, yes; it's on the side hob.' She nodded to the big black pan. 'I can bring it to the boil in a minute.'

'Good.'

Once again he put out his hand and touched her cheek and they smiled at each other. But even as they did so she was still seeing Miss Lizzie Rowan marching towards the dining-room ahead of the others.

The meal was over, the Rowans were just going. George had brought their trap from the stables to the font door; Emily had handed Mr. Rowan his hat and coat, and the man had not even said 'Thank you'. But what he did do before going out of the door was to turn and look slowly around the hall before his head made two almost imperceptible nodding motions as if he were giving himself a satisfactory answer to something. Mrs. Rowan had smiled at her and said, 'It was a good meal, girl.' And it seemed to Emily that the little woman had laid emphasis on the word girl, conveying not the idea of youth, but of maid or servant.

Then Larry emerged from the dining-room accompanied by Miss Lizzie Rowan. He was smiling at her, and taking her arm at the door, he guided her across the gravel to the trap. Perhaps it was because the wind was still blowing . . . and perhaps it wasn't. Then when she was seated he looked up at her and said something. But it was lost on Emily, as also was her answer. But when Mrs. Rowan cried, 'We'll be expecting you,' her words were loud and clear; and as the trap moved off he raised his hand and nodded as if in acceptance.

The solicitor and his clerk now came out of the dining-room and she turned to them and said, 'Will you come this way, please?' and as they entered the drawing-room Larry banged the front door closed behind him and hurried across the hall. At the drawing-room door he stopped to allow Emily to pass out of the room, but he didn't look at her; and when he shut the door behind her he banged this one too.

She stood and looked at the door for a moment. If he didn't give rein in some way to his excitement he would burst. He looked as if he was about to take off into the air. It wasn't, she thought, quite seemly, not gentlemanly like. Granted the missis had been a wicked woman, but a gentleman, a real gentleman, would have hidden his feelings; at least until tomorrow. Oh! why did she keep yarping on about him not being a gentleman? Her way of reasoning was stupid, for the one thing she should be thankful for at this moment was that he could lay no claim to being a gentleman because, if he was, her chances of staying on here would be slim, wouldn't they?

She was about to pass the front door when she stopped and she saw beyond it the picture of him looking up at Miss Lizzie Rowan; but more vividly did she see the picture of Miss Lizzie Rowan looking down at him. Slowly, she walked on into the kitchen. And now her mind dwelt on the fact that it was strange but only once had he mentioned Miss Lizzie Rowan's name to her, and that was last night here in the kitchen when he was telling her how many to lay for the funeral tea. She remembered now that he was looking into her face as he said, 'She's a fine woman, you would like her, Emily. And she can run a farm as good as any man, and better than some.' But she hadn't read anything into the words then, for he had immediately touched her chin gently with his fingers. . . .

She had just finished clearing the dining-room table. She had the last tray of dishes in her hands and was thrusting her buttocks out against the kitchen door when the drawing-room door opened and the thin clerk came hurrying towards her. He put out his hand and pushed the kitchen door wide to allow her to pass through before saying hurriedly, 'Would you go and tell the farm hand, Mr. Abel Reading, to come please?'

'Abbie?' She put the tray on the table and turned to him.

'Yes.'

She did not go immediately to do his bidding, for she was wondering why the master himself hadn't called her to tell her to fetch Abbie, but she supposed it was all right, clerks were for doing this kind of thing.

'All right.' She turned from him, grabbed a shawl from the back of the door, put it round her shoulders, and ran out.

She found Abbie in the harness room. He was sitting on an upturned tub before the boiler. He was looking a picture of dejection until she said to him, 'You're wanted over at the house; the solicitor's man said you're to come. They're in the drawing-room.'

'Me?' He was on his feet as if he had just been injected with life. 'The solicitor's man said I had to come?'

'Aye.'

He picked up his cap from the saddle rack, buttoned his coat, dusted down his trousers, made an effort to straighten his back, then marched out into the yard.

He went into the kitchen without wiping his feet, and she wanted to shout at him, 'Look at my floor!' but she stood watching him until he disappeared into the hall, and as she slowly pulled the shawl from her shoulders and hung it up again she thought to herself. She's left him something. . . .

It seemed that Abbie had hardly got into the room before she heard the shout. But when she glanced at the clock she knew ten minutes had passed, and during that time she had got all the dishes into the sink. She hurried up the kitchen now and opened the door and looked across the hall. There was someone shouting and she hadn't to ask who it was; it was as if he was up in the room above the kitchen again yelling at the mistress.

She sprang back and closed the door as she heard the drawing-room door burst open, and she was busying herself at the sink when Abbie entered the room again. As she turned she looked at him and her hands became still in the water. As with the master, the years seemed to have dropped from him, but in a different way; his face was full of merriment, glee, like that of an imp. He came to her with a step that had a spring in it, and with his doubled-up fist he punched her on the shoulder as he cried at her. 'God's slow but He's sure! Always remember that, girl. God's slow but He's sure. How are the mighty fallen!' he said, and he meant it. 'This is the happiest day of me life girl. This the happiest day of me life.'

Slowly, she pulled up the hem of her coarse apron and dried her hands on it and, taking a step back from him, she said, 'What's happened?'

'He's got his deserts, that's what's happened. I've always told you, haven't I, one day he'd get his deserts? An' by God! it's come about this day. Aye, aye, it has that.'

'What's happened?'

The tone of her voice took the smile from his face, and he thrust his wrinkled countenance towards her as he cried, 'This is what's happened, lass. The missis has left me two hundred pounds. Do you hear that? Two hundred pounds! An' she's left me in charge of the whole lot. The whole lot!' He threw his arms wide.

'Left you in . . . ch . . . charge?' She couldn't get her words out straight. 'What do you mean? What's happened? The farm's the master's, like the rest of the place.'

'You think so? Huh! You think so? Well, I've got a surprise for you, girl. You've always been on his side, haven't you? He's had you on a string, he's used you. I've seen it all the time. If things had gone as he thought you'd have been out on your arse and Miss Lizzie Rowan would have been installed here, an' her father wouldn't have raised any objections now. Oh no, not now, not with a farm and property like this he wouldn't. When his lordship was merely a drover old Rowan kicked his backside off his place more than once, but now. . . .'

'Tell me what's happened.' She had him by the shoulders now and she had the desire to throw him against the wall, him and his spewing vindictiveness.

With a heave he pushed her away, and none too gently, and as she staggered backwards he said, 'Aye, I'll tell you what's happened. The mistress left everything to her husband.'

Emily was standing with her side pressed against the stone sink; one arm was gripping her waist, her other hand was across her mouth. She said nothing but she screwed up her eyes and peered at the old man and watched him toss his head from side to side, his glee evident again as he spluttered. 'Did you hear what I said? I said, left it to her husband. She was married afore. What do you think of that? It turned out that on that trip to America she married a young bloke who got himself jailed for ten years for killin' another fellow. He would have got life but it came out he was defending his wife. It's all there signed and sealed, marriage certificate, newspapers about the case an' all, the lot. And I'll tell you something else, lass.' He was now stabbing his finger at her. 'Those headlines in those papers 'll mean nothing to the headlines here when this gets about.' He paused and stared into

Emily's gaping face, then went on, 'By! how she must have hated him all these years, practically from the start. An' she was clever . . . cute. Aye, she was that, for what does she do but go to another solicitor an' get a will made, an' gives her name as Mrs. Stuart, as it legally was, an' then seals it an' delivers it to her own family solicitor with the instructions that it's not to be opened till she dies. This was thinking ahead, wasn't it? By! they'll have a bonfire in the village when they get wind of this. Aye, they will that. An' I'll be the first to put a light to it.'

'You're a vindictive swine! That's what you are, Abbie Reading; you're as cruel as she was. And . . . and I don't believe a word you say. It couldn't happen.'

'What you mean to say, lass, is, you wish it couldn't 'cos you had your eye on him, hadn't you? But let me tell you, you hadn't a chance in hell, hinny. You hadn't a chance in hell. Warm his bed . . . oh aye, aye, he would have used you for that, but make you mistress of this place? Huh! huh! you couldn't have really thought he would have been as daft as that, or as decent.' His eyes narrowed and his lip stuck out as he repeated, 'Or as decent. No, not him, because, lass, at rock bottom he's a swine. All right, you can say it as well as look it, I'm a swine an' all, but I'm out in the open an' I keep me place, I've never aimed to be above meself. But him. My God when I think of how he came here beggin' for work, just like Georgie back there' – he thumbed over his shoulder – 'and how he toadied and sucked up to her, how he worked her up, tempted her with his manhood. Aw, the things I saw. She would have been happy to have had him up in the loft, but no, he made her pay the price for her satisfaction. An' the price, as he saw it, was this house and farm. . . . But oh, isn't God just, eh, lass? Isn't He just? . . . Aye, I would sit down.' He nodded at her now. 'It caused him to sit down, too, after he had almost throttled the solicitor man. The way he got up from the chair and bounced at the fellow, a spring-heel Jack couldn't have been quicker. A week she's given him to get out of the place, a week. An' what else? As much as he can get on a flat cart. Ha! ha! God! that I should live to see this day.'

When the old man's head went back she jumped to her feet and screamed at him, 'Get out! And I hope a flat cart goes over you, an' not a small one. Go on!' She advanced on him, and such was her attitude that he backed from her, but slowly, his face grim now, and when he was standing in the open doorway he jerked his head sharply towards her, saying, 'And you . . . you want to mind your place, 'cos I'm in charge now, don't forget, until the rightful owner comes. I can put you out on the road.'

'You won't put me out on any road; I wouldn't stay here and work under you, not for a pound a day I wouldn't, you wicked old swine you.' When she banged the door in his face she heard him stumble back and gasp, and the last words he yelled at her were a mouthful of obscenities.

She now leant against the back door and stared down the kitchen. It wasn't possible; she couldn't have been that bad. '*I'll have the last laugh on you.*' She could hear her voice. How many times had she heard her say that to him, I'll have the last laugh on you? And now she could actually hear her laughing. She put her hands over her ears and ran towards the fire and sat down on the settle. What would he do? What would become of him? It was enough to drive him mad.

When the kitchen door opened she jerked her head around. It was the clerk again. He came down the room towards her, saying, 'We're leaving now but . . . but we'll be back tomorrow.' His voice was low, his words slow as if he were talking to someone just bereaved.

She looked up at him and said, 'It can't be true. . . . Is it?'

'The old man told you?'

'Yes.'

'I'm . . . I'm afraid it is.'

'And . . . and he can't claim anything?'

'Nothing; only what was left to him in the will. His wife, or the deceased, said he'll be allowed to take as much as he could get on to a dray to furnish his home. . . . Has he another house?'

'A little two-roomed cottage up in the hills.'

'Dear, dear. It's a most strange case. I don't think I've ever come across a stranger.'

'How . . . how's he taken it?'

'He's very distraught. That's what I came to say to you. I think someone should be with him until he recovers.'

'Yes' – she pulled herself to her feet – 'Yes, I understand. Hasn't . . . hasn't she left him any money at all?'

'A small wage that she would have paid a farm boy. The rest, everything goes to her legal husband.'

'Could . . . could he protest, I mean take it to court?'

'He could, but it would take time and cost a great deal of money should he lose the case, and if he hasn't any money' – He spread out his hands and his coat sleeves slid up his arms, and she saw that his white cuffs were false and attached to a blue striped shirt like a working man's and the front of his shirt was covered by a white dicky. 'It's very sad,' he finished. 'And I'm sorry for him.'

'When . . . when will the other man be coming?'

'We're not quite sure, we have to go into it.' He smiled weakly at her. 'If the man has been of good conduct he may have been allowed out before he has served his full term of imprisonment. There's a lot to go into.'

She nodded mutely at him and he said kindly, 'Good-day to you,' and she answered, 'Good-day.'

He had turned and was walking up the kitchen again when he stopped and said, 'I was on my way to tell the groom we're ready,' and at this she pointed to the back door, saying slowly, 'Straight through the arch.'

She didn't move from the kitchen until she heard the wheels of the carriage going across the gravel drive, and then in actual fear of what she would find she went out of the kitchen, across the hall and towards the drawing-room.

After tapping gently on the door and receiving no answer, she pushed it slowly open. He was sitting in the chair hunched forward, his joined hands extended towards the fire; he didn't move, even when she was standing by his side.

She became as still as him in the silence that pervaded the room. So motionless were they, they could both have been frozen in death. But they weren't dead, they were alive, and she knew she would scream if she didn't break this awe-filled quiet.

Her mouth was opening to speak when he turned to her and there was only one word to describe his look and that was ferocious, and it was intensified when he spoke because his words were growled out through clenched teeth. 'Don't smile,' he said; 'don't say you're sorry; and don't . . . don't for Christ's sake come out with any of your pet wisdoms such as never say die.' He now tore his locked hands apart and his fists, doubled up until the knuckles showed like bare bones through the skin, banged down violently on to the arms of the chair.

She was staggered by his attitude which was in the nature of an attack. When she entered the room she had seen herself putting her arms about him and drawing his head to her breast and telling him that he wasn't alone, that she would stay with him, go wherever he went, look after him, help him, and that if he put a brave face on things he would come out on top. In short, she would have said the words that he had dared her to repeat.

In actual fear now, she stared into his face. It was unrecognizable. She had seen him in all kinds of moods. She had seen him come raging down the stairs from the room above the kitchen; she had seen him surly; she had seen him brought low with weeping; and as excited as a schoolboy; but never had she seen him look like this. He looked mad. And she was now made to think he had gone clean mad for, suddenly springing up from the chair, he dashed around the room kicking at one piece of furniture after the other, chairs, settee, little tables. When he reached the end of the room he picked up a porcelain vase that was standing on top of a narrow china cabinet placed between the two tall windows and, lifting it above his head, he turned and hurled it against the wall. As the pieces splayed across the room she cried out, 'Don't! Don't do that! That won't get you anywhere. If you start breaking things up they might even make you pay for them.'

She stood, her mouth agape, fearing again what his reaction might be. She watched him become still, then turn slowly and look at her and now say grimly, 'Yes, they might even do that an' all, they might make me pay for it out of me wages. Do you know what she left me for wages, eh? What she would have paid a boy, six shillings a week. Why, before I married her she paid me fifteen shillings a week. . . . Married, did I say?' He kicked the base of the broken vase towards the fireplace, yelling as he did so, 'She committed suicide. She planned it. She did it on purpose just to bring me down. I hope she rots in hell for ever and a day. The bitch! The dirty, stinking bitch!'

'Don't say that 'cos curses come home to roost.' Her voice was merely a protesting whisper, but it seemed to infuriate him further.

'What do you know about it? In fact, what do you know about anything?' He came at her now as if he were about to strike her, but she didn't back from him. For some reason, perhaps because of his last denigrating words, the fear had gone from her; in fact she was feeling defiant, even aggressive. Although she realized he had experienced a great shock, his reaction to it had diminished her pity. What she couldn't explain to herself was the fact that her own reactions were caused mainly by witnessing his reverting to type, for at this moment she was seeing him as a farm labourer, a drover, not the man who had acted as master of this place for eight years.

She glared back into his face as she cried at him, 'What you goin' on about anyway? It isn't the end of the world; you've still got a pair of hands on you. You can use them; other's have had to. . . .'

His face looked aflame, even his eyes appeared red, and the saliva ran out of the side of his mouth as he cried, 'Who do you think you're talking to? Get out! Get out!' He thrust his finger towards the door. 'By God! it hasn't taken you long to sum things up. Jack's as good as his master now, is he? And look here, me lady, if you think I'll marry you because I'm finished, you've got another think coming. I'll never marry you or anyone else as long as I live. So get out afore I say something I shouldn't.'

'You've already done that.' Bitterly she held his glance for a moment longer, then turned from him and marched from the room. She didn't run, nor did she make for the kitchen now, but she went upstairs, across the landing and up into the attic room. Nor did she fling herself on to the bed and burst into tears; she was too angry, tears were for later.

She stood at the small window, her arms folded tightly under her breasts. The night was spreading over the land, and in the far distance she could still see the spire of the village church. She pictured the village street tomorrow morning, or even tonight if Abbie should get that far; they'd all be dancing jigs in The Running Fox. And when she came to think of it, could she blame them? They knew him for what he was, an upstart who had married the mistress of this house for her possession; and when he had been lifted from the gutter as it were to the level of the gentry he must have played the great I am for them to hate him as they did. And now she herself hated him.

Shivering, she turned from the window and went to the cupboard, took down her coat and put it on, then went and sat on the edge of the bed. What was she going to do? She could walk out, she wasn't penniless, she had more than twenty pounds altogether saved up. She could, if she liked, go all the way down to the place where Lucy was and look for a position there. Yes, she could do that, and she would, and before Abbie got the chance to give her her marching orders.

Chapter Five

For two days and two nights he had drunk himself silly and now he was lying in a stupor on the couch in the library.

She had seen her father drunk, but he was a different kind of drinker. He would get blind drunk at night and sleep it off the next day, but him, as in her mind she now thought of Larry, had kept at it hour after hour, dozing off, waking up, and starting all over again. That was, until dinner-time today, when he had fallen into a deep sleep. Twice she had approached close to him because she thought he had stopped breathing. Mr. Tooton told her not to worry, he knew men who drank like that. After a long sleep they would wake up and then not touch it again for some weeks. But he had no need to say that to her, she told him, because she wasn't worrying.

Mr. Tooton had been in the house since yesterday. Mr. Sutton had brought him back and explained the situation to her, for Mr. Birch was past understanding. He said Mr. Tooton would be in charge until Mr. Birch left the premises, and afterwards would act as a sort of temporary bailiff until the rightful owner took over. He did not know how long this would be but he guessed from the paper available that it would be only a matter of a few months.

She had meant to be away by now; in fact she didn't know why she was still here. Last night she had cried herself to sleep, telling herself she had grown up more during the last two days than she had in the past two years, and never again would she have any girlish fancies about marrying the master of any house, gentleman or otherwise. Anyway, she must have been stupid, daft even to dream of it. Well, her head was firmly on her shoulders now, and by the end of the week her feet would be planted in the direction of that place called St. Leonards. She had already written to Lucy to tell her what had happened and what the future might hold.

She liked Mr. Tooton; she found him a pleasant man and, although he must be of considerable education to be a clerk to a solicitor, he was easy to talk to. She was surprised to learn that he was married and had six children; from the looks of him she had at first imagined he'd be a man who lived alone. She also observed that his clothes weren't very good; his overcoat was almost threadbare and the bottoms of his trousers were frayed.

She learned that he didn't live in Fellburn but in Newcastle, and she gleaned from his conversation that he wasn't missing his family life but was very pleased with his present situation. He enjoyed his food, always taking a second helping when she offered it; and he wasn't uppish about the company at the table for he sat side by side with Mrs. Riley, and they talked together as if they'd known each other for years.

Mrs. Riley's verdict about the clerk was that he was a canny man, not like some of them that worked in offices who had no tails to their shirts because they had been used for patching; these were the ones who walked over your wet floor and called you woman. Snots they were. Oh, she knew them, for there was a time when she had cleaned their offices.

Mr. Tooton and Mrs. Riley had finished their evening meal but over their cups of tea were still carrying on a conversation about the glaring headlines in the paper which George had brought in only an hour ago.

'Nine days' wonder.' Mrs. Riley inclined her head towards Mr. Tooton. 'That's what they say. An' that's what it'll be. It'll float away on the wind an' like all other nine days' wonders it'll be forgotten.'

'Perhaps you're right, Mrs. Riley. Perhaps you're right. But coming on top of the extraordinary circumstances of his . . . the lady's death, I don't know, I really don't know.'

Emily, carrying into the pantry a dish, with the remains of a leg of lamb on it, repeated to herself 'Float away on the wind'. Aye, but the wind would blow this nine day wonder no farther than the village and Fellburn, and it would swirl around there for years, especially if he went back to the cottage. . . . Where else would he go? . . . to Rowan's Farm? Yes, yes, he could go there, she supposed. Anyway, she didn't much mind where he went, for as soon as he sobered up she'd tell him she was going and she wouldn't have to say, 'Thank you very much for all you've done for me', or even for what he'd done for Lucy in getting her into that hospital and paying her train fare down, for she had worked morning, noon and night in this house for the past year, and for what? She had been cook, housekeeper, maid of all work . . . and nurse. Oh aye, she had done the work of a nurse; the stench of it was still in her nose. No, she had nothing to thank him for. But she'd wait until he came out of his deep sleep and get at him before he started on the bottle again. It was odd but she hadn't known he was given to drink until Chrissey mentioned it; and then she could hardly believe it because he was very sober in his drinking, if she could put it that way. But during the past two days he had given proof that Chrissey was right.

She was placing the meat dish on the marble slab when she heard the kitchen door open and then the chair legs scraping on the stone floor.

Within seconds she was back in the room and looking to where the figure came stumbling down the room towards the table, his hand shielding his eyes.

She watched him grope for the edge of the table, steady himself, then reach out and grip the back of the chair that Mr. Tooton had vacated, and with the clerk's help lower himself down, then sit silently staring at his hands lying flat and limp on his knees.

'Make some coffee, strong, black,' Mr. Tooton was whispering to her. But she didn't move for she couldn't drag her eyes away from the dejected figure of the man who had once strutted like a peacock around this house and farm. No matter what his mood, he had strutted. Nine days ago she had seen him change from the sombre, worried, always part angry master, to an individual so gay as to be unrecognizable with his former self. Then two days ago his personality had been swamped under anger so blinding as to touch almost on madness. But the man she was looking at now was a complete stranger. It wasn't that he was dishevelled, unshaven, and looked overall as if he had just awakened in a hay loft, but that he looked utterly pathetic. She sensed that he was fully awake inside himself, fully aware that he had lost everything, and there was no strength left in him. This man was incapable of fighting.

Not a word was spoken by anyone until, the coffee made, she took it to the table and silently handed it to him. She had almost to push it into his face before he raised his head, but he kept his eyes cast down as he took the cup from her.

She watched him drink the coffee, in fact they all watched him drink the coffee, and when he silently handed her back the cup she went and refilled it. He again drained it, but he didn't utter a word.

He did not hand her the cup back this time but pushed it along the table and sat looking at it. It wasn't until Mr. Tooton said in a small voice, 'Well, I'll be away to my bed,' that he showed any sign of interest. And now he turned his head slowly and looked at the man; and Mr. Tooton looked gently back at him and explained in the same small voice, 'I'm staying for the present on behalf of my employers. . . . Good-night, sir.'

When he turned away and walked up the length of the kitchen Larry's eyes followed him until the door closed behind him, then he turned his head towards the table again, but now looked at Mrs. Riley who was silently gesticulating towards Emily that she, too, was on her way to bed, and what was unusual for Mrs. Riley she took her departure out of the back door in silence.

Alone with him now, Emily found she couldn't bear to look at him for the sight of his dejection was so painful that it was bringing the tears to her eyes. His anger she could stand up to, his silences she had learned over the past year to ignore, but this surrender, this giving in, was as if she were witnessing him dying rapidly from a distance, for life, real life seemed to have gone from him.

She busied herself about the kitchen. She washed up the odd crockery, she laid one corner of the table for the breakfast; and in between the clatter of the dishes the clock's ticking grew louder and louder.

She was ready for bed, the fire was banked down, the kettle was pulled to the side of the hob. She had taken the tea towels from the brass rod and folded them neatly up. She had done everything she had to do, but she could not walk out of the kitchen and leave him like this.

When finally he said, 'Emily', she did not immediately turn to him but stood still. She was at the dresser, the candlestick in her hand, her back to him.

'Emily.' His voice was low and hoarse.

She turned towards him now and they stared at each other.

'I'm sorry.' He did not say for what he was sorry but she knew he was remembering clearly the incident in the drawing-room. The seconds ticked away before he spoke again. 'What am I going to do, Emily?' he said.

Oh dear God! She put her hand under her breast and pressed it tightly against her ribs. How could anybody stand straight and unbending and keep remembering two nights ago when a man such as he had been was now going to pieces before her eyes.

She stretched out her hand backwards and placed the candlestick on the dresser again, but as yet she didn't move towards him, for she couldn't help remembering the look on his face when he had bawled at her, 'And look here, me lady, if you think I'll marry you because I'm finished, you've got another think coming. I'll never marry you or anyone else as long as I live.'

But would the man he now was think along the same lines? If she went with him up to that stone cottage on the windy hill, would she go as his wife or his woman?

What did it matter? She would go anyway.

She went towards him and put her arms about him and as she had done before she pressed his head into her breasts, and neither of them spoke. Her future was set.

Chapter Six

Mr. Tooton, George Archer, and Emily stood looking at the long, old dray cart, its wheels half-buried in grass where it lay in the field behind the barn, and George, glancing at Mr. Tooton, said again, 'The will stated as much as he could get on the dray, you said?'

'That's right. That's right.'

'But it didn't specify like what dray?'

'No, no, it didn't. But from what I've seen of the farm implement I'm sure she meant the small dray that you use for carrying things to the market.'

'Oh aye, I won't argue with you there, she meant it to be that one all right, but she just said a dray and . . . well look at that, that's a dray.'

Mr. Tooton looked at the old cart, but it was Emily who asked, 'Would one horse be able to pull it if it was laden?'

'Aye, out of the gates and along the flat road. I walked along as far as the turnpike yesterday, you could get all your stuff as far as that; then it would have to be humped over the hill and along the valley and up the otherside, but that won't be too much of a problem, for as soon as you got the cart outside on the road you could let the livestock off and that would make it easier for the horse.'

'The livestock?' Mr. Tooton's countenance showed surprise.

George now bent towards him and his voice low, he said, 'Aye, Mr. Tooton, livestock. There was no mention of what kind of stuff had to go on the dray, was there? And they've got to survive up there; they've got to have something to start with; an' by God! he deserves that if nothin' else. Bloody crying out shame, that's my opinion of the whole affair. And I've said it afore, haven't I, Mr. Tooton?'

'You have, you have indeed, you have.' Mr. Tooton nodded emphatically; then he added, 'But the old man?'

'Oh, I've thought of that,' said George. 'One of your lot sent him a letter an' I had to read it to him. On Monday he has to go into Newcastle to sign some paper or other, so he'll be out of the way and the cart will be gone afore he gets back. An' if he should say anything . . . well, I have me own way of dealing with the old boy. Never hit a man when he's down I told him yesterday, 'cos the tables could turn on you, an' human nature being what it is, the sympathy could go to the loser. . . . But' – he shook his head – 'I've me doubts about it in this case.'

'Yes, and so have I, George.'

Turning to Emily, George said briskly, 'I'd get busy, Emily. Make out a list of all the things you want to set up with. There's plenty to pick from, and so if I was you I wouldn't be mean with meself. What do you say, Mr. Tooton?'

Mr. Tooton smiled primly and replied, 'I'm sure Emily will take nothing but what is required, and, speaking from experience, there's a great deal required when setting up house.' His smile widened and as he turned away George remarked. 'He's a bit of all right is Mr. Tooton. Surprisin', when you think of it, to find somebody in his position with understandin' of a situation like this. . . . Well now' — he poked his head towards her – 'what do you think of that idea?' He was pointing to the old dray cart, and she nodded and said, 'I think it's a grand idea, George. An' thanks, I'd never have thought of it meself.'

'Aw aye, you would; you think of most things, Emily.' He was staring at her now, and his face took on a sombre look as he went on, 'I'm going to miss you, the place won't be the same without you. Do you know something, and I'm not jokin' when I'm sayin' it, but I'd give anything to be in his shoes.'

As her eyes widened slightly he moved his head slowly up and down, then cast his gaze to the side as he confessed, 'I cottoned on to you from the start. But there it is, you've made your choice, an' you's made it long afore I put in an appearance. I know that now, but I'll say this, if ever you're in need of a friend, Emily, and I'm anywhere about, all you have to do is to shout.'

She swallowed deep in her throat and lowered her head slightly. 'Thanks, George, I won't forget,' she said.

As she was about to turn away he said, 'Can I ask you something?'

'Yes, anything George.'

'Is . . . is he going to wed you?'

Her head did not droop now but she looked past him as she said, 'I shouldn't think so, now or ever.'

For the next three days they walked silently side by side up on to the hill, down into the valley and up the further rise to the cottage. The first day she lit a fire inside and got the thick of the dirt out of the place, then brushed the inner walls down ready for white-washing, while he cleared the shippons and hung the doors back on.

It wasn't until she watched him taking a scythe to the long grass that was reaching up to the front door that she saw return a flicker of the man who had raged. Changing from the slow, steady rhythm, he suddenly began to slash at the grass as if each clump were part of a mob which he was aiming to exterminate.

She stood to the side of the small window and watched his progress towards the broken gate, and when he reached it he threw down the scythe, tore up the gate from the tangle of matted bracken and flung it aside, the rotten wood, as it hit the ground, falling away quietly like so much mush. Then, as if exhausted, she watched him lean against the low stone wall, and, allowing his head to fall back between his shoulders, stand gazing up into the sky.

She could imagine him as a boy standing like that, dreaming of his future, asking the stars at night what they held for him, willing them to guide his destiny away from the restrictions that threaded his life in this two-roomed cottage, away on to a plane even beyond that of his grandfather, the small farmer; on to a plane where he could be looked up to.

This is what she had always sensed he had needed most, to be looked up to. He must have seen himself as a pattern for other men, and he must have thought that he had reached his goal when he became master of Croft Dene House and farm. It was true he had turned the farm into a pattern for other farms, but as a pattern for a man he had failed, for his own would not recognize him as master, and those to whose level he aspired would not recognize him as friend. And now he was back where he had started, or even further back to where his father and mother had started, for they, too, must have cleared this ground, mucked out the shippons and tried to make these two rooms habitable.

Her heart was full of pity for him.

. . .And love? The question sidled into her mind.

Yes, and love, for how otherwise could she do what she was about to do? She had always sworn inside herself she would never become a man's kept woman, and that she knew would be the tag they'd put on her in the village. Well, damn them in the village!

She moved from the window and, taking up a narrow branch of wood, snapped it over her knee into three pieces and threw them on to the fire. . . . There was one thing she would do, she'd show that lot down there that she wasn't frightened of them; she wasn't going to hide away as if she'd committed a crime. No, she'd show them. She didn't know yet how but she'd think of something to let them see that they hadn't got her so scared she daren't put her foot in the village.

On the Sunday, which was the third day, he carried the bag of lime, two wooden buckets and brushes, and she carried a basket of food, a clean pail, and a kettle, for she was determined there wasn't going to be a repeat of the last two days when they hadn't had a bite or sup from the time they left the house until they returned; and even then he had hardly touched the food Mrs. Riley put before him.

There was a thin rain falling and it was driven on a wind that could have foretold snow, so biting was it, and when finally she pushed open the door and they entered the bare, mouldy smelling room she looked at the grate and said as lightly as she could, 'Oh, look! the ashes are still warm; we'll soon have a fire goin' and the kettle boiling. Will you get some water?'

She turned towards him. He had just straightened his back after depositing the buckets and sack on the floor, and he didn't give her any answer as she handed him the pail but he looked hard at her, and she couldn't define the expression on his face. There was no surliness in it, nor aggressiveness. Yet there was something. The explanation she gave herself was that he looked like a dumb man, a frustrated dumb man.

It was half an hour later when, sitting on a low log at one side of the fireplace, and he on the upturned wooden bucket at the other, sipping at the hot tea, that he spoke. Putting his mug down on to the uneven stone hearth, he looked into her face and said, 'You haven't got to do this, Emily; I can look after meself. I'll get by.'

She took a long drink from the mug; then picking up a spoon from the food basket and putting it into the mug, she scraped up the unmelted sugar from the bottom of it, and she licked the spoon for the last time before she said, 'I know I haven't got to do it, but I'm goin' to.'

He was still looking into her face as he said softly, 'You haven't experienced the winter up here; it can be terrible.'

'No worse than the river front at Shields with the snow up to the window sills many a time.'

'There's no comparison. You can be snowed up for weeks. And the wind, it never seems to lessen. You feel you're going mad.'

'Well, I'd say you're more likely to go mad on your own than if you have company.'

'It's different for a man.'

'Look.' She put the mug down on the hearth and gazed back into his face as she said, 'I've made up me mind, I'm stayin'. And tell me' – her voice was rough edged now – 'tell me the truth. What would you feel like if I walked out on you an' all? Because I haven't seen many friends rallying round you. Where's that Mrs. Rowan? She's never shown her face. Now that to my mind is very odd, 'cos when they thought you had come into a house and a fortune they all turned up. My, didn't they! But not any more. . . .'

She watched him rise to his feet, turn his back on her and go towards the door, and she didn't say to herself now, 'Eeh! you shouldn't talk like that to him,' because, as she saw it, she was to be his wife and was, therefore, entitled to speak plainly.

As if he had heard her thinking, he said, 'You know I won't marry you. What I said the other night in anger I say it now quite calmly: I won't marry you, Emily. And for more reasons than one. But one is, that if I did I'd be tying you, and some day you'll want to walk out. Oh yes, you will.'

He turned slowly about and looked at her, and as she gazed up at him she wanted to jump up and fall on his neck and cry, 'No, no! Not me. I'll never walk out on you. It could be the other way about, but I'll never leave you, not as long as you need me.' But what she said was, 'Well, you've had your say, so let's leave it at that an' get on with some work, eh?' for she had discovered he wasn't a demonstrative man except when emotionally upset. It was a disappointing discovery, but there it was. And if you knew what to expect you wouldn't be disappointed, would you?

As she rose to her feet she had a silly thought, for she said to herself, and wistfully, 'I'm only seventeen.'

Chapter Seven

They were all ready to go. The big dray was packed high at the front with a conglomeration of household goods, and each side was buffered by two large trunks which held Larry's clothes and personal effects – Emily's filled her bass hamper and two bundles. A space had been left up the middle of the dray into which they hoped to marshal the cow and the three sheep, and the crate of hens. If the situation had not had its tragic side Emily would have laughed long and loud at the sight the dray presented.

They were almost ready to go but there was one thing she must see to before leaving. She had earlier unpinned the watch from her shift, and now she must ask Mr. Tooton to do her a service concerning it.

She had just stopped Mrs. Riley from putting another tub of butter on to the already laden dray, saying, 'It'll only go rancid, it won't keep.'

'You can boil it up, girl, an' it'll be as good as new.'

She sighed as she said kindly, 'No, we've got plenty already; you've put enough food on there to last us for the next six months.' Then, she exclaimed pointing towards the drive, 'There's Mr. Tooton. I . . . I want a word with him,' and she now ran through the kitchen, into the hall, to meet Mr. Tooton as he entered by the front door.

Panting, she asked, 'Can I have a word with you, Mr. Tooton, please?'

'Of course, Emily.' The clerk's voice was grave. Then, as if he had lived in the house all his life, he led the way to the drawing-room, standing aside to allow her to pass before him he closed the door and walked towards the fire, saying, 'Now, I'm at your service, Emily.'

'Well, it's the way, Mr. Tooton, I . . . I fear we're goin' to need all the money we can get. I know in a little while he'll get the lump sum of his wages, but in the meantime we've got to live and . . . and get things going. And I don't know how much he's got on him. But I have this.' She pulled the watch from her pocket, laid it on her palm, then extended her hand towards him, and Mr. Tooton stood gazing down on it. Then he looked up at her and said briefly, 'This belongs to you?'

'Oh yes, yes. It isn't the mistress's!' Her voice was rising. 'Don't think that.'

'Oh, I wasn't, I wasn't. Don't mistake me, Emily. But it's a very beautiful piece.'

'Yes, it is; and it was given to me by the man I was goin' to marry afore I came here.'

'Really! . . . He must have been a very wealthy man.'

She saw immediately that he didn't believe her, and so she protested firmly: 'This watch is mine, Mr. Tooton. An' Mr. McGillby wasn't a wealthy man, not like the master . . . I mean like he was. Mr. McGillby was a gaffer in the docks, and his wife died and I looked after the house. I'd been there two years afore she died, an' we were going to be married when I was seventeen. He was a very honourable man . . . Mr. McGillby. Well' – she now moved her hand with the watch in it – 'he met a lot of sailors – you see it was in Shields on the river front we lived – and these sailors were often hard up and they had brought things home with them, what they had bought abroad, trinkets an' things, and Mr. McGillby sometimes bought a piece off them. Well, he had a number of pieces, but when he saw this he had to sell all his other pieces to get it, so that makes me think it's worth something.'

'Yes, indeed, indeed, Emily, I should say it's worth something . . . may I?'

'Yes, yes.' She handed it to him, and then she watched him move his finger gently along the row of stones on the strap from the pin down to the winder on the watch; then around the edge of the gold strap, and lastly around the face of the watch itself.

'Do . . . do you think it's valuable?'

'Well' – Mr. Tooton pursed his lips – 'there are a great many stones in it. Of course, I'm no authority on jewellery, but yes, I would say off-hand it is worth a good few pounds. I presume you want to sell it, Emily?'

'Yes, yes, I want to sell it; but . . . but I thought if I went into Fellburn or Newcastle and tried to get money on it, even in a pawnshop, they might think I'd stole it. An' I'd have to explain about Mr. McGillby, an' then they might think he'd stole it. But he didn't. Oh, he didn't! Mr. McGillby would never steal anything; his wife had brought him up Chapel.'

She now nodded her head slowly, and Mr. Tooton nodded as slowly back at her as he said, 'Chapel are mostly honest people.'

'Mr. McGillby was honest.'

Mr. Tooton made no comment on this but, looking at her, he said, 'How much do you think it is worth in your own mind?'

'Aw, I don't rightly know, but all of thirty pounds . . . or . . . or more, I should say.'

'Thirty pounds . . . or more.'

'Do you think I'm overstepping the mark?'

'No, no, Emily, no. But, of course, as I said, I'm no authority. But if you wish me to dispose of it . . . and that is what you do wish, isn't it?'

'Oh yes, Mr. Tooton, yes. I'd like you to . . . to dispose of it.'

'Well, I'll do my very best for you. I may be able to sell it outright, or on the other hand I may only be able to pawn it.'

'Either way it wouldn't matter, Mr. Tooton, because you see I've never been able to wear it, an' I've less chance now than ever, haven't I?'

'That's true, Emily. That's true. Well now' – Mr. Tooton looked up towards the ceiling – 'today is Monday. I'll be going into town to report on Wednesday. I should be back here on Thursday. If I have managed to sell it, I'll come up to your cottage. . . .'

'No, no, don't do that. I wouldn't want him . . . Mr. Birch to think I had to sell anything of mine to . . . to . . . Well, you know what I mean.'

'Yes, yes, of course, Emily. But where shall I contact you?'

'Well, the only place is me Aunt Mary's. Her name is Southern, Mrs. Southern; and she lives at number forty-seven Billow Street, Gateshead.' Mr. Tooton now took from his pocket a notebook and wrote down the address; then said, 'I'll write to you there as soon as I've concluded the business.'

'Thanks, Mr. Tooton. Thanks very much. You've been very kind. All along, you've been very kind. I used to think clerks and people like you were too uppish to speak to . . . well, ordinary folk, but I've found me mistake out.'

'Oh, Emily, Emily.' He was smiling sadly at her now. 'How little you know of life or people. I'm afraid you are the kind of girl, Emily, who'll get hurt. Time and again you'll get hurt; and I'm sorry that this is so.'

'Oh, don't worry about me, Mr. Tooton; I have me head screwed on the right way, and I never see any harm in trusting people. Speak as you find, do to others as you'd have them do to you, that's what Sep . . . Mr. McGillby used to say.'

Why did she keep mentioning Sep at this time? It was the watch, she supposed.

Mr. Tooton now took hold of her hand, and he shook it warmly as he said, 'I wish you the best of luck, Emily, in . . . in your future life.'

'Thanks. Thanks, Mr. Tooton. An' don't worry about me, or him. We'll get by somehow. . . . Never say die.'

Eeh! there she went again, talking brave talk . . . never say die, when at this very moment her heart was in her boots; and it wasn't only because of the hard life that was stretching ahead of her, and she had no illusions about that, but tonight would be her wedding night, today was a kind of wedding day, and she was all worked up inside, not exactly frightened, but not exactly looking forward to it either.

Well, she had burnt her boats. He had given her the chance to take up her bag and go her own way, but she had chosen to go his road; so she'd have to face tonight, wouldn't she, like many another afore her. Tomorrow she'd know all about it.

It was almost dark when Larry and George carried the last trunk between them up the slope towards the cottage, with Emily following some way behind leading the horse.

The horse wasn't young, but Larry had chosen him because he was used to the plough. This, Emily thought, was a bit short-sighted because if they ever managed to get a small cart, Bonny would be too cumbersome to pull it; he was more suited to a beer dray.

After settling the horse in the stable, she heaved a great sigh and now slowly, because she felt so tired, she walked the few steps towards the cottage.

Standing in the doorway, she viewed the room. It was cluttered with pieces of furniture, some looking as out of place as it was possible to imagine. And she herself had picked it all, including the pretty French table, and the clock, and the bureau from the drawing-room. . . . And all to grace these two small rooms and a scullery!

She smiled weakly at George, who was standing in the middle of the pile shaking his head, and she said, 'What won't go round the walls we'll furnish the shippon with,' and at this he laughed and said, 'Aye. Aye. You could.' Then he added, 'Well, I'll . . . I'll leave you now to get settled in.'

As he turned towards the door, Larry, edging his way out of the bedroom, said, 'Thanks, George,' and Emily put in, 'I'll . . . I'll never forget your kindness, George. We . . . we couldn't have done it without you. I'll always remember that . . . an' the big dray!'

'Aw, you'd have thought of somethin'. Being you, Emily, you'd have thought of somethin'.' He jerked his head towards her; then on an embarrassed laugh he went out, and Larry followed him, closing the door behind him.

With a soft plop now she sat down on the top of a trunk and looked towards the lamp that was set on the stone mantelpiece and was spreading its soft light over the odd assortment of furniture and kitchen utensils. Well, she had arrived. . . . They had arrived. From now on this was to be her home; in these two rooms she'd likely spend the remainder of her life. She was seventeen years and four months old and at this moment her life ahead seemed to cover a long, long time . . . never ending . . . eternity.

When the door opened she went to rise from the trunk, but when Larry said quietly, 'Sit where you are, I'll make a drink,' she obeyed him without murmur. And when presently he handed her a mug of tea she reminded herself the last time he had handed her anything to drink had been on New Year's Eve when they'd had that bit of jollification. . . . Would she ever know a bit of jollification again? She doubted it.

'You're tired.'

'What? . . . Oh aye. Yes.' She smiled up at him where he was now standing over her, looking down into her face.

'You must get to bed; we won't do any more moving or lifting tonight.'

'No. No, I don't think I could.'

'Would you like something to eat?'

'No, no, thanks. I'm not hungry. But . . . but I'd like a wash.'

'A wash?'

'Aye, I feel filthy.' She held out her hands. 'An' me face, it feels full of grime.' She now moved her fingers around her cheeks. 'I don't know what I look like.'

'You look beautiful, Emily; you always look beautiful.'

She bowed her head and told herself she mustn't cry. All he had said was she looked beautiful, but he had said it in the same way as he had said you're tired, in a kindly fashion. But at this moment she couldn't even stand kindness.

She slid off the lid of the trunk, saying, 'There's no water in; I'll have to get it from the rain butt.'

'I'll get it,' he said.

She lit a candle, which she took into the bedroom; and when he returned with the bucket of water, she emptied most of it into the black kale pot, and as she swung it up on to the fire, she muttered, 'I just want the chill off it.'

She now searched among a high heap of utensils piled in the corner until she found the small tin bath and, emptying its contents on to the floor, she took it to the fireplace. After a few minutes she tested the water in the kale pot. It had barely got the chill off it, but she poured it into the bath. Then, having pulled a towel from a bundle, she lifted the bath and went into the other room, and with her buttocks she pushed the door closed behind her aware all the time that he was sitting on the other trunk watching her.

She placed the bath on a small clear space at the side of the wooden bed, then with a shiver she began to undress. Stripped to her waist, her shift hanging over her outer clothes, she washed the top half of herself; then put on her blouse again, took off her skirt, petticoats and drawers, and her shift, and, standing in the little bath, finished the rest of her toilet. By the time she pulled her shift and clothes on again her teeth were chattering in her head.

She now told herself she should have got into her nightgown, but she had left it in one of the bundles back in the room. Anyway, she felt a bit fresher now and she didn't want to go to bed yet; it was too early, she'd make a meal.

As she buttoned up her blouse a wave of panic assailed her, and from shivering with the cold she now began to sweat. She didn't want to go to bed at all; it seemed funny, but she didn't.

She lay staring upwards into the deep, thick blackness. It was over. It had been over for some two hours now but she was still in it, terrified, repulsed, sickened, exhilarated. Up to a short while ago she had known three sides of him, now she knew four, and the fourth she liked least of all. For the past hour or so Alice Broughton's sayings had punctuated her thinking: Some men eat you alive. . . . Some men are never satisfied; breakfast, dinner and tea wouldn't satisfy some of them. . . . She had to go to the priest about him, and a lot of damn good that did her. . . . Do your duty; keep at it; if you don't somebody else will. That's what they told her.

Then there was the faint memory, but distinct now, of her mother crying out, making strange sounds as if she were being tortured, but in the morning looking happy and smiling and cooking her da a big breakfast, especially if it was a Sunday morning.

She was cold, although there were four blankets and a hap on the bed. The air in the room was like nothing she had ever breathed before, not even when the snow was lying feet deep in Shields, and the noise of the freezing spray lashing the pier walls was like thunder over their part of the town. This was a different cold, a damp penetrating, deadening cold. She wanted to turn to him and snuggle against his body, as she would have against Lucy's for comfort, but she daren't move in case she roused him. So she lay still and stiff; her body couldn't stand another attack, she told herself; for that is what it had been like. And yet, she had to admit if she remembered rightly, there were moments when she had responded to him. . . .

Would she always feel like this about it? Would it be like this every night? She hadn't bargained for this. No, she hadn't bargained for anything like this. She had thought, in a way, she had known what it was all about, but she hadn't.

He moved, snorted slightly, heaved himself round in the bed, and his arms sought her again, but they did not clutch at her; instead his head snuggled into her breasts, his lips touched her flesh lightly, and he sighed and breathed her name, 'Emily', he said. 'Oh, Emily.' His breathing fell into rhythmic flow. He was asleep.

Slowly, slowly, her body relaxed against his. Then her hand moved up under the bedclothes and lay on the back of his head. She felt warm now. She was warm, drowsy. As she drifted into sleep she thought she heard her Aunt Mary laughing and shouting at her: 'You've got a lot to learn, lass. You've got a lot to learn. An' you've only started. But you'll come through, never fear . . . never say die.'

PART FOUR

The Hill
The First Year

Chapter One

For three full weeks, except to gather wood, they did not move from the precincts of the land attached to the cottage. They worked from dawn till dusk through wind, rain, and early sleet showers. Larry had made all the outhouses dry; he had cleared the back and front yards of grass and weeds and young hawthorn, and laid a path of broken slabs across the back yard. He had repaired, here and there, the rough wall that bordered his three acres of ground. But after the evening meal he would sit before the fire, his hands idle; and not once did his face lose its stiff, sombre, bitter expression.

As for Emily, she had first of all arranged the furniture inside the cottage. What couldn't stand around the walls she placed on top of other pieces, such as the glass-fronted cupboard which she put on top of the chest of drawers, and the whatnot she placed on the lid of one of the trunks. Why, she asked herself, she had brought a whatnot when there were no bits and pieces to put on it, she didn't know. The bureau she set in the corner near the fireplace, and the French clock she placed on the mantelpiece in between the two brass jugs, and also the tea caddy. The little French table she put at the side of the bed. Her pans she hung on the iron hooks in the wall down the side of the fireplace. At one side of the hearth she placed the settle, at the other, the big leather chair she had taken from the study. One step from the chair was the narrow kitchen table, which had acted as a side table down in the house, and two straight-backed wooden chairs. On the floor was a carpet and she had known this to be a mistake from the beginning for within the doorway it was already caked with mud. Yet, in spite of its cluttered look, the kitchen had taken on a homely air.

But she did not waste much time inside the cottage. She cleared the front garden, and side by side with Larry she dug it up, not to be arranged into flower beds but for vegetables that would have to be their mainstay in the time to come. The carrying of the water from the burn was a task in itself, as was the gathering of wood. And as the days went on she found that she had to go further and further from the cottage in her search of wood in order to keep the fire going, because, as she had remarked to Larry, it ate the blooming stuff, the chimney had too much draught.

Her hands had been rough before, but now the backs of them were marked with keens; and her nails were worn down to the quick. She had worked hard down there in the house, long, tedious hours, but she realized now that that work had been light compared with her present tasks. This was navvy's work.

And now at the end of three weeks they were faced with a problem. The horse needed fodder, the chickens needed mash and corn. Nearly all that George had stacked on the cart had gone.

No one had been near them. She hadn't seen a soul since she came up here, not even George. But in a way she could understand George not coming up: it was sort of delicate, courtesy like. So she explained it to herself. But she would have been so pleased to see him . . . to see anybody for that matter.

The longing had come on her last night to see the town again, to mix with people, just for a short while, an hour or so. If she could look forward to that every week it would get her by, so she told herself.

And so strong was the urge still on her that it helped her to speak out on this Tuesday morning when the sun was shining and the wind for once was light but still biting, and the sky was high, and the light all about them a silvery white. 'We'll have to go down,' she said.

'What!' He was scooping up the last spoonful of porridge from the bowl and he hesitated before putting it to his mouth. Then he placed the spoon back in the bowl and pushed them away across the table before saying, slowly and heavily, 'I'm not going down there.'

'Well, you can't expect to stay up here all your life.'

'Why not?' He was looking straight at her.

'Why not?' She moved her head from side to side. 'We've not tasted meat for a week; the hens want crowdie; there's not one of them laying now and they never will if they don't have their hot mash at this time of the year. You know that well enough.'

He got up from the table, swung round and took the one step it needed to reach the mantelpiece. Taking from it a briar pipe, he knocked the noddle against the rough stone, then with a penknife scraped the bowl until her teeth were on edge, forcing her to cry at him, 'Well, if you won't go I'll have to. And George's likely left stuff down there for us; do you expect me to lump it up?'

She stopped abruptly for he had turned and was staring at her, and the look he was levelling at her was one she had often seen on his face when he was acting the master; and in this moment she knew he was seeing her again as the servant who was stepping out of her place. But he was wrong, wasn't he? She wasn't stepping out of her place, not any more she wasn't. She knew what her place was. But even now, when he had lost his, he didn't know where he stood, and so she cried at him, 'Don't look at me like that. We're no longer down there, and don't you forget it.'

When she saw his face twitch and his head move downwards with that slow painful movement as if it were being forced from behind, she ran round the table and put her arms about him, saying contritely, 'Oh, I'm sorry. Larry . . . Larry, I'm sorry. I didn't mean it. It's my mouth; I should keep it shut. I know, I know. But look at me. Look at me.' She pushed her doubled-up fist under his chin bringing his eyes level with hers. 'This thing has got to be faced, we've got to live. An' the animals have got to live. We all need food. The only thing we've got at present is milk. I can make butter of a sort, and a bit of cheese, but we want bread. And for that I need flour and yeast. And we want a bit of meat. You, most of all, want a bit of meat.'

'I can't go down there, Emily.'

'Not just to the bottom of the far hill to carry up the stuff?'

He blinked and seemed to consider; then said, 'Aye, well, perhaps that; but I've sworn inside meself never to go on that road again.'

'But there are other roads.' She pointed in the direction of the bedroom, saying, 'Across that way you could get to Birtley an' Chester-le-Street.' She stopped herself from adding, 'An' the Rowans' farm is that way an' all.'

He never spoke of his friends to her, of either the father, the mother, or the daughter. She had pondered on this, thinking that the reason might be he was hurt by their desertion of him. If it wasn't that, then there was another reason that was too delicate to broach. Her thinking on the subject stopped here.

She swung round from him now and hastily began to gather up the dishes from the table; and he looked at her enquiringly as he asked, 'What are you going to do?'

'I'm goin' into the town, I'm goin' by the carrier cart an I'm goin' to get on it in the village.'

'No, no Emily. No, you're not!'

'Yes, yes, I am.' Her hands became still on the table. 'But first of all I'm goin' down into that village this mornin', because there'll come a time when we'll be snowed up here and we'll be lucky if we can reach even there, for it'll be impossible to get into Fellburn. So I'm going to put in an appearance, when the goin's good.'

'They'll hound you.'

'Huh!' She wagged her head. 'Just let them try. That's all, just let them try.'

'Do you remember what happened to Con?'

She became still and her lip trembled slightly as she replied, 'Aye, yes, I remember what happened to Con. Only too well I remember what happened to Con. But you can take it it won't happen to me. There's a piece in me little book. I was lookin' at it just last night and I thought how right it is. It says: "Fear is the enemy, fear is the foe, if you run before it down you'll go. But if you stand and look it in the face, God will pour into you the bravery of grace".'

He still did not smile as he said, 'Oh Emily, you and that book.'

'It's got a lot of sense in it that book.' Her tone was now defensive.

'It all depends on what you call sense. Your bravery could lead you into trouble; I've no need to tell you what they're like down there.'

'People change. Anyway, they're not all alike.'

'Aa-w, Emily!' He closed his eyes and turned his head away and his lips moved back from his teeth as if he were smelling something stinking, and, his head still turned from her, he said, 'They're still worrying me alive down there. Don't you know that? They're still licking their chops, the lot of them. An' not only them, but for miles around. I'm the man who stepped out of his class and I've been put back in me place. From all sides they're seeing it that way, and they're laughing as they've never laughed for years.'

'Well, we'll only have to try to wipe the laugh off their faces, won't we? Anyway' – she jerked her chin upwards – 'I'm going down 'cos we can't remain buried alive here for evermore. And the first time's always the worst . . . with everything,' she added, 'an' I'll never feel more like tacklin' them than I do at this minute. So you can't stop me. The only thing I ask of you is for you to come to the bridge near the beck in about a couple of hours' time. I'll leave the stuff I get in the village there afore I catch the cart into Fellburn.'

'Why do you want to go into Fellburn if you mean to get the stuff in the village?'

She gathered up the dishes now and went to the corner of the room and put them into the tin dish which was standing on a little table, and as she poured the water on them from an enamelled jug, she said, 'I've got a hankering to see me Aunt Mary.'

'A hankering?'

'Aye, a hankering.'

'... You're lonely?'

'No, I'm not lonely.' She turned her head sharply over her shoulder and looked at him. 'But I just want to see me Aunt Mary and—' Only just in time she stopped herself from adding 'And have a bit of a natter an' a laugh.' She hadn't laughed since coming into this cottage; she had never even smiled, and she needed to smile, to have something to smile about . . . something to laugh about. And, of course, she was anxious to know if Mr. Tooton had sold the watch.

'She'll tell you not to come back.'

'What!' She again looked over her shoulder. 'Me Aunt Mary? You don't know what you're talkin' about. You should see her, an' hear her. The last time we chatted she told me if she had her time over again she'd start up a house for fallen women, not to redeem them like, those were her own words, but to let them get on with the job.'

She turned her face towards the wall again. A house for fallen women, not to redeem them, but to let them get on with the job. Was it laughter that was bubbling up in her? Whatever it was was choking her, but when it burst through her lips it surprised her, for it was high and uncontrolled, and when her face was pressed against his shoulder it turned into sobs, and the more he murmured, 'Oh, Emily, Emily,' the louder these became.

She didn't go down to the village that day because her eyes were too red and swollen, but she went down the next morning; and he stood and watched her go from the doorway. When she reached the bottom of the slope she could still feel his eyes on her back, and so she turned and, cupping her mouth with her hand, she yelled, 'Don't forget, around three o'clock.' And she waited until he raised his hand before going on her way again.

The sun was shining again today, again the world was bright. Once upon a time on a day like this she would have felt glad.

She entered the village street by the top end, as she would have done had she been driving into it in the trap. As she passed the forge she turned her head fully and looked in. There was a new man at the anvil. He raised his head and glanced at her, that was all; but when she passed the two women standing outside the house-window haberdashery shop they actually turned their bodies fully round and gaped at her.

A little way farther on down the street she stepped off the cobbled pavement on to the dried mud road so as not to disturb some children playing there; then she was passing The Running Fox, and again she turned her head fully and looked towards it before walking on. And now she was outside the butcher's shop with its high window headed by the words: DAVID COLE. PRIME BEEF.

There were three women in the shop, and the reactions of two of them were as if they were seeing an apparition, for, like the women in the street, they too turned fully about and their mouths fell agape.

Mr. Cole was at his block, a chopper in his hand, chining a neck of mutton. He held the chopper poised for a moment while he stared at Emily, and his look became a glare before he turned to his lady customers again. Addressing one of them, he said, 'About . . . about two pounds you said, Mrs. Robinson?'

Mrs. Robinson gulped, then repeated, 'Aye, two pounds, Mr. Cole.'

Emily remained standing to the side while Mr. Cole served his three customers. In the meantime, two more came into the shop, and the only sound between question and answer was Mr. Cole's knife sliding softly through steak or his chopper going through bone.

Two of the very surprised ladies left the shop together, one of them remarking to the other as she kicked at the sawdust on the floor, ''Tis a wonder it doesn't catch fire.'

'Well' – Mr. Cole was addressing himself solely to Emily now – 'What . . . what can I do for you, *madam* . . . *Mrs.* . . .'

'Miss.'

'Oh aye' – He nodded at her, gave a slight leering smile, and repeated, 'Miss.'

'I'll take a pound of hoff meat, a pound of sausages, and that brisket point there.' She extended her finger towards a slab on which were some pieces of beef.

Silently Mr. Cole weighed out the sausages, the hoff meat, and when he came to weighing the brisket he said, 'It's big, weighs just over eight and a half pounds. It'll cost you' – he started to reckon in his head – 'half a crown.'

'Thank you; I'll take it.' She had adopted a slightly high-falutin tone, and he, following her pattern, now bent slightly towards her and said, 'Will I send it . . . miss?'

She did not turn her head in the direction of the titter behind her but, looking straight back into the butcher's eyes, she said, 'Yes, you can do that, *Mr.* . . . *Mr.* . . . *Cole*. You know the cottage, Rill Cottage on Bailey's Rise?'

She watched the colour flooding up over his already ruddy countenance and his lips formed a thin line before he replied, 'The . . . the lad doesn't get that far.'

'Oh. Well, in that case I'll take it with me.'

She watched him parcel the meat up roughly, and when he thrust it at her she offered him a full sovereign, which he stared at for a moment before putting it in the till and giving her the change.

'Good day, Mr. Cole.'

The only response to her farewell was a telling silence.

It was odd, but as she walked out of the shop she imagined that her manner had been similar to that which Rona Birch would have used towards the butcher, and the thought made her feel slightly elated.

She knew that Mr. Cole's eyes and those of his customers were watching her progress across the street to the baker's shop, which was also part corn chandler's, and so she held her head high, and lightly pulled up the edge of her skirt so that her walk across the rough road should be unimpeded.

Mr. Waite was behind the counter, as was Mrs. Waite. They both stopped what they were doing and gazed at their new customer; then Mrs. Waite, after taking a deep breath, swung a small paper bag between her two hands until its ends formed corkscrew points before handing it across the counter to a small boy, who after proffering her a penny, was about to disappear through the door when she brought her attention quickly to him as she cried at him, 'Don't you eat that yeast mind, Eddie! You take it straight home.' The boy made no reply, he just grinned at her and went out.

And now Mrs. Waite was about to turn her attention to this brazen piece when her husband forestalled her. His voice quite civil sounding, he said, 'And what can I do for you, miss?'

His manner and tone was almost Emily's undoing for it threatened to take the stiffness out of her back, the tilt from her chin, and the self-confidence from her manner.

'Could I have a half stone of flour, please?'

'Aye, you could.' He bounced his head at her. The turning and looking straight at his wife, he said, 'Weigh up half a stone of flour, Sarah.'

His Sarah glared back at him for a moment, but only for a moment; then she went into the back shop and there was a sound of a heavy weight being banged on to a scale.

'Is there anything more I can get you?'

She wanted to say, 'Yes, I'll take a stone of boxings and some corn. And could you drop a bale of hay near the bridge?' for she had realized before entering the village that you couldn't walk with much dignity if you were laden down with bags, and she wanted to walk out of this village with dignity, at least today, and so she said, 'I'll have a quarter of yeast, please, and half a dozen of your nice tea-cakes.' She nodded towards a tray of freshly baked tea-cakes.

'And that you shall have . . . a quarter of yeast and half a dozen tea-cakes.'

The tea-cakes had been put in the bag and placed on the counter before her, and the clicking of the scale told her that the flour had been weighed, and so, quickly now, she leant slightly towards Mr. Waite and said below her breath, 'Thank you, thank you, Mr. Waite, for receiving me in this way.'

For a moment he looked surprised, then he said, 'Aw, hinny' – he shook his head slowly – 'I'm sorry for you. And him an' all. Is there anything I can do for you?'

She did not pause a moment before she whispered. 'Oh, if only you'd drop a stone of corn and one of boxings, an' a bale of hay near the bridge. I'd . . . I'd be ever so obliged.'

'All right, lass; I'll do that.' His voice had been just above a whisper, but it rose sharply when his wife, her skirts flouncing, came into the shop again and he said, 'Now, let's see. Half a stone of flour, six tea-cakes and a quarter of yeast, you're takin' with you, and you want delivered one bale of hay, one stone of boxings, and one stone of wheat.' He paused, and his smile widening, he said, 'What about some sausage rolls and meat pasties, made fresh this mornin'?' He pointed towards a wooden tray.

Her voice now had a slight break in it as she answered, 'Thank you. Yes, I'll take some. Four . . . four of each.'

'Four of each. Wrap them up, missis.' He turned his head and looked at his wife, then added up the purchases on the back of a paper bag, and when he turned it towards her he said, 'All right, miss?' and after barely glancing at the total, she answered, 'Yes, Mr. Waite. Quite all right.'

A few moments later, as she was leaving the shop, she said, 'Good-day, Mr. Waite. And thank you. Good-day, Mrs. Waite.' She nodded to the silent, prim-faced woman, who made no reply, but her husband called loudly, 'Good-day, miss. Good-day. Call again.'

Carrying the half stone of flour on the crook of one arm and the rest of her purchases in the bass bag, she walked smartly on down the village street that had quite suddenly become alive with people, people in their gardens, people cleaning their windows, people standing talking together. And no one spoke to her; and no one seemed to look at her; and only one remark came to her ears. It was from a woman who was picking up a child from the middle of the road where it was sitting playing in the dust, and as if she were talking to the child, she said, 'Pity the stocks are not in use no more.'

But what did it matter? The baker had been nice to her, more than nice, most kind. When she got back to the cottage she'd say to Larry triumphantly, 'I was right; people are not all alike.'

Having reached the broken-down bridge and placed the bags under cover of some old wood and stones, she sat for a moment on what remained of the parapet, for of a sudden she felt tired, drained. And she wanted to cry again, as she had done yesterday, but she checked herself, muttering aloud, 'No more of that. No more of that. Get yourself up and on your way, else you'll miss the cart.'

Mary Southern greeted her with open arms. She hugged her to her flabby breasts and she kissed her and she cried over her, 'Eeh! lass!' she said, 'I thought you'd never come. From what our Pat read out of your letter I thought, the silly little bitch, she'll keep away, thinkin' she should be ashamed to show her face.'

'I'm not ashamed of what I've done, Aunt Mary.' Emily released herself from the hefty arms and, looking into the kindly face, she said, 'It's me own life.'

'Aye, lass, you're right, it's your own life. Come on and sit down. Get your things off first. The tea's on the hob, I'll get you somethin' to eat.'

'I can't stay long. And Aunt Mary. Was there a letter come for me?'

'Oh aye, a letter.' Mary tossed her head from side to side; then grabbing up the tea caddy from the mantelpiece, she lifted the lid and said, 'I stuck it down here 'cos it's the only place me squad don't put their fingers into 'cos if I caught them I'd cut 'em off.' She now knocked the tea dust off the letter against the side of the tin canister, then handed it to Emily; and she watched her open it and take out two pieces of paper. One was a sheet of ordinary writing paper, the other was a narrow slip of paper. It was at this slip that Emily looked first. Then she looked at her aunt, and Mary said, 'Bad news?'

'No, no, Aunt Mary, but . . . but I'm just a little disappointed. You see. . . . Oh, it's a long story. I never told you, I've never told anybody, it's only Lucy knows, but . . . but Sep gave me a watch.'

'A watch! A good one?'

'Oh aye, a bonny one.' She now went to the table and sat down, the two pieces of paper still in her hand, and briefly she described to Mary how she had come into possession of the watch and how she had asked Mr. Tooton to sell it for her. But she finished up wagging the slip of paper between her finger and thumb, saying, 'It wasn't as valuable as I thought. He said he could only get twenty pounds for it. This is a cheque, he says, but . . . but what can I do with this? I haven't got any bankin' account.'

'Oh, you needn't trouble about gettin' it changed. Ma Harris 'll change it for you if it's genuine like. She's the one that runs all the clubs an' things. You know, the money clubs. I've told you about her: a shilling on a pound club and a bit of a backhander when you get your money, not forgettin' a penny in the shilling a week for borrowing. She does all right, that one; loaded up to the eyebrows I'd say. Oh, she'll change it, but she'll charge you a bit. Twenty pounds? Oh well, you'll likely have to stump up a pound, lass.'

'Oh, I'll do that, Aunt Mary.'

'Well, don't look so glum; you'll still have nineteen left, an' that's a small fortune.'

'I think we're going to need all the small fortunes we can come by afore we're finished up there, Aunt Mary.'

'Is it as bad as that, lass?'

'Well' – Emily lowered her head – ' 'tisn't bad, at least for me, but for him it's . . . it's awful.'

'Aye, I bet it is, even goin' by what was in the papers. An' to think you're living with him, lass. Eeh! life's funny, isn't it? . . . Is he kind to you?'

'Oh yes, yes, he's kind enough.'

Mary, leaning across the table and her breasts hanging on her forearms, asked quietly, 'You didn't say that with much conviction, lass. Do . . . do you care for him?'

'Yes, Aunt Mary; yes, I care for him.'

'Big enough, an' deep enough to spend the rest of your life up there with him?'

Emily considered for a moment, and then she chided herself inwardly that she had to consider; then she said, 'Aye . . . aye, for the rest of me life with him.'

'He must be some man.'

'He's not. . . .' Now why had she said that? But then she could talk from her heart to her Aunt Mary. 'Well, I didn't mean what that sounded like. In looks he's all right. I'd suppose you would call him handsome, at least when he smiles. But he doesn't often smile . . . or laugh.'

'That's a pity. A face can lose something if it never stretches in a laugh; it sort of becomes wantin'.'

'Aye, I think so an' all, Aunt Mary. But it isn't so much in his looks that he's wantin', it's . . . it's in something inside; he kind of lacks something that should make him fight back. Even the solicitor said . . . well, the solicitor's clerk, Mr. Tooton, the man who sold the watch for me, even he said that he had a case, and he could have taken it to court. At least he would have got some decent compensation for his years of work, not just what she would have paid the lowest lad on her farm. But you see he wouldn't, Aunt Mary, he wouldn't fight. He's kind of stubborn and fearful inside. He thinks of it as bein' proud, but . . . but I don't see it like that. There's nothin' to be proud of in letting other people walk over you. What do you think, Aunt Mary?'

'No, begod! there's nothing to be proud of in that, lass. Once you let anybody wipe their feet on you, you begin to think of yourself as a doormat. You've got to talk him out of that state.'

'I doubt if I ever will.'

'Well, does he intend to remain up in that eagle's nest for the rest of his life, because I know where that place is an' Windy Nook isn't in it? The wind up there would take the lugs off an elephant. You've got something afore you this winter, lass.'

Emily didn't comment on this but she sighed, and Mary said, 'Aw well, never say die. That's your motto, isn't it, lass? So never fear, you'll pull through. If there weren't any valleys there'd be no hills. I tell meself this often. Oh yes' – she wagged her head now at Emily – 'there's days when I'm so down I couldn't get any lower unless I went down the pit. But then I say to meself, "Come on, climb up and look out of the window. Now what's up there? . . . The sky. An' who's in it? God. Well, remember, God helps those who help themselves." Aye, an' God helps those who are found helpin' themselves. Six months. Stand down.'

Now her head went back and she gave one mighty bellow of a laugh, and Emily, laying her hands flat on the cheque and the letter, bent her head over them and her shoulders shook until the tears ran down her face; and when their laughter subsided she wiped her eyes and said, 'Oh! Aunt Mary, I needed that. I've longed to see you these past days just to get a laugh.'

'Best medicine in the world, lass, a laugh. God gave it to the poor for compensation. You never see a rich man laughin', now do you? Not that I know any rich men. But the lot that launch ships and open bridges an' the like, you never see them laughin'. Smilin' stiffly, aye, but never laughin'. And there's Ma Harris, why if she laughed she'd need to have her face stitched, and that'd cost money.'

They were off again, and they laughed and they talked for the next hour. Then Mary put on her shawl, warned the youngest members of her family that she'd brain them one by one if they put their noses out of the door or went near the fire, then guided Emily to the female moneylender.

When, half an hour later, Emily emerged with nineteen sovereigns in her purse, she pressed one amid loud protests into Mary's hand. And they parted at the street corner, Emily promising to make the visit a weekly one in future.

In Fellburn she bought a quarter of a stone of oatmeal, two pounds of rough salt, half a dozen pigs' trotters, three pounds of spare ribs, and odds and ends that filled two bags; then she took the carrier cart home.

There were six people on the cart and she, being the last to arrive, had to sit on the tail end, her legs dangling over the edge.

After they had passed the side road that led to the quarry she called to the driver to stop near the stile. A few minutes later she was carrying her bags through the copse to where in the distance she could see the broken-down bridge and Larry standing waiting beside it. Hurrying towards him, she thrust the packages at him, then bent forward and kissed him on the lips, saying, 'Have you been waiting long?'

'I came an hour ago. I . . . I thought I saw the cart pass.'

She looked at him in silence for a moment. He had thought he had seen the cart pass, and she not on it, which was the reason for the look on his face now. He did not look exactly happy but he certainly looked different from when she had left him this morning. Suddenly she felt gay, glad. She hadn't felt like this for . . . oh, she couldn't tell the time. She laughed aloud now as she said, 'Well, I did it. You got the flour and the meat?'

'Yes, I got the flour and meat.'

'By! it was as good as a play. They were staggered.'

'Yes, I can imagine they were. But wait till next time they'll be ready for you.'

'Oh no, they won't' – she tossed her head – ' 'cos we've got somebody on our side.'

'Somebody on our side! Who?' He turned to her.

'Mr. Waite, the baker. He's delivering and he wanted to be remembered to you.'

He now stopped dead. 'Don't make up tales like that, Emily.'

'I'm not makin' them up. He was as kind as kind. He nearly had me crying again, that's how kind he was. And once she was out of the shop – his wife – he spoke to me, and . . . and he sent you a message. He said' – she paused – 'Give Mr. Birch my best respects and tell him . . . tell him I'm with him.' Well, she felt sure that if he'd had time he would have said something like that; it was in his face.

'Waite said that?'

'Yes, he did.'

'Well! Well!'

'So I was right. There are different people in the world, even in the village. Everybody isn't the same. . . . What have you been doin' when I've been away?'

He turned his head and looked at her. 'Thinking about you.' He smiled.

She looked ahead. Her chin wagged; the setting sun was bathing everything in a warm glow; the sky was beautiful. The dead bracken on the hills before her had turned them to pure gold; the wind had risen and carried on it the sting of a frosty night, and the smell of winter. The whole world was beautiful, and this was a lovely part of it. Everything was going to be all right. Oh aye, everything was going to be all right.

Chapter Two

Christmas came and went, and New Year followed, and there was no season of good will, for it takes more than one to create a jollification. But it didn't seem to matter much; what did matter was keeping warm. One day towards the end of January when they had been snowed up for nine days, she came in from the byre and cried with pain as she thawed out her hands at the fire; and he growled at her, 'I told you what it would be like, and you've tasted nothing yet. Wait till it crucifies you.' That moment was the nearest she came to thinking of leaving him. If it had been possible to get down the hill she might have packed up there and then, but as she then told herself, the thought wouldn't have occurred to her if the hill had been clear, for then he himself wouldn't have been tested to the limit of his endurance.

As the weeks wore on what was testing them both too was the question of money. It wasn't until he had received the third letter from the solicitor concerning his wife's bounty that she persuaded him to take the trip into Newcastle in order to sign the papers which would enable him to receive the money.

Persuade was hardly the correct term for her attitude in spurring him to leave the hill. It was in desperation she had shouted at him, 'Will you tell me what we're goin' to live on until the land gets going?'

He knew nothing about the money she had received from the sale of the watch, for after two days of carrying the eighteen sovereigns round, tied in a bag in her petticoat pocket, she decided that her best plan was to hide them outside the house, and some day they would come in handy, for in the nature of things there were bound to be very lean days ahead. So, in a corner where two walls met at the extreme end of their land, she scraped a shallow hole in the earth, placed the bag in it and moved a small pile of wall stones that were lying near on to the top of it.

At first she felt guilty at her deception, but as the weeks went on and he refused even to answer the solicitor's letters she thought the time would not be far off when she'd have to move those stones again.

This morning, when she had shouted at him, he had not retaliated except by glaring at her, then stamping out of the cottage, and it was with difficulty she had prevented herself from running after him and saying she was sorry; as she told herself, this was no time to apologize or act soft. Recently she had asked him why he hadn't brought more than a bare fourteen pounds from the house when he left it, and he had explained that he had been in the habit of going to the bank once a month to draw out a certain amount, most of the bills being paid by cheque. He had been due to go to the bank the very day of the funeral; but, of course, from then on the bank was closed to him.

This morning she had also wanted to cry at him, 'You don't want to help yourself, do you?' but that would have been untrue because he worked from morning till night clearing more land, tearing at the ground, uprooting bracken, and carting away boulders to make it possible for ploughing in the spring, and as most of the land was on a slope the work was even more hard.

He remained outside for half an hour. When he returned he walked straight past her, into the bedroom, and she heard him fling back the lid of the trunk that held his suits. Ten minutes later he came into the kitchen dressed as she hadn't seen him dressed since the day he left the farm. He was wearing a grey tweed suit and an overcoat to match.

He held his hat in his hand and he stood looking at her for a moment before he said, 'At bottom you're like the rest of them, you won't be satisfied until you see me grovelling.'

'Aw . . . aw' – she moved her head slowly to the side – 'that isn't fair . . . to say a thing like that to me, that isn't fair.'

'Well, how do you think I'll feel, going into that office and having them sniggering at me?'

'Well, if they're gentlemen they won't snigger. . . .'

'Oh my God!' He swallowed a mouthful of spittle as he closed his eyes and screwed up his face. 'You're so . . .'

'Don't say I'm ignorant' – her voice had risen now – 'an' that I don't know people, or what I'm talkin' about, 'cos I'm going to say again, if they're gentlemen they won't snigger. Mr. Tooton didn't snigger, and he was only a clerk; he was sorry for you and thought you'd been dealt a dirty deal.'

He gulped deeply as if his throat was dry; then, his manner softening, he asked her quietly, 'Is there anything you want bringing back?'

She thought for a moment. 'No,' she said, 'except that we need more fodder and meal and such; but if we can settle the bill Mr. Waite 'll drop that down below for us.' Then smiling a little, she moved slowly towards him, saying, 'There's something you could bring back if you wouldn't mind carrying it. I'd love a leg of pork.'

'A leg of pork!' He was looking into her face now and his head was moving gently. 'Don't you want anything for yourself?'

'Only that you should come back.'

'Oh, Emily!' He leant forward and kissed her gently on the lips, and she put her arms around his neck and held him close for a moment; then she buttoned the high lapel of his overcoat, patted his chest, and explained on a high note, 'You haven't got any gloves on.'

'I don't want gloves.'

'You're going to put gloves on; you're not going into the town dressed like that without gloves.' She dashed into the other room, thrust open the lid of the trunk, put her hand down the side of it and brought up a pair of lined kid gloves; then running back into the kitchen again, she handed them to him, saying, 'Now you'll have to hurry; you've got a good mile and a half to tramp if you're going t'other way to catch the carrier cart. And mind' – she now admonished him with her finger – 'you take the cart, don't you attempt to walk into Birtley and catch the train. Now mind, 'cos you'll not get back the day if you do.'

He made no answer, but opened the door and went out, and she stood on the step and watched him as he strode down the path and through the gate and into the frosted field. Then stepping back into the room for a second, she snatched up a shawl, put it over her head, and ran down to the gate, and from there she shouted, 'Take care.'

He did not turn round but he lifted his hand in recognition that he had heard her. . . .

The day passed slowly. She spent the rest of the morning cleaning out the shippon and the stable, seeing to the animals' needs, milking the cow, and sawing and chopping wood into sizable lengths for the fire.

At noon the light suddenly changed and when the thin wind that sounded like a mournful song came threading from the far trees and swirled round the house, she looked anxiously up into the sky. There was snow coming again, the smell of it was on the wind. Oh! . . . snow. She hated snow. She hoped it didn't start before he got back, for it would turn the hill into a skating rink. She'd thought they'd seen the last of it. If it did come they'd want more wood than there was already stacked against the end of the house. She'd better get herself away down to the stream to see if there was any bits washed up on to the bank. She'd have a cup of tea first and then she'd set off.

As she sat in the kitchen drinking her tea the wind died completely away; she felt she could hear the stillness. She looked about her. The room, though crowded, looked cosy enough; everything was clean and tidy, and the wood fire glowing in the blackleaded stove gave a homely appearance to it all. Yet without him, the place was like a graveyard. She'd go mad if she had to live up here on her own. She wished they had a cat or a dog. Why was it you could talk to a cat or dog more than you could to a cow or hens, or even a horse? Because they were kitchen animals, she supposed. She'd ask him when he came back about them having a kitten . . . and a dog. Funny, but he wasn't partial to dogs, and him being a drover once. There had been two dogs down on the farm, nice sheepdogs, but she had never seen him walk with them, likely because they looked on old Abbie as their master. . . .

What would he be doing now? She looked at the clock. He'd likely have got the money and was going round shopping. If he left Newcastle around two he should be back about four or thereabouts, depending on which way he came, of course. If he came through Fellburn or the village he could do the journey in an hour, at least to the bottom road; but then he'd never come that way.

It was a strange life living up here in the cottage. Sometimes it almost became unbearable, but when this feeling came on her she would look at him and think how much worse it was for him. If only she could see her Aunt Mary more often, or somebody from Shields. Her da. Yes, if she could see her da, and their Lucy.

She hadn't heard a word from her da; but, of course, she wouldn't, would she? If he sent any letters Alice Broughton would put them straight in the fire, after reading them of course. But then it wasn't likely her da would send her any letters; he wasn't much hand at writing; what her da did was to turn up, just walk into the house as if he had been gone but half an hour or so.

She felt lonely. Oh, she did feel lonely the day, lost somehow.

Come on, get yourself out of this.

In answer to her own command she got up hastily from the table, took her mug and rinsed it in the bowl of cold water, hung it on a hook, put on her old coat, then her shawl over her head, and laced it under her breasts and tied it in a knot at the back of her waist. Then having donned a pair of home-made mittens she went out to the shed and, picking up a rope attached to a board, which was itself attached to two sets of small wheels, she pulled it behind her over the rough ground and down to the stream bank, and for the rest of the afternoon until the light almost faded, she made dragging journeys with the trolley up the hillside.

She was almost exhausted when at last she went into the cottage. After pulling off her outer clothes she sat down and looked at the clock. It was ten minutes past four. The time had flown as she had intended it to, but she told herself she shouldn't have stayed out so long; he'd expect a hot meal when he came in, and he should be here at any minute, and so, tired or not, she'd better stir herself.

An hour later the light had almost gone and so she put on the old coat and shawl again, lit a lantern, and went out and down the slope.

On reaching the bottom she called, 'Larry! . . . Larry!' Receiving no reply, she went at a stumbling run up the far hill, and from the top she made out the very erratic swinging of another lantern.

Her heart seemed to stop beating for a moment. He hadn't taken a lantern down with him. Something had happened to him. He had gone through the village and they had attacked him. . . . It was Con all over again. They were bringing him home.

She almost measured her length on the ground as she took a leap forward and only just in time managed to save herself.

As she approached the other light it stopped its swinging and the glow became steady, which meant it was on the ground, and when she came panting within range of its beam she stopped dead and looked through the light into George's face, then down at the huddled figure on the ground by the side of his feet.

'Hello, Emily.'

She didn't answer but walked slowly forward. She didn't ask what had happened, she knew he was dead drunk. She looked up at George when he said, 'He came by cab from somewhere. The cabbie dumped him at the side of the road. I wouldn't have known anything about it but one of the village lads told me the cab passed through the village an hour or more ago and he was singing at the top of his voice. I . . . I don't know what made me take a dander along here, but it's just as well I did, because he would have been stiff by the mornin'.' He paused, then ended, 'There were quite a number of packages scattered around him; I brought them over the stile in a sort of relay.' He made a sound in his throat that wasn't a laugh. 'I left them by the old bridge; I thought I'd better get him up first.'

Still she didn't speak, but when he bent down and hooked his arm under that of the leavy limp body she went to the other side and did the same. But when the body made no response and they were having to drag him along she realized the impossibility of getting him up the hill in this condition, so she took her arm from his and let him slump against George's side again. Then gripping him by the ears and part of his hair, she wagged his head on his shoulder – as she had seen her mother do to her father many a time in order to get him to mount the stairs – until he spluttered, then began to curse. 'What the hell! I'll knock ya bloody head off! I'll . . . I'll. . . .'

'Get on your feet and move!' Her voice was harsh, loud. It could have been that of Alice Broughton, or any woman in Creador Street, and in answer to it he actually stumbled to his feet and when, after a fashion, he moved, they all moved.

Following his drunken route, they swayed from side to side. Once George dropped the lantern and the candle went out and they were left in total blackness until, exclaiming aloud and groping for matches, he lit it again. . . .

When at last they entered the cottage, not only did Larry slump to the floor but both George and Emily reached out towards the settle and dropped on to it, and for some minutes the only sound in the kitchen was their combined gasping.

Drawing in a long shuddering breath, Emily now rose to her feet and asked quietly, 'Will you help me off with his clothes, George?'

'Aye, Emily. Aye.'

Again they hoisted him up and, his legs trailing behind him, they dragged him into the bedroom and dumped him on the bed. When presently he lay in his small clothes, Emily said, 'Thanks, George,' and drew the blankets over the prostrate body. Then picking up the lamp, she led the way back into the kitchen, and after placing it on the table she looked at it as she spoke, saying again simply, 'Thanks, George.'

For answer George said, 'There's those packages and parcels down there, they should be brought up.'

'They can wait until daylight.'

'Well, I doubt if some of them will be there by daylight; there was pork sticking out of one, and a duck's head dangling from another; and . . . and there's a small case of the hard stuff.'

She lifted her head now sharply and looked at him; but he did not meet her gaze as he went on, 'The meat stuff won't last long, the foxes 'll have a field day.'

'I'll go down and get it.'

'You'll do no such thing. I'll bring it up.'

She stared at him as she said, 'It's too much to ask.'

'What is?' He gave a small laugh. 'To take a dander in the dark? Anyway' – His chin drooped forward as he ended, 'It's good to see you again, Emily; we miss you down there.'

She looked at the lamp again. 'How are things going?' she asked.

'Oh, as usual. Old Abbie trying to rule the roost. But the new one, I think, will put a spoke in his wheel.'

She jerked her head round towards him. 'He's come then?'

'Oh aye, about a fortnight ago, a fortnight the morrow to be exact. A Mr. Davies came from the solicitors and told us to expect him. . . . Mr. Tooton's not there any more. He left, you know, and went down to some place in the West Country so I was told.'

'What's he like?' she asked quietly.

'Hard to say as yet; quiet but misses nothing. When old Abbie gets yapping he just looks at him, then turns away without saying a word, leaving the old fellow up in the air. His name's Stuart, Nicholas Stuart. It's a Scottish name but he's no Scot, not from the looks of him, he's got a foreign appearance somehow.'

'Have . . . have you taken to him?'

George nodded slowly as he said, 'Aye, in an odd sort of way; aye I have, Emily, I've taken to him. He's no fool. He's not throwin' his weight about either, he's biding his time and weighing things up. But . . . but somehow I feel he's going to have a very lonely life of it unless he gets himself married. But who is there to take him on around here, he's got the prison stamp on him? Why, they tell me when he went into The Running Fox it was as if they had all been struck dumb, they just sat looking at him, and when he finished his pint they say he looked back at them, one after the other he looked at them, and then went out without a word. And he hasn't been back since. Ma Riley says he's easy to please about his food; she hasn't had any complaints so far.' Now George grinned as he ended, 'And that's sayin' something for she wouldn't get a prize for her cookin'. I think Jenny would make a better hand at it if she'd let her have a try. She's the new lass,' he explained; 'she's quite nice, pleasant. I've often thought you would have got on well with her; I could have seen you laughing together. . . . You happy, Emily?'

She now looked fully at him, and it was a moment before she answered, 'I would be, George, if he was.'

'That's askin' something.'

'Aye, yes, it is.'

'What sent him on the day's benders?'

'He went to collect the money she left him. I had to make him go – I wish I hadn't now.'

'He was a fool; he should have stood and fought it. There's even those in the village now who say he's had a rotten deal.'

'I wish they would tell him to his face then, it might bring him some comfort. But he believes everybody's against him, from the top, middle and bottom, everybody. Even his so-called friends haven't shown their faces . . . the Rowans.'

'Ah well!' George now hung his head, then looked to the side, and she waited for an explanation of the implication that had been in the two words, but without venturing one he turned away towards the door, saying, 'Well, if I'm to beat the foxes I'd better get down there, Emily,' and she answered, 'Thanks, George. It's good of you, so very good of you.'

She stood looking at the closed door for a moment before turning towards the bedroom. There was a reason why the Rowans hadn't shown their faces. George knew it, likely everybody knew it but herself. Was she closing her eyes to something? No. No. Give him his due, he wasn't a man like that. What had been between him and Miss Lizzie Rowan was in the past long before she herself had come on the scene. She mustn't get things like that into her mind. No, she mustn't; she had enough to put up with.

But it wasn't long before she found out the reason why the Rowans' hand of friendship hadn't been extended in Larry's hour of need.

George had made two journeys back to the house. On the first he deposited the pork, the duck and a parcel which held a thick lined winter coat for her, together with other small packages of fruit and chocolates, two tins of toffee, and a decorated cake which was all broken up.

The second journey George made was to carry up the two small crates, one holding six bottles of whisky, the other the same number of quart bottles of beer.

When Emily bid him good-bye she took his hand and shook it slowly as she said, 'I don't know what I would have done without you, George'; and to make light of it he replied, 'Much worse with me, Emily.' And she let him go at that.

She was utterly weary and sick of heart when at last she took her place in the bed, lying pressed close against the wall because at the moment she couldn't bear contact with him. It was some time before she fell into a deep sleep. At some time in it she dreamt that she was back in the house and it was another New Year's Eve and they were in the library again having a bit of jollification. She heard Larry singing, his face was bright with happiness, his head was back and he was singing that old touching song, 'Oft, In The Stilly Night'. She heard every word:

Oft, in the stilly night,
Ere Slumber's chain has bound me,
Fond Memory brings the light
Of other days around me;
The smiles, the tears,
Of boyhood's years.
The words of love then spoken,
The eyes that shone
Now dimmed and gone,
The cheerful hearts now broken!

That song always had the power to make her cry.

When she listened to the chorus being sung again she blinked her eyes and realized that she wasn't dreaming. She put out her hand. His side of the bed was empty. She sat up but didn't get out of bed. Drawing up her knees, she put her arms around them and dropped her head on to them. She shouldn't have left that crate there. How long had he been drinking? It was a repeat performance of a few months' ago.

He had stopped singing now and was talking. She raised her head slightly as his voice came in a growl, saying, 'You're a mean bugger, Dave Rowan, a mean minded bastard! Oh aye; all was forgiven when I was to come into the house and farm. You would have let her come to me then, wouldn't you, you rotten swine you? You were willing to forget the times when you were goin' to kick me arse over head if I came within smelling distance of your gate, and her. Then you almost had a seizure when I got a place of me own, a farm of me own, a place that made yours look like a dung heap. You couldn't forgive me, could you? It ate you up. The envy ate you up. But then, it all changed, Dave, didn't it, it all changed, when Rona died. You didn't mind Liz coming to show her condolences then, oh no, it was all cut and dried, an' I like a bloody fool was willing to let bygones be bygones, for who better than Liz to run the house and be a farmer's wife . . . an' be a farmer's wife, eh? And such a house. And such a farm. But me world blew up, didn't it, blew sky high? An' where am I now?'

There was the sound of a bottle crashing against the stone hearth, and as it splintered he yelled, 'I'm back where I started from! But you won't down me, not you, Dave Rowan. I mightn't beat the rest of them, but begod I'll beat you. I was like a bad smell in your nose you once said, but afore I'm finished, I'll choke you with that smell. An' I've got a way of doin' it an' all. Oh aye, I have that.'

His voice faded away. The only sound now was his grunts and his snorts. He'd be asleep with his head on the table.

So that was it. *That was it. My God!* he would have married that Lizzie Rowan. Yes, he would. What had he said about her? She could run a farm as good as any man. He had married the first one for what she could give him, and he had been prepared to marry the second one an' all for the same reason, so as she could come and help him run the farm. Likely that is why he'd gone after her all those years ago in order to get his foot in a farm, any farm that would take him away from here.

She had been barmy, daft, romantic, like some of those lasses she had read about in the *Ladies' Weekly*; how from them being servants they had married their masters, lords and such, and had been trained to be ladies. Eeh! she had been blind, and gullible. Well, it was finished. Once he sobered up she'd let him have it, and then she'd get away from this frozen hilltop, away from this backbreaking, heartbreaking piece of land and this little stone box of a house.

It was some long time later when she rose from the bed and got into her clothes.

The clock on the kitchen mantelpiece said fifteen minutes past six. He was lying half sprawled over the table. She had to step warily as she went towards the hearth for broken glass was everywhere. She put some wood on to the pale embers of the fire, put the kettle on the top of them, then set about sweeping up the glass from the hearth and picking it out of the carpet. When this was done she went to the table and stood looking down at him.

Near his outstretched fingers was a bottle three-quarters full of whisky. There were still four left in the crate, which meant that he had swilled more than a bottle of the stuff from the time he had got up, and that on top of what he had already taken would, she surmised, keep him in a state of stupor for a few hours more. The new coat was lying across the wooden settle. She didn't even glance at it. What she did now was to light a lantern and place it on the door step; then taking the bottle with the remaining whisky from the table, she put it into the crate with the other four, carried them outside down the path and to the garden wall, and there one after the other she smashed them on top of the stones.

She did not do the same with the beer. Beer, she considered, never had the same effect as spirits on people; and, anyway, he'd need something to get over his sore head when he came round.

As she returned up the path towards the door the first large flakes of snow began to fall and she thought, Let it come thick and fast, 'cos I won't be here to clear it away. . . .

He came to quicker than she had expected. It was about nine o'clock when with groans and grunts he raised his head painfully upwards and glared through blinking lids around him; then his hand went groping for the bottle.

She had just come in from milking the cow. The snow was coming down so thickly now it blotted out everything within a yard or so. She stood within the closed door and watched his hand groping round the table. She watched him stagger to his feet, turn and face her, then splutter, 'The bottle . . . where's the bottle?'

She didn't answer but went back to the door, flung it wide open, pointed and said, 'It's with the other four.'

He screwed up his eyes at her trying to understand.

'You'll have a job picking the broken glass up, it's splayed over the patch you dug a while back.'

'*You! You!*' He choked on the second word and his dry tongue came out searching for moisture round his lips; and now he roared at her, 'You! you smashed them?'

'Yes, every one of them.'

'You young bitch you!'

Before she knew what was happening his fist had come out and she was knocked backwards on to the crate of beer. There was a searing pain going through her eye and coming out of the back of her head, and a smaller pain attacking her hip; both were unbearable. She let herself sink away through the dark layers that were enfolding her; she thought she was going into death and she made no fight against it. . . .

When she came round she was on the bed and he was kneeling by her side. The pain was still with her but mostly in her head. She saw him through a haze. He looked sober and he sounded sober and she heard him say, 'Oh my God! Emily; I'm sorry. I'm sorry. Oh, I . . . I thought you were gone. Oh Emily! Emily, I didn't mean it; I wouldn't hurt you for the world, I wouldn't, I wouldn't. . . . Oh Emily! Emily.' When his head drooped on to her breast she did not put her arms about him as she lay thinking, I wouldn't hurt you for the world; no, but I'd go and marry me old sweetheart after I'd led you on to believe that I had a feeling for you. He was crying again, he always cried in a crisis.

'Forgive me, Emily. Say you'll forgive me. God! I wouldn't have done that to you if I'd been meself, not to you. Say you forgive me. Oh Emily! Emily.'

She didn't say it; but when she patted his shoulder it conveyed her unspoken words and she knew that she'd still be here to clear the snow away after the big fall.

PART FIVE

The Second Year

Chapter One

She couldn't believe she had been living in the cottage for only a year; nor could she believe that she was but eighteen years old, because she felt a woman, a fully grown woman, one who was used to shouldering responsibility, one who was used to . . . carrying a man. From the day he had struck her and she had succumbed to his genuine sorrow she knew that the pattern of her life was set inasmuch as it would be she who must lead, but covertly, for she must never let him imagine that even on his own small plot he had failed.

They had harvested their crop of potatoes and vegetables in season. They still had a good supply of milk, butter, cheese and eggs, and they did an exchange with Mr. Waite for fodder and oddments, and the sheep had doubled to six. He had considered doing away with the horse for it didn't earn its keep, but she had been against this for she had grown fond of the animal. But meat, oil and candles had still to be bought, and as yet there was no return in cash for their labours.

They were seriously thinking of taking up pigs; but then so many people kept pigs, almost every cottage round about had its sty. What was evident to her, however, was that they must take up the keeping of some livestock that would bring in a steady, if small return, and quickly. A pig could issue ten to a litter whereas a sheep gave one, or two if you were lucky. And anyway, before you could make money on sheep you wanted a good sized herd, and a wide range to run them on; they had neither the herd nor the range.

These thoughts were very much to the fore in Emily's mind as she sat on the carrier cart, not on the tail now but up front with Alf Morgan. She was a regular customer of his and so he afforded her the courtesy of the front seat. And he didn't hide the fact that he considered her a handsome lass, and a pleasure to look at for she had a skin on her face like a peach. More than once he had thought it was a bit of a shame that her hands were as rough looking as a navvy's; but then she had a tough life of it up on Bailey's Rise.

After stopping the cart he swung her bags from under the seat and down to her, saying, 'See you next week then, lass,' and she replied, 'Yes, Mr. Morgan, see you next week.' And that was another thing he liked about her: she didn't take liberties, she always gave a man his title. There was a divided opinion about her on the road. Some said she was a loose piece living up there with a man who had once been her master; others that she was only a bit of a lass who had been led astray by a fellow who was no more than a nowt. He placed himself among the last group for from what he remembered of that fellow Birch his head had been too big for his hat.

There was a light breeze blowing, but the sun was bright and still warm although it was the middle of October.

She swung up the hessian bag, which she had made into the shape of a long knapsack, for ease in carrying it up the hills, and after putting her arms through the straps she hitched it on to her shoulders; then picking up the two smaller bags, one in each hand, she started along the road towards the stile.

She'd had her head slightly bent so she wasn't aware until she lifted her foot on to the first step of the stile that a man was approaching from the other side. As he came nearer and she stared at him her throat went dry. She had seen him a number of times before; even if she hadn't realized who he was she would have recognized the trap which he was driving when it had passed the carrier cart on the coach road. But on these occasions when she merely glanced at him she'd had no idea of what manner of man he was except that she endorsed George's description of him looking like a foreigner.

But now she was seeing him close up, face to face. They stood, one on each side of the stile, and they both knew who the other was. She saw that he wasn't very tall and he was thin with it, but it was a hard thinness. She couldn't describe it to herself except to think that he appeared like some of the men in the steel works in Jarrow who'd had all their flesh melted off them with the intensive heat. His face, too, was thin, but it held no resemblance to that of any steel worker, for the skin was brown, a sort of pale brown, like a tan. But it was his eyes that were different; they were dark, all dark, seemingly no whites to them, and their shape was not like that of any Englishman she knew. Was he Chinese? No, he didn't look like a Chinaman, and she'd seen numbers of Chinamen in Shields, Arabs an' all, and he certainly didn't look like an Arab, yet he didn't look English.

'Can I help you?'

When he held out his hand towards her she lifted her foot quickly back from the stile step and shook her head.

'Then let me lift your parcels over.'

Again she shook her head while all the time feeling stupid. Her thoughts were racing madly back and forwards in her head. Why had he come over to this side of the road? Surely he knew who lived on this side. Was he looking for trouble? But his voice didn't sound like that of a man who was out for trouble. It had a lazy sound, slow, quiet; nice, she thought, if it had belonged to anyone but him.

He was smiling at her now, a half amused, half pitying smile; then he said, 'I am not going to eat you.'

Now she did speak; she didn't like to be treated as if she were a frightened lass. 'I don't imagine you are,' she said.

'Then why be so afraid?'

She stared straight into his face now and her head lifted and her voice sounded harsh as she replied, 'You know right well, you know who I am and I know who you are, an' I'm surprised to see you this side of the road. . . . Don't you think there's been enough trouble?'

His face was unsmiling now as he replied, 'I had walked round the quarry; I took a side path, I didn't know where it led but I suppose if I'd stopped to think it would have told me. Anyway, I'm glad now that I didn't because I've wanted to speak to you for a long time.'

She drew her chin in, her eyebrows moved upwards and she went as if to step further back from the stile as he rested one arm along the top bar of it and said, 'I don't see why this situation should continue. I apparently have inadvertently done Mr. Birch out of his livelihood and his home, to my mind his rightful home, and I feel that it is time that we got together with regard to me making some reparation.'

She wanted to protest immediately at the madness of his suggestion; she wanted to say there'll be another murder if you ever come face to face with him; whether he's drunk or sober he'll go for you. And she believed firmly that he would. But she said nothing, she just stared at him as she thought in amazement, he talks like the gentry do. She had never heard Larry talk this way; he wouldn't know how. It was sad when she thought of it that Larry's one aim had been to appear like a gentleman, whereas this man who had stepped into his shoes, the man who had been in prison all these years, talked like a natural one, which belied his looks, for she had half expected him to speak in broken English.

'Do you think you could arrange that we should meet?'

'No! no!' She was shaking her head wildly now. 'Oh no, please, don't you ever go up there.'

'But why not?'

'Well—' She now dropped her two bags by the side of her feet and, still moving her head, she said, 'I shouldn't have to explain to you, you know yourself you walked into his shoes; everything he had went to you. You came out of the blue as it were. It was like him sort of handing everything to a ghost who he wasn't able to fight.'

'He should have fought, he should have taken the case to court. Even if he hadn't won completely he would have had some decent reparation, much more than she left him.'

She looked at him now through narrowed gaze. The way he had said she, it could have been Larry speaking of her.

'Do you really want to be of help?' she asked.

'Yes, sincerely I do.'

'Then please do as I ask, leave him alone. He would sooner die than take a penny off you, and he'd likely try to do you in if you suggested it to him.' And she knew this to be true; she knew that in many ways Larry was a weak man, but that on this one point, namely the hate of the man who had usurped his position, he was strong, and his hate, she felt, would keep him strong until he died.

They stared at each other for a long moment before he stood aside; and now when she lifted up the bags from the ground and put them on the top bar of the stile and he lifted them down, she made no protest, but when he offered her his hand she ignored it.

She did not give him any farewell but went on along the path, her back slightly stooped under the weight of the knapsack and she didn't stop until she was through the copse and had reached the broken-down bridge. There she leant against the wall and closed her eyes, and said to herself, 'If it isn't one thing it's another. I might have guessed things were running too smoothly.'

Chapter Two

During the next two weeks or so she was afraid to go down to the road in case she bumped into 'him'. As she told herself she mustn't have any truck with him, for she had only to be seen talking to him and the village would be alight again. Yet she thought about him often. He seemed a nice man, quiet. She couldn't imagine him murdering anybody, but he had done, and served his time for it; yet somehow he didn't look any the worse for his long years in prison. There was a sort of – she searched in her mind for a word, and the only one she could think of was calmness. Yes, there was a sort of calmness about him which she considered odd after what he must have been through, and again and again she told herself how surprised she had been to hear him speak so well. Under other circumstances it would have been a pleasure to listen to him, but now she didn't wish for that pleasure, and if he ever tried to speak to her again she'd squash it in the bud quick and fast. She would that. She'd tell him straight.

She was coming out of the byre when she saw Larry going towards the gate in the stone walled compound that they had erected to house the sheep in the roughest of weather, and she called to him, 'Where you off to?'

He turned sharply and, pointing to the trolley, called back, 'What does it look like?'

'But I didn't know there was any wood over that way.'

'There's a rotten branch came down beyond the rise, I noticed it yesterday.'

'Oh, good.' She nodded at him.

Wood was becoming a problem and although they might have been able to afford a hundredweight or so of cheap slack coal each week it was the getting of it up here that posed the problem.

Last year when they had searched for wood they had done it together, but of late he had taken to going off on his own; and she was glad of this for it left her free to sit down for a time. Not that she couldn't sit when he was present, but she was never able to think quietly, or even to sit and read without a sense of unease. She had taken to resting in the evenings; sometimes it was the stories in *Ladies' Weekly* or *Red Letter* which she purchased on her weekly visit to the town and her Aunt Mary's, and sometimes, and more often of late, she looked through the little black book.

There were fifty-eight pages in the book, and on each was a piece of prose or poetry, some pieces consisting of only two lines. But it was with secret pride that she had memorized more than half of them, and often she quoted them to herself word for word whenever their meaning seemed applicable, as at the present moment when she was unpicking, of all things, the coat she had bought in the second-hand shop in Fellburn, the coat that had caused such a stir. It was good material and she had decided she could get a skirt from it besides a sleeved waistcoat. The line that came into her head now was one of the short ones, and it went: 'Language is the dress of thought'. It was said by somebody called Johnson. She mightn't be using it in the same way as the man meant it when he wrote it, but she always found that when she took a needle into her hand her thoughts became clearer, more wise like, and she considered it was a pity that she couldn't turn all her thoughts into language, but once she let them flow down from her head into her mouth, there they stuck, or if they did come out they were expressed in a very ordinary fashion, and not in the fine garments she had made for them in her mind.

There was another reason why she enjoyed her time alone, because then she could talk to the cat. She called him Tiddles. He was still a kitten but very affectionate and very often when she addressed him he mewed back at her and she swore that he understood every word she said.

She stooped down now and lifted the kitten from the hearth and on to the settle at her side, saying, 'There now, what will we talk about this afternoon, eh? There's a nice story started in *Red Letter* but I only hope it doesn't ramble on for ever and a day like the last one. Oh, the things that happened to that poor girl. And I never knew how she did end up because that was the week I missed. Remember, when I had that shocking toothache?' But besides her reasons for liking to have some time to herself she wanted at the moment time to dwell on the consequences of what might happen should the suspicion that kept niggling in her mind be correct. She stopped stroking the kitten as a slight sweat broke out on her.

The kitten mewed for more attention, then curled into a ball and purred. The wood on the fire spluttered and crackled. A crow called from the chimney-top and as if Daisy were answering it there came a loud moo from the shippon, and Emily, now picking up the scissors, went snip, snip down the gores of the coat.

When the knock came on the door her scissors froze in her hand. No one had knocked at that door during all the time they had been here. It couldn't. . . . No, no! it mustn't be him. Eeh! it would be murder. Thank God Larry was out. She took the coat from her knee and slowly laid it aside; then taking a deep breath, she went to the door and pulled it open, and on a great gasp and a loud cry she actually yelled, 'Da! Oh Da! Da!' The next minute she had her arms round the tubby red-faced man standing on the step, and he was holding her tight, not saying a word, just holding her tight.

Now she was pulling him into the room and closing the door behind him; they held each other at arm's length, then again they were enfolded; and now she was crying and laughing and spluttering all at the same time. 'Oh Da! Da! where have you sprung from? Oh, am I glad to see you. Oh Da!' She rubbed both sides of his stubbly cheeks with her hands and, her face awash with tears, she gulped as she muttered, 'Oh you're a sight for sore eyes. I . . . I wouldn't change this moment for a thousand pounds. No, no, I wouldn't.'

'How are you, lass?'

'Oh, me? Oh, I'm all right, Da, I'm all right. Eeh! I was just thinking of you last night. I thought, Where's he got it, it's a trip and a half? It's well over two years. But sit down. Give me your coat. Let me get you a drink. As she flung his coat and cap across the back of a chair, she turned to him laughing through her tears, the old Emily, as she cried, 'I said, get you a drink, it's only tea.'

'Tea 'll do fine, lass.'

But she didn't hurry to make the tea, she stood looking at him, and he at her; then once again she was rushing towards him, and now there was no laughter threading her tears and her crying was not that of a girl, or even that of a young lass, but of a woman; and her father recognized this as he held her tenderly.

When he had last seen her she still looked a child, in a way, but a child full of life and jollity; yet here she was, two and a half years later, so changed that he hardly recognized her. She had jumped girlhood, there was no remnant of the fledgling on her any more, and her but eighteen. She was still bonny though. Oh aye, she was bonny all right, more than bonny. He held her from him now and, his voice thick, he said, 'Give over, hinny, give over,' and with her head down she muttered, 'Aye, Da, aye. . . .'

She made him a dinner of cold meat, pickled cabbage, new bread, and an apple pie, and she heard how he had reached home yesterday to find Alice Broughton and her brood gone and the house in a shambles. Alice had made a hasty retreat with another lodger after his boat was reported due in; and she heard how he had dashed round hoping to find her and Lucy at McGillby's, only to receive a garbled story of what had happened there from Mrs. Gantry next door. Late last night he had landed up at her Aunt Mary's. And now here he was.

She, in turn, told him of Lucy's good fortune in getting into the hospital in St. Leonards, and in making a friend of this lady called Miss Rice, whose people lived in Hastings and who were welcoming Lucy into their home and apparently making much of her. She brought out Lucy's letters and watched him read them, nodding as he did so, but making no comment until he was reading the last one; then, looking at her, he said, 'You shouldn't be separated.'

'It was for her good, Da; she was bad, real bad. Look' – she picked out a letter – 'she says herself she hardly coughs at all now and she eats like a horse.'

'Aye, she does; but she also says she misses you and wishes you were there.' He pushed his empty plate away from him now, but kept his eyes on it as he said, 'Why don't you go, lass?'

She went to the fire, put on more wood and moved the kettle along the hob before she replied, 'What's done, is done, Da. Things happen in life, and you can't fight them. It all seems worked out for you somehow.'

John Kennedy stared at his daughter's back. Yes, indeed, the girl was gone for ever and it was a woman who was talking.

'Is he good to you?'

'Yes. Oh yes.' She straightened up and came back to the table.

'How has he taken the change from the big house to here?'

'Badly.'

'Aye, well, it's to be expected. Why aren't you married?'

'Well, it's understandable why I'm not, isn't it?'

'I don't see it.'

'Well, if Aunt Mary told you the whole story you would know that he thought he had been married for seven years and then found he wasn't, so it's natural he'd have a thing against marrying again, for who's to tell I wasn't married afore?'

'Don't be daft, lass.'

'I'm not daft, Da. Sep . . . Mr. McGillby, he wanted to marry me.'

'Sep McGillby? Him! Why, he was nearly as old as me.'

'Aye, I know he was, Da, but I liked him. I mean that was all, I realize now. I only liked him, I didn't love him or anything like that. But I didn't know it at the time. Anyway, I promised to marry him the minute I was seventeen.'

'Begod! you did.'

'Aye, I did. Well then, say I had, and say what I know now, I doubt if I could have stayed with him. I might have gone off and come here and . . . well, I could have married Larry, and he'd have been done in the eye a second time.'

'Aw, that's damn nonsense. But to think that Sep McGillby had the gall to expect you to marry him and his wife hardly cold. It's just as well he did die or I would have knocked his bloody head off when I got in.'

'She did not say, 'The man I'm living with now is of the same age,' but with a deep note of nostalgia in her voice she asked, 'What's it like down there, Da, the same?'

'Aye, I suppose. Well you've seen it since I saw it last.'

'Not number six Pilot Place. Eeh! I liked that house. And to think that Jessie Blackmore's got it now.'

'Oh no, she hasn't, lass. I learned that much an' all from Mrs. Gantry. She never got as much as her foot in the door by what I can gather.'

'No?' Her face brightened. 'Then who did it go to?'

'The nephew. It so turned out that Mrs. McGillby left the house to McGillby for his lifetime, but should he die it was to pass to her nephew. He's a fellow who lives up in Westoe and I think by all accounts he's pretty comfortable himself.'

'Well I never! Who's in the house then?'

'Oh, it's rented to somebody; she didn't say who.'

'Aye well, rather anybody but her for I've always felt so . . . well so incensed like about that woman having the place.' She looked towards the window as she said musingly, 'I used to keep it lovely; you could eat your meat off the back yard. I used to scrub every flag separately on a Friday and bath-brick the back step. Yet nobody ever saw it, except Sep when he came in that way.'

She continued to stare towards the window but in silence now, until he said, 'You wish you were back there, lass?'

She turned her head slightly towards him, 'You mean in Shields, Da?'

'Aye, in Shields.'

'Oh yes.'

'Well, why don't you go? There's nothin' stopping you.'

She swung fully round now, her face straight as she looked at him. 'Don't let's talk about it any more, Da; I'm here an' I'm here for good. But I'll tell you something' – she now made a face at him – 'I'm going to give meself a couple of days off afore the year's out and I'm going into Shields. I've thought about it many a time. But then I thought I could never go and look at Pilot Place, not with that woman in that house, but now I can. I'll go and I'll walk past the door, and I'll go down the pier, then I'll walk right back up Ocean Road and King Street and through the market, and up the Mill Dam Bank and have a look in the shops in Frederick Street,. I always liked Frederick Street, better than King Street, although they weren't half as swanky. Yes' – she nodded at him – 'I'll do that. . . . How long are you in for?'

'Well, if I go back on this one, three weeks I'd say.'

'Are you going back on her?'

'What is there to stay for, on shore I mean? You're not there: the house is empty.'

'Are you going to keep the house on?'

'Oh aye, yes.' He nodded emphatically. 'My bits an' pieces are there, and it's always some place to come back to. I was talkin' to your Aunt Mary about it and she, as usual, found an answer.' He smiled widely now. 'You know young Jimmy's getting married shortly and he's working in the yard at Hebburn, well, Shields is nearer to Hebburn than Gateshead, so she said what about letting him rent the place off me until I needed it, an' then they'd find a shanty of their own, an' I said, aye, well, that suited me.'

She now leant across the table towards him, her face bright and eager as she said, 'I'll tell you what, Da. I'll take those couple of days off next week and you and me 'll have a jaunt round, eh?'

'I'd like that, lass. Aye, I'd like that.'

'All right, how about next Wednesday, I'll meet you at me Aunt Mary's and we'll go down home . . . I can think of it as home now, an' I'll stay there the night and we'll do Shields and Jarrow and right up the river to Newcastle.'

He cocked his head at her now, saying, 'Aye, we will if I haven't gone through the lot afore then.'

'Well, don't you go through the lot afore then. Now I'm tellin' you' – she wagged her finger at him – 'you keep your hand out of your pocket. . . . Well, that's a date; next Wednesday at me Aunt Mary's.'

John Kennedy sat back in his chair and looked about the room and, as if the thought had just struck him, he asked, 'And where is he then?'

'He's out gatherin' wood. He shouldn't be long. It's a business keepin' the fire goin'. Do you want another cup of tea?'

He got up from his chair now, walked to the bedroom door and, pushing it open, glanced inside. Then looking at her again, he said, 'You're a bit crowded, aren't you?'

'Yes, we brought more than we should. It . . . it was my fault I suppose; I picked the stuff. I thought he was entitled to it. There's one or two nice bits.'

He walked back to the fireplace, grinning at her as he said, 'You should have built another couple of rooms on first to hold it, there's enough stuff here to furnish an up an' downer.'

'I thought about having another room on, a sort of lean-to,' she said. 'Now that the land's cleared and we've got quite a bit of it set, we might get down to it. It only means carting the stones, and a bit of plaster and a few beams.'

After a moment or so he looked at his watch and remarked quietly, 'He's a long time.'

Yes, she thought so too, he'd been gone over two hours. 'I'll see if he's come back,' she said; 'he might be at the wood block.'

She went through the scullery, out of the back door, ran down the path, through the gate and up a sharp incline. And then she saw him. He was pulling the wood trolley, but there didn't seem to be much on it. She waved to him whilst he was still quite some distance off, and then ran towards him.

'What's the matter?'

He had stopped and waited for her coming.

'Nothing. Well, nothing bad that is. We've got a visitor.'

She watched his face stiffen and so she hastened to add, 'It's . . . it's me da; he's come back from sea. He just wanted to see me.'

'Your da?'

'Yes; I've got a da.' She laughed outright now. 'I've told you he was at sea. Did you think I was making it up? He's been on a longer trip than usual.'

'How did he find out where you were? . . . Oh . . . oh' – he closed his eyes and nodded his head – 'your Aunt Mary.'

'Yes, me Aunt Mary.' Her face was straight as she repeated his words then said, 'Well, aren't you comin'?'

'Does he want to see me?'

'Of course he wants to see you.'

'What for, to knock me down?'

'Don't be silly.'

'I'm livin' with his daughter . . . or his daughter's livin' with me.'

She drew in a sharp breath. 'Are you comin'?' she said; 'he's got to go soon.'

It seemed to her that he intended to remain standing where he was for he didn't make a move for at least a full minute; only when she was about to speak again did he tug at the rope and go forward.

In the yard he dusted down his clothes, saying, 'I can't go in like this.'

'Don't be silly, you're a workin' man. What I mean is, you can't work in best clothes.'

He had cast a sidelong sharp glance at her and now he nodded his head and said, 'Yes, you're right, you're always right, I'm a working man.'

As she led the way back into the house she prayed that he wouldn't take a high hand with her da because her da was quick to notice such things.

In the kitchen the two men looked at each other. It was John Kennedy who spoke first. He had surveyed his daughter's man, and even before that man opened his mouth he had settled in his own mind what he thought about him. What he said now was, 'Aye, well, I'm her da. As you perhaps know I've been away to sea these two years or more; if I hadn't she wouldn't be up here now. But that's life, I suppose.'

'She's free to go whenever she feels like it.' Larry's face and tone were stiff.

'Well, I would say that's easier said than done; there's feelings come into associations of all kinds. It doesn't take an educated man to know that feelings are stronger than chains to tie you to somebody. But there, she's made her bed, as she would say herself, an' she's willing to lie on it. But I'm going to say to you now, an' I don't think I'm speaking out of turn or too quickly as we haven't been lookin' at each other for more than seconds, but what I'm going to say is that if you're any kind of man you'll bury the past and you'll marry her, because she's worth marryin'. And I'm not sayin' that simply because she's my lass. Anyone with a pair of eyes in their head would recognize she's worth something more than the name of a kept woman.'

'Oh Da! Da! please; I've told you.'

'Aye, lass, aye' – he turned to her, nodding his head deeply now – 'you told me, but I had to have me say. That's what I came for. Now hand me me coat and cap and I'll be on me way.'

'Oh Da! please.'

'Come on, lass, hand them over.'

Before picking up her father's things she glanced at Larry. His face was almost purple, his eyes, through his narrowed lids, gleamed black. He was in a rage, just like the times when he used to stamp down from the bedroom above the kitchen, after *she* had gone for him.

She almost thrust the coat at her father now, but he was slow to don it and he buttoned each button carefully before taking his cap from her; then turning one last look on Larry, he said, 'As I see it, she's up here as an unpaid skivvy, temporary wife and farm hand combined. Afore this she got a wage. Afore this she had a chance of a respectable home an' bairns. But what has she now? You could walk out on her the morrow, and what would she be then? A cast off woman. And what choice have such? They've got to pick from the dregs. I know . . . I've travelled, I've seen life an' I know. . . . I think nowt on you, mister, an' that's straight.' And on this he turned about and walked out.

Emily closed her eyes tightly and her fingernails dug into her palms. She daren't look at Larry but, snatching up her shawl from the back of the settee, she followed her father outside; and she had to run to catch up with him for he was striding away down the hill.

'Da! Oh Da!' She caught his arm.

'It's no good, lass, I had to have me say. I meant to have it; that's why I came. And I'm going to tell you something, lass.' He stopped so abruptly that she fell against him, and he gripped her arm and brought his face close to hers as he said, 'I don't like him. He's no good, he's a snot . . . a nowt. Oh aye, you can shake your head like that but I know men. I've had experience of men from the top to the bottom and I say it again, he's a nowt.'

'You didn't give him a chance, Da; you didn't allow him to open his mouth or say a word.'

'I didn't need to, it's in his face, something about him. I've met his like afore, comrades when things are going smooth, but once the fight's on, God! how they run. And from what I've already heard of him, he'll run. Why didn't he stay and fight his claim? Any man worth his salt would.'

'You don't understand, Da. You don't understand.' She was crying now.

'I understand well enough, lass.' His voice had lost its harshness. 'I said it back there, feelings are stronger than chains, you'll never see him as he really is because of your feeling for him, and if you've made up your mind to spend the rest of your days with him . . . well it's just as well you're blind. But don't expect me, or others, to be blind. . . . Aw lass.' He bowed his head now and screwed up his eyes tightly, and she put her arms around him as she murmured, 'I'm sorry, Da. I'm sorry.'

'You're not the one who should be sorry, lass, it's me. I should have had a shore job and looked after you. Your mother begged and prayed me for years to get a shore job, but the bloody sea's in me blood, I get land sick as others get seasick. I'm never happy unless I feel the swell under the soles of me feet. Ah well, there it is.' He rubbed his hand round his face; then walked on again. And she kept by his side until they came to the road, where she said, 'It'll be another hour afore the carrier cart comes along.'

'There's a village back there,' he said, 'I'll walk along to it and get meself a drink; then I'll make for Mary's.'

They stood looking at each other until he asked, 'Is next Wednesday off then?'

'Oh no, Da, no, I'll look forward to it.'

'Good.' He bent and kissed her gently, and once again she flung her arms around his neck; but after a moment he pushed her from him and walked briskly away in the direction of the village.

She watched him until he was out of sight; then turning about, she ran through the copse, past the bridge and up the hill, not stopping until she reached the top. And there she stood gasping for breath. Then she was off again, down the other side of the hill, across the valley and up the slope to the cottage.

Panting, she entered the kitchen, but stopped just within the door for there he was waiting.

It seemed to her that he had not moved from the spot where he was standing when her father had gone for him. She pulled the shawl from her shoulders, closed the door and hung the shawl up on the hook, before turning to him and saying, 'I'm sorry.'

'Why didn't you go with him?'

'Don't be silly.' She slowly drew her gaze from him and was walking towards the fire when he bawled at her, 'Don't say to me, don't be silly! Who do you think you're talking to, anyway?'

She stared at him now, waiting for him to add, 'You forget yourself.' But what he said was, 'You treat me like a sick man. The only things you can come out with are, don't be silly, forget about it, or some such claptrap out of your book. Now your father turns up and looks at me as if he hated my guts, and that's afore I have a chance to open my mouth, and you say, don't be silly.'

'Well, he had a right to.' Now she was yelling back. 'You come in an' stood there an' looked at him as if . . . well as if you were still lord of the manor an' him an inferior. And you're not lord of the manor any more. And aye . . . aye you are sick; in some ways you are sick, and I'm tellin' you, an' that's straight. You're sick with fear, fear of what people 'll say about you. You're frightened of your own shadow. You can't forget you missed trying to be somebody. . . .'

As the last words passed her lips his hand came up, but she screamed at him, 'Don't you dare! Not a second time.' She drew her head up and back and her chin became knobbly as she compressed her lips for a moment. 'You attempt that just once more and you will be on your own, really on your own. I forgave you the last lot, 'cos you were drunk, but never no more. No man's ever going to strike me again. I swore on it then, and I swear double on it now. You aim to strike me again and I'll take up the first thing to hand and let you have it. I'll do what you told me to do to her up in the bedroom, but there won't be any make believe this time. So I'm warning you, I'm givin' you fair notice.' She looked about her as if in search of a weapon, only for the sound of his breath hissing through his teeth to bring her eyes to him again, and she watched him fighting for control. She saw his rib cage stretch, almost forcing his waistcoat buttons apart; then he flung round from her and went out, and she was left standing, her head drooping now on her chest as she asked herself why she stayed with him. Why? Why?

The fight suddenly going out of her, she became limp and groped for a chair. After sitting for a minute or so, she said to herself, 'You shouldn't have said he couldn't forget he missed trying to be somebody; he knows it well enough himself.' And with this reaction she gave herself the answer to why she stayed.

Chapter Three

'By! isn't this grand havin' you both together like this.' Mary flung her arms wide as she looked to where her brother and Emily were sitting at the far side of the table, and she cried at them, 'Don't you think this calls for something stronger than tea? What about you slippin' out and gettin' a bottle, our John?'

'No, no, Da.' Emily stopped her father from rising. 'Look' – she now wagged her finger at her Aunt Mary – 'we're goin' down to Shields, an' there's a long day afore us; if he starts this early, well. . . .' She now slanted her gaze at her father, and he laughed and said, 'Perhaps you're right, lass, perhaps you're right, but me tongue's hangin' out just at the thought of it. . . . Go on, Mary, pour your stewed tea out.'

'Me tea's never stewed, our John, you know that; boiled, aye' – straight-faced, she nodded at him – 'but never stewed.'

When the gales of laughter died down Mary poured out the mugs of tea, then seating herself at the table, she looked closely at Emily, saying, 'I know the wind's enough to wipe the lugs off you up there, but it doesn't seem strong enough to put any colour into your cheeks. What's the matter with you? Sickenin' for somethin'? You look as pale as a lady in decline.'

'I've had a cold, Aunt Mary.'

'What! Why only last time you were here you told me it was impossible to catch cold up there. You said yourself the wind acted like that thing that I said they were trying to do to the bairns, which I would have none of, no begod! knock-u-lation. That was it, wasn't it? Well, I was tellin' you about that doctor wantin' to do the bairns 'cos of smallpox, remember? You said the wind up there acted in the same way against cold.' She now turned to her brother and, her expression as pugnacious as only her expression could be, she declared, 'Doctor or no doctor, I almost kicked his arse out of the door. He wasn't stickin' manure an' stuff into my bairns, smallpox or no smallpox. I told him I had one cure for everything from diphtheria to skites, an' that was a steam kettle; it had brought all mine through so far . . . *Knock-u-lation!* I wonder what next they'll think up. Leave us alone, I said, an' we'll pull through all right . . . waggin' our tails behind us.' She sang the last words, and again they were all laughing.

And so it went on for the next hour until they bade her a great laughing farewell and took the train for Shields.

It was as they passed Jarrow that Emily, looking out of the window towards where, in the distance, the three streets and two terraces formed the hamlet of East Jarrow which was situated on the banks of the Jarrow slacks, and nearer still the little stone bridge and the church of Simonside, experienced such an overwhelming feeling of homesickness that she turned to her father and said, 'Da, let's get off at Tyne Dock.'

'Oh aye, yes, if you like. But why? Do you want to walk through the arches again?' He laughed at her.

'Not so much the arches but along Thornton Avenue and on to Pilot Place. I'd like to see it again.'

'Well, that wish is easily granted, lass. Here we are coming into the tunnel.'

When they came out of the station and into the top of Hudson Street Emily paused for a moment and looked about her. It was as if she had been away for years in a foreign country and was only now stepping on to home soil.

They went down the Dock Bank, past the familiar sight of men standing in groups against the railings and the walls of the dock offices, waiting for a man such as Sep had been to set them to work on one of the boats, and she felt a lump in her throat as she crossed the open space between the line of bars and the dock gates themselves; then they were going down Thornton Avenue, and in a short while they could see the river proper.

It was a dull day. The sky looked low as it often did in this part of the country at this time of the year. The water in the river appeared like molten steel; only when the bows of a ship sliced it apart did it rise and change its colour and become white tipped; but then, when the stern had passed through it, it would fall back into place and, heaving gently now, assume again its leaden look.

They continued to walk on the river side of the road until they came to Pilot Place. Opposite No. 6 Emily stopped. The house looked the same except cloth curtains were now hanging at the windows, not Nottingham lace ones like when she was there; and she was quick to note that the step hadn't been bath-bricked that morning; in fact, it looked as if it hadn't been touched for a week.

'Come on, lass.' John tugged at her arm; then looking at her closely, he urged, 'Ah, come on now. Come on. Don't cry over spilt milk. The time you spent in there has gone, lass, never to come back.'

Slowly she turned about and walked by his side in the direction of The Lawe. It was some time before she spoke, and then, more to herself than to him, she said, 'It doesn't seem fair you're not able to realize when you're happy; those were the best days I'll ever have in me life.'

'Don't talk nonsense, lass. Come on, snap out of it; you've got a long way to go. An' let me tell you something.' In a slightly embarrassed fashion he now linked her arm and pulled her close to him as he went on, 'You'll not end up your days on that blasted hill, oh no! I can see further than me nose. Moreover, I can smell when there's something rotten in a cargo. Instinct I suppose it is, I've always had it. When I was just a flamin' stoker I had it. But these past few years when I've been up on deck an' coming into contact with men for long spells at a time, that, you know, Emily' – he jerked her arm into his side – 'that's when you know men, when you're with them for long spells an' there's nowhere to go to get rid of them, that's when you get to know men. And I know men. And I know what I'm talkin' about. And I say again you'll not end your days up on that hill.'

'Oh Da! Da, don't keep on.'

'I'm not keepin' on, lass, I'm just trying to comfort you. And another thing I've been thinkin'. I made a mistake in lettin' Mary's Jimmy have the house. If I'd known then as much as I know now you could have come back and lived there, and brought Lucy home.'

'No, no, Da. Thank you all the same, but I would have never lived there. And I certainly wouldn't bring Lucy home, because she, at least, seems to have fallen on her feet. She's better in health than she's ever been in her life by the sound of it. No, Da' – she smiled at him now – 'things have a way of working out. And look' – she pulled him round now to face her – 'stop worrying about me, I'm old enough to take care of meself, and as me Aunt Mary would say, I'm not as daft as I'm cabbage lookin'.'

'Eeh! your Aunt Mary. She's a one. She'd bring a guffaw from a corpse, wouldn't she?' And now he asked, 'Where do you want to go first, back home? . . . I've tidied it up as much as I can. They've nearly battered the furniture to bits but it's all clean. Or shall we go to that place just off the market and treat ourselves to brown bread an' mussels, an' a drop of brown ale?'

'Oh yes, Da, yes I'd like that. I used to pass it often but I've never been inside. . . . Oh, I'd like that.'

'Then come on, lass, let's enjoy oursels.'

The following morning their plans for the day were brought to an abrupt end when, at eight o'clock, John, roused from a deep and sober sleep by a knock on the door, opened it to one of his shipmates who gave him the news that they were signing on again that morning because the boat was being moved to the London docks to pick up its next cargo.

When John came back up the stairs Emily was waiting for him, and when he told her his news, the disappointment showing on his face, she said, 'Well, don't worry, Da, at least about me. You'd be happier aboard, now wouldn't you?'

'Aye, lass, I suppose I would in a way. Aye I would.'

'Well then, let's get some breakfast and off you go.'

'What about you?'

'Me?' She considered for a moment. 'I think I'll do what I've promised meself for years, I'll go and have a look round Newcastle. Me Aunt Mary's always talking about the fine shops there. And I'll buy everything I set me eyes on.'

'Aye, do that. Do that. And I'll give you somethin' to help you do it.'

'You won't.'

'But I will.'

'Oh you! Da.'

'Oh you! Emily.'

They both laughed; then, her laughter ending abruptly she threw herself against him and he hugged her tightly to him.

Having said good-bye to her father at half-past nine, she didn't linger in the house; for more reasons than one. Not only did she imagine she could still smell Alice Broughton there, but, although her father had done his best to tidy up the place, to her eyes it still looked dirty. And then there were the neighbours. She knew that by now the whole street would know she had come back; that she would be a thing of curiosity. Hadn't she been in the papers? Moreover, it wouldn't surprise her in the least if they were aware that she was living with a man who had thought himself married and found he wasn't. And so, by half-past ten she was sitting in the train bound for Newcastle.

Today the weather was kind; the sun was shining and there was hardly any wind. She found it a pleasure in itself to be able to walk without being buffeted by the wind. And then there were the wonders of Newcastle: the buildings, the churches, the monuments. She had never seen anything like them. In an odd way she felt a bit put out that Newcastle should look so much finer than Shields. But then Shields was home, and it was a canny place, and this town hadn't that feeling about it. Grand yes, almost overpoweringly grand. Look at that statue on top of that pillar. Earl Grey, it said. And then there was the Theatre Royal, and Grey Street. And the markets, covered in! They were amazing.

By one o'clock she was slightly footsore, and more than slightly bemused by the size and grandeur of the imposing shops. So she took to the side streets, looking for some place, not swanky, where she could get a meal.

Going up one such side street, where the shops were smaller, but mostly jewellers and clothiers, there right in the middle of the street over a very unimposing window was the word RESTAURANT. The window had a sort of lace curtain across it so she couldn't see into the place, but it was a restaurant and some place where she could eat, so she went in, and immediately she had closed the door behind her and a 'gentleman' in a black suit came towards her she realized she had made a mistake.

The 'gentleman' looked at her for a moment while she dumbly returned his stare, then he said, 'Will you come this way, madam?' And he now bowed to her as if she were somebody, and she managed to keep her head up and her back straight as she followed him in and out of a number of small tables at which mostly gentlemen were seated.

The waiter, for such he was she now recognized, pulled out a chair in front of a small table set in the corner of the room and invited her to sit down; and then he spread a napkin over her knees and offered her a large folded card.

She looked at the card. It merely described the meals that were being offered. Heading the list was roast sirloin; but she pretended to peruse the whole list of dishes, thinking that this was the kind of place he would have come to, even if he didn't feel at home. But his wife would have felt at home here. She gulped slightly in her throat before looking up at the waiter and saying, 'I would like the roast beef please.'

'Would madam like a soup to begin with? And the fillet of sole is very good today.'

She looked straight into his eyes as she said, 'I'll have the soup, but no fish, thank you.'

'Very good, madam. Would . . . would madam care for a little wine?'

Her mouth opened to repeat the word wine, but she closed it, shook her head slightly and said, 'No, thank you. . . .'

As she ate the courses brought to her she kept her eyes concentrated mostly on the food. She was aware that her nails worn down to the quicks and the roughness of her hands could not have escaped the notice of the waiter, yet he continued to treat her as if she were a lady.

She was glad she was wearing the coat Larry had bought her. It was the first time she had put it on, and her hat was plain but decent.

Twice when she raised her eyes from her food it was to meet the gaze of gentlemen sitting at nearby tables. Two smiled faintly; one of them, when for the second time she happened to look in his direction, inclined his head just the slightest towards her, and this brought her colour flushing up so fiercely that she imagined her face to be aflame.

The lunch over, the waiter brought her bill. She almost gasped aloud as she looked at it. Seven shillings and sixpence. *Seven shillings and sixpence!* Her mother hadn't had much more than that to feed them all for the week. Eeh! she had been a fool to walk into a place like this. . . . No, she hadn't. Why shouldn't she walk into a place like this, eh? Why shouldn't she? She knew how to pass herself; she knew how to use table cutlery, she had laid it often enough; the only thing she didn't know was how to talk properly, but if she once put her mind to it she could do that an' all – she was quick to pick things up; and so she wasn't going to tell herself she had been a fool to come in here, and although she would never again pay seven and six for a meal she was doing it now, and she was going to do it properly.

She took the half sovereign that her father had given her from her bag and placed it on the salver with the bill. The waiter took it, came back and handed her the salver with the change on it, two single shillings and a sixpence.

He would expect a shilling by way of a tip; somebody mean might give him the sixpence. She looked up into his face, smiled at him and, pushing the salver gently away with her hand, said, 'Please to keep it.'

The warm glow she experienced when she saw the man's eyebrows move slightly upwards was compensation enough for her extravagance, and when his face moved slowly into a broad beam and he said softly but deeply, 'Thank you . . . thank you, madam,' she experienced a feeling almost of elation.

When she had buttoned the front of her coat and gathered up her bag his hand came on to her elbow and he assisted her from the chair, then weaving his way through the tables he preceded her to the door, and there, bowing deeply towards her, he said, 'Good-day, madam. I hope we may see you again.'

She moved her head slightly towards him, and went out into the street. Her head was high, but her knees were trembling. She had just been treated like a duchess. For the first time in her life she had been deferred to. Oh, of course, there had been Sep, but this was different. This is what money did for you, it made people respect you. Not always. Not always. The voice was loud in her head as she remembered that all the money Larry had once had, or thought he had, hadn't brought him respect. Well, she wouldn't delve into that now, but back there in that restaurant she had been treated as she had never been treated in her life before. Moreover, she felt glad inside, and that was a feeling she hadn't experienced for a long, long time.

She had the urge to skip, she felt a lass again – No, not a lass, she laughingly chided herself inside, a young woman . . . a lady. Madam . . . fancy being called madam.

She let out a long breath, her head came down from its high position; she wished, oh she wished she had someone to talk to, to go over the whole scene again from the minute she had stepped over the threshold . . . in boots mind. She looked down at her boots. Had he noticed her boots? He must certainly have noticed her hands. and those men, they had kept smiling at her, *They* had noticed her.

Not for a long time had she felt so bonny. Once or twice Larry had said she was beautiful, but somehow it had meant nothing for what she had wanted to hear at those times was that he loved her. But now she was feeling bonny.

She stopped in front of a shop window towards the end of the street. It was a jeweller's. She could see her reflection against a large square of black velvet reposing on a tilted shelf in the middle of the window and it told her that from the way she was looking at this moment she was indeed bonny.

But as she stared into the black velvet the smile slowly left her face; her eyes crinkled. She now leant forward until her nose was pressed against the plate glass window. *It couldn't be. It couldn't be.* But it was; there couldn't be two like it. There was her watch, her watch that Mr. Tooton had sold for her. There it was. But was she going daft? She must be, or the light was mixing up the figures. She moved to the side, her nostril now almost flat against the window. . . . *Four hundred and twenty-five guineas.*

No, no, it couldn't be her watch. *But it was. It was.* There was the red stone in the top near the pin and the white stones all down each side of the gold strap and the row of blue ones down the middle, and the little watch hanging from the end with the smaller stones around it. She had looked at that watch every night and every morning since Sep had given it to her. It was her watch.

She stood straight and turned her head from side to side now; she felt faint. What should she do? What could she do? If she went into the shop and told them the story, what would they say to her? They would ask how she had come into possession of a watch such as this, worth four hundred and twenty-five guineas; and then she would have to tell them about Sep and how he got it, and they would say he had stolen it.

Oh, Mr. Tooton. Mr. Tooton.

She felt sick inside. She had trusted Mr. Tooton; she had thought he was a nice man, a good man. She could see now why he had left the firm and gone away. Oh yes, yes. Were there any honest people in the world? Were there any good people in the world? Oh. She turned to the window, putting her two hands flat against it as she whispered to herself, 'That's my watch, my watch.'

She heard a bell tinkle to the side of her as the jeweller's door opened and she turned her head quickly, then stared at the man who was staring at her. It was him from the house.

Now, as if she had been waiting for him, as if he had just left her to go into the shop, she spoke to him, or rather gabbled at him as she pointed through the window to the square of black velvet and the object lying on it. '*You see that?*' she said. 'You see that! four hundred and twenty-five guineas. That's my watch. That's my watch!' Her voice was rising.

He was standing close by her side now, staring at the watch. Then he looked at her and said, 'Are you feeling all right?'

'Yes, yes, I'm all right, but that's my watch.'

He took her arm in an effort to draw her away from the window but she tugged it from him, and turning to face him, she said, 'I'm not daft or anything. I'm not out of me mind. That's my watch. I gave it to Mr. Tooton to sell for me. He was the clerk to the solicitors who did your business and Larry's. He came and took over, like the bums, you know, until Larry got out of the house. He was a nice man.' Slowly now she moved her head from side to side, uttering no word as she did so; then she drew in a deep breath and went on, 'At least . . . at least I thought he was. I knew it was valuable an' I asked him to sell it for me because, you see, if I went to sell it. . . . Oh' – she shook her head again quickly now – 'it's a long story. But he sent the money to me Aunt Mary's. Twenty pounds he sent me; he said that's all he got for it. And . . . and then he left the firm and ran off, or went off. . . .' Her voice trailed away.

He was looking at her differently now, and when he turned his head and stared at the watch lying in its nest of black velvet she gripped his arm and said, 'You believe me?'

'Yes, yes.' His tone was sharp, his face serious, as he answered, 'Yes, yes, I believe you. But come . . . come, let's find some place to sit down and talk. There's a restaurant farther along the street.'

When he went to take her arm she shrugged his hand away, saying, 'No, no, I've just been there, I've had something to eat.'

'Oh!' His face showed slight surprise. 'Then there's a churchyard just along here with seats at the back, let us go there.'

He had almost to drag her away from the window, and when they reached the back of the church and were seated on a wooden bench she leant forward and put her hands between her knees, pressing them tightly as she said, ''Tisn't only the watch, it's him. To do that to me! And I liked him; I thought he was such a good man.'

'Perhaps he was in great need himself, and you never know what you'll do when faced with a situation like that.'

'You're for him?' She was glaring at him now.

'No, no, I'm not for him, and if I had him here now I'd want to knock whatever money he got for the watch out of him, although' – he shook his head and smiled wryly – 'I made a vow once never to lift my hand to a man again as long as I lived, yet as I said, when one is tempted. . . .'

She turned and looked down at her hands again as she repeated, 'Four hundred and twenty-five guineas.'

'He wouldn't get that price for it; the jewellers expect a big profit, and especially when buying something as unusual as that, because it isn't everybody who can afford four hundred and twenty-five guineas. Although there are some very rich men in Newcastle, and no doubt their ladies dress magnificently, they wouldn't be in the habit of paying that price for a fob watch.'

'A what watch?'

'Fob watch; that's what it's called, a fob watch.'

'Oh.' Her head wagged a number of times.

'Would you like to tell me how you came by it?' His voice was quiet.

She didn't answer immediately but straightened up and lay back against the seat; then slowly and dully she related the story of Sep and the watch. And he listened until the end without interrupting, but when he did speak it wasn't about the watch. What he said was, 'The man Sep, he must have thought a great deal of you.'

Sep. She cast her glance towards him, then turned it back on to the grey stone buttress attached to the wall at the far end of the path from where they were sitting, and in a strange way she likened it to Sep, because Sep had been strong. He would always have supported her, and she would have liked that, felt safe in his keeping. Even after discovering what marriage was all about, she would still in a way have been happy, encircled by his strength. Now, she had only herself to rely on, and she had to gather enough strength to support two people.

'He was a good man,' she said, 'caring. You know what I mean?' She was looking at him again. 'He was much older than me, thirty-five.'

'Thirty-five. Dreadful age!'

She saw that he was smiling at her, and she gave a small smile in return as she said, lamely, 'Well, it was a good age.'

'You think so?'

'He could have been me father.'

'So could I.'

Her eyes widened slightly. 'You're not thirty-five!'

He laughed outright now, 'George has a saying which is very explanatory. It's . . . not a kick in the backside off; and I suppose you could say that about my age, I'm nearly thirty-five.'

'Well, you don't look it. And after what you went throu . . .'

She bit on her lip and shook her head and looked apologetically at him, but as he looked back at her the expression on his face had a gentle touch to it.

It might have been a matter of thirty seconds before he said quietly,

'You're the first one who has attempted to make any reference to my time in prison. . . .'

'I'm sorry.'

'Please . . . please' – his hand came out and touched hers – 'don't be. It's like opening the door of a room that has been closed for years, letting the breeze through. When people don't mention it except with their eyes, as in the village and thereabouts' – he nodded his head slowly – 'I feel as if I'm still paying for what I did. It's even worse than being in prison, because that time wasn't all bad, at least not for me. I suppose I developed a way of looking at life and things that helped me through. It wasn't the same for everybody, oh no.' His head moved very slowly now as he repeated, 'Oh no, it wasn't the same for everybody.'

She realized that his hand was still lying on top of hers and that hers was resting on her knee. She knew she should withdraw it, because here they were in the open. Although this was a quiet corner of the churchyard they were still in the open, and there were people passing at the end of the path, But she didn't withdraw it. It was something in his face, in his eyes, that made her let her hand remain where it was.

He was still talking and she had missed part of what he was saying because her mind had been on the hand business, but now she gave him her full attention for he was speaking of Larry. . . .

'Of the two of us, as I've said, he's had the worse deal because, by all accounts and what I can piece together, she must have led him the hell of a life . . . and you, too.'

'She wasn't easy to live with, and . . . and although she was your wife I must say this, I think she was a bad woman.'

'She was a bad woman, you're right; and bitterness made her worse. What happened to me reflected on her and she broke off all connection with me. Seeing me now, you could say she made it up to me at the end but you'd be wrong, for what she did she did to spite Birch. As for me, what she left me is a crippling legacy, nothing more.'

He paused for a moment, and she watched his thin lips press themselves into an even thinner line. He had a nice mouth, she considered, wide; and a good set of teeth. He had a nice face altogether; although it looked a bit foreign it had something about it. She thought that given the place and opportunity he would like a bit laugh too, and a joke. He was a pleasant kind of man, a man you could talk to. But now his expression was looking anything but pleasant as he said, 'There was a clause in her will, which stated that should I marry I forfeit all that she left me. As it is, all her money she left to her cousin's family in America. The house and farm she willed to me on certain conditions, which are that the farm must support the house and itself. Whatever profit is made, half of it must go back to replenish stock et cetera, the other half is mine, a sort of wage. So' – he pursed his lips – 'it's up to me to see that the business is a success.' And now he gave a dry laugh. 'The funny thing about it is, when I stepped into that place I knew no more about farming than I suppose you did when you first went there. And you know something?' He now leant towards me. 'I know a little more now; it's George who carries the farm. He's a very good fellow, George. He's going to be married, did you know?'

'No, no, I didn't. Oh, I'm so glad, I like George; he was a good friend to me.'

'And he liked you too. He told me so.'

She turned her head away for the moment as a thin thread of regret spiralled through her. She could have married George and lived on the farm in comfort under this man. . . . Oh, shut up!

'Tell him I'm glad he's going to be married, will you? . . . Eeh! no.' Her hand jerked away from his now. 'No, don't say anything; I'll tell him meself when we meet 'cos. . . .'

As she blinked rapidly and her colour rose, he said quietly, 'It wouldn't do for him or anyone else to know that we had met and talked, that's what you mean to say, isn't it?'

She looked him straight in the eyes now and said, 'Yes, that's what I mean. And it's right. And I shouldn't be sittin' here.'

'No, I suppose you shouldn't. Being the person you are, you would see it as something disloyal. But I'm glad you are sitting here because, you know, this is the first real conversation I've had with anyone, and I mean just that, the first real conversation I've had with anyone since I came back to this country. I had much more companionship in prison.'

She wetted her lips and her head drooped slightly as she continued to look at him, and he went on, 'I had killed someone, I had killed a man; I was classed as a murderer and I was put among criminals. I had to live with them, and do you know most of them were just ordinary men. There were exceptions. Oh yes.' He nodded his head quickly now. 'There are men who are born bad and are never happy unless they're looting or killing. But the majority of the prisoners were ordinary fellows, men who had given away to temptation of one kind or another. And there were one or two even like myself who had killed in defending a woman; not knowing then that she wasn't worth defending. You know I've never looked upon myself as a murderer because what happened, happened so quickly, and the blow I struck didn't kill the man.'

'No?'

'No, it didn't. You see' – he looked away from her towards his feet, swallowed deeply, and rubbed one hand tightly across his mouth before looking at her again and saying, 'I was on a paddle boat, a river steamer, and I met this girl. She was on a holiday from England, and I was on a holiday from England, or you might say I had escaped from England. It was like this. My father was born in London. His father was a tailor, and my father didn't like tailoring, so he travelled for a tea company. During his travels he met a Polynesian girl. I was the result. I can't remember my mother or anything about her. He brought me back to England when I was three years old, and for some reason he lost his taste for travel and took over the tailor's shop. I took after him in many ways, because I didn't care much for tailoring either. He was a very thoughtful and considerate man; he sent me to a good school until I was sixteen. But from then I had to go into the business. He died when I was nineteen, and the business became mine. It was a good little business – we made clothes for those termed toffs – but what little interest I had in it I soon lost. As I said, I was like my father, I wanted travel. And so when I was twenty-four I sold up and off I went. I was going to see the world. I was going to educate myself further by travel, as my father had done.

He smiled a deprecating smile, and then went on, 'So a few months later I was on this paddle steamer going up the Mississippi River, and as I said, there was this young lady, English also, although as I remember I had to make my nationality evident to her, she took me straightaway for a foreigner.' He put his head on one side now as if he were looking back down the years as he said, 'Paddle steamers are very gay places, bands playing, gambling, singing, dancing, and eating. I was twenty-four, the young lady was the same age, we were both ready, even pining, for love. Within a month we were married, secretly by the way, for her cousin and her family, to whom Rona introduced me, also looked upon me as a foreigner and . . . not quite a gentleman, for I made no bones about my upbringing or the business that I had inherited and sold. But in that family trade was looked upon in the same way as leprosy. Anyway, Rona was supposed to be going off alone to visit another branch of the family, and that gave us the chance to get away on another paddle steamer to begin our honeymoon.

'She was an attractive girl in those days.' He nodded at Emily now, as if to prevent her contradicting him, then went on, 'And very vivacious. Men buzzed round her like bees round a honey pot. There was one in particular who buzzed too close for my liking. He was a gambler; his name was known up and down the river and in a number of states. He had the kind of status that a popular actor would have in this country. I came on deck in the moonlight to see him with his arms around her. I've often wondered since if her arms weren't around him. But the sight raised a blind fury in me. I sprang at him. I must have taken him by surprise because my first blow to the jaw knocked him backwards. If he hadn't staggered he would have regained his balance and likely killed me because he was a big-made fellow, and I was, in those days, even thinner than I am now. Anyway, he fell against the capstan. His head jerked to the side and he never moved again.'

Once more he wiped his hand tightly against his mouth, and it was some seconds before he continued, 'I couldn't believe it. Nobody on the boat could believe it, yet I was quick to take in that there were more than a few who were relieved to see him gone, for he was known to be a bully. But he was a wealthy bully, and he had made powerful friends. And it was these friends who saw to it that the verdict wasn't accidental death. I look back now and realize I was lucky not be be lynched. Anyway, my wife of such short duration disappeared quickly from the scene, and I don't know to this day if the cousins in America knew that she married again when she returned to England, but I do know that they were aware she had a husband in prison for certain things happened during the latter part of my term, acts of provocation, orders given which had I disobeyed even by as much as a look would have lengthened my sentence. And I'm sure the powers behind the scenes would have succeeded in keeping me there if the particular governor hadn't died two years before I was due for release. The man who took his place, although his rule was iron hard, was apparently someone who couldn't be bought, and because of this he didn't reign long. He was due for transfer shortly after I was discharged. . . . And so, Miss . . . Kennedy' – he now bent towards her, smiling – 'that's my life story.'

'And it's a sad one.'

'Let's say it all adds up to experience. But you know something? I feel better at this moment than I've done for years. I've been able to talk about it. Confession, they say, is good for the soul. You're easy to talk to, you know. . . . May I call you by your name?'

'You just did.'

'I want to say Emily.'

She shook her head now as she rose abruptly to her feet, saying sharply, 'No, no! An' . . . an' what's more' – she now turned to him where he was standing facing her – 'you know what they're like back in the village, and I've got enough to put up with as things are, and although if it were possible I wouldn't mind . . . well, I wouldn't mind talking to you. . . . Well, you know what I mean. As it is it'll save me a lot of trouble if you just pass me by, kind of ignore me.'

'Oh! Oh!' His smile was gentle, his voice soft, but there was a touch of merriment in it as he said, 'That's an impossibility; no one could ignore you, at least no man.'

She was hot all over. She recalled the looks of the diners in the restaurant.

She said to him now, 'Please . . . please, don't come along with me. I . . . I've enjoyed our talk though. Yes, yes, I have.' She nodded her confirmation at him and smiled. 'You say you feel better for talking to me, well, I can say the same because if I'd had to keep it bottled up, I mean what I felt about Mr. Tooton, I think I would have exploded. Eeh!' – she now shook her head slowly from side to side – 'I'll never get over him: I thought he was the nicest man on earth. But you live and learn, don't you?'

'Yes, you live and learn, Emily. And as this is the only time I'm to be allowed to talk to you, won't you let me accompany you to the train?'

'No. No, I'm sorry. Anyway, I'm not going by train, I'm going to call at my aunt's. She lives just over the bridge in Gateshead.'

'Is she the friend that Mrs. Riley talks about?'

'Oh yes, yes, I suppose so. Well, good-bye, Mr. . . .'

'Stuart, Nicholas Stuart. I used to be known to my friends as Nick.' He held out his hand, and she took it, and her face was warm again with embarrassment as she said, 'Well, good-bye, Mr. Stuart.'

'Good-bye . . . Emily.'

She withdrew her hand from his and walked away up the path. Her handbag felt like lead on her arm; she didn't seem to be able to walk straight.

When she reached the main street and became lost in the crowd she felt a little easier. But eeh! the things that happened to her. She seemed to walk into hot water no matter what she did. And if anybody had seen her talking to him and in Newcastle, and not only talking to him but sitting with him and his hand on hers, by! what would they have made of that? It would have set the village alight again. Why did these things happen to her?

The quicker she got back up that hill and into the cottage and stayed there, the better for her and all concerned; for there was this other thing niggling at her mind, and if it were true, even Mr. Tooton and the watch would fade into insignificance. By yes! if that happened she'd be right in the cart.

Chapter Four

It was almost dark when she got down from the carrier cart near the stile. But if it had been pitch black she would still have found her way over the hills, for as she was wont to tell herself, she knew the path like the back of her hand.

From a distance she could see that the cottage door was open and she felt both a warm glow and a feeling of guilt as she saw the lantern come swinging towards her; and both these feelings were intensified further by Larry's concern when he came up with her. There was no reprimand in his voice when he said, 'Why did you leave it so late?'

'I missed the other cart.'

He took hold of her arm, and she looked at him in the swinging light and saw that he was was pleased, more than pleased about something, and it couldn't be entirely due to her return because he had never greeted her like this before. But then she hadn't stayed away for a night before. He hadn't asked her how she had enjoyed herself, but of course, she didn't expect him to; she had been with her father and there would never be any love lost between them, that was sure.

When they entered the kitchen, and even before taking her things off, she stood for a moment looking at him. She had never seen him like this, well not since the night of the jollification.

'You seem very pleased with yourself,' she said. 'Have you discovered a gold mine?'

She actually started as his head went back and he let out a deep laugh, and it was the first time she had heard him laugh since they had come here. And when he said, 'Just that. Just that. A little one, but a gold mine, nevertheless,' her mouth fell open.

He now grabbed up a small bag from the mantelpiece, saying excitedly, 'I was looking for some stones, decent ones. I found a small pile in the far corner, and a rabbit or some animal had made a way underneath them, and there to the side of the run this little bag was lying.'

She watched him tossing it up in his hand. 'Look, the top's chewed off. I couldn't believe my eyes. Eighteen sovereigns. My dad must have buried them there. He was a careful one, a bit near where money was concerned. I never did believe he got as little as he said for the stuff he sold. Well, I was right, wasn't I?'

As he spilled the sovereigns on to the table she screwed up her eyes tightly against a storm that was brewing inside her. It was too much, it wasn't fair: finding out about Mr. Tooton, and now even the money he had given her for the watch to be taken from her. She would, in the first place, have given it to Larry, every penny of it if it hadn't been that she would have had to explain where it came from. But giving, and having it taken away like this were two different things. And he was so pleased with himself. His father's savings . . . my God! He had once admitted they had lived from hand to mouth.

She was going to choke. If she didn't let the torrent inside her loose she would choke. She stumbled forward and, grasping at a chair, dropped on to it and buried her head on her arms, while he stood looking down on her in amazement, listening to the noise she was making, which couldn't be described as weeping, or even crying, for the choking sobs that were coming from her sounded as if she were in anguish from intense pain.

'What is it? What's the matter?' He took her by the shoulders and pulled her to her feet; then shook her and brought her round to face him as he demanded again, 'What is it? What's happened? Tell me, something's happened?'

Yes, something had happened. A number of things had happened today. She had found out you couldn't trust anyone; she had found out that men liked to look at her; she found her watch; she had found that murderers could be just ordinary men; and that strange things happened to your senses, things over which you had no control, for she had found that this particular murderer was kind and gentle in his ways, he was someone you could talk to . . . and she had liked talking to him, and she had liked listening to him talking . . . she had liked him altogether.

There was a space between each sob now, her head hung slack on her shoulders. She drew in a shuddering breath and groped for the chair again, but she had hardly sat down when he was again holding her by the shoulders, demanding now, 'What's happened? You've never been like this before.'

As she looked back into his face, which at one time she had thought so handsome and attractive, she knew that her outburst would have to have some explanation, and so she gave it.

'I think I'm going to have a baby,' she said.

If a bee had stung him he couldn't have recoiled more quickly. 'No! No!' His pleasantness had completely vanished. 'Not that!'

His tone and attitude had the same effect on her as her news had had on him; and now she bridled. Wiping the tears from her face with the back of her hand, she demanded, 'Why not? It's natural, isn't it? And how do you think one can stop such a thing happening? You tell me.'

'Yes, I could tell you.' His voice came from a growl deep in his throat now. 'Oh, my God!' He was holding his head as he turned away from her. Then as quickly he was facing her again, and his next words cut into her heart more surely than if he had taken up the bread gully from the table and driven it into her, for what he said was, 'Don't think that this will make me marry you, because it won't.'

He stood glaring at her, waiting for some response, and when none came he flung round from her again and went to the fireplace. Gripping the mantelpiece, he growled, 'I told you before you came up here I wouldn't marry you. I warned you, but you would come.'

His head turned slowly over his shoulder as he watched her rise from the table, saying as she did so in a quiet odd tone, 'Aye, you did. You are right there; and so was everybody else in the things they said about you.'

For a long moment they stared at each other; then she walked into the bedroom and closed the door.

A month ago she could have walked out, any minute of the day she could have walked out, but she hadn't wanted to then, not really, because she was still sorry for him; and aye, yes, still had a feeling for him. Now the feeling was gone; it had been stabbed to death back there in the kitchen. But she couldn't leave now because where would she go with a bairn inside her? To her Aunt Mary's? To one room in her da's house that was now let to Jimmy Southern? And she'd have to work until her time came because she had no money of her own now, she had spent it on him, and the needs of their life. Perhaps if she'd had those eighteen sovereigns to pick up she might even at this moment have gone down the hill. But now if she were to go down the hill it would be to beg someone for shelter. But who? The only place she could go to without feeling beholden to them was the workhouse, because as everybody knew their payment for housing a mother and child was fourteen years of work until the child could be put out to work for itself. But in her case, her da would take her out when he came back. If he came back. Ships sank.

No. What she had inside her now was his child and whether he gave it his name or not it would have to be born in this cottage and reared here.

That piece in the book: 'Life is the time it takes for the shingle to be wet.' Aye, life might be as quick as that for some, but for others it was long, for each pebble was a pain.

Chapter Five

The following morning when she put his breakfast before him, he took hold of her hand and said, 'I'm sorry, but . . . but it's as I said right from the beginning, you knew when you came.'

Her hand remained limp within his and she looked straight into his eyes as she replied. 'Yes, I knew when I came; there's no one to blame but meself.'

'Don't talk of blame. What you did, you did out of the goodness of your heart, I know that. You're too much that way.' He smiled faintly at her. 'You act first and think after.'

'Aye, I suppose I do. Well, I'm payin' for it, aren't I?'

He let go of her hand, and she turned from him, while he, slowly picking up his knife and fork, went on with his breakfast. . . .

From then on his manner towards her was gentle; that is, up to the Sunday when he came back from a stroll.

Of late, he had formed the practice of donning a good suit on a Sunday afternoon and going out for a walk. She had asked him where he went, and he had told her he generally got as far as Chester-le-Street, going by the fields where he could. He had never asked her to accompany him, and this she hadn't minded, for more and more she was cherishing the time she was left alone in the house.

When he returned from his weekly walk she always had his tea ready, and it being a Sunday she aimed to give him something special. Today was no exception. But when he entered the cottage, she saw at once that his manner had changed considerably during the time he had been away from it. To her statement, 'The wind's high again,' he made no response whatever but passed her and went into the bedroom, where he took off his overcoat and hat. But he was back in the kitchen within seconds.

Nor did he look at the table and make some remark such as 'That looks good' or 'I'm ready for it', but resting his hand on the back of the tall chair, he looked at her where she was pouring the boiling water into the teapot on the hob and said, 'I never asked you what you did the other day when you were with your father.'

She now glanced at him over her shoulder, placed the kettle by the side of the teapot, straightened her back, and replied, 'I went round Shields and looked at all the old places.'

'Is that all?'

She narrowed her eyes at him, and it was a moment or so before she said, 'No; we were going to go up to Newcastle to have a look round on the Thursday, but he was called away to his boat in the mornin', so I went up meself.'

'You went to Newcastle yourself?' His words were slow.

'Aye, that's what I said, I went into Newcastle meself. And . . . and I went into a restaurant, a good class one, where there were men waiters dressed in black, and I had a dinner and I was charged seven and six for it. . . .'

'You went to a place . . . to a restaurant on your own, the kind where you pay seven and six for a dinner?' His eyes were like slits.

'Aye, I did. I didn't think it was that kind of place when I went in, but anyway I stayed. An' everybody was very nice to me, more than nice.'

'Aye, I bet they were.' He nodded his head slowly now. 'And you went in there by yourself?'

'I've told you, aye, I did.'

She knew what was coming but, strangely, she found that she wasn't trembling, she wasn't in fear of him. In some way, God only knew how, he had found out she had been talking to Mr. Stuart. She could see that he was raging inside, there was a white line all round his mouth. Still, it didn't make her feel afraid and she showed it when she said, 'What more do you want to know?'

'Who took you into that restaurant, that's what I want to know?'

'I told you, I went in by meself.'

'You're a liar!'

'Thank you; I'm in good company then.'

She saw the white line disappear from his face under the dark red glow that was now flushing his skin.

'You're very brave all of a sudden, aren't you?'

'I've got nothin' to be afeared of, I hope.'

'Then speak the truth, tell me who took you into that restaurant.'

'I was tellin' you the truth when I said I went in alone. But I'll tell you what you want to know, everything, when you tell me how you came to know about it.'

She now watched the colour deepen in his face; she watched him blink rapidly as if to wash dust from his eyes, then move one lip hard over the other saying, 'I called in a pub for a drink along the Chester-le-Street road, and I . . . I met a fellow there who knew me and you, and all about everything. He told me he saw you and that –' his lips pursed as if to spit before he went on, 'That individual down there. You were sitting together in a cosy nook in a churchyard. Deny it. Go on, deny it.'

'I'm not going to deny it.' Some of her calmness had gone now. 'Aye, it's true; I told you I would tell you the truth. I was sittin' with him on a seat in a churchyard but I'd just met him by chance. I was looking in a shop window and he came out and . . . and he spoke to me.'

'Not for the first time then?'

'No, not for the first time. I've talked to him once afore in the fields here when he was taking a stroll and when I told him he shouldn't be on this side of the road. He said as much as the land wasn't yours, and neither it is.'

'Get back to the point.' His teeth now were grating against each other, his lips squared away from them. 'It was all arranged, wasn't it, you and visiting your da? What do you take me for, a bloody fool? And what were you talking about when you sat there hand in hand on a church bench, eh? Hand in hand!' His voice was almost at the pitch of a scream. 'Were you making arrangements to go down and run his house for him and supply his needs? Because you're the only one he could get around here; it takes some stomach to go to bed with a murderer.'

She was strangely still inside now, and empty; it was as if all the blood had drained from her body. The other night she had decided that she could never leave here because of the child that was within her, but in this moment she knew that the workhouse would be preferable to living with him any longer, and she told him so. But first of all she stung him to the quick by saying, 'He has never asked me to share his bed, and I'm sure he never would because he happens to be a gentleman. He hasn't to pretend, it's there for anyone to see. An' now I'll get me things together and I'll go.'

Before the last word had passed her lips he was bawling again. 'Oh no! Oh no, you don't!'

She stared at him in surprise as he thrust his arm out and jabbed her shoulder with his finger. Emphasizing each word, he now slowly brought out, 'You'll stay here for as long as I want because if you go down that hill and don't come back, I'll take a gun and, before God, I'll blow his bloody brains out. I'm not going to be made a laughing stock for a second time. Oh no, not again. You go to him and that'll be the finish of him.'

Up till now there had been no fear of him in her, but as she looked into his contorted face she saw that he meant every word he was saying, she could actually see him doing it. She had known for a long time that he was a weak man, a vain man, and in the present case it would be his vanity that would give him courage to carry out his threat.

They stared at each other while the French clock on the mantelpiece ticked its silver sounding seconds away; it was as if they had become frozen in time.

It was she who moved first. Her shoulders slumped, she drew the air into her chest, swallowed deeply, then went past him into the scullery and there, closing the door behind her, she went to the stone sink and vomited.

Chapter Six

The atmosphere in the cottage had completely changed. He had never been talkative; not once during the time they had been together had they discussed any subject but that which concerned the few livestock, the land, and the weather, and although often at night she had wished he would have chatted a bit she felt she understood his reticence, it even intensified the feeling of care she had for him. Time and again she had wanted to put her arms round him and say, 'Come on, cheer up, there's another day the morrow.' But he wasn't the type to respond to such homely philosophy, and increasingly she had become aware of this. So the silences between them had lengthened. However, they had been quiet silences, kindly silences, understanding silences. But no longer. She now cooked his meals and placed them before him without a word, and he ate them without a word. She rubbed shoulders with him in the shippon; she carried the kindling that he was now cutting from the far wood, and piled it on the trolley and dragged it to the cottage gable end; side by side with him she clamped the last of the potatoes, and also the swedes; and they didn't exchange a word.

But the nights were the worst. She had contemplated sleeping on the wooden settle in the kitchen, but it was too short; and anyway there was no kind of a pad or mattress to put on it, and so she lay by his side, but as far from him as she could get, which meant lying close against the wall. He, on his part, lay on the edge of the bed until he fell into sleep, when he would turn on his back and snore.

The lack of contact was nothing new, for during these past months he had taken her less and less, in fact she reckoned the unloving act that had created her conception and which he had woken from sleep to perform, was by way of a mistake, for previously two whole months had gone by and he hadn't touched her.

She didn't know how long she could continue to go on living like this, yet she was frightened, even terrified to break away because such was his state of mind she knew he firmly believed that she would go down into that house and live with its present owner. And that, he had said, he wouldn't let happen.

On the Wednesday morning she got ready as usual for her weekly visit to Gateshead. It was then that he spoke to her for the first time in days. Looking at her coldly, he said, 'If you don't come back you know what'll happen. I'll keep me promise if it's the last thing I do.'

She made no reply, she just stared back at him as she tied a scarf round her hat so that the wind, which was blowing high, wouldn't take it from her head; and she went out and down the hill and caught the carrier cart.

Her Aunt Mary's greeting was as warm as ever, but this time there was something added to it. Wagging her finger in Emily's face, her head to the side, her eyes slanted, she demanded, 'Now, tell me, me lass, what you up to? What game are you playin'? Come on now, come clean with your Aunt Mary.'

'I don't know what you mean, Aunt Mary.'

'Well, you should do. Here, give me your coat. You look as white as a sheet. Are you in trouble?'

Emily slowly sat down and, holding her hands out to the blaze, said, 'Yes, Aunt Mary, you could say I'm in trouble, and in more ways than one.'

'Well, if you will play fast and loose, what do you expect?'

Emily's head jerked round. She was on her feet again, demanding, 'What do you mean, fast and loose? I'm not playin' any fast and loose. What d'you mean?'

'Now, now! don't get agitated. You tell me your side of it first and put me in the picture. I'll listen quietly, aye, I'll listen quietly.'

'Well, my side is, I'm going to have a bairn.'

'*Oh my God!*'

'Yes, that's what I said when I knew.'

'He'll have to marry you.'

'He won't.'

'He's a swine then.'

'Yes. Yes, I agree with you, Aunt Mary, he's a swine.'

'Ah, lass, what's happened you? Sit yourself down.' She put her hand on Emily's shoulder and pushed her gently back into the chair; then bending towards her, she said, 'Is it this other fellow?'

'What other fellow, Aunt Mary?' Emily now screwed up her face. 'What on earth do you mean?'

'Well, lass, now I'll tell you what I mean. Yesterday afternoon, about two o'clock, there was a knock on the door an' when I opened it there stood a man, a gentleman. Dressed up to the nines he was; signet ring, gold albert, top coat with an astrakhan collar, the lot. An' what d'you think he says to me? Well, he says, "Are you Miss Kennedy's aunt?" '

' "Aye, I am," I says back at him.'

' "Well, can I have a word with you?" he says.'

'Well, I take a breath, and I looks at his face. He didn't look quite English although he spoke it all right, quite fancy I'd say, an' so I said, "Come in", and I didn't apologize for the state of the house, nor the bairns' – she waved her hand around the floor where two of her brood were sitting on the corner of the mat and another was playing with a clouty doll under the table – 'I didn't say "You can take me as you find me", I hadn't asked him to come, but what I said to him was, "You can be seated if you wish." And he sat himself down by the table there.' She stabbed her finger now towards the table, then went on, 'Then he said to me, "When your niece visits you next would you be kind enough to give her this parcel?" and at this he takes a packet from his coat and hands it to me. And . . . here it is.'

Emily watched her Aunt Mary lift her arm to the mantelpiece and take from a Coronation mug a small, narrow parcel; and when she placed it in her hand she said, 'There it is. And I might as well tell you me fingers have been itching like mad to open it. I don't think I could have lasted out another day.' She gave a high laugh. 'So go on; don't keep me in agony any longer; let's see what's in it.'

As if she were performing in a dream, Emily slowly tore the two layers of paper, one brown and one white from the parcel, and she ignored the envelope attached to the white paper as she gazed at the red leather case. But she didn't open it, she just sat staring at it. She knew what was inside, and she could find no words at all in her mind, nothing, to explain her feelings at the moment. It was only Mary bawling now, 'If you don't open it, begod! I will,' that made her lift the lid, to disclose the watch lying on a red velvet bed.

'Eeh! beloved Jesus! Did you ever see anything like that in your life? Eeh! what is it, a bangle? No!' Mary's grubby fingers lifted the watch from its bed and she dangled it in front of her face. For a moment she too was lost for words, and not until she had replaced it in the case did she speak. Then, pulling a chair forward, her knees touching those of Emily's, she said quietly, and firmly, 'I'm not one to take kindly to stuffin' so now don't tell me, lass, that you know nowt about this man who's given you this.'

'Aunt Mary.'

'Aye, lass?'

Emily swallowed. 'It's a long, long story.'

'Well, I've all the time in the world, lass, and nothin' to fill it, so go on, start at the beginnin'.'

And so Emily started at the beginning; and her story held Mary speechless until she finished, saying, 'And that's the whole story, Aunt Mary, from beginning to end. And it's true as God's in heaven, there's nothin' atween him and me. As I told you, there I was lookin' at it in the window and he came out of the shop, and I was so upset about Mr. Tooton that he found a place for me to sit. Somebody must have seen me there with him, and, of course, it got back to Larry; and as I said an' all, it's been hell ever since. I'm frightened, Aunt Mary. I was never frightened afore, not really, not of anybody, but I know that if he's shamed again, as he says, he'll not stand it. But, Aunt Mary' – she shook her head – 'it's so fantastic . . . well, I haven't got words to describe it, I can only say I would never go into that house again, even to work, it wouldn't be decent.'

'No, you're right there, lass. Either way it wouldn't be decent. Aye, by!' Mary bit hard down on her lip. 'Nobody'd believe it. But you know what they say, truth's stranger than fiction. But . . . but all this apart, that fellow should marry you and give your bairn a name.'

'Aunt Mary' – Emily's voice now was hard, as was her expression – 'Aunt Mary, I wouldn't marry him if he went on his knees to me, not now. And if it wasn't that I'm scared of what he'd do to Mr. Stuart I'd be out of that cottage an' down that hill afore you could say Jack Robinson. I'd sooner have the bairn in the workhouse than have it up there now if I'd any choice.'

'Well, you'll have no bairn in any workhouse, lass.' Mary got to her feet. 'An' don't talk such rubbish. As long as I've a roof over me head you'll have shelter. As they say in those fancy stories our Annie reads to me, "Her home left a lot to be desired" – well, that applies here. But what we have you're welcome to, lass. An' your Uncle Frank would say the same.'

'Thanks, Aunt Mary.'

Now Mary, pointing to the wrapping that lay on the floor beside Emily's feet, said, 'Don't you want to know what he says?'

Emily looked down towards the paper and the envelope attached to it, and stooping she picked it up and opened it.

It read quaintly, for it was headed:

'Dear Emily – dear friend,

I want you to accept this gift and not question the whys or the wherefores, just look upon it as doing me a favour, for I have no one to be kind to, no one to give presents to, and so you will do me a great kindness by keeping what is, after all, really your own property?

May I say that the time we spent together in Newcastle was the happiest I have experienced since returning to this country, and although I must respect your wishes I hope that when we do meet, accidentally, you will give me a few minutes of your time, for there is no one I would rather talk to than yourself.'

She turned the page over now and continued to read:

'I have explained to the jeweller that it may happen you would want to sell the watch back to him. I have given him your name and description. He will, of course, bargain with you, that is to be expected; but I think he is a fair man and will not try to cheat you over and above the profit his trade demands.

Do not attempt to return this to me because if you do, I, being of a persistent nature, will only deliver it back again to your aunt.'

She bit tightly on her lip as she read the last lines:

'Please remain yourself, Emily; do not let anything change you.

May I end by calling myself your friend,

Nicholas Stuart.'

She had never received many letters in her life, an odd illiterate scrawl from her father, and something along the same lines from Lucy, yet she knew that this was an unusual letter. Somehow it reminded her of his face, the foreign look on his face. It wasn't, she imagined, an ordinary Englishman's type of letter. She didn't know how she was aware of this for she had no other letters with which to make a comparison, yet she was deeply aware of it.

'What did he say, lass?'

She didn't want her Aunt Mary to know what was in the letter, yet under the circumstances she couldn't but read it to her.

When she had finished she gently folded the letter up, and Mary, her head bobbing now, smiled and said, 'Begod! that fellow could write books. Now to my mind, lass, just going on what he said there' – she tapped the letter in Emily's hand – 'and if I'd never clapped eyes on him, I'd say there's a man for you. Smallish he was, he had no bulk about him, as thin as a lat you'd say, but it was a good thinness, a strong thinness, and it comes over in what he says.' She again indicated the letter, then asked, 'What you goin' to do with it . . . the watch?'

'I don't know, Aunt Mary, I can't keep it on me. Eeh!' – she moved her head very slowly – 'I'm flabbergasted. I wouldn't have believed anybody could be so kind, ever. But anyway, as I said, I can't keep it on me. Would . . . would you keep it for me here, Aunt Mary?'

'Aw, lass' – Mary now spread her arms wide – 'I'd never know a minute's peace with a thing like that in the house. Those are jewels on that strap. An' he's had to pay a small fortune for it. Eeh! lass, no, I'd be on tenter-hooks every minute of the twenty-four hours. And if our Kathy clapped her eyes on it she'd have it pinned on those twin pontoons of hers an' out that door afore I could nail her. No, lass, you'll have to think of some place to put it other than here.'

She had thought up some place to put the eighteen sovereigns but he had found them. Yet there were a thousand and one places in the crannies on the hill in which she could hide it. She could dig a deepish hole, and it would have to be deep enough so that nobody, unless they were starting quarrying, would come across it. She said to Mary, 'I'll bury it on the hill some place.'

'Well, if you can think of no place better, then bury it there, lass. But mark it well in your memory so you can pick it up when you want it, 'cos to my mind there lies your future. Why, if I were you, hinny, you wouldn't see me for dust, I'd be over that bridge an' into Newcastle to that jeweller's an' sell the damn thing an' be off an' start up a new life. . . . So why don't you?'

'And what would happen to Mr. Stuart, because Larry 'll carry out his threat once I don't show up. It would be like biting the hand that fed you.'

'Aye, I suppose you're right; there's always two sides to everything. But it's a damn shame that such a load of responsibility has been put on your shoulders, especially at this time when you've enough weight to carry with what's inside you. Still' – she grinned at Emily now – 'let's have a cup of tea to drink to your fortune, eh? Come on, lass, cheer up, never say die. And who'd need to with a windfall like that? As the gipsies say, you have a lucky face. An' that's what one said to me once. She said I'd marry a rich man and travel across water on a ship. An' what other way would you travel across water? I ask you. She said I'd have three children, an' I'd been born with a lucky streak; in fact, she said, if I fell on me backside down the midden I'd come up smelling of honeysuckle, an' I believed her. Eeh! my God, how gullible you are when you're young.'

Yes, how gullible you were when you were young.

Emily didn't join in her Aunt Mary's laughter.

PART SIX

The Bonfire

Chapter One

She was in her eighth month of pregnancy. She was carrying the child high; her breasts, especially when she was lying down, seemed to be resting on her stomach. After the first three months, physically she had felt remarkably well and had continued to work, and was still doing so.

But when she looked back over the past months she wondered how she had endured them. She had learned that the silence of the open spaces was companionable but that the silence of an aggrieved person was hell to bear. Yet over the last few weeks his manner had softened slightly. She could pin-point the day and even the hour when it began to change. It was a Sunday in late April. Spring was tempering the wind; the sun that came out between showers was warm. She'd had a longing to walk, to see some place different from the cottage and the hills about her. She realized, this particular Sunday, that apart from the path down to the main road in one direction and to the river in another direction, she hadn't been further afield than half a mile from the land that surrounded her cottage.

So on this bright day she put on her coat and a scarf over her head and went for a walk. Larry had been gone more than two hours and she purposely didn't take the road that would eventually come out at Chester-le-Street and which led to Durham, but she went, as she thought, further inland, and after walking through field paths, over stiles, and panting for breath climbing two hills, she came out on top of a flattish piece of ground. There she sat looking before her.

The hill wasn't very high but it showed a good view of the surrounding countryside. There weren't many houses she noted, and most of the land was tilled. In the far distance she picked out a black building standing solitary in a field, which told her it was a barn and that there would likely be a farm somewhere tucked away in one of the valleys beyond.

The land, even on the slopes, looked well tilled; the whole scene below her was one of farm order. But she hadn't seen a soul for more than half an hour: no families out for a Sunday walk, no pit lads strolling in two's and three's; no courting couples; this part of the world seemed as isolated as the hill-top on which the cottage stood. Then of a sudden two people appeared. She saw them walking from the direction of the barn. The farmer and his wife, she thought, taking a Sunday stroll round their domain. Farmers did that kind of thing. When Larry was master of the house, he used to put on fresh-polished leggings and his best tweeds and walk round the whole place on a Sunday afternoon. At one time the thought would have aroused deep pity in her for what he had lost, but not any more. The man she was living with now was more like a gaoler who had been given power, and through it had turned into a petty tyrant.

To be treated as if she weren't there, never to be spoken to, she just didn't know how she was standing it. Sometimes she thought she would go down and tell Mr. Stuart the whole business and let him deal with it. But then the thought would come that if he did deal with it, he might, in order to prevent himself from being killed, kill again. What would happen then? She wouldn't be able to bear that; she would do something desperate to herself. Oh yes, she wouldn't be able to bear that. Why was it, she asked, as she watched the two minute figures crossing the field, that one never came to know one's own mind until it was too late. Youth was a time of false values. You laid stock on all the wrong things because something inside of you urges you to believe they were right. And later, when you had your eyes opened, the urge was just as strong telling you that you had been wrong about that particular feeling, but the new feeling you were experiencing was right. This business of youth was very complicated. She had tried to sort it out in her mind but had come to the conclusion you couldn't really give yourself the answers, you just had to live to get the answers. Life itself gave you the answers by making you go through things, experience them. You had to suffer in all kinds of ways before you got the answers.

When the child inside her began to kick she put her hand gently on the place. There should have been joy in the action; the gladness that was once hers should be flooding her now; but all she felt was pity for the life inside her and what lay before it.

It was some time later when she rose to her feet and went from the hill-top. The shadows were stretched out now; she hadn't realized how long she had been sitting there.

Some little distance further on she had reached a stile and was cautiously lifting her leg over the top bar when she looked along the path to her right and saw Larry approaching in the distance. She saw him stop; and he continued to stand still even after she had got down on the other side of the stile.

When he did come up he spoke to her for the first time in months. 'What you doin' here?' he asked gruffly.

'I was just takin' a walk.' Her reply was quiet and ordinary; and after staring into her face she saw his body relax, and he spoke his first kind words to her since she had told him she was going to have the child. 'You shouldn't have come this far,' he said; 'it won't do you any good.'

'I'm all right.' It was silly but she felt grateful to him in this moment for speaking to her. If he spoke a word now and then life would be livable; it was the silences that were killing.

They had covered some distance before he asked, 'Do you often get this far?'

'No; I've never been this way afore. It's nice; I didn't realize that there was so much flat land about. I thought every place must be like ours, all hills.' She smiled weakly; then she asked, 'Have . . . have you been to Chester-le-Street?'

'No.' He shook his head quickly. 'No, I didn't get that far.'

'It's a nice day for walkin'.' Even as she spoke she was despising herself for being so easy, making herself cheap as she thought, just because he was civil to her.

And from this time he had continued to be civil to her, not talkative, but civil, giving her such words as, 'Those three old hens are eating their heads off; you'd better put them down for the pot.' And once he had actually said to her, 'When is it due?' Moreover, he had become quite concerned about her walking. 'You could slip on the scree banks,' he said, 'and you could lie there for hours, or, if a mist were to come up for days, and no one would find you.'

Such concern made her life tolerable.

During the past months she had seen Nicholas Stuart only twice, once recently, when she was sitting in the carrier cart and he in the dog cart, when he had raised his hat to her and the other passengers had stared at her. The first time had been in Fellburn, while she was waiting for the carrier cart. It was three weeks after she had received his gift and she was still full of fear at the consequences of what might happen should he and Larry meet, and so her thanks had been hasty and stammered, yet at the same time she had managed to convey to him the deep gratitude that she felt for his kindness. And she had further said to him, haltingly, 'After what you told me, Mr. . . . Mr. Stuart, about the profits an' that from the farm, are . . . are you sure you did the right thing, because it's a small fortune you spent?'

And he had answered, 'I spend as I go, because if I decided to leave, to get married say, which I just might, I could take very little with me. Do you follow me?'

She followed him. In a way he was getting his own back on his wife. And who was to blame him? People like her would make a fiddler of any honest man. She said to him, 'I was going to write you when I got the chance, but . . . but. . . .' And he had finished for her, 'I understand,' and to her embarrassment he had stayed with her until she had mounted the cart; then he had raised his hat to her and walked away.

She had only come across George once since his marriage; and the meeting had been little more than a greeting and a good-bye, for he seemed embarrassed. All she learned was that he had married Jenny, the new maid, and that she was 'a canny lass', and she had said that if he liked her she was bound to be a canny lass.

Today was the last Thursday in June. She had been into Gateshead for her weekly visit. For months past, she had changed the days on which she visited her Aunt Mary so that there'd be less chance of running into Mr. Stuart.

On the second of the month she'd had her nineteenth birthday, and within herself she was surprised that she was only nineteen, because she felt old, thirty at least; and her distended body helped to emphasize this impression. Over the past three days she had been feeling odd; she couldn't explain to herself just why she felt this way. She wasn't sick, she had no pain, she just felt – odd. There was no reason at all why she should feel like this because she had another month to go before her time came on her.

Alf Morgan drew up his cart near the stile, and after she had descended from it, he admonished her gently as he handed her the four bulky bags from under the seat. 'Go careful now,' he said, 'you shouldn't be carryin' all that lumber. And mind yer feet, it's still slippery from the downpour we had.'

'I'll go careful. Thanks, Mr. Morgan. Good-night.'

'Good-night, lass. Hoy-up there!' He whipped up the horses, and the cart rumbled on, leaving her standing on the grass verge with the four bags of groceries at her feet.

Since her stomach had risen she hadn't been into the village. There was a standing order for hay, flour, boxings and corn with Mr. Waite, which he dumped by the stile on a Thursday; but the rest of the household necessities she carried in from Fellburn.

Most weeks their needs filled only two bags, but during today's shopping she had bought some soft lawn, enough to make a robe and a gown for the child. She had also bought some yards of cheap holland, which she intended to bleach and cut into napkins and binders. She had also treated herself to a box of Fuller's Earth powder. She had Fuller's Earth back in the cottage, but it was the rock kind which you made into a paste and which, when applied to the tender parts of your body, was very soothing. Two pennorth would last you for weeks; but this small box had cost her fourpence ha'penny.

She was pleased with her purchases, and the bags although bulky had seemed light in Fellburn, but now when she lifted them, two in each hand, it was as if their contents had suddenly been turned to coal, for she found them so heavy that in the short distance she had to walk to the stile, they dragged her body sideways.

When she reached the stile she set them on the ground again; then leaning on the top bar she looked to where Mr. Waite had stacked the weekly delivery, and she gave an impatient jerk of her head as she thought, He hasn't come down for them yet. What's he been up to all day?

Lifting one bag in her hand, she now swung it over the top bar and dropped it on the other side; the second one followed. It was as she was stooping down to lift the third one that the pain gripped her and her mouth stretched wide in a sort of surprised scream; but she made no sound, for the scream, like the pain, seemed trapped inside her.

As quickly as it had begun it passed, and she leant over the top bar gasping while the sweat dripped from her chin.

Had she strained herself while lifting the bags over? No, no; she had been lifting things for weeks. Only this morning, before it was really light, she had forked the muck from the shippon.

Slowly now, she bent and picked up the bag that had dropped back against her feet and, gently, put it on the far side of the stile.

She had picked up the fourth bag and was lifting her foot on to the first step of the stile when the terrible pain gripped her again; and now she was bent over the step, clutching the bars of the stile and moaning aloud. The pain seemed to be tearing her bowels from their casing. What was the matter with her? Was she in labour? Had she started? But it wasn't due. And according to her Aunt Mary you started with a griping pain, and it might be hours before you had another. You always got plenty of warning, so her Aunt Mary said.

Oh God! she couldn't bear this. Somebody . . . somebody come. She was going to have the child here on the edge of the road. But it couldn't be; no child came as quick as this. She remembered the women in Creador Street, Mrs. Oliver, Mrs. Smith, Mrs. Garrick, and so many more; their bairns had taken a long time to be born, some two days in fact. She couldn't stand this for two days. Oh no! no! She would die.

The pain eased a little, until she attempted to straighten her body, and then it started again, even worse, if this were possible.

She was lying on the grass now, her knees up to her stomach. She was crying aloud, 'Larry! Oh Larry! please . . . please. Oh! somebody, help me.'

A blackness swamped her and the pain was lost in it, but when she opened her eyes to the light again there it was, somebody was cutting her open all the way down her right side. She pressed herself into the ground, and again she was crying aloud. She was crying so loudly that she didn't hear the sound of the horse or of the wheels of the trap on the road; nor was she actually aware when the arms went around her and attempted to straighten her; but she heard a familiar voice saying, 'She's going to have the bairn, sir.'

She recognized the voice. It was George's voice. Had she married George? No, no; don't be silly. Oh my God! Please . . . please, God, ease it. Ease it.

'It's all right. It's all right.'

She opened her eyes and looked up into the foreign face . . . Mr. Stuart. She didn't want to see Mr. Stuart because Larry would be down in a minute, he would be down for the fodder. 'Go away!' she said. 'Go away!' And when she tried to push him away he held her all the tighter, saying, 'It's all right. It's all right.'

What were they doing? They were taking her to the trap. Oh no! She knew where the trap would go, back to the house. Oh my God! No! No! They mustn't take her to the house. She actually fought them now. Then grasping George's arm, she looked up at him pleadingly and groaned, 'George! George! get me . . . get me up the hill. Please . . . please get me up the hill.'

'All right, Emily. All right.'

'She's not fit to walk up the hill; she'll never make it. Get her into the trap and we'll take her home.'

Again she was struggling; and now she was crying, screaming, 'No! no! He'll shoot you. He said he would an' he will, he'll shoot you!'

Her head was down now pressing into her swollen breasts; her knees were up to her stomach; she was half lying, half crouching on the grass verge at the edge of the road; she had her eyes closed and she imagined for a wild moment that they had both gone and left her. Then she heard Mr. Stuart saying, 'How far can the trap get up the hill?' and George reply, 'With her alone in it, to the top of the first one and down the other side and across the valley bottom. But he wouldn't be able to manage the rest of the way, 'cos the slope's very rough, except for a narrow footpath.'

He was bending over her now, saying softly, 'Listen, Emily, listen. We're goin' to take you up to the cottage. It's all right now. It's all right. But you must ride in the trap as far as you can. Come on. That's a girl, come on.'

She could make no resistance now because the pain was using up her breath, but when she found herself lying on the floor of the trap she gasped out to the face hanging over her. 'Let George take me, not you . . . not you.'

'All right, all right. Here's George now.'

'You're all right, Emily; I'll see to you. I've put your bags with the other stuff. You're all right. Just lie still; you'll soon be there.'

As the trap jolted forward it was as if she were being rocked, and the pain eased slightly, but only slightly. The child was coming, she knew it was coming, but oh dear God! if this was giving birth she never wanted to go through it again; oh no! never, never again.

She wanted someone's hand to cling to. If only she had someone's hand to hold. Her mother's. No, no; her mother was long gone. Her Aunt Mary's. Yes, her Aunt Mary's. Oh, she wanted her Aunt Mary's hand to hold.

The pain was easier. Had she been asleep? She seemed to have just woken up; but she was still in the trap. She opened her eyes wider and looked over the mound of her stomach. A man was walking by her feet; he was holding them. . . . Oh no, no! he mustn't go up the hill.

When she went to protest she seemed to fall asleep again, until the pain shot her, startling her into wakefulness. She felt herself being lifted up and knew she was lying on two pairs of arms. She couldn't protest, for all her energies were twisted up in the pain. . . .

When she heard the voice bawling, as if in her ear, 'Put her down!' she tried to raise herself from the cradle of the arms, but it was impossible for she was still being moved forward. Then George's voice seemed to bellow in her other ear, 'Don't be a fool, Mr. Birch! She's bad, real bad; the bairn's on her.'

'*I said put her down.*'

'I'll put her down when there's a bed to put her on.' This voice wasn't bawling, it was even, almost cool.

She tried to struggle upwards again, but the words 'Steady! Steady!' almost fanned her face, and she lay back gasping. Her head was resting against a shoulder. Whose shoulder, she didn't know.

'I'll shoot you, as true as I'm standing here. If you don't put her down this minute, I'll shoot you!'

'You do that . . . shoot.'

'You bloody foreign swine! You! . . . you! . . .'

There followed a mouthful of abuse, some of which she hadn't heard before, some of which she had. She felt sick at the sound of them; they became interwoven in the pain and in a way were hurting her as much as the child was doing. She felt disgusted, ashamed.

She knew they were going through the cottage door now. When her body was lowered to the bed she immediately drew her knees up and put her head towards them and, gripping the bed tick, cried, 'Get somebody! A doctor . . . somebody!'

'All right, all right. We'll get a doctor.'

'Get out of here! else before God I'll put a bullet through you.'

'Why don't you then?'

The voices were coming to her from the kitchen, both loud, both harsh and frightening now.

'For two bloody pins!'

'For two bloody pins, Mr. Birch? You, let me tell you, haven't got the guts to shoot, for the simple reason you understand what the consequences would be. You, Mr. Birch, have hidden behind a woman's skirts since you could toddle in this very cottage. When I first came here I was sorry for what my wife did to you, but now I see that she took your measure right away and in the end gave you your just deserts. In fact, there was a pair of you, you were well suited. . . .'

There came now the sound of something heavy falling to the floor and Nicholas Stuart crying, 'You couldn't even use the butt end properly. You know what you are? You are what they say you are down in the village, a nowt, a miserable underhanded, two-faced nowt. . . . I'm going now, but I'm leaving you with a warning.' The voice dropped here. 'Stop playing your double game, or else. . . . Anderson's barn is not as isolated as you imagine. I should cut out your walks if I were you.'

There was silence all around her now; she didn't know whether she was alone in the cottage or not. The agony in her was subsiding a little. All her clothes were wet with sweat. She wanted a drink. If only there was somebody here, somebody to hold her hand. Was she going to die? She didn't mind now; it would solve all problems if she went. And the child too. But if it lived, it should have the watch, shouldn't it? The watch. The watch. In years to come someone digging would find the watch.

When the pain gripped her again she closed her eyes tight and prayed for death to come soon.

It was half past three in the morning when the doctor, who had come all the way from Birtley, dragged the unresisting baby from her womb. It was quite dead, as he looked at its mother his thoughts were that she would soon follow it. He told this to her husband, or at least to the man who had given her the child. But he received no response, one way or the other.

He said he would look in later in the day to see what had transpired, but he warned the man that he'd be surprised if she were still alive by noon, because he'd had to do a lot of cutting and she was now in a very weak state. . . .

It was early evening when he returned. She was still alive, and the cowman's wife from Croft Dene House was with her, and what she said was, 'I thought she was gone more than once, but she keeps holdin' on to me hand and won't let it go. But she can't last, can she?' and he replied, 'I'd say no, but then I'm not God, and she's in His hands.'

Chapter Two

She got out of bed for the first time at the end of the third week, and for the next two weeks she sat either in the kitchen or on a chair set outside against the cottage wall. She didn't talk and she scarcely moved.

George's wife had come up the hill every day to attend to her needs. She liked George's wife; she was a canny lass. She wanted to talk to her and tell her how grateful she was for all she had done, but the words just wouldn't come. At times she thought she had lost the use of her speech. But yesterday when Jenny had come up the hill for the last time – Larry had now told her that he could manage – she had held her hand tightly and looked into her homely face as she murmured, 'If I hadn't had you to cling on to I wouldn't have pulled through. Thank you, Jenny.' Yet even as she thanked her she thought it was a great pity that she had pulled through. Had it been left to Larry she certainly wouldn't have, for he had hoped she would die. More than once, as she lay too weak to move, she had felt that he was willing her to die.

From the middle of August she slowly took up her duties again, and soon life in the cottage appeared to have resumed its normal pattern. And yet Emily knew that nothing about their life together up here was normal. She had a strange feeling on her. She seemed to be marking time awaiting the outcome of something; what, she didn't rightly know. Pieces of conversation floated about in her mind, going right back to the time when Mr. Stuart and George found her on the road. She would hear his kindly tone, saying, 'It's all right. It's all right,' only for it to be shot through with words from the vile tirade that Larry had levelled at him; and then something about Larry taking a walk, or not taking a walk, to Anderson's barn. She didn't know of any farmer around here called Anderson; perhaps she had dreamt that part because Mr. Stuart wasn't likely to tell Larry to stop taking walks. Yet, no, she hadn't dreamt it; she could recollect her mind grasping at it; but for what reason now she couldn't recall.

She wished she felt strong enough to take the cart into Gateshead to see her Aunt Mary. Just to sit in that kitchen amid all the clutter and muck would be such a comfort. Not to have a laugh; no, she didn't want to laugh.

Three weeks ago her Aunt Mary had trekked all the way up here, bringing the two youngest with her, to see how she was; and she had sat by her side and cried like a child. But she hadn't stayed long because Larry had barely been civil to her.

'So that slattern is your aunt,' he had said. 'Well, with all your talk about her you must be seeing her through different eyes from anyone else.'

It seemed to be this remark that had given her the urge to get back into the life-stream, because she wanted the strength to tell him that if he lived to be a thousand he wouldn't be fit to wipe her Aunt Mary's boots.

It happened all of a sudden, Larry's complete change of front towards her. He stopped her carrying the wood in; he even beat up a raw egg in milk and made her drink it, telling her she must have this twice a day. He went down the hill on a Thursday morning and humped up all the fodder; he even went as far as Chester-le-Street for what provisions they needed.

She took his attentions silently but with a question in her eyes; and he answered it one day by saying, 'I must get you on your feet before the winter comes'; then he added, 'Anyway, I don't think you could stand another up here, the way you are.'

At nights she would lie thinking about the sudden change in his attitude towards her, and she would tell herself there was something behind it.

As she grew a little stronger she walked farther, and one day she strolled right down to the road. She found it pleasant just to be able to take her time meandering over the hills without having to carry any bags.

She was standing leaning on the stile looking first one way and then the other along the road when she heard the sound of horses' hoofs. She kept her head turned in the direction from where it came and saw coming towards her the first of a number of carriages. The drivers, dressed in black, held whips from which dangled black bows. As they passed her at a trot she noticed that the carriages were all empty, and behind the fourth one, at a more leisurely pace, came a farm cart. As she looked towards it she smiled and called, 'Hello, George.'

'Oh, hello there, Emily.' He drew the horse and cart to the side of the road and, quickly dismounting, came towards her, saying, 'By! it's good to see you down the hill again. I might have passed you, I never thought to see you there. How you feelin'?'

'Oh, much better, George, thank you.'

'You look better, but still very peaky. You've got to take care.'

'George.'

'Aye, Emily?'

'I'll never be able to thank you or Jenny for what you did for me; I know that without you both I wouldn't be here.'

'Nonsense. Nonsense.'

'No, no.' She looked down to where the step divided them and said slowly, 'No, it isn't nonsense. Without you both I'd have been heading those coaches.' She made a motion with her hand to the left of her. 'By the way, has somebody died round here?'

'Aye, Farmer Rowan.'

'Farmer Rowan! Had he been bad long?'

'No, about a week I think. He had a heart attack they say.'

She stared at George now for some little time. Then folding her shawl further over her breast, she asked, quietly, 'Where's Anderson's barn, George?'

'Anderson's barn? Oh, it's on the border of the Rowans' land. . . .' He stopped suddenly, blinked hard, turned his head to the side, then asked, but without looking at her, 'Why do you want to know where Anderson's barn is, Emily?'

'You know as well as I do, George.'

He was looking at her again. 'How long have you known?'

'Only since you told me who'd been buried.'

'Oh my God! my mouth.'

'Don't blame yourself, George; things have been gatherin' in me mind for a long time, and now they're all of a piece. He treated me like dirt when he knew I was going to have the bairn, then just a few days ago his manner suddenly changed. He started feeding me up, strengthening me I suppose to enable me to take the blow.' She nodded her head and looked away, and she kept nodding it as she mused, 'I know where Anderson's barn is; I've actually seen them both coming out of there. He didn't open his mouth to me in weeks and then he comes across me suddenly on the hill near the barn. I can see him now. He was struck dumb, but when he realized I hadn't been spying on him his manner changed and he treated me civilly for a time.'

She turned towards George again, saying, 'I suppose everybody knew? It's always the way isn't it, the one that should know is always the last to hear.'

'Aye, Emily, that's always the way of it. But as far as I can gather it's been going on for years. The mistress knew of it. That's what made her mad and act the way she did, old Abbie said. But they say old Rowan hated his guts and threatened more than once to do him in if he caught them together. Of course' – he pursed his lips now – 'that was afore he thought your Larry Birch had come into the farm an' property. He was known to be a hypocrite that Dave Rowan; there's nobody in the village had a good word for him; in fact it was a toss up who they disliked more, Birch or him. Skin a louse for its hide they said he would. . . . What you going to do, Emily?'

She kept her eyes fixed on his for a moment before she said, 'I don't know yet, George, I don't know. I'll have to get meself gathered together.'

'Will you tackle him with it?'

She tilted her head to the side as if listening; then she gave a sad little laugh as she said, 'Not till the time is ripe. It's funny, George, but I was always the one to chatter, remember? But of late I've learned to hold me tongue. In that way, you're able to think more, to weigh things up better. And that's what I'll do, I'll bide me time and weigh things up. But you can be sure, George' – she put her hand out and patted his arm – 'I'll let you know exactly what happens.'

'You're always welcome above the stables, Emily.'

'I know that, George.'

'And you know something more, Emily?'

'What, George?'

'I'm no reader of minds but I know that you'd be very welcome in the house an' all. . . . No offence meant, Emily.'

'And none taken, George. . . . Good-bye.'

'Good-bye, Emily.'

She turned from him and walked slowly through the copse and along the field path, and more slowly up the hill and down it again, then across the valley and up the last incline to the cottage; and all the way she kept repeating, 'I must get you on your feet afore the winter comes.'

His next move was made evident to her the following day. Sitting across the table from her, he looked at her with a gentle expression on his face, and if she hadn't known what she did know the concern in his voice would have touched her heart again as he said, 'Emily, I'm going to say this to you, and I mean it, you're free to go; I'll not stop you by word or action.'

She had the sudden almost uncontrollable desire to spit in his face. Lowering her eyes and keeping her voice soft, she said, 'I'm content to stay where I am.'

'But it's too much for you up here.'

'What . . . what would you do if I went?' She still kept her gaze lowered.

'Oh, I'd fend for meself, don't worry about me. I've done it afore, I can do it again.'

At this she rose from the table and went about her duties in the kitchen, knowing that he was still sitting there looking at her. But she didn't look at him, nor did she speak again.

Every day during the following week he took his long walk, and each time he returned and she looked at him she longed for her old strength, for the time when she had been so full of life that she wouldn't have tolerated him or his carrying on for one minute more. Yet, somehow, her very weakness seemed to have a strength of its own; it was, as it were, making her bide her time, as if preparing for the climax.

She thought the climax had come when, on Sunday night as they were sitting at tea, he said, 'I'm worried about you, Emily, this business of the baby and all that. I know what I said about me not marrying, but I think you should marry, and I know I'm spoiling your chances keeping you up here. You're the kind of woman that . . . well, could do well for herself just by the looks of you. . . . You could sort of pick and choose, if you see what I mean.'

As he stared at her and she at him, a voice was crying loudly in her head, 'Yes, yes, Larry, I see what you mean. You would even condone me going down the hill and across the road now, wouldn't you? You would put no obstacle in me way now about taking up with the foreign bastard. You're not naming anybody, are you, but that's who you mean. You don't want to shoot him now, do you? For two pins I'd . . . No, no!' she cautioned herself; 'don't be stupid; bide your time.'

He was still talking; between mouthfuls of food he said, 'Even if you didn't decide to take up with anybody I wouldn't see you short; and if you got a place of your own you could have some of this furniture.'

When she looked at him and said quietly, 'Thanks,' he became silent while continuing to stare at her; then he rose abruptly from the table and went out.

A few days later she didn't know why she opened the trunk where he kept his clothes, because he had always seen to his clothes himself, folding them and laying them away, but when she did she saw it was almost empty.

Then came the morning when she woke up to an unusual silence about the place. There was no mooing from the shippon, nor any sound from Bonny in his stall at the other side of the wall. After lying still for a few minutes, she got out of bed and into her clothes. The kitchen fire was bright, the kettle was on the hob, the sun was coming up, it was a fine morning. She went straight out and into the shippon; the cow wasn't there. She went into the stable, and the horse wasn't there. The chickens were still about scratching for an early morning meal, but there were no sheep in the fold. She looked about her, over the wide landscape, down into the valley, up to the further hills. Then she went back into the cottage and, looking at the mantelpiece, she saw the letter. The envelope wasn't sealed or even addressed. She took out the two sheets of paper and read:

'Dear Emily,

I have given you the chance to go time and again but you wouldn't take it. You would have had to know sooner or later about Lizzie and me. I would have married her in the first place if it hadn't been for her father, but now he's gone . . . well, I'm going to the farm. As I said, I won't leave you stranded. I've left five pounds in the jar on the mantelpiece, and you can stay in the cottage as long as you like. But as I've already told you, if you go and want to set up for yourself you can take the furniture, with the exception of the clock, the French table and the bureau. I have taken the animals as I didn't feel I could go over there with nothing. However, I won't see you short of milk; I'll leave a can every other day at the old turnpike gate for you and a bit of butter and cheese to keep you going.

I'm sorry things have happened this way, but as I indicated the other night you'll not be alone long, you'll soon be picked up. Good luck, and thanks for all your kindness.

Yours,
Larry.'

She sat down and put the letter on her knee and, looking straight in front of her, she said aloud, 'You'll soon be picked up. Whores are picked up, dock women are picked up.'

'*You'll soon be picked up!*'

And he'd leave her a can of milk over by the tollgate. Would he now! That was kind of him to leave her a can of milk. Up till she had taken to her bed it was she who had tended the animals: milked the cow and mucked her out and saw to the horse, even groomed him.

And he had kindly left her five pounds. How long could she live up here on five pounds? To his knowledge she hadn't a penny of her own.

And the furniture. She could take it except the clock, the French table, and the bureau. They were the three best pieces, the only pieces of any real value. It was she who had brought them from the drawing-room; with the help of Mrs. Riley she had dragged the bureau into the hall and also the French table with its thin legs and gallery top. She had chosen that because it was pretty; and also the clock. The clock, she knew, was of value; he had told her that; also that the colonel had brought it from abroad. For the rest of the furniture, there was the chest of drawers with the little china cabinet on top of it, the settle, the table and chairs, and, of course, the two big trunks that had held his clothes and which now held only a few old shirts and small clothes.

You will soon be picked up!

You can have the furniture except. . . .

I have taken the animals because I couldn't go over there with nothing.

No, he couldn't go over there with nothing, but he had left her here with nothing. Five pounds, and a few sticks of furniture, and free milk if she walked a mile each way to get it.

What did he take her for?

She had bounced up so quickly from the chair that it fell backwards. She walked into the bedroom and gazed about her. She went from there to the scullery and came back to the kitchen. It seemed in this moment that she had spent her entire life in this cottage. All she'd had to give out she had given out here; she had worked from dawn till dusk six days in every week all the year round; even on the day she went into the town she had risen never later than five o'clock in the morning in order to get her chores done. She had sat through sullen silences night after night, she had loved him, pitied him, cared for him, suffered him, and his moods, while all the time he was paying his visits to Anderson's barn. And while doing that he had dared to threaten what would happen if she spoke to Mr. Stuart! He wasn't going to be made a fool of a second time. Yet as soon as the way was clear for him to step into a dead man's shoes and become master again of a farm he had been willing, aye, that was the humiliating part about this whole affair, he had been willing that she should go down the hill to Mr. Stuart.

She knew now for a certainty that all this time together he had still looked upon her as a servant, at best a kept woman, one that could be turfed out or passed on. This is what the gentlemen did with their mistresses. But gentlemen left them provided for. They didn't say, 'I've taken the cow and the horse and the sheep, and I want the clock, and the bureau, and the French table.' No, a gentleman would have said, 'You can have all these things and more, Emily. And here's the deeds of the cottage and a sum that will keep you for the rest of your life.'

It paid to be a prostitute; it paid to be a mistress. But love, compassion, tenderness, and grinding daily work didn't pay.

She ran outside now and down to the gate and, gripping its top, she moved her head slowly, taking in the expanse of land. When she faced in the direction of the river her head became still. She had a desire to run towards it; but not to drown herself; no, but to take off all her clothes and lie in it and let it wash over her, wash away the dirt on her body, wash away the fact that his hands had ever touched her; wash away the memory of the agony that she had gone through in giving birth to his child.

Once she had been a girl who felt glad inside, whose password had been, Never say die, whose one aim in life seemed to be to cheer people up; but that had been at the beginning of her life, when she was a young girl of fifteen and sixteen; yes, and even seventeen. But over the last two years she had spanned a whole lifetime; she had grown from a girl into a young woman. And now she was a woman fully grown, old inside herself, aged as only tens of years can age. Yet in this moment it seemed but a flash in time since she was a small child sitting with her bare bottom on the warm flags outside their front door in Creador Street. Again she thought of the line in the little book: Existence is the time it takes for the shingle to be wet. Aye, but don't let them forget the countless pebbles in the shingle and that each one represented a pain of some sort or other.

Her life was over, finished, in that she would never care or feel for anyone again; nor trust anybody again. No, by God! that she wouldn't, ever again.

She turned from the gate and looked towards the cottage. What was she going to do? Pack up her few things and go down the hill to her Aunt Mary's?

There was the watch. Aye, there was the watch. She hadn't forgotten about the watch. The watch would be her lifeline. Sep had thrown her that line in the first place but she had lost it. Then Mr. Stuart had put it into her hand again, and in this moment she thanked him for it; from the bottom of her heart she thanked him for it. And she would cling to it and haul herself up on to some place high and dry by it.

Before she did that, however, there was something else she was going to do; but she would have to wait until the day ended for it to have the proper effect. Yes, she nodded down at the cat, which was rubbing against her legs. It wouldn't take effect until it was dark.

She walked slowly up to the cottage and brewed herself a pot of tea. Then, taking her time, she carried the wood, piece by piece, from the gable end towards the gate where the ground rose slightly, and, laying it carefully, she made a platform of most of it. It was heavy work and it took her almost till dinnertime to complete.

Now she went into the cottage again and she cut herself two shives of bread and placed some cheese on them; then sitting by the table and her actions still slow, she ate, and after she had finished she brewed herself another pot of tea. Later, she went into the bedroom and lay down on the bed and rested, for as she had often experienced of late, a weakness had overtaken her.

It was about three o'clock in the afternoon when she started removing the furniture from the cottage. First, she took her belongings and laid them to one side; then she dragged piece after piece down to the platform, and those pieces that she couldn't place on top of it she set around the sides. The kitchen table and the china cabinet posed problems, until she chopped the legs from the table and unscrewed the glass doors from the china cabinet.

The trunks posed another problem, but this she got over by using the hatchet on them. . . .

By seven o'clock in the evening there was only the bedding left, and this she flung, one bit after another, up on to the top of the pile where some caught on the edges of the furniture, spreading out in the light wind like banners. She didn't even feel any emotion when she saw the huckaback hand towels flying. She had been proud of the huckaback towels. She had been introduced to them down in the house, and she had brought half a dozen with her. She felt somehow they were good class, they had a quality about them.

She was feeling very tired now, exhausted in fact, yet in an odd way triumphant. She looked up at the gigantic heap. The legs of the French table were sticking out from the side like four golden rods and the pendulum of the clock was hanging out like a tongue begging water.

She turned and looked in the direction of the sun. It would be some time yet before it would be right down, but she could wait. She had all the time in the world. It would be black dark, perhaps midnight, when she would go down the hill, because she would stay here until the embers died down. Oh yes, she would stay until the embers died down because not until the fire went down would she feel clean again. It was an odd feeling, this wanting to be cleansed in some way. And on the way down she'd pick up her watch, she could find the place in the dark. And then she would walk, she'd walk all the way to Fellburn, then on to her Aunt Mary's. And there she would rest for a time.

It was nine o'clock when she brought a can of paraffin from the shed and sprinkled it over the base of the pile. She set light to it, and the initial flame licked in and out of the wood like a live snake, refusing at first to take hold of the base but fastening on to the pieces of furniture that were dry with age; then it shot up to where the bedding was, and now it was away.

The pile was fully ablaze before the long twilight fell into night. She stood against the wall of the cottage with her old coat and hat on – the coat that Larry had bought her was on the pile – and she watched it burn. It was a bonny sight. The sparks were flying up into the darkening sky like sprays from fireworks. Yes, that's what it looked like, a firework display. She had seen a firework display once, when they were celebrating something in Shields. She had forgotten what.

She felt a quiet sense of satisfaction as she watched the payment for two, no three years of her life go up in smoke, and when a tiny thread of guilt touched her thinking and she said to herself, 'I shouldn't have burned his pieces I should have kept them aside,' she brought herself from the support of the wall and answered the thought aloud, crying at herself, 'Don't be so bloody soft, Emily Kennedy! You'll regret nothing. No, by God! you'll regret nothing of this night.'

She was still standing straight when she heard the voices calling from the valley bottom. She couldn't make out what they were saying, but when she saw dim figures approaching the wall she knew she had been expecting them. They were the villagers come to see the upstart's cottage burning. And now she looked towards them as they formed a lengthening row against the wall, and she said to herself, 'Well, they've turned out in force.'

And now there were voices coming from behind the cottage. These would be the miners from the colliers' rows outside the village; they had likely rushed over the hills to come and give a hand.

The miners didn't stop by the back wall, they leapt it and came towards her. She could see their faces clearly in the firelight. There were some women amongst them, and they all looked at her open-mouthed, and one called, 'What's up, lass? What's up? You celebratin'?'

It was a moment before she called back, 'Yes. Yes, you could say I'm celebratin'.'

'What you celebratin', missis?' Another man came towards her.

'Oh' – she looked at him now where he was standing within an arm's length of her – 'just a piece of me life that's over.'

'You all right, lass?' He came even closer, and his quickened breath came on her face; he was still panting from his running.

'Yes, I'm all right, thank you.'

The man turned now and looked towards the fire. 'Where did you get all that lot, I mean to make that pile? You can see it for miles.'

'It's me furniture.'

'Your what?'

'Me furniture.'

She looked now at the gathering faces about her. The villagers too had come over the wall, not so close as the pitmen but close enough to hear what she had to say, and it was to them she spoke. 'The furniture was in payment for three years of me life. I had no use for it, so I burned it.'

No one spoke, but they were all looking at her, and so she said, 'It's a pity I didn't give you warnin' of it, you could have brought the bairns. Bairns like bonfires. You could have made a night of it.'

Still no one spoke, but they continued to gape at her. Suddenly a section of the pile fell inwards and the sparks sprayed into the night, weirdly illuminating the whole scene and showing up a running figure that didn't stop when it came to the edge of the crowd, but thrust its way forward. Then she was staring at him, giving him her full attention. Funny, but she knew now that this is what she had really been waiting for, hoping for, unknowingly praying for, willing that he should come and face her.

'What's happened?' He looked from her to the blazing pile; then without further words he ran to the cottage and peered in. And now the crowd watched him walk slowly back to her where she stood with her bundles at her feet, and although his voice was a low growl they heard distinctly what he said. 'You gone clean mad?'

'No; I've never felt more sane, in fact I think I've just come to meself; 'cos I realized the day I'd lost me wits when I came up this hill with you.'

'What had you to do that for?' He thrust his arm back towards the flaming pile.

'I can do what I like with me own; that's what you gave me. You said I could take the furniture, except of course the best bits which were the French table, the bureau, and the clock. Well, I didn't like the stuff to be parted, it had rubbed shoulders for so long with the rubbishy pieces; the rubbishy pieces that were so necessary, like meself, you know.' She bounced her head at him. 'And by the way, when you took the livestock you forgot to take the hens with you. An' thank you very much for offering to leave me a can of milk every other day down by the turnpike. It would have been a nice walk in the depth of winter with snow up to me chin.'

'Shut up!' His voice came in a low growl from between his tightened lips and his eyes flicked from her to each side where the crowd had now thickened; then, like them, he started as she screamed at him, 'Don't you tell me to shut up, not again, you two-faced, double-dealing hypocrite! An' you can have that back.' She now flung at him the bag with the five sovereigns in it, and as it hit his chest he grabbed it and she cried, 'That's it, it'll help towards the dowry you're takin' to her. You couldn't go to her empty-handed, you said, well, tell her that five pounds is from me. And one last thing I'll say to you. I've only seen her but twice in me life, but I got her measure, and if I'm any judge she'll give you as much hell as your supposed wife gave you. And when that time comes, remember me.'

A shower of sparks sprayed the sky again, the flames lighting up all their faces. Every eye was on them; no one spoke. She now stooped and picked up the bundles at her feet, and, her shoulders straight and her head up, she turned her back on his livid countenance and walked towards the throng. They parted for her, and she took the path past the bonfire to the gate, where George and Jenny were standing. They turned and, one on each side, they walked with her down the hill.

It was as they crossed the valley floor that they heard the jeering and loud cat-calls, and at this she paused in her walk and looked back, and there came into her mind the words, I'll never be sorry for the day I picked you up in Fellburn Market Square. When she moved forward again her head was down. They reached the road and she said brokenly, 'Thanks, George. Thanks, Jenny,' and George said, 'Where do you think you're goin' the night?'

'I'm goin' to walk to me Aunt Mary's.'

'Not the night you're not.'

'Tomorrow,' said Jenny, gently taking her arm.

'Oh no! No!' She stiffened. 'I'm not going back to the house. Oh no!'

'Nobody's askin' you to go back to the house.' George spoke sharply now. 'Anyway, Mr. Stuart's away. He went on holiday the day afore yesterday, gone to France he has, for a bit of life I think. And who's to blame him. Anyway, you're comin' back with us, an' the morrow morning I'll drive you in to wherever you want to go.'

She stood, her head deep on her chest now. What should she do? One thing she couldn't do was to dig up the watch the night, not with all those folk on the hills.

She went with them, docilely now, along the road; but before they entered the gate she stopped and said, 'What about old Abbie?'

'Oh, he's gone. The boss pensioned him off some weeks ago. We've got a new lad now.'

As she walked over the courtyard towards the arch, she glanced, not at the kitchen door, but at the window above it, and she thought, As bad as you were you weren't all wrong. No, you weren't all wrong. . . .

The rooms above the stables were comfortable and homely. There wasn't a bed for her but they made her a shake-down in the kitchen, and although she hadn't had a proper meal since yesterday she still couldn't eat. But when George gave her a good measure of hot whisky and water, and black sugar, she drank it gratefully.

A short while later she lay staring up into the blackness. Her mind seemed empty. Her whole being seemed empty. She didn't know at what time she fell asleep.

She woke the next morning with George shaking her gently by the shoulder and saying, 'Would you like a cup of tea, Emily?'

'Oh! Oh. Aye. Yes. Yes, please.' She pulled herself into a sitting position and her hands shook as she took the mug from him.

'How you feelin'?' he asked.

She thought a moment. The picture of what had happened last night was as clear in her mind now as if she were still on the hillside standing in the light of the fire, and every action of hers that had preceded the fire was clear in her mind too. She looked at George now and she said, 'I shouldn't have done it. I don't mean burning the bits and pieces, but sayin' what I did to him. They jeered him; they'll give him hell now. I shouldn't have done it.'

'Devil's cure to him, I say. He's asked for all he's got. I was for him when I first came, but when I found out things an' the game he was playin' with you, oh, I quickly went off him. He's no good, Emily. You told him the truth, and so you have no regrets about it, oh no. They would give him hell in any case, for Farmer Rowan's boots haven't got the sweat out of them yet, and he couldn't jump into them quick enough. That alone has got their backs up. An' you were right, Miss Lizzie Rowan 'll wear the pants. Her mother's not a bad sort, but she's a tough piece. Aw, don't you worry your head, Emily; have no regrets. But you did something last night that'll be remembered for many a year to come. Now just you take it easy this mornin'. What time do you want to go in?'

'As soon as you're ready, George. But there's one thing I'd like to do afore I go.'

'What's that, Emily?'

'I'd like to walk up the hill once more by meself. And another thing, George. Me cat. It must 've got frightened with the fire and ran off. I was going to bring it with me. If I can't see it, would you have a look out for it?'

'Aye, yes. Don't worry your head about it. I'll bring it down here; one more won't make any difference. An' by the way, Jenny's over at the house but she'll have the breakfast ready in about half an hour or so.'

'Thank you, George.'

When he had gone, she rose stiffly from the couch, put on her skirt and blouse, washed herself in the scullery; then donning her hat and coat, she went quietly out.

She saw no one as she crossed the farmyard, nor as she crossed the courtyard. She stood for a moment and gazed at the front of the house. She hoped Mr. Stuart would find happiness here, even if he had to live alone. Yet he didn't seem a man who should be alone. She was glad he was away. What would have happened if he had come up the hill last night, she didn't know; perhaps he would have got her down before Larry came, because he was that kind of a persuading man. And then she wouldn't have spilled her mouth open in front of everybody. She was sorry for that, yes, she was.

She walked slowly along the road towards the stile. She felt very tired. Her limbs were heavy, almost as heavy as her heart. She crossed the stile, went through the copse and towards the old bridge; then picking up a piece of wood that was somewhat pointed, she walked along by the bank of the narrow burn until she came to the hawthorn tree to the left of her. From it she took three steps parallel to the burn. Here was a small mound of shaly earth, and at the front of it she started raking.

Her heart began to beat rapidly when after uncovering about six inches of the shale she couldn't see the parcel; but when her now frantic efforts reached a depth of twelve inches or more and the point of the wood unearthed the piece of brown hessian she had wrapped the box in, she sat back on her heels and closed her eyes and let out a long drawn breath. She hadn't realized she had buried it so deep.

Tenderly now, she unwrapped the hessian and gazed down at the red leather box. It was slightly stained where the water had soaked through the outer cover. Then she pressed the little spring, and there it was, bright and beautiful . . . and delicate. Yes, that was the word for it, delicately beautiful. She touched it where it lay on the folded letter she had inserted at the bottom of the box. She wished she could keep it.

Don't be silly. The admonition brought her to her feet, and she roughly scraped some of the shale back into the hole with her foot. Then putting the box inside her blouse, she walked back to the old bridge. But she didn't go up the hill towards the cottage for that, she told herself, she never wanted to see again as long as she lived; nor the hills. And the cat would be all right, George would see to it. . . .

She said good-bye to Jenny at ten o'clock; she thanked her warmly and told her that some day she might be able to repay her and George for their kindness to her; and Jenny wept a little and spontaneously they kissed and parted.

Sitting beside George in the front of the trap, they drove through the village. The few people who were about turned and looked at her; but there was a different expression on their faces now; she imagined that one or two might have even smiled at her had she glanced directly their way. But she didn't, for she didn't want their smiles now, they had come too late.

When the trap stopped in Fellburn market she repeated her thanks to George. He held her hand and, looking into her eyes, said, 'I'll always have a feeling for you, Emily, you know that. And what I also know is that you'll pull through. You know what you said to me the first day when I came to the farm footsore and weary? You planted the first square meal afore me that I'd seen in weeks, an' you said, "Get that into you, and you'll find your feet here." Well, you'll find your feet an' all, Emily. Good-bye, lass.'

'Good-bye, George.' She was too full to say any more. She turned about and walked away from the life that had begun in this market place three years ago and was now ending here.

PART SEVEN

Full Circle

Chapter One

'And you mean to say you set fire to the lot of it?'

'Aye, Aunt Mary; yes, I set fire to the lot of it.'

'My God! lass, what a thing to do! You should have carted it down here; it was worth a bit that stuff. Even I knew that.'

'Not really, Aunt Mary; only the three bits that he wanted.'

'You think so?'

'Yes, I'm sure of it.'

'And you say they swarmed up from the village and thereabouts?'

'Yes. Yes, they swarmed up from the village and thereabouts. It was like Mafeking night.'

'And you say he came?'

'Yes, he came.'

'And what did you say to him?'

Emily paused for a moment and turned her head to the side before she replied, 'Things best left unsaid, but nothing I could say to meself when I saw him made any difference, I had to hit him with something, and I had only me tongue to do it with, so I told him what I thought about him, an' I didn't mince me words.'

'Good for you, lass. I only wish I'd been along o' you, for he was an upstart swine if ever I saw one. I know what he thought of me' – Mary wagged her finger at Emily now – 'blowsy, dirty old faggot. I could see it in his eyes. An' he never asked me if I had a mouth on me. I wasn't expectin' a drop of the hard stuff, but me tongue was hangin' out for a cup of tea. Well, lass, all I can say is you're well rid of him. Did you manage to bring the watch with you?'

'Yes, yes, I did, Aunt Mary.' Emily patted her chest.

'And what did Mr. Stuart say about all this?'

'Nothing; he wasn't there I'm glad to say, he was away on holiday.'

'Well, there's one thing I do know, if he had been there you wouldn't be here now.'

'Oh yes, I would, Aunt Mary.' Emily shook her head slowly but with emphasis. 'I want no truck in that direction, in fact any direction. All I want is some way to make a living. And I've got the means here.' She again patted her chest.

'Aye, lass, you have that. Will you set up house on your own?'

'Yes; I mean to go back to Shields an' have a look round.'

'Will you bring Lucy home again?'

'I've been thinkin' about that, Aunt Mary, but . . . but somehow I don't think it would be fair, she's very happy where she is. In her last letter she said this Miss Rice was being discharged and was going home and she wanted to take her along of her, and what did I think about it. I wrote back and said I thought it was a good thing. . . . No, I don't think Lucy would want to come back now. She's tasted a different kind of life; I can read atween the lines.'

'Aye, it's often the way. When they leave home and see how the other half lives they take to it. And who's to blame them. Well, lass, drink up your tea and let me say here and now, this house is your home as long as you care to make it so. I won't ask you to sleep in it, though, because there's no comfort sleeping on a shake-down, but Mrs. Pritchard across the way 'll put you up.'

'Thanks, Aunt Mary, it'll just be for a night or two. I'm . . . I'm going into Newcastle now to see the jeweller about the watch; I'm taking Mr. Stuart's letter with me to prove it's all above board.'

'Aye, I'd do that, I'd get it out of me hands as quick as possible if I was you. It's a lovely piece of jewellery, I've never seen a bonnier, but it'll bake no bread for you . . . aw lass, don't cry. Don't cry.'

'No, I'm not, Aunt Mary; no, I'm not going to cry.'

No, she wasn't going to cry, but she wished she could, for then she might get rid of this great lump that was blocking her chest. But tears, like laughter, had gone from her. Her eyes seemed filled with sand, and her heart with lead.

Mr. Goldberg said almost the same words as her Aunt Mary had: 'It's a beautiful piece, miss, but you'd rather have the money?'

'Yes, if you don't mind.'

Emily was sitting in a room at the back of the jeweller's shop. It was a very comfortable room. It had a deep red carpet on the floor and was furnished with two leather chairs and a leather-topped desk, and the walls were lined with bookcases. Mr. Goldberg was a small man with a thin face, but he had a pleasant expression.

When she had entered the shop she said to the younger man behind the counter, 'Are you the owner?' and after surveying her for a moment he had answered primly, 'I am Mr. Goldberg's assistant; what can I do for you?' and she had replied, 'I would like to see Mr. Goldberg himself, please.'

When Mr. Goldberg stood before her at the opposite side of the glass-topped counter and said, 'Yes, madam, how can I assist you?' she said, 'Mr. Nicholas Stuart bought a watch here some time ago on a certain understanding.'

'A watch, madam?'

'Yes, yes, a fob watch, a jewelled fob watch.' She now opened her bag and held out the case towards him and watched his face lighten as he said, 'Oh yes; yes; that watch. Yes, yes; of course. Would you please?' He now lifted his hand and indicated the end of the counter, and she walked round it and through the door he held open for her, and he seated her in one of the leather chairs before he went behind the desk and sat himself down. Then he leaned towards her, saying quietly, 'Mr. Stuart, yes, he indicated that you might at some time want to sell the article again.'

'And you said you would buy it?'

'Yes, yes, I did, madam; and I'll be only too pleased to purchase it from you when we come to an arrangement . . . an amicable arrangement.' His smile broadened and he held out his hand, and she placed the case in it.

She watched him lift the watch out and lay it across his palm. He did it gently, she thought, as someone would who was handling a rare flower, or a new born child. Her mind shied away, she didn't like to think of new born children – It was then he made the remark about it being a beautiful piece. His voice was soft now as he went on, 'I have never seen a finer. It would be very interesting to know its complete history.'

'Yes, yes, it would,' she said.

'From what little I gathered from Mr. Stuart I understand it was left to you as a gift by . . . by a gentleman.'

'Yes, that's right.' His face was unsmiling.

'And when you were in dire straits you asked a certain person to sell it for you?'

'Yes, yes, I did.'

'And that person misled you as to what he had got for it?'

Now she merely nodded her head.

'Twenty pounds, I understand?'

'Twenty pounds,' she repeated.

His face was grave as he said, 'It's a pity you didn't decide to prosecute. And I made my views known to Mr. Stuart. But I can assure you' – now he smiled – 'I can assure you you'll get much more than twenty pounds this time.'

'Thank you.'

'I can offer you, say, two hundred and fifty pounds. How is that?'

She stared back at him. The price on the watch in the window had been four hundred and twenty-five guineas; which she had already calculated as four hundred and forty-six pounds five shillings. That meant he was giving her little over half. Two hundred and fifty pounds was still a fortune and she was about to say, 'Thank you very much,' when he laughed and said, 'I don't know if your silence means you're going to bargain with me or not.'

She had not thought about bargaining with him; it had never entered her head until he had mentioned it. Mr. Stuart had said he was a fair man and so she supposed that in the course of business two hundred and fifty pounds was a fair offer, but she heard herself saying, 'The price on it in the window was four hundred and twenty-give guineas.'

'It was, it was indeed, madam, four hundred and twenty-five guineas.' He pursed his lips and wagged his head at her. 'So shall we not beat about the bush? I am in business, I have to make a fair profit. Now, now' – he wagged his finger jokingly at her – 'don't say that I have already sold it once and made a fair profit, I know, I know.'

She found herself smiling back at him now, and when he said, 'All right, I'll take a straight hundred, three hundred and forty-six pounds . . . and five shillings,' he laughed.

She opened her mouth to speak, closed it again, and swallowed before she could say, 'That is quite, quite acceptable.' She thought her reply sounded sort of good, educated like.

'The bargain is sealed then?'

'Yes, it is sealed.'

'How would you like the money? Have you a banking account?'

'No –' She paused before adding, 'Not as yet.'

He looked at her straight for a moment before saying, 'Then may I suggest you open an account with a bank?'

'Would . . . would you be kind enough to recommend one?'

'Yes, yes, of course.'

'And . . . and would it be possible to have the forty-six pounds in cash please?'

'Again of course.' He was nodding his head at her.

'Thank you.'

He was in the middle of writing out the cheque when, his eyebrows moving upwards, he looked at her from under his lids as he said, 'How is Mr. Stuart these days?'

She stared back at him as she read behind the question, and she kept her voice level and her face straight as she answered, 'Very well; he . . . he's on holiday in Paris at the moment.'

'Oh, in Paris. Good, good.' He was writing again. Then as he blotted the cheque he said, 'Very nice gentleman, very nice indeed. And he has an eye for good pieces.' He now opened a drawer, took out a handful of sovereigns, counted them, then placing them in a chamois bag, he stood up and came round the desk, and when she got to her feet he handed her the cheque and the bag saying, 'You'll find those correct I think, and I hope, madam' – he was bending towards her – 'as your fortunes change, as I am sure they are about to do, you will honour us with your custom, whether it is buying or' – he waved his forefinger in a flowing motion back to the desk and the watch – 'selling.'

She found herself smiling at him again as she said, 'Yes, if I should want anything in the jewellery line I shall certainly come to you, Mr. Goldberg. And . . . and thank you for your fairness towards me.'

'It has been a pleasure, madam.'

She was about to go towards the door when she stopped and took one last look at the watch lying across a piece of velvet set at the side of the writing pad, and she felt an urge to go and touch it and bid it a personal farewell. She turned and looked at Mr. Goldberg and he said quietly, 'Who knows, madam, but at some future date it may be in your possession again.'

She said nothing to this but went on through the shop and to the door, and it was Mr. Goldberg who opened it for her, with the parting words, 'Good-day, madam, and good fortune go with you.'

Good fortune go with her. What he meant was, I hope you become a mistress to a rich man. He imagined that's what she had been to Mr. Stuart, but that it was now over. Yet such was the way he had put it she hadn't felt insulted. And anyway, who was she to feel insulted by anyone suggesting she should be a mistress to a man, for hadn't she been that for the last two years? But the name they had given her roundabout hadn't been as fancy as mistress, she had been known by such names as, Birch's piece, or his fancy woman. Well, there was one thing she was sure of, never in her life again would she earn that title. . . .

An hour later she came out of a bank. The manager himself hadn't shown her to the door but, nevertheless, he had been very civil when he understood that she wanted to deposit a cheque for three hundred pounds with him. Open an account, was the way he put it. At the same time, he hadn't been as civil as Mr. Goldberg in that he had taken stock of the way she was dressed and had tempered his courtesy accordingly. She thought that it shouldn't have mattered to him if she had come in a sack as long as she was putting money into his business.

But the visit to the bank told her one thing, she needed clothes and badly. And she was going to have them, for at this moment she was greatly in need of something, anything to help alleviate the feeling that she was of no account. But, she told herself, she wasn't going to pay the price they were asking in the fancy shops in Newcastle. No, she'd go back to that second-hand shop in Fellburn. This time she knew what she wanted and she wouldn't come out dressed like a comedy actress. Moreover, the buying of clothes would take her mind off things and the strong desire in her now to give way to a paroxysm of grief, for she had the desire to cry as she had done when a child, with her body bent and her arms hugging her waist, and like that just cry and cry and cry.

It was half-past six when she returned to her Aunt Mary's and she was taken aback when she entered the kitchen. It had seemed crowded when she had left it, with the small children on the floor, but now the whole family was gathered, with eight of them sitting round the table.

Her cousin Pat, who worked with his father in the steelworks, was a big, hefty lump of a lad, almost a man, and at first he gaped at her, then grinned and said cheekily, 'Well! well! By! you look a spanker.'

Embarrassed, Emily passed her glance over them all, and they nodded at her shyly in greeting. Except her Uncle Frank who, getting to his feet, said, 'Well, I'll be damned! I haven't clapped eyes on you for years, lass, an' I've still been thinkin' of you as a bit of a girl. But by! I was bloody well wrong, wasn't I?' He held out his hand and she took it, but almost instantly he was pushed aside by Mary who, standing in front of Emily, looked her up and down a number of times before exclaiming, 'Aye, lass, now that's something like it! By! talk about steppin' out of a band box. Where did you get that lot?'

'At the old firm.' Emily now made a slight face at her Aunt, and Mary cried, 'Fellburn, the second-hand shop? Aye; my! she's done you proud.'

And so thought Emily; but more so that she'd done herself proud, for on having asked to see something of good quality and quiet, and then been shown a mauve-coloured costume, she knew instantly that this was the kind of thing she wanted. The coat was slightly flared and of three-quarter length and was trimmed with narrow fur, not only on the collar but round the cuffs too, and the skirt hem had a thick silk dust fringe attached to it. It buttoned right up to the neck; and the buttons themselves were imposing, being made of fine black plaited cord.

Then the hat, a green velour, with one single small feather lying on the right side of the brim. And that was not all; for on her feet she was wearing a pair of shoes buttoned at the side by five pearl-studded buttons, and as Mary exclaimed about them, she lifted her foot and said, 'And you'd think they were made for me, they fit like a glove.'

'And what's that?' Mary was now pointing to a large brown case.

'Oh, it's . . . it's a travelling case,' Emily said; 'it isn't real leather but it looks like it. I'd bought a few other things, an' then there were me own clothes, and so . . . well, I bought it.'

Mary now stood gazing at Emily, as did her entire family; and then she said quietly, 'How did it go?'

'Very well, Aunt Mary.'

'Good, good, lass. . . . Well, now, come on. Here, you move your backside out of that!' She thrust one of her offspring off the end of the form that flanked the table. 'You've stuffed your kite long enough.' Then turning to Emily, she said, 'Sit yourself down there, lass, and have a bite.'

Before Emily sat down she took off her coat and hat, and Mary, taking them from her, said, 'Give them me here afore this squad gets their fingers on them an' clags them up.'

After she was seated at the table and Mary had put before her a plate of broth with mutton bones sticking out of it like the skeleton ribs of a ship, her Uncle Frank, sucking at a similar bone that he was holding in his hands, said, 'Hear you've been in the wars, lass.'

She gulped on a spoonful of broth before she said quietly, 'Yes, you could say that, Uncle Frank.'

'Well, you're welcome to stay here as long as you like, you know that. It's a pity though, as Mary just said afore you came in, that we couldn't sleep you, but you'll be all right across the road in Mrs. Pritchard's.'

. . . 'Aye, the bugs 'll keep you company.' Pat was leaning towards her across the table now with an impish grin on his face.

'She has no bugs.' Mary's hand came out and gave her big son a clip across the ear, and he cried back at her, laughing, 'Well, has she got rid of them then?

'I chased a bug around the hill,
I'll have his blood 'e knows I will,'

chanted one of the children who was sitting on a cracket near the fire, and Mary cried at him, 'I'll have your bloody nose right off by its socket if you don't watch out.'

Pat was again leaning across towards Emily and in what was supposed to be a whisper, he now said, 'You might have the privilege of meetin' Polly.'

'*Our Pat!*'

'All right, Ma, all right; I'm just tellin' her, preparin' her like. You see' – he pulled a mock-solemn face at Emily – 'Polly Pritchard's very special, well, everybody in the street knows she is, 'cos she's a fully paid up member of the Provident Society for the Protection of Practising Prostitutes.'

As his father spluttered into his soup and almost choked, Mary cried, 'I've warned you, our Pat! Mind, I'll bring me hand across your lug so hard a steel hammer 'll be nothin' to it.'

'Oh! Ma, I'm only tellin' Emily what to expect.'

'And I'm tellin' you what to expect, me lad.'

There were titters all round the table now. Frank kept his head down and attended to another bone, while Pat, still solemn-faced and still giving his attention to Emily, who was finding it impossible not to be amused by him, although she wondered if he wasn't getting a sly dig at her through this Polly Pritchard, went on, 'She's really a good girl, Emily, that's what I'm tryin' to tell you. She goes to confession every Saturday night – she's often there afore me – but sometimes mind she's so long I'm half sorry for young Father Clapham, 'cos listenin' to what she has to tell him must make the young fellow sweat as if he were sittin' bare arsed on a fire lighter.'

The explosion at the table resounded round the kitchen. Some were bent double, some had their heads back. Even the very young ones who didn't know what the laughter was all about joined in.

Emily had her head down and her hand across her mouth. She had never thought to laugh again, but she warned herself not to let it have rein, for just as it had done once before her mirth could change to bitter anguish on the catch of a breath.

When Mary's hand, in a resounding crack, came across the side of her son's face, almost sending him to the floor, the laughter increased. Frank turned from the table choking as if the bone he had been sucking were stuck in his gullet.

'Get yersel up out of that an' away to your wash.'

Still laughing, but now holding the side of his face, Pat said, 'Ma, you want to let up on that, you'll knock me deaf one of these days . . . or daft.'

'That would be impossible, you're already as daft as a brush. Get yersel away.'

A few minutes later, when the kitchen had sobered down, Pat's voice could be heard singing from the scullery the chorus of a bawdy song that Emily had heard often in Creador Street.

'I'll be up your flue next week,
I'll be up your flue next week,
Aye, Mrs. Flanagan, I'll be up your flue next week.'

During the rest of the meal and for the rest of the evening Emily pondered the happiness and good humour that pervaded this family. The lads were coarse, especially Pat; but then, weren't all working men coarse? Didn't they all come out with things like that? . . . But Sep hadn't. . . . Yet in this house it was like God bless you. In this house where there wasn't a stick of decent furniture, where there was no privacy, no books to read, and where even the crockery wasn't very clean, that there should be this feeling of warmth and closeness, and all threaded with laughter and good cheer, always amazed her. But even as she appreciated it she knew that she wouldn't be able to live long in such an atmosphere, she knew the kind of life she wanted from now on. She wanted something to keep her busy, but she also wanted time to read and think, but most of all she wanted some place to call her own, a house to call her own, some place where she could lay her head down and cry her heart out. Oh! this need to cry that was on her now. . . .

She slept at Mrs. Pritchard's, and she left her Aunt Mary's early the next morning and made her way to Shields. She was going to rent a house and she wanted it to face the sea. She had decided to go to The Lawe, even while she knew there was little chance of renting one of the houses there because they were mostly occupied by sea captains and well-to-do people and such. And although she knew too it would be like opening an old sore she meant to approach The Lawe, going by the waterfront. So she got off the train again at Tyne Dock and went down the bank, past the dock gates, then along Thornton Avenue until she came to Pilot Place.

She had to move off the pavement when she passed the warehouse for men, there, were loading up a dray. She walked round the horse and cart, then on the pavement again; and a few steps farther on she stopped. There it was, number six.

She saw immediately that the step was filthy and the sight made her sad. When she came up abreast with the front door she stopped. The paint had all peeled off. Now her eyes moved to the window of the front room. The curtains on it looked filthy too. But what caught her attention next made her take a few quick steps to Mrs. Gantry's window where there was a notice which read: 'This house for sale. Apply Barratt and Flynn, 8 Bright Street.'

She turned quickly about and looked towards the wall that bordered the river; then she actually ran across the road and, straining her neck to see over it, she looked at the boats, big and small, moored against the bank, and a tramp steamer making its way towards the docks. And straining further still, she saw the men working in the repair yards, and the sight filled her with excitement.

Swinging round again, she stood with her back to the wall and gazed across the road to what had been Mrs. Gantry's house. She could buy it! She could buy that house. What would it cost? She had no idea. . . . 8 Bright Street. She knew where Bright Street was.

Ten minutes later, she entered the office of Barratt and Flynn.

Could they help her?

'Yes,' she said; 'she wanted particulars about number eight Pilot Place.'

'Oh' – the agent nodded at her – 'Eight Pilot Place,' he said. 'Yes, it's for sale, but it goes with the other one.'

She narrowed her eyes towards him questioningly. 'The house next door is for sale an' all? Is it empty?'

'Yes, and has been for some time.'

'Did Mrs. McGillby's nephew not come and live there? . . . You see I knew the people who once owned the house.'

'Oh . . . well, no; he never lived there, he's got a nice place in Westoe. And when he sold it, the buyer bought the old lady's place next door an' all, because he thought she wasn't long for the top. And she wasn't, and when she died he had the idea of knocking them into one to make a sort of small boarding establishment. Then he himself goes and dies about three months ago and it's his wife who now wants to sell them.'

Forcing herself to suppress her excitement, she thought, Eeh! it's odd, strange. I had to come down that way, I had to come back.

'How much does the owner want for them?'

'Well, she's asking a hundred and twenty pounds each if they're sold separately, but I think she would come down to two hundred if they were sold both together. I might as well admit they've been hanging a bit because she wanted to get them off her hands together. And what's more, there's a number empty round that quarter; it's no use closing one's eyes to it.'

She pressed her knuckles against the front of her coat between her breasts, and as she swallowed deeply her head moved slightly to the side before she said, 'Tell . . . tell her I'll give her two hundred for them.'

'Don't you want to see inside them? I'm . . . I'm bound to tell you they're both in a bit of a mess; not a thing's been done to them for years.'

'That's all right; I know the houses. When will I know if she accepts?' There was a touch of authority in her voice. She felt she was talking like a woman of means. At another time she might have been amused by it.

'Well, I'm off round that quarter shortly; I could call and see her. I'll be back by two.'

'Very well. I'll call again at two. . . .'

The agent showed her out, and very respectfully.

She called again at two o'clock and was told that the owner would accept two hundred and ten pounds for the two house. At this she made herself ponder for a moment, then as if coming to a decision, she said, 'Very well.' She would pay what was asked.

Her hand was shaking as if with ague, she had written out her first cheque for a ten per cent deposit on the purchase. And now, here she was, standing in the kitchen of the house where she had known such happiness, unaware happiness, for in those days she hadn't been aware of what unhappiness meant.

The house, as the agent had said, was in a very bad state. The wallpaper was dirty and hanging off the walls; the stove that she had blackleaded religiously every Friday until it shone was rusty; the back window was broken and someone had taken the scullery tap and its lead pipe.

But all this didn't matter. Here she was, not only back in the house but soon to be the owner of it . . . not forgetting the one next door. It seemed quite unbelievable, and it all stemmed from Sep. Dear Sep. . . . Dear, dear Sep, what she owed him . . . and dear Mr. Stuart. . . . No; she shouldn't think of Mr. Stuart as dear; kind, nice, but . . . but not dear. Yet why not? Because, despite Sep's kindness, if it wasn't for Mr. Stuart she wouldn't be here now.

It seemed odd that a man about whom she knew so little, and who knew so little about her, had been willing to spend four hundred and twenty-five guineas on her and ask nothing in return. He had made her the gift knowing full well at the time that she had nothing to give him, and could never repay him, for she'd never be in a position to do so. Neither he nor herself had foreseen the bonfire.

She looked back to the bonfire now as two years gone up in smoke, two long years, two long years during which she had been painfully forged into a woman. Every sixteen hours of the twenty-four that made a day had been long up on that hill. Was it just on forty-eight hours since she had burnt those years, and were they really burnt? Wouldn't the ashes of them be like grit in her teeth for the rest of her life?

All of a sudden she wanted to sit down. She felt weak and slightly sick. But there wasn't a stick of furniture of any kind in the place.

Hastily, she went towards the door that enclosed the stairs and, pulling it open, she sat down on the second step and the emotion that she had banked down on since walking from the hill two nights ago erupted. It began slowly, the tears just welling into her eyes and dropping from her lashes on to her cheeks; then like a swollen river, it became a torrent, and she turned and, leaning her elbows on the dirty stairs, she buried her face in her hands and sobbed aloud. . . .

When the paroxysm was finally over she pulled herself to her feet, adjusted her hat that had slipped to the back of her head, dusted her skirt and the elbows of her jacket, then, unlocking the back door, she went into the yard and to the rain barrel that stood next to the wash-house wall. Wetting her handkerchief in it, she sponged her face, and as she did so she remembered the day she threw the back door key away. It was the day she put her bundles on the cart to go up the hill.

When, some little time later, she went next door she found it to be in an even worse state than Sep's house – she would always think of it as Sep's house – but she didn't actually see the dirt and grime, for in her mind's eye now she was imagining what they would both look like when she had finished scrubbing, painting and papering them and making them into a home, a real home, her home, a place where she hadn't to wear a mob-cap, nor bow and scrape to anyone, but what was more a place wherein if she had no one to love she would certainly have no one to scorn her, or at best treat her like an obliging whore.

Chapter Two

The agent had said she could go ahead with the painting and redecorating but she couldn't live in the house until the deeds were actually signed, which would happen in about a month's time. So every day she came down from Gateshead. During the first week all she managed to do was to strip the walls and scrub and rub down the woodwork ready for painting. She had engaged a man to paint the outside of both houses, back and front, but she was going to paint the inside herself . . . white.

When she told the painter this he had simply gaped at her before saying, 'Oh, miss, that'll be a mistake; you could never keep anything white for five minutes around here; a nice light brown now with a grain to it, a combed grain, that would look fine and you wouldn't need to touch it for a couple of years or more. But white; oh no; you'd have to have a pail in your hand washin' down every week.'

'I want it white.'

'Aw well' – he had shaken his head sadly – 'you'll live and learn, miss. You'll live and learn.'

The painter finished his work in a week, and afterwards she found she missed him – there was no one to pass a word with – so she told herself the quicker she got the place ready for what she meant to do the better.

It was the agent saying that the previous owner had been about to turn the two places into a boarding-house that had given her the idea: why shouldn't she run a boarding-house for respectable gentlemen? Well, she wouldn't get many gentlemen around here, she knew that, not as one thought of gentlemen, but she decided firmly she would take only respectable men, not riff-raff. But she could see herself working for the next two months papering and painting these eight rooms; then there would be the business of going round the second-hand shops seeking furniture to fill them. The furniture would have to be second-hand because new stuff would make too big an inroad into what money she had left.

She reckoned that after furnishing the place she could live for a year without worrying even if she didn't get a boarder; but then, she was bound to get someone in that time. The best things to do was to put an advert in the *Shields Gazette*. . . .

She had been working on the house by herself now for ten days. Up till yesterday she'd had to go out for her meals, but only this morning the pipes had been replaced in the scullery and the water turned on, and so she was sitting now on an upturned box and drinking the tea she had brewed and eating the sandwiches her Aunt Mary had put up for her.

She had almost finished her meal and was about to rise and start work again when there came a knock on the front door.

That, she thought, would be the painter because she had sent him a note asking if he would come and give her a hand with the inside, because at the rate she was going she couldn't see herself finishing in three months, let alone two.

When she opened the door she was about to say, 'Hello there; you've been quick,' but her mouth remained open and it was the man on the step who spoke, 'Hello, Emily,' he said.

'Hello . . . hello, Mr. Stuart.'

'Well, aren't you going to ask me in?'

'Oh, of course, of course.' She stepped back, and he walked past her and into the front room. And then she was bustling forward, saying, 'Come this way; it's all in a bit of a muddle.'

In the kitchen, she stood near the box and looked down at the remains of her meal before removing it hastily, while she gabbled, 'This is all I can offer you.'

'I don't need to sit, I'm used to standing.'

'How . . . how did you find? . . . O . . . oh! Aunt Mary.'

'Yes.' He nodded back at her as he smiled and repeated, 'Aunt Mary.' He looked about him now, 'You've been very busy.'

'Yes; but . . . but there's a lot to do yet. Can . . . can I offer you a cup of tea?'

'Yes. Yes, please.'

She hurried into the scullery, and rinsed her cup out under the tap, but before making a move back to the kitchen she held tightly on to the side of the sink and looked down into it and bit hard on her lip for a moment. She felt embarrassed, slightly afraid, all at sixes and sevens.

In the kitchen again, she poured him a cup of tea; then asked, 'Do you take sugar?'

'No.

'Not at all?' That was a silly thing to say.

'No, not at all.' He took the cup from her, sipped at the hot tea; then looking at her again, he said, 'How are you, Emily?'

'Oh, I'm all right, Mr. Stuart, and I'll soon be settled in. And . . . and I must say it' – her voice sank to a soft note – 'it's thanks to you.'

'No! No!' He shook his head slowly. 'I'm not going to take any credit for this; what you've done, you've done yourself.'

She looked into his face. It was no use contradicting him, but she too shook her head. He now pointed to one of the boxes, saying, 'Won't you sit down?' and when she was seated he sat opposite her on the box she had used as a table.

Her hands were joined on her lap, but not palm on palm, her fingers, linked together, were gripping each other.

She wetted her lips before she asked, 'Did you enjoy your holiday?'

'Not very much. Paris is for the very young and the not so young, and the not so old. I didn't seem to fit in.' He smiled, a self-deprecating smile. 'You are working very hard,' he said now.

'Yes' – she nodded – 'it was very dirty. I . . . I'm in a bit of a mess.' She moved her joined hands up and down indicating as it were the fact that this was why she was wearing a coarse hessian apron.

'You look pale, you've lost your roses.' His words brought the roses back into her cheeks for a moment as she said, 'I'll soon get me colour back; the wind along the river front is noted for making you either red or blue.' She gave a small embarrassed laugh.

They became silent while looking at each other; then as if with an effort, she unlaced her fingers and, putting her hands behind her back, she undid the strings of the apron, rose slightly from the box and pulled it from beneath her, then sat rolling it up waiting for him to speak again, for at the moment, although she was choked full with feeling she was empty of words.

Her hands became still when he said quietly, 'I was sorry I was away when it happened; George told me everything, at least as much as he knew. You must have been very hurt indeed to do what you did.'

Her chin was deep on her chest now, and her voice was scarcely above a whisper as she said, 'I shouldn't have done it, I know now I shouldn't have done it.'

'Can you bear to tell me what happened?'

It was a full minute before she spoke. 'He went off without a word. He was gone before I got up. He took the cow, the horse, and the sheep. He left me a letter with . . . with not a line of regret in it, and five pounds. I . . . I think it was the meanness that sort of unbalanced me. He said I could have the the furniture ex . . . except three pieces, a French table, a clock, and a bureau. They were the only pieces of any value. He implied that he couldn't go to her empty-handed. That somehow . . . well, it did something to me.' She now raised her head and looked at him as she ended, 'If I could have cried then I might have washed the madness away but I was past crying, an' all that day I went about dragging the stuff out and piling it up. I didn't light it until it was near dark. An' then they all came up the hill, the villagers, and the people from the pit rows, and . . . and then he came. I knew I was waiting for him comin' because he would think I'd burned his cottage down.'

She paused now and dropped her gaze from him as she said, 'It wouldn't have hurt him to give me the cottage, would it, although I'd never have stayed there on me own? But it was, as I said, the meanness that got me. Yet if I'd left it at that, I mean just burned the stuff, I would have had nothin' to regret, but . . . but when I saw him face to face I spat out my bitterness in front of them all. That's what I'm sorry for now, because they'll take it out of him, not because they thought anything about me being thrown off, but because I've given them another stick to bray his back with. What I said aroused all the old bad feeling against him, and I think it had almost died away over the years. . . .'

He held up his hand now to check her going on, and his tone was harsh as he said, 'No, it hadn't, Emily. No, it hadn't. I know that much, and what I didn't find out for myself George filled in for me. He tells me there's been talk in the village for the past year or more to the effect that someone should put you wise to the situation. I think they were only deterred by the thought that you couldn't be blind to it, that you must have known what was going on. Anyway, if nothing else would have aroused the old feeling, the fact that Farmer Rowan had scarcely settled in his box before he went and took over, that alone would have done it. His hurry was indecent. So you have no need to let him bother your conscience for one moment; in fact, as George says, you have the sympathy of the whole village.'

She got up abruptly to her feet now. 'I don't want the sympathy of the whole village. Except for Mr. Waite, the baker, they would have had me in the stocks at one time, if that were possible. And I'll never forget it was them who killed Con . . . I suppose you know about Con?'

'Yes, I heard about him.'

She walked to the kitchen window and looked out before turning slowly to him again and saying, 'There's one thing in his favour. He liked Con, he was good to him. He looked after him, and he nearly went mad when he died . . . and about the way he died.'

'There's some good in every man, Emily; there's nobody really black or really white, but some have more black in them than others. And as I see it, Birch's blackness was merely weakness, and his strength greed, which in his own mind he would have termed ambition.' He paused and shook his head before he said thoughtfully, 'He must have coveted that farm a great deal to get Rona to do what she did because even from the short time she and I were together I realized I'd taken on a mettlesome horse; he couldn't have got her to the church, and to commit bigamy into the bargain, without some hard work on his part. But with regard to the bigamy, she would doubtless have felt safe here for she would know I'd never want to see her again.'

She was sitting on the box again and she looked straight at him as she said, 'He also sent my sister to this home in St. Leonards to be cured of consumption.'

'Yes, I heard that also, but I wouldn't give him too much credit for his motives there. He wanted the child out of the house, I think; she was standing in his path towards you. . . . Emily–' With a quick movement that was characteristic of him he had caught hold of her hands and he shook them gently as he said, 'Don't try to find excuses for him in your mind, excuses that will make you feel guilty about telling him the truth, for as I see it, it was time that somebody told him exactly what he really is, a nowt, as they say around these quarters.' His hands stopped their movement; he looked deep into her eyes and asked now, 'Do you still love him?'

Her fingers jerked within his grasp but he did not release them, only held them more firmly and waited. She did not bow her head, but she looked first to one side of the room and then to the other before she answered, and enigmatically now, 'What does anybody mean by love?'

'You're not answering my question, Emily.' He gave her hands a little shake. 'Do you still love him?'

Now she was looking back at him and she answered plainly, 'If you mean, have I got the feeling for him that I had two years ago, no; but looking back, I don't know now if that feeling was love or not. I was sorry for him, I wanted to comfort him, I wanted to give, I wanted to make him happy. It's a failing of mine, a sort of conceit I suppose you would call it that I want to make people happy, at least I used to. I've learned more sense now; you can't make people happy unless they want to be happy.'

'You're very wise you know, Emily. And there's some failings I think one should hold on to, even indulge in; so don't give up wanting to make people happy. There's one emotion I noticed that you didn't say you had for him, and that was liking.'

When she raised her eyebrows slightly he nodded and went on, 'To my mind it's the most important emotion of all because without it love never lasts. You know you can love somebody and hate them at the same time, but you can't like somebody and hate them at the same time. I'd rather be liked, well liked, than loved. . . . Do you like me, Emily?'

She made a movement with her lips as if they were gummed together and were having difficulty in separating them, but when she did she said, 'Yes, yes, of course, I like you. It would be impossible not to like somebody who has been so kind to me. If you hadn't given me the watch. . . .'

'Now, now!' He rose abruptly to his feet. 'We'll speak about the watch for the last time. Let me put it like this. If Birch had taken a different attitude towards me I would have shared everything in that place with him, because this much I've got in his favour, he put a lot of work into the farm, so I look upon the money spent in retrieving your watch as some form of recompense which, had it been given to him, he should in kindness have passed it on to you for all you did for him. But as things have turned out, I know now he would never have given you the watch, or its equivalent in money. So let's say the farm paid its debt in a small way, not me. . . . Now' – he bent down to her – 'I want a straight answer to my question, do you like me for myself?'

She gulped in her throat and blinked before saying, 'That's a difficult question.'

'Why difficult? You must know inside yourself whether you like me or not.'

'Well –' As she went to turn her head to the side her neck jerked upwards, for he had taken her by the shoulders and, sitting down on the box, his knees touching hers, he commanded, 'Look at me, Emily!' And when she looked at him he went on, 'I'm not asking, do you love me? because that would indeed be a very difficult question to answer, what I'm asking you is, do you like me . . . like me sufficiently to marry me?'

She swung herself away from his hands and to her feet, and she backed a step towards the fireplace now while crying, 'Don't be silly! Don't be silly! Mr. Stuart. You know what you told me yourself, if you marry you lose the farm.'

He hadn't risen from the box and he looked up at her as he answered, 'I know what I said, and yes, I'd have to leave the farm; but let me tell you now, Emily, that would be no loss to me. What do you think my life has been like during the past eighteen months or more? Do you know the only company I've had is George and Jenny and Mrs. Riley? And they all have their own lives to lead. Where does that leave me? Night after night sitting in that frenchified drawing-room, or walking from room to room, or going round the farm pretending to inspect my domain, and not caring a tinker's cuss for any part of it, because let's face it, Emily, I'm no farmer. I don't run that place, it's George who's the farmer, George who runs it. Like you I wouldn't trust anyone of those villagers as far as I could toss them, but there was a time when I'd have been glad of a kind word from them. As for the farmers around, and those higher up, well, the men look through me and the women lower their glances, only the children stare because I'm the parents' picture of a bad man, a murderer, a man who served a long term in prison. Emily' – he now rose to his feet and came towards her – 'I could walk out of there tomorrow and sing if I had any place to walk to, anyone to walk to.'

'No!' Again she swung away from him; and now she put the distance of the whole room between them and her voice sounded harsh in her ears as she cried, 'No! No! I'm not going to have that on me conscience an' all. And anyway, it couldn't be right living with two men who have owned the place.'

'I'm not asking you to live with me, Emily, I'm asking you to marry me.'

'And I say no! No! Mr. Stuart. What you must do' – she nodded at him now – 'is take someone there to live with you; there are plenty of nice girls, women, lonely women. . . .'

'*Shut up!* please.'

Her eyes widened. She stared at him. He hadn't shouted at her, but his words carried more weight than if he had. His face had lost its smooth pallor, he looked angry and he sounded angry as he said, 'The only woman I would take to live with me would be you; and I wouldn't ask that of you. You're the only one I want to live with. I've known it from our first meeting. You are the kind of woman I dreamt of at night when I lay awake and sweated and tried to get the smell of human bodies out of my nostrils, tried to forget the sound of steel doors clanging, and worse still, the jingle of manacles. When I saw you first sitting on the back of the carrier cart, I didn't know who you were but your face was as familiar to me as my own, more so because for years I hadn't seen myself very often.' . . .

In the silence that fell between them they stared at each other, and she only just stopped herself in time from thrusting her hands out to him and saying, 'Oh, I'm sorry, I'm sorry.'

She walked back to the fireplace. Her head was down, her hands joined at her waist, and he came and stood beside her and, looking at her bent head, he said, 'I've rushed at it like a bull at a gap. I didn't mean to. I should have given you time.'

She now turned to him and shook her head, and her voice had a deep note of sadness in it as she said, 'I . . . I could never marry you because I would never know a moment's peace thinkin' about how I deprived you of what was rightly yours.'

'Rightly mine!' He laughed softly and repeated, 'Rightly mine! Do you know something, Emily? If she hadn't wanted to get her own back on Birch she would just as soon have given that place to the devil. And what is more, should she have been alive, and on her own, and I had turned up after my release, she would have shown me the door, likely with a gun at my head from what I can gather now. No, I have no more right to that place than you have. I say than you have, for you earned some part of it by nursing her as you did, whereas I came into it as a means of spiting the man she had come to hate. . . . One last question, Emily.' He paused and smiled gently at her now, 'Had we met each other under different circumstances would you have liked me enough to marry me than?'

She had no need to consider her answer. In deep confusion she looked away from him and put her hand up and pressed it on the thick coils of her hair circling the back of her head, and standing like that she muttered, 'I . . . I don't know.'

It was almost a full minute before he said, 'I don't believe you, Emily. But enough, enough for the time being. . . . Can we be friends?'

Now she turned and smiled quietly at him as she answered, 'Yes, yes, of course.'

'And my name is Nick, remember?'

Her smile widened as she said, 'I'll, I'll try an' remember.'

'Now, now!' As if he had settled an important issue he swung round from her and, spreading his arms wide, said, 'And what do you intend to do here?'

'Didn't Aunt Mary give you all the news?'

'Yes, she did.' He laughed at her over his shoulder. 'But I didn't believe her. You couldn't possibly run a boarding house.'

'Why not?' There was an indignant note in her voice now.

'Because you'd be eaten alive.'

'Eaten alive?' She screwed up her eyes at him.

He nodded at her. 'That's what I said, eaten alive. How many men do you intend to board . . . because you won't get women?'

'Why not?'

'Because women don't usually seek lodging on a river front, at least I shouldn't think so, unless they're of a certain type.' His eyes twinkled as the colour in her face deepened. 'You are much too young, Emily' – he shook his head slowly – 'and too beautiful to be a boarding-house keeper on a seafront.'

'Nonsense!' Her head wagged. 'There's a number of women boarding-house keepers along Thornton Avenue and thereabouts.'

'There may be . . . have you seen them?'

'. . . No. But do you have to be an old hag before you can open a boarding-house?'

'Yes.' He was laughing openly at her now. 'Yes, I would say you would have to be an old hag before you could safely open a boarding-house along here.'

Their gaze held for a moment; then she looked away from him. She had never thought about this side of it; and anyway, she felt that after her experience over the past years she was quite capable of handling any man who got out of place. Looking at him again, she said just that: 'I'll be able to handle them.'

'Well' – he sighed – 'I won't say you know best, all I can say is go ahead and have a try. When do you propose to open your boarding-house?'

'As soon as I get the place ready.'

'And how long is that going to take?'

She gave a small laugh now as she said, 'On my own, much longer than I thought; but I've written to Mr. Nesbit – he's the man who painted the outside – an' asked him to come and give me a hand.'

'Oh well, if it's a hand you want.' He had taken off his coat before she could protest. 'If it's just a hand you want I've two of them lying idle at the moment. Where do we start?'

'Don't be silly.' She was laughing at him now. 'You in your good clothes, they'd be all over paint afore you knew where you were.'

'Oh, I can easily get over that. I passed a shop along the way with dungarees hanging outside, all sizes I noticed. They'll soon fit me up.'

'No.' Her hand was out towards him now, and he stopped in the act of putting on his coat, and again she said, 'No, please, don't . . . don't make it more awkward for me. Go back to the farm. Come . . . come and see me some time when I'm settled.'

He finished buttoning his coat, his face was straight, and now he nodded slowly at her, saying, 'All right, all right, Emily.' He held out his hand and she placed hers in it, and when he covered it they stood staring into each other's eyes for a moment; and then quite abruptly he turned from her and went out through the front room.

When she heard the door bang she looked in its direction but didn't move. She felt an overwhelming urge now to cry just as she had done the first day she had come back into the house.

Do you like me? he had asked. You can love someone and hate them but you can't like them and hate them.

She liked him. Oh yes, yes, indeed, she liked him. But it could go no further, for as she had said she wouldn't be able to live with her conscience knowing she was the means of him losing the house and the farm. And it was all eye-wash him saying he was no farmer, all eye-wash.

Grabbing up her coarse apron now, she put it on and continued with her work; but, as she put it to herself, there was a damper on the day.

Chapter Three

Nothing ever turned out as planned. Here she was back in the house of her dreams, all the decorating was done, the place was furnished comfortably, she had even had the wall broken down between the two yards and a gate put in for easy access to next door. She had been sleeping in the house for the past two weeks and was now admitting openly to herself that she was lonely. She was tired of reading, even the little black book had lost its interest. She had to keep stopping herself from locking up, getting on the train and going up yet again to her Aunt Mary's.

And there was now something puzzling her about her Aunt Mary. She had the idea that her Aunt Mary's welcome was a little cool these days; and yet she hadn't troubled her, not all that much.

She kept remembering what her Aunt Mary had said to her three weeks ago. 'It's about time you settled in there, isn't it? If you're goin' to run a business you've got to be on the spot. If you don't get down there until eleven o'clock in the day you could be missing people knockin' on the door.'

Well, apart from going out and doing a bit of shopping she had been in the house twenty-four hours of every day for the past two weeks and she'd had only two inquiries to her advert in the *Shields Gazette*. And she remembered them both with slight shudders. The first had been a small thin man in a greasy coat. He had a drop on the end of his nose which he kept wiping off on the back of his hand. He said he was a storekeeper in one of the big shops in King Street. She hadn't even shown him a room. She had kept him standing just within the front door, for when he asked, 'What's your charge?' and she answered 'Twelve and six,' he had exclaimed, 'Bloody hell! missis, you must be jokin'. I'm not askin' to take over the house, I just want a room an' a meal.'

At this she had barked at him, 'Well, go and find it elsewhere,' and almost pushed him into the street. Then going back into the kitchen, she had stood biting hard down on her lip to hold back the tears.

Her second applicant hadn't quibbled about her charge. He said he was second mate on a short trip boat, and he'd be in every other week, and he was willing to pay for a room to be kept permanently for him.

Oh yes, he had been very eager to take up residence with her. He had pushed past her into the front room, then walked through into the kitchen, saying as he went, 'Oh, aye! all very nice and comfortable an' white paint! You're new around here, aren't you?'

She hadn't answered, but kept her distance from him; even so, the smell of drink on his breath wafted to her. When he took a seat and, having thrust his hand into his pocket, slapped down twelve and six on the table, saying, 'There, that's me good faith in advance; I'll bring me kit along later. And we sail the morrow, so you won't see me for a week. Now, isn't that fair?'

She turned about and, hurrying to the front door, yelled from there in no small voice, 'Get yourself out! I'm full up.'

It was some minutes before he came walking through the front room towards her, and such was the look on his face that she stepped out into the street. But he did not immediately follow; he stood in the doorway leering at her as he said, 'You're new to the game, lass; you've got a lot to learn.' Then after a moment he stepped on to the pavement, but before he had time to say anything more she sprang over the step, banged the door, then stood with her back to it.

That had happened the day before yesterday, and she hadn't seen anyone since, and not a soul to speak to. Last week she had gone round to Creador Street to see Jimmy and his wife, but the visit wasn't a success. In a way she felt she was embarrassing them. The house was anything but clean, and Jimmy's wife already looked a slattern, and Emily had thought, If they have a big family it certainly won't be a merry one like his mother's.

She sat in the kitchen now, her feet on the fender, staring into the fire. She had made a mistake; she had thought that all she wanted from life was to be back in this little house. And in a way that was true, but not to live alone like this. Nobody should live alone. For the past twenty-four hours she had been debating if she should send for Lucy, but had told herself again and again that would be selfish. It was this boarding-house idea that was all wrong. She should have just bought Sep's house and gone out to work somewhere as a daily, then everything would have been all right. As it was she was now saddled with two houses to look after, and rates to pay on them. What was more, the buying of the furniture, although second-hand, and all the new bedding had made a bigger hole in the money than she had anticipated and what she now had left of the total after paying for the houses and the solicitor's fees would only last out for another six months at the most, and then what?

In answer to the question in her mind she said, 'Oh, I'll have to talk to somebody; I'll go to me Aunt Mary's.'

'Well, I wasn't for it from the start.' Mary was wagging her finger at her.

'But . . . but you said it was a good idea, Aunt Mary.'

'Aye, a boarding-house is a good idea, but not for young women like you on her own; an' lookin' like you do an' all. A married couple, aye; or a mother and daughter, aye. Now if you'd thought of takin' some such place in Newcastle where there's gentlemen who want residences an' to be looked after, you would 've had no trouble with snotty-nosed individuals or second mates who would 've had me boot up their backsides if I'd been there. But, of course' – she now waved her hand and laughed – 'if I'd been there things would have been different, wouldn't they?'

'Yes, Aunt Mary.' Emily's voice was dull. Was it, she asked herself, imagination or had her Aunt Mary changed towards her? She seemed to have lost interest in her affairs, merely putting up with her visits. And this time was no exception. Well, she wasn't one to stay where she wasn't wanted. She'd go back home because, lonely or not, it was her home, and she'd rethink things out. She could likely sell next door now that it had been done up. Yes, perhaps that would solve part of the problem, she would sell next door. But she wouldn't discuss her affairs any further with Aunt Mary; not at the present anyway. She rose from the chair, side-stepped the latest infant sitting on the mat, and said, 'I'll be getting away down, Aunt Mary.'

'But you've hardly got in, lass. Sit yourself down and have a cup of tea and something to eat. What's the matter with you?'

'Nothing . . . nothing, Aunt Mary.'

'Well then, try and look as if nothin's the matter. Only to my eyes, you're makin' a poor show of it at present. You're not regrettin' leaving that hill, are you?'

'Oh no, Aunt Mary. Oh no!' Her answer was quick and emphatic.

' 'Cos if you were I'll give you somethin' to think on, he was married last week.'

'Married!'

'Aye, that's what I said, married.'

'Oh well, that's what I expected.'

Yes, she had expected it, but nevertheless it hurt. 'I'll never marry you or anyone else,' he had said; 'I'll never put me name to paper again as long as I live.' Well, he had put his name to paper, and got a farm at last, a farm of his own. Or would it be his own? She looked sharply at Mary now and said, 'How did you get to know that?'

'Oh, I get around here and there; at least, people get around to me. There's more comes in on a carrier cart than parcels and piglets.'

'I'll be away, Aunt Mary.'

'Well, just as you please, lass. Just as you please.' Mary walked with her to the door and there, her manner resuming its old friendliness, she said, 'Come on, lass, cheer up; there's always something around the corner. It's surprisin' what's just around the corner. Come on, never say die.'

It was almost too much. She bent forward and kissed Mary's cheek, then hurried away down the street.

When she awoke the next morning there was a rime of thick frost on all the windows, and she shivered as she went downstairs.

She pulled the damper out of the fire and it was soon blazing around the kettle, and as she made herself the first of the endless cups of tea she drank during the day, she told herself it would soon be Christmas.

During the morning she dusted the rooms and prepared herself a meal, and in the afternoon she cleaned the insides of all the windows.

It was as she was finishing the front bedroom window of Gantry's house, as she still thought of the adjoining property, that she saw a cab coming along the street, and when it stopped opposide her door she pressed her face to the pane and looked downwards. She watched the cab driver pull down a trunk from the driving seat, then go to the open door of the cab and take from someone's hand a case, a large suitcase; then another and another; and when the luggage was all on the pavement a man stepped out of the cab.

At the sight of him she jumped back from the window and pressed her hand holding the duster tightly over her mouth. Not until the knocker on the front door was banged for the third time did she turn round and hurry out of the room, down the stairs, through the back door and the gate in the dividing wall and so into her own scullery, then through the kitchen and the front room, and to the front door. But she didn't open it immediately; not until the knocker banged yet once again did she pull back the sneck. Then, drawing the door slowly open, she stared at him.

'You've been some time; I thought you were out.'

She looked from him to where the horse was turning the cab round in the middle of the road, and he looked at his luggage and said, 'Well, I'd better get these inside, hadn't I?'

She didn't offer to assist him, she just stepped back and watched him almost throw the cases into the front room; but the trunk he dragged carefully over the step; and when they were all inside he closed the door and stood looking at her for a second before he moved forward and, taking her by the elbow, turned her about and walked her into the kitchen. There, facing her, he said, 'Well, what have you got to say to your new lodger?'

For answer she groped backwards, caught hold of a chair and sat down; and as she had done many years ago when she had faced Sep, she laid her hands palm on top of palm on her lap.

He did not come any nearer to her but laughed as he said, 'I can pay in advance, twelve and six a week, but the only thing is I'll want to occupy my room all the time.'

She closed her eyes. Her Aunt Mary. Her Aunt Mary had been in on this. That was why she had appeared funny. They had worked together. Everything she had told her Aunt Mary, her Aunt Mary had told him; and he had taken it from there. She said quietly now, 'You haven't, have you? You haven't given up the farm?'

Now all amusement slipping from his countenance, he answered, 'As from three o'clock yesterday. And the relief is great. I feel for the second time in my life that I've been let out of prison.'

As she stared into his face she couldn't help but believe that he spoke the truth; yet if it wasn't for her he would still be there, owner of a fine house and a marvellous farm, a rich man. She said in a whisper now, 'But you're left with nothing?'

'Oh, I wouldn't say that. Yet according to the will, I could touch no money, only my share of the profits in the past six months. But I suppose I'm a wily person, Emily. If it isn't a natural characteristic I must have picked it up in prison. One learns to look after oneself there. So during the period I have been supposedly owner of the farm, I haven't neglected myself. I often paid visits to Mr. Goldberg when I had a fancy for a gold albert or gold cuff links or studs to match, and similar things like that, and put them down to expenses, under different headings of course. . . .' He looked to the side before adding, 'I must have known the day would come when I'd have to go. And at the same time I suppose, being a normal man, I was hitting back at Rona for her subtle cruelty. I also spent money on pieces of good porcelain and silver. I hadn't realized I had an eye for those kind of things until recent years, and so I have a few possessions in the trunk that will see me through until I start my business.'

'Your business?'

'Yes, I intend to start a business, Emily. Oh no' – he raised his hand and smiled again – 'I don't propose to be a boarding-house keeper. No; I'm going to take up tailoring again, set up a tailoring establishment.'

'But you said you didn't like tailoring. That's . . . that's why you sold the shop.'

'Yes, I did, Emily. But I've discovered of late that I like tailoring better than farming. And also I've looked around this district recently and there's not a decent tailor's shop within a mile. The demand here may not be for fancy clothes but I've yet to find a man who doesn't prefer a hand-made, well cut suit to a shop bought one, and will go out of his way to buy one. I was looking at next door the other day.' He motioned with his thumb towards the wall. 'If the front room window was enlarged it would do very well for a showcase.'

Her hands unfolded themselves in her lap and one moved up to her throat, and then up to her lips, and lastly it covered her eyes and, bowing her head she let out a long, deep moan; and again she was crying as she had done the first day in the house. . . .

He was kneeling by her side now, his arms about her holding her tightly, saying nothing.

He did not speak, even when the paroxysm passed. And she drew herself from his arms and lay back against the chair gasping. But taking his wallet from his inner pocket, he opened it and, withdrawing an envelope, he took from it a narrow folded strip of paper which he smoothed out and held before her face.

She moved her head to the side but her eyes still blinded with tears made it impossible for her to read what was on the paper; and seeing this, he said gently, 'It's a licence, Emily, for whenever you're ready. But not until; it can be arranged to suit you. There's no rush, no rush.'

Again the tears were flowing. And now she got to her feet and walked blindly backwards and forwards on the hearth rug; then stopping all of a sudden, she looked at him, and the next moment she was in his arms. But now she was holding him too, and when her mouth touched his he kissed her with such force that they almost overbalanced. Then they were leaning against the side of the table, their faces close, yet apart, looking into each other's eyes; and she said brokenly, 'I'll . . . I'll never forget what you've done for me,' and in answer, he said, 'Emily. Oh Emily! My dearest, dearest Emily. My beautiful Emily, I'll never forget what you're doing for me.' Then closing his eyes tightly he held her to him again and buried his head in her neck. And it was as they stood enfolded in silence that, like the flickering of a picture in a magic lantern, she imagined she saw Sep sitting at the corner of the table and he was looking at her as he had sometimes done when she had done something to please him. When Nick's lips reached her mouth again, and she answered the pressure of his embrace, she thought, Sep would have liked you; yes indeed, Sep would have liked you.

THE MAN WHO CRIED

The man who cried

I stood and watched the man who cried,
His face awash, his mouth wide,
His head beating against the tree,
His shoulders heaving like hills set free
From the body of the earth;
And I felt his anguish take birth in my being,
And there I knew it would abide
And eat into my days
And guide my ways
And be the judge of my mortal sins.
My father's tears were a key
Which opened the world to me,
Its ecstasy, and its misery.

C.C.

PART ONE

The Journey 1931

Chapter One

'If you go to that funeral you won't live long to dwell on your sorrow, I promise you that. They haven't got wind as to the man yet, but by God! they will do if you show your face at that funeral. And when those men of Hastings Old Town finish with you, you won't have much face left to speak of, I know that.'

Across the small space of the cottage kitchen, Abel Mason stared at his wife. The tanned skin of his face looked taut as if it had been set in glue; the wide, thin lips lay one on top of the other, not pressed tight, just resting together as if under the influence of gentle sleep. It was only the eyes that showed any sign of awareness and their expression made up in full for the immobility of the face. But what that expression was it was hard to define, no one emotion could describe it, for in the brown depths of his eyes burnt not only loathing, but the contradictory emotion of pity.

It was this last that came through to his wife, and it now brought her screaming, 'You dirty, whoring sod you!' and on the last word she picked up a jug of milk from the table and threw it at him.

The contact of the jug against his forehead and the milk spraying over his mop of fair hair, down his face, and under the collarless shirt on to his chest, brought him springing forward, his fist upraised, only to bring it down on to the corner of the table with a bang as a falsetto voice cried from the corner of the room, 'Dad! Oh Dad!'

His fist still tight on the table, he bent his body over it, and the milk that dropped on to it now was tinted pink.

It was some seconds before he straightened his back; but with his head still bent he made for the stairs at the far end of the room which rose steeply, almost like a ladder, to the floor above.

His wife watched him until his legs disappeared from view; then, her face working as if with a tic, she went into the scullery and returned with a dish-cloth, and with great wide sweeps of her arm she dragged the cloth from one end of the wooden table to the other. When she came to the corner where the milk was stained with blood she went at it madly as if by obliterating the strain she would wipe out the source from where it came.

Thrusting her hand towards her seven-year-old son, she ordered, 'Pick those bits up!' and the boy, afer a moment's hesitation, bent down and gathered up the pieces of broken crockery, and as he left the room with them and went through the scullery towards the back door, his mother came behind him and her fingers prodded his shoulder giving emphasis to each word as she said, 'If he thinks he's gettin' out of this house the day he's got another think comin' to him.' Then gripping the boy's collar and swinging him round towards her, she bent down until her face was on a level with his and, her eyes like circles of grey steel, she glared at him as she said. 'Look, boy; you tell me what you know 'cos if you don't I'll make it worse for him. He's got you on his side, he's turned you agen me, but afore you're much older you'll know which side your bread's buttered. Where did he meet her? Tell me that. Tell me!' She now shook him and when the pieces of broken jug fell from his hands her own hand came out and caught him in a resounding slap across the ear; and now she cried at him, 'Tell him I hit you again. Aye, go on, when he comes down, tell him I hit you again.'

As he ran for the door, his hand pressed tight over his ear, he moaned aloud because of the pain which was like a needle going through the centre of his head into the back of his nose and down into his throat, making it impossible for him to swallow.

Outside he ran through the hens that were scratching in the yard and round by the little pond where the two families of ducks were busy washing themselves, and so down to the copse that led on into the woods. Here, sitting on the ground, he rocked himself as he held his head.

When the pain subsided he leant back against the bole of a sapling and he muttered half aloud, 'I'm glad me dad didn't see her do it,' and there was that element of pity for her in his thinking too.

His dad had warned her if she just once again boxed his ears he would do the same to her, and he had. It was the first time he had lifted his hand to her, and he had knocked her flying into the corner where she had lain holding her head very like he himself did every time she hit him, which was always after there had been a row.

Inside he felt sad. The feeling went to such a depth that he imagined it must encompass the whole world, his known world where it stretched from Rye, which lay along the coast to the left beyond Winchelsea, to the right to Fairlight and the coves and glens, right to Hastings.

It was to the coves and the glens that his mind turned now and he doubted if his father would ever take him that way again.

When had he first taken him into Fairlight Glen? Oh, it was a long, long time ago. Had he been four or five? He didn't know, only that it was a long time ago. But he could remember the day distinctly when he first met Mrs. Alice in Ecclesbourne Glen.

He always thought of her as Mrs. Alice, not Mrs. Lovina, because his father called her Alice. Of course, he couldn't, and so he called her Mrs. Alice. She used to laugh when he said Mrs. Alice. She had a lovely laugh; it made you smile, then spread your mouth and laugh with her.

It was on a Sunday his father first spoke to her. There were lots of other people walking about the glen that day because it was fine and the sun was warm. People were picnicking and children were jumping among the rocks leading to the sea. His father had told him to take his shoes and socks off and to go and play with the other children. And he had done so. But every now and again he had stopped and looked up towards where his father sat on a dry rock talking to . . . the lady. Yet he had known from the first that she wasn't a real lady, not like the ones who lived in Winchelsea, particularly the one who had a long drive to her house and for whom his father had worked since coming back from the war. . . . Well, not really the war. . . . There was a pocket of his mind that held something shameful concerning his father and the war.

No, Mrs. Alice wasn't a lady, in fact she was like his mother in that she talked like her, using the same words, except that her voice wasn't harsh and bawling. When was it he had begun to wish that Mrs. Alice was his mother? That was a long, long time ago too, weeks, months.

The following Sunday, too, they had gone to the glen, even though the weather had changed and there was drizzly rain. And Mrs. Alice was there. But on that day they all three sat under the cliffs and his father broke a bar of Fry's chocolate, and they all had a piece; he had always associated Fry's chocolate with the glen after that.

It was winter before he again accompanied his father to the glen. On that particular day his mother had demanded to know where his father was going and when he said, 'For a walk,' she had wanted to know why he had taken to going alone and not taking him along. On that day his father had said, 'Get your coat on; wrap up well.'

They had been gone from the house more than five minutes when his father whispered, 'Don't look back, your mother's behind. Don't look back.' And on that day his father took a different direction and they came out on the road that led to Fairlight church, where his father, having hoisted him up on top of a high wall, had himself leant against the wall and lit a cigarette, which he puffed at slowly, not looking at right or left. They seemed to have stayed there for an eternity, until quite suddenly his father lifted him from the wall, saying, 'Come on,' and he had run him through fields, over stiles and, for some distance, right along the cliff top.

When at last, panting and puffing, they came to the glen it was raining heavily and a wind was blowing. But there was Mrs. Alice waiting in the shelter of some trees, and before they reached her his father let go of his hand and ran towards her, then put his arms about her. It seemed on that day his father forgot all about him.

After a while his father had taken his hand again and the three of them walked on, up through the trees to a jutting rock, and his father, pushing him round into the shelter of one side, said, 'Sit there a minute, Dickie, just a minute. I'll . . . I'll be around the corner here.'

What was a minute? Was it a short time or a long time? He had felt very alone, quite lost sitting there waiting a minute. He became frightened thinking his father had gone off and left him as he often threatened to do to his mother when there were rows in the house, and so he had run out of the shelter and into the wind and as he rounded the rock he stopped suddenly. His father was kneeling on the ground; and Mrs. Alice was kneeling too; and his father was holding Mrs. Alice's face between his hands and he was saying to her, 'Don't say that. Don't say that. You're the best thing that's happened to me in my life. You're the only good thing I've ever known. Look; bring Florrie, and I'll bring Dickie, and we'll go off away from this cursed place, because for all its beauty the whole area has always been a cursed place to me. Will you? Will you, Alice?'

He watched Mrs. Alice stare into his father's face and he was always to remember the tone of her voice as she said, 'Oh, Abel! Abel! if only I could. . . . Oh, Abel, if only I could.'

'But you can,' his father said; 'you've only got to make up your mind. Just walk out.'

'You don't know Florrie. She's twelve, and all she thinks about, all she talks about, is her dad. And he, well, as he said, if I ever left him or brought shame on him in any way he would do for me. If it took him his lifetime, he'd do for me.'

'That's just talk, big talk. Sailors always come out with the same jargon. We could be across the country before he gets home. And then I've been thinking, there's Canada. The . . . the world is open to us, Alice. . . . Oh, Alice, say you will. We've both had enough of hell to deserve a glimpse of heaven. Say you will. . . . Say you will.'

'The boy!' She had turned her head to the side, and his father put out his hand and beckoned him forward, and he never moved from his knees when he put his arm round his shoulders and said, 'The boy's for us. He's been through it too, he's been made older than his years. His life's a misery. He's torn between the two of us, but yet he's for me, aren't you?' His father pressed him tight against his side and he looked up at him and moved his head once and his father said, 'There. There now, Alice.'

He watched Mrs. Alice's face. She was gulping in her throat, the rain dripping down from the brim of her hat on to their joined hands, and it seemed another eternity before she said, 'Yes, yes, Abel, I'll do it. . . .'

When had that happened? It seemed another long, long time ago, and yet it was only two weeks or perhaps three. He couldn't pin-point the time but he remembered his father saying. 'We'll make it next Sunday. I'll walk out, him with me, just as if it was our usual stroll; and you do the same. Oh, Alice! Alice! . . .'

He started, his back springing from the tree as he heard his mother's voice yelling again. At the same time there came to him deep thuds as if someone was battering a door down, and he rose quickly to his feet and threaded his way through the copse until he came in sight of the cottage; and there was his mother standing in the open yard that gave on to the field, and she was crying, 'I said you're not goin', and you're not goin'. She'll be where she should have been this long while, well under the clay, afore I let you out of there.'

When the thuds came again he knew it was his father's boot kicking at the lock.

Of a sudden the thudding stopped and there came a silence all around him. He could hear the birds singing, a wood pigeon coo-cooed above his head; a cheeky rabbit scurried across the opening between the copse and the duck-pond. He heard in the distance the clear sound of a train whistle, which clearness his father always said forecast bad weather. He pictured the train choo . . . chooing from Hastings, through Ore on to Doleham Halt, and all the way to Rye.

His mind was jerked from thoughts of the train by the sound of breaking glass. There was a great crash at first, then tinkling sounds like notes being struck on a piano.

When he saw his father come head first through the kitchen window and drop on to his hands on the flags that surrounded the cottage he wondered why he hadn't just opened the window instead of smashing it. Then he remembered the tapping sound he had heard earlier on like a woodpecker on a tree bole. His mother must have nailed up the window.

He held his breath as he watched his father dusting himself down, with his mother standing like a ramrod not three yards from him. He saw his father turn his back on her and reach back through the broken pane. When he withdrew his hand he was holding his trilby in it.

He watched him bang it twice against his coat sleeve, then press the dent further into the crown, put it on and pull the peak down over his brow before slowly walking away. But he hadn't reached the bridle path before his mother was screaming again.

'You're not a man, you're spineless! A conchie! A conchie! Objectin' 'cos of your principles? Bloody liar! Objectin' 'cos you were a stinkin' coward. Decent lads bein' killed, slaughtered while you hoed taties. You spineless, spunkless nowt you!'

Dick put his hands tightly over his ears, but his eyes remained fixed on his father as he watched him getting smaller and smaller the further he went along the path, until he looked minute as he jumped the stile; and then he was gone.

And now the world was empty, terrifyingly empty. What if he never came back? What if he went to Mrs. Alice's funeral and then kept walking on right back to that far place called the North? The place that he was always talking about, the place where he had been born, the place where people were kind and open-handed and didn't fight all the livelong day! . . . But his mother was from there too and she fought all the livelong day.

He would die if his dad didn't come back. . . . No, he wouldn't; he would set out and look for him, and he'd walk and walk until he found him. . . .

He sat down where he was on the dried leaves and from the distance he watched his mother sweep up the broken glass, then trim the broken remnants from the window sash. She did this with the hammer, bashing at the framework as if she'd knock it out. Every now and again she would stop and look about her and say something out loud.

When he first started school he used to grumble to himself about the long walk over the fields to the main road where he caught the bus, but whenever his mother yelled he was glad that they lived so far away from everybody for otherwise he knew the boys at school would have taunted him, as they did Jackie Benton because his father was in prison for stealing.

After what seemed almost a whole day he rose from the ground and began to walk back through the copse and into the hazel wood. His father called it the dirty wood because the trees were thin and jammed together. If the place was his, he'd said, he'd have all these trees down and decent ones planted. But there were decent ones in the big wood which was separated from the hazelnut grove by a right of way that led from well inland through two farms until it came out on the cliff top.

He stood on the path and looked upwards. The sun was directly overhead, which meant that his father had been gone over two hours. And yet he had imagined it to be much longer. It would be dinner-time, but he didn't feel hungry and he should do because he hadn't eaten any breakfast. Twice he had heard his mother calling him but he had taken no notice. He wasn't going to go back into the house until his father returned; that's if he returned, for although he had gone to the main road to catch the bus into Hastings he had the feeling that he wouldn't come back that way but would return through the glens, and if he did, this would be the path along which he would come from the top of the cliffs.

He didn't know how long he wandered about, sat, lay on the grass both on his back and his face, he was only aware that he was tired of waiting; and he was frightened because he knew he couldn't follow his father as he didn't know which way he had gone; and he was frightened too because he must now return home to his mother and her yelling and her talking at him, her face close to his, her mouth opening and shutting and her grey-coated tongue wobbling about in it, and her hand coming across his ear, and the pain going through his nose and into his throat.

He had actually turned towards home when he saw away along at the far end of the path, where it turned round Farmer Wilkie's yard, the figure of a man, but it was so far away that at first he couldn't make out whether or not it was his father. It might be just one of those hikers, or a man on the road begging. There were lots of men on the road begging, but not many came this way, it was too far off the beaten track.

His heart leapt when he recognized his father while still some long way off. He was walking with his head down. Slowly now he went towards him, but stopped of a sudden when he saw him turn abruptly off the path and run into the wood. He stood still, his head moving in perplexity. Why had he gone into the wood like that? Did he want to go somewhere, the lavatory? Well he wouldn't have run like that, would he?

Jumping a narrow ditch, he, too, went into the wood. The trees were large here, oak and beech, but there was a lot of scrub that had been allowed to grow in between them, mostly brambles and young struggling oaks that had no hope of reaching maturity.

He made his way in the direction his father had taken and after a while came on him; but he heard him before he saw him and the sound brought his eyes wide, his lips apart and his fingers pressing on them. Carefully he moved in the direction from which the sound was coming, and then he saw him. He had his arms halfway around the bole of an oak tree and he was beating his head against the trunk while he cried aloud.

The sight and sound was something so painful it was not to be borne; he wanted to turn and run from it but all he could do was bow his head on his chest and stand as if he, like the saplings, had taken root in the earth.

His father was moaning now, saying over and over again, 'Oh, Alice! Alice! . . . Oh, Alice! Alice!'

From beneath his lowered lids he watched his father cling helplessly to the tree now as if he were drunk, then slowly turn around and lean his back against it. The bark of the tree had opened the small cut the jug had made above his eyebrow and the blood was trickling over his eye and down his cheek, but he made no attempt to wipe it away; he just stood there, his shoulders against the tree, his head moving slowly from side to side, his features no longer expressionless but contorted and so twisted that he appeared at this moment like a very old man.

Slowly lifting each foot well from the ground, he walked towards his father – he did not want to startle him – but when he reached his side, his father looked at him with no surprise. It was as if he expected him to be there and now he groaned, 'Oh, Dickie! Dickie!' then dropping on to the ground, he put his arms around him; and the boy hugged his face to his own, and as his father's tears and blood spread over him there opened in him an awareness of anguish and compassion that should not have been tapped until he had tasted wonder and joy, the natural ingredients of childhood and youth.

'Oh, Dad! Dad!'

'It's all right, boy. It's all right. Here, dry your face.'

Abel took out his handkerchief and dried his son's face before drying his own; then holding the handkerchief to his brow to staunch the blood, he asked in a broken voice, 'Been waiting long?'

'Yes, Dad; all the time.'

Abel nodded slowly; then taking the boy's hand, he rose to his feet and stood looking about him for a moment before he spoke again; and then it was not to his son but more to himself that he said, 'It's over, finished. Come.'

Dick didn't speak, not even to ask one question, on the journey back to the house. He knew that something was going to happen, that his father was going to make something happen, and from his silence he knew it would be something big.

The kitchen door was open. Abel pushed the boy before him and into the room where his wife was sitting at the far end of the bare table. It was as if he had left her presence only two minutes earlier for she started immediately: 'So you went then? Lot of good I hope it did you. You should be ashamed of yourself. If I was to tell Lady Parker the truth you'd be out of a job tomorrow, she would throw you out on your neck.' She paused; then her eyes narrowed before she shouted on a laugh, 'My God! you've been cryin'.'

As if to protect him, Dick pushed his hand back until it touched the front of his father's thigh and he felt a tremor running through the leg as his mother added now in deep bitterness, 'You wouldn't shed tears over me but over that whore. . . .'

'Shut your mouth!'

'What did you say?' She was on her feet.

'I said shut your mouth. If you don't I'll shut it for you.'

'You and who else? I told you what would happen if you ever attempted to lift your hand to me again.'

'Perhaps if I lift my hand to you this time, Lena, it'll be final. I was a conscientious objector in the war, I went to prison because I didn't believe in killing, but now I've changed me mind, in fact I changed it some time ago.'

During the silence that followed Dick saw fear on his mother's face for the first time. It caused her to move back a step until she was leaning against the small sideboard, and when his father moved forward one step he grabbed hold of his hand and pressed his nails into his palm. The action seemed to check his father's movement but his voice went on, and the words coming slow and flat were more frightening than if he too had shouted.

'You know how he killed her, but did you know he did it slowly? He must have thought it all out for he peppered her feet first with shot, and when her brother from next door tried to get in he found the whole place barred. The police even couldn't get in, for between times he had the gun levelled at them, and he told them what he was going to do to her bit by bit. He next shot her in the stomach.' There was a break in Abel's voice now, and his lower lip trembled before he went on, 'I don't know whether she was dead or alive when he emptied the gun into her face. And he did all that, Lena, because of you. Do you realize that? Because of you.' There was a long pause, so quiet that their breathing could be heard; and then he said, 'You were very clever, very thorough, you didn't send your letters to the house, you sent them to the shipping company. You did your work well. The only thing you didn't do was to mention my name. Why? Because if you had, as you said, those blokes down in the Old Town would have finished me off, an' you didn't want that, did you? No, you wanted to blackmail me for the rest of me life. Well, it's not going to work, Lena. No, it's not going to work. And don't worry' – he put out his hand palm upwards towards her – 'I don't intend to murder you; what I intend to do you'll see in a minute.'

At this he turned about and pushed Dick before him towards the stairs, and when they were on the landing he said hastily, 'Get your things together, boots, clothes. Roll them up as tight as you can into a bundle.' Then going into the bedroom he took down from a peg in the makeshift wardrobe his working clothes, then from a drawer he took underwear and socks and two working shirts, and from under the bed he pulled out a rucksack, and after stuffing the clothes into it he gripped it by the straps and went out on to the landing and into the tiny boxroom that served as a bedroom for his son, and without a word he grabbed up the two sets of underclothes, the two pullovers, socks and shirts that were in neat array on the bed and, stuffing them unceremoniously into the top of the rucksack, he said harshly now, 'Don't waste time, come on.'

Dick paused and looked towards the narrow window-still on which was standing an array of clay birds and animals. Swiftly now his hand went out and grabbed up two ducks, one which was standing on one leg while its other webbed foot scratched its wing, and the second one a smaller model of the same bird, its legs out behind it, its neck craned forward, caught for ever as it would appear while swimming. As he stuffed these one into each pocket of his breeches his father said nothing, but he whipped from the back of the door a small topcoat. Then they were going downstairs again.

'What you up to? What do you think you're up to? You're not goin' anywhere, an' you're not takin' him with you.'

'No? And who's gona stop me?'

'I'll have the polis on you.'

'You do that.'

'You can't leave me, not out here on me own.' She was moving sideways towards the door now, blocking his way. 'You know I can't work.'

'You can't work because you're lazy.'

'I'm not lazy. Look how clean I keep this place.'

'A child of five could do the work of this place in half an hour. Lady Parker's been wanting help in the house for years. The kitchen maid's post is open, she'll take you on. When you go after the job tell her I've left; she owes me three days' pay.'

'Damn and blast you! I'll be no kitchen maid.'

'Then you'll have to starve.'

'I won't starve. By God! I won't starve. You're me husband, you've got to support me.'

'I've done supporting you.' His voice was coming from the scullery now admidst the rattle of pans.

'I'll get you for abducting him.'

'I can counter that with the fact that I'm savin' him from being knocked stone deaf by you. You've never wanted him and you've showed it from the day he was born.'

He was in the kitchen again staring at her where she was standing in the doorway, and as he looked at her he was seeing her as she had looked ten years ago when at twenty-four she had appeared years younger. She had always managed to look pathetic.

As a boy he had warned himself not to be taken in by his overwhelming feeling of compassion. He had warned himself that compassion was only safe to be bestowed on animals; yet the devious Lena had recognized his weakness and used it. By God! how she had used it. She had aligned herself with his principles of non-aggression, she had made him feel the big man, the wise man. His disillusion had come so quickly it had been sickening, so much so that for a time he had lost his self-respect and seen himself as a big, gullible fool. Even now the cock in the yard was likely to find itself knocked flying when in the process of treading the hens. All she ever wanted from life was ease, someone to work for her; respectability, oh yes, the respectability of being called missis, this desire having grown in her as the result of her having been born on the wrong side of the blanket.

And because of her birth and her early environment, at the beginning he had made allowances for her peculiarities, but no amount of talking or reasoning could get it into her head that the sex act was anything but dirty. How he had ever managed to give her a child he didn't know.

'Get out of me way!'

'I'll follow you. I'll find you. I know where you're goin'; you're heading North, back to the scum there.'

'That's the last place I'll go. Try Canada or Australia or America. . . . Out of me way!'

When she didn't move his hand came out like an uncoiling whip and, catching her round the neck, flung her to the side, where she fell into a heap on the floor.

He stood looking at her for a moment; and now his voice trembling, he said with deep bitterness, 'When you're lying alone up there at nights think of what it would be like to have your body sprayed with buckshot until you died, just think on't and know that it wasn't him who did it, but you. You killed them both. . . .'

His father had already lifted him over the stile when they heard her voice again and Dick knew that if they were to continue straight on towards the road she would catch up with them. The same thought must have been in his father's mind because, gripping his hand now, he pulled him to the right and so across a stubbled field, then into the hazel wood and on into the big wood; but not straight through it. Twisting and turning and out of breath, they came to a by-road, and here Abel paused a moment and, sitting down on the grass verge, he said, 'I'll have to spread this load out.'

When he opened the rucksack the boy saw the pan and kettle and the two tin mugs that had been kept under the sink in the scullery. Presently his father paused in his arranging and looked at him and asked quietly, 'You wanted to come, didn't you?'

'Oh yes, Dad, yes. Oh yes, I want to be with you.'

'Good.' He nodded at him, then added, 'I'll get you a smaller rucksack somewhere along the road and then we'll be fitted up for tramping, eh?'

'Yes, Dad. . . . Where we goin', Dad?'

Abel rose to his feet, swung the rucksack up and thrust his arms into the straps before saying, 'At the present minute you know as much as I do about that, lad, but wherever we're going we'll arrive safe, you'll see.'

Chapter Two

Four days later they took the ferry from Gravesend to Tilbury. They had walked through Sussex into Kent and were now about to enter Essex. Dick was so fascinated by the docks, the ships, the cranes, that momentarily he forgot about his skinned heels, his chaffed toes, and his tired legs.

For three nights they had slept out. It was June and the weather was warm. His father had told him last night that they were, after all, going to make for the North because *she* wouldn't believe they would go there now. But they weren't going too far north, not to the Tyne, which was a river and the place where his grandfather had been born. Somewhere in the country, his father had said, where they'd find a farm. He would like that wouldn't he? He had said he would.

But he hoped it wasn't a long way to walk because his feet were so sore. He hadn't told his father about the blisters, not the first day, because he was afraid that if he did they might go back. Then again, he realized that was silly, his father would never go back.

After getting off the ferry, Tilbury proved disappointing, flat, dirty. There were a few shops.

They went into a café and had a cup of tea and Abel bought some food, sausages, bacon, lard, potatoes, sugar, tea, and a big loaf of bread. Once clear of the town, Abel picked a place where he could make a fire and brew up, and then fry sausages and bacon. They ate their fill. And when the meal was finished and the utensils had been cleaned with newspaper and stowed away in the ruckscks Abel sat down on the grass and, taking his son's hands in his, he said, 'We've crossed the river, we're never going back. It's going to be a new life for you and me, Dickie. You understand?'

The boy nodded at him, then asked a question that had been in his mind for the last day or two. 'Will I ever go to school again, Dad?'

'Why, of course you will. Once we get settled you'll go to school, boy; and you'll learn. You'll learn quick; you'll make up for lost time because you've got it up top, not like me, my brains are in my hands.' He unloosened his grasp and looked at his hands, turning them first one way and then another. Then as if to himself, he said, 'I could have done things with them, with training I could, carved things, got somewhere.'

'You make lovely animals, Dad. Look at me ducks.' He now reached over into his rucksack and, unfolding a small cotton vest, he revealed the two ducks lying as if in a nest, and his father, lifting the tiny model of the scratching duck on to his palm, nodded at it as he said, 'It's got life but it's only in clay, ordinary river clay. It was never fired; it's a wonder it's stood up to your handling all this time.' He smiled at his son, then handed him back the model and, getting to his feet, said, 'Well, let's see this fire is well and truly out, and then on our way again. Your feet feel any better?'

'Yes, Dad, a bit.'

'Don't worry, they'll harden; the more you walk the easier it'll be. And we won't be walking all the time; I'll get work on the way and you'll be able to take it easy.'

'How long will it take us to get there, to the North, Dad?'

'Oh, it all depends on what jobs I get on the way. A month, two; but we'll be settled before the winter sets in, don't worry. Come on.'

As they entered Brentwood it began to drizzle and they took shelter in a church porch. There Abel took out a tattered map and having studied it, looked down at Dick and said, 'We'll make for Cambridge.'

'How far is that, Dad? How many days? It was important to know the number of days it would take from place to place for then he knew how long his feet would pain.

'Oh, between forty-five and fifty miles. If the weather holds we'll do it in three days or so. But don't worry' – he patted his son's head – 'it'll be all right; I'm going to buy some cotton wool and bandages and when we settle in for the night I'll fix your feet.'

'Will we ever be able to sleep in a boarding-house, like the holidaymakers did in Hastings, Dad?'

Abel's lips moved into a wry smile as he said, 'Not as I stand at present. Once I get fixed up with a job then we'll see. But we've been lucky so far, haven't we?'

'Yes, Dad.'

'Well, let's brave the elements and see if we can be lucky again.'

And they were lucky. Two miles out of Brentwood they came to open pasture land and having espied what looked like an old barn in the corner of a field some distance from the road, Abel made for it. On entering, he found it wasn't as dilapidated as it looked; more than half of it was dry and there was evidence of a fire having been recently lit in one corner.

'Good . . . good. Aren't we lucky? Rake round for some twigs, we'll soon have a fire going and I'll see to your feet.'

The fire going, the tin can of water bubbling on the sticks – he made sure always to carry a bottle of water with him – he was about to unwrap the bacon left over from their breakfast when a shadow appeared in the doorway of the barn and a voice said, 'Don't you know you're on private land?'

Abel rose from his hunkers and faced the squat tweed-coated, brownbreeched man and his voice was civil as he said, 'No, sir. Well, I knew it would belong to somebody, but we're doing no harm.'

'Doing no harm? Tramping my fields, stealing the beet or anything else you can get your hands on!'

Abel's face was grim and his voice equally so as he said, 'I'm not in the habit of stealing, sir.'

'Oh; then you're an exception.' The man stepped further into the barn and, looking towards Dick, said, 'You're on the road with that child?'

There was a pause before Abel replied, 'We're on our way North.'

'Evidently you're on your way somewhere, but I should have thought . . .'

'He's my son and it's my business.'

'Yes, yes, it is your business; and it's my business to see you don't destroy my property, so get out.'

Before his father turned towards the fire, Dick was already packing up their belongings.

A few minutes later they were outside the barn where the man was standing with one hand in his breeches pocket while with the other he was swiping the fairy clocks from the tops of the dandelion stalks.

'I hope you're never in want, sir,' Abel said as he passed the farmer; then glancing down to where the seed heads of the dandelions were spraying into the wind, he added, 'And your weeds grow plentiful.'

The stick stopped flaying and the man, now red in the face, said, 'You'd better get a move on before I put this stick to a different use.'

'Yes . . . well, I'd get rid of that idea, sir.' They stared at each other for a moment before Abel, hitching the pack up on to his back, turned away, pushing Dick before him.

They had almost skirted the field when a voice coming from out of a ditch startled them. 'He havin' a go at you?'

Abel looked down on to what appeared to be a bundle of rags with a face in the middle of it. 'Don't want to take no notice of him; wait till's dark. Bloody upstart him. You're new on this game, eh? Never seen you afore. Where you bound for?'

Abel answered the last question briefly, 'The North.'

'Oh aye. Funny going that way. Not expectin' to find work there are ya? The whole place is emptying itself over to this end, Scots, Geordies, Welshmen, the lot. Got a tab on ya?'

'No.' Abel shook his head.

'Wouldn't give me one if ya had, is that it? Aw well, might do the same for you some day.'

'I don't happen to have a tab on me.'

'Okay, I believe you. Broke are ya?'

Abel smiled wryly to himself. The old fellow was amusing. But was he old? He couldn't tell what age he was, dressed in that bundle of old clothes.

'You know summat?'

'What's that?'

'Ya'll lose that pack afore ya get North.'

Abel hitched the rucksack further up on his shoulders. 'They'll have to take me along with it then.'

'Aw, there's ways and means. Ya've got to sleep. It looks too new an' too full; you look wealthy, man. Want my advice? Get an old coat, raggy, stick your things under it an' scratch a bit . . . like this' – he now demonstrated – 'an' they won't come near you.' He laughed now, a deep, chuckling laugh. 'They're all new 'uns at the game. Me, I've been at it these thirty years. Do me round once a year. Ask if I can do a job; they gi'me somethin' to get rid of me. You, ya look naked, sittin' pigeon y'are. Still soles on yer boots an' the kid with ya. . . . Hope to start a racket with him?'

'What do you mean?'

'Well, sympathy, 'cos of the kid. Ya won't get it, more like police after ya if ya try to take him into a grubber.'

'He's got to come with me.'

Even as he spoke Abel wondered why he was standing there, why he didn't get on his way? And he scorned himself because he had the urge to sit down in the ditch and let this fellow go on talking and to listen, and learn, because he knew what he was saying was true.

As if the man had read his mind, he said, 'Stick along of me if ya like . . . show ya the ropes.'

Abel hesitated for a second, then said, 'Thanks all the same; I'll learn as I go. Nevertheless, I'm grateful for your advice.'

'Here! have a tab.'

He watched the dirty hand diving into a pocket, then the packet of Woodbines was being held up to him.

'Go on, take one. They're clean; I bought them just a little way back. A fresh packet; look, still five in.'

Abel reached out and took one of the cigarettes, then said, 'Thanks very much.'

'. . . Good-bye.'

He had turned away before the man in the ditch answered. 'So long. Look out for yer bits and pieces.'

He turned his head on his shoulder. 'I will, I will.'

'Funny man, Dad, isn't he?' Dick half turned round and smiled, and when the man waved he lifted his hand tentatively and waved back; then on a laugh, he said, 'He waved to me, Dad. He is funny; makes you want to laugh.'

'Yes, I suppose he is funny. He's an old stager and he's wise in the ways of the road. It looks as if we've got a lot of learn, doesn't it?'

They exchanged glances, then walked on in silence until Dick spoke, and then the question he asked was a personal one. 'How much money have you got, Dad?' he said.

'At the last count, twelve and threepence.'

'That seems a lot.'

'It'll do until we get more.'

But from where was he going to get more? He wouldn't admit to himself he was worried. From now on he must look for work, any kind of work as long as it provided them with food.

It was odd but this necessity to get food was in some measure obliterating the ache and pain which had consumed him during the past days. The times were now fewer when all he wanted to do was to throw himself on the ground and to beat it with his fists, and to cry, cry, and cry. He was ashamed of his weakness and he managed to throttle it during the day, but at night whenever he woke himself up calling 'Alice! Alice!' his face was always wet with tears.

Chapter Three

During the three days it took them to reach Cambridge the professional tramp's words had been proved true more than once. First, there wasn't any work to be had even of the meanest kind; and secondly, his pack had acted as a form of temptation to others not so well off as himself.

He had once before many years ago visited Cambridge, and so he remembered the layout of the town, where the colleges were, the Backs, the river . . . and the station. It was towards the station he made his way now, and when his step quickened Dick said to him, 'Where we going, Dad?'

'To the station.'

'Going to get on a train, Dad?'

'No, no.' He gave a short laugh. 'No; going to meet those coming off the trains. There must be a lot of people come here even now for holidays and to do trips on the river; they'll want their bags carrying. When we get there I want you to sit on the rucksacks tight and don't leave them, not for anything. Understand?'

'Yes, Dad.'

'Good.'

At the station Abel saw that Dick wouldn't be needed to sit on his rucksack because for every passenger coming off a train, if a porter was not already carrying his luggage there were half a dozen men waiting to oblige.

'Come.' More slowly now they walked back through the side streets towards the river, and there they sat on a green bank and watched the swans. Away to the right of them along the bank a fleet of hired boats were berthed. That was the boatyard; he remembered the name, Banham's. Saturday was the usual day that the land-locked sailors took the boats out. Would it be any use going along there and having a try? No, no. He shook his head at himself; and again he said, 'Come on.'

They had crossed the river and were about to take the road that would eventually lead them to Huntingdon when Abel slowed his step and, drawing Dick back into line with him, looked down at him and, nodding his head, said, 'I wonder, eh? I wonder.'

Dick looked ahead of them. Two young women were each carrying two suitcases and finding the job heavy going. He grinned up to his father saying, 'You could try, Dad. But you've got your own pack.'

'But me arms are still loose, aren't they? Here goes.'

'Can I help you carry your cases, miss?'

The two young women stopped simultaneously and one of them gasped, 'Oh! if you would I'd be ever so obliged. Wouldn't we, Mary?'

'Oh, yes. Aye. Me arms are snappin', we didn't think it was this far from the station.'

'Where you bound for?'

'The boatyard, Banham's boatyard; it's somewhere round here. The man said it was just along this road and down the second turning on the right.'

'You've come a long way round, you know. Well, I can manage two of them. Give them here.' He picked the two largest cases and while he strode ahead, with Dick having to run now by his side, the girls walked along behind, giggling and talking.

'We've never been on a boat before and we didn't want to waste money on a cab because they said it wasn't very far from the station.'

'Where you from?'

'Manchester.'

'Manchester!'

'Yes, we've been looking forward to this for months. Do you think it's going to keep fine?'

'Oh yes, I should say so.'

'It was pouring when we left. . . . Flaming June!' They giggled and Dick turned and looked at them; and they said, 'You on a hike . . .?'

'Sort of.'

When ten minutes later they entered the boatyard it was to a scene of almost gay activity. Holidaymakers were stowing their belongings on board their particular craft; others were carrying boxes of groceries from a side shed; workmen were cleaning some boats while others were explaining the simple mechanism of the steering to the amateur sailors. There was laughter and chatter and an air of bustle everywhere.

'Will you wait here until we see which boat we've got?'

The taller of the two girls now brought her companion's attention away from Abel, saying, 'Don't be silly! we know what boat we've got. It's the *Firefly*. We've just got to pay our bill.' They were giggling again as they went towards the office.

Abel stood looking about him, and when one of the boatmen passed him, he touched the man's arm lightly and said, 'Excuse me, but is there any chance of being set on, I mean temporary like for an hour or two?'

The man looked at him somewhat sadly before saying, 'Sorry, mate, not a hope.'

'Thanks.'

On their return the girls were accompanied by one of the workmen. He was leading the way to the quay, and the girls as they passed grabbed up their smaller cases and followed him, and indicated by their laughter and nods that Abel should bring up the other cases.

The *Firefly* was a two-berther; next to it was a larger cruiser, and sitting on top of the cabin was a woman dressed in a short skirt and white sweater. Glancing at her, Abel noted the look of disdain on her face as she watched the antics of the new arrivals.

The workman now took the cases from Abel and disappeared into the cabin, and the girls, looking up at Abel, said almost simultaneously, 'Ta. Thanks.'

He stared at them, and as he did so the smiles slipped from their faces and one of them nudged the other. Going down into the cabin, she hissed to her companion, who was still standing open-mouthed in the cockpit, 'He wants a tip.'

'Oh!' These followed a rummaging in a handbag, then a coin was handed up to him; and he left it on his open palm as he looked at it. It was a penny. Slowly he picked it up between his first finger and thumb and, handing it down to the girl again, he said, 'You'll need that likely before I do, miss.'

As he walked away, his hand on Dick's shoulder, the words, 'Well, I never! Did you see that! What did he expect? He asked to carry them, didn't he? The cheek!' followed him.

Some of the humiliation his father was feeling seeped into Dick as they walked along the towpath by the side of the river. A penny was nothing, and his father had carried those cases a long way. Why, his father never used to give him less than threepence a week pocket money. Things weren't going right; he was worried. . . .

It was quite some time later when they stopped by a lock. It was the boy who drew his father to a halt, saying. 'The boats look bonny, don't they, Dad, all lined up. What they waitin' for?'

'To get through the lock.'

'Oh.' He didn't know what a lock was and from his father's tone he knew that it wasn't the time to ask. His father had hardly spoken a word since they left the boatyard.

'Can we stay a little while and watch them, Dad?'

'I suppose so.'

He watched his father slip the rucksack from his back; then he did the same with his own small one; and then they sat down side by side on the bank beyond the towpath.

There was a boat coming down the river and they watched it make for the bank. A young girl was standing in the bows with a rope in her hand, and a woman was at the wheel. The wind that was blowing off shore and the current running over the weir to the side of the lock were giving her trouble, and twice she had to go out into mid-stream before she could eventually turn the bows straight towards the bank.

When the girl jumped off the boat on to the bank and pulled on the rope the wind took the stern and slew it round.

Dick felt his father hesitate for a moment before getting to his feet; then going to the girl, he took the rope from her and pulled the bows into the bank and pushed against them, and when the woman on board quickly thrust a boat hook towards him he slipped it into a cleat and gradually brought the boat alongside.

He was holding the boat steady when the women, leaning now into full view over the side of the cockpit, said, 'Thanks. Thanks very much.'

'You're welcome.'

'I . . . I saw you down in the boatyard, didn't I?'

He had taken his eyes from her. Now he looked at her briefly again as he said, 'Yes. Yes, I was down there.'

There was a pause before she said, 'It'll be a time before we get through, do you think we should anchor?'

'I don't know, that's up to you.'

'I think we should. Would you knock the rond anchor in for me? Here Daphne, hand the gentleman the rond anchor.'

Dick felt an easing of the tension in him. She had called his father a gentleman. She was a nice lady.

He watched his father take first an iron hook, then a wooden hammer and with it bang the hook into the ground. When he had done this the young girl tied the rope through the loop in the piece of iron.

When the same thing had been repeated at the other end, the boat rested quietly against the side of the bank; then the lady stepped from the boat and approached his father. She stared at him for seemingly a long time before saying quietly, 'Could I ask you to see us through the lock? I'm not quite up to handling a boat on my own. The last time I was on the river was some years ago with . . . with my husband.'

It seemed another long moment before his father answered, 'What am I expected to do?'

'Oh, just hang on to the ropes and keep her steady while the lock is being emptied.'

'Very well.'

'Perhaps your son would like to come aboard?'

When she turned towards Dick his face lighted up and he looked from her to his father and said, 'Oh, can I, Dad?'

Again there was a pause; then his father said, 'How's he going to get off?'

'Oh, we can drop him off at the bank beyond the lock; and you too. You could step aboard from the top of the lock and we could put you off wherever you wanted.'

Dick found his father's eyes tight on him, and he knew that it was touch and go about his decision; but then he said, 'I can see no harm in that.'

It was lovely, exciting standing in the cockpit of the boat, and yet at the same time a little frightening. The girl stood by the wheel but she didn't speak to him, and his dad and the lady stood on the bank and they didn't speak to each other, until all of a sudden the lady became excited and cried. 'Look!' – she was pointing towards the lock – 'that lot's gone through and we'll be able to get in with those two smaller craft ahead; we'd better take up the anchors and get ready. Put your baggage . . . luggage aboard.'

When he saw his father, grim faced, pull the pieces of bent iron from out of the grassy bank he felt uneasy; but when Abel, holding the two ropes in his hands now, nodded to him and smiled, a spurt of happiness shot through him. It was the first time in weeks he had seen his father smile like that.

The woman and girl were already aboard, and now the woman, looking up at his father, cried, 'I won't start the engine, I'll leave things to you; as soon as the gates open pull her along.' But his father didn't answer, he was looking towards the lock.'

Now the girl spoke to him for the first time, 'Come to the front,' she said; 'you can stand and look over the top.'

He followed her down steep steps and into a cabin, with padded seats along each side, then up through a hole in the roof; and there he was standing at the front of the boat.

'Do you want to sit on top of the cabin?'

He shook his head and clung to the handrail.

'How old are you?'

'Seven.'

'What's your name?'

'Dickie.'

'Seven.' He watched her turn her head away and look across the river, then add under her breath, 'You would be.' Looking at him again she said, 'I'm nearly fifteen.'

He did not know what to say to this, but he felt she was blaming him in some strange way for being only seven.

When the boat began to move slowly away from the bank he shivered with excitement and looked at her and smiled, and she said, 'Is it your first trip on a boat?'

'Yes . . . no; I once went on a boat trip from the beach at Hastings, but I was sick although we weren't out very long. But . . . but this is different, it's smooth. I wouldn't mind being on this boat and goin' a long trip.'

He watched her jerk her chin upwards now and look towards his father who was pulling the boat into the lock, and what she said was, 'Don't worry, you will'; and on this she scrambled through the hole and disappeared.

He was so puzzled by her remark that he only vaguely took in the actions of the man now pushing against a great black wooden lever, and not until well after the lock gates had clanged did he bring his full attention back to the boat and the fact that it was sinking. Startled, he jumped down through the hole and scrambled through the cabin and he went on hands and knees up the further steps into the cockpit, and there was surprised to see the lady and the girl standing quite calmly looking upwards to where his father was disappearing.

'It's all right; don't look so scared.' The lady patted his head.

'How . . . how will he get in?'

'He'll jump on to the roof.'

'He'll be drowned.'

'No, no, he won't.' Again she patted his head.

He looked in horror at the green slime dripping down the black walls and he had the desire to shout for help when he saw his father throw the ropes down, then lower himself over the wall and drop on to the cabin top with only a slight thud.

'There! he didn't even have any need to jump, did he, because he's so tall.' The lady was at the wheel now and she didn't speak again until she had steered the boat through the open lock gates, and when he saw the flat stretch of water ahead and the tree-lined banks he turned, a wide smile lighting up his face, and looked to where his father was standing now at the other side of the cockpit, and he said, 'Isn't it bonny, Dad?'

'Yes, very bonny.'

'It's a beautiful stretch of the river this. Have you ever been to Cambridge before?'

His father didn't look at the lady as he said, 'Yes, many years ago, but I've never been on the river.'

'Do you like boats?'

'I've yet to find that out.' He kept his gaze fixed ahead.

'Put the kettle on, Daphne.'

'You can make tea here?'

The lady laughed. 'Yes, dear, we can make tea and have a roast dinner or anything you like. Go and look at the galley.' She nodded to where another set of steps led downwards and after glancing at his father he went down them and his mouth fell into a gape, and his eyes widened as he saw the neat stove and the sink.

'Eeh! it's nice, like a real kitchen.'

When the kettle whistled he hunched his shoulders and laughed aloud, and for the first time the girl smiled at him and said, 'You're a funny kid. Here; take this tin of biscuits up aloft.'

He had a job to manage the stairs with the biscuit tin held in the curve of one arm and when he emerged from the galley on all fours the lady was saying, 'Surely if you were making for Huntingdon, following the river would have taken you the long way round?'

'I didn't intend to follow the river, I lost my bearings back there and a bit of me temper beside.'

The lady laughed before she said, 'Through the generosity of those girls?'

'Aye, yes, you could say that.'

'Are you in a hurry?'

'In one way, yes, I'm in a hurry to find work.'

'I've engaged this boat for a fortnight, I . . . I could employ you for that time.'

Dick rose from his knees and he was holding the biscuit tin in both hands now as he stared from his father to the lady, then back to his father again. The lady was offering him a job and he wasn't jumping at it, he was looking straight ahead. When his father spoke his voice sounded tight. 'You don't need a crew on a boat like this.'

'Oh yes, I do.' She had turned and looked at him. 'There are a number of locks between here and Huntingdon and some are dreadful to get through, it's a man's work. I . . . I felt a bit nervous about taking the boat out at all but Daphne wanted to come.' Her voice now had almost sunk to a whisper as she went on, 'I can give you three pounds a week and your food and . . . and I'm sure the child would love it. Has . . . has his mother been long dead?' Her head swung quickly round now as she added, 'That's silly of me; I'm assuming that she is . . .'

'Here, take this tray, will you?'

Dick watched his father bend down and take the tray of tea from the girl's hand but as she was about to step on to the deck her mother said to her, 'Bring the fruit cake up too, Daphne, I'm feeling peckish.'

The girl had hardly disappeared before the lady turned to his father again and said, 'Well, what about it?'

'I'll go as far as Huntingdon with you; you can pay me what you think I'm worth by then.'

'Fair enough.' She pursed her lips slightly, then smiled at him. 'What's your name?'

'Abel Mason.'

'Abel. Old fashioned name that, isn't it?'

'I'm an old fashioned man.'

'Oh!'

Dick watched the lady swing the wheel right round as they turned a bend in the river, and she swung it back again before she again said, 'Oh.' Then when her daughter appeared on deck and put a plate holding a fruit loaf none too gently down on the seat, her mother spoke to her without looking at her. 'Mr. Mason is going to crew for us as far as Huntingdon,' she said.

The girl stood for a moment looking over the side of the boat; then crossing the cockpit she pushed past Dick and went down into the saloon, and her muttered words came up to him as she said, 'That doesn't surprise me in the least.'

Chapter Four

This was the third night out, their progress had been very slow. The lady, Dick felt, hadn't been in a hurry to get anywhere. He sensed she was happy just lying on top of the boat with hardly any clothes on. He also sensed an unease in his father. Last night they had been berthed in a little bay near a public house and the lady had done her best to persuade him to go for a drink, but he wouldn't, and so she had gone by herself, leaving them alone with Daphne.

He liked Daphne; she was different when her mother wasn't there. He thought she didn't like her mother, and he could understand that for he knew how it felt not to like your mother.

They were all in bed now, and it was very dark in their cabin, and stuffy. The two bunks on which he and his father lay formed a V in the bows of the boat, and his father had to lie with his knees up because his bunk wasn't long enough for him. And he was muttering again in his sleep. Twice last night he had shouted out Mrs. Alice's name, then had sat up with a start and bumped his head. After that he had got out of his bunk and sat on the edge of it, and although he couldn't see his father he knew that he was leaning forward with his head in his hands because of the short muffled cough he gave.

It was very hot. He wished he could get to sleep but he couldn't because he was worried. He couldn't put his finger on exactly what was worrying him except that it was to do with the lady and his father.

He was on the verge of dropping into sleep when he was made vitally aware of two things. The first startled him, it was his father's voice calling louder than usual 'Alice! Oh Alice! Alice! Your poor face, Alice. Alice! Alice!' The second thing he became aware of was that the door had opened and the lady had entered the cabin. If he hadn't heard her he would have smelt her for she seemed to him always to be wrapped round in a mist of scent.

'Wake up! Wake up!'

'Wha'! What! . . . What do you want? What's the matter?'

'Nothing, nothing. I . . . I heard you crying out in your sleep.'

In the short silence that followed, Dick remained still and taut. How could she have heard his dad call out in his sleep? She slept at the other end of the boat and she had come in almost at the same time as he had cried out.

'I'm sorry if I disturbed you. There's nothing to worry about.' His voice was low and throaty.

'But I am worried about you. You are very troubled, aren't you? I've heard you each night since you came aboard. You must have cared for your wife very much.'

There was silence. Then her voice began again, very low now, hardly audible. 'I know how you feel; I felt the same after losing my husband, but . . . but life must go on.'

'Don't-sit-down-there.' The muffled words were strung together.

'Don't be silly.'

'Get by . . . get out!'

'You're being stuffy.'

'You're aware there's a child in that bunk, aren't you?' His father's voice was merely a hissing whisper, and hers too was a whisper as she replied, 'Children sleep through anything, especially on this river.'

'Go on, leave me for a minute, I'll come outside. There's something I want to say and it's better said now.'

There was another moment's silence before he heard her leave the cabin; then he knew that his father was scrambling into his clothes.

When a few minutes later he was alone he sat up in the bunk. It seemed to him the two of them were still in the cabin, so clearly could he hear them speaking; but this, he realized, was because they weren't whispering so low now. It was the lady talking and rapidly, 'You're looking a gift horse in the mouth, do you know that? We could get along well together, I've . . . I've grown fond of you. Yes, yes, I have in this very short time. You're the kind of man I suppose any woman would grow fond of.'

'Stop it, will you? Please.'

'No, no I won't. You wanted to talk, so do I, and I'll have my say first. So it's like this. I'm not rich but I've got enough to be independent – he left me comfortable. I could set you up in anything you like. You should think of this. And the boy there. What life is it for a child of that age tramping the roads? And only a fool would be going northwards looking for work. By your own admission you're not going to relatives or anyone who could help you, so, Abel, what about it? . . . No, no, don't say anything, not yet; just let's try it out, eh? You're lonely, so am I, we can help each other. I could make you forget. Oh yes. Yes, I'm sure of that; I could make you forget your wife, or whoever she was. One doesn't usually go on about a wife, you know, as you've done about this Alice. And the boy. Well, when I asked him if his mother was dead he couldn't answer me. But I don't mind; I don't mind in the least; your past means nothing to me but your future does. . . . Oh Abel!'

'Take your hands off me!'

'Don't speak to me like that. I'm offering you . . .'

'I know what you're offering me, and I say thank you very much, but no!'

'You're a fool.'

'Maybe; it's how you look at it. I'm going back to bed now and I'll leave first thing in the morning.'

'No! No! You said you'd go on to Huntingdon with me.'

'Yes, that was when you wanted a crew not a fancy man. I aim to be nobody's kept man, missis.'

As the door opened the woman's voice, louder now, spat out words that seemed to bounce around the small cabin. 'You're a common thankless clod, that's what you are. You've got the makings of a tramp, I saw that too at first. Who do you think you are anyway? And don't imagine I'll pay you. We agreed on Huntingdon; if you want your wages you'll stay till then, if not you'll get nothing. Do you hear? Nothing. . . .'

'Mother! Mother! Listen . . . listen to me. Come away.'

The cabin door was closed. His father had switched on the light and he was sitting on the side of the bunk, and they looked at each other, then he started, and his father did too as the woman's voice screamed, 'Leave go of me!'

'I won't until you stop making a fool of yourself.'

When the sound of a ringing slap came to them, Dick watched his father's eyes close tightly.

Following this there was silence.

For the next fifteen minutes he watched the shadows leaping around the small cabin as his father packed the rucksack. He didn't seem to hurry, but did everything in a tired sort of way. When the packing was completed he turned to him and pressed him down into the pillows, saying, 'Try to get some sleep, we'll leave at first light.'

He made no answer but watched the light being switched out, then lay staring into the darkness.

Why was it women wanted his father? His mother, Mrs. Alice, and now the lady.

He was trying to sort out the reason when he fell asleep. . . .

He seemed to have been asleep for two or three minutes only when his father's voice came from a distance, saying to him, 'Come along, Dickie. Come along, get up.'

He blinked, sniffed, and was about to say, 'Will I go and get a wash in the sink, Dad?' when, as if reading his thoughts, his father said, 'Leave your wash; we'll have a sluice down along the bank somewhere.'

He noted that his father was already dressed and ready for the road, and he himself had just got into his clothes when his father switched off the light and caused him to exclaim, 'It's still dark, Dad.'

'No, the light's breaking, it'll be quite clear when we get outside. Come on. Go quietly now.'

On tiptoe he followed his father into the cabin, through the galley, and up the steps on to the small deck, and to his surprise he found it was already light enough to see; but the bank and the fields ahead were covered in mist and he shivered.

As his father hoisted him and his rucksack over the side the boat rocked slightly. Everything was very quiet, very still. He couldn't see his feet for the mist, he couldn't see the water for the mist; everything seemed buried in mist.

They hadn't gone more than a hundred yards along the bank when his father stopped abruptly and turned about. He himself hadn't heard anyone coming, having been too concerned about where he was placing his feet.

As Daphne approached she appeared legless. She was wearing an outsize woollen sweater and she kept pulling the sleeves up around her elbows as she talked. 'I just want to say good-bye. I'm sorry to see you go, you've been the best of the bunch. She's man mad; she can't help it and it isn't only since my father died. He's only been gone six months; she always says it's a year.' She held out her hand, not to shake but proffering something.

Abel looked down at the pound note for a moment and then into the face of the young girl and he said softly, 'Thanks, my dear; but I don't want anything. I've had bed and board for the both of us.'

'Take it, you've earned it and she's got plenty, we've both got plenty. It's nothing, only a pound. I'll . . . I'll be upset if you don't.'

Dick watched his father hesitate for a moment, then take the note, saying, 'Thanks'; then pause before adding, 'I wish things could have ended differently for your sake anyway.'

'You don't wish that more than I do. You know what I thought when I first saw you? Well, I mean what I wished when you first came aboard? I knew she was gone on you, and I thought that if only Dick had been a little bit older we could have made a double. I . . . I would have liked that.'

As she gave a soft chuckle Dick looked at his father. His head was bent, his face looked red against the greyness of the mist, and his voice was soft as he said, 'You're a nice girl, Daphne. Look after her, she needs someone. I'm sorry it can't be me.'

'So am I . . . I hope you find work.'

'I shall. Thanks again for this.' He flapped the pound note gently. 'Good-bye.'

'Good-bye, Abel. Good-bye.'

They had turned from her and gone a few yards when her words came to them softly as if she had laid them on the mist and blown them forward. 'I'll always remember you,' they said, 'as the man who had little to say, but looked a lot.'

It was some seconds later when Abel turned and glanced back, but she was no longer there.

'Don't cry.'

'I'm not, Dad, I'm not.'

He didn't know why he was denying it for he could hear himself crying. He was crying because of the great sadness that was choking him. He was cold, he wished he was back in the bunk, he wished his dad could have liked the lady. He had liked Daphne, they had laughed together.

As the sky lightened he saw the day stretching away into eternity and during it he knew he would be hungry and tired, his legs would ache and he would have more blisters on his feet. Why couldn't his dad have liked the lady?

It took them twelve days to reach the outskirts of Leeds. For most of the way they had kept to the Great North Road, diverting from it only at night to find some place to shelter.

Dick didn't chatter on the journeys now; although he didn't feel so tired at the end of the day and his legs had stopped paining there was one blister on his foot that refused to heal, and he wished, oh how he wished, that they didn't have to walk any more, and that the men, particularly the young ones, they met up with on the road would stop calling out such things as, 'You're goin' the wrong way, mate.'

He didn't want to go back to his mother but he wished he could go back home and sleep in a bed. . . .

Abel was well aware of what was going on in the boy's mind and within himself a feeling of desperation was growing rapidly. He was down to his last sixpence. The past three days they had eaten sparingly, even after standing from five o'clock that morning in a baker's shop queue to get a share of the stale bread and cakes that were sold off cheaply, and then stuffing themselves with the dry buns and broken pastry, they were still hungry.

Yesterday he had so pleaded with a farmer for a job that the man, becoming irritated, had sworn at him. One thing was certain, tonight he had to make for the nearest workhouse if only to give the child a meal and a night's rest in a bed of sorts.

Earlier in the day he had decided to leave the main road and its vicinity, hoping that in the villages further away from the traffic there would be more chance of something turning up. That was the phrase that was on the lips of every man he had spoken to on this journey. They were hoping for something to turn up.

He had drawn out a rough map of the road he must take but as he sat looking at it now he realized that he had wandered some way off it because a signpost a dozen yards away stated: Leeds 5 miles. And he had imagined he had glimpsed it from the last rise. Well, perhaps he had, distance was deceptive. Nevertheless, they were both too tired to waste their steps, and so he must make sure of where he was.

'Sit there a minute,' he said in a soothing tone; 'I'm just goin' up that bank to have a look round.'

At one time the boy would have cried, 'I'll come along with you, Dad,' but not now; whenever he had the chance to sit, he sat.

From the top of the rise Abel again viewed through the smoky haze the blurred horizon of a straggling town, but much nearer he could see a huddle of roofs, indicating a quite large village, and nearer still, not more than half a mile away, over two stubbly fields was a house, a large house, and near it a range of buildings.

He had already decided it wasn't a farm, then he noticed some animals moving about in a field beyond the house. He screwed up his eyes against the light and muttered to himself, 'Pigs.' He had never liked pigs. Sheep, cows, horses, any other animals could draw his hand to them but not pigs. But who knew, this might be the one place where he would be lucky. He went down the bank and had swung the rucksack on to his shoulders before he said, 'Come on; there's a place down there that looks likely. They keep pigs.'

Dick was trailing some yards behind him when he came to the gate leading to the yard and the house, and he stood waiting leaning against it taking in what was before him. It was evident that the house, a large sprawling one and stone built, had never seen paint for years, and what he could see of the yard showed him that it was no farmyard, it was more like the courtyard at Lady Parker's with half a dozen horse boxes going off one side of it, with the doors on the other side, he surmised, leading to harness rooms and storerooms. What he could see from where he stood, and close to the house, were two great open doors leading into a barn.

He could offer the owner his labour in exchange for sleeping dry in there tonight at any rate, and by the look of things at first glance the place was in need of labour. In any case, if he were to reach the workhouse in Leeds he'd have to pay hard with a full day's work tomorrow for their night's stay: nobody gave you anything for nothing. No, no; they didn't.

He was about to open the gate when a chorus of squeals and screams came to him from somewhere beyond the house and he reckoned those pigs in that field were getting some slop.

The place looked deserted but if he were right in his reckoning the owner would be seeing to his animals, and so he decided to go round the back of the house. But first, he took off his pack and, laying it on the ground, said to Dick, 'Sit on it; I'm going to see if I can find somebody.'

When the boy again made no reply, Abel gazed at him sadly for a moment, then gulped deeply in his throat before walking slowly along what had once been a short drive but which was now hardly discernible for the matted grass covering it.

As he passed the front door of the house he looked towards it. It was obviously made of solid oak but was now weather-beaten to a whitish grey.

Before rounding the side of the house he cast a glance towards the barn-like building. Just inside he could make out two stalls divided by stout pillars and there was a quantity of loose straw in one of them.

He was just turning the corner at the back of the house when he started visibly as he almost ran into the apparition, because that's how he viewed her from the beginning. What age she was he couldn't make out. She was a tall woman, and wisps of hair from under the battered trilby hat showed her to be fair, or was she white? Her face was long, lean, and weather-beaten, yet his first impression was of a delicate etherealness. Even under the bulky, old army top-coat she was wearing he could sense her thinness, and the oddness of her was made clear by the long mud-stained flowery dress that fell to the top of her boots, men's boots, again which had an army flavour about them and in which he guessed her feet could float, so big were they.

He was the first to speak. 'I'm sorry, ma'am; I was looking for the owner.'

When she put out her hand and her fingers gently touched his arm he felt inclined to spring back, but restrained himself. She couldn't possibly be the owner, yet he told himself as he stared at her that her appearance linked her with the place. He almost stammered as he said, 'I . . . I was wondering if you would allow us, my son and me, to sleep in your barn tonight? I'd do any odd job you wanted in payment.'

He now watched her draw in a breath that seemed to make her even taller and when she spoke he was amazed at the sound of her voice, for it had a high cultured tone. He recalled his late employer; she too had spoken like this, only not so high.

'Who sent you?'

'Nobody, ma'am . . . I mean, we are making our way North, we were goin' on to Leeds, but it's coming on to drizzle and my son is very tired.'

'Who sent you?'

He shook his head. 'I told you, ma'am, nobody.'

'Oh, yes they did. God sent you. I knew He would.'

When he half turned away and looked to the side, her voice and manner changed completely, so much so that he was startled again. Her tone, still high, was brisk now, even businesslike as she cried, 'Yes, yes, of course you may stay the night, and . . . and I'd be glad of your help. Oh yes, I'd be glad of your help; although mind it isn't everyone I take on. Come. Come, I'll show you. You can sleep in the barn. Are you hungry?'

She had walked on in front of him and now she paused and looked over her shoulder, and again that strange ethereal quality forced an impression on him, causing him to blink twice wondering whether or not he were dreaming. Then he answered her, saying hesitantly, 'Well, yes; you could say we are a bit hungry, ma'am.'

'I thought you would be, they're all hungry; and that makes them weak, you know, and so they can't work. The old men just want to be fed, while the young ones just want money. This is the barn, you may sleep in there. There aren't any rats, the cats see to them. I have fourteen cats. I don't like dogs; fawning creatures, dogs; cats run their own lives, I run my own life.' She turned on him suddenly now, saying, 'You're not to come to the house for anything, I'll bring your food here. You understand?'

'Yes, yes, I understand.'

She walked to the front of the barn now where she stopped and looked towards the gate, then asked slowly, 'Is that your boy?'

'Yes.'

'I don't like children but I'll put up with him if you work well. You'd better get bedded down because I expect you up at five in the morning, mind, not later.' She was wagging her finger at him now, and when she turned away and walked towards the back of the house he stared after her for a moment before going slowly to the gate and saying quietly to Dick, 'Come on.'

They had scarcely got the rucksack unpacked and their bedding out when the high voice came to them from the open doorway. 'There it is! Five o'clock mind, not later.'

He had no time to answer before she disappeared and he was about to go forward when Dick spoke for the first time in hours, saying in an awe-filled voice, 'Who's that, Dad?'

'She's the wom . . . the lady who owns this place.'

'She looks funny.'

'Funny or not, she's given us the chance of a good night's rest.'

When he reached the barn door he looked at the tray. It had on it a mug of steaming cocoa, a small loaf of apparently home-made bread, a hunk of cheese, a piece of belly pork, and a slab of butter. Well – he nodded to himself – however odd she may appear she kept her larder well stocked. Apparently she knew how to bake, too, unless she had someone in the house doing it for her.

As he laid the tray on the straw he glanced up at his son as he said, 'What about that?'

'Oh! Dad, it looks good.'

'It'll taste better. Come on, let's tuck in. Here, take a drink of this hot cocoa for a start.'

For the first time in days Abel saw the boy smile as he wiped the thick cocoa from his mouth, and he wished it was in himself to smile too, but he felt uneasy: she was queer that woman, odd. It wasn't only the way she dressed and the state of the place, it wasn't only the things she said, it was how she said them. There was something uncanny about her.

He slept well, and he aroused himself quietly at first light so as not to disturb the boy, and was in the yard at five minutes to five. But she was there before him, and immediately she gave him his orders. He had to clean out the pigsties, then take the slops to the pigs; afterwards, he had to set about clearing up the yard.

She didn't allot any jobs to the boy, Abel noticed. She seemed bent on ignoring him completely; he couldn't be there for all the notice she took of him. The one mug of cocoa last night had been a pointer.

It was well past eight o'clock before Dick made his appearance. He came on Abel at a run and leant against the wall of the pigsties gasping, 'I couldn't find you, Dad, an' there's nobody about.' Then after another gasp he added, 'Do we get any breakfast, Dad?'

'There's no sign of it yet, but I'll be finished here in a minute and then we'll go looking.'

'This place stinks.'

'Yes, it stinks.'

'It looks as if it's been a long time since they were cleaned out. Have you dug all that mound out this mornin', Dad?'

Dick pointed to a large heap of manure some distance from the sties.

'Yes, I have,' Abel said; 'an' me back's letting me know it.' He gave a slight smile. 'That's what comes of being lazy for days.'

'Your boots are all messed up.'

'They'll clean.'

'It's a good job you turned your trousers up. . . .'

'You there!' The voice came from the direction of the yard and they both turned quickly and looked towards the woman, and she pointed back to the barn, saying, 'Your breakfast's there.'

'Thank you.' Abel nodded; then throwing the shovel aside he walked towards her, saying, 'Where can we clean up?'

'There's a pump round the corner of the yard. What's your name?'

'Abel Mason.'

She nodded three times, then said, 'Abel. Abel. Hah! I thought you were sent by God, and your name proves it. Now after you've eaten you'll start on the yard. Get all the grass up between the slabs. I should think that will take you up till this evening; then tomorrow you can continue down the drive. I have five acres of land here, that's all, just five acres.' She shook her head. 'Can you believe that, just five acres? It used to be five hundred, and before that a thousand. But we'll clear those five acres, you and me. Yes, we will.'

As she took two steps nearer to him her features spread into a smile and at the sight he felt himself once again recoiling from her. His jaw tightened for a moment; then he asked a question. 'What wages are you offering, ma'am?'

She seemed surprised and she repeated, 'Wages? Oh, wages. Well, you'll get your food and your bed and . . . and a pound a week. A pound' – she was nodding again – 'that should be enough for your requirements. Money isn't everything. Money is a curse, do you know that? If you have money everybody wants it; you have no friends if you have money. The only true friend one has is God and' – she was smiling again – 'He has answered my prayers. At last He has answered my prayer.'

After three more nods of her head towards him, she turned about and stalked, which was the only word that could describe her walk . . . towards the house.

In the barn, Abel looked down on the large tray which held a teapot, a jug of milk, one mug, one plate, a knife and fork, another small loaf of bread, and a covered dish. When he lifted the lid of the dish and saw two fried eggs flanked by two thick slices of ham he heaved a deep sigh, then turning to Dick, he said, 'Fetch your plate and mug.'

When the boy returned with the plate he said quietly, 'She didn't mean me to have any, did she, Dad? She never looks at me or speaks to me.'

Abel didn't answer him, but set about dividing the food; then they both sat down on a wooden plank that ran alongside the stalls and they ate in silence.

Abel was just about to say, 'We're leaving here, son,' when a sudden shower of rain hitting the roof of the barn brought his eyes upwards. Since dawn the sky had promised rain and now it had come, and it was heavy, and he couldn't, he decided, take the boy out in it.

They had hardly finished their meal when the woman appeared at the door of the barn again, saying and without any preamble now, 'The rain needn't stop you working, there're sacks in the corner there to put over you.'

He made no reply, he just sat and stared at her, and she, too, stared back at him for a moment before turning away and disappearing from his view.

He had seen some weird creatures in his time but this one, he told himself, took the cake.

'Will I come out and help you, Dad?'

'No, no, you won't!' His voice was harsh. 'You stay where you are in the dry.'

'All day?'

'Yes, all day if it comes to that. . . .'

And it was all day. For most of the time Dick stood within the door of the barn and watched his father, who looked like a giant hunchback under the pointed sack covering his head and shoulders and part of his back, scrape out the long grass from between the stones of the yard. At intervals he would come into the barn and change the sack for a dry one, but he didn't speak to him; and something about his father's face warned the boy to be quiet.

The dinnertime meal was again pork, and when around four o'clock Abel walked slowly into the barn and, having divested himself of the sack and his wet coat, slumped down on to the plank of wood and after wiping his face on the towel that Dick had taken out of the rucksack he looked at his son and said, 'Rain, snow, or hail, we go in the morning.' The words and the tone in which they were said were as if the boy had been protesting at the prospect of leaving.

'Will she pay you for the day, Dad?'

'That I'll have to find out. . . .'

And he found out an hour later when she came scurrying into the barn carrying another tray. Under other circumstances he would have said, 'I'll come and fetch the tray, ma'am;' but not with this one.

What she said to him right away was, 'You finished early.'

'I don't suppose it escaped your notice, ma'am, that it's pouring with rain and it has been all day and I'm wet through.'

'Rain won't do you any harm, and you don't look a weakling. No, no, you certainly don't look a weakling. It's God's rain, pure water. . . . You didn't finish the yard. Well, there's another day tomorrow; you can do it first thing and . . .'

'I'll be leaving in the morning, ma'am.'

He watched her body droop slightly to the side, her ear cocked towards the ground as if she were straining to hear what he had said, and her words actually were, 'What did you say?'

'I'm leaving in the morning. My son and I' – he stressed the word son – 'we'll be on our way.'

'You said you would stay for a pound a week.'

'I did nothing of the sort, ma'am. I asked what you were offering in the way of wages. It was you who said a pound a week, but I think the amount of work I've done today is worth five shillings.'

She screwed up her face now until her eyes were almost lost in their deep sockets and she peered at him for a full minute, an embarrassing minute, before she said, 'You can't go, not you. I told you you were the answer to my prayer.'

'I'm sorry, ma'am.'

'I'll give you an extra meal, supper, and two pounds a week; yes, yes, I'll give you two pounds a week.' Her head was bobbing again.

'It's kind of you, ma'am, but . . . but I've . . . I've been promised a position in the North.'

Again she was staring at him; and then quietly she said, 'Eat your tea,' and turning about, walked slowly away.

For a moment he felt sorry for her; she was a pitiful creature. But she was weird, slightly mad, and he wouldn't know a moment's ease of mind until he had left her and this place well behind him.

As if he had agreed to her new proposal she brought him a jug of cocoa around seven o'clock, but she had nothing to say to him. She didn't bring a tray this time, just a jug and a china mug; and she didn't even look at him as she placed them on the plank of wood before turning and going out.

'This cocoa's bitter, Dad.'

'Yes' – Abel nodded at the boy – 'it's too strong but drink it, it'll keep you warm inside.'

Dick tried to drink the remainder of the cocoa, but after another mouthful he said, 'It would make me sick, Dad.'

'All right, all right; leave it alone and get yourself down to sleep.'

They were both lying in the straw when Dick asked, 'What time are we leaving in the mornin', Dad?'

'First light; if not afore.'

'But will she be up to pay you?'

He paused a moment before answering, 'Well, if she isn't we'll have to go without.'

The boy realized that his father must want to get away very badly if he was thinking of going without his pay because they hadn't any money. He felt very sleepy, heavy. 'Good-night, Dad,' he said; but there was no answer, Abel was already asleep.

When the dream began he didn't know, he only knew when it ended. It started with Alice; she had come again to him not as she did most nights running down the glen and into his outstretched arms, but had appeared from nowhere. He couldn't see her face, but he knew she was behind him and she was carrying him. His mind told him it wasn't right that a woman should be carrying him and he struggled, but she held him tight; her arms were like thin cables, different from usual, and her voice was different. She kept talking at him. He tried in vain to turn round and look at her. Then a wave of nausea attacked him; he felt he was about to retch but told himself he mustn't because if he dirtied his blanket he wouldn't be able to get it washed again.

When he heard himself yell, almost scream, he knew that he was awake yet he couldn't believe it, and he wanted to close his eyes again and tell himself that he was in a nightmare, but his eyes were riveted on his left hand and left ankle around each of which was an inch-wide iron-band with a chain attached. His eyes now followed the chains up to where they were linked into a hook at the top of the post that supported the stall.

From the hook his gaze now travelled to the lantern that was set on the floor near the feet of the woman who was sitting on an upturned box.

He opened his mouth to yell again but the cry was strangled in his throat by blind, fear-filled panic. He was chained up. She had chained him up. She was mad, a lunatic! Nobody knew that they were here. . . . Dick. Where was Dick? Dick. The name came like a whimper from between his lips; then as he brought himself to his feet he swung round, grabbing at the stanchion for support, and when he saw the boy lying still fast asleep in the straw he lay back against the thick wooden partition, closed his eyes and drew in a deep breath. She hadn't touched him, and this very fact added to her weirdness; she might never have seen him, so completely was she ignoring him.

Now he turned towards her and, gathering the spittle into his mouth, he said, 'You can't do this. Unloose me, do you hear! Unloose me!' Even to himself his words sounded weak and inane and he knew that they would have as much effect on her as a stick would have on an incoming wave.

'You brought it on yourself.'

'You can't keep me here.'

'Oh, yes I can. God has pointed the way with this.' She stooped to the side and picked the book off the floor, and when she held it out towards him he recognized it as a Bible. 'You swear on this that you'll not leave me. Take a deep solemn oath on it telling God that evil will befall you should you break your word. Then I will release you, and I promise I'll look after you well, I'll even let you into the house. Now that is something, that is really something when I say I'll let you into my house, because it was all prepared for Arthur.'

She paused now as if waiting for him to ask her a question, but he didn't speak or move, he just stood leaning against the partition, and she went on, 'You see, Arthur was in the war, he was a hero. They objected to us marrying. They said he wasn't my class but that didn't matter, we loved each other and we were to be married. I had everything ready, they're still ready, all lying in the drawer. They said he was missing. Missing, they said, but I know right in here' – she beat twice on her chest with her fist before going on – 'he'll come back. Loss of memory, that's what happened to him. So you see' – she now nodded towards him – 'until he does, I must have help. I must get the land tidied up; the inside is ready but I can't do the outside alone. And so I prayed to God. I've prayed for such a long time; and when you came in the gate and said your name was Abel I knew He had answered my prayers. . . . Now you understand? . . . see' – she again held out the book to him, open now – 'Luke, Chapter Eleven, verse nine. "And I say unto you, Ask, and it shall be given you; seek, and ye shall find; knock, and it shall be opened unto you.

'"For every one that asketh receiveth; and he that seeketh findeth; and to him that knocketh it shall be opened."

'You see I knocked on God's door and He opened it to me and listened to my prayer. Now I'm going to give you time to think. I'm going to get you some breakfast and when I come back you will do as I ask, won't you?'

Do as she asked? He'd swear anything to get out of this, anything.

As she stared at him he made a downward movement with his head and she said, 'Very well'; then picking up the lantern she went out.

He waited until he heard her steps fading away across the yard before he turned and cried under his breath, 'Dick! Dick! do you hear me? Get up! Get up! Do you hear?'

When there was no movement or sound from the straw he reached out towards it but his hand fell short by a yard of the boy's feet.

Stooping down, he gathered up some loose straw from the floor and swiftly kneaded it into a ball, then threw it full at his son's face.

'Oh! Oh! Dad! Dad! Something . . . something hit me. Ooh!'

'Wake up! Do you hear me? Wake up! Get on your feet, quickly!'

'Where are you, Dad? It's dark!'

'I'm here.'

'What's the matter? Are you bad?'

'Listen, son. Here, let me shake you awake.' He took the boy by the shoulders and shook him vigorously; then said, 'Did you hear that clanging?'

'Aye. Yes, Dad. What is it?'

'She's got me chained up.'

'*Wh . . . wh . . . what?*'

'She's clean mad, she's a lunatic. Now do as I tell you. Get out of here.

Go as hard as your legs can carry you back to the main road, stop the first person you see and tell him. Better still, if there's somebody in a car or a cart get him to go to the nearest village and bring the polis. You understand?'

'Yes, Dad.'

'Go on then. The light's breaking; you'll see your way once you're outside.' He pushed Dick and when the chain clanged again he screwed up his face against the sound.

Once more he was leaning back against the partition. How had he got into this? In the name of God, what was happening to him? All he had ever wanted to do was to lead a quiet, decent life. It didn't matter about being happy. He had never been happy – not until he met Alice. Yet it was since meeting Alice that evil seemed to have befallen him. This latest business, this was evil at its worst.

He was brought abruptly from his thinking by the sound of hurrying footsteps, then the light flooding the barn again, and there she was, lantern in one hand and Dick held by the collar in the other.

Stopping a few yards from him, she pushed the boy forward and he fell on his knees on to the stone floor, and she stared down on him for a moment before turning her attention to Abel, saying, 'You're stupid, you know that? I expected that's what you'd do. I'm up to any trick you can think of, just remember that. Now if you tell him to go out of this barn again I'll lock him up in the house.'

As she stared at him through the lantern light he had the impression that at this moment she was perfectly sane. Her voice was full of authority, her manner was brisk, and so he appealed to her as if she were sane, saying now. 'Look; let's get this straight. Unloosen me and we'll talk. I'll talk to you; I'll meet your demands. I promise I'll stay for a week or so until your place is straight. I promise.'

She now put her head on one side as she gazed at him before saying, 'Well, that's more like it. You've come to your senses. We'll talk again after breakfast, or perhaps after dinner; or again it might be good for you to taste restriction for a day or so. We'll see about it. I'm going to give you plenty of time to think before you swear your oath, because once your oath is sworn *it . . . is . . . sworn.*'

The sweat was dripping from his chin as he stared back into her long white face and the panic that was already in him was increasing with a swiftness that was threatening to choke him. She could keep him here for days . . . for weeks! She needn't let anyone past that gate. Oh my God! He moved his head as if looking for some implement on which to lay his hands; but there was nothing on the floor except straw and the sacks he had discarded yesterday and their rucksacks lying against the far wall.

His lips moving soundlessly, he stared at her again, and she turned from him and went hastily out through the barn door.

He started when Dick, coming from behind, touched him on the hip and in a voice that was a whimper, said, 'Oh, Dad!'

Taking hold of the boy's hand he gripped it and, his own voice trembling, he said now, 'Don't be frightened; it'll only be for a short time. Something will happen, someone will come. Someone's got to come.'

'Dad.'

'Yes?'

'If . . . if I had a stick I could hit her from behind.'

Abel peered downwards into his son's face which he could just make out now against the coming dawn and he said, his words almost tumbling over each other, 'L . . . Look around, yon end of the barn, everywhere. See . . . see if you can find a stick or . . . or a piece of wood. Go on. Go on, look around.' He had hold of Dick's shoulder and went to push him forward, but stopped, saying, 'I know it's not light enough to see properly yet, but grope. Go on grope.' And he gave the boy such a push he almost fell on to his face.

After some minutes of listening to the boy moving about he hissed impatiently, 'Haven't you found anything yet?'

'No, Dad.'

'Oh my God! If only—' He tugged viciously at the chains; then stopped as Dick's voice came to him, saying, 'I've got this, Dad.'

'What is it?'

Dick was standing close to him now holding out a three foot rusted iron rod with three hooks on one end.

'It's a scraper. Good boy. Good boy.'

'What are you going to do with it, Dad?'

'I don't know. . . . Yes, I do. I'm going to use it on her. I'll lash out at her legs. Now listen. When . . . when she brings the food in I'll reach out with it and swing it like this.' He demonstrated. 'Now if I miss her, I'll throw it to you. You'll likely have time to pick it up because she'll be staggered for a minute or so, and then you hit out at her legs with it. Just hit out at her legs, mind. Bring her down. Then it will all depend on where she falls and how bad she is. But you might have to drag her towards me so I can search for the keys. Now stand over there near that stanchion. Be on the alert; keep your wits about you. Do you think you can do it?'

The boy swallowed, blinked, swallowed again, then said, 'Aye, Dad, aye. If you don't manage to hit her I've got to hit her across the legs.'

'Aye; just hit her across the legs. . . .'

The light lifted and they could see about them now, but for the most part they kept their eyes on the open barn door; and the minutes seemed to stretch into hours as they waited.

When eventually Abel heard her footsteps on the cobbles his own knees became weak and his hands trembled. He knew that when he flung this iron rod at her and it made contact it would injure her badly; but it was either them or her and, as he kept telling himself, he was dealing with a mad woman.

The tray still held only breakfast for one, and he also noted something else. Her face had altered, it was full of suspicion, it was as if she was aware of the rod gripped in his fist, for she put the tray down on the ground quite some distance from him and, motioning towards Dick, said without looking at him, 'Come and take the tray.'

When the boy neither moved nor spoke, she said, 'You heard what I said, boy. Come and take the tray and put it where your father can reach it.'

'No!'

'What did you say?' She now looked directly at him.

'No . . . o!' Even the syllable was split with his fear.

'Well then, it'll have to remain where it is.' Yet as she spoke she pushed the tray a foot or so nearer towards Abel, and he, reaching out with his manacled hand as if to touch it suddenly brought his other arm forward and threw the rod in a swirling movement full at her.

Her unearthly scream filled the barn and when her whole body left the ground and seemed to hover in mid-air for a moment, Dick joined his voice to hers. It wasn't until she lay twisted and silent on the stones that Abel could find his voice and yell at his son, 'Shut up! Shut up! will you?'

In the silence that followed he had no power left in him to direct the boy, it was as if the iron rod had stunned him too. Then he was brought to his senses by something that went beyond the suggestion of her being stunned when Dick whimpered, 'Is . . . is she d . . . dead, Dad?'

He gazed towards her. Dear God in heaven! she looked it. But the rod had only caught her on the arm; she'd likely hit her head when she fell. His own voice now came out on a stammer. 'Go . . . o . . . o . . . over to her and l . . . look in her pockets for the key.'

When Dick hesitated he exploded. His voice high, almost reaching a scream, he cried, 'Go on, do as you're told!'

As Dick approached the twisted form he fully expected her to spring from the ground and grab him by the throat, and his fingers tentatively touched her coat three times before he could put his hand into the pocket of it.

When he found the pocket empty he hastily withdrew his hand as if it had been bitten and, turning towards his father, he muttered, 'There's nothin' in it, Dad.'

'Try the other one.'

'She's . . . she's lying on it.'

'Well, turn her over!' Again Abel's voice came as a shout. 'Straighten her legs and . . . and she'll roll on to her back.'

Fearfully the child pulled one heavy booted leg straight, then the other, and when the body seemed to become alive as she rolled on to her back, he sprang away, crying, 'Oh, Dad! Dad!'

'Boy, listen to me.' Abel's voice was very low now, but it held more command than when he had bawled. 'If you don't find the key that will unloosen these locks she might well die, an' me with her. You understand?'

Dick understood nothing at this moment only his own fear, but he whimpered, 'What'll I do then, Dad?'

'Open her coat and look inside for a pocket in her skirt.'

It was a full minute later when the boy, as if he had found a treasure, cried, 'I've found them, Dad! I've found them, the keys.'

'Fetch them here, quick.'

Abel looked at the keys in the palm of his hand. There were four on a ring and one by itself. He tried that first. Fumbling, he inserted it into the lock of the iron bracelet, then paused for a split second before turning it, and when it moved with ease as if it had been newly oiled and the two half circles fell apart, he slowly slid to the floor and for a full minute he stayed there as if he were about to go to sleep while the boy stood looking at him open-mouthed.

When he did move it was almost with a spring, then he was on his feet, and with both hands he tore at the shackle around his ankle.

Now he was standing over her, and as he gazed down on her a new fear enveloped him. She looked dead; there was blood running down the side of her face from her hair. Oh my God! He put his hand tightly across his mouth, then turned his head slowly towards Dick as the boy said, 'She's bleedin', Dad. She's bleedin'.'

Reluctantly, he lowered himself down on to his knees beside her on the stone floor but he had to force his hand out to take hold of her wrist. When a pulse beat came to him he closed his eyes and drew in a long breath. With more courage now, he took her by the shoulder and called to her as if she were at a distance, 'Wake up! Come on, wake up!' But the only movement she made, and that an involuntary one, was when her head fell to one side and the flow of blood oozing through her hair increased.

He pulled himself to his feet and stood rubbing his chaffed wrist as he looked down on her. It could be just a surface scrape. . . . But what if there was a gash there and she bled to death? He stepped back. Well, whatever happened to her he wasn't staying to find out. He'd had enough, more than enough. Staggering now as if slightly drunk, he said, 'Come on, get your pack, we're going.'

Dick obeyed him immediately by grabbing up his rucksack and ramming his blanket into it; then he ran to the opening of the barn and there he waited, his body half turned as if on the point of a run.

When Abel reached the barn door, his rucksack hitched high on his shoulders, he turned and gave one last look towards the figure lying now like a dead animal waiting to be carted away; then turning swiftly, his hand on the boy's shoulder, he propelled him across the yard at a run. But having passed through the gate, he stopped. He did not look back but stared ahead. What if she didn't recover and lay there all day, perhaps into the night and died of exposure? They could have him up.

Don't be silly. He shook his head at himself. Nobody knew he had been here; it could be days before anyone looked in again. . . . Aye, it could, and she'd certainly be dead by then.

It was as if the words had been spoken by somebody else and they brought his chin in to his chest, and when the boy's hand gripped his and the small voice said, 'What's the matter, Dad?' he took no notice but continued to stand, his head bent, until, giving another hitch to the rucksack, he walked on.

Five minutes later he was standing on top of the hill looking into the distance down on to the cluster of houses he had noticed the night before last and to the left where lay a narrow strip of road leading to them. And now, so quickly did he go down the hill that the boy had to run to keep up with him.

The first cottage they came to was actually some three hundred yards from the village itself, and as he passed the gate the door opened and a man came out, evidently a farm worker. He stood on the step for a moment and gazed at the pair before saying, 'Mornin'.'

'Good mornin'.' Abel stopped and waited for the man to come to the gate and he definitely surprised the man by saying abruptly, 'Is there a doctor in that village, or . . . or a polis . . . policeman?'

'Aye, there's one but not t'other. Polis is a good two miles away but Doc Armstrong, he's in the first house.' The man nodded along the road.

'Thanks, thanks.' Abel was about to hurry away when the man added, 'But you won't find him there this mornin', he's over at young Phil Gallespie's; his wife's havin' her first, an' hard goin' with her it is they say. Saw doc goin' along there past the gate here with his buggy close on ten last night, hasn't come back yet, else wife would have heard him. Light sleeper she is, wake half the night, sleeps half the day. You feelin' bad or summat?'

'No, no.' Abel shook his head. 'It's . . . it's the lady over . . . over at the pig farm; she's had an accident.'

'Ah, Miss Tilda.' The man smiled broadly now. 'What's happened Tilly-the-touched now?'

Abel paused before answering. Tilly-the-touched, he had called her; it must be common knowledge that she was barmy. 'She . . . she had a fall.'

'Well, I shouldn't worry about her, the doc will see to her when he gets back. Related he is to her, half-cousin he is; the only one that bothers about her . . . 'cos he's the only one she'll allow to bother about her. Barmy, barmy for years. She should be locked up, everybody says so. . . . Speak of the devil, there, look! there's the buggy. That's the doc comin' back. See, round the end of the road there. You'd better go and tell him, although he won't thank you 'cos he'll be wantin' his bed.'

Abel nodded, then hurried along the road with Dick following him towards the advancing trap, and just before coming abreast of the horse he hailed the driver and, looking up at the man sitting on the leather-covered seat, he said, 'Excuse me, sir.'

The doctor drew the trap to a stop and, gazing wearily down at Abel, asked, 'Yes, what is it?'

'It's . . . it's the lady over at the pig farm.' He didn't say your relative. 'There's something I must tell you.'

He watched the doctor ease his soft trilby from off his brow and push his fingers through his hair, then almost sigh, 'What's happened now?'

'Well, sir, I stopped there the night before last and asked if we could sleep in the barn, my son and I' – he nodded towards Dick – 'an' she said, yes, if . . . if I worked for a night's rest and some food. This I did all day yesterday. Then she got it into her head that she wanted me to stay on. She . . . she tried to make me promise and I said I couldn't, we . . . we were leaving in the morning. You see I am making me way North. Well . . . well—' He shook his head as if he couldn't believe the substance of what he was about to say and he brought the words out at a rush; 'Believe it or not, sir, she had me chained up. When I woke up I found meself chained both by the ankle and the wrist.' He held up his hand to show the chaffed skin. 'She must have put something in the cocoa she brought last night because I remember nothing until, as I said, I woke up. Then she kept at me to swear by the Bible. I would have sworn on anything to get loose, but when I promised she just left. Well' – he again shook his head – 'to cut it short, sir, I got my boy to look for a piece of wood or anything with which I could hit out at her. He found an iron rod and . . . and I used it on her, but only on her arm. As she fell she must have struck her head against the stone floor for it split open somewhere at the back. I tried to get her round, but I couldn't. Anyway, all I wanted was to get away from that place but . . . but I thought . . . well, she might peg out lying there. I'm sorry. I . . . I didn't mean to hurt her but to find meself chained up, well, I nearly went mad, I . . .'

'It's all right, it's all right, don't harass yourself.' The doctor sighed. 'But I think you'd better come back with me.'

'Back there?' Abel stepped on to the grass verge in protest, saying, 'Oh no! sir. I don't want to go back there ever; I don't want to see that place again.'

'Well, from what you've told me I'm afraid I'll have to insist. What if she's dead? Come on, don't worry, get the boy up, the sooner we get there the sooner we'll see what damage has been done.'

Abel hesitated for a moment before swinging Dick up into the back of the trap; then pulling himself up, he sat in the corner of the seat, his body bent forward, his hands hanging between his knees, the rucksack still on his back. . . .

It seemed to him it was only seconds later when there he was again standing in that awful barn looking down on the woman while the doctor examined her.

'Well, she's not dead. It'll take more than a fall I'm afraid to kill Matilda, but she's got a nasty gash in the back of her head and I'm afraid you've managed to break her arm. Now we've got to get her into the house. Give me a hand. There's nothing of her, she's as light as a feather.'

And Abel found she was indeed as light as a feather, he could have carried her himself, all her weight seemed to be in her clothes.

'We won't get in the front door, we'll have to go round the back.'

Having pushed their way through the back door, then through a large kitchen, a hall and now into a sitting-room, Abel's mouth almost fell into a gape with surprise, because the contrast between the inside and outside of the house was amazing. Everything here was shining; the furniture and the floors were polished to a high intensity, the curtains were white; there were even flowers in the vase on the table.

'Just lay her on the couch here.'

'I can't believe it.'

'What?' The doctor looked to where Abel was standing gazing round the room, then said, 'Oh, the spruceness. Oh, that's all part of Tilda . . . ah, she's coming round. Look, help me to get these coats off her before she becomes fully conscious else I'll never get them off. I'd better give her a jab; then set her arm too, for they won't have her in the hospital, they'll send her over to the asylum and if she goes in this time she'll never come out again. Poor Tilda.'

Abel stood back from the couch. The woman had opened her eyes and though they were levelled on him they seemed expressionless, until their gaze took in the doctor; then there came into them a look of bright eagerness and she made to raise herself, saying as she did so, 'Oh, John! John!'

'It's all right, Matilda, it's all right. You've just had a fall.'

'John, make him stay.' Now she was clinging on to the doctor and gabbling, 'He was sent by God to see to things and get the place ready for

Arthur coming back, but . . . but he wouldn't stay. He wouldn't stay, John. M . . . make him stay, John. Make him stay.'

'All right, my dear, all right. Now just you lie back; you've hurt your arm and your head. I'm just going to give you a little jab and you'll go to sleep, and when you wake up Molly will be here to see you. You don't mind Molly, do you?'

'I want him to stay, John. I want him to stay.'

'There you are. There you are.'

When she closed her eyes and her body went limp the doctor turned to Abel and said, 'You certainly made an impression on her. Now let's get her fixed up. Just hold her arm, so. . . .'

It was not until half an hour later, in the kitchen, that the doctor, having poured out three cups of tea, was handing one to Abel and another to Dick, asked, 'Where do you hail from?'

'Sussex.'

'Oh, Sussex. Nice county Sussex. I know it well. Which part?'

Abel hesitated a moment before saying, 'Hastings.'

'Oh, Hastings. I know Hastings and roundabout. What's your name? In all the excitement I've forgotten to ask.'

Abel hesitated. He had said that he came from Hastings and the man had said he knew Hastings and roundabout. Perhaps that was why in the next fleeting second he decided to give a false name. Well, it wasn't exactly false, he told himself, for it was his mother's maiden name. 'Gray,' he said. 'Abel Gray.'

As the doctor turned again towards the teapot, nodding as he said, 'Gray. Oh, Gray,' Abel glanced swiftly at Dick and with an almost imperceptible shake of his head warned him to silence.

'I knew some Grays; they lived in Rye. Have you any relations there?'

'No, sir.'

'Well, now, Mr. Gray, what am I going to say to you for all the trouble Matilda has put you through? I can understand it was a very frightening experience.'

'It was that. Yes, it was that.'

'You're not going to make anything of it, report her or anything?'

'Oh, no, no, sir. All I want to do is to be on my way.'

'That's good of you. She's to be pitied you know; she's had a very sad life. We are related way back. Her mother and my father were second cousins. But there's been insanity all along the line on her mother's side. The poor woman ended up in the asylum and Matilda was left to bring herself up. All this business of the shining house, the waiting, goes back to a hand they had here. She fell in love with him and the young swine he was, he would have married her just to get the place and the money, only he got one of the village girls into trouble and so that put paid to the romance. Then he went to France and she's still waiting for him coming back.'

'Yes, she told me; she said he was missing.'

'Missing!' The doctor laughed. 'It would be better for his wife if he was; she's just given birth to her eleventh.'

'He certainly came back then.' There was a suspicion of a chuckle in Abel's voice and the doctor laughed outright as he said, 'Oh yes, he certainly came back.' Then his laughter trailed away and he added sadly, 'But poor Tilda, she has this house all spruced up. Morning, noon and night she's cleaning it; everything ready for his return. And so it'll go on till the end. . . . Well now, you'll want to get on your way, and if you'll do me one last favour you'll knock on the door of the cottage where you met old Harry this morning and ask his wife to come up here as soon as she can. Will you do that for me?'

'Yes, gladly.'

'Now about money. What does she owe you?'

'Well, she offered to give me a pound a week, but I wouldn't have stayed, not if it had been ten. I worked a full day yesterday. Still, I got my meals.'

'And a big shock along with them.'

'You're right there. Yes, you're right there, sir.'

'Well now—' The doctor went to the dresser at the far side of the kitchen and, opening a drawer, he took out a cash box and from it extracted two one-pound notes and, handing them to Abel, said, 'Will that do?'

'Oh, more than enough. But I won't refuse it; thank you all the same.'

'And here.' Again the doctor was dipping into the cash box, and now taking out half a crown he handed it to Dick, saying, 'I'm sure you could make use of that.'

'Oh ta. Thank you, sir. Thank you.'

The doctor patted his head; then nodded towards the kitchen door and said, 'Go and get your pack,' and as Dick obeyed him the doctor put his hand gently on Abel's arm restraining him for a moment, and when the boy was out of earshot, he said, 'Are you aiming to settle somewhere before the winter?'

'Oh, yes, certainly, sir.'

'Good, good. The child doesn't look over robust, and he's small for his age. You said he was what, seven?'

'Yes, coming up eight. But he's never ailed anything, he's wiry.'

'Yes, well, in the long run it's the wiry ones who turn out to be the toughest, but I'd get shelter if I were you before the bad weather sets in.'

'I mean to do that, sir, definitely.'

'Good-bye then, and good luck. And thank you for being such a help back there.' He nodded towards the sitting-room.

'Thank you, sir, I never thought it would end so . . . so peaceably. . . .'

They were once more walking out of the gate and as they strode the same path along which he had scudded in fear only an hour or so earlier he thought to himself, By! it's a strange world. There was one thing to be said about the road, you did see life. But then he wouldn't choose to see too much of the life he had seen in the last few days.

Dick now broke into his thoughts saying, 'Why did you say our name was Gray, Dad?'

Abel looked down on the boy and paused before he answered, 'Well, I said I was from Hastings and he said he knew it well, so what was to stop him from enquiring about me should he ever go back there? It's a small world, you know, and news could just seep through to her . . . your mother. It might sound improbable like but such things do happen. . . . You don't want to go back, do you?'

'Oh no! Dad. And Gray's a nice name.'

'It was your grandma's maiden name.'

'Was it?'

'Yes.'

'Oh.'

The knowledge seemed to please the boy and, looking up at Abel, he now said, 'He gave me a full half-crown, Dad. But I won't spend it, I'll save it.'

Abel looked down on his son steadily for a moment, thinking, he could have added, 'for a rainy day', and the doctor's words came back to him 'He doesn't look over robust and he's small for his age. Get into some place for the winter.' . . . Get them into some place before the winter? But what if he couldn't? What then, the workhouse?

He shook his head at the thought and his step quickened.

What did one do under circumstances like these? Pray? Pray that something might turn up? Everybody on the road was praying for something to turn up; he would have to aim his prayer higher and ask for a miracle.

PART TWO

The Miracle

Chapter One

Another eleven days had passed since they left Leeds and for the last five it had rained almost incessantly. They had been soaked to the skin and for three nights had slept wet. Abel was experiencing a new misery, one that was now bordering on despair. There were two avenues open to him; the first, to go into the workhouse and stay there for the winter. Were he to do so he knew he would be separated from the boy, but the child would be assured of shelter and of some form of education. The alternative was to make for North Shields where lived his half-cousin, John Pratt. The snag here was that Lena also had relatives living there, and once she knew of his presence there she would come scurrying across country and, to put it in her own words, claim her rights as a wife, which simply meant someone to work for her.

Well, were he to choose the latter course he might as well have not left the South at all; and so it was Hexham and the workhouse. Hexham he reckoned was far enough away from North Shields to preclude any fears of his being recognized.

He knew that the country they were passing through would have appeared beautiful had the weather been different. It was odd the effect the weather had on people, but they certainly seemed less inclined to be kind when it was wet. He'd had to knock on the back door of four houses in Piercebridge before he was given a can of boiling water to make some tea. Yet in the fourth house the woman had given him not only hot water but also a couple of meat sandwiches, half a loaf, and a dab of butter. And in the village of West Auckland they had been given a bowl of broth each and tuppence. He was glad of that tuppence and he had thanked the woman warmly, at the same time remembering how scornfully he had handed the penny back to the girl on the boat.

But now they were into the heart of the country, walking through great lonely stretches, hills with their summits lost in the rain clouds, everything under foot sodden, and where the fields ran level they were entirely covered with water.

They had just passed Scales Cross and were making for Riding Mill. How far Hexham lay from there he wasn't quite sure, eight, ten miles; well, however long or short they wouldn't make it today for within another couple of hours it would be dark and he'd have to find an outhouse or a byre of some kind in which to bed down, for the boy was on his last legs. After leaving Leeds the lad had perked up considerably, mostly from relief at being rid of the mad woman, he thought, but for days now he had spoken only occasionally, and his silences told Abel of his feelings more plainly than if he had whined all the way.

The squelching of his feet inside his boots seemed to get louder with each step, and when he espied a piece of woodland lying to the right ahead of him he looked back at the boy who was some steps behind him and said, 'We'll go in yonder and have a rest, eh?'

Dick did not say, as he had done confidently during the first days of the adventure, 'Yes, Dad,' he merely made a small downward motion with his head, so slight that it couldn't be called a nod.

As they neared the belt of trees Abel peered through the rain towards a dark object standing by the side of the road. Rubbing the water from his eyes he made it out to be, a motor-car, a black motor-car. That was why at first he hadn't been able to distinguish what it was. When they came abreast of the car he turned his glance towards it and saw a man sitting in the driving seat. He was leaning back as if resting, and when he lifted his hand as if in salute, after a moment's hesitation, Abel returned the salute with the same gesture.

They were past the car when the man's voice stopped them and Abel turned round and looked to where the driver was hanging out of the window seemingly gasping for breath, and what he was saying again and again was, 'Help! Help! Help!'

When Abel reached him he bent down and said, 'Are you all right, sir?'

'Ill.' The man closed his eyes and gasped and again repeated, 'Ill.' And now his doubled fist was pressed against the front of his jacket.

Abel looked up and down the road helplessly, then said, 'Can . . . can I help you? What is it?'

'Drive? You drive?'

'Not . . . not a motor car, sir, not like this. Driven a tractor and a lorry, but . . . but a long time ago.'

'Please. Please drive.'

'But, sir.'

'Get . . . get me home, please.'

'Where do you live, sir?'

'Fell . . . Fellburn.'

'Fellburn?' He screwed up his face. Fellburn was miles away, near Gateshead. 'I . . . I could go and find a farm and get you help, sir.'

The man shook his head.

Abel looked down at Dick in bewilderment. Then as if coming to a sudden decision he reached out, opened the back door of the car, then stooped and lifted the boy bodily in. Pulling off his own rucksack that was dripping with water, he flung it on to the floor, banged the door, then opened the driver's door. Gently, he eased the man from his seat and helped, almost carried him round the bonnet and put him in the front passenger seat, then took his own seat behind the wheel.

The man was lying back, his eyes closed, his fist pressed again tight into his chest and he seemed to be fighting for every breath.

Abel bit on his lip. How in heavens did he start the thing? Of course, the handle. There it was lying between the two seats. He jumped out of the car again, went to the bonnet, plugged in the starting handle, and swung it a number of times but with no positive result. He seemed to have no strength in his arms, yet two months ago he could have felled a sapling with a couple of blows. Now as if he was attacking an enemy he gripped the handle again and, putting all his strength behind it, he forced it round, and when the car shuddered into action he, too, was gasping for breath.

The man looked at him as he entered the car again, and pointing to the gear box he said, 'Start her. Start her.'

There was a grinding sound and the car seemed to jump off the verge right into the middle of the road, and then was moving down it, dead centre.

It took them ten minutes to reach Riding Mill and as they entered the village Abel shouted to the man without taking his eyes off the road, 'Wouldn't it be better if I stopped, sir, and you saw a doctor?'

'No, just . . . just drive on.'

'But . . . but which way? I don't know the road.'

'Turn . . . turn right next corner and . . . and make for Newcastle. I'll . . . I'll tell you when . . . when to turn off. . . . Go through Whickham and skirt Gateshead.'

There was very little traffic on the road. He passed a few vehicles, or at least they passed him: a few buses, three vans, and not more than half a dozen motor-cars. It was as if the rain was keeping indoors all the vehicles too, and for this he was mighty thankful. Yet as he sat behind the wheel, his hands gripping it, his body tense, he could not help but think how fantastic it was: he had been making for the workhouse and now here he was driving in this car. A touch of wry humour came into his thinking. It would be odd, he thought, if, after depositing the owner at his home, they were, by way of thanks, driven to the workhouse, Gateshead workhouse now, in a motor-car.

Having by-passed Gateshead and Low Fell without incident, they were leaving the countryside and entering the outskirts of Fellburn when he spoke again. 'Is it right in the town . . . your house, sir?'

'No, quite near. Past . . . past next house, open yard.'

Abel drove slowly past what looked from a sharp glance to the left of him like a big house standing in the middle of a large garden, then a narrow strip of paddock, and here was the yard as the man had said, an open yard. There was an iron framework all of ten feet high and fifteen feet wide and, swinging from the top bar, was a board on which was written: 'Cycles bought, sold, repaired, and for hire. Proprietor, Peter Maxwell.'

Not previously having had to stop he now fumbled at the gears and was able to bring the car to a halt only a yard from the house wall. As he lay back for a second and drew in a deep breath the back door of the house was opened and a young woman ran into the yard and, coming to the car, she looked in and exclaimed in some amazement, 'Oh, my goodness!'

'He . . . he had a bad turn, miss. He . . . he asked me to bring him home.'

'Very good. Very good of him. . . . Very good.' The man now leaned forward in an attempt to get out of the car, and the young woman said, 'Help me with him, will you?'

Abel hurried from his seat and round to the other side, and there he said, 'Leave him to me; I'll get him in.'

The man was small, thin, and his body was light. Abel could, if he had been up to his usual strength, have carried him in. And he almost did. Pulling the man's right arm round his neck and with his left forearm under the man's left oxter, he half carried him.

'Bring him in here. Lay him on the couch.'

When the man was lying stretched out on the couch the young woman rushed out of the room, only to return within a minute, a glass of water in one hand and two pills on the palm of the other.

'Here, take these.' She half turned to Abel. 'Will you raise his head, please?'

As Abel raised the man's head and shoulders she said, 'Here now, get these down you. I told you you should never have gone all that way. If they wanted to sell it so badly they should have taken it themselves.'

'Ssh! Ssh!' The man closed his eyes wearily; then opened them again almost immediately and, turning his head slowly, he looked at Abel, saying, 'You were very good, very . . . very good. Kind . . . samaritan, yes indeed.'

'Don't talk; rest for a moment and then we'll get you upstairs.' She again turned to Abel, saying, 'Will you stay and give me a hand?'

'Yes, yes, of course. But first may I bring my boy out of the car, he's very wet?'

'Oh!' She blinked and looked surprised, then said, 'Yes, yes, of course. Bring him inside.'

Abel went hastily out of the sitting-room, across a hallway, and into the kitchen, noticing as he did so the extreme neatness everywhere but mostly the warm, almost faint-making smell of food cooking. It came from the direction of a shining black-leaded oven at the far end of the room.

A few minutes later while pressing Dick down into a chair near the open fire, he realized the effect of the smell on the boy and he whispered, 'Sit there and get dry; you'll likely get a drink of something in a minute. All right?'

The boy nodded at him with more emphasis now and gazed round the room as if he had suddenly been dropped into some heavenly place.

When Abel re-entered the sitting-room again the man was saying, 'Now don't worry, don't worry; there's never a good but there's a better. Haven't I always told you God provides? Didn't He send me help in my hour of need?'

The words, Oh my God! almost escaped through Abel's own lips. Not another of them surely! He'd had enough of religious maniacs to last him a lifetime. Yet this man appeared normal . . . as yet; and what he said next seemed to substantiate the fact.

'I'm all right, Hilda. Just leave me quiet, then I'll get upstairs. What . . . what you can do is . . . is give this good man and his boy a hot drink. And . . . and let them dry their clothes.'

The young woman turned a sharp glance on Abel before looking at the man again and saying, 'I'll see to that once you're settled, not until.'

'Oh, Hilda! Hilda! Child! Well . . . well, let's get it over with.'

Again Abel had his arms about the man and this time he actually did carry him up the stairs and on to a square landing.

'In here.' The young woman had preceded them into a bedroom and had swiftly turned down the quilt on a large mahogany-framed bed, and when Abel had laid the man on it she dismissed him rather peremptorily, saying, 'I can see to him now. Please wait downstairs.'

Abel made no reply but turned and went out of the room, closing the door behind him. On the landing, he took stock of the place, telling himself it was a fine house, one of the old sort. There were closed doors on three sides, the fourth side being railed with a mahogany balustrade except where the stairs led down into the hall.

As he stepped into the hall he had come to the conclusion that no longer were houses like this one built; here, there was a substantial feeling about the place. A warm and a homely one, too.

When he entered the kitchen Dick was still sitting where he had left him. The steam was rising from him as if he were being simmered and his face looked small, white, and weary, the eyes too big for him.

He went to the boy's side and, dropping on to his hunkers, he held his hand out to the blaze of the fire, saying, 'Nice kitchen, eh?'

'Yes, Dad.'

He turned and looked at the boy and there came a restriction in his chest and a tightness to his throat, and a break in his voice as he muttered, 'Don't worry, son. We'll . . . we'll have a kitchen like this one day. Yes, we will; I promise you.'

The boy didn't reply but he bent his head forward and rubbed his sweating palms together.

Getting swiftly to his feet, Abel now went towards the table that was placed under one of the two windows in the room. There was on it a green chenille cloth bordered with tasselled braid and, as if he were in his own house, he grabbed a handful of the tassels and began to twist them between his two hands. But realizing what he was doing, his hands sprang apart and with his fingers he hastily began to smooth the tassels out again.

He went to the window and stood looking out. The rain had eased to a mere drizzle. He looked at the flagged yard. It was so well paved there were no puddles on it. To the right was a row of what appeared to be workshops. The double doors of one were open and he glimpsed dismembered bicycles hanging on nails from the wall, and part of a bench. The buildings on the other side of the yard looked like garages. There were four of them, double-storeyed, having lofts or storerooms above them. The bicycle business looked to be thriving.

'He's settled, he'll go to sleep now.'

He started and swung round; he hadn't heard her come into the kitchen. He looked at her fully for the first time. She was what he would call comely; she was of medium height, slightly on the plump side, her skin was fresh and her eyes clear, and her hair an abundant brown. Her mouth was small, her lips full. Altogether she seemed like the house in that she gave off an assurance, sort of God's in his heaven, all's right with the world. Good Lord! there was he spouting now. It was catching.

'What . . . what is the trouble with your father?' It was a polite enquiry, but when the answer came, 'He's not my father, he's my husband,' he felt the colour sweep over him and he almost stammered, 'I'm sorry, miss . . . ma'am.'

She stared at him for a moment, her head wagging slightly, then she smiled as she said, 'Oh, it's understandable; it's a mistake many people make.' Then she turned from him to the boy, and her voice took on a high-pitched note as she cried, 'Oh my goodness! child, you're steaming like a pudding. Get that coat off! You'll catch your death. Whatever made you sit before the fire with that on?'

As she pulled Dick from the chair none too gently, and tugged the coat from him, Abel said, 'It's my fault; I thought he would dry out before we went on again.'

'On again?' She turned her head towards him. She was holding the coat between her fingers and thumb as if it were lice-ridden; then she thrust it over the brass rod running under the mantel-shelf and the length of the fireplace.

'Yes, we're . . . we're on the road I'm afraid. I've . . . I've been looking for work, but . . . but unsuccessfully.'

'With the child?'

'Yes.' He lowered his lids. 'I . . . I had to bring him; circumstances were such . . . well, I had to bring him.'

'Oh! Oh, I'm sorry.' Her voice dropped and she spoke in an aside as if the boy wouldn't be able to hear. 'His mother, is she . . .?'

The question caused Abel to turn his head away from her. What did one say? What could one say? I've walked out on my wife and brought the boy with me and we've been on the road for weeks and another one will finish him and when that happens that'll be the finish of me too. . . .

'Oh, I'm sorry, I understand.' From being low, her tone now rose sharply as she leant towards Dick, smiling now and saying, 'Do you like shepherd's pie?'

'Yes, ma'am.'

'Well, Mr. Maxwell won't be eating any tonight and so you can have his share.' She was still smiling when she turned and looked at Abel, and he said, 'Thank you, ma'am. Thank you very much. . . .'

It was a great effort to eat normally and not to shovel the hot appetizing food into his mouth, and he knew that the boy was having the same trouble. The shepherd's pie was followed by a plateful of creamy rice pudding, and this by a mug of tea and a buttered teacake, a whole one each. Never before and never again was a meal to taste quite like this one.

Immediately they were finished he rose from the table, saying, 'I'll wash the dishes up, ma'am.'

'Oh no, no' – she shook her head – 'I'll see to those. Thanks all the same.'

He remained standing, looking at her now as she bustled around the table, and when she went to remove Dick's plate, Abel reached out and pulled the boy to his feet, and she said, 'It's all right, it's all right. Leave him be.'

'Ma'am.'

'Yes?' She stopped and looked at him.

'Could I ask a favour of you?'

'Well' – her face became straight – 'it all depends what it is.'

'Would you allow us to sleep in one of your outhouses tonight?'

'Sleep in one of the outhouses?' She looked down on Dick, then back up to him, and moving her head slowly, she said, 'I . . . I imagined you were on your way somewhere. You mean you have nowhere to sleep?'

'That's it, ma'am.'

'Well, where did you expect to sleep tonight . . . and with him?' She was again looking at the boy.

'We . . . we were originally making for Hexham and . . . and the workhouse. I felt I must get him into somewhere, he's had more than enough on the road.'

'Yes, yes, I should say so.' She nodded her head. 'Yes, of course you may sleep outside. There's rooms above the garage. They're in a bit of a mess; I haven't been up there since Jimmy went, I haven't had time. Jimmy, by the way, was our hand, he helped Mr. Maxwell, he died a fortnight ago. He . . . he suffered from gas from the war, but he was a good worker. We miss him.'

During the time she had been talking she had cleared the table, put the dishes in the sink, washed out milk bottles, and put the rice pudding dishes and the shepherd's pie dish to soak. Then walking towards the door and without looking at him, she said, 'Come along and I'll show you the room.'

They mounted a dark stairway set between two garages, and followed her through a door at the stairhead, where she switched on a light to reveal what apparently was a living-room. In it was an old couch, two armchairs, a bookcase, and two tables, one in the middle of the room, the other standing under a dormer window, and on this one was a gas ring and cooking utensils.

'It's in a mess, he was never very tidy, and he couldn't cook for himself. He had his main meal with us, but he made his tea and odds and ends on there.' She pointed to the table under the window. 'There's no heating except from the oil stove.' She again pointed, to the corner of the room now. 'But he didn't mind that; when he wasn't working he was mostly out at nights.' She gave a jerk to her head, then added quickly, 'But he was a good worker, none better. This is the bedroom. I'm afraid to look at it, the mess it'll be in.' She thrust open a door and showed a dishevelled bed, an equally cluttered wash-hand stand, and a chest of drawers. 'The other room is just full of his junk.' She pointed to another door, then added, 'He died in hospital. He had no people. . . . Well, if you can put up with this –' She turned and faced him.

He smiled quietly down on her as he said, 'At the moment, ma'am, it has the appearance of a palace to me.'

'Tut . . . tut.' She clicked her tongue, then added, 'Well, bring your things up. But first sort out what is wet and leave them in the kitchen, they'll be dry in the morning.'

'Thank you, ma'am. Thank you very much indeed.'

He watched her go towards the door. All her movements were quick, brisk like her voice. She looked so young and very much alive and she was married to that man! He must be fifty if he was a day. Anyway, they had been the means of providing them with a night's shelter, and for the time being that was all that mattered. He looked at Dick and smiled as he said, 'We'll be all right here, eh?'

'Yes, Dad.' Dick nodded, then said slowly, 'The house was nice, wasn't it, Dad?'

Abel turned away from the look on the pale thin face and from the eyes that held such weariness, and he answered flatly, 'Yes, very nice.'

'The kitchen was lovely and warm, wasn't it? I've never seen such a big kitchen. An' the young lady, she's nice an' all, isn't she?'

Abel bit on his lip, then turned and went into the bedroom. Here, flinging back the rumpled covers from the bed, he looked at the sheets. They were clean, comparatively so anyway. He put his hand on them. At least they were dry.

'It would make a nice house this, wouldn't it, Dad?'

He was leaning over the bed – he hadn't heard the boy come into the room – and he remained so, his hand flat on the sheet as he said slowly, 'We're only here for the night; make the best of it, but don't start dreaming.' Raising himself slowly, he looked down on the boy, and the pain in the wide brown eyes stabbed at him with their misery. Turning abruptly from him, he said, 'Come on, let's get our things up.'

Chapter Two

Strange, the bed had been comfortable. After having eaten another meal which she had called a bite, his belly had felt comfortably full too, and although every bone in his body had ached with tiredness, he hadn't been able to get to sleep for hours, and so when through a daze he heard the knocking on the door he imagined he had just dropped off.

Sitting up abruptly, he held his head in his hands for a moment, then pressed his thumbs against his eyeballs before swinging his legs out of the bed. After pulling on his trousers he made towards the door and when he opened it and saw her standing with her back to him placing a tray on the table he muttered, 'Oh . . . oh I'm sorry. I must have slept in.'

'It's all right. There's a jug of tea. Come down when you're ready and have something to eat.'

'Thank you. Thank you, ma'am.'

He went back to the bed and shook Dick gently by the shoulder, saying, 'Come on. Come on, it's time to get up.'

The boy hardly moved, and he had to shake him again and pull him from his side on to his back before he could get him awake.

'Yes, Dad. Aye, Dad.'

'There's some nice hot tea here. Come on. Just put your jacket around you.'

'What time is it, Dad?'

'Nigh on eight. We slept in.'

It was quarter past eight when Abel knocked on the kitchen door and her voice came to them immediately, saying, 'Come in. Come on in.'

They stepped into the kitchen and both stopped. Everything looked bright, sunlit; the sun was shining outside but in this room the light seemed intensified. The table was set for breakfast on a blue bordered cloth; the china, blue willow patterned, looked thick, chubby. The walls of the kitchen, Abel noticed, were painted yellow and the curtains were blue. They were what he termed to himself airy-fairy curtains for they were wafting in the breeze from the doorway. The floor was stone, made up of great slate coloured slabs but their dullness was relieved by coloured rugs; they weren't clippy mats like he remembered from the northern kitchens of years ago, these were real rugs.

'Sit yourself down. I hope you like porridge.'

'Anything, ma'am.' His voice sounded hoarse.

'And how are we this morning?' She was smiling down on Dick.

'All right, ma'am.'

She laughed outright at him and when he smiled back at her she said, 'That's better.'

'Now there you are, tuck in, and I'm sure you won't say no to some bacon and eggs.'

Abel could make no reply. Picking up his spoon, he began slowly to eat the porridge, but before he could swallow it he had to force each mouthful over a lump in his throat. For a moment his mind seemed to go hysterical and he yelled at himself, My God! don't do that. He was on the point of crying. Why, he couldn't exactly say. He had never felt like this since the day he had run into the wood and beaten his head against that tree.

When he turned his head to the side and blew his nose, she said, 'What is it? Don't you like porridge?'

'Oh. Oh yes, ma'am, yes.' He kept his head down. 'I've got a bit of a cold, that's all.'

'Oh, and no wonder. Wet through as you were, as both of you were, it's a wonder you haven't caught pneumonia. By the way, when you've finished your meal, Mr. Maxwell would like to have a word with you. He's much better this morning.'

'Oh, I'm glad to hear that, ma'am.'

'It was a very bad turn he had. He tells me it was a lonely road and he could have been left out there all night if you hadn't happened by, and . . . and that would surely have been the end of him. I've rung for the doctor. I don't always because I'm used to his turns, but he was in a bad way last night and he won't rest for me, it's only the doctor that can make him stay in bed for a few days.'

'What . . . what is his trouble, ma'am?'

'Mostly bronchial asthma, but . . . well, of late years his heart's turned on him. That's what I'm afraid he had yesterday, a heart attack. He said it wasn't, it was just the asthma. By the way, what is your name?'

'Er . . . Gray. Gray, ma'am, Abel Gray. And my boy is called Dick.'

'Oh.' She nodded from one to the other; then pointing to a shelf above the oven she said, 'When you're ready your breakfast is there; I'll be upstairs. When you've finished make your way up.'

'Yes, ma'am.'

The room to themselves, they looked at each other across the table and Dick said in a small voice, 'It's a lovely breakfast, isn't it, Dad?'

'Yes, yes it is, so make the best of it, eat your fill.'

'You haven't eaten all your porridge, Dad.'

'No, but I'm going to, I'll get through it. You can carry on.'

The bacon and egg and fried bread was delicious but he had to force himself to eat it. In panic, he wondered if he were sickening for something.

The meal over, he went to the sink and washed his hands, wet his comb under the tap, and combed his hair back, pulled his jacket straight at the back and the front, then saying to the boy, 'Sit there until I come back,' he went out of the kitchen and into the hall and slowly mounted the stairs, and when he was outside the bedroom door he paused for a moment before knocking.

'Come in. Come in.'

When he entered the room he saw the man sitting in bed propped up with pillows. He looked older, if anything, this morning, his age seeming to be emphasized by the youthfulness of his wife.

'Good morning, sir. I hope you're feeling better.'

'Aw yes, I'm feeling fine, thanks be to God . . . and to you.' He smiled slowly; then nodding his head, he added, 'For a man who said he didn't know anything about cars you did very well.'

'Thank you, sir.'

'My wife says your name is Gray, Mr. Abel Gray.'

'Yes, sir.'

'Well, Abel, I'm going to ask you some questions and I want truthful answers. A lot will depend on them, you understand?'

'Yes, sir.'

'You are on the road, that is evident, but that's no disgrace these days except that you are trailing a young child with you. Now why is that?'

Abel looked down unblinking into the man's eyes now. He had asked for the truth and what would be the result if he were to tell him the truth: within the next five minutes he'd be going out under that gateway. If he told a lie, it was possible that tonight he'd be sleeping up above those garages again, but more important, the boy would be sleeping up above those garages again. He still hadn't blinked when he said, 'I suffered an emotional loss, sir.' That sounded good to his ears, and it was true. Oh yes, it was true. Alice, dear, dear Alice had been an emotional loss.

'Well . . . yes, we thought it might be that.' The man turned and looked at his wife. 'Well now, have you ever been in trouble . . . prison?'

'No, sir, no, never.' It was the second lie, but his denial was emphatic because he didn't consider his term in the army prison the result of an offence on his part.

'Do you drink?'

'I . . . I used to have a glass of beer when I could afford it but I've never tasted it for the last two months or more.'

'Good, good. How long have you been on the road, just the two months?'

'Yes, sir, just about that.'

'Well now, my first question is, do you think you could do without drink altogether?'

'I'm sure I could, sir; it isn't important to me.'

'Good, good. Now one more question, what is your religion?'

Abel did blink now; he hadn't any religion, he didn't even believe in a god. He'd had doubts before he was dragged into the war but that massacre, in which he would take no part and was therefore branded, had eliminated from his mind once and for all any idea of a benevolent deity. The same question had been asked of him when he was conscripted, and when he had answered, 'None,' they had put him down as C. of E.

Again he was seeing the rooms above the garages but now he was there, shaking Dick out of a deep sleep, a warm deep sleep, a deep sleep that had taken place in a bed, and so his voice was low and his words hesitant as he said, 'I suppose you could say I'm Church of England, sir.'

'I suppose I could say . . . that means you've never kept it up?'

'That's right, sir, I've never kept it up.'

'Well, you're honest about it so there's hope for you yet.' The man was smiling now, then he went on, 'Now more questions, but technical this time. You said you hadn't driven a car but that you had driven tractors if I remember rightly?'

'Yes, sir; and a lorry during the war.'

'Are you mechanically minded?'

'Well, I had to maintain the lorry and the tractor, but they're different from the motor-cars of today. I'm speaking of fifteen years ago, sir.'

'Would you like to deal with cars, I mean maintain them?'

Abel swallowed deeply; then quietly and with great feeling, he said, 'Sir, I'd like to deal with anything that would provide us with shelter, my boy and me.'

'Well, that's what I'm offering you. But not only shelter, I'm offering you good employment if you are suitable. We'll take each other on trust for a month and see what transpires.'

'Oh, thank you, sir. Thank you from the bottom of my heart. And I promise you . . .'

'Ah! Ah! Now never make a promise that you don't think you can keep.'

'Sir, I can promise you I'll keep this one, and that is I'll give you of my best any hour of the day and night that you need me.'

The man now turned and looked at his young wife, saying, 'I didn't think I was mistaken, Hilda. I very rarely am, am I?'

'No, you're very rarely mistaken, Peter.'

'Sir.'

'Yes?'

'I notice that you deal in bicycles too; well, I know quite a bit about bicycles, I can take one to pieces and put it together again and . . .'

'And so can Benny Laton.' The man took in a deep breath, then said, 'I must put you in the picture about Benny, he's a boy I've had here since he was fourteen. He's a genius with bikes but' – he now tapped his head – 'God has destined that the poor lad cannot use his mind, he is backward there. But you or nobody else could beat Benny at mending a bike. God taketh away but He also giveth and He has given that boy a unique ability. No, from now on it's the car side of the business I want you for, and when I get on my feet, which will be tomorrow or the next day, we will get down to work together. In the meantime I'll give you the next two days to get those rooms cleaned out, for my wife tells me they are in a bit of a state, so get yourself settled in because once I get on my feet you'll have no time for housekeeping.' He pressed his lips tightly together as he smiled and, turning to his wife, he asked, 'Isn't that so, Hilda?'

'Yes, yes, it is, Peter.'

Abel stood for a moment longer; then nodding first to one and then to the other he turned about and went quickly out of the room; and when he reached the head of the stairs he had the desire to leap down. He had said it would need a miracle and the miracle had come about.

At the foot of the stairs he stopped and looked back up towards the landing. Funny that he should ask for a miracle and it had to be given to him by one of the heavy religious sort. But then it could have been offered to him by the devil and he would have danced to his tune. There was only one thing he must do now, to tell the boy, or to put it plainer, to prime the boy.

He went into the kitchen and, grabbing Dick by the hand, he pulled the astonished boy from the seat out into the yard, up the stairs, and into the cluttered sitting-room, and there, dropping down on to the couch, he drew him towards him to stand between his knees and, gripping his hand, he said, 'What would you say if I told you you could stay here . . . we could stay here?'

Dick opened his mouth and closed it twice before he said, 'Oh! Dad, I would shout, I would shout. And then I would –' His voice trailed away and he muttered again, 'Oh! Dad. Dad!'

'Don't cry, son. Don't cry. There! There!' He drew the boy into his arms and hugged him tight; then he screwed up his own eyes and sucked his lips in between his teeth in an effort to stop the tears falling, but even so they spread over his face and on to the boy's hair.

After a moment he hastily rubbed his face with the back of his hand and, pressing the boy from him, said, 'But there's one snag. . . . You know what a snag means?' He waited, and when Dick gave him no answer, he said, 'In this case it's something that can stop us staying here, something that can send us tramping on the road again in the wet with no place to sleep. That's what I mean by a snag. Understand? Well, it's like this. You know I told you that your name from now on is Gray not Mason, didn't I?'

Dick nodded slowly at him.

'Well now, if these people knew that . . . that I had taken you away from your mother and made you tramp the road with me and through this awful weather, they would have nothing to do with me; we . . . we would be out as I said. And so your mother is dead, you understand? You understand?' He shook Dick gently. 'If anybody asks you about your mother, she's dead, and that's why we left Hastings and came North. Now you understand, Dick, don't you? Tell me you understand.'

The boy stared at his father for a long moment before he said, 'I've got to say me mam's dead?'

'Yes, always remember that. She's not back there in the cottage, she's dead. That's the only way we can stay here. If you ever say your mother's alive, then . . . Well, I don't have to repeat it again, do I?'

'No, Dad.'

'You want to stay here, don't you?'

'Oh yes, Dad, yes. And the lady's nice.'

Abel turned his head to the side. All the ladies had been nice to the boy, except the mad woman. He knew the symptom, the need for mother love, and this latest one was to him likely the nicest of all. And for himself too, oh aye. And the safest, because she was married. And with both her and him being religious, there'd be no hanky-panky here as on the boat or with that maniac. No, if he worked for them as he would work, he could be set for years ahead. The boy would have schooling and he perhaps would have peace of mind in time when Alice sank below the pain in his heart.

'You understand? Now tell me you understand.'

'Yes, Dad, I understand.'

Chapter Three

Abel had been working for Peter Maxwell now for six months and to him it seemed like six years, six pleasant years, six pleasant lifetimes. He did a six-day week, often twelve hours each day. On Sunday he rested as they all did. No one worked in Mr. Maxwell's establishment on a Sunday; even the meals were cooked on a Saturday and eaten cold on the day of the Lord, as Mr. Maxwell was apt to describe it.

Abel knew he had found favour in his boss's eyes where his work was concerned, and with his sober manner of living too. There was only one snag, as both Mr. Maxwell and Mrs. Maxwell and Abel himself saw it, he wouldn't attend, and they wouldn't get him to attend, church on a Sunday.

With tongue in cheek he had tried to tell them that in his view he could be as near God while walking on a hillside as he could within four walls, for wasn't God said to be everywhere? Yes, they admitted, but He touched man personally within the precincts of four sanctified walls.

As for Dick, the boy bore no resemblance to the white, wet, pasty-faced child who had come to this house those months ago. His cheeks were rosy, he had put on flesh, and he had grown a little, but above all he was happy: he was happy in his school, he was happy up in the rooms above the garage, but he was happiest, Abel realized, when he was in that kitchen.

They had their main meal in the kitchen at dinner time with Mr. and Mrs. Maxwell, and sometimes on baking day they were invited to tea. At other times, such as breakfast and a late snack, Abel saw to these up in the rooms.

And Abel was happy that the boy had made two friends, diverse in mentality but nevertheless close. The first one was the retarded Benny Laton. Benny was no longer a boy, at least he didn't look a boy, he was a man of twenty-two, but he talked and acted like a backward ten-year-old. But right from the first day he had taken to Dick, and Dick to him, and whenever possible the boy would be at Benny's side handing him tools, purposely the wrong ones to hear him laugh as he shouted, 'Why! man, you're daft; that ain't a spanner!' or 'That be a hammer not a nail.'

The other friend was a twelve-year-old girl who, as though in reverse from Benny, was being made into a woman before her time. She was the neighbour's daughter, the neighbour being a Mrs. Esther Quinton Burrows who lived in the big house separated from the Maxwells by the strip of paddock and the garden.

Molly was Esther Burrows's only daughter, and since four years ago when her mother decided, on the death of her husband, to become an invalid, she had been used as nurse, companion, and housekeeper. The latter position she continually assumed when the maid would decide, on the spur of the moment, she couldn't stand the whims and demands of her mistress any longer and would walk out, which emphasized that the pressures imposed by Mrs. Burrows were indeed great because work was as scarce for women as it was for men.

But when the young girl could escape from the house and her mother she would run over the paddock, stoop under the wire, skirt the Maxwells's vegetable garden and so come into the yard where she would invariably bring her running to a halt and look about her in order to find out where Dick might be.

On this particular day it happened to be baking day and teatime when she arrived.

Seeing no one about, she hesitated in the middle of the yard; then looking towards the kitchen window and realizing they were all at their tea, she was about to turn away when the door opened and Hilda Maxwell called, 'Come away in, Molly! We're just on finishing.' Then as the girl came shyly into the room Hilda turned towards the table and, wagging her finger towards Dick, cried, 'And don't gobble your last mouthful.' It was as if she were talking to her own child, but when she addressed Molly it was as she would a visitor, saying, 'Sit yourself down, Molly. Now would you like a cup of tea and a piece of tea-cake?'

'Oh yes, Mrs. Maxwell. Oh, thank you.'

A few minutes later Molly was eating the freshly baked tea-cake and sipping at her tea while the four at the table who had evidently finished the meal sat waiting.

The silence could have proved awkward but Abel was used to it by now: no one started the meal at this table or left it without a blessing being asked, so he looked at Molly and smiled quietly at her. She was a nice little lass; he had grown very fond of her over the past months. He had never seen her mother but from what he had heard of her he imagined she was a lady born not to dirty her hands. The trouble was she had been brought up without having to dirty them in the very house where she now lay on a couch most of the day. He supposed her complaint was what in the last century would have been called the vapours, which was another name for laziness or escape from life.

'There now, you've finished.' It was Peter Maxwell speaking, and having done so he looked around the table, then bent his head and said, 'Lord, for what you have been gracious enough to provide us with this day I thank you on behalf of all here present. Amen.'

'Amen. Amen. Amen.'

'There now.' His voice altering, Peter Maxwell rose from the table and, bending towards Molly, said, 'I suppose you've come over here, young lady, to waste my third assistant's time?' He pulled a mock, stern face at the girl, and she, her eyes twinkling, said, 'Yes, I suppose you could say that, Mr. Maxwell.'

The reply sent Peter Maxwell's head back and he let out a roar of laughter, and Hilda Maxwell, as her husband had done, also pulled a mock prim face as she said, 'There's a saucy miss for you, straight to the point.' And she nodded from one to the other, lastly towards Abel, who nodded back at her as he grinned widely. But then the grin was swept suddenly from his face and the laughter in the room died as if it had been cut off by a knife for Peter Maxwell was now bent over double and was groaning aloud as he hugged his chest.

'Oh my goodness! my goodness!' Hilda was holding on to him at one side and Abel at the other. 'Get him down, on to the mat.'

'Peter! Peter! are you all right?' She went to straighten the huddled form lying on the rug now, but Abel said quickly, 'Don't touch him, get the doctor.'

'I can ring for him.' Molly was going towards the door. 'I know the number; it's the same doctor as ours, isn't it?'

Hilda turned towards her, saying, 'Yes, yes. Tell him . . . tell him Mr. Maxwell has collapsed. It's . . . it's serious, tell him.'

'Get a blanket to put over him.'

She looked at Abel, then nodded before springing to her feet.

A minute later as Abel was helping to tuck the blanket around the prostrate man he felt a change in the man's body and his groaning stopped. He looked in apprehension down on to the drawn face, which was no longer twisted, and the lines seemed to have disappeared from it, leaving the skin smooth.

He raised his head and met Hilda's eyes, and she whimpered, 'Oh no, no! It can't be. He's . . . he's had them before. Oh no! No! No! No! He's not, is he?' She was appealing to Abel now and he said, 'I . . . I don't know, I don't think so, his pulse is very weak.' He was holding Peter Maxwell's wrist and his fingers could feel no beat under them, but he couldn't say to her, 'He's dead.' He couldn't even say that to himself, it had all happened so suddenly. He had died on a laugh. Yes, he had died on a laugh, he had died laughing. This religious man . . . this good, really good religious man had died laughing. It was a good way to go.

It was nine o'clock. Peter Maxwell was laid out in the sitting-room. They had brought a single bed downstairs. The undertaker's man having helped with this task, it was Mrs. Maxwell herself, the young girl, as Abel still thought of her, who saw to the undressing and last dressing of him. And now here she was sitting at the kitchen table, her joined hands resting upon it, her eyes, quite dry for as yet she had not shed a tear, looking straight at him as she said, 'My father will have to be told, I suppose, and our Florrie.'

From his seat at the other side of the table, Abel blinked but said nothing. He had never before heard her mention her father or her sister; but then why should she? He knew nothing really about her except that she was Mrs. Maxwell and efficient in all she did, and kind. Then his surprise was registered openly on his face when she said, 'Would you mind going and telling them?'

'What! . . . You mean they're hereabouts?'

'Very much so.' There was a note of bitterness in her voice now. 'I've never seen them for more than two years; he was . . . he was against me marrying Mr. Maxwell.' She always referred to her husband as Mr.

Maxwell. She now unclasped her hands and, putting one to her cheek, she rubbed it up and down before saying, 'I . . . I could see his point because Mr. Maxwell was older than my father by three years, being sixty-two. But . . . but I tried to tell him it wasn't what he thought, I mean our association . . . I mean –' She looked towards the fire now, then said under her breath, 'He wouldn't listen, he wouldn't listen to my reasons.'

Abel remained silent, thinking he could understand her father's attitude in not wanting to listen to the reasons why a girl like her was marrying a man of sixty-two. Yet Peter Maxwell hadn't looked anything near that, fiftyish yes, but not sixty-two. And that was over two years ago, so she said. Well! well!

'And then there's our Florrie.' She was looking at him again. 'I don't want to tell her anything but I suppose I'll have to. If I don't he will . . . Father, they're as thick as thieves and of like minds, godless both of them.' Her full-lipped mouth puckered itself, expressing how she felt about her godless relations.

She had risen to her feet now and gone to a drawer in the dresser from which she took out a cloth and, with a sweeping movement of her arms, spread it over the table. The routine of setting the breakfast followed, and as she worked she talked as if to herself, yet all the while addressing him. 'I'll be surprised if you find her in, off jaunting likely. But if she is in she won't be alone, you can bet your bottom dollar on that. Oh no; not our Florrie. He'll be there. If not him, somebody else. Yet knowing what was afoot my father took her part. Can't believe it when you think of it.'

Abel looked at the table and noticed with surprise that it wasn't set for one, for herself alone now, but for three. She stopped in her bustling, her glance following his, and without any preamble she said, 'I can't bear eating on my own, you and Dick can come over for breakfast. Anyway for the time being. And I'll have to keep busy to stop myself thinking. If you don't feel like going round and telling them tonight, tomorrow morning first thing will do; but . . . but' – now her fingers were clasping and unclasping themselves – 'I don't want to be left alone here the night, and . . . and if she's got any decency in her she'll offer to stay.'

'I'll go at once.' He was on his feet. 'Just tell me the names and addresses.'

'Well, our Florrie's not hard to find. She lives on Brampton Hill. Yes' – she nodded at him – 'not ten minutes' walk away. I . . . I think it's forty-six. Anyway, it's a big house, one of those that's been turned into flats. It's the only one with big iron gates on that side of the road. I don't know which flat she lives in; there'll likely be names on the doors. But my father . . . well, you'll have to go further afield. He's' – she turned her head now to the side as if about to admit something shameful as she added – 'in Bog's End, 109 Temple Street. My father's name is Donnelly, and hers is the same.'

As he made for the door she turned to him again, saying softly, even sadly, 'When you see 109 you'll understand why I'm here in this house.' She pointed her forefinger towards the floor. 'But makes no matter, tell them that Mr. Maxwell's dead. He . . . my father will likely go out and drink to it, but our Florrie, well, her reactions remain to be seen.'

He paused and looked hard at her, then said, 'I'll . . . I'll bring the boy down to keep you company, he won't be in bed, he won't go until I go, and I'll be as quick as I can.'

When she nodded at him he turned from her and went out, closing the door quietly after him. In the yard he stopped for a minute and looked up into the dark starlit night. She was a funny lass, so young in some ways yet as old as the hills in others. She seemed to be a girl who had never experienced youth.

Abel had knocked on 109 Temple Street and before the door was opened Hilda Maxwell's last words were making sense to him. Even in the darkness he guessed that Temple Street was one of the poorer streets of Bog's End, and that was saying something.

'Well! who are you?'

'Mr. Donnelly?''

'Aye, that's me.'

'I'm . . . I'm Abel Gray.'

'Aye, well, so what? What you after?'

Abel looked down on the thin, undersized man with the outsize voice and he had the odd desire to laugh. Anyone so different from Hilda Maxwell he couldn't imagine. That this little fellow could ever have fathered Mrs. Hilda Maxwell appeared ridiculous. This raucous unshaven little chap belonged to another world altogether from 3 Newton Road which was in reality in the Brampton Hill area and Brampton Hill was Fellburn at its highest.

'I've come with a message from your daughter . . . Hilda.' He felt he had to add the Christian name and it sounded strange on his tongue. It was the first time he had said it aloud, and it seemed to have no connection with the person it represented.

'Hilda? Wor Hilda? What's up with her? Bad is she an' on her death bed that she sends for me?'

'No, she . . . she herself is all right but her husband died suddenly tonight.'

In the light from the dimly lit passage Abel saw the old man's expression changing. He watched the man's mouth open, then close; he watched his hand rasping across his unshaven chin; he watched him consider a moment before saying in a more moderate voice now, 'You'd better come away in.'

Taking off his cap as he passed the old man, Abel went into a room which he saw at once was used as a kitchen, sitting-room, and bedroom combined. The place looked as if it hadn't been cleaned for some long time, and yet it had two homely touches, a large battered, once red leather armchair drawn up before a blazing fire, and a couple of whippets sitting on a clippie mat; and they must have been so comfortable they didn't even bother to rise up and sniff him.

'Sit yoursel' down.' Mr. Donnelly pointed to a wooden chair near a square kitchen table on which were a number of dirty dishes.

After Abel had seated himself the small man did not take his place in the leather chair but stood confronting him, asking now, 'When did this happen?'

'Around five this evening.'

'Expected was it?'

'No, no; he had just finished a meal when he collapsed.'

'Well –' He now turned from Abel and went to the fire, having to bend over the dogs to spit into it, then turned back to him and continued, 'She shouldn't have been surprised at that, he's been shaky on his legs for years that 'un. Yet it's always the creakin' doors that last out the longest. Well –' His features moved into what could be called a grin now and he nodded his head slowly at Abel, saying, 'She's got what she went for quicker than she expected, hasn't she now?'

'I don't follow you.'

'No, you wouldn't, you've only been there a few months. Oh, I know all about you. I know all about everything. I'm stuck at this end and she's stuck at that end but I know her every move. You were on the road weren't you, you an' your lad, and you helped old Maxwell when he had a turn? Oh, you see there's nothin' I don't know. Well, all I can say now is I hope she lives long enough to enjoy the fruits of her two and a half years' labour, 'cos my God! it must've been hard labour. . . . An' don't you say, mister' – his arm was thrust out to its entire length now, pointing straight at Abel like a gun – 'don't you say you can understand her makin' the move; this hole in the ground mightn't be everybody's choice but her and Florrie never wanted for nowt. Sent her to typing school I did, same as Florrie. Florrie made a go of it but she didn't. She didn't want to work in an office. No, she didn't want to be a secretary; she wanted to start at the top, a house and business all ready made for her. But there were no young lads around here with houses and businesses to bestow on her. She turned her nose up at every male in Bog's End. She even left the Chapel that she'd been to since a bairn and went to St. Michael's, 'cos why?' He poked his small head forward and now his voice changed into refined mimicry. 'They were nice people who went to St. Michael's, refined. There was nobody out of work that went to St. Michael's. The men usually wore gloves and carried walking sticks who went to St. Michael's, and the women always wore hats when they went shoppin', not head scarves, no, and they got up coffee mornin's for charity, an' at Christmas at the masons' dinner they vied with each other who could throw in the most to help the poor starving buggers of Bog's End.'

'Oh! Oh!' He now flapped his hand at Abel as if to silence him and went on, 'She had her eye to business had our Hilda, but she didn't find her path a smooth one there either because mothers of sons are not bloody fools, not the likes of them that go to St. Michael's, they didn't want to be landed with a daughter-in-law from Bog's End. No. No. Well, when she couldn't get into that high-rachy, she had to do the next best thing, she took old Maxwell. Pillar of the church old Maxwell. Hadn't been married in his life and he didn't want her as a wife she said. What did he want her for then, eh? Dirty old sod.'

Mr. Donnelly now paused for breath; then quickly turning, he again spat into the fire, after which he stood looking down towards it and, his voice quiet, even sad, he said, 'Well, she's got what she wanted, she's got a start, big house an' a business that's goin' places. I should be glad. Aye, I should be glad for her.' He turned now and looked at Abel, adding, 'I thought the world of her you know, always have done. From she came I took very little notice of Florrie, put her aside sort of, hurt Florrie. Aye, I did. Yet Florrie's worth twenty of her. Still, you can't direct your feelin's, can you?' He raised his eyes and stared up at Abel, and Abel, remembering Alice, moved his head slowly from side to side and answered, 'No, you're right there, you can't direct your feelings.'

Mr. Donnelly now walked to the table, saying on a different note now, 'I can't offer you anything, haven't a drop in the house, only tea.'

'That's all right; I've got to get back, at least after I've been to your other daughter.'

'Oh' – there was surprise in his voice – 'she's sending to Florrie is she, not leavin' it to me?'

'Yes, she asked me to call and tell her. She . . . she needs company tonight I think, a woman's company.'

'Oh aye, aye, this is the time for company. You can't be alone with the dead no matter what you thought of them. Well, it's nice of you to come, mister. What did you say your name was?'

'Abel Gray.'

'Oh aye, Abel Gray. Well, I suppose we'll meet again. Not that I'll ever be a regular visitor, she'll have to ask me first, but to show me respects I'll turn up at the funeral. Then again' – he turned his head to one side – 'I'll feel a bloody hypocrite after all I've said about 'im. Still, if I don't go she'll bear that against me an' all. Well, I'll be seein' you.'

'Yes, yes. Good-night then, Mr. Donnelly.'

'Me name's Fred.'

'Good-night, Fred.'

'Good-night to you an' all.'

The door closed behind him. He walked for some distance down the street, then paused and once again he looked up into the sky. Amazing . . . amazing, people's lives, the things that went on. He thought his own was strange enough yet there appeared to be something strange in every life he touched on.

46 Brampton Hill he found was as different again from 109 Temple Street as it was from 3 Newton Road. It looked the kind of house that had once been an industrialist's mansion. Now there were ten nameplates inserted in a mahogany frame on the left-hand side wall of the tiled lobby. They were set out in sections of three three's with a single name at the bottom. The nameplates were grouped in floors, ground floor at bottom he presumed. Starting from the top he looked for the name Donnelly, but he didn't come to it until he reached the bottom where it said 'Miss F. Donnelly, Garden Flat.'

He looked about him. Where would he find the garden flat? Outside he supposed. As he turned towards the main door again the hall door opened and a man came through.

'Excuse me' – Abel turned to him – 'could you tell me how to get to the garden flat?'

'Oh yes, yes. But you needn't go outside, it's rather misleading. You go into the main hall, turn right along the corridor; it's the door at the end.'

'Thank you.'

'You're welcome.'

He went into the hall now and stood gazing about him for a moment. It looked vast; big enough he thought, to make three flats. The floor of the hall and the circular staircase leading upwards were bare of carpet, but as he remarked to himself who would want to cover wood like that. He turned to the right and went along a corridor. There was a blank wall on one side and a row of curtainless, deep-bayed windows on the other and there at the end was the door to the so-called garden flat.

He hesitated a moment before ringing the bell. Of one thing he felt sure, anyone who could choose to live in a place like this wouldn't be likely to show much connection with Mr. Fred Donnelly.

When there was no answer to his ring he pressed the bell again, holding his finger on it for some seconds now, and as he did so he hoped there would be no response to it, for somehow he didn't want to meet this sister. The whole situation was too complex, he didn't want any more surprises tonight.

'Yes, what is it?'

He was now weighed down with surprise. The door was open and he was being confronted by a woman who appeared almost as tall as himself. She was wearing a white woolly dressing-gown, and her hands were extended above her head as she continued to pin her hair up.

Again she said, 'Well?'

'I'm . . . I've come from your sister Mrs. Maxwell. I'm the hand there, Abel Gray. She . . . she sent me with a message.'

In the silent seconds that followed she had arranged her hair in a rough position on top of her head, then said, 'Oh!' then again, 'Oh!' but she now added, 'Well, come in.'

As she closed the door on him she laughed, saying, 'I didn't expect anyone at this time, I've been drying my hair. They don't like doing it at the hairdresser's, it takes too long, to dry I mean. It's my own concession to the idea of the old-fashioned girl. Come in. Sit down.' She had gone before him through a hallway that was as big as his sitting-room above the stables and his moving glance took in the pieces of furniture standing against the wall. No modern stuff here, antiques if he knew anything about them, pieces like Lady Parker used to have in her drawing-room.

And now they were in the sitting-room; or was it a drawing-room? Whatever one had a mind to call it, it was an amazing room; even in the subdued light the colours flowed over you. French grey walls dotted with broad gold-framed pictures; a deep cherry-coloured carpet and on it and flanking a white marble fireplace, two deep couches upholstered in warm brown velvet.

When she motioned him to sit on one of the couches he sank into the down cushions, and even when she was seated opposite to him waiting for him to speak his mind was so taken up with the room that she had to prompt him again. 'You said you had a message from Hilda?'

'Yes.' He smiled at her now and nodded, adding, 'I'm . . . I'm sorry if I seem to be wool-gathering but . . . but it's an unusual room, very beautiful.'

'Thank you. But it's easy to make a room beautiful when the proportions are right; with the skirting boards and ceilings this high' – she waved her hand upwards – 'you can't go wrong.'

'Oh, I wouldn't agree with you there.'

'No? Well, perhaps not.' She returned his smile, then sat waiting, and his face becoming straight and a conventional tone in his voice, he said, 'It's rather sad news that I bring, Mr. Maxwell died this evening.'

'*What?*'

With a quick jerk of her body she had pulled herself to the edge of the couch, and there she seemed to hover for a moment before saying, 'No!'

'I'm afraid so.'

'How did it happen?'

In a few words he told her how it had happened and when he was finished she sat back once more and, her head dropping back now on to the cushion, she made a sound between a laugh and a huh. Then bringing her head forward again, she stared at him as she said slowly, 'And she wants me round there?' Her tone had altered, it was now on the defensive. 'You mean off her own bat she's asking me to go round there?'

He returned her stare. The voice she was using now was different from the one with which she had greeted him and had carried on the introductory conversation. That voice had been the voice of an educated person, the tone of this voice could be linked with 109 Temple Street, Bog's End; he wouldn't have imagined that she had ever lived there, or that she had been bred by that particular old man.

He continued to stare at her, taking in her face. She was a beautiful woman. Well no, not beautiful, her nose was too big for beauty, her mouth too wide. Her eyes, too, although dark brown and deep-lashed should also have been wide in order to qualify for beauty; instead they were round. And yet they looked widely spaced; but that was the effect of her eyebrows which curved well beyond the bone formation of the eye sockets. Her skin was pale and in this light appeared colourless; but her hair, her hair was another thing, that was beautiful. It wasn't blonde or flaxen or light brown. What colour was it? A bit of all three, and she had plenty of it. He just couldn't place her as that old man's daughter or as Hilda Maxwell's sister. Oh no, not as Hilda's sister. Not only was there no resemblance in the faces, their figures denied any family connection whatever. Hilda was short and plump, seeming still clothed in her puppy fat although she was well past twenty. Homely had been his first impression of her; it still was. But this woman, she didn't appear to have any shape to her body: her chest was as flat as a boy's underneath that garment, and her ankles and slippered feet looked bony, yet her thinness suggested elegance. She looked a woman. She was a woman; he doubted if she would see thirty again.

'I suppose you know all about me?'

'*What?*'

'I said I suppose you know all about me?' Her words were spaced.

'No, I can assure you I know nothing about you. I didn't know of your existence until tonight, just over an hour ago to be exact; nor of your father's either.'

'My father? Oh.' She put her hand across her mouth in order to still her laughter and she almost spluttered as she said, 'You . . . you haven't . . . you haven't, have you?'

'Yes.' He was smiling broadly at her.

'You mean you've been along to see my father?'

'Yes; I've just come from there.'

'Oh! Oh, my goodness! . . . Did he throw anything at you?'

'Only words.'

'I bet.'

She got to her feet now, looked down at him for a moment, bit on her lip, then crossing her arms, she pressed both hands under her oxters and walked twice up and down the rug that lay between the couches before she stopped and looked at him again, saying slowly now, 'She must be feeling low to send for us, particularly me dad. . . . I say particularly him, but I am as bad. Oh no, worse; in her eyes I'm a bad woman.' She bent down towards him now nodding her head at him. 'Do you know that? I'm a bad woman.'

'No, I didn't.' A corner of his lips was pulled up in a one-sided smile.

'Well, it's a wonder she didn't warn you before sending you out on this errand. But don't worry, now she's brought me into the open you'll hear the whole tale. Oh dear me!' She straightened up, bit tight on her lip, put her head back and looked towards the high ceiling as she ended on a note that sounded like compassion in her voice, 'Poor Hilda!' Then swinging round from him with the agility that put him in mind of the flicking end of a whip, she was across the room and at the far door, having said as she went, 'I'll be ready in two or three minutes.'

He was looking towards what was apparently the open bedroom door when she appeared again, saying, 'In that cabinet behind you you'll find some drink, help yourself.'

He was on the point of saying 'I'm on the waggon, I've had to be,' instead, remaining quiet he pulled himself upwards from the couch and went towards the cabinet. Here, opening the doors, he displayed a double row of bottles and a whisky decanter three-quarters full. His hand on the decanter he looked over his shoulder, saying, 'I'll . . . I'll have a whisky; shall I pour you something?'

'Same as you.' The voice was muffled and he gathered she was getting into some garment or other.

He had poured the whiskies and brought them to a small table at the head of the couch on which he had been sitting when she came into the room again. She was wearing what appeared to be a shapeless blue woollen dress. It hardly reached her calves and was clinging to her body like a skin. She had a pair of high-heeled shoes in one hand and a dark blue coat over her arm. Sitting down, she threw off her slippers, then pulled on the shoes, and when she stood up to take the drink from his hand their eyes were on a level.

The first swallow of whisky hit the back of his throat and as he bent forward and coughed she said, 'You definitely want more water with it.'

Still coughing and patting his mouth with his handkerchief, he said, 'I'm not used to it, I've been on the waggon.'

'Oh, I can quite believe that. 3 Newton Road's a T.T. citadel. It had to be with Mr. Maxwell, and, of course, Hilda wouldn't have had it otherwise. Oh no; not our Hilda. . . I sound spiteful, don't I?'

'You must have your reasons.'

'Oh, I've got my reasons all right. But on the other hand so has she, and we both think they're good ones. Anyway, let's get going.'

As she went to get into her coat he quickly put down his glass and assisted her and she looked over her shoulder and stared into his eyes for a moment before saying, 'You don't look the kind of fellow somehow to stand a set-up like that.'

He stepped back from her, on the defensive for the moment as he replied,

'I was more than glad to accept what they had to offer six months ago, I was out of work, had a young boy to see to.'

'Yes, so I heard. Well, the saying is, beggars can't be choosers . . . and I know something about that an' all.' She did not elaborate on this but went from him now and switched off the table lamp, saying as she made her way towards the french window, 'We'll go out this way, it cuts off about a quarter of a mile and that's something to consider when you're walking in high heels. . . .'

'I've . . . I've got the car outside.'

'Oh. Oh.' She made a deep obeisance with her head. 'The car. Well! well! that's different. But we can still go out this way.' She switched on an outside light, then pulled back a pair of velvet curtains, unlocked a french window, and when they were outside again, she relocked it before saying, 'Round this way. I'll leave the light on until I get back.'

She was seated in the car and he was about to close her door when she said softly, 'God! but I'm as nervous as a kitten.'

It was such a change of front that it was a moment before he leaned down towards her and said, 'Nervous? Why?'

'Of . . . of meeting our Hilda.' There was that ordinary tone of voice again, the voice that was wavering between Bog's End and Brampton Hill.

'Why should you be nervous of meeting her? I should have imagined the boot would be on the other foot.'

'Oh, no.' She gave a tight laugh. 'Our Hilda's the kind of person who can enlarge your sins without saying a word, she's just got to look at you. Even as a child she was the same. Good people are like that and she's good at bottom; you haven't got to believe all that Dad says about her. He'd give you the impression that she just took Maxwell because of his business and his house. But I don't believe that, well, not all of it. Naturally there was an attraction in that quarter, and I don't blame her for that. Oh no, it's no use the kettle calling the frying-pan black. No, I think she's one of these people who really tries to be good, but . . . well' – she gave another small laugh – 'they sort of make you uncomfortable doing it. You know what I mean?'

He answered her laugh with a quiet chuckle as he said, 'Yes, yes, indeed, I know what you mean. But I can only repeat I can't see you've got anything to worry about.'

'Aw, lad' – she was laughing aloud now – 'you know nothing, nothing at all about our set-up.'

He started the car. In some strange way there was rising in him a kind of happiness, it was just a tinge, a tiny, tiny candle flame in the universe of sorrow that had been weighing him down for months. Buried under the gratitude he owed the Maxwells and under the new security and happiness that Dick had found had remained the ache left by Alice. Now, for the first time a corner of the pall was being lifted. He didn't ask himself how or why.

Chapter Four

There was a large turn-out at Peter Maxwell's funeral. As the vicar remarked to Hilda, it was very gratifying, not only from her point of view but from dear Mr. Maxwell's, for it showed how highly respected he had been among the parishioners, a good man, in all ways a good man.

Later that evening, when the last well-fed mourners had left and there remained in the sitting-room only her father and sister and Abel, Hilda repeated the vicar's words from where she was sitting on the edge of an armchair. She looked from the small man seated in the chair opposite, to the tall, lithe figure on the couch, but her accusing glance did not take in Abel as she said, 'He was a good man. Say what you like, he was a good man.'

'I'm sayin' nowt against him, lass. He's gone an' he's where the good God pleases at this minute. Let the dead bury the dead so to speak, that's my opinion.'

'You never had a good word for him when he was alive, either of you.' She was still looking at her father.

'What's past is past.'

'It isn't in my mind.'

'Aw well—' Fred now wriggled himself up out of the chair, saying in a voice that was much more natural to him, 'If you're gonna start on that track I'll make meself scarce 'cos I don't want to bandy words with you the night of all nights. If you want me you know where I am, I'll come if you call, but I'm not stickin' me neb in now, no more than I did afore.'

Hilda had risen to her feet and now she looked towards where Florrie was also making to rise and with a tremble in her voice, she said, 'I suppose you're going too?'

Florrie became still and, looking straight at Hilda, said in a quiet voice, 'Not if you want me to stay.'

'Please yourself.' As Hilda swung round and went to precede her father out of the room, she looked full at Abel, who had not spoken since he had entered the sitting-room ten minutes before, and she seemed to bring him into the orbit of her small family as she said, 'It's always the same, always.'

He made no remark whatever because he couldn't see how her statement refuted anything that had been said. It was as if she was expecting him to know the ins and outs of some past family situation.

When he was alone in the room with Florrie he looked towards her. She was sitting well back in the couch, her eyes were cast downwards looking to where she was slowly moving the diamond-studded ring round and round the third finger of her left hand.

He walked quietly towards the fire and stood with his back to it for some seconds before he said, 'She's upset. It's natural.'

She raised her eyes to his. 'Yes, it's natural.'

'Will you stay the night with her?'

'Yes, if she wants me to. But it'll only be for the night . . . I mean she'll only need me tonight, she'll be in control of herself tomorrow.'

'You think so?' There was a note of surprise in his voice.

'Oh yes, yes.' She nodded slowly at him. 'I know so. Huh!' It was that small imitation of a laugh he had heard her use before. 'I always think that sounds so silly, I know so, yet from time to time I hear myself saying it. It sounds so pompous, so God-inspired, and I haven't much time for God . . . Are you like—' She now waved her hand towards the door before adding, 'I mean, do you keep up a religion?'

'No.'

'Didn't they manage to convert you?'

'No.'

'You must be a strong character.'

'Just stubborn.'

The door opened and Hilda came in the room again and she began to talk immediately, with the same defensive ring in her tone. 'He doesn't change, not in any way. You would have thought he would have bought a new suit, but no, he had to be himself and come in that old grey thing.'

'He's not flush, you know that.'

'I would have given it to him if he had asked me.'

'Oh, Hilda!'

Now Abel saw a startling change in the tall, elegantly dressed Florrie. Using the same movement that had caught his attention in her own room, she swung herself up from the couch and seemed to tower over her sister as she said, 'Ask you for it! You know he's never asked either of us for anything, and under the circumstances he would have died rather than ask you for money for a suit to go to your husband's funeral in. Talk sense.'

'That's it. That's it, start! There's a pair of you. Everything I do is wrong in your eyes, always has been.'

'There you're wrong.' Florrie's voice held a note of deep bitterness now. 'There's not a pair of us, there's a pair of you, because he spoilt you from the beginning, but since you were able to step out on your own, you've treated him like dirt, muck beneath your feet. Anyway, look; I'm going, you don't need me. If I stayed it would only end up in one holy row, and this is not the night for it.' Florrie's voice now dropped to an even note as she added, 'Good-night. Like Dad said, if you want me I'll be there.'

As she walked towards the door leading into the hall, Abel had the desire to catch hold of her and say, 'Stay. Don't go. Stay.' But then he warned himself it wasn't his business. This was a family, this was their war, and by the sound of it, it had been going on for some time, and what he mustn't do in this war either was to enlist in it. Oh no! Oh no! he mustn't get entangled in this war; as he was in the other; so in this he must also be a conscientious objector.

It was with the sound of the outer door closing that Hilda went to pieces, and in consternation Abel now watched her drop on to the couch, turn her head into the wing of it, and begin to cry.

Embarrassed, he moved from the fireplace and stood near the head of the couch looking down on her, but he did not touch her.

For almost five minutes she cried, not an anguished crying, just a quiet sobbing, and when eventually she lifted her head she blinked up to him through her tears and said, 'I'm . . . I'm sorry.'

'Oh, it's the best thing; it'll do you the world of good. There's nothing like a good cry for easing pain – special pain.'

'I feel so lost, so alone.'

'That's natural; it's early days yet.'

She took her handkerchief and blew her nose, swept her hair back from her brow, pulled her skirt well down to the sides of her calves, then said, 'Our Florrie's hard. They both are.'

'I wouldn't say that.'

'You don't know them.' Her rounded chin jerked upwards. 'They don't care how they show you up, either of them; him like a tramp, and, and her with the life she leads.'

'We're all individuals. There's something in us that makes us take different roads.' His voice was very low now; in contrast, hers was high as she put in aggressively, 'But there are values to be considered. If you want to live a decent life you've got to live among decent people and stick to the rules, and laws, the laws of the church and—' Her voice now lowered as she stated, 'You're on their side, aren't you? Because you don't believe in religion of any kind, do you?'

'No, not really. But I'm on nobody's side, because it isn't any of my business.'

She stared at him for a full moment before asking quietly, and with some amazement in her tone, 'Don't you believe that . . . that you suffer in an afterlife for the sins you commit in this one?'

He allowed himself to smile, then preceded his answer with a light 'Huh!' before he said, 'I'm afraid I don't. What I do believe is that we punish ourselves for our misdeeds here. It's circumstances and environment that make people do all kinds of things. What I do believe is that the mind, or the conscience, whatever you like to call it, has its own way of extracting payment.'

'Oh, that's ridiculous!' Her indignation brought her to her feet. 'What about murderers and people like that?'

'Well, if society doesn't extract payment by hanging them or incarcerating them for life, the thing I was just talking about does the rest.'

'But how do you know? How do you know that anyone is ever sorry for the terrible things he does?'

'I don't; but then again how can you tell what's going on in my mind and how can I tell what's going on in yours? Nobody really knows what lies behind all the small talk and chatter. Nobody really knows what goes on in a man's or woman's mind in the small hours of the mornin' when thought goes wild and the filth and beastliness of ages erupts and the . . .'

He stopped suddenly. Her eyes were wide, there was even a slight look of fear on her face. He said hastily, 'I'm sorry; it's a deep subject. As you know I don't do much talking but when I once start—' He smiled tentatively at her before ending, 'I'd better get to the youngster up aloft. I told him to go upstairs once Benny left the workshop' – he glanced at his watch – 'and that must have been all of two hours ago . . . Will you be all right tonight?'

'I'll be all right.' Her voice was low, wary.

'It's a pity your sister didn't stay.'

'Oh' – she shook her head – 'it's just as well. We've never hit it off together. And anyway, I've got to get used to being on my own. But' – she paused a moment – 'I must admit I feel safer knowing you're out there because there's so many people on the road now. You never know—' She closed her eyes tightly and bowed her head, then gave it an impatient toss as she said, 'Oh, I'm sorry.'

'Oh, you needn't be sorry.' His tone was light. 'It's as you say, you never know. I was a traveller for only a few weeks, but it was an education on the best way to keep your skin on your body because some of them would have even taken that if you hadn't slept with one eye open.'

She smiled weakly at him now; then leading the way into the kitchen, she said, 'Will you want anything before you go over?'

'Oh no, not after that meal, thank you very much.'

'What . . . what about Dick?'

'Not for him either. If he isn't sick tonight I'll be surprised. Good-night now. Try not to worry. Have a hot drink and go to sleep.'

'Thank you, Abel; you've . . . you've been a great help to me, and I must say it, you've . . . you've given me more comfort than my own folk. I don't know what I would've done if you hadn't been there.'

'Oh' – he nodded at her – 'somebody else would have turned up. You know what you're always saying' – he now poked his head down towards her as if he were talking to a child – 'God provides.'

Her face serious, she looked back into his eyes as she said, 'Yes, Abel, I know that, God provides.'

Chapter Five

'Dad.'

'Yes, what is it?'

'Benny's actin' funny these days.'

'Benny acts funny every day, you know that.'

'But this is a different funny, Dad. Before it was a nice funny, you know, you could laugh at him, but yesterday he was nasty and he said he was going to tell Mrs. Maxwell that I had dodged Sunday school.'

'How did he know that if you didn't tell him?'

'I didn't tell him; but he must have heard Molly going for me because I wouldn't go with her. And then today he said a funny thing, not laughin' funny.'

'Well, what was it that was not laughin' funny?'

Dick screwed up his face as if thinking. 'Well, he said his mother said that I was aiming to sleep over in the house, an' if I did she would come and do me one.'

Abel straightened himself from where he had been looking into the little dressing-table mirror to adjust his tie and, pulling at the knot, he turned and looked down on Dick as he said, 'Have you ever told him you wanted to sleep over in the house?'

'Why no, Dad, 'cos I never thought about sleepin' in the house; I like it here. I wouldn't ever want to sleep anywhere else.'

Abel turned to the mirror again. He, too, had noticed a change in Benny over the past few months, ever since Mr. Maxwell died. He had put it down to a bit of boyish jealousy of himself because now not only did he do the car repairs, but ran the whole yard with a hired man under him, at least the practical side of it, because Mrs. Maxwell . . . Hilda saw to all the paper work, as she had done all along. Perhaps too he was jealous of the fact that she had allowed him to start doing pottery up here in his spare time.

During the past six months he had been attending night school twice a week in order to use the kiln. He wasn't interested in the wheel for the turning out of pots and vases and such like but he had delved wholeheartedly into his one-time hobby of modelling animals, and some of his efforts after painting and glazing had turned out so good that he was hoping she might allow him to set up a separate workshop in the yard where her customers could see his efforts. But as yet, he had told himself, he should bide his time and wait for the right moment; she was very touchy about some things, time for instance. She didn't like it to be wasted, not when she was paying him four pounds a week and a mechanic two pounds ten; even Benny's fifteen shillings had to be accounted for by his time spent entirely on the bikes.

Today there was on him the desire to be away from the place when she came back from her weekly visit to the cemetery, because she was nearly sure to ask him in for a cup of tea, and over it the talk would revolve around the business of the past week and the business of the forthcoming one. It wasn't that he didn't like discussing business or that he wanted to shun her company but of late he had become uneasy in her presence . . . And he was well aware of the reason for it.

He had also become uneasy in Florrie's presence and he knew the reason for that too. He liked Florrie, but in a different way altogether from the way he liked Hilda. His feeling for Hilda was threaded with gratitude and a sort of compassion because he felt that behind her tight façade she was, as she herself had said on the night of the funeral, lonely and lost.

Florrie had a different effect on him altogether. Florrie's presence excited him; he thought of her when lying awake at night. She could in a way have been Alice; they were so different in all ways, yet so alike in their effect on him. She had called a few times during the past month, and each time had stopped and had a word with him in the yard. Only once since the night of the funeral had he been in her company inside the house. She had happened to call on a Saturday dinner-time for the purpose of telling Hilda that their father was ill and didn't she think she should go and see him. How she was received whenever he wasn't present he didn't know, but it was evident to him that Hilda didn't welcome her sister's appearance on that particular occasion. He thought she would have been invited to have a bite to eat, or at least to take a seat, but Hilda proffered neither; what she did do was to turn to him and, using the manner of a boss, practically dismiss him. 'If you've finished, Abel,' she had said, 'see to Benny. If you don't make him go he'll be there all afternoon and his mother will complain that he doesn't get any time off.'

He hadn't really finished his pudding but on Florrie's entry he had already risen to his feet. It was a little trick of courtesy that had taken his fancy many years ago, for it seemed to place a man, if not in the class of a gentleman, at least among those who knew their manners when a woman came into a room. He recalled that he had glanced downwards but not at the remains of his pudding, and as he went to leave the room he kept his eyes averted from Hilda but had looked at Florrie, and she at him, and their exchanged glance had understanding in it.

The result of that incident made him determine to keep his place in the future, and the attitude he adopted from then on he knew hadn't been lost on Hilda because during the days that followed she had gone out of her way to be especially friendly to him, and almost broke her neck in her efforts of kindness towards Dick.

He looked towards the boy now, saying, 'Do you want to come for a walk?'

'Yes, Dad.'

Abel smiled. 'But you'd rather go over to Molly's, wouldn't you?'

'No, Dad.'

'Don't tell fibs.'

Dick hung his head and laughed sheepishly now as he said, 'Well, she's teaching me to play chess and she can't get out because of her mother . . . her mother's a right old . . .'

'Now! now!'

'Well, she is, Dad. She puts on airs and graces, an' as soon as Molly sits down she rings the bell. It's like as if she were a servant, like Lady Parker had.'

'All right, get yourself away. I'm going for a walk; if I'm not back by six you come over here and read or something, but don't go troubling Mrs. Maxwell.'

'No, I won't, Dad. But she might want me to go into tea.'

'Well, if she asks you, that's different.'

'Where are you goin' walkin', Dad?'

'I don't know yet, perhaps up into the country.'

'You'll get blown away with this wind.'

'Aye, well, I've got a lot of cobwebs I want to get rid of.'

He was about to add, 'It would do you good to come along, better than playing chess,' but checked himself. The boy hated walking; those weeks on the road with blistered heels and weeping toes had turned him against walking for life. It was a pity; he was going to lose a lot. Only last week when he had received Dick's school report, which had been very good, he had said to him, 'What do you fancy doing when you grow up?' and the boy had turned his head and looked thoughtfully away before adding on a laugh, 'Something that I can do sittin' down, Dad,' and they had both laughed.

'I'm off then, Dad.'

'All right, behave yourself . . . Here! wait a minute.' He went to a cupboard and, taking from the top shelf a bag of toffees, he said, 'Give them to Molly.

Tell her they're from me, mind.' He poked his face down to his son and, pushing him in the shoulder, said, 'And don't you eat any of 'em unless she presses you.' And Dick laughed and said, 'Ta, Dad, thanks. I'll just eat one when she does.'

Abel stood still as he watched the boy running from the room. He had never seen him so happy in his life before, it was the happiness of security and contentment. The lad imagined he was set here for life. Well, why not . . .? He turned, and the words became an audible mutter now as he repeated, 'Why not? With what's looming up, why not?' He wasn't blind, he wasn't a fool of a man. No? Wasn't he? Why not indeed? There was just one reason why not and he knew it only too well, as he also knew he'd better get rid of any thoughts regarding an alternative, because Mrs. Hilda Maxwell wasn't that kind of a woman. Now if it had been Florrie . . .

He dragged on his overcoat, picked up his soft felt hat, and went downstairs. As he opened the bottom door the wind wrenched it from his hand and as he went to grab it with one hand he flung out his other arm and caught hold of Florrie, where she was staggering back from the impact of the door. Only in time he caught her and prevented her from falling, and as he held her he shouted above the wind. 'I'm sorry; the door sprang out of my hand.'

'It's all right. It's all right' – she was laughing as she pulled her hat straight on her head – 'it was my fault; I was hugging the wall.'

He was still steadying her when he shouted, 'She's out . . . Hilda. She's at the cemetery. But let yourself in. She leaves the key on top of the wooden stanchion of the door.' He pointed, then added on a laugh, 'First place a burglar would look.'

He didn't loosen his hold on her but led her towards the door, and it was he who took the key from its hiding place and opened the door, and not until he was inside and the door closed did his hand leave her arm.

Both hands free now, she lifted them upwards and took off her hat, saying, 'I must look a right mess. And trust me to wear a hat with a brim as big as this, on a day like this an' all.' She fluttered the hat in her hand as she added, 'But it goes with the suit.'

He stood a little way back from her now and looked her up and down before saying, 'It's a lovely suit, a lovely rig-out altogether. With your taste you couldn't have gone in for anything else but clothes; no, you couldn't.'

He had discovered some weeks ago that she dealt in clothes, and not just ordinary clothes, club clothes, or those to be found hanging in lines in the big stores. Hers were the exclusive Yvonne models, sold in a small exclusive shop in a side street at the bottom of Brampton Hill.

He was taking a short cut one day when bringing in a car for repairs and he had drawn the car up sharply on the sight of her locking the shop door – it was natural to offer her a lift home – and when she was seated beside him he said, 'So you work there?'

'Yes, you could say that.'

'That sounds like a yes and no answer.'

'Well, I do work there, but it's my shop.'

'Yours!'

'Yes. Look where you're going!' she had said quickly as he turned towards her. 'Why be so surprised? Why shouldn't I have a shop like that?'

'No . . . no reason whatever I suppose, only I've heard it referred to as the most exclusive shop in Fellburn. I've often wondered how it kept going, who the people are who have the money to buy . . . well, your kind of clothes.'

'You'd be surprised.'

'Yes, I suppose I would.'

He said now, 'What is the material, corduroy?'

'Corduroy velvet.'

'It's beautiful.'

He was looking into her face. She was beautiful too. He had imagined her face as being just interesting but now it was beautiful; her skin had picked up a glow from the reddish brown of the material.

He blinked rapidly now as he asked, 'How is your father getting along?'

'Oh, he's much better. He's on his feet again and bawling like a bull, so he's all right. I got him into a new suit yesterday. Aw' – she turned her head to the side – 'Aw, you never saw anything like it. The poor man in the shop, it's a good job he knew me else he would have thrown him out. Dad said he'd come round here with me today just to show Hilda.' She poked her head forward and made a moue with her lips. 'You know what he yelled out in the shop?'

He shook his head as he smiled widely at her.

' "The next bloody thing you'll have me in is nancy knickers, bloody plus-fours." I know I have a tough hide but oh, was I glad when I got him outside.' She was bending towards him now, her hand on her mouth as she laughed and his laugh was joining hers, deep and free, as he pictured the old fellow being true to type, when the door burst open, seemingly they thought with the wind, because they both turned swiftly and their shoulders touched; but there, her face expressing her feelings, stood Hilda.

'How did you get in here?' She was leaning against the door now staring at her sister, but it was Abel who answered her, saying quickly, 'I told her where the key was, I opened the door.'

'Then you had no right to. What right have you anyway to come in here when I'm not about? And you!' She pulled herself from the door and it looked for a moment as if she were going to extend her arm either to strike or to punch Florrie, but instead she pointed at her. 'You know I go to the cemetery every Sunday. You picked your time, didn't you? Oh, I know what you're after.'

Florrie didn't answer, but for a moment she seemed to grow taller; her face from being pink-hued was now deathly white; and it was she who thrust out her arm now and, pushing her sister from the door, opened it and walked slowly out.

As Abel stood looking down into Hilda's tight-drawn face he thought for a moment he was in the cottage facing Lena again in the throes of one of their frequent battles, and his voice sounded as if he was really dealing with his wife when he cried, 'You want to be careful, you can go so far . . .'

'Don't tell me how far I can go, Mr. Gray.' She walked round him, then sidewards to the table, keeping her eyes on him all the time, and there she tore off her black velour hat and flung it on to a chair as she used his very words: '*You* want to be careful, *you'll* go too far.' Then leaning across the table towards him, she cried, 'You know nothing about it; you know nothing about her. She's bad, she's man mad. Always has been. She breaks up homes. You think she's nice, funny, amusing to be with; the wives of the men she takes don't think that, let me tell you. The one who's running her now is married with four children, and he's lasted the longest, six years. Just think, Mr. Gray, just think what the wives must feel. And you say *I* go too far. Oh, I know what she's up to, and if you had any sense you'd see it an' all. Oooh!' She let out a long-drawn sigh and her fury seemed to seep away with her escaping breath as she sank down into a chair and dropped her head into her hand. She was quiet for a moment; then more to herself than to him she said, 'All my life I've been plagued with her, plagued that's the word, and he's taken her part against me. But then, of course, he would, she's a kept woman and she keeps him mostly out of it, so of course he would take her part. It's natural, isn't it?'

She seemed to have forgotten his presence until he said quietly, 'I'm going for a walk.' He had opened the door and had one foot in the yard when she called softly, 'Abel. Abel, don't go.'

He took no heed of the plea in her voice but closed the door before going quickly across the yard, out into the road, past the gates, and into the open country.

He must have walked for two hours, by which time he had circled the outskirts of the town, come through Bog's End, through the deserted market place, up by the equally deserted park, and was now approaching Brampton Hill itself.

As he struggled up the incline, the force of the wind caused him to lower his head into his chest. If anything, the wind had increased and he knew it wouldn't let up until the rain started, and the low, dark sky promised this at any moment. He was within ten minutes' walk of the house but he didn't want to go back there, at least not until there was a chance of his getting up to his rooms without her spotting him, and the light was good for another hour yet.

When he came to a stop at the big iron gates of number 46 he questioned himself if it had been his intention from the beginning to make for here, and the answer gabbled in his mind, God no! for he'd had enough for one day. He didn't want to hear anything more from either of them.

Why did he get himself entangled in these situations? Ever since first setting out on the road it had been the same. No, no; he had to be honest about it, the entanglement had started with Alice; before that he had been just a married man, a bored, frustrated, unhappy man. But he was still a married man, he must remember that, the only difference now was he was no longer bored or frustrated . . . Aw, hold your hand a minute. He jerked his shoulders and nodded his head at the thought that had taken on shape, and he answered it, If I'm not frustrated then what is it that's eating me? Why am I here? Come on, why am I here? The reply was a little while in coming, it came as he was walking along the gravel drive: If she's had so many one more won't make much difference.

As he walked around the side of the house towards the french windows the wind met him with renewed force and, as he approached the windows, it seemed to be filled with voices. It was these voices which brought him to a stop before he actually reached the door. The drawing-room he saw was lighted and she was standing with her back to him; and not a yard from the door and to the side, holding on to one of the partially open french windows with both hands, was her father, and he was yelling at her, 'You tell her an' as God's me judge I'll never speak to you again as long as I live. Do you hear? I'll never open me lips to you. You breathe one word of it, one word . . . I'm warnin' you!'

'You can warn me all you like' – Florrie's voice was as high as his now – 'you can threaten all you like. You've done it since I can remember anything. Well, I'm telling you, Dad, and I mean it, just one more insulting remark from her and she'll get it, in one mouthful she'll get it. You're a bastard! I'll say. In every sense of the word you're a bastard.'

There was a pause during which only the voice of the gusting wind came to him; then he could just make out Mr. Donnelly's words as he said, 'You wouldn't, Florrie, you wouldn't do that.'

'I would, Dad. Get this into your head, I would, and I will. I've stood enough. You've always said yourself there's nobody either black or white, but all shades of grey. Well, she's made me out to be deep black, pitch black. She tells people I'm bad, rotten. I know what I am, nobody better, but I'm not what she makes me out to be. And that man today was given the impression I was the lowest of the low. And you know why?'

He saw her now thrust her hand out and place it above her father's and bang the door closed, and he strained his ears to listen but no sound came from the room. He could see her face now, her profile contorted with anger; and her father's face, his eyebrows raised, his hand flapping as if dismissing what she was saying.

He was actually hesitating whether to step forward or to go back when the decision was made for him by a slate hurtling down from the roof and missing him by inches before crashing on to the terrace to the side of him.

The french window was now open; Fred Donnelly was standing on the step looking at him and shouting, 'What the hell do you want here?'

'Nothing.' The answer sounded inane even to himself.

'Well, I hope you bloody well find it. It's a pity it missed you,' he said, looking down on the splintered slate; then he marched away along by the side of the house.

'Come in; I want to close the door.' She was gasping as if she had been fighting against the wind.

He paused a moment before stepping into the room, and when she closed the doors behind her the peace, the warmth and the silence enveloped him so quickly and to such an extent that for the moment he felt weak and slightly stupid as if the tile actually had hit him.

That was until she demanded, 'How long have you been standing there?'

'I . . . I couldn't say.'

She turned from him, then put her doubled fist to her mouth and closed her eyes before walking towards the fire. There she thrust out her hands towards it as if she were seeking warmth, and now she asked flatly, 'Why had you to come here at this time?'

'I don't know.'

She swung round and faced him, shouting at him now, 'Don't say that!

That's what they . . .' She stopped abruptly and once more her doubled fist was pressed against her mouth. Nor did he move from where he was as he said, 'Why don't you finish, that's what they all say?'

But his face screwed up in protest as she screamed at him. 'Yes! that's what they all say, all three of them.'

Her voice had been so loud and so high that he looked quickly towards the door, then upwards. 'Don't worry,' she cried; 'this is an old house, the walls are thick, and this flat is detached, there's only a cellar below. I can shout as much as I like. In any case if we were right in the middle of the hall I'd still shout. And now I'm going to tell you something so we can get it straight. I am thirty-two years old; there have been three men in my life; the last one has lasted for six years. *I am not a prostitute.*'

'I never thought you were.'

'Don't lie, that's why you came here. I know. Oh, I know.' She flapped her hand disdainfully at him. 'I know the impression she's given you. And, of course, she's laid it on blacker because she wants you, she wants to marry you . . . and don't look so surprised, you can't be that blind. Anyway, it's the best thing you could do.'

She turned from him and went slowly towards the couch and sat down; then looking up at him, and her voice quiet now, she said, 'Don't let what you heard stand in your way, she's not to blame for that, and I won't tell her. I said I would, but with her kind of temperament she wouldn't be able to stand it. As far as she's concerned, illegitimacy is a sin, she wouldn't only blame those responsible she would take the sin on to her own shoulders, being made as she is.'

He walked forward now and took a seat opposite to her before asking quietly, 'You're half-sisters then?'

'No, no.' She shook her head. 'No relation whatever.'

'What! . . . you mean?'

'What I mean is, Dad's not her father and my mother wasn't her mother.'

'She was adopted?'

'Well, in a way you could say so. Funny.' She turned her head to the side and shook it slowly before looking at him again and saying, 'You've seen my dad, haven't you? A scruffy little man, five foot three inches tall . . . I take after my mother' – she accompanied this statement with a movement of her hand that started at her head and finished pointing to her feet – 'although I am much taller than even she was. But can you see my dad, looking at him now, consumed with fires of love? Well, he was. He was one of twins. His brother Len inherited both looks and height. They must have looked opposites. But they both fell in love with Annie the girl next door, not exactly next door but along the street, and, of course, she chose Len. Well, as I understand it from my mother who actually did live next door to them, he took himself off and nobody saw anything of him for five years, but when he came back he picked up with my mother. As she said herself, she had always liked him – she never used the word love. She was a shy woman was my mother, but kindness itself, and he on the long rebound needed kindness so he married her.

'In the meantime, so the tale goes, Len and Annie who had moved from the town came back, and from the minute they arrived Dad was never away from them. Even the night I was born he was along there; he didn't see me until I was some hours old. This situation went on for five years; then my Uncle Len died in a pit accident – both he and Dad worked down the pit. My mother waited for the worst to happen, that is my Dad to walk out and go to Annie's, because he had seen to everything, the funeral and all its details, and he was never away from her, at least for a fortnight after my Uncle Len died. Then, so my mother told me, he came in one day almost demented. She had gone, just walked out, left him a note to say that she was fed up with Doncaster . . . that's where we lived, and she was going to London. You know' – she now rose from the couch and went again to the fireplace and, again extending her hands towards the flame, she rubbed them together, talking all the while – 'I'm amazed at the things women do for men and at what men expect women to do for them; even today.' Her head snapped round towards him! 'Nothing's altered in the last thirty years. The vote? Huh! makes you laugh, that. You know what?' She turned fully round now and looked down on him. 'He expected my mother to sympathize with him, he even cried, for the first time in his life my mother said she saw him cry. He hadn't cried when his brother died, nor yet when his mother and father died. Can you understand it? Anyway—' She now took the seat opposite to him again and, leaning back in it, resumed quietly, 'Eighteen months passed, then one day who should turn up on the doorstep but dear Annie, pregnant to the hilt, and I mean to the hilt for the child was born only forty-eight hours after she stepped into the house, and as she brought it into life she went out of it.'

She paused, sighed, and then said, 'Now I can take up the story because I can remember seeing the new-born baby lying across the foot of the bed and Mrs. Williams from up the street and my mother trying to bring back life into Annie. Later I can see myself sitting by the kitchen fire looking into the wash-basket where the baby was, and I can see me dad sprawled half across the kitchen table, his head buried in his arms.

'Well, the next picture I have of all this is our furniture being packed into a little van, and then Dad carrying the baby and my mother with me by the hand boarding a train. We moved straight into 109 Temple Street. Dad had come up here and rented the house; he had arranged everything. To all intents and purposes Hilda was his daughter and my mother was to be known as her mother. In that quarter the obvious situation was accepted. There you have the full story; except for one thing, which is ironic when you think about it, all the love that he deprived my mother of and bestowed first on his twin's wife and then on her illegitimate child, because he never learned who the father was, was wasted because Hilda grew up almost disliking him. He knows this and it has turned his feelings into a love-hate relationship with her. He deprived my mother of love, even of consideration, and he certainly deprived me of the affection due from a father because before Hilda came on the scene he hadn't much use for me, but from the moment she appeared all I was good for in his eyes was seeing that no harm came to his little dear.'

She leant towards him again and there was a wry smile on her lips as she said, 'Can you imagine how he felt when she married Peter Maxwell, a man older than himself, because if anyone was in love with his daughter, who wasn't his daughter, he was . . . Don't look so shocked.'

'What makes you think I'm shocked?'

'For a moment you looked it.'

'Well, I can only say that my looks belie my feelings.'

'Anyway, that's that and I've no need to ask you never to breathe a word of it, have I?'

'No, you have no need.'

'Her birth certificate doesn't give her away either . . . Do you like her?'

Again there was a pause as if he were considering, and then he said emphatically, 'Yes; yes, I like her.'

'You could do worse than marry her.'

'I'm . . . I'm not that way inclined.'

'Oh, well' – she laughed gently now – 'you'd better make up your mind one way or the other because you won't be able to stay there if you don't. Well, you won't, will you?'

'Why shouldn't I?' His tone was on the defensive now.

'Can you imagine her consenting to having an affair with you?'

'Who's talking about affairs? I wouldn't dream about suggesting such a thing to her with her religious outlook.'

'That's just it, that's just it.' Her head was bouncing towards him. 'Life would become unbearable for both of you, she'd make it so. She's young, she's been married to an old man, can't you see you'll soon be called upon to make a choice? It won't be any use thinking you can't be done without, she can get a manager in there any day.'

'I wasn't under the impression that I couldn't be done without and I'm well aware she can replace me tomorrow.' He felt annoyed, angry at her. Now he could in a way understand why Hilda lost her temper with her, her bluntness was disconcerting. He knew that his face was flushed, he wanted to get up and walk out. And he was on the point of doing just that when she asked quietly, 'Did you love your wife?' and his voice was loud in contrast as he answered briefly, 'No.'

'Never?'

'A little at first; it didn't last.'

'Have you ever loved a woman?'

He stared at her, watching her face change into Alice's. He saw her flat body take on a fleshy bust, her hips swell into comfortable mounds, her long thin fingers with their painted nails become blunt and roughened, and he answered on a long drawn-out breath, 'Yes, I once loved a woman.'

'Very much?'

He didn't know whether it was she who had asked the question or if he had asked it of himself, so soft was it, but he answered, 'Yes, very much, very much.'

'Do you think it would have lasted?'

'Yes, I think it would.'

'I don't think love ever lasts, not that kind of love, not the consuming kind, the kind that's half pain. It isn't fair really; anything so short-lived should be wonderful. But real love doesn't work out like that. All the time you're in it it's playing hell with you, you're full of fear in case it isn't going to last.

You're jealous in case you're going to lose it to someone else. The whole damn thing is an operation without anaesthetic.'

'Apparently you've had the operation?'

She looked up at him, then turned her gaze away and nodded as if to herself as she said, 'Yes, I've had the operation; but only the once, not the three times I've mentioned. I was near eighteen, it was my first job after leaving the typing school and within six months I'd worked my way up from the pool into the manager's office. Boy! that was something to be proud of.' She shook her head again, and now she nodded towards him as she said, 'You can bring your eyebrows down and take that grin off your face because I didn't fall for the manager. He had ginger hair and he sniffed; all the time he was dictating he sniffed.' She laughed outright now. 'No, I fell, like the fool I was, for an Adonis on the shop floor. I wouldn't believe that he had worked his way through most of the female staff because I reasoned one of them would surely have caught him before this time, his being thirty. You know I went with him two and a half years. We were courting, as the saying goes, and I became estranged from every girl in those offices; they all wanted to be my friend and tell me I was being duped. But I knew they were just jealous, for didn't I see my bold bohemian boy every night, up till ten o'clock that is? That was the time I had to be in or me dad locked the door. Can you imagine how I felt when I finally learned that the minute he left me he made straight for his young widow woman, who had four kids. I learned the truth from my boss – he was a nice man in spite of his sniff. He told me quite gently that my dear Fred had sent him notice and had taken the widow and her brood to Doncaster. Huh! of all places. Doncaster, from where me dad had flown with the remnants of his love.

'You know something?' She leant forward again and, placing her hands on her knees, she patted them as she said in a tone that was full of soft bitterness, 'There wasn't one person in that factory who didn't believe that I knew about his capers; in some quarters they even said I had prevented him from marrying the poor widow woman and giving the bairns a much needed father. In other quarters it was said I deserved all I got and that I tried to keep him by buying him presents. It was true about the presents.' Her head moved slowly up and down. 'I spent every penny I had on him after paying my board. Anyway, I know what it's like to be in love . . . Was it anything like that with you?'

'No, with me it was a beautiful thing on both sides.'

'What happened?'

'She died.'

'Oh . . . oh, I'm sorry. Would . . . would you like a cup of coffee?'

'I wouldn't mind.'

Left alone in the room, he lay back on the couch and slowly he began to move his hand first across his chin, then up and down each cheek. It was a sure sign that he was agitated, and recognizing it, he stopped the motion abruptly and joined his hands tightly in front of him.

Whether he liked it or not he was becoming involved in this family; but how deep it would go was another question. Suddenly, he asked himself how much money he had and gave himself the known answer, seventy-two pounds. It was quite a sum – he had never had that much in his life before

– but even so it wasn't enough to set up a business. As things stood now he was on to a good thing: Hilda had refused to take payment for their midday meal and he was living rent free, so out of his four pounds a week all he had to do was to provide for the odd meals and to clothe them both. The latter he had done to excess with Dick. But if he were to strike out on his own he would have to rent a shop and find some place for them both to live, and with the particular business he had in mind, which would come under the heading of fancy goods, it would take some long time to become established. As a side line he could see it doing well, but to make a real living out of, no, it wasn't possible.

What he would do if he were faced with the alternative Florrie had suggested he didn't know, except he would tell Hilda the truth. And what would be the result of that? He could even now see the look in her eyes and hear her voice saying, 'You mean to say you walked out just like that and left your wife simply because she objected to your affair with another woman?' Now if it had been Florrie here to whom he had to speak the truth there would be no fear of her disdain; but then Florrie, by her own words, was used to men and their ways . . . Only three of them though, so she had said, and the first one had been a right rotter by the sound of it.

As she entered the room, he rose quickly to his feet and went towards her and, taking the tray from her, he placed it on the side table, and a few minutes later they were both sitting facing each other again sipping at the coffee now.

When she said abruptly, 'Do you want to hear about number two?' he gulped on a mouthful of the hot liquid, spluttered, then placed his cup on the table to his side and wiped his mouth, saying, 'Not if it hurts.'

'Oh, it doesn't hurt, not number two. Makes me a bit wild at times when I think about it, angry, mad at myself mostly for being such a damned fool as to be caught a second time. I'd left the factory office – I wasn't up to standing the comments, the hidden laughter and sneers – and having developed over the years a taste for dress, few and good is my motto in that line, I became an assistant in a big store in Newcastle and within a couple of years I was buying for my own department. But that came about through dead men's shoes, or dead women's in this case, for the buyer had a heart attack and I took over first on a temporary basis and did so well that I was offered the post. It was through this that I met William; not Bill or Billy, but William.' She began to laugh now, saying, 'I should have known from the beginning that anyone who demanded to be called William all the time, even by his girl friend, had something missing in his make-up, namely a sense of humour. Anyway, he was a traveller and to use his own words he caught on to me from the minute he clapped eyes on me. His work took him all over the North, so we didn't see each other as often as we might. We had known each other a year when the question of marriage came up. But that was difficult because, you see, William had a widowed mother and two young sisters to support. He lived in Leeds, by the way. Twice I was invited to spend the week-end at his home, only for something to happen. The first time, his mother took ill; the second, he was called away on business. I forgot to tell you that I wasn't living at home at this time, I had taken a little flat, and so William saved on hotel bills whenever he was in this part of the country by receiving bed and breakfast.'

At this point she stared unblinking at him, and in the same manner he returned her stare; but when she resumed talking her eyelids blinked rapidly and she threw out both hands as if in a final gesture when she said, 'Oh, let's make it short. Something cropped up that made me say to myself, no, not again, not again; lightning doesn't strike twice in the same place. And so I took a train to Leeds and found out the address that dear William had given me was an office. However, they supplied his private address, and when I knocked on the door I was confronted by his dear mother who was obviously his wife, and his two little sisters who happened to be his children. I made some excuse about calling at the wrong house, came back to Newcastle, waited for dear William to arrive the following week, then gave him the best pasting he's ever had in his life. I used pans, vases and everything I could get my hands on. How he explained the loss of two teeth and a black eye and bruised shins to his wife I don't know. That night I said to myself, no more; after this, I'm doing the choosing, I'm calling the tune, and it's me who's going to be paid by whoever plays it. And so I looked around . . . Another cup of coffee?'

'No, thanks.'

'Well, I need one.' She poured herself out another cup and sipped at it, and he waited without making any comment until she said briskly, 'Newcastle is a big place and in spite of the poverty of the North it's a rich city; there are a lot of wealthy men in it, and in the course of staff entertainment I came in contact with a number of them, and so I made my choice . . . I think we made it simultaneously, he and I. I knew he was married and that he had four children; I knew that his wife came out of a top drawer of society in this quarter of the globe, and I also guessed in a very short time that like all married men with four children and a wife he had become used to, he wasn't happy. No married man is happy' – she moved her head slowly, weighing each word with cynicism – 'all the married men I have met and who have, may I say with some pride, wanted to make me comfortable, have all been unhappy with their wives. And they have all told me that I was the one they should have married in the first place and if they had they would never have been in the emotional predicament in which I found them. Anyway, here I am.' She spread her arms wide now. 'This flat is mine, I don't rent it; the business is mine, all signed and sealed in my name; and there you have it, three men in my life and I still don't consider myself a prostitute. What do you think of that?'

'I think you're a very honest woman . . . Do you love this man?'

'No, not as I understand love. My idea of love, as I've said, is an emotion made up of pain, fear, jealousy, the lot. No, I like Charles, I like him very much. You could say we are, at the least, very good friends.' She gave a self-conscious laugh here. 'And now I have to force myself to be honest. We were up to a year ago, when his wife got wind of me and the screws began to turn. There was no talk of him having a divorce. Anyway, he didn't want it, and I didn't want it. But when I didn't see him for three months life became rather empty; and now when I haven't seen him for almost six months life is very empty. But as they say, that's life, isn't it? . . . You shocked?'

'Why do you keep thinking you're shocking me?'

'I don't really know. Something about you, the way you look at me while I'm talking. It's funny, but if I didn't know you weren't of a religious turn of mind I could imagine you were condemning me on those lines.'

'Good God!' He laughed as he turned his chin slowly from one shoulder to the other; then looking at her again, he said, 'It shows how little you know of me.'

'That's true. But then, nobody seems to know very much about you. You're a secret sort of fellow, aren't you?'

From the heat creeping up from his neck he knew that his face was now red, and when he made no answer to her statement she said quietly, 'I'm sorry; I didn't mean it rudely and I wasn't prying. It doesn't matter to me. If nothing else, the experience I've had has taught me everybody's life is their own to do with as it suits them if that's at all possible, and if it is, then they've got to stand the consequences. After saying all that I'm still not being nosey, and yet I'm wondering why you came round here the night?'

What should he say to that? That he came to take her down? that he thought she would hardly notice, simply look on him as one in the line of her suitors? What he said was, 'I don't know.'

'I do. Shall I tell you?'

'I'd rather you didn't.'

'Well, it's to your credit. You saw that I was upset, hurt by what Hilda said. You don't like people getting hurt . . . Were you in the war?'

'Yes, and no.'

'Yes and no? That's a funny way of putting it. What were you?'

'A conscientious objector.'

'Good God!'

He watched her mouth widen to a broad smile, he watched her flat chest heave as she began to laugh, and he said, 'What's so amusing about it?'

'I don't know. I don't know why I'm laughing; it . . . it was such a surprise, and the way you said it.' The smile sliding from her face now, she said thoughtfully, 'You must have been a pretty brave man. I could never understand why people thought the objectors were cowards. I knew one when I was a child, at least I knew where he lived. The women roundabout couldn't take it out of him because he was locked up, but they took it out of his wife and bairn, broke their windows, the lot. You know something? The poor are very ignorant.'

'They haven't got the monopoly.'

'No, perhaps not; but it seemed to me even in those far off days that few of them ever thought for themselves, they let themselves be led. You know something else? I hated living in Bog's End among the poor, even more than Hilda did. I hate going down there now. I hate small rooms, dull streets, sharing a backyard. All along Temple Street they're still carrying the water upstairs.'

'Well, you don't have to worry about that any more, do you?'

'No, I don't.'

They looked at each other now in what could have been hostile silence. It was as if he were defending the way of life she despised.

But when they smiled and were both about to speak simultaneously a sound brought their heads around towards the door leading from the room into the hall. The sound was the turning of a key in a lock followed by a door opening and closing.

Before the sitting-room door was opened Florrie was already on her feet looking towards it; and now slowly Abel drew himself upwards and he, too, looked towards the unexpected visitor standing there, one hand on the door.

The man was as tall as himself but slim. He had thick fair hair and every feature of his face could be described as handsome. Over one arm he carried an overcoat and in the same hand he held a soft felt hat. Everything about him spoke of the well-dressed gentleman, and this was given the stamp of genuineness by the timbre of his voice when he said, 'I . . . I hope I'm not intruding.'

'Oh no, no.' Florrie went slowly towards him, smiling now, and having taken his hat and coat, she laid them over a chair; then extending her hand backwards without turning her head in Abel's direction, she said, 'This is Mr. Gray. He's . . . he's Hilda's manager. He just called to give me a message from her.'

She did not give the man's name to Abel and the two men looked at each other and inclined their heads.

'Come and sit down; it's frightfully windy out. Have you had a meal?'

Abel watched the man coming towards him. He watched him pass between the couches, go to the fire, and hold his hands out towards it, and he thought, Six months, she said, since she's set eyes on him; it could be six hours and he's just returned from the office.

'I'll have to be going.' He was moving towards the door now, not the french windows but the door leading into the hall, and she looked at him and smiled. It was a warm smile, a smile that was thanking him for his tactfulness.

'I'll tell Mrs. Maxwell that it's all right, you'll be calling?'

'Yes, tell her that.'

He turned towards the man who was seated now in a corner of the couch. 'Good-night,' he said, and the man who was looking towards the fire and who seemed to have forgotten his presence screwed round and answered, 'Oh! Oh, good-night. Good-night.'

As she let him out of the door into the passage which led into the main hall she said softly now, 'Good-night,' and he answered her as softly, 'Good-night.'

He walked down the drive, through the gates, and on to the road, and there he stopped. He had the strangest feeling on him; it was as if he had just sustained a loss. But if you never had anything to lose how could you feel you had lost it? He couldn't have been in love with her. Oh no! He had loved Alice and only Alice. Then why was he feeling as if the bottom had dropped out of his world, his new secure world? . . . *Secure world*? What was he yammering on about? If he didn't marry Hilda security was going to be short-lived, and he couldn't marry Hilda, so what was the alternative? The road again? Oh no! By God! not with the boy. Oh no! he couldn't subject him to that again. Well what then?

He was still asking the question when he made his way up to the room and found Dick, his eyes wide with a new fear as he stammered, 'Eeh! Dad, I thought you had gone and left me. An' Mrs. Maxwell was in a bad temper. She pushed me out when I went into the kitchen and said I'd better go to Miss Florrie's for me tea. Why would she say that, Dad, 'cos I've never been to Miss Florrie's place? Eeh! Dad, I was frightened. Eeh! I was frightened 'cos I thought I'd have to go back and live with me mam.'

It was the first time the boy had mentioned his mother since he had been told to think of her as dead, but the fact that his fear had brought her to mind again proved that he must still think of her.

As he held his son tightly to his side he knew that the future did not lie in his own hands but in those of the boy, and that in order to provide him with security he'd have to do a great deal of work on him. But how did one go about obliterating a mother, a live mother, from a child's mind? The only way he could see was by offering him a choice, a choice of a comfortable bed and a full stomach or the road again.

And he knew what choice the boy would make because he couldn't fully understand what the choice implied, he was too young. But he wouldn't remain young; and what then? Would he be able to make a young man believe that all he had done was for his sake? If he had to impose the choice on him his young mind would be burdened with a load of guilt, guilt that of its very essence would build up a sly evasiveness in the boy's nature.

Aw! He could worry no more – sufficient unto the day . . . and the night. And this night Florrie had her man with her again, her fancy man. His lip curled even as the thought came to him: God! if only he was in his place, fancy or not, for there was in him a need that was burning him up. It had no connection with love, it was just a need, and at this moment if he could have torn it out of himself, thereby depriving himself of the resulting experience of any similar need still to come, he would have done so.

Chapter Six

There had been flurries of snow all day, so light at times it was like flour falling on the face. The cold was intense and the blanket of the sky lying low over the town caused passers-by to repeat to anyone and everyone, 'Dark days afore Christmas without a doubt, this.'

Dick came running into the garage, crying, 'Do you think it's going to lie, Dad? Will we be able to skate down the hill? Bob Tanner said they did last year. It was great, he said. What're you doing, Dad?'

'What do you think I'm doing? Use your eyes!'

'Well, I can't see you, Dad' – Dick laughed now – 'you're half under the car.'

'Well, what would I be under here for?'

'Mending something likely.'

Abel screwed himself along the floor from under the car and into a sitting position and, wiping the grease from his hands with some tow, he laughed at the boy as he said, 'What you excited about?'

'Don't know, Dad. Just Christmas comin' an' the snow. Where's Benny?'

'Where he always is, in the bicycle shed.'

'I'll go and pelt him with a snowball.'

'You'll be lucky; you won't get a spoonful off the yard, it isn't lying.'

'It is on top of the wall.'

As the boy turned and scampered from the garage Abel checked him. 'Just a minute, Dick,' he called, and when the boy paused he said warningly, 'Go careful, don't tease him.'

'I never tease him, Dad.'

'Well, if he's in one of his moods keep clear of him.'

'All right, Dad.'

Dick now ran towards the wall bordering part of the frontage facing the road and, reaching up, drew his hand along the flat uneven top. But when he had reached the end of it his hand had gathered only enough snow that would fill a tablespoon. Standing now in the shelter of the wall he gently pressed the light particles together, but try as he might they wouldn't form into a ball; and so, keeping his hands cupped, he ran down the yard again, past the garage, past the machine shop where Arthur Baines was working at a lathe, and into the bicycle shed.

The shed was long, all of thirty feet, and about fifteen feet wide. One side was taken up with bicycle stands, and with the exception of two, every stand held a bicycle because this wasn't the kind of weather that favoured the bicycle trade. Taking up one half of the other side of the shed was a long narrow bench on which was spread an assortment of tools, and above it, like a row of portraits, hung bicycle wheels. Beyond the bench the floor was clear, except for an old-fashioned round coke stove which besides giving off a pungent smell glowed more brightly than did the naked gas mantle in the bracket attached to the wall above where Benny Laton was sitting.

Benny Laton had all the appearance of a man. He was twenty-three years old; he was five foot ten in height with broad shoulders and a large head; but his arms and legs were thin. Sitting as he was now, he looked a normal man; it was when he walked or talked that the normality ended, for his walk was gangling and his talk was childish.

Dick came to a halt at his side, saying, 'Hello, Benny.'

'Aw, you. Back then?'

'Yes, it's been snowin'.'

'I know that . . . dafty.'

'Guess what I've got in me hands?' Dick held his closed palms up towards Benny's face. He was grinning mischievously.

'Won't.'

'Go on, guess.'

'Bird.'

'Bird? . . . No, snow.' As he said the word snow he opened his hands and threw what remained of the snow from his wet palms into Benny's face.

What happened next occurred so quickly that it froze Dick's ability to cry out. As Benny's arm flung him aside he stumbled backwards and only managed to stop himself from falling by gripping a bike stand; then he was walking backwards with Benny advancing on him and holding in his hand a twelve inch spanner, all the while talking incoherently.

It wasn't until Dick felt the heat from the stove that he was able to give voice to his fear, and he shouted, 'Don't Benny! Don't! I meant no harm. Don't, Benny!'

'You . . . you took her away. Yes, you did.'

'Don't, Benny! I'll be burnt. I'll be burnt.'

'Yes, yes, you will be burnt, you'll go to hell.'

'*Dad! Dad!*'

When the fierce heat struck the back of his neck and he knew that if he put his hand behind him it would touch the red-hot stove he let out a high scream; then another and another.

Abel had been crossing the yard towards the kitchen with the intention of telling Hilda that this particular job was finished and he was going to take the car round to its owner when he heard the scream; and Hilda heard it too, for she was busy at the sink, and in the shadowy light of the gate lamp she had seen Abel making for the house.

Both she and Arthur Baines reached the entrance to the bicycle shed at the same moment, and they stopped and stood transfixed watching Abel moving slowly up the middle of the shed. He was talking quietly, soothingly, saying, 'What is it, Benny? What's happened? Stay your hand a minute, Benny.' Then he stopped as Benny moved a step nearer to Dick, the spanner held over the boy's head now as he cried, 'You don't come near me, mister. You don't come near me. You're not me boss. He's taken her away. I told me mam he's taken her away.'

Hilda was now standing at Abel's side and her voice, too, was soft and soothing as she said, 'Benny! Benny! listen to me. You wouldn't hurt Dick, you like Dick.'

'No, I don't. No, I don't. He wants to sleep in the house. Me mam says that, me mam knows. Big fellow'll marry you, me mam says; set his cap for you she says; then young 'un sleeps in your house. Me mam knows, she knows what he's up to, the big 'un.'

There was complete silence in the shed for a matter of seconds, then Abel moved forward again. His voice no longer soft now, he cried, 'Put that spanner down!'

'No.' As he spoke, Benny gripped Dick by the shoulder and as he did so the boy slumped in his grasp and, overcome by the heat and fear, he fainted.

It was at this point that Abel sprang forward, but as he went to grapple with Benny, the demented young fellow brought the spanner down with such force across his forearm that they all, with the exception of Dick, heard the bone crack.

The fact that he had at last hit someone seemed to take all the fury out of Benny and he stood now, the spanner hanging limp in his hand, looking to where Abel stood doubled up in agony. And when Arthur Baines took the spanner from him he made no protest, except to turn towards Hilda where she was lifting Dick from the floor and whimper, 'You used to like me. Best worker, you said, best worker you had, you said. Boss Maxwell liked me, he did. Mam says things not the same since tramp came. Tramps, that's all they were, tramps. I'll tell me mam.'

'Shut up!' Hilda's voice was pitched on a scream and the young fellow shut up, and as he stood with quivering lips looking at her, she said to Arthur Baines, 'Get him home, Arthur, will you? Tell his mother what has happened and tell her I want to see her.'

'Will I give Abel a hand inside first and take the boy in?'

'No, no.' It was Abel speaking now, his voice slow and thick. 'I'm all right. We'll see to the boy; only get him' – he closed his eye and jerked his head sidewards – 'get him out of here.'

Arthur took hold of Benny's arm and led him towards the door and the young fellow went quietly, until he reached the opening. Here pulling Arthur to a halt, he said, 'Want me coat.' But after getting his coat and putting it on, he still seemed reluctant to go and as Arthur went to pull him through the doorway he turned about and shouted, 'Tramp! Road tramp. Lookin' for soft spot. Me mam knows.'

It was as if Hilda hadn't heard what Benny had said, for she busied herself in gathering Dick into her arms; but Abel stood with his head bowed, his eyes closed. He felt no pain in his arm now, his whole left side seemed to have gone quite numb, but he was experiencing an emotion that was new and strange to him. Perhaps he imagined it was like that which men experienced before going into battle. Something they feared but something inevitable, something they knew they had to go through with, and he knew in this moment that he had reached a turning point in his life and that before this night was out he would have taken another road.

He had been to the hospital and his arm had been set. Dick was in bed and asleep in one of the spare rooms upstairs; and now he was himself sitting before the fire drinking hot cocoa and waiting for her to speak.

He had returned from the hospital at half past eight, it was now ten o'clock and she hadn't spoken more than half a dozen sentences to him during that time. However, she had been very solicitious, cutting up a meal which she insisted on his eating, making him sit in the big leather chair, Mr. Maxwell's chair, and placing cushions to support his slinged arm.

When she took the seat opposite him and sat looking at him straight in the face he knew he would have to say one of two words, either of which would alter his life, the one to direct him towards the road again, the other to security, but security at what a risk.

'Abel.'

'Yes, Hilda?'

'Things have come to a head, haven't they?'

'In what way?' God! why had he to stall like this; he knew what his answer was going to be, so why dither?

He felt embarrassed and ashamed when of a sudden she flung her head to the side and her young plump body writhed as if she were endeavouring to cut loose from bonds.

When she became still she again looked at him straight in the face as she said, 'Don't play blind, Abel. You know as well as I do how things stand. Do . . . do you want me to humble myself . . . bare my soul before you have spoken? Yet I know you'll never speak, never say it, just because of our position. Oh Abel!'

She had sprung so quickly from the chair to kneel by his side that he was startled, and when he openly cringed as her body knocked against his bent arm she cried contritely, 'Oh Abel, I'm sorry, I'm sorry, have I hurt you?'

'No, no; it's all right.'

'Oh, Abel.' She was staring up into his face, her lips trembling, her eyes moist; and now he put his free hand on to her hair and, stroking it back from her brow, he said, 'I . . . I know what must be said but, as you put it, I could never have brought myself to say it. Even now . . . well, I . . . I don't know. . . .'

She knelt back on her hunkers and her face looked small and pitiful now as she whispered, 'I . . . I thought you liked me.'

'Oh, I do, I do.' His reply was quick and rang with truth; indeed there was no need to lie about his feelings for her, he did like her, he liked her very much, but he had no real desire for her, not like he'd had for. . . . His mind closed down on the name that was no longer Alice as she said softly, 'I love you, Abel, I think I've loved you from the first moment you stepped through that door. I . . . I had to take a pull at myself when Mr. Maxwell was alive but . . . but after he'd gone and I thought you were fancying our Florrie, oh I nearly went mad. I did, I did, Abel.' She moved her head slowly from side to side; then her two hands gripping his fingers, she pulled herself close to him and, her face against his shoulder, her eyes directed downwards to where his chest showed in the gap of his open-necked shirt, she whispered, 'I . . . I must tell you that . . . that I've never really been married. . . .'

'What! But I thought –' His tone brought her head up and, her voice holding a slightly shocked note, she said, 'Oh, yes, yes, Mr. Maxwell and I were married in that sense, in church, it was all done proper, but . . . but what I meant was he . . . he looked upon me more as a daughter and . . . well, I couldn't bear the thought of him as anything else. It . . . it was all arranged before the ceremony . . . well, that there would be nothing like that. . . . You know what I mean.'

He looked at her mouth which was now forming a tight prim button, and he had the desire to laugh. He couldn't take it in, that she had shared the bed upstairs with that man and yet remained intact. What kind of flesh had he been made of? He wasn't all that old. And what kind of flesh was she made of? Yet there was one thing certain to him now, she wanted to be married, and not only in name, the desire was emanating from her like heat; it was in the pressure of her hands and the closeness of her body, and openly in the depth of her eyes.

The urge to laugh left him and for a while pity took its place. He began to wonder if she would now accept the benefits of marriage without the ceremony. If that could be brought about he'd have no further need for worry.

He took his arm from around her shoulders and again he stroked her hair back from her brow, but he did not look into her eyes as he said, 'It must have been pretty tough for you, and I can understand just how you felt, so

. . . well, if it's all the same to you, we . . . well, we can come together . . . be happy without the usual palaver, for after all. . . .'

Her movement away from him was as quick as a few minutes before it had been towards him. She stood now gazing at him, one hand pressed across the corner of her mouth pushing it out of shape; her eyes wide, her small frame bristling, her feet planted firmly apart, she poured her indignation over him. 'What are you suggesting? I'm not like that! You think because our Florrie's loose that I'm the same. Oh yes, you do. Same family, no difference you think. She does what she does for money and what she can get and because I told you about Mr. Maxwell you think the same of me, I married him for what I could get. Oh yes, you do. Yes, you do.' She wagged her head at him.

He rose to his feet but didn't move towards her and he said quietly, 'Listen! Listen, Hilda,' he said. 'I just thought you might prefer it that way. Everybody around here knows I was taken in off the road, what do you think they'll say when they know I'm aiming to marry you? Taking advantage, they'll say. Oh yes, they will.' He jerked his head towards her as if she had denied his statement. 'I made the suggestion . . . well, with the idea of bringing you comfort without embarrassing you.'

He watched as, like an injection, each word of his relaxed her, and when she sat down on the chair, her head and shoulders drooping, he looked towards her hands where one thumb was passing swiftly backwards and forwards over the front of her fingers. It was as if she were feeling the texture of some material, giving herself its name by touch alone. He had observed this habit of hers before, it spoke of nerves.

He went forward now and gripped one of her hands, and as he pressed it tightly against his waist he felt a deep sense of compassion for her; but there was no ingredient of what he thought of as love in it. He would have felt the same for some animal that had caught itself in a trap, or someone who was inflicting self torture upon himself; and that's what she had done, and was doing.

His compassion for her did not lessen when she whispered without looking at him, 'I could have nothing but marriage, Abel. I . . . I couldn't act loose, no matter how I felt.'

'I understand. It' – he swallowed deeply and now had to force out the words that spelt yes – 'it'll be as you wish.'

'Oh, Abel. Abel.' She was on her feet now, her arms about him, and when he gave a slight groan she cried, 'Oh, I'm sorry, I'm sorry, and you in pain.' She took one arm away from his neck and eased her body to the side; then she lifted her face upwards and when he bent his head and put his lips to hers her eyes were tightly closed, and his own body registered the shiver that passed through her.

When after a moment she stepped back from him, her face was bright, her eyes shining and her voice husky as, looking him up and down, she said, 'You're so big and so gentle. I've never imagined anyone so gentle as you, Abel.'

'You don't really know me.' He gave a small laugh and a shake of his head.

Swinging round like an excited girl now, she cried, 'Oh, the plans I've got.

I've lain in bed at night and thought what we'll do with the business, because I know you like the business. You do, don't you?' She turned towards him again and he said quietly, 'I'd be hard to please if I didn't.'

'We could extend if we could get Esther Burrows to sell that field of hers, and she will have to sooner or later because her money's running out. And we could sell petrol; I've thought a lot about that. There's plenty of places for pumps in the front.'

He had sat down again and now he watched her flinging the tablecloth over the table prior to setting the table ready for tomorrow's breakfast, talking all the while and all about the business, until she stopped and as if she were throwing off the business-woman and returning to the girl again, she said, 'Do you think I could be married in white, Abel? I'd love to walk up the aisle this time in white. I wore just an ordinary costume. . . . What is it?'

She moved slowly towards him where he had risen from the chair, his face wearing a stiff blank look. His voice, too, held a note of firmess she had not heard before, at least not during this evening as he said, 'I won't be married in church, Hilda.'

She was aghast, and showed it in her face, her voice, and even in her outstretched hands. 'Not in church? But where?'

'The registry office.'

'*Oh no! No!*' She shook her head wildly. 'Never! Marriage in a registry office? There's . . . there's no holiness or anything good about it.'

'It's the sâme as a church ceremony.'

'It isn't. It isn't. Abel, I'm surprised at you. And what will the vicar say? He won't allow it. We've been church people for years. I've . . . I've always gone to him for advice, and Mr. Maxwell was a sidesman, we met there. The vicar knew about our . . . well, I mean he knew about our marriage state and everything. He'd . . . he'd never stand for it.'

'Then I'm sorry, Hilda; but I won't be married in a church, a church of any kind.'

The flatness of his voice, the note of determination in it that brooked no softening told her immediately that the only way she could get this man was to marry him in a registry office.

When he made towards the door, saying, 'I'll go across now. Think about it, there's no rush,' she stared at him for a moment before asking, 'Will you be able to manage?'

He nodded and gave her a quiet smile as he answered, 'Yes, I'll manage all right. Good-night, Hilda. Don't worry; there's been no harm done. If . . . if you can't see your way to meet me in this . . . well, things could go on as they have been. We'll talk again in the morning. Good-night.'

The look on her face checked his movement and when of a sudden she ran towards him and held up her face to his he knew there was no need to wait until the morning for her answer, it was given.

He sat in a straight-backed chair. The boy stood in front of his knees; his face was white and pinched looking, and fear was reflected in his eyes and his lips trembled as he said, 'Am I gona get wrong, Dad?'

'No, no.'

'I only threw some snow at him, Dad. It was only a little bit and it didn't hurt him and . . .'

'I know. I know.' Abel drew the boy closer, and now Dick put his hand tentatively on the sling as he asked, 'Does it hurt bad, Dad?'

'No, I don't feel anything now, just a slight numbness. But listen, I want to talk to you, and seriously.'

He stared down into his son's face; he wetted his lips preparatory to speaking; then clenched his teeth as if to form a barrier to check the words that must be spoken.

With a slight movement of his head to the side, he said softly, 'Listen. You know what I've been telling you about thinking of your mother as being dead?'

He waited. 'Well, don't you remember?' His tone was harsh now.

'Oh yes, Dad, yes.' Dick nodded at him; then his chin jerking upwards, he repeated loudly, 'Yes, yes, Dad.'

'Well, that's all right then. But even so we both know, don't we, that she was alive and well when we left Hastings?'

'Yes, Dad.'

'And for all we know she's still alive?'

'Yes, Dad.'

'Now listen carefully. When a man has a wife and she's still alive he can't marry another woman. You understand?'

Dick blinked, looked to the side, then looked back at his father before saying firmly, 'Yes, Dad.'

'Well now, say that this man goes and marries another woman while his wife is still alive, it's a sort of . . . well, a sort of sin and he can be put in prison for it because a man is not allowed to have two wives. You understand?'

Again there was a pause before the boy said, 'Yes . . . yes, Dad.'

Abel now gripped the boy's shoulder and bending down further still until his face was on a level with and close to his son's, he said, 'Mrs. Maxwell wants me to marry her. You understand? She wants me to marry her. If I don't, then things will become very strained; in fact we will have to leave here, and I'd have to look for work elsewhere.' He paused here. 'You know what happened when I attempted to look for work before, don't you?'

The boy's eyes were wide; the fear had been replaced by a look of deep perplexity. He did not say as he usually did, 'Yes, Dad,' but remained quiet, his young mind trying to take in the enormity of the situation his father was placing before him. His thoughts were ranging wildly around the danger of sin which would lead to prison, the feeling was akin to that which he experienced at the matinee on a Saturday afternoon when he saw the cowboys and Indians fighting and the bad man at last being shot or taken off to prison by the sheriff. But it was only bad men that went to prison, yet his father had said that if he took two wives he could go to prison. Then startlingly his mind presented him with a picture of a baby. He didn't reason why this should be, except that Georgie Armstrong's sister who was married three months ago had just had a baby and Georgie had had a fight at school with a bigger boy about it. Georgie was eleven and he knew all about babies. He said you could have one or you could have five, they were just like his rabbits, only they took a little longer to come, three months for each one he said and that the doctor had come and pulled the baby out of his sister's belly button. . . .

'Are you listening?' Abel shook him roughly by the shoulder. 'It's all up to you. Do you realize that?'

'What is, Dad?'

'Boy, am I talking to myself? What have I been saying?'

'About not lettin' on about mam.'

'Well then, you must remember to forget, so to speak, that your mother is alive, because once I've married Hil . . . Mrs. Maxwell and anyone finds out that I have another wife they'll send me to prison. I wouldn't need to have to worry about findin' another job. *Now do you understand*? . . . Tell me you understand that you must never mention your mother to anybody.'

'Yes, Dad.'

There followed a long pause while they stared at each other, then Abel said, 'You've made friends at school. This pal of yours, Georgie Armstrong. He'll tell you things and he'll expect you to tell him things back, but if you don't want any harm to come to me you must never confide in him, I mean . . . well, tell him secrets, like about things that happened when we lived in Hastings.'

'I won't, Dad. I won't.'

Again they stared at each other; then the boy said quietly, 'What'd happen, Dad, if . . . if me mam came and found us?'

Abel opened his mouth wide and gulped at the air. Then rising to his feet, he put his arm around his son and pulled him tightly against his side as he said, 'Don't worry about that. I don't think there's any likelihood of her finding us, I put her off the scent about us coming North before I left. Anyroad, should she come this way she'll go straight to yon side of the river and we are well inland here; people hereabouts are apt to keep to their own neck of the woods; some of them in North Shields haven't been this side of the river in their lives. No, don't worry about that, son, that's the least of my worries. The only thing I'm worrying about, and I'll go on worrying about, is if you should let it slip.'

The boy moved from his side and stood solemn-faced looking up at him now as he said slowly, 'I won't let it slip, Dad, never, 'cos I like it here.'

Perhaps it was a trick of the light coming through the small window but it seemed to Abel at that moment that his son changed. He saw him stepping prematurely out of childhood burdened with a secret that would grow heavier with the years and awareness, and he wondered how that awareness when it came would affect their relationship; would the boy's blind love for him perish in the open light of revelation? The fall of a god was always harder than that of a mere man, and he knew that in a way he appeared as a god to his son, he was someone who could do no wrong, someone who knew all the answers.

He turned and walked to the window and stood looking down into the yard, asking himself now if it was worth the risk. But before he could give himself an answer his attention was taken up by a car swinging into the yard, and when out of it stepped Florrie his whole body stiffened. He watched her hurry towards the kitchen door and when it closed behind her he looked at his watch. Half past eight. She was likely on her way to open her shop, but what did she want here? He hadn't set eyes on her for weeks now, not since the night her gentleman friend had unexpectedly reappeared. He stopped himself from going downstairs, this wasn't the time to come face to face with Florrie.

He didn't move from the window when he spoke to Dick, saying, 'Get yourself off to school.'

'Must . . . must I go the day, Dad?'

'Yes, you'll be better there.' He still kept his eyes focused down on the yard while the boy gathered up his school bag and put on his coat and cap, and when he stood behind him, saying, 'I'm off then, Dad,' he turned about and putting his hand on his son's cheek, said gently, 'You'll be all right.' He did not add, 'Remember what I said,' because he felt there was no need; the less said about it from now on the better.

While the boy was crossing the yard towards the gate the kitchen door opened and Florrie reappeared, with Hilda behind her. Hilda was putting her coat on and as she made for the staircase he drew back from the window and waited until her voice called, 'Abel! Abel!'

Slowly he went down the stairs and she greeted him with a flow of words. 'Dad was knocked down last night, he's in hospital. Do you think you can manage? Leave everything to Arthur, I mean the work; just keep your eye on things.'

Before he had time to reassure her she was exclaiming, 'Oh me bag! I've come out without me bag,' and turning from him, she dashed back into the house, while he walked slowly across to where Florrie was standing by the car. After a moment during which they stood looking at each other, he said, 'I'm sorry about your father.'

'Oh, he'll survive. But just in case, I thought she should know. . . . By the way, she's told me the happy news.'

He continued to stare at her waiting for her to add, 'Congratulations,' but what she said was, 'I wish you all you wish yourself,' and to this he answered, 'I'm afraid that's too tall an order ever to come true.'

The next minute Hilda was by his side. 'There now,' she said, 'I'm ready,' and as Florrie went round the bonnet to the far door of the car Hilda lifted her face up to his, and after a moment's hesitation he bent down and kissed her on the cheek.

There was a loud revving up and the car started and went out through the wide opening as if setting off for a race, leaving him standing in the middle of the yard.

Never before, not even when Alice went, had he experienced this feeling of aloneness that was in him now, for it was bordering on desolation, desolation of both mind and spirit.

PART THREE

The First Incident 1938

Chapter One

'Molly, may I come in?'

The young woman turned from the sink, looked towards the door where the boy in the school blazer was standing, and she said, 'Why, of course. What's the matter with you? You don't usually ask, what's the matter with you?'

As he stepped into the room he looked around the kitchen and in a whisper now he muttered, 'Your mother?'

'Oh, she isn't down today, she rarely comes down at the week-ends.'

'Oh aye, yes.' He nodded at her.

She was now standing in front of him and, bending forward, she asked softly, 'What's the matter, are you ill?'

'Well' – he turned his head to the side – 'I've . . . I've been sick, and it . . . it went down my sleeve. Look, it's on the front of my blazer, and Aunt Hilda 'll go mad if she sees it. Could . . . could I sponge it down?'

'What made you sick?' She was still bent down towards him. 'You been stuffing?'

'No.' He shook his head before saying sheepishly, 'Smokin'.'

'Smoking!' The word came out on a giggle; then their glances meeting, they both started to laugh further but checked themselves immediately with their hands over their mouths.

'Here, take your coat off,' she said, swinging him round and pulling the blazer from him. 'What were you smoking, tabs?'

'No . . . a pipe.'

'*A what?*' Again she was gurgling. 'Where on earth did you get a pipe?'

'Georgie. Georgie Armstrong. He'd got these old pipes of his father's and we were in the hut at the bottom of the garden. He was all right, he knew how to smoke, and I would have been all right an' all, I think, if it hadn't been for his mother.'

'She caught you?'

'I say she did. She . . . she came from nowhere.' He pressed his lips together to prevent himself from laughing again, then went on. 'She didn't say a word, but she lifted him up by the collar, and he still had the pipe in his mouth! She got a hold of me next and . . . and –' He now leaned over the kitchen table and, putting his elbows on it, dropped his face on to his hands in an effort to suppress his mirth.

'Go on, tell me,' Molly hissed at him.

Straightening up, he turned to her and ended, 'She . . . she put her foot in me backside and I went sprawling through the door on to me hands and knees. It was then I was sick and . . . and when I picked meself up I saw her tearing up the garden with Georgie, and his feet were hardly touching the ground. The funny part about it was she hadn't spoken a word.'

The laughter was getting a hold of them again, they looked into each other's face until, in an effort to smother his guffawing, he fell against her, and when his arms went about her she remained utterly still for a moment; then she held his shaking body to her and let her own laughter mingle with his.

Even when his laughter subsided he didn't move away from her, not until a voice coming from above seemed to cleave them apart like a knife.

'Molly! Molly!'

Molly went to the door that led into the hall and from there she called, 'Yes?'

'What's going on down there?'

'Nothing, Mother.'

'Come up here.'

'I'm seeing to the dinner; I'll be up in a minute.' She turned now and closed the door none too gently, then coming back into the kitchen, she said, 'I'd better press your coat, you can't put it on wet.'

'Oh, it'll be all right.' He was whispering again.

She took no heed of him, but brought out the ironing board from a cupboard, together with an iron, switched it on, then smoothed the blazer out while waiting for the iron to heat.

Dick sat looking at her, at the girl who had been his friend for years but who, during the last year or so, had somehow slipped away from him while becoming a young woman.

He watched her wet her finger on her tongue and apply it to the iron; then happening to look at him she paused and said, 'You're miles away again. What are you thinking about?'

'I . . . I wasn't miles away, I was thinking about you.'

'Oh.'

'It's just struck me that you're very like Aunt Florrie.'

'Oh now! Now!' She made a soft deriding noise. 'Your Aunt Florrie isn't only the smartest dressed woman in the town she's the best looking too, if I'm any judge.'

'Well . . . well, I wasn't meaning your face, I . . . I was meaning your figure like.'

'Oh thank you. Thank you.'

'Aw, I didn't mean it that way. You're all right.'

'Up to here you mean?' She held the back of her hand under her chin.

And yes, that's what he did mean 'cos she didn't look a bit like Aunt Florrie. Her black hair was as straight as a die and all other young women's hair seemed to be frizzy or wavy. And she hadn't any colour in her face; sallow, he supposed, was the word for her skin. But she had nice eyes; they were long-shaped with heavy lids. He remembered his dad once remarking about her eyes and saying they were beautiful, and his Aunt Hilda had added it was a pity the rest of her face didn't come up to them, which he thought wasn't very nice. But then his Aunt Hilda often said things that weren't very nice; more so of late. Faintly he could remember a time when she had, so to speak, been all over him. Still, she was all right, was Aunt Hilda; and she was a good cook.

To make up for his apparent tactlessness he now said, 'Dad once said you had lovely eyes.'

'Did he?'

'Yes.'

'But there, your dad is a very kind man.'

'Yes, I suppose he is.' He nodded at her and she made that little sound in her throat again; then whipping up the blazer from the ironing board, she threw it towards him, saying, 'Get it on. And the next time you want to smoke, try a tab.'

'I don't think I'll try anything again.'

As he buttoned up his blazer he went towards the door, saying, 'Ta, Molly. That's saved me a wigging. Ta-rah.'

'Ta-rah.' She placed a hand between his shoulder blades and pushed him through the door, and he turned and laughed at her before scampering along by the side of the house, then across the meadow and through the broken fence boundary, round by the garden outhouses, through the narrow cut between the garage and the bicycle shed, and so into the yard.

Arthur was at the petrol pump seeing to a customer. This recalled to his mind that it was Arthur's Saturday on, which meant that his dad would be free. The thought gave a lift to his spirits and he dashed up the yard towards the kitchen door, but slowed down to a walk before reaching it.

He opened the door and stepped quietly into the familiar brightness, then looked towards the dinner table in surprise. He had fully expected to see his dad and Aunt Hilda sitting there and had been prepared for her demanding, 'Where have you been till this time?' However, he had no sooner closed the kitchen door behind him than he was given evidence of where his father and his step-mother were, and the tone of their voices brought a slump to his shoulders and his chin drooping towards his chest. They were at it again, at least his Aunt Hilda was at it again. It didn't take much to set her going.

He tiptoed towards the far door and cocked his head to the side. His father was saying, 'I got more when I was a hand. And why can't it be a joint account, I'm supposed to be a partner, aren't I? Partner? Huh!'

'There's money there if you want it; I've never kept you short.'

'What are you talking about, money if I want it? You have every penny docketed that comes into the place. You attend to those books there as you do to your Bible.'

'Abel! Now I'm warning you.'

'Well, you can stop warning me and come to an arrangement, a fair arrangement. . . . My name was to go up on the board, wasn't it? What happened to that? I've doubled the business in the yard in the last five years but to all intents and purposes I might as well still be the hand; in fact, to you I'm still the hand, aren't I?'

'Don't be ridiculous! I've given you everything you've asked for.'

'What did you say, Hilda, you've given me everything I've asked for?'

'I'm not going to stand here wasting my time talking to you.'

As Dick prepared to jump back his father's voice checked him as it did Hilda's, and in his mind's eye he knew that his dad had hold of her. Then his voice came deep and angry sounding. 'What have you ever really given me, Hilda? A new suit a year, rigged the boy out for school, four square meals a day. Oh, I'll grant you that. And yet that too has a selfish side because you like nothing better than stuffin' your face. . . . No, you don't! You'll just stay and listen; for once you'll listen to me.'

This was followed by a silence in which Dick drew in a deep breath, then endeavoured to hold it in case he should cough. But when his father spoke again it was about something different, something personal, which embarrassed him, so much so that what he heard quickened his breathing and brought out a sweat on the back of his neck. He shut his mind to the first spate of words, then found his eyes widening and his ears seeming to stretch to take in the flood of words his father was pouring out, words he knew that were connected with . . . that other thing, the thing that Georgie Armstrong knew all about, the thing that he said happened between his mother and father. That's what his dad was talking about now. . . .

'So far and no further. You didn't like it, did you? Came as a shock to you, is what you said. You were made for Old Maxwell. God! what a pity he had to go. He supplied all you needed, didn't he, nursed you, cuddled you, petted you; and with him there was no ripening, was there? All he needed was a little girl at night and a business-woman during the day, and you fitted his picture perfectly. Well, I'm no Mr. Maxwell. I don't want any little girl to play with, nor do I want a boss woman over me during the day, I want a fair deal. I've put a lot of hard work into your business – *your* business, do you hear? – because you wouldn't let me start one of my own. That was in the plans to begin with. Oh yes, but it was soon put aside, wasn't it? I had to have nothing of my own. I had to depend upon you, hadn't I? I was still the fellow from the road. Oh yes, I was. Shake your head as much as you like, Hilda. I was still the fellow from the road and I still am, isn't that so? I catch you looking at me sometimes as if you're wondering why you took me on.'

Dick now turned his chin tightly into his shoulder as he heard a scuffling; then Hilda's voice came from the room yelling, 'Yes! you're right in part, but I didn't think at the time what I was taking on. You've made me think about it since though, because you act deep. I know no more about you now than on the day we were married. As for me not giving you anything, what have you given me, I ask you? You accuse Mr. Maxwell of treating me as a little girl. Well, things might have been different if you had treated me with a little of his gentleness instead of always wanting to satisfy your lust. You should have married someone like our Florrie, she could have satisfied all your needs. Oh yes, she would have satisfied all your needs.'

There was a short silence before his father's voice came to him again; and now his eyebrows moved up even further as he listened to him saying quite quietly and firmly, 'Yes, I should have, you're right there, Hilda, except it wasn't someone like Florrie I should have married, it should have been Florrie herself.'

'You beast! You cruel, cruel beast! You know what I feel about our Florrie, yet you could say that to me.'

'You brought it up, not me. Anyway, I've had about enough of this. I'll say now what I came in to say. I'm going to take five pounds each week out of that till, at least five pounds. I'll work out the profits and take a percentage. I think that's only fair for the twelve-hour day I put in. And now I'm going out and I don't know what time I'll be back . . . or if I'll be back. Aye, or if I'll be back.'

From the sanctuary of the scullery now, Dick saw his father enter the kitchen, then stop as Hilda's voice cried, 'You can't, I mean you've got to get back for tea, Mr. Gilmore's coming. You know he is.'

'Well, Hilda' – his father had turned about and was apparently facing her – 'you can tell Mr. Gilmore from me that he can go to hell, now and on all future visits. . . . Do you know something, Hilda? He's the one you should have married. But, of course, his wife was alive at the time. What a pity she didn't go about the same time as Mr. Maxwell because you would have made a wonderful pair. And he's still got you in mind, do you know that, Hilda?'

'You're wicked. That's what you are, Abel Gray, you're wicked.'

As the kitchen door closed on his father Dick stepped back further into the scullery, but he didn't attempt to open the back door and make his escape because that door had a habit of creaking, and there in the kitchen now was Hilda. She was standing near the table, her face held tightly between her hands; then she disappeared from his view and he heard a slight thud, followed by a gasping cry and the sound of weeping.

After a moment during which he stood gnawing on his thumb-nail while looking from one side of the scullery to the other, he moved slowly into the kitchen. Hilda was lying halfway over the kitchen table. Her head was resting on her forearms but, in unison with the rest of her body, it was rocking from one side to the other. She looked like someone trying to throw off a great pain and the sight upset him. He couldn't have explained why, but he knew that, over this present issue, he was more in sympathy with her than with his father. He had already forgotten the substance of the issue, he only knew that somehow he was on her side in this.

'Aunt Hilda.' He put his hand gently on her shoulder and she started and seemed to roll on to her side. Now with one elbow on the table she rested her head in her hand while her eyes rained tears and her mouth opened and shut as if she were finding it difficult to breathe.

'Don't cry. Don't cry like that, Aunt Hilda. Come on.' He caught hold of her shoulders and pulled her upright. 'Come on, come on, sit up; I'll . . . I'll make you a cup of tea.'

She allowed herself to be led to a chair and there, looking up at him, she gulped, 'Oh, Dickie!' When she caught hold of his hands he expected her to say, 'How long have you been in?' but what she said was, 'Your father doesn't love me, he doesn't care anything for me. He doesn't. He doesn't.'

When she fell against him he put his arms about her and brought her head to his breast and for the second time in a half hour, in less than half an hour he found himself being embraced by a woman, and returning the embrace.

It was strange but he realized that this was the first time that Hilda had really held him close to her. She had put her arms around his shoulders, she had kissed him good-night on the cheek, but she had never held him like this. He found he liked the feeling. As his laughter had come easy to him with Molly, so now words of comfort seemed to flow from him. He didn't know exactly what he was saying or why he was saying it, but he was telling her that she was mistaken and that his dad thought the world of her, and that people said all kinds of things when they were angry. He even reminded her of a sermon Mr. Gilmore had preached one Sunday not so long ago about the sin of temper and of hurting people you love.

When she pressed him gently from her she was no longer crying and she looked into his face and said quietly, 'You're a good boy, Dickie. You're a very good boy. I've . . . I've been harsh with you at times but it's just because . . . well, I've . . . I've been so unhappy.'

She was about to cry again but with an effort stopped herself and, getting to her feet, she went to the sink and turned on the cold tap before holding her face sideways under it, then slowly dried herself on the roller towel, after which she looked out of the kitchen window, and her voice low, she said to him, 'Your dad's just gone into the garage. Go to him, will you, and . . . and stay with him? Wherever he goes this afternoon, stay with him.'

'Aye. All right, yes, yes, I'll . . . I'll do that. And don't worry, it'll be all right.'

As he opened the door to go out, she said, 'I forgot, you usually go to the matinee on a Saturday.'

'Oh' – he jerked his chin up – 'I wasn't going anyway; I've seen it.'

He ran down the yard now towards the garage and met his father just coming out, buttoning up his overcoat. He didn't stop in his walk but went towards the road. Dick kept pace with him, but neither of them spoke until they were on the pavement and hidden from the house by the high wall; and then Abel stopped and said, 'I've got some business to do.'

'Can't I come along, Dad?'

'No. Anyway, you generally go to the matinee the day.'

Again the boy said, 'I've seen it.'

'Well, go and watch the cricket then; they're playing on the bottom field.'

'Dad, let me go along of you.'

'No, I've told you, haven't I! I might end up going tramping over the hills and you've got no love for tramping, have you?'

'I wouldn't mind today, Dad.'

They stood staring at each other for a moment until Dick said, 'She was crying, Dad, badly.'

Abel turned his head to the side and drew his bottom lip in between his teeth for a moment, then he said, 'Well, if she's crying she needs someone to look after her, so go back and keep an eye on her.'

'But she . . .'

'She what?'

'It doesn't matter.'

Again they looked at each other; then Abel stalked away down the road and Dick turned back into the yard. But he didn't go towards the kitchen, yet he knew she had seen him for she was standing looking out of the window.

Arthur Baines's time for leaving on a Saturday was half past six and he was just about to close the garage when the car turned into the yard. It was a black high-body Rover and as the driver, a man in his early fifties, alighted he let out a long breath as if he had been walking instead of riding, and what he said was, 'Oh, glad I found you. You know, this is the first garage I've come across in miles; you'd think they'd never heard of the motor-car here.'

'We're just about to close, sir; what can I do for you?'

'Well, a number of things I should say. I'm nearly out of petrol, water, and oil; and then there's this brake' – he pointed to the lever near the driving seat – 'it's sticking. Had a job to get it to work coming down one of your hills. And my goodness they are hills, I've never seen so many. Well now, can you fix me up?'

'I can supply you with the petrol, oil, and water but if there's anything wrong with the brake, anything serious . . . well, I'm . . . I'm just off.'

'Oh! Do your best, have a look at it.'

The short thick-set man walked to the middle of the yard and was looking towards the door opening in the side of the garage when the young boy came out, and he said to him cheerily, 'Hello there, young man.'

'Hello, sir.'

'Nice big yard you have here.'

'Yes, it is a big yard.'

The man now moved round in a slow circle and he said, 'I wonder if it would be possible to have a glass of water?'

'Oh yes, yes, sir. If you'll come up to the kitchen I'll get you one.'

'Good. Thank you.'

Dick preceded the short talkative customer up to the kitchen door and, opening it, he called, 'Aunt Hilda, this gentleman would like a drink of water.'

Hilda, on hearing the kitchen door open, had come quickly from out of the sitting-room, and she paused for a moment, a look of disappointment on her face, then said, 'Oh yes, yes, by all means.'

Quickly Dick filled a glass with water and handed it to the man, who drained it at one go before handing the glass back to Dick and saying, 'Thank you very much.'

Smiling at Hilda, he said, 'There's nothing to beat God's wine when you're thirsty, although at other times we don't value it.' Then he asked, 'By the way, is there a good hotel in the town?'

'Well, we're just on the outskirts here but if you go right into Fellburn there's The Bull and also The Forestry. . . . The Forestry is a very comfortable place I understand.'

'Thank you. Well now I must be on my way, that is if your man has been able to fix my brake.'

As the man turned and looked towards where Arthur Baines was lying half in and half out of the car, Abel came through the opening and walked slowly into the yard. He merely glanced towards the car and his gaze just flicked over the group at the kitchen door. It was his intention to go straight to one of the old rooms above the garage which he now used as a workroom, but a voice high with surprise halted him.

'Well I never! there couldn't possibly be two of you.'

Abel turned and looked towards the man hurrying towards him and for a moment his throat felt completely dry, yet at the same time he reassured himself there was nothing to fear, it was only the doctor, the mad woman's cousin.

'Mr. Gray, isn't it?'

'Yes.'

'Well! well! it's a small world. I never thought to run into you again. How are you? But need I ask? You look very prosperous. And . . . and' – he half swung round – 'don't tell me.' Then he put his hand to his brow and struck it twice, saying, 'Of course. Of course. He hasn't altered that much, he hasn't even grown all that much. Your boy.' He looked to where Dick was moving towards him with Hilda just a few yards behind; then he turned towards Abel again, a question in his eyes, and Abel swallowed deeply before inclining his head towards Hilda and saying, 'My . . . my wife.'

'Well, I never! How do you do, Mrs. Gray?' He now walked towards Hilda, his hand outstretched, and when she took it he shook her hand up and down, saying, 'I'm very pleased to meet you. And you know, I've often thought of your husband.' He glanced back towards Abel. 'We met under the most odd circumstances. By the way' – he leant towards her, a broad grin on his face – 'you didn't have to chain him up to get him, did you?'

Hilda's eyes narrowed in perplexity.

'Not like Tilly did?'

Seeing her expression, he said, 'Oh, he's never told you about Tilly? Well, well' – he again looked towards Abel – 'he should have; you would have had a laugh.' Then turning to her once more, he went on, 'Tilly was my cousin. Not quite with it up here' – he tapped his forehead – 'but she took a fancy to your big fellow there, so much so that she chained him up to the byres to try to keep him. It was a very scary business, wasn't it, young man?' He looked towards Dick now, but Dick, his memory recalling in flashes the scene in the barn, merely nodded his head.

'It's all right, sir' – Arthur Baines had joined them – 'the brake had got jammed. I've fixed it.'

'Oh, thanks, thanks. Well, well. Now I must be off and get settled in in a hotel. Your wife's told me there's two good ones in the town.' He looked from one to the other, then back to Abel, saying on a laugh, 'You know, it's a pity you didn't stick with her, I mean Tilly. She died three months later, she would have left you the lot. But there it is, I came in for it. Perhaps it was just as well, eh? It ensured my early retirement and I'm now able to jaunt where and when I will. But it's been nice seeing you again; as I said, I've often thought of you. By! you were scared that day; you thought you had killed her, and for a moment I thought you had an' all. Well, good-bye again. Good-bye, young sir,' he said, putting his hand on Dick's head; then turning to Hilda, he again held out his hand, saying, 'I'm very pleased to have met you and I am glad to see he's picked himself a fine-looking little wife.'

The three of them stood and watched him getting into the car; they watched until he had turned it around, and when he waved to them they all perfunctorily answered his salute.

As Abel walked away towards the door that led to the work-room Dick made to follow him, but was stopped by Hilda touching his sleeve, and he turned obediently with her and went into the house. But no sooner was the kitchen door closed behind them that she confronted him, and with her head moving backwards and forwards in an action of disbelief she asked him, 'Was all that true?'

He nodded dumbly at her.

'You mean there was a woman who . . . who chained him up? . . . Was . . . was he living with her?' As her question ended on a high note he put in quickly, 'No, no; we had just stopped and asked for a night's shelter in the barn. And this woman – she . . . she looked crazy right from the start – she . . . she said that –' He looked downwards now and the words wouldn't come until she shook him roughly by the shoulders, 'Well! what did she say?'

'She said God had sent him to help her.'

Recognizing the reason for his reluctance in making this statement she said quietly, 'Go on.'

'He . . . he worked all day cleaning out the pigs and clearing the yard, and it was pouring. That night . . . he said he was going the next day and when she brought his supper – she only brought food for one, she didn't recognize me.'

'What do you mean, she didn't recognize you?'

'She wouldn't allow me any food. I . . . I don't think she liked children. Anyway, she must have drugged the cocoa because when he woke up he was chained with an iron hoop around his ankle, and another round one wrist.'

'Oh dear God!' She put her hand to her face.

'And when I woke up I was dopey, but I found an iron bar and I gave it to him, and when she brought his breakfast in he lunged at her. It caught her on the side of her arm and broke it, but when she fell she hit her head on the stones.'

He suddenly put his hand tightly across his mouth and the next minute he found himself sitting in the chair and her holding his brow.

'Are you going to be sick?'

'No, no; I just felt sort of faint.'

After a moment she said, 'Go on then,' and he looked up at her now and said slowly, 'That's all really, except that I sometimes dream about it. It's like a nightmare; I dream I'm fumbling among her clothes for the keys. Dad must have thought she could die because I remember we went into the village and we saw him, the doctor. He turned out to be her cousin and he took us back with him. Dad didn't want to go, I remember, nor me, I was scared stiff. But he was kind, the doctor. . . .'

'You're sure you don't want to be sick?'

'No.'

A moment or so later Hilda said, 'Here, drink this tea then,' and as he drank the tea she stood watching him; and then she said quietly but without bitterness, 'You're a pair, aren't you for keeping secrets. What else hasn't he told me?'

When the cup jerked in the saucer she had to grab it to stop it from falling while he spluttered, 'Nothing, nothing else, nothing.'

'It's all right. It's all right, don't agitate yourself. Look, sit there and have your tea, I'll be back in a minute.' She stroked his hair from his brow and smiled at him before she turned and went out and across the yard in the direction of the workroom. But he didn't start his tea, he went into the scullery and now he really was sick.

PART FOUR

The Second Incident 1941

Chapter One

'Where you going?'

'You know fine well where I'm going, I'm going fire-watching.'

'Huh! fire-watching. Tell me, are you the only one that does fire-watching in this part of the town? This must be the fourth time you've gone fire-watching this week.'

Esther Burrows screwed up her white peevish face, turned on to her side in the bed and added, 'Fire-watching in that? Why have a good frock on to go fire-watching? Now, who do you think you're hoodwinking? You're off out, aren't you, with some man or other? Or is it your little boy from next door? You should be ashamed of yourself . . . a child like that! I know what's going on and I'm going to . . .'

'What are you going to do?'

'I'm . . . I'm going to put a stop to it. I'm going to have her over here and tell her, or better still his father, and tell them that he's never out of my kitchen. A boy still at school! You should be right down ashamed of your . . .'

'Shut up!'

'What! how dare you speak to me like that? It's coming . . .'

'Yes, I dare; and it is coming to something, and it's long overdue.'

The tall young woman was leaning over the bottom rail of the bed, her arms spread wide gripping the rails, and the indignation that flooded her shook the whole bedstead as she cried, 'I've had enough! Do you hear? I've had enough. Now I'm going to give you an option. For the future you'll leave me alone and let me lead some sort of a life of my own. I've waited on you hand and foot for years, the only freedom I've had has been during this last year when I was called upon to do part-time work. And you even tried to stop that, didn't you? You had to be looked after, hadn't you? Do you know what you are?' She leant still further over the rails. 'You're nothing but a selfish bitch of a woman, you're a parasite, and you're a scheming crafty one into the bargain. Oh . . . go on, hold your heart and have another one of your attacks but let me tell you before you decide to put on your act that you'll lie there until morning because I'm not going to stay in to see to you. And I'll tell you something else while I'm on, I'm carting no more jugs of hot water up those stairs for you. If you are able to get downstairs to the shelter, then you are able to come down to the bathroom. All these years I've trapesed up and down these stairs, washed you, dried you, powdered you. Oh Mother!' She ground out the word, then shook her head before going on, 'You wore my father out mentally and physically; well, it's not too late to save myself, and so now I'm giving you an ultimatum. You allow me my liberty, the liberty I'm entitled to, or else I'll walk out. . . . Oh yes, I will. You've rubbed it into me for years that I couldn't earn my living except by doing menial housework, you've held this house and your money dangling in front of my nose like a carrot; well, I've never liked carrots of any sort and I've found out that I can earn my living other than by being a slave to an ungrateful, selfish individual. So there now, you've had it.'

She loosened her grip on the rail, straightened her back, then walked towards the door; and there she turned and said, 'No, I'm not going fire-watching. If you want to know the truth I'm going to a dance . . . *a dance*. And I'm going with a man, a soldier. He's only a common private but he's a man.'

As she pulled open the door her mother drew herself up from her pillows, crying now, 'What . . . what if there's a raid?'

'Pray as you always do.'

As she banged the bedroom door closed the whole house seemed to vibrate, not so much with the sound from the door but with the trembling of her body. Every nerve seemed to be jangling.

At the top of the stairs she gripped hold of the balustrade and, bringing her head down on to the back of her hands, she muttered, 'Oh my God! My God!' How had she dared to say all that? But more so, from where had she got the courage to say it? For years it had been brewing in her: her mother's incessant demands, her pettiness, her selfishness had fermented in her until now it had burst from her like bad wine. . . . But she shouldn't have spoken to her like that. . . . But wait. No! She straightened herself. What she had done, what she had said had long been overdue, and she wasn't going to ruin the effect of her bid for freedom by snivelling feelings of guilt and remorse.

She went quickly down the stairs now, but she was still shaking when she took her coat from the hall wardrobe. After putting it on and tying a head scarf under her chin, she leaned forward and peered at herself in the hall mirror. Although the light was bad the outlines of her face looked sharp. Her cheek bones seemed to be pressing against the skin, emphasizing the sallowness of it. Even anger, apparently, couldn't bring a rosy glow to her face. Her eyes looked big and dark . . . and fierce. Well, she felt fierce.

She now made a quick circuit of the ground floor adjusting the window blackouts; and lastly, before opening the front door she pulled back the heavy curtain covering it, readjusting it before stepping outside; then, having locked the door, she put the key behind the foot scraper. Two minutes later she was walking quickly through the garage yard and towards the kitchen door.

Just before she reached it, it opened and Dick greeted her with, 'You're late; I was coming for you.'

'Oh.' She made an impatient movement with her head, then went past him into the kitchen and when she saw Hilda standing with her coat and hat on she said quickly, 'I'm sorry . . . I'm sorry I've kept you waiting.'

'Oh, that's all right; it hardly ever gets started before eight anyway. The lads make sure they're there then because of the refreshments.' Hilda smiled; then her face straightening, she asked, 'What's the matter? Something wrong?'

Molly now bowed her head as she said, 'I've . . . I've had words.'

'Not before time. Of course it all depends upon what you said.'

They all turned and looked towards Abel who was sitting in the armchair before the fire and Molly said quietly, 'I've . . . I've made a stand but I think I've said too much.'

'Well, she's asked for it, I'll have to say that. Whatever you've said to your mother she's asked for it.'

Looking at Hilda now, Molly nodded and replied, 'I suppose so. But oh I did go on.' She gave a little embarrassed laugh. 'By the way I'm going to a dance with a soldier. He's only a private. I think the private bit shocked her more than anything else I said.'

They were all laughing now, Abel the loudest of all, and he rose from his chair as he said, 'You could get a soldier any day in the week, Molly; and not just a private. I'm surprised at the army, navy, and air force, I thought they had more about them. Well, not the navy, I suppose, as we don't see many of them in this quarter, but the other ones must have their eyes closed.'

'Oh! Mr. Gray.' She turned her head to the side in a derisive movement which made him cry, 'I'm not joking. What's the matter with you! Don't you ever look in the glass?'

'Well, I think if we're going to get there we'd better be making a move. . . . And stop jerking your shoulder like that, Dick. I keep telling you.' Hilda's voice cut in sharply as she made for the door and Dick, ignoring her remark, looked at Molly and said on a high laugh, 'In five and a half months' time I'll be in air force blue, and in six months' time I bet I'll have stripes. I might even have me wings. Then I'll come flying to your front door.'

'Why the front?' Molly's tone was flat. 'You've always used the back.'

Again there was laughter; then Abel, pushing Dick out of the kitchen, said, 'Get yourself away!' and as the three of them went down the yard he called, 'Be ready mind at half past ten because I'm on duty at eleven.'

Dick's voice came back airily, crying, 'You'll be lucky,' and Molly answered, 'We will. We will'; but Hilda made no reply, there was no need because he knew she'd be standing ready with her hat and coat on; her part in the evening's entertainment, that of helping with the refreshments, would be over. She had been to the church hop almost every Saturday night for the last two years and she never danced. She was thirty-six years old and she had never danced. Why? Did she consider that sinful an' all? The next row they had he'd put it to her.

He chuckled to himself as he sat down, stretched his long legs out to the fender, put his hands behind his head, and lay back in the leather chair. Funny, when he came to think of it, they hadn't had words for well over a year now, well, almost eighteen months. It was the night he had got drunk, and by! he was drunk. He moved uneasily in the chair and closed his mind to the reason for his getting drunk, then let out a long drawn breath and relaxed.

He liked Saturday nights when he had the house to himself. It was the only time he got the chance to be alone in it and a chance to think; and Dick had given him food for thought the night. The lad was determined to join up, having his own ideas about the rights and wrongs of killing his fellow men. Only last week he had said to him, 'This is a big war, Dad; you either eat or are eaten.' His words sounded like a quote, and at the same time he was placing the last war in the category of a scrimmage. As were so many other youths, the boy was looking forward to joining up as if it were the preliminary to a world cruise, so what would be his reaction if he were found to be unfit to take the world cruise?

Abel pulled himself up straight in the chair and held his hands out towards the fire. It wouldn't be because of his height, height made no difference to a pilot or an air gunner, but that jerking shoulder and that too ready, too high laugh, alternating with the long far away silences, was something that no one had faced up to yet, least of all himself. The lad was a bundle of nerves. But it didn't need a psychiatrist to point out the cause of the trouble, at least not to him.

It was about a quarter past ten when Abel drove out of the yard in the repair van. Hilda didn't mind walking to the church hall in the blackout but she always refused to walk back late at night and, as she said, encounter drunken sots.

The church hall, which was quite a large one, was used daily as a rest and refreshment room for the armed forces; and the Saturday night hops held there were patronized not only by those who could dance without the stimulation of intoxicating drink but by non-teetotallers too because 'the eats' were invariably good and plentiful. The abundancy in these very stringent times was rumoured to be the result of a friendship between the quarter-master at the adjoining barracks and a certain lady member of the church. Of course this was only a rumour. Some said it was the miracle of the loaves and fishes over again. And who was going to question such a miracle in these days? Not even the other lady members of the church committee, not when the miracle provided them with pats of butter, quarter pounds of cheese, and dried fruit now and again; and as long as the miracle in the form of Quartermaster Dickinson didn't get posted the Dorset Street rest-room would continue to be popular.

Abel stood now just within the doorway of the hall and looked to where lines of linked couples were doing the Lambeth Walk to the accompaniment of the blaring quartet.

At the far end of the room he saw Hilda standing talking to the Reverend Gilmore. He often wondered if she made for him or he for her, for on most Saturday nights he would see them standing together chatting. She was already dressed for the road and he could detect a look of impatience on her face as she waited for the dance to finish, because Dick and Molly were still stepping it out at the end of a line. Dick had one arm around Molly's waist and the other around a young woman in uniform. He was evidently enjoying himself, as was Molly. He was glad Molly was having a good time because that lass was living in a cage. He wished she were a little younger or Dick a little older, or Dick a little taller and she a little shorter. Still, what was four years difference? Not as noticeable really as the three inches between them. It was a pity the lad had never seemed to sprout up; and there certainly wasn't much hope that he would now.

The music stopped, and the line of dancers to which Dick and Molly were attached was only a few feet away from him when as though with a final fling Dick, his arm still about the two girls, swung them round so that the three of them stopped in front of him, all laughing.

'Enjoyed yourselves?'

Abel looked towards Molly as he spoke. Her face still wide with laughter, she answered, 'Oh yes! It's been a grand night.'

Abel now looked at Dick, who had released the young woman and was laughing loudly; then his attention was drawn to the young woman herself, she was looking full at him, she had stopped laughing but her mouth was still wide open even while her eyes were narrowing; then as if she had just made a discovery – which she had – she thrust out her arm, her finger pointing, and said, 'I know you. Of course, I know you.'

Abel's face became straight and he said quietly, 'You do? Then you've got one over me.'

'Don't you remember me? Not at all?' Her voice was high.

'No, I'm afraid I don't.' As he spoke he was aware that Hilda had joined the group and that the Reverend Gilmore was at her side.

'The boat, on the river.' The young woman was now standing close to Abel looking into his face, her own bright with discovery. 'I'm Daphne. You remember? Mother and the boat. And . . . and don't tell me' – she turned now towards Dick – 'you must be . . . Why yes! Do you know I felt that we had met before; something—' She shook her head. 'Well I never! After all these years.'

Dick's face too was straight now, and his shoulder began to jerk. His mind was groping at the memory of the young girl; he couldn't place her with this well-built young woman.

Abel was conscious that Hilda's eyes were boring into him like screw-drivers, yet he hadn't looked towards her; nor did he now when he said, 'How is your mother?'

'Oh.' The young woman gave a high laugh. 'Oh, she eventually hooked a man; but as I remember she took some time to get over you. I also recall that she turned the boat round and cut our holiday short the morning you left. What you doing now? You live hereabouts.' It wasn't a question but a statement, and he nodded his head once; then turning and looking at Hilda for the first time he said, 'This is my wife.'

'Oh. Oh, pleased to meet you.' The girl held out her hand, but it was decidedly seconds before Hilda raised hers towards it. Nor did she make any comment whatever when the young woman said, 'We'll have to get together and have a chat, and about this husband of yours. . . . You know, he could have been my step-father.' She dropped the hand; then looking fully at Abel, she said, 'Pity you weren't,' then quickly turned again to Hilda and added, 'No offence meant.' No one spoke, and so lamely she said, 'Well, I'll be seeing you some time. I . . . I often drop in here; just stationed down the road. Be seeing you some time, eh?' She was speaking to the four of them now and she took two steps backwards before turning about and crossing the now empty floor towards the refreshment counter.

'I'll get my things.' Molly's voice was small, and when she moved away from the group Dick followed her.

The Reverend Gilmore, face solemn now, turned to Hilda and in a voice in which he might have intoned a sermon from the pulpit he said 'Good-night, my dear, and thank you once more for your kind help. I don't know what we should do without you.'

It might have appeared that Hilda was too full for words because she made no reply whatever, she merely inclined her head towards the vicar, then went quickly to the door, pulled back the blackout and pushed through into the blackness of the porch, and there she stood waiting.

It was only seconds later when Abel joined her and immediately she swung her dimmed torch up into his face and demanded, 'What was all that about?'

'Just what you heard.' His voice sounded slightly weary.

'Well, by the sound of it, what I heard indicated that you were having a carry-on with a woman on a boat.'

'I was having no carry-on with a woman on a boat. She offered to give the boy and me a lift in return for my help.'

'Well, and did you help her?'

'Yes; yes, I helped her. I got the boat through a lock, I swilled the decks, I did what a crew man usually does. I was only three days on the boat altogether.'

'Really!' She drew the word out. 'Then all I can say, you must have been a fast worker.'

'No; she was. And now for the rest of the story.' His voice low, he turned and hissed at her, 'She wanted me to marry her. And she wasn't the only one who was in the marrying mood around that time, was she, eh? Was she, Hilda?'

Before she could make any retort to this the door behind them opened and two people emerged, and the man, swinging his torch, said, 'Oh, hello there. It's you Mrs. Gray. Good-night. It's been a good one, hasn't it?'

She made a sound in her throat and the man hesitated before stepping out from the shelter of the porch and, his voice now low, saying, 'I was very sorry to hear of your sister's trouble. Hard lines him catching it like that. This war! Oh, this war! . . . Good-night.'

There was silence for a moment during which Abel screwed up his face in perplexity; then he was holding her by the arm. Gripping it tightly, he swung her towards him and brought his face down to hers and, unseeing, he stared into it and demanded, 'What did he mean, your sister's man catching it like that?'

When she didn't answer he shook her and said, 'Do you mean to say that something's happened to Peter Ford and you've never let on?'

The door behind them opened again and Dick and Molly came out.

Abel, still holding Hilda's arm, led her towards the van. The torches flashed dully and they all took their seats in the van without exchanging a word. . . .

In the garage yard Molly said, 'Good-night, Mrs. Gray. Good-night, Mr. Gray,' and they both answered flatly, 'Good-night, Molly.' But Dick said nothing. Turning, he walked with Molly out of the yard, along the road, and towards her front door.

Back in the yard, Abel had put the van away and having closed the garage doors he stood for a moment hesitating, then looked at his watch. The illuminated pointer said five to eleven. He hesitated again only a moment now before hurrying towards the kitchen. Hilda wasn't there. He went into the hall where he found her standing in front of the mirror stroking her hair down, and without any preamble he said, 'I'm asking you again, what happened to Peter Ford?'

Now she rounded on him, her body bristling with temper. 'He went down with his boat three weeks ago, if you want to know. And why didn't I tell you? Well, you've got your answer tonight: that girl remembering your carrying-on with her mother on the boat; and then that other woman who was supposed to chain you up. You're woman mad. That's what you are, you're woman mad.'

For a moment he stared at her open-mouthed, then he shook his head and his voice was strangely quiet as he replied, 'And you know what you are, Hilda? You're a woman with a distorted mind, an insanely jealous, distorted mind; and you've never made anybody happy, me least of all. And you're jealous of your sister because she's the—' He seemed to be searching for a word. His eyes blinked, his mouth worked, and then he brought out, 'The antithesis of you. Yes, yes, yes' – he bounced his head three times, his voice loud now – 'she is the opposite in all ways from you: she's a woman who loves and is loved in return, and if she's had twenty men she'd still be purer in mind than you are.'

'Oh! Oh!' Her mouth was quivering, her eyes were full of tears, and now she cried brokenly, 'You see . . . you see, you give yourself away. There's another answer to why I didn't tell you, because you would have been round there like a shot.'

'Yes, you're right; and I'm going round there like a shot this minute. Now just sit and worry about that, and pray. Oh yes pray, pray that nothing happens between us.'

When she closed her eyes tightly he swung round from her and went through the kitchen and out through the door, banging it behind him.

It was only five minutes' walk to the post. He went through the schoolyard and into the school and to the room used as a duty room for the wardens. There were four men in the room; one was writing at a desk, one was making tea, the other two were sitting talking. Each looked up and said, 'Hello there, Abel' and he answered 'Hello'; then going to the desk he looked down at Henry Blythe, the potter, and said, 'Do you think you could spare me a half-hour, Henry, I've just heard that my sister-in-law's man's been drowned and I'd like to slip along?'

'Yes, yes, Abel, of course, there's nothing much doing to-night, at least I hope not.' He grinned. 'Anyway, if the siren goes you can always scoot back. Is it very far?'

'No, not five minutes' walk away.'

'All right. Take your time, there's nothing spoiling, you'd just be taking calls the night anyway. By the way, you've never been along for the last fortnight or so; nothing for the kiln?'

'Yes, I've got one or two bits but I'm working more on some of those little ducks. The owner of the hardware shop in Cable Street says he can sell as many as I can do but he doesn't seem to want anything else but ducks.'

They both laughed. 'Well, perhaps he's got something there because they look lifelike, real. If you made them bigger you could sell them as decoys.'

'So long.' Abel nodded from one to the other of the men and went out; then he almost ran from the school to Brampton Hill.

What if she was in bed? No, no, she wouldn't be in bed; just after eleven, more likely she was out. He hurried up the drive and round the side towards the garden flat, but he stopped before he reached the french windows. He should have gone through the hall and rung the bell, he might frighten her if he knocked on the window. He couldn't see a vestige of light. Perhaps she was in bed after all. Or again, perhaps she had a very good blackout.

He walked slowly towards the windows and when he heard the faint sound of music he drew in a sharp breath. The wireless was going. His hand went slowly out and tapped on the pane.

He waited, but there was no response to his knock. Again he tapped, a little louder this time; and now he knew it had been heard because the music stopped.

'Who's there?'

'It's me, Abel.'

There was silence, the blackout didn't move aside, the door didn't open, and so after a moment he said again, 'It's me, Florrie, Abel.'

There was another pause, and now he saw the curtain lift and a hand come round and turn the key in the doors, and when one door was pulled open he squeezed in between it and the curtain. Then he was in the room and standing close beside her as she pushed the blackout into place again.

It was all of eighteen months since he had last seen her. It was shortly after the war had begun. They had met in the street and she had said jauntily, 'How goes it?' and he had answered, 'Not too bad. How goes it with you?' And to this she had replied, 'It goes very well, I was married last week.'

He hadn't spoken but just looked at her, and she had laughed as she said, 'Don't look so surprised, it happens. You should know that.' And he had answered stupidly to this, 'Yes, yes, I should know that.' Then he had added, 'As you once said to me, I can only wish you everything that you wish yourself.'

When she remained silent staring at him he had added still further, 'And I hope that is happiness.'

'Oh, I'll be happy. Never fear, I'll be happy. I am. I am.' She had lifted her thin shoulders, then had said, 'Well, so long, Abel. Happy days.' And she had gone from him and left him standing staring after her. . . .

She had changed; she looked ill. She had always been thin but now she looked nothing but skin and bone. Softly he said, 'You're not well.'

'Oh, I'm right enough.' She turned from him and as she walked towards the fire she said over her shoulder, 'What's brought you, and at this time of the night?'

He didn't move from where he was as he said, 'I just learned, not half an hour ago, about . . . well, about your husband.'

Now she was looking fully at him across the room. 'You didn't know?'

'No.'

'But . . . but our Hilda did.'

'Yes, so I learned tonight.'

'My God! Our Hilda.' She shook her head. 'Sometimes I think she's not human, and yet . . .'

She watched him coming towards her. When he reached her he put out both his hands and took hers, and softly he said, 'I'm sorry, Florrie, I really am. From what I heard I understand he . . . he was a good fellow.'

She withdrew her hand from his and sat down on the couch, and she bent down and buttoned the bottom button of her dressing-gown, saying as she did so, 'Yes, yes, he was a good fellow, kind, none better.'

He asked now quietly, 'Was it in convoy?'

'Yes.' She nodded. 'Only out two days. He . . . he was sure they'd never catch him, I mean his ship. He had made about ten trips and had always been lucky.' She now looked up at him and said, 'I . . . I wondered, when you didn't turn up.'

He swallowed and shook his head, then said, 'I wouldn't have known even yet but . . . but someone said to her tonight at . . . at the church dance – I'd gone to pick them up – that it was a pity about . . . about your man.'

She sighed deeply, moved her head a little, then muttered, 'She's a strange creature. She came round immediately after I phoned up . . . and she said she was sorry. She came again the second week, but I've never seen her since. And . . . and she never asked me round. . . . I wouldn't go without being asked, you know that, but . . . but' – she shrugged her shoulders – 'I thought . . . well, I thought she would have told you.'

'She's jealous of you, in all ways she's jealous of you, she's got to be pitied.'

'Dear! dear!' Again she shook her head. 'I've given her no reason to be jealous of me, have I?' When she raised her eyes to his he looked back into them and said, 'No. No.'

'Oh dear God!' She now fell back against the couch and, covering her face with her two hands, began to sob.

Immediately he was near her and, his arms going about her, he turned her head into his shoulder, and as her crying mounted he stroked her hair, saying, 'There, there, let it out, it'll do you good.'

When at last her sobbing eased she pulled herself away from his embrace and leant back against the couch again, and after drying her face she looked at him and muttered, 'Thanks.'

He made no reply, just moved his head while he continued to stare at her.

Then she said, 'I feel so awful, Abel.'

'You're bound to; it'll take time.'

'Aw—' She closed her eyes for a moment before saying, 'Not that kind of awful; I mean mean, small. . . .'

'Huh! you could never be either of those two, Florrie.'

'Couldn't I?' She twisted herself a little towards him and again she wiped her face; and then she said, 'You spend yourself, you give all your best to the rotters, and to the decent ones you behave like dirt, and he was a decent one . . . Peter. He was the kindest fellow I ever met.'

'Well, I am sure you were kind to him in turn.'

Slowly she shook her head and there was a shy note to her voice now as she said, 'Not really. You see he . . . well, he loved me, he really, really loved me and . . . and it made no difference when he knew that I didn't love him. I liked him, I liked him a lot, but that is not loving. He said he loved me so much it would be impossible for some of it not to rub off on me, and he was quite willing to wait a lifetime. He was a fellow who didn't have a lot to say, he wasn't very articulate, you know what I mean, but when he did get going, well, he had a way of putting things that some people would have called poetry.' She paused and looked towards the fire, then said sadly, 'He was sure that he was lucky, he was sure that he was going to come through all this. He . . . he had our life planned out for years ahead.' She now closed her eyes tightly, bowed her head, and swallowed deeply before muttering, 'The last thing he said to me before he left was that he wouldn't die before he heard me say four words . . . four words' – her voice was a mere whisper now – 'I love you, Peter.'

She was crying again but quietly, and he did not touch her or speak to her, for he was experiencing within himself again the great want, the deep aloneness, added to which he was finding himself jealous of a dead man.

She was still crying quietly as she went on, 'He wouldn't let me come to the bus that last night, he . . . he wanted to remember me in this room, but he was no sooner out of the door than I had the urge to run after him and say those very words. It didn't seem to matter about them not really being true, the only thing I wanted in that moment was to send him away happy. But I hesitated too long. When I got to the gate he had already jumped on the bus. But when I yelled he turned and saw me. He didn't wave, it was as if he was standing stock still, sort of suspended in the air outside the bus. It was a weird experience.'

When she shivered he looked towards the fire and seeing it low he rose and using the tongs from the coal scuttle he put some coal on to it. He did it as if he were used to doing it every day of his life. As he replaced the tongs he turned to her and said, 'Can I get you a drink, something hot?'

'I . . . I would like a cup of tea. But you'll never find the things, I'll see to it.'

He put his hand towards her without touching her. 'Sit where you are,' he said, 'I'm used to finding things.'

It was ten minutes later when he returned to the room carrying two cups of tea and as he handed one to her, he said 'There's a spoonful of sugar in the saucer.' Then he asked her, 'Have you been to work?'

'Oh yes. Oh' – she moved her head slowly from shoulder to shoulder – 'I can't stay in, I'd go mad. Yet just a couple of months back I was for giving it up. I'm losing interest in it; you can't get decent clothes now.'

After sipping at the tea she turned to him and asked in a polite conversational tone, 'And how have you been? I haven't seen you for some time.'

'Oh, jogging along, same old pattern. But like you, business is pretty flat except for the bikes. But then I do part time at the factory an' all now.'

After a moment he looked at his watch, then said, 'I'm afraid I'll have to be going, Florrie, I'm on duty.'

'Oh. Oh, I'm sorry.' She moved to the front of the couch. 'I didn't mean to keep you.'

'Nonsense. Don't talk rot. Look, I'll pop along tomorrow. What time will you be in?'

'I'm in most nights after six. But Hilda . . . I wouldn't want to . . .'

'It's all right.' He nodded at her. 'I'll be along tomorrow night. Now get yourself to bed. . . . Don't get up.'

'I've got to see to the blackout.'

At the heavily curtained french windows they stood looking at each other and she said quietly, 'Thank you, Abel; it's helped a lot.'

He said nothing but turned quickly from her and went out.

When he reached the end of the drive he stopped for a moment before going into the street and he muttered to himself, 'He wouldn't die before he heard her say "I love you, Peter." '

Would he himself live long enough to hear her say 'I love you, Abel?'

God Almighty! Wasn't his life complex enough already? He should say it was. At times, and more so of late, he had the desire to straighten it out by walking out; but then he would remember he had walked out once before, and what had he walked into? Yet in this moment he knew that if he could make Florrie say the words to him that she hadn't said to her husband, and mean them, then he wouldn't hesitate to add another twisted strand to his life. But with one difference, not before he had come clean to her.

Chapter Two

'What are you going to do about that boy?'

Abel always knew Hilda was furious when she referred to Dick as your son, or that boy, but he also knew that her fury had no connection whatever with Dick.

'What do you expect me to do?'

'Get him to a doctor. He's just a jangle of nerves; he's beginning to stammer now.'

'It's mere excitement because he's got to go before the board next week.'

'You know that they'll never take him in that state.'

'Yes, I know; but he's got to find that out for himself.' He rounded on her now, his voice low and harsh. 'He's determined he's not going to be like me, a conscientious objector, he's going to show that he's for this war, so let him go and try.'

Hilda stared at him, and her voice seemingly calm, she said, 'You know something, you don't seem to care what happens to him. His nerves have got worse over the past two years and you should have done something about it. Why wouldn't you let me take him to the doctor and to see a psychiatrist when I told you it was my belief that he was worrying over something?'

He turned from her and picked up his overcoat from a chair, and as he put it on he said, 'Boys go through this phase.'

'Not without a reason they don't. Mr. Gilmore . . .' She stopped abruptly even before he shot round on her, crying, 'I don't want to hear any more of Mr. Gilmore's advice! You tell Mr. Gilmore that when I want his help I'll come and ask for it, and by God! that'll be some days ahead.'

He fastened the buttons on his coat now as if he were testing the strength of the thread with which they were sewn on; then snatching his trilby hat from the chair, he started towards the kitchen door; and he had opened it before she said, 'Where you going?'

He turned his head and stared at her before he answered. 'It's Sunday, me half day, isn't it? I can go where I like; I'm free on me half day.'

Her face was working now, her lips trembling as she cried at him, 'Don't tell me you're going tramping and it coming down heavens hard.'

'I never said anything about going tramping.'

'Oh you! You!' Her lips pressed themselves tightly together after the words and then sprang wide as she cried, 'I know where you're off to.'

'Well, why ask the road you know then?'

'You're a disgrace! That's what you are, you and her, you're shameful.'

He now stepped quickly back into the kitchen and closed the door; and standing stiffly, he looked down on her as he said, 'Put your hat and coat on and come along with me. She's your sister, she's lonely, she needs someone.'

'Lo . . . nely!' The word, broken up, trembled out of her mouth as if it were bouncing over rocks. 'Her! who's had every man in the town, an' some. And then her husband not dead five minutes.'

'Her husband's been dead six months, and after your two secret visits to her you've never looked in on her since. If it wasn't for her father and me she'd have nobody.'

'Oh my—' she just stopped herself from saying 'God!' by clapping her hand over her mouth and turning her head away. But swiftly she looked back at him again, glaring at him now and crying, 'You know what you are, Abel Gray? You're a thankless beast, a godforsaken thankless beast. I've done everything for you and that boy since you came in that yard all those years gone, and what have you given me in return?'

His brows were in a deep furrow, his eyes half closed. 'What have I given you in return? Only twelve to fourteen hours every day except an occasional Saturday and me Sunday afternoon. Apart from that I've tried to give you love, but you wouldn't have any of it.'

'Love!' Her upper lip curled away from her teeth. 'You call that love? The very thought of it makes me sick.'

'Yes, it would.' He nodded at her, his voice and mien quiet now. 'Yes, I've realized that for a long time now, Hilda, you're the kind of woman, you're the kind of female that would be sickened by that kind of love because there's so little woman in you. You wouldn't understand that, but, you know, there are females and women, and males and men.'

She took two steps back from him now, her head shaking, her voice trembling as she said, 'You think you're clever, don't you? You can talk round things, you can make black seem white, but you can't make a prostitute into a good woman, or into a good female, and that's what she is. And you in your way are as bad. Yes you are. All those women, the woman on the boat, and the woman who was supposed to chain you up. Now I'm telling you, and I mean this, I'm not putting up with any more of it. You'll put a stop to it or else . . .'

He stared at her for a moment and, his voice still quiet, he turned from her, saying, 'Well, just as you decide, Hilda, just as you decide.'

When the door closed on him she covered her face with her hands, then stumbled towards it and leant against it, and she moaned aloud, asking all the while, Why? why . . .?

Walking with his head bent against the driving rain, Abel, too, was asking himself why? why? Why must he be so cruel to her? And he realized he was cruel. Yes, it was true, she had given him everything she could since he had entered that yard all those years ago. All but the one thing, the main thing, because that was so distasteful to her. But did the fault lie with himself? his lack of understanding what it had been like for her to be married to an old man, who apparently had insisted on the union being based on virginal lines? God! when he came to think of it, that would be enough to twist any young lass, send her headlong to hell wanting it, or fearing it as she did.

Where would it end?

Well, he could end it tomorrow by telling her the truth. No! No! He couldn't see anything making him go that far because strange as it seemed he knew that she loved him, she really did love him. She loved him as deeply in her own way as he loved Florrie, and because of that at times he could feel compassion for her.

His love for Florrie was burning him up – it was torture to be with her, and it was torture not to be with her – but things were coming to a head. Yet before they did he'd have to talk to her, tell her the truth.

He was wet through by the time he knocked on the french windows and when she opened them to him she exclaimed on a laugh, 'You look like a drowned rat, an outsize one.'

'I feel like one. It isn't only raining, it's sleeting.'

'Give them here; I'll hang them in the kitchen.' She was helping him off with his coat. 'I'll just make some tea . . . I've been baking.'

'Good, good. What do I smell?' He sniffed.

'Apple tart, scones, made with liquid parafin, have your pick. . . . No, you can't!' She flapped her hand at him. 'The apple tart's too hot to cut.'

As she disappeared into the kitchen he went towards the fire and, bending down, he rubbed the palms of his hands together. Presently he turned about and stood with his back to the blaze. He felt more at home in this room than in any place he could ever remember. He supposed it was because it looked like her, elegant, warm, colourful.

Colourful?

She was coming back into the room now carrying a tray and as he went forward and took it from her he knew he wasn't linking colour to her skin, for her face was white and drawn. How old was she now? Forty-one. There were times when she didn't look thirty but one of those wasn't today.

'You're not feelin' well?'

'Oh, I'm all right, in one way that is.' She was pouring out the tea now and she paused as she said, 'I've had the hump for days. I don't know.' She moved her head slowly. 'It doesn't seem any use going on, nothing to look forward to. I've . . . I've even lost my interest in men.' She laughed a high almost hysterical laugh now and pushed him with the flat of her hand almost upsetting the cup of tea he had just picked up, and still laughing she cried, 'I'm sorry! I'm sorry!' Then her manner sobering again, she drank from her cup, in between times saying rather sadly, 'Hardly a week used to go by before but I'd have an invitation of one kind or another, and now the only ones I seem to get are nudges in the dark from the uniformed lads. I must be losing me touch.'

'Never! Not you.'

'Oh, I forgot.' She laughed derisively. 'I did have an invitation last week.

It was funny really. He came into the shop, he said he'd seen me for the last two or three days from Middleton's, you know the boarding-house across the way. He was just passing through, he said. . . . His business? Oh, he couldn't tell me, it was a sort of secret, and he offered to spend a secret night with me. Brazen as brass he was. He seemed surprised when I showed him out of the shop.'

She put her cup down on the table, then crossed her legs and leant her elbow on the arm of the couch as she said slowly, 'You know, Abel, once upon a time I would have laughed at that, it would have given me a giggle, but . . . but it didn't this time, instead it made me feel awful, cheap, low. You know what?' She turned her head slowly and looked towards him. 'When he had gone I thought of our Hilda and I asked meself if she was right after all, did I look a tart?'

'Stop it! Don't be ridiculous.' His voice was harsh. 'You look as much of a tart as I look a pansy boy.'

'Oh, Abel.' She was laughing in a jerky fashion but more naturally. 'Some pansy boy, you!'

'Well, you're as near to a tart as that. Take it from me. That fellow sounds the kind of bloke who would have tried it on with Hilda at a pinch.'

As they stared at each other they both bit on their bottom lips. Then their laughter was joined; loud, raw, they rocked with it. Perhaps it was the rocking that brought her into his arms but once she was there he held her tightly pressed against him, and a great heat swept through his veins as he realized that her arms were around him too and holding him as close as he was holding her.

When their laughter ebbed away they looked at each other, their faces wet but straight now; still enfolded they leant against the couch and no word passed between them. The seconds ticked away and formed minutes and not until after what seemed to be an eternity did he whisper, 'Aw, Florrie.'

And she answered simply, 'Abel.'

'It's been a long, long time, Florrie.'

'A long, long time, Abel.'

'How long have you known that . . . that I've felt this way about you?'

'I don't know. I only know how long I've felt this way about you.'

'Aw, Florrie. Really? Really?'

'Yes really, Abel. Remember that night in this room when . . . when we were getting on so well and he walked in, Charles. That seemed to finish it. Well, he had come to bid me a final good-bye, he was leaving for America with his family. But even then it was too late, you had taken my advice with regard to Hilda.'

The mention of Hilda's name pierced his mind and cast a shadow on the joy of the moment, and now, taking his arms from about her, he caught hold of her hands and, looking into her face, he said, 'I've got to tell you something. It's a long story, it's the story of my life, Florrie, but before I do it I'm going to say this to you: I've only ever loved one other woman in me life and then it was only for a very, very short period. It seems to me now at times that it never happened, and in this life I've only ever known you. And I'll tell you this, I've loved you, Florrie; and, yes, I've wanted you from the minute I saw you. And it's got worse with the years. I thought, when you married, that was that, but no it wasn't. Still I'm not saying I'm happy about your Peter going. But he's gone, and so now I can say to you, I love you, Florrie, I love you with all my heart. Here I am, on forty-eight, soon kicking fifty, the fires in me should have died down a bit by this time but I seem to have been stoking them up all these years just for this moment. But no more for now; I've got to tell you something, Florrie, something that's going to come as a bit of a shock to you.'

He let go of her hand and moved slightly away from her as he said, 'Some years ago I broke the law and as yet I haven't been called upon to pay the penalty, but somehow I feel that time is running out for me; more so of late, I don't know why. Anyway, let me start at the beginning.'

So he started at the beginning. He told her of his young ideals, of how he met Lena, and the weariness of his life with her until he met Alice. After telling of the way Alice died he paused for a long moment; then he said, 'After that I had to go because even with my pacifist leanings I didn't trust myself, not after I hit her. Once, just for a moment, I had the desire to finish her off. It was after I found out she had written to the husband and the result of it. It was then I knew I had to get away from her, for both our sakes.'

He now went on to tell her the little episode of the boat and of how only a few months ago the young girl had recognized him; but it wasn't until he came to the story of Miss Matilda and of changing his name that Florrie moved, and here she put her hand to her mouth and shook her head in disbelief.

Then he ended, 'I hadn't really a choice, staying put in that comfortable house with a job or . . . The important thing was I'd been offered a home for the boy. I can honestly say that he was my first consideration then. If I'd been on my own, well, I would have been up and off long before that. Strangely, the longer the boy stayed in that house the greater aversion he had to walking; even today he won't walk a step if he can ride. I'm . . . I'm not making excuses, Florrie' – he nodded his head at her – 'I'm just trying to explain the situation I was in. And, of course, there was you. Oh yes, there was you. I knew that if anything made me leave there I should lose sight of you.' He sighed now, then ended, 'So I went through a form of marriage with Hilda. The only thing I stuck out for was the registry office. It didn't seem so illegal somehow.'

She sat now staring wide-eyed at him.

'You're shocked?'

'No. No, I'm not shocked, but I'm amazed, and . . . and in an odd way I'm more sorry now for our Hilda because, being the sort she is, this will finish her if she ever finds out.'

He was silent for a moment during which he rested his head on the back of the couch. Then nodding as if to himself, he said, 'I don't know. I've asked myself time and again how it would affect her if it came to light and somehow I can't see her going to pieces, because you know, Florrie, there's a band of steel running through that little frame of hers.'

She said nothing for a moment, then asked, 'Have you deliberately prevented her from having a child?'

'Yes.'

'Do you think that was right?'

'It was better than bringing a bastard into the world. Now that fact would have killed her.'

'But she's always wanted a child. The only time we ever exchanged confidences she told me that she wanted children.'

'Then why did she go and marry a man like Maxwell? As for wanting children, she certainly doesn't hold with what . . .'

She broke in, saying, 'Yes, yes, you've a point there. I suppose she wanted so much, and if it was a toss up, it was better to have Three Newton Road and be childless than have Bog's End and babies so to speak. But, oh Abel, I hope she never finds out, not only for her sake but for yours. You . . . you could go to prison.'

'Oh, I've thought of that, oh yes; yet sometimes I think it would be preferable to the life I'm leading because then the burden would be off my back . . . and Dick's.'

'Dick's?'

'Yes.'

'Oh, of course, he . . . he must have known.'

'Oh, he knew all right. And can you imagine the pressure I had to put on him in order to make him forget that his mother was still alive. I feel very bad about this at times because it's now he's paying the price.'

'In what way?'

'He's a bundle of nerves; he's got a twitch to his shoulder, and he's even stammering now. He thinks he'll get into the air force, but they won't look at him, not in his state; and he'll blame me. I catch him looking at me at times now as if he were trying to make out what kind of fellow I really am. But then I think he has already made up his own mind about me.'

'But I remember he doted on you. I can recall Hilda being irritated by him always following you about. She said it was "Yes, Dad. No, Dad," from morn till night.'

'That may have been so years ago but more recently his attitude has changed. I know he just can't understand how I can go on from day to day, and when he laughs too loudly or goes into dead silences, as he's doing more of late, I've had the urge to get him by the shoulders and bawl at him, "All right! All right! What am I do to? Go and give myself up? You can work for your living now, there's nothing to keep me here only . . ." '

'Yes, only . . .' She nodded her head slowly, and he repeated her words, 'Yes, only'; then added, 'Sometimes I'm so sorry for her, Florrie. When she's in one of her rare good moods and fussing over us I think, I'll tell her. I'll come clean, I'll tell her. She'll understand. And then as like as not she'll say something, mention someone, perhaps that damn parson, or turn her nose up in disgust about some trifling misdemeanour, and I know it would be no use.'

'Oh, Abel!' She was sitting on the edge of the couch, her hands joined on her knees, her body bent towards him, and she repeated, 'Oh, Abel!'

'You think me dreadful, a swine of the first water?'

Her head came up, 'Don't . . . be . . . silly.' The words were slow and spaced. Now she jerked her chin. 'The only thing I'm sorry for is you didn't tell me that night. But . . . but on the other hand I must say that the worst possible thing you could do to her would be to tell her now.'

He sighed. 'Aye, I know. But what's the alternative? Carry on like this for the rest of my life or until I'm found out?'

She did not give him a direct answer to this but what she said was, 'You owe her something. And what's more . . . well' – she looked downwards now – 'I know Hilda, she needs something, someone. I remember once when I was rowing with her. She was dishing out advice and telling me I should give up my way of life. She got on my nerves so much I said the only person she needed was God, and that she already had Him in the form of Mr. Maxwell, and I hoped He satisfied her. I remember she went out crying, and I knew then there was a need in her and that it wasn't being filled by Mr. Maxwell, or God.'

'Funny about God.' She glanced at him now. 'Peter believed in God. He didn't belong to any denomination but he firmly believed in God. He had a saying that he quoted now and again. It was "All there is is God". I never fully understood it myself, but he did.'

There was silence between them, until he said softly, 'You know, Florrie, whether you believe it or not I think you loved him.'

She pondered on this for a moment, then nodded, 'Yes, perhaps I did. But there are all kinds of love.' Now she looked at him fully as she ended. 'But it wasn't the kind of love I'd felt for you over the years; and I'm sorry about this because he deserved to be loved.'

He didn't now come back with the trite remark 'And I don't?' because he knew that would evoke her immediate denial, and a denial might be too quick to ring true. He couldn't bear the thought that she might have a low opinion of him, and yet, even with her love for him, what did she really think of him because she was an astute woman, a woman of the world you could say? At best she would consider him weak. And giving the matter thought, she must consider him weak. And whenever he faced up to himself he, too, knew he was weak. Only in the more recent time had he allowed himself to think in this way, for in his young days he had been strong enough to stand by his opinions, and suffer for them. He had been strong enough to walk out on Lena; but now he knew that he wasn't strong enough to walk out on Hilda. If he had to leave it would be she who would give him his marching orders. Yet the thought of having to live the rest of his life with her while loving Florrie as he did was already creating a turmoil in his mind.

Then the turmoil was temporarily wafted away as Florrie's arms came about him and, laughing now into his face, she said in broad Tyneside, 'Eeh! Abel Gray, or Mason, or whoever you call yoursel', you're a bad lad. Do you know that? You're a bad lad. And if I had me way now you know what I'd do?'

He was returning her broad smile as he said, 'No,' and waited for her to change her tone and say softly, 'I'd love you,' because the words were written in her eyes. But what she said on a laugh was, 'I'd cook you a nice steak and kidney puddin'.'

When his hand came sharply across her buttocks she lay tightly against him and, her face hidden from him in his shoulder, she murmured soberly, 'Whenever you need me, Abel, I'll be here.'

'Oh, Florrie, Florrie, I need you every minute, all the time. Sometimes I've felt worn out, exhausted for the need of you.'

Her head still buried in his shoulder, they became quiet; then straining herself back from his embrace she rose from the couch and walked slowly towards the french windows and turned the key. When she looked at him again her gaze went straight into his and, holding out her hand, she waited to lead him towards the bedroom.

When had he ever felt like this? With Alice, no. He couldn't explain what he had felt like with Alice for he couldn't remember, but this, this he'd remember until the day he died. If he was never to go with her again, the glow, no, more than a glow, the radiance in which he had ascended to heights never dreamed of would remain deep in his memory for ever, and the fact that she, too, went along with him every pulsing moment of the way.

They hadn't spoken, not a word. It had been over for minutes now; still they hadn't spoken. But when at last she broke the silence her words startled him, 'I'm not too old to have a baby, am I?'

'What?'

'I said I'm not too old to have a baby. I want a baby, Abel. Oh, I want a baby so much. Somehow I thought it would have happened with Peter.' She turned on to her side now. 'You don't mind me mentioning him, do you?'

He, too, turned on to his side and he traced the outlines of her eyes with his forefinger, then came over the bridge of her nose to its tip, followed down to her lips, and traced their outline before he said, 'Nothing you could ever do or say, Florrie, could make me mind except if you were to tell me you didn't want to see me again. Do you know something?'

She made no movement but just stared into his face.

'I've heard people saying they felt so happy they could die, and I've always classed it as slush or tripe talk, but that expresses exactly how I feel at this moment. In fact I don't want to go on from here because every minute from now I'll be dropping back into reality.'

She now lifted her hand and cupped his cheek and said softly, 'This is reality and it can go on as long as ever you wish.'

'That will be a long time, Florrie.'

'Not long enough for me, Abel. . . . But about what I said, would you mind if I had a baby?'

'Not as long as it was mine. But . . . but have you thought about its name?'

'That wouldn't worry me, although it might worry it later. Huh! you never know. Yet I hope I'd be good to it, it wouldn't mind after all. And I'm sure it wouldn't mind when one day I'd let the cat out of the bag and tell it . . . him . . . her, that its Uncle Abel was its da'.' She laughed now, and when he said, 'I'll be an old man when it's in its teens,' her laughter took on a teasing gaiety and she finished, 'Whatever age you are you'll still be the same Casanova. . . .'

'What!' His face became serious. 'You . . . You look upon me as a Casanova, Florrie?'

'Oh, I was just joking. But wait, aye, when I come to think of it you are you know, you are a bit of a Casanova. Look at all the women who have been in your life. Aye, look at them, and from your own telling.'

He stared at her, his face serious. All the women who had been in his life: Lena, and the loveless battling years he spent with her; Alice, that swift flash of tender passion that lighted his drab life, but for a flash of time only; then the incidents, first the boat, and then the barn, then Hilda. What did he know of women really? What pleasure had he had from women? In the last half-hour he knew the pleasure that he had missed in not loving and being loved by a woman like Florrie . . . or by Florrie herself, back down all the years. But then, would Florrie have been able to love him as she had done without her experience of men? If he had met her instead of Lena all those years ago would her loving have taken him to the heights then? She had once told him she had only known three men; now counting Peter it was four. They were really equal in the number of their experiences but far from equal in the quality of them.

He would be forty-eight shortly, what had he done with his life? Nothing. He had made no mark on anything or anyone. Yet the latter perhaps wasn't quite true. He had left a mark of hate on Lena, and another of jealousy on Hilda. What mark would he leave on Florrie? Just one of love he hoped until the day he died. But it was going to be a furtive love, love on the side, and as such it could go on for years and years. He didn't think he could stand that; he wanted to be with Florrie every minute of the night and day. He didn't want her only in bed, he wanted her face opposite him when he was eating, by his side when he was walking. He had first set eyes on her in 1932, nine years ago. He had been starved of her for nine years.

Suddenly he pulled her warm body tight close to him and as his lips pressed down on her mouth the tears sprang from his eyes, and when they wet her face she struggled from his embrace exclaiming, 'Oh! what is it, Abel? I didn't mean anything, I was just teasing you. Oh, my dear, don't cry like that. What have I said, what? I tell you . . .'

He shook his head and gulped in his throat, saying now between gasps, 'That . . . that's got nothing to do with it, it's . . . it's just me, it's a weakness, I . . . I cry when I'm troubled, greatly troubled. But . . . but I hadn't thought it would affect me when I was happy, ecstatically happy.'

'Oh! Abel. Abel.' She now gathered him into her arms. 'You are so different. You're different from anybody I've ever known in all ways, and I've never known a man who cried, and I love you for it. I love you for it.'

PART FIVE

The Payment

Chapter One

'You know, when they turned me down, having waited nearly a year for my call up, I felt like jumping in the river, and it wasn't only because they wouldn't take me for the air force, but because they thought I didn't want to get into the air force, didn't want to get into the war at all. Eeh! I can hear meself going for that doctor now. I don't know where I got the nerve from but after being messed about for nearly three hours, and half of that time spent in a room by myself. You know something, Molly? I'm positive they had a way of watching me but it didn't strike me until after they turfed me out and said I'd be hearing from them. When it did I was in two minds whether to go back and wreck the bloomin' place, or, as I said, jump in the river.'

'You should have come for me and we could have jumped in together. I've often thought of doing it meself, but I'd like a hand to hold while I'm at it, just in case, you know, I decided to change me mind, then I could climb on top of my companion and clamber out.'

'Oh! Molly!' His head resting on the palm of his hand, his elbows on the table, his shoulders shook with his laughter. Then his laughter stopped abruptly and he lifted his head and stared at her where she was at the sink washing up as she said, 'Have you ever wished anybody dead?'

'What! What makes you ask that?'

She turned her head towards him. 'Nothing; I just wondered. Have you ever wished anybody dead? What's the matter? What you blushing for?'

'Am I blushing? I didn't know I blushed. I'm not blushing, am I?'

'Well, you're pretty red.'

'Well, the things you come out with would make anybody red.'

'Why should it? I just asked you a simple question, have you ever wished anybody dead? I was looking for a companion to me bad thoughts before we go into the river together.' She grinned at him.

'You wish somebody dead?'

'Yes, of course, else why should I ask you?'

He stared at her before saying quietly, 'Your mother?'

'Yes, me mother.' She turned round and stood with her back to the sink while she dried her hands on the tea towel; then she shook it out and said, 'It's wet, I'd better get another.' She was across the room and taking a fresh tea towel out of a drawer when he asked, 'You troubled about it?'

'Not any more' – she came and slipped into a chair opposite him – 'especially not since I've learned I'm not the only one.' She smiled at him, then added, 'But it isn't so bad now, only at odd times when she gets me goat. But years ago when I was fifteen, sixteen, seventeen, when other girls were out enjoying themselves, when I saw them going off to the pictures on a Saturday night with their lads, or walking past the gate on a Sunday arm in arm as they made their way into the country, oh then, boy! yes, I hardly drew a breath without thinking, I wish she was dead! Then I would spend half the night tossing and turning in nightmares riddled with guilt. I was always being put into prison, always lonely, and nearly always I woke up with her words ringing in my ears, "After all I've done for you." She still says that you know: "After all I've done for you." And what has she done for me? Made me into a bloomin' old maid . . . well, nearly.'

'Don't be daft. Old maid? Huh!'

'Who do you wish to murder?'

'Murder?' His eyebrows went up, stretching the skin around his eyes and bringing his lips apart.

'Well, tell me, who do you wish dead?'

He dropped his gaze from hers, nipped on his lip while his shoulder jerked twice, then he stammered, 'No . . . no . . . nobody in p . . . particular.'

'Nobody in particular? Do you wish everybody dead then?'

'No, no; don't take me literally. Well –' His head jerked from one side to the other in a sharp nervous movement and he gabbled now, 'Well, there was somebody. I . . . I thought if she was dead, well, it would straighten things out.'

'What things?'

'Oh, just something that happened.'

'To whom . . . you?'

'No. Well, what I mean . . . Aw' – he got to his feet – 'you know something, Molly? You're nosey.'

'Yes, I know I am. It's me only pastime. But I'm only nosey with people I like.' She rose quickly from the chair and went to the draining board and as she picked up a cup to dry it there spread over the town a great wail, and she closed her eyes quickly and said, 'Ah, not again! Three times in one week. Aw no.'

'You're going to get her downstairs?' Dick's voice had changed, there was a brisk note in it now and she said, 'Yes, I suppose so.'

'Shall I give you a hand?'

'Yes, you can, I'd be glad of it, but you'd better look out for squalls.'

'Well, if she goes for me I'll chuck her under the table.' He grinned. 'By the way, is it ready?'

'It's always ready; I keep the mattress permanently under there now. Come on.'

He followed her up the stairs and into the bedroom, there to see Mrs. Burrows already sitting on the edge of the bed.

'You've taken your time.'

'The siren's hardly stopped, Mother.'

'That won't prevent them dropping the bombs, will it? . . . What do you want?' She glared at Dick now, and he answered lightly, 'Just came to give you a hand downstairs.'

'She can manage.'

'That's what you think; she makes herself manage.'

'Well! well!' Mrs. Burrows was on her feet now, supported by both of them, and she looked down on Dick as she said with cutting sarcasm, 'A little champion, aren't you? But, of course, if you're going to be of any real help to anybody you'll have to get a step-ladder, won't you?'

'*Mother!*'

'Yes, daughter?'

Molly said nothing to this but drew in a deep breath.

They were at the top of the stairs now and Mrs. Burrows cautioned in a voice that no invalid should have been capable of using, 'Look what you're doing or you'll have me going down head first. We can't all go three abreast. Get on ahead you!' She almost pushed Dick off the top step with a sharp movement of her elbow and as he held out his arm to steady her he bowed his head and bit hard on his lip to quell the angry retort that had almost escaped him.

She was a devil of a woman. How did Molly put up with her! Wish her dead? If he had been in Molly's place he might have seen to it that she complied with the wish long before now. You couldn't believe that a woman could be so ungrateful, and to her own. It was hard to believe that there were people like her in the world, yet hadn't he found out early on that there certainly were. If he ever needed reminding the pain that he had now and again in his ear would conjure up another such as her. . . . Yet no, his mother could never have been as bad as Mrs. Burrows. And whereas Mrs. Burrows had no cause for complaint against her daughter, his mother might just have had some cause for complaint. This thought had been niggling at him a lot lately and with his other suspicions it was breeding an anger in him.

'There you are. Careful.' He was helping Mrs. Burrows down on to the mattress laid out under the table, but as his hands went to straighten her legs while Molly heaved her on to her pillows she smacked at them, saying, 'Take your hands off me.'

'Mother! you're being helped.'

'I want no help, not from that quarter.'

Molly now rose abruptly to her feet and, coming to the end of the table, she now pushed Dick out of the room, across the hall and into the kitchen. When she had closed the door he turned to her and said on a laugh, 'I can understand your death wish, but what's she got against me? I haven't set eyes on her now for months.'

Molly now went and adjusted the blackout over the kitchen window and from there she said, 'Nothing more than she's got against anyone else.'

He was silent for a moment, then said, 'Well, I'd better get in next door; but if Dad's in I'll come straight back and stay with you just in case there's any high jinks.'

She said nothing to this but went towards the back door and was about to pull the blackout curtain back when his words stayed her hand and she held her pose for a full minute before she turned and looked at him with her eyes wide and her mouth slightly open, and he repeated what he had said, 'I love you, Molly, I had to say it some time. I told meself when the siren went the other night, almost at the same time as the bomb dropped, that it might have been the finish of both of us and you'd never have known how I really feel about you, and so I made up me mind that the very next time it went I'd . . . I'd tell you, just in case I didn't get another chance. And . . . and you needn't come back with, 'There's four years between us, not to mention the two inches and a bit,' I know all that, it's been drummed into me for as long as I can remember. But the years and the inches don't make any difference to what's inside. I . . . I can't remember a time when I haven't loved you, Molly. But I . . . I don't want you to be troubled with what I've said, 'cos . . . 'cos I know what you think of me, just pally like.'

'O . . . h you! Dickie Gray, you fool.' Her lips were trembling, her head was bent towards him, and now her voice shook as she said, 'Why? Why do you think' – she made a quick movement with her thumb towards the kitchen door – 'she detests the sight of you, eh? It's . . . it's because . . . well, it's because she knows how I've felt about you ever since you first came into the yard. But I was that four years older, I was a big sister then, then I was a young woman and you were the schoolboy. Now I'm nearly the old maid' – there was a high treble note in her voice – 'and you're a young man, a good-looking attractive young . . .'

They were holding each other tightly, not speaking, not kissing, just holding tightly. When they drew slightly apart they looked at each other, then almost shyly they kissed, a soft closed-lipped kiss, almost like two children who were afraid of what they were about. That was until the querulous voice shattered them, crying, 'Molly! You Molly!'

'Damn!' But she laughed as she said it; then again they were kissing, hard and hungrily now, while the voice, louder, came at them, crying, 'Do you hear me? My back's breaking. Molly! Molly!'

As she pushed him from her, smiling into his face, she whispered, 'Come back. Come back as soon as you can.'

He stood for a moment, his short slim body straight and steady, his shoulders remained still, his lids were unblinking. He swallowed deeply and his Adam's apple bounced in his throat. He didn't speak but, thrusting out his hands, he grabbed hers and held them at each side of his face for a moment, then turned quickly and without paying the required attention to the blackout he pulled the curtain aside and went out. . . .

Hilda was in the kitchen. As she turned from the fire a look of disappointment on her face she said, 'Where's your father?'

'I . . . I thought he'd be in, he was only on till nine o'clock.'

She sat down in the wooden chair and tapped her fingers on the arms a number of times before she said, as if to herself, 'He's likely had to stay on.'

'Why don't you come down into the shelter?'

'You know I don't like the shelter. I can't bear the confined space.'

'It's safer.'

She cast a sideward glance at him as she asked, 'How safe would it be if they dropped a bomb on the house?' Then she added, 'You go down if you like.'

'Me!' His voice was high. 'I don't want to go down there.'

When he came and sat opposite her she brought her glance to bear on him with a penetrating stare before she said, 'What's up with you, you look pleased with yourself? You . . . you haven't heard differently from the air force after all?'

'No, no.' He shook his head, and he felt a sense of added warmth as he realized that she was pleased he hadn't heard; then half shamefacedly he said, 'I . . . I think I'd better tell you, Aunt Hilda. I'm . . . I'm in love with Molly.'

'Huh!' She started to laugh, gently at first, then quite loudly. He'd never heard her laugh so freely for a long time; but slightly peeved, he said, 'You find it funny?'

'No, no, Dick; I don't find it funny that you should be in love with Molly, but I do find it funny that you should tell me something I've known for years. In fact, you've plastered it all over the place, you might as well have put it up on billboards.'

'Oh! Aunt Hilda, it hasn't been like that. I never . . .'

She now flapped her hand at him, still laughing as she said, 'Yes, you did. Has there been a day for years past when you haven't scampered over there on every possible occasion?'

'Yes, yes.' He was laughing himself now. 'But I thought . . . well, I thought you would think I was just being pally.'

'Pally my foot! Anyway, that's how you feel, what about her?'

He bit his thumb nail twice before he said softly, 'I can't believe it, she feels the same way.'

'Well, I could have told you that an' all.'

'You don't object in any way?'

'Why should I?' Her voice was quiet, her face straight now. 'I'm glad, I'm glad for you. She's older than you I know, but that's what you need, Dick, someone older than you, steadier.'

'Yes, I suppose so.'

'Tell me' – she leant towards him now, her hands joined on her knee – 'I've wanted to ask you this for a long time. Is there, or has there been anything worrying you, I mean besides wondering about the air force and how Molly felt with regards to you? Have you had anything on your mind?'

His shoulder jerked, his lids blinked and he rose to his feet as he said, 'No, no, nothing, nothing important. Is there any milk left? I wouldn't mind a drink.'

'Dick' – her voice made him turn towards her again – 'I don't believe you. I believe you've got something on your mind, something worrying you that's caused these nerves. Now . . . now I've never mentioned her, your mother. I haven't probed, have I?'

Both shoulders jerked now, one after the other, then both together they almost cupped his head, and now she, too, rose to her feet, saying, 'It was your mother, wasn't it?'

The beads of sweat rolled from his brow and down the sides of his cheeks as he muttered, 'Yes. Yes, in a way.'

'What did she do to make you like this?'

'Oh' – he looked downwards and shook his head from side to side – 'she was just bad-tempered and . . . and used to box my ears. . . .'

. . . 'Oh my God!' They had sprung the distance between them and were clutching on to each other as the house shuddered.

She hadn't realized she had said 'Oh my God!' and she was saying it again when he cried, 'It's all right. It's all right.' Then he listened for a moment before adding, 'He's gone, over the town way I think, the anti-aircraft's coming from that direction.'

As he released his hold on her and went to make for the door, she shouted, 'No, no! don't go out yet, Dick, not yet.' Then putting her hand to her face, she said, 'There's another one!'

Again he said, 'It's all right; it must be in the town.'

'And another! Oh, dear, dear, Lord!'

'Come on into the shelter.'

'No, no.' She shook her head wildly, then muttered, 'Abel. Where would he be?'

'He'll be in the post or thereabouts and that first one was t'other side of here and nowhere near the post, so don't worry. Look; sit down, I'll make you a drink.'

She allowed him to press her into a chair, and like a small girl she now sat with her hands joined in front of her knees, her body rocking slightly all the while.

He had just handed her the cup of tea when he heard his name being shouted and before he could get to the door Molly burst in. Banging it behind her, she stood with her back to it, one hand gripping her throat; and now both Hilda and he were holding her, asking at the same time, 'What is it? What's the matter? It didn't hit the house? It wasn't that near.'

'No, no.' She shook her head, swallowed deeply. 'It . . . it must have been the shock.'

'What must have been the shock?' Hilda was shaking her now.

Molly pulled herself away from the door and put her hand tightly over her mouth and held it there for a moment before she said, 'She's dead. It was after the bomb dropped. She . . . she cried out and sat up and bumped her head on the underside of the table. I . . . I thought it had knocked her out but . . . but she hasn't come round and –' She stopped and closed her eyes then said slowly, 'Her heart's not beating.'

'Come on; you could be mistaken, she's likely in shock and her pulse is weak. Come on.' As he went to open the door Hilda cried, 'Wait a moment. I'll leave a note for Abel to tell him where we are.'

Grabbing a pad off the dresser, she scribbled a few words on it and stuck it in front of the clock; then they were all running down the yard, along the road, and up the drive towards the house.

It was only minutes later when the three of them rose from their knees and Hilda, turning to Dick, said quietly, 'Go and find your father. Bring him as quickly as you can. . . .'

As he ran through empty streets towards the school, only once was he hailed by a warden shouting, 'Do you want any help?'

'No, no, thanks. I'm . . . I'm just going to the post, the Bower Road School one.'

He looked upwards as he ran. There was a glow in the sky towards the old town of Bog's End, and a brighter glow nearer still to the right of him.

There were two men on duty in the post room. He knew one of them, a Mr. Blythe, and the man, putting down a telephone quickly, said, 'You didn't catch it?' and he replied on a gasp, 'No, no, it's over Swanson Terrace way I think. I saw a blaze coming from there. But . . . but it shuddered us.' He looked round towards the other room. 'Is . . . is my father about?'

'No.'

'Has . . . has he gone over there?'

'I wouldn't know, Dick; he went off duty almost an hour ago.'

He remained quiet for a moment, then said, 'Oh. Oh, thanks.' As he went through the door, Mr. Blythe called out to him, 'He's likely dropped in somewhere to have a pint; that's if he's been lucky enough to find a place with any.'

'Yes, yes.' He nodded back at the man.

Out in the schoolyard he stood still for a moment. The blaze towards Swanson Terrace seemed to be brighter, it was illuminating the sky, and away towards the docks he saw a long line of lights, dull from this distance but definitely fires. They had been trying for the docks for some nights now and likely tonight they'd found their target.

Where was his father? He walked quickly across the schoolyard now, but outside the gates he paused again looking first one way and then the other. Should he go back home and tell her that his father was off duty at the post but had gone to help the firefighters, or should he turn the other way and go down to his Aunt Florrie's?

Spurred now by a wave of feeling that was as near black anger as ever he had experienced, he was running towards Brampton Hill, his mind jabbering at him with every step he took. He had known for some time what was going on, he wasn't a fool. His father must think he was a fool. That day he had seen his father helping his Aunt Florrie out of the van and holding her hand before he would let her go through the gates and up the drive to her flat.

It was as his father had turned towards the van again that he had caught sight of him along the road and when they met he had said glibly, 'I saw your Aunt Florrie out shopping, I gave her a lift back.' He had only just stopped himself from saying, 'She must have dropped her basket or her parcels somewhere then.'

And his Sunday afternoon walks. His father no longer walked the fells. He had even seen him going towards them, then cutting down behind Wardle Drive. Now why should he do that?

When he reached the gates of No. 46 he stood hanging on to them for a moment. Then he swung his torch on to the drive and began to run again, and he kept on running until he reached the house door. There he stopped. Bracing his shoulders, he buttoned his coat, smoothed back his hair, then went through the hall, along the corridor and to the door of the garden flat.

When a woman opened the door he stared at her for a moment thinking that it wasn't Aunt Florrie, then when he recognized that it was, he put her changed condition down to the fact that she was standing under an electric light that was enveloped in a dark green shade. But when she said under her breath, 'Oh, Dick,' he went into the passage and she closed the door. He then saw the reason for the change in her. His Aunt Florrie had always been as thin as a rake, but the woman standing before him was fat, at least part of her was. His Aunt Florrie was pregnant, very pregnant. Quickly he turned his head away from her and looked towards the end of the passage, and there stood his father. He had his overcoat on and was apparently ready to leave. He came swiftly towards him now and when he spoke his voice was harsh, 'What do you want here?'

'I could say the same to you.'

'Now! now! look here, boy.'

'Don't boy me.' Both his manner and his voice were aggressive. 'I'm no longer a boy. I stopped being a boy when I stopped saying, Yes, Dad, No, Dad. And that's some long time ago.'

'Please. Please.' Florrie had her arms spread out towards each of them as if to separate them and she pleaded now, 'Come in. Come in,' and she went ahead of them into the room. It was she who spoke first. 'Try to understand, Dick,' she said, 'about your father and me. . . .' But turning his head to the side and flapping his hand at her, Dick cut her off, saying, 'I don't want to hear, Aunt Florrie. Anyway, I'm not the one you should be explaining things to.'

'Now look here. . . .'

'Is that all you can say?' Even as he spoke Dick was amazed at his own courage; then he added, 'Me Aunt Hilda sent me looking for you. Mrs. Burrows died of shock when the bomb dropped. It dropped quite near. It could have hit us.' He now looked from one to the other, then said, 'It's a pity it didn't, isn't it, it would have solved your problems?'

As he turned towards the door to go out he knew that his Aunt Florrie was restraining his father. He went into the passageway again and had opened the door and was going across the hall when he heard his father say, 'Don't worry, it'll be all right.'

When his father caught up with him, they walked out together in silence, down the gravel drive and towards the gate, and there they almost bumped into a small figure and became entwined in leads, at the end of which were two dogs.

'Bugger me! Look where you're goin'.'

If Abel hadn't picked out the bristling figure of Mr. Donnelly in the light of his torch, the voice itself would have told him who it was.

Mr. Donnelly now silenced the yapping dogs with, 'Shut your traps, will ya!' Then turning his torch on to Abel and Dick, he said, 'Oh, it's you's, is it?'

'Anything wrong?'

To Abel's question Mr. Donnelly now cried, 'Wrong? No! I've only lost me bloody house. The whole bloody street copped it, an' I would an' all only I wasn't there. They wanted to kip me down in the school with a lot of screeching women. I told them where to go.' His voice suddenly sinking to almost a whisper, he ended, 'Bugger me! T'was a shock to see the whole bloody lot gone. Anyway' – his voice lifted – 'Our Florrie'll put me up on the couch for the night.'

'There's always a room around our place if you're stuck, Fred.'

'Aye well, thanks, we'll see; but let's get the night over, 'cos I'm a bit shook up.'

With no further words he left them, and after a moment they, too, walked on.

They had gone some distance along the road before Abel said, 'I want to talk to you.'

'I don't want to hear, me eyes have told me all I want to know the night.'

'Your eyes have told you nothing.' Abel had swung him round by the shoulders, and now they were peering at each other through the dark with Abel hissing at him, 'Who got me into this situation anyway in the first place? Think back, ask yourself. Do you think I would have trapped myself as I did if it hadn't been for you? It was done to keep you off the road.'

'You didn't lose anything by it as far as I can see. Me Aunt Hilda's been good to you.'

'Your Aunt Hilda hasn't been good to me; you know nothing about it, boy.'

Dick now pulled himself away from Abel's grasp, saying, 'Don't keep calling me boy.'

'Well, don't act like one.'

'Oh, I suppose I could be called a man if I would countenance you having two wives and a mistress.'

'God Almighty!' There was such a desperate note in the words that Dick remained silent until Abel said further, 'I'm going to tell you something. I've loved your Aunt Florrie from the first moment I saw her and I've just learned lately she felt the same way about me.'

'What! with all the men she's had?'

The blow missed its aim and glanced off the side of his head; then Abel was holding him by the shoulders, almost hugging him to him, saying, 'Oh my God! what's happening to us? I'm sorry. I'm sorry.'

After a moment of stunned silence Dick thrust Abel from him and, his voice holding a broken note, he said, 'Don't you ever lift your hand to me again. If you do you'll get as much back, as big as you are. Now I'm telling you and . . . and I'm going to say it: you stand there and tell me you fell in love with her the first moment you saw her, well, all I can say is you quickly forgot Alice, the Alice who was so wonderful, the Alice that drove us out on to the road. Less than a year and the great romance was over.'

For a moment Abel did not answer and when he did it wasn't to retaliate, what he said now and quietly was, 'Yes, it appears like that. I grant you it appears like that, but it wasn't that way at all. You'll learn. Oh, you'll learn some day.' And with a definite plea in his voice now, he added, 'Can . . . can I ask you not to let on to Hilda? I mean to tell her, I've been meaning to tell her for a long time, but . . . but not at the moment.'

They walked on side by side, the silence heavy between them, and it wasn't until they were nearing the yard that Dick spoke, when, as if he were just continuing the conversation, he said, 'There'll be no time you can tell her when it will be easier, there'll be no way to soften the blow, you know that.'

'Yes, yes, I know that.'

'No matter how she goes on at times she cares for you . . . more fool her.'

Abel made no reply, he couldn't for at this moment he was suffering a hurt which until now he hadn't experienced. Of all the things that could happen to him in his life the last one he would have believed possible was the rejection of him by his son. The boy, the adoring boy, the boy who was no longer a boy but a young man . . . a man, a man who had acted like one tonight. In some corner of his mind there was pride in him that this flesh of his was making a stand against immorality. His own retaliation had been against the immorality of a nation, the immorality of killing, but his son's was a more common kind. He was making his stand against the immorality of sinning if you like, the sinning of one person against another, and when he dubbed it sin his son wouldn't be thinking of the social code but of the pain such immorality, such sin inflicts on another human being.

He had the urge to turn on him now and say, 'I'm going to tell her. Right now I'm going to tell her': but what would that mean? He would have to tell her not only that she wasn't his wife but that he was soon to be the father of her sister's child. . . . God! No! No! The boy was right, he couldn't do it, for there was no way he could soften the blow; and she didn't deserve to be felled, as the truth would surely fell her.

Chapter Two

'Look, dear.' Dick put his arm around Molly's shoulder. 'It would have happened some time, she had a bad heart. And you haven't a thing to blame yourself for. Good lord! after the way you've looked after her, and what you've put up with from her?'

Molly lifted her head from her hands and as she stared over the table towards the door that led into the hall she said, 'You remember what we were talking about last night?'

'Yes, yes, I remember, we were talking about wishing people dead. We could have talked about it last week, last year, and it wouldn't have affected you, but we just had to talk about it last night; and now you're going to enjoy having a guilt complex about it.'

'Enjoy!' She snapped round in her chair, and he stared down into her face as he said, nodding his head, 'Yes, that's what I said, enjoy.'

Molly made no reply as she looked back at him. Within the last twenty-four hours he seemed to have changed, he was a different person. Only once today had she seen any nervous movement in his shoulder. With an authority that she would have attributed only to his father he had handled the funeral arrangements, he had directed the men when they moved her mother to the mortuary, and now he was speaking to her as he had never spoken before, with a note of maturity in his voice.

As she stared at him a strange thought entered her head: she knew that he would never again laugh at his own shortness of stature, and that more likely he'd hit out if anybody mentioned it, even in a jocular way. He was right too about the guilt feelings, not that she was enjoying them, but that she was allowing herself to be plagued with them. It was stupid of her because she had nothing to blame herself for where her mother was concerned; she had been a hand-maiden to her since she could toddle. But one thing she was sure of in her mind, she wasn't going to say she should have loved her mother, for not even a saint could have stood the daily railings of a person like her mother. Even so, she wished . . . yes, she wished that they hadn't talked as they did last night, because after he had gone she had stood over there by the kitchen door and, looking across the hall, she had pictured the querulous creature lying under the table and when the voice had come to her again, crying, 'Do you hear me, Molly?' she had thought how wonderful life would be without her. And now here she was without her, and wonder was far away, and she was sick with the feeling of guilt and remorse.

'Come on. Come! Aunt Hilda's holding dinner for us.' He smiled at her now. 'You know what she's like if she's got to wait for a meal. She likes her food, and she's beginning to show it for she's getting fatter. She's always nibbling. They say it's . . .'

He stopped himself from going further and adding, 'A sign of frustration, or to fill some need.' Recalling the open row that he'd had with his father last night, and his discovery of his Aunt Florrie's condition, it was more than ever clear to him now that there was an emptiness that needed filling in that woman who had been a mother to him for so long and that she could only attempt to assuage it by eating.

'Come on.' He had her by the hand and just as he went to open the door he turned and, taking her into his arms, he looked into her face as he said, 'Everything's going to be plain sailing for us two from now on; whatever happens to anybody else things are going to be right for you and me, understand?'

She looked into the so familiar face. It seemed to have added a number of years on to itself overnight, and she nodded her head but made no comment, but when he kissed her with a short hard kiss on the lips she thought wryly, Funny, how compensations are handed out. His Aunt Hilda would say, 'God works in a mysterious way his wonders to perform.' And she knew it was a wonder. Oh yes, it was nothing short of a wonder that Dick loved her. She had only to look in the glass to realize how great was the wonder. And the wonder was intensified by the knowledge that Dick considered the luck to be all on his side.

On the step he paused as he said, 'We'll cut across the field. Your field, do you realize that? It's your field now.'

She glanced at him sideways as she said, 'I hope it'll soon be ours.'

'Aw, Molly!' He shook his head. 'I wasn't thinking along those lines.'

'I know you weren't but –' She leant her head towards him and smiled a small knowing smile as she said, 'I bet it hasn't escaped your Aunt Hilda's notice.'

'No, you're right, I bet it hasn't. But it's your land and you do what you like with it.'

'We'll see.'

They rounded the back of the outbuildings and came through the passage into the yard; then both stopped and glanced at each other as the sound of raised angry voices came from the kitchen.

After a moment of listening Dick said, 'That isn't Dad; come on. . . . Look.' He stopped and pointed to where the two dogs were tied by a length of string to the drainpipe, and he said under his breath, 'Mr. Donnelly.'

When they opened the kitchen door both Hilda and the old man looked sharply towards them; then almost instantly Mr. Donnelly turned his verbal attack on Dick. Pointing at him but looking at Hilda, he cried, 'You could take them off the road, give shelter to any scum, but when it comes to your own . . .'

'Shut up!'

'Don't tell me to shut up, girl.'

As the old man staggered towards the table and leant on it for support Dick realized that although his speech wasn't yet slurred nevertheless he had had a lot to drink. He was again yelling at his daughter, 'Don't tell me to shut up. You know what you are, you're an ungrateful sod. You always have been and –' He half turned and, addressing himself to Dick and Molly, he cried, 'All I was askin' was shelter, a room for few nights, an' what did she say, no, not in her house. I could 'ave the rat hole up above the garage, but only for few nights mind. . . .'

'They're . . . they're very nice rooms, Mr. Donnelly,' Dick now put in quietly. 'We . . . we lived in them; they were comfortable. . . .'

'Don't you tell me how long ya lived in 'em. I . . . I know how long ya lived in 'em, lad. An' she had them all done up fancy for ya. But what're they now, ah? Woodwork shop: least they were two years gone back when I climbed those stairs.'

'There's only one room a workshop, Mr. Donnelly.'

'Well, t'other room ain't gettin' me, boy. If it's so good you . . . you go up there an' I'll take your bunk. . . . Aye; aye. Now that's fair, isn't it?'

Before Dick could make any reply Hilda shouted, 'There's going to be no exchange of any kind. You're just doing this on purpose to . . . to upset me. You've got plenty of cronies down at your own end who'd give you shelter. . . . And what about our Florrie?'

'Our Florrie?' He turned to her again. 'Our Florrie'd put me up like a shot if she could, but she's only got one bedroom, you've got four of 'em up 'bove.' He thumbed towards the ceiling. 'And anyroad she's hardly room for herself, and when her belly gets emptied next month or so she'll want all the room she can find. She put me up on the couch last night an' me dogs an' all, an' it was your man who said, 'If ya want a bed come round, Fred.' Didn't he?' he now appealed to Dick. 'You were there, weren't ya, on Florrie's drive when he said it?'

'What did you say? Where?' Hilda was walking slowly from the fireplace to the end of the table, but she didn't look at the old man, she looked towards Dick as she said to him, 'What's this? Were you at our Florrie's last night?'

He swallowed deeply. 'Just for a minute,' he said.

'Just for a minute?' she repeated. 'You went to the post to get your father if I remember, didn't you? If he was at the post how did he come to be at our Florrie's?'

'He . . . he had just called to see if she was all right.'

As she nodded at him the colour of her face changed, even her neck looked red; then turning her gaze on her father she demanded, 'What do you mean about . . .?' She hesitated and the old man cried at her, 'Go on, say it. Soil your mouth, lass, soil your mouth. I said when her belly empties an' the bairn comes.'

As Dick watched her hand clutch at the end of the table there arose in him a momentary hatred against the old man, but more so against his father. But the latter feeling wasn't momentary, it was already there.

'You didn't know? Well, you wouldn't, would ya' – the old fellow was still yelling – 'you never look the side she's on. She's scum to you, but you're not fit to wipe her boots. Do you hear me? You're not fit to wipe her boots. An' she's done something that you couldn't manage, for all her age; aye, she has.'

'Get out! Get out this minute!' Her fingers began to claw along the edge of the table as if in search of something to grip, and then she was screaming at him, 'Get out! Do you hear me?' and it stressed the height of her feelings when she cried at him, 'God! I don't know, I don't know how I ever came to be connected with you. Out!' Her arm was outstretched, her finger pointing towards the door. But the old man didn't move; he had been leaning over the table supporting himself on his hands, but now slowly he straightened himself and seemed to take on inches and, strangely, both his voice and his mien appeared sober and there was a depth of deep fury in his tone as he said, 'Well now, lass, I'm gona relieve your mind by tellin' you somethin', aye, by tellin' you somethin'. An' it's this, you're not connected with me, do you hear? Eh, do you hear? What'll you say if I tell you you no more belong to me than those two there do.' He flung his arm to the side. 'You'll be relieved to know, lass, that you're a bastard. You were born a little bastard an' you've grown into a big bastard. Aye, by gum! if there was ever a true word spoken I've just said it.'

He paused and now he smiled, a rather terrible smile, as he said, 'You're losing your colour, lass. I'd sit down if I was you 'cos there's more to come.'

Hilda didn't sit down but she backed from the table as if from a reptile and when her heel touched the fender she stopped. Her lips apart, her eyes wide, she stared at him like an entranced hare as he now, in the same terrible tone, went on talking. He talked and he talked, giving her every sordid detail of his love life; and then there was almost the sound of tears in his voice when he said, 'I took you on as a sort of lost love, I devoted me life to you. Aye, I did, I devoted me life to you. Nothin' was too good for you, the others could go to hell but you must have, and you know, there's a thing called irony, and by! I've often thought an' all that God must have handed that out as a punishment to me 'cos the irony of it was you never took to me. Not from the time you could toddle you never took to me; you took to Annie. Oh aye, you took to Annie, but not to me. You got under me skin but I put up with it 'cos I saw your mother in everything you did. But now' – his voice rose sharply – 'I know that if I'd married her she would have likely been as big a bitch as you, 'cos you've got it from some place. On the other hand though you could have got it from him who did the trick on her. But only God knows who that was, likely one of many. Aye, lass, grope for support, I think you'd better sit down.'

'Leave her alone, Mr. Donnelly.' Dick moved towards Hilda. 'And I think you'd better go.'

'Bugger me eyes! don't you start, young 'un, else I'll soon deal with you. I'll go when I'm ready, you hear me! I'll go when I'm ready.'

'Sit down. Come, sit down, Aunt Hilda.'

Hilda didn't sit down, what she did was to push Dick's hand aside; then gulping in her throat, she stretched her neck upwards two or three times before she spoke, and as she spoke she bent her body forward in the direction of the old man and what she said was, 'Do you know something? Do you know something, *Mr. Fred Donnelly*? That's the best news I've heard for years, it's the best news I've heard in me life.' Her voice was rising almost to a scream now. 'You think you've done me down, don't you, by spewing this at me? Well, you couldn't have done me a better service. Now I feel clean. Do you hear me? I feel clean because I know I'm not connected with you. Now again I say *get out. Get out of my house and I never want to set eyes on you again ever. Ever.*'

The old man remained standing. His jaw moving from side to side ground his teeth into audible sound. Then almost jumping round he made for the door, dragged it open, paused for a moment to unloosen the dogs, then went down the yard in a staggering run.

Dick stood and watched him for a moment before turning to Molly, who had stood mute through all this. He motioned to her to go to Hilda, who had now turned and was standing with her raised arms and hands pressing against the mantelborder, her head drooped forward in between them, and he whispered to her, 'I'll get Dad. . . .'

Abel was at the far end of the garage working on a lathe and when Dick made frantic gestures to him to stop the machine he did so, then said, 'What's the matter?'

'Everything, I should say.' Dick's tone was the same as he had used last night on the walk back from Florrie's.

'What do you mean, everything?'

'Mr. Donnelly's just been. He must have taken you at your word that there would be room for him here. Well, Aunt Hilda seemed to have other ideas about having him in the house and she told him so. He was very drunk, at least he was when I first saw him but I think he's sobered up now. He . . . he made a disclosure which he imagined would floor her. Well apparently it didn't. But that might just be on the surface. . . .'

Abel was wiping his hands on a piece of tow as he said, briskly, 'What disclosure? What did he say? Get on with it.'

'Oh, you needn't worry.' Dick's face was tight. 'He told her that Florrie was going to have a child but he didn't mention the man . . . he must have forgotten.'

'Now, now! lad, don't you start that again. What did he come to say?'

'Apparently he didn't come to say anything, he only wanted to stay here, but when she wouldn't have him he just told her that she doesn't belong to him. He told a long tale about a woman he loved, someone who married his brother, and after he was killed in the pit she went off and got herself pregnant with somebody else.'

When he saw Abel turn away and put his hand to his brow and say, 'Lord God above! not that,' he muttered, 'You knew about this?'

Abel let out a long shuddering breath as he said, 'I've known about it for a long time.'

'That . . . that she wasn't old Donnelly's daughter and . . . and not Florrie's sister?'

'Yes, yes.'

'How?'

'Oh, I overheard Florrie and him going at it one day, but I didn't know then what it was all about. It was only later that Florrie inadvertently let it out of the bag.'

'And you've kept quiet about it?'

Dick almost jumped as Abel rounded on him, crying now under his breath, 'What do you think I should have done? Told her that she didn't belong to them?'

'No, no.' Dick shook his head. 'I'm sorry. Lord!' He turned to the side and now pushed his fingers through his hair, saying, 'Everything coming at once.'

'Yes, everything coming at once.'

Looking at his father, his voice and manner somewhat mollified now, he said, 'She's in a state, she . . . she needs comfort, but . . . but not from me.'

Abel stood with his head bowed; then after a moment, he muttered, 'Go on in; I'll be there in a few minutes.'

'Dad.' It was the first time he had used that name for many months, and as Abel looked up at him he said, 'As I said, she knows about Aunt Florrie, but . . . but if she brings it up you . . . you won't tell her the truth, will you? I don't think she could stand much more, not after today's do. It would likely turn her brain.'

Abel glanced away for a moment, then his voice dry and throaty, he said, 'Don't worry, I'm . . . I'm used to lying, I'm a dab hand at it.'

As Dick went slowly out of the garage Abel looked at the piece of tow which he was still holding in his hands and he crushed it tight in his fist and for a moment he had a picture of himself in the barn standing against the iron shackles.

Slowly he opened his fist and let the tow drop from it; then he walked out of the garage and up towards the house, and as he went he hoped he wouldn't have to lie, that she would have already sensed the truth, and that as she had turfed out her father she would also do the same for him, for then his problem would be solved.

For the moment he had forgotten about the ceremony he had gone through with her in the registry office.

Chapter Three

Not on that particular Saturday, nor on any day during the following six weeks did Hilda mention Florrie or her condition. She knew, without it being stated in words, who had fathered the forthcoming baby, but she realized that were she to bring it into the open, Abel would walk out on her. The disclosure would be like a licence allowing him to go free, and she couldn't bear the thought of life without him. Life with him was a pattern of taut questions and answers during the day, and the wide gulf in the bed at night.

At nights she would lie awake on her side listening to his deep, steady breathing, and she would still her crying in case it wakened him because should he awake and hear her he would make no movement towards her, which would only add to her humiliation. She longed for him to cuddle her and soothe her, but he had never reacted like that for years. The very last time he had turned to her, his gentle fondling and soothing had changed swiftly into what he termed loving and she had protested with as much energy as he was using, saying, 'I'm tired, I've had a hard day and . . . and I want none of that. You can't act like a human being for five minutes.'

That phrase, you can't act like a human being, had the same effect as that of the last nail in her coffin for now she knew she was literally dead to him as far as emotion went.

Slowly and terrifyingly she knew there was growing in her another being, a questioning being, an anti-religious being, an anti-Reverend Gilmore being. It was a woman who was asking wouldn't she have saved herself years of unhappiness if she had been able to look upon this act, which her mind told her was dirty, in a non-religious way. Or again, look upon it as the women in the Bible did? Mr. Gilmore was always reading and quoting the women of the Bible, but when you got down to rock bottom what were they? A lot of Mary Magdalenes, a lot of whores. But were they any worse for that? Christ hadn't thought so, so why had she felt that she had to be better than them?

More and more now she was blaming Mr. Maxwell and the vicar for inveigling her into the association, the so-called marriage which had been no marriage. If she had been initiated into marriage from the start things might have been different. The other woman was asking her now, what she should do if Abel were to give her another chance? If one night he were to turn in the bed and take her into his arms, how would she respond? The self she had lived with so long turned its head away and said, 'I don't know.'

One consolation she was finding, and which remained a surprise, was the fact that Dick was on her side; and what was of equal surprise was the knowledge that there was an open rift between him and his father. The child had adored his father, the schoolboy had adored his father, the youth . . . the early youth had adored his father, but the young man had cut down on his adoration, and the man of nineteen certainly didn't adore his father, and she felt she knew the reason for it! Dick must have been aware of Abel's association with Florrie and had spoken boldly out against it. Perhaps at bottom this was the reason for his nerves. But no, this nervous business had been growing since he was sixteen.

At times she wondered what she would do without his support and Molly's. Molly was a nice girl. They planned to marry next year. The sooner the better, she thought, because it was strange how attractive a plain girl could suddenly become to certain men when it became known that she now owned a big house and a good piece of land, not to mention a few thousand pounds.

Men were crafty, wily, out for the best chance; they'd jump at anything that offered a good set-up. Abel had jumped at a good home and business; he hadn't married her because he loved her, he had never loved her, she knew that now. She had known it from the beginning, but she had loved him. . . . Yet could you love without the other thing? He had said, you couldn't, it was all part of the whole. Aw, life was hell.

Eeh! she must stop thinking that way; she was using terms in her mind that would have brought her to her knees a few years ago. Twice this week she had brought out the exclamation My God! Only yesterday she had said 'Damn it!' when the milk boiled over the stove. She was changing, she knew she was changing and she was afraid, and sad, afraid both of the change in herself and sad that it was too late for it to have any effect on Abel.

Abel, too, had changed, at least towards her, during the past weeks. His manner had been softer, he was more considerate. He had stopped spending all his spare time, even part of his dinnertime, up in the workshop whittling away at those animals of his. Twice recently she had come in from church meetings to find the tea-break cups washed up and the table set for the evening meal. She hadn't remarked on it because she feared she would have said, as her mother used to say, 'It's thin butter on your conscience. . . .' Her mother . . . she wasn't going to go into that again because no matter what kind of a face she had put on when that revelation had been thrown at her it had caused a wound inside her which was still wide open.

She stood now looking down the yard at the passing army trucks. The war was in its third year, it couldn't go on for ever. When it was over people would want cars, they'd want to get away on holidays, business could soar. But would it matter if it didn't? No, not if Abel wasn't with her.

What would he do when the baby was born? He wouldn't be able to keep it to himself then, he'd be bound to give himself away . . . and what then? Would she raise Cain and give him the chance to walk out? or would she humble herself and say 'Don't leave me, Abel. You can see to her and the child, only don't leave me?'

She turned from the window and went through the kitchen and into the hall and up the stairs to her bedroom, and there, sitting on the edge of the bed, she covered her face with her hands for a moment. But when her throat became tight with tears she rose quickly from the bed again, muttering to herself, 'Don't. Don't,' because she knew that if he came in and asked why she was crying there would bound to be a show-down.

She went and stood in front of the mirror and appraised herself. She was thirty-seven. She hadn't a line on her face or a grey hair in her head. She looked much younger than her years, and she could still be called pretty. But then there was her figure. She had put on pounds lately, and she couldn't afford to put on pounds, not with her height. If only she could stop eating. She moved nearer to the mirror and fingered her cheeks. She had a better skin than their Florrie. She shook her head impatiently: why couldn't she stop saying *their*. *Their Florrie*. She was no longer their Florrie or our Florrie as she herself was no longer our Hilda. Oh no, she was no longer our Hilda to either that horrible old devil or his daughter.

Yet, when she asked the question of the mirror her thoughts fell into the old idiom: Why do they fall for our Florrie? What is she after all? She's got no looks to speak of, and no figure; a yard of pump water, that's what she looks like . . . so why?'

The only answer she gave herself was '*Men*', and on this she turned from the mirror and went from the room, her head moving from side to side as if in denial of the truth her mind was presenting to her with regard to the attractiveness of their Florrie.

Florrie's baby was born near midnight on a Thursday night but Abel didn't see it until twenty-four hours later, which meant he hadn't seen her for forty-eight hours altogether. She was in high spirits when he had left her on the Wednesday afternoon. The child wasn't due for another week and she laughingly said she had never felt better in her life except that she had put on a little weight and she would have to see about getting it off.

He entered as usual by the garden door. After turning his key in it he had pushed it slightly open and slid in between it and the blackout, but as his hands went to pull the blackout aside it was stayed by the sound of a baby's cry, a young baby's cry. His mouth fell into a gape, his eyes widened, then he was round the curtain staring at Fred Donnelly coming out of the kitchen carrying a tray. It was the old man who spoke first and what he said was typical. 'Taken your bloody time, haven't you?' he said.

'Sh . . . e's had it?'

'Well what the hell do you think that is cryin'? Me whippets haven't been at it so you can't blame them.' He grinned from ear to ear at his joke.

'Is . . . is she all right?'

'Well, you're not likely to find out standin' there glued to the bloody spot, are you?'

Abel closed his eyes for a moment, smiled weakly, then hurried across the room and into the bedroom. But once inside he again became still and looked towards the bed where Florrie was sitting propped up with pillows, and to the side of her in a cot was the howling baby.

He gazed from one to the other and it was she, like her father, who had to stir him into movement, saying, 'Well, if you're coming in, come in; there's somebody wants to see you.'

Ignoring the child for a moment, he walked slowly up to the bed; then sitting on its edge, he leant towards her and gathered her into his arms. Presently, he drew himself away and, looking into her face, asked quietly, 'Are you all right?'

'Perfectly all right.' She cocked her chin upwards.

'When . . . when?'

'Near midnight last night.'

'But . . . but you were all right when I left you?'

'Yes, I was, but you weren't gone five minutes until I knew something was afoot. I phoned Mrs. Kent and she came straightaway; then later on the doctor came. He said it was the quickest thing he had seen in years.'

'Was it bad, hard?'

'Well' – she sighed – 'I wouldn't want to go through it again this week.'

He laughed and dropped his head against her brow, and as he sat like this she said, 'You're not interested at all in what we've got?'

'Oh! Florrie. Florrie!' He rose quickly now from the bed and went round to the other side and stood over the cot looking down on the crinkled face, on the working lips and blinking eyelids and the head with a tuft of hair sticking up from the crown.

After a moment, lifting his eyes to her, he said, 'What is it?'

'It's a baby.' Her voice was loud now and tinged with laughter; then she added softly, 'A girl.'

'A girl.' His smile widened. 'I'm glad. Oh yes, I'm glad. Are you?'

'Yes, of course. I wouldn't have minded either way, but I think I am . . . I am glad it's a girl.'

He came round the foot of the bed again and sat beside her, then said anxiously, 'How are you managing? You're going to see about Mrs. Kent staying?'

'Don't worry, Mrs. Kent's been. She's coming in every day; and Dad . . . well' – she nodded towards the bedroom door – 'he's been marvellous. Of course he shocks everybody within earshot but nevertheless he's . . . he's been marvellous.' Her face lost its smile now as she ended, 'I've been glad of him. Abel.'

'Yes, yes, I suppose you have . . . I should have been here.'

'I'm glad you weren't.'

'You are? Why?'

'Well. Well, you would have stayed all night and there would have been questions. You know what I mean.'

'Oh! Florrie.' Again he was holding her, talking into her hair now. 'How am I going to stand it?'

'It will become a pattern. Don't worry, we'll work something out.'

Raising his head he looked at her steadily as he said, 'Don't you want me with you all the time?'

'Oh, don't be silly!' She bowed her chin on to her chest, then muttered, 'Don't make me say it. It was bad enough before but since that do with Dad and her. . . . Abel' – she now raised her head and looked at him – 'I couldn't live with myself if . . . if I knew she was going to be left alone, I mean altogether. To be deprived of her family and then of her husband, well, it's enough to send her round the bend. Aw, Abel' – she now put her arms tightly about him – 'I want you, I want you every minute of the day, but I know, I know meself and . . . and I couldn't be really happy if I took you completely away from her. I . . . I know I have you, every bit of you, so it's not hard for me to say 'Don't leave her', although I know it's hard for you to stay. Anyway, leave things as they are for a time; you'll find it'll work out. Strange how things work out. Be happy, be happy with me in this moment because I've never been so happy and contented in my whole life. I'm so happy I'm beginning to fear that something will happen to shatter it. It's got nothing to do with you or me, I don't know what it is, I suppose it's just a natural fear that happiness brings, you become terrified of losing it. Anyway, don't worry; you'll see, everything will work out. You know, as I lay here today I thought how strange it is about all the little things that happen to make wishes come true, it's as if life is cut out to a pattern. And I think it is, I think our lives are cut out to a pattern from the beginning and that one day we'll be sewn together like that' – she took his hand and linked her fingers tightly in his – 'and nothing or no one will be able to unpick us.'

Chapter Four

It was the first batch of the miniature ducks he had taken to the shop in weeks. The hours he now spent nursing his daughter left him little spare time for his workshop, but during this past week he had gone at his whittling at a pace which suggested he had a time limit to get an order out. His earnest application to his woodwork craft was not solely created by the fact that he would from now on need to add money to his savings, although if there wasn't as yet any need to support the mother he was nevertheless determined from the start to be responsible for the expenses of his daughter. She, he had decided, was going to have the best that could be obtained, and black market prices were high, even where baby commodities were concerned. But his hurry sprang from some deep urge that kept pestering him to add to his capital, telling him he could do nothing without money.

So on this particular winter's day of alternate flurries of sleet or snow and hail he pushed open the door of Roger Lester's art shop. The term art had at one time encompassed a great many sidelines. Besides artists' materials, various pieces of china depicting scenes of Newcastle and Durham would have been on display, even Sunderland cut glass. But now Mr. Lester sold whatever he could get his hands on and a number of empty shelves in the shop showed that he wasn't too successful; and therefore his welcome of Abel was warm and genuine. 'Hello there,' he said. 'Am I glad to see you! Where've you been? I thought you must have got it in one of the raids. Ah. Ah' – he dug with his finger the flat box that Abel was carrying – 'come on let's see what you've got in here.'

'Not over much this time, I'm afraid, but I'm getting down to it again.'

The box on the counter and now opened, Mr. Lester lifted the birds and animals one after the other from their nest of cotton wool. 'Ah, this is new. A blackbird?'

'No, a rook.'

'Well, there's not much difference, they're both black. And a swan. Nice, nice. But only two of them? Ah, the ducks.' He now picked up two of the small ducks and placed them on his palm, saying as he nodded his head, 'Of all the animals you do you can't beat these. You'd think that little fellow was trying to pick fleas off himself.' He traced the rounded neck back to the tail. 'Work of art this. I've always said it, haven't I, a work of art. You should have gone in for this in a big way instead of cars and bikes.'

'I might yet.'

'You'd be wise. Well, I can assure you these won't be on the shelf for long, but I shall keep some back for special customers. People can't get anything to make a decent present these days, they'd pay any price for them. Why, a funny thing happened not an hour gone. You know my Andy's little 'un, Stephen? Well, I gave him one of your last batch – it was this one, the duck preening its feathers – and you know he carries it around everywhere; holds it in his fist as he goes to sleep his dad says. Well, there he was in the shop standing over there, not an hour ago as I said, and in comes this woman, out for a day I think because I've never seen her before, not round here, and she didn't speak our lingo either. She wanted some writing paper, and there was Stephen buzzing around the shop holding the duck out as if it were an aeroplane – you know how bairns do – and what does she do but she takes it from him and stares at it. And then she says to me, "Do you sell these?" and I said, "I do when I can get them." And then she says, "Do you make them?" and I laughed and said, "Me? No! no! I haven't got clever fingers like that." Then after a moment she asks, "Who makes them then?" and I said, "Oh, a man at the other end of the town." And at that she said, "Oh, is it a Mr. –" I think she said, "Mason" and I said "No, his name's Gray." Then she turned the thing over in her hand and looked at it, and I am positively sure she would have pocketed it if Stephen hadn't said, "Give me me duck." She then wanted to know if you had a shop and I said no, you had a garage. . . . What is it? What's the matter? . . . Here . . . you all right? Come and sit down, man. Here, sit down on the chair.'

'No, no.' Abel shook his head. 'What . . . what was she like, this woman?'

'Thinnish, in her forties I should say, decently put on, whitish face, small features you know, bit peevish looking I thought.'

'What . . . what time did you say she was here?'

'Oh, about an hour ago.'

Abel turned swiftly towards the door now and Mr. Lester called, 'What about settling up?'

'I'll come back later.'

'All right, if it's all the same with you, all right.'

He was in the street now and only just stopped himself from running. God Almighty! Lena. After all these years, Lena. It couldn't be anyone else. Nobody would have recognized the duck like that.

Lena! What must he do? What could he do?

He ran across the road now and jumped on a bus. His mind was racing, throwing questions at him, giving answers, answers without hope. He knew that it wouldn't take her two minutes to connect the name Gray with that of Mason. Oh Hilda. Hilda. If he had only told her. Now this revelation on top of all the rest would, as Florrie had said, surely turn her brain. She had been acting strangely of late too; he was positive she knew about the baby, and he couldn't understand why she wasn't bringing it into the open. But Florrie said she could; Florrie said that in her position she would be doing exactly the same because she wouldn't want to lose him. Oh! God. Lose him? If he could only lose himself.

Two stops before the house he jumped off the bus but remained standing on the edge of the pavement until the bus had receded far into the distance. He was feeling sick and not a little afraid. One thing he knew he couldn't hope for, that Lena's character had softened with the years. She would show him no mercy, she would glory in bringing him down.

The panic swirling in him made him sweat, it ran from his hair down into his eyes, and as he stepped off the pavement a lorry driver tooted his horn sharply and, sticking his head out of the cab, shouted, 'Why don't you wait for a bomb, mate!'

Having reached the other side of the road he stood perfectly still for a full three minutes; then he squared his shoulders, jerked his chin upwards out of his collar, smoothed the pockets of his double-breasted greatcoat downwards as if pressing out the creases, and began to march, his step quickening as he neared the yard. He hurried up it, and into the kitchen, and came face to face with his wife . . .

Lena had hardly altered except that she seemed smaller; she was still thin, and there was no trace showing in her face of the girl he had married, but there was in every line of it the woman who had screamed abuse at him when he walked out of the cottage door almost twelve years ago.

'Hello, Abel.'

He couldn't associate her voice with a cat teasing a mouse before the kill, it was more like the composite baying of dogs before they tore the stag to shreds; and if ever there was a stag at bay he knew that he was in a like position now.

'She won't believe me.' Lena moved her thumb slowly over her shoulder towards where Hilda was sitting in the high-backed wooden chair staring at him as if she were paralysed in both speech and movement. 'She's hardly opened her mouth, she's been struck dumb. You're a bad lad, Abel, aren't you, going through a form of marriage with another woman when you already had one? By the way, where's me son? . . . What!' She gave a short sharp mirthless laugh now. 'Have you been struck dumb an' all? Oh, you're wondering how I found you out, are you? Well, you shouldn't have gone on making them little ducks; nobody could make little ducks like you. Well now, what are you going to do about me? Eh? Eh?'

When surprisingly he took a quick step forward towards her she seemed nonplussed but when, his voice holding a deep, firm ring, he said, 'What I'm going to do is this, I'm going to tell you to get out and do your worst. I walked out on you twelve years ago because I couldn't stand the sight of you any longer and I haven't changed,' she turned her head quickly and looked towards Hilda, then back to him, and she cried, 'By! you've got a bloody nerve. You walked out on me because you couldn't stand the sight of me, you say? You walked out on me? You did not, you scuttled from Hastings when the woman you were carrying on with was murdered by her husband. I've just told her that.' She thumbed again towards Hilda, but still Hilda made no move whatever. 'An' if you hadn't gone her brothers would have scuttled you, there would have been another murder done. You left me to escape the consequences of your whorin'.'

'Get out! Do you hear me? Get out! because I haven't changed much in twelve years and what I threatened to do that day I might just do now.'

When he took another step towards her she backed from him and towards the door and as she did so she cried, 'Oh, don't think you're going to get off as easy as that, Mr. Abel Mason or Gray, you're going to do a stretch, an' I'm going to do a jig the day they send you down. I'm goin' to stand up in court and tell them all that I've suffered through your neglect and for deprivin' me of my bairn all these years. I'm going straight from this very room to the polis station, so look out and don't try to run away again.'

'Get!' – his arm was stretched out, his finger pointing – 'and go to the polis; I'll be quite willing to do a long, long stretch not to set eyes on you again. Now go!' He reached beyond her and pulled open the door, and she stumbled backwards into the yard yelling, 'I'll see you get your deserts, by God! I will. I'll show you up from one end of the country to the other; I'll put you in all the papers.'

He banged the door on her voice, then stood with his back to it looking towards where Hilda still sat like an effigy incapable of either movement or speech.

Minutes passed before he walked slowly towards her; then dropping on his hunkers he reached out to take her hands, but when his fingers touched hers she drew them back as if she had received an electric shock. But still she didn't speak, only continued to stare at him as he began to talk to her softly, soothingly. 'Hilda. Hilda, listen to me. I know I've done wrong. It's been on my mind all these years; I've never really known a minute's peace. And believe me, I wouldn't have had this happen to you for all the world, I wouldn't. No matter how I've acted towards you I wouldn't have hurt you like this. I could have walked out any time over the years but I knew you didn't want me to, so I stayed on. Yet in my heart I knew it would come out some day. But . . . but not like this. I should have told you. Somehow though I felt it would be depriving you of something, a family, and you needed a family . . . Say something, Hilda, please. Please say something.'

She didn't say anything, but with a jerk of her body she moved the wooden chair back from him; then rising slowly but keeping her eyes on him, she walked round him, then backed towards the door and out of the room. When he heard her going upstairs she was still walking slowly, it was as if she were pausing on each step.

As he dropped into a chair by the kitchen table he realized he still had his coat and hat on, but he made no effort to take them off. What was he to do? Almost immediately it seemed, he was given the answer.

When he heard the thud he rushed into the hall to see a suitcase lying at the bottom of the stairs, then another one came tumbling down to join it. He stood staring at them for a moment; then as he went to pick them up there followed a spate of clothes, suits, shoes, shirts, ties, underwear, all tumbling down the stairs, some not reaching the bottom but getting caught up in the banisters until the whole staircase was littered with his clothes.

The scurry and flurry following so quickly on her numbness was startling, but he could make no protest, all he could do was to gather up the articles and press them into the cases. But when these were both full there was still enough to fill another two or more.

It was as he brought the last of his clothing from the stairs and added them in a heap on the kitchen table that Dick came in the back door. He had just come off his shift and was still in his overalls, his hands and face streaked with engine grease.

Before closing the door he stopped and stared at his father, but Abel merely glanced at him before going back into the hall and picking up the two suitcases.

'What's . . . what's happened?'

'Does it need any explanation?'

'But—' Dick looked in perplexity at the jumble of clothing on the table.

'Your mother's been.'

'No! Oh! Oh God!'

'Yes, oh God!'

Abel stopped stuffing the underwear into a shirt which he was using as a bag and said slowly, 'In one way I would say I was glad if it wasn't for the effect it's had on her.' He jerked his head towards the ceiling. 'Stay here with her and see to her, will you?'

Dick stared at him, making no response for a moment; then he said, 'Me mam?' The word sounded strange to his ears. 'What . . . what is she like?'

'Can you remember the day we left?'

'Yes. Yes, sort of, vaguely.'

'Well, all I can say is she hasn't improved, she's a vixen.'

'What is she going to do about it?'

'Oh, see me along the line for a long stretch. She's promised me that.'

'Oh, dear God!'

Abel now put out his hand and gripped Dick's shoulder and, looking at him steadily, said, 'Don't worry. I knew I had it coming some time, and strangely, in a way it's a relief. I'll pay whatever price they decide. I'll have to, I'll have no other choice. Then I . . . I can be with Florrie.'

'What about . . . what about her?' It was Dick who now jerked his head towards the ceiling, and for answer Abel simply turned and pointed to the table, then to the suitcases standing on the floor. 'She wouldn't even listen,' he said; 'she wouldn't even speak. If she had gone for me I'd have felt better about it. I'm . . . I'm a bit worried about her so don't leave her, will you?'

'You going to Florrie's now?'

'Yes; where else?'

'What if me mam comes back?'

'I don't think you need to worry about that, although she might want to see you. She talked about you as her child. Anyway, when you see her and hear her I think you'll understand more fully why I walked out.'

'I do understand, I did then, but what I've never been able to understand is . . . well, your deceiving Aunt Hilda.'

Abel now bent forward towards Dick as he said, 'Your Aunt Hilda wanted to be deceived; I didn't ask her to marry me, she did the asking. I'll tell you now, I even offered to live with her. I would have preferred that. Oh yes, I would have preferred it that way, but with her religious outlook she would have none of it. I had to put up a fight not to be married in the church, it didn't seem so bad in a registry office.'

'I'm sorry, Dad.'

'I know you are, lad; but as long as it's all right between you and me things aren't too black. I may as well tell you, I've been upset lately the way things have gone.'

'Me too.'

'Look, I'll stack these things in the garage. I'll have to make a couple of journeys, but once I'm clear I think you'd better ring for Doctor Cole. You can tell him what's happened, he'll know how to treat her then.'

'All right . . . Dad.'

As Abel turned from the table, the bulging shirt in his arms, Dick, his stammer evident again, said 'Wi . . . will . . . will they c . . . come and take you, I m . . . mean what happens in a case like this?'

'I don't know. I know as much about this end of the business as you do, but I'll soon find out, won't I?' He smiled wryly; then holding the bundle to one side, he put his free arm out and now pulled Dick towards him and pressed him tightly as he said, 'Don't worry about me, just stay here and see to things . . . and her.'

Chapter Five

The detective inspector knocked on the door of the garden flat and Abel opened it to him.

'I am enquiring for a Mr. Mason.'

'I'm he.'

'Oh. I'm Detective Inspector Davidson. Your son told me where I might find you.'

'Come in.'

The inspector came in and stood aside while Abel closed the door. He did it slowly, and as slowly he walked past the man and into the sitting-room, and there he motioned with his hand towards the couch where Florrie was sitting nursing the child, and he said, 'This is Mrs. Ford.'

The inspector inclined his head forward and Florrie, now getting to her feet and laying the child in the corner of the couch, said in a low voice, 'Won't you sit down?'

'If you don't mind, I'd rather stand; this won't take long.' He now turned to Abel and said, 'You know why I've come?'

'Oh yes, I know why you've come.'

'A Mrs. Mason has laid claim by showing as proof her marriage certificate that she is your wife, and also – the inspector now cast his glance to the side before raising his eyes again and looking straight at Abel – 'we have confirmed with Somerset House that the certificate which she produced agrees with their records. These records also show that a man using the name of Abel Gray, by which I understand you are now known, did subsequently go through a form of marriage with a person of the name of Hilda Maxwell.'

The formal words and tone were in keeping with the inspector's appearance and after Abel had acknowledged his statement by one single movement of his head the man now said, 'I must caution you that from now on you need not say anything, but anything you do say will be taken down and may be used in evidence at your trial.'

When Abel sighed the inspector said, 'I'd be obliged if you'd come to the station with me, sir, for questioning.'

Abel turned and looked at Florrie. Her face remained straight, only her eyes told him what she was feeling.

A few minutes later he was dressed for outside and he had opened the door leading into the hall; then pausing, he said, 'Just a minute, I forgot something,' and hurrying back into the sitting-room, quickly closing the door behind him, he went to Florrie and took her in his arms, and after kissing her hard and quickly on the lips he whispered, 'Don't worry. What's to be will be. Just remember, nothing can separate us in the long run.'

She made no answer, only gulped in her throat, then pressed his face tightly between her hands. . . .

On the journey to the station the inspector surprisingly dropped his official manner and, almost like a friend, said, 'Have you a solicitor?'

'No.'

'Well, the quicker you get one the better.'

'Thanks, I'll do that.'

'Do you know anything about the proceedings you're going into?'

'No, not a thing.'

'Well then, if you had a solicitor with you he'd likely tell you to plead not guilty.'

Abel turned his head swiftly to him. 'But I am,' he said, 'I've committed bigamy. I'm guilty all right.'

'That's as may be, but if you plead guilty they can keep you inside tonight and then when you come up before the magistrates in the morning and you still hold your plea as guilty you can be kept in jail until your trial.'

'I won't be able to get bail?'

'Not if you plead guilty.'

'Huh!' Abel shook his head, then, on a wry smile, said, 'I'll get out until the trial if I say I'm not guilty?'

'That's the way it goes.'

. . . And that's the way it went. In the police station he went through much the same procedure as he had done in Florrie's sitting-room, only here the atmosphere was different, and it ended with him being bailed to appear before the magistrates the following morning.

He was visibly shaken when he walked down the steps and into the street from the police station, and he stood for a moment thinking about a solicitor and where he would find one. He had never had need of a solicitor. Hilda had one, but he couldn't go to hers. Florrie had said there was a tall building off Cuthbert Street that housed solicitors and accountants. She, too, had no need of a solicitor in Fellburn, the business of her shop had been settled in Newcastle.

When a few minutes later he looked at the well-polished brass plate, he saw the name Thomas Gay and Co., Solicitors, Commissioners for Oaths, and underneath a list of four names headed by a John E. Roscommon. He looked at the other names. Well, it didn't matter which one, did it, they'd all likely know what to do.

He went into the building and up the stairs and through a glass door marked 'Thomas Gay & Co.' and to a glass-partitioned desk where a prim young woman looked at him and said, 'Well . . . yes?'

'I'd . . . I'd like to see Mr. Roscommon please.'

'Have you an appointment?'

'No.'

'Well, let me see' – she turned to a book – 'how about Wednesday at three?'

He stared at her for a moment before saying slowly, 'I want to see him today.'

She stared back at him, her eyes widening. 'I'm afraid that's impossible. Mr. Roscommon is fully engaged.'

'One of the others?'

'They're all engaged.' She moved her head slowly, then she bent forward as if speaking to a child and, peering up at him from under the partition, she said, 'You've got to make an appointment to see a solicitor.'

'Miss Wilton!'

The young woman turned to look at the old man who was addressing her. He beckoned her to one side and although Abel couldn't hear what he was saying he distinctly heard what she was saying. 'It isn't done,' she said; 'Mr. Blackett would go on.'

Now Abel heard the old man say, and quite distinctly and firmly, 'Leave Mr. Blackett to me' and to this the young lady answered with an indignant 'Eeh!'

Now the old man was looking through the partition at Abel and was saying, 'Your name, sir?'

'Gray . . . Mason . . . Abel Gray Mason.'

'Would you mind taking a seat, sir?'

'Thank you.'

Abel took a seat and he watched the old man disappear through a door and he was left staring at the partition and at Miss Wilton who was staring back at him in no friendly fashion. Under other circumstances he would have laughed at the expression on the young girl's face, but he doubted at this moment if he would ever laugh again.

It was almost five minutes later when the old man returned and, in the same polite manner, said, 'Will you come this way, sir?'

Abel knew that his exit was being closely watched by Miss Wilton and as he went up a narrow corridor the old man said, 'The young lady is new to the work but she's right in one way, it is usual to make an appointment.'

'I realize that now but I'm . . . I'm badly in need of advice at the moment.'

'I understand that, sir. This way.'

They now crossed an open office where four typists, busily tapping away, raised their heads for a second and glanced at him; then through another passageway; and now the old man was opening a door and ushering him into a sparsely furnished room.

'Mr. Gray Mason, Mr. Roscommon.'

The man sitting behind the desk rose slowly to his feet, but that hardly brought him up to Abel's shoulder. He didn't speak, he just motioned towards a chair and Abel, sitting down, said, 'I . . . I'm sorry to barge in like this but . . . but time is precious, you see, sir, I've got to appear in the magistrates court tomorrow morning and it's . . . it's all happened so quickly. I . . . I didn't realize . . . well, the procedure . . .'

The small broad man closed his eyes for a moment and said, 'All right, all right, Mr. Mason. Now just settle back and start from the beginning. What's your case?'

On an outgoing breath Abel said, 'Bigamy.'

'Oh.' Mr. Roscommon showed no surprise whatever. 'How many times?'

'Oh. Huh!' Abel smiled wryly. 'Only the once.'

'Only the once.' Mr. Roscommon now began to apply himself to his desk pushing papers here and there. Finally, he drew one towards him – it was blank – and again he said, 'Well now, start from the beginning.'

Abel started from the beginning. Twenty minutes later Mr. Roscommon stopped making notes and asked the first question. 'Where's your wife living now . . . your legitimate wife?'

'I . . . I don't know.'

'You don't know? Oh. Well then, we'll have to find out, won't we?' He looked towards the clock and said aloud, 'Half past eleven. And that's not the only thing we'll have to find out before tomorrow morning.

'How has the woman . . . well, the one you've been living with as your wife taken this matter?'

'Very badly.'

'Is there any hope she'll stand by you?'

'No, none.'

'. . . And you pleaded not guilty?' He was tapping the writing on his pad now, and he went on, 'Yes, of course, else you wouldn't be here. Well now, as I see it, Mr. Mason, the worst part of all this isn't the fact that you married another woman while you still had a wife, although that is what they'll have you on, but the reason why you left your wife in the first place, because looking at it from the judge's point of view, no matter how cruel or unhappy your mistress was with her husband she would likely be alive today if it wasn't for you. Well, need I say more?'

No, he needn't say more. And he had never thought of Alice as his mistress. They didn't call them mistresses in the working class – his woman, or fancy bit was the name by which she would be known.

'Well now, your wife. She'll likely come on you for maintenance . . . You don't know, I suppose, how she's been living, I mean, has she been supporting herself?'

'I don't know.'

Mr. Roscommon sighed. 'We've got a lot to go into.'

'What will happen after tomorrow morning, sir?'

'Oh, you'll go up before the magistrates.' He paused, then said, 'Let me see. What have I got on tomorrow morning? Shall I be able to go with you?' He pulled a book towards him, thumbed the pages, then said, 'H'm, h'm. Yes, yes, that's all right. It'll likely be early. Oh, well now' – he again looked at Abel – 'what will happen then? Well, you'll plead not guilty, and I'll ask for bail for you while the papers are being sent to the Director of Public Prosecutions, so you'll be out and about until the committal proceedings.'

'Is that the trial? And how long will I have to wait?'

'No, no, that isn't the trial, that's only . . . well, a sort of preparation. It'll take place in about three or four weeks' time. From there you'll be committed for trial at the assizes. Now where they'll be held remains to be seen, it'll be the nearest to the committal proceedings. It could be in either Newcastle or Durham.'

'Can you give me any idea what the usual penalty is for a case like this?'

'Oh.' Mr. Roscommon pursed his lips in a soundless whistle. 'You could get anything up to seven years, but it all depends on who's on the Bench and the prosecution. Oh yes, the prosecution. If the prosecution has a good barrister he can colour off-white to black, so it'll be up to us to get you one who can bring the black to off-white again. But don't look so down' – Mr. Roscommon smiled for the first time – 'I've even known cases like this where the judge has dismissed the whole affair. It could happen if he's had trouble with his own wife.' He laughed a deep rolling chuckle now, but Abel didn't join him.

Mr. Roscommon now lay back in his leather chair and rolled a pencil between his two hands as he asked, 'What is your wife like, good-looking? Appeal of any kind?'

'None whatever. To my mind she's a vixen and looks it.'

'Oh yes, yes.' Mr. Roscommon nodded now. 'She would look a vixen to you because you're prejudiced, but you must remember, all men, and especially those in court, won't be seeing her through your eyes, it'll be what she sounds like that could sway the balance. Anyway' – Mr. Roscommon rose suddenly to his feet – 'I've got a lot of work to do on this so I'll bid you good-bye until tomorrow morning.'

Abel was already at the door and when the small man held out his hand he took it, and as the solicitor shook it he said cheerily, 'There's one thing in your favour, there's a war on; people's views have changed, widened. The powers that be have more important things to deal with than family issues, and who knows the judge might think you're worth more to the country in the factory than in gaol. Part time, you said, and you run a cycle repair business as well?'

'Yes.'

'Ah well, funny thing to say, but this war has come as a godsend to many. Good-day to you.'

'Good-day.'

As in a daze, Abel threaded his way through the typing room, along the corridor, past the outer office where Miss Wilton's eyes seemed to be waiting for him, and down the stairs into the street.

There's a war on. He had forgotten for a moment there was a war on. He had forgotten that he had spent most of the night helping to clear the debris of a house almost brick by brick so the joists wouldn't crush an old woman and her dog, both still alive in the basement of the house. He had forgotten that they had let him down through the cross beams that were supporting half an intact wall that tended any minute to collapse. He had forgotten that he'd had to prise the dog from the old woman's arms before he could lift her and push her upwards, all the while she crying for the dog. He had lifted the dog very gently, for its back legs were badly crushed, he didn't think it had long to survive. They had pulled him up through the hole only just in time, and when a few seconds later he had stood and watched the wall cave in he felt physically sick.

Of a sudden he again felt sick and very tired; and oh God! he had the desire to cry. He must get home, home to Florrie.

Chapter Six

The house was quiet . . . dead. Dick was still asleep. It was only half past five in the morning; the town was not yet astir, but even when it was the house would still appear dead.

She put the kettle on the gas ring and went about the usual routine of brewing the first cup of tea, and while it was brewing she pulled the damper out of the fire, placed some pieces of coal gently on the top of the still hot ashes, and raked the fire, the dead ash falling into the pan underneath the grate. Then having poured herself out a cup of tea, she sat down, not in the big wooden chair, she never sat in that now, but on a kitchen chair near the table.

While sipping her tea she stared at the blackout frame fixed over the kitchen window. Her thoughts were jumping from one thing to another, as they were in the habit of doing these days, always avoiding the main issue. There hadn't been a raid now for three weeks. It was a pity, because she wished one would blow the place to smithereens, with just her in it, because there was nothing more to live for. Everybody in the world seemed to have something to live for except her. Dick was always trying to hide the fact that he had a lot to live for.

What would she have done without Dick these past weeks, and Molly too; they had both been wonderful. But it was Dick who had held her in the night when during that awful fortnight she'd had the bouts of screaming. But for him, they would have put her away, sent her for treatment was how they put it. At night now, when she got all tensed up the only thing that made her take a pull at herself was the memory of those nights of alternate screaming and laughing. She didn't know which was the worse, her screams or her laughter. The doctor said it was shock. When it stopped, she had gone back into that strange silence, and in it she spent hours, even days going over her life. At the end, her mind would always ask herself the same question: What had she had from her life? And the answer would be . . . nothing, because nobody had ever really loved her. She excluded from her thoughts her supposed father because he hadn't loved her, what he had done all the years while bringing her up was hug to himself the dream of the woman who was her mother. Yet she could still think it strange that a horrible little man like that could love with such intensity.

That was the word that had been missing from her own love, intensity. She had loved Abel, but not with intensity; at least not when she married him she hadn't, and not during all those fruitless years either; not until now. Dear God! not until now, for now the feeling she had for him was all-consuming. She should be hating him. She did hate him, but all the while she wanted him, she needed him, she loved him, and with intensity now, and for the first time she knew that this feeling was real love and so different from anything else she had experienced in her life. She loved him in such a way that she'd be willing to live in the house with him even if he never came within a yard of her again, but what was more telling still she would gladly live with him on his own terms, the terms that he had laid down about loving.

She rose from the chair and, going to the fire, she put more coal on it; then poured herself out a second cup of tea and sat down again. Today was the day, likely his last day of freedom; surely his last day of freedom. What would they give him? Would what she had done shorten it in any way? She had asked Dick to take the letter to his solicitor. He had hesitated, asking, 'You're not going to make it harder for him, are you?' and all she answered to that was 'No; it should help.'

She knew she would have a struggle today to stop herself from going to the court in Newcastle, she longed to look on him just once more; but she couldn't bear the thought of seeing that woman again, or their Florrie . . . But if their Florrie was wise she'd keep away. This last statement reflected the old Hilda, the authoritative Hilda, the condemning Hilda. But there again, too, her feelings towards their Florrie had changed. During her screaming period she had seen herself springing on Florrie, bearing her to the ground and beating her until she lay still, after which she had taken hold of the child and thrown it – her mind had always shut down in the scene showing where the child landed. But now her mind seemed to have put a cocoon around Florrie, it was as if she no longer existed. She didn't even think any more: I'm glad she's been made to suffer, perhaps because she fully realized that Florrie's suffering would be short, compared with her own, only the length of time he would be away from her.

Her thinking ceased abruptly as Dick came into the kitchen, and she turned to him and said, 'You're up early.'

'Yes; I've been awake for some time, I heard you come down.'

'I've just made the tea.' As she went to rise from the table he said, 'It's all right I'll get it.'

When he had poured himself out a cup of tea he sat down at the other side of the table, but before raising the cup to his lips he looked across at her. Their eyes held; then he put out his hand towards her and she placed hers in it, and when he gripped it tightly she bowed her head and bit down hard on her lip, and he said gently, 'Try not to think about it. You can't do anything, none of us can do anything, it's out of our hands.'

Chapter Seven

Mr. Justice Hazeldean looked over the courtroom. He wished he could keep his mind on the case in hand but his whole body seemed to be bursting with relief, he could even call it joy, so much so that only his long training prevented his face from slipping into a broad smile, it even prevented him from getting up and dashing home and putting his arms around his wife because she would still be crying with relief.

Yesterday they had been childless, they had been childless since they were informed their only son was missing, presumed dead. Now this very day, this very morning they had received news that he was a prisoner-of-war. He was wounded when his plane crashed and had been in hospital since. They didn't know the extent of his wounds, but he was alive.

He made his mind return to the case proceeding. Old Benbow was in good form this morning. He was doing his prosecution with passion; he hoped for the prisoner's sake that Collins was as good with his defence. This case wasn't plain sailing, however, it wasn't just bigamy; there was the reason why this man had left his wife in the first place. Nasty business that. And now the wife – she was a little thing, the kind that Margaret called snipey – Oh dear, dear. She had started quietly enough, mouse-like in fact, but now she was haranguing her husband, in spite of Mr. Benbow's efforts to calm her down . . . What was her name? Mason. Mrs. Mason. Well, she was showing her true colours. H'm. H'm. One could see why it would be somewhat difficult to live with a little termagant like her . . . The defence was protesting. He conceded their protest. That bit was enlightening.

He now looked towards the prisoner in the dock. He certainly had a way with women, or so it seemed, did that big fellow. If what his legal wife had just tried to bring out was true, he was now living with his illegal wife's sister. Well, well! quite a list: a mistress, a wife, an illegal wife, another mistress. That is what was known, there might be a lot still unknown. He was indeed a fellow. Yet looking at him, one wouldn't put him in the category of a Don Juan. He was big, granted, and good-looking in a way, but he had a quiet air about him. Well dressed too. He could be taken for middle-class any day in the week, but he was a working man. He gave a little chuckle inside. He was indeed a working man, four or more women! He was indeed a working man, a hard working man.

He wished Benbow would get that woman off the stand, he couldn't tolerate the sound of her voice. She was now ranting about having to support herself all these years. Oh dear me, there was the defence popping up again. He gave a quick glance at his watch. How long would the case take? It was the last before lunch. Margaret was to meet him at the club. He would like to buy her something, something big. Well, it could be worked. Harrison had a friend who had a friend in the black market, jewellery department. He chuckled again. Why not? Why not indeed! This was an occasion to be celebrated. He'd see him before he left the court.

Ah! now this was interesting – he was brought back to the case again – Mr. Collins was jumping into his client's defence from the deep end, reading a letter from the illegal wife. Well, well! so the prisoner hadn't wanted to marry her; he had apparently done everything in his power not to. Well, well! But he had proposed living with her. However, she had insisted on a ceremony. H'm. H'm. What a lot of trouble she would have saved everybody if she hadn't insisted on a ceremony. And now she had written that he had been a very good husband and a wonderful father to his son. H'm. H'm.

He looked at the prisoner again. The man had changed colour. A few minutes ago he was a pasty white, now you could almost say he was blushing.

There was feeling there; somehow one could say that this fellow was perhaps more sinned against than sinning. He looked the kind of fellow women wanted to mother. They always wanted to mother the big 'uns. For himself, he found that generally most big chaps were wind and water. And yet what about Arthur? Arthur was big enough and there was no wind or water about Arthur; no, he was a doer was Arthur. How many raids had he led this last year? Well, his raiding days were over now. But he wasn't dead. No! he wasn't dead. He was alive and would soon be home. The end of the war was in sight; oh yes, well in sight . . . Oh! the fellow was on the stand now and had changed his plea to guilty. Well, well! But he seemed to have nothing to say for himself. Collins was working hard in his defence pointing out the other reasons why he left his legal wife. She was a nagging woman – oh he could believe that – lazy, and cruel to their son, the evidence of which was with the young man who now had a defective ear. Why did Collins use such terms as defective ear? In the language of today it almost sounded as if the ear had gone over to the enemy. He again chuckled to himself. Why couldn't Collins simply say his hearing was affected?

He was saying that the prisoner and his child had tramped the roads for several weeks and it was mainly because he, the prisoner, wanted to make a permanent home for his son that he had taken Mrs. Maxwell's offer. Ah! Ah! The prisoner didn't seem to like that bit, and Collins wasn't going to give him the chance to speak at this stage. Dear, dear. He wished he would cut it short. Anyway, he knew what sentence he was going to give the fellow.

Oh! So the wife was asking for maintenance, was she, while living with her cousin in North Shields? Oh, there she was again popping up, yelling that she was his housekeeper. Would this man need a housekeeper in a two-roomed flat? She was a little bitch of a woman, and proving herself to be a liar. He had a good mind to let the fellow go free just to spite her; he couldn't stand snipes of women. In the prisoner's shoes, he, too, would have walked out on one like this. She had said she wouldn't divorce the man, well now, if what was being hinted at now were true, he could divorce her, couldn't he? Who was his solicitor? He looked down at his notes. John Roscommon. Ah well, Roscommon. He had his standards had Roscommon, he didn't make many mistakes, and he had chosen well in the defence, too. Collins had done a good job. He had shown that the fellow had a case. And yes, in a way he was a brave man for it had taken courage of a sort to be a conscientious objector in the last war, for it had been the women one had to face then. Like savages they had been, out for blood, and in many cases did actually draw it.

But then there was still that business at the beginning. Murder was a nasty thing, no matter how it came about, and as that little snipe had said there would now have been another if the deceased's family hadn't been wiped out in a raid. But now for the summing up. He'd have to read the fellow the Riot Act, but he'd do it, as Margaret would say, in a low key.

Addressing the accused, he now began:

'I would say that all this has come about through you taking the line of least resistance. There are many men with nagging wives, many men who would like to walk out, but they have a sense of their responsibility, which they pledged to both church and state when they took part in a marriage ceremony . . . Then there was the reason for your leaving your wife. I am sure it has crossed your mind that that woman in question might have been alive today but for your association with her. You could argue whether she would have been happy; that is a debatable point, no one can justify ending a life because of unhappiness. And now we come to your bigamous marriage. It says something for you that the woman with whom you went through this form of marriage speaks well of you, in fact she would like to take the whole blame on herself, and she gives you credit for refusing to marry her in a church. I suppose in your own mind you imagined you were putting things straight, at least with the Deity. . . .'

He stopped here and sent a warning glance around the court to still the tittering; then he resumed: 'It was also to your credit that you did in no way profit from your association with this woman. She was head of a small but profitable business when you became associated with her. This business, I understand, is still in her name and all you have received is a moderate weekly wage; if you had been a rogue instead of just a weak man, you would, I am sure, before now have made something more of this. You could have persuaded her, no doubt, to put the business in your name, and failing that, in joint names, but you did none of these things. The only way that I can see you have profited from this association is in providing a home for yourself and your son. In the meantime you seemed to have repaid this woman with affection and kindness, so much so that she wishes you nothing but well. I—' He now looked round the court as if he were searching for a face; then he let his eyes rest for a second on Lena before going on, 'I take it from the hearing that your legal wife has no wish to divorce you, in fact she seems determined not to give you your freedom, but that, on your own saying, you will never return to her, and on the evidence I have just heard it would seem that you may have grounds yourself for divorce. But that is another matter.' He knew he shouldn't have put that bit in, but oh, he didn't like that woman's face. He paused again, looked down at his notes, then raising his head, looked straight at Abel as he ended, 'I have no need to stress here that there is a war on and your services would be better employed outside than inside a gaol, but nevertheless you have broken the law and you could be sent to gaol for seven years, but because I feel, as I have stated, that you are a weak man rather than a bad one I sentence you to nine months' imprisonment.'

What did the fellow say? his lips had moved. He imagined he had said 'Thank you, sir', and with relief too. He was standing straight. Ah well, with good conduct he could be out in six months, and he was the kind of fellow who would behave himself.

Now to get to the club and Margaret and see her smile the first time in weeks. That fellow didn't know it, but if it hadn't been for the news about Arthur he might just have sent him down for seven years, war or no war.

Nine months. Florrie looked at her father and he, nodding at her, said, 'Aye, and he got off light. He was damn lucky. As the old fellow said, he could have got seven years. And that wife of his, if she'd had any say in it she would have put him away for thirty. God! there was a bitch of hell if ever there was one. No wonder he walked out on her. I would have murdered her. If she's like that now what was she like in the beginning. She got up the judge's back 'cos she kept interrupting. You could see. Aye, you could see.'

Nine months. Florrie pressed the child tightly to her before laying it down on the couch; then going to the fireplace she put her hands on the mantelpiece and leant her head against it, and from there she said, 'I know he forbade me to go, but do you think that he expected me to be there after all?'

'No; don't be so bloody soft, woman, you'd have only made things worse for him. What would it have looked like? He left his first wife for a woman, then goes and marries another, and now he's living with her sister and her sitting in the courtroom! Somebody would have twigged like that bitch of hell herself because she knew all about you, she brought it out.'

'She did?' She turned quickly from the fireplace.

'Oh aye; but the judge shut her up. I'm telling you, Abel was damn lucky this morning 'cos old Hazeldean isn't noted for short sentences. I tell you, when I saw who was on the bench I thought two years at least. Oh aye, I did.' He shook his head at her.

'But nine months!'

'He'll only do six of them, and what's six months after all. Come on, buck up. Look, I'll get you a drink.' As he went towards the cabinet she said softly to him, 'Dad,' and without turning round he said, 'Aye?'

'I know you've got a decent flat now but . . . but would you mind staying with me for the next week or two. I could make the couch up here for you and . . .'

'Don't go on. I've got it all worked out, I'm staying till he comes out.'

'Thanks, Dad.'

Having poured out the two whiskies he brought them to the couch and, handing her one, he said, 'Sit down; I want to tell you something.'

When she had seated herself, he said, 'Go on, have a sup of that,' and as she did so he said, 'You haven't got only to thank the judge for his leniency this mornin', if it hadn't been for her' – he jerked his head – 'things might have gone pretty black for 'im.'

'You mean . . .?'

'I mean Hilda.'

Florrie moved to the edge of the couch before she asked, 'Was she there?'

'No. No, but she had sent a letter.'

'A letter?'

'Aye. The solicitor read it out. It said that she had practically forced him into the marriage and he had been good to her. She said that he had never done her out of a penny, and he could have, he could have grabbed the whole business and gone off. Or words to that effect. Anyway, I thought I was listening to a miracle, I couldn't believe it was our Hilda writing that letter. She must have changed.'

After a moment, Florrie said quietly, 'I'll owe her that an' all. I've . . . I've put her through an awful time. I feel guilty about it. All the time I feel guilty about it.'

'It was nobody's fault but her own. She pushed him into it, dragged him into it, an' by her own admittance. The judge said he was weak.'

'He's not weak!' Her tone was vehement. 'He's kind, too kind.'

'Well, have it your own way, but I would say he was soft, damn soft for not putting up a stand against her getting him into the registry office. Anyway, as I see it, she's got his sentence halved this mornin' 'cos he had nothing going for him until that letter was read out. An' why do prosecutors have more to say than them that are standing for the defence, eh? My God! you should have heard how that fellow went at him. It was as if Hitler was being tried. But you know, prosecution or defence, it's all a bloody game with them 'cos as I waited outside to give a nod to Abel there they were, the two of them, walking along together grinning like Cheshire cats, in fact I heard them laughing as they went through the door. Bugger me eyes! what chance has anybody got. I'd like to bet they have it all cut and dried afore they go into the place.' He swallowed the rest of the whisky and as he put the glass down on a table he moved his head slowly as he said, 'But I'm still surprised he only got nine months.'

Nine months; but he could be out in six. Even so, she could see the days stretching away, seven days a week, four weeks in a month. Twenty-four of them before she saw him again! No, it needn't be. She suddenly turned and lifted up the baby. She could go and see him. Of course. Of course. What was she thinking about? She could visit him. Last night they had talked about everything under the sun but not about the possibility of visiting him in prison. The last words he said to her this morning as he held her tightly were, 'Whatever happens, remember there's only you, there'll only ever be you.'

Oh! Abel. Abel.

'Come on, lass, come on. Enough of that now! There's the bairn to see to, an' life's got to be lived.' He gave a rumbling laugh before he added, 'As long as Hitler keeps his bloody bombs to hissel.'

Chapter Eight

The Reverend Gilmore took up his characteristic pose, that of joining his hands together at his waist and bending slightly forward, as he said, 'I must talk to you, Hilda; it's important, important to both of us. Shall we sit down?'

'I'd rather not, I'm . . . I'm busy.'

The vicar showed no undue surprise at her attitude towards him and he demonstrated this with his words as he said, 'I understand exactly how you're feeling, and what you have suffered these past months. No one knows better than I do, or has felt more for you, but now I must speak plainly.' He straightened his body slightly before going on. 'You know I have been a friend to you for years, you have sought my advice and I've always given it to you honestly, but now I . . . well, I haven't come here to give you any advice, I've come here to ask you a question. . . .'

'I wish you wouldn't, Mr. Gilmore.'

'Why?'

'Just because I don't want to hear your question.'

'So you know what it is?'

'I've a pretty good idea.' As she turned from him, his hand shot out suddenly and caught at her arm and she became still; then moving her head slowly to the side she looked at him, and when he said, 'I'm offering you marriage, Hilda, honourable marriage,' she asked tersely, 'The same as you persuaded me to go through with Mr. Maxwell?'

His chin went up, his body straightened, but he still retained his hold on her, and his voice changed now as he said quickly, 'You weren't exactly a young girl, you knew what to expect from that proposition.'

'I didn't, not really. No, I didn't, and I was a young girl, innocent.'

'Then you deceived me, Mr. Maxwell, and yourself also; but . . . but now Hilda.' He made to draw her to him and he showed his astonishment when she snapped her arm from his grasp and, looking him straight in the face, said, 'Mr. Gilmore, I wouldn't marry you if you were the last man on God's earth, and I don't thank you for the offer either. Looking back, you have caused more harm in my life than good, at least you have caused me to create more harm in it than good.'

'Hilda! Hilda! How dare you say such a thing.' He was genuinely shocked and showed it. 'You have changed. This disaster that has fallen upon you has changed your character entirely.'

'Well, if that's so I've got the disaster to thank for something positive. And look, as I said, I'm busy and . . . and I would like you to leave. And furthermore you needn't expect to see me in church again.'

The Reverend Gilmore was stunned into silence, but seeming to remember his vocation, he apparently forced himself to work at it now, saying slowly, 'Whatever you feel about me, Hilda, you mustn't take it out on God. It's not going to help you at all denying the Almighty.'

'I'm not denying the Almighty, I'm only telling you that I won't seek Him under your guidance again, I'll find my own way to God, at least I hope so.'

'I hope so too. Indeed I hope so.' His tone now was like that of a schoolmaster who had lost a battle with a pupil; and he glared down on her for a moment before stalking from the room, and if the resounding clash echoing from the front door was anything to go by it proved that the vicar was more than a little put out.

Hilda sat down on the couch and, leaning her elbow on the arm, drooped her head on to the support of her hand as she asked herself how she had put up with that man's sanctimonious twaddle all these years. But to go for him as she had done proved without doubt the change in her. She couldn't recognize herself. There had been times of late when she was a little afraid of what was happening to her. Things that she would have condemned a year ago, and verbally to Abel, thereby arousing his quiet disdain or open angry comment, now didn't even attract her notice.

On nights when, afraid to stay in the house alone, she waited at the open gateway for Dick returning from his late shift, or from taking Molly to the pictures, and watched the uniformed men going by, their arms round girls, making for the outskirts and lonely lanes, she no longer thought: Scandalous! it should be put a stop to. A different one every night no doubt. She just let them pass without mental comment. Perhaps the sight of the entwined figures aroused somewhere in the hitherto shuttered depths of her a feeling akin to jealousy.

Last night while sitting wide-eyed, propped up against the pillows, she had asked herself, would she now willingly make Abel happy if she was given the chance, and her answer had been that it was a stupid question, because she would never get the chance. A woman like her never got a second chance, second chances were doled out to people like Florrie who weren't afraid to take them; to people who grabbed at life, and lived it, lived it as if each day was their first and last.

On the sound of three hoots of a car horn penetrating the house, she pulled herself up from the couch. The signal meant that Arthur was in need of help. That was another thing she hadn't realized, all the work that Abel had done in the yard. He had not only done the repairs to the odd car they got in, but repaired all the bikes, and that was no mean feat when he had to literally make his own spare parts. He had also seen to the running of the business. She had imagined that she was running the whole show because she did the books, but during the past months she had learned differently. She had also learned that Arthur Baines didn't work for her as he had done for Abel; she was a woman, and as she heard him say, she didn't know a chassis from a bumper or a three-speed from an inner tube. She could have enlightened him on these points, but she knew that if she had words with him, he would walk out, men were scarce, even old men.

She was tired of the business, she was tired of everything. Perhaps when the war ended Dick would take the business over and she would retire . . . and do what? Go on coach tours, like the widows with money did before the war; go on a sea voyage hoping to find another man. No, she mustn't give up the business, and war or no war she must let Arthur Baines know she was still here. But oh, the effort.

As she opened the kitchen door she saw Dick hurrying up the yard. It was his day off from the factory and he had been out since eight o'clock this morning and now it was just on four. She never asked him where he went because most times when he went out without Molly she knew where he was bound for. Time and again she had wanted to ask him how Abel was taking things, but she couldn't bring herself to do it; and he never mentioned his father. With him leaving early this morning, she guessed where he was going.

She stepped back into the kitchen. Arthur Baines could get on with it whatever it was.

She waited for Dick's coming, and he smiled at her as he came into the room. As he took off his coat he said, 'Phew! I'm hot. . . . You all right?'

'Yes.'

'Anything happened?'

'No. Oh well, I had a visit from Mr. Gilmore.'

'Oh!'

'I . . . I don't think he'll be back again.'

'No?' Dick showed his surprise, and she shook her head and, her face unsmiling, she said, 'No; he made me an offer of marriage.'

'Oh Lord!'

'Yes, oh Lord!'

'I'm . . . I'm sorry. You refused him? You did, didn't you?'

'Yes.'

'He's got a nerve. At his age! he's near retirement I should say.'

'I think he's past it, he's only being kept on because of the war. Anyway, as I said, he won't be coming back again, and I won't be going to hear him.'

'You're not going to church any more?' Dick could not prevent his eyebrows from rising.

'Not his anyway; perhaps not any, it'll all depend how great the need is.'

Impulsively he caught hold of her hand, and when her head dropped on to her chest as she muttered, 'Oh Dick!' he put his arms around her and said, 'There now. There now.'

When she drew herself away from him she blinked her eyes and rubbed her hand hard over her lips before asking, 'Have you had anything to eat?'

'No; I'm starving.'

'Well, hang on just a minute, I've got a casserole in the oven. I'll just slip down and see what Arthur wants, then I'll get you something.'

. . . By the time she returned he had set the table for both of them and she looked towards it, saying, 'Oh good!' then having heaped his plate with the food she put it before him.

He looked at it, then from it to her and said, 'What about you?'

'I'm not hungry.'

'You should eat.'

There was a vestige of a smile on her lips now as she said, 'At one time you were always telling me I was eating too much.'

'Yes, I know, but now you're eating too little, the flesh is dropping off you.'

'Well, that's all for the best, I'm getting a figure for the first time in me life.'

He took up his knife and fork, but dropping his hands to either side of his plate he looked down on the food as he said, 'I saw him today and from what I can gather he'll be out in a couple of weeks or so.'

He now raised his eyes to hers and she said quietly, 'I'm glad. Believe me' – she nodded her head – 'I'm glad. I won't begin to know any peace until he's free.'

'He asked after you.'

She stared at him for a full minute before she said, 'Don't be kind, Dick; I'd rather you didn't.'

He dropped the knife and fork on to the table and, bending forward, he said, 'I'm not being kind. I've never said this before, have I, and I've been to see him a number of times. I tell you he asked after you. What he said was just simple. "How's Hilda?" he said. I think he realizes better than anybody that his stretch would have been two or three times the length it is if it hadn't been for that letter you wrote.'

She walked round the table, then went to the fireplace before she said, 'It . . . it was as little as I could do. I hadn't played fair by him no more than he had played fair by me. I . . . I never made him happy. You understand?' She turned her head to the side. 'I felt I owed him something. If . . . if I'd been sensible and not been so damned hidebound he might never have gone to our Florrie, even . . . even though I knew he was struck on her from the first.'

Dick stared across the table at the bowed head. It wasn't the first time she had said damn over the last months, nor used the term, my God! How she had changed. His dad wouldn't recognize her. What a pity it was all too late.

As he looked at her now he knew he felt for her as if she were his mother, his real mother; and she had been a mother to him for years. That other woman, that woman in the court that day, God above! if he had blamed his father before for Alice and the consequences of his association with Alice, the sight of his mother that day in the court lifted all blame from him. She was a little hell-cat, a mean-faced little hell-cat. He felt there was no part of her in him and he had actually prayed to God that when he and Molly married and they had bairns none of them would be a throw-back to their granny.

She had collared him in the street after the trial. He had avoided her earlier in the court corridors but when she stopped dead in front of him in the street and said, 'Well, we haven't grown much, have we?' he was back in the cottage and she was yelling at him: 'Well! where have you been? Pick this up! Pick that up! Take that!' Every time he thought of it he was made aware of the slight deafness in his left ear. What she said next had inflamed him: 'Well, he's got his deserts at last.'

For answer, he had almost shouted at her, 'It's a pity you didn't get yours,' on which he had turned from her and she had yelled after him, 'Like father like son, thankless sods!'

The encounter had been brief, a matter of minutes but he hoped he'd never come face to face with her again.

He pushed the plate to one side, rose from his chair, and went round the table and, putting his hands on Hilda's shoulders, said, 'I want to say something to you I've never said before, and it's this. I . . . I look upon you as me mother. I always have done since I came to live in this house. I'm not going to call you Aunt Hilda any more, from now you're going to be me mam, because that's what you've been to me. And I want to thank you for all the care and attention you've given me over the years. . . .'

'Aw Dick! Dick!' Her voice cracked, the tears sprang from her eyes; then, her mouth agape, there issued forth a long drawn out wail and he pulled her towards him and pressed her face tightly into his shoulder but crying roughly now, 'Stop it! Don't start that again. You're over all that. Now listen to me, stop it!'

When her crying didn't ease, he thrust her from him and taking her by the shoulders, actually shook her, even while he gulped in his own throat. 'Now look,' he said, 'I've got a couple of hours before I'm due on duty an' I want to have a bath an' get changed, then go and see Molly, but I won't be able to do anything if you don't stop it. Now then! And that's another thing I want to say to you. Molly's on duty up Primrose Square way, and I'm at the school tonight. Now they've been shorthanded there for a week or more since Mrs. Ratcliffe went down with flu, so what about you coming and taking over the phone, it'll be better than sitting here alone?'

'I . . . I couldn't.' She was drying her face now on the tea towel that she had grabbed from the rod, and she almost choked as he pulled her round to him again and said, 'Yes, you could. Look, I'm worried stiff when you're left here on your own, you won't go into the shelter. . . . I never know what you're up to.'

'The raids have slackened, there hasn't been any for ages, likely won't be any more. . . .'

'Oh, what about the doodle-bugs over the south coast. It could be our turn next. Look, I'm having no more arguments, you're coming so that's that. And now, if you don't mind, I'll have me clay cold dinner.' He stared at the table now and demanded, 'Where's me tea? And don't say I shouldn't drink tea with meat 'cos I've always drunk tea with meat.'

His rough strategy worked. She put the kettle on and began to busy herself around the kitchen, and as he looked at her his heart felt sore for her. She'd had a rotten deal. She had her faults, but who hadn't. And she hadn't deserved what she had got. Of a sudden he thought if it wasn't for Florrie his dad would come back here and things would be different for both of them. But Florrie was set deep in his father's life, as firm and lasting as the concrete base of a bridge.

There were only ten minutes to go before he was relieved. He looked towards where Hilda was sitting in front of the stove. She looked tired. He smiled at her and nodded towards the clock, and then he looked to where Henry Blythe stood laughing with George Thompson as they pointed out to each other some of the children's crayon drawings tacked to the partition, and it was just as Henry Blythe said, 'I think that's supposed to be a Messerschmitt, he's made it the size of a matchstick, but he's made the Lancaster bomber almost a foot long,' that the siren screamed overhead. They all turned and stared at one another; then almost simultaneously they said the same words: 'Oh no! it's six weeks.' They were scrambling now for their tin hats and overcoats and Henry Blythe, turning to Hilda, said, 'Do you think you can see to the phone?'

'Yes, but I . . . I won't be here by myself though, will I?'

He looked at her somewhat in surprise, then said, 'No, no; someone 'll be along of you, although he might have to dash off for a while. It all depends on . . .'

Dick interrupted him, saying to Hilda, 'It's all right, don't worry. Just sit down there' – he led her round the desk – 'and if any calls come in write them down. One of us must be here to run the errands.' He smiled at her.

George Thompson now said, 'I'll go round the building, Mary and Ronnie Biggs are on the north side but Hannah Farrow is by herself on the road.' He buttoned up his coat, adjusted his tin helmet, then went out.

'Well, I might as well make another pot of tea.' Henry Blythe took up the teapot and walked towards the kitchen, and as he did so the sound of the pop-pop of the anti-aircraft guns came to them. Looking towards Hilda, Dick said, 'Don't worry. Don't worry. They're at the far side of the town; in fact, I think they're beyond it. It could be Gateshead or Newcastle.'

When Dick next heard the sound of the anti-aircraft guns he knew they weren't at a distance but inside the town now, Bog's End way, which meant the docks, but as yet there was no sound of any explosion.

Minutes passed. Henry Blythe returned with the enamel teapot full of tea and proceeded to fill three mugs. It was just as he handed one across the wooden table to Hilda that the whole school building shook. By the time the next explosion rocked them the three of them were crouched under the Morrison shelter that was placed against the wall of the classroom. The building shuddered again with a third explosion, then a fourth.

There followed a silence, and in it they crawled from the shelter and stood up.

When the phone rang it was Henry Blythe who leant over the table and picked it up, and he nodded three or four times before putting it down. Turning to Dick, he said, 'Bottom of Brampton Hill got it bad. They must have got wind of the factory but they missed that. It seems a number of the big houses are levelled. They want help, all they can get. I'll go down and take the others with me. You'll be all right here, Dick, you'll carry on. . . .'

'Mr Blythe, if . . . if you don't mind I'd rather go. You see . . . well' – he glanced towards Hilda and found her staring wide-eyed at him – 'I . . . I have an aunt down there, lives in No. 46, I'd . . . I'd just like to make sure, if it's all right with you.'

'Oh, it's all right with me, get yourself off. Only tell the others.'

. . . Long before he came to the top of the hill he was running in the glow of flames, and when he came to the brow and looked downwards his stomach seemed to turn over inside its casing. They had said the bottom of Brampton Hill. It might be towards the bottom but the houses that were blazing were just past the middle and 46 was just past the middle.

Further down the hill he had to thread his way around fire engines, over hose pipes and through milling men; and then he came to where the gate had been, and he looked towards the blaze at one end of the house, then to the enormous heap of tangled wood, brick and mortar at the other. He now ran to where they were guiding people into ambulances and his voice sounded high and cracked as he asked one uniformed man after another: 'Forty-six. Are these out of forty-six? and got such answers as, 'Where's forty-six? There's about six of them down.'

Pushing, he now made his way up what had been the drive. In the glow from the fire he could see that one end wall of the big house was still standing and, as if floating in the air, a part of the third storey. It had likely been the attic and was held by a section of roof, which in turn was being held by the remaining wall.

The noise and confusion, the smell of burning, the mingled cries of people who were still able to cry, whirled around him, making him sick and dizzy.

'Look, catch hold of this!' The end of a large timber was thrust into his arms and without any protest he backed with it while two other men pulled it gently from a pile of rubble. When it had been laid on the ground he hurried forward and said, 'The . . . the garden flat.'

'What?' The man turned a face to him that looked as if it had been freshly powdered.

'The garden flat. There was a garden flat.'

'Everything's flat, chum, you can see for yersel'.'

'The people, the people inside.'

'Look' – the man rounded on him – 'we don't know who was inside or how many; we'll be lucky if we find out by mornin'. Now if you want to make yourself useful get at them stones and move them gently.'

He didn't do as he was bidden and start moving the stones, but he scrambled over the strewn debris and round what he thought was the corner of the house and to where the garden flat had been. There was no sign of it, at least above ground. What was here was a huge hole. There were men round it. Pulling at the sleeve of one, he stammered, 'Ha . . . ha . . . have you got anybody out?'

'Not yet. There was a shelter underneath, there was bound to be somebody in it.'

'There . . . there was someone in the flat above an' all, my aunt and her child and . . . and her father.'

'Oh!' The man was shouting now. 'There were two adults and a bairn here, this is a relative.' The man turned to him again. 'You sure they were in?'

'They . . . they were bound to be, the baby's young. She . . . she doesn't go out at nights.'

'Well, all I can say, lad, it's a pity she didn't go out this night in particular; can't see anybody standing a chance down there. Still, we'll have a go now we've got something sure to go on.'

When the man started giving directions Dick said, 'I'll . . . I'll help. I must see—' He couldn't finish and say, 'if they're dead or alive'; as the man said there was little hope.

'Well, gently does it. Straddle that beam if you can.' He swung an arc light from a standing support towards the hole. 'You're about the lightest of us, ease yourself along it. Go careful because it's at a steep angle, but once you feel it give, stop.'

Dick threw his leg over the beam, then cautiously hitched himself forward. The sweat was raining from his face as he glanced downwards into the tangled debris of wood, brick, and, what now made him want to retch, recognizable pieces of Florrie's furniture. She had loved her furniture. Oh Florrie! Florrie! Oh Dad! Dad!

He was brought sharply from his moaning thought by the man shouting, 'It's steady then?' and after a moment he called back, 'Yes, quite steady. It . . . it seems fixed tight.' He pointed to where the beam disappeared into a mass of stones.

The man's voice came to him again, shouting, 'Well and good, we'll take it from there.'

And so they took it from there. He became lost in time. He was aware, yet unaware, that his back was breaking, his arms were snapping, his throat was choked with dust, his clothes were torn and covered with lime. For how long he and the other members of the team were in the hole at a stretch he had no idea. He only knew that they lifted blocks of stone that would in ordinary times have defied any combined human effort; that they passed pieces of furniture from one to the other, those pieces that couldn't be pulled up were put in a sling, or were roped.

It was some time in the early dawn when a fresh set of men took over and he was hauled up from the hole, which was now much deeper than when he had first dropped into it. It was as he sat on a pile of rubble that he became aware of Hilda and Molly. Molly was carrying mugs of tea from a Salvation Army canteen trolley, but whatever Hilda had been doing she had stopped and was now standing staring at him, and he, because of his exhaustion, said no word to her but drooped his head into his hands.

It was Molly who brought his head up as she pressed a mug of tea into his hand. He had just finished drinking it when a shout came from the hole: 'Someone here.'

He pulled himself quickly to his feet; then the three of them moved forward. He could not see what was happening down below until the men on the rim of the hole moved aside and a form was laid gently on the rubble. It was that of a woman, but not the one that was in their minds.

'There's a number here in the corner, some alive I think.'

They were now pushed back, and all they could do was to wait.

As each figure was hauled up from the shelter they looked down on it. A few were groaning, the majority would never groan again.

They all now seemed to lose count of time until a distant voice yelled, 'God! I think there's a bairn here. Aye, aye; yes, there is.' At this Dick pressed forward and lowered himself once more down into the mangled depths. As he went to scramble over the head of Florrie's couch that was sticking end up a man gripped his arm and said, 'Steady! Wait on. Steady.'

'The bairn, is it alive?'

'Aye, yes, I should say so, we heard it whimpering. But it's fast under a woman; she must be lying over the cot.'

Dick drew his lower lip tightly between his teeth; then he said quietly, 'Let me give a hand, she's . . . she's a relative.'

'We'll all give a hand, mate, but slowly does it. Don't go too close. Help to move this stuff here so as to make the way clear for her when they get to her. She's fast held across her back from what I can see, but it's just her arm caught in the front.'

Dick looked in the direction in which the man was pointing, but all he could make out at first was bits of twisted wood that could be remains of anything. Then he saw the broken bedhead over which was draped a narrow strip of velvet curtain. He knew it was velvet and he knew it was red; Florrie had them hanging both in the bedroom and her sitting-room. . . . And then he saw the form, at least the humped back. He couldn't see the legs, and from the top of the hump an arm protruded; the head and the other arm were lost behind a jagged slab of plaster.

Quickly and silently they worked now, passing the debris from one hand to another. Once he stopped and muttered, 'It hasn't cried again,' and the man said simply, 'No.'

When they managed to dislodge the piece of plaster that was covering her head, it also exposed part of the cot over which she was lying, and at that moment the cry came again from the baby. They stopped all activity for a moment to listen to the loud, natural, hungry cry.

'Careful, careful. Easy, easy.'

These words were said over and over again; then they were changed to, 'There you are then. There you are then,' and at this point he saw that one of the men had eased the child from under Florrie's contorted body. He didn't pass it to the man next to him, but came stumbling over the rubble with it, saying, 'There doesn't seem to be a scratch on it, its face is hardly dirty. And that's a healthy yell, isn't it?' Then he stopped as Dick said, 'I'll take it; it's . . . it's my niece.' He could have said, 'my sister', but that would have complicated matters.

Yet when the man put the child into his arms he knew he couldn't get out of the hole with it, he knew he'd have to pass it on. But now lifting his head, he shouted as he held out the child to further waiting arms, 'Give it to my . . . my mother. She's up there waiting.'

Hilda and Molly were standing some way back from the hole now but they heard clearly each word that Dick had yelled, and they glanced at each other. Then Hilda drooped her head forward and looked towards the ground; but only for a moment before she took four slow steps to where the men were standing waiting. When the dust-laden bundle appeared over the rim of the hole as it passed from one set of arms to another, she stared at it, her body stiff, her arms by her sides, until there was a movement from a Red Cross uniformed figure beside her; then her arms almost shot out and the child was in them, Florrie's child, Abel's child.

'All right, missis?'

She moved her head once.

'You'll see to her? There'll be a doctor at the dressing-station wagon if you want him.'

Again she moved her head.

Molly was at her side now, and Hilda turned to her and went to speak, but no sound came from her throat. She coughed and swallowed deeply before bringing out in a cracked voice, 'I'll . . . I'll have to get her home and . . . and cleaned up. Will you stay and see what's happened to . . . to our Florrie?'

'Yes, yes, I'll do that. Can you manage?'

Hilda merely nodded as she moved away, her head bent over the baby.

Molly watched her for a moment; then she turned swiftly back towards the hole again, there to see a man carrying a medical bag being lowered down into it. Her voice a whisper, she asked the man next to her, 'Is she . . . is she alive . . . the mother?'

'I don't know, lass, but somebody down there is, they've just called for a doctor. This one they're bringing up now though doesn't look as if there's any life left in him.'

Molly now looked down on the thin crumpled figure they were laying out on the stones. Although the face was covered with lime she immediately recognized Mr. Donnelly and she thought, Poor soul! Poor soul!

She didn't know how many times she repeated these words during the next half-hour, or was it an hour, until she found Dick standing by her side. She hadn't noticed when he came up, all her attention had been on the makeshift stretcher to which one of the victims was strapped. When Dick stumbled away, she went by his side holding on to his arm, and she was surprised when his steps took them over the tangle of pipes running from the fire engines, past the row of army lorries, and towards the still standing wall that separated the garden from the street. Here, pulling himself gently from her hold, he leant his face against the stone and began to cry. Molly said no word as she turned him from the wall and into her arms, until he straightened up and, drying his face, said, 'I'm sorry.'

'Don't be silly. . . . Is . . . is she dead?'

'No.' He shook his head. 'Perhaps it would be better if she were. The doctor had to take one arm off and her foot is crushed, but her back's got it worst of all I think.'

'Poor, poor, Florrie.' Molly's voice was breaking now.

'Yes, poor, poor Florrie.' He did not add, 'And poor, poor Dad.'

There was a jinx on his father, he seemed fated never to be happy. He would be torn to shreds by this latest blow of fate, blaming himself for not being with her. If he had loved her before he would love her more now . . . if she lived. And she must live, at least until he came out, otherwise . . . well . . . His mind refused to take him further.

Chapter Nine

The child lay gurgling in its new cot. She kept the cot mostly in the kitchen where she could keep looking at the child. She wanted to keep looking at it; she sat for hours looking at it, whether it was awake or asleep. She kept telling herself not to do this, she kept telling herself that she only had it for a short time, she kept telling herself that Abel would be out any day now and he would take the child. . . . But where would he take it? He had nowhere to take it to. She was going to tell Dick today to tell him that she would look after it until he got settled, and she knew that that would take some time because wherever he went it would have to be a place where a wheel-chair could be taken in. And another thing, Florrie wouldn't be out of hospital for weeks, months, so she could have the child with her all that time. . . . That's if he agreed to let her stay. But what was the alternative? He could put her in the care of a council home. No, no; she wouldn't stand that. She'd even go to him herself.

Turning from placing a kettle on the stove, she went to the cot and, bending over it, she smiled and chuckled down into the laughing face, saying, 'There now. There now. You're either laughing or you're crying, and either means you want to be lifted up, doesn't it? Doesn't it?'

Having given herself the usual excuse to hold the child, she was about to take it from the cot when she heard Dick's familiar quick step coming up the yard, and she straightened herself and went back to the sink. She was scouring it out when he opened the door.

Any faint semblance of the boy that might have remained up till a week ago was gone, so also had the stammer and the twitch to his shoulder, which in a lesser form had persisted even after the court case. Stark reality had replaced the the subconscious fears.

He didn't speak, but going to the cot he looked down on the child. Then he took off his coat and threw it over the back of the chair before walking towards the fire. After staring down at it for a moment, he said, 'I couldn't tell him.'

She turned sharply towards him now, saying, 'You should have; he's got to be told some time.'

Slowly sitting down in the wooden armchair, he said, 'I daren't risk it, not in that place. He might have gone berserk and tried to escape, and it's only another week or so. He . . . he couldn't understand why she hadn't come. I told him she'd had a bad dose of flu. By the way' – he turned his head towards her – 'I . . . I called at the hospital on my way back. She would like to see you.'

'What!' Her hand went to her throat. 'She said that?'

'Yes.'

She, too, now sat down.

'You'll go?'

She moved her head slowly from side to side while looking down towards the floor. 'I . . . I don't know; I don't think I could face her.'

'You shouldn't hold anything against her now.'

'Oh, I don't. I don't.' Her head was up and shaking now. 'It's just that . . . well—' She rose from the chair, her fingers twisting each other as if her intent was to wring them off. Then with her back to him, she muttered, 'I've wished her ill, I . . . I don't think I could face her.'

He came and put his arm around her shoulder; then on a small laugh, he said, 'Join the gang.'

'What?' She turned her head up quickly towards him as he said, 'Molly went through purgatory because she had wished her mother dead. For years and years I wished my mother dead so that Dad wouldn't have to go through what he is going through now. Retaliation is a natural feeling, we all experience it. You go and see her. She needs someone, someone belonging to her.'

'No, that's silly. We don't belong, you know that.'

'Yes, you do; you were brought up belonging. Birth has nothing to do with it, it's the early years you spend together I think that matter. Why do I feel about you the way I do and not about the woman who bore me? Come on.' He squeezed her to him for a moment. 'We'll go along together tonight; Molly will look after the bairn. But now' – he released his hold on her and pushed her gently away from him – 'I'd consider it a favour if I was offered a cup of tea.'

This gentle bullying of her about his food and drink was the only tactic he seemed able to use in an effort to divert her, but she didn't smile at him, she merely bowed her head and went towards the stove and took the kettle off and mashed a pot of tea.

The nurse had opened the ward doors and the horde of visitors had swarmed in, scattering to this side and that as if driven by a powerful wind, but Hilda still stood in the corridor. Her body stiff, her throat tight, she looked pleadingly at Dick now as she said, 'You go in first, go on, please. I'd rather see her on my own. . . . Just sort of prepare her.'

He shook his head for a moment, then turned away, and she remained standing where she was, waiting. But when she saw him returning in a matter of minutes her eyes widened and she shook her head slowly in protest against a sudden thought, but he reassured her, smiling and saying, 'It's all right, she's just been moved into a side ward, number two.' He turned and pointed. 'That's it.'

'Is she worse?'

'I don't know. Just stay put.'

She stayed put for five minutes this time and when the door opened and he came out unsmiling now, he said to her, 'She's got to go down again to the operating theatre, in the morning.'

'It's bad?'

'Well, she doesn't look any different, but . . . but I think there's something gone wrong with . . . with her spine. Go on.' He pushed her gently. 'She's waiting for you.'

She moved towards the door, she went through it, she was in the room, then she was standing looking at the stranger lying flat in the narrow bed. Oh my God! my God! she couldn't move either backwards or forwards until the voice, the known voice, said, 'Hello, Hilda.'

She had to force her legs towards the bed, and then she was looking down on to the face that she had been jealous of all her remembered life.

'How are you?' It wasn't her asking the question but Florrie. What could you say to that? She bowed her head, and when the tears rolled down her cheeks Florrie said, 'Now, now. Look.'

'I'm . . . I'm sorry.' The words were the most sincere Hilda had ever spoken in her life, and in answer to them Florrie said, 'It's me who should be saying I'm sorry, Hilda. You've . . . you've gone through so much, and . . . and I've added to it. It's been on my mind. Yes, I'm the one that should say, "I'm sorry".'

Hilda closed her eyes for a second and when she opened them she found herself staring down on to the one hand that lay limp on top of the bed cover. Then her eyes travelled to the cage covering the bottom of the bed and in her imagination she saw the mangled foot. She'd had lovely feet, lovely legs; she had always envied her her legs, long, slim, springing legs. Her own had always been short and thick. But hers were still whole. Oh God! God! why had this to happen? She wouldn't have wished this on the devil himself. And at this moment she felt that she was the cause of it all. It had all come about through her thinking.

'How is Lucy?'

'She's . . . she's fine. Oh yes, she's fine.'

'I'm glad you've got her, Hilda. Hilda . . . sit down a minute.'

She drew the chair up to the bed and sat down, her hands tight gripped in her lap, and she stared at Florrie, whose head was now turned towards her on the pillow, and as she waited for her to speak she thought, There's nothing recognizable about her except her eyes; and they were like saucers, full of pain.

'Will you listen to me for a moment, Hilda?'

'Yes, yes, anything, Florrie.'

'We've . . . we've got to speak of him. . . . Abel, he'll . . . he'll be out shortly. Dick hasn't told him, so he's going to get a shock. And . . . and he'll have nowhere to go. Would you . . . would you take him back, Hilda?'

Hilda screwed up her eyes tight for a moment and, her head bowed deeply on her chest and her voice merely a muttering whimper, she said, 'He wouldn't come back to me, Florrie, it's the last thing on God's earth he would do. He'd never come back.'

'You don't know, Hilda. He'll . . . he'll want to be where the child is.'

'He'll . . . he'll likely get a place and take it with him.'

'Well, he's got to find a place first. In any case he'll have to work, and the child will need looking after. He'll . . . he'll leave her with you, I'm sure he will for the time being. He . . . he owed you that at least. That's if you'll look after her. You don't mind looking after her?'

Almost by an involuntary action Hilda's head jerked upwards as she said, 'Oh no! Florrie, no. I want to look after her. She's a lovely bairn.'

'Thanks, Hilda. I . . . I don't deserve it.'

'Oh, be quiet.' Hilda's head was hanging again until Florrie said, 'They say I'm going to be all right, but . . . but I don't believe them, because I . . . I can't move my back or my legs. But even if I get through, what kind of a life lies ahead? A wheel-chair at best.' She turned her face away now and the muscles of her throat contracted before she added, 'And then that would mean a sort of bungalow. In any case I'm going to be a handicap, and no man, no matter how good he is, would want to be saddled with such a handicap.'

'He will.'

Florrie brought her face round again and looked at Hilda. Their eyes held tightly for a moment until Florrie, closing hers, brought out on a note of pain, 'Oh Hilda! Hilda! I'm sorry. I'm sorry.' When her mouth opened wide and the tears gushed from her eyes and down her nose and a high moan escaped her, Hilda got to her feet and, bending over her, whispered, 'It's all right. It's all right. Don't you worry about me; it's yourself you've got to think about, and you'll be all right. He'll see to you, he'll never leave you. I know him, I know him. That much at any rate, I know him. It's always been you right from the beginning and I don't mind now, I don't, Florrie, believe me. I . . . I just want you to get better. I'll . . . I'll look after the child until you're fit. And don't worry about him, he'll . . .'

At this point the door opened and a nurse entered and her 'Tut! tut! tut!' brought Hilda upright. But when the nurse said, 'You'd getter go now,' she gripped hold of Florrie's hand and looking down into her swimming eyes, she muttered chokingly, 'Don't worry. Don't worry about a thing; it'll all pan out.'

As she left the bed she couldn't see Florrie, she could only hear her gasping cries, and she had to grope for the ward door, and when she stumbled into the corridor she almost fell against Dick and her muttering became incoherent.

When the nurse came out of the room she looked at them both and said stiffly, 'No more visiting tonight!' and Dick said flatly, 'Come on, it's no use hanging around. I'll come over in the morning and try to find out what's going on.'

He said no more and they walked in silence back to the house. The twilight was deepening, but she didn't say as at one time she would have done, 'Look, put a move on I want to get in before it's dark, there's the blackouts to see to.' Instead she walked slowly, her head bent slightly forward, her eyes directed towards the pavement; and they must have been halfway home before she said quietly, 'She wants me to take Abel back when he comes out, but I couldn't, could I?'

It was a question and he turned his head sharply towards her and stared at her for some time before he said, 'No! Oh! no.'

She looked at him now as she said, 'That's what I told her; because it's the last thing he would do, isn't it, come back?'

And now he said, 'Yes. Yes, he would never do that. It would be . . . well—' he moved his head in small jerks as if searching for a word and then came out with 'an imposition'. Then he added, 'Knowing dad, no, he would never do that.'

'No; I told her.' She was looking ahead now and she repeated, 'He'd never do that.' Then she added almost in a whisper to herself, 'It's the last thing he'd do.'

Chapter Ten

The door opened and as Abel stepped out into the world again Dick hurried towards him, and he held out his hand as if he had only just been introduced to the man before him.

Abel did not immediately take Dick's hand, but when he did it wasn't to shake it, just to grip it tightly. And then he turned and gazed about him. Following this, he looked again at Dick and now he smiled, a broad smile, then asked eagerly, 'How's Florrie, is she better? I . . . I thought she would have written this last week.'

For answer Dick turned and started to walk up the street, saying quietly, 'Dad, I've got something to tell you, but let's go in and have a drink. There's a pub up here, we may be lucky. . . .'

When he was pulled sharply round to face his father, he gulped in his throat because the stud of his collar had jerked against his Adam's apple.

'What's wrong? Something wrong with Florrie?'

'She's . . . she's not well, Dad.'

'How not well? You said she had the flu, is it pneumonia?'

'No, no, nothing like that. Look.' He glanced about him at the people walking past, then said, 'Look, let's go in some place. Come on, it's not two minutes away.'

He had to tug on Abel's arm now to get him to move and he knew that his father had his eyes on him all the time. He led the way into the saloon bar which was empty; then going to a table in the far corner, he sat down, and when his father was sitting opposite him he looked into the tense waiting face and said, 'There was an air raid, Dad.'

He watched Abel's hand move up the side of his face and press it tightly there before he said, 'Yes?'

'She . . . she was hurt.'

'Badly?' The question was brief and sounded ordinary.

'Yes, yes, rather badly.'

Abel now leant back in the chair and, closing his eyes tightly, said, 'Let's have it, no more shilly-shallying.'

So Dick let him have it, but haltingly and through a mutter. He said, 'She's lost an arm and' – he couldn't go on for a moment, but drooped his head further and his voice was scarcely audible as he finished – 'her spine's broken.'

It was a good minute before he raised his head again and looked at his father. Abel was sitting quite still, staring straight at him but certainly not seeing him. When he did speak it was to ask a quiet question. 'She'll live?'

'Yes. Oh yes.'

'And the child . . . it went?'

'Oh no, no.' Dick now watched his father's eyelids blink a number of times before he said, 'She's alive?'

'Yes, simply because Florrie . . . well, she lay over the cot, there wasn't a scratch on her.'

'Great God!' He shook his head, then said slowly and with some bitterness. 'She'd have been better off if she hadn't?'

'No, no, she wouldn't, Dad, she would have gone with her father, I feel sure of that.'

'Fred . . . he got it?'

'Yes.'

Abel sighed, a deep, slow sigh; then almost springing up from the chair, he said, 'What are we sitting here for? Come on.'

Dick didn't move. 'I've given the order, Dad. Just stay put for a minute, we'll have this drink and then we'll go. Anyway, the bus isn't due for another fifteen minutes. Come on, sit down.'

Abel sat down, and after a moment, while he held his head in his hand, he looked across at Dick and asked quietly, 'What's the matter with me, lad? Can you tell me what's the matter with me? I put the finger of disaster on everybody I touch.'

Dick made no reply, because it seemed to be true. Alice, his mother, Hilda, and now Florrie.

He now watched Abel rise quickly from the table, and he could do nothing but follow him, and as they walked towards the bus stop with no words between them now, he thought, He's never asked where the bairn is.

The nurse said, 'It isn't visiting time.'

'I know that but I want to see her.'

'I've told you it isn't visiting . . .'

'Get me hold of whoever's in charge, will you?'

The nurse stared at the tall, gaunt man for a moment, then turned away and went in search of the sister; and as he waited Abel looked to where Dick was standing at the far end of the corridor.

When the sister appeared she said, 'It isn't visiting hours.'

'I would like to see Mrs. Ford.'

'What relation are you to her?'

'None at the moment but she's going to be my wife.'

The sister didn't raise her eyebrows but her eyes narrowed as she said, 'Your name is?'

'Mason. Abel Mason.'

'Ah yes.' The bits and pieces were dropping together in her mind to form a picture. This was the fellow she had heard about, father of the child and a bigamist into the bargain. He must have just come out. Well! well! She moved her lips in and out as she seemed to consider. She looked first at the nurse, then towards the door with number two written on it, and abruptly now she said, 'Five minutes, no longer.'

His expression didn't alter, he didn't say, 'Thanks', but he turned towards the door at which her finger was pointing and then went quickly to it and opened it.

For a moment he couldn't see her because she was lying flat and was hidden by the cage at the bottom of the bed, but when he did look down on her his heart seemed to freeze within its own cage and he held his breath for so long that he could have imagined he was drowning. She had her eyes closed, she seemed unaware of any presence in the room, perhaps she thought it was a nurse pottering. He looked quickly about him, then pulled a chair towards her and, sitting down on it, he slowly stretched his hand across the bed and picked up the one that was lying on the coverlet. At this she opened her eyes, and the start she gave caused him to say rapidly, 'There now. There now. Quiet. Quiet. It's only me.'

'Abel . . . Oh Abel!' Her hand, jerking within his, pulled itself free and moved up to his face, then over the back of his head.

When his mouth fell on hers it betrayed no vestige of his hunger; even while it lingered the fierceness and longing that was in him did not rise. When once more they looked at each other she said again, 'Oh Abel!' Her eyes were blurred with tears but his were dry, bone dry, with a hard dryness that pricked and stung like sand under his lids.

'You're going to be all right?'

'Yes, yes.' She nodded.

He now closed his eyes and bowed his head as he muttered thickly, 'If only I'd been there.'

She smiled now, then with the shadow of her old self she said, 'There would have been a pair of us then and' – she now patted his cheek – 'Sister would never have let us have the beds in the same room.'

He gave her no answering smile but said, 'I'll have you out of here in no time.'

She didn't say, 'Yes, yes,' but what she said was, 'Give me a hankie, I want to dry my eyes.'

He dried them for her; but when he went to take his hand from her face she caught it and held it to her mouth for a moment, and then she said, 'I love you, Abel.'

The sand was stinging and burning his eyeballs; there was an implement as sharp as a knife grinding between his ribs, it was striving to reach his heart and tear it open. He had never laughed at the idea of people dying with a broken heart, perhaps the subconscious memory of Alice had caused him to accept this as a fact, but this pain that was in him now was so unbearable he felt that death would be preferable.

She said now, 'Have you seen Lucy?' and when he shook his head she murmured, 'Hilda's been so good. Always remember that, she's been so good.'

'What!' The name and the implication at this point brought him out of himself for a moment and he said again, 'What!'

'She's got Lucy.'

'Hilda?'

'Yes.'

He shook his head in disbelief.

'She's been to see me.'

Again he said, 'Hilda?' but got no further for the door opened at this point and the nurse appearing said, 'You'll have to leave. There's visiting tonight at seven.'

He got slowly to his feet and, bending down, once more put his lips to hers; but he said nothing more, he just looked at her, he looked deeply into her eyes and she read there the things that he could only say in the night.

When he reached the end of the corridor Dick was waiting for him. 'Is there a cloakroom around here?'

Dick pointed, saying, 'Yes, at the end of the corridor, turn right.' He walked with his father towards it, but did not follow him inside because he was thinking, He wants to cry. But when, five minutes later, his father appeared his eyes were dry. There were no signs of tears in them, and he thought that was strange for he usually cried when he was deeply moved. Had those months in prison hardened him? As they walked out of the hospital he stared at his father's profile, and the only answer he could give himself was, He's changed.

'What kind of a room is it?' asked Hilda.

He turned away towards the fireplace and hesitated before he said, 'Not much. It's clean enough. He says it'll do for the present; it's better than the digs.'

'Whereabouts is it?'

He hesitated again, longer this time before answering, 'It's in Bartwell Place.'

'Bartwell Place?' Her voice was high. 'That's in Bog's End!'

'Well' – he turned towards her – 'it's the most convenient spot for him, it's halfway between the factory and the hospital.'

'How much is he paying for it?'

Dick was forced to smile here and she cried at him now, 'Well, there's no disgrace in being practical.'

'No, no, there's not, Mam.' He had fallen into the habit of calling her mam with an ease which was in a way a surprise to both of them, because she now accepted it as if it were her right, in fact she acted towards him more now as a mother would, not watching her every word in case he, too, would leave her.

'Well, what is he paying for it?'

'He didn't tell me and I didn't ask.'

'He'll have to have something different from that if he's to get her out.'

'He knows that and he's on the look-out for some place.'

'How . . . how soon do you think she'll be able to come out?' She was at the cupboard and her question was low, muttered as if she were speaking to someone inside it.

When he made no reply she turned to him and said, 'I was talking to you, I asked you . . .'

'Yes, I know you did, and I can't give you an answer.'

'Why?' She came towards him and they stood with the table between them looking at each other; then he said, 'I . . . I have me doubts as to whether she'll ever come out. It seems she's in a bad way. I was talking to one of the nurses.'

'You never said.'

'No, I know. But we should have surmised something, she's been down to the theatre three times lately.'

After a moment she turned from the table and went towards the crib and she looked down on the sleeping child as she asked softly, 'Does . . . does he ever speak of her?'

Again she had to turn to him and wait for an answer and when it came it was brief and he said, 'No.'

Dick now watched her bend over the child and adjust the blanket under its chin, and he realized that in a way she must be suffering as much as either Florrie or his father, because if his father did manage to get a bungalow and Florrie ever came out she would naturally want the child, and his father being who he was would see that she had her, and also someone there to help look after it. On the other hand, if Florrie died the child was all he would have left, and still being who he was, he would take it because, although he hadn't mentioned it, it didn't mean that he didn't think about it. He had seen him holding his daughter, and when he held her he was holding the mother. Poor Hilda. Although he knew that she was grateful for his presence in the house, and for Molly's company too, it was the child that was bringing her comfort now, and as long as she could keep her it would go on doing so. But once it was taken from her she would be lost again.

Automatically he now went towards the wireless to switch on the news, and as he did so he thought there was so much tragedy in this house that it made him forget the greater tragedy of the war. It was strange but the war seemed to be of no consequence to him now. He didn't even think of the air force any more, what he thought about was the lack of happiness in those close to him. When you got down to rock bottom it was the personal issues that mattered. The woman with a broken back, the man who had never known happiness, and her standing across the kitchen there, the wife who had never really known what it was to be a wife.

He had said to Molly that they would be happy, in spite of all the emotional turmoil around them they would be happy; but what he had learned over these past weeks was that people were entwined one with the other, and that you couldn't isolate yourself from them and say, 'I am going to be happy', because their emotions penetrated you and cast a shadow over your happiness, they tinged your love with sadness and fear until you were being forced to believe that sadness and fear were part of love. He didn't want to see love like that, not his and Molly's love. He didn't want his life to be like his father's.

Chapter Eleven

She had said to Dick, 'I'd like to see our Florrie, again; and to this he had answered, 'The only clear time is a Wednesday afternoon because he's there every evening and Saturday and Sunday afternoon too.'

She had said, 'I'll go tomorrow then,' and so here she stood, holding in one hand a basket containing a box of home-made cakes and her month's ration of sweets, and in the other a bunch of flowers, and she was staring with stretching eyes and open mouth at the empty bed. It was stripped right down to the mattress.

When she dashed into the corridor she almost overbalanced two visitors approaching the ward, and now running towards the duty room she went straight in and gasped, 'Mrs. Ford! Mrs. Ford, where is she? Have they moved her?'

'Eeh! I know nothing about it.' A woman turned from the sink where she was washing dishes. 'You'll have to see the nurse or sister. Go to the office.'

She was in the corridor again; then she stopped and darted back into the kitchen. 'Where's the office?'

The woman looked at her as if she were mental and said, 'Right afore you, in that door there where it says office.'

She turned about again and the next minute she was knocking on the door marked office. It was some seconds before it was opened by a nurse, and she gabbled at her, 'Mrs. . . . Mrs. Ford, where is she? Have . . . have they moved her?'

The Nurse, holding the door-handle, looked back over her shoulder towards the sister seated behind the desk, and she, rising to her feet, came forward, saying, 'Come in. Please take a seat.'

When she took a seat the sister said, 'I'm very sorry but Mrs. Ford died this morning. You should have got word, and a message was sent to the man who comes to visit her, but there was no reply, he must be out at work. Anyway, a note was left for him.'

She's dead! Florrie.

When she sprang up from the seat the sister took her arm, saying, 'Sit quiet for a moment,' but Hilda, shaking her off, muttered, 'No! no! I've got to get back and . . . and tell Dick; he's got to go and find him . . . his father.'

The nurse and sister looked at each other.

Hilda now went towards the door, then stopped and turning she asked flatly, 'Where've they put her?'

'In the mortuary.' The sister didn't add 'Of course', but her tone implied the words.

'Oh! Oh!'

She ran along the corridor, out of the hospital, round by the bed that had once held flowers but was now showing the stripped stalks of brussels sprouts, and into the street.

There she hesitated and looked first one way and then the other before she turned in the direction of home, running one minute, walking the next, talking to herself all the way. Dick wouldn't be finished till five, but she could go to the factory and perhaps he could get off an hour earlier and go and meet his father and tell him, break it to him. That's what she would do, she would go to the factory. But she'd have to go home first and leave these things. The bairn would be all right with Molly. It was a good job she was on the night shift. Yes, yes. She was still gabbling to herself like someone demented.

As she went up the yard a man said, 'You not doing business any more, I've been waiting round here half an hour for me bike?'

'Oh, I'm sorry. Turnbull, isn't it?'

'Yes.'

'Just a minute.' She opened the kitchen door, threw the flowers and the basket on the table, picked up a bunch of keys from a nail, flung out of the kitchen again, locking the door behind her; then opening the garage door she again said, 'Turnbull?'

'Yes.'

'Here . . . here it is.'

'It's taken some time,' said the man; 'it's been here over a fortnight.'

She turned on him now angrily. 'Well, you know yourself we can't get labour, nor bits. You're lucky my son works in his spare time doing them.'

'He gets paid for it, doesn't he?'

She wheeled the bike forward and thrust it at him and when he said, 'What's the cost?' she ran into the office, looked up a narrow ledger and shouted towards him, 'Twelve and six,' and at this he shouted back at her, 'God! I could have got a second-hand one for that.'

She almost pushed him and the bike out of the garage; then having locked it she was running once more. It was a good fifteen minutes' walk to the munitions factory but she covered it in less than ten, and after making enquiries at the gate the porter, looking up a ledger, said, 'Gray, Dick Gray. Aye, number four shop. Along the end there.' He pointed. . . .

Five minutes later she was walking out of the gate with Dick and he was saying, 'I knew it was coming, I knew it would happen, but not as quick as this.' She looked at his grease-smeared profile as she said, 'Do you . . . do you think he knew?'

'Yes, he was bound to. There's been a change in her these last two weeks but I knew he kept hoping. But he wouldn't expect it to be so sudden.'

When they came to the crossroads and their ways lay in different directions she confronted him squarely and quietly. She said, 'Stay with him as long as he needs you, I'll . . . I'll be all right. If . . . if I want company there's Molly. He'll have to see to the funeral and things, he'll . . . he'll need help.'

He looked at her steadily for a moment, then bending forward, he kissed her on the cheek before turning quickly away.

As she walked blindly homewards she kept repeating to herself, 'Oh! Florrie, Florrie!' and each time she spoke the name it was a plea for forgiveness. Since they were young she had slandered her, and since Abel had come into her life her jealousy had bred hate in her; and now she was gone, and it was too late to say to her, 'I'm sorry for all the things I said about you.'

When she reached the kitchen she sat down at the table without taking her hat and coat off, and laying her head on her arms she cried, and as she cried she talked to the woman who for years she had thought of as her sister, she talked to her as she had never talked to her in her life; and finally, before raising her head from the table she beseeched her, 'Please, Florrie, let me bring up your child. Let me keep her. Please. Please.'

Chapter Twelve

Dick couldn't understand his father. That night he had met him outside the gates of the works. Although his very presence he knew must have conveyed to him why he was there, and he had given him the news as gently as possible, Abel had just stared at him, then walked on in the direction of Bog's End. Once, he had stopped and put his hand out against a lamp-post; his arm extended to its full length, he had stood supporting himself while he looked down at his feet; then had walked on again.

Inside the dingy room, Dick had expected him to give way but all he had done was to sit down and stare towards the gas ring that stood on the bare table next to the shallow sink. When he had said to him, 'Will I make you a cup of tea?' he was answered by a shake of the head.

Not until he had mentioned the funeral did his father speak. 'The funeral will have to be arranged,' he said, and Abel answered, 'I'll see to that.'

After Abel had left the room to go to the outside toilet and when, twenty minutes later, had not returned, Dick had opened the back door to see a strange man standing in the yard. He was leaning against the doorway leading to the upstairs rooms, and he looked towards Dick while nodding towards the lavatory as he said, 'That bugger's takin' his time.'

When his father came out a few minutes later he passed the man without looking at him, and when he entered the room he said to Dick, 'You go home now; I'll be all right.'

'I'm not going to leave you like this.'

Abel had then turned and looked at him as if he were seeing him for the first time that night, and he said quietly, 'I'm going to be like this for a long time, lad, a long, long time, so you go home.'

Dick swallowed deeply. 'I'll go back and get a wash and change,' he said, 'but I'll be along later.'

'I might be out.'

'I'll be along anyway. . . .'

Abel hadn't been out when he returned that night, nor the following four nights preceding the funeral. . . .

The sun was shining and the frost glistened on the grass. Besides the minister and the grave-digger, the only people present at the graveside were his father, Hilda, and himself.

As the coffin was lowered into the earth, Dick took Hilda's arm and turned her away. Her face was red and swollen and the tears were running quietly down her cheeks. When they reached the chapel she said to him, 'I'll go.'

'He'll likely want a word with you.'

She shook her head vigorously now, saying, 'Oh no! No!'

'Wait nevertheless.'

When, at last, Abel left the graveside Hilda watched him approach. It was the first time they had come face to face since the day she had thrown him out of the house. He stood before her now looking down on her, and he said quietly, 'Thanks, Hilda.'

What could she say? If she had thought of anything the words would have stuck in her throat. She just made a movement with her head.

'I'll . . . I'll take the child as soon as I get a fresh place.'

Now she actually started and, staring up at him, her words coming in a gabble, she said, 'It's all right. It's all right. As long as you like, I mean I'll look after her for as long as you like. Dick here' – she flapped her hand to the side – 'he can bring her to see you whenever you want and . . . and you can take her out and things, whenever you like.' Again her hand was flapping towards Dick. 'Dick will fetch her. I mean, he'll bring her to you.'

Abel now nodded at her, saying, 'Thanks. Thanks, Hilda. It's very good of you. I appreciate what you're doing. I . . . I know it isn't easy.'

'Oh.' She shook her head in an emphatic denial of what he was saying, but when he went on, 'I'll . . . I'll pay for her keep,' she almost cried at him in her old manner, 'Oh no! Please, please, don't. Spare me that, please.'

'Oh. Oh, I'm sorry. Well, just as you like . . . just as you say. But . . . but I'm grateful.' He stared at her for a moment longer; then turning slowly, he looked down the path to where the grave-diggers were still busy covering up his love, burying his love. . . . No, not burying his love, he'd never be able to bury his love. He didn't want it to be buried, he wanted to suffer it to the end of his life, he wanted to hold the pain to him in the knowledge that it had been born of a rare thing, the thing that had taken years to hatch, but which when it had sprung into life had brought him happiness that could only be explained by the word ecstasy. Such happiness nearly always died in pain; all the great loves in history had been like this, they had all died in agony. But no matter what the payment, he wouldn't have forgone a moment of it. There was one thing that was surprising him about Florrie's going, he had never cried over her; he had the strange feeling that at the present time his emotions would, if he were to cry, flow out in blood not water.

But Hilda was saying good-bye. He turned to her again, saying politely, 'Thank you. Thank you, Hilda.' Then he watched her walk away, and part of him marvelled at the change in her, there seemed to be no bitterness in her now. Florrie's death must have expunged it. Yet even before Florrie died Hilda was looking after the child. That must have taken some doing to take the child, his child, Florrie's child, into her home, into that God-protected home in which sin was frowned upon. Oh no, no, he mustn't get back into that way of thinking. She was changed, something about her had changed radically. They were all changed. His son was changed.

He turned towards Dick now. His son was a man, and he was a good man. He would always be a good man, that was if there was not too much of himself in him, for then that would surely lead him to disaster. But on the other hand far better he inherited too much of himself than too much of his mother. This thought reminded him of the letter he had received only that morning. It was from his solicitor telling him that the divorce proceedings had begun.

He turned away towards the gates of the cemetery and as he went his mind said, 'I can marry Florrie now. I can marry Florrie now.' He stopped and gave a quick shake of his head and, looking at Dick, he said, 'Will you come back along of me?'

'Yes, of course. Where else do you think I'd go.'

Chapter Thirteen

For the next nine months they worked to a pattern. Either Dick or Molly would push the pram on a Saturday afternoon and a Sunday afternoon to Bartwell Place, and there they would leave the child with Abel.

That he enjoyed having her Dick was certain, for she was now walking and chatting in her own way. But he never took her outside the door. What he was also certain about was that Hilda didn't know a minute's peace until the child was returned home. He knew that her fear was that one day Abel would say, 'I've found a decent place and . . . a housekeeper.'

That word had been mentioned between them when discussing the child, but only once, and it was he who brought it up. What he had said was, 'He's looking for a place but as I told him he won't be able to manage without a housekeeper, because she's a handful now.'

She had turned on him with a shadow of her old temper crying, 'A housekeeper! The child looked after by a housekeeper! Oh, I know what housekeepers are, I've seen some of them.'

He almost read her thoughts. If her idea of a housekeeper looked after the child it would be with one aim in view, hooking the father.

He knew the very night that Hilda made up her mind about what she was going to do. It was when he and Molly and she were sitting before the fire and Molly said, 'We're going to be married next Easter, Aunt Hilda.' Hilda had looked from one to the other and replied softly, 'I'm glad, although' – she turned her eyes on to Dick – 'I'll miss me man about the house.'

'Huh!' He had punched his doubled up fist towards her. 'You'll hardly notice the difference, I'm in and out of both places all the time now, sometimes I feel I'm on a diabolo.' Then he had added, 'I intend to go on working at the factory when the war's finished, Mam, they're going to be needing spare parts for planes for some time yet.' He had given a hick of a laugh, then said soberly, 'I think you should make up your mind to get somebody permanently in the yard. As Molly's just said, we can see the end of the war and that can mean cars again and people going mad for them, it could mean big business. Young Stephen's all right with bikes, but that's all. . . .'

'Stephen isn't all right with bikes, he's fumble-fisted, he does more harm than good. And that's not the only thing' – she had jerked her chin upwards – 'I'm going to get rid of him as soon as I can, I'm telling you. He's as bad as Arthur Baines.'

It was the following day she said, 'How is he?'

He had just returned from carrying the child down to Abel's. He always carried her now if possible, he hated pushing the pram. To her question he had answered, 'Oh, much as usual'; then taking the cup of tea she offered him, he placed it on the table and, sitting down on a wooden chair, he put his elbows on the arms of it and leant his body forward and almost groaned as he said, 'I always want to cry when I see him. That room, there would be more comfort in the workhouse. And he doesn't go out.'

'Is . . . is he drinking?'

'Drinking?' He turned his glance towards her. 'No, no; I shouldn't think so, I think he's saving every penny. I don't even think he eats properly, he's skin and bone, and . . . and he looks so lost. He can't go on like this.' He stared up into her face and repeated, 'He can't, something will happen to him. I'm . . . I'm surprised he hasn't tried to do something before now. I think he would have if it hadn't been for the bairn.'

She now seated herself by the side of the table and she traced her finger along the edge as she said, 'What is he saving for?'

'Oh, I don't know, except to set up a house somewhere.'

'And take Lucy?'

It was a long pause before he replied, 'Yes, I should say that's his idea. He's . . . he's very fond of her, he always waits for her coming.'

She was still tracing her finger along the table edge as she said slowly, 'I'll die, Dick, if he takes the child from me.'

'Oh! Mam.' He didn't move towards her, he just stared at her, and for once he could find nothing to say in the way of comfort.

'She's all I've got. She's altered my life, I . . . I seem to see things differently now. I . . . I couldn't bear it if I lost her.' Her fingers stopped moving; she turned and looked at him, as if waiting for an answer to the solution of the problem, and when he gave it he knew he was only voicing something that was already in her own mind, and had been for some long time. 'The only way you could really keep her,' he said, 'would be to have him back,' and this she confirmed by saying softly, 'Yes, I know,' then added, 'but would he come back? That's the point, would he come back?'

'His divorce will be through shortly,' he said, only to be taken by surprise when she sprang up and shouted, 'I wasn't waiting for that. He could have come any time, I wasn't waiting for that.'

As he looked at her open-mouthed, he realized how greatly she had changed. This wasn't the Aunt Hilda speaking, Aunt Hilda could never have existed. He said now in an off-hand tone, 'What do you propose to do about it?'

'You'll see tomorrow.' She moved her head in small terse nods and said again, 'You'll see tomorrow.'

He was standing in the yard holding the pram, shaking it up and down assisted by Lucy who was gripping the sides and chattering unintelligibly but loudly as she did when she was happy, and what made her happy was bouncing the pram. But he swung quickly around when Hilda came through the kitchen door, and he was still staring towards her as she turned her back on him to lock it.

'Well, what are you looking at?'

'Nothing.' He pushed the pram handle towards her, then walked a little behind her as she marched out of the yard.

She was made up. It was the first time he had seen her with lipstick on. He was sure she had rouge on too. And she was wearing her best coat, and he hadn't seen that hat before. Well! well! one could die from the shocks one got, but he hoped, oh, he hoped to God that there were no shocks awaiting her, that the charge she was about to make this afternoon would win her battle and bring her some happiness, eventually that is, and in doing so also bring peace to his father.

When twenty minutes later he knocked on the door and his father opened it he knew a moment of apprehension because he couldn't translate the look on his father's face as he stared at Hilda with the child in her arms.

It was Hilda herself who broke the spell. Her voice brisk yet quiet, she said, 'May I come in?'

'Oh yes, yes.' He pulled the door wide, then looked towards Dick who was saying, 'Shall I leave the pram out here today?'

'No, no; fetch it in, it wouldn't last two minutes out there.'

In the room they now stood looking at one another until Abel said, 'Oh. Oh, sit down.' He pulled a chair forward, but before Hilda took a seat she held out the child towards him, and when he took her into his arms he gazed at her for a moment and, her hand gripping his chin, she made a noise. 'She's saying, "Da-da",' he said.

Dick laughed. 'She's been saying it continually since yesterday,' he said.

'Oh,' Abel smiled at his daughter, who had Florrie's eyes and Florrie's mouth. When he kissed her on the cheek it brought the quick response of her arms around his neck and self-consciously, he looked at Hilda. 'She . . . She's in fine fettle,' he said.

'Well, she's about the only one that is that I can see.'

'What? Oh, me? Oh, I'm all right.'

'Huh!'

Dick looked at his father's puzzled expression. The battle had begun and he wasn't ready for it. Would he surrender or would he stand out against her? Well, it remained to be seen how strong the enemy was; and the enemy was now on her feet.

Hilda had risen from the chair as abruptly as she had sat down, and now she was walking slowly around the room. The sight of it really appalled her and her surveying of it was definitely embarrassing Abel for he now said, 'I . . . I won't be here much longer, I've got a place in view.'

'Have you?' She was nodding at him. 'Well, by the look of you I don't think you will survive long enough to enjoy it.'

Again Abel turned his gaze towards Dick looking for an answer, but all he got from this quarter was a slight raising of the eyebrows and an almost imperceptible movement of the head which said, 'Well, I know nothing about it.'

'Sit down, Abel.' She was standing in front of him, and he hitched the child from one arm to the other; then pulling the only other chair in the room forward, he sat down. Now their faces were almost level, and when she spoke her voice was firm but quiet as she said, 'Now don't interrupt me until I finish. You can't go on living in this mucky den any longer, it'll be the end of you. I've come to take you back home. . . . *Don't. Don't. Don't.*' She put up her hand in the manner of a policeman directing traffic, then went on, 'I've said let me have me say. I . . . I don't want anything from you because you've got nothing to give, I know that, I've faced up to that, but I . . . I want to keep the child. And what's more I need a man about the place. Dick's going to be married shortly and I'll be there on me own, and I've got a fellow there now who's neither use nor ornament, and he's doing me out of money every day. You'll be doing me a favour if you come back. And I'm going to say it although I shouldn't, you owe me a favour, and this is the way you can repay it, so if you want to pay your debts get your few things packed and let's get out of this because it isn't fit for a pig to live in.'

He didn't move and the child was strangely still in his arms. They were both looking at her, the child at the woman who had become its mother, and he at the woman who had once thought she was his wife. He, like Dick, noted with amazement that she was wearing make-up; he noticed, too, that she was no longer podgy; but what was most evident was the change within her. She was asking him to come back, she was offering him cleanliness, warmth, and good food . . . and comfort. The comfort of her? The first three he wanted, but would he ever again be able to take comfort from her . . . or any other woman for that matter? The question was a blank in his mind. He lowered his head and looked down to the worn oilcloth that he had not so long ago scrubbed on his hands and knees; then raising his head slowly, he looked at her and said, 'I'm still a married man, Hilda.'

'I'm well aware of that.'

He could have almost laughed. He said now, 'You've got your name to think about, there'll be talk. You can't stand up to the vicar about a thing like this.'

'I've already dealt with the vicar.'

Now he actually did want to laugh; and yet, no, he didn't, the feeling that was rife in him wasn't actually touching on laughter. But it wasn't touching on tears either. Oh no, no, he'd never cry again, now or ever.

His head was drooping once more when her voice checked it as she turned from him, saying briskly to Dick, 'Get your father's things together and let's be gone.'

As if he were fourteen, fifteen, or sixteen, scampering to do her bidding, Dick almost ran to the rickety cupboard and pulled a suitcase down from it, and having put it on the bed he opened the lid and began packing his father's few possessions. He did not turn towards them as he heard her voice saying quietly, 'Give her here,' but he knew she had taken the child and had put it in the pram and it was she who opened the door and pushed it into the street and there stood waiting.

His father was standing over by the door leading into the backyard and he said softly, 'Dick,' and as he approached him Dick could see that he was hardly capable of speech, and when the words tumbled out in a mutter, 'I don't know. It isn't right. I'm . . . I'm ashamed,' Dick gripped him by both arms and even attempted to shake him as he said, 'It's for the best. We all want you, and she needs you. And as she said, you owe her something. Don't forget that, Dad, you owe her something . . . you owe her a lot. . . .'

A few minutes later they were all in the street and, like a family out for a Saturday afternoon walk, Hilda went on ahead pushing the pram while the father and son walked behind.

It wasn't until they entered the yard that Dick realized how deeply affected his father was. His face was devoid of colour, his cheekbones were pressing white through the skin, his eyes looked sunken in his head, and as he walked up towards the kitchen door he looked first to one side then to the other. His gaze remained longest on the window above the garage and his thoughts must have gone to the room that had afforded them shelter when they first came into this yard.

'There now. There now. Stop your yelling and I'll give you your tea in a minute. Here, you take her, Dick, and don't let her down on the floor yet, she's got her good things on.'

Dick paused with the child in his arms and he looked at Hilda with admiration. It was as if they really had just returned from a Saturday afternoon's outing. Then he looked towards his father. He wasn't sitting in the big wooden armchair near the fire but at the corner of the table. He was still wearing his overcoat and holding his trilby on his knee.

When Hilda said quietly, 'Give me your coat here,' he did not rise from the chair, nor did he look at her. Something was happening inside him, something had burst in his bowels like burning white lava. It was rising, spilling forth its fire through his ribs and up through his gullet. He yelled at it, screamed at it, 'No! no! Never! Not again. Never!' He could bear this, this humiliation, he could bear everything as long as he remained closed within himself, as long as he could withstand human kindness. As long as he could imprison his emotions nothing could touch him, but he was losing his power. The strength was flowing from him. He couldn't combat the force of this burning flood; he went down before it.

When the release came through his eyes, his nose and lastly his mouth, he gave a great cry and, burying his face in his hands, he rocked himself as a woman might in agony.

For a matter of seconds Hilda stood and watched him; then, putting her arms about him, she pressed his head into her breasts and, her own voice thick and choked, she comforted him, saying, 'It's all right. It's all right, you're home. It's all over. There now. There now. Come on, dear, come on.' She couldn't remember when she had called him dear, yet she called his child dear all the time.

When his hands left his face and went around her hips she did not delude herself for she knew that the action was to be compared to that of a child seeking comfort and protection.

She looked through her blurred streaming eyes to where Dick was still standing holding the child and she knew now that she had two children to care for, one to bring up into womanhood and the other she hoped to lead into peace. She did not ask that it should be into love; yet life could be long and she could but hope. . . .

Dick stood, the child held close to him, and looked at his father. It seemed to him at this moment that he only ever saw the real man in his father when he was crying. His own face was wet but he knew he would never cry like his father cried because he'd never be half the man he was. This man who had done nothing with his life except impinge it on four women had, he felt, in him something naturally big; perhaps it would show itself in the years ahead if only in bringing some happiness to the woman he had wronged and who was now savouring a certain joy from his agony.